La Scala

Colleen McCullough

I giorni del potere

Traduzione di
Adriana Dell'Orto

Confido che
quesito libro possa
essenti di ispirazione.

Con stima
Pony

Intraprendenza, ambizione e
spirito d'osservazione.

Rizzoli

Proprietà letteraria riservata
© *1990 by Colleen McCullough*
First published by William Morrow and Company, Inc., New York
© *1990 RCS Rizzoli Libri S.p.A., Milano*

ISBN 88-17-67583-0

Titolo originale dell'opera:
THE FIRST MAN IN ROME

Prima edizione: novembre 1990

NOTA DELL'AUTORE

Sostanzialmente, questo libro è opera di un'unica persona. Ho condotto personalmente le ricerche e disegnato le illustrazioni. Qualsiasi pecca ed errore il libro contenga vanno addebitati a me e a nessun altro. Vi sono due persone, tuttavia, che vorrei ringraziare con tutto il cuore, citandone il nome. La prima è il dottor Alanna Nobbs, della Macquarie University di Sydney, Australia, che ha rivisto il testo dal punto di vista storico. La seconda è la signorina Sheelah Hidden, che ha girato in lungo e in largo il mondo alla ricerca di fonti e di libri, ha parlato con molte autorità in materia, ha localizzato i busti che ritraggono i personaggi, e altre cose ancora. Un grazie caloroso e sincero anche ai molti altri che non saranno nominati per carenza di spazio, ma non per questo tenuti in minore considerazione. E grazie a mio marito, al mio agente letterario, Fred Mason; alla curatrice del testo, Carolyn Reidy; a Joe Nobbs, a Jean Easthope e al personale tutto.

Non ho allegato una bibliografia. In primo luogo, perché non è consuetudine farlo nel caso di un romanzo; ma, cosa più importante, anche perché una bibliografia avrebbe riempito molte pagine. I centottanta volumi della Loeb Classical Library in mio possesso ne rappresenterebbero appena l'inizio. Mi limiterò a dichiarare che, laddove possibile, mi sono rifatta alle antiche fonti, e ho consultato attentamente le opere moderne di molti illustri storici, tra i quali Pauly-Wissowa, Broughton, Syme, Mommsen, Münzer, Scullard, e altri ancora. La mia preparazione culturale risulterà evidente a chi è qualificato a giudicare, anche senza una bibliografia. Se, tuttavia, i lettori fossero interessati a consultarla, potranno scrivermi presso l'editore.

Qualche parola riguardo alle illustrazioni. Sono così stanca di chi ritiene che Cleopatra somigliasse a Elizabeth Taylor, Marco Antonio a Richard Burton, e via discorrendo, che ho deciso di fornire ai miei lettori veri volti romani del periodo repubblicano. Laddove possibile, corrispondono a ritratti di provata autenticità; laddove una tale identificazione non è stata possibile, ho optato per il ritratto di un anonimo romano del periodo repubblicano e gli ho attribuito un nome storico. Questo libro contiene nove ritratti. Soltanto due sono autentici, quelli di Caio Mario e di Lucio Cornelio Silla. Quanto agli altri sette, quello di Catulo Cesare si ispira a un busto atipico di Cesare il Dittatore, e quello di Caio Giulio Cesare a un busto del pari atipico di Marco Emilio Lepido. Aurelia si rifà alla statua a grandezza naturale di una vecchia, di sicura datazione repubblicana; sebbene la statua sia consunta dal tempo, la struttura ossea della donna presenta una notevole somiglianza con quella di Cesare il Dittatore. I ritratti di Metello Numidico, Marco Emilio Scauro, Publio Rutilio Rufo e del giovane Quinto Sertorio si basano sui busti di anonimi personaggi del periodo repubblicano. Il fatto che tra i disegni figuri una sola donna, si deve alla scarsità di ritratti femminili in era repubblicana; tra quei pochi esistenti, ho dovuto operare una scelta destinandoli all'illustrazione di donne in cui scorgo una somiglianza con qualche personaggio maschile romano di provata autenticità. Dopotutto, è prevista la pubblicazione di altri volumi!

I giorni del potere

A Frederick T. Mason,
caro amico, collega splendido, uomo sincero,
con affetto e gratitudine

LUCIO CORNELIO SILLA

PERSONAGGI PRINCIPALI

Cepione

Quinto Servilio Cepione, console nel 106 a.C.
Quinto Servilio Cepione il Giovane, suo figlio
Servilia Cepionide, sua figlia

Cesare

Caio Giulio Cesare, senatore
Marzia dei *Marcii Reges*, sua moglie, madre di:
Sesto Giulio Cesare, figlio maggiore
Caio Giulio Cesare il Giovane, figlio minore
Giulia Maggiore (Iulia), figlia maggiore
Giulia Minore (Iulilla), figlia minore

Cotta

Marco Aurelio Cotta, pretore (in data sconosciuta)
Rutilia sua moglie; aveva sposato in prime nozze il fratello di
    Marco Aurelio, Lucio Aurelio Cotta, console nel 118 a.C., de-
    ceduto subito dopo
Aurelia, sua figliastra e nipote
Lucio Aurelio Cotta, suo figliastro e nipote, Caio, Marco e Lucio
    Aurelio Cotta, figli suoi e di Rutilia

Decumio

Lucio Decumio, custode di una confraternita da crocevia

Druso

Marco Livio Druso Censore, console nel 112 a.C., censore nel 109
    a.C. (morto in carica)
Cornelia Scipionide, sua moglie separata, madre di:

Marco Livio Druso, figlio maggiore
Mamerco Emilio Lepido Liviano, figlio minore, dato in adozione
Livia Drusa, sua figlia

Glaucia

Caio Servilio Glaucia, tribuno della plebe nel 102 a.C., pretore nel
    100 a.C.

Giugurta

Giugurta re di Numidia, figlio illegittimo di Mastanabal
Bomilcare, suo fratellastro e dignitario di corte

Mario

Caio Mario
Grania di Pozzuoli, sua prima moglie
Martha la Siriaca, profetessa

Metello

Lucio Cecilio Metello Dalmatico, Pontefice Massimo, console nel
    119 a.C., fratello maggiore di:
Quinto Cecilio Metello Numidico, console nel 109 a.C.; censore
    nel 102 a.C.
Quinto Cecilio Metello Pio, figlio del Numidico
Cecilia Metella Dalmatica, nipote e pupilla del Numidico, figlia
    del Dalmatico

Rutilio Rufo

Publio Rutilio Rufo, console nel 105 a.C.
Livia dei Drusi, la sua defunta moglie, sorella di Marco Livio
    Druso Censore
Rutilia dei Rufi, sua sorella, vedova di Lucio Aurelio Cotta e
    moglie di Marco Aurelio Cotta

Saturnino

Lucio Apuleio Saturnino, tribuno della plebe nel 103 a.C. e nel
    100 a.C.

Scauro

Marco Emilio Scauro, *Princeps Senatus*, console nel 115 a.C.,
    censore nel 109 a.C.

Marco Emilio Scauro il Giovane, suo figlio di primo letto

Sertorio

Quinto Sertorio, ufficiale subalterno e tribuno militare
Ria dei Marii, sua madre, cugina di Caio Mario

Silla

Lucio Cornelio Silla, questore nel 107 a.C., legato a Clitumna
  dell'Umbria, sua matrigna, zia di Lucio Gavio Stichus
Nicopolis, liberta, sua amante
Metrobio, divo adolescente del teatro comico

Il primo anno (110 a.C.)

DURANTE IL CONSOLATO DI MARCO MINUCIO RUFO E SPURIO POSTUMIO ALBINO

CAIO MARIO

Non avendo obblighi personali nei confronti dell'uno o dell'altro dei due nuovi consoli, Caio Giulio Cesare e i suoi figli si limitarono ad accodarsi alla processione che si formava più vicino alla loro casa: quella del console più anziano, Marco Minucio Rufo. Entrambi i consoli abitavano sul Palatino, ma la casa del più giovane, Spurio Postumio Albino, era sita in un quartiere più elegante. Correva voce che i debiti di Albino fossero saliti alle stelle, ma non c'era da stupirsene: era il prezzo da pagare per l'elezione al consolato.

Dal canto suo, Caio Giulio Cesare non si preoccupava del greve fardello di debiti che bisognava contrarre per dare la scalata alle cariche politiche: e sembrava probabile che neppure i suoi figli avrebbero dovuto preoccuparsi in tal senso. Erano passati quattro secoli da che un Giulio si era assiso nell'eburnea sedia curule di console, quattro secoli da che un Giulio era stato in grado di mettere assieme la somma necessaria. Il retaggio atavico della *gens* Iulia era così astrale, così augusto, che le varie generazioni si erano lasciate sfuggire qualsiasi occasione di colmare le casse di famiglia, sicché a ogni secolo che passava, la *gens* Iulia si era ritrovata sempre più povera. Console? Impossibile! No, di quei tempi, un sicuro e umile posticino al Senato era il solo retaggio di un Giulio, compreso quel ramo della famiglia che si fregiava del soprannome Cesare per via della chioma folta e lussureggiante.

Così, la toga che il servo personale di Caio Giulio Cesare gli drappeggiava sulla spalla sinistra, gli avvolgeva attorno al corpo e gli lasciava penzolare dal braccio sinistro, era la semplice toga bianca di chi non aveva mai aspirato all'eburnea sedia curule dell'alta carica. Soltanto i calzari rosso cupo, l'anello di ferro da senatore e la striscia di porpora larga una dozzina di centimetri sulla spalla destra della tunica contraddistingueva il suo abbigliamento da quello dei due figli, Sesto e Caio, i quali portavano comuni calzari, gli anelli a sigillo personali e, sulle tuniche, la sottile striscia di porpora degli *equites*, i membri dell'ordine dei cavalieri.

Benché non fosse ancora l'alba, c'erano alcune piccole cerimonie da compiere per dare il benvenuto al giorno: una breve preghiera e l'offerta di una focaccia al tabernacolo dei Lari situato nell'atrio, poi, quando il servo di guardia alla porta annunciò che si scorgevano le torce scendere il colle, una riverenza a Giano Patulcio, la divinità che consentiva di aprire una porta senza pericolo.

Padre e figli uscirono nell'angusto vicolo acciottolato e si separarono. Mentre i due giovani raggiungevano le file dei cavalieri che precedevano il nuovo console anziano, Caio Giulio Cesare aspettò che gli passasse accanto Marco Minucio Rufo scortato dai littori, poi s'infilò tra le file dei senatori che lo seguivano.

Fu Marzia a mormorare una formula reverenziale a Giano Clusio, la divinità che presiedeva alla chiusura delle porte, e a congedare i servi sbadiglianti, chiamati ad altri compiti. Usciti gli uomini, poteva finalmente occuparsi della sua piccola spedizione personale. Dov'erano le ragazze? La risposta fu una risata, proveniente dal salottino ingombro che le ragazze proclamavano loro; ed eccole là, le sue figliole, le due Iulie, intente a far colazione con pane spalmato di un sottile strato di miele. Com'erano belle!

Da sempre si diceva che ogni Iulia era un tesoro, ché esse possedevano il raro e fortunato dono di far felici i loro uomini. E quelle due giovani Iulie promettevano di rispettare la tradizione di famiglia.

Iulia Maggiore, detta semplicemente Iulia, aveva quasi diciott'anni. Alta, il portamento solenne, aveva capelli castano fulvo raccolti in una crocchia sulla nuca, e i grandi occhi grigi osservavano il mondo con espressione grave e placida insieme. Una Iulia quieta e intellettuale, questa.

Iulia Minore, detta Iulilla, aveva sedici anni e mezzo. Ultimogenita della prole, era stata realmente accettata in seno alla famiglia solo quando era diventata abbastanza grande da ammaliare il tenero cuore della madre e del padre, nonché i due fratelli e la sorella. Iulilla aveva i colori del miele: pelle, capelli, occhi, tutto di una calda tonalità ambrata. Era stata Iulilla a ridere, naturalmente. Iulilla rideva di ogni cosa. Una Iulia irrequieta e spensierata, quest'altra.

«Pronte, ragazze?» domandò la madre.

Le due fanciulle si ficcarono in bocca l'ultimo pezzo di pane appiccicoso, tuffarono la punta delle dita in una ciotola d'acqua, poi le strofinarono su un panno e seguirono Marzia fuori della stanza.

«Fa freddo» disse la madre, sollevando caldi mantelli di lana dalle braccia di un servo. Mantelli spessi, tutt'altro che eleganti.

Le due ragazze parevano deluse, ma si guardarono bene dal protestare; si lasciarono imbacuccare come bruchi nei bozzoli, soltanto il viso faceva capolino tra le pieghe rossicce di grossa stoffa tessuta in casa. Infagottata a sua volta nel mantello, Marzia si pose alla testa del piccolo corteo di figlie e servi di scorta, e lo guidò oltre la soglia, in strada.

Abitavano in quella modesta casa sul Germalus inferiore, il quartiere meridionale del Palatino, da quando papà Sesto l'aveva donata al figlio minore, Caio, assieme a cinquecento iugeri di buona terra situata tra Bovillae e Aricia: un lascito sufficiente a garantire a Caio e ai suoi familiari la possibilità di conservare un seggio al Senato. Non, però, ahimè, quella di scalare i gradini del *cursus honorum*, la gerarchia di cariche che portavano alla pretura e al consolato.

Papà Sesto aveva avuto due figli e non era stato capace di separarsi da uno di loro; una decisione dettata da un certo egoismo, in quanto significava che le sue proprietà, già notevolmente ridotte perché Sesto aveva avuto a sua volta un genitore sentimentale e un fratello minore cui si era dovuto provvedere, avevano dovuto essere spartite tra Sesto, il figlio maggiore, e Caio, il minore. E questo aveva comportato l'impossibilità per entrambi i figli di tentare la carriera politica, ossia di diventare pretore o console.

Il fratello Sesto non era stato così sentimentale come papà Sesto, tutt'altro! Lui e sua moglie Popillia avevano messo al mondo tre figli maschi, un fardello intollerabile per la famiglia di un senatore. Così Sesto aveva fatto appello a tutto il coraggio necessario per separarsi dal primogenito, e l'aveva dato in adozione a Quinto Lutazio Catulo, il quale non aveva prole, assicurandosi un bel gruzzolo e la certezza che il suo primogenito sarebbe entrato in possesso di un grosso patrimonio. Il padre adottivo, infatti, il vecchio Catulo, era favolosamente ricco e felicissimo di sborsare una grossa somma pur di adottare un ragazzo di stirpe patrizia, di bellissimo aspetto e di mente abbastanza sveglia. Il denaro che il ragazzo aveva reso a Sesto, suo padre naturale, era stato cautamente investito in terreni e immobili, e si sperava che producesse un reddito sufficiente a consentire ai due figli minori di Sesto di dare la scalata alle cariche maggiori.

Se si fa eccezione per il risoluto Sesto, il guaio della famiglia di Giulio Cesare era la tendenza a generare più di un figlio maschio, per poi lasciarsi prendere dal sentimentalismo circa la situazione in cui li coinvolgeva la presenza di più rampolli; non erano mai capaci di governare i loro cuori, di dare in adozione qualche rappresentante di troppo della loro prole e di far sì che i rampolli rimasti in famiglia sposassero i discendenti di famiglie cariche di ricchezza. Per questa ragione, col passar dei secoli, le loro proprietà terriere un tempo assai vaste un po' alla volta erano state suddivise in poderi sempre più piccoli per provvedere al fabbisogno di due, tre figli maschi, e una parte era stata venduta per fare la dote alle figlie.

Il marito di Marzia era un Giulio Cesare tipico: un genitore sentimentalmente amoroso, troppo fiero dei suoi figli e troppo affezionato alle figlie per risultare adeguatamente, romanamente assennato. Il primogenito avrebbe dovuto essere dato in adozione e le due ragazze già da anni promesse in matrimonio a uomini facoltosi; anche il figlio minore avrebbe già dovuto essere fidanzato con una ricca fanciulla. Soltanto il denaro rendeva possibile una carriera politica folgorante. Il sangue patrizio era da un pezzo diventato solo un onore.

Non era un Capodanno particolarmente di buon auspicio: una giornata fredda, ventosa, con una pioggerella obliqua che rendeva pericolosamente viscido l'acciottolato e accentuava il puzzo stantìo di un vecchio incendio che gravava nell'aria. L'alba era spuntata tardi perché il cielo era coperto, e quella era una delle festività di Roma che i plebei preferivano trascorrere al chiuso, in un alloggio stipato, stesi sui pagliericci a divertirsi a quel gioco senza tempo che chiamavano "nascondere la salsiccia".

Se avesse fatto bel tempo, le strade sarebbero state gremite di gente di ogni ceto sociale, diretta ai punti di osservazione preferiti da cui ammirare la pompa in atto nel Foro Romano e sul Campidoglio; così come stavano le cose, Marzia e le sue figlie procedettero senza intoppi, e i servi che le scortavano non ebbero bisogno di ricorrere alla forza bruta per aprire un varco alle donne.

Il vicoletto nel quale sorgeva la casa di Caio Giulio Cesare dava accesso al Clivo della Vittoria, poco sopra l'antica Porta Romularia che si apriva nelle antiche mura cittadine del Palatino, enormi blocchi di pietra innalzati da Romolo in persona, ormai soffocati dalla vegetazione o sovrastati da altre strutture edilizie o incise dalle iniziali graffite di sei secoli di visitatori. Svoltando a destra per salire il Clivo della Vittoria in direzione dell'angolo da cui il Germalus Palatino si affacciava sul Foro Romano, di lì a cinque minuti le signore giunsero a destinazione: uno spiazzo libero che costituiva il punto di osservazione migliore.

Dodici anni prima vi sorgeva una delle più belle case di Roma. Ora il sito recava scarse vestigia dell'abitazione di un tempo, solo qua e là una pietra semisepolta nell'erba. La vista che se ne godeva era splendida; i servi sistemarono alcuni sgabelli da campo per Marzia e le figlie, e le donne ebbero sotto gli occhi il panorama del Foro Romano e del Campidoglio, col brulicante pendìo della Suburra che conferiva profili ben definiti ai colli settentrionali, stagliantisi all'orizzonte della città.

«Hai sentito?» domandò quella Cecilia che era moglie del banchiere-mercante Tito Pomponio. In stato di avanzata gravidanza, sedeva poco più in là in compagnia di sua zia Pilia; abitavano a un paio di case di distanza dalla famiglia di Giulio Cesare.

«No, cosa?» fece di rimando Marzia, chinandosi in avanti.

«I consoli e i sacerdoti e gli àuguri hanno iniziato appena scoccata la mezzanotte per essere certi di concludere in tempo le preghiere e i riti...»

«Lo fanno sempre!» la interruppe Marzia. «Se commettono qualche errore, sono costretti a ricominciare da capo.»

«Lo so, lo so, non sono poi così ignorante!» ribatté Cecilia con petulanza, seccata perché si rendeva conto che a dirle il fatto suo era la figlia di un pretore. «La faccenda è che di errori non ne hanno commessi! Gli auspici erano infausti. Ha lampeggiato quattro volte sulla destra, e una civetta proprio nel luogo delle predizioni, che strideva come se l'ammazzassero. E adesso anche il maltempo... non sarà un anno buono, e neppure un buon consolato.»

«Be', questo avrei potuto dirtelo anche senza civette o fulmini» fece Marzia, il cui padre non era vissuto abbastanza per diventare console, ma in qualità di pretore urbano aveva costruito l'imponente acquedotto che riforniva Roma e ne manteneva vivo il ricordo come di uno dei grandi governanti di tutti i tempi. «Tanto per cominciare, una miserabile accozzaglia di candidati e, come se non bastasse, gli elettori non hanno saputo scegliere il meno peggio nel già mediocre lotto. Magari Marco Minucio Rufo farà del suo meglio, ma Spurio Postumio Albino! Non sono mai stati all'altezza.»

«Chi?» domandò Cecilia, che non era particolarmente sveglia.

«Quelli del clan di Postumio Albino» rispose Marzia, scoccando un'occhiata alle figlie per accertarsi che andasse tutto bene; le ragazze avevano scovato altre quattro fanciulle, figlie di due diversi Claudio Pulcher: erano una tale tribù, che non si riusciva a tenerne il conto! Ma le ragazze radunate dove un tempo sorgeva la casa di Flacco erano andate tutte a scuola assieme da bambine, ed era impossibile erigere barriere sociali contro una casta quasi altrettanto aristocratica del ramo cesareo della *gens* Iulia. Soprattutto se si teneva conto del fatto che anche i membri della famiglia di Claudio Pulcher erano perennemente in lotta contro i nemici della antica nobiltà, con troppi rampolli alleati a spartirsi terre e denaro sempre più scarsi. Ora le sue due Iulie avevano spostato gli sgabelli un po' più in basso, dove le altre fanciulle sedevano senza sorveglianza: dov'erano le loro madri? Oh! Chiacchieravano con Silla. La faccenda puzzava. E questo era quanto.

«Ragazze!» chiamò seccamente Marzia.

Due teste velate dai mantelli si volsero a guardarla.

«Tornate qui,» disse Marzia, aggiungendo: «subito».

Tornarono.

«Madre, per favore, non potremmo stare con le nostre amiche?» domandò la giovane Iulilla, lo sguardo implorante.

«No» disse Marzia, in tono che non ammetteva repliche.

Giù in basso, nel Foro Romano, si andava formando la processione, mentre il lungo corteo serpeggiante che proveniva dalla casa di Marco Minucio Rufo si congiungeva con l'altrettanto lungo corteo che aveva preso le mosse dalla casa di Spurio Postumio Albino. In testa procedevano i cavalieri, non così numerosi come in occasione di un Capodanno di sole, ma pur sempre un gruppo abbastanza cospicuo, settecento persone o giù di lì; via via che faceva giorno, con la pioggia che scrosciava un po' più fitta, presero a salire il pendìo del Clivo Capitolino raggiungendo la prima curva del breve, erto sentiero, dove i sacerdoti e gli scannatori si tenevano in attesa con due candidi tori dalle bardature scintillanti, le corna dorate e le giogaie inghirlandate. Dietro i cavalieri marciavano i ventiquattro littori dei nuovi consoli. Alle spalle dei littori avanzavano i due consoli, seguiti dai senatori, quelli che avevano ricoperto alte cariche in toghe bordate di porpora, gli altri in semplici toghe bianche. In coda al corteo procedevano coloro i quali non avevano alcun diritto di parteciparvi, semplici curiosi e uno stuolo di clienti dei consoli.

"Bello" pensò Marzia. Circa mille uomini salivano lentamente la rampa che portava al tempio di Giove Ottimo Massimo, la suprema divinità di Roma, che ergeva la sua imponente mole nel punto più elevato del più meridionale tra i due colli che costituivano il Campidoglio. I Greci erigevano i loro templi sul terreno, i Romani, invece, li costruivano su alte piattaforme cui si accedeva salendo molti gradini, e i gradini che portavano al santuario di Giove Ottimo Massimo erano davvero molti. "Bello" tornò a pensare Marzia mentre gli animali sacrificali e i loro accompagnatori si accodavano alla processione e tutti insieme proseguivano fino a gremire alla bell'e meglio l'angusto spazio davanti al grande tempio in cima all'erta. Da qualche parte, tra quegli uomini, c'erano suo marito e i suoi due figli, parte integrante della classe dirigente di quella che era la più potente di tutte le città del mondo.

Da qualche parte, fra quegli uomini, c'era anche Caio Mario. In qualità di ex pretore, indossava la toga dei magistrati bordata di porpora, e sui calzari rosso cupo da senatore portava la fibbia a mezzaluna consentita dalla pretura. Eppure, non bastava. Caio Mario era stato pretore cinque anni prima e avrebbe dovuto essere eletto console già da tre anni. Ora, però, sapeva che non gli sarebbe mai stato permesso di mirare al consolato. Mai. Perché? Perché non ne era considerato degno. Ecco l'unica ragione. Chi aveva mai sentito parlare di una famiglia a nome Mario? Nessuno.

Caio Mario era un *parvenu* di oscure origini rurali, un soldato, che non sapeva di greco — si diceva — anzi era tipo capace di lasciarsi trascinare dall'eccitazione o dalla collera sino a infarcire il natìo latino di inflessioni dialettali campagnole. Poco o nulla contava il fatto che sul campo di battaglia sarebbe stato in grado di sovrastare non solo una metà, ma l'intero Senato. Ciò che contava era il sangue. E il suo non era abbastanza aristocratico.

Caio Mario veniva da Arpino, località che in effetti non distava poi tanto da Roma, ma era pericolosamente vicina al confine tra il Lazio e il Sannio e, di conseguenza, un tantino sospetta per quanto riguardava la sua lealtà e le sue inclinazioni; i Sanniti erano tuttora, tra le popolazioni italiche, il più ostinato nemico di Roma. La cittadinanza romana era stata concessa tardi ad Arpino, appena settantott'anni addietro, e il distretto non godeva ancora di un vero e proprio statuto municipale.

Ah, ma era tanto bella! Raggomitolata ai piedi degli Appennini, in una fertile valle che abbracciava due fiumi, il Liri e il Melfa, dove l'uva maturava con splendidi risultati sia per la tavola sia per la cantina, dove le messi rendevano centocinquanta volte il seminato, e le pecore erano grasse e la loro lana sorprendentemente morbida. Pacifica. Verde. Sonnacchiosa. Più fresca di quanto ci si aspettasse d'estate, più mite di quanto ci si aspettasse d'inverno. L'acqua di entrambi i fiumi brulicava di pesci; le fitte foreste che circondavano la conca di Arpino davano ancora splendido legname per costruire navi ed edifici. E c'erano pini e abeti, querce in tale quantità da tappezzare il suolo, in autunno, di ghiande per i maiali, grassi prosciutti e salsicce e pancetta degni di comparire su qualsiasi tavola della nobiltà romana, il che accadeva spesso.

La famiglia di Caio Mario risiedeva ad Arpino da secoli e si vantava della sua latinità. Mario era un nome volsco o un nome sannitico? Aveva risonanze osche solo perché esistevano Sanniti e Volsci che si chiamavano Mario? No! Mario era un nome *latino*. Lui, Caio Mario, valeva quanto quei nobili altezzosi, con la puzza sotto il naso, che si divertivano tanto a umiliarlo. Anzi — ed era proprio questo il particolare più dolente! — lui era migliore di tutti loro. Era una *sensazione* a dirglielo.

Come si faceva a spiegare una sensazione? Una sensazione che Caio Mario covava in seno come un ospite il quale si rifiutasse di congedarsi, per quanto inospitale si mostrasse l'anfitrione? Era da molto, moltissimo tempo che quella sensazione gli si era insinuata nella mente, un tempo più che sufficiente perché gli eventi degli anni successivi ne dimostrassero la futilità, lo sollecitassero a uscire allo scoperto per la disperazione. E invece non accadde mai. La sensazione se ne stava tuttora nascosta nella sua mente, vivida e indomita come agli inizi, quando Mario aveva solo la metà degli anni che aveva ora.

Com'era strano il mondo! Pensò Caio Mario, fissando intento i volti glaciali degli uomini che indossavano le toghe bordate di porpora tutt'attorno a lui, in quella tetra, piovigginosa ora che seguiva l'alba. No, neppure un Tiberio o un Caio Sempronio Gracco tra loro! Eccezion fatta per Marco Emilio Scauro e Publio Rutilio Rufo, erano solo un branco di omuncoli. Eppure, tutti quanti guardavano dall'alto in basso lui, Caio Mario, che consideravano un'arrogante nullità, con più fegato che grazia. Solo perché nelle loro vene scorreva il sangue giusto. Ognuno di loro sapeva che, se si fossero verificate le giuste circostanze, lui avrebbe potuto a buon diritto fregiarsi del titolo di Primo a Roma, come Scipione l'Africano, Emilio Paolo, Scipione l'Emiliano, e forse una dozzina d'altri nel corso dei secoli di storia della Repubblica.

Il Primo a Roma non era il migliore; era il primo tra altri pari a lui per rango e occasioni. E il fatto di essere il Primo a Roma era di gran lunga meglio che essere re, autocrate, despota, e chi più ne ha più ne metta. Il Primo a Roma si teneva stretto quel titolo in virtù della mera preminenza, perennemente conscio che il suo mondo era gremito di altri uomini ansiosi di prenderne il posto, di altri uomini *in grado* di prenderne il posto, legalmente e in modo incruento, dando prova di una preminenza di marca superiore. Essere il Primo a Roma era più che essere console; i consoli andavano e venivano al ritmo di due all'anno. Laddove, col passare dei secoli di storia della Repubblica romana, solo una manciatina di uomini si sarebbero meritato il titolo di Primo a Roma.

Al momento, Roma non aveva un Primo; a dire il vero, non c'era più stato un Primo dalla morte di Scipione l'Emiliano, avvenuta diciannove anni addietro. Marco Emilio Scauro era indubbiamente quello che più ci era andato vicino, ma non aveva sufficiente potere — *auctoritas*, la chiamavano, un misto di potere, autorità e fama, tipico di Roma — per meritarsi il titolo, e nessuno glielo attribuiva, a parte lui stesso.

Di riflesso, tra la folla dei senatori vi fu un'improvvisa agitazione e corse un mormorìo; il console anziano Marco Minucio Rufo stava per offrire il suo toro bianco al sommo dio, solo che la vittima sacrificale non si comportava a dovere: con tutta probabilità era stato così previdente da lasciar perdere l'ultima mangiatoia di foraggio drogato. Non sarebbe stato un anno buono, andavano già dicendo tutti. Auspici infausti durante la veglia notturna dei consoli, una giornata infelice, e ora la prima delle due vittime sbuffava e recalcitrava, con una mezza dozzina di assistenti sacerdotali aggrappati alle corna e agli orecchi: stupidi che erano, avrebbero dovuto mettergli un anello al naso per precauzione. A torso nudo come gli altri celebranti, l'accolito che impugnava il maglio destinato a stordire l'animale non attese che la vittima sollevasse la testa verso il cielo per poi abbassarla verso la terra; più tardi si sarebbe sempre potuto sostenere che la bestia aveva sollevato e abbassato la testa dozzine di volte durante la lotta per la sopravvivenza. L'accolito si fece avanti e mosse l'arma di ferro su e giù a tale velocità che la sua forma ne risultò nebulosa. Lo schianto sordo fu subito seguito da un altro, quello prodotto dalle ginocchia del toro che toccavano il pavimento di pietra quando la vittima crollò con tutti i suoi sette quintali e passa. Poi l'uomo seminudo, armato d'ascia, calò il suo strumento a doppia lama nel collo dell'animale, e il sangue prese a zampillare in tutte le direzioni, e mentre una parte veniva raccolta nelle coppe sacrificali, il più scorreva via, chissà dove, in un fiume vischioso, sciogliendosi e perdendosi nel terreno fradicio di pioggia.

Si potevano capire molte cose da come un uomo reagiva allo spargimento di sangue, pensò Caio Mario con impassibilità clinica, gli angoli della bocca carnosa piegati in un sorrisetto, vedendo questi farsi frettolosamente da parte, quest'altro restare indifferente al fatto che il calzare sinistro gli si stava sporcando di sangue, e un altro ancora sforzarsi di nascondere che era sul punto di vomitare.

Aaahhhh! *Ecco* l'uomo da tener d'occhio! Il giovane, ma già pienamente maturo individuo ai bordi della schiera dei cavalieri, togato, e tuttavia privo persino della striscia di cavaliere sulla spalla destra della tunica; non era lì da molto, ma già accennava ad allontanarsi, scendendo il pendìo del Clivo Capitolino, in direzione del Foro. Non prima, però, che Caio Mario ne avesse visto lampeggiare gli straordinari occhi di un grigio quasi bianco, e poi accendersi e abbeverarsi avidamente alla vista del sangue vermiglio. Certo com'era di non aver mai incontrato quel giovane, Caio Mario si domandò chi fosse; di sicuro non era una nullità. Un tipo di bellezza ermafrodita, femminea e mascolina insieme, e che colori stupefacenti! Pelle bianca come il latte, capelli come il sole all'aurora. L'incarnazione di Apollo. Che fosse proprio *lui*? No. Il dio non aveva mai avuto occhi come quelli del mortale che si era appena allontanato: erano occhi di chi ha sofferto, e che senso c'era a essere un dio, se si doveva soffrire?

Benché più intontito del primo dalle droghe, anche il secondo toro si ribellò, e persino più strenuamente. Questa volta l'uomo col maglio non centrò il bersaglio al primo colpo e la povera creatura impazzita si volse per caricare, in preda a una cieca furia. Allora qualcuno, accortamente, l'agguantò per il sacco ondeggiante dello scroto e in quell'attimo paralizzante il suo gesto permise agli scannatori e a coloro i quali impugnavano il maglio e l'ascia di intervenire contemporaneamente. Il toro stramazzò, schizzando di sangue chiunque si trovasse nel raggio di una ventina di metri, compresi i due consoli: Spurio Postumio Albino ne fu inondato; e così dicasi di suo fratello minore, Aulo, ritto di lato, appena più indietro. Caio Mario li adocchiò in tralice, domandandosi se il presagio fosse come pensava lui. Cattivi auspici per Roma, comunque.

E ancora l'ospite sgradito, quella sensazione, si rifiutava di andarsene; anzi, di recente si era notevolmente rafforzata. Come se il momento si stesse avvicinando. Il momento in cui lui, Caio Mario, sarebbe diventato il Primo a Roma. Ogni particella di buon senso presente in lui — e ce n'erano tante — urlava che era una sensazione infida, una trappola che l'avrebbe tradito e trascinato all'ignominia e alla morte. Eppure, continuava a provarla, l'inestirpabile sensazione che sarebbe diventato il Primo a Roma. Ridicolo! Protestava l'uomo di profondo buon senso: aveva quarantasette anni; si era piazzato sesto, dunque buon ultimo, tra i sei uomini eletti alla pretura cinque anni addietro; ormai era troppo vecchio per aspirare al consolato senza i vantaggi del nome e uno stuolo di clienti. Il suo momento era fuggito. Fuggito, fuggito, fuggito.

Ora, finalmente, i consoli venivano insediati in carica: quell'ampolloso somaro di Lucio Cecilio Metello Dalmatico che si fregiava del titolo di Pontefice Massimo, andava borbottando le preghiere conclusive; subito dopo il console anziano Minucio Rufo avrebbe ordinato al messaggero di convocare i senatori all'interno del tempio di Giove Ottimo Massimo. Qui avrebbe fissato la data delle Celebrazioni Latine sul monte Albano; stabilito a quali Provincie si dovessero attribuire nuovi governatori e a quali governatori accordare una proroga; deciso con un'estrazione a sorte la spartizione delle Provincie tra i pretori e i consoli; qualche tribuno della plebe avrebbe tirato l'acqua al suo mulino mettendosi a blaterare a proposito del Popolo; Scauro avrebbe schiacciato come uno scarafaggio quello sciocco presuntuoso; e uno dei tanti rappresentanti della fazione di Cecilio Metello avrebbe attaccato a brontolare prolissamente sulla decadenza dei costumi tra i Romani dell'ultima generazione, finché decine di voci non si fossero levate attorno a lui a intimargli di chiudere il becco e ritirarsi in buon ordine. Il solito vecchio Senato, il solito vecchio Popolo, la solita vecchia Roma; il solito vecchio Caio Mario. Vecchio, quarantasette anni. Tra un anno ne avrebbe avuti cinquantasette, e l'anno dopo sessantasette, e poi l'avrebbero issato al centro di una pira di tronchi e fascine e sarebbe svanito in una nuvola di fumo. Addio, Caio Mario, *parvenu* dei porcili di Arpino, neppure cittadino di Roma.

Puntualmente, il messaggero strepitò il suo appello. Sospirando, Caio Mario prese a muoversi, alzando la testa per vedere se aveva a portata di piede qualcuno cui pestare i calli, e poterlo fare con piena soddisfazione. Nessuno. Com'era da prevedersi. In quel momento il suo sguardo incrociò quello di Caio Giulio Cesare, che sorrideva come se gli avesse letto nel pensiero.

Colpito, Caio Mario ricambiò lo sguardo. Era solo un senatore qualunque, mai, però, strumento di intrighi, costui, il più anziano della *gens* Iulia presente al Senato, ora che il fratello maggiore, Sesto, era morto. Alto, il portamento militaresco, le spalle ancora larghe, la bella chioma d'oro inargentato a incoronare degnamente il nobile volto segnato dalle rughe. Non era giovane, doveva aver passato i cinquantacinque, ma dava l'impressione che sarebbe diventato uno di quei decrepiti patrizi che la nobiltà romana produceva con monotona regolarità e che, a novant'anni e più, si trascinavano traballando a ogni sessione del Senato o del Popolo e continuavano a predicare con lodevole buon senso. Del tipo che non si poteva abbattere con una scure sacrificale. Del tipo che, tutto sommato, faceva di Roma ciò che Roma era, malgrado la pletora di uomini come Cecilio Metello. Meglio di tutto il resto del mondo messo assieme.

«Quale Metello ci arringherà oggi?» domandò Cesare quando si trovarono affiancati e presero a salire i molti gradini del tempio.

«Uno che deve ancora meritarsi un appellativo in più» rispose Caio Mario, muovendo su e giù le sopracciglia cespugliose come millepiedi sulle spine. «Il vecchio, semplice Quinto Cecilio Metello, fratello minore del nostro venerato Pontefice Massimo.»

«Perché proprio lui?»

«Perché l'anno prossimo si candiderà alla carica di console, credo. Sicché deve cominciare a far rumore nel modo giusto fin da ora» replicò Caio Mario, facendosi da parte per cedere il passo al compagno più anziano, che lo precedette nell'abitazione terrena del gran dio, Giove Ottimo Massimo.

«Credo che tu abbia ragione» fece Cesare.

La vasta sala centrale del tempio era in penombra, così scarsa era la luce esterna, ma il viso di cotto rosso del gran dio splendeva, come illuminato dall'interno. Era un antichissimo simulacro, creato secoli addietro in terracotta dal famoso scultore etrusco Vulca, anche se nel frattempo gli erano stati aggiunti una veste d'avorio, una chioma d'oro, sandali d'oro, un fulmine d'oro, persino una pelle d'argento, che gli rivestiva le braccia e le gambe, e unghie d'avorio alle dita delle mani e dei piedi. Soltanto il viso era rimasto del colore di quell'argilla rossiccia, senz'ombra di barba alla maniera etrusca, un'usanza che Roma aveva ereditata; il sorriso vacuo, a bocca chiusa, gli incurvava le labbra sin quasi alle orecchie, conferendogli l'aria di un genitore un po' fatuo, ben deciso a ignorare il fatto che suo figlio era occupato a dar fuoco alla balia.

Da ciascun lato della sala del dio supremo si accedeva ad altre stanze, a sinistra quella che ospitava sua figlia Minerva, a destra quella della sua sposa Giunone. Le due signore in questione erano presenti nelle rispettive celle sotto forma di splendidi simulacri criso elefantini, e ciascuna delle due sopportava con rassegnazione la presenza di un'ospite non invitata, perché quando il tempio era stato costruito due delle antiche divinità si erano rifiutate di andarsene; i Romani essendo ciò che erano, si erano limitati a lasciarvi le antiche divinità assieme alle nuove.

«Mi domando, Caio Mario,» fece Cesare «se domani pomeriggio ti andrebbe di cenare con me.»

Questa, sì, che era una sorpresa! Caio Mario ammiccò, sfruttando la frazione di secondo concessagli per tirare le sue conclusioni. Aveva in mente qualcosa? Senza dubbio. Ma non doveva trattarsi di una quisquilia. E se una cosa si poteva dire della *gens* Iulia, era che i suoi rappresentanti non avevano la puzza sotto il naso. Un Giulio Cesare non ne aveva bisogno. Quando si poteva far risalire le proprie origini in linea maschile a Iulio, Enea, Anchise e alla dea Venere, si stava in una botte di ferro, liberi di frequentare chiunque, da uno scaricatore di porto a un Cecilio Metello.

«Grazie, Caio Giulio» disse Mario. «Sarò felicissimo di cenare con te.»

Il giorno di Capodanno, Lucio Cornelio Silla si svegliò prima dell'alba, quasi perfettamente lucido. Giaceva esattamente dove doveva, scoprì, con la matrigna a destra e la sua amante a sinistra, ma le due donne, anche se definirle tali era un eufemismo, erano vestite di tutto punto e gli giravano le spalle. Questo gli fece capire che non gli erano state richieste prestazioni di sorta, deduzione confermata dal fatto che a svegliarlo era stata un'imponente e squisitamente dolorosa erezione. Per un attimo Silla rimase disteso, cercando di fissare il terzo occhio che lo guardava dall'alto del ventre con sfrontata sicurezza, ma al solito perse l'impari scommessa. C'era una sola cosa da fare: gratificare l'ingrato. Con tale intenzione, allungò la mano destra a sollevare l'orlo della tunica della matrigna, mentre la sinistra s'impegnava nella stessa impresa con l'amante. Le due donne, che fingevano solo di dormire, si sollevarono di scatto sul letto e presero ad accanirsi su di lui con le mani strette a pugno e con le lingue, tamburellando e martellando senza pietà.

«Che ho fatto?» mugolò Silla, raggomitolandosi in posizione di difesa e proteggendosi il basso ventre, dove la principesca erezione si era afflosciata come un otre vuoto.

Furono anche troppo pronte a dirglielo, all'unisono. Silla, tuttavia, ora ricordava da solo la ragione di tanto furore; meglio così, perché le due donne, strillando contemporaneamente, rendevano incomprensibile la spiegazione. Metrobio, accidenti agli occhi suoi! Oh, ma che occhi! Scuri e liquidi come giaietto polito, frangiati di ciglia nere così lunghe da poterle arrotolare attorno al dito. Pelle come panna densa, riccioli neri ricadenti in disordine sulle esili spalle, e il culo più dolce del mondo. Quattordici anni di età, ma un millennio di vizio, l'allievo del vecchio attore Scilax, e un adescatore nato, un tormento, una puttana, un cucciolo di tigre.

Nel complesso, di quei tempi Silla preferiva le donne, ma Metrobio era un caso a sé. Il ragazzo si era presentato alla festa assieme a Scilax, travestito e imbellettato da Venere; lui impersonava Cupido, con un ridicolo paio di piumose alucce legate alla schiena e un minuscolo gonnellino di bavella di Coo attorno alla vita; la stoffa, colorata con chissà quale imitazione di croco a buon mercato, si era stinta una tantino perché la stanza era sprangata e vi fa-

27

ceva un caldo soffocante, lasciandogli tracce di giallo arancione all'interno delle cosce, il che serviva unicamente ad attirare l'attenzione su ciò che nascondeva a malapena.

Silla ne era rimasto affascinato a prima vista, ma aveva a sua volta affascinato il fanciullo. Be', quanti uomini al mondo, oltre a Silla, avevano la pelle altrettanto nivea e i capelli del colore del sole nascente e gli occhi così chiari da sembrare quasi bianchi? Per non parlare di un viso che aveva provocato non poco subbuglio ad Atene, alcuni anni prima, quando un Emilio, che dovrà rimanere sconosciuto, aveva imbarcato clandestinamente lo squattrinato Silla sedicenne sulla nave per Patrasso, godendone poi i favori per tutto il viaggio da Patrasso ad Atene, di cui aveva prolungato al massimo il percorso, compiendo per intero il periplo del Peloponneso.

Ad Atene, Silla era stato sommariamente scaricato; quell'Emilio era troppo importante per lasciare che qualche ombra ne offuscasse la virilità. I Romani disprezzavano l'omosessualità, al contrario dei Greci che la consideravano la più alta forma d'amore. Così, ciò che gli uni nascondevano per timore e paura, gli altri ostentavano sotto gli occhi dei loro pari abbagliati. Per quanto riguardava Silla, tuttavia, ben presto gli uni non si rivelarono meglio degli altri, perché non sussisteva dubbio alcuno che timore e paura aggiungessero un pizzico di pepe, nonché un'assai maggiore generosità. I Greci, come Silla ebbe subito modo d'imparare, erano ostili a pagare per ciò che potevano facilmente ottenere gratis, anche se l'oggetto della compravendita era qualcosa di straordinario come Silla. Per cui il ragazzo aveva ricattato l'Emilio in questione per pagarsi il viaggio di ritorno in prima classe, in Italia e a Roma, e aveva lasciato Atene per sempre.

La maturità virile, naturalmente, aveva cambiato la situazione. Una volta che la barba gli crebbe a sufficienza da costringerlo a radersi tutti i giorni e sul petto gli furono spuntati i peli d'oro rosso, l'attrazione che esercitava sugli uomini svanì, e con l'attrazione anche la loro generosità. Le donne, scoprì Silla, erano di gran lunga più sciocche e avevano una gran voglia di accasarsi, cosa che le rendeva sfruttabili. Da bambino, Silla non aveva conosciuto molte donne, perché sua madre era morta prima che fosse grande abbastanza per averne un ricordo da custodire gelosamente, e suo padre, un ubriacone ridottosi in miseria, poco si curava della sua prole. Silla aveva una sorella, Cornelia Silla, di due anni più grande di lui; di bellezza pari a quella del fratello, Cornelia aveva colto al volo l'occasione di sposarsi con un certo Lucio Nonio, un ricchissimo campagnolo del Piceno, e si era trasferita a nord a godersi gli agi che la vita nel Piceno poteva riservarle. Il sedicenne Silla era rimasto ad accudire il padre tutto solo, il che influì non poco sulla qualità delle loro vite, principalmente sul piano della pulizia.

Poi, quando Silla compì ventiquattro anni, suo padre riprese moglie. Non fu l'avvenimento mondano dell'anno, ma recò qualche sollievo al giovanotto, che da anni ormai aveva fatto l'abitudine alla necessità di metter assieme quanto bastava a soddisfare l'inestinguibile sete del padre. La nuova moglie di suo padre, infatti, che si chiamava Clitumna e aveva origini umbre e contadine, era la vedova di un ricchissimo mercante ed era riuscita ad arraffare tutti i beni del defunto, facendone sparire il testamento e maritandone l'unica figlia in Calabria a un venditore d'olio.

Che cosa ci avesse trovato Clitumna in quel rottame di Silla padre, lì per lì era sfuggito al figlio; poi Clitumna invitò il figliastro ad abitare nella sua fastosa casa sul Germalus del Palatino, e non aveva perso tempo a saltare dal letto del neomarito in quello del giovane Silla. Chissà dove, scoprì quest'ultimo, in lui ardeva ancora una scintilla di lealtà e di affetto per l'importuno genitore, ché respinse Clitumna nel modo più diplomatico possibile e subito traslocò.

Era riuscito a metter da parte qualcosa, così si trovò un paio di stanze in un'enorme *insula*, ossia isolato, sull'Esquilino presso l'*Agger*, il terrapieno, per un affitto che poteva appena appena permettersi: tremila sesterzi l'anno. In tal modo aveva a disposizione una stanza per sé e un'altra in cui dormiva e cucinava il suo servo, oltre ai servizi di lavandaia di una ragazza che abitava due piani più su nel cadente casamento e "accudiva", in tutti i sensi, vari inquilini. Una volta alla settimana la ragazza si portava gli indumenti sporchi di Silla giù per il vicolo, fin dove un crocevia dilatava il dedalo di strade in una piccola piazza di forma irregolare; nella piazza c'erano un tabernacolo, un ritrovo dove si radunavano i membri della confraternita locale e una fontana che gettava un rivolo perenne d'acqua dalla bocca di un vecchio, brutto Sileno in una vasca dal fondo di pietra donata alla città, al pari di molte altre, da quel grand'uomo di Catone il Censore, tanto abile quanto di umili origini. Sgomitando per farsi largo, la ragazza sbatteva le tuniche di Silla sulle pietre, si faceva aiutare a strizzare ogni indumento da un'altra lavandaia, cui ricambiava il favore, poi riportava al giovane il bucato ripiegato con cura. Chiedeva poco in cambio: una sveltina, all'insaputa di tutti, specialmente del vecchio bisbetico con cui viveva.

Fu a questo punto che Silla conobbe Nicopolis. "Città della Vittoria", significava il nome in greco, sua madrelingua. E proprio questo fu per Silla, perché Nicopolis era una vedova benestante, innamorata di lui alla follia. L'unico guaio stava nel fatto che, seppure dispostissima a mantenerlo nel lusso, era però di gran lunga troppo scaltra per dargli denaro in contanti. La copia spiccicata, si rese conto Silla tetramente, della sua matrigna Clitumna. Le donne erano sciocche, ma anche scaltre. Oppure voleva dire che lui era troppo trasparente.

Due anni dopo che aveva fatto fagotto dalla fastosa dimora di Clitumna, suo padre morì, avendo tracannato con tale felicità da procurarsi una malattia epatica incurabile; e se il vecchio era stato il prezzo che Clitumna era disposta a pagare per metter le grinfie sul figlio, il trucco alla fine aveva funzionato, soprattutto dopo la scoperta, da parte di Silla, che Clitumna non era per nulla contraria a spartire i suoi favori, e il suo letto, con Nicopolis, la sgualdrina greca. Nella casa sul Palatino, il trio instaurò rapporti intimi guastati solo di tanto in tanto dalla debolezza di Silla per i giovinetti. Non si trattava, assicurò alle sue due donne, di una debolezza grave: non aveva il gusto dell'innocenza, lui, né il minimo desiderio di sedurre i figli dei senatori mentre si esibivano in esercizi ginnici al Campo Marzio, duellando tra loro con spade di legno e volteggiando su e giù da ostacoli imbottiti e sellati come cavalli veri. No, a Silla piacevano le puttane, i battoncelli di professione, adusi a ogni trucco del mestiere; la verità era che gli rammentavano se stesso alla loro età.

Ma poiché le due donne detestavano le sue puttanelle e, a dispetto degli appetiti sessuali, Silla era un vero uomo, resisteva alle tentazioni in quel senso per amore del quieto vivere, ovvero faceva in modo da indulgere ai suoi vizietti ben lontano dagli occhi di Clitumna e Nicopolis. Questo, fino alla vigilia di Capodanno, alle ultime ore del consolato di Publio Cornelio Scipione Nasica e Lucio Calpurnio Bestia, le ore immediatamente precedenti l'inizio del consolato di Marco Minucio Rufo e Spurio Postumio Albino. La vigilia di Metrobio, avrebbe con tutta probabilità finito col chiamarsi, se fosse dipeso da Clitumna e Nicopolis.

Tutti e tre adoravano il teatro, ma non quella roba greca per intellettuali di Sofocle ed Eschilo ed Euripide, tutta maschere e lamentose voci pulsanti e tronfia poesia. No, loro amavano la commedia, le burle infarcite di grassa comicità latina di Plauto e Nevio e Terenzio; e, soprattutto, l'idiozia elementare, senza maschere, del mimo puro e semplice, con le sue sgualdrine nude, gli sciocchi maldestri, i peti strombazzanti, gli elaborati doppi sensi, le trame improbabili, inventate lì per lì attingendo al repertorio tradizionale. Lunghe margherite infilate nei culi ondeggiavano e oscillavano;

il movimento di un dito era più eloquente di mille parole; suoceri con gli occhi bendati scambiavano un paio di tette per meloni maturi; gli adulteri erano folli e gli dèi si ubriacavano: non c'era nulla di sacro nel nome di Mimo.

I tre erano amici di tutti gli attori e i registi comici di Roma, neppure prendevano in considerazione l'idea di dare una festa senza che fosse presente un grappolo di "bei nomi". Per quanto li riguardava, il teatro tragico neanche esisteva, e in questo erano veri romani, ché i romani adoravano sghignazzare.

Così, alla festa in casa di Clitumna per l'ultimo dell'anno, furono invitati Scilax, Astera, Milone, Pedocle, Dafne e Marsyas. Si trattava, logicamente, di una festa in costume; Clitumna si divertiva un mondo a camuffarsi, e anche Nicopolis, e a Silla piacevano i travestimenti femminili di un certo tipo, che davano modo agli spettatori di ridere dei lazzi di un maschio che fingeva movenze di donna.

Di conseguenza Silla si era infilato in un costume da Medusa la Gorgone, con tanto di parrucca guarnita di serpentelli vivi, che strappavano urla di terrore a tutti i presenti ogniqualvolta abbassava la testa e minacciava di caricare, e una fluente massa di drappeggi in bavella di Coo che lasciava intravedere anche troppo chiaramente agli invitati il serpe più grosso di tutti il suo. La matrigna si era camuffata da scimmia indossando un manto peloso e sgambettava e si grattava e si denudava le natiche tinte d'azzurro. In modo più confacente, dato che era alquanto più bella di Clitumna, Nicopolis si presentò nelle vesti di Diana dei Boschi, esibendo le lunghe gambe snelle e un seno perfetto mentre volteggiava per la sala in modo da far tintinnare le frecce di latta contenute nella faretra al ritmo della musica suonata da flauti, pifferi, campanelle, lire e tamburelli.

La festa ebbe un inizio altalenante. Silla, con la sua acconciatura tremolante, riscosse un innegabile successo, ma Clitumna la Scimmia era la più divertente di tutti. Il vino scorreva a fiumi; le risa e gli strilli si propagavano oltre il peristilio sul retro della casa, suscitando le ire di tutti i vicini già un bel po' prima che l'anno vecchio trapassasse in quello nuovo. Poi, buon ultimo, arrivò Scilax, che varcò la soglia traballando su un paio di sandali con la zeppa di sughero, una parrucca biondo oro in testa, enormi tette finte a gonfiargli la splendida veste, e truccato da vecchia puttana. Povera Venere! Lo tallonava, in veste di Cupido, Metrobio.

Il grosso serpe di Silla gli scoccò un'occhiata e si drizzò in meno di un secondo, cosa che non fece piacere alla Scimmia o a Diana dei Boschi. E neppure, a dire il vero, a Venere Scilax. Ne seguirono scene di frenesia pari a quelle che ravvivavano farse o mimi: un sedere azzurro ballonzolante, un seno nudo ballanzolante, una parrucca bionda ballonzolante, un'enorme serpe ballonzolante, e un ragazzo piumato ballonzolante. Il tutto culminò nel ballonzolìo più sfrenato di tutti, quello che vide Metrobio e Silla nell'atto di godersi un piccolo amplesso sodomitico in un angolino che si erano immaginati più appartato di quanto realmente fosse.

Silla, naturalmente, si era reso conto di commettere un errore madornale; ma il fatto di saperlo non gli era stato di alcun aiuto. Dal momento in cui aveva visto la tintura colare lungo quelle seriche gambe e notato la lunghezza delle ciglia che frangiavano quegli occhi lucenti, scuri come la notte, Silla era stato distrutto, conquistato, condannato senza speranza. E quando sfiorò con la mano il gonnellino increspato del ragazzo e lo sollevò quanto bastava a vedere come fossero belle e glabre e di colore scuretto le doti naturali che nascondeva, non ci fu più nulla al mondo che potesse fare all'infuori di ciò che fece, ossia trascinare il ragazzo in un angolo dietro a un grosso sedile imbottito e possederlo.

Per poco la farsa non si mutò in tragedia. Clitumna afferrò una preziosa coppa di vetro alessandrino, la spaccò e si avventò come una furia, mirando al volto di Silla. Al che Nicopolis si scagliò su Clitumna con una brocca di vino e Scilax si slanciò su Metrobio brandendo uno dei sandali con la suola ortopedica di sughero. Tutti gli altri smisero di spassarsela per osservare la scena, incantati. Fortunatamente, Silla non era tanto sbronzo da aver perso la sua straordinaria forza fisica, per cui li affrontò tutti quanti con impeto e decisione: sferrò un pugno a Scilax, su un occhio pesantemente bistrato che rimase pesto e livido per un mese, colpì con le punte acuminate di un'intera faretra di frecce le lunghe gambe nude di Diana, e si tirò Clitumna sulle ginocchia, a faccia ingiù, facendole nere le natiche tinte di azzurro. Dopodiché, a mo' di ringraziamento, baciò il ragazzo, indugiando a esplorarne la bocca con la lingua, e se ne andò a letto ostentando immenso disgusto.

Fu solo all'alba del Capodanno che Silla si rese conto di come stavano realmente le cose. Non era una farsa. E neppure una commedia. Bensì una tragedia, strana e orrendamente involuta al pari di qualsiasi invenzione teatrale Sofocle avesse mai immaginato nel suo più cupo impeto di disperazione al cospetto delle buffonate di dèi e uomini. Quel giorno, Capodanno, era il compleanno di Silla. Aveva trent'anni tondi tondi.

E allora si volse a guardare le due donne che si azzuffavano e schiamazzavano nel letto, sparita ogni traccia del travestimento da Medusa della sera prima, e le guardò con così gelida collera e pena e odio, che le due rimasero impietrite: se ne stettero lì, incapaci di muoversi, mentre lui indossava una tunica bianca di bucato e si faceva drappeggiare sul corpo, da uno schiavo, la toga, indumento che da anni non metteva più, se non per andare a teatro. Solo dopo che fu uscito le donne ritrovarono la capacità di muoversi, e allora si scambiarono un'occhiata e scoppiarono fragorosamente in lacrime; non per il proprio dolore, ma per quello di lui, di cui non conoscevano neppure lontanamente la profondità.

La verità era che Lucio Cornelio Silla, trent'anni proprio quel giorno, viveva nella menzogna. Era sempre vissuto nella menzogna. Il mondo in cui si era aggirato per trent'anni, un mondo abitato da ubriaconi e mendicanti, attori e prostitute, ciarlatani e liberti, non era per nulla il suo.

Roma era piena di uomini che portavano il nome della *gens* Cornelia. Ma aveva finito con l'essere così chiamati perché un padre o un nonno o un avo di chissà quante generazioni prima un tempo era appartenuto, schiavo o contadino, a un nobilissimo patrizio di tal nome. Quando il suddetto patrizio Cornelio li aveva emancipati dal vincolo servile per onorare un matrimonio o una nascita o un funerale, o perché il denaro necessario ad acquistare la libertà era stato risparmiato soldo su soldo sul salario, i liberti ne avevano assunto il nome, facendosi chiamare Cornelio a loro volta. Tutti coloro i quali portavano il nome di Cornelio erano clienti di qualche patrizio Cornelio in quanto gli dovevano gratitudine per la cittadinanza che avevano acquisito assieme al suo nome.

Eccezion fatta per Clitumna e Nicopolis, tutti quelli che conoscevano Lucio Cornelio Silla supponevano automaticamente che fosse l'ennesimo Cornelio di quel genere, figlio o nipote o discendente alla lontana dello schiavo o del contadino di un Cornelio; dati i suoi colori barbarici, di gran lunga più probabile che si trattasse di uno schiavo piuttosto che di un contadino. Dopotutto, c'erano patrizi che si chiamavano Cornelio Scipione e Cornelio Lentulo e Cornelio Merula, ma chi mai aveva *sentito parlare* di un patrizio a nome Cornelio Silla? Neppure si sapeva che cosa volesse dire Silla!

Ma la verità era che Lucio Cornelio Silla, iscritto dai censori, in base ai suoi mezzi di fortuna, tra i *capite censi*, il popolino, la gran massa di cittadini romani nullatenenti, era un aristocratico patrizio, figlio di un aristocratico patrizio, e così via per innumerevoli generazioni sino ai giorni precedenti la fondazione di Roma. Per diritto di nascita Silla era altamente qualificato ai vertici della gerarchia politica, al *cursus honorum*. Per diritto di nascita, gli spettava il consolato.

La sua tragedia era da ricercarsi nella miseria, nell'incapacità di suo padre a provvedere la rendita o i beni necessari a iscrivere il figlio persino nell'infima delle cinque classi economiche; tutto ciò che suo padre gli aveva lasciato in eredità era la pura e semplice cittadinanza romana. A Lucio Cornelio Silla non competeva la striscia di porpora sulla spalla sinistra della tunica, né quella sottile da cavaliere né quella larga da senatore. Tra i suoi conoscenti c'era chi l'aveva udito vantare l'appartenenza alla *gens* Cornelia, e rideva di lui, sprezzante. Presumendo che avesse origini servili, si riteneva che la sua *gens* dovesse essere vuoi l'urbana Esquilina vuoi l'urbana Suburrana: la rurale Cornelia, infatti, era una delle quattro più antiche fra le trentacinque tribù romane, e non si contavano nullatenenti tra i suoi membri.

A trent'anni, Silla avrebbe dovuto entrare a far parte del Senato, in qualità di questore regolarmente eletto con l'approvazione dei censori o, per diritto di nascita, nominato dai censori stessi, senza che se ne richiedesse l'elezione a questore.

E invece era il mantenuto di due donne volgari, e non c'era un filo di speranza al mondo che sarebbe mai riuscito a possedere beni tali da consentirgli di far valere i propri diritti di nascita. L'anno seguente sarebbe stato un anno censorio: oh, se solo avesse potuto presentarsi al tribunale dei censori nel Foro Romano per esibire la prova che disponeva di beni in grado di fruttargli una rendita di un milione di sesterzi all'anno! Era il minimo per un senatore. O, magari, almeno beni in grado di fornirgli una rendita di quattrocentomila sesterzi all'anno! Che era il minimo per un cavaliere. Invece non possedeva beni di sorta, e il suo reddito non aveva mai superato i diecimila sesterzi all'anno, anche adesso che si faceva mantenere dalle donne. A Roma, la miseria per definizione, consisteva nell'incapacità di possedere uno schiavo, e ciò significava che c'erano stati momenti in cui Silla era stato in miseria. Lui, un patrizio della *gens* Cornelia.

Durante i due anni di spavalda sfida in cui era vissuto nell'*insula* sull'Esquilino, presso l'*Agger*, era stato costretto a cercar lavoro sui moli del porto di Roma, sotto il ponte ligneo; si era caricato sulle spalle giare di vino e aveva svuotato urne di grano per potersi permettere quell'unico schiavo con cui mostrare al mondo che non era in miseria nera. Via via che maturava, infatti, cresceva di pari passo il suo orgoglio o, meglio, la consapevolezza della sua estrema umiliazione. Non aveva mai ceduto all'impulso di trovarsi un lavoro fisso, di imparare un mestiere in una fucina o una falegnameria, o di diventare scrivano, di fungere da segretario di un mercante o copiare manoscritti per conto di un editore o di una biblioteca circolante. Se sfacchinavi sui moli o all'ortomercato o in un cantiere edile, nessuno ti faceva domande; se invece andavi al lavoro tutti i santi giorni nello stesso posto, tutti quanti te ne facevano. A Silla era persino impedito di arruolarsi nell'esercito: anche per questo bisognava disporre di beni di fortuna. Qualificato per nascita a comandare un esercito, Silla non aveva mai brandito una spada, montato un cavallo o scagliato una lancia, neppure sui terreni di addestramento e di esercitazione attorno alla Villa Publica, sul Campo Marzio. Lui, un patrizio della *gens* Cornelia.

Magari, se si fosse rivolto a qualche patrizio suo parente alla lontana e avesse implorato, si sarebbe potuto por rimedio alla situazione in virtù di un grosso prestito. Ma l'orgoglio, che si poteva anche ingoiare facendosi mantenere da donne volgari, si ribellava all'idea di chiedere l'elemosina. Non esistevano, infatti, patrizi viventi del ramo della *gens* Cornelia cui apparteneva Silla ma soltanto parenti alla lontana del tutto indifferenti alla sua situazione. Meglio essere una nullità e non dover nulla a nessuno, che essere qualcuno e gemere sotto l'oneroso fardello clientelare di un grosso prestito. Lui, un patrizio della *gens* Cornelia.

Dove esattamente fosse diretto, quando uscì a precipizio dalla casa della matrigna, Silla proprio non aveva idea. Gli bastava respirare l'aria umida, camminare sino a scacciare l'angoscia. Clitumna aveva scelto uno strano posto per abitare, vista la sua estrazione sociale: un strada popolata di avvocati di grido e senatori di secondo piano e cavalieri con un reddito medio, troppo in basso sul Germalus Palatino per godere di una gran vista, e tuttavia comodamente vicino al cuore politico e finanziario della città, il Foro Romano e le circostanti basiliche e i mercati e i porticati. A Clitumna, logicamente, piaceva la sicurezza di tale ubicazione, lontana dai lupanari della Suburra e dalla criminalità che ne conseguiva, ma i suoi rumorosi festini e le sue dubbie amicizie avevano provocato molte adirate proteste da parte dei vicini, i quali preferivano la pace e la tranquillità. Da un lato abitava il facoltoso affarista e amministratore Tito Pomponio, dall'altro un senatore: Caio Giulio Cesare.

Non che si vedessero spesso. Era proprio questo uno dei vantaggi, o inconvenienti, a seconda del punto di vista, delle case con vista sull'interno; con i muri esterni privi di finestre e un cortile centrale, il peristilio, nascosti alla vista dei vicini dalle stanze che lo circondavano per intero. Senza dubbio, però, quando le feste di Clitumna dal triclinio si riversavano all'aperto, nel peristilio, la cacofonia si propagava ben oltre i confini della sua proprietà, facendo di lei la presenza più fastidiosa del quartiere.

Era spuntata l'alba. Dinanzi a sé Silla scorgeva le donne di Caio Giulio Cesare che procedevano traballando sulle alte zeppe di sughero e gli ancor più alti tacchi dei calzari invernali, i delicati piedini sollevati al di sopra dell'acqua che scorreva tra i mucchi di rifiuti. Andavano ad assistere alla cerimonia d'insediamento, suppose Silla, rallentando il passo e osservando intento le forme infagottate nei mantelli con la disinvolta capacità di valutazione di un uomo dagli impulsi sessuali potenti e vigorosi. La moglie era una Marzia, figlia del costruttore dell'*Aqua Marcia*, poco più che quarantenne. Be', diciamo quarantacinque. Ancora snella e curata, alta, bruna, una matrona più che piacente. E tuttavia non poteva gareggiare in bellezza con le figlie: vere Iulie, due bionde beltà, anche se, a parere di Silla, era la minore ad aggiudicarsi la palma della vittoria. Le aveva viste di tanto in tanto, mentre si recavano al mercato ad adocchiare le mercanzie in vendita; i loro borsellini, questo Silla lo sapeva, erano esili come i loro corpi. Appartenevano a una famiglia che si manteneva al livello senatoriale solo a prezzo di duri sacrifici. Il cavaliere Tito Pomponio, l'altro vicino di casa di Clitumna, era di gran lunga più facoltoso.

Il denaro. Governava il mondo. Senza denaro non si era nessuno. Non c'era da stupirsi che quando un uomo si elevava a una qualsiasi posizione in cui gli si offrisse l'occasione di arricchirsi, di regola ci riusciva, sempre. Per arricchirsi tramite la politica, bisognava assicurarsi l'elezione a pretore; da quel momento le fortune dell'interessato erano cosa fatta, i duri anni di apprendistato finalmente davano il loro frutto. Al pretore, infatti, era affidato il governo di una Provincia, e là era un dio, poteva fare e disfare a suo piacimento. Se possibile, combatteva una guerricciola contro qualche tribù barbarica di frontiera, si impadroniva del suo oro e dei suoi tesori sacri, vendeva come schiavi i prigionieri catturati a fil di spada e intascava il ricavato. Ma se le prospettive di una guerra lo sgomentavano, c'erano altre strade: il pretore poteva sempre commerciare in grano e vari altri generi di prima necessità; poteva prestare denaro a tassi d'interesse esorbitanti e, se necessario, servirsi dell'esercito per incassare i crediti; poteva truccare i libri contabili al momento di esigere le imposte; poteva concedere a scopo di lucro la cittadinanza romana; poteva intascare onorari illeciti per ogni cosa possibile e immaginabile, dall'appalto di contratti governativi all'esenzione di qualche città locale dall'obbligo del tributo dovuto a Roma.

Il denaro. Come procurarselo? Come procurarsene *abbastanza* per entrare a far parte del Senato? Sogni, Lucio Cornelio Silla! Sogni!

Quando le donne di Cesare svoltarono a destra per salire il Clivo della Vittoria, Silla comprese dov'erano dirette. All'*area Flacciana*, il sito della casa di Flacco. Si fermò sulla strada sovrastante l'erto pendìo coperto di stenta erba invernale, mentre le signore della *gens* Iulia si stavano accomodando su sgabelli da campo e un omaccione, che a giudicare dall'aspetto doveva essere originario della Tracia e che aveva capeggiato la scorta di schiavi, era impegnato a drizzare una tenda di pelle priva del lembo frontale, per proteggere la sua padrona dalla pioggia che ora cadeva un po' più fitta. Le due Iulie, notò Silla, rimasero per breve tempo sedute compostamente accanto alla madre, ma quando questa si mise a parlare con la moglie di Tito Pomponio, in avanzato stato di gravidanza, raccolsero gli sgabelli pieghevoli e se la svignarono un po' più in basso, dove quattro ragazze della famiglia di Claudio Pulcher sedevano un bel po' lontane dalle rispettive madri. Le madri? Ah! Licinia e Domizia. Due donne che Silla conosceva molto bene, dato che se le era portate a letto entrambe. Senza volgere lo sguardo a sinistra o a destra, Silla scese il pendìo, raggiungendo le due donne.

Le salutò, abbozzando un cenno col capo. «Gran brutta giornata.»

Ogni donna presente sull'altura sapeva chi era, e questo era un aspetto penosamente interessante della situazione di Silla. I suoi amici della plebaglia supponevano sempre che fosse uno di loro, ma la nobiltà romana non commetteva questo errore. Sapeva perfettamente che era una sorta di diamante grezzo! Gli aristocratici conoscevano il suo lignaggio e la sua storia personale. In qualche caso erano mossi a pietà nei suoi confronti; in altri, come nel caso di Licinia e Domizia, lo consideravano un oggetto di divertimento sessuale. Nessuno, però, lo *aiutava*.

Il vento che soffiava da nord est recava un sentore acre di fuoco estinto, un puzzo misto di carbonella umida, di calce bruciata, di migliaia di cadaveri in putrefazione. L'estate precedente, l'intero Viminale e la parte superiore dell'Esquilino erano stati divorati dalle fiamme, il peggior incendio che a memoria d'uomo fosse divampato a Roma. Forse un quinto della città era bruciato prima che gli sforzi congiunti della popolazione riuscissero a demolire una fascia di costruzioni sufficientemente ampia da isolare la conflagrazione dalle *insulae* di casamenti stipati di gente della Suburra e delle falde inferiori dell'Esquilino; il vento e l'ampiezza del Vico Lungo avevano impedito che il fuoco si propagasse alle propaggini scarsamente popolate del Quirinale, il più settentrionale dei colli entro la cinta delle Mura di Servio Tullio.

Sebbene fossero già trascorsi sei mesi, dal punto in cui si trovava ora Silla, lo spiazzo dove un tempo sorgeva la casa di Flacco, la terribile cicatrice lasciata dall'incendio copriva le alture al di là del Mercato per un tratto di mille passi, un miglio quadrato buono di terreno annerito, edifici in rovina, desolazione. Quante persone fossero perite, nessuno lo sapeva. Un numero sufficiente, comunque, a far sì che in seguito non si lamentasse più la penuria di alloggi. Così lenta era la ricostruzione che solo qua e là si levavano impalcature di legno alte una trentina di metri e più a indicare che stava sorgendo un nuovo condominio a più piani, destinato a gonfiare le tasche di qualche padrone di casa cittadino.

Con gran divertimento, Silla avvertì la tensione di Licinia e Domizia nel momento in cui si resero conto chi era la persona che le salutava; per niente al mondo sarebbe stato disposto a mostrarsi misericordioso e a lasciarle in pace. Soffrissero, quelle stupide troie! "Chissà se ciascuna di loro sa che sono andato a letto con tutt'e due?" si domandò, e decise che non lo sapevano. Il che conferiva all'incontro un tocco squisitamente piccante. Con occhi danzanti, Silla notò le occhiate furtive che le due si scambiavano e lanciavano alle poche donne come Marzia, presenti in quel luogo assieme a loro. Oh, non *Marzia*! Pilastro di rettitudine! Monumento di virtù!

«Che settimana orribile è stata quella» disse Licinia, con voce un tantino stridula, gli occhi fissi alle alture devastate dall'incendio.

«Sì» fece Domizia, schiarendosi la gola.

«Ero terrorizzata!» farfugliò Licinia. «Allora abitavamo sulle Carine, nel quartiere dell'Esquilino, Lucio Cornelio, e il fuoco continuava ad avvicinarsi. Logicamente, non appena si è spento, ho convinto Appio Claudio a trasferirsi all'altro capo della città. In nessun luogo si è al riparo dagli incendi, però non c'è dubbio che sia meglio mettere il Foro e la Palude tra sé e la Suburra!»

«È stato bellissimo» ribatté Silla, ricordando come ogni notte di quella settimana si fosse piazzato in cima alla Scalinata delle Vestali a osservare lo spettacolo, fingendo che quanto aveva sotto gli occhi in tutto il suo mostruoso splendore fosse una città nemica messa a ferro e fuoco, e lui il generale romano che aveva impartito l'ordine. «Bellissimo!» ripeté.

Il tono gongolante con cui pronunciò la parola indusse Licinia ad alzare gli occhi a fissarlo, suo malgrado, e ciò che lesse su quel viso costrinse la donna a distogliere nuovamente lo sguardo in gran fretta e a pentirsi amaramente di essersi mai concessa a quell'uomo. Silla era troppo pericoloso, e perdipiù non aveva tutte le rotelle a posto.

«Non tutto il male viene per nuocere, comunque» si sforzò di dire con brio. «I miei cugini Publio e Lucio Licinio hanno comprato un bel pezzo di terreno dopo l'incendio. A sentir loro, il suo valore salirà alle stelle nei prossimi anni.»

Apparteneva alla famiglia di Licinio Crasso, uno dei multimilionari della città. Ma insomma, perché *lui*, Silla, non riusciva a trovarsi una sposa ricca, com'era capitato ad Appio Claudio Pulcher? Semplice, Silla! Perché nessun padre o fratello o tutore di una ricca fanciulla di nobile schiatta avrebbe mai accordato il suo consenso a un matrimonio del genere.

Il piacere che provava a giocare con le due donne svanì di colpo; senza una parola, girò sui talloni e salì il pendìo verso il Clivo della Vittoria. Le due giovani Iulie, notò Silla passando loro accanto, erano state richiamate all'ordine e sedevano di nuovo accanto alla madre al riparo della tenda di pelle. Le sfiorò con lo sguardo di quei suoi occhi strani, liquidando in quattro e quattr'otto Iulia, ma attardandosi con apprezzamento sulla sorella minore. Oh, numi, com'era bella! Una torta al miele tuffata nel nettare degli dèi, un bocconcino degno di un abitatore dell'Olimpo. Avvertì un dolore al petto e si massaggiò sotto la toga per farlo sparire. Ciononostante si rese conto che Iulia Minore si era girata sullo sgabello da campo a seguirlo con lo sguardo finché non sparì alla sua vista.

Silla scese la Scalinata delle Vestali sino al Foro e salì il Clivo Capitolino, arrivando in coda alla folla assiepata davanti al tempio di Giove Ottimo Massimo. Tra le sue bizzarre doti c'era anche la capacità di far rabbrividire d'inquietudine le persone che gli stavano attorno, tanto da indurle a scostarsi da lui; nella maggior parte dei casi Silla ne approfittava per assicurarsi i posti migliori a teatro, ma ora la mise a frutto per aprirsi un varco sino alla prima fila di cavalieri, dove si piazzò in un punto da cui aveva una visuale perfetta del luogo del sacrificio. Benché non avesse diritto a stare lì, sapeva che nessuno l'avrebbe mai cacciato. Pochi cavalieri sapevano chi fosse e persino tra i senatori c'erano volti che non gli erano familiari: c'erano però uomini di sua conoscenza in numero sufficiente a garantirgli che la sua presenza sarebbe stata tollerata.

Esistevano cose che nessun tipo di isolamento dalla corrente principale della vita pubblica della nobiltà avrebbe mai potuto sradicare; forse, dopo tante generazioni — mille anni di generazioni successive — erano entrate nel sangue, campanelle d'allarme foriere di presagi funesti o di catastrofi. Per scelta personale, Silla non si era mai curato di seguire l'andamento politico del Foro, essendo giunto alla conclusione che era meglio esserne all'oscuro piuttosto di affannarsi a partecipare a una vita che non poteva avere. Eppure, mentre se ne stava in prima fila nel gruppo dei cavalieri, Silla intuì che quello sarebbe stato un anno infausto. Era il sangue a dirgli che sarebbe stato l'ennesimo di una serie di anni infausti, da quando era stato assassinato Tiberio Sempronio Gracco, e poi, dieci anni dopo, suo fratello Caio Gracco era stato costretto a togliersi la vita. Nel Foro erano balenati i coltelli e le fortune di Roma avevano subìto un rovescio.

Era quasi come se Roma si stesse rimpicciolendo, sgonfiando di respiro politico. Un raduno, pensò, lasciando scorrere lo sguardo sulle schiere dei presenti, di mediocrità e nullità. Ritti in quel luogo, ancora sonnacchiosi malgrado la gelida pioggerella, c'erano uomini resisi responsabili della morte di oltre trentamila valorosi soldati romani e italici in meno di dieci anni, perlopiù in nome dell'avidità personale. Ancora il denaro. Denaro, denaro, denaro. Benché anche il potere avesse il suo peso. Non si sarebbe mai dovuto dimenticare o sottovalutare il potere. Quale delle due cose aizzava l'altra? Quali erano i mezzi, e quale il fine? Con tutta probabilità, dipendeva dal singolo individuo. Ma in quello squallido raduno dov'erano i grandi, gli uomini capaci di innalzare anziché umiliare Roma?

Il toro bianco non si comportava a dovere. Non c'era da stupirsene, considerati i consoli eletti quell'anno. "Personalmente" pensò Silla "mi guarderei bene dal porgere il *mio* candido collo alla scure del carnefice per uno come Spurio Postumio Albino, con tutto che è un patrizio." E comunque dove se l'erano procurato il denaro? Poi ricordò. Nella famiglia di Postumio Albino si contraevano *sempre* matrimoni d'interesse. Accidenti a loro.

Prese a scorrere il sangue. C'era una gran quantità di sangue nelle vene di un toro adulto. Che peccato. Potenza, vigore, forza formidabile. Ma che splendido colore, un cremisi intenso, lucente ma denso, che colava giù, tra i piedi dei presenti. Silla ne era affascinato; non riusciva a staccarne lo sguardo. Era fatale che tutto ciò in cui si addensava l'energia presentasse sempre una sfumatura di rosso? Il fuoco. Il sangue. I capelli, quanto meno *i suoi*. Il pene. I calzari dei senatori. I muscoli. Il metallo fuso. La lava.

Era tempo di andarsene. Andare dove? Ancora colmi della visione di tanto sangue, i suoi occhi si alzarono, incrociarono lo sguardo intento, fiero di un senatore di alta statura con la toga da magistrato anziano. Stupefacente! Quello, sì, era un uomo! Ma *chi*? A giudicare dai tratti, non sembrava imparentato con alcuna delle famiglie illustri; per quanto isolato dai suoi simili, Silla ne riconosceva ancora, senza fallo, le caratteristiche fisiche.

Chiunque fosse quell'individuo, certamente non apparteneva a una famiglia illustre. Tanto per cominciare, il naso tradiva qualche ascendenza celtica: era troppo corto e dritto per essere quello di un romano purosangue. Piceno, magari? E che sopracciglia cespugliose! Celtiche, anche quelle. Il volto era segnato da due cicatrici riportate in battaglia, che però non lo sfiguravano. Sì, un tipo formidabile, fiero e orgoglioso e intelligente. Una vera aquila. *Chi* era? Non un consolare, Silla li conosceva tutti quanti, sino al più anziano tuttora vivente. Un pretore, allora. Non dell'anno in corso, tuttavia, ché quelli facevano capannello alle spalle dei consoli, l'aria di tremendo sussiego e suppergiù prometتenti come una vecchia checca afflitta dalle emorroidi.

Ah! Silla si girò di scatto e si allontanò dalla folla, compreso l'ex pretore con l'aria da rapace. Era tempo di andarsene. Andare dove? In quale altro posto poteva mai andare, se non nell'unico rifugio a sua disposizione, tra i corpi sudaticci e non più di primo pelo della matrigna e dell'amante? Silla scrollò le spalle, abbozzando un sorrisetto beffardo. C'erano destini peggiori, luoghi peggiori. Ma non per un uomo, gli sussurrò una vocina dal fondo della mente, che quel giorno avrebbe dovuto metter piede al Senato.

Il guaio, per un legittimo sovrano in visita alla città di Roma, era che non ne poteva varcare il *pomerium*, ossia la sacra cinta. Così, Giugurta, re di Numidia, era costretto a trascorrere il Capodanno in noiosa attesa nella villa, di uno sfarzo scandaloso, che aveva affittato sul pendìo superiore del Pincio, affacciata sull'ampia ansa del Tevere che racchiudeva Campo Marzio. L'agente immobiliare che gli aveva procurato la villa si era abbandonato a elogi deliranti del panorama che se ne godeva, la vista in lontananza del Gianicolo e del colle Vaticano, le verdi distese delle due piccole piane delimitate dal Tevere, il Campo Marzio e il Campo Vaticano, il largo nastro azzurro del grande fiume. C'era da scommettere che in Numidia non esistevano fiumi imponenti come il caro vecchio Padre Tevere! Aveva farfugliato il presuntuoso ometto, badando a tenere ben nascosto il fatto che agiva per conto di un senatore, il quale professava eterna fedeltà alla causa di Giugurta e invece era solo desideroso di stipulare un contratto di affitto della villa tale da permettergli abbondanti forniture delle più costose anguille d'acqua dolce per parecchi mesi a venire. Perché mai pensavano che chiunque non fosse romano — persino un re, figuriamoci! — era automaticamente uno sciocco da menare per il naso? Giugurta era perfettamente consapevole dell'identità del proprietario della villa, e anche del fatto che per quanto riguardava l'affitto l'avevano truffato; ma c'erano tempi e luoghi giusti per la sincerità, e Roma, nel momento in cui Giugurta aveva stipulato il contratto d'affitto, non era il luogo più adatto per parlare senza peli sulla lingua.

Dal punto in cui ora sedeva, sulla loggia di fronte al vasto peristilio, la sua vista spaziava sul panorama circostante. Per Giugurta si trattava di un panorama di poco conto, e quando il vento tirava nella giusta direzione il puzzo degli escrementi che concimavano gli orti ai bordi del Campo Marzio, attorno alla Via Recta, era così forte da fargli desiderare di aver eletto domicilio fuori città, magari dalle parti di Bovillae o di Tusculum. Avvezzo alle enormi distanze della Numidia, giudicava una bazzecola i pochi chilometri di tragitto che separavano Bovillae o Tusculum da Roma. E, dal momento che comunque aveva scoperto di non poter mettere piede in città, che senso c'era ad alloggiare così vicino da sputare al di là della loro stramaledetta sacra cinta?

Se spostava lo sguardo di novanta gradi, logicamente, poteva scorgere i dirupi posteriori del Campidoglio e il retro del possente tempio di Giove Ottimo Massimo, in cui, proprio in quel momento, gli assicuravano i suoi agenti, i nuovi consoli presiedevano la prima assemblea dei senatori del loro anno di carica.

Come si dovevano affrontare i Romani? Se solo l'avesse saputo, Giugurta non sarebbe stato tanto preoccupato quanto ammetteva di essere tra sé e sé.

Sulle prime, la cosa era sembrata abbastanza semplice. Suo nonno era stato il grande Massinissa, il quale aveva creato il regno di Numidia sulle rovine sparse lungo duemila miglia di costa nordafricana dalla sconfitta inferta da Roma alla punica Cartagine. In un primo tempo l'ascesa al potere di Massinissa era avvenuta con l'aperta connivenza di Roma; ma in seguito, quando la sua potenza si era scomodamente accresciuta e un certo sapore punico del suo sistema di governo aveva comunicato a Roma un fremito d'inquietudine alla prospettiva di una novella Cartagine, Roma gli si era rivoltata contro. Per fortuna della Numidia, Massinissa era morto al momento giusto e, rendendosi anche troppo chiaramente conto che a un re vigoroso ne succede sempre uno deboluccio, aveva affidato a Scipione l'Emiliano il mandato di spartire la Numidia tra i suoi tre figli. Ma Scipione l'Emiliano era un furbacchione! Non suddivise in tre parti il territorio della Numidia, ma ripartì fra i tre eredi i doveri regali. Il maggiore ottenne la custodia del tesoro e dei palazzi; il mediano venne nominato comandante in capo dell'esercito; il minore ereditò tutte le funzioni legislative e giudiziarie. Ciò stava a significare che il figlio a capo dell'esercito non disponeva del denaro necessario a fomentare ribellioni, il figlio che disponeva del denaro non aveva l'esercito necessario a fomentare ribellioni, e il figlio con la legge dalla sua non aveva a disposizione né il denaro né l'esercito necessari a fomentare ribellioni.

In ogni caso, prima che il tempo e il crescente risentimento avessero modo di fomentare ribellioni, i due figli minori morirono, lasciando il maggiore, Micipsa, a regnare da solo. Entrambi i fratelli defunti, però, avevano lasciato dei figli a complicare il futuro: due figli legittimi e un bastardo a nome Giugurta. Uno di questi giovani sarebbe salito al trono alla morte di Micipsa, ma quale dei tre? Poi, in età avanzata, Micipsa, fino a quel momento senza prole, era diventato padre di due figli, Aderbale e Iempsale. In tal modo a corte si accesero grandi rivalità, perché l'età di tutti i potenziali eredi al trono non avrebbe potuto essere più sbagliata; Giugurta, il bastardo, era il maggiore, e i figli del sovrano regnante soltanto bambini in fasce.

Suo nonno Massinissa aveva disprezzato Giugurta, non tanto perché era un bastardo, ma in quanto sua madre apparteneva al più umile gruppo etnico del regno: era infatti una nomade berbera. Micipsa aveva ereditato da Massinissa l'avversione per Giugurta, e quando si avvide che era diventato un ragazzo bellissimo e intelligente, trovò la maniera di eliminare il maggior pretendente al trono. Scipione l'Emiliano aveva chiesto alla Numidia di inviare truppe ausiliarie per dargli man forte nell'assedio di Numanzia, sicché Micipsa gli mandò la leva militare al comando di Giugurta, ritenendo che il ragazzo sarebbe morto in Spagna.

Ma non andò così. Giugurta si batté come solo i guerrieri nati sanno fare; come se non bastasse, strinse subito amicizie tra i Romani, due dei quali avrebbe sempre considerato come i suoi amici più intimi e cari. Si trattava di due giovani tribuni militari che facevano parte dello stato maggiore di Scipione l'Emiliano e si chiamavano, rispettivamente, Caio Mario e Publio Rutilio Rufo. Erano tutti della stessa età: ventitré anni.

Al termine della campagna, quando Scipione l'Emiliano convocò Giugurta nella tenda del comando per tenergli una predica sul tema della necessità di comportarsi onorevolmente con Roma piuttosto che con un qualsiasi singolo Romano, Giugurta riuscì a non battere ciglio. Se la convivenza con i Romani durante l'assedio di Numanzia gli aveva insegnato qualcosa, infatti, era che quasi tutti i Romani, i quali aspiravano a un'alta carica pubblica, erano cronicamente a corto di denaro. In altre parole, si potevano comprare.

Tornando in Numidia, Giugurta recava con sé una lettera di Scipione l'Emiliano per re Micipsa. Vi si esaltava il coraggio, il buon senso e la superiore intelligenza del ragazzo, tanto che il vecchio Micipsa mise da parte l'avversione ereditata dal padre. E suppergiù nel momento in cui Caio Sempronio Gracco moriva nel bosco di Furrina ai piedi del Gianicolo, re Micipsa adottò ufficialmente Giugurta, designandolo erede diretto al trono della Numidia. Badò tuttavia a lasciar intendere che Giugurta non doveva diventare re; suo compito sarebbe stato quello di tutore dei figli di Micipsa, ormai alle soglie dell'adolescenza.

Quasi subito dopo aver instaurato tale situazione, re Micipsa morì, lasciando due eredi che non avevano ancora l'età per salire al trono, e Giugurta in veste di reggente. Tempo un anno, il figlio minore di Micipsa, Iempsale, fu assassinato su istigazione di Giugurta; il maggiore, Aderbale, sfuggì alla rete del tutore e si rifugiò a Roma, dove si presentò al Senato, chiedendo che Roma sistemasse la situazione in Nimidia e spogliasse Giugurta di ogni autorità.

«Perché abbiamo tanta paura di loro?» domandò Giugurta, strappandosi ai suoi pensieri e tornando al presente, mentre la cortina di pioggerella velava i campi di addestramento e gli orti e nascondeva del tutto la riva opposta del Tevere.

C'era una ventina di uomini sulla loggia, ma tutti quanti, a parte uno, erano guardie del corpo. Non si trattava di mercenari sul tipo dei gladiatori, bensì di Numidi che Giugurta si era portato appresso: erano gli stessi uomini, in effetti, che sette anni prima avevano recato a Giugurta la testa del giovane principe Iempsale, e di lì a cinque anni avevano fatto seguire a quel primo dono anche la testa del principe Aderbale.

L'unica eccezione, vale a dire colui al quale Giugurta aveva rivolto la domanda, era un omaccione dai tratti semitici, appena più basso di Giugurta, che sedeva in una comoda poltrona accanto al suo re. Un estraneo avrebbe potuto giudicarli parenti stretti, per vincoli di sangue, cosa che effettivamente erano; anche se si trattava di una circostanza che il re preferiva dimenticare. La tanto disprezzata madre di Giugurta era stata una semplice fanciulla nomade appartenente a un'arretrata tribù di berberi Getuli, una ragazzina che, per chissà quale capriccio del fato, aveva un viso e un corpo degni di Elena di Troia. E il compagno del re, in occasione di quell'infelice Capodanno, era il suo fratellastro, figlio della stessa umile madre e del cortigiano cui il padre di Giugurta l'aveva data in sposa per salvare le apparenze. Il fratellastro si chiamava Bomilcare, e gli era fedelissimo.

«Perché abbiamo tanta paura di loro?» tornò a domandare Giugurta, in tono più pressante, più disperato.

Bomilcare sospirò. «La risposta è semplice, direi» fece. «Porta in testa un elmo di ferro che somiglia un po' a un catino rovesciato, indossa una tunica di color bruno rossiccio e, sopra la tunica, una lunga cotta di maglia. È armato di una spada ridicolmente corta, un pugnale lungo quasi quanto la spada e un paio di lance dalla punta minuscola. Non è un mercenario. E neppure un poveraccio. È quello che si chiama un fante romano.»

Giugurta fece udire un borbottìo e concluse, scuotendo il capo: «È solo una parte della risposta. I soldati romani sono comuni mortali, muoiono come tutti gli altri».

«Ma vendono cara la pelle» disse l'altro.

«No, c'è di più. Non capisco! Li si può comprare come si compra il pane dal fornaio, e ciò dovrebbe significare che sono fatti di pasta molle come il pane. Ma non è così.»

«I loro capi, intendi dire?»

«I loro capi. Gli illustri Padri Coscritti del Senato. Sono marci fino al midollo! Per cui dovrebbero brulicare dei vermi della putrefazione. Essere completamente sfatti, privi di sostanza. Ma non lo sono. Sono duri come la selce, freddi come il ghiaccio, infidi come un satrapo persiano. Non si danno mai per vinti. Ne catturi uno, lo riduci in servaggio, e di lì a un momento sparisce, e ti trovi a che fare con una faccia diversa, in circostanze completamente diverse.»

«Per non parlare del fatto che, di colpo, proprio quello che ti serve non riesci a comprarlo, e non perché non abbia un prezzo, ma perché, quale che sia il suo prezzo, non sei in grado di sborsarlo, e non mi riferisco al denaro» aggiunse Bomilcare.

«Li odio tutti quanti» mormorò Giugurta a denti stretti.

«Anch'io. Il che non ci aiuta a sbarazzarci di loro, eh?»

«La Numidia mi appartiene!» esclamò il re. «Neppure la vogliono, vedi! Tutto quel che vogliono è interferire nelle nostre faccende. *Immischiarsi!*»

Bomilcare allargò le braccia. «Non domandarlo a me, Giugurta, perché non lo so. So solo che te ne stai qui a Roma, e il futuro è sulle ginocchia degli dèi.»

"Proprio così" pensò il re di Numidia, tornando ad abbandonarsi ai suoi pensieri.

Quando il giovane Aderbale era fuggito a Roma, sei anni prima, Giugurta aveva saputo il da farsi, e l'aveva fatto in gran fretta. Una sua ambasceria era partita alla volta di Roma recando oro, argento, gemme, opere d'arte, tutto ciò, insomma, che poteva solleticare la fantasia di un nobile romano. Interessante che non si riuscisse a corromperli con l'offerta di donne o ragazzi. Soltanto con beni negoziabili. L'esito dell'ambasceria era stato ragionevolmente soddisfacente, viste le circostanze.

Erano ossessionati da comitati e commissioni, i Romani, e niente piaceva loro di più che inviare un gruppetto di funzionari nei più remoti angoli della Terra a investigare, pontificare, aggiudicare, perfezionare. Chiunque altro avrebbe marciato sul nemico alla testa di un esercito; i Romani, no, si presentavano in toga, scortati solo dai littori, neanche un soldato in caso di emergenza; attaccavano a diramare ordini e pretendevano di essere obbediti proprio come se fossero arrivati alla testa di un esercito. E perlopiù ottenevano lo scopo.

Il che riportò Giugurta alla domanda originale: «Perché *abbiamo* tanta paura di loro? Perché ce l'abbiamo. Ce l'abbiamo. Ma perché? Forse perché tra loro c'è sempre un Marco Emilio Scauro?».

Era stato Scauro a impedire al Senato di decidere in favore di Giugurta quando Aderbale era andato a belare a Roma. Una voce solitaria in un consesso di trecento uomini! Eppure Scauro aveva prevalso: aveva continuato ad assillarli finché la sua voce solitaria era riuscita a portarli tutti dalla sua parte. Di conseguenza era stato Scauro a imporre un compromesso inaccettabile sia da Giugurta sia da Aderbale: un comitato di dieci senatori romani, agli ordini del consolare Lucio Opimio, si sarebbe recato in Numidia e, dopo aver investigato sul posto, avrebbe deciso il da farsi. E che aveva combinato il comitato? Aveva diviso il regno. Aderbale si era preso la parte orientale, ponendo la sua capitale a Cirta, una regione più fittamente popolata e commerciale, anche se non più ricca, di quella occidentale. La quale parte occidentale era toccata a Giugurta, che si era trovato stretto fra Aderbale e il regno di Mauretania. Soddisfatti della soluzione trovata, i Romani se n'erano tornati a casa. Giugurta non aveva perso tempo a tendere l'agguato al suo topolino, Aderbale, in attesa del momento propizio per balzargli addosso. E per proteggersi a occidente aveva sposato la figlia del re di Mauretania.

Attese paziente per quattro anni, poi attaccò Aderbale e il suo esercito tra Cirta e il porto della città. Sconfitto, Aderbale ripiegò su Cirta e ne organizzò la difesa con l'aiuto del cospicuo e influente contingente di mercanti romani e italici che costituivano la spina dorsale del mondo finanziario della Numidia. Non c'era nulla di strano nella loro presenza nel paese; dovunque si andasse, nel mondo, si incontrava una comunità di uomini d'affari romani e italici che gestivano i commerci locali, persino in luoghi che ben poco avevano a che fare con Roma e che non godevano della sua protezione.

Naturalmente la notizia dello scoppio della guerra tra Giugurta e Aderbale era giunta quasi subito all'orecchio del Senato; e il Senato reagì inviando un comitato composto da tre simpatici ragazzi, figli di senatori (l'incarico avrebbe consentito ai giovincelli di farsi un po' di preziosa esperienza; non c'era niente d'importante in quella zuffa) a dare una bacchetta sulle nocche ai Numidi. Giugurta arrivò per primo ai Romani, facendo in modo di impedire che venissero in contatto con Aderbale o con gli abitanti di Cirta, e li rispedì a casa carichi di sontuosi doni.

Poi Aderbale riuscì a far giungere di nascosto a Roma una lettera in cui invocava aiuto; sempre dalla parte di Aderbale, Marco Scauro partì immediatamente alla volta della Numidia, alla testa di un ennesimo comitato d'indagine. Ma così pericolosa era la situazione che trovarono in tutta l'Africa che furono costretti a rimanere entro i confini della Provincia Romana d'Africa, e a un certo punto dovettero far ritorno a Roma senza essersi incontrati né con l'uno né con l'altro dei due contendenti o aver potuto influire sull'andamento della guerra. Allora Giugurta prese l'iniziativa e conquistò Cirta. Com'era da prevedersi, Aderbale venne subito giustiziato. Meno prevedibilmente, Giugurta sfogò il suo risentimento nei confronti di Roma mandando a morte i mercanti romani e italici di Cirta, dal primo all'ultimo; così facendo, infatti, offese Roma al di là di ogni speranza di conciliazione.

La notizia del massacro dei Romani e degli Italici residenti a Cirta era giunta a Roma quindici mesi addietro, in autunno. E uno dei tribuni eletti della plebe, Caio Memmio, creò un tale subbuglio al Foro, che nessun tentativo di corruzione da parte di Giugurta avrebbe potuto evitare una catastrofe. Il console più giovane, Lucio Calpurnio Bestia, ebbe ordine di recarsi in Numidia agli albori del suo mandato per insegnare a Giugurta che non poteva trucidare impunemente cittadini romani e italici.

Ma Bestia era uomo corruttibile, e Giugurta lo corruppe, col risultato che, sei mesi addietro, era riuscito a negoziare un trattato di pace con Roma, elargendo a Bestia trenta elefanti da guerra e una piccola somma di denaro destinata al tesoro di Roma, oltre a una somma molto più cospicua che, all'insaputa di tutti, era finita nei forzieri privati dello stesso Bestia. Roma sembrava soddisfatta, e Giugurta era finalmente il re indiscusso dell'intera Numidia.

Ma Caio Memmio, incurante del fatto che il suo mandato di tribuno della plebe fosse ormai scaduto, non era tipo da chiudere il becco. Giorno dopo giorno proseguì la sua campagna per ottenere che sull'intera questione della Numidia fosse fatta piena luce; giorno dopo giorno accusò Bestia di aver estorto denaro a Giugurta in cambio della conservazione del trono; e alla fine Caio Memmio raggiunse il suo scopo, che era quello di costringere il Senato ad agire. Così il Senato inviò in Numidia il pretore Lucio Cassio Longino con l'ordine di tradurre re Giugurta in persona a Roma, dove avrebbe dovuto rilevare a Caio Memmio i nomi di tutti gli uomini che aveva corrotti nel corso degli anni. Se gli fosse stato chiesto di risponderne al Senato, la situazione non sarebbe stata tanto pericolosa; ma Giugurta avrebbe dovuto risponderne al Popolo.

Quando il pretore Cassio giunse a Cirta e presentò al re l'ordine di comparizione, Giugurta non poté esimersi dal riaccompagnarlo a Roma. Solo, *perché*? Perché avevano tutti tanta paura? Che cosa poteva mai fare, Roma? Invadere la Numidia? C'erano sempre più uomini come Bestia a occupare le cariche di quanti fossero i Caio Memmio! E allora, perché avevano tutti tanta paura? Dipendeva dalla faccia tosta dei Romani, dal fatto che spedivano tranquillamente un uomo solo e che costui, limitandosi a fare schioccare le dita, rimetteva in riga il sovrano di un grande e ricco paese?

Giugurta si era rimesso in riga, aveva riempito docilmente i bauli, battuto sulla spalla di qualche cortigiano per indicargli che l'avrebbe accompagnato nel viaggio, scelto i cinquanta uomini della guardia reale della Numidia, e si era imbarcato sulla neve del pretore Cassio. Ciò era avvenuto due mesi addietro. Due mesi, durante i quali era successo poco o nulla.

Oh, Caio Memmio aveva mantenuto le promesse! Aveva convocato un'Assemblea della Plebe al Circo Flaminio, sito al di fuori del *pomerium*, la sacra cinta della città, e quindi fissato un'udienza cui il sovrano legittimo, Giugurta, avrebbe potuto presenziare. Scopo della riunione era di consentire a ogni romano interessato, dai detentori delle più alte cariche ai più umili rappresentanti della plebe, di udire con le proprie orecchie il re di Numidia rispondere alle domande di Caio Memmio: chi aveva corrotto? Quanto denaro aveva elargito? A Roma, tutti sapevano esattamente che tipo di domande Caio Memmio avrebbe posto. Sicché l'Assemblea al Circo Flaminio vide un enorme afflusso di spettatori: l'arena era affollatissima, con gli ultimi venuti sistemati sulle tribune di legno, nella speranza di poter udire anche a tanta distanza.

Giugurta, però, sapeva tuttora come difendersi; la Spagna e gli anni nel frattempo trascorsi gli avevano insegnato anche troppo bene a non dimenticare. Aveva corrotto un tribuno della plebe.

Ciononostante i tribuni della plebe occupavano i gradini inferiori nella gerarchia della magistratura e tra le file dei senatori. I tribuni della plebe non avevano *imperium*: ecco una parola di cui non esisteva l'equivalente in lingua numida! *Imperium! Imperium* significava... be', quel tipo di autorità che solo un dio in terra poteva possedere. Proprio per questo un pretore, solo soletto, era in grado di costringere un grande re a seguirlo. I governatori delle Provincie avevano *imperium*. I consoli avevano *imperium*. I pretori avevano *imperium*. Gli edili curuli avevano *imperium*. Ma ciascuno di loro disponeva di un diverso potere o tipo di *imperium*. L'unica prova tangibile dell'*imperium* era il littore. I littori erano gli accompagnatori di professione che marciavano davanti al detentore dell'*imperium* per fargli strada, reggendo sulla spalla sinistra i *fasces*, cioè i fasci di verghe legati da cordoni color cremisi.

I censori non avevano *imperium*. E neppure gli edili della plebe. E neppure i questori. E neppure, particolare della massima importanza per gli scopi che si prefiggeva Giugurta, i tribuni della plebe. Costoro erano i rappresentanti eletti della plebe, la gran massa dei cittadini romani che non potevano rivendicare l'alto onore di *patricius*, patrizio. Il patrizio era l'aristocratico di antica data, appartenente a una famiglia i cui avi figuravano tra i Padri di Roma. Quattro secoli prima, quando la Repubblica era stata fondata da poco, solo i patrizi contavano. Ma via via che alcuni di loro acquisivano ricchezze e potere, e riuscivano a farsi strada sino al Senato e alla sedia curule, anche i plebei ambivano al rango di aristocratici. Risultato: il *nobilis*. Così, ora al patrizio si accompagnava il nobile, in seno a un'aristocrazia a doppio binario. Per essere un nobile bastava annoverare un console in famiglia, e non c'era nulla che impedisse a un plebeo di diventare console. L'onore e le ambizioni dei plebei erano soddisfatti.

La plebe aveva una sua assemblea governativa, in cui non poteva aver parte o diritto di voto alcun patrizio. E tuttavia così potente era diventata la plebe, e tanto si era indebolita la classe patrizia, che era l'Assemblea della Plebe, organismo di recente costituzione, a varare quasi tutte le leggi. Si eleggevano dieci tribuni della plebe, incaricati di vegliare sugli interessi dei plebei, e l'elezione si rinnovava ogni anno. Era proprio questo l'aspetto deteriore del governo romano: i magistrati restavano in carica un solo anno, la qual cosa significava che non era mai possibile corrompere qualcuno con la sicurezza che il suo potere durasse abbastanza da risultare di qualche utilità. Ogni anno bisognava corromperne un altro. E di regola bisognava corromperne più d'uno.

No, un tribuno della plebe non aveva l'*imperium*, né era un magistrato d'alto rango; almeno a prima vista non sembrava contare gran che. Eppure era riuscito a fare di se stesso il magistrato più importante di tutti: era lui a detenere il reale potere, perché lui solo aveva facoltà di porre il veto. Il suo veto colpiva tutti quanti. Nessuno, con l'eccezione di un dittatore, ne era immune; e da quasi un secolo non si era più avuto un dittatore in carica. Un tribuno della plebe poteva imporre il veto a un censore, a un console, a un pretore, al Senato, agli altri nove tribuni della plebe suoi colleghi, a riunioni, assemblee, elezioni, e chi più ne ha più ne metta. Inoltre la sua persona era sacrosanta, la qual cosa significava che non poteva essere fisicamente intralciato nell'esercizio delle sue funzioni. Come se non bastasse, era lui a fare le leggi. Il Senato non aveva facoltà di legiferare; poteva soltanto raccomandare che una data legge fosse varata.

Naturalmente tutto ciò era concepito al fine di imporre un sistema di controlli ed equilibri destinato a frenare il potenziale potere politico di un singolo organismo o individuo. Se i Romani fossero stati una razza di animali politici superiori, tale sistema avrebbe anche potuto funzionare; ma dal momento che non lo erano perlopiù non funzionava. Fra tutti i popoli della storia del mondo, infatti, i Romani erano i più idonei a escogitare la maniera, apparentemente lecita, per aggirare la legge.

Così, re Giugurta di Numidia corruppe un tribuno della plebe, una nullità, a dire il vero, né ricco né appartenente a una delle grandi famiglie. Caio Bebio, tuttavia, era un tribuno della plebe legalmente eletto, e quando quel fiume di *denarii* d'argento si riversò sul tavolo davanti a lui, senza una parola raccolse il tesoro, ne riempì una dozzina di grossi sacchi e divenne proprietà del re di Numidia.

Mentre l'anno vecchio volgeva al termine, Caio Memmio aveva indetto la grande Assemblea al Circo Flaminio e intimato a re Giugurta di presentarsi a deporre. Poi, col re in piedi in atteggiamento dimesso sui rostri Flaminii e la folla di varie migliaia di persone in perfetto silenzio, Caio Memmio pose la prima domanda.

«Hai corrotto Lucio Opimio?» domandò al re.

E prima che il re potesse rispondere, Caio Bebio chiese la parola. «Ti proibisco di rispondere a Caio Memmio, re Giugurta!» fu tutto ciò che disse Caio Bebio. E non ci fu bisogno che aggiungesse altro.

Era un veto. Visto che un tribuno della plebe gli aveva intimato di non rispondere, Giugurta non poteva legalmente essere costretto a farlo. Così l'assemblea popolare si sciolse; le migliaia di persone deluse se ne tornarono a casa borbottando. Caio Memmio era così furioso che gli amici dovettero trascinarlo via con la forza; e Caio Bebio si allontanò baldanzoso, trasudando un'aria di grande virtù, che però non trasse in inganno alcuno.

E tuttavia il Senato non aveva autorizzato Giugurta a rimpatriare, sicché, il giorno di Capodanno, eccolo lì seduto sulla sua villa in affitto, orrendamente costosa, a maledire Roma e i Romani. Né l'uno né l'altro dei due nuovi consoli aveva finora dato segno di aver qualche interesse ad accettare una donazione personale; nessuno dei nuovi pretori valeva lo sforzo di un tentativo di corruzione, e neppure i nuovi tribuni della plebe ispiravano molta fiducia in tal senso.

Il guaio delle bustarelle era che non si poteva semplicemente lanciarle sull'acqua; bisognava attendere che il pesciolino venisse a galla e si mettesse a boccheggiare, dando la netta impressione di essere disposto a trangugiare un'esca dorata. Se nessuno saliva in superficie, mostrandosi interessato alla faccenda, non restava che lasciar galleggiare la lenza e starsene comodamente seduti ad aspettare con tutta la pazienza di cui si era capaci.

Eppure... come *poteva* Giugurta starsene seduto ad aspettare con santa pazienza, quando il suo regno era già preso di mira da vari avidi pretendenti? Gauda, il figlio legittimo di Mastanabal, e Massiva, il figlio di Gulussa, avanzavano decise rivendicazioni, benché non fossero i soli aspiranti. Era vitale che Giugurta tornasse in patria. E invece eccolo seduto lì, impotente. Se avesse levato le tende senza l'autorizzazione del Senato, la sua partenza avrebbe potuto essere considerata alla stregua di un atto di guerra. Per quanto ne sapeva, a Roma nessuno voleva la guerra, però non disponeva di prove sufficienti a dirgli dove avrebbe colpito, il Senato, se lui se ne fosse andato. E anche se non aveva facoltà di legiferare, il Senato aveva sempre l'ultima parola in materia di affari esteri, dalla dichiarazione di guerra al governo delle Provincie. Gli agenti di Giugurta avevano riferito che Marco Emilio Scauro era furibondo per il veto di Caio Bebio. E Scauro aveva enorme peso al Senato, già una volta era riuscito da solo a trascinarlo dalla sua. Scauro era del parere che Giugurta non prometteva nulla di buono per Roma.

Bomilcare, il fratellastro, sedeva in silenzio, aspettando che Giugurta si strappasse alle sue meditazioni. Aveva una notizia da comunicargli, ma conosceva troppo bene il suo re per abbordare l'argomento mentre erano così evidenti le avvisaglie di una tempesta. Un uomo meraviglioso, Giugurta. Possedeva tali capacità innate! E com'era stata dura la sua sorte a causa dell'accidente delle sue umili origini. Perché l'ereditarietà aveva tanta importanza? Il sangue punico cartaginese, che scorreva nelle vene di tutta la nobiltà numida, era evidentissimo in Giugurta, ma lo stesso valeva per il sangue berbero che gli veniva dalla madre. Si trattava, in entrambi i casi, di popolazioni semite, ma i Berberi erano stanziati nell'Africa del Nord da più tempo che i Cartaginesi.

In Giugurta i due ceppi semitici si fondevano alla perfezione. Dalla bionda madre berbera aveva ereditato gli occhi di un grigio chiarissimo, il naso diritto e il viso lungo e scavato, e da lei aveva preso anche l'alta statura. Ma dal sangue punico di suo padre, Mastanabal, gli venivano i neri boccoli attorti, la fitta peluria nera sul corpo, la pelle olivastra e l'ossatura forte. Forse era per questo che faceva tanto colpo: la vista di quegli occhi chiari in un volto così scuro era qualcosa di sconvolgente, e metteva anche paura. Ellenizzate da secoli di contatti con i Greci, le classi superiori numide vestivano alla greca, cosa che a dire il vero non si addiceva a Giugurta, il quale appariva al meglio con l'elmo e la corazza e i gambali, la spada al fianco, in sella a uno scalpitante cavallo di battaglia. Un vero peccato, pensò Bomilcare, che i Romani di Roma non avessero mai visto il re in tenuta di guerra; e rabbrividì, inorridito al pensiero. Una tentazione del fato, pensare una cosa del genere! Meglio offrire un sacrificio alla dea Fortuna domani, pregando che i Romani non vedessero mai Giugurta in tenuta di guerra.

Il re si stava quietando; il suo viso si era addolcito. Terribile cosa dover por fine a quella pace guadagnata a duro prezzo, gravare Giugurta di nuove preoccupazioni. Ma era meglio che lo venisse a sapere dal suo più fedele cortigiano, da suo fratello, piuttosto che la notizia gli fosse comunicata a bruciapelo da qualche imbecille desideroso di provocare il massimo della costernazione.

«Sire?» fece Bomilcare in tono esitante.

Gli occhi grigi si volsero prontamente dalla sua parte. «Sì?»

«Ho raccolto una voce, ieri, a casa di Quinto Cecilio Metello.»

Il che, logicamente, punse sul vivo Giugurta; il fratellastro poteva andare dove più gli piaceva, a Roma, perché non era un re consacrato. Era il fratellastro a venir invitato a cena, non Giugurta.

«Cosa?» domandò bruscamente il re.

«Massiva è arrivato a Roma. E perdipiù è riuscito a destare l'interesse del console Spurio Postumio Albino per la sua causa e intende persuadere Albino a presentare una petizione al Senato.»

Il re si drizzò di scatto, facendo girare la sedia in modo da guardare dritto in faccia Bomilcare. «Mi domandavo dove fosse andato a strisciare quel miserabile vermiciattolo» disse. «Ora lo so, ti pare? Ma perché lui, e non io? Albino deve pur sapere che sono disposto a pagarlo più di quanto mai potrebbe Massiva.»

«Stando alle mie fonti, non è così» rispose l'altro, a disagio. «Sospetto che abbiano stretto un patto, basato sulla possibilità che Albino diventi governatore della Provincia d'Africa. Tu sei bloccato qui a Roma; Albino si precipita nella Provincia d'Africa alla testa di un piccolo esercito, varca rapidamente il confine marciando su Cirta e... tutti acclamano Massiva re di Numidia! Immagino che Massiva, una volta diventato re di Numidia, sarà ben lieto di elargire ad Albino tutto ciò che gli chiede.»

«Devo tornare in patria!» esclamò il re.

«Lo so! Ma come, dimmi, come?»

«Non credi che abbia qualche possibilità di tirare Albino dalla mia? Ho ancora a disposizione un bel po' di denaro, e posso procurarmene dell'altro!»

Bomilcare scosse la testa energicamente. «Il nuovo console non ti ha in simpatia» disse. «Hai trascurato di inviargli un dono per il suo compleanno, che è caduto il mese scorso. Massiva non lo ha trascurato. Anzi, ha inviato un dono ad Albino quando è stato eletto console, e un altro per il compleanno.»

«Tutta colpa dei miei agenti, maledetti loro!» Giugurta digrignò i denti. «Cominciano a pensare che perderò la partita, per cui neppure fanno un tentativo.» Si mordicchiò il labbro, se lo inumidì con la lingua. «Perderò.»

Bomilcare sorrise. «Tu? Mai!»

«Non saprei... Massiva! Ti rendi conto che me n'ero completamente dimenticato? Credevo che fosse in Cirenaica con Tolomeo Apirone.» Giugurta si strinse nelle spalle, ricomponendosi visibilmente. «Potrebbe trattarsi solo di un pettegolezzo. Chi te lo ha detto esattamente?»

«Metello in persona. E lui dovrebbe saperlo. Di questi tempi sta sempre con l'orecchio teso; si propone di candidarsi al consolato l'anno prossimo. Non che approvi il patto che Albino sta stipulando. Se così fosse, non me ne avrebbe fatto parola. Ma sai com'è Metello: uno di quei Romani retti, virtuosi, lungi da lui l'idea di intascare bustarelle. E non gli va di vedere un re accampato alle soglie di Roma.»

«Metello può permettersi il lusso della rettitudine virtuosa!» disse Giugurta, acido. «Quale Cecilio Metello non è ricco come Creso? Si sono spartiti la Spagna e l'Asia tra loro. Be', non si spartiranno la Numidia. Né ci riuscirà Spurio Postumio Albino, se dipenderà da me.» Il re sedeva eretto. «È proprio sicuro che Massiva si trovi a Roma?»

«Stando a Metello, sì.»

«Dobbiamo aspettare di sapere quale dei due consoli governerà l'Africa e quale la Macedonia.»

Bomilcare sbuffò beffardo. «Non dirmi che credi nel sorteggio!»

«Non so più che pensare dei Romani» rispose tetramente il re. «Forse penso che tutto sia già deciso, forse mi domando se il sorteggio non significhi che, una volta tanto, se la ridono di noi e hanno effettivamente affidato la designazione al caso. Per cui aspetterò, Bomilcare. Quando conoscerò l'esito del sorteggio, deciderò il da farsi.»

Quindi, tornò a girare la sedia dall'altra parte e riprese a contemplare la pioggia.

C'erano stati tre figli nella vecchia fattoria bianca decorata a stucco nei pressi di Arpino: Caio Mario era il primogenito, lo seguivano una sorella, Maria, e un altro maschio, Marco Mario. Logicamente, ci si aspettava che crescendo occupassero un posto di primo piano nella vita del distretto e del capoluogo, ma nessuno immaginava che uno dei tre si avventurasse più in là. Apparteneva alla nobiltà rurale, fatta di burberi e vegeti signorotti all'antica, la famiglia dei Mario, apparentemente destinata a restare per sempre una presenza di rilievo soltanto nell'ambito del piccolo dominio di Arpino. L'idea che uno di loro entrasse a far parte del Senato di Roma era inconcepibile; Catone il Censore aveva suscitato sufficiente scalpore a causa delle sue origini campagnole, eppure proveniva da un luogo poco distante dalla capitale come Tusculum, appena una quindicina di miglia dalle Mura di Servio Tullio. Così nessun signorotto arpinate immaginava che il proprio figlio potesse diventare un senatore romano.

Non era questione di denaro, ché di denaro ce n'era in abbondanza: la famiglia Mario era assai facoltosa. Arpino era una ricca località situata al centro di una superficie di molti chilometri quadrati, e gran parte della terra era proprietà di tre sole famiglie, quelle dei Mario, dei Gratidio e dei Tullio Cicerone. Quando c'era bisogno di trovar moglie o marito a un rampollo di una delle tre famiglie, venivano inviati emissari non già a Roma bensì a Pozzuoli, dove abitava la famiglia Granio: i Granio erano un florido clan di mercanti che andavano per mare, originari di Arpino.

A Caio Mario era stata trovata moglie quando era ancora bambino, e la promessa sposa attese paziente di crescrere in seno alla famiglia Granio, a Pozzuoli, ché era persino più giovane del fidanzato. Ma quando Caio Mario s'innamorò, non fu di una donna. Né di un uomo. S'innamorò dell'esercito: una naturale, gioiosa, spontanea identificazione del compagno della sua vita. Arruolatosi volontario appena compiuti i diciassette anni e lamentando il fatto che non c'erano guerre importanti in corso, era comunque riuscito a prestare ininterrottamente servizio nelle file degli ufficiali subalterni delle legioni consolari finché, a ventitré anni, fu aggregato allo stato maggiore personale di Scipione l'Emiliano durante l'assedio di Numanzia, in Spagna.

Non ci aveva messo molto a stringere amicizia con Publio Rutilio Rufo e col principe Giugurta di Numidia, perché avevano la sua stessa età, e tutti e tre erano tenuti in alta considerazione da Scipione l'Emiliano, il quale li definiva il Terribile Trio. Nessuno dei tre proveniva dalle sfere più alte di Roma. Giugurta era addirittura straniero; la famiglia di Publio Rutilio Rufo faceva parte del Senato da non più di un secolo e finora non era riuscita a ottenere il consolato; e Caio Mario era il rampollo di una famiglia di signorotti di campagna. A quel tempo, naturalmente, nessuno dei tre nutriva il minimo interesse per la politica di Roma; la sola cosa cui tenessero era la carriera militare.

Ma Caio Mario era un caso a sé. Era nato per fare il soldato, anzi, qualcosa di più: era nato per comandare soldati.

«Semplicemente sa che cosa si deve fare e come farlo» disse Scipione l'Emiliano, con un sospiro che avrebbe anche potuto essere d'invidia. Non che Scipione l'Emiliano non sapesse che cosa si doveva fare e come farlo, però aveva prestato ascolto ai discorsi dei generali alla mensa sin dalla prima infanzia, e in realtà lui solo conosceva il livello di spontaneità innata presente nella sua carriera militare. Scarsissimo, in verità. La grande dote di Scipione l'Emiliano risiedeva nelle sue capacità organizzative, non nelle predisposizioni militari. Personalmente riteneva che, se si studiava da cima a fondo una campagna a tavolino, ancor prima di arruolare il primo legionario, le predisposizioni militari avevano scarsa influenza sull'esito finale.

Caio Mario, invece, era un talento militare naturale. A diciassette anni era ancora un ragazzetto piuttosto minuto; aveva sempre mangiato come un uccellino, mostrandosi perdipiù alquanto schizzinoso, ed era stato viziato dalla madre e, sotto sotto, disprezzato dal padre. Poi s'infilò il primo paio di gambali militari e si affibbiò le piastre di una robusta, semplice corazza di bronzo sopra la compatta cotta di cuoio: e crebbe, nella mente e nel corpo, fino a superare tutti gli altri, fisicamente, intellettualmente, per forza e coraggio e spirito d'indipendenza. E a questo punto sua madre prese a rifiutarlo e suo padre a inorgoglirsi di lui.

Secondo Caio Mario, non c'era vita che stesse alla pari della possibilità di diventare parte integrante della più grande macchina militare che il mondo avesse conosciuto: la legione romana. Per lui, nessuna marcia era troppo ardua, nessuna lezione di scherma troppo lunga o rischiosa, nessun umiliante dovere tanto umiliante da soffocare l'onda travolgente del suo immenso entusiasmo. Poco importava che cosa gli ordinassero di fare, a patto che si trattasse di un dovere militare.

Fu proprio a Numanzia che Caio Mario conobbe un altro allievo diciassettenne, giunto da Roma per aggregarsi al piccolo seguito personale di Scipione l'Emiliano su preciso desiderio dello stesso Scipione. Il ragazzo in questione era Quinto Cecilio Metello, fratello minore di quel Cecilio Metello che, dopo una campagna contro le popolazioni tribali delle alture dalmate dell'Illyricum, avrebbe adottato il soprannome di Dalmatico e ottenuto la nomina a Pontefice Massimo, il sommo sacerdote della religione di stato.

Il giovane Metello era un tipico rappresentante della sua famiglia: uno sgobbone, privo di qualsiasi scintilla o inclinazione per un particolare compito da svolgere, e tuttavia determinato a svolgerlo e incrollabilmente convinto di essere in grado di svolgerlo al meglio. Benché la lealtà nei confronti della sua classe impedisse a Scipione l'Emiliano di ammetterlo apertamente, forse quel diciassettenne che pretendeva di saper fare ogni cosa lo irritava, visto che, non molto tempo dopo il suo arrivo in Spagna, Scipione affidò il giovane Metello alle tenere cure del Terribile Trio composto da Giugurta, Rutilio Rufo e Mario. Troppo giovani per provare compassione, i tre si risentirono e dispiacquero, vedendosi affibiare il peso del testardo coetaneo. E trattarono il giovane Metello, se non con crudeltà, quanto meno con durezza.

Mentre Numanzia resisteva e Scipione l'Emiliano aveva il suo da fare, il ragazzo si rassegnò alla sorte. Poi Numanzia cadde e fu rasa al suolo, cancellata dalla faccia della Terra. E tutti quanti, dall'ufficiale di grado più alto al soldato semplice, ebbero il permesso di ubriacarsi. Il Terribile Trio si ubriacò. E lo stesso dicasi del giovane Quinto Cecilio Metello, anche perché si dava il caso che fosse il suo compleanno: compiva diciotto anni. E il Terribile Trio, per divertirsi, non trovò di meglio che scaraventare il festeggiato in un porcile.

Il ragazzo uscì dal letame nel pieno possesso delle sue facoltà mentali, infuriato e sprezzante. «Voi... patetici arrivisti! Chi vi credete di essere? Be', ve lo dico io! Tu sei solo un sudicio straniero, Giugurta! Neppure degno di leccare gli stivali a un romano! E tu, Rutilio, sei buono solo a mendicare favori! E quanto a te, Caio Mario, altro non sei che uno zotico italico, non conosci una parola di greco! Come osate! Come *osate*! Non sapete chi sono io? Non vi rendete conto da quale famiglia provengo? *Io* sono un Cecilio Metello, e noi eravamo re in Etruria prima che addirittura si pensasse a fondare Roma! Ho subìto per mesi i vostri insulti, ma ora basta! Trattare *me* come un sottoposto, come se l'inferiore fossi *io*! Come osate! Come *osate*!»

Giugurta e Rutilio Rufo e Caio Mario si dondolarono piano sullo steccato del porcile, ammiccando come gufi, l'aria inespressiva. Poi Publio Rutilio Rufo, che era quel raro tipo d'uomo capace di dottrina tanto profonda quanto erano pratiche le sue doti militari, sollevò una gamba al di sopra dello steccato e riuscì a mettersi a cavalcioni, tenendosi in equilibrio, mentre un gran sorriso gli schiudeva le labbra.

«Non fraintendermi, apprezzo sul serio tutto quel che dici, Quinto Cecilio,» fece «ma il guaio è che in testa, anziché una corona, hai una grossa merda di maiale, o re d'Etruria!» Se ne uscì con una risatina. «Va' a fare un bagno, poi torna a dirci tutto quanto. Probabilmente riusciremo a non ridere.»

Metello sollevò una mano a fregarsi furiosamente la testa, troppo adirato per seguire il ragionevole consiglio, soprattutto quando gli veniva dato con un sorriso del genere. «Rutilio!» fece con veemenza. «Ti pare un nome degno di figurare negli elenchi del Senato? Nullità osche, ecco quel che siete! *Contadini*!»

«Oh, andiamo!» disse Rutilio Rufo con dolcezza. «Conosco abbastanza l'etrusco per tradurre in latino il significato di "Metello", sai.» Si rigirò sullo steccato e guardò Giugurta e Mario. «Vuol dire: "affrancato dal servizio in qualità di mercenario"» spiegò loro in tono solenne.

Era troppo. Il giovane Metello si avventò su Rutilio Rufo e lo trascinò con sé giù nella fetida melma, dove i due giovani si rotolarono e lottarono e se le diedero di santa ragione, senza tuttavia arrivare al punto di farsi male, finché Giugurta e Mario decisero che la cosa sembrava divertente e si tuffarono a loro volta. Sganasciandosi dalle risa, sedettero in mezzo al fango tra gli sfrontati maiali che, come si addiceva agli animali del loro stampo, non resistettero alla tentazione di esaminarli a fondo. Quando il Terribile Trio finì di starsene sopra di lui, ricoprendolo di melma da capo a piedi, Metello si rimise faticosamente in piedi e se la diede a gambe.

«Ve la farò pagare!» disse a denti stretti.

«Oh, piantala!» fece Giugurta, scoppiando in un altro parossismo di allegria.

"Ma la ruota della fortuna continua a girare, checché noi si faccia" pensò Caio Mario mentre usciva dal bagno e afferrava un panno per asciugarsi. Le parole sprezzanti, uscite dalla bocca del rampollo ancora adolescente di una nobilissima famiglia, non erano meno vere perché dettate dal dispetto. Chi erano, in effetti, i componenti del Terribile Trio di Numanzia? Diamine, ma un sudicio straniero, uno buono solo a mendicar favori e uno zotico italico che non sapeva di greco. Ecco chi erano. Roma li aveva convinti, eccome, della verità di tali definizioni.

Giugurta avrebbe dovuto essere riconosciuto re di Numidia da anni, attirato con fermezza, ma gentilmente, nel novero dei re clienti di Roma e ivi trattenuto con saggi consigli e un equo trattamento. Invece era stato oggetto dell'implacabile ostilità dell'intera fazione di Cecilio Metello, e in quel momento si trovava a Roma, con le spalle al muro, a opporre una strenua resistenza a un gruppo di pretendenti al trono della Numidia, costretto a comprare ciò che per i suoi meriti e le sue capacità avrebbe dovuto ottenere gratis e alla luce del sole.

E quel caro biondino di Publio Rutilio Rufo, l'allievo prediletto del filosofo Panezio, ammirato dall'intera cerchia degli Scipioni, scrittore, soldato, pensatore, politico di straordinaria ed eccelsa qualità, si era visto sfuggire il consolato lo stesso anno in cui Mario era riuscito a malapena a ottenere la pretura. Non solo Rutilio non poteva vantare origini sufficientemente aristocratiche, era altresì incorso nell'ostilità della famiglia di Cecilio Metello, e ciò voleva dire che, al pari di Giugurta, era diventato automaticamente un nemico di Marco Emilio Scauro, fedelissimo alleato e gloria suprema della fazione di Cecilio Metello.

Quanto a Caio Mario... Be', come avrebbe detto Quinto Cecilio Metello, quello finito nel porcile, se l'era cavata meglio di quanto avrebbe meritato uno zotico italico privo di cultura. Perché mai, comunque, aveva deciso di andare a Roma a tentare la scalata politica? Semplice: perché Scipione l'Emiliano, il quale, come la maggior parte dei più eccelsi patrizi, non aveva la puzza sotto il naso, pensava che doveva farlo. Caio Mario valeva troppo per sprecare la sua vita nei panni di un signorotto di campagna, aveva detto Scipione l'Emiliano. E, fatto ancor più importante, se non fosse diventato pretore non avrebbe mai ottenuto il comando di un esercito di Roma.

Mario si era candidato alla carica di tribuno militare, era stato eletto senza incontrare difficoltà, poi si era candidato a questore, aveva ottenuto l'approvazione dei censori e si era trovato, lui, zotico italico ignorante, a far parte del Senato di Roma. Che sorpresa era stata! Com'erano rimasti sbalorditi i parenti di Arpino! Aveva fatto la sua parte durante il mandato ed era riuscito a salire di qualche gradino. Particolare alquanto bizzarro, era stato l'appoggio di Cecilio Metello ad assicurargli l'elezione a tribuno della plebe nel periodo duramente reazionario, seguito alla morte di Caio Gracco. La prima volta che Mario aveva tentato di farsi eleggere nel collegio dei tribuni della plebe, era stato bocciato; l'anno in cui c'era riuscito, la fazione di Cecilio Metello si era convinta di tenerlo in pugno. Questo finché Mario non diede prova del contrario, operando energicamente per garantire la libertà dell'Assemblea della Plebe, mai così minacciata di venir travolta dal Senato come dopo la morte di Caio Gracco. Lucio Cecilio Metello il Dalmatico tentò di varare una legge destinata a limitare i poteri legislativi dell'assemblea della plebe, e Caio Mario pose il veto. E Caio Mario non era tipo da farsi convincere, con le buone o le cattive, a ritirare il veto.

Ma quel veto gli era costato caro. Dopo l'anno di mandato in qualità di tribuno della plebe, cercò di candidarsi a una delle due magistrature edili della plebe, ma i suoi tentativi furono sventati dagli intrighi della fazione di Cecilio Metello. Così si era battuto strenuamente per ottenere la pretura, scontrandosi ancora una volta con l'opposizione di Cecilio Metello. Aizzati da Metello il Dalmatico, i membri della fazione erano ricorsi alle consuete diffamazioni: Mario era impotente, molestava i bambini, mangiava gli escrementi, apparteneva alle sette segrete dei misteri bacchici e orfici, si lasciava corrompere da chiunque, andava a letto con sua sorella e sua madre. Ma avevano altresì fatto ricorso, e con maggiore efficacia, a una forza di diffamazione più insidiosa: dissero, chiaro e tondo, che Caio Mario non era un romano, che Caio Mario era una nullità italica, un campagnolo, e che Roma era in grado di sfornare un numero più che sufficiente di veri figli di Roma da rendere superflua l'elezione di un Caio Mario alla pretura. Era un'argomentazione fondata.

Per quanto meno grave, rispetto a tutto il resto, la calunnia che Caio Mario trovava più irritante di tutte era la perenne allusione al fatto che era una persona intollerabilmente grossolana perché non sapeva di greco. L'accusa era falsa: Mario parlava perfettamente il greco. I suoi maestri, tuttavia, erano stati greci dell'Asia Minore; il suo pedagogo era originario di Lampsaco, sull'Ellesponto, e il suo filologo di Amisus, sulla costa del Ponto, per cui parlavano greco con forte accento locale. Così Caio Mario aveva imparato il greco con una cadenza che lo faceva sembrare persona poco istruita, un rozzo plebeo, insomma. Era stato costretto a darsi per vinto; che non conoscesse una parola di greco o che lo parlasse correntemente, ma con accento asiatico, il risultato era lo stesso. Di conseguenza, ignorò la maldicenza, rifiutandosi di parlare la lingua da cui si deduceva che l'interlocutore era persona colta e istruita.

Poco importava. Era arrivato buon ultimo nella scalata alla pretura, comunque ci era arrivato. *Ed* era sopravvissuto alla strombazzata accusa di corruzione, mossagli subito dopo l'elezione. Corruzione! Come se avesse potuto! No, a quei tempi non aveva il denaro necessario a comprarsi una carica. Ma per fortuna tra gli elettori c'era un numero sufficiente di uomini che conoscevano di prima mano il suo valore militare, oppure ne avevano sentito parlare da chi ne era al corrente. L'elettorato romano aveva sempre un debole per un bravo soldato, ed era stato quel debole a farlo vincere.

Il Senato l'aveva nominato governatore della Spagna Ulteriore, ritenendo che lontano dagli occhi, lontano dal cuore, e magari sarebbe anche risultato di qualche utilità. Ma dal momento che Mario era la quintessenza del soldato, fece un ottimo lavoro.

Gli Iberici soprattutto le tribù semiselvagge dei Lusitani a ovest e dei Cantabrici a nord-ovest, eccellevano in un tipo di guerra che non si addiceva alla maggior parte dei comandanti romani più di quanto si addicesse allo stile delle legioni romane. Gli Iberici non si schieravano mai in battaglia alla maniera tradizionale, non tenevano nel minimo conto l'opinione universalmente accettata, secondo cui era meglio puntare tutto ciò che si aveva a disposizione sulla remota probabilità di vincere una battaglia decisiva piuttosto che incorrere nei costi astronomici di una guerra prolungata. Gli Iberici erano già consapevoli di battersi in un conflitto prolungato, un conflitto che doveva continuare se volevano conservare la loro identità celtiberica; per quanto li riguardava, erano impegnati in una battaglia per l'indipendenza sociale e culturale.

Ma, dato che non disponevano del denaro necessario per affrontare una guerra prolungata, combattevano una guerra civile. Non davano mai battaglia in campo aperto. S'impegnavano invece in imboscate, scorrerie, assassini e devastazioni di tutte le proprietà del Nemico. Cioè le proprietà romane. Senza mai apparire dove ne era prevista la presenza, senza mai marciare in colonna, senza mai raccogliersi in bande numerose, mai identificabili dall'uniforme che portavano o dalle armi che impiegavano. Si limitavano a... balzar fuori. Come dal nulla. E poi sparivano senza lasciare traccia, tra le formidabili rupi delle loro montagne, come se non fossero mai esistiti. Se ci si prendeva la briga di ispezionare una cittadina che, stando alle informazioni in possesso dei Romani, risultava decisamente coinvolta in qualche massacro perpetrato con l'astuzia, si constatava che era pigra, innocente, incolpevole come il più docile e paziente degli asinelli.

Un paese favolosamente ricco, la Spagna. Risultato: tutti quanti volevano possederla. Gli Iberici autoctoni si erano mescolati con elementi celtici che da un millennio scendevano nella penisola varcando i Pirenei, e il crogiolo razziale si era ulteriormente arricchito per l'apporto delle incursioni moro-berbere dalla sponda africana dell'angusto stretto che separava la Spagna dall'Africa.

Poi un migliaio d'anni prima erano arrivati i Fenici di Tiro e Sidone e Berytus, sulla costa della Siria, cui erano seguiti i Greci. Due secoli addietro erano arrivati i punici cartaginesi, a loro volta discendenti dei Fenici di Siria i quali avevano fondato un impero che aveva il suo centro a Cartagine; e il relativo isolamento della Spagna era finito. I Cartaginesi, infatti, invasero la Spagna per impadronirsi delle sue miniere: oro, argento, piombo, zinco, rame e ferro. Le montagne iberiche ne erano colme, e in ogni luogo del mondo la domanda di beni fabbricati con alcuni metalli e la ricchezza creata da altri erano in rapido aumento. La potenza punica si fondava sui minerali spagnoli. Persino lo stagno arrivava dalla Spagna, anche se non vi esistevano miniere di tale metallo; estratto nelle favolose Cassiteridi, le Isole dello Stagno, per l'appunto, situate agli estremi limiti delle terre abitate, giungeva in Spagna attraverso piccoli porti cantabrici e, lungo le strade commerciali spagnole, scendeva alle rive del Mediterraneo.

I navigatori cartaginesi possedevano anche la Sicilia, la Sardegna e la Corsica, la qual cosa significava che prima o poi, inevitabilmente, si sarebbero scontrati con Roma, un destino che già li aveva sopraffatti un secolo e mezzo prima. E dopo tre guerre, tre guerre durate un centinaio di anni, Cartagine era morta, e Roma aveva acquisito il primo dei suoi possedimenti d'oltremare. Comprese le miniere spagnole.

Con lo spirito pratico che li contraddistingueva, i Romani si avvidero subito che era meglio governare la Spagna da due diverse ubicazioni; così la penisola venne suddivisa nelle due Provincie della Spagna Citeriore e dalla Spagna Ulteriore. Il governatore della Spagna Ulteriore controllava tutto il sud e l'ovest del paese da un centro situato nel fertilissimo entroterra del fiume Guadalquivir, alla cui foce di trovava la potente, antica città fenicia di Cadice. Il governatore della Spagna Citeriore controllava tutto il nord e l'est della penisola da un centro sito sulla pianura costiera di fronte alle Baleari e spostava la capitale a seconda di ciò che gli dettava il capriccio o la necessità. Le terre dell'estremo ovest, la Lusitania, e quelle a nord-ovest, la Cantabria, rimasero perlopiù ignorate.

Nonostante la dura lezione impartita da Scipione l'Emiliano a Numanzia, le tribù iberiche continuarono a opporre una strenua resistenza all'occupazione romana per mezzo di imboscate, scorrerie, assassinii e devastazioni. "Ordunque," si disse Caio Mario, osservando l'interessantissima scena al suo arrivo nella Spagna Ulteriore in veste di neo-governatore "posso combattere anch'io ricorrendo a imboscate, scorrerie, assassinii e devastazioni." E si accinse a farlo. Con successo. E le frontiere della Spagna romana si dilatarono fino alla Lusitania e alla catena di montagne ricche di minerali, solcate dai fiumi Guadalquivir, Guadiana e Tago.

Non era assolutamente un'esagerazione dire che via via che la frontiera romana avanzava, i conquistatori romani continuavano a imbattersi in depositi di minerale sempre più ricchi, soprattutto di argento, rame e ferro. E, logicamente, il governatore della Provincia che conquistò la nuova frontiera in nome di Roma era in prima fila tra coloro i quali ottenevano concessioni di terreni minerari. Il Tesoro di Roma si tagliò la sua fetta, ma preferì lasciare i diritti di estrazione e di proprietà delle miniere nelle mani di privati cittadini, che agivano con efficienza di gran lunga maggiore e con intenti di sfruttamento più adeguati e spietati.

Caio Mario si arricchì. E col passar del tempo divenne sempre più ricco. Ogni nuova miniera scoperta gli apparteneva, per intero o in parte; il che, a sua volta, gli procurò una compartecipazione in accomandita nelle grosse società di cui si appaltavano i servizi per gestire ogni genere di operazioni commerciali, dalla compravendita e dal trasporto del grano ai finanziamenti e alle opere pubbliche, da un capo all'altro del mondo romano, nonché nella stessa città di Roma.

Mario tornò dalla Spagna col titolo di comandante in capo attribuitogli dalle sue truppe, la qual cosa significava che era qualificato a inoltrare al Senato la richiesta dell'autorizzazione a celebrare un trionfo; considerata la mole di bottino e decime e imposte e tributi che aveva apportato all'erario, il Senato non poté far altro che inchinarsi ai desideri dei suoi soldati. E così Mario guidò il carro del trionfo lungo il tradizionale itinerario del corteo trionfale, preceduto dalle prove concrete delle sue vittorie e dei suoi saccheggi, dai pianali che illustravano scene drammatiche e geografia e strane usanze tribali. E sognò di diventare console entro due anni. Lui, Caio Mario di Arpino, il tanto disprezzato zotico italico che non sapeva di greco, sarebbe diventato console della più grande città del mondo. Nel frattempo sarebbe tornato in Spagna a completarne la conquista, trasformandola in due pacifiche, prospere province inequivocabilmente romane. Ma passarono cinque anni prima che facesse ritorno a Roma. *Cinque anni!* La fazione di Cecilio Metello aveva definitivamente vinto: ormai Mario non sarebbe più diventato console.

«Credo che indosserò la tunica di Chio» disse al suo servo personale, ritto in attesa di ordini. Molti uomini nella posizione sociale di Mario se ne sarebbero stati distesi nella vasca pretendendo di essere lavati, strigliati e massaggiati da schiavi, Caio Mario, invece, preferiva far da sé, anche ora. Badate bene, a quarantasette anni era ancora vigoroso. Non aveva motivo di vergognarsi del suo fisico! Per quanto pigre potessero apparire le sue giornate, Mario si teneva in esercizio, lavorava con le clave e i birilli, quand'era possibile attraversava più volte a nuoto il Tevere nel punto chiamato Trigarium, poi percorreva di corsa l'intero tragitto dal perimetro esterno del Campo Marzio a casa sua, sulle pendici della Rocca Capitolina. I capelli si erano un tantino diradati in cima alla testa, ma gli restavano ancora riccioli bruni in quantità sufficiente da riportare in avanti in un'acconciatura di tutto rispetto. Ecco fatto. Così poteva andare. Bello non era mai stato, né mai lo sarebbe diventato. Un viso discreto, anche espressivo, ma certamente non paragonabile a quello di Caio Giulio Cesare!

Interessante. Perché mai si occupava tanto dei capelli e dell'abbigliamento in vista di quella che prometteva di essere una cenetta senza pretese nel triclinio di un modesto senatore delle ultime file? Un uomo che non era mai stato eletto edile, e tanto meno pretore. Aveva optato per la tunica di Chio, figuriamoci! Se l'era comprata parecchi anni addietro, sognando i banchetti che avrebbe offerti durante il consolato e negli anni successivi, quando sarebbe stato uno dei venerati ex consoli, i consolari, come venivano definiti.

In previsione di una cena a carattere del tutto privato, era consentito un abbigliamento meno austero della tunica e della toga bianche, con una sottile banda di porpora come unica decorazione; e la tunica di Chio, intessuta come un arazzo, accompagnata da un lungo drappeggio, era spettacolosa, così ricca d'oro e di porpora.

Per fortuna, non esistevano al momento leggi suntuarie codificate che vietassero di agghindarsi quanto più ornatamente e lussuosamente si desiderava. C'era solo una legge *Licinia* a regolare la quantità di costose rarità culinarie che si potevano servire, ma nessuno la rispettava. Inoltre, Caio Mario dubitava che la tavola di Cesare sarebbe stata ingombra di ostriche e pesci particolarmente succulenti.

Neppure per un istante balenò alla mente di Caio Mario l'idea di fare un salutino a sua moglie prima di uscire. Se l'era dimenticata da anni, ammesso che se ne fosse mai ricordato. Il matrimonio era stato combinato nel limbo asessuato dell'infanzia e si era trascinato senza prole, per venticinque anni, nel limbo asessuato della mancanza di amore o persino di affinità fra due adulti. Un uomo dalle inclinazioni marziali e fisicamente attivo come Caio Mario cercava l'appagamento sessuale solo quando la sua carenza gli veniva rammentata dall'incontro casuale con una bella donna, e la sua esistenza non era stata contrassegnata da molti episodi del genere. Di tanto in tanto si concedeva una piccola avventura con la bella donna che aveva attirato il suo sguardo, ammesso che fosse disponibile e consenziente, o con un'ancella o, in guerra, con una prigioniera.

Ma sua moglie Grania? Se l'era dimenticata, persino quando si trovava ad appena mezzo metro da lui, a rammentargli che le sarebbe piaciuto avere rapporti sessuali abbastanza frequenti da concepire un figlio. La convivenza con Grania era un po' come guidare una marcia attraverso una nebbia impenetrabile. Ciò che si provava era così amorfo che continuava a tramutarsi in qualcosa di diverso, eppure del pari inidentificabile; a volte si avvertiva uno sbalzo di temperatura nell'ambiente circostante, pozze di maggior umidità in un substrato genericamente appiccicoso. E quando arrivava all'orgasmo, se Mario apriva la bocca era solo per sbadigliare.

Non provava la minima compassione per Grania. Né si sforzava di capirla. Era sua moglie, punto e basta, la sua vecchia gallina da lesso che non aveva mai avuto il piumaggio di una pollastrella, neppure da ragazzina. Come passasse le sue giornate, o le sue notti, Mario non lo sapeva, e non se ne curava. Grania che conduceva una doppia vita di licenziosa depravazione? Se qualcuno gli avesse suggerito una possibilità del genere, Mario ne avrebbe riso sino alle lacrime. E ne avrebbe avuto ben donde. Grania era casta quanto era scialba. Niente a che fare con Cecilia Metella, la svergognata sorella del Dalmatico e del Metello finito nella melma del porcile, nonché moglie di Lucio Licinio Lucullo, la nostra Granìa di Pozzuoli!

Con i proventi delle miniere d'argento Mario si era comprato la casa in cima alla Rocca del Campidoglio, dal lato del Campo Marzio delle Mura di Servio Tullio, dove si trovavano le proprietà immobiliari più care di Roma; con quelli delle miniere di rame si era comprato i marmi variopinti che rivestivano le colonne di mattoni e cemento e le pareti divisorie e i pavimenti; con quelli delle miniere di ferro si era assicurato i servigi del miglior pittore di Roma per riempire gli spazi d'intonaco tra i pilastri e le tramezze con affreschi raffiguranti scene di caccia al cervo e giardini fioriti e paesaggi che creavano una perfetta illusione ottica; con quelli della compartecipazione in accomandita in varie grosse società si era comprato le statue e le erme, i favolosi tavoli in legno di cedro sorretti da piedestalli di avorio intarsiato d'oro, i giacigli e i sedili dorati e incrostati di materiali preziosi, i tendaggi splendidamente ricamati, le porte di bronzo istoriato; Hymettus in persona aveva progettato il vasto giardino del peristilio, prestando altrettanta attenzione alla sottile combinazione di profumi quanta ne prestava ai colori dei fiori; e il grande Dolichus aveva creato la lunga piscina centrale, con le fontane e i pesci e le ninfee e i loti e le superbe, gigantesche statue raffiguranti tritoni, nereidi, ninfe, delfini e baffuti serpenti di mare.

A tutto ciò, per essere sinceri, Caio Mario non attribuiva la minima importanza. L'indispensabile sfoggio di ricchezza, nient'altro. Dormiva su una brandina da campo nella stanza più piccola, più spoglia della casa, unica decorazione la sua spada nel fodero, appesa a una parete, e il maleodorante, vecchio mantello militare su un'altra, unica macchia di colore il vessillo alquanto sudicio e lacero che la sua legione prediletta gli aveva donato al termine della campagna iberica. Ah, quella sì che era vita per un uomo! L'unico reale valore della pretura e del consolato, agli occhi di Caio Mario, consisteva nel fatto che entrambi davano accesso al comando militare del massimo grado. Ma console era assai più che pretore! E Mario sapeva che console non sarebbe più diventato, ormai. Non avrebbero mai votato per una nullità come lui, per quanto ricco fosse.

Caio Mario s'incamminò nelle stesse condizioni atmosferiche del giorno prima: una tetra pioggerella e un'umidità che s'insinuava fin nelle ossa. Dimenticando, com'era tipico del suo carattere, di portare addosso un patrimonio. Tuttavia si era gettato sopra la sontuosa tunica il vecchio saio militare, uno spesso, sudicio, maleodorante mantello, capace di proteggerlo dai letali venti dei passi alpini o dai torrenziali acquazzoni, per giorni e giorni di fila, dell'Epiro. Proprio il tipo d'indumento di cui aveva bisogno un soldato. Il suo puzzo gli s'infilava nelle narici come gli effluvii di una panetteria, solleticando l'appetito, voluttuoso per le viscere, caldamente familiare.

«Avanti, avanti!» disse Caio Giulio Cesare, accogliendo personalmente l'ospite sulla soglia di casa e tendendo le belle mani ad afferrare l'orribile saio. Ma quando l'ebbe preso non lo gettò immediatamente allo schiavo in attesa, come se temesse che il suo fetore gli restasse attaccato alla pelle; lo tastò, invece, con rispetto prima di consegnarglielo con delicatezza. «Direi che ha partecipato a qualche campagna» fece poi, senza batter ciglio alla vista di Caio Mario in tutta la volgare ostentazione di una tunica d'oro e di porpora di Chio.

«È l'unico saio che abbia mai posseduto» disse Caio Mario, incurante del fatto che il drappeggio di arazzo di Chio gli fosse andato di traverso.

«Ligure?»

«Naturalmente. Me l'ha regalato mio padre quando ho compiuto diciassette anni e ho preso servizio come allievo. Ma ti dirò una cosa,» proseguì Caio Mario, senza badare alla piccolezza e alla semplicità della casa di Caio Giulio Cesare mentre si avviava al triclinio a fianco dell'anfitrione «quando mi è toccato provvedere all'equipaggiamento e all'abbigliamento delle legioni, mi sono assicurato che i miei soldati avessero tutti un mantello esattamente dello stesso tipo: è vano sperare che gli uomini stiano in buona salute se s'infradiciano di gelida pioggia fino al midollo.» Pensò a qualcosa d'importante da dire e si affrettò ad aggiungere: «Naturalmente non li ho fatti pagare un soldo di più del normale prezzo stabilito dal regolamento militare! Qualsiasi comandante degno di tal nome dovrebbe essere in grado di accollarsi la differenza, attingendo alla parte di bottino di sua spettanza».

«E tu ne sei degno, lo so» disse Cesare, sedendosi sull'orlo del giaciglio di mezzo, nell'angolino di sinistra, facendo segno all'ospite di accomodarsi a destra, cioè al posto d'onore.

I servi sfilarono loro i calzari e, quando Caio Mario declinò l'invito a sottoporsi ai fumi di un braciere, offrirono un paio di calze; entrambi gli uomini le accettarono, poi trovarono la giusta inclinazione sistemando i cuscini in posizione idonea sotto il gomito sinistro. Si fece avanti l'addetto ai vini, seguito da un coppiere.

«I miei figli arriveranno tra poco, e le donne appena prima che si inizi a mangiare» disse Cesare, levando la mano a fermare l'addetto ai vini. «Spero, Caio Mario, che non mi giudicherai uno spilorcio se ti chiedo rispettosamente di bere il vino come faccio io, abbondantemente annacquato. Lo faccio per una buona ragione, ma non credo di potertela spiegare. Semplicemente, l'unica cosa che posso dirti, ora come ora, è che conviene a entrambi restare nel pieno possesso delle nostre facoltà mentali. E poi le donne sono a disagio quando vedono i loro uomini bere vino puro.»

«L'abuso di vino non è tra i miei difetti» rispose Caio Mario, mettendosi comodo e bloccando il mescitore appena ebbe versato un dito di vino, e poi assicurandosi che la sua coppa fosse riempita d'acqua fin quasi all'orlo. «Se si tiene abbastanza alla compagnia da accettare un invito a cena, si dovrebbe usare la lingua per discorrere anziché per prosciugare le coppe.»

«Ben detto!» esclamò Cesare con un sorriso radioso.

«Purtuttavia, sono molto incuriosito!»

«A tempo debito, saprai tutto quanto.»

Calò il silenzio. I due uomini sorseggiarono l'acqua appena tinta di vino, un po' a disagio. Dato che si conoscevano solo al punto di scambiarsi un cenno di saluto quando s'incontravano, come si conveniva tra due senatori, quel tentativo iniziale di instaurare un rapporto di amicizia non poteva non risultare difficile. Soprattutto dal momento che l'anfitrione aveva bandito l'unica cosa capace di metterli più rapidamente a loro agio: il vino.

Cesare si schiarì la gola, posò la coppa sullo stretto tavolo appena più basso del giaciglio. «Mi risulta, Caio Mario, che non sei entusiasta dei magistrati eletti quest'anno» disse.

«Oh, numi, no! Non più di quanto lo sia tu, penso.»

«Sono piuttosto mediocri, d'accordo. A volte mi domando se siamo in errore a insistere che le cariche durino solo un anno. Forse, quando abbiamo tanta fortuna da eleggere un uomo davvero valido, dovremmo lasciarlo in carica più a lungo affinché possa fare di più.»

«Una tentazione, e se gli uomini non fossero ciò che sono, potrebbe anche funzionare» replicò Mario. «Ma c'è un ostacolo.»

«Un ostacolo?»

«Ma chi ci dice che un uomo valido è *davvero* tale? Lui stesso? Il Senato? L'Assemblea della Plebe? I cavalieri? L'elettorato, per quanto composto di uomini incorruttibili, sordi alle ragioni del denaro?»

Cesare rise. «Be', ho creduto che Caio Gracco fosse un uomo onesto. Quando si è candidato per il secondo mandato come tribuno della plebe, gli ho dato il mio appoggio con tutto il cuore, e ho appoggiato anche il suo terzo tentativo. Non che il mio sostegno contasse molto, essendo io un patrizio. »

« E questa è la dimostrazione, Caio Giulio » disse Mario, tetro. « Ogniqualvolta Roma riesce a eleggere un brav'uomo, costui viene abbattuto. E perché gli tagliano le gambe? Perché gli importa più di Roma che della famiglia, della fazione e delle finanze. »

« Non credo che sia una caratteristica tipica dei Romani » ribatté Cesare inarcando le delicate sopracciglia, tanto che la fronte si increspò di rughe. « La gente è uguale dovunque. Vedo poca differenza tra Romani, Greci, Cartaginesi, Siriani o qualsiasi altro popolo ti venga in mente, almeno per quanto concerne l'invidia o la cupidigia. L'unico modo in cui l'uomo più idoneo a una data carica possa conservarla per il tempo sufficiente a compiere quanto il suo potenziale lascia intendere che è in grado di compiere, consiste nel diventare re. Di fatto, se non di nome. »

« E Roma non accetterebbe mai un re » disse Mario.

« Non lo fa da cinque secoli. Ci siamo sbarazzati una volta per tutte dei re. Strano, no? La maggior parte del mondo preferisce il potere assoluto. Ma noi Romani, no. E neppure i Greci, a dire il vero. »

Mario sogghignò. « È per questo che Roma e la Grecia brulicano di uomini i quali si ritengono tutti quanti re. E una cosa è certa: Roma non è diventata una vera democrazia quando abbiamo cacciato i nostri re. »

« No, di sicuro! La vera democrazia è un concetto filosofico greco inattuabile. Guarda un po' che pasticcio hanno combinato i Greci: quindi che probabilità abbiamo noi Romani, assennati e pratici come siamo? Roma è il governo della maggioranza da parte di una minoranza. Le famiglie illustri. » Cesare lasciò cadere l'asserzione con noncuranza.

« E di tanto in tanto un Uomo Nuovo » aggiunse Caio Mario, Uomo Nuovo.

« E di tanto in tanto un Uomo Nuovo » convenne placidamente Ceare.

I due figli maschi di Cesare entrarono nel triclinio esattamente come si conveniva ai giovani, in atteggiamento virile ma deferente, riservato ma non timido, senza avventarsi, ma neppure ritrarsi.

Sesto Giulio Cesare era il maggiore, venticinque anni, alto, i capelli di un colore ramato, gli occhi grigi. Avvezzo a valutare i giovani, Caio Mario colse in lui una strana ombra: si notava una lievissima traccia di spossatezza appena sotto gli occhi, e la bocca aveva le labbra serrate, sebbene non fosse della forma giusta per quell'espressione.

Caio Giulio Cesare il Minore, ventiduenne, era più robusto del fratello e anche più alto di statura, con i capelli biondo oro e gli occhi di un azzurro intenso. Intelligentissimo, decise Mario, ma tutt'altro che un giovane violento o cocciuto.

Assieme formavano la coppia di figli più bella, dai lineamenti più romani e meglio assortita che ogni padre senatore potesse sperare di procreare. Senatori di domani.

«Sei fortunato ad avere due figli del genere, Caio Giulio» disse Mario mentre i giovanotti si sistemavano sul giaciglio posto ad angolo retto alla destra del padre; a meno che non fossero attesi altri invitati, o quella fosse una di quelle case scandalosamente moderne dove anche le donne cenavano distese, il terzo giaciglio, posto ad angolo retto alla sinistra di Mario, sarebbe rimasto vuoto.

«Sì, mi reputo fortunato» rispose Cesare, sorridendo ai figli con tanto rispetto quanto amore nello sguardo. Poi si girò sul gomito a guardare Caio Mario, e la sua espressione mutò, manifestando compita curiosità. «Tu non hai figli?»

«No» disse Mario, senza il minimo rimpianto.

«Però sei sposato, sì?»

«Credo bene!» fece Mario, e rise. «Siamo tutti uguali, noi soldati. La nostra vera moglie è l'esercito.»

«Capita» disse Cesare, e cambiò discorso.

La conversazione prima di cena era colta, blanda e molto compita, notò Mario; in quella casa, nessuno aveva bisogno di umiliare chiunque altro ci abitasse, ciascuno era in ottimi rapporti con tutti, non si avvertiva alcuna nota discordante. Mario era curioso di constatare com'erano le donne, perché, dopotutto, il padre era solo una metà della fonte di quel felice risultato; per quanto sposato a una scialba puteolana, Mario non era uno sciocco, e sapeva bene che non esisteva moglie di nobile romano la quale non esercitasse un peso notevole sull'educazione dei figli. Che fosse dissoluta o pudica, un'idiota o un'intellettuale, era sempre qualcuno con cui fare i conti.

E poi entrarono, le donne: Marzia e le due figlie. Incantevoli! Assolutamente incantevoli, madre compresa. I servi collocarono tre sedie dallo schienale diritto nell'incavo centrale della U formata dai tre giacigli e dai rispettivi stretti tavoli, in modo che Marzia sedesse di fronte al marito, Iulia di fronte a Caio Mario e Iulilla di fronte ai suoi due fratelli. Accertatasi che i genitori non la guardassero, Iulilla mostrò la lingua ai fratelli, notò Mario, divertito.

Nonostante l'assenza di ostriche e pesci succulenti e la presenza di vino fortemente annacquato, fu una cena squisita, servita da schiavi discreti, con l'aria soddisfatta, che mai si intrufolavano sgarbatamente tra le donne e i tavoli, né trascuravano uno solo dei loro compiti. Le vivande erano semplici ma cucinate a puntino, i sapori naturali delle carni, della frutta e della verdura non camuffati dalla salsa di pesce e da bizzarre misture di esotiche spezie orientali; in effetti, era proprio il genere di alimentazione preferito dal soldato Mario.

Volatili arrosto, farciti con un semplice ripieno a base di pane e cipolle ed erbe aromatiche dell'orto di casa, i panini più croccanti, appena sfornati, due tipi di olive, gnocchetti di delicata farina di farro, cotti con uova e formaggio, salsicce dal delizioso sapore campagnolo, arrostite su un braciere e velate da un sottile strato di aglio e miele diluito, due ottime insalate di lattuga, cetriolo, scalogno e sedano, condite con due diverse salsine a base di olio e aceto, e uno splendido miscuglio ancora fumante di broccoli, zucchine e cavolfiore, coperto d'olio e di castagne grattugiate. L'olio d'oliva era profumato e di prima spremitura, il sale perfettamente asciutto, e il pepe, della migliore qualità, tenuto in grani finché uno dei commensali non faceva segno al ragazzo che l'aveva in custodia di tritarne un pizzico nel mortaio col pestello, per favore. A concludere il pasto, crostatine di frutta, certi appiccicosi quadrati di semi di sesamo incollati assieme con miele di timo, sfoglie ripiene di un trito di uva passa e tuffate in uno sciroppo di fichi, e due squisiti formaggi.

«Arpino!» esclamò Mario, sollevando una fetta del secondo formaggio, e il suo volto, adorno delle assurde sopracciglia, parve di colpo ringiovanito di parecchi anni. «Lo conosco bene, questo formaggio! Lo fa mio padre. Con latte di pecore di due anni, e munto solo dopo che abbiano brucato in riva al fiume per una settimana, dove cresce la speciale erba lattifera.»

«Oh, che meraviglia» disse Marzia, sorridendogli senza la minima traccia di affettazione o d'impaccio. «Sono sempre stata golosa di questa particolare qualità di formaggio, ma d'ora in poi lo cercherò con una speciale attenzione. Il formaggio fatto da Caio Mario... si chiama così anche tuo padre?... di Arpino.»

Nell'attimo in cui l'ultima portata venne tolta dalla tavola, le donne si alzarono per prendere congedo, non avendo toccato un goccio di vino, ma mangiato di gusto e bevuto acqua in abbondanza.

Alzandosi, Iulia gli sorrise con quella che sembrava genuina simpatia, notò Mario; aveva conversato amabilmente con lui ogniqualvolta l'aveva interpellata, senza tuttavia fare alcun tentativo di trasformare il discorso tra lui e suo padre in una conversazione a tre. Eppure, non aveva dato l'impressione di annoiarsi, anzi aveva seguito ciò di cui parlavano Cesare e Mario con palese interesse e intelligenza. Una ragazza davvero adorabile, una ragazza placida, che però non sembrava destinata a diventare un'insipida massaia.

La sorella minore, Iulilla, era una birichina... deliziosa, certo, ma anche un bel grattacapo, sospettò Mario. Viziata e caparbia e perfettamente consapevole di come manipolare i familiari per ottenere il suo scopo. Ma c'era qualcosa, in lei, di più inquietante; Mario, se era esperto nel valutare i giovanotti, era anche un sagace esaminatore di fanciulle. E Iulilla gli faceva, seppure lievemente, accapponare la pelle; da qualche parte, chissà dove, celava una pecca, Mario ne era sicuro. Non esattamente una carenza intellettiva, anche se era meno istruita della sorella maggiore e dei fratelli e, chiaramente, per nulla turbata dalla sua ignoranza. Non esattamente la vanità, anche se era evidente che sapeva di esser bella, e ci teneva. Con una scrollatina di spalle, Mario liquidò il problema e Iulilla: né l'uno né l'altra sarebbero mai stati affar suo.

I due giovanotti si trattennero forse per un'altra decina di minuti, poi si congedarono a loro volta e uscirono. Era calata la notte; gli orologi ad acqua presero a gocciare le ore di buio, lunghe il doppio delle ore di luce. Si era nel cuore dell'inverno e per una volta il calendario stava al passo con le stagioni grazie alla pignoleria del Pontefice Massimo, Lucio Cecilio Metello il Dalmatico, il quale riteneva che data e stagione *dovessero* coincidere: come stabilivano i Greci. Che importanza poteva mai avere, fin tanto che gli occhi e l'apparato sensorio che percepiva i cambi di temperatura ti dicevano che stagione era, e il calendario ufficiale esposto nel Foro Romano ti indicava il mese e il giorno?

Quando i servi vennero ad accendere i lumi, Mario notò che l'olio era della migliore qualità e i lucignoli, anziché di rozza stoppa, erano fatti di lino intrecciato con cura.

«Sono un lettore» disse Cesare, seguendo lo sguardo di Mario e interpretandone i pensieri con la stessa strana precisione che aveva manifestato all'inizio del casuale scambio di occhiate del giorno prima sul Campidoglio. «Né, temo, dormo molto bene. Anni fa, quando i ragazzi hanno avuto l'età per partecipare ai consigli di famiglia, abbiamo indetto una speciale riunione, durante la quale si è deciso che a ciascuno di noi dovesse essere consentito un lusso che ci si poteva permettere. Marzia ha optato per un cuoco di prim'ordine, ricordo, ma dal momento che ne avremmo tratto vantaggio tutti quanti, abbiamo votato in favore di un nuovo telaio — l'ultimo modello di Padova — e della possibilità di avere sempre a disposizione il tipo di filato che preferiva, anche se costoso. Sesto ha chiesto che gli fosse concesso di visitare i Campi Flegrei, alle spalle di Pozzuoli, più volte all'anno. »

Sul viso di Cesare balenò un'espressione ansiosa; tirò un profondo sospiro. « Vi sono alcune caratteristiche ereditarie nella nostra famiglia, » spiegò « la più nota delle quali, a parte il fatto che siamo chiari di pelle e di capelli, è il mito secondo cui ogni donna della *gens* Iulia possiede la dote innata di far felici i suoi uomini. Un dono della capostipite della nosta casata, la dea Venere, benché non mi risulti che Venere abbia fatto felici troppi uomini. Neppure Vulcano, a dire il vero. O Marte! E tuttavia è quanto dice la leggenda a proposito delle donne della *gens* Iulia. Ma vi sono altri, meno salubri doni imposti da alcuni di noi, ivi compreso quello ereditato dal povero Sesto. Sono sicuro che avrai sentito parlare della malattia di cui soffre: l'asma. Quando gli viene una delle sue crisi, lo si sente rantolare da ogni punto della casa, e nei casi peggiori si fa tutto nero in viso. Poco è mancato che lo perdessimo, in varie occasioni. »

Sicché era questo che si leggeva sul viso del giovane Sesto! Era asmatico, poveraccio. Senza dubbio, la malattia ne avrebbe rallentato la carriera.

« Sì, » disse Mario « so di che cosa si tratta. A sentire mio padre, si aggrava sempre quando l'aria è satura di loppa, durante la mietitura, o di polline, durante l'estate, e chi ne è affatto dovrebbe evitare la compagnia di animali, soprattutto cavalli e cani. Mentre presta servizio militare, tienilo appiedato. »

« L'ha scoperto da solo » fece Cesare, tornando a sospirare.

« Concludi il tuo racconto del consiglio di famiglia, Caio Giulio » lo invitò Mario, affascinato; non potevano certo vantare altrettanta democrazia nella più piccola *isonomia* greca! Che bizzarra famiglia, quella di Giulio Cesare! A una prima frettolosa osservazione da parte di un estraneo, perfettamente corretti, pilastri patrizi della comunità. Ma per chi era più addentro alle cose scandalosamente eterodossi!

« Be', il giovane Sesto ha scelto di recarsi con regolarità ai Campi Flegrei perché, a quanto sembra, le esalazioni sulfuree gli sono di giovamento » disse suo padre.

« E il fratello minore? » domandò Mario.

« Caio ha detto che esisteva una sola cosa al mondo che avrebbe voluto come privilegio, benché non lo si potrebbe definire un lusso. Ha chiesto che gli fosse consentito di scegliersi personalmente una moglie. »

Le sopracciglia di Mario, cespugliose e guizzanti, andarono su e giù. « Oh, numi! E gli hai concesso il privilegio? »

«Oh, sì.»

«Ma, se cadesse nella solita trappola tesa ai ragazzi e s'innamorasse di una sgualdrinella o di una vecchia puttana?»

«La sposerà, se tale sarà il suo desiderio. Non credo, tuttavia, che il giovane Caio sarà tanto stupido. Ha la testa sulle spalle» osservò calmo calmo l'adorante padre.

«Vi sposate secondo l'antica usanza patrizia, la *confarreatio*, il sacrificio nuziale col farro, indissolubilmente?» incalzò Mario, non credendo alle proprie orecchie.

«Certamente!»

«Numi!»

«Anche la mia figlia maggiore, Iulia, ha la testa a posto» proseguì Cesare. «Ha scelto di diventare socia della biblioteca di Fannio. Ora, avevo intenzione di chiedere per me esattamente la stessa cosa, ma mi è parso che non avesse alcun senso aderirvi in due, per cui ho ceduto il privilegio a lei. La nostra piccola, Iulilla, ahimè, è tutt'altro che assennata, ma suppongo che la saggezza non si addice alle farfalle. Loro compito...» e Cesare scrollò le spalle, con un sorriso un po' sghembo «è quello di rallegrare il mondo. Detesterei la vista di un mondo senza farfalle, e dato che siamo stati così sciaguratamente imprevidenti da avere quattro figli, mi sta bene che la nostra farfalla sia arrivata per ultima. E, perdipiù, abbia avuto la gentilezza di nascere femmina.»

«Che cos'ha chiesto?» fece Caio Mario, sorridendo.

«Oh, più o meno ciò che ci aspettavamo. Dolciumi e vestiti.»

«E tu, privato della tua iscrizione alla biblioteca?»

«Ho optato per il miglior olio da illuminazione e i migliori lucignoli, e ho fatto un patto con Iulia. Se mi avesse passato in lettura i libri che prendeva a prestito dalla biblioteca, lei avrebbe potuto usare i miei lumi per leggere.»

Mario si abbandonò al sorriso con tutto comodo, provando immensa simpatia per l'autore di quel raccontino morale. Che esistenza semplice, priva d'invidia, felice conduceva! Attorniato da una moglie e dai figli che si sforzava di compiacere, ai quali si interessava in quanto individui. Senza dubbio le sue analisi del carattere dei rampolli erano più che fondate, e il giovane Caio non si sarebbe scelto una moglie in un rigagnolo della Suburra.

Mario si schiarì la gola. «Caio Giulio, è stata una serata assolutamente deliziosa. Però ora penso sia arrivato il momento che tu mi dica perché ho dovuto mantenermi lucido.»

«Se non ti spiace, prima congedo i servi» disse Cesare. «Il vino è qui, a portata di mano, e ora che è giunto il momento della verità, non occorre più che ce ne asteniamo.»

Tanti scrupoli stupirono Mario, ormai avvezzo alla totale indifferenza che i Romani delle classi superiori ostentavano nei confronti degli schiavi di casa. Oh, non in termini di trattamento: di regola, erano buoni con la servitù; però sembravano giudicare i domestici alla stregua di animali impagliati e inanimati, quando c'era il rischio che origliassero quanto avrebbe dovuto restare segreto. Era un'abitudine cui Mario non si era mai rassegnato; come Cesare, anche suo padre era sempre stato del parere che bisognasse allontanare i servi.

«Sono terribilmente pettegoli, sai» spiegò Cesare, quando rimasero a tu per tu dietro una porta sprangata «e abbiamo dei vicini ficcanaso, da ambo le parti. Roma può anche essere una grande città, ma per quanto riguarda la diffusione dei pettegolezzi sul Palatino... diamine, è rimasta un villaggio! Marzia mi dice che parecchie sue amiche si abbassano al punto di ricompensare i loro servi per i pettegolezzi che riportano e, perdipiù, di concedere gratifiche quando i pettegolezzi in questione si rivelano veritieri! Inoltre, anche i servi hanno idee e sentimenti, per cui è meglio non coinvolgerli.»

«Tu, Caio Giulio, avresti dovuto essere eletto console, e poi diventare il nostro più illustre consolare e ottenere la carica di censore» disse Mario in tutta sincerità.

«Sono d'accordo con te, Caio Mario, è proprio vero! Ma sono troppo povero per aspirare alle alte cariche.»

«A me il denaro non manca. È per questo che mi hai invitato? E consigliato di non ubriacarmi?»

Cesare parve scombussolato. «Mio caro Caio Mario, no di certo! Diamine, sono più vicino ai sessanta che ai cinquanta! In così tarda età, la mia carriera pubblica è ormai conclusa. No, è dei miei figli che mi preoccupo, e dei loro figli, quando sarà il momento.»

Mario raddrizzò le spalle e si girò sul giaciglio a fronteggiare il padrone di casa, che fece la stessa cosa nei suoi riguardi. Dato che la sua coppa era vuota, Mario afferrò la brocca e si versò un goccio di vino puro, che sorseggiò, assumendo un'espressione stupefatta. «È questo che ho continuato ad annacquare per tutta la sera, tanto da non avvertirne più il sapore?» domandò.

Cesare sorrise. «Cielo, no! Non sono così ricco, te lo garantisco. Il vino che abbiamo annacquato era un comune vino da tavola. Questo, lo conservo per le occasioni speciali.»

«Allora ne sono lusingato.» Mario adocchiò Cesare da sotto le sopracciglia. «Che cosa vuoi da me, Caio Giulio?»

«Aiuto. In cambio, io aiuterò te» disse Cesare, riempiendosi la coppa dello squisito vino d'annata.

« E come avverrà questo scambio di aiuto reciproco? »

« Semplice. Facendo di te un membro della mia famiglia. »

« Come? »

« Ti sto offrendo quella delle mie due figlie che preferisci » rispose Cesare, paziente.

« Un *matrimonio*? »

« Certo, un matrimonio! »

« Ooohhhh! Questa, sì, che è un'idea! » Mario vide subito le possibilità che gli si spalancavano. Bevve un sorso più lungo del profumato Falerno, senza aggiungere altro.

« Tutti dovranno tenerti in considerazione, se avrai per moglie una Iulia » continuò Cesare. « Fortunatamente, non hai figli, se devo essere sincero. Sicché qualsiasi donna prendessi in moglie in questo momento della tua vita dovrebbe essere giovane, e di famiglia prolifica. È del tutto comprensibile che tu possa desiderare un'altra moglie, nessuno se ne stupirà. Ma se la moglie in questione sarà una Iulia, allora sarà di altissimo lignaggio patrizio e nelle vene dei tuoi figli scorrerà anche il sangue della *gens* Iulia. Indirettamente, sposando una donna di tale stirpe ti nobiliterai, Caio Mario. Tutti saranno costretti a considerarti in maniera diversa da come ti considerano attualmente. Il tuo nome, infatti, sarà innalzato dall'immensa *dignitas*, dall'eccellenza e dalla posizione pubblica della più augusta famiglia di Roma. Non abbiamo denaro, ma possediamo la *dignitas*. La *gens* Iulia discende direttamente dalla dea Venere attraverso suo nipote Iulo, figlio di suo figlio Enea. E un po' del nostro splendore si trasmetterà a te. »

Cesare posò la coppa e sospirò, ma sorridendo. « Ti posso assicurare, Caio Mario, che *è* la verità! Non sono, purtroppo, il primogenito della mia generazione della nostra casata, ma conserviamo i simulacri di cera nelle nostre credenze e le nostre origini risalgono a oltre mille anni or sono. La madre di Romolo e Remo, colei che viene chiamata Rea Silvia, portava anche il nome di Iulia! Quando si è giaciuta con Iarte e ha concepito i gemelli, siamo stati *noi* a conferire sembianze mortali a Romolo, e quindi a Roma. » Il sorriso si allargò; e non era un sorriso di autoironia, ma di puro piacere per i suoi illustri antenati. « Siamo stati re di Alba Longa, la più grande fra tutte le città latine, perché è stato il nostro avo Iulo a fondarla, e quando è stata saccheggiata da Roma, siamo stati trasferiti a Roma e innalzati nella gerarchia di Roma per dare maggior peso alle pretese di Roma di porsi alla testa della stirpe latina. E benché Alba Longa non sia mai stata ricostruita, il sacerdote del Monte Albano è tuttora un Giulio. »

Mario non seppe trattenersi: rimase a bocca aperta per lo stupore. Ma non disse nulla, si limitò ad ascoltare.

«A più umile livello» proseguì Cesare «vanto anch'io le stesse nobili prerogative, sebbene non abbia mai avuto il denaro necessario per aspirare alle più alte cariche. Il nome che porto mi rende famoso tra gli elettori. Sono corteggiato dagli arrampicatori sociali — e come ben sai, le centurie votanti alle elezioni consolari sono infarcite di arrampicatori sociali — e godo del profondo rispetto della nobiltà. La mia personale *dignitas* è al di sopra di qualsiasi sospetto, come lo era quella di mio padre prima di me» concluse in tono solenne.

Nuove prospettive si spalancavano dinanzi a Caio Mario, il quale non riusciva a distogliere lo sguardo dal nobile volto di Cesare. "Oh, sì, discendevano da Venere, d'accordo! Bellissimi tutti quanti, dal primo all'ultimo. La bellezza conta, e nella storia del mondo è sempre stato preferibile avere i capelli biondi. I figli che procreassi con una Iulia, potrebbero anche essere biondi, ma avrebbero il naso lungo, aquilino dei Romani! Avrebbero un aspetto gradevole, ma anche insolito. Il che è la differenza tra i biondi della *gens* Iulia di Alba Longa e i biondi Pompei del Piceno. Quelli della *gens* Iulia hanno l'aria inequivocabilmente romana, mentre i Pompei hanno l'aria celtica."

«Tu aspiri al consolato,» continuò Cesare «e questo è chiaro a tutti. Le tue attività nella Spagna Ulteriore, quando eri pretore, ti hanno procurato clienti. Purtroppo, però, corre voce che sia a tua volta cliente di qualcun altro, il che fa dei tuoi clienti i clienti del tuo protettore.»

L'ospite digrignò i denti, che erano grandi e bianchi e forti. «È una calunnia!» esclamò rabbiosamente. «Non sono cliente di nessuno!»

«Io ti credo, ma non è ciò che si crede generalmente,» dichiarò Cesare «e ciò che si crede generalmente è di gran lunga più importante di quanto lo sia la verità. Qualsiasi persona di buon senso può non dare credito alla pretesa della famiglia Erennia di annoverarti tra i suoi clienti: la *gens* Erennia è infinitamente meno latina dei Mario di Arpino. Ma anche il clan di Cecilio Metello si proclama tuo protettore. E a *quelli*, la gente crede. Perché? Tanto per cominciare, perché la famiglia di tua madre Fulcinia è etrusca, e i Mario possiedono terre in Etruria. L'Etruria è il feudo tradizionale del clan di Cecilio Metello.»

«Nessun Mario, o tanto meno Fulcinio, è mai stato cliente di un Cecilio Metello!» scattò Caio Mario, adirandosi sempre più. «Quelli sono troppo furbi per sostenere di avermi come cliente in una qualsiasi circostanza in cui potrebbero essere tenuti a dimostrarlo!»

«Non c'è bisogno di dirlo» fece Cesare. «Tuttavia, nutrono per te un'antipatia personale, il che conferisce peso notevole alle loro asserzioni. È un dato di fatto che si nota di continuo. C'è chi sostiene che si tratta di un'antipatia troppo personale per derivare unicamente dal fatto che hai bagnato loro il naso quando eri tribuno della plebe.»

«Oh, è personale, eccome!» disse Mario, con una risata priva di gaiezza.

«Raccontami.»

«Una volta ho gettato il fratello minore del Dalmatico, lo stesso che sicuramente diventerà console l'anno prossimo, in un porcile, a Numanzia. In realtà, siamo stati in tre a farlo, e nessuno di noi tre ha fatto molta strada con i Romani che contano sul serio, questo è poco ma sicuro.»

«Chi erano gli altri due?»

«Publio Rutilio Rufo e re Giugurta di Numidia.»

«Ah! Il mistero è chiarito!» Cesare giunse la punta delle dita e se le appoggiò contro le labbra arricciate. «Tuttavia, l'accusa di essere un cliente disonorevole non è la peggiore calunnia legata al tuo nome, Caio Mario. Ce n'è un'altra, più difficile da spiegare.»

«Allora, prima di addentrarci nell'argomento, Caio Giulio, come mi consiglieresti di por fine alle voci sui miei legami clientelari?» domandò Mario.

«Sposando una delle mie figlie. Se sarai accettato come marito di una delle mie figlie, il mondo comprenderà che non trovo ombra di verità in quella faccenda. E propaga la storiella del porcile spagnolo! Se possibile, convinci Publio Rutilio Rufo a confermarla. Allora tutti avranno una spiegazione plausibile della natura personale dell'avversione del clan di Cecilio Metello» disse Cesare, sorridendo. «Dev'essere stato uno spasso: un Cecilio Metello umiliato al livello di... insomma, non erano neppure maiali *romani*!»

«È stato spassoso, sì» tagliò corto Mario, ansioso com'era di continuare. «Ora, dimmi, qual è l'altra calunnia?»

«Dovresti già saperlo, Caio Mario.»

«Non riesco proprio a immaginarlo, Caio Giulio.»

«Si dice che tu sia in affari.»

Mario rimase senza fiato, sbalordito. «Ma... ma come posso essere in affari in modo diverso da tre quarti dei senatori? Non possiedo azioni in una qualsiasi società che mi autorizzino a votare o influenzare la gestione della società stessa! Sono un semplice socio in accomandita, ho investito un certo capitale! È *questo* che si dice di me, che prendo parte attiva agli affari?»

«No di certo. Mio caro Caio Mario, nessuno ci ricama su! Ti

liquidano con un sorrisetto beffardo, con la semplice frase: "È in affari". Le implicazioni sono molteplici, però non *si dice* mai nulla di concreto! Così, chi non è tanto saggio da andare più a fondo, è portato a ritenere che la tua famiglia sia in affari da molte generazioni, che tu, personalmente, diriga società, esiga imposte, t'ingrassi con le forniture di grano» concluse Cesare.

«Capisco» disse Mario, a labbra strette.

«E sarà meglio che tu capisca» fece l'altro, gentilmente.

«Non faccio nulla che un qualsiasi Cecilio Metello non faccia! Anzi, con tutta probabilità sono impegnato meno attivamente di loro negli affari.»

«Ne convengo. Ma se avessi potuto consigliarti, Caio Mario,» continuò Cesare «avrei tentato di persuaderti a tenerti alla larga da qualsiasi avventura finanziaria che esulasse dalle proprietà terriere o immobiliari. Le tue miniere sono al di sopra di qualsiasi sospetto; sono solide proprietà immobiliari, perfettamente in regola. Ma per un Uomo Nuovo... be', i traffici commerciali non sono cosa saggia. Avresti dovuto limitarti a quelle attività considerate assolutamente incensurabili per un senatore: terra e immobili.»

«Intendi dire che le mie attività commerciali sono l'ennesima dimostrazione che non sono, e mai potrò essere, un aristocratico romano» contestò Caio Mario con amarezza.

«Precisamente!»

Mario raddrizzò le spalle; soffermarsi sulla manifesta ingiustizia era solo una perdita di tempo e di energie preziose. Rivolse invece il pensiero all'allettante prospettiva delle nozze con una fanciulla della *gens* Iulia. «Credi sul serio che, sposando una delle tue figlie, la mia immagine pubblica migliorerebbe a tal punto, Caio Giulio?»

«Non potrebbe essere diversamente.»

«Una Iulia... E perché non dovrei aspirare alla mano di una Sulpicia, o una Claudia, o un'Emilia, o una Cornelia? Una fanciulla di una qualsiasi antica casata patrizia servirebbe egualmente allo scopo... anzi, meglio! Avrei un nome illustre e anche un bel po' d'influenza politica» disse Mario.

Sorridendo, Cesare scosse il capo. «Non mi lascio provocare, Caio Mario, per cui non darti la pena di tentare. Sì, potresti sposare una Cornelia o un'Emilia. Ma tutti si renderebbero conto che te la sei comprata. Il vantaggio di sposare una Iulia sta nel fatto che la *gens* Iulia non ha mai venduto le sue figlie a ricche nullità, a uomini desiderosi di garantire carriere pubbliche a se stessi e un nobile retaggio alla loro progenie. Il semplice fatto che ti sia stato *consentito* di sposare una donna di tal stirpe basterà a informare il mondo che sei degno di ogni carica politica, e che le calunnie legate al tuo nome sono solo dettate dalla malignità. La *gens* Iulia si è sempre rifiutata di vendere le sue figlie. È un fatto universalmente noto.» Fece una pausa, restando un attimo pensieroso, poi soggiunse: «Bada bene, consiglierò decisamente entrambi i miei figli di trarre profitto dalla nostra singolarità e dare in moglie le *loro* figlie a ricche nullità al più presto possibile!».

Mario si mise comodo, e si servì una seconda coppa colma di vino. «Caio Giulio, perché mi stai offrendo questa possibilità?» domandò.

Cesare aggrottò la fronte. «Le ragioni sono due» rispose. «La prima, forse, non è molto assennata, ma è quella che mi ha portato alla decisione di capovolgere la tradizionale riluttanza della nostra famiglia a trarre vantaggio finanziario dalle nostre figlie. Vedi, ieri, quando ti ho notato alla cerimonia d'insediamento, ho avuto un presentimento. Ora, devi sapere che non sono un tipo particolarmente incline a credere ai presentimenti; però ti giuro per tutti gli dèi, Caio Mario, che all'improvviso *ho compreso* di avere davanti agli occhi un uomo il quale, se ne avesse avuto l'occasione, avrebbe strappato Roma, con le sue forze, a un terribile pericolo. E ho altresì compreso che se non ti fosse stata offerta quell'occasione, Roma avrebbe cessato di esistere.» Si strinse nelle spalle, rabbrividì. «Be', c'è una robusta vena di superstizione in ogni romano, e nelle famiglie più antiche tale vena è profondamente sviluppata. Ho creduto a ciò che ho sentito in me. A distanza di un giorno, ci credo ancora. E non sarebbe una bella cosa, mi sono detto, se fossi proprio io, un umile senatore delle ultime file, a donare a Roma l'uomo di cui Roma avrà un così disperato bisogno?»

«Lo sento anch'io» esclamò Mario bruscamente. «Lo sento fin da quando sono stato inviato a Numanzia.»

«Ecco, dunque! Siamo in due.»

«E la seconda ragione, Caio Giulio?»

Cesare sospirò. «Sono arrivato a un'età in cui devo affrontare il fatto di non essere ancora riuscito a provvedere ai miei figli com'è dovere di un padre. Non ho fatto mancar loro l'affetto. Né gli agi materiali, pur senza eccedere in questo. Né l'istruzione. Ma questa casa, oltre a cinquecento iugeri di terra sui Colli Albani, è tutto ciò che possiedo.» Si sollevò a sedere, accavallò le gambe, tornò a protendersi. «Ho *quattro* figli, ossia due di troppo, come ben sai. Due maschi e due femmine. Ciò che possiedo non basterà a finanziare la carriera pubblica dei miei figli, neppure in qualità di semplici senatori come il loro padre. Se divido ciò di cui dispongo tra i miei due ragazzi, nessuno dei due avrà diritto, per censo, al rango di senatore. Se lascio tutto quel che ho al maggiore, Sesto, potrà tirare avanti come ho fatto io. Ma il minore, Caio, sarà così povero da non poter aspirare neppure al rango di cavaliere. In effetti, farò di lui un altro Lucio Cornelio Silla... Conosci Lucio Cornelio Silla?» domandò Cesare.

«No» rispose Mario.

«La sua matrigna è mia vicina di casa, una donna orribile, di umili origini e senza un briciolo di sale in zucca, ma molto ricca. Ha, però, un parente carnale che erediterà tutto quanto, per l'esattezza un nipote, credo. Come faccio a sapere tante cose su di lei? È lo scotto che si paga ad avere come vicino di casa un senatore. Mi ha assillato perché redigessi il suo testamento, e non ha smesso un attimo di blaterare. Il figliastro, Lucio Cornelio Silla, abita a casa sua, a sentir lei perché non ha altro posto dove andare. Figurati: un patrizio della *gens* Cornelia con l'età per diventare senatore, ma senza la minima speranza di riuscirci. Non ha il becco di un quattrino! Il ramo della famiglia cui appartiene è decaduto da un pezzo, e suo padre non possedeva praticamente nulla; e a peggiorare la situazione di Lucio Cornelio, il padre si era dato al vino, e quel poco che avrebbe potuto lasciargli, se l'è bevuto anni e anni fa. Poi ha sposato la mia vicina di casa, che ha accolto il figlio sotto il suo tetto dopo la morte del marito, ma non è disposta a fare altro per lui. Tu, Caio Mario, sei stato infinitamente più fortunato di Lucio Cornelio Silla, ché almeno la tua famiglia era abbastanza facoltosa da concederti beni e reddito degni di un senatore quando ti si fosse presentata l'occasione di entrare a far parte del Senato. La tua posizione di Uomo Nuovo non avrebbe potuto vietarti l'accesso al Senato, al momento opportuno, mentre certamente te l'avrebbe impedito un reddito inferiore a quello stabilito dai censori. Lucio Cornelio Silla è di impeccabili natali, per parte di padre come di madre, ma l'estrema povertà l'ha effettivamente escluso dalla posizione che gli spetterebbe di diritto nella società. E personalmente tengo troppo al benessere del mio figliolo minore per ridurre lui o i suoi figli o i figli dei suoi figli nelle condizioni di un Lucio Cornelio Silla» disse Cesare in tono appassionato.

«I natali di un uomo sono solo un accidente!» ribatté Mario con pari veemenza. «Perché mai dovrebbero imporre il corso di una vita?»

«E perché dovrebbe stabilirlo il denaro?» fece di rimando Cesare. «Via, Caio Mario, ammetti che tutti gli uomini di ogni parte del mondo fanno caso ai natali e alla posizione economica. Trovo anzi che la società romana sia più elastica di molte altre; a paragone, per esempio, del regno dei Parti, Roma è ideale quanto l'ipotetica Repubblica di Platone! A Roma, si è avuto il caso di uomini che sono riusciti a salire ai vertici dal nulla. Non che, bada bene, personalmente abbia mai ammirato uno qualsiasi di quelli che ci sono riusciti» disse in tono meditabondo. «A quanto sembra, la lotta per far carriera li guasta, come uomini.»

«Allora, forse è meglio che Lucio Cornelio Silla rimanga dov'è» osservò Mario.

«No, di certo!» dichiarò l'altro con fermezza. «Ammetto che il fatto di essere un Uomo Nuovo ti abbia inflitto una sorte dura e ingiusta, Caio Mario, ma sono legato alla mia classe quanto basta a deplorare la sorte di Lucio Cornelio Silla!» Cesare assunse un'espressione sbrigativa. «Tuttavia, ciò che più mi preoccupa, ora come ora, è il destino dei miei figli. Le mie figlie, Caio Mario, sono *senza dote*! Io non sono neppure in grado di raggranellare il minimo indispensabile, perché così facendo renderei ancor più poveri i due maschi. Ciò significa che le mie figlie non hanno alcuna possibilità di sposare uomini della loro classe sociale. Ti chiedo scusa, Caio Mario, se, così dicendo, ritieni ti abbia insultato. Ma non alludo a uomini come te, intendo dire...» e gesticolò «... in altre parole, intendo dire che dovrò dare in moglie le mie figlie a uomini che non mi piacciono, che non ammiro, con cui non ho niente in comune. Non le darei in moglie neppure a uomini della loro classe sociale, se non mi piacessero! Ciò che desidero per loro è un uomo per bene, un uomo d'onore, come si deve. Ma non avrò la possibilità di scovarlo. Gli uomini che verranno a chiedermi la mano delle mie figlie saranno degli ingrati presuntuosi cui preferirei far assaggiare la punta del mio calzare anziché stringer loro la mano. È una situazione simile a quella di una ricca vedova; gli uomini per bene non vogliono saperne per paura di venir giudicati cacciatori di dote, sicché gli unici tra cui possa scegliere sono proprio i cacciatori di dote.»

Si lasciò scivolare dal giaciglio e sedette sul bordo, lasciando penzolare i piedi. «Ti andrebbe, Caio Mario, di uscire a passeggiare in giardino? Farà freddo là fuori, lo so, ma posso darti qualcosa per coprirti. La serata è stata lunga, e tutt'altro che facile per me. Ho bisogno di sgranchirmi le gambe.»

Senza una parola, Mario si alzò dal giaciglio, prese i calzari di Cesare e glieli infilò ai piedi, li allacciò con la rapida destrezza di chi è avvezzo a cavarsela da solo. Poi si occupò di se stesso e si alzò, sorreggendo Cesare con una mano sotto il gomito.

«È per questo che mi piaci tanto» disse Cesare. «Niente sciocchezze, niente smancerie.»

Il peristilio era piuttosto piccolo, ma possedeva un fascino che pochi cortili urbani potevano vantare. Malgrado la stagione, le erbe aromatiche crescevano ancora rigogliose diffondendo deliziose fragranze, e la vegetazione era perlopiù costituita da piante sempreverdi. Le piccole abitudini campagnole erano dure a morire tra la *gens* Iulia, notò Mario con un caldo fremito gratificante; lungo le grondaie, dove potevano catturare i raggi del sole senza tuttavia bagnarsi, penzolavano centinaia di mazzetti di pulicaria posti a seccare, proprio come nella casa di suo padre, ad Arpino. Alla fine di gennaio sarebbero stati collocati in ogni cassettone e ogni angolo, da un capo all'altro della casa, per tener lontane pulci, tarme e parassiti di ogni genere. La pulicaria veniva tagliata e posta a seccare in occasione del solstizio d'inverno; Mario non avrebbe mai immaginato che a Roma ci fosse qualcuno che ne conoscesse le proprietà.

Poiché c'era stato un ospite a cena, i candelabri che pendevano dal soffitto del porticato tutt'attorno al peristilio ardevano debolmente, e i piccoli lumi di bronzo che rischiaravano i sentieri del giardino diffondevano una delicata luce color ambra attraverso le curve pareti laterali di marmo, sottili come ostie. La pioggia era cessata, ma grosse gocce d'acqua indugiavano su ogni arbusto e cespuglio, e l'aria era vaporosa, fresca.

I due uomini non ci fecero caso. Le teste accostate — erano entrambi di alta statura, sicché non stentavano a procedere così affiancati — percorsero i viottoli e alla fine ristettero accanto alla piccola piscina con la fontana, al centro del giardino, col suo quartetto di driadi di pietra che tenevano sollevate le torce. Essendo inverno, la piscina era vuota e la fontana non buttava acqua.

"Questa" pensò Caio Mario, nella cui piscina e fontana c'era acqua tutto l'anno grazie a un impianto di riscaldamento "è la *realtà*. Nessuno dei miei tritoni e delfini e cascatelle spumeggianti mi emoziona come questa piccola reliquia dei tempi che furono."

«Sei interessato a sposare una delle mie figlie?» domandò Cesare, in tono non propriamente ansioso, eppure tradendo una certa ansietà.

«Sì, Caio Giulio, lo sono» rispose Mario, deciso.

«Ti addolora l'idea di divorziare da tua moglie?»

«Per niente.» Mario si schiarì la gola. «Che cosa pretendi da me, Caio Giulio, in cambio del dono di una sposa e del tuo nome?»

«Un bel po' di cose, se devo essero sincero» disse Cesare. «Dato che entrerai a far parte della famiglia a mo' di secondo padre più che di genero — privilegio dell'età! — pretenderò che tu faccia la dote all'altra mia figlia e contribuisca al benessere di *entrambi* i miei figli. Nel caso della figlia sfortunata e del figlio minore, avranno necessariamente una parte preponderante denaro e proprietà. Ma dovrai altresì essere pronto a far valere tutto il tuo peso a vantaggio dei miei ragazzi quando entreranno al Senato e inizieranno il cammino verso il consolato. Vedi, vorrei che tutti e due i ragazzi fossero eletti consoli. Mio figlio Sesto ha un anno di più del maggiore dei due ragazzi che mio fratello, anche lui di nome Sesto, si è tenuti, così mio figlio Sesto sarà il primo di questa generazione della *gens* Iulia ad avere l'età per aspirare al consolato. Voglio che diventi console l'anno giusto, dodici anni dopo l'ingresso al Senato, quarantadue dopo la nascita. Sarà il primo console della *gens* Iulia da quattro secoli a questa parte. *Voglio* quella carica! Altrimenti, sarà Lucio, il figlio di mio fratello Sesto, a diventare il primo console della *gens* Iulia, l'anno seguente.»

Facendo una pausa per sbirciare il viso dell'ospite alla fievole luce, Cesare tese la mano con gesto rassicurante. «Oh, non c'è mai stato cattivo sangue tra mio fratello e me mentre lui era in vita, né ce n'è ora tra me e i miei figli e i suoi due. Ma chi si candida al consolato, dovrebbe arrivarci l'anno giusto. È quanto meno auspicabile.»

«Tuo fratello Sesto ha dato in adozione il suo primogenito, è così?» domandò Mario, sforzandosi di ricordare una cosa che un romano di Roma avrebbe saputo senza doverci pensare.

«Sì, molto tempo fa. Si chiamava Sesto anche lui; è il nome che diamo di solito ai nostri primogeniti.»

«Ma certo! Quinto Lutazio Catulo! Me ne sarei ricordato subito se si facesse chiamare anche Cesare, ma non è così, vero? Sarà sicuramente lui il primo Cesare a ottenere il consolato... è un bel po' più maturo di tutti gli altri.»

«No» disse Cesare, scuotendo la testa con veemenza. «Non è più un Cesare, è un Lutazio Catulo.»

«Suppongo che il vecchio Catulo abbia sborsato un bel gruzzolo per adottarlo» continuò Mario. «Ho l'impressione che la famiglia del tuo defunto fratello nuoti nell'oro, comunque.»

«Sì, ha sborsato un bel mucchio di soldi. Come farai tu, Caio Mario, per contrarre un nuovo matrimonio.»

«Iulia. Prenderò Iulia» disse Mario.

«Non la piccola?» domandò Cesare, sorpreso. «Be', devo ammettere che ne sono lieto, se non altro perché ritengo che una ragazza non dovrebbe sposarsi prima dei diciotto anni, e Iulilla ne ha solo sedici e mezzo. A dire il vero, penso che tu abbia fatto la scelta giusta. Eppure... ho sempre pensato che delle due, la più attraente e interessante fosse Iulilla.»

«È logico: sei suo padre» rispose Mario, sorridendo con una

punta d'ironia. «No, Caio Giulio, la tua figliola minore non mi tenta minimamente. Se non sarà innamorata pazza dell'uomo che sposerà, credo proprio che gli darà del filo da torcere. E io sono troppo vecchio per adattarmi alle bizze di una ragazzina. Iulia, invece, mi sembra tanto assennata quanto bella. Mi è piaciuto tutto di lei.»

«Sarà un'ottima moglie per un console.»

«Credi sinceramente che riuscirò a farmi eleggere?»

Cesare annuì. «Oh, certo! Ma non subito. Prima sposa Iulia, e lascia fare alle cose, e alla gente. Fa' in modo di trovarti una guerra come si deve da combattere per un paio d'anni: ti sarebbe di enorme aiuto poter vantare un successo militare recente. Offri i tuoi servigi a qualcuno in qualità di legato anziano. E dopo due o tre anni, candidati al consolato.»

«Ma allora avrò cinquant'anni» esclamò l'altro, sgomento. «Non amano eleggere uomini in età così avanzata.»

«Se è per questo, sei troppo vecchio già ora, così, che importanza possono avere due o tre anni di più? Anzi, se li sfrutterai a dovere, ti saranno di vantaggio. E poi non dimostri l'età che hai, Caio Mario, e questo è un fattore importante. Se avessi l'aria cadente, la cosa sarebbe ben diversa. Invece sei il ritratto della salute e della vigoria fisica, e sei anche grande e grosso, il che fa sempre buona impressione sulle centurie chiamate a eleggere i candidati. In effetti, Uomo Nuovo o meno, se non fossi incorso nell'ostilità della fazione di Cecilio Metello, saresti stato uno dei candidati favoriti al consolato già tre anni fa, cioè al momento giusto. Se fossi un ometto insignificante col braccio destro scarno, neppure una Iulia potrebbe aiutarti. Così come stanno le cose, diventerai console, non aver paura.»

«Che cosa, esattamente, vorresti che facessi per i tuoi figli?»

«In termini patrimoniali?»

«Sì» rispose Mario, dimenticandosi della sontuosa tunica di Chio e sedendosi su una panchina di bianco marmo grezzo. Dato che vi rimase seduto per qualche tempo e la panchina era molto umida, quando si alzò vi lasciò impressa una macchia di una rosa purpureo, tutta variegata e dall'aria bizzarramente naturale. La tintura porpora della tunica filtrò nella pietra porosa e vi si fissò, tanto che la panchina divenne, a tempo debito — un paio di generazioni più tardi — uno dei pezzi di arredamento più ammirati e preziosi che un altro Caio Giulio Cesare avrebbe fatto trasportare nella *Domus Publica* del Pontefice Massimo. Agli occhi del Caio Giulio Cesare che stipulò un contratto di nozze con Caio Mario, tuttavia, la panchina era un auspicio: un ottimo, splendido auspicio. Quando il mattino dopo lo schiavo venne ad annunciargli il prodigio, e Cesare lo vide con i suoi occhi — lo schiavo era pieno di stupore reverenziale, più che inorridito, e tutti conoscevano il significato regale del color porpora — esalò un sospiro di totale soddisfazione. La panchina purpurea, infatti, gli lasciò intendere che stipulando quel contratto di nozze, sospingeva la sua famiglia verso la porpora della massima carica. E nella sua mente il prodigio si fuse con quello strano presentimento: sì, Caio Mario aveva un posto nelle sorti di Roma, che Roma per ora neppure immaginava. Cesare fece togliere dal giardino e collocare nell'atrio la panchina, ma non disse ad anima viva come mai, dalla sera alla mattina, si fosse screziata di delicate venature porpora e rosate. Un presagio!

« Per mio figlio Caio, mi serve un appezzamento di buona terra, grande abbastanza da garantirgli un seggio al Senato » disse Cesare all'ospite, ancora seduto. « Si dà il caso che proprio in questo momento siano in vendita seicento iugeri di ottima terra, confinanti con i miei cinquecento sui Colli Albani. »

« Il prezzo? »

« Astronomico, data la qualità del terreno e la vicinanza a Roma. Sono i prezzi correnti, purtroppo. » Cesare aspirò a fondo. « Quattro milioni di sesterzi... un milione di *denarii* » disse eroicamente.

« D'accordo » fece Mario, come se l'altro avesse parlato di quattromila sesterzi, e non di quattro milioni. « Ritengo, tuttavia, prudente tener segreto il nostro patto, per il momento. »

« Oh, sicuro, sicuro » disse Cesare con fervore.

« Allora ti porto il denaro di persona, domani, in contanti » replicò Mario, sorridendo. « E che altro vuoi? »

« Secondo le mie previsioni, prima che il mio primogenito entri al Senato, sarai già un consolare. Avrai ascendente e potere, sia per il fatto di essere stato console sia per avere sposato la mia Iulia. Mi aspetto che ti serva del tuo ascendente e del tuo potere per promuovere la carriera dei miei figli nel momento in cui si candideranno alle varie cariche. In effetti, se otterrai l'incarico di legato militare per i prossimi due o tre anni, mi aspetto che ti porti appresso i miei figli in guerra. Non sono del tutto privi di esperienza, sono stati entrambi allievi e ufficiali subalterni, ma per salire la scala gerarchica hanno bisogno di militare ancora un po'; e ai tuoi ordini, avranno il miglior comandante che si possa immaginare. »

In cuor suo, Mario riteneva che né l'uno né l'altro dei due giovani fosse della stoffa di cui sono fatti i grandi capi militari, sicché non fece commenti, limitandosi a dire: « Sarei lieto di averli al mio fianco, Caio Giulio ».

Cesare tirò avanti. «Per quanto riguarda la carriera politica, hanno il grave svantaggio di essere patrizi. Come ben sai, ciò significa che non possono candidarsi alla carica di tribuni della plebe, e sollevare scalpore come tribuno della plebe è di gran lunga il metodo più efficace per crearsi una reputazione politica. I miei figli dovranno puntare alla sedia curule degli edili: impresa costosissima! Così spero tu faccia in modo che tanto Sesto quanto Caio vengano eletti edili curuli, con le tasche sufficientemente piene per mettere in scena giochi e spettacoli del tipo che il popolo ricorderà affettuosamente quando andrà alle urne per eleggere i pretori. Se poi dovesse rivelarsi necessario comprare voti in una qualsiasi fase della carriera politica, spero che sarai tu a fornir loro il denaro.»

«D'accordo» rispose Caio Mario, e tese la mano destra con lodevole alacrità, considerando l'enorme portata delle pretese di Cesare; si stava impegnando in una collaborazione che gli sarebbe costata non meno di dieci milioni di sesterzi.

Caio Giulio Cesare afferrò la mano, la strinse con forza, con calore. «Bene!» disse, e rise.

Si volsero per rientrare in casa, dove Cesare spedì un servo sonnacchioso a prendere il vecchio saio dell'ospite.

«Quando potrò vedere Iulia, parlare con lei?» domandò Mario, una volta infilata la testa nell'apertura al centro, del pezzo di stoffa circolare delle dimensioni di una ruota di carro.

«Domani nel pomeriggio» rispose Cesare, aprendo personalmente la porta della casa. «Buona notte, Caio Mario.»

«Buona notte, Caio Giulio» disse Mario e uscì nel freddo tagliente del vento di tramontana.

Mario tornò a piedi verso casa, senza neppure sentirlo, avvertendo anzi un calore quale non provava da moltissimo tempo. Possibile che l'ospite sgradito, quella strana sensazione, avesse avuto ragione a indugiare in lui? Diventare console! Posare saldamente i piedi sul vuoto terreno dell'aristocrazia romana! Se ci fosse riuscito, decisamente gli sarebbe convenuto generare un figlio. Un altro Caio Mario.

Le due Iulie dividevano un salottino, nel quale si ritrovarono l'indomani mattina per fare colazione. Iulilla era insolitamente irrequieta, saltellava da un piede all'altro, incapace di star ferma.

«Che ti *succede*?» le domandò la sorella, esasperata.

«Non lo indovini? C'è qualcosa nell'aria, e stamane avrei voglia di incontrarmi con Clodilla al mercato dei fiori: gliel'ho promesso! Però credo che dovremo starcene tutti a casa per l'ennesima, noiosissima riunione della vecchia famiglia» rispose Iulilla, tetra.

«Sai,» fece Iulia «sei proprio un'ingrata. Quante ragazze conosci che abbiano il privilegio di dire la loro alle riunioni di famiglia?»

«Oh, sciocchezze, sono una tale noia, non si parla mai di qualcosa d'interessante: solo della servitù e delle cose che non possiamo permetterci e degli insegnanti. Personalmente, vorrei piantare gli studi, ne ho fin qui, di Omero e di quel vecchio barbogio di Tucidide! A che servono, a una ragazza?»

«La fanno notare come persona istruita e colta» ribatté Iulia in tono severo. «Non vuoi un buon marito?»

La ragazzina ridacchiò. «La mia idea di un buon marito *non* prevede l'intervento di Omero e Tucidide» disse. «Oh, vorrei tanto uscire stamane!» E riprese a saltellare su e giù.

«Conoscendoti, se proprio hai tanta voglia di uscire, ci riuscirai» osservò Iulia. «Adesso vuoi sederti a mangiare?»

Un'ombra oscurò la porta; le due ragazze alzarono gli occhi e rimasero a bocca aperta. Il padre! Lì!

«Iulia, vorrei parlarti» disse Cesare, entrando nella stanza e ignorando una volta tanto Iulilla, la sua preferita.

«Oh, *tata*! Neppure mi dai il bacio del buongiorno?» domandò la preferita, mettendo il broncio.

Cesare l'adocchiò distrattamente, le posò un bacetto sulla guancia, poi tornò alla realtà quanto bastava a rivolgerle un sorriso. «Se ti viene in mente qualcosa da fare, farfalla mia, che ne diresti di metterlo in pratica?»

Il viso di Iulilla s'illuminò di gioia. «Grazie, *tata*, grazie! Posso andare al mercato dei fiori? E al Mercato delle Perle?»

«Quante perle hai intenzione di comprare oggi?» le domandò il suo *tata*, sorridendo.

«Migliaia!» esclamò Iulilla, e sgusciò via.

Mentre gli passava accanto, Cesare le fece scivolare un *denarius* d'argento nella mano sinistra. «Non basta neppure per la perla più piccola, lo so, però *potresti* comprarti una sciarpa» disse.

«*Tata*! Oh, grazie, grazie!» gridò ancora la piccola, gettandogli le braccia al collo e schioccandogli un bacio sulla guancia. Poi uscì.

Cesare guardò con grande dolcezza la figlia maggiore. «Siediti, Iulia» disse.

Quella sedette, speranzosa, ma Cesare non aggiunse altro finché non entrò Marzia, che andò a sedersi sul giaciglio accanto alla figlia.

«Di che si tratta, Caio Giulio?» domandò Marzia, incuriosita ma non apprensiva.

Cesare non si sedette, rimase in piedi, spostando il peso del corpo da un piede all'altro, poi puntò gli splendidi occhi azzurri su Iulia. «Mia cara, ti è piaciuto Caio Mario?» domandò.

«Be', direi di sì, *tata*.»

«Per qùali ragioni?»

Iulia soppesò attentamente la domanda. «Per il suo modo di parlare, semplice ma schietto, penso. E la sua mancanza di affettazione. Ha confermato ciò che ho sempre sospettato.»

«Ossia?»

«Sì, circa i pettegolezzi che si sentono raccontare: che non sa di greco, che è uno zoticone, un campagnolo, che si è fatto una reputazione militare a spese del prossimo e grazie al capriccio di Scipione l'Emiliano. Mi è sempre parso che la gente parlasse *troppo*... sai, con troppo disprezzo e troppa insistenza... perché ci fosse qualcosa di vero. Ora che l'ho conosciuto, sono sicura di avere ragione. Non è uno zoticone, e non penso che si comporti da campagnolo. È molto intelligente! E molto preparato. Oh, il suo greco non è gran che bello a udirsi, ma è solo colpa dell'accento. Costruzione e vocabolario sono eccellenti. E lo stesso dicasi del suo latino. Ho pensato che quelle sopracciglia gli conferissero un'aria terribilmente distinta, non trovi? Il suo gusto in fatto di abbigliamento è un tantino troppo sfarzoso, ma suppongo sia tutta colpa di sua moglie.» E a questo punto Iulia si interruppe, apparendo tutt'a un tratto stordita.

«Iulia! Ti è *davvero* piaciuto!» disse Cesare, una strana nota di stupore nella voce.

«Sì, *tata*, naturalmente» rispose lei, sconcertata.

«Sono felicissimo di udirlo, perché lo sposerai» sbottò il padre, perdendo di colpo in quella situazione eccezionale tutto il tatto e l'abilità diplomatica per cui era famoso.

Iulia ammiccò. «Davvero?»

Marzia s'irrigidì. «Sul serio?»

«Sì» disse Cesare, sentendo il bisogno di sedersi.

«E quand'è che hai preso questa decisione?» domandò Marzia, con una pericolosa nota di risentimento nella voce. «Dov'è che Mario ha visto Iulia, per chiederti la sua mano?»

«Non mi ha chiesto la mano di Iulia» rispose Cesare, sulla difensiva. «Sono stato io a offrirgli Iulia. O Iulilla. È per questo che l'ho invitato a cena da noi.»

Ora Marzia lo fissava con un'espressione in viso da cui si deduceva che metteva in dubbio l'equilibrio mentale del marito. «*Tu* hai offerto a un Uomo Nuovo, più vicino alla tua età che a quella di Iulia, di scegliersi liberamente come moglie una delle nostre figlie?» chiese, adirata.

«Sì, l'ho fatto.»

«*Perché?*»

«Ovviamente, sai chi è.»

«Certo, che so chi è!»

«Allora saprai anche che è uno degli uomini più ricchi di Roma, vero?»

«Sì!»

«State a sentire, ragazze mie,» continuò Cesare serio serio, mettendo sullo stesso piano moglie e figlia «sapete entrambe quali difficoltà dobbiamo affrontare. Quattro figli, e beni o denaro insufficienti a provvedere in modo adeguato a uno solo dei quattro. Due maschi che vantano natali *e* intelligenza tali da consentir loro di arrivare in cima, e due femmine che vantano natali *e* bellezza tali da poter sposare solo il miglior partito. Ma... niente denaro! Niente denaro per la carriera politica, e niente denaro per la dote.»

«Sì» disse Marzia seccamente. Siccome suo padre era morto prima che fosse in età da marito, i figli di primo letto si erano accordati con gli esecutori testamentari per far sì che non le toccasse niente di concreto. Caio Giulio Cesare l'aveva sposata per amore, e poiché Marzia disponeva solo di una dote ridotta ai minimi termini, i suoi familiari erano stati ben felici di dare il consenso. Sì, il loro era stato un matrimonio d'amore, e li aveva premiati con la felicità, la tranquillità, tre figli con la testa sulle spalle e una splendida farfalla. Ma la donna non aveva mai smesso di sentirsi umiliata all'idea che, sposando lei, Cesare non aveva fatto un buon affare.

«Caio Mario ha bisogno di una moglie patrizia, proveniente da una famiglia la cui integrità e *dignitas* siano impeccabili al pari del suo rango» spiegò Cesare. «Avrebbe dovuto essere eletto console già tre anni fa, ma la fazione di Cecilio Metello ha fatto in modo che non lo fosse, e in qualità di Uomo Nuovo, con una moglie campana, non dispone delle parentele necessarie per sfidare i suoi nemici. La nostra Iulia costringerà Roma a prendere sul serio Caio Mario. La nostra Iulia gli conferirà rango, ne accentuerà la *dignitas*: la sua statura pubblica e la sua posizione sociale si eleveranno di mille volte. In cambio, Caio Mario si è impegnato a risolvere i nostri problemi finanziari.»

«Oh, Caio!» esclamò Marzia, con le lacrime agli occhi.

«Oh, padre!» disse Iulia, facendo gli occhi dolci.

Ora che vedeva la collera di sua moglie spegnersi e il viso di sua figlia illuminarsi, Cesare si tranquillizzò. «L'ho notato alla cerimonia d'insediamento dei nuovi consoli, avantieri. Il fatto strano è che prima non gli avevo mai prestato attenzione, neppure quando era pretore, o quando si è candidato, senza successo, al consolato. Ma per Capodanno, io... forse non sarebbe esagerato dire che mi sono caduti i paraocchi. *Ho capito* che era un grand'uomo! Ho capito che Roma avrà bisogno di lui. Quando esattamente mi sia venuta l'idea di aiutare me stesso aiutando lui, non saprei proprio. Ma quando siamo entrati nel tempio e ci siamo trovati l'uno accanto all'altro, l'idea era lì, nella mia mente, chiarissima. Così ho colto l'occasione per invitarlo a cena.»

«E sei stato davvero tu a fargli la proposta, e non viceversa?» domandò Marzia.

«Sì.»

«I nostri guai sono finiti?»

«Sì» rispose lui. «Può darsi che Caio Mario non sia un romano di Roma, ma a parer mio è un uomo d'onore. Credo che terrà fede ai patti.»

«E i patti che cosa prevedono per lui?» chiese la madre, con spirito pratico, facendo i conti mentalmente.

«Oggi mi consegnerà quattro milioni di sesterzi in contanti per comprare quelle terre confinanti con la nostra Bovillae. La qual cosa significa che il giovane Caio avrà le disponibilità necessarie a garantirgli un seggio al Senato senza che io debba attingere all'eredità di Sesto. Aiuterà i nostri due ragazzi a diventare edili curuli. Li aiuterà a fare tutto ciò che dovranno per essere eletti consoli a tempo debito. E sebbene non siamo scesi in particolari, farà la dote a Iulilla.»

«E che farà per Iulia?» domandò Marzia con vivacità.

Cesare la fissò con occhi vacui. «Per Iulia?» le fece eco. «Che altro può fare per Iulia, oltre a sposarla? È senza dote, dopotutto, e sicuramente gli costa un patrimonio prenderla in moglie.»

«Di regola, una ragazza porta la dote per conservare una certa indipendenza dopo le nozze, soprattutto in caso di divorzio. Sebbene alcune donne siano così sciocche da consegnare la dote ai rispettivi mariti, non tutte lo fanno, anzi, e quando il matrimonio finisce, la legge stabilisce che si debba scoprire se il marito ne ha avuto l'usufrutto. Pretendo che Caio Mario faccia la dote a Iulia in misura tale da garantirle di avere di che vivere in qualsiasi momento dovesse decidere di chiedere il divorzio da lei» disse Marzia in un tono che non ammetteva repliche.

«Marzia, *non posso* chiedere di più a quell'uomo!» esclamò Cesare.

«Temo che dovrai. In realtà, mi stupisce che non ci abbia pensato da solo, Caio Giulio.» La donna esalò un sospiro di esasperazione. «Non riesco proprio a capire perché mai il mondo sia vittima della fallace convinzione secondo cui gli uomini hanno più testa delle donne per gli affari! Non è vero, sai. E tu, mio caro marito, in fatto di affari vali ancor meno della maggioranza degli uomini! A Iulia va tutto il merito del mutamento delle nostre fortune, per cui abbiamo il dovere di garantire anche il suo futuro.»

«Devo ammettere che hai ragione, mia cara,» disse Cesare in tono poco convinto «ma non posso davvero chiedere di più a quell'uomo!»

Iulia spostò lo sguardo dalla madre al padre e poi di nuovo alla madre; non era la prima volta che li vedeva in contrasto, soprattutto per questioni finanziarie, ma per la prima volta era lei la causa delle loro divergenze, e la cosa la angustiava. Così s'intromise verbalmente tra loro, dicendo: «Va tutto bene, sul serio! Chiederò personalmente a Caio Mario di farmi una dote, la cosa non mi spaventa. Capirà».

«Iulia! *Desideri* sposarlo!» alitò Marzia.

«Ma certamente, madre. Lo trovo meraviglioso!»

«Ragazza mia, ha una trentina d'anni più di te! Resterai vedova prima di rendertene conto.»

«I giovanotti sono noiosi; mi ricordano i miei fratelli. Preferirei davvero sposare un uomo come Caio Mario» disse la dotta figlia. «Sarò una buona moglie per lui, ve lo assicuro. Mi amerà, e non dovrà pentirsi dei soldi spesi.»

«Chi l'avrebbe mai creduto?» domandò Cesare, rivolto a nessuno in particolare.

«Non stupirti tanto, *tata*. Tra poco compirò diciott'anni, sapevo già che mi avresti combinato un matrimonio quest'anno, e devo confessare che paventavo la prospettiva. Non del matrimonio in sé e per sé, a dire il vero, solo quella di chi mi avresti scelto come marito. Ieri sera, quando ho conosciuto Caio Mario, io... mi sono subito detta: non sarebbe bello se mi trovasse qualcuno come lui?» Iulia arrossì. «Non ti somiglia per niente, *tata*, eppure è come te; l'ho trovato leale e gentile e sincero.»

Caio Giulio Cesare guardò sua moglie. «Non è un piacere raro scoprire che tua figlia ti è davvero simpatica? Voler bene ai propri figli è del tutto naturale. Ma trovarli simpatici? La simpatia va conquistata» disse.

Due diversi incontri con donne in uno stesso giorno intimorivano Caio Mario più della prospettiva di affrontare un esercito nemico dieci volte superiore per numero al suo. In un caso si trattava del primo incontro con la sua futura sposa e la di lei madre; nell'altro dell'ultimo incontro con la sua attuale moglie.

Prudenza e cautela gli imponevano di incontrarsi con Iulia prima di parlare con Grania, per accertarsi che non sorgessero intralci imprevisti. Così all'ottava ora del giorno, ossia a metà pomeriggio, si presentò alla casa di Caio Giulio Cesare, indossando questa volta la toga bordata di porpora, senza scorta e senza il greve fardello di un milione di *denarii* d'argento; una somma del genere equivaleva a circa cinque tonnellate, vale a dire 160 talenti, il carico massimo trasportabile da 160 uomini. Per fortuna, "in contanti" era un'espressione relativa: Caio Mario portava con sé una specie di assegno bancario.

E fu nello studio di Caio Giulio Cesare che consegnò al padrone di casa un rotolino di pergamena.

«Ho fatto ogni cosa nel modo più discreto possibile» disse, mentre Cesare srotolava la pergamena e scorreva con lo sguardo le poche righe che vi erano scritte. «Come vedi, ho dato disposizioni affinché siano depositati a tuo nome 200 talenti d'argento presso i tuoi banchieri. Non c'è modo di risalire fino a me, a meno che qualcuno non voglia sprecare il suo tempo in misura assai maggiore di quanto un qualsiasi banchiere sia disposto a concedergli per una ragione più valida che per soddisfare la propria curiosità.»

«Che sarebbe poi la stessa cosa. Sembrerebbe comunque che mi fossi fatto corrompere! Se non fossi un pesciolino tanto piccolo, qualcuno della mia banca avvertirebbe sicuramente il pretore urbano» disse Cesare, lasciando che la pergamena si riarrotolasse da sola e mettendola da parte.

«Dubito ci sia mai stato qualcuno che per farsi corrompere abbia preteso tanto, neppure un console di enorme influenza politica» replicò Mario, sorridendo.

Cesare gli tese la destra. «Non ci avevo pensato in termini di talenti» disse. «Numi, ti ho chiesto la luna! Sei *sicuro* di non essere rimasto al verde?»

«Tutt'altro.» Mario si scoprì incapace di sfilare le dita dalla stretta convulsa della mano di Cesare. «Se il terreno che vuoi comprare costa la cifra che mi hai indicata, allora ti ho dato quaranta talenti di troppo. Sono la dote per la tua figlia minore.»

«Non so come ringraziarti, Caio Mario.» Cesare gli lasciò finalmente andare la mano, sembrando sempre più a disagio. «Ho continuato a ripetermi che *non* sto vendendo mia figlia, ma in questo preciso momento ho il sospetto che si tratti di qualcosa del genere! In tutta sincerità, Caio Mario, non venderei mai mia figlia! Credo che il suo futuro con te e il destino dei figli che genererete saranno radiosi. Credo che ti occuperai di lei in modo adeguato e la terrai cara proprio come desidero per mia Iulia.» Lo disse in tono burbero. Mai, neppure per una somma altrettanto generosa, avrebbe potuto chiedere a quell'uomo ciò che voleva Mario: pretendere ancor di più per far la dote a Iulia. Si alzò da dietro lo scrittoio tremando un poco raccogliendo il rotolo di pergamena con più noncuranza di quanta ce ne fosse nel suo cuore o nella sua mente. Poi se l'infilò nel *sinus* della toga, là dove le pieghe del tessuto passavano sotto il braccio destro libero, formando una capace tasca. «Non sarò tranquillo finché non l'avrò depositato in banca.» Ebbe un attimo di esitazione, poi aggiunse: «Iulia compirà diciott'anni solo ai primi di maggio, ma non desidero rinviare le nozze oltre la metà di giugno, così, se sei d'accordo, possiamo fissare la cerimonia per il mese di aprile».

«Per me andrebbe bene» rispose Mario.

«Avevo già deciso in tal senso» proseguì Cesare, più che altro per dire qualcosa, per colmare l'imbarazzante distacco creato dal suo disagio. «È una seccatura che una ragazza compia gli anni proprio all'inizio dell'unico periodo dell'anno ritenuto infausto per celebrare le nozze. Anche se non capisco perché proprio la fine della primavera e l'inizio dell'estate siano considerati un periodo sfortunato.» Si strappò alle sue meditazioni. «Aspetta qui, Caio Mario. Vado a chiamare Iulia.»

Fu la volta di Mario di sentirsi a disagio, in apprensione; attese nella stanza, piccola ma ordinata, con un'ansia che lo atterriva. Oh, il cielo volesse che la fanciulla non fosse troppo contraria! Nulla, nel comportamento di Cesare, aveva lasciato intendere che era contraria, ma Mario sapeva perfettamente che c'erano cose che nessuno gli avrebbe mai detto, e si scoprì a desiderare che Iulia fosse del tutto consenziente. E tuttavia... come poteva gradire un'unione tanto inadeguata alle sue nobili origini, alla sua bellezza, alla sua giovinezza? Quante lacrime aveva versato quando le era stata comunicata la notizia? Il suo cuore aveva magari già scelto qualche bel giovanotto aristocratico, che il buon senso e la necessità escludevano dalla rosa dei pretendenti? Un maturo campagnolo italico che non sapeva di greco: che marito per una Iulia!

La porta che dalla casa dava sul porticato del peristilio si aprì e il sole entrò nello studio di Cesare come una fanfara di ottoni, abbagliante e sfacciato, soffuso d'oro. Iulia si profilò sulla soglia, la mano tesa, sorridente.

«Caio Mario» esclamò in tono gioioso, gli occhi illuminati dal sorriso.

«Iulia» fece lui, avvicinandosi ad afferrare la mano, ma stringendola come se non sapesse bene che farne, o che fare subito dopo. Si schiarì la gola con decisione. «Tuo padre ti ha detto?»

«Oh, sì!» Il sorriso non si spense; semmai si fece ancor più luminoso, e non c'era nulla di immaturo o di infantilmente impacciato nel suo contegno. Al contrario, sembrava perfettamente padrona di sé e della situazione: una principessa potente e tuttavia stranamente sottomessa.

«Non ti dispiace?» domandò Mario bruscamente.

«Ne sono felice» ribatté lei, gli splendidi occhi grigi, grandi e caldi, tuttora illuminati dal sorriso; quasi a rassicurarlo, la fanciulla gli chiuse le dita attorno al palmo della mano e lo serrò dolcemente. «Caio Mario, Caio Mario, non avere quell'aria così preoccupata! Credimi, ne sono davvero, sinceramente felice!»

Mario sollevò la mano sinistra nascosta tra le pieghe della toga e prese le mani di Iulia tra le sue, abbassando lo sguardo sulle perfette unghie ovali, le bianche dita affusolate. «Sono un vecchio!» esclamò.

«Allora vuol dire che mi piacciono i vecchi, perché tu mi piaci.»

«Ti *piaccio*?»

Iulia ammiccò. «Naturalmente! Altrimenti non avrei acconsentito a sposarti. Mio padre è il più dolce degli uomini, non un tiranno. Per quanto potesse sperare che fossi disposta a sposarti, non mi avrebbe mai e poi mai costretta a farlo.»

«Ma sei sicura di non essere stata tu a costringerti?» domandò Mario.

«Non è stato necessario» replicò lei, paziente.

«Ci dovrà pur essere qualche giovanotto cui mi preferiresti!»

«Tutt'altro. I giovanotti somigliano troppo ai miei fratelli.»

«Ma... ma...» Mario cercò freneticamente qualche altra obiezione, e finì col dire: «... le mie sopracciglia!».

«Le trovo meravigliose» disse Iulia.

Mario si accorse di arrossire, incapace di evitarlo, e di conseguenza il suo imbarazzo crebbe; poi si rese conto che, per quanto composta e padrona di sé, Iulia era pur sempre una fanciulla innocente, che non comprendeva nulla di quanto lui stava sopportando. «Tuo padre dice che potremmo sposarsi in aprile, prima del tuo compleanno. A te sta bene?» chiese.

Iulia aggrottò la fronte. «Be', suppongo di sì, se lo dice lui. Io, però, preferirei anticipare le nozze a marzo, se siete d'accordo. Mi piacerebbe sposarmi per la festività di Anna Perenna.»

Una data appropriata e tuttavia anche di cattivo auspicio. La festività di Anna Perenna, che cadeva in coincidenza con la prima luna piena dopo l'inizio di marzo, era legata alla luna e all'antico Capodanno. In sé e per sé il giorno festivo era una data fortunata, non così il giorno seguente.

«Non hai paura a iniziare il primo, vero giorno del tuo matrimonio sotto cattivi auspici?» domandò Mario.

«No» rispose lei. «Può essere solo di buon auspicio sposare te.»

Iulia infilò la mano sinistra sotto la destra di lui, in modo da scambiarsi ufficialmente la promessa, e levò lo sguardo a fissarlo con occhi solenni.

«Mia madre mi ha concesso solo qualche istante per star sola con te» disse «e c'è una cosa che dobbiamo chiarire tra noi prima che entri. La mia dote.» Ora il sorriso si spense, sostituito da un'espressione di grave, altero distacco. «Non prevedo rapporti infelici con te, Caio Mario, perché in te non vedo nulla che mi faccia dubitare del tuo carattere o della tua integrità, e scoprirai che, da parte mia, carattere e integrità sono ciò che devono essere. Se riusciremo a rispettarci a vicenda, saremo felici. Tuttavia, mia madre è inflessibile riguardo alla dote, e mio padre è molto angustiato dal suo atteggiamento. Lei sostiene che devo assolutamente avere una dote, nel caso tu dovessi mai decidere di divorziare da me. Ma mio padre è già sopraffatto dalla tua generosità e detesta l'idea di chiederti di più. Così, gli ho detto che te l'avrei chiesto *io*, e devo farlo prima che arrivi lei. Perché sicuramente dirà qualcosa in proposito.»

Non c'era traccia di avidità nel suo sguardo, solo preoccupazione. «Non sarebbe possibile metter da parte una certa somma con l'intesa che se, come prevedo, non ci sarà bisogno di divorziare, sarà tanto tua quanto mia? Qualora, invece, divorziassimo, spetterebbe a me.»

Che piccola leguleia era! Una vera romana. Tutto esposto in modo preciso, graziosamente inoffensivo, eppure di una chiarezza cristallina.

«Penso che sia possibile» rispose lui in tono grave.

«Devi esser certo che non me ne servirò finché resterò sposata a te» continuò Iulia. «In tal modo, saprai che sono di parola.»

«Se è questo che vuoi, lo farò» fu la risposta. «Ma non è necessario vincolare la somma. Sarò ben lieto di intestarla a tuo nome, perché tu ne faccia quel che ti aggrada.»

La ragazza si lasciò sfuggire una risata. «Meno male che hai scelto me e non Iulilla! No, grazie, Caio Mario. Preferisco la soluzione onorevole» aggiunse con dolcezza, e sollevò il viso. «Ora vuoi baciarmi, prima che entri mia madre?»

La sua richiesta di una dote non l'aveva minimamente turbato, questa, invece, sì. Di colpo Mario comprese l'importanza vitale di non fare qualcosa che potesse deluderla o, peggio ancora, ispirarle disgusto. E tuttavia che ne sapeva, lui, di baci, di effusioni amorose? Il rispetto che aveva di sé non aveva mai avuto bisogno di rassicurazioni da parte delle sue rare amanti circa le sue capacità virili, perché in realtà non si era mai curato di ciò che pensavano delle sue effusioni amorose o dei suoi baci; né Mario aveva la più pallida idea di che cosa si aspettassero le fanciulle dal loro primo amante. Doveva afferrarla e baciarla con passione o mantenere quel contatto iniziale su un piano castamente delicato? Bramosìa o rispetto, dato che, nella migliore delle ipotesi, l'amore era una speranza per il futuro? Iulia era un'incognita, e Mario non disponeva del minimo indizio riguardo a ciò che si aspettava o a ciò che desiderava. Sapeva soltanto che gli importava moltissimo compiacerla.

Alla fine le si fece più vicino, senza lasciar andare le sue mani, e piegò la testa, appena appena, ché Iulia era più alta della media. Le labbra della fanciulla erano chiuse e fresche, morbide e seriche; a risolvere il dilemma per lui fu l'istinto: chiuse gli occhi e si accinse semplicemente a ricevere qualsiasi cosa lei fosse disposta a offrirgli. Per Iulia fu un'esperienza del tutto nuova, un'esperienza che desiderava senza sapere che cosa le avrebbe arrecato, ché Cesare e Marzia avevano tenuto le loro due figlie al riparo: raffinate, ingenue, e tuttavia non eccessivamente inibite. Nel caso specifico, la dotta Iulia non si era formata secondo gli stessi criteri della sorella minore, però non era incapace di sentimenti profondi. La differenza tra Iulia e Iulilla era una questione di qualità, non di capacità.

Così, quando si dibatté per svincolare le mani, Mario la lasciò subito andare, e si sarebbe scostato da lei, se Iulia non avesse immediatamente sollevato le braccia a cingergli il collo. Il bacio si fece più ardente. Lei socchiuse appena appena le labbra, e Mario usò le mani libere per stringerla a sé. Ampia e drappeggiata com'era, la toga impediva un contatto troppo intimo, il che soddisfaceva entrambi; e giunse il momento in cui, in modo del tutto naturale, questa squisita forma di esplorazione ebbe una conclusione spontanea.

Entrando senza far rumore, Marzia non trovò nulla di disdicevole nel loro atteggiamento, perché sebbene fossero abbracciati, la bocca di Mario era premuta contro la guancia di Iulia, la quale sembrava, con le palpebre abbassate, soddisfatta e remota, come un gatto accarezzato piano piano.

Nesuno dei due manifestò imbarazzo; si separarono e si volsero a fronteggiare la madre che, pensò Mario, aveva un'aria decisamente imbronciata. In lei, le cui origini aristocratiche non erano così antiche come quelle della *gens* Iulia, l'uomo avvertì un certo malcontento, e comprese che Marzia avrebbe preferito per la figlia un marito appartenente alla sua stessa classe sociale, anche se ciò avesse significato che la famiglia non ne avrebbe ricavato vantaggi economici. La felicità di Mario, tuttavia, era totale in quel momento; poteva anche permettersi il lusso di non far caso al risentimento della futura suocera, peraltro più giovane di lui di un paio d'anni. A voler essere sinceri, infatti, Marzia aveva ragione: Iulia si meritava qualcuno più giovane e qualcosa di meglio di un maturo campagnolo italico che non sapeva di greco. La qual cosa non equivaleva a dire che Mario intendesse, neppure per un attimo, cambiar idea circa il fatto di sposarla! Piuttosto, toccava a lui dimostrare a Marzia che Iulia si accasava con l'uomo migliore del mondo.

«Ho chiesto la dote,» disse subito Iulia «ed è già tutto sistemato.»

Marzia ebbe la grazia di mostrarsi a disagio. «L'idea è stata mia,» disse «non di mia figlia o di mio marito.»

«Capisco» fece Mario in tono cordiale.

«Sei stato oltremodo generoso. Ti ringraziamo, Caio Mario.»

«Non sono d'accordo con te, Marzia. Siete stati voi a mostrarvi oltremodo generosi: Iulia è una perla di valore inestimabile» disse Mario.

Una dichiarazione che gli s'impresse nella mente, sicché quando poco dopo lasciò la casa e trovò la decima ora di luce ancora in grembo al futuro, giunto ai piedi della Scalinata delle Vestali, anziché svoltare a sinistra, girò a destra e costeggiò il bellissimo tempietto rotondo di Vesta per imboccare l'angusto vicolo tra la Regia e la *Domus Publica*, dal quale sfociò sulla Via Sacra ai piedi della salitella detta Clivo Sacro.

Salì a passo spedito il Clivo Sacro, ansioso di raggiungere il Mercato delle Perle prima che i commercianti se ne andassero tutti a casa. Il grande, arioso porticato, costruito attorno a uno spiazzo centrale a forma di quadrilatero, ospitava i più celebri gioiellieri di Roma. Aveva preso nome dai venditori di perle che vi avevano eletto domicilio subito dopo la costruzione: a quei tempi, in seguito alla sconfitta di Annibale, tutte le severe leggi suntuarie che vietavano alle donne di indossare gioielli erano state abrogate, e di conseguenza le donne di Roma avevano profuso denaro nell'acquisto di gingilli di ogni genere.

Mario voleva comprare una perla a Iulia e sapeva esattamente a chi rivolgersi, come lo sapevano tutti gli abitanti di Roma: la ditta Fabrizio Perla. Il primo Marco Fabrizio aveva inaugurato la serie dei venditori di perle e aperto la sua bottega quando la merce disponibile sul mercato era di piccole dimensioni e perlopiù di colore scuro. Ma quel Marco Fabrizio si era specializzato in tal commercio al punto di seguire le tracce delle leggende come un cane da tartufi, recandosi in Egitto e nell'Arabia Nabatea a caccia di perle marine, e trovandole. Agli inizi, si era trattato di perle ancora deludenti, piccole e di forma irregolare, però con il giusto colore bianco crema e provenivano dalle acque del Golfo Arabico, non lontano dall'Etiopia. Poi, via via che il suo nome si faceva conoscere, Marco Fabrizio aveva scoperto una "piantagione" di ostriche perlifere nelle acque lungo le coste dell'India. A questo punto si era attribuito il soprannome di Perla e aveva acquisito una sorta di monopolio commerciale nel campo delle perle marine. Ora, durante il consolato di Marco Minucio Rufo e Spurio Postumio Albino, suo nipote, un altro Marco Fabrizio Perla, era così ben fornito che, rivolgendosi a lui, i ricchi potevano star certi di trovare nel suo negozio proprio l'articolo che cercavano.

Fabrizio Perla, infatti, aveva ciò che faceva al caso, ma Mario non se la portò a casa, decidendo di far montare la perla, delle dimensioni di una biglia, perfettamente tonda e di colore lunare, su una pesante catena d'oro, circondata da perle più piccole; una lavorazione che avrebbe richiesto qualche giorno. La novità di voler regalare oggetti preziosi a una donna gli ossessionava la mente, frammista al ricordo dei baci di Iulia, della disponibilità di lei a diventare la sua sposa. Mario non era un cascamorto, però conosceva abbastanza le donne per rendersi conto che la ragazza non era tipo da concedersi a un uomo se non si sentiva pronta a donargli il suo cuore; e la sola idea di possedere un cuore così puro, così giovane, così nobile come quello di Iulia lo colmava di tanta gratitudine da esigere che la ricoprisse di oggetti preziosi. Mario interpretava la disponibilità della fanciulla come una sorta di rivincita, un presagio per il futuro; lei era la sua perla di valore inestimabile, per cui si meritava una pioggia di perle, le lacrime di una remota luna tropicale che cadevano negli abissi dell'oceano e, toccando il fondo, si solidificavano. E per lei Mario avrebbe scelto un diamante indiano, una pietra più dura di qualsiasi altra sostanza conosciuta, e grossa come una nocciola, e poi uno splendido, verde smeraldo con guizzi azzurrini nel cuore, proveniente dal nord della Scitia... e anche un carbonchio, ardente e scintillante come una bolla di sangue fresco...

Grania era in casa, naturalmente. Quando mai usciva? Tutti i santi giorni in attesa, dalla nona ora in poi, di vedere se il marito rientrava per cena, rinviando il momento di mettersi a tavola di qualche minuto soltanto alla volta, facendo impazzire il cuoco pagato profumatamente, e anche troppo spesso finiva col consumare sdegnosamente un pasto solitario, destinato in realtà a ravvivare lo scarso appetito di un ghiottone reduce da un periodo di dieta.

Il capolavoro di arte culinaria creato dall'artista dei fornelli andava sempre, regolarmente sciupato, che Mario cenasse a casa o fuori casa; Grania, infatti, aveva investito un patrimonio in un cuoco capace di mandare in estasi il più esigente degli epicurei. Quando cenava a casa, Mario si vedeva servire vivande come ghiri ripieni di fegato grasso, minuscoli beccafichi cucinati con arte sopraffina, verdure esotiche e piccanti assortimenti di salse, troppo forti per il suo palato e il suo stomaco, se non per le sue tasche. Come la maggior parte dei soldati, ciò che Mario più gradiva era una pagnotta e una ciotola di minestra di ceci con le cotiche, e non gli importava, comunque, di saltare un paio di pasti. Per lui il cibo era solo un alimento per il corpo, non fonte di piacere. Che dopo tanti anni di matrimonio Grania non l'avesse ancora capito, era sintomatico dell'abisso esistente tra loro.

Ciò che Mario stava per fare a Grania, lo turbava un tantino, per scarso che fosse il suo affetto per lei. I loro rapporti erano sempre stati venati da un senso di colpa da parte sua, in quanto lui era perfettamente consapevole che Grania aveva iniziato il matrimonio con grandi speranze di una vita coniugale di grande felicità, resa più intima dalla presenza di figli e da cene consumate assieme, una vita col suo centro ad Arpino, con moltissimi spostamenti a Pozzuoli e, magari, un paio di settimane di vacanza a Roma durante i *ludi romani* di settembre.

Ma dalla prima volta in cui l'aveva vista alla prima notte di nozze, Grania l'aveva lasciato tanto indifferente che Mario neppure era riuscito a fingere inclinazione e desiderio. Non che Grania fosse brutta, tutt'altro; il viso tondo era abbastanza gradevole, qualcuno l'avrebbe persino definito bello, con i grandi occhi sgranati e la bocca piccola e turgida. Non che la donna fosse bisbetica, tutt'altro: in realtà, il suo comportamento era studiato per accontentarlo in ogni modo possibile e immaginabile. Il guaio era che Grania non riusciva nei suoi intenti, neppure riempiendo la sua coppa di cantaride e seguendo uno dei corsi, tanto in voga, di danza lasciva.

In gran parte, il senso di colpa di Mario traeva origine dalla consapevolezza che Grania non aveva la più pallida idea del motivo per cui non riusciva a compiacerlo, neppure dopo molti penosi sondaggi in proposito; Mario non era mai in grado di darle risposte soddisfacenti, perché, onestamente, neppure lui sapeva bene la ragione, e proprio qui stava il guaio.

Per i primi quindici anni di matrimonio Grania aveva fatto un lodevole sforzo per mantenere la linea, che non era poi male: petto florido, vita sottile, fianchi opimi; e si asciugava i capelli scuri, dopo averli lavati, spazzolandoli al sole per conferir loro lucentezza e riflessi ramati; e sottolineava il contorno dei dolci occhi nocciola con un tratto nero di *stibium*; e faceva in modo da non puzzare di sudore o di mestruo.

Se c'era un cambiamento in Mario, quella sera dei primi di gennaio quando il servo di guardia alla porta lo fece entrare, era che aveva infine trovato una donna capace di appagarlo, con la quale non vedeva l'ora di contrarre matrimonio, di dividere la propria vita. Chissà se, raffrontando le due donne, Grania e Iulia, sarebbe finalmente riuscito a trovare l'inafferrabile risposta? E subito la scoprì. Grania era piatta, ignorante, sana, casalinga, la moglie ideale per un signorotto latino di campagna. Iulia era aristocratica, colta, maestosa, sottile, la moglie ideale per un console romano. Fidanzandolo a Grania, i suoi familiari avevano logicamente presunto che avrebbe condotto la vita cui lo destinavano le sue origini, e scelto una moglie adatta alla bisogna. Ma Caio Mario era un'aquila e aveva spiccato il volo dal nido arpinate. Ambizioso e avventuroso, di formidabile intelligenza, soldato pratico e sbrigativo, ma dotato di enorme fantasia, aveva fatto parecchia strada e intendeva farne dell'altra, soprattutto ora che era il promesso sposo di una Iulia. Era *lei*, la moglie che ambiva! La moglie di cui *aveva bisogno*.

«Grania!» chiamò, lasciando cadere l'ampia toga in un mucchio sul magnifico pavimento a mosaico dell'atrio e scavalcandola prima che il servo accorso a recuperarla potesse raggiungerla e risparmiarle il contatto con le suole degli stivali infangati di Caio Mario.

«Sì, caro?» Arrivò di corsa dal suo salotto, lasciandosi appresso una scia di forcine e spilloni e briciole, decisamente obesa ormai, ché aveva da un pezzo imparato a consolarsi dell'amara solitudine mangiando troppi dolciumi e fichi sciroppati.

«Nel *tablinum*, per favore» le intimò da sopra la spalla, avviandosi alla stanza in questione.

A brevi passetti saltellanti, Grania entrò.

«Chiudi la porta» le ordinò Mario, dirigendosi verso la sua sedia preferita, dietro il grande scrittoio, accomodandosi e in tal modo costringendo la donna a sedersi, a mo' di cliente, dall'altra parte di un'ampia distesa di malachite polita, bordata d'oro sabbiato.

«Sì, caro?» domandò, senza alcun timore, ché il marito non era mai stato intenzionalmente scortese con lei, né mai la maltrattava, se non trascurandola.

Mario aggrottò la fronte, rigirandosi tra le mani un abaco d'avorio; Grania aveva sempre amato quelle mani, tanto aggraziate quanto forti, dal palmo squadrato ma dalle dita lunghe, che lui usava da esperto, con fermezza e decisione. Con la testa inclinata sulla spalla, Grania fissò lo sconosciuto al quale era sposata da venticinque anni. Un bell'uomo, fu il suo verdetto, non diverso da mille altri verdetti. Lo amava ancora? E come faceva a saperlo? Dopo venticinque anni, ciò che aveva finito col provare era qualcosa di simile a un elaborato tessuto che non recava traccia di disegno, così impalpabile in certi punti da lasciar trasparire la luce della sua mente, e tuttavia tanto fitto in altri da pendere come un velario tra i suoi pensieri e la sua vaga idea di chi e che tipo di persona fosse lei, Grania. Rabbia, dolore, stupore, risentimento, pena, autocommiserazione, oh, tante, tantissime emozioni! In certi casi così antiche che le aveva quasi dimenticate, in altri del tutto nuove, perché aveva ormai quarantacinque anni, le mestruazioni erano sempre più irregolari, il suo povero utero sterile andava avvizzendo. Se c'era un'emozione che aveva finito col prevalere, era la banale, deprimente, infruttuosa delusione; in quel periodo, Grania era giunta a offrire sacrifici a Vediovis, la divinità patrona delle delusioni.

Mario schiuse le labbra per parlare; labbra che, per natura, erano piene e sensuali, ma cui Mario aveva imparato a conferire i contorni della forza ancor prima di conoscere Grania. La quale Grania si protese un tantino per ascoltare ciò che lui stava per dire, ogni fibra del suo essere tesa fin quasi a spezzarsi nello sforzo della concentrazione.

«Ho deciso di divorziare» disse Mario, e le tese il pezzo di pergamena sul quale quel mattino di buon'ora aveva vergato la sentenza di divorzio.

Le sue parole non fecero presa; Grania spiegò lo spesso, odoroso rettangolo di pieghevole pelle sul piano dello scrittoio e lo studiò con occhi presbiti finché ciò che vi era scritto non suscitò una reazione. Allora alzò lo sguardo dalla pergamena al marito.

«Non ho fatto nulla per meritarmi questo» disse con voce spenta.

«Non sono d'accordo» fece lui.

«Che cosa? Che cos'ho *fatto*?»

« Non sei stata una buona moglie. »

« E ti ci sono voluti venticinque anni per arrivare a questa conclusione? »

« No. L'ho capito fin dall'inizio. »

« Perché non hai divorziato allora? »

« Non mi sembrava importante, a quei tempi. »

Oh, una mazzata dopo l'altra, un insulto dopo l'altro! La pergamena vibrò nella morsa di Grania, che la scagliò lontano, serrando le mani a formare due piccoli, duri pugni.

« Sì, questo è il colmo! » esclamò, rianimandosi quanto bastava ad adirarsi. « Non sono mai stata importante per te. Neppure tanto importante da chiedere il divorzio. E allora, perché hai deciso di farlo ora? »

« Desidero risposarmi » rispose lui.

L'incredulità fugò la collera; Grania sgranò gli occhi. « *Tu?* »

« Sì. Mi è stato proposto un contratto di nozze con una fanciulla di un'antichissima casata patrizia. »

« Oh, via, Mario! Proprio tu, così sprezzante, mi diventi un arrivista? »

« No, non credo » rispose Mario in tono spassionato, dissimulando il proprio disagio con la stessa abilità con cui nascondeva il senso di colpa. « Semplicemente, questo matrimonio significa che, dopotutto, otterrò il consolato. »

Il fuoco dello sdegno si spense in lei, estinto dal vento gelido della logica. Come si poteva ribattere a una dichiarazione del genere? Come si poteva biasimarlo? Come si poteva lottare contro qualcosa di così inevitabile? Sebbene il marito non le avesse mai parlato degli smacchi politici subiti, né si fosse lagnato della scarsa considerazione in cui era tenuto, Grania l'aveva sempre saputo. E aveva pianto per lui, bruciato incensi per lui, auspicando che ci fosse la maniera di correggere il peccato di omissione degli aristocratici che gestivano le sorti di Roma. E tuttavia che poteva mai fare lei, una Grania di Pozzuoli? Facoltosa, rispettabile, impeccabile come moglie. Ma completamente priva di carisma, senza parentele in grado di riparare le ingiustizie di cui Mario era stato vittima; se lui era un signorotto latino di campagna, lei era la figlia di un mercante campano, l'ultimo gradino della scala sociale, agli occhi di un aristocratico romano. La sua famiglia aveva ottenuto la cittadinanza romana solo di recente.

« Capisco » disse Grania con voce atona.

E Mario fu così misericordioso da lasciare le cose a questo punto, senza tradire l'eccitazione da cui era preso, il piccolo ardente seme dell'amore che andava germogliando nel suo cuore in letargo. Grania pensasse pure che si trattava unicamente di un matrimonio di convenienza politica.

«Mi *dispiace*, Grania» aggiunse con dolcezza.

«Anche a me, anche a me» fece lei, rimettendosi a tremare, ma questa volta alla raggelante prospettiva di una vedovanza bianca, una solitudine ancor maggiore e più intollerabile di quella cui era avvezza. Vivere senza Caio Mario? Inconcepibile.

«Se la cosa può consolarti, le nozze mi sono state proposte, non le ho cercate io.»

«Lei chi è?»

«La figlia maggiore di Caio Giulio Cesare.»

«Una della *gens* Iulia! Vuol dire puntare in alto! Diventerai sicuramente console, Caio Mario.»

«Sì, lo penso anch'io.» Si mise a giocherellare con la penna di canna preferita, la boccetta di porfido di sabbia asciugante col tappo d'oro bucherellato, il calamaio scavato in un blocco di ametista polita. «Hai la dote, naturalmente, ed è più che adeguata per far fronte alle tue esigenze. L'ho investita in imprese più proficue di quanto avesse fatto tuo padre e dato che non l'hai mai toccata, si tratta di una somma davvero cospicua.» Si schiarì la gola. «Suppongo vorrai abitare più vicino alla tua famiglia, però mi domando se... alla tua età... non sarebbe auspicabile avere una casa solo per te, soprattuto ora che tuo padre è morto e il *paterfamilias* è tuo fratello.»

«Non hai mai dormito con me abbastanza spesso per darmi un figlio» disse lei, rattristata fin nell'intimo dalla gelida solitudine in cui era immersa. «Oh, vorrei tanto aver avuto un figlio!»

«Be', io sono contentissimo che non ce l'abbia! Un figlio nostro sarebbe il mio erede, e le nozze con Iulia non avrebbero più lo stesso significato.» Si rese conto di aver toccato una nota sbagliata e soggiunse: «Sii ragionevole, Grania! Se avessimo avuto dei figli, sarebbero adulti ormai, e vivrebbero la loro vita. Non ti sarebbero di alcun conforto».

«Avrei almeno dei nipotini» replicò lei, con le lacrime agli occhi. «Non sarei così terribilmente sola!»

«Te lo vado ripetendo da anni: prenditi un cagnolino da compagnia!» Non lo disse in tono scortese, era solo un consiglio saggio; Mario pensò a un suggerimento ancor migliore, e soggiunse: «In realtà, la cosa che dovresti fare è risposarti».

«Mai!» esclamò Grania.

Lui si strinse nelle spalle. «Fa' come ti pare. Per tornare alla tua futura residenza, sono disposto a comprarti una villa al mare, a Cuma, e a insediarci. In lettiga, Cuma si trova alla giusta distanza da Pozzuoli: abbastanza vicino da consentirti di andare a far visita ai tuoi per un paio di giorni, e abbastanza lontano da assicurarti tutta la pace che desideri. »

Ogni speranza era svanita. «Grazie, Caio Mario. »

«Oh, non ringraziarmi!» Mario si alzò e girò attorno allo scrittoio per aiutarla a rimettersi in piedi passandole una mano distratta sotto il gomito. «Farai bene a comunicare le tue decisioni al mio intendente e a scegliere gli schiavi che desideri portarti via. Domani dirò a uno dei miei agenti di trovarmi una villa che faccia al caso, a Cuma. La intesterò a mio nome, naturalmente, ma te ne darò l'usufrutto per tutta la vita... o finché non ti risposerai. Va bene, va bene! Lo so che hai detto di non volerlo fare, ma non mancheranno corteggiatori intraprendenti che ti ronzeranno attorno come mosche con un vaso di miele. Sei ricca.» Erano arrivati alla porta del salottino di Grania, e qui Mario si fermò, ritraendo la mano. «Ti sarei grato se lasciassi questa casa posdomani. Di mattina, preferibilmente. Immagino che Iulia vorrà apportare qualche cambiamento prima di trasferirsi qui, e ci sposeremo fra otto settimane, il che non mi concede molto tempo per operare i cambiamenti desiderati. Così... posdomani mattina. Non posso portarla a visitare la casa finché ci starai tu... sarebbe sconveniente.»

Grania fece l'atto di domandargli... qualcosa, una cosa qualsiasi... ma lui si stava già allontanando.

«Non aspettarmi a cena» le annunciò mentre attraversava la vasta distesa dell'atrio. «Vado a trovare Publio Rutilio, e dubito che sarò di ritorno prima che tu vada a letto.»

Be', era fatta. Non le avrebbe spezzato il cuore dover abbandonare quella casa immensa come un granaio; l'aveva sempre detestata, così come aveva detestato il caos urbano di Roma. Perché Mario avesse deciso di andare ad abitare sull'umido e tetro versante settentrionale della Rocca Capitolina l'aveva sempre sconcertata, benché sapesse che su di lui aveva agito in modo possente il carattere oltremodo esclusivo di quel quartiere. Ma c'erano così poche case nei dintorni che per far visita alle amiche bisognava salire un'infinità di gradini. Dal punto di vista politico, poi, si trattava di una sorta di nascondiglio residenziale: i vicini di casa, per pochi che fossero, erano tutti mercanti molto facoltosi, che mostravano scarso interesse per la politica.

Grania fece un cenno al servo ritto accanto alla parete, presso la porta del salotto. «Per favore, va' subito a chiamare l'intendente» gli ordinò.

Arrivò l'intendente: un imponente greco di Corinto che era riuscito a farsi un'istruzione, dopodiché si era venduto schiavo con l'intento di far fortuna e, prima o poi, ottenere la cittadinanza romana.

«Strofante, il padrone ha chiesto il divorzio» disse senz'ombra di vergogna, ché non c'era proprio nulla di cui vergognarsi. «Dovrò andarmene entro posdomani, in mattinata. Ti prego di provvedere al mio bagaglio.»

Il greco s'inchinò, celando il suo stupore; quello era un matrimonio che non si sarebbe mai aspettato di veder finire prima della morte, poiché era contraddistinto da una sorta di mummificato torpore, non già dal genere di aspre battaglie che di solito portavano al divorzio.

«Intendi portare con te una parte dei servi, *domina*?» domandò, sicuro che personalmente avrebbe continuato a lavorare in quella casa, in quanto apparteneva a Caio Mario, non a Grania.

«Il cuoco, sicuramente. Tutti i servi di cucina, altrimenti si troverà a disagio, non credi? Le mie ancelle personali, la mia sarta, la mia parrucchiera, le mie schiave del bagno e i due piccoli schiavi» rispose lei, senza riuscire a pensare a qualcun altro su cui potesse fare affidamento e che le andasse a genio.

«Certamente, *domina*.» E Strofante se ne andò immediatamente, morendo dalla voglia di riferire la ghiotta notizia al resto della servitù, e non vedendo l'ora, soprattutto, di comunicare al cuoco quella del suo trasferimento: quel borioso maestro dei fornelli non avrebbe gradito il cambio da Roma a Pozzuoli!

Grania entrò nello spazioso salotto e lasciò vagare lo sguardo in quell'ambiente di comodo disordine, sui suoi dipinti e sulla scatola da lavoro, sul baule borchiato in cui era riposto il corredino per neonati, messo assieme con tante speranze, e con tanto strazio mai usato.

Dato che non era compito di una moglie romana scegliere o comprare il mobilio, Caio Mario non avrebbe rinunciato a un solo pezzo; negli occhi di Grania si accese un lampo, le lacrime rifluirono, anziché colarle lungo le guance, e si asciugarono del tutto. In realtà, le restava solo un giorno prima di lasciare Roma, e Cuma non era uno dei centri commerciali più importanti del mondo. L'indomani sarebbe andata a comprare il mobilio per arredare la sua nuova villa! Che bellezza potersi scegliere ciò che *si* desiderava! L'indomani sarebbe stata una giornata piena d'impegni, non ci sarebbe stato tempo per pensare, né ore vuote da riempire con le lacrime. Gran parte del dolore e dell'amara sorpresa già accennava a svanire; poteva affrontare la notte, ora che le si spalancava davanti la prospettiva di un'orgia di acquisti.

«Berenice!» chiamò; poi, quando arrivò la ragazza: «Cenerò subito, avverti in cucina».

Grania trovò un pezzo di pergamena su cui compilare la lista delle compere nel disordine che regnava sul suo tavolo da lavoro, e ve lo lasciò, con l'intenzione di servirsene non appena avesse finito di mangiare. E qualcos'altro che Mario le aveva detto... ah, sì, il cagnolino da compagnia. L'indomani avrebbe comprato un cagnolino, prima voce della lista.

L'euforia durò fin quasi alla fine della cena solitaria, dopodiché riemerse dal torpore della sorpresa e subito sprofondò nel dolore. Si portò ambo le mani ai capelli, torcendoseli e tirandoli freneticamente; la sua bocca si aprì in un lugubre lamento, le lacrime scorsero a fiumi. I servi si sparpagliarono, lasciandola tutta sola nel triclinio a ululare nella tappezzeria oro e porpora del giaciglio.

«Ma sentitela!» disse il cuoco con amarezza, smettendo per un attimo di riporre la sua speciale batteria di pentole e tegami e utensili; le urla di dolore della padrona giungevano chiaramente fin nel suo regno in fondo al peristilio. «Che cos'ha da piangere, *quella*? Sono io ad andarmene in esilio... lei ci ha abitato per anni, stupida, grassa, vecchia troia che non è altro!»

Il sorteggio che assegnò la Provincia Romana d'Africa a Spurio Postumio Albino ebbe luogo il giorno di Capodanno; neppure ventiquattr'ore dopo, il console inalberò i suoi colori, che erano quelli del principe Massiva di Numidia.

Spurio Albino aveva un fratello, Aulo, di dieci anni più giovane di lui, entrato di recente al Senato e ansioso di farsi un nome. Così, mentre Spurio Albino si dava strenuamente da fare dietro le quinte nell'interesse del suo nuovo cliente, il principe Massiva, toccava ad Aulo Albino scortare il principe di Numidia in tutti i più importanti luoghi pubblici della città, presentandolo a ogni romano di vaglia e sussurrando agli agenti di Massiva che tipo di dono fosse conveniente inviare a ogni romano di vaglia di cui il principe faceva la conoscenza. Come la maggior parte dei membri della dinastia reale di Numidia, Massiva era un semita di struttura massiccia e di bell'aspetto, con un cervello che funzionava a meraviglia, capace di affascinare il prossimo e prodigo di doni generosi. Il dato più importante a suo vantaggio non era l'innegabile legittimità delle sue pretese, bensì il piacere che i Romani traevano dalla divisione regnante tra le varie fazioni; non c'era motivo di eccitazione in un Senato compatto, né alcun gusto in un coro di voci unanimi né speranza di crearsi una reputazione in una collaborazione amichevole.

Alla fine della prima settimana dell'anno nuovo, Aulo Albino espose al Senato il caso del principe Massiva e rivendicò a suo nome il trono di Numidia per il ramo legittimo della dinastia. Era il primo discorso politico di Aulo Albino, un discorso tutt'altro che disprezzabile. I vari componenti della fazione di Cecilio Metello ascoltarono intenti, poi, al termine del discorso, applaudirono, e Marco Emilio Scauro fu ben lieto di prendere la parola a sostegno della petizione di Massiva. Ecco, disse, la risposta alla controversia circa le decisioni da prendere riguardo alla Numidia: riportarla in carreggiata affidandone il governo a un re legittimo, non già a un pretendente ridotto alla disperazione, le cui origini non garantivano l'unità del paese sotto il suo scettro e che si era assicurato il trono con l'assassinio e la corruzione. Prima che Spurio Albino sciogliesse l'Assemblea, il Senato già lasciava intendere di essere propenso a votare a favore della destituzione del sovrano regnante e della sua sostituzione con Massiva.

«Siamo nei guai fino al collo» disse Bomilcare a Giugurta. «Tutt'a un tratto nessuno m'invita più a cena, e i nostri agenti non trovano più orecchi disposti ad ascoltarli.»

«Quand'è che il Senato esprimerà il suo voto?» domandò il re, con voce calma e ferma.

«La prossima riunione dell'Assemblea è fissata per il quattordicesimo giorno prima delle Calende di febbraio, ossia il settimo giorno a partire da domani, mio sovrano.»

Il re raddrizzò le spalle. «Voteranno contro di me, vero?»

«Sì, mio sovrano» rispose Bomilcare.

«In tal caso, non ha senso che io cerchi di continuare a fare le cose alla romana.» Giugurta ingigantiva a vista d'occhio, gonfiandosi di terribile maestà, una maestà che aveva tenuto nascosta da quando era giunto a Roma con Lucio Cassio. «D'ora in poi, farò le cose a modo *mio*, alla numida.»

La pioggia era cessata e brillava un pallido sole; Giugurta smaniava fino all'osso per i tiepidi venti di Numidia, il suo corpo bramava gli accoglienti, generosi agi del suo gineceo, la sua mente bramava la logica spietata della schiettezza numida. Era tempo di tornare a casa! Tempo di mettersi a reclutare e addestrare un esercito, perché i Romani non avrebbero mai mollato.

Prese a misurare a lunghi passi il portico che fiancheggiava il peristilio, poi fece cenno al fratellastro si portò con lui al centro dello spiazzo, accanto alla fontana gorgogliante.

«Qui neppure gli uccelli possono udirci» fece Giugurta.

Bomilcare s'irrigidì, preparandosi a ricevere ordini.

«Massiva va eliminato» disse il re.

«*Qui*? A Roma?»

«Sì, entro una settimana. Se Massiva non morrà prima che il Senato voti, il nostro compito diventerà molto più difficile. Morto lui, non ci sarà votazione. Guadagneremo tempo.»

«Lo ucciderò con le mie mani» disse Bomilcare.

Ma Giugurta scosse il capo con veemenza. «No! No! L'assassino dovrà essere un romano. Il nostro compito consiste nel trovare un romano disposto a uccidere Massiva per noi.»

Bomilcare fece tanto d'occhi, atterrito. «Mio sovrano, ci troviamo in un paese straniero! Non possiamo muoverci a nostro agio, figuriamoci scegliere la persona giusta!»

«Consulta uno dei nostri agenti. Sicuramente ce ne sarà *uno* di cui ci si possa fidare» replicò Giugurta.

Era una proposta più concreta. Bomilcare ci pensò per qualche istante, mordicchiandosi i corti peli della barba appena sotto il labbro inferiore con i denti saldi e forti. «Agelasto» finì col dire. «Marco Servilio Agelasto, l'uomo che non sorride mai. Suo padre è romano, è nato e cresciuto qui. Ma il suo cuore è dalla parte di sua madre, una numida, di questo sono certo.»

«Lascio fare a te. Ma fallo» disse il re, e si allontanò lungo il sentiero.

Agelasto rimase strabiliato. «*Qui*? A Roma?»

«Non solo qui, addirittura entro i prossimi sette giorni» disse Bomilcare. «Una volta che il Senato avrà espresso voto favorevole a Massiva — e lo farà! — in Numidia ci troveremo alle prese con una guerra civile. Giugurta non ha intenzione di mollare, questo già lo sai. Se anche fosse disposto a cedere, i Getuli non glielo permetterebbero.»

«Ma io non ho la più pallida idea di come si possa scovare un assassino!»

«Allora provvedi personalmente.»

«Non potrei!» gemette Agelasto.

«Va assolutamente fatto! In una città grande come questa c'è di sicuro una quantità di persone disposte a commettere un assassinio in cambio di un bel po' di denaro» insistette Bomilcare.

«Ah, certamente! Una metà del proletariato, se si sapesse la verità. Ma io non frequento ambienti del genere, non conosco un solo plebeo! Dopotutto, non posso abbordare, come se niente fosse, il primo straccione che mi capita a tiro, infilargli in mano un sacchetto pieno d'oro e chiedergli di uccidere un principe di Numidia!» si lagnò Agelasto.

« Perché no? » domandò Bomilcare.

« Potrebbe denunciarmi al pretore urbano, ecco perché! »

« Prima mostragli l'oro, e ti garantisco che non lo farà. In questa città, ciascuno ha il suo prezzo. »

« Forse è davvero così, » disse Agelasto « ma per quanto mi riguarda, non sono disposto a mettere alla prova la tua teoria. »

E non ci fu verso di fargli cambiare idea.

Tutti dicevano che la Suburra era la sentina di Roma, sicché fu nella Suburra che si recò Bomilcare, vestito in modo da non dare nell'occhio e senza neppure uno schiavo di scorta. Come accadeva a ogni importante personaggio in visita a Roma, era stato ammonito a non avventurarsi nella valle a nord-est del Foro, e ora comprendeva perché. Non che i vicoli della Suburra fossero più angusti di quelli del Palatino, e gli edifici non erano così alti e opprimenti come quelli del Viminale e del pendio superiore dell'Esquilino.

No, ciò che caratterizzava la Suburra, già alla prima impressione, era la gente, più gente di quanta il numida ne avesse mai vista. Le persone stavano affacciate a migliaia e migliaia di finestre, strillando tra loro, si aprivano un varco sgomitando tra assembramenti così fitti che consentivano appena di avanzare a passo di lumaca, si comportavano con tutta la violenza e l'aggressività note alla razza umana, sputavano e orinavano e rovesciavano liquami dovunque immaginassero di scorgere uno spazio libero, erano pronte a menar le mani con chiunque facesse tanto da guardarle di traverso.

La seconda impressione che se ne ricavava era quella di un'imperante squallore, di un lezzo atroce. Mentre percorreva la strada che dal civile Argileto portava alle *Fauces Suburae*, com'era designato il tratto iniziale dell'arteria principale, il numida non era in grado di avvertire qualcos'altro all'infuori del puzzo e del sudiciume. Scrostati e cadenti, i muri degli edifici trasudavano sporcizia a rivoli, quasi che i mattoni e le travi con cui erano costruiti fossero stati impastati con l'immondizia. Perché, si domandò Bomilcare, non avevano lasciato che l'incendio dell'anno prima radesse completamente al suolo l'intero quartiere, anziché faticare tanto per salvarlo? Non c'era proprio nulla, nessuno, nella Suburra, che valesse la pena di salvare! Poi, a mano a mano che s'inoltrava, attento a non svoltare dalla *Subura Major*, com'era indicata la strada in quel punto, e a non imboccare uno degli antri che si spalancavano da ambo i lati tra gli edifici, il disgusto cedette il passo allo stupore. Bomilcare cominciò, infatti, a vedere la vitalità e il vigore degli abitanti e a provare un'allegria che sfuggiva alla sua comprensione.

La lingua che udiva parlare era un bizzarro miscuglio di latino e greco, condito da un pizzico di aramaico, una sorta di gergo che con tutta probabilità risultava incomprensibile a chiunque non vivesse nella Suburra: sicuramente, nei suoi vagabondaggi per gli altri quartieri di Roma, lui non aveva mai udito qualcosa di simile.

Dovunque si aprivano botteghe, piccoli, fetidi posti di ristoro, che a quanto pareva facevano tutti affari d'oro — evidentemente in qualche modo il denaro circolava — alternati a panetterie, salumerie, osterie e a certi singolari, minuscoli negozietti che davano l'impressione, stando a quanto riusciva a intravedere Bomilcare sbirciando nell'interno buio, di vendere articoli di ogni genere, dal cordame alle pentole alle lampade alle candele di sego. Chiaramente, tuttavia, il commercio che fruttava di più era quello dei generi alimentari: almeno due terzi delle botteghe offrivano in vendita i più svariati tipi di commestibili. Non mancavano le fabbriche: il numida udiva i colpi sordi delle presse o il ronzìo delle mole o il cigolìo dei telai, ma questi rumori giungevano dagli angusti androni o dai vicoli laterali e si fondevano irrimediabilmente con gli schiamazzi di quelle che sembravano abitazioni popolari alte molti piani. Com'era possibile sopravvivere in quel luogo?

Persino le piazzette in corrispondenza dei principali crocevia erano gremite di gente; come gli abitanti riuscissero a lavare i panni nelle vasche delle fontane e a trasportare a casa le brocche d'acqua era una cosa che lasciava di stucco Bomilcare. Alla fine dovette ammettere che Cirta, una città di cui, in quanto numida, andava straordinariamente fiero, a paragone di Roma era solo un grosso borgo. Persino Alessandria, sospettava, avrebbe faticato a dar vita a un formicaio come la Suburra.

C'erano, però, luoghi dove gli uomini si radunavano a bere e ad ammazzare il tempo. Sembrava che fossero limitati ai più importanti i crocevia, ma neppure di questo Bomilcare poteva esser certo, riluttante com'era a lasciare il corso principale. Tutto continuava ad accadere repentinamente, in scene fulminee che gli si spalancavano davanti agli occhi e subito erano oscurate da nuove resse e calche: un uomo che bastonava un somaro carico all'inverosimile o una donna che picchiava un ragazzino a sua volta stracarico. Ma gli interni in penombra delle taverne ai crocevia — Bomilcare non avrebbe saputo in quale altro modo definirle — erano oasi di relativa pace. Grande e grosso e in perfetta salute, alla fine Bomilcare decise che non avrebbe scoperto nulla di utile se non si fosse avventurato in una delle taverne. Dopotutto, era andato in quel quartiere per scovare un assassino romano, la qual cosa significava che doveva procurarsi l'occasione di attaccar discorso con qualche rappresentante della popolazione locale.

Svoltò dalla *Subura Major* per risalire il Vico Patrizio, una strada che portava al colle Viminale, e s'imbatté in una taverna da crocevia all'imbocco di uno spiazzo triangolare dove la *Subura Minor* si trasformava nel Vico Patrizio: le dimensioni del tabernacolo e della fontana gli lasciarono intendere che si trattava di un *compitum*, un incrocio, molto importante. Mentre chinava il capo per passare sotto il basso architrave le facce di tutti i presenti, e dovevano essere una cinquantina, si sollevarono e girarono verso di lui, facendosi di colpo inespressive. Il mormorìo delle conversazioni si spense.

«Chiedo scusa» disse Bomilcare, impavido, gli occhi intenti a scovare il volto appartenente al capo. Ah! Eccolo la, nell'angolo in fondo, a sinistra! Spentasi, infatti, la sorpresa iniziale alla vista di un perfetto sconosciuto, perdipiù con l'aria da forestiero, tutti gli altri si volgevano a guardare quel volto, il volto del capo. Era il volto, più romano che greco, di un ometto sui trentacinque. Bomilcare si girò di scatto nella sua direzione e a lui rivolse direttamente la parola, rammaricandosi che il suo latino non fosse abbastanza fluido da consentirgli di parlare nella lingua locale, e costretto invece a ricorrere al greco.

«Chiedo scusa...» tornò a dire. «A quanto pare, mi sono reso colpevole di violazione di domicilio. Cercavo una taverna dove sedermi a bere una coppa di vino. Camminando, viene sete.»

«Questo, amico, è un circolo privato» rispose il capo in pessimo greco, anche se comprensibile.

«Non ci sono taverne pubbliche?» domandò Bomilcare.

«Non nella Suburra, amico. Sei uscito dal tuo ambiente. Tornatene alla Via Nova.»

«Sì, conosco la Via Nova, ma sono straniero a Roma, e penso che non si riesca a gustare il sapore di una città se non ci si avventura nel quartiere più popoloso» disse il numida tenendosi a metà strada fra la stoltezza del viaggiatore e l'ignoranza del forestiero.

Il capo lo adocchiava da capo a piedi, valutandolo con scaltrezza. «Hai davvero tanta sete, amico?» chiese.

Grato agli dèi, Bomilcare colse al volo l'occasione. «Quanto basta da pagar da bere a tutti i presenti» rispose.

Il capo spinse via l'uomo che gli sedeva accanto e batté la mano sullo sgabello. «Be', se i miei onorevoli colleghi sono d'accordo, potremmo eleggerti socio onorario. Mettiti comodo, amico.» Girò la testa con noncuranza. «Tutti coloro i quali sono favorevoli alla nomina di costui a socio onorario, dicano sì.»

«Sì!» fecero tutti in coro.

Bolmicare cercò invano con lo sguardo un banco di mescita e un mescitore, tirò di nascosto un sospiro e posò la borsa sul tavolo in modo che ne sgusciasse qualche *denarius* d'argento: o l'avrebbero ucciso per impadronirsi del contenuto, o davvero era diventato socio onorario. «Posso?» domandò al capo.

«Bromido, va' a prendere un bel bottiglione per costui e gli altri soci» ordinò il capo al suo favorito, che aveva costretto a cedere il posto a Bomilcare. «L'osteria da cui ci serviamo è proprio qui accanto» spiegò.

Dalla borsa sgusciarono altri *denarii*. «Bastano?»

«Per un giro, amico, ce n'è più che a sufficienza.»

Uscirono tintinnando altre monete. «Che ne dici di parecchi giri?»

Si levò un sospiro collettivo; tutti i presenti si tranquillizzarono visibilmente. Bromido, il favorito, raccolse le monete e sparì oltre l'uscio, seguito da tre zelanti collaboratori, mentre Bomilcare tendeva la destra al capo.

«Mi chiamo Juba» disse.

«Lucio Decumio» fece di rimando il capo, serrandogli vigorosamente la mano. «Juba! Che razza di nome è?»

«Un nome moresco. Vengo dalla Mauretania.»

«Maure... cosa? Dove si trova?»

«In Africa.»

«Africa?» Chiaramente era come se Bolmicare avesse detto la Terra degli Iperborei: per Lucio Decumio avrebbe significato altrettanto o altrettanto poco.

«È lontanissima da Roma» spiegò il socio onorario. «Un luogo molto più a occidente di Cartagine.»

«Oh, *Cartagine*! Perché non l'hai detto subito?» Lucio Decumio si volse a fissare intento il viso dell'interessante visitatore. «Non credevo che Scipione l'Emiliano avesse lasciato in vita qualcuno di voi» disse.

«Infatti. La Mauretania non è Cartagine, è situata molto più a occidente di Cartagine. Si trovano tutt'e due in Africa, ma niente di più» disse Bomilcare, paziente. «Quelle che un tempo si chiamava Cartagine è diventa la Provincia Romana d'Africa. Il luogo dove si recherà il console in carica... sai, Spurio Postumio Albino.»

Lucio Decumio scrollò le spalle. «I consoli? Vanno e vengono, amico, vanno e vengono. La cosa non ha la minima importanza per la Suburra... quelli non abitano da queste parti, capisci? Ma se ammetti che Roma è la capitale del mondo, amico, sarai sempre il benvenuto qui. E anche i consoli.»

«Credimi, so bene che Roma è la capitale del mondo» rispose il numida con calore. «Il mio padrone, il re Bocco di Mauretania, mi ha inviato a Roma a chiedere al Senato di farne un Amico e Alleato del Popolo Romano.»

«Be', se ne impara una nuova ogni giorno» commentò pigramente Lucio Decumio.

Tornò Bromido, traballante sotto il peso di un'enorme brocca, seguito dagli altri tre del pari carichi, e si mise a mescere da bere per tutti; iniziò da Decumio, che gli tirò una violenta botta alla coscia.

«Ehi, idiota, non conosci le buone maniere?» domandò. «Servi per primo chi ha pagato, o ti cavo le budella.»

Bolmicare ricevette subito un boccale colmo fino all'orlo, e lo sollevò in un brindisi. «Bevo al miglior posto e agli amici migliori che abbia finora trovato a Roma» disse, e trangugiò l'orribile bevanda con finto piacere. Numi, dovevano avere l'intestino foderato di ferro!

Fecero la loro apparizione anche ciotole di cibaria, cetrioli sottaceto e cipolle e noci, gambi di sedano e pezzi di carote, un fetido miscuglio di pesciolini sotto sale che sparirono in men che non si dica. Bolmicare non riuscì ad assaggiare un boccone.

«Alla tua, Juba, vecchio mio!» disse Decumio.

«Juba!» fecero coro gli altri, di ottimo umore.

Tempo mezz'ora, lo straniero ne sapeva di più sul proletariato romano di quanto avesse mai sognato di apprendere, e lo trovava affascinante; neppure lo sfiorò l'idea che ne sapeva assai meno sul proletariato della Numidia. Tutti i soci del circolo lavoravano, scoprì, e apprese che ogni giorno un diverso gruppo di uomini si radunava in quel locale; a quanto sembrava, la maggior parte di loro aveva un giorno libero ogni sette giorni di lavoro. Circa un quarto degli uomini presenti portava in capo lo zucchetto conico che li contraddistingueva come liberti; con suo grande stupore, Bolmicare appurò che alcuni erano tuttora schiavi, e ciononostante sembravano godere della stessa posizione degli altri soci, facevano lo stesso tipo di lavori per la stessa paga e avevano lo stesso orario e gli stessi giorni di libertà, il che pareva molto strano a Bolmicare, ma evidentemente era del tutto normale agli occhi di tutti gli altri. E il socio onorario cominciò a comprendere la reale differenza esistente tra uno schiavo e un uomo libero; un uomo libero poteva andare e venire a suo piacimento e sceglliersi il luogo e il tipo di lavoro che preferiva, mentre uno schiavo apparteneva al suo datore di lavoro, era proprietà del suo datore di lavoro, per cui non poteva decidere liberamente della propria vita. Del tutto diverso della schiavitù in Numidia. D'altronde, rifletté imparzialmente, ché Bomilcare era uomo imparziale, ogni nazione ha le sue regole e le sue norme, non ne esistono due uguali.

A differenza dei soci ordinari, Lucio Decumio era un frequentatore fisso del locale.

«Sono il custode del circolo» spiegò, ancora lucido come quando aveva ingollato il primo sorso.

«Di che tipo di circolo si tratta, esattamente?» domandò Bolmicare, sforzandosi di far durare il suo vino il più a lungo possibile.

«Non puoi saperlo, suppongo» disse Lucio Decumio. «Questo, amico, è un circolo da crocevia. Un vero e proprio sodalizio, una specie di corporazione. Regolarmente registrata presso gli edili e il pretore urbano, con la benedizione del Pontefice Massimo. I circoli da crocevia risalgono ai re, prima che ci fosse la repubblica. Ora come ora, una gran quantità di potere si concentra agli incroci delle grandi strade. Sto parlando dei *compita* in piena regola, non già di certi pisciatoi ai crocicchi di viuzze e vicoli. Sì, si concentra una gran quantità di potere ai crocevia. Voglio dire... immagina di essere un dio e di guardare Roma dall'alto: ti troveresti un po' in difficoltà se volessi scagliare un fulmine o il contagio di una pestilenza, no? Se salirai al Campidoglio, ti farai un'idea di ciò che intendo: un mucchio di tetti rossi accostati l'uno all'altro come le tessere di un mosaico. Ma se guardi bene, riesci sempre a vedere i buchi corrispondenti agli incroci delle grandi strade, i *compita* come quello qua fuori. Così, se tu fossi un dio, è là che scaglieresti il tuo fulmine o il contagio della pestilenza, giusto? Solo che noialtri Romani siamo furbi, amico. Davvero furbi. I re avevano capito bene che dovevamo proteggerci ai crocevia. E così i crocevia sono stati posti sotto la protezione dei Lari, e tabernacoli in onore Lari sono stati eretti in corrispondenza di ogni crocevia ancor prima che vi fossero le fontane. Non hai notato il tabernacolo accostato al muro del circolo qua fuori? Una specie di piccola torre?»

«L'ho notato» rispose Bomilcare, sempre più confuso. «Chi sono esattamente i Lari? Più di un dio?»

«Oh, ci sono Lari dovunque, a centinaia, a migliaia!» spiegò Decumio in tono vago. «Roma è piena di Lari. E anche l'Italia, si dice, benché io in Italia non ci sia mai stato. Non conosco soldati, così non so dirti se i Lari accompagnano anche le legioni oltremare. Ma, sicuramente, qui ci sono, dovunque ci sia bisogno di loro. E spetta a noi soci del circolo da crocevia aver cura dei nostri Lari.

Teniamo in ordine il tabernacolo e badiamo che non manchino mai le offerte, teniamo pulita la fontana, spostiamo i carri che si sono rovesciati, i cadaveri — perlopiù carcasse di animali — e portiamo via le macerie, quando crolla un edificio. E nel periodo di Capodanno, si organizzano grandi festeggiamenti, i Compitalia, si chiamano. Ci sono stati appena un paio di giorni fa, ecco perché siamo a corto di soldi per il vino. Diamo fondo ai nostri risparmi, e ci vuole tempo per metterne da parte altri. »

« Capisco » disse Bomilcare che, per essere sinceri, non capiva; per lui, gli antichi dèi romani erano un mistero impenetrabile. « Dovete finanziare la festa interamente di tasca vostra? »

« Sì e no » rispose Lucio Decumio, grattandosi sotto l'ascella. « Riceviamo un po' di soldi dal pretore urbano, magari quanto basta per qualche porchetta da fare arrosto, però dipende da chi ricopre la carica. In certi casi i pretori sono davvero generosi; altre volte sono talmente stitici che la loro merda neppure puzza. »

A questo punto la conversazione si tramutò in una sorta di botta e risposta su come si viveva a Cartagine; impossibile ficcar loro in testa l'idea che in Africa esistessero altri luoghi: sembrava che le loro nozioni di storia e geografia consistessero unicamente in ciò che riuscivano a spigolare in occasione delle visite al Foro, un luogo non tanto lontano dalla sede del circolo, e tuttavia remoto. Se ci si recavano, apparentemente accadeva perché una certa irrequietezza politica lo rendeva oggetto d'interesse e conferiva un sapore circense al centro governativo di Roma. Di conseguenza, la loro visione della vita politica di Roma risultava un tantino sghemba; a quanto sembrava, l'apice dell'interesse era stato raggiunto durante i disordini culminati con la morte di Caio Sempronio Gracco.

Giunse infine il momento. I soci della confraternita si erano ormai talmente abituati alla sua presenza da non far più caso a Bomilcare, e perdipiù erano obnubilati dal troppo vino ingurgitato. Ma, dato che era tuttora lucido, gli occhi indagatori di Lucio Decumio non si staccavano un attimo dal viso di Bomilcare: non era un caso che quel tipo si trovasse lì, tra gente di rango inferiore: si capiva che aveva in mente qualcosa.

« Lucio Decumio, » disse Bomilcare, accostando la testa a quella del romano in modo che solo questi potesse udire « ho un problema, e spero tu sia in grado di suggerirmi la soluzione. »

« Sì, amico? »

« Il mio padrone, il re Bocco, è molto ricco. »

« Credo bene che sia ricco, dato che è un re. »

« Ciò che preoccupa re Bocco è la possibilità di conservare il trono » mormorò lentamente Bomilcare. « Ha un problema. »

«Lo stesso che hai tu, amico?»

«Proprio lo stesso.»

«Come posso aiutarti?» Decumio pescò una cipolla dalla ciotola di sottaceti sul tavolo e la masticò soprappensiero.

«In Africa la soluzione ci sarebbe. Il re impartirebbe un ordine, e l'uomo che ci crea problemi verrebbe giustiziato.» Bomilcare s'interruppe, domandandosi quanto ci avrebbe messo Decumio ad abboccare all'amo.

«Ah-ha! Sicché il problema ha un nome, eh?»

«Giusto: Massiva.»

«Mi suona un po' più latino di Juba» disse Decumio.

«Massiva è nativo della Numidia, non della Mauretania.» La feccia del vino sembrava affascinare Bomilcare, che la rimestò con un dito. «Il guaio è che Massiva sta qui, a Roma. E ci combina un bel po' di difficoltà.»

«Posso capire come Roma complichi la situazione» disse Decumio, in un tono che conferì al commento vari significati diversi.

Bomilcare guardò l'ometto, sbalordito: ecco un cervello ricco di sottigliezze oltre che di acume. Aspirò a fondo. «L'aspetto del problema di mia competenza è aggravato dal fatto che sono uno straniero, qui. Vedi, devo scovare un romano che sia disposto a uccidere il principe Massiva. Qui. A Roma.»

Lucio Decumio non batté ciglio. «Be', non è difficile» fece.

«No?»

«Col denaro si può comprare qualsiasi cosa a Roma, amico.»

«Allora, sapresti dirmi a chi rivolgermi?» domandò Bomilcare.

«Non hai più bisogno di cercare, amico» rispose Decumio, inghiottendo l'ultimo pezzo di cipolla. «Taglierei la gola a metà dei senatori in cambio della possibilità di mangiare ostriche invece che cipolle. Quant'è la ricompensa?»

«Quanti *denarii* contiene questa borsa?» Bomilcare la svuotò sul tavolo.

«Non basta per uccidere.»

«Che ne diresti della stessa quantità, ma in oro?»

Decumio di batté con forza la mano sulla coscia. «*Adesso* si comincia a ragionare! Affare fatto, amico.»

A Bomilcare girava la testa, ma non a causa del vino, che da una mezz'ora versava di nascosto sul pavimento. «Metà domani, e metà a lavoro eseguito» disse, tornando a infilare le monete nella borsa.

Una mano sudicia, con le unghie orlate di nero, lo bloccò. «Questa lasciala qui, come prova della tua buona fede, amico. E torna domani. Solo, aspetta di fuori, accanto al tabernacolo. Andremo a parlare a casa mia.»

Bomilcare si alzò. «Verrò, Lucio Decumio.» Mentre si avviavano alla porta, si fermò a scrutare intento il viso mal rasato del custode. «Hai mai ucciso qualcuno?» domandò.

Decumio si portò l'indice della mano destra al lato destro del naso. «Un cenno vale un battito di ciglia per un barbiere cieco, amico» rispose. «Nella Suburra non ci si vanta.»

Soddisfatto, Bomilcare sorrise a Decumio e uscì nel traffico congestionato della *Subura Minor*.

Marco Livio Druso, che era stato console due anni prima, celebrò il suo trionfo durante la seconda settimana di gennaio. Nominato governatore della Provincia di Macedonia durante l'anno del suo consolato, aveva avuto la fortuna di vedersi confermato nella carica e si era impegnato in una vittoriosa guerra di frontiera contro gli Scordisci, una tribù di astuti e ben organizzati Celti che molestavano con continui attacchi la Macedonia romana. Ma in Marco Livio Druso avevano trovato un avversario di straordinarie capacità, e avevano subìto una grave sconfitta. Il risultato era stato più fruttuoso del solito per Roma: la fortuna aveva arriso a Druso tanto da consentirgli di conquistare una delle più importanti fortezze degli Scordisci e trovarvi nascosta una parte ragguardevole delle loro ricchezze. Quasi tutti i governatori della Macedonia celebravano il trionfo al termine del mandato, ma tutti convennero che Marco Livio Druso si meritava quell'onore più della maggior parte degli altri.

Ai festeggiamenti, il principe Massiva era ospite del console Spurio Postumio Albino, sicché gli fu assegnato uno dei posti migliori all'interno del Circo Massimo, e dal suo punto di osservazione guardò sfilare nell'arena il lungo corteo trionfale, meravigliandosi, via via che scopriva con i suoi occhi ciò che gli avevano sempre detto, e cioè che i Romani possedevano la capacità di sbalordire e conoscevano meglio di chiunque altro l'arte di inscenare uno spettacolo. Massiva, naturalmente, parlava il greco alla perfezione, per cui aveva capito le istruzioni impartitegli prima del trionfo, e si alzò dal suo posto, pronto ad andarsene, prima che l'ultima delle legioni di Druso varcasse la Porta Capena in fondo alla vasta distesa del circo. L'intera comitiva consolare uscì da una porta privata passando nel Foro Boario, si affrettò lungo la Scala di Caco per salire al Palatino e raddoppiò l'andatura. Badando a seguire il percorso più diritto possibile, dodici littori facevano strada lungo vicoli quasi deserti e le suole chiodate dei calzari invernali risonavano sull'acciottolato.

Dieci minuti dopo aver lasciato i loro posti al Circo Massimo,

Spurio Albino e i suoi compagni scesero rumorosamente la Scalinata delle Vestali sino al Foro Romano, dirigendosi al tempio di Castore e Polluce. Qui, sulla piattaforma in cima ai gradini dell'imponente edificio, i due consoli si sarebbero assisi e, assieme ai loro ospiti, avrebbero guardato il corteo scendere la Via Sacra dalla Velia, in direzione del Campidoglio; per non mancare di rispetto al trionfatore, avrebbero dovuto trovarsi al loro posto quando fosse apparso il corteo.

«Tutti gli altri magistrati e senatori marciano in testa al corteo» aveva spiegato Spurio Albino al principe Massiva. «E i consoli in carica vengono sempre invitati ufficialmente a marciare, così come vengono invitati al banchetto che il trionfatore offre più tardi in onore del Senato all'interno del tempio di Giove Ottimo Massimo. Ma non è conforme all'etichetta che i consoli accettino gli inviti. È il gran giorno del trionfatore, e a lui spetta il posto d'onore alla celebrazione, nonché il maggior numero di littori. Così i consoli osservano sempre il corteo da una posizione sopraelevata, e il trionfatore li saluta passando, ma senza essere messo in ombra.»

Il principe aveva mostrato di capire, anche se la sua estraneità e la sua scarsissima conoscenza dei costumi romani ne limitavano la comprensione del quadro generale che gli veniva esposto. A differenza di Giugurta, Massiva era vissuto per tutta la vita nei territori africani non soggetti a Roma.

Quando la comitiva consolare giunse al punto in cui la Scala delle Vestali incrociava la Via Nova, la sua avanzata fu intralciata dal fitto assembramento di folla. I Romani erano accorsi a centinaia di migliaia per assistere al trionfo di Druso, strabiliante rete d'informazioni che s'insinuava persino nelle vie misere della Suburra che aveva garantito a tutti che il trionfo di Druso prometteva di essere tra i più splendidi.

Quando avevano il compito di portare i fasci entro le mura di Roma, i littori indossavano semplici toghe bianche; quel giorno, la tenuta d'obbligo li rendeva più anonimi del solito, perché in occasione di un trionfo l'intera Roma si paludava di bianco: tutti i cittadini, dal primo all'ultimo, indossavano la toga bianca, anziché limitarsi alla tunica. Di conseguenza, i littori faticavano ad aprire un varco nella calca alla comitiva consolare, costretta a rallentare il passo dalla folla che le si stringeva attorno. Giunto che fu all'altezza del tempio di Castore e Polluce, il gruppo si era praticamente disintegrato, e il principe Massiva, scortato da una guardia del corpo personale, era rimasto tanto indietro da perdere contatto con gli altri.

La sua intransigenza e la sua regalità non romana facevano sì che si scandalizzasse notando l'atteggiamento confidenziale, irrispettoso delle centinaia di persone che gli si ammassavano attorno; le sue guardie del corpo venivano sgomitate senza tante cerimonie, e per un breve istante Massiva le perse addirittura di vista.

Era proprio quell'attimo che Lucio Decumio stava aspettando: colpì con impeccabile precisione, rapido e sicuro e repentino. Schiacciato contro il principe Massiva da un movimento spontaneo della folla, conficcò il pugnale, affilato all'uopo, nel lato sinistro del costato regale, gli impresse un brusco movimento all'insù accompagnato da una brutale torsione, mollò l'impugnatura non appena si rese conto che la lama era penetrata sino in fondo, e si era già confuso tra la folla prima che il sangue iniziasse a sgorgare o che il principe Massiva potesse lanciare un grido. A dire il vero, il principe non gridò: semplicemente si afflosciò nel punto in cui si trovava, e quando le guardie del corpo si furono riprese quanto bastava a scostare la gente in modo da formare un cordone attorno all'uomo trucidato, Lucio Decumio aveva già attraversato metà del tratto inferiore del Foro, diretto al sicuro rifugio dell'Argileto, una goccia nel mare di toghe bianche.

Passarono dieci minuti buoni prima che qualcuno pensasse a dare la notizia a Spurio Albino e a suo fratello Aulo, già insediati sul podio del tempio e tutt'altro che preoccupati per la mancata apparizione del principe Massiva. I littori si affrettarono a isolare la zona, la folla fu sospinta altrove, e Spurio e Aulo Albino se ne stettero lì in piedi a contemplare il cadavere a terra e i loro piani andati in fumo.

«Bisognerà aspettare» disse infine Spurio. «Non possiamo offendere Marco Livio Druso turbando il suo trionfo.» Si rivolse al capo delle guardie del corpo, che nel caso del principe Massiva erano gladiatori romani assunti allo scopo specifico, parlandogli in greco. «Trasportate il principe alla sua dimora, e attendete il mio arrivo» ordinò.

L'uomo annuì. Con la toga di Aulo Albino venne improvvisata una barella in cui il cadavere venne avvolto e portato via da sei gladiatori.

Aulo prese il disastro in modo meno flemmatico del fratello maggiore: su di lui, infatti, si era in gran parte riversata la generosità di Massiva, in quanto Spurio aveva ritenuto di potersi permettere il lusso di attendere la sua parte finché la campagna d'Africa non avesse visto il principe saldamente insediato sul trono di Numidia. Inoltre, Aulo era tanto impaziente quanto ambizioso, oltre che desideroso di emulare Spurio nella scalata ai vari gradi gerarchici.

«Giugurta!» sibilò a denti stretti. «È stato Giugurta!»

«Non ne avremo mai le prove» fece Spurio, sospirando.

Ascesero i gradini del tempio di Castore e Polluce e ripresero posto proprio mentre i magistrati e i senatori sbucavano da dietro l'imponente edificio della *Domus Publica*, in cui alloggiavano le Vergini Vestali e il Pontefice Massimo. Fu dapprima solo una fulminea apparizione, ma di lì a qualche istante si profilarono chiaramente alla vista, e la grande processione discese fin dove la Via Sacra finiva, in corrispondenza del pozzo sprofondato dei *Comitia*. Spurio e Aulo Albino rimasero seduti a osservare come se non avessero in mente altro che il piacere dello spettacolo e il rispetto per Marco Livio Druso.

Bomilcare e Lucio Decumio s'incontrarono senza dar nell'occhio tra la folla schiamazzante, ritti fianco a fianco al banco di una taverna gremita di gente e situata all'angolo superiore del Grande Mercato, finché non venne servito a ciascuno dei due un pasticcio ripieno di un saporito trancio di salsiccia all'aglio, dopodiché, con l'aria più naturale del mondo, si fecero da parte per addentare cautamente le piccanti leccornie.

«Proprio la giornata giusta, amico» disse Lucio Decumio.

Imbacuccato in un mantello con cappuccio che ne celava la persona, Bomilcare esalò un sospiro. «Spero che tale rimanga» disse.

«Ti posso garantire amico, che la giornata si concluderà in modo perfetto» fece Lucio Decumio, compiaciuto.

Il numida si frugò sotto il mantello, trovò la borsa contenente la seconda metà dell'oro destinato il sicario. «Ne sei sicuro?»

«Sicuro come chi, sentendosi puzzare i calzari, capisce di aver pestato una merda» disse Decumio.

La borsa d'oro passò di mano senza che nessuno lo notasse. Bomilcare si volse per andare, a cuor leggero.

«Ti ringrazio, Lucio Decumio» disse.

«Il piacere è tutto mio, amico!» E Lucio Decumio rimase fermo dov'era, a masticare con gusto il suo pasticcio finché non l'ebbe finito. «Ostriche invece che cipolle» gridò, avviandosi a passo spedito su per le *Fauces Suburae*, la borsa d'oro al sicuro, premuta contro la pelle.

Bomilcare uscì dalla città per la Porta Fontinale, affrettando il passo via via che la folla si diradava, scendendo al Campo Marzio. Varcò la soglia della villa di Giugurta senza incontrare persone di sua conoscenza e fu ben lieto di sbarazzarsi del mantello. Il re era stato molto gentile quel giorno e aveva concesso a tutti gli schiavi di casa qualche ora di libertà per assistere al trionfo di Druso, donando a ciascuno di loro un *denarius* d'argento. Così non c'erano occhi estranei a spiare il ritorno di Bomilcare, solo quelli delle guardie del corpo e dei servi numidi, di una fedeltà addirittura fanatica.

Giugurta era al solito posto, seduto sulla loggia al piano superiore, sopra l'ingresso dalla strada.

« È fatta » annunciò Bomilcare.

Il re strinse con forza il braccio del fratello. « Oh, bravo! » disse, sorridendo.

« Sono lieto che sia andata così bene » aggiunse Bomilcare.

« Sicuro che sia morto? »

« L'assassino me l'ha garantito: sicuro come chi, sentendosi puzzare i calzari, capisce di aver pestato una merda. » Bomilcare scoppiò in una risata, facendo sussultare le spalle. « Un tipo pittoresco, il mio ribaldo romano. Ma straordinariamente efficiente, e con i nervi saldi. »

Giugurta si tranquillizzò. « Nel momento preciso in cui sapremo per certo che il mio caro cugino Massiva è morto, sarà meglio convocare tutti i nostri agenti. Dovremo far pressioni sul Senato affinché mi riconosca come sovrano legittimo e ci consenta di tornare in patria. » Abbozzò una smorfia. « E non dovrò mai dimenticare che avrò ancora da guardarmi da quel patetico invalido di professione del mio fratellastro, il dolce, diletto Gauda. »

Ma quando gli agenti di Giugurta furono convocati alla villa, ce ne fu uno che non si presentò. Non appena apprese la notizia dell'assassinio del principe Massiva, Marco Servilio Agelasto chiese udienza al console Spurio Albino. Il console gli fece dire da un segretario che era troppo occupato per riceverlo, ma Agelasto tenne duro, tanto che alla fine il segretario, oberato di lavoro, preso dalla disperazione, lo introdusse alla presenza del fratello minore del console, Aulo, il quale si elettrizzò udendo ciò che Agelasto aveva da dire. Spurio Albino, chiamato d'urgenza, ascoltò impassibile mentre Agelasto ripeteva la sua storia, poi lo ringraziò, ne trascrisse l'indirizzo e per maggior sicurezza si fece rilasciare una deposizione, e lo congedò con modi sufficientemente cortesi per strappare un sorriso alla maggior parte delle persone; ma non ad Agelasto.

« Ci appelleremo al pretore urbano, attenendoci alle vie legali quanto più possibile, date le circostanze » disse Spurio non appena rimase a tu per tu col fratello minore. « Si tratta di una faccenda troppo importante per lasciare che sia Agelasto a sporgere denuncia; lo farò personalmente, ma Agelasto è vitale alla nostra causa perché è l'unico cittadino romano implicato, se escludiamo il misterioso assassino. Spetterà al pretore urbano decidere le modalità precise con cui perseguire Bomilcare. Senza dubbio si consulterà col Senato al gran completo, in cerca di direttive per coprirsi le spalle. Ma se lo incontrerò personalmente e gli fornirò il mio parere legale, e cioè il fatto che il delitto, essendo stato commesso entro le mura di Roma in un giorno in cui si celebrava un trionfo e da un cittadino romano, pesa di più della condizione di straniero di Bomilcare... insomma, penso che riuscirò a fugare i suoi timori. È d'importanza vitale che quel numida sia giudicato e condannato a Roma da un tribunale romano. La tracotanza di questo delitto basterà a costringere al silenzio la fazione del Senato favorevole a Giugurta. Tu, Aulo, puoi apprestarti a sostenere l'accusa presso il tribunale che verrà designato. Io farò in modo che si consulti il pretore degli stranieri, dato che di regola spetta a lui occuparsi dei processi a carico dei forestieri. Può darsi intenda assumere la difesa di Bomilcare, tanto per agire nel rispetto della legge. Ma in un modo o nell'altro, Aulo, stroncheremo ogni speranza di Giugurta di ottenere l'approvazione del Senato per la sua causa, dopodiché si vedrà di trovare un altro pretendente al trono. »

« Il principe Gauda, per esempio? »

« Già, proprio il principe Gauda, per quanto mediocre sia. Dopotutto, è il fratellastro di Giugurta. Ci limiteremo a fare in modo che Gauda non venga personalmente a Roma a perorare la sua causa. » Spurio sorrise ad Aulo. « Faremo la nostra fortuna in Numidia quest'anno, te lo giuro! »

Ma Giugurta aveva rinunciato all'idea di battersi secondo le regole di Roma. Quando il pretore urbano e i suoi littori si presentarono alla villa sul Pincio ad arrestare Bomilcare con l'imputazione di complotto inteso a un omicidio, per un attimo il re fu tentato di opporsi recisamente alla consegna del suo fidato cortigiano, e stare a vedere che cosa sarebbe accaduto. Finì col temporeggiare, dichiarando che, siccome né la vittima né l'imputato erano cittadini romani, non vedeva che diritto avesse Roma di occuparsi della faccenda. Il pretore urbano dichiarò a sua volta che il Senato aveva deciso che l'imputato dovesse rispondere delle accuse di fronte a un tribunale romano perché, dalle testimonianze raccolte, risultava che l'assassino prezzolato era sicuramente cittadino romano. Un certo Marco Servilio Agelasto, appartenente all'ordine dei cavalieri, ne aveva fornito le prove e rilasciato una dichiarazione giurata secondo cui gli era stato personalmente proposto di commettere il delitto.

«Nel qual caso,» ribatté Giugurta, non cedendo «l'unico magistrato competente ad arrestare il mio dignitario è il pretore degli stranieri. Il mio dignitario non è cittadino romano, e la mia residenza, che è anche la sua, è al di fuori della giurisdizione del pretore urbano!»

«Sei stato male informato, signore» ribatté il pretore urbano in tono pacato. «Il pretore degli stranieri sarà interessato alla causa, naturalmente. Ma l'autorità del pretore urbano si estende sino alla quinta pietra miliare da Roma, e perciò la tua villa rientra nella *mia* giurisdizione, non in quella del pretore degli stranieri. Ora, ti prego, consegnaci Bomilcare.»

Bomilcare venne consegnato e immediatamente tradotto alle celle delle Latomie, dove sarebbe stato rinchiuso in attesa di processo da parte di un tribunale convocato all'uopo. Quando Giugurta inviò i suoi agenti a richiedere che il suo uomo fosse rilasciato su cauzione, o quanto meno gli venissero concessi gli arresti domiciliari presso un cittadino di alto rango, anziché essere trattenuto nel turbolento caos delle Latomie, la richiesta fu respinta. Bomilcare doveva restare rinchiuso nell'unico carcere di Roma.

Le Latomie avevano avuto origine vari secoli addietro come una cava di tufo sul pendìo della Rocca Capitolina, e attualmente erano un'accozzaglia disordinata di blocchi di pietra grezza che si ammassavano sul fianco del colle appena al di sotto del tratto inferiore del Foro Romano. Potevano ospitare una cinquantina di prigionieri in celle vergognosamente cadenti, prive di qualsiasi misura di sicurezza; i detenuti potevano andarsene a zonzo a loro piacimento entro le mura del carcere, mura che non potevano varcare solo per la presenza dei littori di guardia o, nelle rare occasioni in cui il prigioniero fosse individuo davvero pericoloso, con l'applicazione di catene. Dato che di solito la prigione era deserta, la vista dei littori di guardia costituiva una grande novità; sicché, in breve, la notizia della carcerazione di Bomilcare si diffuse per tutta Roma grazie ai littori, i quali erano tutt'altro che contrari a soddisfare la curiosità dei passanti.

La bassezza di Lucio Decumio riguardava unicamente la sua condizione sociale; decisamente non si estendeva al suo apparato cerebrale che funzionava alla perfezione. Assicurarsi l'incarico di custode di una consorteria da trivio non era impresa da poco. Così, quando un viticcio della rete di pettegolezzi s'insinuò a fondo nel cuore della Suburra, mise assieme due più due e ottenne quattro: quel tizio si chiamava Bomilcare, non Juba, e veniva dalla Numidia, non dalla Mauretania. Eppure, Lucio Decumio comprese subito che si trattava del suo uomo.

Apprezzando, anziché condannare l'inganno di Bomilcare, Lucio Decumio si recò alle celle delle Latomie, dove riuscì a entrare ricorrendo al semplice espediente di lanciare un largo sorriso ai due littori di guardia all'ingresso, prima di farsi largo tra loro sgomitando senza tanti complimenti.

« Pezzo di merda! » disse uno dei due.

« Mangiala! » fece di rimando Decumio, scivolando agilmente dietro una colonna traballante e aspettando che cessassero le lagnanze all'ingresso.

In mancanza di una polizia militare o civile, abitualmente Roma costringeva il Collegio dei Littori a fornire suoi rappresentanti per compiti speciali di ogni genere. I littori erano circa trecento in tutto, mal pagati dallo stato e, di conseguenza, costretti a far affidamento sulla generosità degli uomini che servivano; alloggiavano in un edificio con un piccolo pezzo di terra, alle spalle del tempio dei Lari Tutelari sulla Via Sacra, e trovavano soddisfacente tale sistemazione solo perché l'edificio era situato anche alle spalle dei lunghi, bassi locali della miglior taverna di Roma, dove potevano sempre mendicare una bevuta. I littori scortavano tutti i magistrati che detenevano l'*imperium*, e facevano a gara per venir assegnati alla scorta di un governatore in partenza per l'estero, dato che in tal caso avevano diritto a spartirsi con lui il bottino e le prerogative della carica. I littori rappresentavano le trenta circoscrizioni di Roma dette curie. E capitava che qualcuno di loro fosse chiamato a montare la guardia alle Latomie o all'attiguo sotterraneo, dove i condannati a morte attendevano per poche ore il carnefice. Tale servizio di guardia era il meno desiderabile tra gli incarichi che potevano essere assegnati a un littore dal capo della sua decuria. Niente mance, niente bustarelle, niente di niente. Di conseguenza, i due littori appostati all'ingresso non avevano il minimo interesse a inseguire Lucio Decumio dentro l'edificio; avevano avuto ordine di montare la guardia all'ingresso, e non avrebbero fatto altro, per Giove.

« Iuuhuu, amico, dove sei? » urlò Decumio a voce così alta da farsi udire sin dai banchieri della Basilica Porcia.

Bomilcare si sentì rizzare i peli sulle braccia e sul collo; balzò in piedi. "Ci siamo," pensò "è la fine" e attese inebetito che comparisse Decumio, scortato da una comitiva di magistrati e altri funzionari.

E Decumio comparve. Ma da solo. Quando vide Bomilcare, irrigidito accanto al muro esterno della sua cella in cui era praticata un'apertura priva di sbarre o battente, larga appena abbastanza da lasciar passare un uomo — e il fatto che il prigioniero non ci fosse entrato stava a dimostrare fino a che punto fosse sconcertato dal modo di pensare e di agire dei Romani, in quanto non riusciva a credere alla verità pura e semplice: e cioè che l'idea di prigione era del tutto estranea ai Romani stessi — Decumio gli sorrise spavaldamente ed entrò nella cella aperta a tutti i venti.

«Chi ti ha tradito, amico?» domandò, sistemando il corpo ossuto su un blocco di pietra.

Sforzandosi di non tremare, Bomilcare si passò la lingua sulle labbra. «Be', se non sei stato tu a farlo, idiota, certamente lo stai facendo ora!» scattò.

Decumio lo squadrò a occhi sgranati: piano piano gli si stavano schiarendo le idee. «Su, su, amico, non darti pena per cose del genere» disse in tono rassicurante. «Non ci sente nessuno, solo quel paio di littori all'ingresso, ma sono lontani una ventina di passi. Ho saputo che ti avevano arrestato, per cui ho pensato bene di venire a vedere che cosa fosse andato di traverso.»

«Agelasto» ammise Bomilcare. «Marco Servilio Agelasto!»

«Vuoi che gli faccia lo stesso servizio riservato al principe Massiva?»

«Stammi a sentire, vuoi toglierti dai piedi?» esclamò Bomilcare, disperato. «Ma non capisci che cominceranno a domandarsi perché sei venuto a trovarmi? Se qualcuno ti ha visto nelle vicinanze del principe Massiva, sei un uomo morto!»

«Va tutto bene, amico, tutto bene! Smettila di preoccuparti; nessuno sa niente di me, e a nessuno importa un fico della mia presenza qui. Questa non è una segreta dei Parti, amico, te lo posso assicurare! Ti hanno spedito in questo luogo solo per cacciare nei guai il tuo capo, tutto qui. Se ne infischiano altamente se te ne vai, insalutato ospite: proverebbe solo la tua colpevolezza.» E Decumio additò l'apertura nel muro esterno.

«Non posso scappare» disse Bomilcare.

«Come preferisci.» Decumio si strinse nelle spalle. «Allora, che mi racconti di questo Agelasto? Vuoi che lo tolga di mezzo? Sono disposto a farlo per lo stesso prezzo: pagabile alla consegna, questa volta; mi fido di te.»

Affascinato, il numida giunse, seguendo un filo logico, alla conclusione che quel romano non solo credeva a ciò che diceva, ma aveva altresì perfettamente ragione a crederlo. Se non fosse stato per Giugurta, Bomilcare avrebbe sicuramente cercato di evadere; se però avesse ceduto alla tentazione, soltanto gli dèi sapevano che cosa sarebbe potuto accadere al suo re.

« Ti sei assicurato un'altra borsa d'oro » disse.

« Dove sta questo individuo che, a giudicare dal nome, non sorride mai? »

« Sul Celio, nel Vico *Capiti Africae*. »

« Oh, in quel bel quartiere nuovo! » fece Decumio in tono di apprezzamento. « Agelasto deve cavarsela piuttosto bene, eh? Comunque sia, sarà facile scovarlo, visto che abita in un luogo dove gli uccelli cantano più forte dei vicini di casa. Non preoccuparti, provvederò immediatamente a renderti il servizio. Poi, quando il tuo capo ti farà uscire, potrai pagarmi. Basterà che mi mandi l'oro alla sede del circolo. Sarò là a riceverlo. »

« Come fai a sapere che il mio capo mi tirerà fuori? »

« Ma è certo che lo farà, amico! Ti hanno rinchiuso qui solo per mettergli paura. Ancora un paio di giorni, e gli permetteranno di farti uscire su cauzione. Ma quando lo faranno, segui il mio consiglio: tornatene a casa, al più presto possibile. Non trattenerti a Roma, d'accordo? »

« Lasciando qui il mio sovrano alla loro mercé? Non potrei! »

« Sicuro che puoi, amico! Secondo te, che cosa potrebbero fargli qui a Roma? Dargli una botta in testa e gettarlo nel Tevere? No! Questo, mai! Non è così che agiscono, amico! » disse Lucio Decumio, esperto consigliere. « C'è un'unica cosa per cui sono disposti all'assassinio, ed è la loro preziosa Repubblica. Sai, le leggi e la costituzione e roba del genere. Potrebbero far fuori un paio di tribuni della plebe, come hanno fatto con Tiberio e Caio Gracco, ma non ammazzerebbero mai uno straniero, almeno non a Roma. Non preoccuparti per il tuo capo, amico. Sono pronto a scommettere che rispediranno a casa anche lui, se tu te ne vai. »

Bomilcare l'adocchiò con stupore. « Ma se neppure sai dove sta la Numidia! » disse lentamente. « Non hai mai visitato l'Italia! E allora, come fai a conoscere così bene la condotta dei nobili romani? »

« Be', è un altro paio di maniche » spiegò Lucio Decumio, alzandosi dal masso e preparandosi a prender congedo. « L'ho imparato dal latte di mia madre, amico! Tutti noi lo succhiamo col latte materno. Voglio dire, a parte certi colpi di fortuna come l'incontro con te, in quale altro luogo un romano può provare un brivido se non al Foro, quando non ci sono i ludi? E non c'è neppure bisogno di andarci in carne e ossa per procurarsi il suddetto brivido. È il brivido che arriva da te, amico. Proprio come il latte materno. »

Bomilcare tese la mano. « Ti ringrazio, Lucio Decumio. Sei l'unico individuo assolutamente onesto che abbia incontrato a Roma. Ti farò pervenire il denaro. »

«Allora, non dimenticare: alla sede della confraternita! Oh...»
e qui Decumio si portò l'indice destro al lato destro del naso «... se
hai qualche amico cui occorra un po' d'aiuto per risolvere certi
problemini, digli che sono disposto ad assumere anche altri impegni! Mi piace questo lavoro.»

Agelasto morì, ma dal momento che Bomilcare era rinchiuso
alle Latomie e i due littori non ritennero di collegare Decumio con
la causa dell'arresto di Bomilcare, la requisitoria che Spurio e Aulo Albino andavano preparando a carico del dignitario numida
perse di mordente. I due disponevano ancora della deposizione che
si erano fatti rilasciare da Agelasto, ma non c'era dubbio che la
scomparsa del principale testimone a carico era un duro colpo. Cogliendo al volo l'occasione offertagli dalla morte di Agelasto, Giugurta tornò a chiedere al Senato che Bomilcare fosse rilasciato su
cauzione. Benché Caio Memmio e Scauro si battessero con foga
contro la concessione della libertà provvisoria, alla fine Bomilcare
fu rilasciato in cambio della consegna ai Romani, da parte di Giugurta, di cinquanta Numidi del suo seguito a mo' di ostaggi; i cinquanta Numidi furono spartiti tra il personale di casa di cinquanta senatori, e Giugurta fu altresì costretto al versamento allo stato
di una grossa somma, ufficialmente destinata al mantenimento degli ostaggi.

La sua causa, naturalmente, ne uscì danneggiata in modo irre-
parabile. Aveva comunque smesso di curarsene, poiché sapeva che
non aveva più la minima speranza di ottenere l'approvazione dei
Romani alla sua sovranità. Non già a causa della morte di Massiva, bensì perché i Romani non avevano mai avuto intenzione di
approvarla. Lo tormentavano da anni, tenendolo sulla corda e ridendo alle sue spalle. Per cui, con o senza il consenso del Senato, se
ne sarebbe tornato in patria: per raccogliere un esercito e cominciare ad addestrarlo in vista della battaglia contro le legioni che sicuramente sarebbero piombate loro addosso.

Non appena rimesso in libertà, Bomilcare fuggì a Pozzuoli,
s'imbarcò su una nave in partenza per l'Africa e se la svignò. A
questo punto, per quanto riguardava la sorte di Giugurta, il Senato se ne lavò le mani. Tornatene a casa, dissero i Padri Coscritti,
restituendogli i cinquanta ostaggi, ma non il denaro. Vattene da
Roma, vattene dall'Italia, esci dalle nostre vite.

L'ultima visione che il re di Numidia ebbe di Roma fu dalla cima del Gianicolo, dove salì a cavallo semplicemente per aver modo
di lasciar vagare lo sguardo sulla forma concreta del suo fato. Roma. Eccola distesa ai suoi piedi, ondulante e increspata, tra i pen-

dii che si ergevano subitanei, sette colli e le valli che li separavano, un mare di tetti di tegole rosso aranciato e di muri a stucco multicolori, con gli ornamenti dorati che decoravano i frontoni dei templi a gettare lame di luce che si riverberavano nel cielo, piccole strade a uso degli dèi. Una vivida e variopinta città di terracotta, verde d'alberi ed erbe, spazio permettendo.

Ma Giugurta nulla vide che destasse la sua ammirazione. Rimase a lungo a guardare, sicuro che non avrebbe più rivisto Roma.

«Una città in vendita,» disse poi «e quando troverà un acquirente, sparirà in un batter d'occhio.»

E si allontanò in direzione della Via Ostiense.

Clitumna aveva un nipote. Dato che era il figlio di sua sorella, di cognome non faceva Clitumno; si chiamava invece Lucio Gavio Stichus, dalla qual cosa Silla deduceva che qualche antenato di suo padre era stato uno schiavo. Perché altrimenti quel nomignolo? Un nome da schiavo, anzi qualcosa di più: Stichus era l'archetipo degli schiavi, un nome da burla, dello schiavo per antonomasia. Lucio Gavio Stichus, tuttavia, insisteva a dire che la sua famiglia aveva acquisito quel nomignolo a causa di una lunga tradizione nel commercio degli schiavi; al pari di suo padre e di suo nonno, anche lui commerciava in schiavi, gestiva infatti una piccola, discreta agenzia di collocamento sita al Portico di Metello, sul Campo Marzio. Non si trattava di un'impresa di alto livello che fornisse personale domestico all'alta società, ma piuttosto di una solida attività commerciale al servizio di chi non poteva permettersi l'acquisto di più di tre o quattro schiavi.

Strano, pensò Silla quando l'intendente lo informò che il nipote della padrona di casa era nel *tablinum*, come il nome Gavio ricorresse nella sua vita. C'era stato il compagno di gozzoviglie di suo padre, Marco Gavio Brocchus, e poi il caro, vecchio letterato Quinto Gavio Myrto. Gavio. Non era un cognome molto diffuso né particolarmente illustre. Eppure, Silla aveva conosciuto ben tre persone che lo portavano.

Be', il Gavio che aveva gozzovigliato con suo padre e il Gavio che aveva impartito a Silla un'istruzione di prim'ordine suscitavano in lui sentimenti che non gli dispiaceva ospitare nella mente; ma con Stichus era tutt'altro paio di maniche. Se solo avesse sospettato che Clitumna sarebbe stata onorata dalla visita del suo terribile nipote, Silla non sarebbe tornato a casa, tanto che ora rimase un momento nell'atrio a interrogarsi sul da farsi: scappare a gambe levate da lì o rintanarsi da qualche parte, dove Stichus non venisse a ficcare il suo brutto naso.

Il giardino. Ringraziando con un cenno del capo e un sorriso l'intendente che era stato così accorto da avvertirlo, Silla evitò con cura il *tablinum* e uscì nel peristilio, trovò un sedile intiepidito dal pallido sole e si sedette a fissare, senza vederla, la spaventosa statua di Apollo che rincorreva una Dafne già più albero che driade. Clitumna amava quella statua, ma questo dipendeva solo dal fatto che l'aveva comprata. Il Signore della Luce, però, aveva mai avuto una chioma di un giallo così aggressivo, o gli occhi di un azzurro tanto slavato o la pelle di un rosa così stucchevole? E come si poteva ammirare uno scultore tanto dedito ai princìpi dell'ascetismo da tramutare tutte le dita delle mani di Dafne in ramoscelli identici di un verde acceso, e tutte le dita dei suoi piedi in identiche radicette di un bruno terroso? Quell'imbecille aveva persino — e con tutta probabilità lo considerava il tocco supremo della sua maestria — imbrattato l'unica poppa di Dafne che ancora conservava qualcosa di umano con un rivoletto di linfa purpurea sgorgante dal capezzolo nodoso! L'unico modo, per Silla, di riuscire a risparmiare quell'opera era di guardarla come se non la vedesse, quando tutti i suoi sensi oltraggiati gli urlavano di distruggerla con un'accetta.

«Che ci sto a fare qui?» domandò alla povera Dafne, che avrebbe dovuto avere un'aria atterrita e invece riusciva solo a sorridere con affettazione.

Dafne non gli rispose.

«Che ci sto a fare qui?» domandò Silla ad Apollo.

E neppure Apollo gli rispose.

Silla sollevò una mano, premendosi le dita sugli occhi, e li chiuse, e affrontò il processo, anche troppo familiare, con cui riusciva a imporsi... oh, non esattamente la rassegnazione, quanto piuttosto una sorta di tetra sopportazione. Gavio. Doveva pensare a un Gavio diverso da Stichus. Pensare a Quinto Gavio Myrto, che gli aveva impartito un'ottima istruzione.

Si erano conosciuti poco dopo che Silla aveva compiuto sette anni, mentre il bimbetto tutto pelle e ossa, ma robusto, aiutava il padre ubriaco fradicio a far ritorno all'unica stanza nel Vico Sandalarius, dove abitavano a quel tempo. Silla padre era stramazzato sulla strada, e Quinto Gavio Myrto era accorso in aiuto del ragazzino. Unendo le forze avevano riportato a casa il vecchio, e Myrto, affascinato dalla bellezza del ragazzino e dalla purezza del latino in cui si esprimeva, non aveva smesso un attimo di porgli domande.

Non appena Silla padre fu disteso sul pagliericcio, il vecchio letterato si accomodò sull'unica sedia e si accinse a farsi raccontare dal bambino tutto ciò che sapeva della storia della sua famiglia. E alla fine gli spiegò che era un maestro e si offrì di insegnargli a leggere e a scrivere, gratuitamente. La situazione di Silla lo lasciò sgomento: un patrizio della *gens* Cornelia, chiaramente ricco di promesse, condannato a passare il resto della sua vita nell'indigenza, tra i lupanari dei quartieri più poveri di Roma? Il solo pensiero gli riusciva intollerabile. Il ragazzo avrebbe quanto meno dovuto saperne abbastanza da guadagnarsi da vivere come segretario o scrivano! E se, per qualche miracolo, le fortune di Silla fossero mutate, e gli si fosse presentata l'occasione di condurre l'esistenza che gli spettava di diritto, ma ne fosse stato impedito dal fatto di essere analfabeta?

Silla aveva accettato la proposta delle lezioni, ma rifiutandosi di farsele dare gratis. Ogniqualvolta poteva, rubacchiava qualcosa, in modo da passare al vecchio Quinto Gavio Myrto un *denarius* d'argento o una bella gallina grassa e, quando fu un po' più grande, vendeva il suo corpo per procurarsi il *denarius* d'argento. Se il maestro sospettava che i suoi compensi erano guadagnati a prezzo dell'onore, non lo diede mai a vedere; era tanto saggio, infatti, da capire che offrendoglieli, il ragazzo dava la dimostrazione concreta del valore che attribuiva a quell'inaspettata possibilità di apprendere. Sicché accettava le monete dando segno di compiacersene e di gradirle, non fornendo mai motivo a Silla di pensare che invece si preoccupava moltissimo circa il modo in cui se le guadagnava.

Studiare retorica e far parte del seguito di un avvocato di grido, di un principe del foro, era un sogno che Silla sapeva non si sarebbe mai avverato, e ciò non faceva che aggiungere lustro ai più umili sforzi di Quinto Gavio Myrto. Grazie a lui, infatti, il ragazzo era in grado di parlare in purissimo greco attico e acquisiva almeno i primi rudimenti della retorica. Myrto disponeva di una biblioteca vastissima, sicché Silla aveva letto Omero e Pindaro ed Esiodo, Platone e Menandro ed Eratostene, Euclide e Archimede. E aveva letto anche le opere degli scrittori latini: Ennio, Accio, Cassio Emina, Catone il Censore. Divorando ogni rotolo su cui riusciva a mettere le mani, scoprì un mondo dove per qualche preziosa ora poteva dimenticare la sua situazione, un mondo di nobili eroi e grandi gesta, di concretezza scientifica e fantasie filosofiche, lo stile letterario e quello della matematica. Per fortuna, l'unico bene che suo padre non aveva già perso da un pezzo prima della nascita di Silla era la padronanza della lingua latina; per cui del suo latino

Silla non aveva motivo di vergognarsi, però conosceva a menadito anche il gergo della Suburra e un'altra forma di latino, corretta ma più umile, che gli consentiva di muoversi a proprio agio in qualsiasi ambiente sociale di Roma.

Quinto Gavio Myrto aveva sempre avuto la sua scuoletta in un angolino del *Macellum Cuppedenis*, il mercato delle spezie e dei fiori situato alle spalle del Foro Romano, dal lato orientale. Dato che non poteva permettersi una sede vera e propria, ma era costretto a insegnare in pubblico, il maestro era solito dire: «Quale posto migliore per ficcare nozioni nelle zucche dei giovani romani che frammezzo agli inebrianti profumi delle rose e delle viole, del pepe e della cannella?».

Per Myrto, niente posto fisso di precettore di qualche viziato cucciolotto plebeo, e neppure l'insegnamento in esclusiva a una mezza dozzina di rampolli dell'ordine dei cavalieri, in un'aula come si deve, al riparo dal chiasso delle strade. No, lui doveva rassegnarsi a ordinare al suo unico schiavo di sistemare l'alto scranno per lui e gli sgabelli per gli allievi in un punto in cui i compratori non rischiassero d'inciamparci, e insegnava a leggere e scrivere e far di conto all'aria aperta, tra le grida e le urla e i richiami dei mercanti di spezie e fiori. Se non fosse stato benvoluto e non avesse praticato un piccolo sconto ai ragazzi e alle ragazze i cui padri possedevano bancarelle al mercato, in breve gli sarebbe stato intimato di far fagotto; ma siccome era amato e praticava il suddetto sconto sulle lezioni, gli permisero di fare scuola nello stesso angolo fino alla morte, quando Silla aveva quindici anni.

Myrto prendeva dieci sesterzi alla settimana per ciascun allievo, e in media aveva una scolaresca di dieci o quindici ragazzi, i maschi più numerosi delle femmine, anche se qualche ragazza c'era sempre. Poteva contare su un reddito di circa cinquemila sesterzi all'anno; ne versava duemila per l'affitto di una stanza, bella e spaziosa, in una casa che apparteneva a uno dei suoi primi allievi; altri mille sesterzi all'anno gli costava il vitto per sé e l'anziano, ma devoto schiavo, e il resto lo spendeva in libri. Quando non insegnava, perché era giorno di mercato o una festività, lo si poteva scovare a caccia di pubblicazioni nelle biblioteche e librerie e case editrici dell'Argileto, un'ampia strada che si dipartiva dal Foro Romano costeggiando la Basilica Emilia e il Senato.

«Oh, Lucio Cornelio,» era solito dire quando restava a tu per tu con lui al termine delle lezioni, desideroso, sebbene si guardasse dal lasciar trasparire la sua ansia, di tenere il ragazzo al riparo, lontano dalle strade «da qualche parte, in questo immenso mondo, un uomo o una donna ha nascosto le opere di Aristotele! Se tu sapessi quanto desidero leggere le parole di quell'uomo! Un'opera così ponderosa, di una tale mente: immagina, il precettore di Alessandro Magno! Si dice abbia scritto suppergiù di ogni argomento, del bene e del male, delle stelle e degli atomi, delle anime e dell'averno, di cani e gatti, foglie e muscoli, degli dèi e degli uomini, dei sistemi del pensiero e del caos dell'ignoranza. Che grande, immenso piacere sarebbe leggere le opere perdute di Aristotele!» E poi scrollava le spalle, si succhiava i denti in quel modo irritante per cui gli allievi da decenni ridevano alle sue spalle, batteva le mani con un piccolo schiocco secco di delusione e se ne andava a gironzolare nel sentore delizioso di pergamena dei libri e nell'odore acre del papiro della migliore qualità. «Non importa, non importa,» diceva strada facendo «non dovrei lagnarmi, avendo già Omero e Platone.»

Quando morì, cosa che accadde in occasione di un'ondata di freddo, dopo che il suo vecchio schiavo era scivolato sulle scale ghiacciate spezzandosi l'osso del collo (sorprendente, pensò Silla a quel tempo, il fatto che quando il filo tra due persone si spezza in questo modo, vanno persi entrambi i pezzi), fu agevole constatare quanto fosse stato benvoluto. Per Quinto Gavio Myrto, non l'orribile oltraggio della sepoltura dei poveri nella cave di calcare al di là dell'*Agger*; no, il maestro ebbe un corteo funebre come si deve, con tanto di prefiche, un'eulogia, una pira profumata di mirra e incenso e balsamo di Gerico, e una bella tomba di pietra ad accoglierne le ceneri. Venne pagata la moneta ai custodi degli annali mortuari presso il tempio di Venere Libitina, grazie all'interessamento dell'ottimo impresario di pompe funebri cui ci si era rivolti per le esequie. Tutto era stato organizzato e pagato da due generazioni di allievi, i quali piansero per lui con dolore sincero.

Silla aveva camminato a occhi asciutti e a testa alta tra la folla che accompagnava Quinto Gavio Myrto fuori città al luogo del rogo, gettato il suo mazzo di rose tra le fiamme divampanti, e versato un *denarius* d'argento, la sua quota, all'impresario di pompe funebri. Ma più tardi, dopo che il padre, ubriaco fradicio, era crollato esanime e l'infelice sorella aveva fatto del suo meglio per rimettere ordine, Silla sedette nel suo angolino della stanza in cui abitavano tutti e tre a quel tempo, e meditò sul suo imprevisto tesoro, con dolente incredulità. Quinto Gavio Myrto, infatti, aveva agito, in morte, nello stesso modo ordinato in cui si era comportato in vita. Aveva fatto registrare e affidato il suo testamento alle Vergini Vestali, un documento semplice, dato che non possedeva contanti da lasciare in eredità. Tutto ciò che aveva da lasciare, i suoi libri e il suo prezioso modellino del sole e della luna e dei pianeti ruotanti attorno alla terra, lo lasciò a Silla.

Silla aveva pianto, svuotato, in preda a una lugubre sofferenza; il suo migliore amico, il più caro, l'unico che avesse mai avuto, se n'era andato, ma ogni giorno ne avrebbe avuto sotto gli occhi la bibliotechina, e avrebbe ricordato.

«Un giorno, Quinto Gavio,» promise, la gola serrata dallo spasmo dei singhiozzi «ritroverò le opere perdute di Aristotele.»

Naturalmente, non era riuscito a conservare per molto i libri e il modellino. Un giorno, rientrando a casa, trovò il suo angolo, dov'era sistemato il pagliericcio, spoglio di ogni cosa all'infuori del pagliericcio stesso. Il padre si era preso i tesori raccolti con tanto amore da Quinto Gavio Myrto e li aveva venduti per comprarsi da bere. Fu la sola occasione in cui Silla tentò di commettere parricidio; per fortuna, era presente la sorella, la quale si interpose fra loro finché non ritrovarono il senno. Fu dopo l'episodio in questione che la fanciulla sposò il suo Nonio e se ne andò con lui nel Piceno. Quanto al giovane Silla, non dimenticò, e non perdonò. Alla fine della sua vita, quando possedeva migliaia di libri e una cinquantina di modellini dell'universo, avrebbe ancora indugiato col pensiero sulla perduta biblioteca di Quinto Gavio Myrto, e sulla pena che ne aveva provato.

L'espediente mentale aveva funzionato; Silla tornò alla reatlà del presente e al gruppo scultoreo di Apollo e Dafne, eseguito goffamente e dipinto con colori sgargianti. Quando il suo sguardo ne scivolò via e si posò sull'ancor più orrenda statua di Perseo che sollevava la testa della Gorgone, balzò in piedi di scatto, abbastanza forte ora da affrontare Stichus. Attraversò il giardino a passo spedito, in direzione del *tablinum*, che era la stanza di solito riservata a uso esclusivo del capofamiglia; in mancanza, la stanza era stata concessa a Silla, che fungeva più o meno da uomo di casa.

Quando Silla entrò nel *tablinum*, lo stronzetto foruncoloso si stava ingozzando di fichi sciroppati e infilava le dita sporche e appiccicose tra i rotoli dei libri che un po' alla volta andavano riempiendo le nicchie praticate nelle pareti.

«Oh!» piagnucolò Stichus alla vista di Silla, ritraendo le mani di scatto.

«Per fortuna so che sei troppo stupido per leggere» disse Silla, facendo schioccare le dita all'indirizzo del servo appostato sulla soglia. «Ehi, tu!» ordinò al servo, un greco lezioso che non valeva un decimo di quanto Clitumna l'avesse pagato. «Porta una ciotola d'acqua e un panno pulito e fa' sparire il pasticcio combinato da Stichus.»

Squadrò Stichus con gli strani occhi in cui brillava uno sguardo maligno, da capra, e disse allo sciagurato che tentava di togliersi le tracce di sciroppo dalle mani strofinandosele sulla sontuosa tunica: «Vorrei ti togliessi dalla testa l'idea che qua dentro abbia accumulato libri di illustrazioni erotiche! Non è così. Perché dovrei? Non mi servono. I libri di quel genere sono per chi non ha il fegato di *fare* certe cose. Per la gente come te, Stichus».

«Un giorno,» ribatté quello «questa casa con tutto ciò che contiene, sarà mia. Allora non ti darai più tante arie!»

«Spero tu offra molti sacrifici con l'intento di allontanare quel giorno, Lucio Gavio, perché è probabile che per te sarà l'ultimo. Non fosse per Clitumna, ti farei a pezzettini e ti getterei ai cani.»

Stichus fissò la toga drappeggiata sul corpo possente di Silla, incarcando le sopracciglia; non temeva realmente Silla, lo conosceva da troppo tempo, però avvertiva il pericolo in agguato nella sua mente feroce, per cui di regola ci andava cauto. Una condotta rafforzata dalla consapevolezza che quella vecchia sciocca della zia Clitumna non si lasciava smuovere dalla sua servile dedizione a quell'individuo. Un'ora prima, tuttavia, quand'era arrivato, aveva trovato la zia e la sua compagna di bagordi, Nicopolis, in uno stato pietoso, perché il loro adorato Lucio Cornelio era uscito, furibondo come non mai, indossando la toga. Stichus era riuscito a farsi raccontare da Clitumna tutta la storia, da Metrobio alla zuffa che aveva fatto seguito, e ne era rimasto disgustato. Nauseato.

Sicché, ora si lasciò cadere nello scranno di Silla e disse: «Ehilà, siamo l'emblema della romanità oggi! Siamo andati alla cerimonia d'insediamento dei consoli? Tutto da ridere! Le tue origini non valgono la metà delle mie».

Lucio Cornelio lo sollevò di peso dallo scranno serrando le dita della destra attorno a una guancia di Stichus e premendo il pollice sull'altra, una morsa così intensamente dolorosa che la vittima neppure riuscì a strillare; quando ritrovò il fiato per farlo, aveva già visto l'espressione di Silla, e se ne guardò bene, si limitò a starsene lì muto e impietrito com'era capitato alla zia e alla sua compagna di bagordi, quel mattino all'alba.

«Le mie origini» ribatté Silla in tono quasi gioviale «non sono affar tuo. E adesso esci dalla mia stanza.»

«Non rimarrà tua per sempre!» boccheggiò Stichus, sgattaiolando verso la porta e rischiando quasi di scontrarsi con lo schiavo, di ritorno con una bacinella d'acqua e un panno.

«Non contarci!» furono le parole di congedo di Silla.

Il costoso schiavo sgusciò all'interno sforzandosi di assumere un atteggiamento modesto. Silla lo squadrò dall'alto in basso, con durezza.

«Ripulisci, fiorellino smorfioso» disse, e se ne andò in cerca delle donne.

Ma Stichus lo aveva battuto sul tempo, e ora Clitumna se ne stava rintanata col suo prezioso nipote e aveva dato ordine che non la disturbassero, disse l'intendente in tono di scusa. Così Silla s'incamminò lungo il portico che correva tutt'attorno al peristilio, diretto alle stanze occupate dall'amante, Nicopolis. Profumini stuzzicanti giungevano dalle cucine in fondo al giardino, dove si trovavano anche il bagno e la latrina; come la maggior parte delle case situate sul Palatino, anche quella di Clitumna era collegata con l'acquedotto e le fogne, risparmiando così alla servitù il compito oneroso di andare ad attingere acqua a una fontana pubblica e svuotare il contenuto dei pitali nella più vicina latrina pubblica o negli scoli che si aprivano sul ciglio della strada.

«Sai, Lucio Cornelio,» disse Nicopolis, mettendo da parte il suo ricamo «se di tanto in tanto scendessi un po' dalle nuvole, le cose ti andrebbero un bel po' meglio.»

Silla si adagiò con un sospiro su un comodo giaciglio, stringendosi la toga attorno al corpo perché nella stanza faceva freddo, e lasciò che l'ancella soprannominata Bitilla gli sfilasse i calzari invernali. Era una bella, gaia ragazzina con un nome impronunciabile, proveniente dall'entroterra boscoso della Bitinia. Clitumna l'aveva rilevata per poco dal nipote e, senza volerlo, si era assicurata un tesoro. Quand'ebbe finito di slacciare i calzari, la fanciulla uscì dalla stanza con passo deciso; di lì a un momento rientrò recando un paio di spesse calze di lana che infilò con cura ai piedi perfetti, candidi come la neve, di Silla.

«Grazie, Bitilla» disse lui, sorridendole e allungando con noncuranza una mano a scompigliarle i capelli.

La ragazza s'illuminò, a dir poco. Buffa creaturina, pensò lui con una tenerezza che lo stupì, finché non si rese conto che gli ricordava la fanciulla della casa accanto. Iulilla.

«Che intendi dire?» domandò a Nicopolis, che, al solito, sembrava insensibile al freddo.

«Perché mai quell'avido, piccolo arrampicatore dovrebbe ereditare ogni cosa, quando Clitumna se ne andrà a raggiungere i suoi dubbi antenati? Se solo modificassi un tantino la tua tattica, Lucio Cornelio, carissimo amico mio, lascerebbe tutto quanto a *te*. E non è poco, credimi!»

«Che sta facendo? Belando che gli ho fatto male?» domandò

Silla, accettando una ciotola di noci da Bitilla, con un altro sorriso speciale.

«Naturalmente! E ci ricama su abbondantemente, ne sono sicura. Non ti do torto, anzi, Stichus è odioso, ma è il suo unico consanguineo, e lei gli vuole bene, per cui non ne vede i difetti. Però ama di più te, altezzoso disgraziato che non sei altro! Così, la prossima volta che la vedi, non mostrarti gelido e fiero, rifiutandoti di giustificarti; inventale una storiella sul viscido nipotino, anche più fantasiosa di quella che lui sta inventando su di te.»

Per metà incuriosito, per metà scettico, Silla la fissò. «Via, non è tanto stupida da cascarci» disse.

«Oh, mio carissimo Lucio! Tu sei in grado di far abboccare quando vuoi qualsiasi donna a qualsiasi amo decida di lanciarle. Provaci! Almeno una volta, eh? Per amor mio, vuoi?» disse Nicopolis, facendo la vezzosa.

«No. Finirei col fare la figura dello sciocco, Nicopolis.»

«Non è vero, e lo sai» insistette lei.

«Non c'è tanto denaro al mondo da indurmi a umiliarmi con una come Clitumna!»

«Clitumna non possiede tutto il denaro del mondo, comunque ne ha più che abbastanza per farti entrare al Senato» bisbigliò la tentatrice in tono di lusinga.

«No! Ti sbagli, sul serio. C'è questa casa, d'accordo, ma Clitumna spende e spande a piene mani, e al resto pensa quel viscido individuo di suo nipote.»

«Non è così. Perché credi che i banchieri pendano dalle sue labbra come se fosse Cornelia, la madre dei Gracchi? Ha investito presso di loro un patrimonio enorme, e spende neppure la metà della sua rendita. Inoltre, se vogliamo essere giusti con Stichus, neppure lui è a corto di sesterzi. Finché il contabile e l'amministratore del suo defunto padre saranno in grado di occuparsene, gli affari del nipotino continueranno ad andare a gonfie vele.»

Silla si levò di scatto a sedere, allentandosi le pieghe della toga. «Nicopolis, non è che mi racconti una storiella, eh?»

«Sarei anche disposta a raccontartela, ma non su questo» rispose lei, infilando l'ago con una lana purpurea intrecciata d'oro puro.

«Vivrà fino cent'anni» disse poi Silla, tornando ad adagiarsi e restituendo a Bitilla la ciotola di noci, ormai passatogli l'appetito.

«D'accordo, potrebbe anche vivere fino a cent'anni» fece Nicopolis, piantando l'ago nell'arazzo e passandoci delicatamente il filo luccicante. Studiò placidamente l'uomo con i grandi occhi scuri.

« D'altronde, potrebbe anche non succedere. Quella di Clitumna non è una famiglia di longevi, sai. »

Dall'esterno giunsero rumori; chiaramente, Lucio Gavio stava prendendo congedo dalla zia.

Silla si alzò, lasciò che l'ancella gli infilasse ai piedi un paio di pianelle greche. La toga si afflosciò sul pavimento in tutta la sua lunghezza e ampiezza, ma lui non parve farci caso.

« E va bene, Nicopolis, ci proverò, solo per questa volta » disse, con un sorrisetto. « Augurami buona fortuna! »

Ma prima che Nicopolis potesse farlo, Silla era già uscito.

Il colloquio con Clitumna non andò bene; Stichus aveva agito con scaltrezza, e Silla non riuscì a umiliarsi al punto di implorare, come avrebbe voluto Nicopolis.

« È tutta colpa tua, Lucio Cornelio » disse Clitumna di cattivo umore, rigirandosi la sontuosa frangia dello scialle sulle dita inanellate. « Non fai il minimo sforzo per essere gentile con quel povero ragazzo, mentre lui cerca sempre di venirti incontro! »

« Quello è solo un piccolo, sporco arrivista » ribatté lui a denti stretti.

In quel momento, Nicopolis, che origliava dietro l'uscio, lo varcò con grazia e andò ad acciambellarsi sul giaciglio accanto a Clitumna; alzò gli occhi a fissare Silla, rassegnata.

« Che succede? » domandò, con l'aria più innocente del mondo.

« Si tratta dei miei due Lucio » rispose Clitumna. « Non vanno d'accordo, mentre io lo vorrei tanto! »

Nicopolis le sfilò la frangia dalle dita, poi districò qualche filo che si era impigliato nei castoni delle gemme e sollevò la mano di Clitumna, premendosene il dorso contro la guancia. « Oh, poverina! » cinguettò. « I tuoi Lucio sono due galletti, è questo il guaio. »

« Be', dovranno imparare ad andare d'accordo » disse l'altra « perché il mio diletto Lucio Gavio lascia il suo alloggio e la settimana prossima verrà a stare da noi. »

« Allora me ne vado io » intervenne Silla.

Le due donne attaccarono a strillare, Clitumna con voce acutissima e Nicopolis come un micino preso in trappola.

« Oh, non fare la bambina! » mormorò Lucio Cornelio, abbassando il viso a pochi centimetri da quello di Clitumna. « Lui più o meno conosce la situazione che regna qua dentro, ma pensi che sopporterà di vivere nella stessa casa con uno che va a letto con due donne, una delle quali è sua zia? »

Clitumna si mise a piangere. « Ma lui *desidera* venire! Come posso dire di no a mio nipote? »

«Non preoccuparti! Toglierò di mezzo la causa di tutte le sue lamentele, facendo fagotto» ripeté Silla.

Mentre accennava a ritirarsi, Nicopolis allungò la mano a serrargli il braccio. «Silla, adorato Silla, non andartene!» esclamò. «Senti, puoi sempre dormire con me, e poi, ogni volta che Stichus non ci sarà, Clitumna potrà unirsi a noi.»

«Oh, davvero ben studiata!» fece Clitumna, irrigidendosi. «Lo vorresti tutto per te, avida troia!»

Nicopolis sbiancò. «Be', che altro suggerisci? È stata la tua stupidità a cacciarci in questo pasticcio!»

«*Piantatela, tutt'e due!*» ringhiò Silla con quel bisbiglio che chiunque lo conoscesse a fondo aveva imparato a temere più delle urla di qualsiasi altro. «Siete andate a vedere gli spettacoli di mimo per tanto tempo che cominciate a viverli. Crescete, una buona volta, non siate così banalmente ignoranti! Detesto tutta questa sciagurata situazione! Non ne posso più di essere un mezzo uomo!»

«Be', *non* un mezzo uomo! Sei un uomo diviso a metà: una mia e l'altra di Nicopolis!» fece di rimando Clitumna con cattiveria.

Difficile dire che cosa facesse più male, la rabbia o il dolore. In bilico sull'orlo della follia, Silla fulminò con lo sguardo le sue aguzzine, incapace di pensare, incapace di vedere.

«Non ce la faccio più!» esclamò, con una nota di stupore nella voce.

«Sciocchezze! Certo, che ce la fai» obiettò Nicolipos con l'autocompiacimento di chi sa, senza la minima ombra di dubbio, di tenere il suo uomo esattamente dove vuole che stia: sotto i piedi. «Adesso scappa via e fa' qualcosa di costruttivo. Domani ti sentirai meglio. Ti capita sempre.»

Via dalla casa, diretto chissà dove, in un qualsiasi luogo *costruttivo*. I piedi di Silla si trascinarono su per il vicolo e lo portarono, a sua insaputa, dal Germalus al Palatium, quella zona del Palatino affacciata sull'estremità del Circo Massimo e la Porta Capena.

Le case erano più rade lì, e c'erano molti spiazzi tenuti a parco; il Palatium non era una zona particolarmente alla moda, distava troppo dal Foro Romano. Incurante che facesse molto freddo e lui indossasse solo la tunica da casa, Silla sedette su un masso ad ammirare il panorama: non quello delle tribune deserte del Circo Massimo o dei magnifici templi dell'Aventino, ma la visione di se stesso che si allungava all'infinito in un terribile futuro, una tortuosa strada fatta di pelle e di ossa e totalmente priva di scopo. Il dolore somigliava a una colica, senza la liberazione di una purga; Silla ne era scosso sino a digrignare rumorosamente i denti, e non si accorse di emettere alti lamenti.

«Stai male?» domandò la voce, flebile e timida.

Sulle prime, alzando gli occhi, non vide nulla, la sofferenza lo accecava, ma poi la vista gli si schiarì, e l'immagine di lei andò lentamente a fuoco, dal mento appuntito alla chioma bionda, un viso a cuore, divorato dagli occhi immensi e del colore del miele, spaventata per lui.

Gli si accovacciò di fronte, avvolta nel bozzolo di tessuto casalingo, proprio come Silla l'aveva vista nel luogo in cui un tempo sorgeva la casa di Flacco.

«Iulia» disse rabbrividendo.

«No, Iulia è la mia sorella maggiore. Io mi chiamo Iulilla» fece lei, sorridendogli. «Stai male, Lucio Cornelio?»

«Non si tratta di una malattia che un medico sappia guarire.» La lucidità e la memoria gli stavano tornando; Silla comprese l'irritante verità delle ultime parole rivoltegli da Nicopolis: domani si sarebbe sentito meglio. Ed era proprio ciò che detestava più di ogni altra cosa. «Vorrei tanto, ma proprio tanto, impazzire,» disse «ma a quanto sembra, non ci riesco.»

Iulilla rimase ferma dov'era. «Se non ci riesci, allora vuol dire che le Furie ancora non ti vogliono.»

«Sei da sola?» domandò Silla, in tono di disapprovazione. «Ma i tuoi genitori ti lasciano andare attorno a quest'ora?»

«C'è anche la mia ancella» rispose lei in tutta calma, accovacciandosi sui talloni. Negli occhi le balenò un lampo di malizia, e gli angoli della bocca deliziosa si piegarono all'insù. «È una brava ragazza. Fedelissima e molto discreta.»

«Intendi dire che ti lascia andare dovunque desideri, senza tradirti. Ma un giorno,» disse l'uomo che veniva sempre colto in fallo «sarai colta in fallo.»

«Nel frattempo, a che serve preoccuparsi?»

Zittendosi, studiò il viso di lui con aperta curiosità, e chiaramente ciò che vide le piacque.

«Torna a casa, Iulilla» la invitò Silla, sospirando. «Se proprio devi farti cogliere in fallo, che non sia con me.»

«Perché sei un cattivo soggetto?» domandò la fanciulla.

Queste parole gli strapparono uno stentato sorriso. «Se vuoi.»

«*Io* non credo che tu lo sia!»

Oh, quale dio l'aveva mandata? Grazie, dio sconosciuto! I muscoli di Silla si stavano sgranchendo; di colpo si sentì leggero, come se davvero fosse stato sfiorato da un dio, benigno e buono.

Una ben strana sensazione per uno come lui, che non credeva in alcun dio.

«Sono sul serio un cattivo soggetto, Iulilla» disse.

«Sciocchezze!» La voce della fanciulla suonò ferma e decisa.

Esperto com'era in materia, Silla riconobbe i sintomi di una cotta giovanile e provò l'impulso di disperderla con qualche gesto grossolano o tale da impaurirla. Ma non ci riuscì. Non a lei, non se lo meritava. Per lei, Silla avrebbe pescato nel mazzo dei trucchi ed esibito il miglior Lucio Cornelio Silla esistente, libero dall'artificio, puro, innocente, immacolato.

«Be', ti ringrazio per la fiducia, giovane Iulilla» disse un po' impacciato, incerto su ciò che lei volesse udire, desideroso di dire qualcosa che rispecchiasse il suo lato migliore.

«Ho un po' di tempo» fece Iulilla in tono solenne. «Non potremmo fare quattro chiacchiere?»

Silla si spostò un tantino sul masso. «Va bene. Ma vieni a sederti qui; il terreno è troppo umido.»

«Si dice» fece lei «che disonori il nome che porti. Ma io non vedo come sia possibile, dato che non hai avuto occasione di dimostrare il contrario.»

«Sospetto che l'osservazione si debba a tuo padre.»

«Quale osservazione?»

«Che disonoro il nome che porto.»

Iulilla ne fu sconvolta. «Oh, no! Non *tata*! È l'uomo più saggio del mondo.»

«Laddove il mio era il più stolido. Siamo alle due opposte estremità di Roma, giovane Iulilla.»

Lei strappava i lunghi fili d'erba che crescevano attorno alla base del masso, estraendoli dal terreno con tutte le radici, dopodiché li intrecciò con agili dita sino a crearne una ghirlanda. «Tieni» disse, e gliela tese.

Silla si sentì mancare il respiro; il futuro fremette, si spalancò a mostrargli qualcosa, si richiuse consentendogli solo una visione troppo dolorosamente breve. «Una corona d'erba!» esclamò, meravigliandosi. «No! Non per me!»

«Certo che è per te» insistette lei, e siccome Silla non faceva l'atto di prenderla, si protese a posargliela sul capo. «Dovrebbe essere di fiori, ma in questa stagione non ce ne sono.»

Iulilla non capiva! Be', non glielo avrebbe spiegato. «Una corona di fiori si regala solo a chi si ama» disse invece.

«Sei *tu* la persona che amo» mormorò lei.

«Solo per poco, ragazzina. Ti passerà.»

«Mai!»

Silla si alzò, la guardò dall'alto, ridendo. «Via! Non puoi avere più di quindici anni!»

«Sedici!» si affrettò a correggerlo Iulilla.

«Quindici, sedici, che differenza fa? Sei una bamboccia.»

Avvampando di sdegno, il viso di Iulilla s'indurì, si affilò. «*Non* sono una bamboccia!» esclamò.

«Certo che lo sei!» Silla tornò a ridere. «Guardati, così imbacuccata, somigli a un grasso cucciolotto.» Ecco fatto! Così andava meglio! Questo avrebbe dovuto riportarla alla ragione.

Fu così, infatti, ma anche di più. Iulilla ne fu delusa, folgorata, distrutta. Ogni luce si spense, in lei. «Non sono bella?» domandò. «Ho sempre creduto di esserlo.»

«L'età della crescita è una stagione crudele» disse Silla con asprezza. «Suppongo che quasi tutti i genitori dicano alle loro figliole che sono belle. Ma il mondo giudica con un altro metro. Sarai passabile quando diventerai più grande; un marito lo troverai.»

«Io voglio solo te» bisbigliò Iulilla.

«Questa, poi. Comunque sia, non illuderti, mio grasso cucciolo. Adesso scappa, prima che ti agguanti per la coda. Forza, corri!»

E lei corse via, inseguita dall'ancella che le lanciava vani richiami. Silla ristette a seguirle con lo sguardo finché non sparirono oltre il ciglio del pendìo alle sue spalle.

Aveva ancora in testa la corona d'erba, il suo colore bruno in sottile contrasto con i riccioli rossicci; sollevò la mano e se la strappò, ma non la gettò via, se ne stette lì, tenendola in mano e fissandola. Poi l'infilò sotto la tunica e si volse per andarsene.

Povera creatura. L'aveva ferita, dopotutto. Eppure bisognava dissuaderla; l'ultima complicazione di cui aveva bisogno era che la figlia del vicino di casa di Clitumna coltivasse fantasie amorose dall'altra parte del muro: figurarsi, la figlia di un senatore!

A ogni passo che faceva, allontanandosi da quel luogo, la corona d'erba gli solleticava la pelle, rammentandogli il suo significato. *Corona graminea.* Una corona d'erba. Donatagli lì, sul Palatino, dove secoli prima era sorta la città fondata da Romolo, un agglomerato di capanne ovali col tetto di frasche come quella tuttora conservata con amore nei pressi della Scala di Caco. Una corona d'erba donatagli da Venere in persona, o meglio, da una delle discendenti di Venere, una Iulia. Un presagio.

«Se davvero accadrà, ti erigerò un tempio, Venere Vittoriosa» disse ad alta voce.

Ché, infine, vedeva chiaramente la sua strada. Pericolosa. Disperata. Ma per uno come lui, che non aveva niente da perdere e tutto da guadagnare, comunque possibile.

Il crepuscolo invernale calava greve quando fu di nuovo introdotto nella casa di Clitumna e domandò dove fossero le donne. Nel triclinio, le teste accostate, in attesa di lui prima di far servire la cena. Che Silla fosse stato l'argomento della loro conversazione era palese; si staccarono di scatto, tentarono di assumere un'aria di indolente innocenza.

«Ho bisogno di denaro» disse l'uomo spavaldamente.

«Via, Lucio Cornelio» attaccò Clitumna, guardinga.

«Piantala subito, vecchia, patetica sgualdrina! Ho bisogno di denaro.»

«Ma, Lucio Cornelio!»

«Parto per una vacanza» tagliò corto lui, senza il minimo accenno a raggiungerle sul giaciglio. «A te la decisione. Se vuoi che torni, se vuoi riavere ciò che io ho... allora dammi mille *denarii*. Altrimenti, lascio Roma per sempre.»

«Te ne daremo metà a testa» propose Nicopolis, inaspettatamente, gli occhi scuri fissi sul suo viso.

«Subito» disse Silla.

«Può darsi che non ci sia una somma del genere in casa» fece Nicopolis.

«Farai bene a sperare che ci sia, perché non ho intenzione di aspettare.»

Quando Nicopolis entrò in camera sua, di lì a un quarto d'ora, lo sorprese nell'atto di preparare il bagaglio. Appollaiandosi sul letto, lo osservò in silenzio, in attesa che si degnasse di notare la sua presenza.

Ma fu lei a cedere per prima. «Avrai il tuo denaro. Clitumna ha spedito l'intendente a casa del suo banchiere» disse. «Dove vai?»

«Non lo so, e non me ne importa. Basta che sia lontano da qui.» Ripiegò alcune paia di calze, le infilò nei calzari a punta chiusa, ogni suo gesto sbrigativo quanto efficiente.

«Riponi la tua roba come fanno i soldati.»

«E come lo sai?»

«Oh, una volta ero l'amante di un tribuno militare. Al seguito della truppa, ci crederesti? Le cose che si fanno per amore, quando si è giovani! Lo adoravo. Così l'ho accompagnato in Spagna, e poi in Asia...» Nicopolis sospirò.

«Com'è andata a finire?» domandò Silla, arrotolando la seconda per qualità delle sue tuniche attorno a un paio di brache di cuoio al ginocchio.

«È rimasto ucciso in Macedonia, e io sono tornata a casa.» Il suo cuore era mosso a pietà, ma non per l'amante defunto. Pietà per Lucio Cornelio, in trappola, splendido leone destinato a qualche sordida arena. Perché ci si innamorava? Si soffriva tanto. E Nicopolis sorrise, ma non fu un bel sorriso. «Nel suo testamento lasciava a me tutto quel che possedeva, sicché sono diventata ricca. A quei tempi si facevano grandi bottini.»

«Mi piange il cuore» disse Silla, avvolgendo i rasoi nella loro guaina di lino che poi fece scivolare nella bisaccia da sella.

Nicopolis abbozzò una smorfia. «Questa casa fa schifo» esclamò. «Oh, come la odio! Tutti noi amareggiati e infelici. Quante sono le cose davvero gentili che ci diciamo? Pochissime. Insulti e offese, disprezzo e malignità. Perché sto qui?»

«Perché, mia cara, cominci a essere vecchiotta» rispose lui, affondando il coltello nella piaga. «Non sei più la ragazza che un tempo si trascinava da un capo all'altro della Spagna e dell'Asia.»

«E tu ci detesti, tutti quanti» replicò Nicopolis. «È da questo che ha origine l'atmosfera di questa casa? Dai tuoi sentimenti? Scommetto che la situazione andrà peggiorando.»

«Sono d'accordo con te. È proprio per questo che me ne vado via per un po'.» Legò le bisacce, le sollevò senza sforzo. «Voglio essere libero. Voglio spendere e spandere in qualche cittadina di provincia dove nessuno conosce la mia sciagurata faccia, mangiare e bere sino a vomitare, mettere incinte almeno una mezza dozzina di ragazze, attaccar briga con una cinquantina di uomini convinti di potermi battere con un braccio legato dietro la schiena, scovare ogni battoncello esistente tra qui e dovunque andrò a finire e fargli il culo.» Sorrise con l'aria cattiva. «E poi, mia cara, prometto che tornerò mogio mogio da te e da quel viscidone di Stichus e dalla sua zietta Clitumna, e vivremo tutti felici e contenti.»

Ciò che non le disse fu che si portava appresso Metrobio; neppure a Scilax intendeva dirlo.

E non disse a nessuno, neppure a Metrobio, ciò che si proponeva di fare. Ché non si trattava di una vacanza. Bensì di una missione investigativa. Silla si proponeva di indagare su argomenti come la farmacologia, la chimica e la botanica.

Fece ritorno a Roma solo alla fine di aprile. Lasciato Metrobio di fronte all'elegante abitazione a pianterreno di Scilax sul Celio, al di fuori delle Mura di Servio Tullio, scese nella Valle delle Camene a riconsegnare il carro e i muli che aveva noleggiato presso una scuderia locale. Saldato il conto, si gettò le bisacce sulla spalla sinistra e si accinse a entrare a Roma a piedi. Non si era portato in viaggio alcun servo; lui e Metrobio si erano accontentati del personale di servizio delle varie taverne e locande di posta presso le quali avevano alloggiato da un capo all'altro della penisola.

Mentre risaliva la Via Appia fin nel punto in cui la Porta Capena interrompeva la muraglia alta sei metri dei bastioni di Roma, la città gli parve benevola nei suoi confronti. Secondo la leggenda, le Mura di Servio Tullio erano state erette dall'omonimo re prima della fondazione della Repubblica, ma al pari della maggior parte degli aristocratici romani, Silla sapeva che quelle fortificazioni esistevano da non più di tre secoli, da quando i Galli avevano saccheggiato la città. I Galli si erano riversati in orde brulicanti dalle Alpi occidentali, dilagando nell'immensa valle del Po, a nord, e un po' alla volta facendosi strada lungo la penisola italica, a est e a ovest. Molti di loro si erano stanziati in vari luoghi lungo il percorso, soprattutto in Umbria e nel Piceno, ma quelli che avevano disceso la Via Cassia attraversando l'Etruria, puntarono decisamente su Roma e, una volta raggiuntala, minacciarono di sradicare in modo pressoché permanente i legittimi proprietari. Fu solo in seguito a ciò che vennero erette le Mura di Servio Tullio, mentre le popolazioni italiche della valle del Po, dell'intera Umbria e del Piceno settentrionale si mescolavano con i Galli, tramutandosi in disprezzati mezzosangue. Roma non aveva più permesso che le sue mura cadessero in abbandono; la lezione era stata dura, e la paura dei barbari invasori faceva tuttora fremere di orrore ogni romano.

Benché sul Celio sorgessero alcuni lussuosi palazzi a più piani, nel complesso il panorama era bucolico, almeno finché Silla non giunse alla Porta Capena; al di là di questa, la Valle delle Camene era occupata da cantieri, mattatoi, affumicatoi e pascoli per gli animali inviati a quello che era il più grande mercato d'Italia. Varcata la Porta Capena, si stendeva la città vera e propria. Non esattamente la congestionata confusione della Suburra e dell'Esquilino, ma pur sempre un ambiente urbano. Silla tirò avanti lungo il Circo Massimo e affrontò la Scala di Caco per salire al Germalus del Palatino, dopodiché c'era solo un breve tratto di strada per la casa di Clitumna.

Giunto all'ingresso, Silla tirò un respiro profondo, poi bussò all'uscio. Ed entrò in un mondo di donne urlanti. Che Nicopolis e Clitumna fossero felicissime di rivederlo, era evidente. Piansero e mugolarono, gli si appesero al collo finché lui non se le staccò di dosso, poi continuarono a girargli attorno e non vollero saperne di lasciarlo in pace.

«Dove dormo di questi tempi?» domandò, rifiutandosi di consegnare le bisacce al servo che moriva dalla voglia di appropriarsene.

«Con me» rispose Nicopolis, adocchiando con un lampo di trionfo Clitumna, che aveva assunto di colpo un'aria avvilita.

L'uscio del *tablinum* era sprangato, notò Silla mentre seguiva Nicopolis all'esterno, sotto il porticato, lasciando la matrigna ritta nell'atrio a torcersi le mani.

«Devo dedurne che Stichus il viscido se ne sta rintanato là dentro?» domandò a Nicopolis mentre giungevano alle stanze della donna.

«Qui» rispose lei, ignorando la domanda, da tanto che era smaniosa di mostrargli i suoi nuovi alloggi.

Ciò che Nicopolis aveva fatto era stato di cedergli la sua immensa stanza di soggiorno, tenendo per sé solo una camera da letto e un'altra stanzetta, molto più piccola. Silla si sentì invadere dalla gratitudine; la guardò con una punta di tristezza, e in quel momento le volle più bene di quanto non gliene avesse mai voluto.

«Tutto per me?» chiese.

«Tutto per te» fece lei, sorridendo.

Silla gettò le bisacce sul letto. «Stichus?» domandò, impaziente di apprendere il peggio.

Nicopolis, naturalmente, avrebbe voluto che la baciasse, che facesse all'amore con lei, ma lo conosceva troppo bene per comprendere che non aveva alcun bisogno di gratificazioni sessuali solo perché era stato lontano da lei e da Clitumna. L'amore avrebbe dovuto attendere. Sospirando, si rassegnò alla funzione di informatrice.

«In effetti Stichus si è attestato saldamente» rispose, e si avvicinò alle bisacce con l'intenzione di disfare il bagaglio.

Silla la scostò con fermezza, lasciò cadere le bisacce dietro una delle cassapanche e raggiunse il suo scranno preferito, collocato dietro un nuovo scrittoio. Nicopolis si sedette sul letto.

«Voglio sapere tutto quanto» disse Silla.

«Be', Stichus è qui, dorme nel cubicolo padronale e si è appropriato del *tablinum*, naturalmente. In un certo senso, è andata meglio del previsto, sul serio, perché avere quel tipo tra i piedi tutti i santi giorni è dura, persino per Clitumna. Lascia passare ancora qualche mese, e prevedo che lo butterà fuori. Hai fatto benissimo ad andartene, sai.» Lisciò con gesto distratto la pila di guanciali accanto a lei. «Allora non la pensavo così, devo ammetterlo, ma avevi ragione tu, e torto io. Stichus ha messo piede in casa come un generale che celebri il suo trionfo, e tu non c'eri a oscurarne la gloria. Oh, bene o male le cose hanno proceduto, te lo posso garantire! I tuoi libri sono finiti nella pattumiera... non preoccuparti, i servi li hanno recuperati... e anche tutto il resto che avevi lasciato, vestiario ed effetti personali, è finito nella pattumiera assieme ai libri. Dato che il personale di casa ama te e detesta lui, nulla è andato perso: è tutto in questa stanza, da qualche parte. »

Gli occhi chiarissimi di Silla esplorarono le pareti, lo splendido pavimento a mosaico. « È bello qui » disse. Poi: « Continua ».

« Clitumna ne è uscita distrutta. Non aveva previsto che il nipote gettasse via la tua roba. In realtà, non credo abbia mai davvero desiderato che si trasferisse qui, ma quando lui ne ha espresso il desiderio, non ha trovato la maniera di rifiutare. La voce del sangue e il suo unico parente, con tutto quel che segue. Clitumna non è molto sveglia, però si è resa perfettamente conto che l'unica ragione di Stichus per voler trasferirsi qui era di costringerti a far fagotto. Il tipo non è privo d'inventiva. Ma dal momento che tu non c'eri a vederlo buttar via la tua roba, il suo piacere è in parte sfumato. Niente beghe, niente opposizione, niente... *presenza*. Solo la servitù, passivamente imbronciata, la zietta Clitumna in lacrime, e me... be', io mi limito a guardarlo come se non lo vedessi. »

La piccola schiava Bitilla varcò cautamente la soglia, recando un vassoio di focaccine, ciambelle, crostate e pasticcini assortiti che posò sull'angolo dello scrittorio con un timido sorriso diretto a Silla, e sbirciò la cinghia di cuoio delle bisacce che spuntava da dietro la cassapanca. Attraversò di scatto la stanza per disfare il bagaglio.

Silla si mosse così rapido che Nicopolis neppure lo vide scattare a bloccare la ragazza; un momento se ne stava comodamente appoggiato allo schienale dello scranno, e un attimo dopo la schiava veniva scostata gentilmente dalla cassapanca. Sorridendole, Silla diede a Bitilla un leggero buffetto sulla guancia e la sospinse fuori. Nicopolis fece tanto d'occhi.

« Numi, sei davvero preoccupato per quelle bisacce! » esclamò. « Che cosa contengono? Sei come un cane a guardia di un osso. »

« Versami un po' di vino » disse lui, risedendosi e pescando un pasticcio di carne dal vassoio.

Nicopolis fece come le aveva ordinato, ma non aveva intenzione di lasciar cadere il discorso. « Su, Lucio Cornelio, che cosa contengono quelle bisacce, che non vuoi mostrare a nessuno? » Gli mise davanti una coppa di vino puro.

Gli angoli delle labbra di Silla si piegarono all'ingiù; l'uomo allargò le braccia in un gesto che indicava crescente esasperazione. « Che cosa credi? Sono stato lontano dalle mie due ragazze per quasi quattro mesi! Ammetto di non aver pensato a voi *di continuo*, però vi ho pensato! Soprattutto quando vedevo qualche cosetta che ritenevo potesse piacere all'una o all'altra di voi. »

Il viso di Nicopolis si addolcì, s'illuminò; Silla non era tipo da far regali. In effetti, la donna non ricordava che avesse mai donato qualcosa a lei o a Clitumna, fosse pure un oggettino di poco valore, ed era una studiosa della natura umana abbastanza saggia per rendersi conto che era una dimostrazione di parsimonia, non di miseria; i generosi danno, persino quando non hanno nulla da donare.

«Oh, Lucio Cornelio!» esclamò, raggiante. «Sul serio? Quando potrò vedere?»

«Quando lo deciderò io» fece lui, girando lo scranno a lasciar vagare lo sguardo dalla grande finestra alle sue spalle. «Che ora è?»

«Non lo so... circa l'ottava ora, credo. La cena non è ancora pronta, comunque» disse Nicopolis.

Silla si alzò, si portò accanto alla cassapanca e ne sollevò le bisacce, che si appese alla spalla. «Tornerò in tempo per la cena» annunciò.

A bocca aperta, Nicopolis lo guardò avviarsi alla porta. «Silla! Sei la creatura più irritante del mondo intero. Lo giuro! Sei appena tornato, e già te ne vai chissà dove! Be', dubito che senta il bisogno di andare a trovare Metrobio, visto che te lo sei portato appresso!»

L'uomo si bloccò di scatto. Sogghignando, la fissò. «Oh, capisco! Scilax è venuto a lamentarsi, eh?»

«Puoi ben dirlo. È arrivato qui come un attore tragico nei panni di Antigone e se n'è andato come un comico in quelli dell'eunuco. Una cosa è certa: Clitumna l'ha fatto squittire!» Rise al ricordo.

«Ben gli sta, vecchia puttana che non è altro. Lo sai che ha deliberatamente impedito a quel ragazzo di imparare a leggere e scrivere?»

Ma le bisacce rodevano di nuovo l'animo di Nicopolis. «Non ti fidi abbastanza di noi da lasciarle qui mentre esci?» domandò.

«Non sono uno sciocco» rispose Silla, e se ne andò.

Curiosità femminile. Lo era stato, *sciocco*, a sottovalutarla. Sicché trascinò se stesso e le bisacce fino al Grande Mercato, e nell'ora che seguì si dedicò a una vera e propria orgia di acquisti con quel poco che restava dei mille *denarii* d'argento e che si era proposto di risparmiare per il futuro. Donne! Troie pettegole e ficcanaso! Perché non ci aveva pensato?

Con le bisacce appesantite da sciarpe e gingilli, frivole pianelle orientali e ornamenti per i capelli, Silla venne introdotto nella casa di Clitumna da un servo il quale lo informò che le matrone e il giovane Stichus erano nel triclinio, ma avevano deciso di attendere un po' prima di cenare.

«Avverti che sarò da loro tra poco» disse Silla, e raggiunse le stanze di Nicopolis.

Sembrava che non ci fosse nessuno in circolazione, comunque, per maggior sicurezza, chiuse le imposte della finestra, poi sprangò l'uscio. Ammucchiò i regali acquistati in fretta e furia sullo scrittoio, assieme a qualche nuovo rotolo. Lasciò perdere la bisaccia di sinistra; riversò sul letto lo strato superiore di indumenti contenuti in quella di destra. Poi, dal fondo della stessa bisaccia di destra pescò due paia di calze arrotolate e le tastò finché non ne uscirono due ampolline con i tappi sigillati con la cera. Poi ne sfilò una scatoletta di legno, abbastanza piccola da stargli comodamente nella mano; quasi incapace di trattenersi ne sollevò il coperchio, che chiudeva perfettamente. Il contenuto non era particolarmente attraente: solo qualche oncia di polverina biancastra. Il coperchio si richiuse, abbassato con decisione dalle dita di Silla. Dopodiché, l'uomo si guardò attorno, aggrottando la fronte. Dove?

Una fila di decrepiti stipetti di legno a forma di modellini di templi ingombrava il ripiano di una lunga, stretta mensola: le reliquie della casata di Cornelio Silla. Tutto ciò che aveva ereditato dal padre, tutto ciò che il padre non era riuscito a vendere per comprarsi da bere, più probabilmente per mancanza di un acquirente che per mancanza della volontà di vendere. Cinque stipetti, cinque cubi di sessanta centimetri di lato; ciascuno di essi presentava portali dipinti sulla facciata, tra un colonnato esterno; ciascuno di essi presentava un frontone decorato con figure scolpite all'apice e alle estremità; e sulla semplice trabeazione, appena sotto il frontone, ciascuno di essi recava iscritto un nome d'uomo. Uno dei nomi era quello dell'antenato comune a tutti i sette rami della casata patrizia, la *gens* Cornelia; un altro era quello di Publio Cornelio Rufino, console e dittatore di oltre due secoli addietro; un altro, quello di suo figlio, due volte console e una dittatore durante le guerre sannitiche, poi espulso dal Senato per aver ammassato una gran quantità di verghe d'argento; un altro ancora, era quello del primo Rufino che aveva assunto il nomignolo Silla, sacerdote di Giove per tutta la vita; e l'ultimo era quello di suo figlio, il pretore Publio Cornelio Silla Rufino, famoso per aver istituito i *ludi Apollinares*, i Giochi in onore di Apollo.

Fu lo stipo del primo Silla che aprì, con grande delicatezza, ché il legno era stato trascurato per molti anni ed era diventato fragile. Un tempo la pittura era stata vivace, le minuscole figure in rilievo delineate nettamente; ormai erano sbiadite, scheggiate. Un giorno, si proponeva Silla, avrebbe trovato il denaro per restaurare i tempietti atavici e avrebbe avuto una casa con un atrio imponente, dove esibire orgogliosamente gli stipetti. Per il momento, tuttavia, gli sembrava appropriato nascondere le due ampolline e la scatoletta di polvere nel tempietto di Silla, il sacerdote di Giove, l'uomo più riverito della Roma dei suoi tempi, consacrato al servizio di Giove Ottimo Massimo.

L'interno del tempietto era occupato da una maschera di cera a grandezza naturale con tanto di parrucca, squisitamente realistica, tanta era l'abilità con cui erano stati applicati i colori. Gli occhi squadravano Silla, azzurri anziché di un grigio chiarissimo come i suoi; la pelle di Rufino era chiara, ma non tanto quanto quella di Silla; e i capelli, folti e ricciuti, erano rosso carota anziché d'oro rosso. Attorno alla maschera c'era spazio sufficiente a consentirne l'asportazione, dato che era fissata a un blocco di legno che fingeva una testa, dalla quale si poteva staccare. L'ultima volta che era stata tolta dallo stipo, era stato per le esequie funebri di suo padre, al cui pagamento Silla aveva provveduto grazie a una penosa serie di incontri con un tale che detestava.

Silla richiuse amorosamente le antine, poi tastò i gradini del podio, che sembravano lisci e compatti. Ma, come in un tempio vero, il podio di quel tempietto atavico era vuoto; Silla trovò il punto esatto, e dai gradini d'ingresso uscì un cassetto. Non era concepito per fungere da nascondiglio, bensì da sicuro ricettacolo in cui riporre la documentazione scritta relativa alle gesta dell'antenato, nonché una descrizione particolareggiata della sua taglia, andatura, portamento, delle abitudini fisiche e dei segni particolari. Alla morte di un Cornelio Silla, infatti, veniva scritturato un attore che indossava la maschera e imitava l'avo defunto con tanta precisione da far supporre che fosse tornato in Terra ad assistere alla dipartita dal mondo, che un tempo egli stesso aveva onorato della sua presenza, di quel successivo rampollo della sua nobile casata.

Il cassetto conteneva i documenti relativi a Publio Cornelio Silla Rufino, il sacerdote, ma c'era spazio sufficiente per le ampolline e la scatoletta; Silla ve le fece scivolare, poi richiuse il cassetto e si accertò che la chiusura non fosse visibile. Il suo segreto sarebbe stato al sicuro con Rufino.

Sentendosi più a suo agio, Silla aprì le imposte della finestra e fece scorrere il catenaccio della porta. E radunò il mucchio di cianfrusaglie sparse sullo scrittoio, lanciando un sorrisetto malizioso al rotolo che pescò fra tutti gli altri impilati sul ripiano.

Com'era logico aspettarsi, Lucio Gavio Stichus occupava il posto dell'anfitrione dal lato sinistro del giaciglio centrale; quello di Clitumna era uno dei pochi triclinii in cui anche le donne si adagiavano anziché accomodarsi su rigide sedie, dal momento che né Clitumna né Nicopolis si attenevano ad antiquate regole di comportamento.

«A voi, ragazze» disse Silla, gettando la bracciata di regali alle due femmine adoranti, i cui volti ne seguivano l'incedere nella stanza come i fiori si volgono verso il sole. Aveva scelto bene: oggetti che effettivamente avrebbero potuto arrivare da luoghi diversi da un mercato di Roma, e oggetti che nessuna delle due si sarebbe vergognata di portare su di sé.

Ma prima di lasciarsi scivolare a bella posta tra Clitumna e Nicopolis sul primo giaciglio, Silla diede un colpetto con la mano al rotolo che posò davanti a Stichus.

«Una cosina per te, Stichus» disse.

Mentre Silla si sistemava fra le due donne, che reagirono emettendo risolini e facendo le fusa come gatte, Stichus, colto di sorpresa dal regalo, sciolse i lacci che tenevano legato il rotolo e lo spiegò. Due chiazze scarlatte gli si accesero sulle guance terree e butterate dall'acne, e i suoi occhi sgranati fissarono le figure maschili disegnate e colorate con grande abilità, col pene in erezione, impegnate tra loro in acrobazie di ogni genere sull'innocente papiro. Con dita tremanti, il nipote tornò ad arrotolare il libro e lo legò, poi dovette trovare il coraggio di levare lo sguardo sul suo benefattore. Gli occhi tremendi di Silla lo fulminarono da sopra la testa di Clitumna, esprimendo immenso, tacito disprezzo.

«Grazie, Lucio Cornelio» squittì Stichus.

«Non c'è di che, Lucio Gavio» disse Silla con voce gutturale.

Proprio in quel momento fu servita la *gustatio*, la prima portata, frettolosamente arricchita, sospettò Silla, per far onore al suo ritorno; oltre alle solite olive, all'insalata di lattuga e alle uova sode, infatti, comprendeva anche certi salsicciotti di fagiano e tranci di tonno sott'olio. Divertendosi enormemente, Silla fece una vera scorpacciata, scoccando occhiate in tralice a Stichus, solo sul suo giaciglio, mentre sua zia si premeva quanto più possibile contro il fianco di Silla e Nicopolis gli carezzava spudoratamente il basso ventre.

«Be', che novità ci sono sul fronte interno?» domandò mentre i servi portavano via i resti della prima portata.

«Non gran che» fece Nicopolis, più interessata a ciò che stava accadendo sotto la sua mano.

Silla girò la testa verso Clitumna. «Non le credo» disse, sollevandole la mano e attaccando a mordicchiarle le dita. Poi, cogliendo l'espressione di disgusto sul viso del nipote, si mise a leccare le dita con voluttà. «Dimmi, amore,» e giù una leccatina «perché mi rifiuto di credere,» altra leccatina «che nulla sia accaduto...» leccatina, un'altra leccatina, un'altra ancora.

Per fortuna, in quel momento arrivarono in tavolo i *fercula*, le portate principali; l'avida Clitumna ritrasse di scatto la mano e la tese ad afferrare il montone arrosto in salsa di timo.

«I nostri vicini di casa sono stati tanto occupati,» disse tra un boccone e l'altro «da compensare la nostra tranquillità, mentre tu eri via.» Un sospiro. «La moglie di Tito Pomponio ha avuto un maschietto in febbraio.»

«Numi, un altro noioso affarista avido di denaro nel nostro futuro!» fu il commento di Silla. «Cecilia Pilia sta bene, spero?»

«Benissimo! Nessuna complicazione.»

«E dalla parte di Cesare?» Silla pensava all'incantevole Iulilla e alla corona d'erba che gli aveva donato.

«Ci sono grosse novità!» Clitumna si leccò le dita. «Si è celebrato un matrimonio... roba dell'alta società.»

Qualcosa accadde al cuore di Silla: parve piombargli come un sasso in fondo al ventre, e lì rimanere, girando e rigirando tra il cibo. Una sensazione stranissima.

«Oh, davvero?» finse disinteresse.

«Già! La figlia maggiore di Cesare ha sposato nientemeno che *Caio Mario*! Disgustoso, non trovi?»

«Caio Mario...»

«Come, non lo conosci?» domandò la donna.

«Non credo. *Mario*... Dev'essere un Uomo Nuovo.»

«Proprio così. È stato pretore cinque anni fa, non è mai riuscito a farsi eleggere console, naturalmente. Però è stato governatore della Spagna Ulteriore, e vi ha ammassato un patrimonio. Miniere e roba del genere» disse Clitumna.

Per qualche ragione Silla ricordò l'uomo dal portamento d'aquila alla cerimonia d'insediamento dei nuovi consoli; indossava una toga bordata di porpora. «Che aspetto ha?»

«Grottesco, mio caro! Le sopracciglia più folte che si siano mai viste! Somigliano a due bruchi pelosi!» Clitumna allungò la mano verso broccoli brasati. «Ha almeno trent'anni più di Iulia, povera cara.»

«Che c'è di tanto insolito?» domandò Stichus, ritenendo che fosse il momento di dire qualcosa. «Almeno metà delle ragazze di Roma sposa uomini abbastanza maturi da poter essere loro padri.»

Nicopolis aggrottò la fronte. «Personalmente, non mi spingerei a parlare della *metà*» disse. «Sarebbe più esatto dire un quarto.»

«Che schifo!» esclamò Stichus.

«Schifo, un corno!» esclamò Nicopolis con forza, levandosi a sedere in modo da fulminarlo con lo sguardo con più efficacia. «Lascia che ti dica una cosa, faccia di culo: c'è un bel po' da dire riguardo agli anziani che sposano una ragazza più giovane! Almeno gli uomini maturi hanno imparato a comportarsi in modo riguardoso e ragionevole! I miei peggiori amanti avevano tutti meno di venticinque anni. Credono di sapere tutto, e invece non sanno un bel niente. Puah! È come venir montate da un toro. Finisce tutto ancor prima di cominciare.»

Dato che Stichus aveva ventitré anni, si ribellò. «Oh, tu dici, eh? Credi di sapere tutto quanto tu, vero?» fece in tono beffardo.

Ricevette un'occhiata che lo incenerì. «Ne so più di te, faccia di culo» disse Nicopolis.

«Su, su, stiamo allegri stasera!» esclamò Clitumna. «Il nostro diletto Lucio Cornelio è tornato.»

Il loro diletto Lucio Cornelio si affrettò ad aggantare la matrigna e a rotolarla sul giaciglio, solleticandole le costole finché non si mise a strillare, agitando le gambe in aria. Nicopolis rese la pariglia a Silla, facendogli a sua volta il solletico, e il primo giaciglio si trasformò in una mischia.

Era davvero troppo per Stichus; tenendosi stretto il nuovo papiro, si lasciò scivolare dal giaciglio e uscì impettito dalla stanza, incerto persino sul fatto che gli altri avessero notato il suo gesto. Come fare per sloggiare quell'individuo? La zietta era infatuata di lui alla follia! Neppure mentre Silla era via, era riuscito a convincerla a cacciarlo di casa. Clitumna si limitava a piagnucolare che era un peccato che i suoi due adorati ragazzi non andassero d'accordo.

Benché non avesse quasi toccato cibo, Stichus non ne era minimamente preoccupato, perché nel *tablinum* teneva un interessante assortimento di generi commestibili: un vaso dei suoi prediletti fichi sciroppati, un vassoietto di pasticcini al miele che il cuoco aveva ordine di riempire di continuo, certe gelatine profumate che si appiccicavano alla lingua, provenienti direttamente dal regno dei Parti, una scatola di turgida, morbida uva sultanina, paste al miele e vino addolcito col miele. Del montone arrosto e dei broccoli brasati poteva anche fare a meno; era goloso di dolci, lui.

Col mento appoggiato alla mano, un lume a cinque fiamme che fugava le prime ombre della sera, Lucio Gavio Stichus mangiucchiò fichi sciroppati mentre scorreva avidamente le illustrazioni del libro regalatogli e leggeva le brevi didascalie in greco. Logicamente, sapeva che il regalo era, da parte di Silla, un modo per dirgli che *lui* non aveva bisogno di libri del genere, perché *lui* aveva fatto tutto quanto vi era illustrato, ma questo non bastava a spegnere il suo interesse; il ragazzo non possedeva tanto orgoglio. Ah! Ah ah-ah! Qualcosa stava accadendo sotto la sua tunica ricamata! E Stichus lasciò cadere la mano dal mento al basso ventre, con furtiva innocenza, del tutto sprecata col suo unico spettatore: il vaso di fichi sciroppati.

Cedendo a un impulso che quasi si vergognava di provare, il mattino dopo Lucio Cornelio Silla attraversò a piedi il Palatino, raggiungendo quel punto del Palatium dove aveva incontrato Iulilla. Era ormai primavera inoltrata, e gli appezzamenti di terreno tenuto a parco mostravano fiori dovunque: narcisi e anemoni, giacinti, viole, persino qua e là una rosa precoce; meli e peschi selvatici erano in piena fioritura, bianchi e rosati, e il masso sul quale si era seduto in gennaio ora era quasi nascosto da un lussureggiante manto verde d'erba.

Accompagnata dall'ancella, ecco Iulilla, smagrita, meno dorata di un tempo. E quando lo vide, una gioia sfrenata, trionfante la pervase, dagli occhi alla carnagione ai capelli... com'era *bella*! Oh, mai nella storia del mondo c'era stata donna mortale tanto bella! Sentendosi accapponare la pelle, Silla si fermò bruscamente, colmo di uno stupore reverenziale che rasentava il terrore. Venere. Era Venere. Regina della vita e della morte. Che cos'era, infatti, la vita, se non il principio della procreazione, che cos'era la morte, se non la sua estinzione? Tutto il resto era puramente decorativo, solo gli ornamenti pretenziosi che gli uomini inventavano per convincere se stessi che vita e morte *dovevano* significare di più. Lei era Venere. Ma ciò faceva di lui Marte, suo pari nella divinità, o era semplicemente Anchise, un mortale che lei si chinava a degnare dei suoi favori per il breve spazio di un'olimpica pulsazione cardiaca?

No, lui non era Marte. La vita l'aveva attrezzato a essere un mero ornamento, e addirittura del tipo più scadente e vistoso; chi altri poteva mai essere, se non Anchise, l'uomo la cui sola reale fama risiedeva nel fatto che Venere si era chinata a degnarlo dei suoi favori per un attimo? Fremente di collera, Silla diresse su di lei la propria delusione traboccante di odio, e pompò veleno nelle vene, procurandosi un soverchiante impulso di percuoterla, di tramutarla da Venere in Iulilla.

«Ho sentito che sei tornato ieri» disse lei, senza farglisi incontro.

«Hai sguinzagliato le tue spie, eh?» domandò Silla, rifiutandosi di avvicinarsi a lei.

«Non è necessario nella nostra strada, Lucio Cornelio. I servi sanno sempre tutto» rispose Iulilla.

« Be', spero che tu non creda che oggi sia venuto qui in cerca di te, perché le cose non stanno così. Sono venuto a cercare un po' di pace. »

La bellezza di Iulilla addirittura si accentuò, sebbene lui non l'avesse creduto possibile. "Mia fanciulla di miele" pensò. Iulilla. Il nome gocciava dalla lingua proprio come il miele. Anche Venere.

« Significa che turbo la tua pace? » domandò lei, molto sicura di sé per essere tanto giovane.

Silla scoppiò in una risata, sforzandosi di farla sembrare leggera, divertita, noncurante. « Numi, bamboccia, quanto devi ancora crescere! » esclamò, e rise di nuovo. « Ho detto che sono venuto qui in cerca di pace. Significa che pensavo che l'avrei trovata, no? E a fil di logica la risposta dev'essere che non turbi minimamente la mia pace. »

Iulilla si ribellò. « Per niente! Potrebbe semplicemente indicare che non ti aspettavi di trovarmi qui. »

« Il che ci riporta direttamente all'indifferenza » disse lui.

Era una lotta impari, naturalmente; Iulilla rimpiccioliva a vista d'occhio, perdeva il suo lustro, da immortale si tramutava in semplice mortale. Il viso le si contrasse, ma riuscì a non piangere, si limitò ad adocchiarlo stupefatta, incapace di metter d'accordo l'espressione di Silla e ciò che andava dicendo col vero istinto del suo cuore, che a ogni battito le diceva che l'aveva irretito nei suoi lacci.

« Ti amo! » disse, come se questo spiegasse ogni cosa.

Un'altra risata. « Quindici anni! Che ne sai, dell'amore? »

« Ne ho sedici! » ribatté lei.

« Senti, bamboccia, » fece Silla, in tono tagliente « lasciami in pace! Non sei solo una seccatura, mi stai procurando imbarazzo. » E si volse, allontanandosi senza guardarsi alle spalle.

Iulilla non crollò in un fiume di lacrime; sarebbe stato meglio per il suo bene futuro, se l'avesse fatto. Un'appassionata e dolorosa crisi di pianto, infatti, avrebbe forse potuto convincerla che aveva torto, che non c'era per lei la minima probabilità di conquistarlo. E invece si portò nel punto in cui la sua ancella, Criseide, se ne stava in piedi, fingendosi assorta nel panorama di un Circo Massimo completamente deserto. A testa alta, l'orgoglio intatto.

« Non sarà facile con lui, » disse « ma non importa. Prima o poi lo avrò, Criseide. »

« Non credo che ti voglia » tentò di farla ragionare l'ancella.

« Certo, che mi vuole! » ribatté Iulilla, sprezzante. « Mi vuole *disperatamente*! »

La lunga frequentazione di Iulilla consigliò a Criseide di tenere la lingua a freno; anziché tentare di far ragionare la sua padrona, sospirò, scrollò le spalle. «Pensala come ti pare» sospirò.

«Di solito lo faccio» rispose Iulilla.

Si incamminarono verso casa, divise da un insolito silenzio, ché erano suppergiù della stessa età ed erano cresciute assieme. Ma quando giunsero al festoso tempio della Magna Mater, Iulilla parlò, con voce risoluta.

«Mi rifiuterò di mangiare» disse.

Criseide si fermò. «E che cosa pensi di ottenere?» domandò.

«Be', in gennaio ha detto che ero grassa. E lo sono.»

«Non è vero, Iulilla!»

«Sì, invece. È per questo che non mangio più canditi da gennaio. Un po' sono dimagrita, ma non abbastanza. Gli piacciono le magre. Guarda Nicopolis. Ha le braccia come due stecchi.»

«Ma è *vecchia*!» le fece presente l'ancella. «Ciò che a te sta bene, a lei starebbe male. E poi, i tuoi genitori si preoccuperebbero se smettessi di mangiare... penserebbero che sei malata!»

«Bene» disse la fanciulla. «Se penseranno che sto male, lo penserà anche Lucio Cornelio. E si preoccuperà terribilmente per me.»

Argomenti più solidi e più convincenti, Criseide non riuscì a scovarne, perché non era molto sveglia e neppure molto assennata. Così scoppiò in lacrime, cosa di cui Iulilla si compiacque enormemente.

Quattro giorni dopo il ritorno di Silla a casa di Clitumna, Lucio Gavio Stichus si procurò un'indigestione che lo prostrò; allarmata, Clitumna convocò una mezza dozzina di medici più in voga sul Palatino, e tutti quanti diagnosticarono un avvelenamento da cibo.

«Vomito, colica, diarrea... un quadro classico» disse il loro portavoce, il medico romano Publio Popillio.

«Ma non ha mangiato nulla che non abbiamo mangiato anche noi!» protestò Clitumna, i suoi timori tutt'altro che placati. «Anzi, non mangia neppure quanto noi, ed è proprio questa la cosa che più mi preoccupa!»

«Ah, *domina*, credo che tu abbia torto» biascicò il più indiscreto di loro, Atenodoro Siculo, un professionista dotato della ben nota cocciutaggine investigativa greca; se n'era andato a zonzo a ficcare il naso in ogni stanza che si affacciava sull'atrio, poi anche in quelle che si aprivano tutt'attorno al peristilio. «Sicuramente sei al corrente del fatto che Lucio Gavio ha accumulato nel *tablinum* una quantità di canditi da riempire quasi una bottega?»

«Uff!» sbuffò Clitumna. «Canditi da riempire quasi una bottega, figuriamoci! Qualche fico e un po' di pasticcini, tutto qui. In
realtà, neppure li tocca.»

I sei dotti medici si scambiarono un'occhiata. «*Domina*, ne
mangia da mattina a sera, e anche per metà della notte, mi hanno
detto i tuoi servi» disse Atenodoro, il greco di Sicilia. «Ti suggerisco di convincerlo a rinunciare ai suoi dolciumi. Se si alimenterà
meglio, non solo i suoi disturbi digestivi spariranno, ma il suo stato
di salute generale ne trarrà vantaggio.»

Lucio Gavio Stichus era testimone di tutto questo, steso sul letto, troppo indebolito dalla violenza della purga ingerita per difendersi, gli occhi leggermente sporgenti che saettavano da un volto
all'altro via via che la conversazione si spostava da un oratore al-
l'altro.

«Ha i foruncoli e la pelle di un brutto colorito» continuò un
greco di Atene. «Fa ginnastica?»

«Non ne ha bisogno» rispose la zia, e la prima ombra di dubbio
fece capolino nel tono della voce. «Si precipita da un posto all'altro
per sbrigare i suoi affari, va sempre di fretta, te lo posso assicurare!»

«Che affari tratti, Lucio Gavio?» domandò lo spagnolo.

«Commercio in schiavi» rispose quello.

Dato che tutti i medici, con l'eccezione di Publio Popillio, avevano iniziato la loro vita a Roma in qualità di schiavi, nei loro occhi comparvero di colpo tracce di bile più nette di quanto riuscissero a scorgere in quelli del malato, e si ritrassero dalla sua vicinanza col pretesto che era tempo di prender congedo.

«Se proprio ha voglia di qualcosa di dolce, si limiti a bere vino
addolcito col miele» disse Publio Popillio. «Eviti i cibi solidi per
un altro paio di giorni, e poi, quando gli tornerà l'appetito, ripren-
da pure a mangiare normalmente. Ma bada: ho detto normalmente! Fagioli, non canditi. Insalata, non canditi. Spuntini freddi,
non canditi.»

Le condizioni di salute di Stichus migliorarono nella settimana
seguente, ma non si riprese mai del tutto. Per quanto mangiasse
solo cibi nutrienti e sani, continuò a soffrire di periodici attacchi di
nausea, vomito, crampi e dissenteria, mai violenti quanto il primo,
comunque tutti debilitanti. Cominciò a perdere peso, poco alla volta, tanto che nessuno in casa ci fece attenzione.

A fine estate non riusciva neppure a trascinarsi sino al suo ufficio al Portico di Metello, e divennero sempre più rari i giorni in
cui provava il desiderio di stendersi al sole su un giaciglio. Il bellissimo libro illustrato che gli aveva regalato Silla smise si interessar-

lo, e la necessità di buttar giù un boccone di cibo si trasformò in un'ardua impresa. Riusciva a tollerare solo il vino al miele, e neppure sempre.

A settembre, erano ormai stati chiamati a consulto tutti i medici di Roma, e molte e varie furono le diagnosi, per non parlare delle cure, soprattutto dopo che Clitumna ebbe fatto ricorso anche ai ciarlatani.

«Che mangi quel che gli pare» disse un medico.

«Che si astenga dal cibo e digiuni» disse un altro.

«Che mangi unicamente fagioli» disse un medico della scuola pitagorica.

«Tranquillizzatevi» disse l'indiscreto medico greco, Atenodoro Siculo. «Di qualsiasi cosa si tratti, chiaramente non è contagioso. *Personalmente*, ritengo trattarsi di un morbo maligno dell'intestino superiore. Tuttavia fate in modo che chiunque entri in contatto fisico con lui o debba svuotare il suo pitale, si lavi le mani con cura, dopo, e non si avvicini alle cucine o al cibo.»

Due giorni dopo, Lucio Gavio Stichus morì. Fuori di sé per il dolore, Clitumna lasciò Roma immediatamente dopo le esequie funebri, pregando Silla e Nicopolis di trasferirsi con lei al Circeo, dove possedeva una villa. Silla l'accompagnò fino al litorale campano, ma sia lui sia Nicopolis si rifiutarono di abbandonare Roma.

Di ritorno dal Circeo, Silla baciò Nicopolis e traslocò dalle sue stanze.

«Riprendo possesso del *tablinum* e del mio cubicolo» disse. «Dopotutto, ora che Stichus il viscido è morto, sono io la persona più affine a un figlio, per Clitumna.» Stava gettando in un braciere ardente i rotoli riccamente illustrati; una smorfia di disgusto sul viso, mostrò una mano a Nicopolis, che osservava la scena dalla soglia del *tablinum*. «Guarda qua! Non c'è un centimetro di questa stanza che non sia appiccicoso!»

La brocca di vino al miele era infilata in un supporto incrostato sulla mensola di prezioso legno di cedro accostata a una parete. Sollevandola, Silla osservò il segno permanente, impresso nelle delicate venature del legno ed emise un fischio a denti stretti.

«Razza di scarafaggio! Addio, viscido Stichus!»

E scagliò la brocca dalla finestra aperta sul colonnato del peristilio. Ma l'oggetto volò più lontano e si frantumò in mille pezzi contro il plinto della statua che più spesso attirava gli sguardi di Silla: Apollo all'inseguimento della driade Dafne. Una gran macchia di vino sciropposo chiazzò la liscia pietra e prese a colare in lunghi rivoli che inzupparono il terreno. Precipitandosi alla finestra a guardare, Nicopolis ridacchiò.

«Hai ragione» disse. «Razza di scarafaggio!» E spedì la schiavetta Bitilla a pulire il piedestallo con straccio e acqua.

Nessuno notò le tracce di polvere bianca che aderivano al marmo, anch'esso bianco. L'acqua fece il resto: la polverina sparì.

«Sono contenta che tu non abbia colpito in pieno la statua» disse Nicopolis, sedendosi sulle ginocchia di Silla, mentre entrambi osservavano Bitilla che lavava via la macchia di vino.

«A me dispiace» fece Silla, ma sembrava molto compiaciuto.

«Ti dispiace? Lucio Cornelio, avresti rovinato tutti quegli splendidi colori! Perlomeno il plinto è di semplice marmo.»

Silla sollevò il labbro superiore a scoprire i denti. «Bah! Perché mai sembra che io sia sempre circondato da gente sciocca e priva di gusto?» domandò, allontanando Nicopolis dalle ginocchia.

La macchia era completamente sparita; Bitilla strizzò il panno e svuotò la bacinella sulle viole.

«Bitilla!» chiamò Silla. «Lavati le mani, ragazzina, e lavatele come si deve! Non sappiamo di che male è morto Stichus, e andava matto per il vino al miele. Forza, corri!»

Raggiante perché lui l'aveva notata, Bitilla corse via.

«Oggi ho scoperto un giovanotto molto interessante» disse Caio Mario a Publio Rutilio Rufo.

Sedevano nel recinto del tempio della Terra alle Carine, perché era adiacente alla casa di Rutilio Rufo e in quel ventoso giorno autunnale offriva il gradevole tepore del sole.

«Più di quanto consenta il peristilio di casa mia» aveva spiegato Rutilio Rufo guidando il visitatore verso una panca di legno all'interno del recinto del tempio, spazioso ma cadente. «Di questi tempi, i nostri antichi dèi sono negletti, soprattutto la mia cara vicina di casa, la dea Terra» divagò mentre si accomodavano. «Tutti quanti sono troppo impegnati a inchinarsi e a strisciare davanti alla Magna Mater asiatica per ricordare che a Roma si addice di più la sua dea della Terra!»

Fu allo scopo di evitare le minacce della predica sulle antichissime, oltremodo oscure e misteriore divinità romane, che Caio Mario decise di accennare al suo incontro con l'interessante giovanotto in questione. Il trucco funzionò, naturalmente; Rutilio Rufo non sapeva resistere alla tentazione di una persona interessante, di qualsiasi età o sesso fosse.

«Chi era?» domandò, levando il muso al sole e chiudendo gli occhi per il piacere, da quel vecchio cane che era.

«Il giovane Marco Livio Druso, che deve avere, diciamo... diciassette o diciotto anni?»

«Mio nipote Druso?»

Mario girò la testa, sgranando gli occhi. «*Lo* è?»

«Be', lo è se si tratta del figlio del Marco Livio Druso che ha celebrato il trionfo lo scorso gennaio e intende farsi eleggere tra i censori l'anno prossimo» disse Rutilio Rufo.

Mario rise, scuotendo il capo. «Oh, come sono imbarazzato! Perché non ricordo mai queste cose?»

«Probabilmente,» continuò Rutilio Rufo seccamente «perché mia moglie Livia, la quale, per rinfrescarti la memoria bucolica, era la sorella del padre del tuo interessante giovanotto, è morta da un bel po' d'anni, e non usciva mai di casa e non cenava mai con me quando c'erano ospiti. Nella famiglia di Livio Druso vige la tendenza a deprimere il morale delle loro donne, purtroppo. Una creaturina incantevole, mia moglie. Mi ha dato due bei figli, e mai un bisticcio. L'avevo molto cara.»

«Lo so» disse Mario, a disagio, dispiaciuto di essere preso alla sprovvista: sarebbe *mai* riuscito a combinarne una giusta? Ma per quanto Rutilio Rufo fosse un amico di vecchia data, Mario non riusciva a ricordare di aver mai conosciuto la sua timida mogliettina. «Dovresti risposarti» aggiunse, infatuato com'era del matrimonio.

«E perché mai, per far sì che tu non sia il solo a dare nell'occhio? No, grazie! Trovo sufficiente sfogo alle mie passioni nello scrivere lettere.» Uno degli occhi azzurro cupo si schiuse, sbirciò Mario. «E comunque, perché tieni in così alta considerazione mio nipote Druso?»

«Durante l'ultima settimana sono stato avvicinato da vari gruppi di alleati italici, tutti appartenenti a nazioni diverse, e tutti inclini a lamentare amaramente il fatto che Roma non fa buon uso delle loro leve militari» rispose Mario lentamente. «A parer mio, hanno i loro buoni motivi per lamentarsi. Da un decennio e più quasi ogni console manda al macello i suoi soldati, senza il minimo riguardo, come se anziché con uomini avesse a che fare con stornelli o passeri! E le prime a perire sono state le truppe degli alleati italici, perché è invalsa l'usanza di mandarle in campo prima dei Romani in qualsiasi situazione in cui si profili il rischio di perdere la vita. Di rado si ha a che fare con un console il quale sappia apprezzare davvero il fatto che le truppe degli alleati italici sono un bene prezioso per le rispettive nazioni e ricevono il soldo appunto dalle loro nazioni, e non da Roma.»

Rutilio Rufo non sollevava mai obiezioni quando la conversazione apparentemente usciva dal seminato; conosceva troppo bene Mario per supporre che l'argomento di cui stava parlando non avesse rapporto alcuno con suo nipote Druso. Per cui replicò di buon grado all'apparente digressione. «Gli alleati italici si sono posti sotto la protezione militare di Roma per unificare la difesa della penisola» disse. «In cambio dei soldati che ci forniscono, è stata loro accordata la speciale condizione di nostri alleati e ne hanno tratto molti vantaggi, non ultimo quello di una lega delle nazioni della penisola. Offrono le loro truppe a Roma in modo che ci si possa battere tutti quanti per una causa comune. Se così non fosse, ogni singola nazione italica guerreggerebbe tuttora contro un'altra, e senza dubbio lamenterebbe più caduti di quanti ne abbia mai causati un qualsiasi console romano.»

«Questo è opinabile» ribatté Mario. «Avrebbero invece potuto unirsi a formare un'unica nazione italica!»

«Dato che l'alleanza con Roma è un dato di fatto, e lo è da due o tre secoli a questa parte, mio caro Caio Mario, non vedo dove tu voglia andare a parare» obiettò Rutilio.

«Le deputazioni che sono venute a trovarmi sostengono che Roma si serve delle loro truppe per combattere guerre all'estero, di nessun vantaggio per l'Italia nel suo complesso» disse Mario, paziente. «L'esca che originariamente abbiamo fatto penzolare sotto il naso delle nazioni italiche era la concessione della cittadinanza romana. Ma, come ben sai, sono quasi ottant'anni che non viene concessa la cittadinanza ad alcuna comunità italica o latina. Diamine, c'è voluta la rivolta di Fregellae per costringere il Senato ad accordare concessioni alle comunità in possesso dei diritti latini!»

«È troppo semplicistico» disse Rutilio Rufo. «Non avevamo promesso agli alleati italici il diritto di suffragio generale. Abbiamo offerto loro la cittadinanza *graduale* in cambio di una fedeltà assoluta: per cominciare, i diritti latini.»

«I diritti latini significano assai poco, Publio Rutilio! Nella migliore delle ipotesi, consistono in una sorta di appariscente cittadinanza di second'ordine: senza diritto di voto in una qualsiasi elezione romana.»

«Be', sì, ma nei quindici anni trascorsi dalla rivolta di Fregellae, devi ammettere che le cose sono migliorate per chi è in possesso dei diritti latini» disse testardamente l'amico. «Ora come ora, chiunque detenga una carica in una città che possiede i diritti latini, assume automaticamente la cittadinanza romana per sé e i suoi familiari.»

«Lo so, lo so, e ciò significa che attualmente esiste un numero ragguardevole di cittadini romani in ogni città dotata dei diritti latini... un numero via via crescente, a dire il vero! Per non parlare del fatto che, per legge, Roma acquisisce nuovi cittadini del tipo più confacente: uomini facoltosi e di grande importanza locale, uomini che, si può starne certi, voteranno nella maniera giusta a Roma» fece Mario, beffardo.

Rutilio Rufo inarcò le sopracciglia. «E che c'è di male in questo?» domandò.

«Sai, Publio Rutilio, per quanto di mentalità aperta e progressista tu sia, da molti punti di vista, sotto sotto, rimani un aristocratico imbalsamato come Gneo Domizio Enobarbo!» scattò Mario, pur sforzandosi di tenere a freno la collera. «*Perché* non riesci a capire che Roma e l'Italia sono parte integrante di una lega con pari diritti?»

«Perché non lo sono» rispose Rutilio Rufo, che cominciava a sua volta a perdere la pazienza. «Insomma, Caio Mario! Come fai a startene qui seduto a patrocinare la causa dell'eguaglianza politica entro le mura di Roma tra Romani e Italici? Roma *non* è l'Italia! Non a caso, Roma è assurta ai vertici del mondo, e neppure ci è riuscita grazie alle truppe italiche! Roma è un'altra cosa.»

«Vuoi dire che Roma è superiore» fece Mario.

«Sì!» Rutilio Rufo parve gonfiarsi. «Roma è Roma. Roma *è* superiore.»

«Non ti è mai balenato alla mente che se Roma ammettesse tutta l'Italia — persino i territori padani dei Galli! — nella propria egemonia, ne risulterebbe avvantaggiata?» domandò Mario.

«Sciocchezze! Roma cesserebbe di essere romana!»

«E di conseguenza, intendi dire, Roma ne sarebbe diminuita.»

«Naturalmente.»

«Ma la situazione attuale è ridicola» insistette Mario. «L'Italia è una scacchiera! Regioni con tutti i diritti di cittadinanza, regioni in possesso dei diritti latini, regioni a mero statuto di alleati, il tutto in una grande accozzaglia. Luoghi come Alba Fucenzia e Isernia, dotati dei diritti latini, completamente accerchiati dagli Italici della Marsica e del Sannio, colonie di cittadini insediate tra i Galli della valle padana: come può esistere un reale senso di unità, di un tutto unico con Roma?»

«Il fatto di seminare colonie romane e latine nel cuore delle nazioni italiche serve a tenerle aggiogate al nostro carro» rispose Rutilio Rufo. «Quelli che godono della piena cittadinanza o dei diritti latini non ci tradiranno. Non sarebbe redditizio tradirci, vista l'alternativa.»

«Immagino tu alluda alla guerra con Roma» puntualizzò Mario.

«Be', non mi spingerei a tanto» fece Rutilio Rufo. «Direi piuttosto che comporterebbe una perdita di privilegi che le comunità romane e latine troverebbero intollerabile. Per non parlare di una perdita di valore e posizione sociale.»

«La *dignitas* è tutto» disse Mario.

«Precisamente.»

«Sicché tu credi che i personaggi influenti di tali comunità romane e latine avrebbero il sopravvento sull'idea di un'alleanza con le nazioni italiche contro Roma?»

Rutilio Rufo sembrava scombussolato. «Caio Mario, perché assumi una posizione del genere? Non sei Caio Gracco, e sicuramente non sei un riformatore!»

Mario balzò in piedi, andò su e giù più volte davanti alla panca, poi girò sui tacchi puntando quei suoi occhi fieri sotto le ancor più fiere sopracciglia sull'assai più piccolo Rutilio, raggomitolato in atteggiamento chiaramente di difesa. «Hai ragione, amico mio, non sono un riformatore, e accostare il mio nome a quello di Caio Gracco è ridicolo. Però sono un uomo pratico e mi vanto di possedere un'intelligenza al di sopra della media. Inoltre, non sono un romano di Roma, come chiunque sia romano di Roma non perde occasione di farmi notare. Be', può darsi che le mie origini bucoliche mi consentano un tipo di distacco che nessun romano di Roma potrà mai avere. E vedo profilarsi guai in questa nostra Italia a scacchiera. Sul serio, Publio Rutilio, te lo assicuro! Ho ascoltato quel che avevano da dire gli alleati italici qualche giorno fa e ho fiutato un cambiamento nell'aria. Nell'interesse di Roma, spero che i nostri consoli nei prossimi anni si mostrino più saggi nell'impiego delle truppe italiche di quanto non siano stati i consoli dell'ultimo decennio.»

«Lo spero anch'io, seppure non per le stesse ragioni» disse Rutilio Rufo. «La scarsa attitudine al comando è criminale, soprattutto quando finisce col provocare la perdita di molte vite umane, romane o italiche che siano.» Alzò gli occhi a fissare irritato l'incombente Mario. «Siediti, ti prego! Mi sta venendo il torcicollo.»

«Sei tu, fastidioso come un torcicollo» ribatté l'altro, ma si sedette docilmente, allungando le gambe.

«Stai radunando clienti fra gli italici» azzardò Rutilio Rufo.

«Vero.» Mario studiò il suo anello da senatore, fatto d'oro anziché di ferro, poiché solo le famiglie senatoriali più antiche mantenevano la tradizione di un anello di ferro. «Tuttavia, non sono il solo a illustrarmi in tale attività, Publio Rutilio. Gneo Domizio Enobarbo ha arruolato intere città tra i suoi clienti, soprattutto garantendo loro la remissione delle imposte.»

«O addirittura garantendone la cancellazione...»

«Infatti. Né Marco Emilio Scauro si esime dal raccogliere clienti tra gli Italici del nord» disse Mario.

«Già, ma devi ammettere che è meno ferale di Gneo Domizio» obiettò Rutilio Rufo; era un partigiano di Scauro, lui. «Almeno fa del bene alle città sue clienti: prosciuga una palude o fa costruire una nuova sala per le riunioni.»

«Te lo concedo. Però non devi dimenticare la famiglia di Cecilio Metello in Etruria: si danno un gran da fare, quelli.»

Rutilio Rufo esalò un sospiro trattenuto da troppo tempo. «Caio Mario, vorrei sapere esattamente ciò che hai in mente e che non ti decidi a dire!»

«Non ne sono sicuro neppure io» rispose Mario. «Solo che avverto una specie di terremoto tra le Famiglie Illustri, una nuova consapevolezza dell'importanza degli alleati italici. Non credo che considerino consciamente tale importanza come una minaccia per Roma, ma solo come qualcosa che agisce su un istinto che non comprendono. Che... fiutino un cambiamento nell'aria?»

«*Tu* lo fiuti di sicuro» disse il vecchio amico. «Be', sei un uomo notevolmente scaltro, Caio Mario. E per quanto abbia potuto suscitare la tua collera, ho altresì preso debita nota di ciò che hai detto. A prima vista, un cliente non è gran che come creatura. Il suo protettore può aiutarlo in misura assai maggiore di quanto lui possa essere d'aiuto al suo protettore. Questo fino al momento di un'elezione, o in cui si profila un disastro. Forse può risultare utile solo rifiutandosi di sostenere chiunque agisca contro gli interessi del suo protettore. Gli istinti sono importanti, ne convengo. Sono come luci nella nebbia: rischiarano interi campi di fatti nascosti, il più delle volte prima che ci riesca la logica. Così, forse, hai ragione a proposito del terremoto. E forse il fatto di arruolare tutti gli alleati italici come clienti al servizio di qualche grande famiglia romana è un modo come un altro per far fronte al pericolo che, a sentir te, incombe su di noi. Sinceramente, non saprei.»

«Neppure io» disse Mario. «Però sto raccogliendo clienti.»

«E menando il can per l'aia» fece Rutilio Rufo, sorridendo. «Se non vado errato, abbiamo esordito parlando di mio nipote Druso.»

Mario ritirò le gambe sotto le ginocchia e si rimise in piedi così bruscamente che il suo gesto fece trasalire l'amico, il quale aveva richiuso gli occhi in atteggiamento di riposo. «Proprio così! Andiamo, Rutilio Rufo, può darsi non sia ancora troppo tardi perché io ti mostri un esempio dei nuovi sentimenti riguardo agli alleati italici da parte delle grandi famiglie!»

Rutilio si alzò. «Vengo, vengo! Ma dove?»

«Al Foro, naturalmente» rispose Mario, avviandosi lungo il pendìo del recinto del tempio, in direzione della strada. Mentre camminavano, proseguì: «Si sta celebrando un processo, e se siamo fortunati arriveremo prima che si concluda».

«Mi stupisce che tu l'abbia notato» disse Rutilio Rufo, asciutto; di solito, il suo amico non era incline a prestare attenzione ai processi in corso al Foro.

«Mi stupisce che tu non abbia presenziato alle udienze ogni giorno» ribatté Mario. «Dopotutto, è l'esordio di tuo nipote Druso come avvocato.»

«No!» lo corresse Rutilio Rufo. «Ha fatto il suo esordio mesi fa, quando ha sostenuto l'accusa contro il primo tribuno del Tesoro per il recupero di certi fondi che erano andati misteriosamente perduti.»

«Oh!» Mario scrollò le spalle, accelerando il passo. «Allora questo spiega quella che ritenevo una mancanza da parte tua. Comunque sia, dovresti davvero seguire più attentamente la carriera del giovane Druso. Se lo facessi, le mie osservazioni in merito agli alleati italici ti sarebbero apparse più sensate.»

«Illuminami» disse Rutilio Rufo, accennando ad ansimare un tantino; Mario dimenticava sempre di avere le gambe più lunghe.

«L'ho notato, perché ho udito qualcuno esprimersi in un latino bellissimo con voce del pari bella. Un nuovo oratore, mi sono detto, e mi sono fermato a vedere chi fosse. Il tuo giovane nipote Druso, niente meno! Benché non sapessi chi fosse, finché non l'ho chiesto in giro, e provo ancora imbarazzo all'idea di non aver collegato il nome con la tua famiglia.»

«Contro chi sostiene l'accusa questa volta?» domandò Rutilio Rufo.

«È questo il fatto interessante, non sostiene l'accusa» rispose Mario. «Funge da difensore, e di fronte al pretore degli stranieri, se non ti dispiace! È una causa importante, con tanto di giuria.»

«Assassinio di un cittadino romano?»

«No. Bancarotta.»

«Inconsueto» boccheggiò Rutilio Rufo.

«Ritengo che vogliano dare un esempio» disse Mario, senza rallentare il passo. «Il querelante è il banchiere Caio Oppio, l'imputato un uomo d'affari marsicano di San Benedetto, che si chiama Lucio Frauco. Stando al mio informatore, un frequentatore di tribunali di professione, Oppio si è stancato dei crediti inesigibili nella sua contabilità italica e ha deciso che era tempo di dare un esempio, chiamando in causa un italico, qui a Roma. Suo obiettivo è quello di spaventare il resto dell'Italia, in modo che continuino a corrispondergli quelli che sospetto siano interessi a tassi esorbitanti.»

«Il tasso d'interesse» replicò stizzosamente Rutilio Rufo «è fissato al dieci per cento.»

«*Se* sei un romano,» fece notare Mario «e preferibilmente un romano di classe economica elevata.»

«Continua così, Caio Mario, e farai la fine dei Gracchi: morto stecchito.»

«Sciocchezze!»

«Io... preferirei... tornarmene a casa» fece Rutilio Rufo.

«Ti stai rammollendo» disse Mario, abbassando lo sguardo sull'amico trotterellante. «Una bella campagna militare farebbe miracoli per il tuo fiato, Publio Rutilio.»

«Un bel riposino farebbe miracoli per il mio fiato!» Rutilio Rufo rallentò il passo. «Proprio non capisco perché lo stiamo facendo.»

«Tanto per cominciare, perché quando ho lasciato il Foro a tuo nipote restavano ancora due ore e mezzo buone per tirare le somme. Si tratta di uno di quei processi sperimentali... sai, relativi alla modifica delle procedure. Così, prima sono stati escussi i testimoni, poi l'accusa ha avuto due ore di tempo per la requisitoria, e tre la difesa per l'arringa, dopodiché il pretore degli stranieri chiederà alla giuria di emettere il verdetto.»

«Non c'è niente di sbagliato nelle vecchie procedure» obiettò Rutilio.

«Oh, non saprei, mi è parso che le nuove rendessero più interessante il processo per il pubblico» fece Mario.

Scendevano il pendìo del Clivo Sacro, col settore inferiore del Foro Romano proprio di fronte a loro, e la distribuzione delle figure nel tribunale presieduto dal pretore degli stranieri non era mutata durante l'assenza di Mario.

«Bene, siamo arrivati in tempo per l'arringa» disse Mario.

Marco Livio Druso stava ancora parlando, e il pubblico l'ascoltava ancora in rapito silenzio. Palesemente al di sotto dei vent'anni, lo sbarbatello era di statura media e di struttura massiccia, nero di capelli e di carnagione olivastra: non certo un avvocato in grado di conquistare le folle con la mera prestanza fisica, benché il suo viso fosse abbastanza gradevole.

«Non lo trovi stupefacente?» domandò Mario a Rutilio, bisbigliando. «Possiede quel non so che, riesce a farti credere che si stia rivolgendo a te, personalmente, e a nessun altro.»

Era così, infatti. Persino da lontano — ché Mario e Rutilio

Rufo si trovavano alle spalle di una nutrita folla — i suoi occhi scurissimi sembravano affondare lo sguardo nei loro occhi, e nei loro soltanto.

« In nessun luogo sta scritto che il semplice fatto di essere romano pone automaticamente un uomo nel giusto » andava dicendo il giovanotto. « Non parlo in favore dell'imputato, Lucio Frauco... parlo nell'interesse di Roma! Parlo in nome dell'onore! Dell'integrità! Della giustizia! Non di quel tipo di falsa giustizia che interpreta una legge alla lettera, ma di quel tipo di giustizia che interpreta una legge nel senso più logico. La legge non dovrebbe essere una sorta di enorme, pesante lastra che precipita addosso a un uomo, schiacciandolo e riducendolo a un ammasso informe, giacché ogni uomo ha una sua forma precisa. La legge dovrebbe essere un manto gentile che cala su un uomo, rivelandone la forma unica sotto l'uniformità che lo avvolge. Dobbiamo sempre ricordare che noi, cittadini di Roma, siamo di esempio al resto del mondo, soprattutto con le nostre leggi e i nostri tribunali. Si è mai vista altrove tanta raffinatezza? Una stesura tanto curata? E tanta intelligenza? Tanta attenzione? Tanta saggezza? Non l'ammettono persino i Greci di Atene? E gli Alessandrini? E gli abitanti di Pergamo? »

Il linguaggio retorico del suo corpo era superbo, nonostante i gravi svantaggi della statura e del fisico a nessuno dei quali si addiceva la toga; per indossare la toga in modo superlativo, bisognava essere alti, di spalle larghe e fianchi stretti, e muoversi con grazia consumata. Marco Livio Druso non possedeva alcuna di tali caratteristiche. Eppure faceva miracoli col suo corpo dal minimo cenno di un dito al più ampio gesto del braccio destro. I movimenti della testa, le espressioni del viso, i mutamenti dell'incedere: ogni cosa davvero calcolata *alla perfezione*!

« Lucio Frauco, un italico, » proseguì Druso « è in definitiva la vittima, non il colpevole. Nessuno, ivi compreso Lucio Frauco, mette in dubbio il fatto che l'enorme somma di denaro anticipata da Caio Oppio risulti mancante. Né si mette in dubbio che la stessa enorme somma debba essere restituita a Caio Oppio, unitamente agli interessi relativi al prestito. In un modo o nell'altro, sarà rifusa. Se necessario, Lucio Frauco è disposto a vendere le sue case, le sue terre, i suoi investimenti, i suoi schiavi, il suo mobilio: tutto ciò che possiede! Più che a sufficienza per la restituzione del prestito! »

Si portò all'altezza della prima fila di giurati e fulminò con lo sguardo gli uomini delle file di mezzo. « Avete udito i testimoni. Avete udito il mio dotto collega dell'accusa. Lucio Frauco ha ottenuto il prestito. Ma non ha rubato quel denaro. Di conseguenza, dico io, Lucio Frauco è la vera vittima di questa frode, non Caio Oppio, il suo banchiere. Se condannate Lucio Frauco, membri coscritti della giuria, lo sottoporrete a tutte le sanzioni di legge, quale si applica a chi non sia cittadino della nostra grande Roma né detentore dei diritti latini. Tutti i beni di proprietà di Lucio Frauco saranno venduti all'incanto, e voi sapete ciò che significa. Non se ne ricaverà neppure una frazione del loro valore reale, anzi si rischierebbe addirittura di non ricavarne abbastanza per la restituzione dell'intera somma.» Quest'ultima frase fu pronunciata con l'accompagnamento di un'occhiata oltremodo eloquente ai margini del pubblico, dove il banchiere Caio Oppio sedeva su uno sgabello pieghevole, in compagnia di un seguito di segretari e contabili.

«Benissimo! Neppure una frazione del loro valore reale: Dopodiché, membri coscritti della giuria, Lucio Frauco sarà venduto schiavo e dovrà rimanere tale finché non avrà servito tanto da colmare la differenza tra la somma ottenuta in prestito e quella ricavata dalla vendita all'incanto di tutti i suoi beni. Ora, Lucio Frauco può anche essere un pessimo giudice del carattere nella scelta dei suoi dipendenti, però nel campo degli affari è uomo notevolmente scaltro e di grandissimo successo. E tuttavia... come potrà mai saldare il suo debito se, caduto in miseria e in disgrazia, sarà venduto schiavo? Risulterà mai di qualche utilità a Caio Oppio in qualità di impiegato?»

Ora il giovanotto andava concentrando ogni briciola del suo vigore e della sua forza di volontà sul banchiere romano, un uomo dall'aria mite, tra i cinquanta e i sessanta, che sembrava soggiogato da ciò che Druso diceva.

«Per chi non sia cittadino romano, un verdetto di colpevolezza comporta una data cosa prima di ogni altra. Dev'essere flagellato. Non punito con qualche colpo di verga, come accade a un cittadino romano — fa un po' male, magari, ma più che altro si rimane feriti nella propria dignità. No! Dev'essere flagellato! Percosso con la frusta dentata finché non gli resti un brandello di pelle e di muscoli, e in tal modo storpiato per la vita, sfregiato più di qualsiasi schiavo che lavori nelle miniere.»

Mario si sentì rizzare i capelli sulla nuca; ché, se il giovane non stava fissando proprio lui, uno dei più grossi proprietari di miniere di Roma, allora voleva dire che gli occhi gli giocavano brutti scherzi. Eppure, come aveva fatto il giovane Druso a scovare un ritardatario come lui proprio in fondo a una numerosa folla?

«Siamo Romani!» esclamò il giovanotto. «L'Italia e i suoi cittadini sono sotto la nostra protezione. Ci comporteremo come padroni di miniere nei confronti degli uomini che guardano a noi come a un esempio? Condanneremo un innocente in base a un cavillo legale, semplicemente perché sua è la firma apposta al documento di prestito? Ignoreremo il fatto che è disposto a fare completa restituzione? In effetti, gli accorderemo minor giustizia di quanto faremmo con un cittadino di Roma? Flagelleremo un uomo al quale dovrebbe essere invece imposto il berretto a sonagli per la stupidità dimostrata nel fidarsi di un ladro? Trasformeremo una moglie in una vedova? Renderemo orfani dei figli che hanno un padre amoroso? Sicuramente no, membri coscritti della giuria! Poiché siamo Romani. Noi siamo uomini di una razza *migliore*!»

Facendo turbinare la toga di lana candida, l'oratore si volse e si allontanò dal banchiere, e in quell'attimo tutti gli occhi si staccarono dal banchiere per seguire i movimenti del giovane, abbagliati; tutti gli occhi, con l'eccezione di quelli di alcuni giurati di prima fila, che non apparivano diversi dal resto dei cinquantuno membri. E degli occhi di Caio Mario e Publio Rutilio Rufo. Un giurato, in particolare, fissò apertamente Oppio, passandosi l'indice alla base del collo come se gli prudesse. La reazione fu immediata: un lievissimo cenno del capo da parte del grande banchiere. Caio Mario accennò un sorriso.

«Grazie» disse il giovane avvocato, inchinandosi al pretore degli stranieri, apparendo di colpo rigido e timido, non più posseduto da ciò che l'aveva pervaso mentre pronunciava la sua orazione.

«Grazie, Marco Livio» disse il pretore degli stranieri, e rivolse lo sguardo alla giuria. «Cittadini di Roma, siete pregati d'iscrivere il verdetto sulle tavolette e consegnarlo alla corte.»

Il tribunale fu percorso da un movimento generale; tutti i giurati estrassero tavolette quadrate di argilla chiara e carboncini. Ma non scrissero nulla, se ne stettero seduti a fissare le nuche che si profilavano al centro della fila di fronte a loro. L'uomo che aveva rivolto la tacita domanda a Oppio il banchiere impugnò il carboncino e tracciò una lettera sulla tavoletta d'argilla, poi aprì la bocca in un largo sbadiglio, sollevò le braccia sopra la testa, la tavoletta ancora stretta nella sinistra, e le molteplici pieghe della toga gli ricaddero sulla spalla sinistra mentre il braccio si alzava in aria. Allora tutti gli altri giurati si misero a scribacchiare e consegnarono le tavolette ai littori che passavano tra loro a ritirarle.

Il pretore degli stranieri eseguì personalmente il conteggio. Tutti attendevano il verdetto, trattenendo il respiro. Adocchiando una tavoletta dopo l'altra, il pretore le gettava via via in questo o quello di due canestri posti sullo scrittoio davanti a lui, la maggior parte in uno dei due, solo alcune nell'altro. Quando le ebbe scrutinate tutte e cinquantuno, levò lo sguardo.

«ABSOLVO» annunciò. «Per quarantatré a otto. Lucio Frauco di San Benedetto, cittadino della nazione marsica dei nostri alleati italici, questa corte ti manda assolto, ma solo a condizione che tu provveda alla completa restituzione, come promesso. Mi rimetto a te per accordarti col tuo creditore, Caio Oppio, prima di sera.»

E questo fu quanto. Mario e Rutilio Rufo attesero che la folla finisse di congratularsi col giovane Marco Livio Druso. Alla fine rimasero solo gli amici di Druso a far capannello attorno a lui, al colmo dell'entusiasmo. Ma quando l'uomo di alta statura, con le sopracciglia cespugliose, e l'ometto che tutti sapevano essere lo zio di Druso si avvicinarono al gruppo, tutti se la svignarono.

«Congratulazioni, Marco Livio» disse Mario, tendendogli la mano.

«Grazie, Caio Mario.»

«Bravo» disse Rutilio Rufo.

Si volsero in direzione dell'estremità del Foro detta Velia e s'incamminarono.

Rutilio Rufo lasciò la conversazione a Mario e Druso, lieto di constatare che il giovane nipote maturava tanto splendidamente come avvocato, ma consapevole degli inconvenienti di quel suo fisico stolidamente tarchiato. Il giovane Druso, pensò suo zio Publio, era un cucciolo alquanto privo di senso dell'umorismo, brillante ma arido, che non avrebbe mai posseduto quella leggerezza dell'essere capace di discernere i pericoli del grottesco, sicché col passare degli anni non sarebbe riuscito a sottrarsi alla maggior parte del dolore esistenziale. Zelante. Cocciuto. Ambizioso. Incapace di mollare, una volta azzannato un problema. Sì. Malgrado tutto, però, si disse zio Publio, il giovane Druso era uno stimato cucciolo.

«Sarebbe stata una gran brutta cosa per Roma se il tuo cliente italico fosse stato condannato» stava dicendo Mario.

«Brutta davvero. Frauco è uno degli uomini più importanti, nonché un anziano, della Marsica. Logicamente, non sarà più tanto importante dopo che avrà restituito il denaro che deve a Caio Oppio, ma ne farà dell'altro» disse Druso.

Erano giunti alla Velia, quando: «Salite al Palatino?» domandò il giovane Druso, arrestandosi di fronte al tempio di Giove Statore.

«No di certo» fece Publio Rutilio Rufo, strappandosi ai suoi pensieri. «Caio Mario viene a cena da me, nipote.»

Il giovane Druso s'inchinò solennemente ai due anziani, poi attaccò la salita del Clivo Palatino: alle spalle di Mario e Rutilio

Rufo sbucò la sagoma tutt'altro che attraente di Quinto Servilio Cepione il Giovane, l'amico più caro di Druso, lanciato all'inseguimento dell'avvocato, il quale doveva averlo udito, ma non lo aspettò.

«Ecco un'amicizia che non mi piace» osservò Rutilio Rufo, indugiando a guardare i due giovani che rimpicciolivano in lontananza.

«Ah, sì?»

«La famiglia di Servilio Cepione vanta impeccabili titoli di nobiltà e ricchezze enormi, ma i suoi membri sono tanto scarsi d'intelletto quanto altezzosi, per cui quella non è un'amicizia tra pari» continuò lo zio. «A quanto sembra, mio nipote preferisce il bizzarro tipo di deferenza e adulazione che gli offre il giovane Cepione a un più stimolante, per non dire frenante, tipo di frequentazione amichevole con altri giovani alla sua altezza. Peccato. Temo, infatti, Caio Mario, che la devozione di Cepione il Giovane dia a Druso una falsa impressione della sua capacità di guidare gli uomini.»

«In battaglia?»

Rutilio Rufo si fermò di scatto. «Caio Mario, *esistono* altre attività oltre alla guerra, e altre istituzioni oltre agli eserciti! No, mi riferivo al governo del Foro.»

In seguito, quella stessa settimana, Mario tornò a far visita al suo amico Rutilio Rufo e lo sorprese nell'atto di fare i bagagli, l'aria turbata.

«Panezio è in fin di vita» spiegò Rutilio, trattenendo a stento le lacrime.

«Oh, mi dispiace!» fece Maio. «Dov'è? Farai in tempo a raggiungerlo?»

«Lo spero. Si trova a Tarso, e chiede di me. Strano, che fra tutti i Romani abbia chiesto di vedere proprio me!»

Mario lo guardò con dolcezza. «E perché non avrebbe dovuto? Dopotutto, sei stato il suo allievo migliore.»

«No, no» replicò l'altro, perso in altri pensieri.

«Me ne torno a casa» disse Mario.

«Che assurdità!» ribatté Rutilio Rufo, facendogli strada verso il *tablinum*, una stanza terribilmente disordinata che sembrava traboccare di scrittoi e tavoli ingombri di pile di libri, perlopiù almeno in parte srotolati, in certi casi fissati a un'estremità e ricadenti sul pavimento in una cascata di prezioso papiro egiziano.

«In giardino» invitò Mario con fermezza, non scorgendo un

posto dove appollaiarsi in quel caos, ma perfettamente consapevole che l'amico era in grado di scovare un qualsiasi libro di sua proprietà in un lampo, per quanto potesse apparire sepolto fra tutti gli altri all'occhio di un profano.

« Che cosa stai scrivendo? » domandò, alla vista, su un tavolo, di una lunga striscia di papiro di Fannio semicoperta dall'inequivocabile grafia di Rutilio Rufo, chiara e leggibilissima quanto la stanza era disordinata.

« Qualcosa su cui mi serve il tuo consiglio » rispose Rutilio, facendogli strada in giardino. « Un manuale d'informazione militare. Dopo la nostra conversazione sul tema dei generali inetti che Roma ha fatto scendere in campo negli ultimi anni, ho pensato fosse ora che una persona competente scrivesse un utile trattato. Finora mi sono occupato di problemi logistici e preparativi di base, ma a questo punto devo passare alla tattica e alla strategia, campi in cui tu sei di gran lunga più esperto di me. Per cui ho intenzione di spremerti il cervello. »

« Consideralo già spremuto! » Mario sedette su una panca di legno nel minuscolo giardino privo di sole, alquanto trascurato, invaso dalle erbacce e con una fontana che non buttava acqua. « Hai ricevuto una visita di Metello del Porcile? » domandò.

« A dire il vero, sì, qualche ora fa » rispose Rutilio, mettendosi comodo su una panca di fronte a Mario.

« È venuto a trovare anche me, stamane. »

« Sorprendente, quanto poco sia cambiato, il nostro Quinto Cecilio Metello del Porcile! » rise Rutilio Rufo. « Se avessi avuto a portata di mano un porcile, o la mia fontana fosse degna di tal nome, penso che ce lo avrei scaraventato un'altra volta. »

« So che cosa provi, ma non credo che sia una buona idea » disse Mario. « Che cos'aveva da dirti? »

« Si candiderà al consolato. »

« Se mai ci saranno le elezioni! Che gli è preso, a quei due pazzi, per cercare di farsi rieleggere alla carica di tribuni della plebe, quando è andata male persino ai Gracchi? »

« La cosa non dovrebbe ritardare le elezioni delle Centurie... a dire il vero neppure quelle del Popolo » disse Rutilio Rufo.

« E invece sì! I nostri due aspiranti alla rielezione costringeranno i loro colleghi a porre il veto a ogni elezione » ribatté l'altro. « Sai come sono fatti i tribuni della plebe: una volta azzannata la preda, nessuno li ferma più. »

Rutilio scoppiò in una risata. « Se non lo so io, come sono fatti i tribuni della plebe! Sono stato uno dei peggiori. E lo stesso vale per te, Caio Mario. »

« Be', sì... »

« Le elezioni ci saranno, non temere » lo tranquillizzò Rutilio
Rufo, perfettamente a suo agio. « La mia previsione è che i tribuni
della plebe andranno alle urne quattro giorni prima delle Idi di dicembre, e tutti gli altri li seguiranno subito dopo le Idi. »

« E Metello del Porcile sarà eletto console » disse Mario.

Rutilio Rufo si chinò in avanti, giungendo le mani. « Metello
sa qualcosa. »

« Non hai torto, amico mio. Decisamente sa qualcosa che noi
ignoriamo. Qualche supposizione? »

« Giugurta. Ha in programma una guerra contro Giugurta. »

« Lo penso anch'io » fu d'accordo Mario. « Solo, sarà lui a ini-
ziarla o toccherà invece a Spurio Albino? »

« Non avrei mai detto che Spurio Albino ne avesse il fegato.
Ma sarà il tempo a chiarirlo » ribatté placidamente Rutilio.

« Mi ha offerto l'incarico di legato anziano del suo esercito. »

« L'ha offerto anche a me. »

Si scambiarono un'occhiata, sogghignando.

« Allora sarà meglio che c'impegnamo a scoprire che cosa sta
succedendo » disse Mario, rimettendosi in piedi. « Spurio Albino
dovrebbe arrivare da un giorno all'altro per indire le elezioni, dato
che nessuno lo ha informato che non ci saranno elezioni per il
prossimo futuro. »

« Dovrebbe aver lasciato la Provincia d'Africa prima che avesse
modo di apprendere la notizia, comunque » osservò Rutilio Rufo,
evitando di rimetter piede nel *tablinum*.

« Hai intenzione di accettare la proposta di Metello del Porcile? »

« Sì, se l'accetterai anche tu, Caio Mario. »

« Bene! »

Rutilio aprì personalmente la porta. « E come sta Iulia? Non
avrò occasione di vederla. »

L'altro s'illuminò. « Benissimo... splendidamente! »

« Vecchio sciocco eccentrico » disse Rutilio, e sospinse fuori
Mario. « Drizza le orecchie mentre sarò via, e scrivimi, se fiuti sentore di guerra. »

« Lo farò. Ti auguro un buon viaggio. »

« In autunno? La nave sarà una specie di carnaio, e potrei an-
negare. »

« Non tu » fece Mario, sorridendo. « Padre Nettuno non ti avrà:
non sarebbe disposto a mandare a monte i piani di Metello del
Porcile. »

Iulia era incinta, e felicissima di esserlo; l'unica tensione cui era sottoposta erano le premure da vera chioccia di Mario nei suoi confronti.

«Sul serio, Caio Mario, sto benissimo» gli disse per la millesima volta; si era in novembre, e il bambino era atteso per il marzo dell'anno nuovo, sicché la gravidanza di Iulia cominciava a essere visibile. Tuttavia era sbocciata come un bel fiore, nella miglior tradizione delle mamme in attesa, incurante di nausee o pancione.

«Sicura?» le domandò ansioso il marito.

«Vattene, scappa via!» fece lei, ma con dolcezza e sorridendo.

Rassicurato, l'orgoglioso consorte la lasciò in compagnia delle ancelle nella stanza da lavoro e passò nel *tablinum*. Era la sola stanza dell'immensa casa in cui non si avvertisse la presenza di Iulia, l'unico luogo in cui Mario riuscisse a dimenticarsi di lei. Non che si sforzasse di dimenticarsene; però c'erano momenti in cui aveva bisogno di pensare ad altro.

A ciò che stava accadendo in Africa, per esempio. Sedutosi allo scrittoio, tirò verso di sé una striscia di papiro e attaccò a scrivere nella sua nuda prosa senza fronzoli a Publio Rutilio Rufo, sbarcato sano e salvo a Tarso al termine di un viaggio rapidissimo.

Presenzio a ogni seduta del Senato e della Plebe, e finalmente si ha l'impressione che saranno indette le elezioni in un prossimo futuro. Era anche tempo. Come hai detto tu, quattro giorni prima delle Idi di dicembre. Publio Licinio Lucullo e Lucio Annio cominciano a dar segni di stanchezza; non credo che riusciranno a ottenere un secondo mandato come tribuni della plebe. In realtà, l'impressione generale è che abbiano fatto in modo da lasciarlo credere a tutti solo allo scopo di imporre maggiormente i loro nomi all'attenzione degli elettori. Puntano entrambi al consolato, ma nessuno dei due è riuscito a far colpo mentre erano tribuni della plebe: e non c'è da stupirsene, se si considera che non sono riformatori. Sicché, quale modo migliore per far colpo che dar noia a tutto l'elettorato romano? Si direbbe che stessi trasformandomi in un cinico. Ti pare possibile per un campagnolo italico che non sa di greco?

Come saprai, le cose finora sono andate lisce in Africa, sebbene le nostre fonti ci informino che Giugurta sta reclutando e addestrando un cospicuo esercito, e perdipiù alla romana! La situazione, tuttavia, era tutt'altro che tranquilla quando Spurio Albino è tornato in patria più di un mese fa per indire le elezioni. Ha fatto rapporto al Senato, non escluso il fatto che aveva limitato il suo esercito a tre legioni, una composta di ausiliari locali, un'altra di truppe romane già di stanza in Africa, e una terza che si era portato dall'Italia la primavera scorsa. Per il momento non hanno ancora avuto modo di cimentarsi. Spurio Albino è privo di inclinazioni marziali, a quanto sembra. Non posso dire lo stesso di Metello del Porcile.

Ma ciò che ha davvero irritato i nostri venerabili colleghi del Senato è stata la notizia che Spurio Albino aveva ritenuto opportuno nominare il suo fratellino, Aulo Albino, governatore della Provincia d'Africa e comandante dell'esercito africano in sua vece! Figurati! Suppongo che se Aulo Albino fosse stato il suo questore, forse avrebbe superato lo scrutinio del Senato, ma — so bene che ne sei informato, però te lo ridico a scanso di equivoci — l'incarico di questore non era abbastanza altisonante per Aulo Albino, per cui l'hanno aggregato allo stato maggiore del fratello in qualità di legato anziano. Senza l'approvazione del Senato! Ed ecco come stanno le cose nella nostra Provincia d'Africa, governata in assenza del titolare da una testa calda di trent'anni, del tutto priva di esperienza e di intelligenza appena passabile. Marco Scauro sprizzava rabbia da tutti i pori, e ha fatto al console una ramanzina che non dimenticheremo tanto in fretta, te lo posso garantire. Ma ormai è fatta. Possiamo solo sperare che il governatore Aulo Albino si comporti come si deve. Scauro ne dubita. E lo stesso vale per me, Publio Rutilio.

La lettera fu spedita a Publio Rutilio Rufo prima che si tenessero le elezioni; Mario aveva inteso che fosse l'ultima, nella speranza che l'anno nuovo salutasse il ritorno di Rutilio a Roma. Ma gli arrivò una lettera dell'amico, in cui lo informava che Panezio era ancora in vita, e così rinfrancato dalla presenza del suo antico allievo da far ritenere probabile che sarebbe vissuto parecchi mesi più di quanto avessero lasciato intendere le circostanze del suo male incurabile. «Attendi il mio ritorno per la prossima primavera, poco prima che Metello del Porcile s'imbarchi per l'Africa» diceva la lettera di Rutilio.

Così Mario si risedette allo scrittoio, mentre l'anno vecchio volgeva al termine, e scrisse un'altra lettera a Tarso.

Chiaramente, non avevi il minimo dubbio che Metello del Porcile sarebbe stato eletto console, e avevi perfettamente ragione. Il Popolo e la Plebe, tuttavia, hanno tenuto le loro elezioni un bel po' prima che andassero alle urne le Centurie, e nessuno dei due corpi elettorali ci ha riservato sorprese. Così, i questori sono entrati in carica il quinto giorno di dicembre e i nuovi tribuni della plebe il decimo, e l'unico nuovo tribuno della plebe che mi sembri interessante è Caio Mamilio Limetano. Oh, e anche tre dei nuovi questori sono promettenti; due di loro sono i nostri giovani, illustri oratori e principi del foro, Lucio Licinio Crasso e il suo miglior amico, Quinto Muzio Scevola, ma il terzo lo trovo ancor più interessante: un individuo particolarmente caustico e impetuoso, di recente famiglia plebea, Caio Servilio Glaucia, che, ne sono certo, ricorderai dai tempi in cui esercitava in tribunale; in questi giorni si dice che sia il miglior estensore legale che Roma abbia mai prodotto. Non mi piace. Metello del Porcile è risultato primo alle urne delle Centurie, sicché sarà lui il console anziano l'anno prossimo. Ma Marco Giunio Silano lo seguiva da vicino. Nel complesso, si è trattato di un voto conservatore, insomma. Neppure un Uomo Nuovo tra i pretori. Tra i sei eletti figurano invece due patrizi e un patrizio adottato da una famiglia plebea, il quale altri non è che Quinto Lutazio Catulo Cesare. Per quanto riguarda il Senato, di conseguenza, si è trattato di un voto eccellente, che promette bene per l'anno nuovo.

E poi, mio caro Publio Rutilio, è piombata la folgore. A quanto pare, Aulo Albino si è lasciato tentare dalle voci secondo cui un favoloso tesoro era ammassato nella città numida di Suthul. Così ha atteso appena quel tanto che bastava a garantirgli che il fratello console si fosse messo in viaggio per tornare a Roma a indire le elezioni, e ha invaso la Numidia! E alla testa di tre miserabili e inesperte legioni, pensa un po'! L'assedio di Suthul è stato uno smacco, naturalmente: gli abitanti della città non hanno fatto altro che sbarrare le porte e ridere di lui dall'alto delle mura. Ma anziché riconoscere che non era in grado di portare a buon fine un piccolo assedio, figuriamoci poi una campagna vera e propria, che ti combina Aulo Albino? Fa ritorno nella Provincia Romana? Mi pare di sentirti domandare, da quell'uomo altamente logico che sei. Be', avrebbe potuto essere la tua scelta, se fossi stato nei panni di Aulo Albino, ma non è stata la scelta di Aulo Albino. Lui ha tolto l'assedio e si è rimesso in marcia, penetrando nella Numidia occidentale! Alla testa di tre miserabili e inesperte legioni. Giugurta l'ha attaccato nel cuor della notte da qualche parte nei pressi della città di Calama, e ha inflitto una così grave sconfitta ad Aulo Albino che il fratellino del nostro console si è arreso senza condizioni. E Giugurta ha costretto ogni soldato romano e ausiliario a passare sotto il giogo. Dopoaiché ha strappato ad Aulo Albino la stipula di un trattato con cui gli si concedeva tutto ciò che non era riuscito a ottenere dal Senato!

Ne abbiamo avuto notizia, a Roma, non da Aulo Albino ma da Giugurta, il quale ha inviato al Senato una copia del trattato con una lettera di accompagnamento in cui si lagnava aspramente della perfidia romana nell'invadere un paese pacifico che non aveva alzato un dito contro Roma con intenzioni bellicose. Quando dico che Giugurta ha scritto al Senato, in realtà intendo che ha avuto la sfacciataggine di scrivere al suo più antico e ostinato nemico, Marco Emilio Scauro, nella sua funzione di *Princeps Senàtus*. Un oltraggio calcolato ai consoli, naturalmente, la decisione di scrivere direttamente al presidente dell'Assemblea. Oh, la rabbia di Scauro! Ha subito convocato in riunione il Senato e ha costretto Spurio Albino a divulgare molte cose che erano state astutamente tenute nascoste, ivi compreso il fatto che Spurio non era per nulla all'oscuro dei piani del fratellino, come aveva in un primo tempo sostenuto. Il Senato ne è rimasto attonito. Poi la situazione si è fatta disgustosa, e la fazione di Albino si è affrettata a voltar gabbana, lasciando Spurio tutto solo ad ammettere che aveva appreso la notizia da Aulo in una lettera giuntagli parecchi giorni prima. Da Spurio abbiamo appreso che Giugurta aveva intimato ad Aulo di rientrare nella Provincia Romana d'Africa, proibendogli di varcare il confine con la Numidia. E così, il giovane, avido Aulo Albino se ne sta in attesa, implorando il fratello di inviargli direttive sul da farsi.

Mario sospirò, flettè le dita; ciò che per Rutilio Rufo era un piacere, per lui, che non amava scrivere lettere, era una dura incombenza. «Tira avanti, Caio Mario» si disse. E tirò avanti.

Com'è logico, ciò che più ferisce è il fatto che Giugurta abbia costretto l'esercito romano a passare sotto il giogo. Accade di rado, ma non manca mai di mettere in agitazione l'intera città, dalle classi più alte alle infime: essendo la mia prima esperienza in materia, mi ritrovo altrettanto agitato, umiliato, devastato del più romano dei Romani. Oserei dire che sarebbe stato del pari doloroso per te, per cui sono contento che non fossi qui ad assistere alle scene: gente vestita a lutto che piangeva e si strappava i capelli, molti dei cavalieri senza la striscia di porpora sulle tuniche, senatori che ne ostentavano una sottile in luogo del laticlavio, l'intero Territorio del Nemico davanti al tempio di Bellona disseminato di cumuli di offerte per dare una lezione a Giugurta. La dea Fortuna ha lasciato cadere una bella campagna militare sulle ginocchia di Metello del Porcile per l'anno prossimo, e tu e io avremo il nostro giorno di gloria, sempre ammesso che si riesca a imparare ad andare d'accordo con Metello in qualità di comandante in capo!

Il nuovo tribuno della plebe Caio Mamilio non fa che latrare, chiedendo il sangue di Postumio Albino: vuole che Aulo Albino sia condannato a morte per alto tradimento, e suo fratello Spurio Albino processato a sua volta per alto tradimento, se non altro per essere stato così stupido da nominare Aulo governatore in sua vece. In effetti, Mamilio invoca l'istituzione di un tribunale speciale, e vorrebbe processare ogni romano che abbia avuto dubbi rapporti con Giugurta, dai tempi di Lucio Opimio in poi, figurati. E l'umore dei Padri Coscritti del Senato è tale che probabilmente Mamilio l'avrà vinta. Per via del passaggio sotto il giogo. Tutti sono d'accordo nel dire che l'esercito e il suo comandante avrebbero dovuto morire combattendo piuttosto di sottoporre la loro patria a così abietta umiliazione. Non sono dello stesso avviso, naturalmente, e ritengo che neppure tu lo sia. Un esercito vale solo quanto il suo comandante, indipendentemente dal suo potenziale.

Il Senato ha redatto e spedito una lettera durissima a Giugurta, informandolo che Roma non può e non vuole riconoscere un trattato strappato a viva forza a un uomo privo di *imperium*, e perciò dell'autorità conferitagli dal Senato e dal Popolo di Roma, di comandare un esercito, governare una provincia o stipulare un trattato.

E infine, ma non ultimo in ordine d'importanza, Publio Rutilio, Caio Mamilio ha ottenuto dall'Assemblea della Plebe il mandato di istituire un tribunale speciale che sarà chiamato a processare per alto tradimento tutti coloro i quali hanno avuto, o si sospetta abbiano avuto, a che fare con Giugurta. Questo è un poscritto, aggiunto proprio l'ultimo giorno dell'anno. Una volta tanto, il Senato ha appoggiato con vigore la proposta legislativa della plebe, e Scauro è impegnatissimo a compilare una lista degli uomini che dovranno essere processati. Con l'aiuto di un gongolante Caio Memmio, che finalmente si è preso la rivincita. Ciò che più conta, in questo tribunale speciale di Mamilio, le probabilità di ottenere condanne per alto tradimento sono assai maggiori di quanto accadrebbe seguendo le vie tradizionali in processi istruiti dall'Assemblea delle Centurie. Finora sono stati chiamati in causa i nomi di Lucio Opimio, Lucio Calpurnio Bestia, Caio Porzio Catone, Caio Sulpicio Gamba, Spurio Postumio Albino e suo fratello. La voce del sangue è forte, tuttavia. Spurio Albino ha radunato un formidabile schieramento di avvocati per contrapporre al Senato il fatto che qualsiasi cosa il suo fratellino Aulo possa o meno aver fatto, legalmente non è tenuto a sottostare a processo in quanto non ha mai legalmente posseduto l'*imperium*. Dal che si deduce che Spurio Albino intende assumersi anche le colpe di Aulo, e sarà certamente condannato. Trovo davvero strano che, se le cose andranno come sono quasi certo accadrà, il principale colpevole, Aulo Albino, sbucherà da sotto il giogo senza una macchia a infangarne la carriera!

Oh, e Scauro sarà uno dei tre presidenti della Commissione di Mamilio, come chiamano questo nuovo tribunale. Ha accettato senza la minima esitazione.

E questo è tutto per l'anno vecchio, Publio Rutilio. Un anno importante, tutto sommato. Dopo che avevo perso ogni speranza, la mia testa è tornata a galleggiare sulla superficie delle acque politiche di Roma, spinta all'insù dal mio matrimonio con Iulia. Metello del Porcile mi fa addirittura la corte, e uomini che un tempo neppure notavano la mia presenza, mi rivolgono la parola come a un loro pari. Riguardati durante il viaggio di ritorno, e torna presto.

Il secondo anno (109 a.C.)

DURANTE IL CONSOLATO DI
QUINTO CECILIO METELLO
E
MARCO GIUNIO SILANO

CAIO GIULIO CESARE

Panezio morì a Tarso a metà febbraio, il che lasciava a Publio Rutilio Rufo poco tempo per tornare in patria prima dell'inizio della stagione delle campagne militari; in origine, aveva avuto in animo di compiere il grosso del viaggio via terra, ma l'urgenza lo costrinse a correre i rischi di un viaggio per mare.

«E sono stato davvero fortunato» disse a Caio Mario, il giorno dopo il suo arrivo a Roma, poco prima delle Idi di marzo. «Tanto per cominciare, i venti soffiavano nella direzione desiderata.»

Mario abbozzò un sorriso. «Te l'avevo detto, Publio Rutilio, che neppure padre Nettuno avrebbe avuto il coraggio di mandare a monte i piani di Metello! In effetti, sei stato fortunato anche in altri sensi: se ti fossi trovato a Roma, avresti dovuto sobbarcarti il poco invidiabile compito di recarti presso gli alleati italici per convincerli a consegnarci truppe.»

«Cosa che hai dovuto fare tu, ne deduco.»

«Dai primi di gennaio, quando il sorteggio ha affidato a Metello l'incarico della guerra d'Africa contro Giugurta. Oh, il reclutamento non è stato difficile, con tutta l'Italia che ardeva dal desiderio di vendicare l'oltraggio di passare sotto il giogo. Solo che gli uomini giusti si stanno facendo sempre più rari» rispose Mario.

«Allora non ci resta che sperare che il futuro non abbia in serbo altri rovesci militari per Roma» disse Rutilio Rufo.

«Infatti.»

«Come si è comportato Metello nei tuoi riguardi?»

«In modo abbastanza civile, tutto considerato» fece Mario. «È venuto a trovarmi all'indomani dell'insediamento in carica, e quanto meno mi ha usato la cortesia di esporre schiettamente le sue motivazioni. Gli ho domandato perché volesse proprio me, e te, naturalmente, quando l'avevamo preso tanto in giro ai bei tempi di Numanzia. E mi ha risposto che non gliene importava un fico di Numanzia. Ciò che gli interessava era vincere questa guerra in Africa, e non vedeva modo migliore per riuscirci che avvalersi dei servigi dei due uomini più idonei a comprendere la strategia di Giugurta. »

«È un'ottima idea» constatò Rutilio Rufo. «Otterrà la gloria, come comandante. Che importa chi dovrà vincere la guerra per lui, quando sarà lui a montare sul carro del trionfo e a ricavarne tutto il merito? Il Senato non offrirà a te o a me il diritto a fregiarsi del nomignolo di Numidico; l'offrirà a lui. »

«Be', ne ha bisogno più di noi. Metello del Porcile è un Cecilio, Publio Rutilio! La qual cosa significa che si fa guidare dalla testa, e non dal cuore, soprattutto quando ne va della sua pelle. »

«Oh, non potevi usare parole più acconce! » esclamò Rutilio Rufo in tono di apprezzamento.

«Sta già brigando affinché il Senato gli accordi una proroga, lasciandogli il comando per il prossimo anno» disse Mario.

«La qual cosa sta a dimostrare che già ai tempi si era fatto un'idea sufficientemente chiara di Giugurta, per rendersi conto che non sarebbe stata impresa facile soggiogare la Numidia. Quante legioni si porta via? »

«Quattro. Due romane, due italiche. »

«Più le truppe già di stanza in Africa... altre due legioni, diciamo. Sì, dovremmo farcela, Caio Mario. »

«Sono d'accordo con te. »

Mario si alzò da dietro lo scrittoio e andò a mescere il vino.

«Che cos'è questa storia che ho sentito, a proposito di Gneo Cornelio Scipione? » domandò Rutilio Rufo, accettando la coppa che l'amico gli porgeva, appena in tempo, ché Mario scoppiò in una risata, versando il vino contenuto nella sua.

«Oh, Publio Rutilio, è stato fantastico! Sinceramente, le buffonate dell'antica nobiltà romana non finiscono mai di stupirmi. Prendiamo Scipione, eletto pretore con tutti i crismi e nominato governatore della Spagna Ulteriore quando si è tirato a sorte per stabilire a chi dovessero toccare le Provincie riservate ai pretori. E che ti combina? Si alza a parlare in Senato e *declina* solennemente l'onore di governare la Spagna Ulteriore! "Perché?" domanda Scauro, strabiliato: è stato lui a presiedere le operazioni di sorteggio. "Perché" fa Scipione con una schiettezza che ho trovato addirittura commovente "saccheggerei quel paese." Si è scatenato il putiferio: acclamazioni, risate di scherno, trapestìo, battimani. E quando finalmente si sono spenti i clamori, Scauro si è limitato a dire: "Ne convengo, Gneo Cornelio, saccheggeresti quel paese". Così, ora ci mandano Quinto Servilio Cepione, a governare la Spagna Ulteriore, invece di Scipione. »

«Anche lui saccheggerà il paese» osservò Rutilio Rufo, sorridendo.

«Certo, certo! Questo lo sapevano tutti quanti, Scauro compreso. Ma almeno Cepione ha tanto garbo da fingere che non lo farà, sicché Roma potrà chiudere un occhio riguardo alla Spagna e la vita potrà continuare come al solito» disse Mario, tornato dietro lo scrittoio. «Amo questo posto, Publio Rutilio, sul serio.»

«Sono lieto che Silano sia rimasto a casa.»

«Be', fortunatamente, ci dev'essere qualcuno che governi Roma! Che scappatoia! Il Senato ha fatto i salti mortali per prorogare il mandato di governatore della Macedonia a Minucio Rufo, te lo posso garantire. E coperto quel posto per Silano non è rimasto altro che Roma, dove le cose, più o meno, vanno avanti da sole. Silano al comando di un esercito è una prospettiva tale da far impallidire Marte in persona.»

«Questo è poco ma sicuro!» ribatté Rutilio Rufo con veemenza.

«È un anno buono, finora» continuò Mario. «Non solo alla Spagna sono state risparmiate le tenere cure di Silano, ma la stessa Roma è in larga misura l'ultima spiaggia dei villani, se mi è consentito definire in questo modo alcuni dei nostri consolari.»

«Alludi alla Commissione di Mamilio?»

«Proprio così. Bestia, Galba, Opimio, Caio Catone e Spurio Albino sono stati tutti condannati, e ci sono altri processi in vista, benché non ci si possano aspettare sorprese. Caio Memmio ha dato prova di grande diligenza nell'aiutare Mamilio a raccogliere le prove di collusione con Giugurta, e Scauro è un presidente di tribunale addirittura spietato. Pur avendo parlato in difesa di Bestia, dopo ha cambiato le carte in tavola e ha dato voto favorevole alla sua condanna.»

Rutilio Rufo sorrise. «È sempre necessaria una certa elasticità» disse. «Scauro era tenuto a sdebitarsi nei confronti di un collega consolare sostenendone la difesa, ma la cosa non gli avrebbe mai impedito di tener fede ai suoi doveri verso la corte. Non a Scauro.»

«No, non a Scauro!»

«E dove sono finiti i condannati?» domandò Rutilio Rufo.

«Di questi tempi, a quanto sembra, i più sono propensi a scegliere Marsiglia come luogo d'esilio, anche se Lucio Opimio ha optato per la Macedonia.»

«Ma Aulo Albino ne è uscito indenne.»

«Sì. Spurio Albino si è addossato tutte le colpe, e il Senato ha espresso voto favorevole» disse Mario, sospirando. «Un gran bel cavillo legale.»

Iulia entrò in travaglio alle Idi di marzo, e quando le levatrici lo informarono che non si sarebbe trattato di un parto facile, Mario si affrettò a convocare i suoceri.

« Il nostro è un sangue troppo antico e troppo debilitato » disse Cesare di malumore, mentre se ne stavano seduti assieme nel *tablinum* di Mario, marito e padre uniti da un comune vincolo d'amore e di paura.

« Il mio non lo è » obiettò Mario.

« Ma questo non *le* sarà di aiuto! Potrà aiutare sua figlia se ne avrà una, e di questo dobbiamo render grazie agli dèi. Avevo sperato, sposando Marzia, di infondere un po' di vigore plebeo nella mia stirpe, ma anche Marzia è troppo nobile, a quanto pare. Sua madre era una patrizia, della *gens* Sulpicia. So che c'è chi sostiene l'esigenza di mantenere la purezza del sangue, ma ho avuto modo di notare ripetutamente che le fanciulle di antica famiglia mostrano la tendenza ad avere emorragie da parto. Perché altrimenti il tasso di mortalità tra le fanciulle di nobile stirpe sarebbe tanto più elevato che tra le altre ragazze? » E Cesare si passò le mani tra i capelli d'oro inargentato.

Mario non resistette a starsene seduto; si alzò e prese a camminare su e giù. « Be', Iulia può contare sulla miglior assistenza che il denaro è in grado di garantirle » disse, accennando col capo in direzione della stanza in cui Iulia giaceva in travaglio e dalla quale avevano già cominciato a giungere grida e lamenti.

« Non sono riusciti a salvare il nipote di Clitumna, lo scorso autunno » disse Cesare, cedendo alla testardaggine.

« Chi? Alludi a quella tua insopportabile vicina di casa? »

« Sì, proprio quella Clitumna. Suo nipote è morto lo scorso settembre dopo lunga malattia. Era ancora un ragazzo, e sembrava anche in buona salute. I medici hanno fatto tutto ciò che ritenevano possibile, ma è morto egualmente. E da allora il pensiero mi ossessiona. »

Mario sgranò gli occhi in faccia al suocero. « Perché mai ti ossessiona? » domandò. « Che nesso c'è? »

Cesare si mordicchiò il labbro. « Le cose succedono sempre tre volte di seguito » rispose in tono privo di gaiezza. « La morte del nipote di Clitumna si è verificata nelle vicinanze mie e dei miei cari. Ci saranno altre morti. »

« In tal caso, si tratterà di morti in seno alla stessa famiglia. »

« Non necessariamente. Dovranno solo verificarsi tre decessi, tutti connessi tra loro per *qualche* verso. Ma, finché non si avrà la seconda morte, sfido un veggente a predire quale sarà il nesso. »

Mario spalancò le braccia, un po' per l'esasperazione, un po' per la disperazione. «Caio Giulio, Caio Giulio! Sforzati di essere ottimista, te ne prego! Nessuno è ancora venuto a dirci che Iulia è in pericolo di vita, mi è stato semplicemente annunciato che non si tratterà di un parto facile. Così ti ho mandato a chiamare perché mi aiutassi a superare quest'orribile attesa, e non perché mi scoraggiassi al punto di non vedere uno spiraglio di luce!»

Vergognandosi un po', Cesare compì uno sforzo notevole. «A dire il vero, sono lieto che la gravidanza di Iulia sia giunta a termine» disse più bruscamente. «Non ho voluto turbarla in questi ultimi tempi, ma spero che, una volta partorito, possa trovare il tempo per fare quattro chiacchiere con Iulilla.»

In cuor suo, Mario pensava che ciò di cui Iulilla aveva bisogno era di essere sculacciata di santa ragione dal padre, ma riuscì a fingere disinteresse; dopotutto, non era mai stato padre e ora che, piacendo agli dèi, stava per diventarlo, doveva ammettere con se stesso che avrebbe anche potuto rivelarsi un *tata* adorante come Caio Giulio Cesare.

«Che succede a Iulilla?» domandò.

Cesare sospirò. «Non mangia. È da un pezzo che abbiamo qualche problema per farla mangiare, ma negli ultimi quattro mesi la situazione è peggiorata. Ha perso un sacco di chili! E adesso ha la tendenza a svenire, crolla come un masso, di punto in bianco. I medici non riescono a scoprirne la causa.»

"Oh, diventerò anch'io così?" si domandò il futuro padre. "Quella signorinella viziata non ha niente che una bella dose d'indifferenza non potrebbe guarire!" Supponeva, però, che Iulilla fosse un argomento di conversazione come un altro, per cui si sforzò di parlare di lei. «Sicché, ne deduco, vorresti che Iulia andasse a fondo della faccenda?»

«Infatti!»

«Probabilmente è innamorata di un tizio poco raccomandabile» disse Mario, completamente all'oscuro della faccenda, ma con esatta intuizione.

«Sciocchezze!» ribatté seccamente Cesare.

«Come fai a dire che sono sciocchezze?»

«L'hanno pensato anche i medici, e ho indagato a fondo» rispose, sulla difensiva.

«A chi l'hai domandato? A lei!»

«Logico!»

«Sarebbe stato più utile domandarlo alla sua ancella.»

«Oh, via, Caio Mario!»

«Non sarà incinta?»

«Insomma, Caio Mario!»

«Sta' a sentire, suocero, a questo punto non serve cominciare a considerarmi alla stregua di un insetto» ribatté Mario con durezza. «Faccio parte della famiglia, non sono un estraneo. Se riesco a scorgere una possibilità del genere io, con la mia scarsissima esperienza in fatto di ragazzine sedicenni, dovresti riuscirci anche tu, e persino meglio di me. Convoca la sua ancella nel tuo *tablinum* e dalle una bella strigliata finché non riuscirai a strapparle la verità: ti garantisco che Iulilla le fa le sue confidenze, e ti garantisco che crollerà, se la interroghi come si deve... con minacce di tortura e di morte!»

«Non me la sento di fare una cosa del genere!» esclamò Cesare, rifuggendo persino dall'idea di adottare misure tanto drastiche.

«Non dovrai far altro che usare la verga con lei» disse Mario, paziente. «Qualche bacchettata sul sedere, e basterà un accenno alla tortura per farle dire tutto quel che sa.»

«Non potrei mai» ripeté Cesare.

Mario sospirò. «Fa' come ti pare, allora. Ma non supporre di sapere la verità solo perché l'hai chiesta a Iulilla.»

«Ci sono sempre stati rapporti sinceri tra me e i miei familiari» disse Cesare.

Mario non rispose, limitandosi a mostrare un certo scetticismo.

Si udì bussare all'uscio del *tablinum*.

«Avanti!» invitò Mario, lieto dell'interruzione.

Era il piccolo medico greco di Sicilia, Atenodoro. «*Dominus*, tua moglie desidera vederti,» disse a Mario «e credo che le farebbe bene, se venissi.»

Ciò che Mario si sentiva in petto, gli piombò in fondo al ventre; esalò un respiro che somigliava a un singulto. Cesare era balzato in piedi, e fissava il medico con espressione dolente.

«È... è...?» Cesare non riuscì a concludere la frase.

«No, no! Non preoccupatevi, *domini*, se la sta cavando bene» li rassicurò il greco in tono tranquillizzante.

Caio Mario, che non si era mai trovato in presenza di una donna in travaglio, era atterrito. Non aveva difficoltà a guardare i soldati caduti o feriti in battaglia; erano camerati in armi, da qualsiasi parte militassero, e un soldato sapeva sempre che avrebbe potuto essere uno di loro, se non l'assisteva la dea Fortuna. Nel caso di Iulia, la vittima era una creatura amatissima, da tenere al riparo e da proteggere, cui risparmiare ogni dolore possibile. Eppure, ora Iulia era sua vittima al pari di un qualsiasi nemico, stesa in quel letto di dolore per colpa sua. Pensieri inquietanti, per Caio Mario.

Ogni cosa, tuttavia, sembrava normalissima quando entrò nella camera del travaglio. Iulia era davvero stesa su un letto. La seggetta da partoriente, cioè lo speciale scranno sul quale sarebbe stata trasportata quando fosse entrata nell'ultimo stadio del travaglio, era nascosta in un angolo, per decenza, tanto che Mario neppure la notò. Con suo sommo sollievo, Iulia non sembrava esausta e neppure in preda a disperate sofferenze, e non appena lo vide gli rivolse un sorriso radioso, tendendogli le mani.

Mario le afferrò e baciò. «Va tutto bene?» domandò, un po' scioccamente.

«Ma certo! Solo, ci vorrà parecchio tempo, a quanto mi dicono, e perdo un po' di sangue. Ma niente di cui preoccuparsi, a questo punto.» Una doglia le stravolse il viso; le sue mani si serrarono attorno a quelle di Mario con una forza che lui non le conosceva, e rimasero contratte per un minuto o giù di lì prima che Iulia allentasse la presa. «Volevo solo vederti» continuò, come se non si fosse mai interrotta. «Potrei vederti di tanto in tano, o per te sarebbe troppo angosciante?»

«Ne sarei felicissimo, piccolo amore mio» mormorò lui, chinandosi a posarle un bacio all'attaccatura dei capelli, in corrispondenza di un ciuffetto di riccioli vaporosi. I riccioli erano umidicci, lo informarono le labbra, e anche la pelle era imperlata di sudore. Povero, dolce tesoro!

«Andrà tutto bene, Caio Mario» disse Iulia, lasciandogli andare le mani. «Cerca di non preoccuparti troppo. *So* che tutto andrà bene! *Tata* è ancora con te?»

«Sì.»

Volgendosi per uscire, Mario incrociò lo sguardo feroce di Marzia, che se ne stava in disparte assieme a tre vecchie levatrici. Oh, numi! Ecco qualcuno che ci avrebbe messo un bel po' a perdonarlo per ciò che aveva fatto a sua figlia!

«Caio Mario!» chiamò Iulia quando raggiunse la porta.

Si girò a guardarla.

«È arrivato l'astrologo?» domandò la donna.

«Non ancora, ma l'abbiamo mandato a chiamare.»

Iulia parve sollevata. «Oh, bene!»

Il figlio di Mario nacque ventiquattr'ore dopo, in un lago di sangue. Per poco non costò la vita a sua madre, ma la volontà di sopravvivere di Iulia era fortissima, e dopo che i medici l'ebbero tamponata ben bene, sollevandole il bacino, l'emorragia rallentò, e a un certo punto finì.

«Sarà un uomo illustre, *dominus*, e la sua vita sarà costellata di grandi eventi e grandi imprese» predisse l'astrologo, trascurando abilmente gli aspetti sgradevoli di cui i genitori dei neonati non amano mai sentir parlare.

«Sicché vivrà?» domandò seccamente Cesare.

«Vivrà, senza dubbio.» Un lungo dito, un tantino sudicio, si posò su un'importante opposizione astrale, nascondendola alla vista. «Assurgerà alla più alta carica esistente: sta scritto qui, in modo che tutti possano vederlo.» Un altro lungo, sudicio dito indicò un aspetto trino.

«Mio figlio otterrà il consolato» disse Mario con immensa soddisfazione.

«Sicuramente» fece l'astrologo, dopodiché soggiunse: «Però non sarà così grande come suo padre, dice la disposizione a quinconce».

E Mario ne fu ancor più soddisfatto.

Cesare riempì due coppe del miglior Falerno, senza annacquarlo, e ne porse una al genero, sprizzando fierezza da tutti i pori. «A tuo figlio e mio nipote, Caio Mario» brindò. «E anche alla tua!»

Così, quando alla fine di marzo il console Quinto Cecilio Metello fece vela per la Provincia d'Africa assieme a Caio Mario, Publio Rutilio Rufo, Sesto Giulio Cesare, Caio Giulio Cesare il Giovane e quattro promettenti legioni, Caio Mario poté imbarcarsi nella lieta consapevolezza che sua moglie era fuori pericolo e suo figlio in perfetta salute. Persino sua suocera si era degnata di tornare a rivolgergli la parola!

«Fa' un discorsetto a Iulilla» suggerì a Iulia poco prima della partenza. «Tuo padre è molto preoccupato per lei.»

Rimessasi in forze e traboccante di gioia perché suo figlio era uno splendido bambino, sano e robusto, Iulia si crucciava per un'unica cosa: di non stare ancora abbastanza bene per accompagnare Mario in Campania, e trascorrere qualche altro giorno con lui prima che lasciasse l'Italia.

«Suppongo tu alluda a quella ridicola faccenda del digiuno» disse Iulia, abbandonandosi più comodamente tra le braccia di Mario.

«Be', so solo quanto mi ha detto tuo padre, ma ne ho dedotto che si trattasse di quello» fece lui. «Dovrai perdonarmi, ma non nutro particolare interesse per le ragazzine.»

Sua moglie, che era una ragazzina, sorrise di nascosto; sapeva bene che Mario non la considerava giovane, ma piuttosto una sua coetanea, matura e intelligente quanto lui.

«Parlerò con lei» promise Iulia, alzando il viso a farsi baciare.

«Oh, Caio Mario, peccato che non stia abbastanza bene da tentare di dare un fratellino o una sorellina al piccolo Mario!»

Ma ancor prima che Iulia potesse accingersi a parlare con la sorella in ambasce, si abbatté su Roma la notizia dei Germani, e Roma si abbandonò a frenetiche supposizioni dettate dal panico. Sino da quando i Galli avevano invaso l'Italia, tre secoli addietro, e quasi travolto il neonato stato romano, l'Italia era vissuta nel terrore di incursioni barbariche; era stato per guardarsi da loro che le nazioni italiche alleate avevano deciso di legare i loro destini a quello di Roma, ed era per guardarsi da loro che Roma e i suoi alleati italici erano perennemente impegnati in guerre di confine lungo le migliaia di chilometri di frontiera macedone, tra il mare Adriatico e l'Ellesponto che bagnava la Tracia. Era stato per guardarsi da loro che Gneo Domizio Enobarbo aveva tracciato una vera e propria strada tra la Gallia italica e i Pirenei spagnoli appena dieci anni addietro, e soggiogato le tribù stanziate lungo il Rodano, con l'idea di indebolirle convertendole alla civiltà di Roma e ponendole sotto la protezione militare romana.

Sino a cinque anni prima, erano stati i barbari Galli e Celti a occupare il primo posto nei timori dei Romani; ma poi erano entrati in scena i Germani, e tutt'a un tratto, rispetto a loro, i Galli e i Celti parvero civili, docili, malleabili. Come accade con tutti gli spauracchi, tali paure non scaturivano da ciò che si sapeva, ma dall'ignoto. I Germani erano come sbucati dal nulla, durante il consolato di Marco Emilio Scauro, e dopo aver inflitto una cocente sconfitta a un cospicuo esercito romano, splendidamente addestrato, durante il consolato di Gneo Papirio Carbone, erano di nuovo scomparsi come se non fossero mai esistiti. Misteriosi. Imprevedibili. Incuranti dei normali schemi di comportamento, quali erano compresi e rispettati da tutti i popoli che abitavano le rive del Mediterraneo. Perché mai, infatti, quando la notizia della spaventosa sconfitta si era diffusa in tutta Italia, un'Italia inerme come una donna in una città messa a ferro e fuoco, i Germani avevano fatto dietro-front, sparendo? Era un comportamento privo di senso! Eppure avevano *proprio* fatto dietro-front, erano *proprio* spariti; e così, via via che passavano gli anni, dall'orribile sconfitta subita da Carbone, i Germani si erano ridotti a poco più di una leggenda, di un Mormolyce: uno spauracchio per i bambini. La vecchia, antica paura di un'invasione barbarica aveva ripreso le normali proporzioni, a mezza strada fra un fremito di apprensione e un sorriso d'incredulità.

E ora, di nuovo sbucati dal nulla, i Germani erano tornati, riversandosi a centinaia di migliaia nella Gallia Transalpina, nel punto in cui il Rodano sgorgava dal lago Lemano; e le terre e le tribù dei Galli che versavano tributi a Roma, gli Edui e gli Ambarri, erano inondate di Germani, tutti alti tre metri, chiarissimi di pelle e di capelli, giganti usciti dalle leggende, spettri di chissà quale nordico mondo barbarico sotterraneo. I Germani dilagarono nella tiepida, fertile valle del Rodano, schiacciando ogni creatura vivente che incontravano sul loro cammino, dagli uomini ai topi, dalle foreste alle felci, indifferenti alle messi nei campi quanto lo erano agli uccelli in volo.

La notizia giunse a Roma appena due giorni troppo tardi per richiamare il console Quinto Cecilio Metello e il suo esercito, già sbarcati nella Provincia d'Africa. E così, per quanto sciocco fosse, il console Marco Giunio Silano, trattenuto a esercitare le funzioni del governo a Roma, dove poteva fare meno danni, divenne quanto di meglio il Senato potesse esibire sotto il duplice onere della tradizione e della legge. Un console in carica, infatti, non poteva essere scavalcato in favore di qualche altro comandante, se lasciava intendere di essere disposto a intraprendere una guerra. E Silano si disse felicissimo di intraprendere una guerra contro i Germani. Al pari di Gneo Papirio Carbone cinque anni prima di lui, Silano s'immaginava carri germanici stipati d'oro, e ambiva metter le mani su quell'oro.

Dopo che Carbone aveva provocato i Germani ad attaccarlo e ne aveva riportato una schiacciante sconfitta, i vincitori barbari non si erano curati di raccogliere le armi e le corazze che gli sconfitti romani si erano lasciati appresso, indosso ai caduti o abbandonate da quelli ancora in vita per accelerare la fuga. Sicché furono gli scaltri Romani, e non gli incuranti Germani, a inviare squadre di soldati a raccogliere ogni vestigio di armi ed equipaggiamento, per riportare il tutto a Roma e accatastarvelo. Tale tesoro militare si trovava tuttora in magazzini sparsi per tutta la città, in attesa di essere impiegato. Le limitate capacità produttive dei fornitori di armi ed equipaggiamento all'inizio della stagione bellica erano state esaurite da Metello e dalla sua spedizione africana, così fu una fortuna che le legioni reclutate frettolosamente da Silano potessero essere equipaggiate col materiale messo da parte in precedenza, anche se, naturalmente, le reclute che non possedevano armi e corazze dovevano acquistarle dallo stato, la qual cosa significava che lo stato ricavò un piccolo margine di guadagno dalle nuove legioni di Silano.

Di gran lunga più difficile fu scovare gli uomini da affidare a Silano. I reclutatori dovettero lavorare duramente, e con uno schiacciante senso di urgenza. Il più delle volte si chiudeva un occhio sui requisiti di censo delle reclute: uomini desiderosi di prestare servizio militare, pur non avendo un reddito sufficiente a renderli idonei, venivano frettolosamente arruolati; alla loro impossibilità a procurarsi le armi e l'armatura si ovviava attingendo ai magazzini di Carbone, e il costo relativo era dedotto dall'indennità di servizio. Veterani in congedo erano allettati a lasciare gli ozi bucolici: perlopiù senza troppa difficoltà, dato che gli ozi bucolici mal si confacevano a molti degli uomini che avevano militato per dieci stagioni, e di conseguenza non avrebbero più potuto essere richiamati sotto le armi.

E finalmente fu cosa fatta. Marco Giunio Silano si mise in marcia per la Gallia Transalpina alla testa di uno splendido esercito forte di ben sette legioni, e con un cospicuo corpo di cavalleria composto di Traci e una minoranza di Galli provenienti dalle regioni più fittamente abitate della Provincia Romana della Gallia. Si era alla fine di maggio, appena otto settimane dopo che la notizia dell'invasione germanica era giunta a Roma; nel frattempo, Roma aveva reclutato, armato e almeno parzialmente addestrato un esercito di cinquantamila uomini, tenuto conto della cavalleria e dei non combattenti. Soltanto uno spauracchio terribile come i Germani avrebbe potuto stimolare un così eroico sforzo.

«Comunque, è la prova lampante di ciò che noi Romani sappiamo fare, quando ne abbiamo la volontà» disse Caio Giulio Cesare a sua moglie Marzia, al loro ritorno; erano usciti di città per vedere le legioni che si mettevano in marcia lungo la Via Flaminia in direzione della Gallia italica, uno spettacolo da capogiro, e anche incoraggiante.

«Sì, a patto che Silano sappia cavarsela» ribatté Marzia, da quella perfetta moglie di senatore che era, attivamente interessata alla politica.

«Tu dubiti che ce la farà» disse Cesare.

«E anche tu, se solo volessi ammetterlo. Eppure, alla vista di tanti uomini che percorrevano il Ponte Milvio, sono stata contentissima che i censori in carica siano Marco Emilio Scauro e Marco Livio Druso» disse Marzia con un sospiro di soddisfazione. «Marco Scauro ha ragione: il Ponte Milvio traballa, e non reggerà a un'altra piena. E allora che faremo se tutte le nostre truppe si trovassero a sud del Tevere o fosse necessario che marciassero in gran fretta verso nord? Così, sono contentissima che l'abbiano eletto, dal momento che ha fatto solenne promessa di ricostruire il Ponte Milvio. Che uomo meraviglioso!»

L'uomo abbozzò un sorrisetto acido, ma ribatté, sforzandosi di essere equo: «Scauro sta diventando un'istituzione, accidenti a lui! È un imbonitore, un imbroglione con i fiocchi, e per tre quarti un ipocrita. Si dà tuttavia il caso che quell'unico quarto per cui non è ipocrita valga da solo più dei quattro quarti di qualsiasi altro uomo, e per questo devo perdonargli tutto, suppongo. Inoltre, ha davvero ragione: ci occorre un nuovo programma di lavori pubblici, e non solo per tenere alto il livello dell'occupazione. Tutti quegli spilorci di esaminatori iscritti nei ruoli senatoriali che abbiamo dovuto sopportare in veste di censori negli ultimi anni non valgono il costo del papiro sul quale scarabocchiano il censo! Riconosciamo a Scauro il merito che gli spetta: intende occuparsi di certi problemi che a parer mio avrebbero dovuto essere risolti da un pezzo. Questo, benché non me la senta di passar sopra alla sua idea di prosciugare le paludi attorno a Ravenna o ai suoi progetti di una rete di canali e chiuse tra Parma e Modena.»

«Oh, via, Caio Giulio, sii generoso!» esclamò Marzia con una punta di asprezza. «È fantastico che si proponga di domare il Po! Con i Germani che invadono la Gallia Transalpina, non abbiamo certamente bisogno di ritrovarci con i nostri eserciti tagliati fuori dai passi alpini a causa di una piena del Po!»

«Ho già detto che è una bella cosa, sono d'accordo con te» fece Cesare, ma aggiunse con testarda disapprovazione: «Eppure trovo affascinante il fatto che, nel complesso, sia riuscito a limitare strettamente il suo programma di opere pubbliche — unicamente alle zone in cui può contare su una profusione di clienti — *ed* è probabile che si moltiplicheranno per sei, quando Scauro avrà finito. La Via Emilia ha quasi cinquecento chilometri di clienti stipati fittamente come le pietre che pavimentano la strada!».

«Brontolone» disse Marzia.

«Ipocrita» fece Cesare di rimando.

«Decisamente, ci sono momenti in cui vorrei non amarti tanto» disse Marzia.

«Ci sono momenti in cui potrei dire la stessa cosa» ribatté Cesare.

Fu a questo punto che fece il suo ingresso Iulilla. Era magrissima, ma non proprio scheletrica, e ormai era suppergiù in quelle condizioni da un paio di mesi. Iulilla, infatti, aveva scoperto un punto di equilibrio che le consentiva di apparire sparuta, e tuttavia le evitava di ridursi a un punto in cui l'esito più probabile sarebbe stato la morte, se non d'inedia sicuramente per malattia. La morte non rientrava nei piani di Iulilla, né il suo morale era minimamente intaccato.

Si poneva due obiettivi: l'uno consisteva nel costringere Lucio

Cornelio Silla a confessare che l'amava, e l'altro nell'intenerire i suoi familiari sino al punto di rottura, ché solo allora, lo sapeva, avrebbe avuto una sia pur minima probabilità di ottenere il consenso di suo padre per sposare Silla. Per quanto giovanissima e viziata fosse, non aveva commesso l'errore di sopravvalutare il proprio potere, a paragone del potere incarnato dal padre. Volerle bene fino a sragionare, sì, indulgere ai suoi capricci sino ai limiti consentitigli dalle risorse pecuniarie, certamente; ma quando si fosse trattato di decidere a chi darla in moglie, allora Cesare si sarebbe attenuto ai propri desideri, senza il minimo riguardo per quelli di lei. Oh, se lei fosse stata tanto docile da approvare la sua scelta del marito da destinarle, come era accaduto con Iulia, Cesare si sarebbe acceso di un naturale puro piacere, e Iulilla sapeva anche che suo padre le avrebbe destinato un uomo di cui fosse certo che si sarebbe preso cura di lei, l'avrebbe amata, trattata sempre bene e con rispetto. Ma Lucio Cornelio Silla come suo marito? Mai e poi mai, suo padre avrebbe acconsentito, e qualsiasi ragione lei, o Silla, avesse addotto, avrebbe mai fatto cambiare idea a Cesare. Avrebbe potuto piangere, supplicare, protestare amore eterno, rivoltarsi sottosopra, ma suo padre avrebbe continuato a rifiutarle il consenso. Soprattutto ora che aveva una dote di quaranta talenti, cioè un milione di sesterzi, in banca, la qual cosa faceva di lei un buon partito e sminuiva le possibilità di Silla di riuscire a persuadere suo padre che desiderava sposarla solo per ciò che lei era. Sempre che Silla ammettesse di volerla sposare.

Da bambina, Iulilla non aveva mai dato segno di possedere una vena di immensa pazienza, ma ora, quando era necessario, ne aveva a profusione. Paziente come un uccello che covi un uovo sterile, Iulilla s'imbarcò nel suo piano, perfettamente consapevole che se voleva ottenere ciò che desiderava, e cioè le nozze con Silla, doveva saper attendere e sopportare più di chiunque altro di sua conoscenza, dalla sua vittima, Silla, al suo controllore, Caio Giulio Cesare. Si rendeva persino conto della presenza di certe trappole disseminate lungo la strada del successo: Silla, per esempio, avrebbe potuto sposare un'altra o andarsene da Roma o ammalarsi e morire. Ma Iulilla faceva tutto il possibile per rimuovere tali rischi, principalmente servendosi della sua apparente malattia come di un'arma puntata al cuore di un uomo che, lo sapeva benissimo, si rifiutava di frequentarla. Come faceva a saperlo? Perché aveva tentato ripetutamente di incontrarlo durante i primi mesi successivi al suo ritorno a Roma, ma solo per vedersi respinta e umiliata ogni volta, e il tutto era culminato, mentre si tenevano nascosti dietro una grossa colonna del Mercato delle Perle, nelle parole con cui Silla l'aveva informata che, se non l'avesse lasciato in pace, lui avrebbe lasciato Roma per sempre.

Il piano si era sviluppato piano piano, mantenendo intatto il nucleo iniziale, risultato di quel primo incontro, quando Silla si era burlato di lei definendola un grasso cucciolotto e cacciandola via. Iulilla aveva smesso di rimpinzarsi di dolci, perdendo qualche chilo, ma senza ottenere da Silla la minima ricompensa per le sue pene. Poi, quando Silla era tornato a Roma e si era mostrato ancor più scortese con lei, la decisione di Iulilla si era rafforzata, inducendola a saltare completamente i pasti. Dapprima era stata un'ardua impresa, ma poi lei scoprì che, se si costringeva a un regime di semidigiuno per un periodo sufficientemente lungo senza soccombere una sola volta al bisogno di rimpinzarsi, la capacità di mangiare scemava, e i crampi della fame sparivano.

Sicché, al momento in cui Lucio Gavio Stichus era morto dopo lunga malattia, otto mesi addietro, il piano di Iulilla era ormai più o meno sviluppato; restavano da risolvere solo certi fastidiosi problemi, da quello consistente nell'escogitare un modo per non farsi dimenticare da Silla a quello di scoprire la maniera per mantenersi in equilibrio col peso, tanto da non rischiare di morire.

Il problema di Silla lo risolse scrivendogli lettere.

Ti amo, e non mi stancherò mai di ripetertelo. Se le lettere sono il solo modo per farmi ascoltare da te, allora vada per le lettere. A decine. Centinaia. Migliaia, se dovranno passare anni. Ti soffocherò di lettere, ti affogherò nelle lettere, ti schiaccerò sotto le lettere. Quale usanza più romana dello scrivere lettere? Ce ne nutriamo, proprio come io mi nutro delle lettere che ti scrivo. Che significa il cibo, quando tu mi neghi il cibo che il mio cuore e il mio spirito bramano? O mio crudelissimo, spietato e impietoso diletto! Come puoi stare lontano da me? Abbatti il muro che separa le nostre due case, introduciti nella mia stanza, baciami e baciami e baciami! Ma tu non vuoi. Mi pare di udirtelo dire, mentre me ne sto qui distesa, troppo debole per lasciare questo mio orribile, odioso letto. Che ho mai fatto per meritarmi la tua indifferenza, la tua freddezza? Sicuramente, da qualche parte, sotto quella tua pelle bianca come la neve si annida un minuscolo manichino di foggia femminile, la mia essenza che tu tieni prigioniera, sicché la Iulilla che abita nella casa accanto, stesa nel suo orribile, odioso letto è solo un simulacro rinsecchito e prosciugato che si fa sempre più vago e più debole. Un giorno sparirò, e tutto ciò che resterà di me sarà quel minuscolo manichino sotto la tua pelle candida come la neve. Vieni a trovarmi, guarda che cos'hai fatto! Baciami e baciami e baciami. Ché io ti amo.

Quanto all'equilibrio alimentare, la cosa era stata più difficile. Risoluta a non ingrassare, Iulilla continuava a dimagrire, nonostante gli sforzi per mantenere lo stesso peso. E poi, un giorno, l'intera comitiva di medici che da mesi sfilavano nella casa di Caio Giulio Cesare, nel vano tentativo di guarirla, si presentò da Caio Giulio Cesare e sostenne la necessità di un'alimentazione forzata. Ma, alla maniera di tutti i medici, avevano lasciato alla povera famiglia il compito di svolgere tale odiosa incombenza. Così tutti gli inquilini della casa si erano fatti coraggio, preparandosi allo sforzo, dallo schiavo più recente ai fratelli, Caio e Sesto, a Marzia e a Cesare in persona. Era stata una prova durissima che in seguito tutti avrebbero preferito dimenticare: Iulilla che urlava come se stessero ammazzandola, e non riportandola in vita, che lottava debolmente, vomitava ogni boccone, sputava e rigurgitava e si strozzava. Quando alla fine Cesare ordinò che si rinunciasse a quell'orrore, la famiglia si era riunita a consiglio, convenendo, all'unanimità, che qualsiasi cosa potesse accadere in futuro, Iulilla non sarebbe comunque stata sottoposta all'alimentazione forzata.

Ma il putiferio combinato dalla fanciulla durante il tentativo di alimentazione forzata, mise a nudo il segreto di Cesare; ora l'intero vicinato sapeva dei suoi guai. Non che la famiglia lo avesse tenuto nascosto per la vergogna, solo che Caio Giulio Cesare detestava i pettegolezzi e si sforzava di non esserne mai la causa.

Gli venne in soccorso nientedimeno che Clitumna, la vicina di casa, armata di una vivanda che, a sentir lei, Iulilla avrebbe ingerito volontariamente e che, una volta ingerita, le sarebbe rimasta giù. Cesare e Marzia le diedero un caloroso benvenuto e con altrettanto calore se ne stettero ad ascoltarla parlare.

«Trovate del latte fresco di mucca» disse Clitumna in tono d'importanza, godendosi l'esperienza del tutto nuova di trovarsi al centro dell'attenzione cesarea. «So bene che non è facile, ma credo ci sia un paio di tizi, nella Valle delle Camene, che mungono le vacche. Prendete una tazza di latte, rompeteci dentro un uovo di gallina e unite tre cucchiai di miele. Battete sino a ottenere un composto spumoso; per finire aggiungete mezza coppa di buon vino. Se uniste il vino prima di battere il composto, non diventerebbe spumoso. Se avete in casa una coppa di vetro, usatela per servirle la bevanda, perché anche l'occhio vuole la sua parte: risulterà di un bel rosa intenso, sormontato da uno strato di spuma gialla. Se

Iulilla riuscirà a non rigettarla, sicuramente la terrà in vita e in buona salute» spiegò Clitumna, la quale ricordava ancora chiaramente il periodo di digiuno di sua sorella dopo che le era stato proibito di sposare un tipo poco raccomandabile: un vero serpente tentatore!

«Proveremo» disse Marzia con le lacrime agli occhi.

«Con mia sorella ha funzionato» ribadì Clitumna, esalando un sospiro. «Superata la delusione per quel serpente tentatore, ha poi sposato il padre del mio caro, carissimo Stichus.»

Cesare si alzò. «Manderò subito qualcuno alla Valle delle Camene» disse, sparendo. Poi tornò a far capolino sulla porta. «E per quanto riguarda l'uovo di gallina? Dovrà essere un decimo uovo o andrà bene uno qualsiasi?» domandò.

«Oh, noi usavamo uova qualsiasi» rispose la vicina placidamente, mettendosi più comoda sullo scranno. «Un uovo gigante potrebbe alterare l'equilibrio della bevanda.»

«E il miele?» insistette Cesare. «Comune miele latino, o dovremmo cercare di procurarci miele dell'Imetto, o comunque non affumicato?»

«Va benissimo un comune miele latino» disse Clitumna con fermezza. «Chissà? Magari l'effetto dipende proprio dal processo di affumicazione del miele. Non discostiamoci dalla ricetta originale, Caio Giulio.»

«Più che giusto.» E Cesare sparì di nuovo.

«Oh, se solo riuscisse a tollerarlo!» esclamò Marzia, con voce tremante. «Cara vicina, non sappiamo più che fare!»

«Me lo posso immaginare! Ma non crucciatevi troppo, almeno non in presenza di Iulilla!» consigliò la donna, la quale sapeva anche essere ragionevole, quando non ne andava dei suoi sentimenti personali, e avrebbe tranquillamente lasciato morire la fanciulla se solo avesse saputo delle lettere che si accumulavano nella stanza di Silla. Abbozzò una smorfia. «Non vogliamo un altro lutto nelle nostre due case» disse, tirando su col naso, ancora addolorata.

«Certamente, no!» esclamò Marzia. Sollecitata dal senso delle convenienze sociali, disse con delicatezza: «Spero tu abbia superato almeno in parte il dolore per la morte di tuo nipote, Clitumna, è così? È molto difficile, lo so».

«Oh, si tira avanti» fece Clitumna, che per molti versi piangeva la perdita di Stichus, ma su un piano esistenziale aveva constatato che la vita era un bel po' più facile senza gli attriti fra il defunto nipote e il suo caro, carissimo Silla. Tirò un profondo sospiro: proprio come faceva Iulilla, solo che Clitumna non lo sapeva.

L'incontro si rivelò il primo di molti altri, perché quando la bevanda sortì l'effetto desiderato, la famiglia di Cesare contrasse un grosso debito di riconoscenza nei confronti della volgare vicina di casa.

«La gratitudine» disse Caio Giulio Cesare, che correva a rintanarsi nel *tablinum* ogniqualvolta udiva la voce stridula di Clitumna nell'atrio «può rivelarsi una sciagurata jattura!»

«Oh, Caio Giulio, non fare il bisbetico!» ribatté Marzia sulle difensive. «Clitumna è davvero molto gentile, e non possiamo assolutamente ferire i suoi sentimenti, cosa che tu rischi di fare, evitandola con tanta ostinazione.»

«Lo so, che è davvero gentilissima!» esclamò il capofamiglia, toccato sul vivo. «Ed è proprio di questo che mi lagno!»

I piani di Iulilla avevano complicato la vita a Silla in misura tale che lei ne sarebbe stata oltremodo soddisfatta, se solo l'avesse saputo. Ma non lo venne a sapere, perché Silla nascondeva il suo tormento a tutti fuorché a se stesso, e fingeva un'indifferenza per le condizioni della fanciulla che trasse in inganno Clitumna, sempre al corrente di tutto ciò che accadeva nella casa accanto, ora che si era avvolta nel manto della taumaturga.

«Vorrei tanto che facessi una capatina a dare un saluto a quella povera ragazza» disse Clitumna di malumore, suppergiù nel momento in cui Marco Giunio Silano guidava le sue sette, magnifiche legioni verso nord, lungo la Via Flaminia. «Chiede spesso di te, Lucio Cornelio.»

«Ho di meglio da fare che esibirmi in veste di cavalier servente di una femmina della famiglia di Cesare» rispose Silla, aspro.

«Che stupidaggini dici!» replicò con vigore Nicopolis. «Non hai proprio niente da fare.»

«Ed è colpa mia?» replicò lui, girandosi di scatto verso l'amante con subitanea ferocia, tanto che Nicopolis si ritrasse impaurita. «Potrei essere impegnato! Potrei marciare con Silano contro i Germani.»

«Be', e perché non ci sei andato?» domandò Nicopolis. «Hanno abbassato a tal punto i requisiti di censo che col tuo nome saresti riuscito ad arruolarti, ne sono sicura.»

Le labbra di Silla si sollevarono a scoprire i denti, mettendo in mostra i canini lunghi e affilati che conferivano al suo sorriso una cattiveria da fiera. «Io, un patrizio della *gens* Cornelia, marciare come semplice legionario?» sibilò. «Preferirei esser venduto schiavo dai Germani!»

«Potrebbe anche capitarti, se i Germani non verranno fermati. In tutta sincerità, Lucio Cornelio, ci sono momenti in cui dimostri anche troppo chiaramente di essere il peggior nemico di te stesso! Eccoti lì, quando Clitumna ti ha chiesto solo di fare un piccolo, miserabile favore a una fanciulla in fin di vita, a piagnucolare che non hai tempo da perdere e la cosa non t'interessa... mi esasperi, sul serio!» Negli occhi le si accese un lampo di malizia. «Dopotutto, Lucio Cornelio, devi ammettere che conduci una vita di gran lunga più comoda da quando Lucio Gavio è tanto opportunamente spirato.» E attaccò a canticchiare sottovoce il motivetto di una filastrocca popolare, una canzoncina le cui parole lasciavano intendere che chi la cantava aveva assassinato il suo rivale in amore e l'aveva passata liscia. «Opportunam*eeee*nte spir*aaa*to!» gorgheggiò.

Il viso di Silla s'indurì, e nel contempo si fece inespressivo. «Mia cara Nicopolis, perché non scendi in riva al Tevere e non mi fai l'*enorme* favore di buttartici?»

Il discorso su Iulilla venne prudentemente lasciato cadere. Ma si trattava di un argomento che sembrava ricorrere di continuo, e in cuor suo Silla se ne doleva, conscio della propria vulnerabilità, incapace di manifestare interesse e preoccupazione. In qualsiasi momento poteva capitare che quella sciocchina dell'ancella di Iulilla si facesse sorprendere mentre gli recapitava una lettera, o persino che Iulilla si facesse scoprire nell'atto di scriverla, e allora in che posizione si sarebbe trovato, lui? Chi avrebbe mai creduto che lui, con la sua fama, non c'entrasse per niente in quell'intrigo? Una cosa era avere un passato alquanto dubbio, ma se i censori l'avessero accusato di corruzione nei confronti della figlia di un patrizio senatore, il suo nome non sarebbe mai, mai stato preso in considerazione per entrare a far parte del Senato. E Silla era risoluto a ottenere un seggio al Senato.

La cosa che più desiderava fare era lasciare Roma, ma non osava: chissà che cosa poteva combinare la ragazza in sua assenza? E poi, per quanto detestasse doverlo ammettere, non riusciva a trovare il coraggio di abbandonarla mentre era tanto malata. La malattia in questione poteva anche essersela procurata a bella posta, ma si trattava pur sempre di una malattia grave. La mente di Silla girava in tondo come una belva in gabbia, incapace di trovar requie, incapace di imporsi una strada ragionevole o logica. Estraeva la corona d'erba avvizzita dal nascondiglio di uno dei tempietti atavici e se ne stava lì, tenendola nella mani, quasi piangendo, in preda a un'ansia frenetica; ché Silla sapeva dov'era diretto e ciò che si proponeva di fare, e quella sciaguratella era una complicazione intollerabile, eppure era stata proprio la sciaguratella in questione a dar inizio a tutta la faccenda, con la sua corona d'erba... che fare, che fare? Era già abbastanza complicato dover trovare la strada giusta nel marasma dei suoi propositi, senza l'aggiunta della tensione creatagli da Iulilla.

Silla contemplò persino l'ipotesi del suicidio, lui, che era l'ultima persona al mondo incline a compiere un gesto del genere: una fantasia, una deliziosa forma di evasione da tutto il resto, il sonno senza fine. E poi i suoi pensieri tornavano a Iulilla, sempre a Iulilla... *perché?* Non l'amava, non era capace di amare, lui. Eppure c'erano momenti in cui aveva fame di lei, in cui bramava morderla e baciarla e impalarla sino a farla urlare di estatico dolore e c'erano altri momenti, soprattutto quando giaceva sveglio tra l'amante e la matrigna, in cui decisamente la detestava, desideroso di serrarle le mani attorno all'esile gola, di vedere il suo volto farsi violaceo e gli occhi schizzarle dalle orbite, mentre le strizzava fin l'ultimo palpito di vita dai polmoni assetati d'aria. E poi arrivava un'altra lettera: perché non si limitava a buttarle o non le portava a suo padre, col viso atteggiato a un'espressione di fierezza, esigendo che smettesse di infastidirlo? Si guardava bene dal farlo. Le leggeva, le suppliche appassionate e colme di disperazione che l'ancella continuava a infilargli nel seno della toga in luoghi troppo pubblici perché il suo gesto attirasse l'attenzione; le leggeva tutte, una dozzina di volte, poi le riponeva nei tempietti atavici assieme alle altre.

Però non venne mai meno alla decisione di non andare a trovarla.

E la primavera trapassò nell'estate, e l'estate nella canicola di Sestile, allorché Sirio, nella costellazione del Cane, scintillava astiosa su una Roma paralizzata dalla calura. Poi, mentre Silano risaliva fiducioso la valle del Rodano incontro alle masse irrequiete dei Germani, nell'Italia centrale attaccò a piovere. E continuò a piovere. Per gli abitanti di Roma solatia, un fato peggiore della canicola di Sestile. Deprimente, oltremodo molesto, preoccupante in caso di piena, una seccatura da ogni punto di vista. I mercati non potevano neanche sperare l'apertura, la vita politica era impossibile, i processi dovevano essere rinviati, e il tasso di criminalità saliva alle stelle. Mariti che scoprivano le mogli in flagrante adulterio e le ammazzavano, e i granai si inondavano, con grave danno per il frumento che vi era stato immagazzinato, il livello del Tevere saliva quanto bastava a far sì che alcune latrine pubbliche s'intasassero e gli escrementi ne straripassero, e bastava che qualche centimetro d'acqua coprisse il Campo Marzio e il Campo Vaticano perché verdure e ortaggi cominciassero a scarseggiare, e le case a più piani, le *insulae*, tirate su alla bell'e meglio, minacciavano di crollare o all'improvviso mostravano enormi crepe nei muri e nelle fondamenta. Tutti si prendevano il raffreddore; gli anziani e gli infermi cominciavano a morire di polmonite, i giovani di difterite e di angina, gente di ogni età di mali misteriori che paralizzavano il corpo e, se si sopravviveva, ti lasciavano un braccio o una gamba rinsecchita, inutilizzabile.

Clitumna e Nicopolis attaccarono a litigare ogni santo giorno, e ogni santo giorno Nicopolis rammentava a Silla, bisbigliando, quanto opportuna fosse stata per lui la morte di Stichus.

Poi, dopo due settimane filate di pioggia battente, la bassa cappa di nubi sollevò gli ultimi brandelli sull'orizzonte orientale, e ricomparve il sole. Roma svaporava. Sfilacci di vapore esalavano dal lastricato e dalle tegole dei tetti; l'aria ne era satura. Ogni balcone, loggia, peristilio e finestra della città fiorì di panni ammuffiti, accentuando il sentore diffuso di stantìo, e nei peristilii delle case che ospitavano neonati, come quella del banchiere Tito Pomponio, all'improvviso si riempì di file di pannolini stesi ad asciugare. Bisognò ripulire dalla muffa i calzari, srotolare ogni libro conservato nelle case della gente colta e ispezionarlo attentamente per vedere se fosse stato attaccato da qualche fungo insidioso, dare aria agli armadi e alle credenze.

C'era però un aspetto rincuorante in tanta fetida umidità: la stagione dei funghi assicurò un raccolto fenomenale. Avida come sempre delle profumate cappelle dopo la consueta siccità estiva, l'intera città si ingozzò di funghi, il ricco al pari del povero.

E ancora una volta Silla fu inondato dalle lettere di Iulilla, dopo due splendide settimane di pioggia che avevano impedito all'ancella di scovarlo e infilargliele nella toga. Il suo cocente desiderio di andarsene da Roma crebbe al punto di fargli pensare che, se non si scrollava di dosso le umide esalazioni della città almeno per un giorno, avrebbe finito sul serio con l'impazzire. Metrobio e il suo protettore, Scilax, erano in vacanza a Cuma, e Silla non aveva voglia di passare quella giornata di tregua da solo. Così decise di portare Clitumna e Nicopolis a fare una gita fuori porta, nel suo posto preferito.

«Forza, ragazze!» disse loro all'alba del terzo giorno di bel tempo di fila. «Mettetevi i vestiti della festa, che vi porto a fare una scampagnata!»

Le ragazze — anche se nessuna delle due si sentiva tale — lo guardarono con l'espressione acida e beffarda di chi non è in vena di farsi prendere per i fondelli, e si rifiutarono di muoversi dal letto comune, benché l'umidità notturna l'avesse infradiciato.

«Avete bisogno di respirare una boccata d'aria fresca» insistette Silla.

«Abitiamo sul Palatino proprio perché quassù non c'è niente da ridire sull'aria» fece Clitumna, girandogli le spalle.

«Ora come ora, l'aria che si respira sul Palatino non è migliore che nel resto di Roma: puzza di fogna e di risciacquatura» disse lui. «Coraggio, muovetevi! Ho noleggiato un cocchio e ci dirigeremo verso Tivoli... uno spuntino nel bosco... si vedrà se riusciamo a prendere un paio di pesci... o compreremo un paio di pesci e anche un bel coniglio grasso appena caduto in trappola... e torneremo a casa prima di sera, un bel po' più contenti.»

«No» disse Clitumna, in tono querulo.

Nicopolis tentennava. «Be'...»

Silla ne aveva abbastanza. «Preparatevi! Sarò di ritorno fra qualche minuto» disse, e si stiracchiò con gusto. «Oh, sono talmente stanco di starmene rintanato in casa!»

«Anch'io» fece Nicopolis, e si alzò dal letto.

Clitumna continuò a starsene distesa, girata verso la parete, mentre Silla si recava alle cucine a ordinare una colazione al sacco.

«Su, vieni» disse a Clitumna mentre indossava una tunica di bucato e si allacciava i calzari.

Lei si rifiutò di rispondere.

«Fa' come ti pare, allora» tagliò corto Silla, avviandosi alla porta. «Nicopolis e io andiamo, ci si vede stasera.»

Lei si rifiutò di rispondere.

Così alla scampagnata parteciparono solo Nicopolis e Silla, oltre a un grosso carico di leccornie che il cuoco aveva messo assieme senza preavviso, rammaricandosi di non poter essere della brigata. Ai piedi della Scala di Caco era in attesa un cocchio scoperto a due ruote; Silla aiutò Nicopolis ad accomodarsi, poi si mise al posto di guida.

«Si parte» esclamò allegramente, impugnando le redini e provando uno straordinario impeto di gaiezza, una rara sensazione di libertà. Confessò a se stesso di non essere per niente dispiaciuto che Clitumna si fosse rifiutata di accompagnarli. La compagnia di Nicopolis gli bastava. «Arri, muli!» incitò.

I muli si avviarono, obbedienti; il cocchio discese rumorosamente la Valle Murcia nella quale sorgeva il Circo Massimo, e uscì dalla città per la Porta Capena. Ahimè, dapprima il panorama non era né interessante né incoraggiante, poiché la strada ad anello che Silla imboccò per dirigersi a est attraversava i grandi cimiteri di Roma. Lapidi e lapidi a non finire: non gli imponenti mausolei e sepolcri dei ricchi e dei nobili sul ciglio di ogni arteria che si diramava dalla città, bensì le pietre tombali delle anime più semplici. Ogni romano e greco, persino il più misero — persino uno schiavo — sognava di potersi permettere, alla sua dipartita dal mondo, un monumento principesco, a testimoniare che era esistito. Per questa ragione, sia i poveri sia gli schiavi si iscrivevano a circoli funerarii e contribuivano con ogni soldino che riuscivano a risparmiare ai fondi dei circoli stessi, gestiti e investiti con acume; le malversazioni erano diffuse a Roma come in qualsiasi altro luogo abitato dagli uomini, ma i circoli funerarii erano controllati con così gelosa attenzione dai loro soci che ai dirigenti non restava altra scelta che l'onestà. Un bel funerale e un monumento come si deve *erano cose importanti*.

Un crocevia costituiva il punto centrale dell'immensa necropoli che occupava per intero il Campo Esquilino, e lì, sul crocevia, sorgeva l'imponente tempio di Libitina, nel bel mezzo di un folto di alberi sacri. All'interno del podio del tempio erano custoditi i registri nei quali venivano iscritti i nomi dei cittadini romani defunti, e vi giacevano anche innumerevoli forzieri di monete versate nel corso dei secoli per registrare il decesso di ogni cittadino. Di conseguenza, il tempio era immensamente ricco, e quei fondi appartenevano allo stato, però non venivano toccati. La dea cui il tempio era consacrato era quella che governava i morti, non i vivi, la divinità che presiedeva all'estinzione dell'energia procreativa. E il boschetto sacro era sede della corporazione dei becchini di Roma. Dietro il recinto del tempio di Libitina si stendeva uno spiazzo sul quale venivano erette le pire funerarie, e più in là c'era il cimitero dei poveri, un dedalo in continuo mutamento di fosse riempite di cadaveri, calcare, terriccio. Erano in pochi, cittadini o forestieri che fossero, a optare per l'inumazione, a parte gli ebrei, i quali erano sepolti in un unico settore della necropoli, e gli aristocratici dell'illustre *gens* Cornelia, i quali erano sepolti lungo la Via Appia; sicché, la maggior parte dei monumenti che trasformavano il Campo Esquilino in una piccola, affollata città di pietra, ospitava urne di ceneri anziché cadaveri in decomposizione. Nessuno poteva essere sepolto entro il recinto sacro di Roma, neppure i personaggi più illustri.

Tuttavia, una volta che il cocchio fu passato sotto gli archi dei due acquedotti che portavano acqua ai formicolanti colli nordorientali della città, il panorama cambiò. I coltivi si stendevano in ogni direzione, orti dapprima, poi pascoli e campi di grano.

Nonostante l'effetto prodotto dalle violente piogge sulla Via Tiburtina, il cui strato di ghiaia, polvere di tufo e sabbia, saldamente pressato, sopra le pietre che la pavimentavano si era eroso, i due passeggeri del cocchio si godevano la gita. Il sole era cocente, ma spirava un venticello rinfrescante, il parasole di Nicopolis era abbastanza grande da far ombra alla carnagione nivea di Silla oltre che alla sua pelle olivastra, e la coppia di muli si rivelò docile e malleabile. Troppo ragionevole per forzare il passo, Silla lasciò che fossero gli animali a trovarlo da soli, e i chilometri scorrevano via senza intoppi.

Sarebbe stato impossibile compiere in un solo giorno il tragitto di andata e ritorno da Tivoli, ma la meta favorita di Silla si trovava un bel po' prima dell'erta che saliva a Tivoli. A una certa distanza da Roma c'era una foresta estesa sino alla catena montuosa che si ergeva con vette sempre più alte, culminanti nel Gran Sasso, la massima cima della penisola italica. La foresta in questione tagliava in diagonale il tracciato della strada per circa un chilometro prima di perdersi in aperta campagna; poi la strada penetrava nella valle dell'Aniene, oltremodo fertile, in gran parte coltivabile.

Quel chilometro o giù di lì di foresta, tuttavia, presentava un terreno accidentato, per cui Silla abbandonò la strada, dirigendo i muli lungo una pista carrabile sterrata che si addentrava tra gli alberi e alla fine si interrompeva.

«Ci siamo» disse Silla, saltando giù e aggirando il cocchio per aiutare Nicopolis, anchilosata e un po' indolenzita. «So che non ha un'aria promettente, ma fa' qualche passo con me e ti mostrerò un posto che davvero vale il viaggio.»

Per prima cosa staccò i muli e li impastoiò, poi spinse via il cocchio dal viottolo, portandolo all'ombra di alcuni arbusti, e ne tolse le provviste, issandosele in spalla.

«Com'è che sei tanto abile con muli e finimenti?» domandò Nicopolis mentre seguiva Silla tra gli alberi, guardando dove posava i piedi.

«Capita a chiunque abbia lavorato al Porto di Roma» rispose Silla da sopra la spalla libera. «Cammina piano, ora! Non andiamo lontano, e non c'è fretta.»

In realtà, non ci avevano messo molto. Dato che si era ai primi di settembre, le dodici ore di luce erano ancora prolungate e duravano sessantacinque minuti ciascuna; mancavano ancora due ore a mezzogiorno, quando Silla e Nicopolis s'inoltrarono nel bosco.

«Questa non è una foresta vergine,» spiegò Silla «e probabilmente è per questo che nessuno ci viene a far legna. Tanto tempo fa, questa terra era coltivata a frumento, ma dopo che il grano ha cominciato ad arrivare dalla Sicilia e dalla Sardegna e dalla Provincia d'Africa, i contadini si sono trasferiti a Roma, lasciandovi ricrescere gli alberi, perché si tratta di un terreno poco fertile.»

«Tu mi lasci di stucco, Lucio Cornelio» disse lei, sforzandosi di tener dietro ai lunghi, agili passi di Silla. «Com'è che sai tante cose sul mondo?»

«Sono fortunato: mi basta udire o leggere una cosa una volta per ricordarla.»

Sbucarono su un'incantevole radura, una distesa d'erba disseminata di fiori di fine estate: cosmos rosa e bianchi, grandi viluppi fioriti di rose rampicanti, rosa e bianche, e lupini dalle alte infiorescenze rosa e bianche. La radura era attraversata da un torrente in piena a causa della pioggia, il cui alveo era cosparso di rocce frastagliate che ne spartivano le acque in profonde pozze tranquille e cascatelle spumeggianti; il sole scintillava e si riverberava sulla sua superficie, tra voli di libellule e uccellini.

«Oh, che bello!» esclamò Nicopolis.

«L'ho scoperto l'anno scorso, quando me ne sono andato per quei pochi mesi» disse Silla, posando le provviste in una chiazza d'ombra. «Il mio cocchio aveva perso una ruota proprio nel punto in cui quel sentiero imbocca la foresta, e ho dovuto far montare Metrobio su uno dei muli e spedirlo a Tivoli in cerca di aiuto. Mentre aspettavo, me ne sono andato in esplorazione.»

Per Nicopolis non fu di alcuna soddisfazione sapere che il disprezzato e temuto Metrobio era stato senza dubbio il primo cui fosse stato mostrato quel posto speciale, ma non disse nulla, si limitò a lasciarsi cadere mollemente nell'erba e a osservare Silla che estraeva un grosso otre di vino dal cesto delle provviste. Silla immerse l'otre nel torrente, in un punto protetto da una piccola diga naturale di rocce, poi si sfilò la tunica e si tolse i calzari, insomma tutto ciò che aveva indosso.

Silla si sentiva ancora pervaso di gaiezza, una gaiezza che lo riscaldava dentro come il sole gli riscaldava la pelle; si stiracchiò, sorridendo, e lasciò vagare lo sguardo per la radura con un affetto che nulla aveva a che fare con Metrobio o Nicopolis. Il suo piacere derivava semplicemente da un distacco dagli impicci e dalle delusioni che imprigionavano la sua vita quotidiana, dal fatto di trovarsi in un luogo in cui poteva dire a se stesso che il tempo non passava, la politica non esisteva, la società non era classista e il denaro era solo un'invenzione di là da venire. I momenti di pura felicità erano così pochi e rari lungo l'itinerario della sua vita, che se li ricordava tutti quanti con penetrante chiarezza: il giorno in cui l'accozzaglia di scarabocchi su un pezzo di papiro tutt'a un tratto si era tramutata in pensieri comprensibili, l'ora in cui un uomo immensamente gentile e premuroso gli aveva mostrato quanto potesse essere perfetto l'atto d'amore, la stupefacente emancipazione consentitagli dalla morte di suo padre, e la consapevolezza che quella radura nel cuore di una foresta era il primo pezzo di terra che fosse mai stato in grado di dire suo, in quanto non apparteneva a nessuno che si prendesse la briga di venire a visitarlo, a parte lui. E questo era tutto. Il risultato totale. In nessun caso tali momenti si fondavano su un apprezzamento della bellezza o magari del processo esistenziale; rappresentavano l'acquisizione della capacità di scrivere, del piacere erotico, della liberazione dall'autorità e del possesso. Queste, infatti, erano le cose che Silla davvero apprezzava, le cose cui Silla aspirava.

Nicopolis lo osservava incantata, senza il minimo sospetto circa la fonte della sua felicità, meravigliandosi del niveo candore di quel corpo in pieno sole, uno spettacolo che non aveva mai avuto sotto gli occhi, e dell'oro ardente della testa e del petto e del pube. Davvero troppo per resistere alla tentazione; Nicopolis si levò la veste leggera e la camiciola che portava sotto, con la lunga falda posteriore passata tra le gambe e fissata sul ventre, e alla fine fu nuda anche lei e poté gioire del bacio del sole.

Entrarono assieme in una delle profonde pozze del torrente, boccheggiando per il freddo, vi rimasero quanto bastava a riscaldarsi mentre Silla giocherellava con i capezzoli eretti e il bellissimo seno di lei, poi si arrampicarono sull'erba fitta e soffice e fecero all'amore mentre si asciugavano al sole. Dopodiché pranzarono: pane e formaggio e uova sode e ali di pollo, il tutto accompagnato dal vino gelato. Nicopolis intrecciò una ghirlanda di fiori per Silla, ne intrecciò un'altra per sé e si rotolò tre volte per la mera voluttà di sentirsi viva.

«Oh, è meraviglioso!» sospirò. «Clitumna neppure immagina che cosa si è persa.»

«Clitumna non immagina mai che cosa si perde» fece Silla.

«Oh, non saprei» disse Nicopolis pigramente, con quell'ape maliziosa che tornava a ronzarle in testa. «Sa di aver perso Stichus il viscido.» E attaccò a canticchiare la filastrocca dell'assassino, finché non colse con la coda dell'occhio il lampo nello sguardo di Silla da cui comprese che si stava arrabbiando. Sinceramente, non credeva che lui avesse causato la morte del nipote di Clitumna, ma la prima volta in cui aveva alluso alla possibilità che l'avesse fatto, aveva avvertito interessanti echi d'allarme da parte di Silla, e così continuava in quel giochetto per pura curiosità.

Era ora di smetterla. Balzando in piedi, la donna tese le mani a Silla, che se ne stava ancora lungo disteso. «Forza, pigrone, mi è venuta voglia di passeggiare sotto gli alberi per rinfrescarmi» disse.

Lui si alzò prontamente, la prese per mano e passeggiò assieme a lei al riparo della foresta, dove nessuna traccia di sottobosco guastava il tappeto di foglie fradice, intiepidite dalla bella giornata di sole. Camminare scalzi era un vero piacere.

Ed eccoli lì! Un esercito in miniatura dei più delicati funghi che Nicopolis avesse mai visto, tutti, dal primo all'ultimo, immuni da qualsiasi puntura d'insetto o zampata di animale, di un bianco purissimo, grassi e carnosi di cappella e tuttavia col gambo snello e sottile, esalanti un profumo inebriante di terra.

«Oh, che splendore!» esclamò, lasciandosi cadere in ginocchio.

Silla abbozzò una smorfia. «Vieni via» la invitò.

«No, non fare il cattivo solo perché *a te* i funghi non piacciono! Ti prego, Lucio Cornelio, per favore! Va' a prendermi un panno nel canestro... vorrei portarmene a casa un po' per cena» disse Nicopolis in tono risoluto.

«Potrebbero essere velenosi» fece lui, restando dov'era.

«Sciocchezze, sono sicuramente commestibili! Guarda! Non c'è membrana sulle lamelle, non presentano macchie né traccia di colore rosso. E hanno anche un profumo squisito. E questa è una quercia, no?» Levò lo sguardo all'albero ai cui piedi crescevano i funghi.

Silla ne adocchiò le foglie dentellate ed ebbe la visione dell'inevitabilità del fato, il dito puntato della dea che lo proteggeva. «No, non è una quercia» disse.

«Allora, ti prego! Per favore?» lo allettò Nicopolis.

Silla sospirò. «E va bene, fa' come ti pare.»

Un intero esercito in miniatura di funghi perì, mentre Nicopolis operava la sua scelta in quel tesoro, poi l'avvolgeva nel panno che Silla le aveva portato e l'adagiava con cura sul fondo del cesto, dove sarebbe stato al riparo dalla calura mentre tornavano a casa.

«Non riesco a capire come mai a te e a Clitumna non piacciano i funghi» disse, dopo che furono rimontati sul cocchio, e i muli trottavano felici verso la stalla.

«Non mi sono mai piaciuti» ribatté Silla, distratto.

«Ce ne saranno di più per me» fece lei, e ridacchiò.

«Che cos'hanno di speciale, quelli che hai raccolto, comunque?» domandò Silla. «Ora che se ne possono comprare a tonnellate al mercato, e per quattro soldi, perdipiù.»

«Sono *miei*» tentò di spiegargli Nicopolis. «Sono stata *io* a trovarli, *io* ad accorgermi di quanto fossero perfetti, *io* a raccoglierli. Quelli del mercato non sono così freschi: pieni di vermi, di buchi, di ragni, e solo gli dèi sanno che altro. I miei saranno di sicuro molto più buoni, te lo posso garantire.»

E infatti molto più buoni lo erano. Quando Nicopolis li portò alle cucine, il cuoco li maneggiò con sospetto, ma ammise, dopo averli osservati e annusati ben bene, che non ci trovava niente da ridire.

«Friggili appena appena in un goccio d'olio» ordinò Nicopolis.

Si dava il caso che proprio quel mattino lo schiavo addetto agli ortaggi avesse portato a casa dal mercato un enorme cesto di funghi così poco costosi che tutta la servitù aveva avuto il permesso di farne una scorpacciata, e la cosa era andata avanti per tutta la giornata. Di conseguenza, nessuno fu tentato di rubare qualche fungo di Nicopolis; il cuoco riuscì a friggerli tutti appena quanto bastava a renderli teneri e a riscaldarli, poi li condì in un piatto con una macinata di pepe e uno schizzo di succo di cipolla e li fece portare a Nicopolis nel triclinio. La quale Nicopolis li mangiò avidamente, l'appetito aguzzato dalla giornata all'aria aperta, nonché dal monumentale broncio di Clitumna. Ché, naturalmente, nel momento in cui era ormai troppo tardi per spedire un servo a trattenerli, Clitumna si era pentita di non aver partecipato alla scampagnata. Subissata da un peana sull'argomento per tutta la durata della cena, reagì male e concluse la giornata annunciando che avrebbe dormito da sola.

Fu solo diciotto ore più tardi che Nicopolis avvertì mal di pancia. Le venne la nausea e vomitò, ma non aveva la diarrea e ammise che il dolore era sopportabile: ne aveva conosciuti di peggio. Poi orinò uno scarso quantitativo di liquido rosso di sangue e fu presa dal panico.

Furono subito fatti venire i medici; il personale di casa si aggirava sgomento; Clitumna spedì alcuni servi in cerca di Silla, che era uscito di buon'ora senza lasciar detto dove andava.

Quando le pulsazioni cardiache di Nicopolis salirono e la pressione sanguigna crollò, i medici parvero preoccupati. A Nicopolis vennero le convulsioni, la respirazione si fece lenta e breve, il cuore entrò in fibrillazione, e la donna cadde inesorabilmente in coma. Il caso volle che nessuno fosse sfiorato dal pensiero dei funghi.

«Blocco renale» sentenziò Atenodoro di Sicilia, ormai diventato il medico più illustre del Palatino.

Tutti gli altri gli diedero ragione.

E suppergiù nel momento in cui Silla rientrava a precipizio, Nicopolis morì per una grave emorragia interna: vittima, decretarono i medici, di un collasso organico.

«Dovremmo eseguire l'autopsia» disse Atenodoro.

«Sono d'accordo» fece Silla, guardandosi bene dall'accennare ai funghi.

«È contagioso?» domandò pateticamente Clitumna, vecchia e malandata e disperatamente sola.

Tutti quanti dissero di no.

L'autopsia confermò la diagnosi di un blocco renale ed epatico: reni e fegato erano gonfi, congestionati e inondati di sangue. Anche l'involucro esterno del cuore presentava tracce di emorragia, così come la parete interna dello stomaco, dell'intestino tenue e del colon. Il fungo dall'aspetto innocuo, detto volgarmente l'Assassino, aveva compiuto a dovere la sua subdola opera.

Silla organizzò le esequie funebri, ché Clitumna era troppo prostrata, e seguì il feretro in qualità di primo dolente, in testa ai divi teatrali di Roma, della commedia e del mimo; la loro presenza garantì un buon concorso di pubblico, cosa che avrebbe fatto piacere a Nicopolis.

E quando Silla fece ritorno a casa di Clitumna, vi trovò ad attenderlo Caio Giulio Cesare. Sbarazzatosi della scura toga a lutto, Silla raggiunse Clitumna e il suo ospite nel salottino di lei. Erano poche le occasioni in cui aveva avuto modo di posare lo sguardo su Caio Giulio Cesare, e non conosceva per niente il senatore; il fatto che un uomo così importante fosse venuto a far visita a Clitumna in seguito alla morte prematura di una squaldrina greca parve molto strano a Silla, sicché si mise sulla difensiva e si comportò con puntigliosa compitezza quando gli fu presentato.

«Caio Giulio» disse, inchinandosi.

«Lucio Cornelio» disse Cesare, inchinandosi a sua volta.

Non si strinsero la mano, ma quando Silla si sedette, Cesare riprese posto con apparente tranquillità. Si rivolse a Clitumna, in lacrime, parlandole con dolcezza.

«Mia cara, perché rimanere qui?» le domandò. «Marzia ti sta aspettando a casa. Di' al tuo intendente di accompagnartici. Nei momenti di dolore le donne hanno bisogno della compagnia di altre donne.»

Senza una parola, Clitumna si alzò e si trascinò alla porta, mentre il visitatore frugava tra le pieghe della toga scura e ne cavava un rotolino di papiro che posò sul tavolo.

«Lucio Cornelio, la tua amica Nicopolis mi aveva incaricato di redigere il suo testamento e di depositarlo presso le Vestali, parecchio tempo fa. Clitumna è a conoscenza del contenuto, e proprio per questo non c'è stato bisogno che presenziasse alla lettura.»

«Sì?» fece Silla, a corto di argomenti. Non trovava altro da dire, per cui sedette, come inebetito, adocchiando Cesare con sguardo vacuo.

Cesare venne al dunque. «Lucio Cornelio, Nicopolis ti ha designato suo erede universale.»

L'espressione di Silla non mutò. «Davvero?»

«Davvero.»

«Be', suppongo che se solo ci avessi pensato, avrei capito che l'avrebbe fatto» aggiunse Silla, riprendendosi. «Non che abbia molta importanza. Tutto quel che aveva, lo spendeva.»

Cesare lo fissò intento. «Non è così, sai. Nicopolis era una donna ricca.»

«Sciocchezze!» disse Silla.

«Sul serio, Lucio Cornelio, era ricca. Non possedeva proprietà immobiliari, ma era la vedova di un tribuno militare che aveva ammassato parecchio bottino. Ciò che le aveva lasciato, Nicopolis l'ha investito. A tutt'oggi, i suoi beni superano i duecentomila *denarii*» disse Cesare.

Lo stupore di Silla era inequivocabilmente genuino. Checché Cesare avesse potuto pensare di lui fino a quel momento, ora si rese conto di avere davanti agli occhi un uomo che non aveva avuto il minimo sentore della faccenda: Silla appariva sbalordito.

Poi si afflosciò sullo scranno, si portò al viso le mani tremanti, rabbrividì e boccheggiò: «Così tanto! *Nicopolis?*».

«Così tanto. Duecentomila *denarii*. O, se preferisci, ottocentomila sesterzi. Il censo di un cavaliere.»

Silla staccò le mani dal viso. «Oh, Nicopolis!» esclamò.

Cesare si rimise in piedi, tendendogli la mano. Silla la prese, inebetito.

«No, Lucio Cornelio, resta seduto» disse Cesare con calore. «Amico mio, non so dirti quanto sia felice per te. So che è difficile lenire il tuo dolore, ora che il lutto è tanto fresco, ma ti prego di credere che mi sono spesso augurato con tutto il cuore che un giorno le tue fortune, e la tua sorte, migliorassero. Domattina farò omologare il testamento. Sarà bene che c'incontriamo al Foro all'ora seconda. Presso il tabernacolo di Vesta. Per ora, ti do il buongiorno.»

Dopo che Cesare se ne fu andato, Silla rimase seduto a lungo, immobile. La casa era silenziosa come la tomba di Nicopolis; Clitumna doveva essersi trattenuta da Marzia, e i servi si aggiravano in punta di piedi.

Trascorsero forse sei ore prima che Silla si decidesse ad alzarsi, anchilosato e indolenzito, e si stiracchiasse. Il sangue riprese a fluire impetuoso, il cuore si colmò di ardore.

«Lucio Cornelio, ti sei messo in marcia, finalmente» disse, e attaccò a ridere.

Benché sommessa, all'inizio, la risata montò e si gonfiò in un grido, un rombo, un urlo di allegria; i servi, ascoltandola atterriti, discussero tra loro su chi dovesse avventurarsi nel salotto di Clitumna. Ma prima che arrivassero a una decisione, Silla smise di ridere.

Clitumna invecchiò dalla sera alla mattina. Sebbene avesse solo cinquant'anni, la morte del nipote aveva spinto al galoppo il processo d'invecchiamento; ora, la morte della sua diletta amica, e amante, portarono a termine la devastazione. Neppure Silla aveva il potere di strapparla alle crisi di depressione. Non c'era spettacolo di mimo o farsa capace di allettarla a uscire di casa, né le frequenti visite di Scilax e Marsyas riuscivano a farla sorridere. Ciò che più la sgomentava era la constatazione di quanto andasse restringendosi il mondo dei suoi intimi, nonché il suo progressivo, rapido invecchiamento; se Silla l'avesse abbandonata, ché ormai l'eredità di Nicopolis l'aveva liberato dalla dipendenza economica nei suoi confronti, Clitumna sarebbe rimasta completamente sola. Una prospettiva che la spaventava.

Poco dopo la morte di Nicopolis, mandò a chiamare Caio Giulio Cesare. «Non si può lasciare niente ai morti,» gli disse «per cui dovrò modificare di nuovo il mio testamento.»

Il testamento venne modificato seduta stante e depositato nuovamente nelle caselle delle Vestali.

Ma Clitumna continuava a piangere. Le lacrime cadevano come pioggia, le mani, un tempo irrequiete, restavano abbandonate in grembo come due sfoglie in attesa che il cuoco le farcisse. Tutti erano preoccupati; tutti si rendevano conto che non c'era nulla da fare, se non dar tempo al tempo. Ammesso che di tempo ce ne fosse ancora.

Per Silla, il tempo era arrivato.

L'ultima missiva di Iulilla diceva:

Ti amo, anche se i mesi, e ormai gli anni, mi hanno dimostrato quanto poco il mio amore sia ricambiato, quanto poco ti importi del mio destino. Lo scorso giugno ho compiuto diciott'anni, per legge dovrei già essere sposata, ma sono riuscita a rinviare tale infausta necessità procurandomi questa malattia. Devo sposare te, te e nessun altro, mio adorato, mio carissimo Lucio Cornelio. E così mio padre tentenna, incapace com'è di darmi a chicchessia in qualità di sposa confacente o desiderabile, e io farò in modo che le cose continuino così finché non verrai a dirmi che intendi sposarmi. Una volta mi hai detto che ero una bamboccia, che crescendo avrei dimenticato la mia infantile infatuazione, ma sicuramente, dopo tanto tempo — sono passati quasi due anni — ti ho provato quanto valgo, ti ho provato che il mio amore per te è costante al pari del sole che a ogni primavera torna dal sud. Ora non c'è più, quella tua esile greca che ho odiato con tutte le mie forze, e ho maledetto, e avrei voluto vedere morta, morta, morta. Lo vedi quanto sono potente, Lucio Cornelio? Perché allora non capisci che non puoi sfuggirmi? Non può esistere cuore più colmo d'amore del mio, senza che sia ricambiato. Tu mi ami, lo so che mi ami. Arrenditi, Lucio Cornelio, arrenditi. Vieni a trovarmi, inginocchiati accanto al mio letto di dolore e di sofferenza, lascia che mi stringa al petto la tua testa e donami i tuoi baci. Non condannarmi a morte! Lasciami vivere. Deciditi a sposarmi.

Sì, per Silla i tempi erano maturi. Era tempo di por fine a molte cose. Di sbarazzarsi di Clitumna, e di Iulilla, e di tutti gli altri orribili impegni umani che imprigionavano il suo spirito e gettavano ombre misteriose negli angoli della sua mente. Persino Metrobio doveva sparire.

Così, verso la metà di ottobre Silla andò a bussare alla porta di Caio Giulio Cesare, a un'ora in cui poteva fiduciosamente sperare che fosse in casa. E fiduciosamente sperare che le donne fossero ancora confinate nei loro alloggi; Caio Giulio Cesare non era il tipo di marito o di padre che permettesse alle donne di mischiarsi ai suoi clienti o ai suoi amici. Se, infatti, una delle ragioni per cui Silla era andato a bussare alla porta di Caio Giulio Cesare era quella di liberarsi da Iulilla, non aveva però il minimo desiderio di trovarsela davanti agli occhi; ogni fibra del suo corpo, ogni facoltà della sua mente, ogni sua fonte di energia, dovevano accentrarsi su Caio Giulio Cesare e su ciò che aveva da dire a Caio Giulio Cesare. Ciò che aveva da dirgli, andava detto senza suscitare sospetto o sfiducia.

Silla si era già recato con Cesare a far omologare il testamento di Nicopolis, ed era entrato in possesso dell'eredità così facilmente, senza attirarsi il minimo biasimo, che raddoppiò le cautele. Persino quando si era presentato al cospetto dei censori, Scauro e Druso, tutto era andato liscio come uno spettacolo teatrale perfettamente orchestrato, in quanto Cesare aveva insistito per accompagnarlo e si era reso garante dell'autenticità di tutti i documenti che aveva dovuto sottoporre all'esame dei censori. A mo' di conclusione, Marco Livio Druso e Marco Emilio Scauro, nientedimeno, si erano alzati per stringergli la mano e congratularsi sinceramente con lui. Era come un sogno ma era possibile che non avrebbe mai dovuto risvegliarsi?

Così, senza bisogno di escogitare piani speciali, impercettibilmente aveva acquisito una conoscenza di Caio Giulio Cesare che si era trasformata in una sorta di reciproca tolleranza imparentata, sia pure alla lontana, con l'amicizia. A casa di Cesare non ci andava mai; si frequentavano al Foro. Entrambi i figli di Cesare erano in Africa, al seguito del cognato Caio Mario, ma Silla aveva avuto modo di conoscere un pochino Marzia nelle settimane successive alla morte di Nicopolis, perché Marzia si era fatta un dovere di andare a trovare Clitumna. E non gli era stato difficile accorgersi che Marzia lo adocchiava con qualche perplessità; Silla sospettava che Clitumna non fosse discreta quanto avrebbe dovuto circa i bizzarri rapporti tra lui e lei e Nicopolis, tuttavia intuì che la moglie di Cesare lo trovava pericolosamente attraente, sebbene il suo modo di fare gli lasciasse intendere che aveva classificato la sua avvenenza a mezza strada fra la strana bellezza di un serpente e quella di uno scorpione.

Donde l'ansia di Silla, mentre bussava alla porta di Caio Giulio Cesare verso la metà di ottobre, consapevole che non era più il caso di rinviare oltre la successiva fase dei suoi piani. Doveva agire prima che Clitumna accennasse a riprendersi. E ciò significava che doveva essere assolutamente sicuro di Caio Giulio Cesare.

Il ragazzo appostato dietro l'uscio gli aprì senza indugi e non esitò a farlo entrare, dal che Silla dedusse di appartenere ormai alla schiera di coloro i quali Cesare era disposto a ricevere in qualsiasi momento fosse in casa.

«Caio Giulio ha visite?» domandò.

«Sì, Lucio Cornelio. Attendi, prego» disse il ragazzo e si affrettò in direzione del *tablinum*.

Già preparato all'attesa, Silla prese ad andare su e giù nel modesto atrio, notando che la stanza, così spoglia e disadorna, riusciva a far sembrare l'atrio di Clitumna come l'anticamera del gineceo di un potentato orientale. E mentre meditava sul carattere dell'atrio di Cesare, entrò Iulilla.

Non doveva averci messo molto a persuadere ogni servo con qualche probabilità di fungere da portinaio, che doveva avvertirla nell'attimo in cui Lucio Cornelio si fosse presentato a casa loro, eh? E quanto ci sarebbe voluto prima che il ragazzo corresse dove avrebbe dovuto correre subito, cioè ad annunciare a Cesare il nome del visitatore?

Le due domande balenarono alla mente di Silla più rapide del guizzo di un lampo, più rapide delle reazioni del suo corpo alla vista di lei.

Si sentì piegare le ginocchia; dovette tendere una mano per aggrapparsi al primo oggetto che gli capitò, e si dava il caso che si trattasse di un'antica brocca d'argento dorato, collocata su una mensola. Dato che la brocca non era fissata al ripiano, il frenetico gesto di Silla la fece traballare, e la brocca cadde a terra tintinnando rumorosamente, proprio mentre Iulilla, coprendosi il volto con le mani, scappava dalla stanza.

Il rumore echeggiò come l'antro della Sibilla cumana, facendo accorrere tutti quanti. Rendendosi conto che il suo volto si era fatto ancor più pallido di quanto fosse normalmente, e che il suo corpo si era coperto di un gelido sudore di paura e d'angoscia, Silla lasciò che le gambe gli si piegassero del tutto, scivolò a terra e lì rimase, la testa fra le ginocchia e gli occhi chiusi, tentando di scacciare la visione dello scheletro appena coperto dalla pelle dorata di Iulilla.

Quando Cesare e Marzia lo rimisero in piedi e lo aiutarono a raggiungere il *tablinum*, Silla aveva tutti i motivi per essere grato agli dèi del colorito terreo del suo volto e dell'ombra bluastra sulle labbra: che davvero la sua era l'immagine di un uomo gravemente ammalato.

Un goccio di vino puro gli ridiede una parvenza di normalità, dopodiché Silla fu in grado di sollevarsi a sedere sul giaciglio, tergendosi la fronte con la mano. Uno di loro aveva assistito alla scena? E dov'era andata Iulilla? Che dire? Che fare?

Cesare aveva l'aria cupa. E anche Marzia.

«Mi dispiace, Caio Giulio» disse Silla, bevendo un altro sorso di vino. «Uno svenimento... non so che cosa mi sia capitato.»

«Fa' con comodo, Lucio Cornelio» disse Cesare. «Lo so io che cosa ti è capitato. Hai visto uno spettro.»

No, quello non era un uomo con cui si potesse barare... almeno, non apertamente. Era di gran lunga troppo intelligente, troppo percettivo.

«*Era* la piccola?» domandò.

«Sì» rispose Cesare, e congedò con un cenno del capo la moglie che uscì immediatamente, senza un'occhiata o un mormorìo.

«Ero solito incontrarla, qualche anno fa, dalle parti del Mercato delle Perle in compagnia delle amiche,» continuò Silla «e mi dicevo che era... oh, tutto ciò che una fanciulla romana dovrebbe essere... sempre ridente, mai volgare... non saprei dire. E poi, una volta al Palatium... ero in preda alla sofferenza... una sofferenza dell'anima, capisci...»

«Sì, credo di sì» disse Cesare.

«Ha pensato che stessi male e mi ha domandato se poteva essermi di aiuto. Non sono stato molto gentile con lei... la sola cosa che ho pensato è stata che tu non avresti gradito che frequentasse gente come me. Ma lei non si è lasciata scoraggiare, e io proprio non sono riuscito a comportarmi in modo sufficientemente sgarbato. Lo sai che cos'ha fatto?» Gli occhi di Silla erano ancor più strani del solito, le pupille si erano dilatate, divorandogli l'iride tanto da risultare appena orlate da sottili anelli di un grigio sbiadito, e gli occhi erano a loro volta contornati da ombre di un grigio nerastro; quegli occhi erano fissi su Cesare quasi come se stentassero a vederlo, e non avevano nulla di umano.

«Che cos'ha fatto?» domandò Cesare in tono gentile.

«Ha intrecciato per me una corona d'erba! Ha intrecciato una corona d'erba e me l'ha posata sul capo. *A me!* E io ho visto... ho visto... *qualcosa!*»

Calò il silenzio, e poiché nessuno dei due sapeva come spezzarlo, si prolungò per alcuni istanti, istanti durante i quali ciascuno dei due riordinò i propri pensieri e li soppesò cautamente, domandandosi se l'altro fosse un alleato o un avversario. Nessuno dei due voleva forzare la situazione.

«Be',» chiese infine Cesare, sospirando «per quale motivo sei venuto a trovarmi, Lucio Cornelio?»

Era la maniera di dire che era convinto dell'innocenza di Silla, quale che fosse la sua interpretazione della condotta della figlia. Ed era la maniera di dire che non desiderava approfondire ulteriormente l'argomento di sua figlia; Silla, che aveva preso in considerazione l'idea di mostrargli le lettere di Iulilla, decise di non farlo.

Ora lo scopo iniziale di quella sua visita a Cesare gli sembrava lontanissimo, e alquanto irreale. Ma Silla raddrizzò le spalle e si alzò dal giaciglio, si sedette nel più mascolino scranno riservato ai clienti, accanto allo scrittoio di Cesare, e assunse, per l'appunto, l'atteggiamento da cliente.

«Clitumna» disse. «Volevo parlarti di lei. O forse dovrei parlare di Clitumna con tua moglie. Ma per cominciare la persona giusta sei tu, sicuramente. Clitumna non è più la stessa. Be', questo già lo sai. Depressa... sempre in lacrime, priva di interessi. Un tipo di comportamento che non si può di certo definire normale. Neppure in questo periodo di lutto. Il fatto è che non so come agire per il meglio.» Gonfiò il torace. «Sono in debito con lei, Caio Giulio. Sì, è una donna sciocca e volgare, e non esattamente un ornamento per il vicinato, però sono in debito con lei. È stata buona con mio padre ed è stata buona con me. E non so come agire per il meglio nei suoi confronti, proprio non lo so. »

Cesare si appoggiò allo schienale, conscio che c'era qualcosa di stonato in quella petizione. Non dubitava minimamente della versione fornitagli da Silla, perché aveva avuto modo di osservare Clitumna e di ascoltare abbastanza spesso i discorsi di Marzia in proposito. No, ciò che lo turbava era che Silla fosse venuto a chiedergli consiglio; non rientrava nella personalità di quell'uomo, pensò Cesare, il quale nutriva forti dubbi sul fatto che Silla sperimentasse una qualsiasi incertezza circa il modo di comportarsi con la matrigna che, stando alle malelingue, era anche la sua amante. Quanto a questo, Cesare non era disposto ad arrischiare ipotesi; se si doveva giudicare dalla sua venuta per chiedere aiuto, con tutta probabilità si trattava di una bugia distorta, di un tipico pettegolezzo da Palatino. Proprio come lo era la voce secondo cui la matrigna di Silla aveva avuto rapporti sessuali con la defunta Nicopolis. Proprio come lo era la voce secondo cui Silla aveva avuto rapporti sessuali con entrambe le donne... e in pari tempo — figuriamoci! — Marzia aveva lasciato intendere che a parer suo c'era qualcosa di ambiguo in tutta la situazione, ma, sollecitata a spiegarsi meglio, non era stata in grado di fornire alcuna prova concreta. La riluttanza di Cesare a prestar fede a tali voci non era frutto di pura e semplice ingenuità; era piuttosto dovuta a una personale pignoleria che non solo dettava il suo comportamento, ma si rispecchiava anche nelle sue opinioni in merito al comportamento altrui. Un conto era avere una prova concreta, un altro paio di maniche le dicerie. A onta di ciò, c'era qualcosa che non quadrava nella visita di Silla per chiedergli consiglio.

Fu a questo punto che la risposta balenò alla mente di Cesare. Neppure per un attimo pensò che ci fosse qualcosa di definito tra quell'uomo e la sua figliola minore, ma per un uomo come Silla, svenire alla vista di una ragazzina denutrita... incredibile! Poi era saltata fuori quella strana storia di Iulilla che gli aveva intrecciato una corona d'erba. Lui, naturalmente, ne afferrava in pieno il significato. Forse i loro rapporti si erano limitati a qualche raro incontro, e perlopiù del tutto casuale; ma, decise, tra quei due c'era qualcosa. Nulla di spregevole, o di equivoco, o anche solo ambiguo. Ma qualcosa, sì. Qualcosa che valeva la pena di tenere d'occhio. Logicamente, Cesare non poteva accettare alcun tipo di rapporto tra loro. E se c'era una simpatia tra loro, tanto peggio. Iulilla doveva andare sposa a un uomo in grado di muoversi a testa alta negli ambienti cui Cesare apparteneva.

Mentre Cesare si appoggiava allo schienale e prendeva in considerazione la faccenda, Silla si appoggiò a sua volta allo scranno domandandosi che cosa passasse per la mente di Cesare. Per colpa di Iulilla, il colloquio non era andato secondo i piani, neppure lontanamente. Com'era possibile che avesse perso il controllo a tal punto? Svenire! Lui, Lucio Cornelio Silla! Dopo essersi tanto palesemente tradito, non gli era rimasta altra scelta che spiegarsi con quel padre vigile, il che aveva a sua volta significato svelare almeno in parte la verità; se la cosa fosse stata di aiuto a Iulilla, l'avrebbe svelata per intero, la verità, ma non riteneva che Cesare si sarebbe divertito a scorrere quelle lettere. "Mi sono reso vulnerabile agli occhi di Caio Giulio Cesare" pensò Silla, e la sensazione gli dispiacque profondamente.

«Hai in mente qualcosa riguardo a Clitumna?» domandò Cesare.

Silla aggrottò la fronte. «Be', ha una villa al Circeo, e mi domandavo se non potesse essere una buona idea convincerla ad andarci e a rimanerci per un po'» disse.

«Perché chiederlo a me?»

Il cipiglio si accentuò; Silla vide il baratro aprirsi sotto i suoi piedi e tentò di scavalcarlo. «Hai perfettamente ragione, Caio Giulio. Perché chiederlo a te? La verità è che mi trovo tra Scilla e Cariddi, e speravo che mi tendessi un remo per trarmi in salvo.»

«In che modo potrei trarti in salvo? Che intendi dire?»

«Secondo me, Clitumna è sull'orlo del suicidio» rispose Silla.

«Oh.»

«Il fatto è: come posso impedirlo? Sono un uomo e, ora che Nicopolis è morta, non esiste una sola donna nella casa o nella famiglia di Clitumna, o magari tra la servitù, in posizione di fiducia e affetto sufficienti a cavarla d'impiccio.» Silla si protese, accalorandosi. «Roma non è il posto giusto per lei, in questo momento, Caio Giulio! Ma come potrei spedirla al Circeo senza la compagnia di una donna fidata? Non sono sicuro di essere la persona che Clitumna desidera avere accanto ora come ora, e inoltre io... io... io ho certe cose da fare a Roma, in questo momento! Ciò che mi stavo domandando era: tua moglie sarebbe disposta ad accompagnare Clitumna al Circeo per qualche settimana? Questo suo umore suicida non durerà, ne sono certo, ma per ora sono molto preoccupato. La villa è alquanto confortevole e, anche se sta arrivando il freddo, il Circeo è un luogo salubre in qualsiasi stagione dell'anno. A tua moglie magari farebbe bene respirare un po' d'aria di mare.»

Cesare si rilassò visibilmente, dando l'impressione di essersi tolto un peso enorme dalle spalle curve. «Capisco, Lucio Cornelio, capisco. E ti comprendo meglio di quanto tu creda. Mia moglie è effettivamente diventata la persona su cui Clitumna fa più affidamento. Purtroppo, non posso fare a meno di lei. Hai visto Iulilla, per cui non occorre spiegarti quanto disperata sia la nostra situazione. C'è bisogno di mia moglie qui in casa. Né lei acconsentirebbe a partire, per quanto affezionata sia a Clitumna.»

Silla disse con ardore: «Be', perché Iulilla non potrebbe andare con loro al Circeo? Il cambiamento d'aria potrebbe fare miracoli per lei!».

Ma Cesare scosse il capo. «No, Lucio Cornelio, temo che neppure sia il caso di parlarne. Personalmente, sono bloccato a Roma fino a primavera. Non riuscirei a tollerare l'assenza di mia moglie e mia figlia, a meno che non potessi andare con loro, e non perché sia tanto egoista da negar loro una vacanza, ma perché mi preoccuperei per tutta la durata della loro assenza. Se Iulilla stesse bene, sarebbe diverso. Così... no.»

«Ti comprendo, Caio Giulio, e simpatizzo con te.» Silla si alzò per prender congedo.

«Manda Clitumna al Circeo, Lucio Cornelio. Le farà bene.» Cesare accompagnò l'ospite alla porta, che aprì personalmente.

«Grazie per aver sopportato le mie sciocchezze» disse Silla.

«Non è stato un disturbo. Anzi, sono molto contento che tu sia venuto. Ora potrò cavarmela meglio con mia figlia, credo. E ti confesso che mi piaci di più, dopo quanto è successo stamane, Lucio Cornelio. Tienimi informato in merito a Clitumna.» E, sorridendo, gli tese la mano.

Ma non appena ebbe chiuso la porta alle spalle di Silla, Cesare andò in cerca di Iulilla. Si trovava nel salottino di sua madre e piangeva sconsolata, la testa nascosta tra le braccia, accasciata sul tavolo da lavoro. Portandosi una mano alle labbra, Marzia si alzò quando Cesare apparve sulla soglia; assieme, scivolarono fuori, lasciando la fanciulla a piangere.

«Caio Giulio, è terribile» disse Marzia, a labbra strette.

«Si sono frequentati?»

Una vampa di rossore si accese sotto la pelle ambrata di Marzia; la donna scosse la testa con veemenza, le forcine che trattenevano i capelli in una sobria crocchia si allentarono, e la crocchia si sfece a mezzo, ricadendole sul collo. «No, non si sono frequentati!» Giunse le mani, se le torse. «Oh, che vergogna! Che *umiliazione*!»

Cesare afferrò le mani irrequiete e le strinse con dolce fermezza. «Calmati, moglie mia, calmati! Non può esserci nulla di tanto grave da ridurti in questo stato. Ora dimmi.»

«Che falsità! Che indelicatezza!»

«Calmati. Comincia dal principio.»

«Lui non c'entra, ha fatto tutto quanto lei! Nostra figlia, Caio Giulio, ha impiegato gli ultimi due anni a disonorare se stessa e la sua famiglia of... offrendosi spudoratamente a un uomo che non solo è indegno di toglierle il fango dai calzari, ma che neppure la vuole! E c'è dell'altro, Caio Giulio, c'è dell'altro! Ha tentato di attirare la sua attenzione digiunando e in tal modo addossandogli un senso di colpa che lui non ha fatto niente per meritarsi! Lettere, Caio Giulio! Centinaia di lettere che la sua ancella gli ha recapitato, in cui lo accusa d'indifferenza e dimenticanza, lo incolpa della sua malattia, implora il suo amore come una cagna in calore!» Dagli occhi di Marzia piovvero lacrime, ma erano lacrime di delusione, di terribile collera.

«Calmati» ripeté ancora una volta Cesare. «Andiamo, Marzia, potrai piangere più tardi. Devo affrontare Iulilla, e devi esserci anche tu.»

La donna si calmò, si asciugò gli occhi; rientrarono assieme nel salottino.

Iulilla stava ancora piangendo, neppure aveva notato di essere rimasta sola. Sospirando, Cesare sedette nello scranno preferito di sua moglie, frugandosi nel contempo nel seno della toga e alla fine cavandone il fazzoletto.

«Tieni, Iulilla, soffiati il naso e smetti di piangere, da brava» disse, infilandole il pannicello sotto il braccio. «Tante lacrime sono sprecate. È ora di fare quattro chiacchiere.»

In gran parte, le lacrime di Iulilla erano originate dal terrore di venire scoperta, sicché il tono rassicurante, forte, fermo e imparziale della voce del padre la indusse a fare ciò che lui le ordinava. Le lacrime cessarono; la fanciulla rimase seduta a capo chino, il fragile corpo scosso da convulsi singulti.

«Hai digiunato a causa di Lucio Cornelio Silla, è così?» domandò suo padre.

Iulilla non rispose.

«Iulilla, non puoi evitare di rispondere, e non otterrai nulla chiudendoti nel silenzio. È Lucio Cornelio la causa di tutto questo?»

«Sì» bisbigliò lei.

La voce di Cesare continuò a suonare forte, ferma e imparziale, ma le parole che pronunciava ferirono Iulilla ancor più profondamente proprio per quel tono distaccato; in quel modo parlava a uno schiavo che si fosse macchiato di qualche imperdonabile colpa, mai si era rivolto così a sua figlia. Finora.

«Ma ti rendi almeno conto del dolore, della preoccupazione, degli affanni che hai causato a tutta la famiglia da un anno e più a questa parte? Da quando hai cominciato a deperire, sei stata il perno attorno al quale tutti noi abbiamo ruotato. Non soltanto io, tua madre, i tuoi fratelli e tua sorella, ma anche i nostri fedeli e ammirevoli servi, i nostri amici, i vicini di casa. Ci hai spinti tutti sull'orlo della follia. E per cosa? Sai dirmi per cosa? »

« No » bisbigliò lei.

« Sciocchezze! Certo che lo sai! Hai giocato con i nostri sentimenti, Iulilla. Un gioco crudele ed egoistico, condotto con una pazienza e un'intelligenza degne di miglior causa. Ti sei innamorata — a sedici anni! — di un uomo che sapevi inadatto a te, che non avrebbe mai ottenuto la mia approvazione. Un uomo che si è reso conto della propria inidoneità e non ha fatto assolutamente nulla per incoraggiarti. Sicché hai deciso di agire con l'inganno, con l'astuzia, a fini di una tale manipolazione e di un tale sfruttamento...! Mi mancano le parole, Iulilla » disse Cesare, impassibile.

Sua figlia rabbrividì.

Sua moglie rabbrividì.

« A quanto pare, mi tocca rinfrescarti la memoria, figliola. Lo sai chi sono io? »

Iulilla non rispose, a testa bassa.

« Guardami! »

Al che la fanciulla alzò il viso; gli occhi inondati di lacrime si fissarono su Cesare, atterriti e spiritati.

« No, a quanto vedo, non lo sai chi sono » disse Cesare, tuttora in tono discorsivo. « Perciò, figliola, mi toccherà spiegartelo. Sono il *paterfamilias*, colui il quale comanda in questa casa. La mia parola è legge. Le mie decisioni sono inappellabili. Qualsiasi cosa decida di fare e di dire entro i confini di questa casa, posso farlo e posso dirlo. Non c'è legge del Senato e del Popolo di Roma che possa frapporsi tra me e la mia autorità assoluta sulla mia casa, la mia famiglia. Poiché Roma ha configurato le sue leggi in modo da garantire che la famiglia romana sia al di sopra della legge di tutti, all'infuori di quella del *paterfamilias*. Se mia moglie commette adulterio, Iulilla, io posso ucciderla o farla uccidere. Se mio figlio si rende colpevole di turpitudine o di codardia o di qualsiasi altro tipo di delitto sociale, posso ucciderlo o farlo uccidere. Se mia figlia non è casta, Iulilla, posso ucciderla o farla uccidere. Se un qualsiasi membro della mia casa, da mia moglie sino ai miei figli e alle mie figlie e a mia madre, ai miei servi, trasgredisce i limiti di quella che *io* giudico una condotta decorosa, posso ucciderlo o farlo uccidere. Capisci, Iulilla? »

Lei non aveva più distolto lo sguardo dal suo viso. « Sì » disse.

« Mi addolora tanto quanto mi fa arrossire di vergogna doverti informare che hai trasgredito i limiti di quella che giudico una condotta decorosa, figliola. Hai fatto della tua famiglia e dei servi di questa casa — e soprattutto hai fatto del *paterfamilias* — le tue vittime. I tuoi zimbelli. I tuoi giocattoli. E per cosa? Per un capriccio, per una soddisfazione personale, per il più *abominevole* dei motivi: te stessa. »

« Ma io l'amo, *tata*! » esclamò Iulilla.

Cesare s'impennò, scandalizzato. « L'amore? Che ne sai, di tale impareggiabile emozione, Iulilla? Come puoi insudiciare la parola "amore" con una qualsiasi ignobile imitazione da te sperimentata? È amore, trasformare in un tormento la vita dell'essere amato? È amore, costringere l'essere amato ad assumersi un impegno che non desidera, che non ha cercato? Be', ti pare che sia amore, questo, Iulilla? »

« Suppongo di no » bisbigliò lei, poi soggiunse: « Però credevo lo fosse ».

Gli occhi dei genitori s'incontrarono sopra la sua testa; vi si leggeva una pena ambigua e amara, il segno che avevano alla fine compreso i limiti di Iulilla, e le loro illusioni.

« Credimi, Iulilla, checché tu abbia provato, da far sì che ti comportassi in modo tanto spregevole e disonorevole, non era amore » disse Cesare, e si alzò. « Non ci saranno più né latte di vacca né uova né miele. Mangerai ciò che mangia il resto della famiglia. O non mangerai. Per me non ha la minima importanza. Come genitore e come *paterfamilias*, ti ho trattata, dal giorno in cui sei nata, con onore, con rispetto, con gentilezza, con tutti i riguardi, con indulgenza. Tu non hai avuto sufficiente considerazione per me da ricambiarmi. Non ti scaccio. E non ti ucciderò né ti farò uccidere. Ma d'ora in poi, qualsiasi cosa decida di fare della tua vita ricadrà interamente su di te. Hai offeso me e la mia famiglia, Iulilla. Cosa ancor più imperdonabile, forse, hai offeso un uomo che nulla ti deve, poiché neppure ti conosce e non è tuo parente. Più avanti, quando sarai un po' più presentabile, esigerò che tu chieda scusa a Lucio Cornelio Silla. Non esigo le tue scuse per uno qualsiasi di noi, perché hai perso il nostro amore e il nostro rispetto, e ciò toglie ogni valore alle tue scuse. »

Uscì dalla stanza.

Il volto di Iulilla si contrasse; si volse istintivamente verso la madre e tentò di gettarsi nelle sue braccia. Ma Marzia si ritrasse come se sua figlia fosse una veste infetta.

« Disgustoso! » sibilò. « E tutto per amore di un uomo che non è degno di leccare la terra su cui posa il piede un Cesare! »

« Oh, madre! »

«Non supplicarmi! Hai voluto agire da adulta, Iulilla; hai voluto sentirti abbastanza donna da sposarti. Ora arrangiati.» E anche lei uscì dalla stanza.

Qualche giorno dopo Caio Giulio Cesare scrisse a suo genero, Caio Mario:

E così, questa sciagurata faccenda si sta finalmente sbrogliando. Vorrei poter dire che Iulilla ha imparato la lezione, ma ne dubito fortemente. Negli anni a venire, Caio Mario, anche tu dovrai affrontare i tormenti e i dilemmi della paternità, e vorrei poterti dare conforto, dicendo che imparerai dai miei errori. Ma così non sarà. Infatti, come ogni figlio che viene al mondo è diverso da ogni altro, e in modo diverso va trattato, anche ogni genitore è diverso da ogni altro. In che cosa abbiamo sbagliato con Iulilla? Sinceramente, non lo so. Non so neppure se davvero abbiamo sbagliato in qualcosa. Forse si tratta di un difetto innato, intrinseco. Sono profondamente ferito, e lo stesso vale per la povera Marzia, e ne è prova il fatto che successivamente ha respinto tutte le profferte di amicizia e di rammarico di Iulilla. La ragazzina soffre in modo orribile, ma ho dovuto domandarmi se fosse nostro dovere nei suoi confronti mantenere le distanze per il momento, e ho deciso che dovevamo farlo. Non le abbiamo mai fatto mancare il nostro affetto, ma non le abbiamo mai dato l'occasione di imporsi una qualche disciplina. Per poter trarre qualche vantaggio da tutto questo, deve soffrire.

Il senso della giustizia mi ha imposto di recarmi dal nostro vicino Lucio Cornelio Silla a porgergli le nostre scuse collettive, nell'attesa che Iulilla si renda presentabile e possa scusarsi con lui di persona. Benché non volesse consegnarmele, ho insistito per farmi restituire tutte le lettere di Iulilla: una delle poche volte in cui il fatto di essere il *paterfamilias* è servito a qualcosa. Ho costretto Iulilla a bruciarle, ma non prima che avesse letto a me e a sua madre, dalla prima all'ultima, tutte le sciocchezze che aveva scritto. Orribile, dover agire con tanta durezza con la carne della tua carne e il sangue del tuo sangue! Ma temo profondamente che soltanto la lezione più bruciante s'imprimerà nel cuoricino egocentrico di Iulilla.

Ecco. Ora basta parlare di Iulilla e delle sue trame. Stanno accadendo cose di gran lunga più importanti. In effetti, potrebbe darsi che io sia il primo a comunicare la notizia alla Provincia d'Africa, dato che mi è stato solennemente promesso che questa lettera viaggerà su una nave veloce in partenza da Pozzuoli domani. Marco Giunio Silano è stato duramente sconfitto dai Germani. Si sono registrati più di trentamila morti, i superstiti sono così demoralizzati e così mal guidati da sparpagliarsi in tutte le direzioni. Non che a Silano importi molto, a quanto sembra, o forse sarebbe più esatto dire che si preoccupa più della propria salvezza che di quella delle sue truppe. Ha recato la notizia a Roma personalmente, ma fornendo una versione così attenuata da evitare lo sdegno dell'opinione pubblica e, quando si è saputa l'intera verità sul disastro, gran parte della sorpresa era andata perduta. Logicamente, il fine cui tende è quello di sottrarsi a eventuali accuse di alto tradimento e secondo me ci riuscirà. Se la Commissione di Mamilio avesse facoltà di mandarlo sotto processo, potrebbe essere condannato. Ma un processo da parte dell'Assemblea delle Centurie, con tutte quelle norme e regole antiquate, e tutti quei giurati? Non vale la pena di avviare il procedimento, ed è proprio ciò che pensa la maggior parte di noi.

E riguardo ai Germani? Mi pare di sentirti domandare. Si stanno tuttora riversando in direzione della costa mediterranea, e gli abitanti di Marsiglia stanno fuggendo in preda al panico? No. Ci crederesti? Dopo aver annientato l'esercito di Silano, hanno fatto un'altra volta dietro-front e si sono diretti a nord. Come si fa ad affrontare un nemico tanto enigmatico, così imprevedibile? Ti dico una cosa, Caio Mario: tremiamo come foglie. Ché i Germani ci piomberanno addosso. Prima o poi, a quanto sembra, ci piomberanno addosso. E non possiamo opporre loro comandanti migliori di gente come Marco Giunio Silano. Al solito, di questi tempi, sono state le legioni degli alleati italici a subire le perdite più rilevanti, però sono caduti anche molti soldati romani. E il Senato deve vedersela con una valanga di lamentele da parte dei Marsi e dei Sanniti, e di una schiera di altre nazioni italiche.

Ma, per concludere con una nota più lieta, attualmente stiamo combattendo una battaglia tutta da ridere col nostro stimato censore Marco Emilio Scauro. L'altro censore, Marco Livio Druso, è deceduto all'improvviso tre settimane fa, il che ha messo bruscamente fine al quinquennio dei censori. Scauro, naturalmente, è tenuto a farsi da parte. Solo che non intende farlo! E qui sta il lato comico. Non appena concluse le esequie funebri di Druso, il Senato si è riunito e ha ordinato a Scauro di dimettersi dalla carica in modo da poter concludere ufficialmente la fine della censura con la cerimonia di rito. Scauro ha rifiutato.

«Sono stato eletto alla censura, sono impegnato nell'assegnazione degli appalti per i miei progetti edilizi, e non posso assolutamente troncare la mia opera in questo frangente» ha detto.

«Marco Emilio, Marco Emilio, non è una decisione che spetti a te!» ha replicato il Pontefice Massimo, Metello Dalmatico. «La legge stabilisce che, quando uno dei censori in carica muore, il mandato si conclude, e il suo collega deve rassegnare immediatamente le dimissioni.»

«Non m'importa di ciò che stabilisce la legge!» gli ha ri sposto Scauro. «Non posso dimettermi subito, e non lo farò.»

L'hanno implorato e supplicato, hanno urlato e discusso, tutto invano. Scauro era risoluto a creare un precedente, beffandosi dei regolamenti e rimanendo in carica. Così, l'hanno implorato e supplicato, hanno urlato e discusso di bel nuovo. Finché Scauro ha perso la pazienza e si è arrabbiato.

«Me ne infischio di tutti voi!» ha gridato, e ha continuato tranquillamente a occuparsi dei suoi appalti e dei suoi progetti.

Così il Pontefice Massimo Dalmatico ha riconvocato il Senato, costringendolo ad approvare un decreto ufficiale con cui si chiedevano le immediate dimissioni di Scauro. Una delegazione si è subito recata al Campo Marzio, dove si è incontrata con Scauro, assiso sul podio del tempio di Giove Statore, edificio da lui scelto come ufficio perché attiguo al Portico di Metello, dove hanno il loro quartier generale quasi tutti gli appaltatori.

Ora, come ben sai, io non sono partigiano di Scauro. È astuto come Ulisse e bugiardo come Paride. Ma, oh, vorrei che l'avessi visto fare polpette di tutti loro! Come riesca a tanto un ometto brutto, sparuto, mingherlino come Scauro, proprio non lo so... non gli è rimasto un capello in testa! A sentire Marzia, dipende dai suoi begli occhi verdi e dalla sua ancor più bella voce e dal suo meraviglioso senso dell'umorismo. Be', ammetto che non manca di senso dell'umorismo, però mi sfugge del tutto il fascino del suo apparato ottico e vocale. Marzia dice che sono il tipico maschio, ma non capisco che cosa intenda dire con ciò. Le donne tendono a rifugiarsi in commenti del genere, se le blocchi con un ragionamento logico, ho scoperto. Però una qualche oscura logica dev'esserci, per spiegare il successo di Scauro, e chissà? Forse Marzia ha ragione.

Così, eccolo là seduto, il nostro piccolo posatore, circondato dall'estrema magnificenza del primo tempio marmoreo di Roma, e da tutte quelle splendide statue equestri dei generali di Alessandro Magno che Metello Macedonico ha arraffato a Pella, l'antica capitale di Alessandro. E domina il tutto. Com'è possibile che un nanerottolo romano calvo superi in maestà i cavalli superbamente reali di Lisippo? Ogni volta che vedo i generali di Alessandro, te lo giuro, mi aspetto sempre che scendano dal piedestallo e filino via, ciascun cavallo diverso dall'altro come Tolomeo è diverso da Parmenione.

Sto divagando. Torniamo al dunque, allora. Quando Scauro ha visto arrivare la delegazione, ha messo da parte appalti e appaltatori e si è sistemato sulla sedia curule, dritto come un fuso, la toga perfettamente drappeggiata, un piede allungato in avanti nella classica posa.

«Be'?» ha domandato, rivolto al Pontefice Massimo Dalmatico, che era stato designato a fare da portavoce.

«Marco Emilio, il Senato ha approvato ufficialmente un decreto in cui ti si intima di rassegnare subito le dimissioni della carica di censore» ha detto l'altro, a disagio.

«Me ne guardo bene» ha replicato Scauro.

«Devi!» ha belato il Dalmatico.

«Non devo un bel niente!» ha detto Scauro, girando loro le spalle e facendo segno agli appaltatori di tornare ad avvicinarsi. «Allora, che stavo dicendo prima di essere così scortesemente interrotto?» ha domandato.

Il Dalmatico ci ha riprovato. «Marco Emilio, ti prego!»

Ma tutto ciò che ha ottenuto in cambio delle sue pene pontificiali è stato un: «Me ne infischio di voi! Me ne infischio altamente!».

Avendo il Senato scagliato il suo dardo, l'intero problema è stato demandato all'Assemblea della Plebe, addossandole in tal modo la responsabilità di una faccenda in cui non aveva avuto mano, se si considera che è l'Assemblea delle Centurie, un organismo di gran lunga più chiuso dell'Assemblea della Plebe, a eleggere i censori. La Plebe, tuttavia, si è riunita per discutere la posizione di Scauro e ha affidato al collegio dei tribuni un ultimo compito per l'anno di mandato. I tribuni hanno ricevuto ordine di destituire Marco Emilio Scauro dalla carica di censore, in un modo o nell'altro.

Sicché ieri, nono giorno di dicembre, si sono visti tutti e

dieci i tribuni della plebe marciare sul tempio di Giove Statore, Caio Mamilio Limetano in testa.

« Ho avuto ordine, Marco Emilio, dal Popolo di Roma di destituirti dalla carica di censore » ha detto Mamilio.

« Dal momento che non è stato il Popolo a eleggermi, Caio Mamilio, il Popolo non può destituirmi » ha ribattuto Scauro, il cranio calvo luccicante al sole come una vecchia mela d'inverno lustrata con un panno.

« Ciononostante, Marco Emilio, il Popolo è sovrano, e il Popolo dice che devi dimetterti » ha insistito Mamilio.

« Non mi dimetterò! » ha replicato Scauro.

« In tal caso, Marco Emilio, sono autorizzato dal Popolo ad arrestarti e rinchiuderti in prigione finché non rassegnerai ufficialmente le dimissioni » ha detto Mamilio.

« Prova a toccarmi con un dito, Caio Mamilio, e ti ritroverai con la voce bianca della tua fanciullezza! » ha esclamato Scauro.

Al che Mamilio si è rivolto alla folla che, logicamente, si era radunata per assistere allo spettacolo e l'ha arringata. « Popolo di Roma, io ti chiamo a testimoniare del fatto che d'ora in poi pongo il mio veto a ogni ulteriore attività censoria da parte di Marco Emilio Scauro! » ha dichiarato.

E con ciò, naturalmente, la faccenda si è conclusa. Scauro ha arrotolato i contratti degli appalti e ha consegnato il tutto ai suoi segretari, ha ordinato allo schiavo di ripiegare la sedia eburnea e ha distribuito inchini, a destra e a manca, alla folla plaudente, la quale non c'è cosa che più ami di un bello scontro tra i suoi magistrati, e adora Scauro con tutto il cuore perché possiede il genere di coraggio che tutti i Romani ammirano nei loro magistrati. Poi ha disceso i gradini del tempio, passando ha fatto una carezza al roano di Perdicca, ha preso sottobraccio Mamilio e ha abbandonato la scena con tutti gli onori.

Cesare sospirò, si appoggiò allo schienale e decise che avrebbe fatto meglio a commentare le notizie che Mario, la cui corrispondenza non era certamente verbosa come quella del suocero, aveva fatto pervenire dalla Provincia Romana d'Africa, dove Metello, a quanto sembrava, era riuscito a impantanare la guerra contro Giugurta nella melma di scaramucce senza importanza e di una pessima conduzione. O, almeno, questa era la versione di Mario, anche se non coincideva con i rapporti che Metello continuava a inoltrare al Senato.

Apprenderai quanto prima, se già non l'hai appreso, che il Senato ha confermato Quinto Cecilio al comando della Provincia d'Africa e della guerra giugurtina. La cosa non ti sorprenderà minimamente, ne sono certo. E mi aspetto che, avendo superato questo grosso ostacolo, Quinto Cecilio dia maggiore impulso alla sua attività militare; una volta, infatti, che il Senato abbia prorogato il mandato a un governatore, questi può star certo di conservarlo finché non giudichi superato il pericolo per la sua Provincia. È una tattica astuta, quella di restare inerti sino alla conclusione dell'anno di consolato e al conferimento dell'*imperium* proconsolare.

Ma sì, convengo che il tuo generale ha seguito una tattica esageratamente dilatoria, rifiutandosi persino di dar inizio alla campagna prima della fine dell'estate, soprattutto se si considera che è sbarcato agli inizi della primavera. Ma nei suoi dispacci sostiene che l'esercito aveva bisogno di completare l'addestramento, e il Senato ci crede. E sì, mi sfugge il motivo per cui ha designato te, un comandante di fanteria, alla guida della sua cavalleria, così come mi sembra uno spreco delle grandi doti di Publio Rutilio servirsi di lui in qualità di ufficiale superiore del genio, quando risulterebbe assai più utile sul campo di battaglia che andandosene attorno a occuparsi delle colonne dei rifornimenti e della manutenzione delle macchine da guerra. È tuttavia prerogativa del generale impiegare i suoi uomini come più gli pare, dai legati anziani al più umile ausiliario.

Tutta Roma ha gioito quando è giunta notizia della presa di Vaga, anche se nella tua lettera, noto, dici che la città si è arresa. E, se mi consenti di patrocinare la causa di Quinto Cecilio, non capisco perché mai t'indigni tanto per la nomina dell'amico di Quinto Cecilio, Turpillio, a comandante della guarnigione di Vaga. È importante?

Sono di gran lunga più colpito dalla tua versione della battaglia presso il fiume Muthul di quanto lo sia dalla versione fornita nel dispaccio che Quinto Cecilio ha inviato al Senato, la qual cosa dovrebbe in qualche modo consolarti del mio accenno di scetticismo, e rassicurarti sul fatto che sto sempre dalla tua parte. E sono sicuro tu sia nel giusto nel dire a Quinto Cecilio che il modo migliore per vincere la guerra contro la Numidia sta nel catturare Giugurta in persona, perché, come te, credo che sia lui la fonte principale della resistenza numidica.

Sono dispiaciuto che questo primo anno sia stato tanto

deludente per te, e che, a quanto sembra, Quinto Cecilio abbia deciso di poter vincere la guerra anche senza servirsi adeguatamente delle tue doti o di quelle di Publio Rutilio. Il tuo tentativo di farti eleggere console fra due anni risulterà molto più arduo se non ti sarà offerta l'occasione di illustrarti nelle prossime campagne numidiche. Ma, Caio Mario, non mi aspetto che tu subisca passivamente un trattamento del genere, e sono sicuro che troverai la maniera di coprirti di onore e fama, a onta di quanto di peggio possa fare Quinto Cecilio.

Concluderò con un'altra notizia dal Foro. In seguito alla disfatta subita dall'esercito di Silano nella Gallia Transalpina, il Senato ha abrogato una delle ultime leggi di Caio Gracco, tuttora in vigore, per l'esattezza quella che limita il numero di volte in cui ci si può arruolare. Né, per arruolarsi, occorre più avere diciassette anni né l'aver militato per dieci anni ti esclude più dalle leve, e neppure l'aver partecipato a sei campagne. Un segno dei tempi. A Roma e in Italia vanno rapidamente sparendo gli uomini con cui formare le legioni.

Riguardati, e scrivimi non appena questi miei blandi tentativi di patrocinare la causa di Quinto Cecilio si siano attenuati quanto basta a permetterti di pensare a me con affetto. Sono ancora tuo suocero, e continuo a stimarti moltissimo.

Era, decise Caio Giulio Cesare, una lettera che valeva la pena di spedire, piena di notizie e di buoni consigli e di incoraggiamenti. Caio Mario l'avrebbe ricevuta prima della fine dell'anno.

In definitiva, si era già alla metà di dicembre quando Silla accompagnò Clitumna al Circeo, tutto premure e tenera gentilezza. Sebbene si fosse preoccupato che qualcosa nei suoi piani andasse storto, perché col tempo l'umore di Clitumna avrebbe potuto migliorare, lo straordinario mutamento delle sue fortune continuò ad assisterlo, visto che la matrigna non accennava a uscire dallo stato di profonda depressione, e sicuramente Marzia l'avrebbe riferito a Cesare.

Come la maggior parte delle ville sulla costa campana, anche quella di Clitumna non era immensa, ciononostante era di gran lunga più imponente della casa sul Palatino; i Romani in vacanza che potevano permettersi il lusso di possedere ville di campagna, amavano circondarsi di grandi spazi. Sita in cima a un promontorio vulcanico e con tanto di spiaggia privata, la villa sorgeva poco più a sud del Circeo, alquanto isolata. Uno dei molti speculatori edilizi che frequentavano la costa campana, l'aveva fatta costruire durante l'inverno di tre anni addietro, e Clitumna l'aveva acquistata non appena scoperto che il costruttore era un genio dell'idraulica e vi aveva installato una doccia, oltre a una vera e propria vasca da bagno.

Così, la prima cosa che la donna fece subito dopo l'arrivo fu proprio una doccia, poi cenò, e dopo cena lei e Silla se ne andarono a dormire in letti separati, ciascuno per conto proprio. Silla si trattenne al Circeo solo un paio di giorni, dedicando ogni minuto del suo tempo a Clitumna, la quale continuò a essere di umor nero, benché non volesse che Silla se ne andasse.

«Ho una sorpresa per te» le disse lui mentre passeggiavano assieme di buon'ora nel parco della villa, il giorno in cui aveva deciso di ripartire per Roma.

Neppure questo suscitò una qualche reazione. «Sì?» domandò Clitumna.

«Riceverai la tua sorpresa la prima notte di luna piena» rispose Silla in tono da seduttore.

«Notte?» fece lei, manifestando una scintilla d'interesse.

«Notte, *e* luna piena! Sempre che sia una notte stellata e il plenilunio sia visibile.»

Se ne stavano in piedi sotto l'alto frontone della villa che, come nella maggior parte dei casi, sorgeva su un terreno in pendenza, con una loggia in cima alla facciata, dove gli inquilini potevano sedersi ad ammirare il panorama. Dietro la sottile facciata si apriva un vasto peristilio, e dietro il peristilio sorgeva la villa vera e propria, in cui si trovava il grosso delle stanze. Le stalle erano situate al pianoterreno della facciata, sotto gli alloggi del personale di scuderia, a loro volta sovrastati da una loggia.

Il terreno di fronte alla villa di Clitumna digradava con una distesa d'erba e viluppi di rose rampicanti fino alla scogliera, e da ambo i fianchi erano stati opportunamente piantati due boschetti che ne garantivano l'isolamento, nel caso fosse sorta un'altra villa sul terreno adiacente.

Silla additò il folto di pini marittimi e di esili cipressi sulla sinistra.

«È un segreto, Clitumna» disse con quella che la donna definiva la sua "voce gorgogliante", sempre segno di un amplesso prolungato e particolarmente appagante.

«Di che segreto si tratta?» domandò lei, cominciando a mostrarsi ansiosa.

«Se te lo svelassi, non sarebbe più un segreto» bisbigliò Silla, mordicchiandole l'orecchio.

Clitumna si dimenò un tantino, accennò a rallegrarsi. «Il segreto è la stessa cosa della sorpresa per la notte di plenilunio?»

«Sì. Ma *devi* tenere tutto segreto, compresa la mia promessa di farti una sorpresa. Giuri?»

«Lo giuro» disse lei.

«Ciò che dovrai fare, sarà di sgattaiolare dalla casa all'inizio della terza ora di buio, contando otto giorni dalla notte scorsa. Devi scendere quaggiù assolutamente da sola, e nasconderti in quel boschetto» disse Silla, accarezzandole il fianco.

Ogni traccia di svogliatezza era sparita. «Oh! Sarà una bella sorpresa?» domandò Clitumna, pronunciando l'ultima parola con una sorta di urletto.

«Sarà la più grossa sorpresa della tua vita,» rispose lui «e non è una promessa oziosa, tesoro. Però esigo un paio di condizioni.»

Clitumna arricciò il naso con aria fanciullesca e abbozzò un sorrisetto sciocco. «Sì?»

«Prima di tutto, nessuno deve sapere, neppure la piccola Bitilla. Se ti confiderai con una persona qualsiasi, la sorpresa principale sarà una delusione. E io mi arrabbierò, moltissimo. Non ti piace quando mi arrabbio, vero, Clitumna?»

Lei rabbrividì. «No. Lucio Cornelio.»

«Allora mantieni il segreto. Il premio sarà davvero sorprendente, un tipo di esperienza del tutto nuova e diversa» bisbigliò Silla. «Anzi, se riuscirai a fingerti particolarmente abbattuta, a partire da questo momento, finché non riceverai la sorpresa, andrà persino meglio, te lo prometto.»

«Farò la brava, Lucio Cornelio» disse lei con fervore.

Silla intuiva perfettamente come funzionava la mente di Clitumna, e comprese che aveva deciso di considerare la sorpresa come una nuova, piacevole compagna: femminea, attraente, sessualmente disponibile, armoniosa, una compiacente pettegola, utile per far passare le lunghe giornate tra una notte d'amore e l'altra. Ma Clitumna conosceva Silla abbastanza bene per rendersi conto che doveva rispettare le sue condizioni, altrimenti c'era il pericolo che si mettesse definitivamente con un'altra, chiunque fosse, magari sistemandola in un alloggio tutto suo, ora che aveva ereditato i soldi di Nicopolis. Come se non bastasse, nessuno osava contraddire Silla quando faceva sul serio, ragion per cui i servi di Clitumna tenevano la bocca chiusa sui rapporti che erano intercorsi tra la padrona e Nicopolis e Silla e, semmai si lasciavano scappare qualcosa, lo facevano con una paura che privava le parole di gran parte del loro peso.

«C'è un'altra condizione» aggiunse Silla.

Clitumna gli si rannicchiò contro. «Sì, carissimo Lucio?»

«Se il cielo non sarà sereno, non ci sarà sorpresa. Così dovrai attenerti alle condizioni atmosferiche. Se piove, aspetta la prima notte di sereno.»

«Capisco, Lucio Cornelio.»

E così Silla si rimise in viaggio per Roma su un cocchio preso a nolo, lasciando Clitumna a crogiolarsi fedelmente nel suo segreto e a sforzarsi di fornire un quadro di profonda depressione. Persino Bitilla, con cui Clitumna aveva ormai l'abitudine di dormire, credeva la padrona in preda alla desolazione.

Giunto che fu a Roma, Silla convocò l'intendente della casa della matrigna sul Palatino; era uno dei servi che non erano stati costretti a trasferirsi al Circeo, in quanto la villa era affidata alle cure di un altro intendente, il quale fungeva anche da custode in assenza della padrona ed era bravissimo a truffarla. Cosa, peraltro, che faceva anche l'intendente della casa sul Palatino.

«Quanti servi ha lasciato qui la padrona, Iamus?» domandò Silla, seduto allo scrittoio del *tablinum*; chiaramente, stava compilando una sorta di lista che aveva sotto mano.

«Soltanto me, due ragazzi tuttofare, due ancelle, un ragazzo per la spesa e il sottocuoco, Lucio Cornelio» rispose l'intendente.

«Be', dovrai assumere qualcun altro, perché fra quattro giorni, Iamus, ho intenzione di dare una festa.»

Silla sventolò la lista sotto il naso dell'attonito intendente, il quale non sapeva se protestare che matrona Clitumna non l'aveva avvertito che ci sarebbero state feste in sua assenza, oppure adeguarsi all'idea e pregare gli dèi che non sorgessero complicazioni, più tardi, alla presentazione dei conti. Poi Silla lo rassicurò.

«La festa la do io, per cui sarò io a pagare i conti» disse Silla «e tu riceverai una grossa gratifica, ma a due condizioni: uno, che faccia del tuo meglio per aiutarmi a organizzarla; due, che non ne parli a matrona Clitumna quando tornerà, in qualsiasi momento ciò avvenga. Chiaro?»

«Chiarissimo Lucio Cornelio» rispose Iamus, sprofondandosi in un inchino; la generosità era un argomento che ogni schiavo assurto tanto in alto da diventare intendente comprendeva quasi altrettanto bene di quanto imparasse a falsificare i conti di casa.

Silla uscì a scritturare danzatrici, musici, acrobati, cantanti, prestidigitatori, buffoni e altri artisti. Quella, infatti, sarebbe stata la festa destinata a oscurare tutte le feste, una festa di cui, nelle intenzioni di Silla, si sarebbe parlato a lungo sul Palatino. La sua ultima tappa fu l'alloggio di Scilax, l'attore comico.

«Voglio che mi presti Metrobio» disse, facendo irruzione nella stanza che Scilax aveva preferito arredare a salotto anziché a *tablinum*. Quello era l'alloggio di un amante dei piaceri, profumato d'incenso e di legno di cassia, addobbato fino a scoppiare, ingombro di giacigli e soffici sedili imbottiti di lana finissima.

Scilax si raddrizzò sdegnato nell'attimo in cui Silla si sprofondava in uno dei giacigli di sibaritica morbidezza.

«In tutta sincerità, Scilax, sei molle come un budino e decadente come un monarca siriaco!» esclamò Silla. «Perché non ti arredi la casa con qualche mobile normalmente imbottito di crine? Questa roba dà l'impressione di sprofondare nell'abbraccio di una gigantesca puttana! Uffa!»

«Me ne infischio dei tuoi gusti personali» biascicò Scilax.

«A patto che mi presti Metrobio, ti è concesso d'infischiartene di tutto quel che ti pare.»

«E perché dovrei prestarlo a... a... un selvaggio come te?» Scilax si passò le mani nei riccioli color dell'oro, tinti e ritinti, acconciati con cura meticolosa; fece palpitare le lunghe ciglia cariche di *stibium* e roteò gli occhi.

«Perché il ragazzo non ti appartiene anima e corpo» rispose l'altro, tastando un sedile col piede per constatare se fosse meno cedevole.

«E invece, sì, che mi appartiene anima e corpo! E non è più stato lo stesso da quando me l'hai rubato e te lo sei portato in giro per tutta Italia, Lucio Cornelio! Non so che cosa gli hai fatto, ma sicuramente me l'hai rovinato!»

Silla sogghignò. «Ne ho fatto un uomo, vuoi dire? Non gli piace più mangiare la tua merda, eh? Ah!» Lanciata l'esclamazione di disgusto, alzò la testa e tuonò: «Metrobio!».

Il ragazzo varcò di slancio la porta e si avventò su Silla, coprendogli il viso di baci.

Da sopra la sua testa bruna Silla sbirciò Scilax con un occhio chiarissimo e inarcò un sopracciglio rossiccio. «Rassegnati! il tuo amato preferisce me» disse, e a riprova sollevò il gonnellino del ragazzo, mettendone in mostra l'erezione. Scilax scoppiò in lacrime, che gli rigarono le guance di *stibium*.

«Vieni, Metrobio» disse Silla, alzandosi a fatica. Sulla porta si volse a lanciare un foglio di papiro ripiegato al farfugliante attore. «Una festa a casa di Clitumna tra quattro giorni» aggiunse. «Sarà la più fastosa che si sia mai vista, sicché ingoia il malumore e vieni. Se verrai, potrai riprenderti Metrobio.»

Furono invitati tutti, compreso Ercole Atlante, che era considerato l'uomo più forte del mondo e si esibiva a pagamento in occasione di sagre e festeggiamenti e celebrazioni da un capo all'altro d'Italia. Ercole Atlante, che non si faceva mai vedere in pubblico senza una pelle di leone tarmata e un'enorme clava, era una specie di istituzione. Di rado, tuttavia, veniva invitato come ospite alle feste dove dava spettacolo con la sua esibizione di forzuto, perché quando il vino gli scorreva giù per la gola come l'acqua scorre nell'acquedotto dell'Aqua Marcia, Ercole Atlante diventava molto aggressivo e collerico.

«Sei un po' tocco a invitare quel toro!» osservò Metrobio, baloccandosi con i riccioli lucenti di Silla mentre si chinava sopra la sua spalla a sbirciare l'ennesima lista di invitati. Il vero cambiamento intervenuto in Metrobio nel periodo in cui era stato in viaggio con Silla riguardava la sua istruzione: Silla gli aveva insegnato a leggere e a scrivere. Pur disposto a insegnare al ragazzo ogni arte di cui fosse a conoscenza, dalla recitazione alla sodomia, Scilax si era guardato bene dal consentirgli d'imparare qualcosa che potesse emanciparlo, per esempio l'alfabeto.

«Ercole Atlante è amico mio» disse Silla, baciando le dita del ragazzo, un dito dopo l'altro, con assai maggior piacere di quanto ne provasse a baciare quelle di Clitumna.

«Ma quando si ubriaca, perde il ben dell'intelletto!» protestò Metrobio. «Farà a pezzi questa casa, e con tutta probabilità anche due o tre invitati! Assicurati la sua esibizione, ma non farlo venire in qualità di ospite!»

«Non posso» disse Silla, apparentemente tutt'altro che preoccupato. Sollevò la mano e si fece scivolare Metrobio sopra la spalla, attirandolo sulle ginocchia. E il ragazzo cinse con le braccia il collo di Silla e alzò il viso: Silla gli baciò le palpebre, indugiando, con grande tenerezza.

«Lucio Cornelio, perché non mi tieni con te?» domandò Metrobio, raggomitolandosi contro il braccio di Silla con un sospiro di profondo appagamento.

I baci cessarono. Silla si accigliò. «Stai molto meglio con Scilax» disse bruscamente.

Metrobio sgranò gli immensi occhi scuri, inondati d'amore. «Ma non è vero, tutt'altro! I regali e le lezioni di recitazione e il denaro non contano niente per me, Lucio Cornelio! Preferirei di gran lunga stare con te, per quanto poveri fossimo!»

«È una proposta allettante, che non esiterei ad accettare, *se* avessi intenzione di rimanere povero» rispose Silla, stringendo il ragazzo come se lo amasse teneramente. «Ma non intendo rimanere povero. Ora posso contare sul denaro di Nicopolis, e mi sono impegnato in certe speculazioni. Un giorno ne avrò quanto basta per ottenere l'ammissione al Senato.»

Metrobio si raddrizzò di scatto. «Il *Senato*!» Contorcendosi, sgranò gli occhi in faccia a Silla. «Ma non puoi, Lucio Cornelio! I tuoi avi erano schiavi come me!»

«No, non lo erano» disse Silla, ricambiando l'occhiata. «Sono un patrizio della *gens* Cornelia. Il posto che mi spetta è al Senato.»

«Non ci credo!»

«È la verità» ribadì Silla asciutto. «È per questo che non posso accettare la tua proposta, per quanto allettante sia. Quando avrò i requisiti di censo per accedere al Senato, dovrò diventare un modello di decoro: niente attori, niente mimi... e niente ragazzini.» Batté sulla spalla di Metrobio e lo abbracciò. «Adesso presta attenzione alla lista, ragazzo... e smettila di dimenarti! M'impedisci di concentrarmi. Ercole Atlante verrà alla festa in qualità di invitato e anche per esibirsi, e questo è quanto.»

E infatti Ercole Atlante fu tra i primi invitati ad arrivare. La notizia dell'imminente baldoria si era già propagata per tutta la strada, naturalmente, e i vicini si erano preparati a sopportare una notte di urla, strilli, musica da spaccare i timpani e fracasso inimmaginabile. Al solito, si trattava di una festa in costume. Silla aveva assunto i panni dell'assente Clitumna, con tanto di scialli adorni di frange, anelli e parrucca all'henné acconciata a lunghi boccoli attorti, ed emetteva di continuo inquietanti imitazioni delle sue risatine, dei suoi scoppi di riso soffocati, delle sue risate scroscianti, simili a nitriti. Dato che gli invitati la conoscevano bene, l'esibizione di Silla fu apprezzata a dovere.

Metrobio si era di nuovo applicato un paio d'ali, ma questa volta non impersonava Cupido, bensì Icaro, e aveva abilmente bruciacchiato i bordi esterni dei grandi ventagli piumati in modo che si piegassero all'ingiù, dando l'impressione di essere allo stremo. Scilax si presentò travestito da Minerva, riuscendo a far sì che quella dea severa, persino un tantino mascolina, somigliasse a una vecchia puttana troppo truccata. Quando si avvide di come Metrobio si appendesse a Silla, decise di ubriacarsi, e in breve combinò un gran pasticcio con lo scudo, la rocca, il gufo impagliato e la lancia, e a un certo punto v'inciampò, crollando in un angolo della stanza, dove pianse fino a cadere addormentato.

Così Scilax si perse l'interminabile sequela di numeri presentati alla festa, per esempio i cantanti, che iniziarono la loro esibizione con splendide melodie e sorprendenti gorgheggi e conclusero con trillanti filastrocche come:

Mia sorella, che è citrulla,
Col mugnaio si trastulla:
Ha gettato il fiorellino
Nella gora del mulino.
Nostro padre l'ha beccata:
« Or che è fatta la frittata,
Maritarti tu dovrai,
O il bastone assaggerai! »

che erano di gran lunga le più conosciute dagli invitati, i quali ne sapevano le parole e potevano cantarle in coro.

C'erano danzatrici che si spogliavano di ogni velo con squisita maestria, esibendo il pube completamente rasato, e c'era un uomo i cui cani ammaestrati sapevano danzare quasi altrettanto bene, se non con movenze altrettanto lubriche, e un famoso numero importato da Antiochia, in cui figuravano una ragazza e il suo asino, un numero molto gradito dal pubblico, la metà maschile del quale rimase talmente colpita dagli argomenti sessuali dell'asino da non aver più il coraggio, poi, di abbordare la ragazza.

Ercole Atlante si esibì per ultimo, poco prima che gli ospiti si suddividessero tra coloro i quali erano troppo ubriachi per nutrire qualche interesse per le attività sessuali, e quelli che lo erano abbastanza da non provare interesse per altre cose. Gli invitati si radunarono lungo il colonnato del peristilio, al centro del quale Ercole Atlante si era piazzato su una solida pedana. Dopo gli esercizi di riscaldamento, consistenti nel piegare qualche sbarra di ferro e spezzare come fuscelli alcuni grossi ceppi, il forzuto agguantò una mezza dozzina di ragazze urlanti, caricandosele sulle spalle, sulla testa e sotto ciascun braccio. Poi sollevò un paio di incudini e attaccò a ruggire gagliardamente, più spaventoso di un leone nell'arena. In verità, si divertiva un mondo, perché il vino gli scorreva giù per la gola come l'acqua nell'Acqua Marcia, e la sua capacità di ingurgitare era fenomenale al pari della sua forza. Il guaio era che, più incudini sollevava, e più le ragazze stavano scomode, tanto che alla fine i loro gridolini di piacere si tramutarono in urletti di terrore.

Silla si portò al centro del giardino e diede un colpettino sul ginocchio a Ercole Atlante.

« Ehi, vecchio mio, metti giù le ragazze » disse in tono oltremodo amichevole. « Le stai schiacciando, con tutto quel ferro. »

Ercole Atlante mise immediatamente giù le ragazze. Ma al loro posto sollevò Silla, e il precario equilibrio della sua pazienza si spezzò.

«Non venire a insegnarmi il mestiere!» urlò, e si fece roteare Silla attorno alla testa, come un sacerdote di Iside la bacchetta magica: parrucca, scialli, drappi caddero a cascata sul corpo di Silla.

Alcuni invitati si fecero prendere dal panico: altri decisero di rendersi utili, avventurandosi nel giardino a implorare il forzuto folle di metter giù Silla. Ma Ercole Atlante risolse il dilemma generale infilzandosi Silla sotto il braccio sinistro, come farebbe un compratore col pacco degli acquisti, e abbandonando la festa. Non ci fu modo di fermarlo. Aprendosi a forza un varco tra i corpi che gli si avventavano addosso come un nugolo di moscerini, colpì al viso il servo appostato sulla porta con tanta violenza da scaraventarlo al centro dell'atrio, e sparì nel vicolo, portandosi via il padrone Silla.

Giunto in cima alla Scala delle Vestali, si fermò. «Va bene? Ho fatto come volevi, Lucio Cornelio?» domandò, posando Silla con delicatezza.

«Alla perfezione» rispose quello, barcollante per il capogiro. «Andiamo, ti accompagno a casa.»

«Non è necessario» disse Ercole Atlante, aggiustandosi la pelle di leone e imboccando in discesa la Scala delle Vestali. «È appena un salto da qui, Lucio Cornelio, e c'è la luna piena.»

«Insisto» fece Silla, raggiungendolo.

«Fa' come ti pare» disse Ercole Atlante, scrollando le spalle.

«Be', non ci vedrà nessuno, se ti pago a casa tua anziché nel bel mezzo del Foro» replicò Silla, paziente.

«Ah, giusto!» Ercole Atlante si batté la mano sul testone. «Dimenticavo che non mi hai ancora pagato. Andiamo, allora.»

Abitava in un alloggio di quattro locali al terzo piano di un'*insula* ai bordi del Clivo Orbio, alla periferia della Suburra, anche se si trattava di un quartiere meno popolare. Entrato che fu, a Silla bastò un'occhiata per rendersi conto che gli schiavi avevano approfittato dell'occasione per prendersi una serata di libertà, senza dubbio aspettandosi che, quando il padrone fosse rientrato, non sarebbe stato in condizioni di fare l'appello. A quanto pareva, non c'erano donne in circolazione, ma Silla preferì accertarsene.

«Niente moglie?» domandò.

Ercole Atlante sputò. «Le donne! Le odio» esclamò.

Una brocca di vino e alcune coppe erano sistemate sul tavolo al quale si sedettero i due uomini. Silla cavò una borsa gonfia dal nascondiglio all'interno di una fascia di lino che si era stretto alla vita. Mentre Ercole Atlante riempiva di vino due coppe, Silla allentò i lacci che chiudevano la borsa e destramente afferrò un cartoccio di papiro che sfilò dall'interno. Poi capovolse la borsa e riversò sul tavolo una cascata di lucenti monete d'argento. Il gesto fu troppo brusco: tre o quattro monete rotolarono fino al bordo e caddero tintinnando sul pavimento.

«Ohilà!» esclamò Ercole Atlante, mettendosi carponi a recuperare la paga.

Mentre era occupato a trascinarsi sul pavimento, Silla, prendendosela comoda, svolse il cartoccio che aveva in mano e versò la polverina bianca che conteneva nella più lontana delle due coppe; in mancanza di altri utensili, rimestò il vino col dito finché Ercole Atlante non si risollevò in posizione eretta e si risedette.

«Salute» disse Silla, afferrando la coppa più vicina e brindando al forzuto con l'aria più amichevole del mondo.

«Salute, e grazie per la fantastica serata» disse Ercole Atlante, piegando la testa all'indietro e sollevando la coppa, che scolò d'un fiato. Dopodiché, tornò a riempire la coppa e la svuotò d'un sorso, apparentemente senza fermarsi a respirare.

Silla si alzò, spinse la sua coppa sotto la mano del forzuto e s'impadronì dell'altra, nascondendola sotto la tunica. «Un ricordino» disse. «Buonanotte.» E sgusciò quatto quatto dalla porta.

L'*insula* era immersa nel sonno, la passerella di cemento aperta a tutti i venti, attorno al cortile centrale, ben riparata per evitare che piovessero rifiuti dall'alto nel cavedio e completamente deserta. In gran fretta, e senza far rumore, Silla scese tre piani di scale e uscì nella viuzza, inosservato. La coppa di cui si era impadronito sparì tra le sbarre di un tombino; Silla rimase in ascolto finché non l'udì piombare rumorosamente sul fondo, poi la fece seguire dal cartoccetto. Giunto al Pozzo di Giuturna, sotto la Scala delle Vestali, si fermò, tuffò le mani e le braccia fino al gomito nell'acqua stagnante e se le lavò con gran cura, ripetutamente. Ecco fatto! Quel gesto avrebbe dovuto sciacquar via ogni traccia di polvere bianca che potesse essergli rimasta appiccicata alla pelle mentre maneggiava il cartoccio e rimestava il vino che Ercole Atlante aveva ingollato così di gusto.

Però non si ripresentò alla festa. Evitò accuratamente il Palatino, risalendo la Via Nova in direzione della Porta Capena. Fuori città, entrò in una delle molte scuderie dei paraggi che noleggiavano cavalli o veicoli a chi risiedeva entro le mura di Roma; erano pochi i Romani che disponevano di muli, cavalli, mezzi di trasporto personali. Era più conveniente e più semplice noleggiarli.

La stalla per cui optò godeva di un'ottima reputazione, però aveva un'idea alquanto vaga della sicurezza; l'unico stalliere di guardia dormiva della grossa su un mucchio di paglia. Silla si assicurò che il suo sonno diventasse ancor più profondo, assestandogli il colpo del coniglio dietro un orecchio, poi se la prese comoda, andando su e giù finché non scovò un bel mulo robusto, dall'aria docile. Siccome non aveva mai sellato una bestia in vita sua, ci mise un po' di tempo a scoprire esattamente il da farsi, però aveva sentito dire che gli animali trattenevano il fiato mentre si stringeva il sottopancia, così attese paziente finché non fu sicuro che il costato del mulo avesse ripreso le proporzioni normali, poi montò in sella e spronò la bestia con un calcetto ai fianchi.

Benché fosse un novellino, Silla non aveva paura di cavalli o muli, e confidava che la fortuna l'avrebbe assistito nel tenere in pugno la cavalcatura. I quattro corni, uno a ciascun angolo della sella, mantenevano saldamente in groppa il cavaliere, a patto che la bestia non fosse particolarmente incline a impennarsi, e da questo punto di vista i muli erano più docili dei cavalli. L'unica briglia che fosse riuscito a imporre al mulo aveva un semplice morso snodato, ma l'animale sembrava a suo agio e lo mordeva placidamente, così Silla imboccò la Via Appia rischiarata dalla luna, sicuro della propria capacità di coprire un bel tratto di strada prima che facesse giorno. Era circa mezzanotte.

Trovò spossante la cavalcata, non essendo avvezzo a quell'esercizio. Un conto era trotterellare accanto alla lettiga di Clitumna, un altro paio di maniche quella corsa all'impazzata. Dopo qualche chilometro, già gli dolevano insopportabilmente le gambe che penzolavano senza il sostegno di staffe, e gli formicolavano le natiche per lo sforzo di tenersi ritto in sella, e i testicoli risentivano del minimo sobbalzo. Il mulo, tuttavia, procedeva senza intoppi, e un bel po' prima dell'alba Silla era già arrivato a Tripontium.

A questo punto, abbandonò la Via Appia e tagliò per la campagna in direzione della costa, ché c'erano alcune piste a solcare i margini degli acquitrini delle Paludi Pontine, e il tragitto risultava più breve, oltre a dare assai meno nell'occhio di quanto sarebbe stato se avesse proseguito lungo la Via Appia fino a Terracina per poi risalire a nord verso il Circeo. Dopo che si fu addentrato nella landa deserta per circa sedici chilometri, Silla si fermò in un folto d'alberi dove il terreno sembrava duro e compatto e non infestato da zanzare. Legato il mulo con una lunga cavezza che aveva pensato bene di sottrarre dalla stalla, posò a terra la sella a mo' di guanciale, all'ombra di un pino, e sprofondò in un sonno senza sogni.

Dieci ore abbreviate di luce più tardi, dopo aver concesso a se stesso e al mulo una lunga bevuta in un vicino corso d'acqua, Silla riprese il viaggio. Riparandosi dagli sguardi di chiunque potesse casualmente scorgerlo col cappuccio di un mantello che aveva scovato nella stalla, tirò avanti con assai maggiore disinvoltura di prima, malgrado si sentisse la spina dorsale terribilmente indolenzita e avvertisse un forte bruciore ai glutei e ai testicoli. Finora non aveva toccato cibo, ma non aveva fame; il mulo aveva brucato l'erba fresca e pareva sazio e notevolmente in forze. Al crepuscolo Silla giunse al promontorio sul quale sorgeva la villa di Clitumna, e smontò con vero sollievo. Tornò a liberare il mulo dalla sella e dalla briglia, e di nuovo lo legò per consentirgli di pascolare. Ma questa volta lo lasciò solo a riposarsi.

La fortuna l'aveva assistito. Era una notte perfetta, limpida e stellata, senza una nuvoletta a sfregiare la fredda volta color indaco. E poi, mentre iniziava lo stillicidio dell'ora seconda della notte, la luna piena si levò al di sopra delle colline che si stagliavano in lontananza, a oriente, e piano piano soffuse il paesaggio del suo strano lucore, una luce che consentiva agli occhi di vedere, eppure era di per sé completamente invisibile.

E Silla si sentì montar dentro il senso della propria inviolabilità, che bandiva stanchezza e dolore, affrettava il flusso del suo gelido sangue e immergeva la sua mente, pur inondata da un singolare senso di pace, in una fase di puro piacere. Era felice; era fortunato. Ogni cosa stava andando a gonfie vele, e così avrebbe continuato. Ciò significava che avrebbe potuto andare fino in fondo, pigramente, nel torpore del benessere; avrebbe davvero potuto *divertirsi*. Quando gli si era presentata l'occasione di sbarazzarsi di Nicopolis, così all'improvviso, così inaspettatamente, non c'era stato tempo per divertirsi, ma solo per prendere una fulminea decisione e attendere che passassero le ore. Le indagini condotte durante la vacanza con Metrobio gli avevano svelato l'esistenza dell'Assassino, ma era stata Nicopolis a scegliere personalmente la maniera di sparire da questo mondo; lui era coinvolto solo in qualità di catalizzatore. Era stata la fortuna a portare Nicopolis in quel frangente. La fortuna di Silla. Quella sera, invece, era stato il cervello a guidarlo al punto in cui si trovava; la fortuna l'avrebbe accompagnato fino in fondo. Quanto alla paura... che c'era da temere?

Ecco là Clitumna in attesa, all'ombra dei pini marittimi, non ancora impaziente, ma pronta a diventarlo se la sorpresa tardava. Silla, tuttavia, non si palesò immediatamente; prima ispezionò i dintorni per accertarsi che Clitumna non si fosse portata appresso qualcuno. Ma no, era completamente sola. Neppure nelle scuderie e nelle stanze disabitate sotto la loggia c'era traccia di presenze umane, interessate o meno.

Mentre le si avvicinava, fece abbastanza rumore da rassicurarla. Così, quando Clitumna lo vide sbucare dalle tenebre, era già preparata a constatare che era lui, e gli tese le braccia.

«Oh, proprio come avevi detto!» bisbigliò, ridacchiandogli sul collo. «La mia sorpresa! Dov'è la mia sorpresa?»

«Un bacio, prima?» chiese lui, i candidi denti balenanti ancor più candidi della pelle, una volta tanto, così strano era il chiarore lunare, così magico l'incantesimo che avvinceva Silla.

Affamata di lui, Clitumna gli offrì avidamente le labbra. E fu così, in piedi, con la bocca incollata a quella di lui, sollevata sulle punte, che Silla le spezzò il collo. Fu così facile. Crac. Probabilmente lei neppure se ne rese conto, perché Silla non colse traccia di consapevolezza nei suoi occhi sbarrati, quando con la mano le spinse la testa all'indietro, un movimento veloce come un lampo. Facile. Crac. Il suono echeggiò, tant'era secco, netto. E quando Silla la mollò, aspettandosi che si afflosciasse a terra, Clitumna si sollevò invece ancor di più sulla punta dei piedi e prese a ballonzolare, le braccia piegate all'altezza del gomito, la testa che ondeggiava oscenamente, sussulti e saltelli e ritmici sobbalzi che culminarono in reiterate piroette prima di crollare in un intrico di gomiti e ginocchia, orrenda a vedersi, con estrema goffaggine. Il sentore caldo, acre di piscio salì incontro alle narici dilatate di Silla, e poi il puzzo più intenso degli intestini che si svuotavano.

Lui non urlò. Non si ritrasse con un balzo. Si godette immensamente il tutto, e mentre Clitumna danzava per lui, se ne stette a guardarla affascinato; quando crollò, la osservò con disgusto.

«Be', Clitumna,» disse «non sei morta da matrona romana.»

Era necessario che la sollevasse, anche se ciò significava sporcarsi, macchiarsi, insudiciarsi. Non dovevano restare segni nell'erba tenera, inondata di luna, nessuna traccia di un cadavere trascinato: ed era questa la ragione per cui aveva stabilito che fosse una notte stellata. Così la sollevò, con gli escrementi e tutto il resto, e la trasportò a braccia per il breve tratto fino ai bordi del dirupo, ben avvolta nei drappeggi per non lasciarne sfuggire gli escrementi, perché voleva evitare anche la minima traccia di feci sull'erba.

Silla aveva già individuato il punto esatto e vi si diresse senza fallo poiché l'aveva segnato con un sasso di colore chiaro giorni prima, quando l'aveva accompagnata lì. Aveva i muscoli indolenziti; con un unico, elegante svolazzo di drappeggi la respinse per sempre, la scagliò lontano, nel vuoto, in una palpitante caduta a piombo da uccello ferito a morte, giù giù fino alle rocce. E là si spiaccicò, mucchio informe di qualcosa che il mare avrebbe tentato invano di portarsi via, in un punto irraggiungibile se non in caso di violentissime burrasche. Era infatti d'importanza vitale che il corpo di Clitumna venisse rinvenuto; Silla non voleva che i suoi beni restassero bloccati senza eredi.

Quindi entrò in acqua senza togliersi la tunica da donna e ne lavò via le ultime tracce di Clitumna, la sua matrigna. Dopodiché gli restava ancora una cosa da fare, e la fece nel preciso istante in cui uscì dall'acqua. Portava alla cintola un pugnaletto infilato nel fodero: con la punta tagliente e acuminata si incise la pelle della fronte, a sinistra, un paio di centimetri sotto l'attaccatura dei capelli. Il taglietto prese subito a sanguinare, come accade sempre nel caso di ferite alla cute, ma era solo l'inizio. In quella faccenda, nulla poteva apparire ordinato o regolare. Così posò il medio e l'anulare di ciascuna mano ai due lati del taglio e tirò finché la carne non si squarciò, allargando notevolmente la ferita. Il flusso di sangue aumentò in modo spettacolare, schizzandogli il costume sudicio, zuppo d'acqua, di goccioloni e rivoletti che si allargarono nel tessuto fradicio, disegnandovi eleganti ghirigori. Ecco fatto! Bene! Dalla borsa appesa alla cintura Silla estrasse un tampone di lino candido che si premette sullo squarcio alla fronte, poi lo legò strettamente con una benda di lino. Il sangue gli era colato nell'occhio sinistro; se l'asciugò con una mano, ammiccando, e andò in cerca del mulo.

Cavalcò tutta notte, spronando spietatamente il mulo con i talloni ogniqualvolta accennava a rallentare, stanco com'era. L'animale, però, sapeva di essere diretto alla stalla e, come tutti i suoi simili, possedeva un cuore più resistente e tendini più robusti di un cavallo. E poi Silla gli piaceva; era questo il segreto della sua balda reazione. Gli piaceva il morso snodato, più confortevole dei dolorosi barbazzali cui era abituato; gli piacevano il silenzio e la sobrietà di Silla; gli piaceva la sua placidità. Così, per amor suo, trottava, galoppava, calava al passo, tornava ad accelerare non appena era in grado di farlo, col vapore che saliva dal manto irsuto in nuvolette che indugiavano nella loro scia. Il mulo, infatti, nulla sapeva della donna che giaceva, col collo spezzato prima della caduta, sulle rocce taglienti sotto la grande villa bianca. Prendeva Silla per come lo trovava, e lo trovava interessante e gentile.

A poca distanza dalle scuderie, Silla smontò e tolse i finimenti al mulo, gettandoli tra i cespugli sul ciglio della strada; poi diede una manata sulla groppa dell'animale e lo sospinse in direzione delle stalle, sicuro che avrebbe trovato la via di casa. Ma quando prese a trascinarsi verso la Porta Capena, il mulo lo seguì, e alla fine Silla fu costretto a prenderlo a sassate prima che la bestia capisse l'antifona, agitasse seccamente la coda sottile e filasse via.

Imbacuccato nel mantello con cappuccio, Silla entrò a Roma mentre il cielo a oriente andava assumendo riflessi perlacei; in nove ore di settantaquattro minuti ciascuna aveva coperto il tragitto dal Circeo a Roma, impresa non da poco per un mulo sfiancato e un uomo che aveva appreso a cavalcare solo in occasione di quel viaggio.

La Scala di Caco saliva dal Circo Massimo al Germalus del Palatino, circondata dal terreno più sacro di Roma: in quel luogo sopravviveva lo spirito della città fondata da Romolo, e un piccolo antro buio e una sorgente che scaturiva dalla roccia segnavano il punto in cui la lupa aveva allattato i gemelli, Romolo e Remo, dopo che erano stati abbandonati. A Silla parve il luogo adatto per abbandonarvi gli ammennicoli, sicché il mantello e la benda vennero infilati con cura nel tronco di un albero cavo dietro il monumento al *Genius Loci*. La ferita riprese subito a sanguinare, ma appena appena; e così gli abitanti della strada di Clitumna alzatisi e usciti di casa di buon'ora si stupirono alla vista dello scomparso che avanzava barcollando, con indosso una tunica femminile insanguinata, sudicio e contuso.

I servi di Clitumna erano in subbuglio, non essendo andati a letto dopo che Ercole Atlante se l'era svignata, circa trentadue ore prima. Quando il servo appostato alla porta fece entrare Silla, in condizioni pietose, accorse gente da ogni direzione a soccorrerlo. Venne messo a letto, lavato e sottoposto a spugnature, fu mandato a chiamare nientedimeno che Atenodoro di Sicilia perché esaminasse la ferita al capo, e Caio Giulio Cesare si presentò a domandargli che cosa gli fosse accaduto, dato che l'intero Palatino l'aveva cercato invano.

«Dimmi quel che puoi» fece Cesare, sedendosi accanto al letto.

Le condizioni di Silla erano del tutto convincenti: c'era un ombra bluastra di sofferenza e stanchezza attorno alle labbra, la pelle esangue era persino più pallida del solito, e gli occhi vitrei per la spossatezza erano arrossati e iniettati di sangue.

«Che stupidaggine» disse, biascicando le parole. «Non avrei dovuto intromettermi con Ercole Atlante. Ma sono forte, e so badare a me stesso. Solo, non avevo considerato che un essere umano potesse essere tanto forzuto quanto lui: credevo che si trattasse solo di un numero montato con abilità. Era ubriaco fradicio e... e così... mi ha portato via di peso! Non ho potuto far niente per impedirglielo. A un certo punto mi ha messo giù. Ho tentato la fuga, e lui deve avermi dato una bastonata in testa, proprio non saprei dire. Ma ho ripreso i sensi in un vicolo della Suburra. Devo essere rimasto svenuto almeno per un giorno intero. Ma sai come vanno le cose nella Suburra: nessuno è intervenuto. Quando sono stato in grado di muovermi, sono tornato casa. Tutto qui, Caio Giulio. »

« Sei un giovane molto fortunato » disse Cesare, a labbra strette. « Se Ercole Atlante ti avesse portato a casa sua, avresti potuto condividere la sua sorte. »

« La sua sorte? »

« Il tuo intendente è venuto da me, ieri, visto che non tornavi a casa, a domandarmi che cosa doveva fare. Appresa tutta la storia, mi sono recato all'alloggio del forzuto, facendomi accompagnare da alcuni gladiatori assunti appositamente, e vi ho trovato un caos incredibile. Per chissà quale ragione, Ercole Atlante aveva devastato l'alloggio: spaccato tutti i mobili, aperto grossi buchi nei muri a forza di pugni, terrorizzato gli altri inquilini al punto che nessuno aveva osato avvicinarsi. Giaceva nel bel mezzo della stanza, morto. Personalmente, ritengo che gli si sia rotto un vaso sanguigno nel cervello e sia impazzito per il dolore. Oppure è stato avvelenato da un nemico ». Sul viso di Cesare calò un'espressione di disgusto, che fu risolutamente allontanata. « Morendo, ha combinato un orrendo pasticcio. Penso che i primi a trovarlo siano stati i suoi servi, ma se n'erano andati da un pezzo prima che arrivassi io. Dato che non abbiamo trovato traccia di soldi, suppongo abbiano arraffato tutto quel che potevano e se la siano data a gambe. Per esempio, ha ricevuto una paga per l'esibizione alla tua festa? Se è così, a casa sua non c'era. »

Silla chiuse gli occhi, senza bisogno di fingere la stanchezza. « L'avevo pagato in anticipo, Caio Giulio, per cui non so dirti se tenesse il denaro in casa. »

Cesare si rimise in piedi. « Be', ho fatto quel che potevo. » Abbassò gli occhi, con severità, sulla figura immobile nel letto, sapendo che il suo sguardo era sprecato, perché gli occhi di Silla rimasero chiusi. « Ti compiango profondamente, Lucio Cornelio, » disse « ma questa condotta non può continuare, sai. Mia figlia si è lasciata quasi morire di fame a causa di un puerile attaccamento emotivo nei tuoi confronti, e ancora non si è ripresa. Il che ti rende un vicino di casa alquanto molesto, per me, anche se devo assolverti da ogni accusa di aver incoraggiato mia figlia, e devo essere tanto equo da ammettere che lei si è resa alquanto molesta nei tuoi riguardi. Tutto questo mi suggerisce che sarebbe molto meglio se abitassi da qualche altra parte. Ho scritto alla tua matrigna al Circeo per informarla di quanto è accaduto in sua assenza. L'ho altresì informata che da un pezzo non è più gradita la sua presenza in questa strada, e che si troverebbe assai meglio alle Carine o sul Celio. Da queste parti siamo gente tranquilla. Mi addolorerebbe dover inoltrare una lamentela e sporgere denuncia al pretore urbano per proteggere il nostro diritto alla pace, alla quiete e all'incolumità fisica. Ma che mi addolori o meno, sono pronto a sporgere la denuncia, se vi sarò costretto, Lucio Cornelio. Come gli altri tuoi vicini di casa, ne ho abbastanza. »

Silla non si mosse, non aprì gli occhi; mentre Cesare se ne stava lì in piedi, domandandosi quanta parte della sua predica gli si fosse impressa nella mente, le sue orecchie lo udirono russare. Si girò di scatto e uscì.

Ma fu Silla, non Caio Giulio Cesare, a ricevere per primo una lettera dal Circeo. Il giorno dopo, si presentò un corriere recando una missiva dell'intendente di Clitumna, con la quale lo si informava che il corpo di matrona Clitumna era stato rinvenuto ai piedi del dirupo che delimitava la sua proprietà. Le si era spezzato il collo nella caduta, ma non sussistevano circostanze sospette. Come Silla ben sapeva, scriveva l'intendente, ultimamente matrona Clitumna era stata in condizioni di estrema depressione mentale.

Silla calò le gambe dal letto e si alzò.

« Preparami il bagno e preparami la toga » ordinò.

La piccola ferita alla fronte si stava rimarginando, ma i bordi erano ancora lividi e gonfi; a parte questo, non c'era più nulla a tradire lo stato in cui era il giorno prima.

« Manda a chiamare Caio Giulio Cesare » disse a Iamus, l'intendente, quando si fu vestito.

Dall'imminente colloquio, si rendeva conto con assoluta chiarezza, dipendeva tutto il suo futuro. Grazie agli dèi, Scilax si era riportato a casa Metrobio, per quanto il ragazzo protestasse che voleva prima sapere che cosa fosse accaduto al suo diletto Silla. Questo particolare e l'immediata comparsa di Cesare sulla scena costituivano gli unici nèi nei piani di Silla. Per un pelo! In verità, le sue fortune erano in ascesa! La presenza di Metrobio nella casa di Clitumna quando Cesare era stato convocato dal preoccupato Iamus avrebbe mandato definitivamente in fumo tutto. No, Cesare non avrebbe mai condannato Silla per sentito dire, ma una sua testimonianza oculare avrebbe conferito una luce completamente diversa alla situazione. E Metrobio non ci avrebbe messo molto a farsi avanti. "Cammino sulle uova" si disse Silla "ed è ora che la smetta." Pensò a Stichus, a Nicopolis, a Clitumna, e sorrise. Be', ora *poteva* smetterla.

Ricevette Cesare in tutto e per tutto l'immagine del patrizio romano: toga bianca immacolata, la sottile striscia di porpora da cavaliere sulla spalla sinistra della tunica, la splendida chioma acconciata e pettinata con un taglio mascolino, che pure gli donava molto.

«Ti chiedo scusa per averti dovuto mandare di nuovo a chiamare, Caio Giulio» lo salutò Silla, e tese a Cesare un rotolino di papiro. «È appena arrivato dal Circeo, e ho pensato che dovessi leggerlo subito.»

Senza mutare espressione, Cesare lesse il messaggio molto lentamente, muovendo le labbra, ma sussurrando appena le parole che si ripeteva. Stava soppesando, si rese conto l'altro, ogni singola parola, via via che le separava dall'ininterrotto flusso di caratteri tracciati sul papiro. Giunto alla fine, posò il foglio.

«È la terza morte» disse Cesare, e parve addirittura contento della constatazione di fatto. «La tua casa ha subìto perdite dolorose, Lucio Cornelio. Ti prego di accettare le mie condoglianze.»

«Ho supposto che fossi stato tu a redigere il testamento di Clitumna,» disse Silla, tenendosi perfettamente eretto «altrimenti ti assicuro che non ti avrei mai disturbato.»

«Sì, ho redatto vari testamenti per lei, l'ultimo in ordine di tempo subito dopo la morte di Nicopolis.» Il bel volto, gli schietti occhi azzurri, ogni tratto di Cesare, avevano un'espressione di profondo distacco, come si confaceva a chi esercitava la professione legale. «Gradirei che tu mi dicessi, Lucio Cornelio, che cosa esattamente provavi per la tua matrigna.»

Eccolo, l'uovo dal guscio più fragile! Doveva procedere con la sicurezza e la delicatezza di un gatto su un davanzale disseminato di schegge di vetro, dodici piani al di sopra della strada. «Ricordo di averti già detto qualcosa in proposito, Caio Giulio,» rispose Silla «ma sono lieto che mi si offra l'occasione di dilungarmi ulteriormente su di lei. Era una donna molto sciocca e stupida e volgare, ma si dà il caso che le fossi affezionato. Mio padre» e qui abbozzò una smorfia «era un incurabile ubriacone. I soli ricordi che abbia degli anni passati con lui, e in parte anche con la mia sorella maggiore prima che si maritasse e scappasse via, sono ancora un incubo. Non eravamo nobili decaduti, Caio Giulio. Non conducevamo un'esistenza in qualche modo appena appena degna delle nostre origini. Eravamo così poveri da non poterci permettere uno schiavo, uno solo. Non fosse stato per la carità di un vecchio insegnante del mercato, io, un patrizio della *gens* Cornelia, non avrei mai imparato a leggere e a scrivere. Non ho mai appreso i primi rudimenti dell'addestramento militare al Campo Marzio, né imparato a cavalcare né sono mai stato l'allievo di qualche avvocato presso i tribunali. Di arte militare, di retorica, di vita pubblica, non so nulla. Ecco che cos'ha fatto per me mio padre. E così... le ero affezionato. Clitumna ha sposato mio padre e ha portato lui e me a vivere con lei, e chissà? Forse, se mio padre e io avessimo continuato a vivere nella Suburra, un giorno o l'altro sarei impazzito e l'avrei ucciso recando offesa agli dèi oltre ogni possibilità di perdono. Invece, finché mio padre è vissuto, è stata Clitumna a doverlo sopportare, e io sono stato libero. Sì, le ero affezionato.»

«Anche lei ti voleva bene, Lucio Cornelio» disse Cesare. «Il suo testamento parla chiaro: lascia tutto ciò che possedeva a te.»

Facile, facilissimo! Non manifestare troppa gioia, ma neppure troppo dolore! L'uomo che aveva di fronte era molto intelligente e doveva avere una grande esperienza dei suoi simili.

«Mi ha lasciato abbastanza da aspirare al Senato?» domandò Silla, affondando lo sguardo negli occhi di Cesare.

«Più che abbastanza.»

L'altro incurvò vistosamente le spalle. «Non... posso... crederci!» esclamò. «Ne sei certo? So che possedeva questa casa e la villa al Circeo, ma non pensavo che ci fosse molto di più.»

«Al contrario, era una donna ricchissima: investimenti, azioni e cointeressenze in società di ogni genere, oltre che in una dozzina di navi mercantili. Ti consiglio di sbarazzarti delle navi e delle azioni, e di impiegare il denaro che ne ricaverai per acquistare proprietà immobiliari. Dovrai fare in modo che la tua situazione finanziaria sia tale da soddisfare i censori.»

«È un sogno!» esclamò Silla.

«Posso capire che la pensi così, Lucio Cornelio. Ma ti garantisco che è la pura verità.» Cesare sembrava perfettamente tranquillo, tutt'altro che disgustato dalla reazione di Silla o sospettoso del suo finto dolore: il buon senso avrebbe dovuto suggerirgli che un Lucio Cornelio non avrebbe mai potuto provare tali sentimenti per una Clitumna, per quanto gentile fosse stata con suo padre.

«Avrebbe potuto vivere ancora per molti anni» disse Silla, una nota di stupore nella voce. «Il mio è un destino fortunato, dopotutto, Caio Giulio. Non avrei mai pensato di poter affermare una cosa del genere: sentirò la mancanza di Clitumna. Ma spero che negli anni a venire, il mondo dirà che il suo massimo contributo l'ha dato in morte. Intendo, infatti, essere di ornamento alla mia classe e al Senato.» Si era espresso nel modo giusto? Lasciando intendere ciò che era nelle sue intenzioni?

«Convengo, Lucio Cornelio, che la farebbe felice il pensiero che hai impiegato nel modo migliore il suo lascito» lo tranquillizzò Cesare, intendendo nel senso giusto ciò che Silla aveva detto. «E confido che non ci saranno altre gozzoviglie, eh? Né dubbie amicizie?»

«Quando un uomo può condurre la vita cui ha diritto per nascita, Caio Giulio, non c'è più bisogno di gozzoviglie o di amicizie dubbie.» Silla sospirò. «Erano solo un modo per passare il tempo. Magari ti sembrerà una cosa inspiegabile: ma la vita che ho condotto per trent'anni mi è pesata come una macina appesa al collo.»

«Più che logico» disse Cesare.

Un pensiero orripilante balenò nella mente di Silla. «Ma non ci sono censori in carica! Che posso fare?»

«Be', sebbene non ci sia l'esigenza di eleggerne altri finché non siano trascorsi i restanti quattro anni, una delle condizioni poste da Marco Scauro per rassegnare volontariamente le dimissioni, se così vogliamo dire, è stata che si eleggessero nuovi censori l'aprile prossimo. Dovrai solo frenare l'impazienza fino ad allora!»

Silla si ricompose, aspirò a fondo. «Caio Giulio, ho una ultima richiesta da farti» soggiunse.

Negli occhi azzurri si leggeva un'espressione che Silla non riusciva a decifrare, come se Cesare già sapesse che cosa l'aspettava — eppure, com'era possibile una cosa del genere, se l'idea gli era appena balenata alla mente? L'idea più brillante, comunque, la più felice. Se Cesare dava il suo consenso, infatti, l'istanza di Silla ai censori avrebbe avuto molto più peso del solo denaro, e sortito un effetto assai migliore dei diritti di nascita, offuscati com'erano dal tipo di vita che Silla aveva condotto.

«Di che cosa si tratta, Lucio Cornelio?» domandò Cesare.

«Che tu mi accetti come marito per tua figlia Iulilla» rispose Silla.

«Anche dopo che ti ha tanto offeso?»

«Io... l'amo» ammise Silla, e lo pensava sul serio.

«Ora come ora, Iulilla non è in condizione di contemplare l'ipotesi delle nozze,» disse Cesare «ma terrò presente la tua richiesta, Lucio Cornelio.» Sorrise. «Forse vi meritate a vicenda, dopo tutti i guai che avete combinati.»

«Mi ha donato una corona d'erba» ricordò Silla. «E vuoi sapere una cosa, Caio Giulio? È stato solo dopo quel gesto che le mie fortune sono mutate.»

«Ti credo.» Si alzò, accingendosi a prender congedo. «Ciononostante, per il momento non parleremo con nessuno del tuo desiderio di sposare Iulilla. In particolare, ti invito formalmente a startene alla larga da lei. Quali che siano i tuoi sentimenti nei suoi riguardi, Iulilla sta ancora tentando di trovare la strada per uscire dal pasticcio in cui si è cacciata, e non voglio facilitarle il compito.»

Silla accompagnò Cesare alla porta e qui giunto tese la mano, sorridendo senza schiudere le labbra: nessuno, infatti, conosceva l'effetto dei canini, più lunghi e più affilati della norma, meglio del loro proprietario. Bando ai sogghigni raggelanti con Caio Giulio Cesare. No, Cesare andava coccolato e corteggiato. Ignaro della proposta che una volta Cesare aveva fatto a Caio Mario riguardo a una delle sue figlie, Silla era giunto alla stessa conclusione. Quale modo migliore per ingraziarsi i censori, e l'elettorato, che avere per moglie una Iulia? Soprattutto quando ce n'era una a portata di mano, che aveva rischiato addirittura di morire per lui.

«Iamus!» chiamò Silla, dopo che ebbe richiuso la porta.

«Lucio Cornelio?»

«Non disturbarti a preparare la cena. Para a lutto la casa per la morte di matrona Clitumna, e provvedi a far rientrare tutti i servi dal Circeo. Io parto immediatamente per organizzare i funerali.»

"E," pensò facendo i bagagli in fretta e furia "mi porterò appresso il giovane Metrobio, per gli addii di rito. Addio all'ultimo vestigio della vecchia vita, addio a Clitumna. Non ne sentirò la mancanza, a parte Metrobio. E lui mi mancherà. Moltissimo."

Il terzo anno (108 a.C.)

DURANTE IL CONSOLATO DI
SERVIO SULPICIO GALBA
E
QUINTO ORTENSIO

QUINTO CECILIO METELLO NUMIDICO

Con l'arrivo delle piogge invernali, la guerra contro la Numidia, quale ne fosse stato l'andamento, entrò in una tetra stasi, dato che nessuno dei due contendenti era in grado di far scendere in campo le proprie truppe. Caio Mario ricevette la lettera del suocero, Cesare, e meditò sul suo contenuto, domandandosi se il console Quinto Cecilio Metello del Porcile fosse a conoscenza del fatto che con l'avvento dell'anno nuovo sarebbe diventato proconsole, vedendosi riconfermato nel comando e con la sicura prospettiva del trionfo. D'altra parte, al quartier generale del governatore, a Utica, nessuno aveva accennato alla sconfitta inflitta dai Germani a Marco Giunio Silano, né alla perdita di tutti quegli uomini.

La qual cosa non significava, pensò Mario risentito, che tali notizie fossero ignote a Metello; solo che, al solito, il legato anziano, cioè lui, Caio Mario, sarebbe stato l'ultimo a esserne informato. Al povero Rutilio Rufo era stato affidato il compito di ispezionare le guarnigioni invernali di confine, e ciò lo escludeva da ogni sviluppo della situazione, eccezion fatta per la ripresa della guerra; e Caio Mario, richiamato a Utica, si trovò alle dipendenze del *figlio* di Metello del Porcile! Il giovanotto, appena ventenne e ufficiale subalterno al seguito del padre, se la godeva un mondo a comandare la guarnigione e le difese di Utica, sicché, per qualsiasi questione relativa alle disposizioni militari di Utica, Mario doveva rimettersi al giudizio di quell'insopportabile arrogante del Porcellino, come ben presto era stato soprannominato, e non solo da Mario. A parte Utica in quanto fortezza, i compiti di Mario prevedevano che sbrigasse tutte le incombenze di cui il governatore non voleva occuparsi, compiti più adatti a un questore che a un legato anziano.

Di conseguenza, si andava diffondendo un certo malumore, e la pazienza di Mario si stava rapidamente esaurendo, soprattutto quando Metello Porcellino si divertiva a spese dello stesso Mario, cosa che gli piaceva fare ora che suo padre gli aveva lasciato inten-

dere di divertirsi anche lui. La mezza sconfitta riportata sul Muthul aveva provocato aspre critiche a carico del generale da parte
di Rutilio Rufo e di Mario, e indotto lo stesso Mario a dirgli chiaro e tondo che il modo migliore per vincere la guerra contro la Numidia consisteva nel catturare Giugurta.

«E come posso farlo?» aveva domandato Metello, sufficientemente punito dall'esito della sua prima battaglia per prestargli attenzione.

«Col sotterfugio» aveva risposto Rutilio Rufo.

«Che tipo di sotterfugio?»

«Questo» aveva detto Mario a mo' di conclusione «dovrai scoprirlo da solo, Quinto Cecilio.»

Ma ora che tutti erano rientrati incolumi nella Provincia d'A-
frica ed erano costretti a sopportare il tedio delle giornate piovose e
della trafila quotidiana, Metello del Porcile non rivelava le sue
opinioni. Questo, finché non si mise in contatto con un nobile numida a nome Nabdalsa e non si sentì in dovere di far partecipare
anche Mario al colloquio.

«Perché?» domandò Mario in tono reciso. «Non puoi sbrigare
da solo il tuo sporco lavoro, Quinto Cecilio?»

«Credimi, Caio Mario, se ci fosse Publio Rutilio, non mi rivol-
gerei a te!» scattò Metello. «Ma tu conosci Giugurta, e io no, e
presumibilmente ciò significa che sai qualcosa più di me su come
funziona il cervello dei Numidi! Tutto ciò che desidero è che tu te
ne stia lì a osservare questo Nabdalsa, e dopo mi dica che cosa ne
pensi.»

«Mi stupisce che ti fidi abbastanza di me da credere che ti darò
un parere sincero» disse Mario.

Metello inarcò le sopracciglia, preso alla sprovvista. «Ti trovi
qui per combattere contro la Numidia, Caio Mario, perché mai
non dovresti darmi un parere sincero?»

«Allora fa' entrare quell'uomo, Quinto Cecilio, e io farò del
mio meglio per compiacerti.»

Mario aveva sentito parlare di Nabdalsa, sebbene non l'avesse
mai conosciuto; era un partigiano del legittimo pretendente al trono di Numidia, il principe Gauda, il quale ora viveva con pompa
quasi regale non lontano da Utica, nel fiorente agglomerato urbano sorto sul sito dell'antica Cartagine. Sicché Nabdalsa era stato
inviato dal principe Gauda, da Cartagine, e fu ricevuto da Metello
in glaciale udienza.

Metello non si perse in preamboli: il modo migliore e più sbrigativo per risolvere la questione numidica e insediare il principe
Gauda sul trono consisteva nel catturare Giugurta. Il principe

Gauda, o magari Nabdalsa, aveva idea di come si potesse giungere alla cattura di Giugurta?

«Tramite Bomilcare, *dominus*, decisamente» rispose senza tentennamenti Nabdalsa.

Metello gli sgranò gli occhi in faccia. «*Bomilcare?* Ma è il fratellastro di Giugurta, e il suo più fedele dignitario!»

«Attualmente i rapporti tra loro sono alquanto tesi» disse Nabdalsa.

«Perché?» domandò Metello.

«Si tratta della successione, *dominus*. Bomilcare vorrebbe essere designato reggente nell'eventualità che dovesse accadere qualcosa a Giugurta, ma Giugurta si rifiuta persino di prendere in considerazione l'idea.»

«Reggente, non erede?»

«Bomilcare sa che non potrebbe mai diventare l'erede al trono. Giugurta ha due figli, i quali, però, sono giovanissimi.»

Aggrottando la fronte, Metello si sforzò di scandagliare i processi mentali degli stranieri. «Perché Giugurta è contrario? Avrei pensato che Bomilcare rappresentasse una scelta ideale.»

«La cosa riguarda i diritti dinastici, *dominus*» spiegò Nabdalsa. «Bomilcare non discende da re Massinissa, per cui non appartiene alla dinastia reale.»

«Capisco.» Metello si raddrizzò. «Benissimo, allora, vedi tu che cosa puoi fare per convincere Bomilcare che dovrebbe allearsi a Roma.» Si rivolse a Mario. «Sorprendente! Si crederebbe che un uomo, il quale non possa vantare titoli di nobiltà sufficienti per aspirare al trono, fosse la scelta ideale per la carica di reggente.»

«Nel nostro tipo di società, sì» disse Mario. «In quello di Giugurta sarebbe un invito ad assassinare i suoi figli. In quale altro modo, infatti, Bomilcare potrebbe salire al trono, se non uccidendo gli eredi di Giugurta e fondando una nuova dinastia?»

Metello tornò a rivolgersi a Nabdalsa. «Ti ringrazio, Nabdalsa. Puoi andare.»

Ma Nabdalsa non era ancora disposto a congedarsi. «*Dominus* ho un piccolo favore da chiederti» disse.

«Quale?» domandò Metello, tutt'altro che contento.

«Il principe Gauda è ansioso di incontrarsi con te, e si domanda perché non gliene sia stata ancora offerta l'occasione. L'anno del tuo mandato di governatore della Provincia d'Africa volge al termine, e il principe Gauda attende ancora un invito per incontrarti.»

«Se desidera incontrarmi, che cosa glielo impedisce?» chiese il governatore con noncuranza.

«Non può semplicemente presentarsi al tuo cospetto, Quinto Cecilio» disse Mario. «Devi fargli pervenire un invito ufficiale.»

«Oh! Be', se è solo per questo, riceverà l'invito» promise Metello, nascondendo a stento un sorriso.

E infatti, redatto debitamente l'invito già il giorno dopo, in modo che Nabdalsa potesse recarlo personalmente a Cartagine, il principe Gauda venne a far visita al governatore.

Non fu un incontro felice: difficilmente si sarebbero potuti trovare due uomini più diversi tra loro di Gauda e Metello. Debole e malaticcio e non molto brillante, Gauda si comportò nel modo che riteneva confacente alla situazione, e che Metello giudicò intollerabilmente arrogante. Avendo infatti appreso che bisognava inoltrare un invito ufficiale prima che il regale personaggio di Cartagine potesse venire in visita, Metello riteneva che il suo ospite sarebbe stato umile, persino ossequioso. Tutt'altro. Gauda inaugurò l'incontro con una scenata in piena regola quando Metello non si alzò per salutarlo, e concluse l'udienza di lì a pochi minuti, piantando in asso il governatore.

«Sono un principe del *sangue*!» belò Gauda in seguito, rivolto a Nabdalsa.

«Questo lo sanno tutti, altezza» lo lisciò Nabdalsa. «I Romani, tuttavia, si comportano in modo assai bizzarro con i personaggi di sangue reale. Si considerano al di sopra della regalità perché hanno deposto i loro re vari secoli or sono, e da allora hanno deciso di governarsi senza servirsi dei re.»

«Me ne infischio se venerano la merda!» gridò Gauda, cui bruciava ancora la ferita inferta al suo orgoglio. «Sono il figlio legittimo di mio padre, laddove Giugurta è un bastardo! E quando mi presento al cospetto dei Romani, dovrebbero alzarsi per salutarmi, dovrebbero inchinarsi davanti a me, dovrebbero mettermi a disposizione un trono per sedermi e dovrebbero scegliere tra i loro soldati i cento esemplari migliori e darmeli come guardie del corpo!»

«Vero, vero» disse Nabdalsa. «Parlerò con Caio Mario. Forse lui riuscirà a far ragionare Quinto Cecilio.»

Tutti i Numidi sapevano chi fossero Caio Mario e Publio Rutilio Rufo, perché Giugurta ne aveva tessuto gli elogi ai tempi in cui era appena tornato in patria da Numanzia, e si era incontrato spesso con tutti e due durante il recente soggiorno a Roma.

«Allora parla con Caio Mario» disse Gauda, e tornò a Cartagine in preda a una monumentale stizza, e là si crogiolò nei torti fattigli da Metello nel nome di Roma, mentre Nabdalsa cercava di nascosto un abboccamento con Caio Mario.

« Farò quel che posso » disse Mario, sospirando.

« Te ne sarei grato, Caio Mario » fece Nabdalsa con calore.

Mario sogghignò. « Il tuo regale padrone se la prende con te, eh? »

Per tutta risposta, Nabdalsa gli scoccò un'occhiata eloquente.

« Il guaio, amico mio, è che Quinto Cecilio si considera di origini infinitamente più nobili di qualsiasi principe numida. Dubito fortemente che chiunque, e io in particolare, riesca a fargli cambiare idea. Ma tenterò, perché desidero tu sia libero di sondare Bomilcare. Il che è un bel po' più importante dei battibecchi tra governatori e principi » disse Mario.

« Stando a quel che dice la profetessa siriaca, la famiglia di Cecilio Metello è avviata al declino » buttò lì Nabdalsa soprappensiero.

« La profetessa siriaca? »

« Una certa Martha » rispose il numida. « Il principe Gauda l'ha scovata nella Vecchia Cartagine dove, a quanto pare, è stata abbandonata qualche anno fa da un capitano di mare il quale credeva che avesse gettato il malocchio sulla sua nave. Dapprima soltanto gli umili la consultavano, ma ora gode di grande fama, e il principe Gauda l'ha chiamata a corte. Ha predetto che il principe Gauda diventerà re di Numidia dopo la caduta di Giugurta. Anche se la suddetta caduta, a sentir lei, non è prossima. »

« E riguardo alla famiglia di Cecilio Metello? »

« Martha dice che l'intera famiglia ha ormai superato lo zenit della sua potenza e in futuro il numero dei suoi componenti scemerà, e anche la sua ricchezza, superata, tra gli altri, anche da te, *dominus*. »

« Desidero incontrare questa profetessa siriaca » disse Mario.

« Si può combinare. Però dovrai venire a Cartagine, perché Martha non lascia mai la casa del principe Gauda » fece osservare Nabdalsa.

L'incontro con Martha, la profetessa siriaca, comportò, prima, un colloquio col principe Gauda; rassegnato, Mario ascoltò la litania di lamentele circa il comportamento di Metello, e fece promesse che proprio non sapeva come avrebbe mantenuto.

« Ti garantisco, altezza reale, che non appena sarò in condizione di farlo, mi assicurerò che tu sia trattato con tutto il rispetto e la deferenza di cui hai diritto per nascita » promise, piegandosi in un inchino così profondo che neppure Gauda avrebbe potuto desiderare di meglio.

« Quel giorno verrà! » disse Gauda con veemenza, esibendo in un sogghigno i denti cariati. « Martha dice che sarai il Primo a

Roma, e tra non molto. Per tale ragione, Caio Mario, desidero far parte dei tuoi clienti, e mi assicurerò che anche i miei sostenitori della Provincia Romana d'Africa diventino tuoi clienti. E ciò che più conta, quando sarò re, l'intera Numidia sarà tua cliente. »

Mario gli prestò ascolto, sbalordito; a lui, semplice pretore, erano offerti clienti del genere, cui persino un Cecilio Metello avrebbe aspirato invano! Oh, doveva conoscere quella Martha, la profetessa siriaca!

Di lì a qualche istante gliene fu offerta la possibilità, ché Martha aveva chiesto di vederlo, e Gauda lo fece accompagnare agli alloggi della donna nell'immensa villa che usava come residenza temporanea. Un'occhiata superficiale fu sufficiente a Mario, cui era stato chiesto di attendere nel salottino, per rendersi conto che effettivamente la profetessa era tenuta in alta considerazione, poiché l'alloggio era arredato con favolosa eleganza, le pareti erano dipinte con alcuni dei più begli affreschi che Mario avesse mai avuto il privilegio di vedere, e i pavimenti a mosaico rivaleggiavano in bellezza con gli affreschi.

Quando entrò, Martha vestiva di porpora, altro cospicuo onore, di norma non accordato a chi non fosse di nascita regale. E di sangue reale, sicuramente Martha non era: una vecchietta scarmigliata, tutta pelle e ossa, che puzzava di piscio e che, sospettò Mario, non si lavava i capelli da anni. Aveva l'aria forestiera con quel gran naso sottile, a becco, che dominava un viso solcato da mille rughe, e un paio d'occhi neri in cui lampeggiava una luce fiera e orgogliosa e vigile, occhi d'aquila. I seni le si erano afflosciati come calze vuote con le punte appesantite da una manciata di sassolini, e oscillavano vistosamente sotto la tenue camiciola di porpora di Tiro che era tutto ciò che indossava al di sopra della vita. Attorno ai fianchi si era legata uno scialle di porpora di Tiro, mani e piedi erano quasi anneriti dall'hennè, e camminando faceva tintinnare miriadi di campanelle, bracciali, anelli e ninnoli vari, tutti d'oro massiccio. Trattenuto da un pettine d'oro massiccio, un velo impalpabile di porpora di Tiro le copriva la nuca e le ricadeva al centro della schiena come un vessillo non gonfiato dal vento.

«Siediti, Caio Mario» lo invitò, indicando uno scranno con un dito coronato da un lungo artiglio, le falangi nodose scintillanti per i molti anelli che le ornavano.

Mario obbedì, incapace di staccare lo sguardo dal suo decrepito volto bruno. «A quanto mi ha rivelato il principe Gauda, hai predetto che sarò il Primo a Roma» disse, e fu costretto a schiarirsi la gola. «Vorrei sapere dell'altro. »

Martha attaccò a chiocciare, il classico borbottìo delle vecchie, mettendo in mostra le gengive sdentate, tranne per un unico incisivo giallastro nella mascella superiore. «Oh, sì, sono certa che lo sarai» rispose, e batté le mani per chiamare un servo. «Portaci un infuso di foglie secche e un po' di quei pasticcini che piacciono a me» ordinò. Poi, rivolta a Caio Mario: «Non ci vorrà molto. Quando saremo serviti, parleremo. Intanto, ce ne staremo in silenzio».

Desideroso di non offenderla, Mario se ne stette seduto come gli era stato chiesto, in silenzio e, quando fu servito l'infuso fumante, ne bevve un sorso dalla coppa che Martha gli tese, annusando con sospetto, gli istinti all'erta. Non aveva un sapore troppo sgradevole, ma siccome Mario non era avvezzo alle bevande calde, si scottò la lingua e mise da parte la coppa. Martha, chiaramente esperta in materia, beveva come un uccellino, deglutendo rumorosamente ogni sorso con evidente piacere.

«Bevanda deliziosa, anche se ritengo tu preferisca il vino.»

«No, tutt'altro» mormorò Mario educatamente.

«Prendi un dolcetto» borbottò la vecchia, a bocca piena.

«Grazie, no.»

«Va bene, va bene, ho capito l'antifona!» fece lei, e si sciacquò la bocca con un altro sorso di liquido bollente. Un'unghia adunca si tese imperiosa. «Dammi la mano destra.»

Mario la tese. Martha l'afferrò.

«Il tuo è un grande destino, Caio Mario» disse, divorando con gli occhi la molteplicità di linee che gli solcavano il palmo. «Che mano! Capace di plasmare qualsiasi cosa con cui entri in contatto. E la linea della testa! Governa il tuo cuore, governa la tua vita, governa ogni cosa all'infuori delle devastazioni del tempo, Caio Mario, ma a quelle nessuno può resistere. Tu, però, resisterai a molte cose, cui altri uomini non possono. C'è una terribile malattia... Ma la supererai, la prima volta che si manifesterà, e anche la seconda volta... Ci sono nemici, nemici a profusione... Ma li soverchierai... Sarai console l'anno dopo quello appena iniziato, vale a dire l'anno prossimo... Dopodiché, sarai console altre sei volte... Sette volte in tutto sarai console, e sarai chiamato il Terzo Fondatore di Roma, perché salverai Roma dal più grande dei pericoli!»

Mario era consapevole di avere il volto in fiamme, rovente come una lancia tuffata nel fuoco. E avvertiva una sorta di rombo, di turbinìo nella testa. E il cuore gli martellava in petto come un *hortator* (colui che segna il tempo) che pesti sul tamburo a tutta forza. E sugli occhi gli era calato uno spesso velo rosso. Ché Martha diceva la verità. Lui lo sapeva.

«Hai l'amore e il rispetto di una gran donna,» proseguì la profetessa, passando a tastare le pieghe più tenui della pelle «e suo nipote sarà il più grande romano di tutti i tempi.»

«No, quello sono io» disse prontamente Mario, mentre le sue reazioni corporee tornavano alla normalità a quella notizia meno gradevole.

«No, è suo nipote» scandì Martha, cocciuta. «Un uomo assai più grande di te, Caio Mario. Porta il tuo stesso nome, Caio. Ma il cognome non è il tuo, è quello di lei.»

Il fatto era ormai archiviato; Mario non l'avrebbe dimenticato. «E mio figlio?» domandò.

«Anche tuo figlio sarà un grand'uomo. Non grande come suo padre, però, né vivrà tanto a lungo quanto lui. Tuttavia, sarà ancora in vita quando verrà il tuo momento.»

Martha allontanò da sé la mano di Mario e raccolse i sudici piedi nudi, con gli alluci tintinnanti di campanelle e le caviglie rumorose di ninnoli, sotto il corpo, sul giaciglio dove sedeva.

«Ho visto tutto ciò che c'è da vedere, Caio Mario» disse, appoggiandosi alla spalliera e chiudendo gli occhi.

«Ti ringrazio, profetessa Martha» fece lui, alzandosi ed estraendo la borsa. «Quanto...?»

La vecchia aprì gli occhi, malignamente neri, malvagiamente vivi. «Per te è gratis. Mi basta godere della compagnia dei grandi uomini. A pagare sono quelli come il principe Gauda, che non sarà mai un grand'uomo, anche se diventerà re.» Di nuovo la risatina chioccia. «Ma questo lo sai, Caio Mario, come lo so io, sebbene tu non possieda il dono di leggere nel futuro. Il tuo dono consiste nel saper leggere nel cuore degli uomini, e il principe Gauda ha un cuore piccolo piccolo.»

«Allora ti devo nuovamente ringraziare.»

«Oh, ho un favore da chiederti» disse Martha, rivolta alle spalle di Mario mentre si avviava alla porta.

Lui si volse di scatto. «Sì?»

«Quando sarai console per la seconda volta, Caio Mario, portami a Roma e trattami con onore. Ho desiderio di vedere Roma prima di morire.»

«Vedrai Roma» le giurò Mario, e se ne andò.

Console sette volte! Il Primo a Roma! Il Terzo Fondatore di Roma! Quale destino più alto poteva mai esserci? Com'era possibile che un altro romano lo superasse? Caio... Doveva alludere al figlio del minore dei suoi cognati, Caio Giulio Cesare il Giovane. Sì, suo figlio sarebbe stato il nipote di Iulia, il solo di nome Caio.

«Dovrà passare sul mio cadavere» disse Caio Mario, e montò in sella per far ritorno a Utica.

Il giorno dopo chiese udienza a Metello e sorprese il console nell'atto di meditare su un fascio di documenti e di lettere arrivato da Roma, ché la sera prima era attraccata una nave, con grave ritardo a causa delle burrasche.

«Ottime notizie, Caio Mario!» disse Metello, in tono affabile, una volta tanto. «Il mio mandato in Africa è stato prorogato, con l'*imperium* proconsolare e ogni probabilità di ulteriore proroga se mi occorresse altro tempo.» Quel foglio venne lasciato cadere, un altro sollevato, entrambi i gesti a mo' di esibizione, dato che palesemente li aveva letti prima dell'arrivo di Mario; nessuno si limitava a scorrere in silenzio le parole vergate sul papiro, con appena una fulminea occhiata di comprensione, perché le suddette parole andavano separate l'una dall'altra e lette ad alta voce per facilitare il processo di interpretazione.

«Meno male che il mio esercito è intatto, perché a quanto pare la penuria di uomini in Italia si è accentuata grazie alle gesta di Silano nella Gallia. Oh, tu non ne sei al corrente, vero? Sì, il mio collega è stato sconfitto dai Germani. Con gravissime perdite.» Afferrò un altro rotolo, lo tenne sollevato. «Silano mi scrive che si è trovato alle prese con più di mezzo milione di giganti germanici.» Posò il rotolo, brandì quello che aveva ancora in mano all'indirizzo di Mario. «Con questa il Senato mi notifica di avere abrogato la legge Sempronia di Caio Gracco, che limitava il numero di campagne che gli uomini dovevano portare a termine. Era anche ora! Potremo richiamare migliaia di veterani, se ne avremo bisogno!» Metello sembrava soddisfatto.

«È una pessima decisione» osservò Mario. «Se un veterano desidera congedarsi, dopo dieci anni *o* sei campagne portate a termine, dovrebbe avere il diritto di farlo senza il timore di venir richiamato in servizio. Così, distruggiamo la piccola proprietà terriera, Quinto Cecilio! Come *può* un uomo abbandonare la sua piccola fattoria per quelli che ormai potrebbero anche essere vent'anni di servizio nelle legioni, e sperare di vederla prosperare in sua assenza? Come può generare figli che prendano il suo posto alla fattoria come nei ranghi delle nostre legioni? Con l'andar del tempo, è sempre più spesso toccato alla sua sterile moglie il compito di occuparsi della terra, e le donne non ne hanno la forza, la preveggenza o l'attitudine a farlo. Dovremmo cercare altrove i nostri soldati... e dovremmo metterli al riparo dagli errori dei comandanti!»

Metello si era fatto serio, stringendo le labbra. «Non spetta a te, Caio Mario, criticare la saggezza del più illustre corpo dirigente della nostra società!» disse. «Di', *chi* ti credi di essere?»

«Se non vado errato, una volta, molti anni fa, sei stato proprio tu a dirmi chi ero, Quinto Cecilio. Se ben ricordo: uno zotico italico che non sa di greco, sono state le tue parole. E potrebbe anche essere la verità. Questo, però, non mi vieta di esprimere il mio parere su quella che giudico una pessima decisione» ribatté Mario, senza alzare la voce. «Noi — e dicendo "noi", intendo il Senato, del cui illustre organismo faccio parte al pari di te! — permettiamo che una intera classe di cittadini perda la vita perché non abbiamo il coraggio o la presenza di spirito di dire basta a tutti questi cosiddetti generali che facciamo scendere in campo ormai da anni! Il sangue dei soldati di Roma non dev'essere sparso invano, Quinto Cecilio, deve vivere e dare frutti!»

Mario si alzò, appoggiandosi allo scrittoio di Metello, e proseguì nella diatriba. «Originariamente, quando l'abbiamo istituito, il nostro esercito era destinato a campagne da combattersi in Italia, in modo che gli uomini potessero tornarsene a casa durante l'inverno e accudire le loro fattorie e generare figli e vigilare sulle loro donne. Ma di questi tempi, quando un uomo si arruola o è richiamato, lo si spedisce oltremare per una campagna che, invece di una sola estate, si prolunga per anni, durante i quali non riesce a tornare a casa, sicché per portare a termine le sei campagne richiestegli può metterci dodici o persino quindici anni — e tutto questo in terra straniera! Caio Gracco ha legiferato in modo da tentare di limitare la durata del servizio militare e impedire che la piccola proprietà terriera italica cadesse preda di allevatori dediti alla speculazione su vasta scala!» Mario tirò un respiro, rotto dall'emozione, adocchiò Metello con ironia. «Oh, dimenticavo, vero, Quinto Cecilio? Rientri anche tu nella categoria degli allevatori dediti alla speculazione su vasta scala, no? E ti soddisfa moltissimo vedere la piccola proprietà finire nelle tue grinfie perché gli uomini che dovrebbero starsene a casa a occuparsene cadono in terra straniera per l'avidità e la noncuranza degli aristocratici!»

«Ah-ha! Adesso ci siamo!» esclamò Metello, balzando in piedi e protendendo il viso verso quello di Mario. «Ecco! L'avidità e la noncuranza degli aristocratici, eh? È la spina aristocratica che ti è rimasta nel gozzo, vero? Be', lascia che ti dica un paio di cosette, Caio Mario, uomo di umili origini! Il matrimonio con una donna della *gens* Iulia non basta a far di te un aristocratico!»

«Né io lo vorrei» ringhiò Mario. «Vi disprezzo tutti quanti, con l'unica eccezione di mio suocero, che per chissà quale miracolo è riuscito a restare una persona per bene, malgrado le sue origini!»

Da un pezzo, ormai, le loro voci si erano tramutate in urla, e nell'anticamera tutti se ne stavano con gli orecchi tesi nella loro direzione.

« Dacci dentro, Caio Mario! » incitò un tribuno militare.

« Colpiscilo dove fa più male, Caio Mario! » disse un altro.

« Digli il fatto suo, a quell'arrogante coglione, Caio Mario! » fece un terzo, sogghignando.

Da ciò risultò chiaro che tutti quanti amavano Caio Mario assai più di quanto amassero Quinto Cecilio Metello, dagli ufficiali ai soldati semplici.

Ma le urla si erano propagate ben oltre l'anticamera; quando il figlio del console, Quinto Cecilio Metello il Giovane, irruppe nella stanza, lo stato maggiore del console si sforzò di sembrare tutto efficienza e impegnata attività. Senza degnarli di un sguardo, Metello Porcellino aprì la porta della stanza di suo padre.

« Padre, le vostre voci si odono a chilometri di distanza! » disse il giovane, lanciando un'occhiata di disgusto a Mario.

Fisicamente, era molto somigliante al padre, di statura e struttura medie, bruno di capelli e d'occhi, relativamente di bell'aspetto, secondo i canoni romani, e privo di una qualche caratteristica che lo facesse notare in una folla di Romani.

L'interruzione riportò alla calma Metello, pur non contribuendo molto a placare il furore di Mario. Nessuno dei due antagonisti fece l'atto di risedersi. Il giovane Metello Porcellino si tenne in disparte, allarmato e sconvolto, appassionatamente devoto al padre ma non sapendo che pesci pigliare, soprattutto se pensava alle offese che aveva riversato sul capo di Caio Mario da quando suo padre gli aveva affidato il comando della guarnigione di Utica. Ché ora, per la prima volta, vedeva un diverso Caio Mario: di enorme imponenza fisica, di una spavalderia e un coraggio e un'intelligenza al di sopra delle facoltà di un qualsiasi Cecilio Metello.

« Non vedo l'opportunità di continuare questa conversazione, Caio Mario » disse Metello, e per nascondere il tremito delle mani le premette a palmo in giù sullo scrittoio. « Per quale motivo sei venuto a trovarmi, comunque? »

« Sono venuto a dirti che intendo lasciare il servizio in questa guerra alla fine della prossima estate » rispose Mario. « Torno a Roma per candidarmi al consolato. »

Metello dava l'impressione di non credere alle proprie orecchie. « Tu, *cosa?* »

« Vado a Roma per presentarmi alle elezioni consolari. »

« No, non ci vai » ribatté Metello. « Ti sei arruolato in qualità di mio legato anziano — e con l'*imperium* di propretore! — per la durata del mio mandato di governatore della Provincia d'Africa. Il mio mandato è appena stato prorogato. Di conseguenza, anche il tuo. »

«Puoi sempre lasciarmi libero.»

«Se volessi lasciarti libero. Ma non voglio» fece Metello. «In realtà, se potessi fare a modo mio, Caio Mario, ti seppellirei in qualche remota Provincia per il resto della tua vita!»

«Non costringermi a fare qualcosa di sgradevole, Quinto Cecilio» disse Mario in tono amichevole.

«Costringerti a far *cosa*? Oh, togliti di torno, Mario! Vattene a sbrigare qualcosa di utile... smettila di farmi perdere tempo!» Metello attirò l'attenzione del figlio e gli sorrise con l'aria da cospiratore.

«Insisto che mi congedi dal servizio in questa guerra, affinché possa candidarmi al consolato l'autunno prossimo.»

Imbaldanzito dalla crescente aria di altezzosa superiorità e indifferenza di suo padre, Metello Porcellino scoppiò in una serie di risatine soffocate, che alimentarono la vena scherzosa dell'altro.

«Ti dirò una cosa, Caio Mario,» proseguì Cecilio Metello, sorridendo «hai quasi cinquant'annni. Mio figlio ne ha venti. Potrei suggerirti di candidarti al consolato lo stesso anno in cui lo farà lui? Nel frattempo, forse riuscirai a imparare quanto basta a consentirti di insediarti nella carica di console! Anche se sono certo che a mio figlio farà un gran piacere fornirti qualche suggerimento.»

Metello il Giovane scoppiò in un'aperta risata.

Mario li squadrò da sotto le sopracciglia cespugliose, il volto d'aquila di gran lunga più fiero e altero dei loro. «Sarò console» disse. «Ti garantisco, Quinto Cecilio, che sarò console, e non una, ma ben sette volte.»

E uscì, lasciando i due Metello a seguirlo con lo sguardo in cui si mescolava sgomento e timore. A domandarsi perché mai non trovassero nulla di divertente in quell'assurda asserzione.

Il giorno dopo, Mario tornò a Cartagine e chiese udienza al principe Gauda.

Ammesso alla presenza del principe, si piegò su un ginocchio e premette le labbra sulla mano molle e umidiccia di Gauda.

«Alzati, Caio Mario!» esclamò Gauda, beato, incantato alla vista di quell'uomo splendido che gli rendeva omaggio con così sincera, rispettosa ammirazione.

Mario accennò a rialzarsi, poi si lasciò ricadere su ambo le ginocchia, tendendo le mani. «Altezza reale,» disse «non son degno di stare in piedi alla tua presenza, poiché mi presento al tuo cospetto nelle vesti del più umile dei postulanti.»

«Alzati, alzati!» squittì Gauda, ancor più beato. «Non ti consento di chiedermi alcunché in ginocchio! Qua, siediti accanto a me e dimmi che cosa desideri.»

Il sedile che Gauda indicava era effettivamente sistemato al suo fianco, ma un gradino più in basso del trono principesco. Inchinandosi profondamente mentre raggiungeva lo scranno, Mario si sedette sul bordo, quasi fosse a disagio per la maestà dell'unico essere comodamente assiso, ossia Gauda.

«Quando ti sei offerto di diventare mio cliente, principe Gauda, ho accettato l'immenso onore che mi facevi perché mi ritenevo in grado di patrocinare la tua causa a Roma. Avevo infatti l'intenzione di candidarmi al consolato alle elezioni d'autunno.» Mario fece una pausa, esalò un profondo sospiro. «Ma, ahimè, così non sarà! Quinto Cecilio Metello rimarrà nella Provincia d'Africa, essendogli stato prorogato il mandato di governatore, e ciò significa che io, in qualità di suo legato, non potrò lasciare il servizio senza il suo permesso. Quando gli ho detto che desideravo candidarmi alla carica di console, si è rifiutato di lasciarmi partire anche un solo giorno prima di lui.»

Il nobile rampollo della casa reale di Numidia s'irrigidì, con la facilità a infuriarsi di un invalido troppo coccolato; ricordava bene come Metello si fosse rifiutato di alzarsi a salutarlo, d'inchinarsi di fronte a lui, di farlo assidere in trono in presenza di lui, il governatore, di dargli una scorta di soldati romani. «Ma è una cosa irragionevole, Caio Mario!» esclamò. «Come possiamo costringerlo a cambiare idea?»

«La tua intelligenza, o mio sovrano... come afferri la situazione... ne sono strabiliato!» esclamò Mario. «È esattamente ciò che dobbiamo fare: costringerlo a cambiare idea» fece una pausa. «So che cosa mi suggerirai, ma forse sarebbe meglio che fossero le mie labbra a parlare, invece delle tue, ché si tratta di una sporca faccenda. Così, ti prego, lascia che sia io a dirlo!»

«Dillo» acconsentì Gauda, con alterigia.

«Maestà, Roma e il Senato, persino il Popolo tramite le sue due Assemblee, dovranno essere inondati di lettere! Lettere tue... e di ogni singolo libero cittadino, allevatore, contadino, mercante e sensale di tutta la Provincia Romana d'Africa, lettere intese a informare Roma di quanto inefficiente e grossolanamente incompetente si sia dimostrato Quinto Cecilio Metello nella conduzione di questa guerra contro il nemico numida, lettere intese a spiegare che i pochi successi da noi riportati sono stati tutti opera mia, non di Quinto Cecilio Metello. *Migliaia* di lettere, o mio principe! E scritte non una sola volta, ma più e più volte, finché Quinto Cecilio Metello non mollerà, consentendomi di tornare a Roma a candidarmi al consolato.»

Gauda fece udire una risata simile a un nitrito. «Non è stupefacente, Caio Mario, quanto siano in sintonia le nostre due menti? Il ricorso alle lettere era *esattamente* ciò che intendevo suggerirti! »

« Be', come ho detto, già sapevo » fece Mario, quasi in tono di scusa. « Ma è possibile, o mio sovrano? »

« Possibile? Certo che è possibile! » disse Gauda. « Tutto quel che ci vuole è tempo e ascendente e denaro, e secondo me, Caio Mario, noialtri due possiamo mettere assieme un bel po' di tempo e ascendente e denaro più di Quinto Cecilio Metello, non credi? »

« Quel che è certo è che lo spero » disse Mario.

Mario, logicamente, non si fermò qui. Avvicinò personalmente ogni romano, latino e italico da un capo all'altro della Provincia d'Africa, prendendo a pretesto i suoi doveri nei confronti di Metello per spiegare l'esigenza di così numerosi, continui spostamenti. Recava con sé un mandato segreto del principe Gauda con cui si promettevano concessioni di ogni genere in Numidia, una volta che fosse salito al trono. E si chiedeva a ciascuno di farsi cliente di Caio Mario. Pioggia e fango e fiumi in piena non bastavano a fermare Caio Mario; tirava diritto per la sua strada, arruolando clienti e ottenendo promesse di lettere, lettere e ancora lettere. Migliaia e migliaia di lettere. Lettere in quantità sufficiente a far colare a picco la nave del governo di Quinto Cecilio Metello, giù giù in fondo al mare della morte politica.

In febbraio, le lettere spedite dalla Provincia Romana d'Africa a ogni personaggio o sodalizio importante di Roma cominciarono ad arrivare a destinazione, e da quel momento in poi continuarono a giungere con ogni nave in arrivo. Diceva una delle prime, scritta da Marco Celio Rufo, cittadino romano proprietario di centinaia di iugeri nella valle del fiume Mellègue, produttore di enormi quantitativi di frumento destinati al mercato di Roma:

> Quinto Cecilio Metello ha combinato pochissimo in Africa, oltre a perseguire i suoi interessi. È mia ponderata opinione che il suo intento sia quello di prolungare questa guerra al fine di accrescere la sua gloria personale e soddisfare la sua sete di potere. L'autunno scorso ha annunciato che si proponeva di indebolire la posizione di re Giugurta incendiando i raccolti dei Numidi e saccheggiando le città numidiche, in particolare quelle che ospitavano un tesoro. Risultato: le mie terre e le terre di molti altri cittadini romani residenti in questa Provincia sono state messe a repentaglio, perché ora bande di predoni numidi penetrano nel territorio della Provincia Romana per compiere atti di rappresaglia. L'intera

valle del Mellègue, così vitale per i rifornimenti di grano a Roma, vive nel terrore e trema alla prospettiva di ogni nuovo giorno.

Inoltre, mi è giunto all'orecchio, così come a molti altri, che Quinto Cecilio Metello non sa neppure trattare con i suoi legati, figuriamoci il suo esercito. Ha deliberatamente sprecato il potenziale di uomini esperti e competenti come Caio Mario e Publio Rutilio Rufo, affidando al primo il comando della sua cavalleria, un'unità del tutto priva d'importanza, e nominando l'altro ufficiale superiore del genio. La sua condotta nei confronti del principe Gauda, considerato dal Senato e dal Popolo di Roma come il sovrano legittimo della Numidia, è stata intollerabilmente arrogante, avventata e a volte anche crudele.

Per concludere, posso dire che i pochi successi riportati nelle campagne dello scorso anno si devono unicamente agli sforzi di Caio Mario e Publio Rutilio Rufo. Sono consapevole che non è stato loro accordato alcun credito o ringraziamento per le gesta compiute. Posso raccomandare Caio Mario e Publio Rutilio Rufo alla tua attenzione e condannare col massimo vigore la condotta di Quinto Cecilio Metello?

La missiva era indirizzata a uno dei maggiori e più importanti mercanti di grano di Roma, un uomo che contava legioni di amici tra i senatori e i cavalieri. Logicamente, una volta informato della vergognosa conduzione della guerra da parte di Metello, gridò ai quattro venti il suo sdegno; la sua voce risuonò all'orecchio di ogni genere di persone interessate, sortendo immediato effetto. E via via che i giorni passavano e la valanga di lettere non accennava a fermarsi, alla sua voce si unirono molte altre voci. Vari senatori cambiavano strada quando vedevano arrivare un affarista o un armatore plutocrate, e la compiaciuta soddisfazione del potentissimo clan di Cecilio Metello andava rapidamente tramutandosi in profondo sgomento.

Lettere su lettere degli appartenenti alla fazione partivano alla volta del suo stimato membro Quinto Cecilio, proconsole della Provincia d'Africa, per chiedergli di attenuare la sua arroganza nei confronti del principe Gauda, di trattare i suoi legati anziani con maggiore riguardo di quanto facesse suo figlio, e cercare di riportare un paio di vittorie decisive contro Giugurta.

Poi scoppiò lo scandalo di Vaga che, essendosi arresa a Metello alla fine d'autunno, a questo punto si ribellò e passò a fil di spada la maggior parte dei mercanti italici ivi residenti; la rivolta era stata fomentata da Giugurta, con la connivenza, nientemeno, dell'amico personale di Metello, il comandante della guarnigione, Turpillio. Metello fece lo sbaglio di prendere le difese di Turpillio quando Mario chiese che fosse deferito alla corte marziale per alto tradimento. Quando la faccenda fu resa nota a Roma da centinaia di lettere, se ne ricavò l'impressione che Metello fosse colpevole di alto tradimento alla stessa stregua di Turpillio. Altre lettere del clan partirono alla volta di Utica, dov'era di stanza lo stimato Quinto Cecilio, per implorarlo di scegliere con più senno i suoi amici, se proprio aveva intenzione di insistere a difenderli dalle accuse di alto tradimento.

Trascorsero molte settimane prima che Metello si convincesse che l'autore della campagna epistolare era Mario; e anche quando si trovò costretto a crederlo, non afferrò subito il significato di quella guerra a colpi di lettere, e ancor più lento fu a contrattaccare. Lui, un Cecilio Metello, screditato a Roma sulla parola di un Caio Mario e di un piagnucoloso pretendente al trono e di un pugno di volgari mercanti coloniali? Impossibile! Roma non funzionava così. Roma apparteneva a *lui*, non a Caio Mario.

Ogni otto giorni, puntuale come il calendario, Mario si presentava da Metello a chiedere che lo esentasse dal servizio alla fine di Sestile. E altrettanto puntualmente Metello rifiutava.

Per essere onesti, Metello aveva ben altre cose cui pensare che Mario e qualche miserabile lettera spedita a Roma; quasi tutte le sue energie erano impegnate da Bomilcare. C'erano voluti molti giorni a Nabdalsa per ottenere udienza da Bomilcare, poi molti altri giorni per combinare un incontro segreto tra Bomilcare e Metello. Ma alla fine di marzo l'incontro ebbe finalmente luogo, in una piccola dipendenza della residenza del governatore, a Utica, dove Bomilcare venne introdotto furtivamente.

I due si conoscevano abbastanza bene, naturalmente, perché era stato Metello a tenere informato Giugurta tramite il fratellastro durante gli ultimi esasperanti giorni trascorsi a Roma, ed era stato Bomilcare, e non il suo re, a beneficiare dell'ospitalità di Metello, all'interno della cinta urbana.

Quel nuovo incontro, tuttavia, fu contraddistinto da alcune sottigliezze mondane e sociali. Bomilcare aveva i nervi a fior di pelle, timoroso com'era che si scoprisse la sua presenza a Utica, e Metello non era troppo sicuro di sé nelle sue nuove funzioni di spia.

Sicché Metello non tergiversò. «Desidero concludere questa guerra col minimo di perdite possibile in uomini e materiale, nonché nel più breve tempo possibile» disse. «Roma ha bisogno di me altrove, non solo in questo sperduto avamposto africano.»

« Sì, ho saputo dei Germani » fece Bomilcare in tono pacato.

« Allora comprendi la mia fretta » disse Metello.

« Infatti. Però non riesco a capire che cosa possa fare io, personalmente, per abbreviare le ostilità qui. »

« Sono stato indotto a credere, e dopo ponderate riflessioni ne sono profondamente convinto, che il modo più rapido e migliore per decidere le sorti della Numidia in maniera favorevole a Roma consista nell'eliminazione di re Giugurta » disse il proconsole.

Il numida considerò meditabondo il proconsole. Niente a che fare con Caio Mario, questo lo sapeva bene; e neppure all'altezza di un Rutilio Rufo. Più fiero, più altezzoso, di gran lunga più conscio della propria posizione, e tuttavia non altrettanto competente o distaccato. Come sempre per un romano, ciò che contava era Roma. Ma l'idea di Roma accarezzata da un Cecilio Metello era assai diversa dell'idea che di Roma aveva Caio Mario. Ciò che sconcertava Bomilcare era la differenza tra il Metello dei tempi di Roma e il Metello che governava la Provincia d'Africa; benché fosse al corrente delle lettere, infatti, non ne valutava appieno l'importanza.

« È vero che Giugurta è la fonte di ogni resistenza numidica a Roma, » rispose Bomilcare « tuttavia, può darsi tu non ti renda conto dell'impopolarità di Gauda qui in Numidia. La Numidia non acconsentirà mai a farsi governare da Gauda, per quanto legittime siano le sue pretese al trono. »

All'udire il nome di Gauda, un'espressione di disgusto si dipinse sul volto di Metello. « Puah! » esclamò, agitando una mano. « Una nullità! La caricatura di un uomo, figuriamoci se può diventare re. » Indugiò con gli occhi nocciola sul viso un po' greve di Bomilcare. « *Se* qualcosa dovesse accadere a re Giugurta, io, e Roma, naturalmente, pensavamo piuttosto alla possibilità di insediare sul trono della Numidia un uomo cui il buon senso e l'esperienza abbiano insegnato a credere che gli interessi della Numidia saranno serviti al meglio in una posizione clientelare nei confronti di Roma. »

« Ne convengo! A mio modo di vedere, è proprio così che si servirebbero al meglio gli interessi della Numidia. » Bomilcare fece una pausa, si umettò le labbra. « Tu mi considereresti un possibile re di Numidia, Quinto Cecilio? »

« Decisamente, sì! » rispose Metello.

« Bene! In tal caso sarò lieto di operare al fine dell'eliminazione di Giugurta. »

« Presto, spero » disse Metello, sorridendo.

« Al più presto possibile. Sarebbe inutile tentare di assassinarlo.

Giugurta è troppo prudente. Inoltre, può contare sulla fedeltà assoluta della guardia reale. Né ritengo che un colpo di stato avrebbe successo. La maggior parte della nobiltà numida è più che soddisfatta di come Giugurta ha governato la Numidia e di come ha condotto questa guerra. Se Gauda rappresentasse un'alternativa più allettante, le cose potrebbero andare diversamente. Quanto a me,» e Bomilcare abbozzò una smorfia «non ho sangue di Massinissa nelle vene, la qual cosa significa che mi servirà tutto l'appoggio di Roma per salire al trono.»

«Allora, *che cosa* si deve fare?» domandò Metello.

«Ritengo che l'unico sistema consista nel trascinare Giugurta in una situazione in cui possa essere catturato dalle truppe romane: non intendo in battaglia, intendo in un'imboscata. Allora, potrete ucciderlo seduta stante o prenderlo prigioniero e far di lui ciò che vorrete, in seguito» rispose Bomilcare.

«Daccordo. Devo dedurre che mi avvertirai un bel po' in anticipo per darmi il tempo di preparare l'imboscata?»

«Naturalmente. Le scorrerie di frontiera sono l'occasione ideale, e Giugurta si propone di condurne parecchie non appena il terreno sarà abbastanza asciutto. Ma ti metto in guardia, Quinto Cecilio. Potresti fallire più volte prima di riuscire a catturare un tipo scaltro come Giugurta. Dopotutto, non posso permettermi di mettere a repentaglio la mia vita: non sarei di alcuna utilità a Roma o a me stesso, se morissi. Sta' certo, comunque, che prima o poi riuscirò a farlo cadere in trappola. Neppure Giugurta può essere assistito in eterno dalla fortuna.»

Tutto sommato, Giugurta era più che soddisfatto di come andavano le cose. Benché avesse risentito notevolmente delle scorrerie di Mario nelle zone più fittamente abitate del suo regno, si rendeva perfettamente conto che era proprio la vastità della Numidia a garantirgli il massimo dei vantaggi e della protezione. E le zone più fittamente abitate della Numidia, a differenza di altre nazioni, contavano meno per il re di quanto contassero le lande deserte. La maggioranza dei soldati numidi, ivi compresa la cavalleria leggera, famosissima in tutto il mondo, veniva reclutata tra le popolazioni che conducevano vita seminomade nelle regioni più interne del paese, persino sul pendìo opposto delle possenti montagne dove il paziente Atlante reggeva il cielo sulle spalle; quelle popolazioni erano conosciute col nome di Getuli e Garamanti; la madre di Giugurta apparteneva a una tribù dei Getuli.

Dopo la capitolazione di Vaga, il re fece in modo di non tenere denaro o tesori di sorta in una qualsiasi città situata sul tragitto di un possibile intinerario di marcia dei Romani; tutto venne trasferito in luoghi come Zama e Capsa, remoti, difficilmente infiltrabili, costruiti a mo' di cittadelle in cima a picchi inaccessibili, e circondati dai Getuli fanaticamente fedeli. E Vaga finì col rivelarsi tutt'altro che una vittoria, per i Romani; ancora una volta Giugurta si era comprato un romano: il comandante della guarnigione, Turpillio. L'amico di Metello. Tutto da ridere!

Qualcosa era cambiato, però. Mentre le piogge invernali accennavano a diminuire, Giugurta se ne convinceva sempre più. Il guaio era che non riusciva a stabilire chiaramente che cosa fosse cambiato. La sua era una corte itinerante: si spostava di continuo da una cittadella all'altra, distribuendovi equamente moglie e concubine, in modo che, dovunque andasse, fosse certo d'incontrare visi innamorati e braccia amorose. Eppure... c'era qualcosa che non andava. Qualcosa che non riguardava i suoi preparativi né i suoi eserciti, né le linee di rifornimento, e neppure la fedeltà delle sue molte città e distretti e tribù. Ciò che Giugurta avvertiva era poco più di un lieve soffio, di uno spasmo involontario, di una sensazione, un fremito di pericolo proveniente da una fonte vicina a lui. Questo, benché neppure per un attimo collegasse il presentimento col suo rifiuto di nominare Bomilcare reggente.

«È in seno alla corte» disse al fratellastro mentre si spostavano da Capsa a Cirta alla fine di marzo, guidando i cavalli a mano, alla testa di un immenso corteo di fanti e cavalieri.

Bomilcare girò la testa e affondò lo sguardo negli occhi pallidi del re. «Nella corte?»

«Si sta tramando qualcosa, fratello. Zizzania seminata da quella piccola, viscida merda di Gauda, ci scommetterei» disse Giugurta.

«Alludi a una rivolta di palazzo?»

«Non so bene neppure io a che cosa alludo. So solo che qualcosa non va. Me lo sento nelle ossa.»

«Un assassinio?»

«Forse. Sinceramente, non lo so per certo, Bomilcare! I miei occhi guardano in una dozzina di direzioni diverse contemporaneamente, ed è come se le mie orecchie roteassero, tanto sono tese... eppure solo il mio naso ha scoperto qualcosa che non va. E tu? Senti niente, tu?» domandò, certissimo dell'affetto, della fiducia, della lealtà di Bomilcare.

«Devo dire che non sento proprio niente» rispose quello.

Tre volte Bomilcare tentò di far cadere in trappola l'ignaro Giugurta, e tre volte Giugurta riuscì a uscirne indenne. Senza il minimo sospetto nei confronti del fratellastro.

«Stanno diventando troppo astuti» disse Giugurta dopo il fallimento della terza imboscata romana. «Questa è opera di Caio Mario e di Publio Rutilio, non di Metello.» Emise un borbottìo. «C'è una spia nel mio campo, Bomilcare.»

Quello riuscì a fingersi sereno. «Ammetto che la possibilità esiste. Ma chi oserebbe tanto?»

«Non lo so» rispose il re, l'espressione tutt'altro che rassicurante. «Ma puoi star certo che prima o poi lo saprò.»

Alla fine di aprile, Metello invase la Numidia, convinto da Rutilio Rufo ad accontentarsi, in un primo tempo, di un bersaglio meno importante della capitale, Cirta; così le forze romane marciarono invece su Thala. Giunse un messaggio di Bomilcare, il quale aveva attirato Giugurta in persona a Thala, e Metello fece un quarto tentativo di catturare il re. Ma dal momento che Metello non era tipo da assaltare Thala con la rapidità e la risolutezza necessarie a ottenere lo scopo, Giugurta fuggì all'agguato e l'assalto si tramutò in un assedio. Un mese più tardi, Thala cadde e, con grande soddisfazione e sorpresa di Metello, fruttò un tesoro cospicuo che Giugurta si era portato appresso nella città ed era stato costretto ad abbandonare al momento della fuga.

Mentre maggio trapassava in giugno, Metello marciò su Cirta, dove fu oggetto di un'altra piacevole sorpresa. La capitale numidica, infatti, si arrese senza colpo ferire, in quanto la numerosissima colonia locale di mercanti italici e romani costituiva un elemento filoromano importante nella politica cittadina. Inoltre Cirta non amava Giugurta più di quanto Giugurta amasse Cirta.

Il clima era caldissimo e secco, cosa del tutto normale per quella stagione; Giugurta sfuggì alla disordinata rete spionistica dei Romani spostandosi a sud, verso le tende dei Getuli, e poi a Capsa, patria della tribù di sua madre. Capsa, una piccola, ma salda roccaforte montana al centro delle remote lande dei Getuli, era vicinissima al cuore di Giugurta, perché là era vissuta sua madre dopo la morte del marito, il padre di Bomilcare. Ed era là che Giugurta aveva ammassato il grosso dei suoi tesori.

E fu là che in giugno i suoi uomini portarono Nabdalsa catturato mentre si allontanava da Cirta, occupata dai Romani, dopo che le spie infiltrate da Giugurta al comando romano avevano finalmente raccolto prove sufficienti del tradimento di Nabdalsa da indurle a ritenere che fosse il caso di informare il re. Sebbene fosse risaputo che Nabdalsa era un uomo di Gauda, non gli era mai stato impedito di spostarsi liberamente entro i confini della Numidia; essendo un lontano cugino, con sangue di Massinissa nelle vene, era tollerato e considerato innocuo.

«Ora però ho le prove,» disse Giugurta «che hai collaborato attivamente con i Romani. Se questa notizia mi crea disappunto, è soprattutto perché sei stato così sciocco da trattare con Metello, anziché con Caio Mario.» Il re studiò Nabdalsa, in ceppi, che mostrava chiaramente i segni del duro trattamento inflittogli dagli uomini di Giugurta. «In questa faccenda non hai agito da solo, naturalmente» aggiunse, soprappensiero. «Chi, tra i miei dignitari, ha cospirato con te?»

Nabdalsa si rifiutò di rispondere.

«Che sia messo alla tortura» ordinò il re con indifferenza.

La tortura, in Numidia, non conosceva particolari raffinatezze, anche se, come tutti i despoti orientali, Giugurta disponeva di lugubre segrete e ricorreva a lunghi periodi di detenzione. In una di tali segrete, scavata ai piedi dell'altura rocciosa sulla quale era appollaiata Capsa, e in cui si penetrava solo passando per un dedalo di gallerie dal palazzo situato all'interno delle mura della cittadella, fu gettato Nabdalsa, e laggiù i soldati di una brutalità subumana, che sempre sembravano adibiti a tali incombenze, lo misero alla tortura.

Di lì a poco, fu palese il motivo per cui Nabdalsa aveva deciso di porsi al servizio del pretendente più debole, Gauda: parlò. Era bastata l'asportazione dei denti e delle unghie di una mano. Chiamato a udirne la confessione, l'ignaro Giugurta si portò appresso Bomilcare.

Sapendo che non avrebbe più lasciato il mondo sotterraneo in cui stava per entrare, Bomilcare lasciò vagare lo sguardo sulle altezze sconfinate del cielo di un azzurro intenso, fiutò l'aria profumata del deserto, sfiorò col dorso della mano le seriche foglie di un cespuglio in fiore. E si sforzò di portarsi quei ricordi nelle tenebre della segreta.

Nella cella scarsamente ventilata regnava un puzzo insopportabile: escrementi, vomito, sudore, sangue, acqua stagnante e rifiuti contribuivano a creare un lezzo mefitico, un'atmosfera che nessuno avrebbe potuto respirare senza avvertire paura. Persino Giugurta rabbrividì, mettendo piede nella segreta.

L'inquisizione procedette fra terribili difficoltà, perché le gengive di Nabdalsa continuavano a sanguinare abbondantemente, e una frattura al naso ostacolava i tentativi di bloccare l'emorragia con impacchi alla bocca. Imbecilli, pensò Giugurta, dilaniato da un misto di orrore alla vista di Nabdalsa e di rabbia per la sventatezza dei suoi bruti, che avevano iniziato il trattamento dall'unico posto cui avrebbero dovuto risparmiare le loro attenzioni.

Non che avesse molta importanza. Nabdalsa rispose con la sola parola vitale alla terza domanda di Giugurta, e non risultò troppo difficile comprenderla, benché farfugliata tra un fiotto di sangue e l'altro.

«Bomilcare.»

«Lasciateci» ordinò il re ai suoi bruti, ma fu tanto prudente da ordinar loro di togliere il pugnale a Bomilcare.

Rimasto solo col re e il semisvenuto Nabdalsa, Bomilcare esalò un sospiro. «L'unica cosa di cui mi rammarico,» disse «è che nostra madre ne morrà di dolore.»

Fu la cosa più intelligente che potesse dire, date le circostanze, perché gli valse un solo colpo netto della scure del boia anziché la morte lenta che il regale fratellastro avrebbe voluto infliggergli.

«*Perché?*» domandò Giugurta.

Bomilcare scrollò le spalle. «Quando sono stato abbastanza maturo da cominciare a pesare gli anni, fratello, ho scoperto fino a che punto tu mi avessi truffato. Mi hai trattato con lo stesso disprezzo che avresti potuto riservare a una scimmietta ammaestrata.»

«Che cosa volevi?» chiese Giugurta.

«Sentirmi chiamare fratello al cospetto del mondo intero.»

Giugurta lo fissò con stupore sincero. «E innalzarti al di sopra del tuo rango? Mio caro Bomilcare, quel che conta è lo stallone, non la giumenta! Nostra madre è una berbera dei Getuli, e neppure figlia di un capo. Non vanta origini regali. Se dovessi chiamarti fratello al cospetto del mondo intero, tutti coloro i quali mi udissero supporrebbero che ti stessi adottando nella dinastia di Massinissa. E la cosa, dal momento che ho due figli che sono i miei eredi legittimi, sarebbe, a dir poco, imprudente.»

«Avresti dovuto nominarmi loro tutore e reggente» disse Bomilcare.

«E anche in questo caso innalzarti al di sopra del tuo rango? Mio caro Bomilcare, il sangue di nostra madre non lo consente! Tuo padre era un piccolo dignitario, più o meno una nullità, laddove il mio era figlio legittimo di Massinissa. È da mio padre che eredito la nobiltà regale.»

«Ma non sei legittimo, no?»

«Non lo sono. Ciononondimeno, nelle mie vene scorre sangue regale. E il sangue non è acqua.»

Bomilcare gli girò le spalle. «Su, facciamola finita. «Ho sbagliato... non nei tuoi confronti, ma nei miei. Una ragione sufficiente per morire. Eppure... attento, Giugurta!»

«Attento? A cosa? A eventuali tentativi di assassinarmi? Ad altri tradimenti, altri traditori?»

«Ai Romani. Sono come il sole e il vento e la pioggia. Alla fine riducono tutto quanto in sabbia.»

Giugurta urlò per chiamare i bruti, che irruppero disordinatamente, pronti a tutto; ma, non trovando nulla di preoccupante, ristettero in attesa di ordini.

«Che siano uccisi entrambi» ordinò il re Giugurta, avviandosi alla porta. «Ma che sia una cosa rapida. E mi siano mandate le loro teste.»

Le teste di Bomilcare e Nabdalsa vennero confitte sugli spalti di Capsa perché tutti le vedessero. Una testa spiccata dal busto, infatti, era qualcosa di più di un semplice talismano di una vendetta regale a spese di un traditore; veniva esposta in pubblico per dimostrare alla popolazione che era morto proprio l'uomo giusto, e impedire la comparsa di un impostore.

Giugurta si disse che non provava il minimo dolore, si sentiva più solo che mai in precedenza, tutto qui. Era stata una lezione indispensabile: un re non poteva fidarsi di nessuno, neppure di suo fratello.

La morte di Bomilcare, tuttavia, sortì due risultati immediati. Uno fu che Giugurta divenne del tutto sfuggente, non trattenendosi mai più di due giorni nello stesso luogo, non informando mai la guardia reale sulla sua prossima destinazione, non palesando mai all'esercito quali fossero i suoi piani; l'autorità risiedeva unicamente nella persona del re, e basta. L'altro risultato riguardò suo suocero, il re Bocco di Mauretania, che non aveva aiutato attivamente Roma contro il marito di sua figlia, ma neppure aveva aiutato attivamente Giugurta contro Roma; Giugurta inviò immediatamente emissari a Bocco, premendo su di lui affinché si alleasse con la Numidia per scacciare i Romani da tutti i territori africani.

Entro la fine dell'estate, la posizione di Quinto Cecilio Metello a Roma era stata letteralmente scalzata. A Roma, nessuno trovava una parola gentile da dire su di lui o il modo in cui aveva condotto la guerra. E le lettere continuavano ad affluire, insistenti, spietate, oltremodo autorevoli.

Dopo la presa di Thala e la capitolazione di Cirta, la fazione di Cecilio Metello era riuscita a guadagnare un po' di terreno tra i cavalieri, ma poi giunsero altre notizie dall'Africa a chiarire che né Thala né Cirta avrebbero garantito la fine della guerra; e in seguito giunsero rapporti che parlavano di interminabili, inutili scaramucce, di avanzate nel territorio della Numidia occidentale che non portavano ad alcun risultato, di fondi mal spesi e di sei legioni tenute in campo a un costo enorme per l'erario e senza che si profilasse la fine delle spese. Grazie a Metello, la guerra contro Giugurta si sarebbe certamente trascinata per un altro anno almeno.

Le elezioni consolari erano fissate per là metà di ottobre, e il nome di Caio Mario, ormai sulle labbra di tutti, ricorreva di continuo tra quelli dei candidati. Eppure, il tempo passava e ancora Mario non si faceva vedere a Roma. Metello non desisteva dal suo rifiuto.

«Insisto a voler partire» disse Mario a Metello, forse per la cinquantesima volta.

«Insisti quanto ti pare» fece Metello. «Non ci andrai.»

«L'anno prossimo *sarò* console» disse Mario.

«Uno di umili origini come te, console? Impossibile!»

«Hai paura che gli elettori mi votino, eh?» domandò Mario tutto soddisfatto. «Non vuoi lasciarmi andare perché sai che sarò eletto.»

«Non posso credere che un vero romano voterebbe per te, Caio Mario. Sei ricco sfondato, però, e ciò significa che puoi comprare i voti. Se mai, in futuro, dovessi essere eletto console — e non sarà di certo l'anno prossimo! — sta' pur certo che impiegherò volentieri fin l'ultima briciola di energia in mio possesso per provare presso un tribunale che hai ottenuto la carica con la corruzione!»

«Non ho bisogno di ricorrere alla corruzione, Quinto Cecilio, non l'ho mai fatto. Di conseguenza, mi sento libero di tentare» ribatté Mario, ancora in tono d'irritante soddisfazione.

Metello cambiò linea di condotta. «Non ho intenzione di lasciarti andare... rassegnati. Come romano di Roma, tradirei la mia classe se ti lasciassi andare. Il consolato, Caio Mario, è una carica di gran lunga troppo elevata per chiunque sia di origini italiche come te. Gli uomini assisi nella sedia eburnea di console devono accedervi per diritto di nascita, grazie alle imprese dei loro avi oltre che alle proprie. Preferirei il disonore e la morte piuttosto di vedere un italico delle terre di confine sannitiche, un campagnolo semianalfabeta che non avrebbe neppure dovuto diventare pretore!... assiso nella sedia eburnea di console! Fa' del tuo meglio o del tuo peggio! Non farà la minima differenza per me. Preferirei il disonore e la morte piuttosto di darti il permesso di recarti a Roma.»

«Se necessario, Quinto Cecilio, ti toccheranno entrambe le cose» disse Mario, e lasciò la stanza.

Publio Rutilio Rufo tentò di riportare alla ragione i due uomini, preoccupato per le sorti di Roma oltre che per Mario.

«Lasciate perdere la politica» li invitò. «Noi tre ci troviamo qui in Africa per sconfiggere Giugurta, ma voialtri due non mostrate il minimo interesse a consacrare le vostre energie a tal fine. Vi preoccupate di avere il sopravvento l'uno sull'altro più che su Giugurta, e personalmente non ne posso davvero più di questa situazione! »

« Mi stai accusando di trascurare i miei doveri, Publio Rutilio? » domandò Mario, pericolosamente calmo.

« No di certo! Sto accusandoti di frenare quella vena di genio militare di cui ti so in possesso. In fatto di tattica, ti sono pari. E anche in campo logistico. Ma per quanto attiene alla strategia, Caio Mario, a una visione della guerra a lungo termine, non hai l'eguale in tutto il mondo. E tuttavia hai forse consacrato il tuo tempo e i tuoi pensieri a una strategia intesa a vincere questa guerra? No! »

« E che parte ho io in questo peana in onore di Caio Mario? » domandò Metello, a labbra strette. « E a dire il vero, che parte ho in questo peana in onore di Publio Rutilio Rufo? Oppure non conto niente? »

« Conti, eccome, borioso incallito che non sei altro, perché sei il comandante in carica di questa guerra! » sbottò Rutilio Rufo. « E se credi di valere più di me in fatto di tattica e di logistica, o più di Caio Mario per quanto riguarda tattica e logistica e strategia, sei pregato di dirlo chiaro e tondo! Non lo farai, lo so. Ma se sono elogi, quelli che vuoi, sono pronto a concederti quanto segue: non sei venale quanto Spurio Postumio Albino né inefficiente quanto Marco Giunio Silano. Il guaio principale, con te, è che non vali tanto quanto credi. Quando hai dimostrato sufficiente intelligenza da arruolare me e Caio Mario come tuoi legati anziani, ho pensato che gli anni dovevano averti migliorato. Ma mi sbagliavo. Hai scialacquato le tue doti, oltre che il denaro dello stato. Non siamo vincendo questa guerra, siamo finiti in un vicolo cieco estremamente costoso. Così, segui il mio consiglio, Quinto Cecilio! Permetti a Caio Mario di andare a Roma, permetti a Caio Mario di candidarsi al consolato, e lascia che sia io a organizzare le nostre risorse e a elaborare la nostra condotta militare. Quanto a te, consacra le tue energie a minare il potere di Giugurta sul suo popolo. Per quanto mi riguarda, lascerò a te fin l'ultimo brandello di gloria, a patto che tra queste quattro mura tu sia disposto ad ammettere la verità di quanto sto dicendo. »

« Non ammetto un bel niente » disse Metello.

E così si tirò avanti, per l'ultimo scorcio dell'estate e fino ad autunno inoltrato. Giugurta si era reso irreperibile, anzi sembrava addirittura scomparso dalla faccia della Terra. Quando fu evidente persino al più umile legionario che non ci sarebbe stato uno scontro aperto tra l'esercito romano e quello numida, Metello si ritirò dai territori occidentali della Numidia e si accampò alla periferia di Cirta.

Era giunta notizia che Bocco di Mauretania aveva finalmente ceduto alle pressioni di Giugurta, radunato il suo esercito, e si era messo in marcia per unirsi al genero da qualche parte, a sud; assieme, correva voce, si proponevano di puntare su Cirta. Sperando di poter finalmente scendere in campo, Metello prese le disposizioni del caso e ascoltò con più attenzione del solito Mario e Rutilio Rufo. Ma non era destino. I due eserciti erano accampati a qualche miglio di distanza l'uno dall'altro, e Giugurta rifiutava di avvicinarsi. Ci si ritrovò di nuovo in un vicolo cieco, con i Romani attestati in posizioni troppo saldamente difese perché l'avversario osasse attaccarli, e i Numidi in posizione troppo elusiva perché Metello fosse tentato di avventurarsi in campo aperto.

E poi, dodici giorni prima che a Roma si tenessero le elezioni consolari, Quinto Cecilio Metello del Porcile congedò ufficialmente Caio Mario dal servizio in qualità di legato anziano nella campagna contro Giugurta.

«Va' pure!» disse Metello, con un dolce sorriso. «E sta' certo, Caio Mario, che farò in modo da render noto a tutta Roma che sono stato *io* a congedarti prima delle elezioni.»

«Pensi che non arriverò in tempo» disse Mario.

«Penso... niente, Caio Mario.»

Mario sogghignò. «Comunque sia, è più o meno la verità» esclamò, e fece schioccare le dita. «Allora, dov'è il foglio in cui si attesta che sono ufficialmente congedato? Dammelo.»

Metello tese a Mario gli ordini di marcia, con un sorriso un po' fisso, e mentre Mario si avviava alla porta, aggiunse, senza alzare la voce: «A proposito, Caio Mario, ho appena ricevuto splendide notizie da Roma. Il Senato mi ha prorogato il mandato di governatore della Provincia d'Africa e l'incarico di comandante della guerra di Numidia per il prossimo anno».

«Davvero bello, da parte del Senato» disse Mario, e si eclissò.

«Me ne infischio di lui!» disse Mario a Rutilio Rufo di lì a qualche istante. «Crede di avermi rovinato irreparabilmente e di essere in una botte di ferro. Ma si sbaglia. Lo batterò, Publio Rutilio, aspetta e vedrai! Arriverò a Roma in tempo per candidarmi al consolato, e dopo farò abrogare la proroga che gli hanno concesso. E il comando, l'avrò io.»

Rutilio Rufo l'adocchiò pensieroso. «Nutro profondo rispetto per la tua abilità, Caio Mario, ma, nel caso specifico, il tempo darà ragione a Metello del Porcile. Non arriverai mai a Roma in tempo per partecipare alle elezioni.»

«Ci arriverò» ribatté Mario, in tono di suprema sicurezza.

Cavalcò da Cirta a Utica in due giorni, sostando lungo la strada a rubare qualche ora di sonno e spronando spietatamente il cavallo che cambiava a ogni occasione possibile. Prima dell'imbrunire del secondo giorno aveva già noleggiato una piccola nave veloce, all'àncora nel porto di Utica. E all'alba del terzo giorno fece vela per l'Italia, dopo aver offerto un sontuoso sacrificio ai Lari Permarini sulla spiaggia, proprio mentre le prime luci dell'alba iniziavano a filtrare ai bordi orientali del mondo.

«Salpi per un destino inimmaginabilmente splendido, Caio Mario» disse il sacerdote incaricato dell'offerta agli dèi protettori di tutti i naviganti. «Non ho mai visto auspici più fausti di quelli odierni.»

Le sue parole non furono una sorpresa per lui. Da quando Martha, la profetessa siriaca, gli aveva svelato ciò che il futuro aveva in serbo per lui, era rimasto saldo nella convinzione che le cose sarebbero andate esattamente come la vecchia aveva predetto. Così, mentre la nave scivolava in mare aperto dal porto di Utica, Mario si appoggiò tranquillamente alla balaustra, in attesa che si alzasse il vento. E il vento si levò da sud-ovest, soffiando regolare a una ventina di miglia marine, e sospinse la nave da Utica a Ostia in appena tre giorni, un vento perfetto, costante su un mare perfetto, costante, senza che ci fosse bisogno di bordeggiare, di gettar l'àncora in qualche cala per cercar riparo o far provviste. Tutti gli dèi erano dalla parte di Mario, come aveva previsto Martha.

La notizia della prodigiosa traversata precedette Mario a Roma, sebbene avesse indugiato a Ostia solo quel tanto che bastava a pagare il nolo della nave e a ricompensarne generosamente il capitano; così, quando entrò a cavallo nel Foro Romano e smontò di fronte al tavolo elettorale del console Aurelio, si era già radunata una folla. Una folla che l'acclamò e applaudì entusiasta, lasciandogli intendere che era l'eroe del momento. Attorniato da gente che gli batteva sulla spalla, che accoglieva con sorrisi radiosi la sua magica apparizione, Mario si presentò al console sostituto che aveva preso il posto di Servio Sulpicio Galba, condannato dalla Commissione di Mamilio, e depose sul tavolo la lettera di Metello.

«Se accetti le mie scuse per non avere avuto il tempo di indossare la toga bianca, Marco Aurelio,» disse «sono qui per iscrivere il mio nome tra quelli dei candidati alla carica di console.»

«A condizione tu sia in grado di dimostrare che Quinto Cecilio ti ha liberato da ogni impegno verso di lui, Caio Mario, sarò ben lieto di accettare il tuo nome» rispose il console aggiunto, commosso dal benvenuto della folla e consapevole che i più influenti cavalieri della città stavano affluendo in gran fretta da ogni basilica e portico circostante, mentre si diffondeva la notizia dell'inatteso arrivo di Mario.

Quanta imponenza aveva acquisito Mario! Come appariva splendidamente saldo, di una spanna più alto di chi gli stava attorno, con quel sorriso fiero da rapace! Che spalle larghe aveva, capaci di assumersi il fardello de' consolato! Per la prima volta nella sua lunga carriera, lo zotico italico che non sapeva di greco sperimentava la genuina adulazione politica; non la sana, fedele stima dei soldati, bensì la volubile, interessata adorazione delle masse del Foro. E Caio Mario l'amava, non perché l'immagine che aveva di sé ne avesse bisogno, ma perché era così strana, così infetta, così inspiegabile.

Si tuffò nei cinque giorni più febbrili della sua vita, senza trovare il tempo o la forza per dare a Iulia qualcosa di più di un abbraccio di sfuggita, e mai a casa a un'ora in cui fosse possibile mostrargli suo figlio. In effetti, le isteriche manifestazioni di benvenuto, nel momento in cui aveva avanzato la sua candidatura, non costituivano un indice certo della possibilità di una sua vittoria; la fazione di Cecilio Metello, con l'enorme ascendente di cui godeva, si alleò con ogni altra fazione aristocratica, patrizia e plebea, in un estremo tentativo di impedire allo zotico italico che non sapeva di greco di accomodarsi sulla sedia eburnea. La forza di Mario risiedeva nei cavalieri, grazie alle conoscenze spagnole e alle promesse del principe Gauda di future concessioni in una Numidia da lui governata, però c'erano molti cavalieri legati alle varie fazioni alleate contro di lui.

E la gente parlava, la gente discuteva, la gente faceva domande, la gente dibatteva l'argomento: sarebbe stato davvero un bene per Roma eleggere al consolato l'Uomo Nuovo Caio Mario? Gli Uomini Nuovi rappresentavano un rischio. Gli Uomini Nuovi non conoscevano la vita aristocratica. Gli Uomini Nuovi commettevano errori che i nobili evitavano. Gli Uomini Nuovi erano Uomini Nuovi, e quest'è quanto... Sì, sua moglie era una Iulia della *gens* omonima. Sì, i suoi trascorsi militari erano un ornamento per Roma. Sì, era così ricco che ci si poteva fiduciosamente aspettare che non si sarebbe mai fatto corrompere. Ma chi l'aveva mai visto in tribunale? Chi l'aveva mai sentito parlare di leggi e legislatura? Non era forse vero che aveva costituito un elemento di rottura nel collegio dei tribuni della plebe, tanti anni prima, sfidando come aveva sfidato coloro i quali conoscevano Roma e i bisogni di Roma meglio di lui, e varando quella detestabile legge che aveva ristretto le zone di voto dei *saepta*? E poi, la sua età! Se fosse stato eletto, sarebbe diventato console a cinquant'anni suonati, e di regola i vecchi erano consoli mediocri.

E al di sopra di tutte queste ipotesi e obiezioni, la fazione di Cecilio Metello sfruttava a suo vantaggio l'aspetto più repellente di Caio Mario, se mai fosse stato eletto: non era un romano di Roma. Era un italico. Roma scarseggiava a tal punto di nobili romani all'altezza del compito, che la carica di console dovesse toccare a un Uomo Nuovo italico? Sicuramente, tra i candidati c'erano una mezza dozzina di uomini più degni di Caio Mario! E tutti Romani. Tutti uomini di valore.

Mario, naturalmente, parlava, a piccoli gruppi e a gruppi più numerosi, nel Foro Romano, al Circo Flaminio, dai podii dei vari templi, al Portico di Metello, in tutte le basiliche. Ed era un ottimo oratore, esperto in retorica, anche se non aveva mai messo alla prova la propria abilità prima di entrare al Senato. Era stato Scipione l'Emiliano ad affinare le sue doti oratorie. Mario teneva avvinto l'uditorio; nessuno se ne andava prima che finisse o lo liquidava come oratore scadente, anche se non era all'altezza di Lucio Cassio o Catulo Cesare. Molte erano le domande che gli venivano rivolte, alcune da coloro i quali erano solo desiderosi di sapere, altre da gente cui lo stesso Mario aveva dato l'incarico di porgliele, altre da gente incaricata di farlo dai suoi nemici, e altre ancora da chi era interessato a udire le differenze tra le sue risposte e i rapporti inoltrati al Senato da Metello.

Quanto alle elezioni vere e proprie, si svolsero in modo tranquillo e ordinato, sui terreni di voto del Campo Marzio, chiamati *saepta*. Le elezioni nell'ambito delle trentacinque tribù potevano essere indette nel pozzo dei *Comitia* al Foro Romano, poiché era agevole organizzare i votanti tribali in uno spazio relativamente angusto; ma le elezioni dell'Assemblea delle Centurie erano una faccenda massiccia e ingombrante, dato che comportavano lo spiegamento delle Centurie nelle Cinque Classi.

Via via che veniva espresso il voto delle singole centurie, a cominciare dalla Prima Centuria della Prima Classe, cominciò a profilarsi la tendenza dominante: Lucio Cassio Longino avrebbe ricevuto i suffragi di ogni centuria, ma per quanto concerneva la scelta del secondo console, il voto era complesso e variato. Certo, la Prima e la Seconda Classe votarono così massicciamente per Lucio Cassio Longino che questi si piazzò al primo posto senza perdere una sola centuria, e così venne designato il primo console, quello che teneva i fasci per il mese di gennaio. Il nome del secondo console, invece, non fu conosciuto fin quasi alla fine delle dichiarazioni di voto della Terza Classe, così esiguo era lo scarto tra Caio Mario e Quinto Lutazio Catulo Cesare.

E poi accadde. Il candidato che ottenne la carica di secondo console fu Caio Mario. La fazione di Cecilio Metello era ancora in grado di influire sul voto delle Centurie, ma non abbastanza da impedire l'elezione di Caio Mario. E questo si poteva considerare un grande trionfo per Caio Mario, lo zotico italico che non sapeva di greco. Era un genuino Uomo Nuovo, il primo della sua famiglia a ottenere un seggio al Senato, il primo della sua famiglia a prendere residenza entro le mura della città di Roma, il primo della sua famiglia ad ammassare un immenso patrimonio, il primo della sua famiglia a lasciare un segno nell'esercito.

Nel tardo pomeriggio della giornata elettorale, Caio Giulio Cesare offrì un banchetto di celebrazione, riservato ai membri della famiglia. I suoi contatti con Mario si erano limitati a una rapida stretta di mano nel Foro e a un'altra rapida stretta di mano al Campo Marzio quando si erano riunite le centurie, tanto era stato impegnato il genero nei cinque giorni di campagna elettorale.

«Hai avuto una fortuna incredibile» disse Cesare, guidando l'ospite d'onore verso il triclinio, mentre sua figlia Iulia andava a raggiungere la madre e la sorella minore.

«Lo so» fece Mario.

«Oggi scarseggiamo in fatto di uomini,» riprese a dire Cesare «dato che i miei due figli si trovano in Africa, però posso offrirti il sostegno morale di un altro uomo, sicché saremo in numero pari alle donne.»

«Ti reco lettere di Sesto e Caio Giulio, e notizie in abbondanza sulle loro gesta» disse Mario mentre si accomodavano sul giaciglio.

«Ce ne occuperemo più tardi.»

Il promesso terzo uomo entrò nel triclinio, e Mario trasalì per la sorpresa: riconobbe, infatti, il giovane eppur maturo individuo che aveva visto ritto tra i cavalieri quasi tre anni prima, mentre il toro sacrificale del nuovo console Minucio Rufo si ribellava con tanta veemenza alla morte. Come si faceva a dimenticare quel viso, quei capelli?

«Caio Mario,» disse Cesare, un tantino a disagio «desidero presentarti Lucio Cornelio Silla, non solo mio vicino di casa, ma anche mio collega al Senato e quanto prima mio secondo genero.»

«Bene!» esclamò Mario, tendendo la mano e stringendo quella di Silla con grande calore. «Sei un uomo fortunato, Lucio Cornelio.»

«Ne sono perfettamente consapevole» disse Silla, commosso.

Cesare aveva optato per una disposizione un tantino al di fuori degli schemi in occasione della cena, riservando il giaciglio principale a sé e a Mario e relegando Silla sul secondo; non per offenderlo, si premurò di spiegare, ma per far sembrare il gruppo dei commensali un po' più numeroso e concedere a ciascuno spazio in abbondanza.

"Interessante" pensò Mario, vagamente sconcertato. "È la prima volta che vedo Caio Giulio Cesare così impacciato. Ma questo individuo dalla bellezza strana in qualche modo lo turba, lo sbilancia..."

E poi entrarono le donne, che presero posto sulle sedie di fronte ai rispettivi cavalieri, e la cena ebbe inizio.

Per quanto si sforzasse di non fornire l'immagine di un maturo marito adorante, Mario si rese conto che il suo sguardo era di continuo attratto dalla sua Iulia, la quale in sua assenza si era trasformata in una giovane, incantevole matrona, dai modi gentili, tutt'altro che intimidita dalle nuove responsabilità, ottima madre e padrona di casa, nonché la più ideale delle mogli. Laddove, decise Mario, Iulilla non era maturata in modo soddisfacente. Naturalmente, Mario non l'aveva vista nel periodo peggiore della devastante malattia, che aveva cessato di affliggerla già da qualche tempo, però le aveva lasciato quello che Mario poteva solo definire un atteggiamento poco convincente nei confronti della vita: una sorta di fiacchezza del corpo, dell'intelletto, dell'esperienza, dell'appagamento. Iulilla parlava in modo febbrile, gesticolava nervosamente, trasaliva di continuo, come impaurita, e non riusciva a star ferma sulla sedia né a trattenersi dal richiamare l'attenzione del fidanzato, tanto che spesso Silla si trovava escluso dalla conversazione tra Mario e Cesare.

Dal canto suo, Silla reggeva bene la situazione, notò Mario, e sembrava sinceramente affezionato a Iulilla, senza dubbio incantato dal modo in cui la fanciulla concentrava su di lui le proprie emozioni. Ma la cosa, decise Mario con la sua mentalità pratica, non sarebbe durata oltre i primi sei mesi di matrimonio. Considerando che lo sposo era un Lucio Cornelio Silla! Nulla, in lui, lasciava intuire una predilezione naturale per la compagnia femminile o una propensione per la vita coniugale.

Alla fine del banchetto Cesare annunciò che si portava Caio Mario nel *tablinum* per scambiare quattro chiacchiere in privato. «Restate qui, se volete, o dedicatevi alle vostre occupazioni personali» disse pacatamente. «È passato troppo tempo dall'ultima volta che Caio Mario e io ci siamo visti.»

«Ci sono stati dei cambiamenti nella tua casa, Caio Giulio» osservò Mario mentre si accomodavano nel *tablinum*.

«Effettivamente, ce ne sono stati... e proprio questa è la ragione per cui desidero che ti avvii da solo per la tua strada, senza ulteriori indugi.»

«Be', a Capodanno m'insedierò in carica come console, e con questo la mia vita prenderà la giusta piega» disse Mario, sorridendo. «Debbo tutto quanto a te... e, non ultima, ti devo la felicità di una moglie perfetta, una compagna ideale delle mie imprese. Ho avuto poco tempo da dedicarle dopo il mio ritorno, ma ora che mi hanno eletto, intendo porvi rimedio. Fra tre giorni porterò Iulia e mio figlio a Baia, e là dimenticheremo il mondo per un mese intero.»

«Mi fa più piacere di quanto tu possa immaginare sentirti parlare con tanto affetto e rispetto di mia figlia.»

Mario si mise un po' più comodo sullo scranno. «Benissimo. E ora veniamo a Lucio Cornelio Silla. Ricordo certe tue parole a proposito di un aristocratico privo del denaro per condurre l'esistenza cui aveva diritto per nascita, e il nome dell'aristocratico in questione era il suo, quello del tuo futuro genero. Che cos'è stato a cambiare la situazione?»

«A sentir lui, la fortuna. Dice che se le cose continueranno ad andargli come gli sono andate da quando ha conosciuto Iulilla, dovrà aggiungere un altro nomignolo, Felice, a quello che ha ereditato da suo padre. Il quale padre era un ubriacone e un perdigiorno, ma una quindicina d'anni fa o giù di lì ha sposato la ricca Clitumna, e poco tempo dopo è morto. Lucio Cornelio ha conosciuto Iulilla il giorno di Capodanno di quasi tre anni fa, e lei gli ha donato una corona d'erba senza rendersi conto del significato del suo gesto. Lucio Cornelio sostiene che da quel momento le sue fortune sono mutate. Prima è morto il nipote di Clitumna, che ne era anche l'erede. Poi è morta una certa Nicopolis, che ha lasciato un gruzzoletto a Lucio Cornelio: si trattava, a quanto mi risulta, della sua amante. E non molte lune dopo la morte di Nicopolis, Clitumna si è uccisa. Non avendo eredi diretti, ha lasciato tutto il suo patrimonio, la casa qui accanto, una villa al Circeo e circa dieci milioni di *denarii*, a Lucio Cornelio.»

«Numi, è davvero il caso che aggiunga Felice al suo nome» commentò Mario, asciutto. «Pecchi d'ingenuità in proposito, Caio Giulio, o hai avuto tutte le prove che Lucio Cornelio Silla non ha dato una spintarella per far salire i defunti di cui sopra nella barca con cui Caronte traghetta le anime sullo Stige?»

Cesare accolse la frecciata sollevando una mano, ma abbozzò

un sorrisetto. «No, Caio Mario, ti assicuro che non ho peccato d'ingenuità. Non ho modo di ritenere Lucio Cornelio implicato in alcuna delle tre morti. Il nipote è spirato dopo una lunga malattia gastrointestinale, mentre la liberta Nicopolis è deceduta in seguito a blocco renale... non so dirti, uno, due giorni, certamente non di più. Si è proceduto all'autopsia in entrambi i casi, e non si è riscontrato alcunché di sospetto. Clitumna era in preda a crisi di morbosa depressione prima di uccidersi. Il fatto è accaduto al Circeo, in un momento in cui Lucio Cornelio si trovava sicuramente a Roma. Ho sottoposto a serrati interrogatori tutti gli schiavi di Clitumna, sia qui sia al Circeo, ed è mia opinione ben ponderata che non ci sia altro da sapere su Lucio Cornelio Silla.» Fece una smorfia. «Sono sempre stato contrario all'idea di sottoporre gli schiavi alla tortura per ottenere le prove di un delitto, perché a mio parere le prove estorte con la tortura non valgono un'fico secco. Sinceramente, però, non credo che gli schiavi di Clitumna avrebbero qualcosa da raccontare anche se venissero torturati. Per cui ho preferito soprassedere.»

Mario annuì. «Sono d'accordo con te, Caio Giulio. La testimonianza resa da uno schiavo è valida solo se rilasciata spontaneamente, e risulta tanto più logica quanto più chiaramente è veritiera.»

«Così, il risultato finale è stato che Lucio Cornelio è passato dall'infima miseria a una dignitosa ricchezza nel giro di due mesi» proseguì Cesare. «Da Nicopolis ha ereditato quanto bastava a garantirgli il censo di cavaliere, e da Clitumna quanto bastava a consentirgli l'accesso al Senato. Grazie al pasticcio combinato da Scauro in merito all'assenza di censori, ne sono stati eletti due nuovi di zecca lo scorso maggio. Altrimenti, Lucio Cornelio avrebbe dovuto aspettare qualche anno prima di essere ammesso al Senato.»

Mario rise. «Sì, che è accaduto in realtà? Non c'era proprio nessuno che volesse assumersi l'incarico di censore? Voglio dire, entro certi limiti Fabio Massimo Eburno è una scelta logica, ma Licinio *Getha*? È stato espulso dal Senato a opera dei censori, otto anni fa, per condotta immorale, ed è riuscito a rientrarci solo facendosi eleggere tribuno della plebe!»

«Lo so» fece Cesare, tetro. «No, secondo me, è successo che tutti quanti erano riluttanti a candidarsi per timore di offendere Scauro. Aspirare alla carica di censore sembrava quasi una mancanza di rispetto e lealtà nei confronti di Scauro, sicché gli unici che si sono candidati erano individui incapaci di quel tipo di sensibilità. Bada bene, non è difficile trattare con Getha: ha assunto la carica solo per la posizione che gliene deriva e per qualche pugno d'argento da parte delle imprese che puntano a ottenere un appalto statale. Ma Eburno... be', lo sappiamo che non ha tutte le rotelle a posto, no, Caio Mario?»

"Sì" pensò Caio Mario "lo sappiamo, eccome!" Antichissima e di nobiltà inferiore soltanto a quella della *gens* Iulia, la dinastia Fabio Massimo si era estinta, e sopravviveva solo grazie a una serie di adozioni. Il Quinto Fabio Massimo Eburno che era stato eletto censore, era un Fabio Massimo adottato; aveva generato un unico figlio maschio, poi, cinque anni prima, l'aveva giustiziato di sua mano per impudicizia. Benché non esistesse una legge in grado di impedire a Eburno di giustiziare il figlio agendo in veste di *paterfamilias*, l'uccisione di mogli o figli con i crismi della legge che governava i rapporti familiari era da tempo caduta in disuso. Di conseguenza, il gesto di Eburno aveva destato raccapriccio.

«Bada bene, per Roma è meglio che Getha abbia un Eburno come collega» disse Mario, meditabondo. «Dubito che riuscirà a passarla liscia spesso, con Eburno al suo fianco.»

«Hai ragione, ne sono certo, ma ahimè, quel povero ragazzo di suo figlio! Sai, in realtà, Eburno è un Servilio Cepione per nascita, e tutti i membri della sua famiglia d'origine sono piuttosto strani quando c'è di mezzo la morale sessuale: più casti di Artemide dei Boschi, e ne menano vanto, anche. Il che lascia alquanto stupiti.»

«Sicché, quale dei due censori ha persuaso l'altro a consentire l'accesso al Senato a Lucio Cornelio Silla?» domandò Mario. «Ora che sono in grado di collegare il suo nome col suo viso ricordo di aver sentito dire che in passato non è stato quel che si dice un esempio di morale sessuale.»

«Oh, credo che la sua scostumatezza fosse perlopiù frutto della noia e della delusione» rispose Cesare, disinvolto. «È pur vero che Eburno ha arricciato il suo nasino da Servilio Cepione e ha brontolato un tantino. Getha, invece, sarebbe disposto a far entrare al Senato persino una scimmia di Tangeri, se fosse disposta a sborsare il giusto prezzo. Così, alla fine hanno convenuto che Lucio Cornelio poteva essere iscritto negli annali del Senato... ma solo a certe condizioni.»

«Ah?»

«Già. Lucio Cornelio è senatore a patto che si candidi alla carica di questore e venga eletto al primo tentativo. Se non ci riesce, decade dal rango di senatore.»

«E ci riuscirà?»

«Tu, che ne pensi, Caio Mario?»

«Con un nome come il suo? Oh, ci riuscirà!»

«Lo spero.» Ma Cesare pareva dubbioso. Incerto. Un po' a disagio, forse? Aspirò a fondo e puntò gli occhi azzurri in faccia al genero, sorridendo con una punta di tristezza. «Avevo giurato, Caio Mario, che dopo la generosità di cui hai dato prova quando hai sposato Iulia, non ti avrei più chiesto un favore. Ma è stato sciocco, un tale giuramento da parte mia. Come si fa a sapere quali bisogni ti riserberà il futuro? Bisogni. Ho bisogno. Ho bisogno di un altro favore da te.»

«Qualsiasi cosa, Caio Giulio» disse Mario con calore.

«Hai passato abbastanza tempo con tua moglie per scoprire il motivo per cui Iulilla si è lasciata morire di fame?» domandò Cesare.

«No!» Il forte, severo volto d'aquila s'illuminò per un attimo di puro piacere. «Quel poco tempo che abbiamo trascorso assieme dopo il mio ritorno, non l'abbiamo sprecato in chiacchiere, Caio Giulio!»

Cesare rise, poi sospirò. «Vorrei tanto che la mia figlia minore fosse dello stesso stampo della maggiore! Ma non lo è. Con tutta probabilità, la colpa è mia, e anche di Marzia. L'abbiamo viziata, e le abbiamo perdonato molte cose che ai tre più grandi non abbiamo lasciato passare. D'altro canto, è mia opinione ben ponderata che in Iulilla ci sia anche un difetto innato. Poco prima che Clitumna morisse, abbiamo scoperto che la sciocchina si era innamorata di Lucio Cornelio, e stava tentando di costringerlo, o di costringere noi, o sia lui sia noi... è molto difficile capire esattamente a che cosa mirasse, ammesso che lei stessa l'abbia mai saputo... comunque sia, voleva Lucio Cornelio, e sapeva bene che non avrei mai dato il consenso a un'unione del genere.»

Mario sembrava incredulo. «E pur sapendo che tra quei due c'era una relazione clandestina, hai permesso che si arrivasse alle nozze?»

«No, no, Caio Mario. Lucio Cornelio non è mai stato direttamente coinvolto nella faccenda!» esclamò Cesare. «Ti garantisco che non ha avuto niente a che fare con quanto ha combinato Iulilla.»

«Ma hai detto che gli ha donato una corona d'erba il giorno di Capodanno, un paio d'anni fa» obiettò Mario.

«Credimi, si è trattato di un incontro innocente, quanto meno da parte di lui. Non l'ha minimamente incoraggiata, anzi, ha addirittura cercato di scoraggiarla. Iulilla ha disonorato se stessa e noi, perché ha effettivamente tentato di costringerlo a dichiarare di provare per lei sentimenti che, Lucio Cornelio lo sapeva bene, non avrei mai ammesso. Fatti raccontare da Iulia tutta la storia, e capirai che cosa intendo» disse Cesare.

«Nel qual caso, come mai finiranno con lo sposarsi?»

«Be', quando ha ereditato tutto quel denaro ed è stato in grado di assumere il rango che gli spetta di diritto, mi ha chiesto la mano di Iulilla. A dispetto del modo in cui l'aveva trattato.»

«La corona d'erba» fece Mario, pensieroso. «Sì, posso capire come si sia sentito legato a lei, soprattutto considerando che quel dono ha cambiato il suo destino.»

«Lo capisco anch'io, ed è proprio per questo che ho dato il mio consenso.» Cesare esalò un altro sospiro, anche più profondo. «Il guaio è, Caio Mario, che non provo per Lucio Cornelio la simpatia che ho per te. È un uomo molto strano: ci sono cose, in lui, che mi fanno digrignare i denti, eppure non ho la più pallida idea di che cosa esattamente si tratti. E dobbiamo sempre sforzarci di essere giusti, imparziali nei nostri giudizi.»

«Fatti coraggio, Caio Giulio, finirà tutto bene» disse Mario. «Allora, che posso fare per te?»

«Aiutare Lucio Cornelio a farsi eleggere questore» rispose Cesare, in tono più incisivo, ora che si trovava ad affrontare un problema relativo a un uomo. «Il guaio è che nessuno lo conosce. Oh, tutti quanti conoscono il suo *nome*! Tutti sanno che è un patrizio della *gens* Cornelia. Ma il *cognomen* Silla non ricorre più di questi tempi, e Lucio Cornelio non ha mai avuto modo di mettersi in evidenza al Foro e nei tribunali, da ragazzo, né ha mai prestato servizio militare. In effetti, se qualche aristocratico maligno decidesse di tirare in ballo la questione, il solo fatto di non aver mai prestato servizio militare potrebbe impedirgli l'accesso alla carica, e persino al Senato. Ciò che speriamo è che nessuno indaghi troppo a fondo, e da questo punto di vista la coppia di censori in carica è ideale. A nessuno dei due è mai passato per la mente che Lucio Cornelio non sia mai stato in grado di allenarsi al Campo Marzio o di far parte delle legioni in qualità di tribuno militare di prima nomina. E per fortuna sono stati Scauro e Druso a iscrivere Lucio Cornelio nelle liste dei cavalieri, sicché i nostri nuovi censori presumono che i loro predecessori abbiano condotto indagini un bel po' più approfondite di quanto abbiano fatto personalmente. Scauro e Druso erano uomini comprensivi, hanno ritenuto che si dovesse offrire un'occasione a Lucio Cornelio. E poi, a quel tempo, neppure si parlava del Senato.»

«Vuoi che compri l'elezione a Lucio Cornelio?» domandò Caio Maio.

Cesare era un uomo abbastanza all'antica da restarne scombussolato. «Decisamente no! Potrei forse giustificare un tentativo di corruzione, se la posta in gioco fosse il consolato, ma la carica di *questore?* Mai! Inoltre, sarebbe troppo rischioso. Eburno ha puntato gli occhi su Lucio Cornelio, non si lascerà sfuggire la minima occasione per squalificarlo... e perseguirlo. No, il favore che ti chiedo è assai diverso e molto più imbarazzante per te, se Lucio Cornelio dovesse rivelarsi indegno della carica. Desidero che tu faccia il nome di Lucio Cornelio come tuo questore personale: che gli conferisca il riconoscimento ufficiale di una nomina personale. Come ben sai, una volta che l'elettorato si rende conto che un candidato alla questura è già stato richiesto da un console eletto, si può star certi che verrà votato.»

Mario esitò prima di rispondere; era occupato a soppesare le implicazioni. In realtà, non aveva molta importanza che Silla fosse innocente da qualsiasi tipo di complicità nella morte della sua amante e della sua matrigna, di cui aveva ereditato tutti i beni. Non c'era dubbio alcuno che in seguito si sarebbe detto che era stato lui ad assassinarle, se Lucio Cornelio si fosse illustrato nella carriera politica quanto bastava per aspirare al consolato; qualcuno avrebbe provveduto a rivangare la storia, e una campagna diffamatoria con la quale si sostenesse che le aveva assassinate per mettere le grinfie su un gruzzolo bastante a consentirgli di abbracciare la carriera pubblica, che la povertà di suo padre gli aveva negata, sarebbe stato un vero dono del cielo in mano ai suoi avversari politici. Il fatto di avere sposato una figlia di Caio Giulio Cesare gli sarebbe stato di aiuto, ma nulla avrebbe fugato del tutto i dubbi. E alla fine sarebbero stati in molti a crederci, proprio com'erano in molti a credere alla storiella di un Caio Mario che non sapeva di greco. E questa era la prima obiezione. La seconda risiedeva nel fatto che Caio Giulio Cesare non riusciva a provare simpatia per Silla, benché non avesse fondamenti concreti per giustificare le proprie sensazioni. Che fosse una questione di naso più che di ragionamento? Una sorta di istinto animale? E la terza obiezione riguardava la personalità di Iulilla. La sua Iulia, ora Mario lo sapeva, non avrebbe mai sposato un uomo che giudicasse indegno di sé, per quanto disperata fosse la situazione finanziaria della *gens* Iulia. Iulilla, invece, aveva dimostrato ampiamente di essere una creatura volubile, avventata, egoista, il tipo di ragazza incapace di scegliersi un compagno degno di lei, ne fosse anche andato della sua vita. E, guarda caso, aveva scelto Lucio Cornelio Silla.

Poi Mario allontanò i suoi pensieri dalla famiglia di Cesare, riandò con la mente a quell'alba piovosa, sul Campidoglio, quando aveva osservato furtivamente Silla, intento a sua volta a osservare i tori che morivano dissanguati. E si domandò quale fosse la cosa giusta da fare, quale sarebbe stata la sua risposta. Lucio Cornelio

Silla era *importante*. In nessun caso si doveva permettergli di tornare nell'oscurità. Silla doveva assolutamente beneficiare dei suoi diritti ereditari.

«Benissimo, Caio Giulio,» disse senza la minima titubanza nella voce «domani chiederò al Senato di assegnarmi Lucio Cornelio Silla come questore.»

Cesare s'illuminò. «Grazie, Caio Mario! Grazie!»

«Potresti sposarli prima che l'Assemblea del Popolo si riunisca per eleggere i questori?» domandò.

«Sarà fatto» rispose Cesare.

E così, meno di otto giorni dopo, Lucio Cornelio Silla e Iulia, la figlia più piccola di Caio Giulio Cesare, si sposarono con l'antico rito della *confarreatio*, due rampolli di famiglie patrizie uniti per la vita. La carriera di Silla fece un gran passo avanti: richiesto come questore personale dal console eletto Caio Mario, e imparentato per matrimonio con una famiglia la cui *dignitas* e integrità erano al di sopra di qualsiasi sospetto, sembrava proprio che non potesse perdere la battaglia.

E fu con spirito pieno di giubilo che si preparò alla prima notte di nozze, lui che non aveva mai realmente gradito l'idea di legarsi a una moglie e a responsabilità familiari. Metrobio era stato congedato prima che Silla chiedesse ai censori di essere iscritto negli annali del Senato, e sebbene la separazione fosse stata più intrisa di emozione di quanto riuscisse a sopportare senza batter ciglio, perché il ragazzo lo amava teneramente ed era straziato, Silla restò saldo nella determinazione di gettarsi alle spalle per sempre ogni attività del genere. Nulla avrebbe messo a repentaglio la sua ascesa alla fama.

Inoltre conosceva abbastanza bene il proprio stato emotivo per capire che Iulilla era molto preziosa per lui, e non solo perché simboleggiava la sua fortuna, anche se in cuor suo Silla collocava i sentimenti che provava per lei attorno alla suddetta fortuna. Semplicemente, lui era incapace di definire amore i propri sentimenti per un qualsiasi essere umano. L'amore, per Silla, era qualcosa che provavano gli altri, gli inferiori. Così com'era definito dagli altri, dagli inferiori, l'amore sembrava una faccenda molto bizzarra, colma di illusioni e delusioni, a volte nobile al punto di toccare l'imbecillità e altre volte tanto vile da sfiorare l'amoralità. Il fatto che non sapesse riconoscerlo in se stesso derivava dalla convinzione che l'amore annullava il buon senso, l'istinto di autoconservazione, la lucidità mentale. Negli anni a venire neppure si rese conto che la sua tolleranza e la sua indulgenza nei confronti della volubile, instabile moglie erano le sole testimonianze d'amore di cui avesse bisogno. Giudicò invece la tolleranza e l'indulgenza quali virtù intrinseche al suo carattere, e in tal modo non riuscì a capire né se stesso né l'amore, e non riuscì a maturare.

Le nozze, celebrate come si usava dalla *gens* Iulia, furono di gran lunga più dignitose di quanto fossero lubriche, anche se le cerimonie nuziali cui Silla aveva presenziato in vita sua erano sempre risultate di gran lunga più lubriche che decorose, per cui si limitò a sopportare tutta la faccenda, anziché ricavarne piacere. Quando, però, si arrivò al dunque, non c'erano invitati ubriachi davanti all'uscio della camera da letto, e non si dovette perder tempo a scacciarli di casa con la forza. Alla fine del breve tragitto dalla porta di una casa a quella della casa attigua, Silla sollevò tra le braccia Iulilla — quant'era leggera, pesava come un uccellino! — per farle varcare la soglia, e gli invitati che li avevano accompagnati fin lì si dileguarono.

Dato che le vergini innocenti non erano mai state parte integrante della sua vita, Silla non provava la minima apprensione riguardo al da farsi, e in tal modo si risparmiò una quantità di preoccupazioni inutili. Quali che fossero le condizioni cliniche del suo imene, infatti, Iulilla era matura, pronta da sbucciare, come una pesca che si stacchi spontaneamente dal ramo. Iulilla lo stette a guardare mentre si sfilava la tunica nuziale e si strappava dalla testa la ghirlanda di fiori, incantata ed eccitata in pari misura. E si spogliò dei vari strati che formavano il suo abbigliamento senza bisogno di essere sollecitata a farlo, strati del vestito nuziale color crema e rosso fiamma e giallo zafferano, e il diadema di lana a sette piani che portava in testa, e tutti quegli speciali nodi e legacci.

Dopodiché, gli sposi si adocchiarono a vicenda, con piena soddisfazione reciproca, Silla col suo bel corpo muscoloso, Iulilla troppo esile, e tuttavia dotata di una grazia flessuosa che molto contribuiva a smussare ciò che in un'altra sarebbe risultato brutto e angoloso. E fu lei ad accostarsi all'uomo, a posargli le mani sulle spalle e, con una voluttà squisitamente naturale e spontanea, ad accostare piano piano il corpo a quello di lui, sospirando di piacere quando Silla la cinse con le braccia e prese ad accarezzarle la schiena con ambo le mani, lunghe carezze insistite.

Silla adorò la leggerezza di lei, l'acrobatica elasticità con cui reagì quando la sollevò sopra il capo, lasciò che si avvinghiasse al suo corpo. Nulla di ciò che fece l'allarmò o l'offese, e tutto ciò che lui le fece, e che poteva ricambiare, lo fece anche lei. Insegnarle a baciare fu solo questione di istanti; eppure, per tutti gli anni che passarono assieme, Iulilla non smise mai di imparare a baciare.

Una donna splendida, bella, ardente, ansiosa di compiacerlo, ma avida di essere a sua volta compiaciuta da lui. Tutta sua. Solo sua. E chi dei due, quella notte, avrebbe mai immaginato che le cose potessero cambiare, essere meno perfette, meno desiderate, meno gradite?

«Se farai tanto da guardare un altro, ti uccido» disse Silla mentre giacevano sul letto, in una pausa di riposo tra un amplesso e l'altro.

«Ti credo» disse lei, ricordando la severa lezione impartitale da Cesare sui diritti del *paterfamilias*; ora, infatti, era uscita dalla tutela di suo padre per passare sotto quella di Silla. Era una patrizia, per cui non era e mai avrebbe potuto essere padrona della sua vita. Le donne come Nicopolis e Clitumna godevano di una condizione infinitamente migliore.

C'era poca differenza tra la loro statura, in quanto Iulilla era piuttosto alta, come donna, e Silla più o meno di altezza media, come uomo. Così, Iulilla aveva le gambe forse un tantino più lunghe di quelle di lui, e poteva avvinghiargliele attorno alle ginocchia, meravigliandosi del candore della sua pelle, a paragone della tonalità dorata della propria.

«Mi fai sembrare una siriaca» osservò Iulilla, accostando il braccio a quello di Silla, ambo le braccia sollevate in modo da poterne osservare il contrasto, accentuato dal lume della lampada.

«Non sono normale, io» disse lui, bruscamente.

«Meglio così» fece lei, e rise, chinandosi a baciarlo.

Dopodiché toccò a lui esaminarla, studiare il contrasto, e la sua snellezza, che la faceva quasi sembrare una bambina. Con una mano la costrinse a girarsi di scatto, le affondò il volto nel guanciale ed esaminò il profilo della schiena e delle natiche e delle cosce. Adorabile.

«Sei bella come un ragazzo» sussurrò.

Iulilla tentò si sollevarsi, indignata, ma fu costretta a restare dov'era. «Questa è davvero bella! Non mi dire che *preferisci* i ragazzi alle ragazze, Lucio Cornelio!» Lo disse in perfetta innocenza, tra risatine attutite dal soffice guanciale contro il quale premeva la bocca.

«Be', prima di conoscerti, credo che fosse così» disse lui.

«Sciocco!» rise Iulilla, scambiando l'osservazione per una battuta di spirito, poi sgusciando dalla sua presa e mettendosi a cavalcioni sul suo petto, bloccandogli le braccia con le ginocchia. «Per aver detto una cosa del genere, ti permetterò di dare un'occhiata da vicino alla mia cosina, e poi mi dirai se somiglia in qualche modo a una vecchia, dura lancia!»

«Solo un'occhiata?» domandò Silla, attirandosela attorno al collo.

«Un ragazzo!» L'idea continuava divertirla «Sei uno sciocco, Lucio Cornelio!» Poi dimenticò tutto quanto nella delirante scoperta di nuovi piaceri.

L'Assemblea del Popolo elesse Silla alla carica di questore com'era previsto, e sebbene il suo mandato annuale dovesse iniziare solo il quinto giorno di dicembre (anche se, come nel caso di tutti i questori personali, i suoi servizi sarebbero stati richiesti solo a partire dal Capodanno, quando sarebbe entrato in carica il suo superiore), Silla si presentò a casa di Caio Mario già il giorno successivo all'elezione.

Si era in novembre, sicché il giorno spuntava sempre più tardi, un fatto di cui Silla era profondamente grato agli dèi; gli eccessi notturni con Iulilla gli rendevano più difficile che in passato le levatacce. Però sapeva di doversi presentare prima dell'alba, in quanto il desiderio espresso da Mario di averlo accanto come questore personale aveva in qualche modo modificato la posizione di Silla.

Benché non si trattasse di uno stato clientelare tradizionale, destinato a durare tutta la vita, ora Silla, tecnicamente, era divenuto cliente di Mario per la durata del mandato di questore, ossia finché Mario avesse conservato l'*imperium*, piuttosto che per l'anno di consolato. In quanto cliente, non poteva restarsene a letto con la sposina sino a giorno fatto; un cliente si presentava a casa del suo protettore quando le prime luci del giorno rischiaravano il cielo, e là offriva i suoi servigi in qualsiasi forma il protettore desiderasse. Poteva capitare che venisse cortesemente congedato; poteva capitare che fosse invitato ad accompagnare il protettore al Foro Romano o a una delle basiliche a sbrigare qualche incombenza, pubblica o privata; poteva capitare che fosse delegato a svolgere qualche compito per conto del suo protettore.

Sebbene non fosse tanto in ritardo da meritarsi un rimprovero, il vasto atrio della casa di Mario era gremito di clienti ancor più mattinieri di Silla; alcuni di loro, decise Silla, dovevano aver dormito in strada davanti alla porta, ché di regola venivano ricevuti nell'ordine in cui si erano presentati. Sospirando, Silla si diresse verso un angolino appartato, preparandosi a una lunga attesa.

In certi casi, i personaggio importanti si servivano di segretari e *nomenclatores* — gli schiavi che avevano il compito di sussurrare all'orecchio del padrone il nome di una persona — per operare una selezione nello stuolo dei clienti mattutini, congedando i pesci piccoli, bisognosi solo di farsi notare, e introducendo i pesci più grossi o particolarmente interessanti alla presenza del grand'uomo. Ma Caio Mario, notò Silla con approvazione, provvedeva da solo a operare la scelta; non si vedevano aiutanti in circolazione. Nal caso specifico, il grand'uomo console eletto e quindi persona di grande importanza per molti, a Roma, sbrigava le sue faccende con tranquilla diligenza, separando i bisognosi dai deferenti con maggior efficienza di qualsiasi segretario con cui Silla avesse mai avuto a che fare. In una ventina di minuti, i quattrocento uomini che affollavano l'atrio e facevano la coda sotto il colonnato del peristilio erano già smistati e sistemati; più di metà se ne stavano andando, tutti soddisfatti, e ogni cliente liberto o libero cittadino di bassa condizione stringeva nel pugno un regalino passatogli da un Mario tutto sorrisi e gesti di deprecazione.

"Be'," pensò Silla "sarà anche un Uomo Nuovo, e può darsi che sia più italico che romano, però sa come ci si deve comportare, non c'è dubbio." Nessun Fabio o Emilio avrebbe saputo recitare meglio di lui la parte del protettore. Non era indispensabile elargire con generosità ai clienti, a meno che non lo chiedessero specificatamente, e anche il tal caso il protettore aveva facoltà di rifiutare; ma Silla comprese, dall'atteggiamento di coloro i quali attendevano il loro turno mentre Mario si spostava dall'uno all'altro, che il padrone di casa aveva l'abitudine di elargire con generosità, nel contempo comunicando, col suo modo di fare, un sottile messaggio destinato a mettere in guardia chiunque osasse mostrarsi troppo avido.

«Lucio Cornelio, non occorre che tu aspetti qua fuori!» disse Mario, quando raggiunse l'angolino di Silla. «Entra nel *tablinum*, e mettiti comodo. Sarò da te fra poco, così potremo chiacchierare.»

«Ma no, Caio Mario» rispose Silla, sorridendo a labbra strette. «Sono venuto a offrirti i miei servigi come tuo nuovo questore, e sarò lieto di attendere il mio turno.»

«Allora puoi attendere il tuo turno seduto nel *tablinum*. Se vorrai svolgere a dovere le funzioni di questore, sarà meglio ti renda conto di come sbrigo gli affari» disse Mario e, posando la mano sulla spalla di Silla, lo accompagnò nel *tablinum*.

Tempo tre ore, la folla dei clienti venne smistata, con pazienza, ma anche rapidamente; le petizioni andavano dalle semplici richieste di aiuto alla pretesa di venir considerati con occhio di riguardo, non appena il mercato della Numidia si fosse riaperto ai Romani e agli Italici. Non si chiedeva mai nulla, in cambio, ma il messaggio implicito era chiarissimo: tieniti pronto a fare qualsiasi cosa il tuo protettore desideri da te, in qualsiasi momento, che sia domani o tra vent'anni.

«Caio Mario,» disse Silla quando l'ultimo cliente se ne fu andato «dato che Quinto Cecilio Metello si è già visto prorogare il comando in Africa per il prossimo anno, come puoi sperare di aiutare i tuoi clienti a ottenere concessioni in Numidia quando si riaprirà ai commerci?»

Mario assunse un'aria meditabonda. «Diamine, è vero, Quinto Cecilio si è *assicurato* l'Africa anche per il prossimo anno, eh?»

Dato che si trattava chiaramente di una domanda retorica, Silla neppure tentò di rispondere, si limitò a contemplare, incantato, il lavorìo della mente di Mario. Non c'era da stupirsi che fosse arrivato al consolato!

«Be', Lucio Cornelio, ho pensato al problema di Quinto Cecilio in Africa, e non è un problema insolubile.»

«Ma il Senato non metterà mai te al posto di Quinto Cecilio» arrischiò Silla. «Non sono ancora molto addentro alle sfumature politiche del Senato, ma una cosa è certa: ho avuto la dimostrazione della tua impopolarità tra i senatori più influenti, e mi è sembrata troppo profonda per consentirti di nuotare contro corrente.»

«Verissimo» disse Mario, continuando a sorridere giovialmente. «Sono un zotico italico che non sa di greco — per usare le parole di Metello che, sarà meglio tu lo sappia fin d'ora, io chiamo sempre Metello del Porcile — e indegno del consolato. Per non parlare del fatto che ho cinquant'anni, un'età troppo avanzata per la carica cui sono stato eletto, e perdipiù ritenuta non confacente ai grandi comandi militari. Al Senato, le sorti mi sono contrarie; d'altronde, è sempre stato così, sai. Eppure... eccomi qua, console a cinquant'anni! Un bel mistero, no, Lucio Cornelio?»

Silla sogghignò, con l'aria un po' ferina; Mario non parve minimamente impressionato. «Sì, Caio Mario, lo è.»

Mario si protese sullo scranno e giunse le belle mani sullo stupendo ripiano di pietra verde dello scrittoio. «Lucio Cornelio, tanti anni fa ho scoperto che esistono moltissimi modi diversi per scannare un gatto. Mentre altri percorrevano il *cursus honorum* senza sussulti, io segnavo il passo. Ma non è stato tempo sprecato. L'ho impiegato per catalogare tutti i modi possibili di scannare il gatto di cui sopra. Tra le altre cose, del pari vantaggiose. Vedi, quando si deve attendere più del giusto, si osserva, si valuta, si mettono assieme i vari pezzi. Non sono mai stato un principe del Foro, né un esperto della nostra costituzione non scritta. Mentre Metello del Porcile si trascinava per i tribunali appresso a Cassio Ravilla e imparava la tecnica per far condannare le Vergini Vestali... be', lo intendo solo in senso apocrifo, le coincidenze temporali non sono esatte... io facevo il soldato. E ho continuato a farlo. È la cosa che so far meglio. Eppure, non avrei torto a vantarmi di essere giunto a saperne di più, in fatto di legge e di costituzione, di quanto potrebbero mai saperne cinquanta individui come Metello del Porcile. Io guardo le cose dal di fuori, il mio cervello non è stato condizionato dall'addestramento. Così, ora ti dico che disarcionerò Quinto Cecilio Metello del Porcile dal destriero del comando in Africa, e ne prenderò il posto.»

«Ti credo» disse Silla, tirando un profondo respiro. «Ma come?»

«Dal punto di vista legale, sono tutti quanti dei sempliciotti,» rispose Mario in tono sprezzante «ecco come. Poiché, tradizionalmente, il Senato ha sempre assegnato a sua discrezione la carica di governatore, a nessuno è mai passato per la mente che i decreti del Senato non hanno, a rigor di termini, alcun peso legale. Oh, il fatto in sé è noto a tutti quanti, basta farli, chiacchierare un po', però non l'hanno mai digerito; neppure dopo le lezioni che i fratelli Gracchi hanno cercato di impartir loro. I decreti del Senato hanno dalla loro solo la forza della consuetudine, della tradizione. *Non* della legge! Di questi tempi, è l'Assemblea della Plebe a legiferare, Lucio Cornelio. E io esercito molto più potere, in seno all'Assemblea della Plebe, di qualsiasi Cecilio Metello.»

Silla sedeva immobile come una statua, un tantino intimorito, combattuto fra due bizzare sensazioni. Per quanto timore reverenziale potesse incutere l'intelligenza di Mario, non era l'intelligenza di Mario a intimorire Silla; no, ciò che lo intimoriva era l'esperienza del tutto nuova di godere della totale confidenza di un uomo vulnerabile. Come faceva Mario a sapere che di lui, Silla, ci si poteva fidare? La fiducia non era mai stata un tratto saliente della sua reputazione, e Mario avrebbe fatto esplorare a fondo la reputazione di Silla. Eppure, ecco che Mario metteva a nudo le sue intenzioni e la sua futura condotta, consentendo a Silla di verificarle! E riponeva tutta la sua fiducia nello sconosciuto questore, proprio come se tale fiducia Silla se la fosse già meritata.

«Caio Mario,» disse, incapace di trattenersi «che cosa m'impedirebbe, una volta andatomene da qui, di recarmi a casa di un membro della famiglia di Cecilio Metello e di riferire a quel Cecilio Metello tutto ciò che mi stai dicendo?»

«Diamine, proprio nulla, Lucio Cornelio» rispose Mario, imperterrito.

«Allora perché mi riveli tutte queste cose?»

«Oh, semplicissimo» rispose Mario. «Perché, Lucio Cornelio,

ti reputo un uomo di grandissima capacità e intelligenza. E qualsiasi uomo di grandissima capacità e intelligenza è perfettamente in grado di usare la sua intelligenza al fine di scoprire da solo che non sarebbe una decisione intelligente affidare il suo destino a un Cecilio Metello, quando un Caio Mario gli offre lo stimolo e l'eccitazione di alcuni anni di interessante e rimunerativo lavoro. » Tirò un profondo sospiro. « Ecco fatto! Mi pare di essermi espresso chiaramente. »

Silla scoppiò a ridere. « I tuoi segreti sono al sicuro con me, Caio Mario. »

« Lo so. »

« Comunque sia, vorrei tu sapessi che ti sono grato della fiducia che riponi in me. »

« Siamo cognati, Lucio Cornelio. Siamo legati, e da qualcosa di più della parentela con la *gens* Iulia. Vedi, abbiamo qualcos'altro in comune: la fortuna. »

« Ah! La fortuna. »

« La fortuna è un segno, Lucio Cornelio. Chi ha fortuna è prediletto dagli dèi. Aver fortuna significa far parte degli eletti. » E Mario guardò il suo nuovo questore, perfettamente soddisfatto. « Io sono un eletto. Ed eleggo te, perché ritengo che anche tu faccia parte della schiera degli eletti. Noi siamo importanti per Roma, Lucio Cornelio. Noi due lasceremo il nostro segno sui destini di Roma. »

« Lo credo anch'io » disse Silla.

« Sì, be'... Fra un mese, s'insedierà in carica un nuovo collegio dei tribuni della plebe. Una volta insediato il collegio, farò la mia mossa riguardo l'Africa. »

« Hai intenzione di servirti dell'Assemblea della Plebe per varare una legge intesa a invalidare il decreto del Senato che ha prorogato di un anno il mandato di Metello del Porcile in Africa » disse Silla senza esitazioni.

« Infatti » fece Mario.

« Ma è legale? Si consentirà che una legge del genere entri in vigore? » domandò Silla, e tra sé e sé cominciò a rendersi conto che un Uomo Nuovo di grande intelligenza, emancipato dalla tradizione, avrebbe potuto rovesciare l'ordinamento sociale.

« E dove sta scritto che non è legale e, di conseguenza, non si può fare? Ho un desiderio ardente di castrare il Senato, e il modo più efficace per farlo consiste nel minarne la tradizionale autorità. Come? Abrogandone per legge l'autorità tradizionale. Creando un precedente. »

« Perché è così importante, per te, ottenere il comando in Africa?» domandò Silla. «I Germani si sono spinti fino a Tolosa, e i Germani sono di gran lunga più importanti di Giugurta. L'anno prossimo qualcuno dovrà recarsi in Gallia ad affrontarli, e personalmente preferirei di molto che fossi tu, anziché Lucio Cassio.»

«Non me ne sarà offerta la possibilità» disse Mario con sicurezza. «Il nostro stimato collega Lucio Cassio è il primo console, e aspira al comando della Gallia contro i Germani. Comunque sia, il comando della guerra contro Giugurta è vitale per la mia sopravvivenza politica. Mi sono impegnato a rappresentare gli interessi dell'ordine dei cavalieri, sia nella Provincia d'Africa sia in Numidia. La qual cosa significa che dovrò trovarmi in Africa quando la guerra finirà, per esser certo che i miei clienti ottengano tutte le concessioni che ho promesso loro. In Numidia, non solo ci sarà da spartire un'enorme distesa di terra adatta alla coltivazione del grano, ma di recente si è anche scoperto un marmo di prim'ordine, di una qualità unica, oltre a ricchi giacimenti di rame. Come se non bastasse, la Numidia produce due rare pietre preziose e oro a profusione. E da quando Giugurta è salito al trono, Roma non ha più potuto attingervi.»

«D'accordo, vada per l'Africa» disse Silla. «Che cosa posso fare per aiutarti?»

«Imparare, Lucio Cornelio, *imparare*! Avrò bisogno di un collettivo di ufficiali che siano qualcosa di più che semplicemente fedeli. Mi servono uomini in grado di prendere l'iniziativa senza rovinare il mio grandioso disegno, uomini che accrescano la mia capacità ed efficienza, anziché spremermi. Non m'importa di dividere il merito con altri... c'è una quantità di merito e di gloria per tutti quando le cose sono gestite a dovere e alle legioni si dà modo di dimostrare ciò che sanno fare.»

«Ma io sono un novellino, Caio Mario.»

«Lo so» rispose quello. «Però, come ti ho già detto, ritengo tu possieda un enorme potenziale. Stammi vicino, siimi fedele e lavora sodo, e ti darò modo di sviluppare tale potenziale. Come me, cominci tardi. Ma non è mai *troppo* tardi. Sono diventato console finalmente, otto anni dopo l'età giusta. Come me, dovrai concentrarti sull'esercito per arrivare ai vertici. Io ti aiuterò in ogni modo possibile. In cambio, mi aspetto che tu aiuti me.»

«Mi sembra equo, Caio Mario.» Silla si schiarì la gola. «Ti sono molto grato.»

«Non dovresti. Se non ritenessi di ottenerne in cambio dei vantaggi, Lucio Cornelio, ora come ora non ti troveresti qui.» E Mario tese la mano. «Su, bando alla gratitudine fra noi! Solo lealtà e il cameratismo delle legioni.»

Caio Mario si era comprato un tribuno della plebe e a dire il vero, aveva fatto la scelta giusta. Tito Manlio Mancino, infatti, non vendeva i suoi favori di tribuno solo per lucro. Mancino si proponeva di attirare l'attenzione come tribuno della plebe, e per farlo gli serviva una causa migliore dell'unica che contasse per lui: la creazione di ogni intralcio possibile e immaginabile sulla strada della famiglia patrizia dei Manlio, di cui personalmente non faceva parte. Il suo odio per la *gens* Manlia, constatò, contagiava facilmente tutte le grandi famiglie nobili e aristocratiche, ivi compresa quella di Cecilio Metello. Così era in grado di intascare il denaro di Mario senza il minimo scrupolo di coscienza e di far suoi i piani di Mario con una gioia premonitrice.

I dieci nuovi tribuni della plebe entrarono in carica il terzo giorno prima delle Idi di dicembre, e Tito Manlio Mancino non perse tempo. Quello stesso giorno presentò all'Assemblea della Plebe una mozione intesa a togliere il comando della campagna d'Africa a Quinto Cecilio Metello per assegnarlo a Caio Mario.

« Il Popolo è sovrano! » urlò Mancino alla folla. « Il Senato è il servitore del Popolo, non il suo padrone! Se il Senato svolge le sue funzioni nel pieno rispetto del Popolo di Roma, allora dev'essergli consentito di continuare a farlo. Ma quando il Senato svolge le sue funzioni con l'intento di difendere i propri membri a spese del Popolo, bisogna impedirglielo. Quinto Cecilio Metello si è dimostrato inadeguato al comando, non ha combinato *nulla di nulla!* Perché mai, allora, il Senato gli ha rinnovato il mandato per la seconda volta, anche per il prossimo anno? Perché, o Popolo di Roma, il Senato, com'è solito fare, sta proteggendo gli interessi dei suoi luminari a spese del Popolo! In Caio Mario, legalmente eletto console per il prossimo anno, il Popolo di Roma ha un capo degno di tal nome. Ma, secondo gli uomini che guidano il Senato, il nome di Caio Mario non vale abbastanza! Caio Mario, o Popolo di Roma, è solo un Uomo Nuovo, un uomo di umili origini, una nullità, non un nobile! »

La folla era in estasi; Mancino era un ottimo oratore, e nutriva un forte risentimento per la condotta esclusivistica del Senato. Era trascorso qualche tempo da che la plebe aveva tirato le orecchie al Senato, e molti fra i capi più influenti, seppure non eletti, della plebe si preoccupavano che il loro ramo del governo di Roma perdesse terreno. Così quel giorno, in quel preciso momento, tutto giocava a favore di Caio Mario: il sentimento pubblico, il malcontento dei cavalieri e l'umore dei dieci tribuni della plebe in vena di dare una tiratina d'orecchie al Senato.

Il Senato replicò colpo su colpo, imponendo ai suoi più fecondi oratori di estrazione plebea di prendere la parola all'Assemblea, non esclusi il Pontefice Massimo, Lucio Cecilio Metello Dalmatico, che si prodigò in difesa del fratello minore, Metello del Porcile, e il primo console eletto, Lucio Cassio Longino. Ma Marco Emilio Scauro, che avrebbe potuto far pendere la bilancia in favore del Senato, era un patrizio, e di conseguenza non poteva prendere la parola all'Assemblea della Plebe. Costretto a starsene sui gradini del Senato a guardare dall'alto il pozzo circolare a più piani dei *Comitia*, stipato di folla, in cui si riuniva l'Assemblea della Plebe, Scauro dovette limitarsi ad ascoltare, senza poter intervenire.

«Ci batteranno» disse al censore Fabio Massimo Eburno, anche lui un patrizio. «Accidenti a Caio Mario!»

Malgrado gli accidenti, Caio Mario vinse. La spietata campagna epistolare aveva sortito l'effetto di allontanare l'ordine dei cavalieri e i ceti medi da Metello, infangandone il nome, distruggendone l'ascendente politico. Col tempo, naturalmente, si sarebbe ripreso: vantava una famiglia e conoscenze troppo potenti. Ma per il momento, l'Assemblea della Plebe, abilmente manovrata da Mancino, gli tolse il comando della guerra d'Africa, e ormai a Roma il suo nome era più sudicio del porcile di Numanzia. E per togliergli il comando della guerra d'Africa, il Popolo varò una legge che creava un precedente, con cui Metello veniva rimpiazzato da Caio Mario. E una volta che la legge, anzi, a rigor di termini, un plebiscito, fosse stata trascritta sulle tavolette, veniva archiviata nei sotterranei di un tempio per servire di esempio e risorsa ad altri che in futuro tentassero di fare la stessa cosa, altri che magari non potevano vantare le capacità di Caio Mario né le sue valide ragioni.

«Metello, però,» disse Mario a Silla, non appena la legge fu approvata «non mi darà mai i suoi soldati.»

Oh, quante cose c'erano da imparare, cose che lui, un patrizio della *gens* Cornelia, avrebbe dovuto sapere e invece non sapeva? A volte, Silla disperava di riuscire a imparare a sufficienza, ma poi si considerava fortunato ad avere Caio Mario come comandante e si metteva il cuore in pace. Mario, infatti, non era mai troppo impegnato per fornirgli spiegazioni, e non l'apprezzava di meno a causa della sua ignoranza. Sicché ora Silla approfondì le sue cognizioni domandando: «Ma i soldati non sono stati arruolati per combattere contro Giugurta? Non dovrebbero restare in Africa finché non si vincerà la guerra?».

«Potrebbero restare in Africa... ma solo se Metello decidesse in tal senso. Dovrebbe proclamare che gli uomini sono stati arruolati per tutta la durata della campagna militare, e di conseguenza la sua destituzione non influisce sul loro destino. Ma nulla gli impedirà di sostenere che è stato *lui* a reclutarli, e che quindi la loro ferma termina contemporaneamente al suo incarico. Conoscendo Metello, sarà questa la posizione che assumerà. Per cui li congederà e li rispedirà in Italia. »

« E questo significa che dovrai reclutare un nuovo esercito » disse Silla. « Capisco. » Poi domandò: « Non potresti aspettare che riporti l'esercito in patria, e poi reclutare gli uomini a tuo nome? ».

« Potrei » rispose Mario. « Purtroppo, non ne avrò la possibilità. Lucio Cassio è in partenza per la Gallia, dove dovrà vedersela con i Germani a Tolosa. Un'impresa che va assolutamente affrontata: non possiamo permetterci che mezzo milione di Germani bivacchi a meno di centocinquanta chilometri dalla strada per la Spagna, proprio ai confini della nostra Provincia. Quindi immagino che Cassio abbia già scritto a Metello per chiedergli di reclutare nuovamente il suo esercito in vista della campagna di Gallia ancor prima di lasciare l'Africa. »

« Sicché è così che vanno le cose » disse Silla.

« Proprio così. Lucio Cassio è il primo console, ha la precedenza su di me. Di conseguenza, ha diritto di scelta sulle truppe disponibili. Metello riporterà in Italia sei legioni perfettamente addestrate e temprate alla battaglia. E saranno quelle le truppe che Cassio si porterà nella Gallia Transalpina, su questo non c'è il minimo dubbio. E ciò significa che io dovrò cominciare tutto da capo: reclutare materia prima, addestrarla, equipaggiarla, infonderle entusiasmo in vista della guerra contro Giugurta. » Mario abbozzò una smorfia. « E vorrà dire che durante il mio anno di consolato non mi sarà concesso tempo sufficiente a organizzare il genere di offensiva contro Giugurta che potrei organizzare se Metello mi lasciasse le sue truppe. Ne discende, come logica conseguenza, che dovrò impegnarmi a fondo per farmi prorogare a mia volta il comando in Africa per il prossimo anno, o mi ritroverò col sedere per terra, facendo una figuraccia anche peggiore di quella di Metello del Porcile. »

« E adesso esiste anche una legge scritta che crea un precedente a beneficio di chi intendesse farti destituire esattamente come tu hai fatto con Metello. » Silla sospirò. « Non è facile, eh? Non avrei mai immaginato le difficoltà che si devono affrontare solo per garantirsi la sopravvivenza, figuriamoci poi per consolidare la maestà di Roma. »

La sortita divertì Mario, che rise gaiamente e batté sulla spalla di Silla. « No, Lucio Cornelio, non è mai facile. Ma è proprio per questo che vale la pena di farlo! Qual è l'uomo davvero superiore e degno che desideri avere la strada spianata? Più la strada è accidentata, più è disseminata di ostacoli, e maggiore è la soddisfazione che se ne ricava.»

Il che costituiva, forse, una risposta a carattere personale, però non risolveva il problema principale di Silla. «Ieri mi hai detto che l'Italia è completamente esausta» disse. «Sono morti tanti uomini che è impossibile reclutarne in numero sufficiente tra i cittadini di Roma, e l'avversione italica al reclutamento si va facendo sempre più ostinata di giorno in giorno. Allora, dove riuscirai a scovare materia prima sufficiente a comporre quattro buone legioni? Perché, come tu stesso hai detto, non si può sconfiggere Giugurta con meno di quattro legioni.»

«Aspetta che m'insedi in carica, Lucio Cornelio, e vedrai» fu tutto ciò che Silla riuscì a cavargli di bocca.

Fu la solennità dei Saturnali a scuotere i buoni propositi di Silla. Ai tempi in cui Clitumna e Nicopolis avevano diviso la casa con lui, quel periodo di festa e divertimento aveva costituito una splendida conclusione dell'anno vecchio. Gli schiavi se ne stavano sdraiati comodamente, facendo schioccare le dita, mentre le due donne correvano su e giù ridacchiando per accondiscendere a ogni loro desiderio, tutti quanti bevevano troppo e Silla cedeva il suo posto nel letto matrimoniale a qualsiasi schiavo s'incapricciasse di Clitumna e Nicopolis — a patto di godere degli stessi privilegi in qualche altra parte della casa. E, una volta conclusi i festeggiamenti dei Saturnali, tutto tornava alla normalità come se niente fosse mai accaduto.

Ma quel primo anno di matrimonio con Iulilla vide Silla festeggiare i Saturnali in maniera assai diversa: fu invitato a passare le ore di veglia nella casa accanto, in seno alla famiglia di Caio Giulio Cesare. Anche là, per i tre giorni di festa, ogni cosa era sottosopra: gli schiavi erano serviti dai padroni, ci si scambiava regalini e si faceva uno sforzo speciale per garantire cibo e vino di qualità e in abbondanza. Ma *in realtà* nulla cambiava. I poveri servi se ne stavano distesi immobili come statue sui giacigli del triclinio e sorridevano timidamente a Marzia e a Cesare che facevano la spola tra il triclinio e la cucina, nessuno si sarebbe sognato di ubriacarsi e, sicuramente, nessuno si sarebbe sognato di fare o dire alcunché potesse creare imbarazzo quando in casa la situazione fosse tornata normale.

Erano presenti anche Caio Mario e Iulia, e sembrava che trovassero le cose di loro piena soddisfazione; d'altronde, pensò Silla risentito, Caio Mario era troppo ansioso di essere considerato uno di loro per contemplare la possibilità di mettere un piede in fallo.

«È stato un vero spasso» disse Silla mentre lui e Iulilla prendevano congedo sulla porta, l'ultima sera di festa, ed era ormai diventato così prudente che nessuno, neppure Iulilla, si accorse del
greve sarcasmo di quelle parole.

«Non è poi stato tanto male» osservò Iulilla, seguendo Silla
nella loro casa, dove, in assenza del padrone e della padrona, agli
schiavi erano stati concessi tre giorni di riposo.

«Sono lieto che lo pensi» disse Silla, sprangando il portone.

Iulilla sospirò e si stiracchiò. «E domani c'è la cena in onore di
Crasso Oratore. Devo ammettere che non ne vedo l'ora.»

Silla si bloccò al centro dell'atrio e si volse a fissarla. «Tu non
vieni» disse.

«Che intendi dire?»

«Semplicemente ciò che ho detto.»

«Ma... ma... credevo che fossero invitate anche le mogli!»
esclamò lei, mettendo il broncio.

«*Certe* mogli» ribatté Silla. «Tu, no.»

«Voglio venirci! Ne parlano tutti, tutte le mie amiche sono così
invidiose... ho *detto* loro che ci andavo!»

«Peccato. Tu non vieni, Iulilla.»

Uno degli schiavi di casa li accolse sulla porta del *tablinum*, un
po' alticcio. «Oh, bene, siete tornati!» esclamò, malfermo sulle
gambe. «Portatemi una coppa di vino, e sbrigatevi!»

«I Saturnali sono finiti» disse Silla in tono sommesso. «Vattene, sciocco.»

Lo schiavo se ne andò, tornato di colpo lucido.

«Perché sei di umore così intrattabile?» domandò Iulilla mentre entravano nel cubicolo padronale.

«Non sono di umore intrattabile» rispose Silla, e andò a piazzarsi alle spalle di lei, la cinse con le braccia.

Iulilla si svincolò. «Lasciami stare!»

«*Insomma*, che ti succede?»

«Voglio andare alla cena di Crasso Oratore!»

«Be', non puoi.»

«*Perché*?»

«Perché, Iulilla,» disse Silla, paziente «non è il genere di ricevimento che tuo padre approverebbe, e le poche mogli che ci vanno
non sono donne che tuo padre approva.»

«Non sono più sotto la tutela di mio padre, posso fare come mi
pare e piace» obiettò lei.

«Non è vero, e lo sai. Sei passata dalla tutela di tuo padre alla
mia. E *io* dico che non vieni.»

Senza una parola, Iulilla raccolse i suoi indumenti da terra e s'infilò una veste sul corpo esile. Poi si volse e uscì dalla stanza.

«Accomodati!» le gridò dietro Silla.

Il mattino dopo, Iulilla si comportò con freddezza con lui, una tattica che Silla ignorò, e quando uscì per recarsi alla cena di Crasso Oratore, Iulilla risultava irreperibile.

«Sgualdrinella viziata» si disse Silla.

Il bisticcio avrebbe dovuto risultare divertente; il fatto che non lo fosse non dipendeva dal bisticcio in sé, ma nasceva da qualcosa di molto più profondo, nell'intimo di Silla, dello spazio che Iulilla occupava. Silla non era per niente entusiasta alla prospettiva di cenare nell'opulenta magione del banditore d'aste Quinto Granio, che offriva il ricevimento. Sulle prime, quando aveva ricevuto l'invito, si era sentito assurdamente compiaciuto, interpretandolo come un'offerta d'amicizia da parte di un'importante cerchia di giovani senatori; poi gli giunsero all'orecchio i pettegolezzi relativi alla festa, e comprese che era stato invitato perché aveva un passato piuttosto ambiguo, sicché avrebbe conferito un tocco di esotismo capace di ravvivare la lista degli ospiti, composta di maschi aristocratici.

Ora, mentre si avviava al banchetto, era in condizioni più adeguate a valutare la trappola che gli si era chiusa attorno quando aveva sposato Iulilla ed era entrato a far parte della schiera dei suoi pari. Ché di una trappola si trattava. E non c'era modo di sottrarsi alle sue ganasce, mentre era costretto a vivere a Roma. Tutto bene per Crasso Oratore, così saldamente trincerato da poter prender parte a una festa volutamente concepita per sfidare l'editto suntuario di suo padre, così saldamente insediato al Senato e in un nuovo tribunato della plebe da potersi permettere persino il lusso di fingersi volgare e maleducato, di accettare la sfacciata adulazione di un arricchito come Quinto Granio, il banditore d'aste.

Quando mise piede nel vasto triclinio di Quinto Granio, Silla vide Colubra sorridergli da sopra l'orlo di una coppa d'oro tempestata di gemme, la vide battere la mano sul giaciglio, accanto a sé, con gesto invitante. "Avevo ragione, mi hanno invitato come se fossi un fenomeno da baraccone" si disse, e rivolse a Colubra un sorriso radioso e concesse la propria persona alle attenzioni di una folla di schiavi ossequiosi. Non era una festa per pochi intimi, quella! Il triclinio era ingombro di giacigli: ben sessanta invitati vi si sarebbero sdraiati per festeggiare l'ingresso di Crasso Oratore fra i tribuni della plebe. "Ma," pensò Silla mentre si stendeva accanto a Colubra "Quinto Granio proprio non ha idea di come si organizza una *vera* festa."

Quando si congedò, sei ore dopo, e cioè un bel po' prima degli altri invitati, era ubriaco, e il suo umore era sprofondato, dalla rassegnazione alla sua sorte, a quel genere di cupa depressione che aveva creduto di non dover più provare, una volta entrato dell'ambiente suo di diritto. Era amaramente deluso, impotente e, si rese conto all'improvviso, insopportabilmente solo. Dal cuore alla testa, dalle dita alla punta dei piedi smaniava dal desiderio di una compagnia congeniale e affettuosa, di qualcuno con cui ridere, qualcuno che non avesse motivi d'interesse, qualcuno che *gli* appartenesse anima e corpo. Qualcuno che aveva occhi e riccioli neri e il culo più dolce del mondo.

E Silla percorse, con le ali ai piedi, il tratto di strada che portava all'alloggio di Scilax l'attore, senza permettersi una sola volta di ricordare quanto rischiosa fosse quella sua decisione, quanto imprudente, sciocca, e... che importanza avesse! Scilax sarebbe stato presente; non avrebbe potuto fare altro che sedersi a bere una coppa di vino annacquato, e scambiare banalità con l'attore, e lustrarsi gli occhi ammirando il suo ragazzo. Nessuno sarebbe stato in grado di dire alcunché. Una visita innocente, niente di più.

Ma la dea Fortuna continuava a sorridergli. Metrobio c'era, ma era solo, lasciato lì in castigo da Scilax quando se n'era andato a trovare certi amici ad Anzio. *Metrobio era lì, da solo.* Così contento di vederlo! Così pieno d'amore, di voglia, di passione, di dolore. E Silla, saziata la passione e la voglia, si fece sedere il ragazzo sulle ginocchia e lo abbracciò, e quasi pianse.

«Ho passato troppo tempo in questo mondo» mormorò. «Numi, quanto mi manca!»

«E quanto mi manchi tu!» disse il ragazzo, rannicchiandoglisi contro.

Calò il silenzio; Metrobio avvertiva i movimenti convulsi della gola di Silla contro la sua guancia e spasimava dal desiderio di sentire le sue lacrime. Ma quelle, lo sapeva, non le avrebbe avvertite. «Che c'è, caro Lucio Cornelio?» domandò.

«Mi annoio» rispose la voce di Silla, in tono molto distaccato. «Quelli delle alte sfere sono talmente ipocriti, di una noia *mortale!* Tante cerimonie e buone maniere in ogni occasione pubblica, poi sudici piaceri di nascosto, ogniqualvolta ritengono che nessuno li veda: stasera trovo difficile celare il mio disprezzo.»

«Credevo che fossi felice» disse Metrobio, tutt'altro che dispiaciuto.

«Le credevo anch'io» fece Silla con una punta di tristezza, e si richiuse nel silenzio.

«Perché sei venuto, stasera?»

« Oh, sono andato a una festa. »

« Non è stata divertente? »

« Non secondo i tuoi o i miei canoni, adorabile fanciullo. Secondo i loro, è stato un successo clamoroso. Tutto ciò che *io* volevo era ridere. E poi, tornando a casa, mi sono reso conto che non avevo nessuno con cui dividere lo scherzo. Nessuno! »

« A parte me » disse Metrobio, e si raddrizzò. « Be', allora, non mi racconti com'è andata? »

« Sai chi è Licinio Crasso, no? »

Metrobio si esaminò le unghie. « Io sono solo un giovane attor comico. Che ne so, io, delle grandi famiglie? »

« La famiglia di Licinio Crasso fornisce a Roma consoli e, di tanto in tanto, un Pontefice Massimo da... oh, da secoli! È una famiglia favolosamente ricca e produce individui di due tipi diversi: il tipo frugale e il tipo sibaritico. Ora, il padre di questo Crasso Oratore apparteneva al tipo frugale e ha fatto trascrivere quella ridicola legge suntuaria... sai quale » disse Silla.

« Niente piatti d'oro, niente vesti di porpora, niente ostriche, niente vino d'importazione... si tratta di quella legge? »

« Sì. Ma Crasso Oratore... che, a quanto sembra, non andava d'accordo con suo padre... adora circondarsi di ogni lusso possibile e immaginabile. E Quinto Granio, il banditore, ha bisogno di un favore politico da Crasso Oratore, ora che è diventato tribuno della plebe, così Quinto Granio, il banditore, stasera ha offerto un ricevimento in onore di Crasso Oratore. Tema della festa » disse Silla, con una punta di malizia nella voce « era: "Ignoriamo la legge suntuaria di Licinio!". »

« È stato per questo che ti hanno invitato? » domandò Metrobio.

« Mi hanno invitato perché, a quanto sembra, nelle alte sfere — quelle di Crasso Oratore, cioè, se non di Quinto Granio il banditore — sono considerato un tipo affascinante, dalla vita tanto infame quanto eccelse sono le sue origini. Credo ritenessero che mi sarei strappato i panni di dosso e avrei cantato qualche filastrocca a doppio senso, mentre mi scopavo allegramente Colubra. »

« *Colubra*? »

« Colubra. »

Metrobio lanciò un fischio. « *Frequenti* ambienti d'alto bordo! Ho sentito dire che pretende un talento d'argento per ogni scopata. »

« Può anche darsi, ma a me l'ha offerta gratis » disse Silla, sogghignando. « Ho rifiutato. »

Metrobio rabbrividì. « Oh, Lucio Cornelio, bada a non farti dei nemici, ora che sei entrato a far parte del mondo che ti spetta di diritto! Le donne come Colubra hanno un potere enorme.»

Sul viso di Silla si dipinse un'espressione di disgusto. «Puah! A quelli, gli piscio in testa, io!»

«Probabilmente lo troverebbero di loro gradimento» osservò Metrobio, pensieroso.

Sortì l'effetto desiderato: Silla scoppiò in una risata e si mise comodo per raccontare tutta la storia più allegramente.

«C'erano alcune mogli alla festa, del genere più avventuroso, con mariti che hanno già un piede nella fossa: due della *gens* Claudia e una matrona mascherata che insisteva a farsi chiamare Aspasia, ma che io so benissimo essere Licinia, la cugina di Crasso Oratore... ricordi che ci andavo a letto di tanto in tanto?»

«Ricordo» rispose il ragazzo, un po' tetro.

«Quella casa grondava letteralmente oro e porpora di Tiro» proseguì Silla. «Persino gli strofinacci erano di porpora di Tiro, orlati con filo d'oro! Avresti dovuto vedere il dispensiere: aspettava il momento in cui il suo padrone guardava da un'altra parte, e poi tirava fuori un comune strofinaccio per asciugare il vino di Chio che qualcuno aveva versato... i panni d'oro e porpora non servivano allo scopo, naturalmente.»

«Ti sei trovato male» disse Metrobio.

«Mi sono trovato malissimo» corresse Silla. Sospirò e riprese il racconto. «I giacigli erano incrostati di perle. Dico sul serio! E gli invitati si sono gingillati e trastullati finché non sono riusciti a strappare tutte le perle dai giacigli, le hanno infilate in una cocca dei tovaglioli di porpora e d'oro, hanno annodato accuratamente la cocca... e pensare che non ce n'era uno, almeno tra gli uomini, che non potesse comprare ciò che ha rubato senza preoccuparsi del suo costo.»

«A parte te» sussurrò Metrobio, scostando i capelli dalla fronte candida di Silla. «*Tu* non hai preso neppure una perla.»

«Avrei preferito morire» disse Silla. Si strinse nelle spalle. «Erano solo perline di fiume, comunque.»

Metrobio ridacchiò. «Non rovinare tutto! Mi piaci tanto, quando sei così insopportabilmente fiero e nobile.»

Sorridendo, Silla lo baciò. «Lo sono a tal punto?»

«Lo sei. Com'era il cibo?»

«Fatto venire da fuori. Be', neppure le cucine di Granio avrebbero potuto sfornare cibo a sufficienza per sessanta... ah, no, cinquantanove!... dei peggiori ghiottoni che si siano mai visti. Le uova di gallina erano tutte quante di giornata, nella maggior parte dei casi a doppio tuorlo. C'erano uova di cigno, uova d'oca, uova d'anitra, uova di uccelli marini, e persino certe uova col guscio dorato. Mammelle ripiene di scrofa che allatta... polli ingrassati su focacce al miele inzuppate in vino di Falerno d'annata... lumache importate espressamente dalla Liguria... ostriche fatte venire da Baia con un cocchio veloce... l'aria era talmente satura dei più costosi tipi di pepe che mi è venuto un attacco di starnuti.»

Aveva un gran bisogno di sfogarsi, si rese conto Metrobio; in che strano mondo doveva vivere Silla, ora. Diversissimo da come se l'era immaginato, sebbene come se l'era immaginato prima che si avverasse fosse qualcosa che Metrobio non sapeva. Silla, infatti, non era un chiacchierone, non lo era mai stato. Fino a quella sera. Come sbucato dal nulla! Quel volto adorato era qualcosa che Metrobio si era rassegnato a non rivedere più, se non da lontano. E invece, se l'era trovato lì sulla soglia, con un'aria... *terribile*. E così bisognoso d'amore. Bisognoso di sfogarsi. Silla! Doveva sentirsi così solo.

«Che altro c'era?» incalzò Metrobio, desideroso di continuare a farlo parlare.

Silla inarcò un sopracciglio d'oro rosso, ormai sparita ogni traccia di *stibium* con cui l'aveva scurito. «Il meglio doveva ancora arrivare, come si è scoperto. L'hanno servito recandolo a spalle su un cuscino di porpora di Tiro, in un vassoio d'oro tempestato di pietre preziose: un enorme persico del Tevere con un'espressione sul muso che lo faceva sembrare un mastino bastonato. L'hanno portato in giro per tutta la stanza, con più cerimonie di quante se ne accordino ai dodici dèi a un *lectisternium*.* Un *pesce*!»

Metrobio si accigliò. «Che tipo di pesce era?»

Silla piegò la testa all'indietro per scrutare il viso di Metrobio. «Lo sai! Un persico.»

«Se lo so, non lo ricordo.»

Silla ponderò la risposta, tranquillamente. «Del resto, non potresti saperlo. Il persico non compare sulla tavola degli attori. Ti basti sapere, giovane Metrobio, che ogni sciocco della crema di Roma con pretese di gastronomo cade in deliquio estatico alla sola idea di un persico del Tevere. Eppure... i persici incrociano nelle acque tra il Ponte Ligneo e il Ponte Emilio, sciacquandosi i fianchi squamosi negli spurghi delle fogne, e sono così sazi della merda di Roma che mai si potrebbe convincerli ad avvicinarsi a un'esca. Puzzano di merda e sanno di merda. Se proprio vuoi il mio parere, mangiandoli, è come se mangiassi merda. Ma Quinto Granio e Crasso Oratore vaneggiavano e sbavavano come se un persico del

* Rito propiziatorio religioso.

306

Tevere fosse un miscuglio di nettare e ambrosia, invece di quel fannullone mangiamerda di pesce d'acqua dolce che è.»

Metrobio non seppe trattenersi: ruttò.

«Ben detto!» esclamò Silla, e scoppiò a ridere. «Oh, se solo li avessi visti, tutti quegli sciocchi presuntuosi che si definiscono i migliori e i più raffinati di Roma, mentre la merda di Roma gocciolava loro sul mento...» S'interruppe, tirando un sospiro sibilante. «Non ce la faccio a sopportarlo un altro giorno. Un'altra ora.» S'interruppe di nuovo. «Sono ubriaco. Tutta colpa di quegli orrendi Saturnali.»

«*Orrendi* Saturnali?»

«Noiosi... orrendi... non ha importanza. Una crema ben diversa da quella che affollava la festa per Crasso Oratore, Metrobio, ma altrettanto spaventosa. Noiosa. Noiosa, noiosa, noiosa!» Scrollò le spalle. «Non importa. L'anno prossimo sarò in Numidia, con qualcosa in cui affondare i denti. Non ne vedo l'ora! Roma senza di te... senza i miei amici di un tempo... proprio non la sopporto.» Fu percorso visibilmente da un brivido. «Sono ubriaco, Metrobio. Non dovrei trovarmi qui. Ma, oh, se sapessi come sto bene, qui!»

«So solo quanto è bello averti qui» disse Metrobio con voce sonora.

«Stai cambiando voce» osservò Silla, sorpreso.

«Finalmente. Ho diciassette anni, Lucio Cornelio. Fortuna vuole che sia piccolo per la mia età, e Scilax mi ha insegnato a parlare con voce acuta. Ma a volte, di questi tempi, me ne dimentico. È più difficile controllarla. Quanto prima dovrò radermi.»

«Diciassette!»

Metrobio si lasciò scivolare dalle ginocchia di Silla e se ne stette lì a guardarlo dall'alto, con l'aria solenne, poi gli tese una mano. «Vieni! Rimani ancora un po' con me. Potrai tornare a casa prima che faccia giorno.»

Riluttante, Silla si alzò. «Rimarrò,» disse «questa volta. Ma non tornerò.»

«Lo so» disse Metrobio, e sollevò il braccio dell'amico fino a posarselo sulle spalle. «L'anno prossimo sarai in Numidia, e sarai felice.»

Il quarto anno (107 a.C.)

DURANTE IL CONSOLATO DI
LUCIO CASSIO LONGINO
E
CAIO MARIO (I)

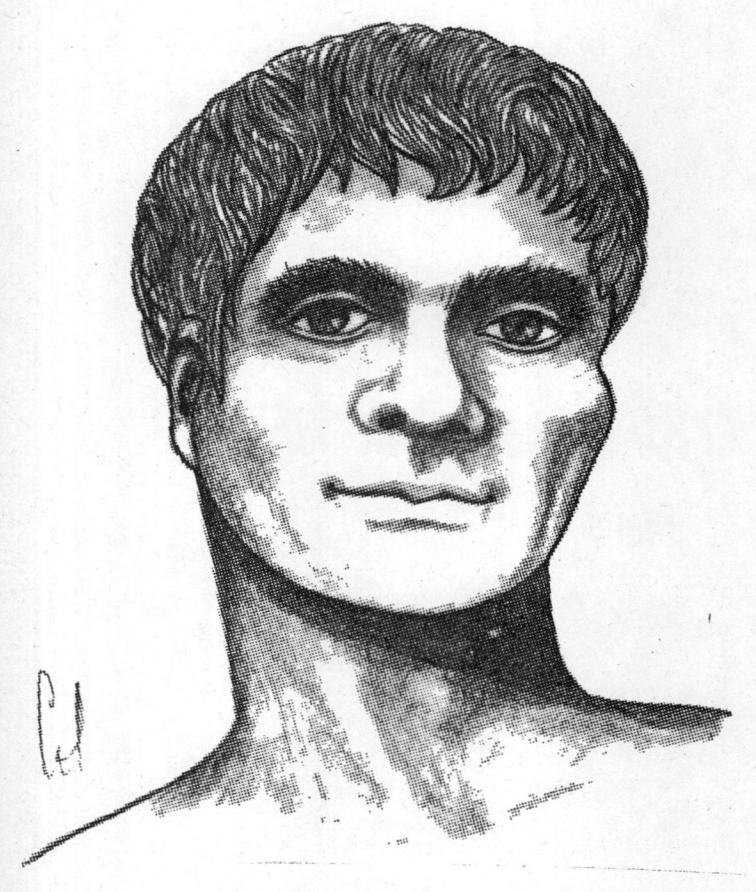

QUINTO SERTORIO

Mai consolato contò tanto per chi lo deteneva quanto contava per Caio Mario, alla sua prima elezione. Si avviò alla cerimonia d'insediamento, il giorno di Capodanno, saldo nella convinzione che la veglia notturna per trarre gli auspici era andata a gonfie vele, e che il suo toro bianco si era rimpinzato di foraggio drogato. Solenne e altero, Mario era l'immagine fatta carne del console, così imponente, di gran lunga più distinto di chiunque gli stesse attorno nell'aria limpida e frizzante del primo mattino; il console anziano, Lucio Cassio Longino, era basso e tozzo, non faceva una gran figura in toga ed era messo completamente in ombra dal collega.

E, finalmente, Lucio Cornelio Silla era presente in qualità di senatore, il laticlavio di porpora sulla spalla destra della tunica, al seguito del suo console, Mario, nei panni di questore.

Benché non detenesse i fasci per il mese di gennaio, in quanto le fascine di verghe legate con nastri cremisi spettavano al primo console, Cassio, fino alle Calende di febbraio, Mario convocò comunque il Senato in sessione per il giorno seguente.

«Ora come ora,» disse ai senatori riuniti in assemblea, che nella maggior parte dei casi avevano deciso di essere presenti perché non si fidavano di Mario «Roma è impegnata in guerre su almeno tre fronti, senza contare la Spagna. Ci servono truppe per combattere re Giugurta, gli Scordisci in Macedonia e i Germani in Gallia. Nei quindici anni trascorsi dalla morte di Caio Gracco, però, abbiamo perso *sessantamila* soldati romani, caduti sui vari campi di battaglia. Migliaia d'altri sono stati resi inabili al servizio militare. Ripeto la durata del periodo, Padri Coscritti: quindici anni. Neppure mezza generazione.»

Nell'aula del Senato calò un silenzio di tomba; tra coloro che vi sedevano c'era anche Marco Giunio Silano, che aveva perso più di un terzo del totale dei caduti meno di due anni prima, e tentava ancora di scagionarsi dalle accuse di alto tradimento. Nessuno, in precedenza, aveva mai osato pronunciare il paventato numero totale dei caduti nell'aula del Senato, e tuttavia tutti i presenti sapevano perfettamente che le cifre fornite da Mario semmai peccavano per difetto. Inebetiti dai numeri pronunciati dal nuovo console in un latino campagnolo, i senatori ascoltavano.

«Non siamo in grado di colmare le liste di reclutamento,» riprese a dire Mario «per una semplice ragione: non disponiamo più di uomini sufficienti. La penuria di cittadini romani e di uomini in possesso dei diritti latini è spaventosa, ma ancor più grave è la penuria di militi italici. Anche ricorrendo alla coscrizione in ogni distretto a sud dell'Arno, non abbiamo alcuna speranza di reclutare le truppe che dovremmo fare scendere in campo quest'anno. Suppongo che l'esercito d'Africa, sei forti legioni perfettamente addestrate ed equipaggiate, rientrerà in Italia al seguito di Quinto Cecilio Metello e sarà impiegato dal mio stimato collega Lucio Cassio nella Gallia Transalpina dei Tolosani. Anche le legioni di Macedonia sono adeguatamente equipaggiate e vantano una notevole anzianità di servizio, e continueranno, ne sono certo, a battersi valorosamente al comando di Marco Minucio e di suo fratello minore.»

Mario fece una pausa per riprendere fiato; i senatori rimasero in ascolto. «Resta però da risolvere il problema di un nuovo esercito d'Africa. Quinto Cecilio Metello ha avuto a disposizione sei legioni a ranghi completi. Personalmente, prevedo di essere in grado di ridurre il totale a quattro legioni, se sarà necessario. Roma, tuttavia, *non* dispone di quattro legioni di riserva! Roma neppure dispone di *una* legione di riserva! Per rinfrescarvi la memoria, vi fornirò le cifre esatte relative a un contingente di quattro legioni.»

Un uomo come Caio Mario non aveva certamente bisogno di consultare appunti; si limitò a starsene in piedi sul podio riservato ai consoli, proprio davanti alla sedia curule eburnea e snocciolò le cifre a memoria. «A ranghi completi: 5.120 fanti per legione, più 1.280 liberi cittadini non combattenti e 1.000 schiavi non combattenti per legione. Poi c'è la cavalleria: un contingente di 2.000 cavalleggeri, più altri 2.000 non combattenti, tra liberi cittadini e schiavi, per accudire i cavalli. Di conseguenza, devo far fronte al compito di trovare 20.480 fanti, 5.120 liberi cittadini non combattenti, 4.000 schiavi non combattenti, 2.000 cavalleggeri e 2.000 uomini non combattenti, di sostegno alla cavalleria.»

Lasciò vagare lo sguardo per l'aula. «Ora, non è mai stato difficile reclutare le forze non combattenti, e non lo sarà neppure questa volta, prevedo: non sono stabiliti requisiti di censo per i non combattenti, i quali possono essere poveri quanto un mezzadro di collina. Né ci saranno difficoltà per reclutare la cavalleria, dato che da parecchie generazioni Roma non mette in campo truppe a cavallo di origine romana o italica. Come sempre, troveremo gli uomini che ci occorrono in luoghi come la Macedonia, la Tracia, la Liguria e la Gallia Transalpina, uomini che provvederanno direttamente a procurarsi i loro non combattenti, oltre che i cavalli.»

Mario fece una pausa più lunga della precedente, osservando alcuni dei presenti: Scauro e il candidato al consolato che non era stato eletto, Catulo Cesare, e il Pontefice Massimo Metello Dalmatico e, ancora, Caio Memmio, Lucio Calpurnio Pisone Cesonino, Scipione Nasica, Gneo Domizio Enobarbo. In qualsiasi direzione costoro accennassero ad andare, il gregge dei senatori li seguiva.

«Il nostro è uno stato parsimonioso, Padri Coscritti. Quando abbiamo cacciato i re, abbiamo abrogato il concetto di un esercito più o meno al soldo dello stato. Per tale ragione, abbiamo limitato il servizio militare a coloro i quali disponessero di mezzi sufficienti a consentir loro di comprarsi le armi, l'armatura e il resto dell'equipaggiamento, e tali requisiti riguardavano tutti i soldati: romani, latini, italici, senza differenza alcuna. Un uomo che possiede qualcosa è tenuto a difendere i suoi beni. Per lui, la sopravvivenza dello stato e dei suoi beni è cosa importante. Per cui è disposto a battersi con tutte le sue forze. Per tale ragione, siamo stati riluttanti ad assumerci l'onere di un impero oltremare e abbiamo ripetutamente cercato di evitare il possesso di Provincie.

«Ma dopo la sconfitta di Perseo, abbiamo fallito nel nostro lodevole tentativo di introdurre l'autogoverno in Macedonia, perché i Macedoni non comprendevano un sistema di governo che non fosse autocratico. Ragion per cui abbiamo dovuto addossarci la Macedonia in qualità di Provincia di Roma, perché non potevamo permetterci che le tribù barbariche invadessero la costa occidentale della Macedonia, così vicina alla costa orientale della nostra Italia. La sconfitta di Cartagine ci ha costretti ad amministrare l'impero cartaginese di Spagna, per non rischiare che qualche altra nazione ne prendesse possesso. Abbiamo affidato il grosso dell'Africa cartaginese ai re di Numidia, occupando nel nome di Roma solo una piccola Provincia attorno a Cartagine, a scanso di pericoli nel caso di una rinascita punica — e tuttavia, guardate che cos'è accaduto per il fatto che abbiamo affidato tanto territorio ai re di Numidia! Ora ci troviamo costretti a prenderci l'Africa allo scopo di proteggere la nostra piccola Provincia e annientare le mire apertamente espansionistiche di un solo uomo, Giugurta. È sufficiente un uomo, infatti, Padri Coscritti, e siamo rovinati! Re Attalo ci ha lasciato in eredità l'Asia alla sua morte, e stiamo ancora tentando di sottrarci alle nostre responsabilità in quella Provincia! Gneo Domizio Enobarbo ci ha spalancato l'intera costa della Gallia tra la Liguria e la Spagna Citeriore, in modo da offrire ai nostri eserciti un corridoio sicuro, in tutto e per tutto romano, tra l'Italia e la Spagna... ma in seguito a ciò, ci siamo trovati costretti a creare un'ennesima Provincia.»

Si schiarì la gola: che silenzio! «Ora i nostri soldati sono impegnati in campagne al di fuori dei confini d'Italia. Stanno lontani da casa per lunghi periodi, le loro fattorie e le loro case sono neglette, le loro mogli infedeli, i loro figli neppure vedono la luce. Col risultato che i volontari sono sempre più scarsi, e siamo sempre più costretti a ricorrere alla coscrizione obbligatoria. Chiunque coltivi la terra o si dedichi ai commerci non desidera star lontano da casa per cinque o sei o magari addirittura sette anni! E una volta congedato, rischia di essere richiamato in servizio nel momento in cui non si presentino spontaneamente i volontari.»

La voce profonda s'incupì. «Ma, più di qualsiasi altra cosa, sono stati tanti gli uomini *caduti* negli ultimi quindici anni! E non hanno avuto modo di generare chi li sostituisse. L'Italia intera scarseggia di uomini con i necessari requisiti di censo per costituire un esercito romano di stampo tradizionale.»

La voce mutò di nuovo, si alzò sino a echeggiare dalle nude travi della decrepita aula, costruita ai tempi di re Tullo Ostilio. «Be', sin dal tempo della seconda guerra punica, gli ufficiali addetti al reclutamento hanno dovuto chiudere un occhio sui requisiti di censo. E dopo la perdita dell'esercito di Carbone il Giovane, sei anni fa, siamo arrivati ad ammettere nei ranghi del nostro esercito uomini che neppure potevano permettersi di comprare l'armatura, figuriamoci, poi, provvedere al resto dell'equipaggiamento. Però si trattava di una decisione furtiva, non approvata, e sempre di un'estrema risorsa.

«Quei giorni sono finiti, Padri Coscritti. Io, Caio Mario, console del Senato e del Popolo di Roma, rendo perciò noto ai membri di quest'assemblea che intendo *reclutare* personalmente i miei soldati, senza imporre loro la coscrizione obbligatoria: voglio soldati disposti ad arruolarsi, non uomini che preferirebbero starsene a casa! E dove li scoverò, circa ventimila volontari? Domanderete. La risposta è semplice! Me li cercherò tra i nullatenenti, al livello più basso della società, tra coloro i quali sono troppo poveri per essere ammessi a far parte di una delle cinque classi sociali; cercherò i miei volontari tra coloro i quali non hanno denaro né proprietà immobiliari e molto spesso neppure un lavoro fisso; cercherò i miei volontari tra coloro ai quali mai, prima d'ora, è stata offerta l'occasione di combattere per la patria, di combattere per Roma!»

Si levò un mormorìo che andò via via crescendo, finché la sala intera non rimbombò del grido: «No! No! No!».

Senza manifestare traccia di collera, Mario attese con pazienza, anche mentre la collera altrui si scatenava attorno a lui tangibilmente, tra un agitar di pugni e volti paonazzi e lo scricchiolìo di oltre duecento sgabelli pieghevoli, che le toghe fruscianti dei senatori, all'atto di balzare in piedi, facevano traballare sull'antico pavimento di pietra, consunto dal passaggio di chi per secoli l'aveva calpestato.

Alla fine il frastuono si quietò; per quanto adirati fossero, i senatori si rendevano conto di non aver ancora udito tutto e la curiosità è un possente incentivo, persino in chi è adirato.

«Potete gridare e strillare e ululare finché l'aceto non si tramuterà in vino!» urlò Mario quando riuscì a farsi udire. «Ma vi rendo noto ora, in questo luogo, che questo è quanto mi propongo di fare! E non ho bisogno del vostro permesso! Non esiste una legge scritta la quale stabilisca che non posso farlo... però è solo questione di giorni, e vi sarà una legge scritta la quale stabilirà che *posso* farlo! Una legge in base alla quale a qualsiasi magistrato d'alto rango, legalmente eletto, che abbia bisogno di un esercito, è consentito reclutarlo tra i *capite censi*, i nullatenenti, i plebei. Io, infatti, o senatori, mi rivolgerò al Popolo!»

«Mai!» gridò il Dalmatico.

«Dovrai passare sul mio cadavere!» gridò Scipione Nasica.

«No! No! No!» tuonò l'intera assemblea.

«Un momento!» gridò la voce isolata di Scauro. «Un momento, un momento! Consentitemi di confutarlo!»

Ma nessuno l'udì. La *Curia Hostilia*, sede del Senato sin dalla fondazione della Repubblica, tremava dalle fondamenta per il frastuono prodotto dai senatori infuriati.

«Andiamo!» disse Mario, e uscì a precipizio dall'aula, seguito dal suo questore, Silla, e dal suo tribuno della plebe, Tito Manlio Mancino.

Nel Foro si era ammassata una folla già alle prime avvisaglie della tempesta, e trovò il pozzo dei *Comitia* già gremito di sostenitori di Mario. Il console Mario e il tribuno della plebe Mancino scesero a passo di marcia i gradini della Curia e raggiunsero i rostri procedendo lungo il retro dei *Comitia*; il questore Silla, che era un patrizio, si trattenne sui gradini del Senato.

«Udite, udite!» urlò Mancino. «L'Assemblea della Plebe è

convocata in sessione! Io dichiaro una *contio*, una discussione preliminare!»

Caio Mario montò sul podio degli oratori davanti ai rostri, e si girò in modo da fronteggiare in parte i *Comitia* e in parte lo spiazzo del settore inferiore del Foro; coloro i quali si trovavano sui gradini del Senato ne scorgevano perlopiù solo le spalle, e quando tutti i senatori, con l'eccezione dei pochi patrizi, presero a scendere i vari piani dei *Comitia*, fino al punto dal quale poter osservare dritto in faccia Mario e stuzzicarlo, le schiere dei suoi clienti e sostenitori che erano stati convocati per tempo ai *Comitia*, di colpo bloccarono loro la strada, rifiutandosi di lasciarli passare. Vi furono tafferugli e zuffe, digrignar di denti e scatti d'ira, ma le schiere di Mario tennero duro. Soltanto agli altri nove tribuni della plebe fu consentito di raggiungere i rostri, dove si allinearono sul fondo con un'espressione severa sul viso e dibattendo in cuor loro se avessero qualche possibilità di porre il veto e uscirne vivi.

«Popolo di Roma, dicono che non posso fare quanto è necessario per garantire la sopravvivenza di Roma!» urlò Mario. «Roma ha bisogno di soldati, Roma ha un bisogno disperato di soldati! Siamo circondati da nemici su tutti i fronti, eppure i nobili Padri Coscritti, al solito, si preoccupano maggiormente di preservare il loro diritto ereditario a governare che di garantire la sopravvivenza di Roma! Sono stati loro, Popolo di Roma, a succhiare il sangue dei Romani e dei Latini e degli Italici col loro spietato sfruttamento delle classi che per tradizione hanno fornito gli uomini all'esercito di Roma! Io vi dico, infatti, che di uomini come quelli non ne esistono più! Quelli che non sono caduti sul campo di battaglia grazie alla cupidigia, all'arroganza e alla stupidità di qualche console loro comandante, o sono ormai inabili al servizio militare o già prestano servizio nelle legioni!

«Esiste però una fonte alternativa di soldati, una fonte di uomini disposti e prontissimi ad arruolarsi volontari per servire Roma in veste di soldati! Alludo ai nullatenenti, ai cittadini di Roma o dell'Italia che sono troppo poveri per avere diritto di voto nelle Centurie, troppo poveri per comprarsi l'equipaggiamento militare! Ma è ormai tempo, o Popolo di Roma, che le migliaia e migliaia di uomini cui mi riferisco siano chiamate a fare per Roma qualcosa in più che mettersi in coda ogniqualvolta venga offerto grano a basso costo, che farsi strada a gomitate e spintoni per entrare al Circo nei giorni di festa in cerca di un passatempo, che generare figli e figli che non sono in grado di sfamare! Il fatto che non possiedano beni di fortuna non dovrebbe far di loro esseri privi di qualsiasi valore! Né io, personalmente, ritengo che amino meno Roma di un qualsivoglia cittadino facoltoso! Anzi, ritengo che il loro amore per Roma sia di gran lunga più puro dell'amore ostentato dalla maggior parte degli onorevoli membri del Senato!»

Mario si eresse, gonfiandosi di sdegno, spalancò le braccia ad abbracciare, così parve, l'intera Roma. «Mi trovo qui, col collegio dei tribuni alle mie spalle, a chiedere un mandato a te, Popolo di Roma, un mandato che il Senato si rifiuta di concedermi! Chiedo il diritto di reclutare il potenziale militare dei nullatenenti! Voglio trasformare i nullatenenti da uomini inutili e insignificanti in soldati delle legioni di Roma! Voglio offrire ai nullatenenti un'occupazione redditizia, una professione anziché un affare! Un futuro per loro e le loro famiglie, con onore e prestigio e l'occasione di migliorare! Voglio offrir loro la consapevolezza della loro dignità e del loro valore, la possibilità di recitare una parte di primo piano nel progresso di Roma la Possente!»

Fece una pausa; la folla dei *Comitia* teneva lo sguardo alzato su di lui in profondo silenzio, tutti gli occhi erano fissi al suo volto fiero, ai suoi occhi lampeggianti, al mento e al petto protesi in atteggiamento indomito. «I Padri Coscritti negano a quelle migliaia e migliaia di uomini la loro grande occasione! Negano *a me* la possibilità di attingere ai loro servigi, alla loro lealtà, al loro amore per Roma! E per quale motivo? Forse perché i Padri Coscritti amano Roma più di quanto l'ami io? No! Perché, invece, amano se stessi e la loro classe più di quanto amino Roma o qualsiasi altra cosa! Così ho deciso di rivolgermi a te, Popolo di Roma, per chiederti di darmi — e di dare a Roma! — ciò che il Senato non intende concedere! Dammi i *capite censi*, o Popolo di Roma! Dammi i più umili, gli infimi! Dammi la possibilità di trasformarli in un corpo di cittadini di cui Roma possa andar fiera, un corpo di cittadini di cui Roma possa fare buon uso anziché semplicemente tollerarlo, un corpo di cittadini equipaggiati e addestrati e pagati dallo stato per servire lo stato con cuori e corpi di soldati! Mi darai ciò che ti chiedo? Darai a Roma ciò di cui Roma ha bisogno?»

E a questo punto esplosero le grida, le acclamazioni, il violento trepestìo, i segni percepibili della rottura di una tradizione vecchia di secoli. Nove tribuni della plebe si scambiarono un'occhiata in tralice, e convennero tacitamente di non porre il veto: tutti e nove preferivano vivere.

«Caio Mario» disse Marco Emilio Scauro in Senato dopo l'approvazione della legge Manlia che dava facoltà ai consoli in carica di reclutare volontari tra i *capite censi* «è un lupo vorace, bavoso, che impazza fra noi! Caio Mario è un'ulcera perniciosa nel corpo di quest'assemblea! Caio Mario costituisce l'unica, evidentissima ragione per cui, Padri Coscritti, dovremmo impedire l'accesso alle nostre file agli Uomini Nuovi, non consentendo loro di sedere neppure in fondo a questa venerabile istituzione! Che ne sa, domando e dico, un Caio Mario della natura di Roma, degli ideali imperituri del suo governo tradizionale?

« Io sono il *Princeps Senatus*, e durante i molti anni in cui ho fatto parte di quest'assemblea che amo come quella manifestazione dello spirito di Roma che è, non ho mai conosciuto un individuo più insidioso, pericoloso, piratesco di Caio Mario! Ben due volte, nel giro di tre mesi, ha abusato delle scarse prerogative del Senato per sacrificarle sul rozzo altare del Popolo! Prima ha abrogato l'editto senatoriale che concedeva a Quinto Cecilio Metello la proroga del comando in Africa. E ora, per soddisfare le sue ambizioni personali, sfrutta l'ignoranza del Popolo per attribuirsi poteri di reclutamento militare, del tutto innaturali, inconcepibili, irragionevoli e inaccettabili! »

L'aula del Senato era gremita; su trecento senatori viventi, oltre duecentottanta erano accorsi alla riunione, strappati alle loro case e persino dal letto in cui giacevano infermi da Scauro e altri esponenti. E ora sedevano sugli sgabellini pieghevoli disposti sulle tre gradinate da ciascun lato della *Curia Hostilia*, simili a tante candide galline arrostite direttamente sui trespoli, e soltanto le toghe bordate di porpora di quelli che erano stati magistrati d'alto rango mettevano qualche macchia di colore in quell'accecante, immacolata distesa di candore. I dieci tribuni della plebe sedevano sulla lunga panca di legno collocata nell'emiciclo, al lato dei soli altri magistrati cui fosse accordato il privilegio dell'isolamento dalla massa: due edili curuli, sei pretori e due consoli, tutti assisi sulle loro belle sedie di avorio intagliato, su un podio sopraelevato in fondo alla sala, di fronte alle due enormi porte bronzee per cui si accedeva all'aula.

Su quel podio sedeva Caio Mario, accanto e appena un po' indietro rispetto al primo console, Cassio, in un isolamento che era puramente spirituale; Mario appariva calmo, soddisfatto, quasi felino, e ascoltava Scauro senza manifestare sgomento né collera. Ormai era fatta. Aveva ottenuto il suo mandato. Poteva permettersi il lusso della magnanimità.

« Quest'assemblea deve fare tutto il possibile per limitare il potere che Caio Mario ha testè concesso ai nullatenenti. Ché i nullatenenti devono restare ciò che sono sempre stati: un'inutile accozzaglia di bocche affamate di cui noialtri, più privilegiati, siamo tenuti a prenderci cura, che dobbiamo sfamare e sopportare, senza mai chiedere qualcosa in cambio. Se, infatti, non lavorano per noi e non risultano di alcuna utilità, sono né più e né meno di un peso morto, una specie di moglie oziosa di Roma, e non hanno potere alcuno e nessuna voce in capitolo. Non possono esigere da noi nulla che non si sia disposti a concedere loro, poiché nulla fanno Semplicemente, *esistono*.

«Ora, però, grazie a Caio Mario, ci troviamo a far fronte a tutti i problemi e a tutte le bizzarrie di quello che posso solo definire un esercito di professionisti, uomini che non hanno altra fonte di reddito, né altro modo di guadagnarsi da vivere, uomini che vorranno rinnovare la ferma campagna dopo campagna, uomini che costeranno allo stato somme di denaro enormi. E, Padri Coscritti, uomini che d'ora in poi pretenderanno di avere voce in capitolo nella situazione di Roma, poiché rendono servizio a Roma, e per Roma lavorano. Avete udito il Popolo. Noi del Senato, che amministriamo l'erario e provvediamo allo stanziamento dei fondi pubblici di Roma, dovremo dar fondo ai forzieri di Roma per trovare il denaro necessario a equipaggiare l'esercito di Caio Mario di armi, armature e tutte le altre attrezzature belliche. Ci è stato altresì intimato dal Popolo di pagare il soldo a questi uomini a scadenze fisse anziché alla fine di una campagna, quando si rende disponibile il bottino, per coprire le spese sostenute. Il costo di eserciti combattenti composti di uomini insolventi spezzerà, finanziariamente parlando, le reni allo stato, su questo non c'è dubbio alcuno.»

«Sciocchezze, Marco Emilio!» interloquì Mario. «C'è più denaro nell'erario di Roma di quanto Roma sappia che farsene... perché, Padri Coscritti, voialtri non lo spendete mai! Tutto ciò che fate è ammassarlo.»

Iniziarono i tumulti, i volti accennarono a chiazzarsi di rosso, ma Scauro alzò il braccio destro a imporre il silenzio e l'ottenne. «Sì, i forzieri di Roma sono colmi» disse. «Ed è così che devono essere! Nonostante le spese dei lavori pubblici da me avviati mentre ero censore, le casse dell'erario rimangono colme. Ma in passato ci sono stati momenti in cui erano completamente vuote. Le tre guerre che abbiamo combattuto contro Cartagine ci hanno portato sull'orlo della catastrofe fiscale. Sicché, domando e dico, che c'è di sbagliato a far sì che la cosa non si ripeta? Se i forzieri sono colmi, Roma è prospera.»

«Roma sarà più prospera quando i nullatenenti avranno un po' di denaro da spendere» ribatté Mario.

«Questo non è vero, Caio Mario!» esclamò Scauro. «I nullatenenti scialacqueranno il loro denaro, che sparirà dalla circolazione senza dar frutti.»

Si portò, dal punto in cui se ne stava in piedi, al suo sgabello nella prima fila delle tribune, e si appostò accanto alle grandi porte bronzee, dove poteva esser visto e udito da ambo i lati dell'aula.

«Io vi dico, Padri Coscritti, che dovremo opporci con tutte le nostre forze, in futuro, ogniqualvolta un console si avvarrà della legge Manlia per reclutare i nullatenenti. Il Popolo ci ha espressamente ordinato di pagare per l'esercito di Caio Mario, ma non c'è nulla, nella legge scritta, che ci imponga di pagare per l'equipaggiamento di quale che sarà il prossimo esercito di miserabili! E questa è la linea di condotta che dobbiamo seguire. Che il console del futuro recluti pure tutti i poveracci che vuole per completare i ranghi delle sue legioni... ma quando chiederà a noi, custodi dei fondi di Roma, il denaro necessario a pagare le sue legioni oltre che a equipaggiarle, dovremo opporre un rifiuto.

«Lo stato non può permettersi di mettere in campo un esercito di straccioni, tutto qui. I nullatenenti sono inetti, irresponsabili, irrispettosi della proprietà altrui o dell'equipaggiamento. Un uomo cui sia stata consegnata gratuitamente una cotta di maglia, della quale lo stato si sia addossato il costo, si prenderà forse cura della suddetta cotta di maglia? No! Certo che no. L'abbandonerà all'aria salmastra o sotto gli acquazzoni ad arrugginire, si metterà a fare scommesse nell'accampamento e dimenticherà di portarsela appresso, l'appenderà ai piedi del letto di qualche puttana straniera e poi si domanderà perché mai lei gliel'abbia rubata nottetempo per regalarla al suo amichetto scordiscio! Che dire, poi, di quando i suddetti nullatenenti non saranno più in grado di prestar servizio nelle legioni? Per tradizione, i nostri soldati sono proprietari terrieri, hanno una casa cui far ritorno, denaro investito in qualche attività, insomma rappresentano un piccolo, solido, tangibile valore! Laddove i veterani nullatenenti rappresenteranno una minaccia; quanti di loro, infatti, metteranno da parte il denaro versato loro dallo stato? Quanti di loro depositeranno in banca la loro parte di bottino? No, alla fine degli anni di servizio remunerato si ritroveranno senza una casa dove andare, senza il necessario per tirare avanti. Ah, sì, mi pare di sentirvi dire, ma che c'è di strano in questo, per loro? Sono abituati a vivere alla giornata. Ma, Padri Coscritti, questi militari arruolati nelle legioni si abitueranno al fatto che lo stato li sfama, li veste, li alloggia. E quando, una volta congedati, tutto ciò verrà loro a mancare, mugugneranno, proprio come una moglie che sia stata viziata mugugna quando non ci sono più soldi. E allora, saremo chiamati a versare una pensione a questi veterani nullatenenti?

«Non dobbiamo permettere che accada! Vi ripeto, colleghi di

questo Senato che io presiedo, che la nostra tattica futura dovrà essere intesa a strappare i denti agli uomini tanto privi di scrupoli da reclutare i loro soldati tra i nullatenenti, rifiutandosi recisamente di contribuire sia pure con un sesterzio a coprire il costo dei loro eserciti!»

Caio Mario si alzò a replicare: «Sarebbe difficile constatare un atteggiamento più miope e ridicolo nel gineceo di un satrapo dei Parti, Marco Emilio! Perché ti rifiuti di capire? Se Roma deve conservare tutto ciò che Roma rappresenta in questo momento, allora Roma deve investire in *tutto* il suo popolo, compresi coloro i quali non hanno diritto di voto nelle Centurie! Sprechiamo i nostri contadini e piccoli commercianti, mandandoli a combattere, soprattutto se imponiamo loro comandanti scervellati e incompetenti come Carbone e Silano... oh, ci sei anche tu, Marco Giunio Silano? Scusami *tanto*!

«Che c'è di male nell'avvalerci dei servigi di un cospicuo settore della nostra società che finora è stato utile a Roma suppergiù quanto le mammelle di un toro? Se l'unica reale obiezione che riusciamo a sollevare è che dovremo mostrarci un tantino meno parsimoniosi col contenuto delle casse statali lasciato a far la muffa, allora siamo tanto stupidi quanto miopi! Tu, Marco Emilio, sei convinto che i nullatenenti si riveleranno soldati scadenti. Be', secondo me, si riveleranno splendidi soldati! Dobbiamo proprio continuare a lamentarci che bisognerà pagarli? Negheremo loro un premio di pensionamento alla fine del servizio effettivo? Questo è ciò che vuoi tu, Marco Emilio!

«Io, però, gradirei vedere lo stato separarsi da una parte dei terreni demaniali di Roma in modo che al momento del congedo un soldato nullatenente possa ricevere un piccolo podere da coltivare o vendere. Una sorta di pensione. E un'infusione di nuovo sangue, di cui si avverte un gran bisogno, nelle schiere più che decimate dei nostri piccoli proprietari terrieri. Come si può pensare che non sarebbe un bene per Roma? Senatori, perché non riuscite a capire che Roma può arricchirsi solo se sarà disposta a condividere la sua prosperità con i pesciolini che nuotano nel suo mare, e non solo con i pesci grossi?».

Ma tutti i senatori scattarono in piedi tumultuando, e Lucio Cassio Longino, il primo console, decise che era meglio usar prudenza. Così sciolse l'assemblea e congedò i Padri Coscritti.

Mario e Silla si accinsero a reclutare 20.480 fanti, 5.120 liberi cittadini non combattenti, 4.000 schiavi non combattenti, 2.000 cavalleggeri e 2.000 non combattenti di sostegno alla cavalleria.

«Io setaccerò Roma; tu puoi occuparti del Lazio» disse Mario, ronfando come un gatto. «Dubito fortemente che uno di noi debba spingersi nei territori italici. Siamo in marcia, Lucio Cornelio! Nonostante quanto di peggio possano fare, siamo in marcia. Ho reclutato nostro suocero, Caio Giulio, affinché tratti con i fabbricanti di armi e armature e con gli appaltatori, e ho fatto richiamare dall'Africa i suoi due figli: ci saranno utili. Non credo che Sesto e Caio Minore abbiano la stoffa di cui son fatti i capi, però sono ottimi ufficiali subalterni, sgobboni e intelligenti quanto fedeli.»

Mario fece strada nel *tablinum*, dov'erano in attesa due uomini. L'uno era un senatore, sui trentacinque anni, che Silla conosceva di vista, l'altro un ragazzo sui diciotto.

Mario si affrettò a presentarli al suo questore.

«Lucio Cornelio, questi è Aulo Manlio, cui ho chiesto di diventare uno dei miei legati anziani.» Si trattava del senatore. Un patrizio della *gens* Manlia, pensò Silla; Mario aveva davvero amici e clienti di ogni provenienza.

«E questo giovanotto si chiama Quinto Sertorio, è il figlio di una mia cugina, Maria di Nersia, detta Ria. L'ho aggregato al mio stato maggiore.» Un sabino, pensò Silla; aveva sentito dire che erano combattenti valorosi: magari un po' fuori degli schemi, ma molto coraggiosi, di spirito indomito.

«Bene, è tempo di mettersi all'opera» disse l'uomo d'azione, l'uomo che attendeva da oltre vent'anni di porre in atto le sue idee su ciò che avrebbe dovuto essere l'esercito romano.

«Ci spartiremo i compiti. Aulo Manlio, tu hai l'incarico di mettere assieme i muli, i carri, l'equipaggiamento, i non combattenti e tutte le forniture, dalle vettovaglie alle macchine da guerra. I miei cognati, i due figli di Caio Giulio Cesare, arriveranno da un giorno all'altro, e ti daranno una mano. Voglio che siate pronti a far vela per l'Africa entro la fine di marzo. Potrai ottenere qualsiasi altro aiuto di cui ritenga di aver bisogno, ma posso suggerirti di cominciare a reclutare i non combattenti e scegliere i migliori in modo che ti affianchino nell'impresa? Così risparmierai denaro e comincerai anche ad addestrarli.»

Il giovane Sertorio osservava Mario, apparentemente affascinato, mentre Silla trovava il giovane Sertorio più affascinante di Mario, avvezzo com'era, ormai, a stargli accanto. Non che Sertorio fosse attraente da un punto di vista sessuale, tutt'altro; però denotava una forza davvero strana in un ragazzo della sua età. Fisicamente prometteva di diventare fortissimo, quando avesse raggiunto la maturità, e forse era proprio questo ad accentuare l'impressione che ne aveva Silla, perché sebbene fosse di alta statura, era già così tarchiato e muscoloso da dare l'impressione di essere basso, aveva una testa squadrata, che sorgeva da un collo taurino, e un paio d'occhi degni di nota, color nocciola, un po' infossati, che attiravano e trattenevano lo sguardo.

«Quanto a me, intendo imbarcarmi entro la fine di aprile col primo contingente di soldati» riprese a dire Mario, adocchiando Silla. «Spetterà a te, Lucio Cornelio, continuare a organizzare il resto delle legioni e procurarmi una cavalleria come si deve. Se riuscirai a compir l'opera e a far vela entro la fine di *Quinctilis*, sarò soddisfatto.» Si volse a lanciare un sorriso al giovane Sertorio. «Quanto a te, Quinto Sertorio, ti terrò occupato, stanne pur certo! Non tollero si dica che tengo in ozio i miei parenti.»

Il ragazzo sorrise, un sorriso lento e meditabondo. «Mi piace darmi da fare, Caio Mario» rispose.

I nullatenenti corsero ad arruolarsi a frotte; Roma non aveva mai visto nulla del genere, né alcuno dei senatori si era aspettato una tale risposta da un settore della comunità di cui non ci si era mai curati, fuorché nei periodi di penuria di grano, quando si riteneva prudente fornire ai nullatenenti grano a basso costo per evitare pericolose sommosse.

Tempo pochi giorni, il numero di volontari con pieno diritto di cittadinanza romana aveva raggiunto le 20.480 unità, ma Mario si rifiutò di interrompere il reclutamento.

«Se se ne presenteranno altri, li prenderemo» disse a Silla. «Metello dispone di sei legioni, non vedo perché non dovrei avere anch'io sei legioni. Soprattutto se è lo stato ad addossarsene le spese! Non accadrà più, se dobbiamo credere al caro Scauro, e può darsi che Roma abbia bisogno di due legioni di scorta, me lo dice l'istinto. Non riusciremo comunque a montare una campagna in piena regola quest'anno, per cui tanto vale concentrarsi sull'addestramento e l'equipaggiamento. Il bello è che queste sei legioni saranno composte interamente di cittadini romani, non di ausiliari italici. Ciò significa che negli anni a venire avremo ancora la possibilità di attingere ai plebei italici, oltre che a una quantità di altri nullatenenti romani.»

Andò tutto secondo i piani prestabiliti, del che non c'era da stupirsi quando la tenda del comando ospitava Caio Mario, scoprì Silla. Alla fine di marzo, Aulo Manlio faceva rotta da Napoli a Utica con le navi trasporto cariche di muli, baliste, catapulte, armi, vettovaglie e tutte le mille e una mercanzia che rendevano un esercito degno di questo nome. Non appena Aulo Manlio sbarcò a Utica, i trasporti fecero ritorno a Napoli per imbarcare Caio Mario, il quale salpò l'àncora con due sole delle sue sei legioni. Silla si trattenne in Italia per approntare ed equipaggiare le altre quattro e reclutare la cavalleria. Finì col recarsi al nord, nelle regioni della Gallia italica, sulla sponda opposta del Po, dove reclutò uno splendido contingente di cavalleggeri, di estrazione gallo-celtica.

Nell'esercito di Mario si registravano altri cambiamenti, oltre al fatto che era composto di nullatenenti. Si trattava, infatti, di uomini privi di qualsiasi tradizione militare, e perciò del tutto all'oscuro di ciò che comportava. Così non erano in grado di ribellarsi ai cambiamenti o di opporvisi. Per molti anni l'antica unità tattica denominata manipolo si era dimostrata troppo esigua per tener testa ai massicci, indisciplinati eserciti contro cui spesso dovevano battersi le legioni; la coorte, che era il triplo del manipolo, un po' alla volta era andata rimpiazzandolo nella pratica effettiva. E tuttavia nessuno aveva provveduto a raggruppare ufficialmente le legioni in coorti anziché in manipoli, o a ristrutturarne la gerarchia che faceva capo al centurione, in modo da basarsi sulle coorti anziché sui manipoli. Ma Caio Mario lo fece, durante la primavera e l'estate dell'anno del suo primo consolato. Il manipolo cessò ufficialmente di esistere, se non come semplice reparto da parata; e regnò suprema la coorte.

C'erano, tuttavia, certi imprevisti svantaggi nel servirsi di un esercito di plebei. I soldati vecchio stile di Roma erano nella maggior parte dei casi capaci di leggere e scrivere e far di conto, per cui non avevano difficoltà a riconoscere i vessilli, i numeri, le lettere, i simboli. L'esercito di Mario era perlopiù composto di analfabeti, a malapena capaci di contare sulle dita. Silla istituì un programma secondo cui ogni reparto di otto uomini che si accampassero e consumassero il rancio assieme doveva comprenderne almeno uno capace di leggere e scrivere e, in virtù della sua posizione di superiorità rispetto ai camerati, costui era tenuto a insegnar loro tutto ciò che atteneva a numeri, lettere, simboli e stendardi e, se possibile, a insegnare a tutti gli altri a leggere e a scrivere. Ma i progressi erano lenti; l'alfabetizzazione avrebbe dovuto attendere che in Africa le piogge invernali impedissero ogni attività bellica.

Personalmente, Mario escogitò un semplice, nuovo emblema, carico di valore emotivo, per le sue legioni, e si assicurò che tutti i legionari venissero indottrinati in modo da nutrire una sorta di superstizioso timore reverenziale per quel nuovo emblema. Assegnò a ogni legione una bell'aquila d'argento ad ali spiegate, montata su un'altissima asta rivestita d'argento; l'aquila doveva essere portata dall'*aquilifer*, l'uomo considerato il campione più rappresentativo dell'intera legione, l'unico a indossare una pelle di leone oltre a una corazza d'argento. L'aquila, disse Mario, era il simbolo di Roma, e ogni legionario era tenuto a prestare solenne giuramento che sarebbe morto piuttosto di lasciare che l'aquila della sua legione cadesse in mano al nemico.

Mario, logicamente, sapeva perfettamente ciò che stava facendo. Dopo aver passato metà della sua vita sotto le armi, ed essendo l'uomo che era, si era formato un'opinione precisa e conosceva molte cose di più, riguardo ai singoli legionari, di quante ne conoscesse un qualsiasi aristocratico d'alto rango. Le sue umili origini l'avevano posto nella condizione ideale per osservare il prossimo, così come la sua superiore intelligenza l'aveva posto nella condizione ideale per trarre le debite conclusioni dalle osservazioni suddette. Le sue imprese personali spesso sottovalutate, le sue innegabili capacità perlopiù sfruttate a vantaggio dei suoi superiori, Caio Mario aveva atteso a lungo di arrivare al primo consolato, e nel frattempo aveva pensato, pensato, pensato.

La reazione di Quinto Cecilio Metello all'enorme scalpore che Mario aveva suscitato a Roma colse di sorpresa persino suo figlio, in quanto Metello era sempre stato considerato un individuo razionale, controllato. Eppure, quando gli giunse notizia che era stato privato del comando della campagna d'Africa a favore di Mario, diede pubblicamente in escandescenze, piangendo e levando alti lai, strappandosi i capelli, graffiandosi il petto, il tutto sulla piazza del mercato di Utica, e non nell'intimità del suo ufficio, e tra l'immenso stupore della popolazione punica. Anche una volta superata la prima, violenta scossa, dopo che si fu ritirato nella sua residenza, bastava che qualcuno nominasse Mario per provocare un'altra crisi di pianto e molte incomprensibili allusioni a Numanzia, a questo o quel terzetto e a certi maiali.

La lettera che Metello ricevette da Lucio Cassio Longino, primo console eletto, contribuì notevolmente a tirarlo su di morale, però, e Metello impiegò alcuni giorni a organizzare la smobilitazione delle sue sei legioni, avendone ottenuto la promessa di rinnovare la ferma agli ordini di Lucio Cassio al momento in cui fossero rientrate in Italia. Come Cassio gli comunicava nella lettera, infatti, il neoconsole era risoluto a dare assai miglior prova di sé nella Gallia Transalpina, contro i Germani e i loro alleati della confederazione celtica dei Volci Tettosagi di quanto avrebbe potuto fare l'Uomo Nuovo Mario in Africa, privo di un esercito com'era.

Ignaro della soluzione trovata da Mario al suo problema personale — in effetti, ne sarebbe venuto a conoscenza solo al suo ritorno a Roma — Metello lasciò Utica alla fine di marzo, portandosi al seguito tutte le sei legioni. Aveva deciso di raggiungere il porto di Susa, più di centosessanta chilometri a sud-est di Utica, e vi rimase a covare il suo risentimento finché non gli giunse notizia che Mario era arrivato nella Provincia per assumere il comando. Ad attendere Mario a Utica, Metello aveva lasciato Publio Rutilio Rufo.

Così, quando Mario gettò l'àncora nel porto, fu Rutilio ad accoglierlo sul molo, Rutilio a passargli ufficialmente le consegne.

«Dov'è il nostro Metello del Porcile?» domandò Mario mentre si avviavano al palazzo del governatore.

«Giù a Susa a covare la rabbia, assieme alle sue legioni» rispose Rutilio con un sospiro. «Ha fatto voto a Giove Statore che non ti avrebbe incontrato né ti avrebbe rivolto la parola.»

«Che sciocco» disse Mario, sorridendo. «Hai ricevuto le mie lettere in merito ai *capite censi* e alle nuove legioni?»

«Naturalmente. E sono un po' frastornato dai peana in tuo onore che Aulo Manlio va recitando da quando è arrivato. Un piano davvero brillante, Caio Mario.» Ma guardando Mario, Rutilio non sorrideva. «Te la faranno pagare, la tua temerarietà, amico mio. Oh, se te la faranno pagare!»

«Penso proprio di no. Li ho portati dove volevo io, e per tutti gli dèi, giuro che ce li terrò fino al giorno della mia morte! Ho intenzione di polverizzare il Senato, Publio Rutilio.»

«Non ci riuscirai. Alla fine, sarà il Senato a polverizzare te.»

«Mai!»

E non ci fu verso che Rutilio Rufo riuscisse a smuoverlo da tale opinione.

Utica si profilava in tutto il suo splendore, le costruzioni intonacate di fresco dopo le piogge invernali, una piccola città baluginante e immacolata, di edifici di modesta altezza, alberi in fiore, avvolta in un languido tepore, popolata da gente in costumi variopinti. Le piazzette erano gremite di bancarelle e fiancheggiate da taverne; al centro crescevano alberi che davano ombra; i ciottoli e le pietre che le lastricavano erano puliti e spazzati. Come la maggior parte delle cittadine romane, greco-ioniche e puniche, disponeva di una buona rete fognaria, di bagni pubblici per la popolazione locale e di acqua in abbondanza, incanalata in un acquedotto dai dolci pendii delle montagne che si profilavano azzurrine in lontananza, tutt'attorno.

«Publio Rutilio, che cc s'hai intenzione di fare?» domandò Mario, entrati che furono nel *tablinum* del governatore e dopo che vi si furono accomodati, entrambi divertiti dal modo in cui i servi di Metello ora s'inchinavano ossequiosi a Mario. «Ti andrebbe di restare in qualità di mio legato? Non ho offerto l'incarico ad Aulo Manlio.»

Rutilio scosse il capo con enfasi. «No, Caio Mario, me ne torno a casa. Dato che Metello del Porcile lascia il comando, il mio mandato è concluso, e ne ho abbastanza dell'Africa. In tutta sincerità, non mi va l'idea di vedere il povero Giugurta in catene, e ora che hai assunto tu il comando, è così che finirà. No, mi aspetta Roma, e un po' di svago, la possibilità di scrivere qualcosa e di coltivare le amicizie.»

«E se un giorno, in un prossimo futuro, dovessi chiederti di candidarti al consolato... al mio fianco?»

Rutilio gli scoccò un'occhiata perplessa, e insieme penetrante. «*Insomma*, che cos'hai in mente?»

«Mi è stato predetto, Publio Rutilio, che sarò console di Roma non meno di sette volte.»

Chiunque altro sarebbe scoppiato a ridere, o almeno in una risatina, o semplicemente si sarebbe rifiutato di crederci. Non Publio Rutilio Rufo, però. Conosceva Mario, lui. «Uno splendido destino. T'innalza al di sopra dei tuoi pari, e io sono troppo romano per dare la mia approvazione. Ma se tale è il disegno del fato, non puoi ribellarti, più di quanto lo possa io. Se mi piacerebbe diventare console? Sì, certamente! Considero mio dovere nobilitare la mia famiglia. Soltanto, risparmiami per un anno, prima di aver bisogno di me, Caio Mario.»

«Lo farò» disse Mario, soddisfatto.

Quando la notizia della nomina di Mario al comando della guerra giunse ai due re africani, Bocco si spaventò e rientrò immediatamente in patria, in Mauretania, lasciando Giugurta ad affrontare Mario da solo. Non che Giugurta fosse intimorito dalla diserzione del suocero, più di quanto lo fosse dall'idea della nuova posizione assunta da Mario; reclutò uomini tra i Getuli e cercò di guadagnare tempo, lasciando che fosse Mario a fare la prima mossa.

Entro la fine di giugno, quattro delle sue sei legioni erano nella Provincia Romana d'Africa, e Mario era abbastanza soddisfatto dei progressi da penetrare alla loro testa in Numidia. Mettendo a ferro e fuoco le città, saccheggiando fattorie e impegnandosi in scaramucce, Mario salassò le sue umili reclute, plasmandole sino a ricavarne un piccolo, formidabile esercito. Tuttavia, quando Giugurta si rese conto delle dimensioni dell'armata romana e afferrò le implicazioni derivanti dal fatto che era composto da nullatenenti, decise di affrontare il rischio di una battaglia per riconquistare Cirta.

Ma Mario arrivò prima che la città cadesse, non lasciando a Giugurta altra scelta che la battaglia, e finalmente i nullatenenti ebbero l'occasione di confondere i critici romani. In seguito, Mario, giubilante, fu in grado di scrivere al Senato che le sue truppe di straccioni si erano comportate splendidamente, battendosi con non minore coraggio o entusiasmo per il solo fatto di non possedere beni di fortuna a Roma. In effetti, l'esercito di nullatenenti di Mario inflisse a Giugurta una sconfitta così decisiva che lo stesso Giugurta si vide costretto a gettare lo scudo e la lancia per sottrarsi alla cattura.

Non appena re Bocco lo venne a sapere, inviò un'ambasceria a Mario implorando che gli fosse consentito di rientrare nel novero dei clienti di Roma; e, non ottenendo risposta da Mario, inviò altre ambascerie. Alla fine, Mario acconsentì a ricevere una delegazione, la quale tornò in patria in gran fretta a riferire al re che Mario non aveva manifestato il minimo interesse a trattare con lui a qualsiasi livello. Per cui a Bocco non rimase che mordersi le unghie sino alla carne viva e domandarsi perché mai avesse ceduto alle lusinghe di Giugurta.

Quanto a Mario, continuò a impegnarsi nell'impresa di strappare a Giugurta ogni chilometro quadrato di territorio numidico popolato, col chiaro proposito di negare al re qualsiasi possibilità di reclutare uomini o procurarsi rifornimenti nelle fertili vallate e zone costiere del suo regno. E di negare al re qualsiasi possibilità di aumentare le sue entrate. Ora, solo tra i Getuli e i Garamanti, cioè le tribù berbere dell'interno, Giugurta poteva esser certo di trovare riparo e soldati, e che i suoi armamenti e i suoi soldati fossero al sicuro dai Romani.

In giugno, Iulilla diede alla luce una bimba settimina malaticcia e alla fine di *Quinctilis* sua sorella Iulia partorì un maschietto a termine, grosso e sano, un fratellino per il piccolo Mario. Eppure, fu la fragile creatura di Iulilla a vivere, e il robusto secondogenito di Iulia a morire, quando i fetidi vapori estivi di *Sextilis* avvolsero nei loro maligni tentacoli i colli di Roma e si diffuse un'epidemia di febbri enteriche.

«Una femmina va benissimo, suppongo,» disse Silla a sua moglie «ma prima che io parta per l'Africa rimarrai di nuovo incinta, e questa volta avrai un maschio.»

Personalmente insoddisfatta di aver dato a Silla una femmina piagnucolosa e tutta grinze, Iulilla accettò con grande entusiasmo il compito di diventare madre di un maschio. Fatto alquanto strano, aveva superato la prima gravidanza e il parto della minuscola figlioletta di gran lunga meglio di quanto fosse capitato a sua sorella Iulia, benché fosse esile, malaticcia e sempre di cattivo umore. Laddove Iulia, più robusta e meglio attrezzata, dal punto di vista emotivo, contro le tempeste del matrimonio e della maternità, aveva sofferto molto, la seconda volta.

«Perlomeno abbiamo una figlia da dare in sposa a qualcuno che potrà esserci utile al momento opportuno» disse Iulilla alla sorella in autunno, dopo la morte del secondogenito di Iulia, e quando ormai Iulilla era certa di portare in grembo un'altra creatura. «Speriamo che questa volta sia un maschio.» Aveva il raffreddore; tirò su col naso e si frugò in cerca del fazzoletto di lino.

Ancora addolorata, Iulia si scoprì meno paziente e meno comprensiva di un tempo nei confronti della sorella, e finalmente capì perché la loro madre, Marzia, avesse detto, in tono lugubre, che Iulilla aveva riportato danni irreversibili.

Buffo, pensò Iulia, che si potesse crescere assieme a una sorella, senza realmente capire che cosa le stesse capitando. Iulilla stava invecchiando in fretta, non dal punto di vista fisico, e neppure mentale, si trattava piuttosto di un processo spirituale, profondamente autolesionistico. In qualche modo, il digiuno l'aveva minata, lasciandola incapace di condurre un'esistenza felice. O forse la Iulilla attuale era sempre esistita, nascosta sotto le risatine e la sventatezza, gli incantevoli capricci infantili che avevano tanto affascinato i membri della sua famiglia.

"Si preferisce credere che sia stata la malattia a provocare il cambiamento" pensò con una punta di tristezza. "Si ha sempre *bisogno* di trovare una scusa esteriore, perché l'alternativa consiste nell'ammettere che la debolezza c'è sempre stata."

Bella, lo sarebbe sempre stata, Iulilla, con quei suoi magici colori d'ambra e miele, la grazia dei movimenti, i lineamenti perfetti. Ora, però, ombre scure le cerchiavano gli occhioni, due rughe già le scavavano il viso tra le guance e il naso, e gli angoli un po' pesti della bocca si piegavano all'ingiù. Sì, aveva l'aria spossata, scontenta, irrequieta. Una lieve nota lagnosa si era insinuata nei suoi discorsi, ed esalava tuttora quei profondi sospiri, un vezzo del tutto involontario, ma molto, molto irritante. Così come la tendenza a tirar su col naso.

«Non avresti un po' di vino?» domandò Iulilla all'improvviso.

Iulia ammiccò strabiliata, rendendosi conto di sentirsi lievemente scandalizzata e seccata con se stessa per una reazione tanto puritana. Dopotutto, ormai anche le donne bevevano vino. Né tale abitudine era più considerata un segno di decadenza morale, fuorché in ambienti che anche Iulia riteneva odiosamente intolleranti e ipocriti. Ma se era la tua sorella minore, appena ventenne e allevata nella casa di Caio Giulio Cesare, a chiederti del vino, di mattina, senza cha la tavola fosse apparecchiata e che fosse presente un uomo... sì, era davvero sconvolgente!

«Sicuro che ce l'ho» rispose.

«Ne vorrei una coppa» disse Iulilla, che aveva lottato con se stessa per non chiederlo; Iulia sicuramente avrebbe avuto qualcosa da ridire, e non era piacevole dover sottostare alla disapprovazione di una sorella maggiore, più forte e più assennata. Eppure non era riuscita a trattenersi dal chiederlo. Il colloquio procedeva a stento, tanto più che aveva luogo con parecchio ritardo.

In quei giorni Iulilla perdeva la pazienza con i suoi familiari, che trovava poco interessanti, noiosi. Soprattutto l'ammirata Iulia, moglie del console, che stava rapidamente diventando una delle più stimate, giovani matrone di Roma. Non metteva mai un piede in fallo, lei, Iulia era fatta così. Felice della sua sorte, innamorata del suo orribile Caio Mario, moglie e madre modello. Che noia, sul serio.

«Sei solita bere vino di mattina?» domandò Iulia, nel tono più noncurante possibile.

Una scrollata di spalle, un gesto secco e fremente delle mani, un'occhiata ardente a denotare che la frecciata era andata a segno, pur se Iulilla si rifiutava di prenderla sul serio. «Be', Silla lo fa, e gli piace che qualcuno gli tenga compagnia.»

«*Silla*? Lo chiami così, usando il *cognomen*?»

Iulilla rise. «Oh, Iulia, come sei antiquata! Certo che lo chiamo così, usando il *cognomen*! Mica abitiamo al Senato, sai! Nel nostro ambiente, tutti usano il *cognomen* di questi tempi, va di moda. E poi, a Silla piace che lo chiami così: dice che chi lo chiama Lucio Cornelio lo fa sentire vecchio di mille anni.»

«Be', allora vuol proprio dire che sono all'antica» osservò Iulia, affettando noncuranza. Un sorriso subitaneo le illuminò il volto; magari era la luce, ma sta di fatto che sembrava più giovane della sorella minore, e anche più bella. «Bada bene, ho una buona causa, io! Caio Mario neppure ce l'ha, un *cognomen*.»

Arrivò il vino, Iulilla se ne versò una coppa, ma ignorò la brocca d'alabastro dell'acqua. «Me ne sono spesso meravigliata» disse, e bevve un lungo sorso. «Sicuramente, dopo che avrà sconfitto Giugurta, si troverà un *cognomen* davvero solenne da aggiungere al suo nome. C'era da giurarci che quel borioso rompiscatole di Metello riuscisse a convincere il Senato a lasciargli celebrare il trionfo e assumere il *cognomen* Numidico! Numidico avrebbe dovuto essere riservato a Caio Mario!»

«Metello Numidico» disse Iulia con puntiglioso rispetto dei fatti «se l'è meritato, il trionfo, Iulilla. Ha ucciso un numero sufficiente di Numidi e riportato in patria un bottino abbastanza cospicuo. E se ha voluto chiamarsi Numidico, e il Senato gliel'ha concesso, non c'è proprio niente da dire, ti pare? Inoltre, Caio Mario dice sempre che il semplice nome latino di suo padre gli basta e avanza. Esiste un unico Caio Mario, mentre di Cecilio Metello ce ne sono a dozzine. Aspetta e vedrai: mio marito non avrà bisogno di un espediente artificioso come un *cognomen* per distinguersi dal gregge. Mio marito sarà il Primo a Roma, e grazie unicamente alle sue superiori capacità.»

Che Iulia tessesse gli elogi di un tipo come Caio Mario era una cosa nauseante; i sentimenti che Iulilla nutriva verso il cognato erano un misto di logica gratitudine per la sua generosità e di disprezzo acquisito dai suoi nuovi amici, che lo disprezzavano tutti quanti perché di umili origini, e di conseguenza disprezzavano anche sua moglie. Così Iulilla tornò a riempirsi la coppa e cambiò discorso.

«Questo vino non è male, sorella. Insomma, Mario possiede il denaro necessario per concedersi certi lussi.» Bevve, ma meno avidamente di quanto aveva fatto con la prima coppa. «Sei innamorata di Mario?» domandò, rendendosi conto tutt'a un tratto che sinceramente non lo sapeva.

Una vampa di rossore! Infastidita all'idea di essersi tradita, Iulia parve sulla difensiva quando rispose: «*Naturale*, che sono innamorata di lui! E, se devo essere sincera, sento terribilmente la sua mancanza. Di sicuro, non c'è niente di male in questo, neppure per quelli del tuo ambiente. Tu non ami Lucio Cornelio?».

«Certo!» disse Iulilla, mettendosi a sua volta sulla difensiva. «Però non sento la sua mancanza, ora che non c'è, te lo posso garantire! Tanto per cominciare, se starà via due o tre anni, non rimarrò di nuovo incinta appena avrò dato alla luce quest'altro figlio.» Tirò su col naso. «Trascinarmi attorno pesando un talento più di quanto dovrei non corrisponde esattamente alla mia idea di felicità. Mi piace volteggiare leggera come una piuma, *detesto* sentirmi *pesante*! Da quando mi sono sposata, o sono stata incinta o impegnata a portare a termine una gravidanza. Uffa!»

Iulia tenne a freno la collera. «È tuo dovere essere incinta» disse pacatamente.

«Com'è che le donne non hanno voce in capitolo quando si tratta di stabilire quali sono i loro doveri?» domandò Iulilla, sull'orlo delle lacrime.

«Oh, non essere ridicola!» scattò Iulia.

«Be', è terribile dover vivere in questo modo» disse Iulilla in tono ribelle, avvertendo finalmente gli effetti del vino. Cosa che la rallegrò; fece uno sforzo cosciente, e sorrise. «Non litighiamo, Iulia! È già abbastanza brutto che nostra madre non riesca a comportarsi gentilmente con me.»

Ed era la verità, riconobbe Iulia; Marzia non aveva mai perdonato a Iulilla la condotta tenuta con Silla, anche se le sue motivazioni risultavano misteriose. L'atteggiamento glaciale del padre era durato solo qualche giorno, dopo di che Caio Giulio aveva trattato Iulilla con tutto il calore e la gioia che gli ispirava il fatto di vederla rimettersi in salute. Il gelo della madre, invece, era persistito. Povera Iulilla! E Silla gradiva davvero che bevesse vino con lui di mattina o era solo un pretesto? Silla, figuriamoci! Era una mancanza di considerazione.

Silla sbarcò in Africa alla fine della prima settimana di settembre con le ultime due legioni e duemila splendidi cavalleggeri celtici reclutati nella Gallia italica. Trovò Mario alle prese con i preparativi di un'importante spedizione in Numidia, e venne accolto con gioia e messo subito all'opera.

«Ho messo in fuga Giugurta,» disse Mario giubilante «anche a ranghi ridotti. Ora che sei qui, Lucio Cornelio, entreremo sul serio in azione.»

Silla gli consegnò alcune lettere di Iulia e di Caio Giulio Cesare, poi prese il coraggio a quattro mani e gli fece le condoglianze per la morte del secondogenito, che Mario neppure aveva visto.

«Ti prego di accettare i sensi della mia simpatia per la dipartita del tuo piccolo Marco Mario» disse, sentendosi un po' a disagio all'idea che quel topolino di sua figlia, Cornelia Silla, continuasse testardamente a sopravvivere.

Un'ombra passò sul volto di Mario, che la scacciò risolutamente. «Ti ringrazio, Lucio Cornelio. C'è ancora tempo per generare altri figli, e poi ho già il piccolo Mario. Quando sei partito, mia moglie e il piccolo Mario erano in buona salute?»

«Ottima, direi. Come tutti gli altri membri della famiglia.»

«Bene!» Mettendo da parte le considerazioni personali, Mario posò la corrispondenza su una mensola e si portò allo scrittoio, dov'era spiegata una grande mappa dipinta su una pelle di vitello conciata in modo speciale. «Sei arrivato giusto in tempo per farti un'idea diretta della Numidia. Muoveremo su Capsa fra otto giorni.» Gli intenti occhi marrone scrutarono il viso di Silla, già spellato e arrossato. «Ti consiglierei, Lucio Cornelio, di andare in esplorazione dei mercati di Utica finché non troverai un copricapo adatto alla bisogna, con la tesa più ampia possibile. È evidente che te ne sei andato in giro per l'Italia durante tutta estate. Ma il sole della Numidia è ancor più cocente e spietato. Brucerai come un'esca, qui. »

Era la verità; la carnagione bianchissima di Silla, finora tenuta al riparo grazie a un'esistenza vissuta perlopiù al chiuso, aveva sofferto nei mesi in cui aveva viaggiato da un capo all'altro d'Italia, addestrando le truppe e imparando anche lui, di nascosto, quanto più possibile. L'orgoglio non gli aveva permesso di rintanarsi all'ombra mentre gli altri sfidavano la luce, e sempre l'orgoglio l'aveva indotto a calzare l'elmo attico dell'alta uniforme, copricapo che certamente non contribuiva a proteggere la sua pelle. Ormai il peggio delle scottature solari era passato, ma Silla aveva una pigmentazione così scarsa che non si era per niente abbronzato, sicché le zone scottate, già guarite o in via di guarigione, erano più bianche che mai. Le braccia ne avevano risentito meno del viso; era anche possibile che dopo un'esposizione sufficiente, braccia e gambe riuscissero a sopravvivere all'aggressione del sole. Ma il viso? Mai.

In parte almeno, Mario intuì i pensieri di Silla, mentre osservava la sua reazione al suggerimento di un copricapo; si sedette e indicò il vassoio del vino. « Lucio Cornelio, da quando mi sono arruolato nelle legioni a diciassette anni, mi hanno sempre preso in giro per una cosa o per l'altra. Dapprima ero troppo magro e piccoletto, poi sono diventato troppo grosso e maldestro. Non sapevo di greco. Ero un italico, non un romano. Quindi, capisco perfettamente che ti senta umiliato per il fatto di avere la carnagione bianca e delicata. Ma per me, tuo comandante, è importante che ti mantenga in buona salute e in perfetta forma fisica, più di quanto lo sia che offra ai tuoi pari quella che consideri la giusta immagine di te. Procurati quel copricapo! Legatelo alla testa con una sciarpa da donna, o con dei nastri, o magari un cordone di porpora e d'oro se non riesci a trovare altro. E ridi di *loro*! Coltivalo come una stravaganza. E quanto prima, lo scoprirai da solo, nessuno ci farà più caso. Ti raccomando, inoltre, di trovarti qualche tipo di unguento o di crema abbastanza densa da diminuire la quantità di raggi solari che la tua pelle assorbe, e spalmatela addosso. E se anche si trattasse di una crema profumata, che importa? »

Silla annuì, sogghignando. « Hai ragione, mi hai dato un ottimo consiglio. Lo seguirò, Caio Mario. »

« Bene. »

Calò il silenzio; Mario era sulle spine, irrequieto, ma non per qualcosa che avesse a che fare con Silla, compreso il suo questore.

E di colpo Silla comprese qual era il motivo: non era forse stato oppresso anche lui da quella sensazione? Non ne era oppressa l'intera Roma?

«I Germani» disse Silla.

«I Germani» fece di rimando Mario, e tese la mano ad afferrare il boccale di vino fortemente annacquato. «Da dove sono venuti, Lucio Cornelio, e dove sono diretti?»

Silla rabbrividì. «Sono diretti a Roma, Caio Mario. È ciò che tutti quanti ci sentiamo nelle ossa. Da dove arrivino, non lo sappiamo. Una manifestazione della Nemesi, forse. Tutto ciò che sappiamo è che non hanno patria. Ciò che temiamo è che intendano prendersi la nostra.»

«Sarebbero sciocchi se non lo facessero» disse Mario, tetro. «Quelle loro scorrerie nella Gallia sono puramente esplorative, Lucio Cornelio... stanno semplicemente cercando di guadagnare tempo, di farsi coraggio. Può anche darsi che siano una popolazione barbarica, ma persino il più rozzo dei barbari sa che se vuole insediarsi da qualche parte in prossimità del Mediterraneo, dovrà prima vedersela con Roma. I Germani, prima o poi, si faranno vivi.»

«Sono d'accordo con te. Ma tu e io non siamo i soli a pensarlo. Di questi tempi, è una sensazione diffusa da un capo all'altro di Roma. Una terribile preoccupazione, una paura ancora peggiore dell'inevitabile. E le nostre sconfitte non ci sono certamente di aiuto» disse Silla. «Tutto cospira in aiuto dei Germani. C'è gente, persino al Senato, che se ne va attorno parlando della nostra fine come se fosse già avvenuta. C'è gente che parla dei Germani come di un giudizio divino.»

Mario sospirò. «Non un giudizio. Una prova.» Posò il boccale e giunse le mani. «Dimmi tutto quel che sai di Lucio Cassio. I dispacci ufficiali non mi offrono materia di riflessione in proposito, sono talmente scarsi.»

Silla abbozzò una smorfia. «Be', si è preso le sei legioni rimpatriate dall'Africa al seguito di Metello... a proposito, che ne pensi di quel "Numidico"?... e le ha guidate lungo la Via Domizia fino a Narbona che, a quanto pare, ha raggiunto ai primi di *Quinctilis*, dopo otto settimane di marcia. Si trattava di truppe ben addestrate, e avrebbero potuto muoversi più rapidamente, ma nessuno accusa Lucio Cassio per essersela presa comoda all'inizio di quella che prometteva di essere una dura campagna. Grazie alla ferma decisione di Metello Numidico di non lasciare un solo uomo in Africa, tutte le legioni di Cassio avevano due coorti di soprannumero, la qual cosa significa che disponeva di quasi quarantamila fanti, oltre a un grosso contingente di cavalleria che, strada facendo, ha provveduto a rafforzare con un certo numero di Galli domati... circa tremila in tutto. Un grosso esercito.»

Mario fece udire un borbottìo. «Erano uomini valorosi.»

«Lo so. Li ho visti, a dire il vero, mentre risalivano la valle Padana fino al passo del Monginevro. In quel periodo stavo reclutando cavalleggeri. E benché tu possa stentare a crederlo, Caio Mario, non avevo mai visto un esercito romano in marcia, schiera dopo schiera dopo schiera, tutte armate ed equipaggiate a dovere, e con un adeguato convoglio dei vettovagliamenti al seguito. Non dimenticherò mai quello spettacolo!» Sospirò. «Comunque sia... a quanto sembra, i Germani sono giunti a un'intesa con i Volci Tettosagi, i quali sostengono di essere imparentati con loro e hanno concesso loro un territorio a nord e a est di Tolosa.»

«Ammetto che i Galli sono quasi altrettanto misteriosi dei Germani, Lucio Cornelio,» disse Mario, protendendosi «ma stando ai rapporti, Galli e Germani non sono della stessa razza. Come è possibile che i Volci Tettosagi definiscano loro parenti i Germani? Dopotutto i Volci Tettosagi non sono neppure Galli dalle lunghe chiome... abitano la zona attorno a Tolosa da prima che noi conquistassimo la Spagna, e parlano greco e commerciano con noi. Allora, *perché*?»

«Non lo so. Né, a quanto pare, lo sa qualcun altro» rispose Silla.

«Scusami, Lucio Cornelio, ti ho interrotto. Prosegui.»

«Giunto a Narbona, Lucio Cassio dalla costa ha risalito la bella strada fatta costruire da Gneo Domizio e ha conferito al suo esercito il definitivo assetto di combattimento su un terreno adeguato, non lontano da Tolosa. I Volci Tettosagi nel frattempo si erano alleati con i Germani, sicché ci siamo trovati di fronte una forza formidabile. Lucio Cassio, però, li ha costretti a ingaggiare battaglia su un terreno a lui favorevole e li ha battuti sonoramente. Com'è tipico dei barbari, una volta persa la battaglia, non hanno indugiato nei paraggi: sia i Germani sia i Galli hanno cercato scampo nella fuga, lontano da Tolosa e dal nostro esercito.»

Silla fece una pausa, aggrottando la fronte, bevve un altro sorso di vino, posò il boccale. «L'ho saputo da Popillio Lena in persona. L'hanno fatto rientrare da Narbona per mare, poco prima che m'imbarcassi.»

«Poveraccio, sarà il capro espiatorio del Senato» disse Mario.

«Naturalmente» fece Silla, inarcando le sopracciglia rossicce.

«I dispacci dicono che Cassio ha inseguito i barbari in fuga» incalzò Mario.

Silla annuì. «Proprio così. I barbari hanno disceso ambo le rive della Garonna, in direzione del mare: quando Cassio li ha visti fuggire da Tolosa, erano in rotta, com'era da prevedersi. Si ha l'impressione che li giudicasse con disprezzo, come poveri barbari zoticoni, perché non si è neppure curato di spiegare l'esercito in formazione di combattimento, quando li ha inseguiti.»

«Non ha posto le legioni in assetto di marcia difensivo?» domandò Mario, incredulo.

«No. Ha effettuato l'inseguimento come se si trattasse di una normale marcia di trasferimento, portandosi appresso i vettovagliamenti al gran completo, compreso il bottino che aveva raccolto quando i Germani erano fuggiti, abbandonando i loro carri. Come sai, la strada romana finisce a Tolosa, per cui la marcia lungo la Garonna, in territorio straniero, ne è risultata rallentata, e Cassio si preoccupava soprattutto che il convoglio dei vettovagliamenti fosse adeguatamente protetto.»

«Perché non ha lasciato il bagaglio a Tolosa?»

Silla si strinse nelle spalle. «A quanto sembra, non si fidava dei Volci Tettosagi rimasti a Tolosa. Comunque sia, nel lasso di tempo occorsogli per percorrere le sponde della Garonna fino a Bordeaux, i Germani e i Galli avevano avuto almeno quindici giorni per riprendersi dalla sconfitta subìta. Si sono trincerati all'interno di Bordeaux che, mi si dice, è di gran lunga più grande del consueto borgo gallico, e saldamente fortificata, nonché ben fornita di armi. Le tribù locali non vedevano di buon occhio un esercito romano sulle loro terre, per cui hanno aiutato i Germani e i Galli in ogni modo possibile, fornendo loro altri uomini e aprendo loro le porte. Dopodiché, hanno teso abilmente un'imboscata a Lucio Cassio.»

«Quello sciocco!» esclamò Mario.

«Il nostro esercito si era accampato poco a est di Bordeaux, e quando Cassio ha deciso di muovere all'attacco del borgo, ha abbandonato i vettovagliamenti all'accampamento, lasciandovi di guardia una mezza legione... scusa, voglio dire cinque coorti... uno di questi giorni imparerò a usare la terminologia esatta!»

Mario non seppe trattenere un sorriso. «Ci riuscirai, Lucio Cornelio, te lo garantisco. Ma continua.»

«A quanto sembra, Cassio era profondamente convinto che non avrebbe incontrato una vera e propria resistenza, così ha ordinato al nostro esercito di marciare su Bordeaux, senza neppure serrare i ranghi o far marciare gli uomini in formazione quadrata, e trascurando persino di mandare qualcuno in ricognizione. Il nostro esercito è caduto in trappola al gran completo. I Germani e i Galli ci hanno letteralmente annientati. Lo stesso Cassio è morto combattendo, così come il suo legato anziano. Complessivamente, Popillio Lena stima che siano morti trentacinquemila soldati di Roma» disse Silla.

«Ne deduco che allo stesso Popillio Lena fosse stato affidato il comando del contingente lasciato di guardia al convoglio dei vettovagliamenti e all'accampamento?» domandò Mario.

«Proprio. Ha udito il frastuono che giungeva dal campo di battaglia, naturalmente: si diffondeva per chilometri e chilometri all'intorno sulle ali del vento, e l'accampamento si trovava proprio nella direzione del vento. Ma le prime notizie dirette del disastro, le ha avute quando è apparso un pugno dei nostri, non di più, che scappavano con le ali ai piedi a cercar riparo nell'accampamento. E sebbene abbia aspettato a lungo, non ne ha più visti arrivare altri. Sono comparsi, invece, i Germani e i Galli. A sentir lui, erano migliaia e migliaia e migliaia, e si assiepavano attorno all'accampamento, fitti come i topi su un'aia quando si trebbia il grano. Il terreno brulicava di barbari in preda alla frenesia della vittoria, fuori di sé per l'esultanza, che brandivano teste di Romani sulle lance e cantavano a squarciagola inni di guerra, tutti quanti giganteschi, con i capelli ritti sul capo, induriti dall'argilla, o penzolanti sulle spalle in grosse trecce gialle. Uno spettacolo terrificante, a sentire Lena.»

«E che ci toccherà vedere molte altre volte in futuro, Lucio Cornelio» disse Mario tetramente. «Va' avanti.»

«Vero è che Lena avrebbe potuto opporre resistenza. Ma a che scopo? Gli è parso più ragionevole mettere in salvo i miseri resti del nostro esercito, in vista di un loro futuro impiego, se possibile. E così ha fatto. Ha innalzato bandiera bianca ed è uscito personalmente incontro ai capi barbarici, con la lancia capovolta e i foderi vuoti. E l'hanno risparmiato, così come hanno risparmiato tutti i nostri uomini superstiti. Poi, per dimostrarci che gente avida ritenevano che fossimo, ci hanno persino lasciato il convoglio dei vettovagliamenti! Si sono limitati ad asportarne i loro tesori, di cui Cassio aveva fatto razzia.» Tirò il fiato. «Hanno però costretto Popillio Lena e i suoi uomini a passare sotto il giogo. Dopodiché li hanno scortati fino a Tolosa, assicurandosi che proseguissero per Narbona.»

«Siamo passati sotto il giogo troppo spesso negli ultimi tempi» disse Mario, stringendo i pugni.

«Be', questa è certamente la ragione principale dell'ondata d'indignazione generale che si è scatenata a Roma contro Popillio Lena» osservò Silla. «Dovrà rispondere delle accuse di alto tradimento, ma a giudicare da quanto mi ha detto, dubito che affronterà il processo. Credo abbia in animo di raccogliere tutti gli oggetti di valore che possiede e andarsene subito in volontario esilio.»

«È una saggia decisione, in questo modo riuscirà almeno a mettere in salvo qualcosa, dalla sua rovina. Se attenderà a pie' fermo il processo, lo stato gli confischerà tutto quanto.» Mario calò il pugno sulla mappa. «Ma noi non faremo la stessa fine di Lucio Cassio, Lucio Cornelio! Con le buone o le cattive, strofineremo la faccia di Giugurta nel fango, e poi torneremo a casa a esigere dal Popolo un mandato per combattere i Germani!»

«Questa, sì, Caio Mario, che è una prospettiva cui brindo volentieri!» disse Silla, levando il boccale.

La spedizione contro Capsa ebbe un successo superiore alle aspettative, ma, come riconobbero tutti, solo grazie all'abilità con cui Mario aveva saputo organizzare la campagna. Il suo legato Aulo Manlio, della cui cavalleria Mario non si fidava completamente perché comprendeva nelle sue file alcuni Numidi i quali si professavano fedeli a Roma e a Gauda, ingannò i cavalleggeri, facendo loro credere che Mario si proponesse una semplice scorreria. Così le informazioni che eventualmente Giugurta ricevette furono del tutto fuorvianti.

Di conseguenza, quando Mario si presentò alla testa del suo esercito davanti a Capsa, il re lo credeva ancora a centocinquanta chilometri di distanza; nessuno aveva riferito a Giugurta che i Romani avevano fatto incetta d'acqua e di grano per affrontare la traversata delle aride distese desertiche tra il fiume Mellègue e Capsa. Quando la fortezza apparentemente inespugnabile si trovò a guardare dall'alto una marea di elmi romani, i suoi abitanti si arresero senza colpo ferire. Ma ancora una volta Giugurta riuscì a fuggire.

Era ora di dare una lezione alla Numidia, e soprattutto ai Getuli, decise Caio Mario. Così, a onta del fatto che Capsa non avesse opposto la minima resistenza, autorizzò i suoi uomini a metterla a ferro e fuoco; ogni adulto, maschio o femmina che fosse, fu passato a fil di spada. I suoi tesori, e l'immenso cumulo di denaro di Giugurta, vennero ammassati sui carri; poi Mario fece uscire il suo esercito indenne dalla Numidia, trasferendolo nei quartieri invernali in prossimità di Utica, un bel po' prima che iniziasse a piovere.

Le sue truppe di nullatenenti si erano meritate un periodo di riposo. E Mario provò un acuto piacere a scrivere una soave lettera al Senato, che Caio Giulio Cesare avrebbe provveduto a leggere ad alta voce, in cui elogiava lo spirito, il coraggio e il morale dei suoi straccioni; né seppe resistere alla tentazione di aggiungere che, dopo la pessima prova che aveva dato di sé Lucio Cassio Longino, suo collega anziano nel consolato, sicuramente Roma avrebbe avuto bisogno di altri eserciti composti di *capite censi*.

Ecco che cosa scrisse Publio Rutilio Rufo, in una lettera a Caio Mario verso la fine dell'anno:

Oh, quante facce rosse di furore! Tuo suocero ha ruggito il tuo messaggio in tono solennemente stentoreo, sicché persino coloro i quali si tappavano le orecchie sono stati costretti ad ascoltare. Metello del Porcile, altrimenti noto come Metello Numidico di questi tempi, faceva la faccia feroce. E ne aveva ben donde: il suo esercito di un tempo annientato sulle rive della Garonna, e i tuoi cenciosi eroi tutti quanti vivi e vegeti. «Non c'è giustizia!» è stato udito proclamare in seguito, al che mi sono girato di scatto e ho detto, nel tono più dolce che si possa immaginare: «È proprio vero, Quinto Cecilio. Se esistesse un po' di giustizia, infatti, non ti fregeresti del nomignolo di Numidico!». La cosa non l'ha divertito, ma Scauro si è sganasciato dalle risa, naturalmente. Si può dire quel che si vuole di Scauro, ma possiede un senso dell'umorismo, per non parlare del senso del ridicolo, più tagliente di qualsiasi persona di mia conoscenza. Dato che non potrei proprio dire lo stesso dei suoi compari, a volte mi domando se per caso non si scelga gli amici in modo da poter ridere di nascosto delle loro pose.

Ciò che più mi stupisce, Caio Mario, è la potenza della tua buona stella. So bene che non te ne preoccupavi, ma ora posso dirti che a mio parere non avevi la minima possibilità di farti prorogare il comando in Africa per il prossimo anno. E poi, che succede? Lucio Cassio si fa ammazzare, in una col più grosso e più temprato esercito di Roma, togliendo al Senato e alla fazione che lo controlla ogni facoltà di opporsi alla tua richiesta. Il tuo tribuno della plebe, Mancino, si è rivolto all'Assemblea della Plebe e ti ha procurato un plebiscito che proroga il tuo mandato di governatore della Provincia d'Africa, senza la minima difficoltà. Il Senato non ha aperto bocca, essendo fin troppo palese, anche ai Padri Coscritti, che ci sarà bisogno di te. A Roma, infatti, regna una profonda inquietudine, di questi tempi. La minaccia dei Germani è sospesa sulla città come un drappo funesto, e sono in molti a dire che non sorgerà un uomo capace di sventare tale minaccia. Dove sono gli uomini come Scipione l'Africano, Emilio Paolo, Scipione l'Emiliano? ci si domanda. Ma tu puoi contare su un gruppo fedele di devoti seguaci, Caio Mario, e dopo la morte di Cassio vanno dicendo, a voce sempre più alta e forte, che sei tu l'uomo in grado di respingere la marea germanica. Tra costoro c'è anche il legato sotto accusa, rientrato da Bordeaux, Caio Popillio Lena.

Siccome sei un povero zotico italico che non sa di greco, ti racconterò una storiella.

C'era una volta un re di Siria, molto cattivo e antipatico, a nome Antioco. Ora, poiché non era il primo re di Siria che si chiamasse Antioco, e neppure il più grande (suo padre si era attribuito l'appellativo di Antioco il Grande), si distingueva dagli altri con un numero. Era Antioco IV, il quarto re Antioco di Siria. Sebbene la Siria fosse un regno ricco, re Antioco IV concupiva il vicino regno d'Egitto, dove i suoi cugini Tolomeo Philometore, Tolomeo Evergete, ossia il Pancione, e Cleopatra (che essendo la seconda Cleopatra, si fregiava a sua volta di un numero, ed era nota come Cleopatra II) regnavano assieme. Vorrei poter dire che regnavano in perfetta armonia, ma così non era. Fratelli e sorella, e anche mariti e moglie (sì, nei regni orientali l'incesto è permesso), erano in conflitto tra loro da anni, ed erano quasi riusciti a mandare in rovina la bella, fertile terra del gran fiume Nilo. Così, quando re Antioco IV di Siria ha deciso di conquistare l'Egitto, ha creduto che avrebbe avuto vita facile grazie ai bisticci tra i suoi cugini, i due Tolomei e Cleopatra II.

Ma, ahimè, non appena ha girato le spalle alla Siria, alcuni sgradevoli episodi di sedizione l'hanno costretto a fare dietro-front e a rientrare in patria per tagliare un po' di teste, squartare un po' di corpi, strappare un po' di denti e, probabilmente, estirpare qualche utero. E ci sono voluti quattro anni prima che un numero sufficiente di teste, braccia, gambe, denti e uteri fosse asportato ai legittimi proprietari, e che re Antioco IV riuscisse ad accingersi per la seconda volta a conquistare l'Egitto. Questa volta, in sua assenza la Siria è rimasta tranquilla e docile, così re Antioco IV ha invaso l'Egitto, conquistato Pelusium, disceso il delta fino a Menfi, conquistato anche questa città e iniziato la risalita dell'altro lato del delta, in direzione di Alessandria.

Avendo mandato in rovina il paese e l'esercito, i fratelli Tolomei e la loro sorella-moglie, Cleopatra II, non hanno avuto altra scelta che chiedere aiuto a Roma contro re Antioco IV, poiché Roma è la più forte e la più grande di tutte le nazioni, nonché l'eroe di tutti. In soccorso dell'Egitto, il Senato e il Popolo di Roma, che a quei tempi andavano più d'accordo di quanto oggi crederemmo possibile, o almeno così riferiscono le cronache, hanno inviato il loro nobile, prode consolare Caio Popillio Lena. Ora, qualsiasi altro paese avrebbe accordato al suo eroe un intero esercito, e invece il Senato e il Popolo di Roma hanno concesso a Caio Popillio Lena soltanto dodici littori e due scrivani. Poiché, tuttavia, si trattava di una missione all'estero, ai littori era stato concesso di indossare le tuniche rosse e di inserire le scuri nei fasci di verghe, per cui Caio Popillio Lena non era del tutto indifeso. Si sono imbarcati su una piccola nave e hanno gettato l'àncora nel porto di Alessandria proprio mentre re Antioco IV risaliva il ramo Canopico del Nilo, in direzione della grande città dove si erano rifugiati gli Egiziani.

Avvolto nella toga bordata di porpora e preceduto dai dodici littori in tunica cremisi, recanti le scuri nei fasci di verghe, Caio Popillio Lena è uscito da Alessandria per la Porta del Sole e ha continuato a marciare verso oriente. Ora, non era più un giovanotto, così procedeva appoggiandosi a un lungo bastone, il passo placido al pari del volto. Dal momento che solo i prodi ed eroici e nobili romani costruiscono strade degne di tal nome, ben presto Caio Popillio Lena si è trovato a camminare nella polvere. Ma Caio Popillio Lena si è forse lasciato scoraggiare? No! Ha continuato ad avanzare, fin quasi all'immenso ippodromo dove gli Alessandrini amavano assistere alle corse dei cavalli, si è imbattuto in una muraglia di soldati siriaci e ha dovuto fermarsi.

Il re Antioco IV di Siria si è fatto avanti, incontro a Caio Popillio Lena.

«Roma non ha alcun diritto di mettere il naso in Egitto!» ha ribattuto il re, con terribile, funesto cipiglio.

«Neppure la Siria ha diritto di mettere il naso in Egitto» ha detto Caio Popillio Lena, con un sorriso dolce e sereno.

«Tornatene a Roma» ha detto il re.

«Tornatene in Siria» ha detto Caio Popillio Lena.

Ma nessuno dei due si è mosso di un centimetro.

«Stai recando offesa al Senato e al Popolo di Roma» ha aggiunto Caio Popillio Lena, dopo aver fissato per un po' il volto fiero del re. «Mi è stato ordinato di costringerti a far ritorno in Siria.»

Il re ha riso a crepapelle, e sembrava che non riuscisse più a smettere. «E come farai a costringermi a tornare in patria?» ha domandato. «Dov'è il tuo esercito?»

«Non mi serve un esercito, re Antioco IV» ha risposto Caio Popillio Lena. «Tutto ciò che Roma è, è stata e sarà, ti sta di fronte, in questo momento. Io sono Roma, non meno del più grosso esercito di Roma. E nel nome di Roma, ti ripeto di bel nuovo: tornatene a casa!»

«No» ha detto re Antioco IV.

Così, Caio Popillio Lena ha fatto un passo avanti e, con gesti pacati, si è servito della punta del bastone per tracciare un cerchio nella polvere, tutt'attorno alla persona di re Antioco IV, che si è trovato all'interno del cerchio disegnato da Caio Popillio Lena.

«Prima di uscire da questo cerchio, re Antioco IV, ti consiglio di ripensarci» ha detto Caio Popillio Lena. «E quando ne uscirai... be', volgiti verso oriente e tornatene in Siria.»

Il re non ha aperto bocca. Il re non si è mosso. Caio Popillio Lena non ha aperto bocca. Caio Popillio Lena non si è mosso. Dato che Caio Popillio Lena era un romano e non aveva bisogno di nascondere il viso, la sua espressione dolce e serena era in piena vista. Invece re Antioco IV aveva il viso nascosto dietro una barba finta, ricciuta e dura, e persino così non riusciva a celare il suo furore. Il tempo passava. E poi, ancora all'interno del cerchio, il potente re di Siria è girato sui talloni, verso oriente, ed è uscito dal circolo procedendo in direzione orientale ed è tornato in Siria assieme a tutti i suoi soldati.

Ora, mentre puntava sull'Egitto, re Antioco IV aveva invaso e conquistato l'isola di Cipro, che apparteneva all'Egitto. L'Egitto aveva bisogno di Cipro, perché Cipro gli forniva il legname per le navi e le case, e grano e rame. Così, dopo essersi congedato dagli Egiziani plaudenti ad Alessandria, Caio Popillio Lena ha fatto vela per Cipro, dove ha trovato un esercito siriaco di occupazione.

«Tornatevene a casa» ha detto loro.

E quelli se ne sono tornati a casa.

Anche Caio Popillio Lena se n'è tornato a casa, a Roma, dove ha riferito, con grande dolcezza e serenità e semplicità, che aveva rimandato a casa re Antioco IV di Siria e risparmiato all'Egitto e a Cipro un destino crudele. Vorrei poter concludere il mio raccontino assicurandoti che i Tolomei e la loro sorella, Cleopatra II, d'allora in poi sono vissuti, e hanno regnato, felici e contenti, ma così non è stato. Hanno semplicemente continuato a bisticciare tra loro e ad assassinare alcuni parenti stretti e a mandare in rovina il paese.

A quale scopo, in nome di tutti gli dèi, mi pare di udirti domandare, ti sto raccontando fiabe per bambini? Semplice, mio caro Caio Mario. Quante volte, sulle ginocchia di tua madre, ti è stata raccontata la storia di Caio Popillio Lena e del cerchio tracciato attorno ai piedi del re di Siria? Be', forse ad Arpino le madri non la raccontano. Ma a Roma è di rigore. Dal più nobile al più umile, a ogni bambino romano viene raccontata la storia di Caio Popillio Lena e del cerchio tracciato attorno ai piedi del re di Siria.

Così, ti domando, come potrebbe il pronipote dell'eroe di Alessandria andarsene in esilio senza rischiare tutto ciò che ha, affrontando il processo? Andarsene volontariamente in esilio sarebbe come dichiararsi colpevole, e personalmente ritengo invece che il nostro Caio Popillio Lena ha fatto la cosa più giusta, a Bordeaux. Risultato: il nostro Popillio Lena è rimasto ad affrontare il processo.

Il tribuno della plebe Caio Celio Caldo, che agisce a nome di una combriccola di senatori di cui non farò il nome — ma sei autorizzato a tirare a indovinare — una combriccola risoluta ad addossare la colpa del disastro a qualcun altro, pur di risparmiare Lucio Cassio, logicamente, ha giurato che riuscirà a far condannare Lena. Dato, però, che l'unico tribunale speciale di cui disponiamo si limita a processare per alto tradimento chi abbia avuto a che fare con Giugurta, il processo si è dovuto tenere all'Assemblea delle Centurie. Una faccenda sfacciatamente pubblica, col portavoce di ciascuna Centuria a urlare il verdetto della Centuria di appartenenza, in modo che tutti possano udire. «*CONDEMNO!*» «*ABSOLVO!*» Chi, dopo aver udito la storia di Caio Popillio Lena e del cerchio tracciato attorno ai piedi del re di Siria sulle ginocchia di sua madre, oserebbe urlare: «*CONDEMNO!*»?

Ma è bastato, questo, a fermare Caldo? No di certo. Ha presentato una proposta di una legge nell'Assemblea della Plebe, che estendeva il ballottaggio segreto vigente per le elezioni anche ai processi per alto tradimento. In tal modo, le Centurie chiamate a esprimere il proprio voto potevano star certe che l'opinione di ciascuno rimanesse sconosciuta. La legge è stata approvata; tutto quanto sembrava ormai deciso.

E all'inizio del mese di dicembre, Caio Popillio Lena è stato processato all'Assemblea delle Centurie con l'imputazione di alto tradimento. Il ballottaggio era segreto, proprio come aveva voluto Caldo. Ma la sola cosa che alcuni di noi hanno dovuto fare è stato d'insinuarsi tra la numerosissima giuria e bisbigliare: «C'era una volta un nobile, coraggioso consolare a nome Caio Popillio Lena...» e tutto è finito lì.

Al momento di esprimere il verdetto, tutti hanno detto: «*ABSOLVO!*». Così, si potrebbe dire, se giustizia è stata fatta, è avvenuto unicamente grazie a un raccontino per l'infanzia.

Il quinto anno (106 a.C.)

DURANTE IL CONSOLATO DI
QUINTO SERVILIO CEPIONE
E
CAIO ATTILIO SERRANO

QUINTO LUTAZIO CATULO CESARE

Quando Quinto Servilio Cepione ricevette l'incarico di marciare contro i Volci Tettosagi della Gallia e i Germani loro ospiti, che nel frattempo si erano felicemente reinsediati nei pressi di Tolosa, era già perfettamente consapevole che avrebbe ottenuto quel mandato. Accadde il giorno di Capodanno, durante la riunione del Senato nel tempio di Giove Ottimo Massimo dopo la cerimonia ufficiale d'insediamento. E Quinto Servilio Cepione, tenendo il suo primo discorso da nuovo primo console, annunciò alla sala gremita che non si sarebbe avvalso dei servigi di un esercito romano del tipo nuovo.

« Impiegherò i tradizionali soldati di Roma, non quegli straccioni di nullatenenti » disse, tra acclamazioni e scrosci di applausi.

Erano presenti, naturalmente, anche senatori che non applaudirono; Caio Mario non era del tutto isolato in un Senato completamente ostile. C'era un numero piuttosto cospicuo di senatori di secondo piano, abbastanza illuminati da apprezzare la logica che stava alla base della posizione assunta da Mario contro l'opinione generale, e persino in seno alle grandi famiglie si contavano alcuni liberi pensatori. Ma era la cricca di conservatori che sedevano in prima fila nell'aula, facendo quadrato attorno alla persona del *Princeps Senatus*, Scauro, a imporre le direttive politiche senatoriali; quando applaudivano, l'intera assemblea applaudiva, e quando votavano in un certo modo l'intera assemblea li imitava.

Quinto Servilio Cepione faceva parte della suddetta cricca, e furono le trame di tale cricca che indussero i Padri Coscritti a mettere a disposizione di Quinto Servilio Cepione un esercito forte di otto legioni a ranghi completi, per far capire ai Germani che non erano graditi sulle sponde del Mediterraneo e ai Volci Tettosagi di Tolosa che non conveniva loro accogliere sulle loro terre i Germani.

Circa quattromila uomini dell'esercito di Lucio Cassio erano tornati dalla guerra, ancora abili al servizio attivo, ma tutti i non combattenti di Cassio, con poche eccezioni, erano periti assieme al grosso delle truppe, e i cavalleggeri superstiti erano fuggiti nelle terre d'origine, portandosi al seguito i cavalli e i non combattenti. Sicché Quinto Servilio Cepione si trovò ad affrontare l'impresa di reclutare 41.000 fanti, più 12.000 non combattenti liberi, più 8.000 schiavi non combattenti, più 5.000 cavalleggeri e 5.000 ausiliari di cavalleria non combattenti. Il tutto, in un'Italia in cui scarseggiavano gli uomini con gli indispensabili requisiti di censo, che fossero Romani, Latini o Italici.

Cepione si servì di tecniche di reclutamento davvero sorprendenti. Non che vi prendesse parte di persona, o anche solo si curasse di approfondire i sistemi di reclutamento; affidò l'incarico al suo questore, che poteva contare su un contingente di reclutatori stipendiati all'uopo, mentre personalmente si occupava di altre cose, cose più degne delle attenzioni di un console. Il reclutamento venne eseguito in modo spietato. Gli uomini erano arruolati non solo senza il loro consenso, ma addirittura ricorrendo al sequestro di persona, e i veterani venivano strappati alle loro case, volenti o nolenti. Si arruolava a forza il figlio appena quattordicenne, dall'aria già matura, di un piccolo proprietario terriero, a sua volta arruolato a forza, così come il nonno sessantenne, di aspetto ancora giovanile. E se la famiglia in questione non era in grado di sborsare il denaro necessario ad armare ed equipaggiare gli uomini arruolati a forza, c'era subito qualcuno pronto a calcolare il costo dell'attrezzatura e confiscare il podere per coprire le spese. Quinto Servilio Cepione e i suoi aiutanti s'impadronirono di una gran quantità di terre. Quando, neppure così, si riuscì a mettere assieme un numero sufficiente di legionari, Romani o Latini che fossero, si passò a dare una caccia spietata agli alleati italici.

Alla fine, però, Cepione ebbe i 41.000 fanti e i 12.000 liberi cittadini non combattenti del suo esercito di stampo tradizionale, e ciò significava che lo stato non dovette sborsare un soldo per le armi, le corazze o l'equipaggiamento; e la preponderanza di legioni composte di ausiliari italici fece sì che gli oneri del reclutamento fossero addossati alle nazioni alleate italiche anziché a Roma. Risultato: il Senato rivolse un plauso a Cepione e fu ben lieto di allentare i cordoni della borsa per reclutare cavalleggeri in Tracia e nelle due Gallie. Mentre Cepione si dava ancor più arie del solito, gli elementi conservatori di Roma parlavano di lui in termini elogiativi dovunque e ogniqualvolta trovassero qualcuno disposto ad ascoltare.

Le altre cose di cui Cepione di occupò personalmente, mentre i suoi reclutatori percorrevano la penisola italiana, avevano tutte quante a che fare col proposito di restituire potere al Senato; in un modo o nell'altro, il Senato aveva subìto, dai tempi di Tiberio Gracco, una trentina d'anni addietro. Prima Tiberio Gracco, poi Fulvio Flacco, poi Caio Gracco, e in seguito tutta una serie di Uomini Nuovi e di aristocratici riformisti avevano costantemente eroso la presenza senatoriale nei più importanti tribunali e nel varo delle leggi.

Non fosse stato per i recenti assalti portati da Caio Mario ai privilegi senatoriali, magari Cepione avrebbe manifestato minore zelo nel rimetter ordine negli affari di stato e minor decisione. Mario, però, aveva stuzzicato quel nido di vespe che era il Senato, e il risultato, nelle prime settimane del consolato di Cepione, fu un terribile regresso per la plebe e i cavalieri che la controllavano.

Cepione, un patrizio, convocò in seduta l'Assemblea della Plebe, da cui non era escluso, e fece approvare una legge intesa a togliere la corte di estorsione ai cavalieri, che l'avevano ottenuta da Caio Gracco; ancora un volta, le giurie della corte di estorsione sarebbero state composte solo da senatori, da cui ci si poteva con fiducia aspettare che difendessero i propri privilegi. Fu una dura battaglia, quella che ebbe luogo all'Assemblea della Plebe, col bel Caio Memmio a capeggiare un nutrito gruppo di senatori che si opponevano alla proposta di legge di Cepione. Ma Cepione vinse.

E, avendo vinto, alla fine di marzo il primo console si mise in marcia alla testa di otto legioni e di un grosso contingente di cavalleria alla volta di Tolosa, la mente traboccante di sogni, non tanto di gloria quanto di una più personale forma di gratificazione. Quinto Servilio Cepione, infatti, era un degno membro della sua famiglia, la qual cosa significava che la possibilità di accrescere le sue fortune in virtù di un mandato di governatore era per lui di gran lunga più allettante delle pure e semplici fortune militari. Era stato pretore-governatore nella Spagna Ulteriore, quando Scipione Nasica aveva rifiutato l'incarico con la motivazione che di lui non ci si poteva fidare, e ne aveva ricavato ottimi frutti. Ora che era console-governatore, si proponeva di ricavarne frutti ancor più succulenti.

Se di norma fosse stato possibile inviare truppe dall'Italia alla Spagna per mare, Gneo Domizio Enobarbo non si sarebbe sentito in dovere di aprire la nuova strada lungo la costa della Gallia Transalpina; in effetti, i venti e le correnti marine rendevano troppo rischiosi i trasporti marittimi. Così le legioni di Cepione, come quelle di Lucio Cassio l'anno prima, furono costrette a percorrere a piedi mille e seicento chilometri e più dalla Campania a Narbona. Non che le legioni avessero qualcosa in contrario a marciare; i legionari, dal primo all'ultimo, detestavano e temevano il mare, e l'idea di un centinaio di miglia marine li spaventava assai di più della prospettiva concreta di mille e più chilometri di marcia. Tanto per cominciare, i loro muscoli erano allenati sin dalla più tenera età, in modo da facilitare una marcia rapida e senza fine, e poi la marcia era la forma più comoda di locomozione.

Per coprire la distanza tra la Campania e Narbona, le legioni di Cepione ci misero oltre settanta giorni, la qual cosa significava che in media percorrevano meno di venti chilometri al giorno: una media piuttosto bassa, intralciati com'erano non solo da un grosso convoglio di vettovagliamento, ma anche dai molti animali e veicoli e schiavi personali che il soldato romano di vecchio stampo, dotato di mezzi di fortuna, sapeva di aver diritto a portarsi appresso per non rinunciare alle proprie comodità.

A Narbona, un porticciolo che Gneo Domizio Enobarbo aveva ristrutturato in modo da soddisfare le esigenze di Roma, l'esercito si riposò quanto bastava a riprendere le forze dopo la marcia, e tuttavia non abbastanza da rammollirsi. Agli inizi dell'estate Narbona era un luogo incantevole, le sue acque limpide brulicanti di gamberi, piccole aragoste, grossi granchi e pesci guizzanti di ogni specie. E nel fango, sul fondo delle pozze di acqua salmastra attorno alla foce dell'Atax e del Ruscino, si trovavano non solo ostriche, ma anche triglie di scoglio. Di tutti i pesci che le legioni di Roma avevano catalogato da un capo all'altro del mondo, le triglie erano considerate i più squisiti.

Il legionario non soffriva di mal di piedi. Era troppo abituato a marciare, e i calzari dalla suola spessa, che sostenevano le caviglie, erano muniti di grossi chiodi che lo sollevavano ulteriormente da terra, assorbivano in parte le scosse e non facevano entrare sassolini. Tuttavia era meraviglioso nuotare nel mare attorno a Narbona, per dar sollievo ai muscoli indolenziti, e quei pochi legionari che finora erano riusciti a sottrarsi alle lezioni di nuoto venivano scoperti e si poneva subito riparo all'omissione. Le fanciulle locali non erano diverse da quelle del resto del mondo — andavano pazze per le divise — e per sedici giorni Narbona echeggiò dei brontolii di padri adirati, delle urla dei fratelli in vena di trar vendetta, delle risatine delle fanciulle, delle profferte di legionari bramosi e di risse da taverna, che davano un gran da fare alla polizia militare e mettevano di malumore i tribuni.

Poi Cepione radunò i suoi uomini e li fece marciare lungo l'ottima strada che Gneo Domizio Enobarbo aveva costruito tra la costa e la città di Tolosa. Nel punto in cui il fiume Atax piegava ad angolo retto, scendendo dai Pirenei, a sud, la cupa roccaforte di Carcassona guardava bieca dall'alto; da quel punto le legioni scavalcarono le alture che separavano il corso superiore della maestosa Garonna dai brevi corsi d'acqua che si versavano nel Mediterraneo, e così scesero finalmente nelle fertili piane alluvionali di Tolosa.

Al solito, Cepione era assistito da una fortuna strabiliante. I Germani, infatti, avevano avuto violentemente a che dire con i loro ospiti, i Volci Tettosagi, e il re Copillo di Tolosa aveva intimato loro di lasciare la zona. Quindi Cepione constatò che gli unici nemici che le sue otto legioni dovevano affrontare erano gli sfortunati Volci Tettosagi, i quali lanciarono un'occhiata alle schiere coperte di ferro che calavano dalle colline, simili a un serpente senza fine, e decisero che la prudenza era di gran lunga più consigliabile del coraggio. Re Copillo e i suoi guerrieri si allontanarono prontamente, puntando verso la foce della Garonna, per mettere in guardia le varie tribù della regione e stare a vedere se Cepione fosse un comandante altrettanto sventato di quanto si era dimostrato Lucio Cassio l'anno prima. Abbandonata alle cure dei vecchi, Tolosa si arrese subito. Cepione si ringalluzzì.

Perché? Perché Cepione sapeva dell'esistenza dell'Oro di Tolosa. E ora l'avrebbe scovato senza colpo ferire. Fortunato Quinto Servilio Cepione!

Centosettant'anni prima, i Volci Tettosagi si erano uniti a una migrazione dei Galli capeggiati dal secondo dei due famosi re celtici a nome Brenno. Questo secondo Brenno aveva invaso la Macedonia, dilagando nella Tessaglia, travolto i difensori greci al passo delle Termopili, ed era penetrato nella Grecia centrale e nell'Epiro. Aveva saccheggiato e razziato i tre più ricchi templi del mondo: quelli di Dodona nell'Epiro, di Zeus a Olimpia e il grande santuario di Apollo e della sua pitonessa a Delfi.

Poi i Greci si erano ripresi, i Galli ritirati verso nord con tutto il bottino, Brenno era morto in seguito a una ferita, e il suo piano era fallito. In Macedonia, le sue tribù rimaste senza un capo decisero di attraversare l'Ellesponto e insediarsi nell'Asia Minore, dove fondarono l'avamposto gallico denominato Galazia. Ma una metà, forse, dei Volci Tettosagi preferì far ritorno a Tolosa anziché attraversare l'Ellesponto; durante un consiglio generale tutte le tribù convennero che a questi Volci Tettosagi con la nostalgia di casa si dovessero affidare i tesori di una cinquantina di templi saccheggiati, ivi compresi i tesori di Dodona, Olimpia e Delfi. Si trattava solo di questo: un affidamento. I Volci Tettosagi che tornavano in patria avrebbero conservato il bottino dell'intera migrazione a Tolosa, in attesa del giorno in cui tutte le tribù sarebbero rientrate in Gallia a reclamare la loro parte.

Per facilitare il viaggio di rientro, fusero tutto quanto: grandi statue d'oro massiccio, urne d'argento alte un metro e mezzo, coppe e vassoi e boccali, tripodi d'oro, corone d'oro o d'argento, tutto quanto finì nei crogioli, un po' alla volta, e alla fine, mille carri stracolmi procedettero verso occidente lungo le placide valli alpine del Danubio e dopo alcuni anni discesero la Garonna e giunsero a Tolosa.

Cepione aveva udito la storia tre anni addietro, mentre era governatore della Spagna Ulteriore, e fin da allora aveva sognato di trovare l'Oro di Tolosa, anche se il suo informatore iberico gli aveva garantito che il favoloso tesoro era generalmente considerato una leggenda. Non c'era oro a Tolosa, ogni visitatore della città dei Volci Tettosagi era pronto a giurarlo; questo popolo non possedeva altre ricchezze all'infuori del maestoso fiume e delle splendide terre. Ma Cepione sapeva di essere un uomo fortunato. *Sapeva* che a Tolosa l'oro c'era. Altrimenti, perché mai avrebbe udito raccontare quella storia in Spagna e poi ottenuto l'incarico di seguire le orme di Lucio Cassio fino a Tolosa — per scoprire, una volta arrivato sul posto, che i Germani se n'erano andati e che la città era sua senza colpo ferire? La dea Fortuna operava secondo il suo arbitrio, e tutto a favore di lui, Cepione.

Il quale Cepione si tolse la corazza, si avvolse nella toga bordata di porpora e percorse i vicoli alquanto rustici dell'abitato, curiosò in ogni cantuccio e nicchia della cittadella, se ne andò a zonzo per i pascoli e i campi che s'insinuavano alla periferia secondo un modulo più spagnolo che gallico. In effetti, il luogo aveva ben poco di gallico: niente Druidi, nessuna traccia della tipica avversione gallica per l'ambiente urbano. I templi e i relativi recinti erano disposti secondo i criteri delle città iberiche, una pittoresca distesa alberata di laghetti e canali artificiali, alimentati dalla Garonna, in cui le acque tornavano a confluire. Splendido!

Non avendo scoperto nulla durante quelle scorribande, Cepione ordinò al suo esercito di cercare l'oro, una caccia al tesoro in un'atmosfera festosa, condotta da uomini che erano liberati dall'ansia di dover affrontare un nemico e fiutavano la possibilità di spartirsi un bottino da favola.

Ma l'oro non si trovava. Oh, i templi fruttarono alcuni preziosi manufatti, ma solo alcuni, e niente oro in lingotti. E la cittadella fu una completa delusione, come Cepione aveva già avuto modo di constatare da solo: nient'altro che armi e idoli lignei, vasi di corno e piatti di terracotta. Re Copillo era vissuto in estrema semplicità, né esistevano ripostigli segreti sotto i pavimenti di rozza pietra delle sue sale.

Allora Cepione ebbe una brillante idea e ordinò ai legionari di scavare nei parchi attorno ai templi. Invano. Neppure una buca, per quanto profonda, svelò tracce di lingotti d'oro. I rabdomanti brandirono le verghe forcute di salice senza però avvertire il minimo segnale che facesse formicolare loro il palmo delle mani o tendere le verghe come archi. Dai recinti dei templi la ricerca si estese ai campi e alle strade cittadine, e ancora nulla. Mentre il paesaggio finiva col somigliare sempre più allo scavo demenziale di una gigantesca talpa, Cepione camminava e pensava, pensava e camminava.

La Garonna brulicava di pesci, tra cui il salmone d'acqua dolce e diverse varietà di carpa, e dato che il fiume alimentava i laghi dei templi, questi erano a loro volta ricchissimi di pesci. Per i legionari di Cepione era più comodo pescare nei laghetti che nel fiume, ampio e profondo e impetuoso com'era, così, mentre passeggiava, Cepione era circondato da soldati che infilavano esche e trasformavano in canne da pesca i rami di salice. Arrivò fino al lago più grande, immerso in profonde meditazioni. E mentre se ne stava lì in piedi osservava distrattamente i giochi di luce sulle squame dei pesci in agguato, scintillii e balenii che guizzavano tra le erbe palustri, che andavano e venivano, mutevoli. Perlopiù erano lampeggi d'argento, ma di tanto in tanto un'esotica carpa compariva per un attimo e Cepione coglieva un guizzo d'oro.

L'idea invase lentamente la sua coscienza. E poi colpì, gli esplose nel cervello. Mandò a chiamare i genieri e ordinò loro di prosciugare i laghi: non fu un'impresa troppo ardua e certamente diede i suoi frutti. L'Oro di Tolosa, infatti, giaceva sul fondo di quei sacri stagni, celato dalla melma, dalle erbe palustri, dai detriti naturali di molti decenni.

Quando fin l'ultima verga fu risciacquata e impilata, Cepione andò a ispezionare il bottino e rimase senza fiato; il fatto che non avesse assistito al recupero dell'oro era un capriccio tipico della sua bizzarra natura, ché Cepione voleva essere sorpreso. E sorpreso *lo fu*! Anzi, fu addirittura sbalordito. Grosso modo, c'erano 50.000 lingotti d'oro, ciascuno del peso di circa sette chili; complessivamente, 15.000 talenti. E c'erano 10.000 lingotti d'argento, ciascuno del peso di una decina di chili; complessivamente, 3.500 talenti d'argento. Poi i genieri scoprirono altro argento nei laghi, perché si venne a sapere che l'unico modo in cui i Volci Tettosagi avevano impiegato i loro tesori consisteva nel fabbricare le macine da mulino in argento massiccio; una volta al mese estraevano le macine d'argento dal fiume e se ne servivano per ottenere il quantitativo mensile di farina.

«Benissimo,» disse bruscamente Cepione «di quanti carri possiamo disporre per trasportare il tesoro a Narbona?» Rivolse la domanda a Marco Furio, il suo ufficiale superiore del genio, l'uomo incaricato di organizzare i rifornimenti, i convogli dei vettovagliamenti, di procurare l'equipaggiamento, le varie attrezzature, il foraggio e tutti gli altri generi di prima necessità, indispensabili per mantenere in piedi un esercito.

«Be', Quinto Servilio, il convoglio dei vettovagliamenti consiste di un migliaio di carri, di cui circa un terzo scarichi, ora come ora. Trecentocinquanta, diciamo, facendo qualche spostamento. Ora, se ogni carro trasporterà circa trentacinque talenti, che è un buon carico, anche se non eccessivo, ci serviranno circa trecentocinquanta carri per l'argento e quattrocentocinquanta per l'oro» rispose Marco Furio, che non apparteneva all'antica, grande famiglia omonima, ma era il pronipote di uno schiavo della *gens* Furia e ora cliente di Cepione, oltre che banchiere di professione.

«Allora suggerisco di caricare prima l'argento su trecentocinquanta carri, scaricarlo a Narbona e riportare i carri a Tolosa per trasportare l'oro» disse Cepione. «Nel frattempo, ordinerò agli uomini di scaricare altri cento carri, in modo da averne in numero sufficiente a spedire l'oro con un unico convoglio.»

Per la fine di *Quinctilis* l'argento aveva raggiunto la costa ed era stato scaricato, e i carri vuoti rimandati a Tolosa per caricare l'oro; Cepione, nel frattempo, aveva mantenuto la promessa di trovare gli altri cento carri necessari.

Mentre l'oro veniva caricato, Cepione si aggirava in preda a una sorta di delirio tra un mucchio e l'altro di preziosi lingotti, incapace di resistere alla tentazione di accarezzarne un paio mentre ci passava accanto. Si mordicchiò il taglio della mano, pensando intensamente, e alla fine esalò un sospiro. «Sarà meglio che scorti l'oro, Marco Furio» disse poi. «Dovrà esserci qualcuno con la testa sulle spalle che rimanga a Narbona finché l'ultimo lingotto sarà al sicuro sull'ultima nave in partenza.» Si rivolse al suo liberto greco, Bias. «L'argento è già in viaggio per Roma, spero?»

«No, Quinto Servilio» rispose Bias in tono mellifluo. «Le navi che trasportavano carichi pesanti, sfidando i venti invernali all'inizio dell'anno, sono andate disperse. Sono riuscito a reperire solo una dozzina di navi abbastanza solide, e ho ritenuto che fosse opportuno riservarle per l'oro. L'argento è al sicuro in un magazzino, sorvegliato da una nutrita guardia. Prima spediremo l'oro a

Roma, meglio sarà, credo. Quando arriveranno altre navi in grado di tenere il mare, le noleggerò per l'argento.»

«Oh, probabilmente potremo spedire l'argento a Roma via terra» disse Cepione, con disinvoltura.

«Malgrado il rischio di naufragio, Quinto Servilio, preferirei affidare al mare ogni singolo lingotto, d'oro e d'argento» ribatté Marco Furio. «Via terra, ci sono troppi pericoli di scorrerie da parte delle tribù alpine.»

«Sì, hai proprio ragione» convenne Cepione, e sospirò. «Oh, è quasi troppo bello per essere vero, no? Stiamo inviando a Roma più oro e argento di quanto ce ne sia in ogni tesoro di Roma!»

«Effettivamente, Quinto Servilio,» disse Marco Furio «è una cosa davvero notevole.»

L'oro partì da Tolosa a bordo di quattrocentocinquanta carri verso la metà di *Sextilis*. Era scortato da una sola coorte di legionari, perché la strada tracciata dai Romani era una strada civile che attraversava un paese civile, il quale non vedeva una mano alzata in un gesto di minaccia da moltissimo tempo, e gli informatori di Cepione avevano riferito che re Copillo e i suoi guerrieri si trovavano ancora entro le mura di Bordeaux, nella speranza di vedere Cepione avventurarsi lungo la stessa strada per cui Lucio Cassio era andato alla morte.

Raggiunta Carcassona, la strada era tutta in discesa fino al mare, e il convoglio accelerò il passo. Tutti erano soddisfatti, nessuno si preoccupava; i soldati della coorte di scorta cominciarono a immaginare di fiutare l'odore salmastro della costa. All'imbrunire, lo sapevano, avrebbero percorso rumorosamente le strade di Narbona; il loro pensiero già correva alle ostriche, alle triglie e alle ragazze di Narbona.

I predoni, più di mille, sbucarono ululando a sud, dal cuore di una grande foresta che bordava la strada da ambo i lati, riversandosi davanti al primo carro e dietro l'ultimo, tre chilometri circa più indietro, dov'erano distribuite le due metà della coorte. Di lì a pochissimo tempo non restava in vita un solo legionario romano, e anche i conducenti dei carri giacevano in mucchi disordinati di braccia e gambe.

C'era il plenilunio, la notte era stellata; nelle ore in cui il convoglio aveva atteso che calasse il buio, nessuno aveva percorso la strada romana nell'uno e nell'altro senso, perché le strade provinciali romane erano perlopiù riservate al movimento degli eserciti, e i commerci in quella parte della Provincia Romana erano scarsissimi tra la costa e l'interno, soprattutto da quando i Germani si erano insediati attorno a Tolosa.

Non appena la luna fu alta nel cielo, i muli vennero riattaccati ai carri e alcuni dei predoni salirono a cassetta mentre gli altri procedevano di lato a mo' di guide. Dove, infatti, la foresta non costeggiava più la strada, il convoglio svoltò, imboccando un tratto di aspro litorale adatto unicamente alle avide bocche delle pecore. All'alba, Ruscino e il suo fiume si trovavano a nord; il convoglio tornò a percorrere la Via Domizia e attraversò il passo dei Pirenei in piena luce.

A sud dei Pirenei, seguì un itinerario alquanto tortuoso, lontano da qualsiasi strada romana, e alla fine il convoglio attraversò il fiume Sucro, a ovest della città di Saetabis; da quel punto prese per una desolata, brulla pianura, che penetrava tra due delle più alte catene montuose della Spagna, e tuttavia non veniva usata come scorciatoia a causa della mancanza d'acqua. Dopodiché, la pista finiva, e l'ulteriore avanzata dell'Oro di Tolosa non fu mai accertata dagli investigatori di Cepione.

Sfortunatamente, toccò a un corriere che recava un dispaccio da Narbona scoprire i cumuli di cadaveri alla rinfusa lungo la strada che attraversava la foresta poco a est di Carcassona. E quando il corriere lo riferì a Quinto Servilio Cepione, a Tolosa, Quinto Servilio Cepione ruppe in singhiozzi. Pianse e singhiozzò per la triste sorte di Marco Furio, pianse e singhiozzò per la triste sorte di quella coorte di legionari romani, pianse e singhiozzò per le mogli e i familiari rimasti orfani dei loro cari in Italia; ma, soprattutto, pianse e singhiozzò per gli scintillanti mucchi di lingotti maledetti, per la perdita dell'Oro di Tolosa. Non era giusto! Che fine aveva fatto la sua fortuna? Gridò. E pianse e singhiozzò.

Avvolto nella scura toga a lutto, sopra la tunica scura e priva di qualsiasi banda di colore sulla spalla destra, Cepione pianse di nuovo quando convocò in adunata i suoi legionari e comunicò loro la notizia che avevano già appreso dai pettegolezzi circolanti per l'accampamento.

«Almeno abbiamo ancora l'argento» ribatté, asciugandosi gli occhi. «Basterà da solo a garantire un buon guadagno a ogni soldato alla fine della campagna.»

«Personalmente, ne rendo grazie agli dèi» disse un veterano al suo compagno di tenda e di rancio; erano stati entrambi strappati ai loro poderi in Umbria, benché ciascuno di loro avesse già prestato servizio in dieci campagne per ben quindici anni.

«Sul serio?» fece di rimando il suo compagno, un tantino lento di comprendonio in seguito a una vecchia ferita alla testa infertagli dall'umbone di uno scudo scordiscio.

«E ne ho ben donde! Hai mai saputo di un comandante che abbia spartito l'*oro* con noialtri legionari, la feccia della terra? In un modo o nell'altro trova sempre una ragione plausibile per essere il solo ad averne diritto. Oh, e una parte se la prende l'erario, ed è proprio così che il comandante riesce a mettere le grinfie sulla maggior parte del bottino, corrompendo quelli dell'erario. Almeno riusciremo ad avere una parte dell'argento, e di argento ce n'era una montagna. Con tutte le lacrime versate sulla perdita dell'oro, il console non avrà scelta: dovrà spartire equamente l'argento.»

«Capisco che cosa intendi dire» disse il suo compagno. «Senti, ci peschiamo un bel salmone grasso per cena?»

In effetti, l'anno vecchio volgeva al termine e l'esercito di Cepione non era stato chiamato a sostenere combattimenti, a parte la sfortunata coorte cui era stato affidato il compito di scortare l'Oro di Tolosa. Cepione scrisse a Roma, riferendo la storia, dalla fuga dei Germani alla perdita dell'oro, e chiedendo istruzioni.

In ottobre ricevette la risposta, che suppergiù era quella che si attendeva: doveva rimanere nei dintorni di Narbona con tutto il suo esercito, svernare sul posto e attendere altri ordini in primavera. La qual cosa significava che il comando gli era stato prorogato di un anno; continuava a essere il governatore della Gallia romana.

Ma non era la stessa cosa, senza l'oro. Cepione era crucciato e malinconico, e piangeva spesso; i suoi ufficiali di grado superiore notarono che non riusciva a star fermo, continuava a passeggiare avanti e indietro. Tipico di Quinto Servilio Cepione, era l'impressione generale; nessuno credeva sul serio che le sue lacrime fossero per Marco Furio e per i legionari caduti. Cepione piangeva per la perdita del suo oro.

Una delle caratteristiche principali di una lunga campagna in terra straniera è il modo in cui l'esercito e i suoi comandanti si adattano a un genere di vita inteso a considerare la suddetta terra straniera come un luogo di residenza almeno semistabile. Nonostante i continui spostamenti, le campagne militari, le incursioni, le spedizioni, il campo base assume in tutto e per tutto l'aspetto di una città: nella maggior parte dei casi, i soldati si trovano una donna, molte donne partoriscono bambini, botteghe e taverne e mercanti si moltiplicano al di fuori delle mura fortificate, e le case di mattoni crudi destinate a ospitare le donne e i bambini crescono come funghi, a casaccio, lungo una rete di stradicciole.

Tale era la situazione al campo base romano alle porte di Utica, e in misura minore la stessa cosa si verificava nel campo base alle porte di Cirta. Dato che Mario si sceglieva con molta cura i centurioni e i tribuni militari, il periodo delle piogge invernali, durante il quale non si combatteva, veniva impiegato non solo per le manovre e le esercitazioni, ma anche per suddividere le truppe in gruppetti congeniali di otto legionari, che alloggiavano e consumavano il rancio assieme, e per risolvere i mille e un problema disciplinare che logicamente si presentano quando tanti uomini sono costretti a convivere per lunghi periodi di tempo.

L'arrivo della primavera africana, tuttavia, calda, lussureggiante, fruttifera e secca, era sempre testimone di un gran movimento all'interno dell'accampamento, un po' come il fremito che percorre il manto di un cavallo dalla testa alla coda. Veniva distribuito l'equipaggiamento in vista delle prossime campagne, si redigevano i testamenti e li si affidava agli scrivani della legione, si ingrassavano e lucidavano le corazze, si affilavano le spade, si smerigliavano i pugnali, si foderavano gli elmi di feltro per meglio resistere al caldo e allo sfregamento, si esaminavano attentamente i calzari e si sostituivano i chiodi mancanti, si rammendavano le tuniche, si mostravano al centurione le corazze difettose o logore, che poi venivano consegnate ai magazzini militari per ottenerne la sostituzione.

L'inverno fu testimone dell'arrivo da Roma di un questore dell'erario, latore della paga per le legioni, e di un'ondata di attività tra gli scrivani impegnati a compilare i resoconti e a distribuire il soldo agli uomini. Poiché i suoi legionari erano insolventi, Mario aveva istituito due fondi obbligatori in cui veniva depositata una parte della paga di ognuno: un fondo destinato a decorose esequie funebri del legionario che morisse lontano dà casa, ma non cadesse in battaglia (se cadeva in battaglia era lo stato a pagare le esequie funebri), e una sorta di cassa di risparmio presso la quale il denaro del legionario restava vincolato fino al giorno del congedo.

L'esercito d'Africa si rendeva conto che grandi cose erano in programma nella primavera dell'anno del consolato di Cepione, anche se soltanto i massimi gradi del comando sapevano quali. Venivano diramati ordini di marcia in assetto leggero, la qual cosa significava che non si prevedevano convogli di carri tirati da buoi, lunghi vari chilometri, ma solo carri trainati da muli in grado di tenere il passo delle legioni e accamparsi ogni sera all'interno del bivacco. Adesso ogni legionario era tenuto a portare l'equipaggiamento in spalla, cosa che faceva con grande abilità, appeso a una robusta verga forcuta che teneva sulla spalla sinistra: l'occorrente per radersi, tuniche e calze di ricambio, brache invernali e spesse sciarpe per evitare le irritazioni prodotte dallo sfregamento della corazza, il tutto arrotolato dentro la coperta e racchiuso in una fodera di pelle; il saio, cioè il mantello a ruota per le giornate di pioggia, in una sacca di cuoio; le stoviglie e la pentola, la borraccia dell'acqua, un minimo di tre giorni di razioni; un paletto già tagliato e dentellato per la staccionata dell'accampamento, tutti gli utensili per scavare una trincea che gli erano stati affidati, secchio di cuoio, cesto di vimini, sega e falce; e ciò che serviva a pulire e lucidare le armi e l'armatura. Lo scudo, racchiuso in un morbido fodero di pelle di capretto, lo portava appeso alla schiena sotto l'equipaggiamento, e l'elmo, da cui il lungo pennacchio di crini di cavallo tinti era stato rimosso e riposto con cura, o lo aggiungeva all'assortimento di oggetti appesi al bastone, o lo portava appeso al petto, a destra, o lo teneva in capo marciando, se si prevedeva un attacco. Durante la marcia indossava sempre la corazza, evitando però di gravarsi le spalle con i suoi dieci chili, perché se la stringeva attorno alla vita col cinturone, distribuendone così il peso sui fianchi. Dal lato destro del cinturone si appendeva la spada nel suo fodero, sul lato sinistro il pugnale nella sua guaina, e in marcia li portava entrambi. Le due lance, invece, non le portava.

A ogni gruppo di otto uomini veniva assegnato un mulo, che recava in groppa la tenda di pelle, i paletti e le lance, oltre alle razioni supplementari, se non si doveva far rifornimento ogni tre giorni. Ogni centuria consisteva di ottanta legionari e venti non combattenti, al comando di un centurione. Ogni centuria disponeva di un carro tirato da muli assegnatole all'uopo, sul quale era caricato tutto il resto dell'equipaggiamento degli uomini: indumenti, utensili, armi di ricambio, segmenti di parapetto di giunco destinati alle fortificazioni dell'accampamento, razioni, nel caso non si prevedessero rifornimenti per lunghi periodi di tempo, e altre cose ancora. Se l'intero esercito era in movimento e non ci si aspettava che tornasse sui suoi passi alla fine di una campagna, allora ogni singola cosa di sua pertinenza, dal bottino alle macchine da guerra, veniva trasportata su carri trainati da buoi, che procedevano in coda, a distanza di qualche chilometro, sotto l'attenta sorveglianza di una nutrita guardia.

Quando Mario si mise in marcia per la Numidia occidentale in primavera, lasciò il bagaglio pesante a Utica, logicamente; ciononostante, si trattava di un corteo imponente che sembrava allungarsi all'infinito, poiché ogni legione e i relativi carri trainati dai muli e le macchine da guerra si stendevano per un chilometro e mezzo circa di strada, e Mario guidava verso occidente ben sei legioni, oltre alla cavalleria. La cavalleria, però, la dispose da ambo i lati della fanteria, col che la lunghezza complessiva della colonna era di circa nove chilometri.

In aperta campagna non c'era possibilità di imboscate, il nemico non poteva spiegarsi su una linea che gli consentisse di attaccare simultaneamente la colonna in tutta la sua lunghezza senza farsi notare, e un attacco a un qualsiasi segmento della colonna avrebbe subito indotto il resto della colonna a piombare sugli aggressori, circondandoli, e tale mossa avrebbe automaticamente posto gli uomini in assetto e schieramento di battaglia.

Eppure, ogni sera veniva impartito lo stesso ordine: accamparsi. Il che significava misurare e delimitare una superficie abbastanza ampia da contenere tutti gli uomini e gli animali dell'esercito, scavare profondi fossati, conficcarvi sul fondo i paletti acuminati detti *stimuli*, drizzare parapetti e staccionate; ma alla fine tutti gli uomini, con l'eccezione delle sentinelle, potevano dormire come sassi, sicuri che nessun nemico avrebbe potuto insinuarsi tanto rapidamente da cogliere l'accampamento di sorpresa.

Furono gli stessi uomini di questo esercito, il primo composto interamente di nullatenenti, a denominarsi i "muli di Mario" perché Mario li aveva caricati come muli. In un esercito di vecchio stampo, composto di uomini che vantavano qualche bene di fortuna, persino la truppa marciava libera, con tutti gli effetti personali in groppa a un mulo, a un asino o in spalla a uno schiavo; coloro i quali non potevano permettersi la spesa, affittavano una parte di spazio di trasporto dai più abbienti. Di conseguenza, c'era uno scarso controllo sul numero di carri e carretti, in quanto molti di essi erano proprietà privata. E, quindi, l'esercito di vecchio stampo marciava più lentamente e meno speditamente di quanto fosse consentito all'esercito africano di nullatenenti di Mario, e ai molti eserciti similari destinati a seguirne le orme nei sei secoli seguenti.

Mario aveva offerto ai nullatenenti un lavoro utile, e un salario per farlo. Per il resto, però, fece loro pochi favori, a parte quello di mozzare la sommità curva e il fondo curvo dal vecchio scudo del fante, alto un metro e mezzo, perché il legionario non avrebbe potuto portarlo in spalla sotto il bastone carico; ridottane l'altezza di circa un metro, non urtava più col fardello, né più gli sbatteva contro le caviglie durante la marcia.

E così penetrarono nella Numidia occidentale in una fila lunga circa nove chilometri, cantando a squarciagola gli inni di marcia per scandire il passo e avvertire il calore del cameratismo, muovendosi tutti assieme, cantando in coro, un'unica possente macchina umana che si avventava con irresistibile impeto. Più o meno al centro della colonna marciava il suo comandante, Mario, con tutto il suo stato maggiore e i carri tirati dai muli che ne trasportavano l'equipaggiamento, unendo le loro voci a quelle dei legionari; nessun esponente dell'alto comando montava a cavallo, ché sarebbe stato scomodo oltre che appariscente, sebbene tutti si tenessero accanto le rispettive cavalcature in caso di attacco, quando il comandante in capo avesse bisogno di dominare dall'alto della sella la disposizione delle truppe e impartire ordini agli ufficiali.

«Saccheggeremo ogni città e villaggio e borgo in cui ci imbatteremo» disse Mario a Silla.

E il programma venne attuato puntualmente, anzi con qualche aggiunta: granai e affumicatoi furono depredati allo scopo di incrementare le scorte di vettovaglie, le donne del posto furono violentate perché i legionari sentivano la mancanza delle loro donne, e l'omosessualità era punita con la morte. Soprattutto, ciascuno teneva gli occhi ben aperti in cerca di prede, che non era consentito tenere per sé, ma andavano ad aumentare il bottino generale dell'esercito.

Ogni otto giorni l'esercito aveva diritto a riposarsi, e ogniqualvolta giungeva a un punto in cui il litorale intersecava la direttrice di marcia, Mario concedeva a tutti tre giorni di riposo per nuotare, pescare, mangiare. Alla fine di maggio si trovavano a ovest di Cirta, e alla fine di *Quinctilis* avevano raggiunto il fiume Moulouya, novecentocinquanta chilometri circa più a occidente.

Era stata una campagna facile; l'esercito di Giugurta non si era fatto vedere, gli insediamenti non erano in grado di opporre resistenza all'avanzata romana, e mai si era registrata penuria di cibo o acqua. L'inevitabile rancio a base di gallette, pappa di legumi, pancetta salata e formaggio salato era stato variato da sufficienti aggiunte di carne di capra, pesce, vitello, montone, frutta e ortaggi da tener alto il morale generale, e al vino acido che di tanto in tanto veniva distribuito alla truppa, erano andate ad aggiungersi la birra berbera d'orzo e qualche coppa di buon vino.

Il Moulouya segnava il confine tra la Numidia occidentale e la Mauretania orientale; impetuoso e torrentizio alla fine dell'inverno, verso la metà dell'estate il grosso corso d'acqua si riduceva a una sequela di pozzanghere, e alla fine dell'autunno si seccava completamente. Al centro della pianura attraversata dal fiume, non lontano dal mare, si ergeva uno scosceso affioramento vulcanico alto circa trecento metri, sulla cui sommità Giugurta aveva costruito una fortezza. Nella roccaforte, le spie avevano informato Mario, era custodito un immenso tesoro, in quanto il luogo fungeva da quartier generale occidentale di Giugurta.

L'esercito romano scese nella piana, marciò fino agli alti argini che il fiume aveva scavato durante la piena, e i soldati montarono un campo permanente il più vicino possibile alla roccaforte. Poi Mario, Silla, Sertorio, Aulo Manlio e gli altri alti ufficiali si accinsero a studiare con tutto comodo la cittadella che appariva inespugnabile.

« Possiamo subito scartare l'idea di un assalto frontale, » disse Mario « e personalmente non vedo come si possa porre l'assedio. »

« Questo, perché non c'è modo di stringerla d'assedio » aggiunse il giovane Sertorio con decisione; aveva eseguito varie ispezioni dell'altura da ogni suo lato.

Silla sollevò la testa in modo da scorgere la cima del picco da sotto la tesa del cappello. « Secondo me, ce ne staremo qui ai piedi della rocca senza mai riuscire a raggiungerne la cima » disse, e sogghignò. « Anche se costruissimo un gigantesco cavallo di legno, non riusciremmo mai a trascinarlo su, fino alle porte della cittadella. »

« Non più di quanto riusciremmo a trascinarci una torre d'assedio » fece notare Aulo Manlio.

« Be', ci resta ancora un mesetto prima di rimetterci in marcia verso oriente » disse alla fine Mario. « Suggerisco di passare questo mese accampati quaggiù. Renderemmo la vita il più gradevole possibile agli uomini... Lucio Cornelio, decidi tu dove si dovrà attingere l'acqua potabile, poi scegli le pozze più profonde, a valle delle pozze d'acqua potabile, in cui gli uomini possano fare il bagno. Aulo Manlio, tu potrai organizzare gruppi di pesca che scendano al mare... dista sedici chilometri, a quanto dicono gli esploratori. Tu e io, domani, scenderemo alla costa per studiare il terreno. Non si dovrà correre il rischio di una sortita dalla cittadella per attaccarci, così tanto vale permettere agli uomini di spassarsela. Quinto Sertorio, tu potrai occuparti dell'approvvigionamento di frutta e verdura. »

« Sai, » disse Silla più tardi, quando lui e Mario si trovarono a tu per tu nella tenda del comando « nel complesso, questa campagna è stata una passeggiata. Quand'è che farò la mia prima esperienza della battaglia? »

« Avresti dovuto farla a Capsa, solo che si è arresa » rispose Mario, scoccando al suo questore un'occhiata intenta. « Ti stai annoiando, Lucio Cornelio? »

« In realtà, no » rispose Silla, aggrottando la fronte. « Non avrei mai creduto che questo genere di vita fosse tanto interessante... c'è sempre qualcosa d'interessante da fare, problemi interessanti da affrontare. Non mi dispiace neppure tenere la contabilità! Solo che ho bisogno di fare la mia prima esperienza di guerra. Guardati: quando avevi la mia età, avevi già preso parte a una cinquantina di battaglie. Io, invece... sono ancora un novellino. »

« La farai, Lucio Cornelio, e presto, speriamo. »

«Oh?»

«Certamente. Perché credi che ci troviamo qui, così lontani da qualsiasi centro importante?»

«No, non dirmelo, lascia che lo scopra da solo!» si affrettò a dire Silla. «Ti trovi qui... perché speri di infondere a re Bocco tanta paura da indurlo ad allearsi con Giugurta... perché se Bocco si allea con Giugurta, Giugurta si riterrà forte abbastanza da attaccare.»

«Molto bene!» esclamò Mario, sorridendo. «Questa terra è così vasta che potremmo impiegare i prossimi dieci anni a percorrerla in lungo e in largo, e mai tanto da fiutare l'odore di Giugurta. Se non avesse dalla sua i Getuli, distruggendo le zone abitate annienteremmo le capacità di resistenza, ma Giugurta ha dalla sua i Getuli. Tuttavia è troppo orgoglioso per gradire l'idea di un esercito romano scorazzante tra le sue città e i suoi villaggi, e non c'è dubbio che deve avvertire il morso delle nostre scorrerie, soprattutto a danno delle sue scorte di grano. Eppure è troppo astuto per rischiare una battaglia in campo aperto, sapendo che ci sono io al comando. Ammenoché non si riesca a spingere Bocco in suo aiuto. I Mauretani possono schierare almeno ventimila uomini validi, e cinquemila eccellenti cavalleggeri. Così, se Bocco unisce le sue forze a quelle di Giugurta, il re di Numidia muoverà contro di noi, questo è poco ma sicuro.»

«Non ti preoccupa l'idea che con l'aiuto di Bocco disporrà di forze superiori alle nostre?»

«No! Sei legioni romane adeguatamente addestrate e guidate possono tener testa a qualsiasi forza nemica, non importa quanto cospicua.»

«Ma Giugurta ha appreso l'arte militare da Scipione l'Emiliano a Numanzia» obiettò Silla. «Combatterà alla romana.»

«Vi sono altri re stranieri che combattono alla romana,» disse Mario «ma le truppe di cui dispongono non sono romane. I nostri metodi sono stati concepiti per adattarsi alla mentalità e al temperamento della nostra gente, e da questo punto di vista io non faccio distinzioni tra Romani e Latini e Italici.»

«La disciplina» disse Silla.

«E l'organizzazione» aggiunse Mario.

«Né l'una né l'altra delle quali ci porterà in cima a quel picco là di fronte» disse Silla.

Mario rise. «È vero! Ma c'è sempre un elemento imponderabile, Lucio Cornelio.»

«Che sarebbe?»

«La fortuna» rispose Mario. «Non dimenticare mai la fortuna.»

Erano diventati ottimi amici, Silla e Mario, perché sebbene esistessero differenze tra loro, c'erano altresì certe somiglianze fondamentali: nessuno dei due era un pensatore di tipo ortodosso, entrambi erano uomini insoliti, le avversità li avevano temprati ambedue, e ciascuno dei due era capace di grande distacco oltre che di veementi passioni. L'affinità più importante. Consisteva nel fatto che tutti e due amavano svolgere il loro lavoro, e amavano eccellervi. Gli aspetti del carattere che avrebbero potuto allontanarli erano ancora latenti in quei primi anni, quando il più giovane dei due non avrebbe potuto sperare di rivaleggiare in alcun modo col più maturo, e la vena di freddezza del più giovane non aveva bisogno di esercitarsi, più di quanto ne avesse bisogno la vena iconoclastica del più maturo.

«C'è chi sostiene» disse Silla, stiracchiando le braccia al di sopra del capo «che ciascuno se la crea, la propria fortuna.»

Mario sgranò gli occhi, facendo scattare all'insù le sopracciglia. «Ma certamente! Però fa sempre piacere sapere che la si ha, no?»

Publio Vagiennio, che veniva dall'entroterra ligure e serviva in uno squadrone ausiliario di cavalleria, si trovò con molte più cose da fare di quanto gli piacesse, dopo che Caio Mario ebbe stabilito il campo lungo le rive del Moulouya. Per fortuna, la piana era tappezzata da una distesa di un'erba locale, lunga e fitta, inargentata dal sole estivo, sicché il pascolo delle migliaia e migliaia di muli dell'esercito era assicurato. I cavalli, però, erano un po' più schizzinosi dei muli e brucavano svogliatamente quella vegetazione dura e secca, e il risultato fu che le bestie della cavalleria dovettero essere spostate a nord della roccaforte, al centro della pianura, dove l'umidità sotterranea aveva stimolato la crescita di un'erba più tenera.

Se il comandante non fosse stato Caio Mario, pensò Publio Vagiennio con una punta di risentimento, all'intero contingente di cavalleria sarebbe stato permesso di accamparsi per conto proprio, nei pressi di un pascolo più adatto alle bestie. Ma no. Caio Mario non voleva che si presentassero tentazioni di sorta agli abitanti della cittadella sul fiume, e aveva dato ordine che tutti gli uomini, dal primo all'ultimo, si accampassero entro il recinto principale. Così ogni giorno gli esploratori dovevano prima accertarsi che nei paraggi non si tenessero in agguato i nemici; dopodiché i cavalleggeri erano autorizzati a portare i loro animali al pascolo, e ogni sera erano tenuti a riportarli all'accampamento. Ciò significava che ogni cavallo doveva essere impastoiato mentre pascolava, altrimenti sarebbe poi stato impossibile catturarlo.

Di conseguenza, ogni mattina Publio Vagiennio doveva montare una delle sue due bestie e portare l'altra a mano attraverso la piana, dall'accampamento alla distesa di erba tenera, impastoiarli per tutta la giornata mentre brucavano, poi ripercorrere gli otto chilometri che lo separavano dalla base, dove (almeno così gli sembrava) le sue ore di riposo erano appena cominciate quando era già tempo di trascinarsi fuori a recuperare nuovamente i cavalli. In aggiunta a tutto ciò, va detto che non esisteva cavalleggero cui piacesse marciare.

Tuttavìa non c'era nulla da fare: bisognava tornare a piedi all'accampamento, dopo aver portato le bestie al pascolo; di conseguenza Publio Vagiennio apportò qualche modifica alla tabella di marcia. Dato che cavalcava a pelo e senza briglie, ché solo un pazzo avrebbe abbandonato la sua preziosa sella e le redini in aperta campagna per l'intera giornata, prese l'abitudine di infilarsi a tracolla una borraccia d'acqua e appendersi al cinturone una sacca col rancio quando usciva dall'accampamento. Poi, una volta liberate le bestie ai piedi della roccaforte, si ritirava all'ombra ad ammazzare il tempo.

In occasione della quarta sortita, si mise comodo con la borraccia e il rancio in una valletta odorosa di fiori, fiancheggiata da ripide rocce, si sedette con le spalle appoggiate a una sporgenza erbosa, chiuse gli occhi e si appisolò. Poi un venticello umido calò impetuoso dalle gole e dai boschi della montagna, recando sulle sue ali un sentore acuto, singolare. Un sentore che indusse Publio Vagiennio a raddrizzarsi di scatto, gli occhi accesi da un lampo di eccitazione. Era un sentore che conosceva, infatti. Lumache. Grosse, grasse, morbide, dolci, succulente lumache, degne di un banchetto degli dèi!

Sulle torreggianti Alpi Marittime della Liguria e sui monti ancor più alti che si ergevano alle loro spalle, da cui veniva Publio Vagiennio, le lumache abbondavano. Era cresciuto a lumache. E proprio grazie alle lumache aveva preso il vizio di aggiungere aglio a tutto ciò che mangiava. Era diventato uno dei maggiori intenditori di lumache esistenti al mondo. Sognava che un giorno si sarebbe dato all'allevamento delle lumache per il mercato, e magari sarebbe addirittura riuscito a produrre un tipo di lumache del tutto nuovo. C'erano uomini che avevano naso per i vini, altri per i profumi, ma Publio Vagiennio aveva naso per le lumache. E quel sentore che il vento gli recava dalla roccaforte gli diceva che da qualche parte, lassù in alto, c'erano lumache di impareggiabile squisitezza.

Con la diligenza di un maiale sulle tracce del tartufo, si mise all'opera seguendo le indicazioni fornitegli dall'olfatto, esplorando i pendii rocciosi in cerca di una strada per arrivare alla colonia di lumache. Da che era sbarcato in Africa con Lucio Cornelio Silla, nel settembre dell'anno precedente, non aveva più gustato una sola lumaca. Quelle africane avevano fama di essere le migliori del mondo, ma dove si acquattassero non era riuscito a scoprirlo, e quelle poste in vendita sui mercati di Utica e Cirta erano destinate alla tavola dei tribuni e dei legati militari, se addirittura non finivano a Roma.

Chiunque fosse meno motivato di lui non avrebbe mai trovato l'antica fumarola, le esalazioni vulcaniche estinte da gran tempo, dato che si trovava dietro una parete apparentemente ininterrotta di basalto a foggia di alti cristalli a colonna; a naso basso, Publio Vagiennio aggirò a fiuto un'illusione ottica e scoprì un enorme camino. Durante millenni di inattività, la polvere portata dal vento aveva colmato la fumarola fino al livello del terreno esterno e si andava accumulando sempre più alta contro la parete sottovento, ma era ancora possibile accedere all'interno della cavità naturale. Aveva un diametro di circa sei metri, e lassù, a forse sessanta metri di altezza, si scorgeva una chiazza di cielo. Le pareti erano verticali e apparivano pressoché inaccessibili. Ma Publio Vagiennio era un montanaro; era anche un buongustaio, in fatto di lumache, a caccia di una superlativa esperienza degustativa. Per cui scalò la fumarola, non senza difficoltà, ma certamente anche senza correre veri e propri rischi di precipitare.

E, giunto che fu in cima, sbucò su una sporgenza erbosa lunga forse una trentina di metri e larga una quindicina nel punto di massima ampiezza, cioè dove il camino si concludeva. Poiché tutto questo si trovava sulla parete nord della scabra altura vulcanica, in effetti i resti erosi del tappo di lava, ché la montagna esterna vera e propria era scomparsa da millenni, la sporgenza era costantemente inumidita dalle infiltrazioni, alcune delle quali gocciavano oltre il bordo della fumarola, ma perlopiù colavano lungo le rocce all'esterno, nel punto in cui la sporgenza s'inclinava a formare una fenditura. Una trentina di metri più in alto, una balza rocciosa sovrastava gran parte della sporgenza, e il dirupo tra la sporgenza e la rupe sovrastante s'incavava a formare una caverna aperta a tutti i venti, gocciante d'infiltrazioni, una splendida parete di felci, muschio, licheni e carici; in un punto, una tale quantità d'acqua veniva spremuta dalla roccia a causa delle enormi pressioni della montagna sovrastante, che un minuscolo rivoletto baluginava e cadeva tra copiosi spruzzi e si perdeva con le altre infiltrazioni oltre il bordo della sporgenza. Chiaramente, era questo il motivo per cui l'erba della piana alla base nord dell'affioramento vulcanico era più tenera.

Dove ora si profilava la grande caverna beante, un tempo c'era stato un deposito di agglomerati melmosi che penetrava più a fondo nel tappo di lava, s'impregnava d'acqua ed emergeva in superficie a farsi erodere avidamente dal vento e dal gelo. Un giorno, e di questo l'esperto montanaro Publio Vagiennio era sicuro, la rupe di basalto che sporgeva con aria tanto funesta si sarebbe consunta al punto di spezzarsi; sporgenza erbosa e caverna ne sarebbero state sepolte, al pari dell'antico camino vulcanico.

La grande caverna era un terreno di coltura ideale per le lumache, per la costante presenza d'acqua, una sacca di aria umida in una terra notoriamente arida, stipata di tutti i detriti vegetali e i minuscoli insetti in decomposizione che le lumache adoravano, sempre in ombra, protetta dall'impeto dei venti da una rupe sottostante che si ergeva più alta della sporgenza per un terzo della sua lunghezza e si curvava verso l'esterno, deflettendo i venti.

Il posto era saturo di odore di lumache, ma di un tipo sconosciuto a Publio Vagiennio, gli disse il naso. Quando finalmente ne vide una, rimase a bocca aperta. Il guscio era grande come il palmo della sua mano! Vistane una, ben presto ne scorse decine, e poi centinaia, nessuna delle quali col guscio più corto del suo indice, in alcuni casi addirittura più lungo della mano tesa. Non credendo ai propri occhi, Publio Vagiennio si issò nella caverna, la esplorò con crescente stupore, e infine arrivò in fondo e lì scoprì un curricolo che saliva, su, sempre più su; non si trattava di un sentiero serpeggiante, pensò divertito, bensì di una pista per lumache!

Il passaggio penetrava in una fenditura che sboccava in una grotta più piccola, più raccolta, tappezzata di felci. Le lumache si facevano sempre più numerose. E poi Publio Vagiennio si ritrovò dall'altro lato della sporgenza, scoprì che era spessa più di una trentina di metri, continuò a inerpicarsi finché, con un ultimo sforzo, uscì dal Paradiso delle Lumache nel Tartaro delle Lumache, l'arido tappo di lava spazzato dal vento, sulla sommità della rupe. Gli si mozzò il respiro, fu preso dal panico, si affrettò a ripararsi dietro una roccia: perché lassù, centocinquanta metri o anche meno sopra di lui, si profilava la fortezza. Il pendìo era così dolce che avrebbe potuto salirlo senza l'aiuto di un bastone, e così basso il muro della cittadella che avrebbe potuto scavalcarlo senza bisogno che qualcuno gli desse una spinta dal basso.

Publio Vagiennio ridiscese al sentiero delle lumache, si calò nella caverna sottostante, e qui indugiò a infilar una mezza dozzina delle lumache più grosse nella tunica, sopra il cinturone, ciascuna accuratamente avvolta in foglie umide. Poi iniziò la parte più impegnativa della discesa, intralciato dal prezioso carico, ma anche ispiratone a compiere sovrumane imprese alpinistiche. E infine sbucò nella valletta tappezzata di fiori.

Un lungo sorso d'acqua e si sentì meglio; le lumache erano tranquille, viscide, al sicuro. Non intendendo dividerle con qualcun altro, le trasferì dalla tunica alla sacca del rancio, ancora avvolte nelle foglie umide e in qualche zolla di terriccio molto più secco, raccolto nella valletta e inumidito con l'acqua della borraccia. Legò strettamente l'imboccatura della sacca del rancio per impedire alle lumache di sgusciarne, e la collocò all'ombra.

Il giorno dopo fece un pasto succulento, essendosi portato appresso un tegame in cui stufare due delle sue prede e un po' di ottima salsa all'olio e aglio. Oh, che squisitezza! Decisamente nelle lumache le dimensioni non avevano a che fare con la durezza. Le dimensioni semplicemente significavano ulteriori sfumature di sapore e più carne da mangiare senza dover faticare a estrarla dal guscio.

Mangiò un paio di lumache al giorno per sei giorni, tornando ad arrampicarsi nella fumarola per procurarsene un'altra mezza dozzina. Ma il settimo giorno la coscienza cominciò a rimorderlo; fosse stato un individuo più dotato d'introspezione, sarebbe forse giunto alla conclusione che gli scrupoli di coscienza aumentavano in proporzione diretta con i crampi procuratigli da un'indigestione. Lì per lì, l'unica cosa cui pensò fu che era un egoista a far incetta di lumache solo per sé quando aveva tanti cari amici nel suo squadrone. Poi si mise a pensare al fatto che aveva scoperto una via per scalare la montagna.

Per altri tre giorni lottò contro gli scrupoli di coscienza, e alla fine ebbe un attacco di gastrite che gli tolse ogni voglia di mangiar lumache, anzi gli fece desiderare di non averne mai sentito parlare. Così prese una decisione.

Non si curò di far rapporto al comandante del suo squadrone; andò direttamente al vertice.

Più o meno al centro dell'accampamento, nel punto in cui la *via praetoria*, che collegava l'ingresso principale con quello sul retro, incrociava la *via principalis*, che collegava tra loro le due porte laterali, era collocata la tenda del comandante in capo con l'asta del vessillo e un'apertura da ambo i lati per le riunioni. Lì, in una struttura di pelli, robusta quanto bastava a giustificare una vera e propria costruzione in legno, Caio Mario aveva posto il suo quartier generale e i suoi alloggi; all'ombra di una lunga tettoia che si prolungava davanti all'ingresso principale, erano collocati un tavolo e uno scranno, occupati dal tribuno militare di giornata. Spettava a lui vagliare coloro i quali chiedevano udienza al comandante o smistare nella giusta direzione le varie richieste riguardo a questa o quella cosa. Due sentinelle montavano la guardia ai lati dell'ingresso, calmi ma vigili, la monotonia del dovere alleviata dal fatto che erano in grado di origliare tutte le conversazioni tra il tribuno di turno e chi veniva a consultarlo.

Quel giorno era di turno Quinto Sertorio, e la cosa lo soddisfaceva enormemente. Gli piaceva risolvere gli enigmi relativi ai rifornimenti, alla disciplina, alla morale, agli uomini, e amava i compiti sempre più complessi e di responsabilità che Caio Mario gli affidava. Se mai si era dato un esempio di culto della personalità, questo riguardava Quinto Sertorio e aveva per oggetto Caio Mario: il soldato in embrione che venerava il soldato nella sua forma più completa. Qualsiasi cosa Caio Mario gli avesse ordinato di fare, sarebbe mai parso un compito sgradevole a Quinto Sertorio, sicché laddove altri tribuni militari subalterni detestavano il lavoro burocratico all'ingresso della tenda del comandante, lui lo gradiva.

Quando il cavalleggero ligure si presentò con l'incedere tipico di chi è avvezzo da sempre a cavalcare con le gambe penzoloni, senza il sostegno delle staffe, Quinto Sertorio lo squadrò con interesse. Un tipo tutt'altro che attraente, con un viso che solo sua madre avrebbe potuto definire bello, ma la corazza era tirata a lucido, i calzari da cavallo liguri, di feltro con la suola morbida, erano ornati da un paio di speroni scintillanti e le brache di cuoio al ginocchio erano abbastanza pulite. Se puzzava un tantino di cavallo, era cosa del tutto prevedibile; tutti i cavalleggeri si portavano addosso quell'odore, per quanti bagni facessero o per quanto di frequente lavassero i loro indumenti.

Un paio di scaltri occhi nocciola ne fissò un altro paio, e a ciascun paio piacque ciò che vide.

Niente decorazioni, per il momento, pensò Quinto Sertorio, ma la cavalleria non aveva ancora avuto modo di cimentarsi in battaglia.

"Giovane per questo incarico," pensò Publio Vagiennio "però ha l'aria di un vero soldato, se mai ne ho visto uno: un tipico fantaccino romano, comunque, senza il minimo interesse per i cavalli."

«Publio Vagiennio, squadrone di cavalleria ligure» si presentò. «Vorrei parlare con Caio Mario.»

«Grado?» domandò Quinto Sertorio.

«Cavalleggero semplice» rispose Publio Vagiennio.

«Motivo della richiesta?»

«Personale.»

«Il comandante» disse Quinto Sertorio in tono gentile «non riceve i soldati semplici della cavalleria ausiliaria, soprattutto non accompagnati. Dov'è il tuo tribuno, soldato?»

«Non sa che sono venuto» rispose Publio Vagiennio, l'aria cocciuta. «Sono qui per motivi personali.»

«Caio Mario è molto impegnato» ribadì Quinto Sertorio.

Publio Vagiennio posò ambo le mani sul tavolo e protese la testa, rischiando di asfissiare Sertorio con l'alito greve di aglio. «Ora stammi bene a sentire, giovanotto, va' a dire a Caio Mario che ho una proposta da fargli che giudicherà molto vantaggiosa... ma non ho intenzione di parlarne ad alcun altro, e questo è quanto.»

Continuando a fissarlo con occhi alteri e sforzandosi di restare serio mentre moriva dalla voglia di scoppiare in una risata, Quinto Sertorio si alzò in piedi. «Aspetta qui, soldato» disse.

L'interno della tenda era diviso in due zone da una tramezza di pelle tagliata al centro in modo da consentire il passaggio. Lo spazio sul retro costituiva gli alloggi privati di Mario, quello anteriore il suo ufficio. Lo spazio anteriore era di gran lunga il più spazioso dei due, e conteneva un assortimento di sedie e tavoli pieghevoli, rastrelliere colme di mappe, alcuni modellini di macchine da assedio con cui si erano baloccati gli ufficiali del genio nella prospettiva di un assalto alla montagna e svariati casellari portatili in cui erano riposti documenti, rotoli, libri e scartoffie varie.

Caio Mario era assiso nella sedia curule eburnea da un lato del grande tavolo pieghevole che definiva il suo scrittoio personale, con Aulo Manlio, il suo legato, dall'altro lato, e Lucio Cornelio Silla, il suo questore, tra loro. Chiaramente, erano impegnati nell'attività che più detestavano, ma tanto cara al cuore dei burocrati che gestivano l'erario: la revisione dei conti e il controllo dei libri mastri. Che si trattasse di una riunione preliminare era facilmente constatabile per uno come Quinto Sertorio; se si fosse trattato di una cosa seria, sarebbero stati presenti anche parecchi segretari e scrivani.

«Caio Mario, chiedo scusa per l'interruzione» disse Sertorio, un po' titubante.

Qualcosa, nel suo tono di voce, indusse i tre uomini ad alzare il capo e fissarlo intenti.

«Sei perdonato, Quinto Sertorio. Che c'è?» domandò Mario, sorridendo.

«Be', probabilmente è solo una perdita di tempo, ma sta di fatto che fuori c'è un cavalleggero ligure il quale insiste per farsi ricevere da te, Caio Mario, ma non vuole dirmi perché.»

«Un cavalleggero ligure» ripeté Mario lentamente. «E che cos'ha da dire il suo tribuno?»

«Non si è consultato col suo tribuno.»

«Oh, si tratta di cosa segretissima, eh?» Mario studiò Sertorio con espressione astuta. «Perché dovrei ricevere quel tizio, Quinto Sertorio?»

Quinto Sertorio sogghignò. «Se potessi dirtelo, sarei molto più bravo a svolgere i miei compiti» rispose. «Non so perché, ed è una risposta sincera. Però... non saprei, magari mi sbaglio, ma... penso che dovresti riceverlo, Caio Mario. Ho come un presentimento.»

Mario posò il documento che aveva in mano. «Fallo passare.»

La vista dell'intero comando supremo riunito in assemblea non intaccò minimamente la sicurezza di Publio Vagiennio; se ne stette lì ammiccando alla fievole luce, senza traccia di timore sul volto.

«Questi è Publio Vagiennio» disse Sertorio, accingendosi a uscire.

«Rimani, Quinto Sertorio» lo invitò Mario. «Allora, Publio Vagiennio, che cos'hai da dirmi?»

«Un bel po' di cose» rispose quello.

«Allora sputa, soldato!»

«Sicuro, sicuro!» fece Publio Vagiennio, per nulla intimidito. «Il fatto è che prima devo decidere da che parte cominciare. Fornirti l'informazione o farti la mia proposta d'affari?»

«L'una cosa è direttamente collegata all'altra?» domandò Aulo Manlio.

«Certamente, Aulo Manlio.»

«Allora sentiamo prima la proposta d'affari» disse Mario impassibile. «Mi piacciono le vie traverse.»

«Lumache» disse Publio Vagiennio.

I quattro romani lo fissarono, ma nessuno aprì bocca.

«La mia proposta d'affari» continuò il cavalleggero, paziente «riguarda le lumache. Le lumache più grosse, più tenere che si siano mai viste!»

«Sicché è per questo che puzzi d'aglio!» disse Silla.

«Non si può mangiare le lumache senza l'aglio» fece osservare Vagiennio.

«Come possiamo esserti d'aiuto con le tue lumache?» domandò Mario.

«Voglio una concessione, e vorrei anche che mi presentassi alle persone giuste, a Roma, per smerciarle.»

«Capisco.» Mario guardò Manlio, Silla, Sertorio. Nessuno sorrideva. «D'accordo, concessione accordata, e immagino che se uniamo i nostri sforzi potremo anche garantirti la presentazione. Ora, quale sarebbe l'informazione che hai da darci?»

«Ho trovato una via per scalare la montagna.»

Silla e Aulo Manlio raddrizzarono le spalle.

«Hai trovato una via per scalare la montagna» sillabò Mario.

«Sì.»

Mario si alzò da dietro lo scrittoio. «Fammi vedere» ordinò.

Ma Publio Vagiennio arretrò. «Be', lo farò, Caio Mario, lo farò. Non prima, però, che si prenda una decisione riguardo alle mie lumache.»

«Non può proprio aspettare, amico?» chiese Silla con un'espressione che non prometteva nulla di buono.

«No, Lucio Cornelio, assolutamente!» fece Publio Vagiennio, dimostrando di conoscere per nome tuti i componenti del comando supremo. «La via per arrivare in cima alla montagna incrocia la mia colonia di lumache. *Mia*, ho detto! E si tratta delle più belle lumache del mondo! Ecco qua.» Sfilò la sacca del rancio dal sostegno alquanto bizzarro cui era appesa, di traverso alla lunga spada da cavalleggero, l'aprì e ne estrasse delicatamente una chiocciola lunga una ventina di centimetri, che posò sullo scrittoio di Mario.

Tutti quanti la fissarono nel più completo silenzio. Dato che il ripiano dello scrittoio era fresco e liscio, dopo qualche istante la lumaca si avventurò fuori dal guscio, perché aveva fame ed era stata sballottata per qualche tempo nella sacca di Publio Vagiennio. Così strisciò cautamente fuori, non emergendone come una tartaruga dal suo guscio, ma, piuttosto, sollevandolo nell'aria ed espandendosi al di sotto in sembianza di viscidi grumi informi. Uno di tali grumi prese la forma di una coda affusolata, e il grumo all'altra estremità quella di una tozza testa che innalzò antenne cispose, quasi creandole dal nulla. Completata la metamorfosi, la lumaca attaccò a rosicchiare percettibilmente l'involucro di foglie e terriccio in cui il cavalleggero l'aveva avvolta.

«Questa, sì,» disse Caio Mario «è ciò che si dice una *lumaca*.»

«Sul serio!» alitò Quinto Sertorio.

«Ci si potrebbe sfamare un esercito» osservò Silla, che personalmente era piuttosto schizzinoso e non amava cibarsi di lumache più di quanto amasse cibarsi di funghi.

«Ecco!» mugolò Publio Vagiennio. «È proprio questo! Non voglio che tutte quelle avide facce da culo» e qui i suoi ascoltatori trasalirono «si becchino le mie lumache! Ce n'è una quantità, ma cinquecento soldati le farebbero sparire in men che non si dica! Io, invece, vorrei portarle in qualche posto non troppo lontano da Roma e allevarle, e non vorrei che si distruggesse la mia colonia di lumache.

Vorrei quel diritto di sfruttamento e vorrei che la mia colonia di lumache fosse al sicuro da tutte le puttane di questo esercito!»

«È un esercito di puttane, d'accordo» fece Mario in tono solenne.

«Si dà il caso» cantilenò Aulo Manlio col suo accento raffinato da aristocratico «che possa aiutarti, Publio Vagiennio. Ho un cliente di Tarquinia, in Etruria, sai, che si è creato un piccolo commercio molto esclusivo e redditizio ai mercati *Cuppedenis*, a Roma, sai, vendendo lumache. Si chiama Marco Fulvio, non appartiene alla nobile schiatta della *gens* Fulvia, sai... e un paio d'anni fa gli ho anticipato un gruzzoletto per avviare il suo commercio. Ora se la cava piuttosto bene. Ma immagino che sarebbe felicissimo di addivenire a un accordo con te, a giudicare da questa splendida... davvero splendida, Publio Vagiennio!... lumaca.»

«Affare fatto, Aulo Manlio» disse il cavalleggero.

«*Ora* vuoi mostrarci la via per scalare la montagna?» domandò Silla, ancora impaziente.

«Tra un momento» rispose Vagiennio, girandosi verso Mario che si stava allacciando i calzari. «Prima voglio sentirmi dire dal comandante in capo che la mia colonia di lumache sarà al sicuro.»

Mario finì di allacciarsi i calzari e si raddrizzò, fissando dritto negli occhi Publio Vagiennio. «Publio Vagiennio,» disse «sei l'uomo che fa al caso mio! Unisci un concreto senso degli affari a un solido spirito patriottico. Non temere, ti do la mia parola che la tua colonia di lumache sarà al sicuro. E adesso guidaci alla montagna, se non ti dispiace.»

Quando, di lì a poco, la pattuglia di ricognizione si mise in marcia, le si era aggiunto anche il comandante dei genieri. Per risparmiare tempo erano montati in sella, Vagiennio sul suo cavallo migliore, Caio Mario sull'anziano ma elegante destriero che perlopiù riservava alle parate, Silla optando come al solito per un mulo, e Aulo Manlio e Quinto Sertorio e il geniere su tre pony scelti a caso nel recinto.

La fumarola non presentava difficoltà di sorta, per il geniere. «Semplicissimo» disse, guardando su per il camino. «Farò costruire una bella scala fino in cima, lo spazio c'è.»

«Quanto ci vorrà?» domandò Mario.

«Si dà il caso che mi sia portato alcuni carri di assi e piccole travi, così... un paio di giorni, diciamo, lavorando giorno e notte» rispose il geniere.

«Allora mettiti subito all'opera» ordinò Mario, adocchiando Vagiennio con rinnovato rispetto. «Devi avere tre quarti di sangue di capra per riuscire ad arrampicarti su per questo camino» disse.

«Sono nato e cresciuto in montagna» fece Vagiennio, tutto soddisfatto.

«Be', la tua colonia di lumache sarà al sicuro finché verrà costruita la scala» disse Mario mentre tornava a dirigersi verso i cavalli, in testa al gruppetto. «Se le tue lumache saranno minacciate, me ne occuperò personalmente.»

Cinque giorni più tardi, la cittadella di Muluchath cadeva nelle mani di Caio Mario, assieme a un favoloso bottino consistente in monete d'argento, verghe d'argento e un migliaio di talenti d'oro; c'erano anche due piccoli forzieri, l'uno colmo delle pietre di carbonchio più splendenti e più rosse che si fossero mai viste, l'altro colmo di un tipo di gemme che nessuno aveva mai visto, lunghi cristalli dalle sfaccettature naturali, polite con cura in modo da rivelarsi di un rosa intenso a un'estremità, sfumante sino al verde cupo all'altra.

«Varranno un patrimonio!» esclamò Silla, sollevando una di quelle gemme variegate che gli abitanti del luogo chiamavano *lychnites*.

«Già, già!» fece Mario, gongolante.

Quanto a Publio Vagiennio, venne decorato al cospetto dell'intero esercito adunato, e ricevette una serie completa di nove *phalerae* d'argento massiccio, grossi medaglioni rotondi, scolpiti ad altorilievo e uniti tra loro a tre a tre da lacci cesellati, intarsiati d'argento, in modo da poter essere portati sul petto, sopra la corazza. Il cavalleggero gradì molto l'onorificenza, ma fu di gran lunga più contento per il fatto che Mario avesse tenuto fede alla parola data e protetto la colonia di lumache da eventuali saccheggiatori, isolandola dal sentiero tracciato a beneficio dei soldati diretti in vetta alla montagna. Mario aveva poi provveduto a schermare il passaggio per mezzo di pelli, in modo che i soldati neppure si rendessero conto delle succulente leccornie che strisciavano nella caverna tappezzata di felci. E una volta conquistata la montagna, Mario ordinò che la scala fosse immediatamente demolita. Non solo: Aulo Manlio aveva scritto al suo cliente, il plebeo Marco Fulvio, ponendo le basi di una società per quando la campagna d'Africa si fosse conclusa e Publio Vagiennio fosse stato congedato.

«Bada bene, Publio Vagiennio,» disse Mario mentre gli agganciava le nove piastre d'argento «noi quattro ci aspettiamo una giusta ricompensa negli anni a venire: lumache gratis per le nostre tavole, con particolare riguardo per Aulo Manlio.»

«Affare fatto» promise il cavalleggero, il quale aveva scoperto, con grande dispiacere, che la sua predilezione per le lumache era definitivamente sparita da quando ne aveva fatto indigestione. Ora, tuttavia, guardava alle lumache con l'occhio geloso di un conservatore, più che di un distruttore.

Alla fine di *Sextilis* l'esercito si era rimesso in marcia per rientrare dalle terre di frontiera, e si nutriva a sazietà con i prodotti della terra perché era stagione di raccolto. La puntata ai confini del regno di Bocco aveva sortito l'effetto desiderato; convinto che, una volta conquistata la Numidia, Mario non si sarebbe fermato, Bocco decise di unire le sue sorti a quelle del genero Giugurta. Guidò quindi il suo esercito di mori verso il fiume Moulouya, dove s'incontrò con Giugurta, il quale attese che Mario se ne fosse andato, dopodiché rioccupò la roccaforte depredata.

I due re seguirono le orme dei Romani che si dirigevano a debita distanza, in modo da non dare nell'occhio. E poi, quando Mario fu a meno di centosessanta chilometri da Cirta, i re sferrarono l'assalto.

Era il crepuscolo, e l'esercito romano era impegnato ad accamparsi. Anche così, l'attacco nemico non colse gli uomini completamente di sorpresa, in quanto Mario si accampava senza trascurare le misure di sicurezza. Entravano in azione gli agrimensori per calcolare esattamente i quattro angoli, che venivano subito picchettati, dopodiché l'intero esercito si trasferiva con meticolosa precisione all'interno del futuro accampamento, sapendo a memoria dove esattamente doveva disporsi ciascuna legione, e ciascuna coorte di ogni legione, e ciascuna centuria di ogni coorte. Non c'era pericolo che qualcuno inciampasse in un altro, che qualcuno andasse nel posto sbagliato; e nessuno commetteva errori circa lo spazio che gli spettava. Veniva fatto entrare anche il convoglio dei vettovagliamenti, i non combattenti di ogni centuria si occupavano dei muli di ciascun gruppo di otto legionari e del carro della centuria, e gli addetti al convoglio provvedevano allo stallaggio delle bestie e all'accantonamento dei carri. Impugnando gli arnesi da scavo e i paletti estratti dai fardelli, i soldati, ancora armati di tutto punto, si portavano ai vari settori della recinzione di loro competenza. Lavoravano con la corazza indosso e le spade e i pugnali appesi al cinturone; le lance venivano conficcate saldamente nel terreno, gli scudi appoggiati alle lance, gli elmi venivano agganciati per mezzo del sottogola attorno alle lance e alla parte anteriore degli scudi, in modo che un improvviso soffio di vento non potesse far crollare la costruzione. In tal modo ogni legionario aveva a portata di mano l'elmo, lo scudo e le lance mentre sfacchinava.

Gli uomini usciti in ricognizione non scoprirono traccia del nemico, e al loro ritorno riferirono che non c'era nulla da segnalare, dopodiché andarono a fare la loro parte nella costruzione del campo. Il sole era ormai tramontato. E nella breve, luminescente penombra prima che calasse il buio, gli eserciti della Numidia e della Mauretania sbucarono da dietro una cresta e calarono sull'accampamento non ancora ultimato.

I combattimenti si svolsero al buio, un'impresa disperata che per qualche ora vide i Romani a malpartito. Ma Quinto Sertorio ordinò ai non combattenti di accendere le torce, e alla fine l'accampamento risultò illuminato quanto bastava a Mario per vedere ciò che accadeva, e da quel momento la situazione cominciò a migliorare. Silla si distinse in modo particolare, radunando le truppe che davano segni di vacillare o di farsi prendere dal panico, presente dovunque ci fosse bisogno di lui, come per magia, ma in realtà perché possedeva quell'intuito militare capace di indovinare quale sarebbe stato il prossimo punto debole, prima che effettivamente si manifestasse. Con la spada insanguinata, si batteva come un veterano: coraggioso all'attacco, cauto in difesa, brillante nei momenti di difficoltà.

E all'ottava ora di buio, la vittoria arrise ai Romani. Gli eserciti della Numidia e della Mauretania si ritirarono in buon ordine, lasciando però alcune migliaia dei loro sul terreno, laddove Mario aveva perso un numero sorprendentemente esiguo di uomini.

Al mattino, l'esercito romano si rimise in marcia, poiché Mario aveva deciso che non era il caso di concedere un riposo ai suoi uomini. I caduti di Roma furono debitamente cremati, e i morti nemici lasciati in pasto agli avvoltoi. Questa volta le legioni marciarono a quadrato, con la cavalleria disposta in testa e in coda alla colonna a ranghi serrati, e i muli e il convoglio piazzati al centro. Se si fosse verificato un secondo attacco nemico durante la marcia, i legionari non avrebbero dovuto far altro che girarsi verso l'esterno di ciascun quadrato, mentre la cavalleria era già piazzata alle ali. Ora ogni legionario aveva l'elmo in testa, col pennacchio di crini di cavallo variopinti fissato in cima; portava anche lo scudo, privo del fodero di cuoio di protezione, e le due lance. La guardia sarebbe stata abbassata solo quando si fosse arrivati a Cirta.

Il quarto giorno, allorché si prevedeva di arrivare a Cirta in serata, i re tornarono ad attaccare. Questa volta Mario non era impreparato. Le legioni erano schierate a quadrato e ogni quadrato era parte di un più vasto quadrato coi vettovagliamenti al centro, e poi ciascun quadrato minore si dissolse e schierò in modo da raddoppiare il proprio spessore di fronte al nemico. Come sempre, Giugurta calcolava che le molte migliaia di cavalli numidi di cui disponeva avrebbero sfondato lo schieramento romano; splendidi cavalieri, non usavano sella né briglie e non portavano armatura, confidando nelle proprie capacità di sfondamento, basate sulla rapidità, il coraggio e la letale precisione con cui maneggiavano il giavellotto e la lunga spada. Ma né la cavalleria di Giugurta né quella di Bocco riuscirono a penetrare al centro del quadrato romano, e la loro fanteria s'infranse contro una solida muraglia di legionari, impavidi di fronte al nemico, a cavallo o appiedato che fosse.

Silla si batté in prima linea con la prima coorte della prima legione, in quanto Mario aveva il controllo tattico della situazione e l'elemento sorpresa era del tutto trascurabile; quando lo schieramento della fanteria di Giugurta finalmente cedette, fu Silla a guidare la carica, seguito da presso da Sertorio.

La voglia disperata di sbarazzarsi di Roma una volta per tutte indusse Giugurta a prolungare la battaglia. Quando decise di ritirarsi, era ormai troppo tardi per farlo, e non gli rimase che continuare a battersi contro un esercito romano che già sentiva profumo di vittoria. Così la vittoria romana, quando giunse, fu completa, totale, assoluta. Gli eserciti della Numidia e della Mauretania erano annientati, la maggior parte degli uomini caduti in battaglia. Giugurta e Bocco riuscirono a fuggire.

Mario entrò a Cirta alla testa di una colonna esausta, ma ogni legionario era giubilante; non ci sarebbe più stata guerra su vasta scala in Africa, lo sapeva anche il più umile soldato. Questa volta Mario fece acquartierare le sue truppe entro le mura di Cirta, non volendo correre il rischio di esporle a eventuali attacchi nemici. I legionari furono alloggiati presso gli sfortunati civili numidi, e gli stessi sfortunati civili numidi costituirono le brigate di lavoro che il giorno dopo Mario spedì a ripulire il campo di battaglia, ad appiccare il fuoco alle montagne di caduti africani e a riportare in città i caduti romani, in numero di gran lunga inferiore, per tributar loro solenni esequie.

A Quinto Sertorio venne assegnata la responsabilità di tutte le decorazioni che Mario intendeva distribuire durante una speciale adunata dell'esercito che avrebbe fatto seguito alla cremazione dei caduti; fu anche incaricato di organizzare la cerimonia. Dato che si trattava della prima cerimonia del genere cui gli capitava di presenziare, Sertorio non aveva la più pallida idea su come affrontare il compito, però era un ragazzo intelligente e pieno di risorse. Scovò un centurione del primo manipolo dei triarii, un veterano, e lo domandò a lui.

«Allora, quel che devi fare, giovane Sertorio,» disse la vecchia volpe «è tirar fuori tutte le decorazioni di Caio Mario e sciorinarle sul podio del comandante in modo che gli uomini possano vedere che razza di soldato è stato. I nostri legionari sono bravi ragazzi, anche se nullatenenti, ma non sanno niente della vita militare, e non vengono da famiglie di tradizioni militari. Sicché, come fanno a sapere che razza di soldato è stato Caio Mario? Io lo so! Perché sono stato con lui in ogni campagna che ha combattuto dai tempi di... oh, Numanzia.»

«Ma non credo che si sia portato appresso le decorazioni» osservò Sertorio, sgomento.

«Sicuro che se le è portate, giovane Sertorio!» disse il veterano di cento battaglie e cento scontri. «Sono il suo portafortuna.»

E infatti, quando Sertorio lo interrogò in proposito, Mario ammise di essersi portato in guerra le sue decorazioni: con l'aria un po' impacciata, finché Sertorio non accennò al commento del centurione in merito alla loro funzione di amuleti.

Tutti gli abitanti di Cirta si affacciarono a guardare, ché si trattava di una cerimonia imponente, l'esercito in alta tenuta, l'aquila d'argento di ogni legione inghirlandata con l'alloro della vittoria, lo stendardo di ogni manipolo, raffigurante una mano d'argento, inghirlandato con l'alloro della vittoria, il vessillo di stoffa di ogni centuria inghirlandato con l'alloro della vittoria. Ciascun soldato portava le sue decorazioni, ma dal momento che si trattava di un esercito nuovo, composto di uomini nuovi, soltanto alcuni centurioni e una mezza dozzina di legionari ostentavano bracciali, collari, medaglioni. Publio Vagiennio, logicamente, portava il suo completo di piastre d'argento.

Ah, ma era Caio Mario a regnare sovrano! Così almeno la pensava l'abbagliato Quinto Sertorio, ritto in attesa di essere insignito con la Corona d'Oro per il duello sostenuto sul campo; anche Silla attendeva che gli fosse conferita una Corona d'Oro.

Eccole lì, schierate alle sue spalle sull'alto podio, le decorazioni di Caio Mario. Sei lance d'argento per aver ucciso un uomo in singolar tenzone in sei occasioni diverse; un vessillo scarlatto ricamato in oro e guarnito con una frangia d'oro fino per aver ucciso più uomini in singolar tenzone nella stessa occasione; due scudi incrostati d'argento nell'antica forma ovale per aver tenuto testa al nemico in circostanze avverse. Poi c'erano le decorazioni che portava indosso. La corazza era di cuoio anziché di bronzo argentato come l'avevano di norma gli alti ufficiali, e sopra la corazza Mario portava tutte le sue piastre, appese ai lacci incrostati d'oro: non meno di tre serie complete di nove, in oro, due sul davanti della corazza, una dietro; e sei collari d'oro e quattro d'argento gli pendevano da laccetti sulle spalle e al collo; alle braccia e ai polsi scintillavano i bracciali d'oro e d'argento. E poi c'erano le corone. In capo portava la *Corona Civica*, ossia la corona di foglie di quercia che veniva conferita solo a chi avesse salvato la vita ai suoi compagni e mantenuto saldamente la posizione in cui aveva compiuto l'impresa per il resto della battaglia. Altre due corone di foglie di quercia erano appese a due delle lance d'argento, a indicare che Mario si era guadagnato la *Corona Civica* non meno di tre volte; da altre due lance d'argento pendevano due Corone d'Oro per atti di eroismo, e si trattava di corone d'oro martellato a foggia di foglie d'alloro; alla quinta lancia era appesa una *Corona Muralis*, ossia una corona d'oro a foggia di bastione merlato, conferitagli per essere stato il primo a scalare le mura di una città nemica; e dalla sesta lancia penzolava una *Corona Vallaris*, cioè una corona d'oro attribuitagli per essere stato il primo a penetrare in un accampamento nemico.

Che uomo! pensò Quinto Sertorio, catalogando mentalmente quei talismani. Sì, le sole decorazioni che non si era meritate erano la Corona Navale, conferita a chi si era battuto valorosamente in mare — e Mario non aveva mai combattuto in mare, per cui tale omissione era più che logica — e la *Corona Graminea*, la semplice ghirlanda di comune erba, conferita a chi, grazie unicamente al proprio coraggio e alla propria iniziativa, avesse salvato un'intera legione, se non addirittura tutto un esercito. La Corona d'Erba era stata conferita solo una manciata di volte in tutta la storia della Repubblica, la prima volta al leggendario Lucio Siccio Dentato, che di corone di vario tipo se n'era meritate non meno di ventisei, ma una sola *Corona Graminea*. A Scipione l'Africano, durante la seconda guerra punica. Sertorio aggrottò la fronte, riandando con la mente agli altri decorati. Oh, Publio Decio *Mus* se l'era guadagnata durante la prima guerra sannitica! E Quinto Fabio Massimo il Verrucoso, il Temporeggiatore, l'aveva guadagnata per aver inseguito Annibale su e giù per l'Italia, impedendogli in tal modo di sentirsi abbastanza sicuro da attaccare Roma.

Poi Silla venne chiamato a ricevere la sua Corona d'Oro e anche una serie completa di nove piastre d'oro per il valore dimostrato durante la prima delle due battaglie contro i re. Che espressione soddisfatta aveva... e com'era *imponente*. Quinto Sertorio aveva sentito dire che era un tipo piuttosto freddo, con una vena di crudeltà; ma in tutto il tempo trascorso assieme in Africa neppure una volta aveva avuto conferma di tali accuse, e sicuramente, se fossero state veritiere, Caio Mario non se lo sarebbe tenuto stretto come faceva. Quinto Sertorio, infatti, logicamente non capiva che quando tutto andava bene e la vita scorreva piacevolmente e poneva sufficienti sfide mentali e fisiche, freddezza e crudeltà si potevano anche seppellire, magari temporaneamente;

inoltre Sertorio non capiva che Silla era abbastanza scaltro per rendersi conto che Caio Mario non era tipo cui mostrare il lato più basso, più oscuro di sé. In effetti, Lucio Cornelio Silla si era comportato nel modo più corretto possibile da quando Mario l'aveva scelto come suo questore, e non l'aveva trovato neppure difficile.

«Oh!» Quinto Sertorio sobbalzò. Era così immerso nei suoi pensieri, che non aveva udito chiamare il suo nome, per cui si prese una gomitata nel costato dal suo servo, quasi fiero di Quinto Sertorio quanto Quinto Sertorio lo era di sé. Salì incespicando sul podio e vi rimase impalato mentre il grande Caio Mario gli posava sul capo la Corona d'Oro, poi dovette affrontare le acclamazioni dell'esercito e ricambiare la stretta di mano di Caio Mario e di Aulo Manlio.

E dopo che tutti i collari e i bracciali e i medaglioni e i vessilli furono consegnati, e alcune coorti vennero decorate collettivamente con ghirlande d'oro o d'argento da appendere all'asta degli stendardi, Caio Mario prese la parola.

«Ottimo lavoro, nullatenenti!» esclamò, rivolto agli inebetiti legionari radunati attorno a lui. «Vi siete dimostrati più prodi dei prodi, più volenterosi dei volenterosi, più strenui dei più strenui combattenti, più intelligenti degli intelligenti! Ci sono ancora molte aste di stendardo spoglie che si potranno adornare con le decorazioni guadagnate dai loro detentori! Quando attraverseremo Roma in trionfo, daremo alla gente qualcosa cui guardare! E in futuro nessun romano potrà dire che i nullatenenti non tengono abbastanza a Roma per vincere battaglie nel suo nome!»

Novembre cominciava appena a minacciare pioggia, quando a Cirta arrivò un'ambasceria inviata da re Bocco di Mauretania. Mario lasciò bollire gli emissari nel loro brodo per alcuni giorni, ignorandone le pressanti perorazioni.

«Saranno docili come agnellini» disse a Silla, quando alla fine acconsentì a riceverli.

«Non ho intenzione di perdonare re Bocco,» dichiarò a mo' di preambolo «sicché tornatevene a casa! Mi state facendo perdere tempo.»

Il portavoce dell'ambasceria era un fratello minore del re, un certo Bogud, e a questo punto il principe Bogud si affrettò a farsi avanti, prima che Mario potesse far segno ai suoi littori di mettere alla porta l'ambasceria.

«Caio Mario, Caio Mario, il re mio fratello è anche troppo consapevole della portata delle sue trasgressioni!» disse il principe. «Non chiede il tuo perdono, né pretende che tu raccomandi al Senato e al Popolo di Roma di riaccoglierlo in qualità di Amico e Alleato del Popolo romano. Ciò che chiede è che in primavera tu invii uno dei tuoi legati più autorevoli alla sua corte a Tangeri, al di là delle Colonne d'Ercole. Là spiegherà loro nel modo più accurato possibile perché si sia alleato a re Giugurta, e chiede solo che lo ascoltino con attenzione. Non dovranno dirgli una sola parola in risposta: dovranno riferire a te ciò che avrà detto, in modo che tu possa rispondergli. Fallo, ti supplico, accorda questo favore al re mio fratello!»

«Come, come? Dovrei inviare due dei miei uomini migliori a Tangeri proprio all'inizio della stagione bellica?» domandò Mario con ben simulata incredulità. «No! Il massimo che possa fare è inviarli a Saldae.» Si trattava di un porticciolo poco a ovest del porto di Cirta, Rusicade.

Tutti i componenti dell'ambasceria levarono le mani inorriditi. «Impossibile!» esclamò Bogud. «Il re mio fratello desidera evitare re Giugurta a qualsiasi costo!»

«Icosium (Algeri)» disse Mario, nominando un altro porto situato circa duecento miglia a ovest di Rusicade. «Invierò il mio legato anziano, Aulo Manlio, e il mio questore, Lucio Cornelio Silla, a Icosium... ma *ora*, principe Bogud, non in primavera.»

«Impossibile!» esclamò Bogud. «Il re si trova a Tangeri!»

«Sciocchezze!» fece Mario sprezzante. «Il re sta tornando in Mauretania con la coda fra le gambe. Se lo fai rincorrere da un veloce cavaliere, ti posso garantire che non avrà la minima difficoltà a raggiungere Algeri suppergiù nel momento in cui ci arriveranno i miei legati.» Squadrò Bogud con espressione truce. «Questa è la proposta migliore, e anche l'unica, che possa farti. Prendere o lasciare.»

Bogud prese. Quando l'ambasceria si imbarcò, di lì a un paio di giorni, fece vela assieme ad Aulo Manlio e a Silla su una nave diretta ad Algeri, avendo spedito il veloce cavaliere di cui sopra a rincorrere i resti a brandelli dell'esercito moro.

«Ci stava aspettando quando siamo entrati in porto, proprio come avevi detto tu» riferì Silla un mese dopo, al suo rientro.

«Dov'è Aulo Manlio?» domandò Mario.

Silla ammiccò. «Aulo Manlio non sta bene, per cui ha deciso di tornare via terra.»

«Una grave indisposizione?»

«Non ho mai visto qualcuno soffrire tanto di mal di mare» disse Silla, lasciandosi trasportare dai ricordi.

«Be', non lo sapevo!» fece Mario, stupito. «Ne deduco che sei stato tu ad ascoltare attentamente, non Aulo Manlio, è così?»

«Sì» rispose Silla, e sorrise ironico. «È un ometto buffo, Bocco. Tondo come una palla per i troppi dolci che mangia. Molto pomposo, esteriormente, ma sotto sotto molto timido.»

«Una combinazione rara» osservò Mario.

«Be', è piuttosto chiaro che ha paura di Giugurta; non credo che menta su questo. E se dovessimo dargli solide garanzie che non intendiamo spodestarlo dal trono di Mauretania, credo che sarebbe ben lieto di servire gli interessi di Roma. Ma Giugurta fa pressioni su di lui, sai.»

«Giugurta fa pressioni su tutti. Ti sei attenuto alla richiesta di Bocca di non dir nulla o hai parlato?»

«Oh, prima gli ho lasciato vuotare il sacco,» espose Silla «ma poi gliele ho cantate. Lui ha tentato di darsi arie regali e di congedarmi, così gli ho detto che la sua era stata una proposta unilaterale e non vincolava i tuoi rappresentanti, per quanto ti riguardava.»

«Che cos'altro gli hai detto?» domandò Mario.

«Che se fosse stato furbo, in futuro avrebbe ignorato Giugurta e sarebbe stato fedele a Roma.»

«Come l'ha presa?»

«Abbastanza bene. Una cosa è certa: quando l'ho lasciato aveva abbassato la cresta.»

«Allora staremo a vedere che cosa succede» disse Mario.

«Una cosa ho scoperto,» aggiunse Silla «e cioè che Giugurta è ormai allo stremo delle risorse, per quanto riguarda il reclutamento. Persino i Getuli si rifiutano di concedergli altri uomini. La Numidia è stanchissima della guerra, e ormai nessun suddito del regno, sia esso uno stanziale delle regioni abitate o un nomade dell'interno, ritiene che esista la più remota probabilità di vittoria.»

«Ma ci consegneranno Giugurta?»

Silla scosse la testa. «No, certamente non lo faranno!»

«Non importa» disse Mario, esibendo i denti in un sorriso. «L'anno prossimo, Lucio Cornelio! L'anno prossimo lo prenderemo... Vedrai.»

Poco prima della fine dell'anno, Caio Mario ricevette una lettera da Publio Rutilio Rufo, una lettera che aveva subìto forti ritardi a causa di una serie di tremende burrasche.

So che desideravi mi candidassi al consolato in coppia con te, Caio Mario, ma mi si è presentata un'occasione che sarei sciocco a lasciar perdere. Sì, intendo farmi eleggere console per l'anno prossimo, e domani depositerò il mio nome come candidato. Vedi, a quanto sembra, il pozzo si è momentaneamente prosciugato. Non si candida alcun personaggio di vaglia. Come, neppure Quinto Lutazio Catulo Cesare? mi pare di sentirti domandare. No, se ne sta in disparte di questi tempi, dato che appartiene anche troppo palesemente alla fazione che ha difeso tutti i nostri consoli responsabili della perdita di tante vite di soldati. Finora, il candidato più illustre è per certi versi un Uomo Nuovo: Gneo Mallio Massimo, nientemeno. Non è malaccio; certamente potrei collaborare con lui — ma se è lui il miglior candidato in lizza, io rappresento una certezza. Il comando ti è stato prorogato anche per l'anno prossimo, come probabilmente già sai.

Roma è davvero un luogo molto tedioso, ora come ora; non ho in pratica notizie da comunicarti, e pochissime cose per quanto attiene agli scandali. I tuoi cari stanno tutti bene, e il piccolo Mario è un vero tesoro, molto prepotente e sveglio per la sua età, combina un sacco di birichinate e fa impazzire sua madre, proprio come si confà a un ragazzino. Tuo suocero Cesare, invece, non sta troppo bene, anche se, essendo Cesare, non si lamenta mai. C'è qualcosa che non va nella sua voce e a quanto pare, non c'è miele che riesca a porvi rimedio.

E con questo le notizie sono finite! Spaventoso. Di che cosa posso parlarti? Neppure una paginetta, e non ti ho detto gran che. Be', c'è mia nipote Aurelia. E chi sarebbe Aurelia? mi pare di sentirti domandare. Né la cosa t'interessa minimamente, ci giurerei. Non importa. Puoi ascoltare; sarò breve. Sono sicuro che conosci la storia di Elena di Troia, anche se sei uno zotico italico che non sa di greco. Era così bella che tutti i re e i principi di Grecia, dal primo all'ultimo, avrebbero voluto sposarla. Proprio come mia nipote. Così bella che tutti i personaggi in vista di Roma vorrebbero sposarla.

Tutti i figli di mia sorella Rutilia sono belli, ma Aurelia è qualcosa di più che semplicemente bella. Da bambina, tutti trovavano a ridire sul suo viso: troppo ossuto, troppo duro, troppo tutto. Ma ora che sta per compiere diciott'anni, tutti tessono gli elogi di quello stesso viso.

Io le voglio un gran bene, se devo essere sincero. Perché mai? mi pare di sentirti domandare. Vero, di regola non manifesto interesse per la progenie femminile dei miei molti parenti stretti, neppure per mia figlia e le mie due nipotine. Però so perché tengo tanto alla mia carissima Aurelia. Per via della sua ancella. Quando, infatti, Aurelia ha compiuto tredici anni, mia sorella e suo marito, Marco Aurelio Cotta, hanno deciso di assegnarle un'ancella fissa che le servisse anche di compagna e cane da guardia. Così hanno comprato una bravissima ragazza e l'hanno regalata ad Aurelia. La quale, dopo pochissimo tempo, ha annunciato che non voleva saperne di quella particolare ragazza.

«Perché?» ha domandato mia sorella Rutilia.

«Perché è una fannullona» ha risposto la tredicenne.

I genitori sono tornati dal mercante di schiavi e, dopo esami ancor più accurati, hanno scelto un'altra ragazza. Che Aurelia ha rifiutato.

«Perché?» ha domandato mia sorella Rutilia.

«Perché crede di potermi comandare a bacchetta» ha risposto Aurelia.

E i genitori sono tornati una terza volta dal mercante Spurio Postumio Glycon e hanno setacciato i suoi registri in cerca di un'altra ragazza. Tutt'e tre, aggiungo, avevano ottime maniere, erano greche e si esprimevano con proprietà.

Ma Aurelia non ha voluto saperne, neppure della terza ragazza.

«Perché?» ha domandato mia sorella Rutilia.

«Perché ha a cuore solo i suoi interessi, sta già facendo gli occhi dolci all'intendente» ha risposto Aurelia.

«D'accordo, va' a sceglierti personalmente la tua ancella!» ha detto mia sorella Rutilia, rifiutandosi si avere ulteriormente a che fare con la faccenda.

Quando Aurelia è tornata a casa con la ragazza di sua scelta, la famiglia è rimasta sbalordita. Ecco lì di fronte a loro quella sedicenne originaria della Gallia, e più precisamente dell'Alvernia, una creatura lunga lunga, tutta pelle e ossa, con un'orrida faccia tonda e rosea, il naso corto, occhi di un azzurro sbiadito, capelli rasati a zero, ché erano stati venduti per ricavarne una parrucca quando il suo precedente padrone aveva avuto bisogno di contante, e le mani e i piedi più grandi che io abbia mai visto su qualcuno, maschio o femmina che sia. Si chiamava, ha annunciato Aurelia, Cardixa.

Ora, come ben sai, Caio Mario, mi sono sempre interessato alle origini delle persone che ci prendiamo in casa come schiavi. Mi ha sempre colpito, infatti, l'idea che dedichiamo assai più tempo a compilare la lista delle vivande in vista di un banchetto di quanto ne dedichiamo alle creature cui affidiamo la cura delle nostre vesti, delle nostre persone, dei nostri figli, e persino la nostra reputazione. Laddove, e la cosa mi ha colpito immediatamente, la mia nipote tredicenne, Aurelia, aveva scelto quell'orribile Cardixa proprio per le ragioni giuste. Voleva un'ancella fedele, gran lavoratrice, sottomessa e ben intenzionata, anziché una bella figliola che parlasse il greco come chi sia originario di quella terra (ma non lo parlano tutti quanti?) e sapesse intrattenere una conversazione.

Così mi sono preso la briga di indagare su Cardixa, il che è stato semplicissimo. Mi è bastato interrogare Aurelia, che conosceva a menadito la storia della ragazza. Era stata venduta schiava con sua madre quando aveva solo quattro anni, dopo che Gneo Domizio Enobarbo aveva conquistato l'Alvernia e istituito la nostra Provincia della Gallia Transalpina. Poco dopo l'arrivo delle due a Roma, la madre era morta, a quanto sembra di nostalgia. E la bimba era diventata una specie di servetta che trotterellava su e giù, portando vasi da notte, guanciali e cuscini. Era stata rivenduta più volte dopo che aveva perso la grazia dell'infanzia e, crescendo, aveva cominciato ad assumere le goffe sembianze che mi avevavno colpito quando Aurelia se l'era portata a casa. Uno dei tanti padroni le aveva usato violenza quando aveva solo otto anni; un altro l'aveva fustigata ogni volta che sua moglie si lamentava; un terzo le aveva insegnato a leggere e a scrivere assieme a sua figlia, che era un'allieva piuttosto mediocre.

«Sicché ti sei impietosita e hai deciso di offrire a quella povera creatura una casa in cui fosse trattata con gentilezza» ho detto ad Aurelia.

Ed ecco perché, Caio Mario, voglio più bene a quella ragazza di quanto ne voglia a mia figlia.

Il mio commento, infatti, non le è per nulla piaciuto. Ha drizzato la testa come un serpente e ha detto: «No di certo! La pietà è un sentimento ammirevole, zio Publio, sta scritto in tutti i nostri libri e ce lo ripetono anche i nostri genitori. Ma personalmente troverei la pietà un motivo poco plausibile per la scelta di un'ancella! Se la vita di Cardixa non è stata ideale, la colpa non è mia. Di conseguenza, non sono moralmente tenuta, in alcun modo, a por rimedio alle sue sventure. Ho scelto Cardixa perché sono sicura che si dimostrerà fedele, gran lavoratrice, sottomessa e ben intenzionata. Un bell'astuccio non ci garantisce che il libro in esso contenuto valga la pena di esser letto».

Oh, non le vuoi bene anche tu, Caio Mario, almeno un po'? Tredici anni, aveva a quel tempo! E il lato più strano della faccenda era che, per quanto ora, nella mia orrenda grafìa, ciò che ha detto possa sembrare dettato dalla boria o persino dall'insensibilità allora, mi sono invece reso conto che Aurelia non era boriosa né aveva un cuore di pietra. Buon senso, Caio Mario! Mia nipote è piena di buon senso. E quante donne conosci, che possiedano questa meravigliosa dote? Qui, tutti vorrebbero sposarla per la bellezza del suo viso e del suo corpo e per la sua dote, mentre io preferirei darla in sposa a qualcuno che sapesse apprezzarne il buon senso. Ma come si fa a stabilire quale proposta sia la migliore? Questo è il cocente interrogativo che tutti noi ci poniamo.

Quando posò la lettera, Caio Mario impugnò la stilo e tirò verso di sé un foglio di papiro. Intinse lo stilo nel calamaio e attaccò a scrivere, senza esitazioni.

Capisco, naturalmente. Fatti sotto, Publio Rutilio! Gneo Mallio Massimo avrà bisogno di tutto l'aiuto che potrà trovare, e ti dimostrerai un ottimo console. Quanto a tua nipote, perché non lasci che sia lei a scegliersi un marito? Mi sembra che se la sia cavata a meraviglia con l'ancella. Sebbene, in tutta sincerità, non riesca a capire perché ci si preoccupi tanto. Lucio Cornelio mi ha annunciato di essere diventato padre di un maschietto, ma ne ha avuto notizia da Caio Giulio, non da Iulilla. Vorresti farmi il favore di tener d'occhio quella donzella? Non credo, infatti, che Iulilla somigli a tua nipote in fatto di buon senso, e non saprei a chi altri chiederlo, tenuto conto del fatto che non posso certo domandare al suo *tata* di tenerla sotto controllo. Ti ringrazio per avermi informato che Caio Giulio non sta bene. Spero che, quando riceverai questa mia, sarai stato eletto console.

Il sesto anno (105 a.C.)

DURANTE IL CONSOLATO DI
PUBLIO RUTILIO RUFO
E
GNEO MALLIO MASSIMO

AURELIA

Benché Giugurta non fosse ancora fuggiasco in patria, le regioni più orientali e più fittamente abitate del paese certamente si erano rassegnate allo spettro dei Romani e avevano accettato l'inevitabilità del dominio romano. La capitale Cirta, tuttavia, era situata al centro, sicché Mario in persona decise che fosse più prudente svernare a Cirta e non a Utica. Gli abitanti di Cirta non avevano mai mostrato molto affetto per il re, ma Mario conosceva Giugurta abbastanza bene per rendersi conto che sapeva essere più pericoloso, e anche più ammaliante, proprio quando si trovava con le spalle al muro; non sarebbe stato saggio, da un punto di vista politico, abbandonare Cirta a eventuali tentativi di seduzione da parte del re. Silla rimase a Utica a governare la Provincia, mentre Aulo Manlio venne congedato e autorizzato a tornare in patria. Manlio si portò a Roma anche i due figli di Caio Giulio Cesare, sebbene nessuno dei due desiderasse lasciare l'Africa. Ma la lettera di Rutilio aveva turbato Mario: aveva come il presentimento che fosse opportuno restituire a Cesare i suoi figli.

Nel gennaio dell'anno nuovo, re Bocco di Mauretania prese finalmente una decisione; nonostante i vincoli di sangue e di matrimonio che lo legavano a Giugurta, si sarebbe alleato ufficialmente a Roma, *sempre che* Roma si degnasse di accoglierlo. Così si trasferì da Cherchel ad Algeri, il luogo dove si era incontrato con Silla e col malconcio Manlio due mesi prima, e da là inviò una piccola ambasceria a trattare con Mario. Purtroppo, neppure lo sfiorò l'idea che Mario potesse svernare in qualsiasi altro luogo che a Utica; risultato: la piccola delegazione scelse come sua meta Utica, passando un bel po' a nord di Cirta e di Caio Mario.
Gli ambasciatori mori erano cinque, compresi il fratello minore del re, Bogud, anche questa volta, e uno dei suoi figli, ma la comitiva viaggiava senza pompa e priva di scorta militare; Bocco non

voleva guai con Mario e desiderava evitare qualsiasi sospetto di intenzioni bellicose Desiderava altresì non attirare l'attenzione di Giugurta.

Di conseguenza, la cavalcata dava esattamente l'impressione di un gruppo di floridi mercanti diretti a casa loro con i proventi di una buona stagione di commerci, e costituiva un'irresistibile tentazione per le bande di briganti armati che avevano approfittato della frammentazione della Numidia e dell'impotenza del re per metter le grinfie sui beni del prossimo. Mentre il gruppo di cavalieri attraversava il fiume Ubus poco a sud di Annaba, venne assalito dai fuorilegge e rapinato di ogni cosa tranne gli abiti che i componenti portavano indosso; persino il seguito di schiavi e servi venne catturato per essere rivenduto su qualche lontano mercato.

Quinto Sertorio e il suo apparato cerebrale accordato come un delicato strumento erano al servizio di Mario, la qual cosa significava che Silla poteva disporre di ufficiali meno percettivi. Rendendosene conto, tuttavia, Silla si era imposto di tener d'occhio quanto accadeva alle porte del palazzo del governatore, a Utica; e fortuna volle che scorgesse personalmente il gruppetto cencioso di poveri viandanti che tentavano inutilmente di accedere al palazzo.

«Ma noi dobbiamo parlare con Caio Mario!» insisteva a dire il principe Bogud. «Siamo gli ambasciatori di re Bocco di Mauretania, te lo posso garantire!»

Silla riconobbe almeno tre componenti dell'ambasceria e accorse in loro aiuto. «Falli entrare, idiota» ordinò al tribuno di giornata, poi prese sottobraccio Bogud per aiutarlo a camminare, in quanto chiaramente non si reggeva più in piedi. «No, le spiegazioni possono aspettare, principe» disse con fermezza. «Hai bisogno di fare un bagno, di vesti pulite, di mangiare e di riposarti.»

Qualche ora più tardi ascoltò il racconto di Bogud.

«Per arrivare qui abbiamo impiegato più tempo di quanto prevedessimo,» disse Bogud a mo' di conclusione «e temo che il re mio fratello sia ormai in preda alla disperazione. Potrei parlare con Caio Mario?»

«Caio Mario è a Cirta» rispose Silla placidamente. «Ti consiglio di riferire a me ciò che il tuo re desidera, e lasciare a me il compito di comunicarlo a Cirta. Altrimenti, ci saranno altri ritardi.»

«Siamo tutti parenti stretti del re, il quale chiede a Caio Mario di inviarci a Roma, dove dovremo implorare il Senato di reintegrare il re al servizio di Roma» disse Bogud.

«Capisco.» Silla si alzò. «Principe Bogud, ti prego, mettiti a tuo agio e aspetta. Invierò subito un messaggio a Caio Mario, ma ci vorrà qualche giorno per avere una risposta.»

La lettera di Mario, che arrivò a Utica quattro giorni dopo, diceva:

> Bene, bene, bene! La cosa potrebbe tornarci utile, Lucio Cornelio. Devo tuttavia agire con estrema cautela. Il nuovo primo console, Publio Rutilio Rufo, mi informa che il nostro caro amico Metello Numidico del Porcile se ne va attorno dicendo a chiunque sia disposto ad ascoltarlo che intende perseguirmi per estorsione e corruzione nell'amministrazione della mia Provincia. Di conseguenza, non posso fare alcunché per dargli corda. Per fortuna, dovrà fabbricarsi le prove, dato che non è mai stata mia prassi ricorrere all'estorsione e alla corruzione... be', questo lo sai meglio di chiunque altro, immagino. Sicché, ecco ciò che desidero tu faccia.
>
> Concederò udienza al principe Bogud a Cirta, la qual cosa significa che dovrai accompagnare qui l'ambasceria. Prima, però, di metterti in viaggio, voglio che tu raduni ogni singolo senatore romano, tribuno dell'erario, rappresentante ufficiale del Senato o del Popolo di Roma e cittadino romano importante dell'intera Provincia Romana d'Africa. Portali tutti quanti a Cirta con te. Ho infatti intenzione di ricevere Bogud alla presenza di ogni singolo dignitario romano che riuscirò a scovare, affinché tutti ascoltino ogni mia parola e approvino per iscritto qualsiasi cosa io decida di fare.

Scoppiando in una sonora risata, Silla posò la lettera. «Oh, che splendida trovata, Caio Mario!» commentò, rivolto alle quattro pareti del suo ufficio, e se ne andò a seminare sconcerto fra i tribuni e i funzionari amministrativi, ordinando loro di setacciare la Provincia in cerca di dignitari romani.

A causa della sua importanza in qualità di granaio di Roma, la Provincia d'Africa era un luogo che i più giramondo tra gli esponenti del Senato amavano visitare. Era anche un luogo esotico e bellissimo, e in quei primi mesi dell'anno, dato che i venti soffiavano dal quadrante settentrionale, costituiva una rotta marittima per l'oriente più sicura della traversata dell'Adriatico per chi non aveva troppa fretta. E sebbene fosse la stagione delle piogge, non voleva dire che piovesse tutti i giorni; tra un rovescio e l'altro il clima era deliziosamente mite, a paragone degli inverni europei, e guariva immediatamente i geloni dei viaggiatori.

Così Silla riuscì a radunare due senatori giramondo e due proprietari terrieri in visita, compreso il più importante di tutti, Marco Celio Rufo, oltre a un ímportante funzionario dell'erario venuto a svernare in Africa e a un plutocrate romano titolare di una grossa ditta per l'acquisto del grano, che al momento si trovava a Utica per indagare un po' sul futuro raccolto.

«Ma il colpo più grosso» disse a Caio Mario appena arrivò a Cirta, di lì a quindici giorni «è stato nientemeno che Caio Billieno, il quale ha deciso di fermarsi a dare un'occhiata all'Africa mentre era in viaggio per la Provincia d'Asia di cui gli è stato affidato il governo. Così sono in grado di servirti su un piatto d'argento un pretore in possesso dell'*imperium* proconsolare, niente di meno! Disponiamo altresì di un questore dell'erario, Gneo Ottavio Rusone, che per pura coincidenza ha gettato l'àncora nel porto di Utica appena prima della mia partenza, latore delle paghe per l'esercito. Per cui mi sono trascinato appresso anche lui.»

«Lucio Cornelio, sei proprio l'uomo che fa per me!» disse Mario con un largo sorriso. «Oh, impari davvero in fretta!»

E prima di ricevere l'ambasceria dei mori, Mario convocò una riunione dei notabili romani.

«Desidero esporre la situazione a tutti voi, augusti rappresentanti di Roma, esattamente com'è, poi, dopo che avrò dato udienza al principe Bogud e agli altri componenti dell'ambasceria in vostra presenza, desidero si giunga a una decisione unanime in merito a ciò che debbo fare con re Bocco. Sarà necessario che ciascuno di voi mi metta per iscritto il suo parere, in modo che, quando Roma ne sarà informata, tutti si rendano conto che non oltrepasso i limiti della mia autorità» disse Mario a senatori, proprietari terrieri, uomini d'affari, a un tribuno dell'erario, a un questore e al governatore di una Provincia.

L'esito dell'incontro fu esattamente quello desiderato da Mario; aveva esposto la situazione ai dignitari romani con precisione ed eloquenza, sostenuto con veemenza dal suo questore, Silla. Un trattato di pace con Bocco era più che auspicabile, fu la conclusione dei notabili, e vi si sarebbe arrivati nel modo migliore se tre componenti della delegazione moresca fossero stati inviati a Roma, con la scorta del questore dell'erario, Gneo Ottavio Rusone, mentre gli altri due dell'ambasceria venivano rimandati da Bocco a testimonianza della buona fede di Roma.

Così Gneo Ottavio Rusone accompagnò Bogud e due suoi cugini a Roma, dove giunsero ai primi di marzo e furono subito ascoltati dal Senato riunito in sessione speciale. L'assemblea ebbe luogo nel tempio di Bellona perché la faccenda riguardava una guerra all'estero contro un re straniero; poiché Bellona era la dea romana della guerra e, di conseguenza, molto più antica di Marte, il suo tempio era il luogo deputato in cui il Senato si riuniva per dibattere le questioni belliche.

Il console Publio Rutulio Rufo pronunciò il verdetto del Senato con le porte del tempio spalancate, in modo che coloro i quali si assiepavano all'esterno potessero udirlo.

«Riferite a re Bocco» disse Rutilio Rufo con la sua voce alta e chiara «che il Senato e il Popolo di Roma ricordano sia un'offesa sia un favore. Ci è chiaro che re Bocco si rammarica sinceramente dell'offesa arrecataci, sicché sarebbe indebitamente incivile da parte nostra, cioè del Senato e del Popolo di Roma, negargli il nostro perdono. Di conseguenza, è perdonato. Il Senato e il Popolo di Roma, tuttavia, ora esigono che re Bocco ci faccia un favore di pari portata, giacché al momento non abbiamo un favore da ricordare assieme all'offesa. Non poniamo clausole circa quale debba essere il suddetto favore, lasciamo che sia re Bocco a stabilirlo. E quando il favore ci sarà provato inequivocabilmente come lo è stata l'offesa, il Senato e il Popolo di Roma saranno lieti di offrire a re Bocco di Mauretania un trattato di amicizia e di alleanza.»

Bocco ricevette questa risposta alla fine di marzo, recapitata personalmente da Bogud e dagli altri due ambasciatori. Il terrore di eventuali rappresaglie romane aveva sopraffatto i timori del re per la propria persona, sicché invece di ritirarsi nella remota Tangeri al di là delle Colonne d'Ercole, Bocco aveva deciso di trattenersi ad Algeri. Caio Mario, si era detto, avrebbe trattato con lui da quella distanza, ma non oltre. E per proteggersi da Giugurta vi fece affluire un nuovo esercito di Mori e fortificò come meglio poté il minuscolo insediamento portuale.

Bogud partì alla volta di Cirta per incontrarsi con Mario.

«Il re mio fratello implora e supplica Caio Mario di dirgli quale favore possa fare a Roma, di portata pari all'offesa arrecatale» chiese Bogud, in ginocchio.

«Alzati, amico, alzati!» disse Mario stizzito. «Non sono un re! Sono un proconsole del Senato e del Popolo di Roma! Nessuno si umilia al mio cospetto, la cosa sminuisce me quanto colui il quale si umilia!»

Bogud si rimise in piedi, strabiliato. «Caio Mario, aiutaci!» esclamò. «Quale favore può desiderare il Senato?»

«Vi aiuterei, se solo potessi, principe Bogud» disse Mario, esaminandosi le unghie.

«Allora invia uno dei tuoi alti ufficiali a conferire col re! Forse, in un colloquio diretto, si potrebbe trovare una soluzione.»

«Va bene» disse Mario bruscamente. «Lucio Cornelio Silla

può venire a conferire col tuo re. A patto che il luogo dell'incontro non disti da Cirta più di Algeri.»

«Il favore che vogliamo, logicamente, è Giugurta» disse Mario a Silla mentre il suo questore si preparava a imbarcarsi. «Ah, darei i canini per essere al posto tuo, Lucio Cornelio! Ma, dato che non posso, sono contentissimo di mandarci un uomo che quanto a canini non scherza.»

Silla sogghignò. «Una volta affondati i canini nella preda, fatico a mollarla» replicò.

«Allora affondali, anche per conto mio! E, se ti riesce, portami Giugurta!»

Così fu con cuore impavido e ferrea determinazione che Silla salpò l'àncora da Rusicade; era accompagnato da una coorte di legionari romani, una coorte di Italici con armamento leggero appartenenti alla tribù dei Peligni del Sannio, una scorta personale di frombolieri delle isole Baleari e uno squadrone di cavalleria, per l'esattezza il reparto ligure di Publio Vagiennio. Si era alla metà di maggio.

Silla fu irrequieto per tutto il viaggio, nonostante il fatto che era un buon marinaio e si era scoperto una vera passione per il mare e le navi. Era una spedizione fortunata, quella. E molto importante per lui. Lo sapeva, ne era certo, come se anche a lui fosse stata fatta una profezia. Particolare alquanto strano, non aveva mai consultato Martha la Siriaca, benché Caio Mario lo sollecitasse spesso a farlo; il suo rifiuto non aveva nulla a che fare con l'incredulità o l'assenza dell'indispensabile dose di superstizione. Lucio Cornelio Silla, da buon romano, traboccava di superstizioni. La verità era che aveva troppa paura. Per quanta brama avesse di sentirsi confermare da un altro essere umano le intuizioni che nutriva riguardo ai propri alti destini, conosceva troppo bene le sue debolezze e i suoi lati oscuri per affrontare una predizione con la stessa serenità di Mario.

Ora, però, mentre entrava nella baia di Algeri, si pentiva di non aver consultato Martha. Il futuro, infatti, gli calava addosso, greve come un sudario, e Silla non sapeva, non riusciva a indovinare, che cosa avesse in serbo per lui. Grandi cose. Ma il male, anche. Unico, o quasi, tra i suoi pari, Silla avvertiva la presenza tangibile, covante del male. I Greci discutevano all'infinito della natura del male, e molti addirittura sostenevano che non esisteva. Ma Silla sapeva che esisteva. E temeva, moltissimo, che esistesse in lui.

La baia si sarebbe meritata una maestosa città, invece ospitava solo un piccolo borgo rannicchiato in fondo all'insenatura, dove un'aspra catena di monti costieri scendeva fino alla spiaggia, conferendole un'aria protetta e insieme remota. Durante le piogge invernali molti torrentelli si riversavano in mare e una dozzina e più di isolette galleggiavano come splendide navi, con gli alti cipressi locali a far da alberi con le vele raccolte. "Un bellissimo posto" pensò Silla.

Sulla spiaggia adiacente alla cittadina era in attesa un migliaio di cavalleggeri berberi mori, equipaggiati come i Numidi: niente sella, niente briglie, niente armatura, soltanto un mazzo di lance impugnate con una mano, e spadoni e scudi.

«Ah!» disse Bogud, mentre lui e Silla sbarcavano dalla prima scialuppa. «Il re ti ha mandato incontro il suo figlio prediletto, Lucio Cornelio.»

«Come si chiama?» domandò Silla.

«Volux.»

Il giovanotto montava armato come i suoi uomini, ma in groppa a un cavallo paludato, con tanto di sella e briglie. Silla constatò che gli piacevano le maniere del principe Volux; ma dov'era il re? Il suo occhio esperto non riusciva a discernere la consueta ressa e la precipitosa confusione che si notavano di regola nei pressi di una residenza reale.

«Il re si è ritirato un centinaio di miglia più a sud, fra le montagne, Lucio Cornelio» spiegò il principe mentre si avviavano a un punto da cui Silla avrebbe potuto sovrintendere allo sbarco dei suoi uomini e dell'equipaggiamento.

Silla si sentì accapponare la pelle. «Questo non era previsto dagli accordi tra il re e Caio Mario» disse.

«Lo so» fece Volux, un po' a disagio. «Vedi, re Giugurta è arrivato nei paraggi.»

Silla aggrottò la fronte. «È una trappola, principe Volux?»

«No, no!» esclamò il giovane, allargando le braccia. «Ti giuro, per tutti i tuoi dèi, Lucio Cornelio, che non è una trappola! Ma Giugurta ha fiutato qualcosa, perché gli è stato lasciato intendere che il re mio padre tornava a Tangeri, mentre il re mio padre si trova ancora ad Algeri. Così Giugurta si è spostato sulle alture con un piccolo esercito di Getuli: insufficienti per attaccarci, ma troppi perché noi si attacchi lui. Il re mio padre ha deciso di allontanarsi dal mare per far credere a Giugurta che, se aspetta l'arrivo di un rappresentante di Roma, prevede che il visitatore arrivi via terra. Giugurta l'ha seguito. Giugurta è all'oscuro del tuo arrivo qui, ne siamo sicuri. Sei stato saggio a venire per mare.»

«Giugurta scoprirà anche troppo presto la mia presenza qui»

disse Silla, tetro, pensando all'inadeguatezza della sua scorta, forte appena di millecinquecento uomini.

«Speriamo di no, o almeno, non ancora» disse Volux. «Tre giorni fa sono uscito dall'accampamento del re mio padre alla testa di un migliaio di uomini, come per un'esercitazione, e ho raggiunto la costa. Non siamo ufficialmente in guerra con la Numidia, per cui Giugurta non ha un pretesto per attaccarci, però non è neppure sicuro di ciò che il re mio padre intende fare, e non osa rischiare un'aperta rottura con noi finché non ne saprà di più. Ti posso garantire che ha deciso di rimanere a tener d'occhio il nostro accampamento a sud, e che i suoi esploratori non potranno avvicinarsi ad Algeri mentre i miei uomini pattugliano la zona.»

Silla sbirciò il giovane con occhio scettico, ma non palesò i suoi sentimenti; non erano molto pratici, questi re e principi mori. Inquietandosi anche per la penosa lentezza delle operazioni di sbarco, ché Algeri non possedeva più di venti scialuppe in tutto, e Silla si rendeva conto che ci sarebbe voluto fino all'indomani per ultimare le suddette operazioni, sospirò, si strinse nelle spalle. Non c'era senso a preoccuparsi. O Giugurta sapeva o non sapeva.

«Dove si trova attualmente Giugurta?» domandò.

«Una cinquantina di chilometri dal mare, su una piccola piana al centro delle montagne, a sud di qui. Sull'unica pista diretta tra qui e l'accampamento del re mio padre» rispose Volux.

«Oh, splendido! E come farò a raggiungere il re tuo padre senza dover prima affrontare Giugurta?»

«Ti farò da guida in modo che tu possa aggirarlo senza che lui se ne accorga» rispose Volux con veemenza. «Sul serio, Lucio Cornelio! Il re mio padre ha fiducia in me... abbine anche tu, te ne prego!» Ci pensò un momento, poi soggiunse: «Credo però che faresti meglio a lasciar qui i tuoi uomini. Avremo molte probabilità di riuscita in più, se saremo in pochi».

«Perché dovrei fidarmi di te, principe Volux?» domandò Silla. «Non ti conosco. A dire il vero, non conosco a fondo neppure il principe Bogud... e neppure il re tuo padre! Potresti aver deciso di rimangiarti la parola data e consegnarmi a Giugurta... sono una preda ambita, io! La mia cattura creerebbe grave imbarazzo a Caio Mario, come ben sai.»

Bogud non aveva aperto bocca, si era solo fatto via via più cupo, ma il giovane Volux non si diede per vinto.

«Allora assegnami un incarico tale da provarti che io e il re mio padre siamo degni di fiducia!» esclamò.

Silla ci pensò, esibendo i denti da lupo in un sorriso. «E va bene» disse, prendendo una subitanea decisione. «Mi tieni in pugno, comunque, sicché che cos'ho da perdere?» E fissò il moro con quei suoi strani occhi splendenti che danzavano come due gemme sotto la tesa del cappellone di paglia: strano copricapo per un soldato di Roma, ma un soldato ormai famoso di quei tempi, da Tangeri alla Cirenaica, dovunque le gesta dei Romani venissero narrate attorno ai fuochi di bivacco e accanto ai focolari: l'eroe albino di Roma col cappello in testa.

"Devo confidare nella mia fortuna," stava pensando tra sé e sé "perché non sento in me alcun avvertimento che la fortuna non continuerà a sorridermi. Questa è una prova, un collaudo della fiducia che ho in me stesso, un modo per dimostrare a tutti quanti, da re Bocco e suo figlio all'uomo di Cirta, che sono all'altezza... anzi, no, superiore!... a qualsiasi cosa la dea Fortuna possa gettare sulla mia strada. Non è possibile scoprire di che pasta si è fatti, scappando. No, tirerò dritto. Ho la fortuna dalla mia. Ché me la sono creata con le mie mani, e davvero abilmente."

«Non appena farà buio,» disse a Volux «tu e io e una piccola scorta di cavalleggeri ci metteremo in viaggio per l'accampamento del re tuo padre. I miei uomini rimarranno qui, e ciò significa che se Giugurta scoprirà la presenza di soldati romani, supporrà logicamente, che sia limitata ad Algeri e che il re tuo padre verrà qui a incontrarci.»

«Ma non ci sarà la luna questa sera!» esclamò il principe Volux, sgomento.

«Lo so» disse Silla, sorridendo con l'aria maligna. «È proprio questa la prova, principe Volux. Avremo la luce delle stelle, e basta. E tu mi farai da guida attraverso l'accampamento di Giugurta.»

Bogud fece tanto d'occhi. «È una follia!» alitò.

Gli occhi di Volux saettarono. «Questa, sì, che è una prova» disse, e sorrise con sincero piacere.

«Ci stai?» domandò Silla. «Proprio attraverso l'accampamento di Giugurta... si entra da un lato senza che la guardia ci veda o ci oda... si procede attraverso il centro lungo la *via praetoria* senza svegliare un solo uomo o mettere in allarme un solo cavallo. . e si esce dall'altro lato senza che le sentinelle ci vedano o ci odano. Fallo, principe Volux, e *saprò* che posso fidarmi di te! E, di conseguenza, fidarmi del re tuo padre.»

«Ci sto» disse Volux.

«Siete due pazzi» disse Bogud.

Silla decise di lasciare Bogud lì, non troppo sicuro che si potesse fare affidamento su quel membro della famiglia reale di Mauretania. La sua era una detenzione abbastanza mite, però era stato affidato alla custodia di due tribuni militari che avevano ordine di non perderlo un attimo di vista.

Volux scelse i quattro cavalli migliori e dal passo più sicuro che ci fossero nella zona, e Silla prese il suo mulo, ancora del parere che un mulo fosse una bestia di gran lunga preferibile a qualsiasi cavallo. Non trascurò di portare il cappello. Del gruppo facevano parte Silla, Volux e tre nobili mori, sicché tutti i suoi componenti, a parte Silla, erano avvezzi a cavalcare senza sella o briglie.

« Niente oggetti metallici che tintinnando possano tradire la nostra presenza » suggerì Volux.

Silla, tuttavia, decise di sellare il mulo e gli passò una cavezza attorno al naso e agli orecchi. « Potrebbero produrre qualche scricchiolìo, ma se cado di sella, farò molto più rumore » disse.

E quando fu buio, i cinque uomini si avviarono nelle tenebre di una notte senza luna. Il cielo, però, scintillava di mille luci, perché neppure un alito di vento si era levato a offuscare l'aria di polvere africana; quelle che a prima vista sembravano vaporose nuvole veleggianti erano in realtà immensi ammassi stellari, e i cinque cavalieri non avevano difficoltà a vedere. Tutti gli animali erano privi di ferri, e zampettavano, anziché scalpitare, sulla pista sassosa che attraversava una serie di gole nella catena montuosa attorno alla baia.

« Dovremo confidare nella fortuna, sperando che nessuna delle bestie si azzoppi » disse Volux dopo che il suo cavallo incespicò e si rialzò.

« Puoi almeno confidare nella mia, di fortuna » ribatté Silla.

« Tacete » ordinò uno dei tre uomini di scorta. « Nelle notti senza vento come questa, le voci si odono a chilometri di distanza. »

Da quel momento in poi cavalcarono in silenzio, con quei meravigliosi strumenti che erano i loro occhi ormai adattati a cogliere il minimo barlume di luce, mentre i chilometri scorrevano via. Così, quando il bagliore arancione dei fuochi morenti nel piccolo avvallamento in cui si era accampato Giugurta cominciò ad apparire al di sopra della cresta di fronte a loro, seppero dov'erano. E quando si trovarono a guardare dall'alto l'avvallamento, parve loro punteggiato di luci come una città, la sua disposizione perfettamente delineata.

I cinque uomini smontarono; Volux scostò Silla e si mise all'opera. In paziente attesa, Silla osservò i mori che provvedevano a infilare certe speciali protezioni sugli zoccoli delle bestie; di regola, tali protezioni erano munite di suole di legno e venivano applicate sul terreno sconnesso onde evitare che la tenera pianta dello zoccolo venisse a contatto con le fessure tra le pietre, ma le protezioni adottate da Volux avevano spesse suole di feltro. Erano mantenute in posizione per mezzo di due flessibili cinghie di cuoio fissate nella parte anteriore; le cinghie s'incrociavano, si agganciavano a una specie di anello di metallo nella parte posteriore e venivano riportate avanti e fermate con una fibbia sulla parte anteriore dello zoccolo.

Tutti fecero girare un po' in tondo le rispettive bestie per abituarle alle protezioni, poi Volux si avviò in testa, per l'ultimo tratto che li separava dall'accampamento di Giugurta. Presumibilmente, c'erano sentinelle e una pattuglia a cavallo, ma i cinque uomini non videro anima viva, nessuno che si muovesse. Addestrato alla romana, logicamente Giugurta aveva basato la costruzione del suo accampamento sugli schemi romani, ma — ed era questo un'aspetto degli stranieri che affascinava Caio Mario, Silla lo sapeva — non era stato in grado di far appello alla pazienza o alla voglia di riprodurre a dovere il modello originale. Per cui Giugurta, consapevole com'era che Mario e il suo esercito si trovavano a Cirta e Bocco non era abbastanza forte da rischiare un attacco, non si era curato di trincerarsi; si era limitato a erigere un basso muricciolo di terra, così facile da scavalcare che Silla sospettò fosse stato concepito più per non far uscire gli animali che per non lasciar entrare gli esseri umani. Se invece Giugurta fosse stato un romano, anziché solo addestrato alla romana, il suo accampamento avrebbe presentato l'intero armamentario di trincee, staccionate, palizzate e mura, per quanto al sicuro si sentisse.

I cinque cavalieri giunsero al muricciolo di terra un duecento passi a est della porta principale, che in realtà era solo un'ampia apertura, e spronarono le cavalcature a superarlo senza la minima difficoltà. All'interno del campo, ogni cavaliere fece girare bruscamente la propria bestia in modo che procedesse parallela, anzi rasente al muro; sul terreno scavato di fresco, non fecero il minimo rumore mentre si dirigevano verso la porta principale. Là si intravedevano guardie, ma gli uomini erano girati verso l'esterno e abbastanza lontani dall'apertura da non udire i cinque cavalieri percorrere l'ampia strada che attraversava il centro dell'accampamento, dalla porta anteriore a quella posteriore. Silla e Volux e i tre nobili mori percorsero al passo la *via praetoria,* svoltarono per portarsi a ridosso del muro quando giunsero in fondo, poi si slanciarono all'esterno del campo e verso la libertà, non appena si ritennero abbastanza lontani dalle sentinelle di guardia alla porta posteriore.

Un chilometro e mezzo più avanti, sfilarono le protezioni dagli zoccoli degli animali.

«Ce l'abbiamo fatta!» bisbigliò Volux a Silla quasi con ferocia, facendo balenare i denti in un sorriso di trionfo. «Adesso ti fidi di me, Lucio Cornelio?»

«Sì, mi fido, principe Volux» disse Silla sogghignando di rimando.

Proseguirono il viaggio a un ritmo a metà fra il passo e il trotto, attenti a non azzoppare o sfinire le bestie non ferrate, e poco dopo l'alba s'imbatterono in un accampamento di nomadi berberi. I quattro cavalli sfiancati che Volux offrì loro in cambio di bestie fresche, valevano più di qualsiasi animale posseduto dai Berberi, e il mulo rappresentava una novità, sicché ottennero prontamente cinque cavalli e il viaggio riprese senza sosta per tutto il giorno. Dato che si era portato il cappellone, Silla si riparava sotto la sua tesa e sudava.

Poco dopo l'imbrunire giunsero all'accampamento di re Bocco, non dissimile da quello di Giugurta, solo più grande. E lì Silla si arrestò, tirando la grossolana cavezza, a una certa distanza dalle sentinelle.

«Non è per mancanza di fiducia, principe Volux,» disse «è che mi formicolano le dita. Tu sei il figlio del re. Tu puoi entrare e uscire a tuo piacimento a qualsiasi ora del giorno o della notte, mentre io, chiaramente, sono uno straniero, perdipiù sconosciuto, un'incognita. Così mi stenderò qui, il più comodamente possibile, ad aspettare che tu conferisca con tuo padre, ti accerti che va tutto bene e torni a cercarmi.»

«Fossi in te, non mi sdraierei» suggerì Volux.

«Perché?»

«Scorpioni.»

Silla si sentì drizzare i capelli in testa e dovette controllarsi per non sobbalzare; dato che l'Italia non era infestata da insetti velenosi, non c'era romano o italico che non avesse un sacro terrore di ragni e scorpioni. Senza far parola, ispirò a fondo, ignorando le goccioline di sudore freddo che gli imperlavano la fronte e si volse a guardare Volux con un'espressione noncurante sul viso illuminato dalle stelle.

«Be', sicuramente non me ne starò in piedi per tutte le ore che ci metterai a tornare, e non voglio rimontare in groppa a quella bestia,» disse «per cui correrò il rischio degli scorpioni.»

«Fa' come meglio credi» fece Volux, il quale già nutriva per Silla un'ammirazione che rasentava la venerazione, e ora si venò di rispetto e stupore.

Silla si stese su una chiazza di soffice terra sabbiosa, scavò un incavo per adattarvi il bacino, ammucchiò un po' di terriccio per sorreggere la nuca, recitò mentalmente una preghiera e promise un'offerta alla dea Fortuna se avesse tenuto lontani gli scorpioni, poi chiuse gli occhi e si addormentò di colpo. Al suo ritorno, quattro ore più tardi, Volux trovò Silla nella stessa posizione, e avrebbe potuto ucciderlo nel sonno. Ma in quei giorni la dea Fortuna era tutta per Silla: Volux era un amico sincero.

L'aria notturna era fredda; Silla si sentiva tutto indolenzito. «Oh, andarsene attorno così, furtivamente, come una spia è impresa che si addice a chi è più giovane di me!» disse, tendendo la mano a Volux affinché l'aiutasse a rimettersi in piedi. Poi intravide una sagoma vaga alle spalle di Volux e s'irrigidì.

«Va tutto bene, Lucio Cornelio, costui è un amico del re mio padre. Si chiama Dabar» si affrettò a dire Volux.

«Un altro cugino del re tuo padre, suppongo?»

«A dire il vero, no. Dabar è un cugino di Giugurta e come Giugurta, è il bastardo di una berbera. È per questo che si è schierato dalla nostra parte: Giugurta preferisce essere il solo bastardo della sua corte.»

Venne fatta girare una fiasca di un vino forte e dolce, non annacquato; Silla lo bevve a garganella senza tirare il fiato, e sentì il dolore attenuarsi, il freddo svanire, sostituito da una sensazione di intenso calore. Al vino fecero seguito certe focacce al miele, un pezzo di carne di capretto fortemente speziata e un'altra fiasca dello stesso vino, che in quel momento parve a Silla il migliore che avessi mai gustato in vita sua.

«Oh, sto meglio!» constatò, flettendo i muscoli e stiracchiandosi voluttuosamente. «Che notizia mi rechi?»

«Il formicolìo alle dita era perfettamente giustificato, Lucio Cornelio» rispose Volux. «Giugurta è arrivato per primo da mio padre.»

«Sono perduto?»

«No, no! Però la situazione è comunque cambiata. Lascio che sia Dabar a spiegartelo, lui era presente.»

Dabar si accovacciò accanto a Silla. «A quanto sembra, Giugurta ha saputo di una delegazione inviata da Caio Mario al mio re» mormorò. «Ha supposto, logicamente, che fosse questo il motivo per cui il mio re non era tornato a Tangeri, così ha deciso di trattenersi nei paraggi, frapponendosi fra il mio re e un'eventuale ambasceria inviata da Caio Mario per terra o per mare. E ha mandato uno dei suoi più alti dignitari, Aspar, a sedersi alla destra del mio re per ascoltare ogni conversazione tra il mio re e i Romani di cui si prevedeva l'arrivo. »

« Capisco » disse Silla. « Che si fa, allora? »

« Domani il principe Volux ti scorterà alla presenza del mio re come se foste arrivati assieme da Algeri: fortunatamente Aspar non ha notato l'arrivo del principe, stanotte. Parlerai al mio re come se ti presentassi a lui per ordine di Caio Mario, anziché su precisa richiesta del mio re. Gli chiederai di abbandonare Giugurta, e lui rifiuterà, ma tergiversando. Ti ordinerà di accamparti nei pressi per dieci giorni, mentre penserà a ciò che gli hai detto. Raggiungerai il luogo del bivacco e aspetterai. Il mio re, tuttavia, verrà a conferire con te in privato domani sera, in un luogo diverso, così potrete parlare senza timore. » Dabar guardò Silla con occhi intenti. « È di tua soddisfazione, Lucio Cornelio? »

« In tutto e per tutto » rispose questi, con un largo sbadiglio. « L'unico problema è: dove posso trascorrere la notte e dove posso fare un bagno? Puzzo di cavallo, e mi sento brulicare addosso certe bestioline. »

« Volux ti ha fatto preparare una comoda tenda non lontano da qui » disse Dabar.

« Allora portatemici » ordinò Silla, rimettendosi in piedi.

Il giorno dopo Silla recitò la commedia del colloquio còn Bocco. Non era difficile stabilire chi fosse, tra i nobili presenti, la spia di Giugurta, Aspar; si teneva in piedi alla sinistra del maestoso trono di Bocco — assai più maestoso di chi vi sedeva — e nessuno osava avvicinarsi a lui o lo guardava con la disinvoltura che è frutto di lunga familiarità.

« Che devo fare, Lucio Cornelio? » piagnucolò Bocco quella sera, calato il buio, quando s'incontrò con Silla lontano da sguardi indiscreti, a una certa distanza dal suo accampamento e da quello del romano.

« Un favore a Roma » rispose Silla.

« Dimmi solo quale favore desidera Roma, e sarà fatto! Oro... gemme... terra... soldati... cavalleggeri... grano... ti basterà dirlo, Lucio Cornelio! Sei un romano, devi conoscere il significato dell'ermetico messaggio del Senato! Ché io, te lo giuro, non lo conosco! » Bocco ebbe un fremito di paura.

« Tutte le cose da te citate, Roma può ottenerle senza ricorrere a enigmi, re Bocco » ribatté Silla in tono sprezzante.

« Allora, *che cosa*? Dimmelo! » implorò Bocco.

« Penso che dovresti averlo già capito da solo, re Bocco. Però non vuoi ammetterlo » fece Silla. « E posso anche capire perché.

Giugurta! Roma vuole che tu le consegni Giugurta pacificamente, senza spargimento di sangue. Troppo sangue è già stato versato in Africa, troppa terra sconvolta, troppe città e troppi villaggi dati alle fiamme, troppe ricchezze sprecate. Ma fin quando Giugurta sarà in circolazione, questi terribili sprechi non cesseranno. Paralizzando la Numidia, molestando Roma... e paralizzando anche la Mauretania. Quindi consegnami Giugurta, re Bocco!»

«Tu mi chiedi di tradire mio genero, il padre dei miei nipoti, un mio parente tramite il sangue di Massinissa?»

«Sì, te lo chiedo!»

Bocco attaccò a piangere. «Non posso! Lucio Cornelio, non posso! Siamo Berberi, oltre che Punici, la legge delle popolazioni nomadi ci lega entrambi. Qualsiasi cosa, Lucio Cornelio. Farò *qualsiasi cosa* per ottenere quel trattato! Qualsiasi cosa, beninteso, fuorché tradire il marito di mia figlia.»

«Qualsiasi altra cosa è inaccettabile» disse Silla freddamente.

«La mia gente non mi perdonerà mai!»

«Roma non ti perdonerà mai. Il che è peggio.»

«Non posso!» Bocco pianse, il volto bagnato di lacrime sincere, luccicanti tra le ciocche della barba riccioluta. «Ti prego, Lucio Cornelio, ti prego! Non posso!»

Silla gli girò le spalle in segno di disprezzo. «Allora non si arriverà mai a un trattato» disse.

E ogni giorno degli otto che seguirono la farsa si ripeté, con Aspar e Dabar che facevano la spola a cavallo tra il piccolo, comodo bivacco di Silla e il padiglione reale, recando messaggi che non avevano attinenza alcuna col reale problema. Problema che rimaneva un segreto tra Silla e Bocco, e se ne discuteva solo di notte. Era chiaro, tuttavia, che Volux era a conoscenza del reale problema, decise Silla, perché ora il principe lo evitava il più possibile, e ogni qualvolta lo incontrava, aveva un'espressione adirata, ferita, sconcertata.

Silla si divertiva, scoprendo che gli piaceva la sensazione di potere e maestà infusagli dal fatto di essere l'emissario di Roma; e ancor di più si divertiva all'idea di essere lo spietato stillicidio che logorava la proverbiale pietra regale. Lui, che re non era, aveva il sopravvento sui re. Lui, un romano, deteneva il reale potere. Ed era una sensazione inebriante, di immensa soddisfazione.

L'ottava notte, Bocco convocò Silla nel luogo dei loro incontri segreti.

«D'accordo, Lucio Cornelio, accetto» disse il re, gli occhi arrossati dal pianto.

«Ottimo!» ribatté Silla bruscamente.

«Ma come si può fare?»

«Semplice... Rispedisci Aspar da Giugurta e proponigli di consegnarmi a lui.»

«Non mi crederà» disse Bocco, desolato.

«Certo, che ti crederà! Ti do la mia parola, che ti crederà. Se le circostanze fossero diverse, è esattamente ciò che faresti tu, re.»

«Ma tu sei solo un questore!»

Silla rise. «Come, stai cercando di dire che a tuo modo di vedere un questore di Roma non vale un re di Numidia?»

«No! No, naturalmente!»

«Ti spiegherò una cosa, re Bocco» disse Silla in tono gentile. «Sono un questore di Roma, ed è vero che tale qualifica a Roma corrisponde al gradino più basso della gerarchia senatoriale. Tuttavia, sono anche un patrizio della *gens* Cornelia: la mia famiglia è la stessa di Scipione l'Africano e Scipione l'Emiliano, e il mio sangue è di gran lunga più antico, più nobile del tuo o di quello di Giugurta. Se Roma fosse governata da re, tali re con tutta probabilità apparterrebbero alla *gens* Cornelia. E, fatto non ultimo in ordine d'importanza, si dà il caso che io sia il cognato di Caio Mario. I nostri figli sono cugini di primo grado. Questo rende la cosa più comprensibile?»

«Giugurta... Giugurta lo sa, tutto questo?» bisbigliò il re di Mauretania.

«Sono pochissime le cose che sfuggono a Giugurta» rispose Silla, e si mise più comodo, aspettando.

«Benissimo, Lucio Cornelio, sarà fatto come desideri. Invierò Aspar a Giugurta, proponendogli di tradirti.» Il re si eresse nella persona, la sua dignità un tantino ammaccata. «Devi però dirmi esattamente come dovrò comportarmi.»

Silla si protese a parlargli con vivacità. «Chiederai a Giugurta di venire qui la sera di posdomani, e gli prometterai di consegnargli il questore di Roma, Lucio Cornelio Silla. Lo informerai che il questore è venuto da solo al tuo accampamento, nel tentativo di persuaderti ad allearti con Caio Mario. Giugurta sa che è la verità, perché Aspar gliel'avrà già riferito. Sa altresì che non ci sono soldati romani nel raggio di centocinquanta chilometri, per cui non si curerà di portarsi appresso il suo esercito. E perdipiù, crede di conoscerti, re Bocco. Sicché non immaginerà che sarà lui a venir tradito, non io.» Finse di non notare il moto di trasalimento di Bocco. «Non sei te e non è nemmeno il tuo esercito che Giugurta teme. Teme unicamente Caio Mario. Sta' pur certo che verrà, e verrà credendo a ogni parola che Aspar gli dirà.»

«Ma che mi accadrà quando Giugurta non farà ritorno al suo accampamento?» domandò Bocco, tornando a rabbrividire.

Silla abbozzò un sorriso maligno. «Ti consiglio vivamente, re Bocco, non appena mi avrai consegnato Giugurta, di levare le tende e dirigerti su Tangeri a marce forzate.»

«Ma non avrai bisogno del mio esercito per tener prigioniero Giugurta?» Il re fissò Silla, ansioso; non c'era mai stato uomo più palesemente atterrito di lui. «Non hai con te nessuno che ti aiuti a trasferirlo ad Algeri! E il suo accampamento si trova sulla tua strada.»

«Tutto ciò che mi serve è un bel paio di manette, un assortimento di catene e sei dei tuoi cavalli più veloci» disse Silla.

Silla constatò che non vedeva l'ora di affrontare l'incontro e non provava ombra di dubbio o trepidazione. Sì, il suo nome sarebbe stato legato in eterno alla cattura di Giugurta! Poco importava che agisse agli ordini di Caio Mario: erano il suo coraggio e la sua intelligenza e il suo spirito d'iniziativa a compir l'opera, e questo nessuno sarebbe mai riuscito a portarglielo via. Non che Silla pensasse che Caio Mario avrebbe cercato di attribuirsene il merito. Caio Mario non era assetato di gloria, sapeva di essersene già procurata più che a sufficienza. E non si sarebbe opposto a che si risapesse la vera storia della cattura di Giugurta. Per un patrizio, il genere di fama personale necessaria a garantire l'elezione a console era ostacolato dal fatto che un patrizio non poteva diventare tribuno della plebe. Di conseguenza, un patrizio doveva trovare altri modi per ottenere l'approvazione pubblica, accertandosi che l'elettorato sapesse che era un degno rampollo della sua famiglia. Giugurta era costato caro a Roma. E tutta Roma avrebbe saputo che era stato Lucio Cornelio Silla, infaticabile questore, a eseguire, di sua mano, la cattura di Giugurta.

Così, quando si unì a Bocco per raggiungere il luogo dell'appuntamento, era fiducioso, eccitato, ansioso di portare a termine l'impresa.

«Giugurta non si aspetta di vederti in catene» disse Bocco. «Ha l'impressione che sia stato tu a chiedere di conferire con lui, con l'intento di persuaderlo ad arrendersi. E *mi* ha raccomandato di portare uomini in numero sufficiente a farti prigioniero, Lucio Cornelio.»

«Bene» disse Silla, laconico.

Quando Bocco si presentò, con Silla al suo fianco e un nutrito contingente di cavalleggeri mori alle spalle, Giugurta lo stava aspettando, scortato solo da un manipolo di dignitari, tra cui Aspar.

Spronando la cavalcatura, Silla sopravanzò Bocco e si portò al trotto all'altezza di Giugurta, poi si lasciò scivolare di sella e tese la mano nel gesto universale di pace e amicizia.

«Re Giugurta» disse, e attese.

Giugurta osservò dall'alto del cavallo la mano, poi smontò per stringerla. «Lucio Cornelio.»

Mentre ciò accadeva, i cavalieri mori si erano silenziosamente disposti in cerchio attorno ai protagonisti, e mentre Silla e Giugurta si stringevano la mano, la cattura del re numida ebbe luogo in modo pulito e semplice, persino più di quanto avrebbe potuto desiderare Caio Mario. I dignitari furono sopraffatti senza colpo ferire; Giugurta venne afferrato troppo saldamente perché potesse ribellarsi e atterrato. Quando fu aiutato a rimettersi in piedi aveva entrambi i polsi e le caviglie ammanettati, e i ceppi erano collegati a catene lunghe appena quanto bastava a consentirgli di trascinarsi, quasi raggomitolato su se stesso.

Gli occhi del re, notò Silla al lume delle torce, erano chiarissimi per un uomo di pelle così scura; Giugurta era grande e grosso, anche, e ben conservato. Ma gli anni gli avevano segnato il volto affilato da rapace, per cui sembrava molto più vecchio di Caio Mario. Silla si rese conto che sarebbe riuscito a portarlo a destinazione senza bisogno di una scorta.

«Issatelo in groppa al grosso baio» ordinò agli uomini di Bocco, e se ne stette a osservare intento, mentre le catene venivano agganciate a speciali anelli fissati alla sella modificata all'uopo. Poi controllò personalmente il sottopancia e i lucchetti. Si fece dare una spinta per montare in groppa a un altro baio e afferrò le redini del cavallo di Giugurta, che fissò alla propria sella; se Giugurta si fosse fatto venire l'idea di spronare la sua cavalcatura, il baio non avrebbe avuto modo di avventarsi, né le briglie sarebbero sfuggite alla presa di Silla. I quattro cavalli di riserva furono impastoiati assieme e legati con una fune alla sella di Giugurta. Il re era così doppiamente impedito. E infine, per maggior sicurezza, una catena venne agganciata alla manetta stretta attorno al polso destro di Giugurta e l'altro capo della catena stessa fissato a una manetta infilata al polso sinistro di Silla.

Silla non aveva detto una sola parola ai Mori dal momento in cui il re era stato catturato; ora, ancora senza aprir bocca, spronò il cavallo e filò via, seguito abbastanza docilmente dal cavallo di Giugurta, quando le redini e la catena che lo legava a Silla si tesero. I quattro cavalli di riserva lo imitarono. E di lì a pochi istanti tutti i cavalli erano spariti nel buio tra gli alberi.

Bocco pianse. Volux e Dabar osservavano la scena, impotenti.

«Padre, lascia che lo rincorrra!» implorò Volux all'improvviso. «Non può viaggiare veloce, impacciato com'è... posso raggiungerlo!»

«È troppo tardi.» Prendendo il bel fazzoletto che il suo servo gli porgeva, re Bocco si asciugò gli occhi e si soffiò il naso. «Non si lascerà mai raggiungere, quello. Siamo come tanti marmocchi disarmati a paragone di Lucio Cornelio Silla, che è un romano. No, figlio mio, il destino del povero Giugurta non è più in mano nostra. Dobbiamo pensare alla Mauretania. È tempo di tornare nella nostra diletta Tingis. Forse non c'è posto per noi nel mondo mediterraneo.»

Per circa un chilometro e mezzo Silla cavalcò senza parlare o rallentare il passo. Tutto il giubilo, il fantastico piacere che provava per la brillante impresa compiuta, li teneva a freno come faceva col suo prigioniero, Giugurta. Sì, se avesse provveduto a divulgarla in modo appropriato, e senza sminuire le gesta di Caio Mario, la storia della cattura di Giugurta per sua mano si sarebbe aggiunta alle altre meravigliose storie che le madri raccontavano ai loro bambini: il balzo del giovane Marco Curzio nel baratro del Foro Romano, l'eroismo di Orazio Coclite quando aveva difeso il Ponte Sublicio dall'assalto di re Porsenna di Chiusi, il cerchio tracciato attorno ai piedi del re di Siria da Caio Popillio Lena, l'uccisione dei figli traditori da parte di Lucio Giunio Bruto, l'uccisione di Spurio Melio, il pretendente al trono di Roma, da parte di Caio Servilio Ahala... sì, la cattura di Giugurta da parte di Lucio Cornelio Silla si sarebbe aggiunta a tutte queste e a molte altre storie narrate prima di dormire, ché conteneva tutti gli elementi necessari, ivi compresa la traversata dell'accampamento del re numida.

Ma Silla non era, per natura, un inventore di fatti romanzeschi, un sognatore, un creatore di fantasticherie, sicché non ebbe difficoltà ad abbandonare tali pensieri quando fu il momento di fermarsi e smontare di sella. Badando a tenersi alla larga da Giugurta, si avvicinò alla cavezza che teneva legati i quattro cavalli di riserva e la tagliò, poi fece fuggire gli animali in tutte le direzioni con una precisa gragnuola di pietre.

«Capisco» disse Giugurta, osservando Silla che rimontava in groppa al suo baio. «Dovremo percorrere centosessanta chilometri senza cambiare cavalli, eh? Mi domandavo come saresti riuscito a trasferirmi da una bestia all'altra.» Rise beffardo. «La mia cavalleria ti riprenderà, Lucio Cornelio!»

«Speriamo di no» rispose Silla, e costrinse la cavalcatura del prigioniero ad avviarsi con uno strattone.

Anziché procedere verso nord, in direzione del mare, si diresse a est, attraverso una piccola piana, e cavalcò per sedici chilometri nella notte di prima estate, senza un alito di vento, il cammino rischiarato da una falce di luna, a occidente. Poi in lontananza si profilò una catena di montagne, di un nero compatto; di fronte al massiccio montuoso, e assai più vicino, si ergeva un enorme cumulo di giganteschi massi arrotondati, ammucchiati alla rinfusa, che incombeva sui radi alberi stenti.

«Esattamente dove deve trovarsi!» esclamò gioiosamente Silla, ed emise un fischio acuto.

Il suo squadrone di cavalleria ligure sbucò dal riparo costituito dai macigni, ciascun uomo trascinandosi appresso due cavalli di riserva; in silenzio, galopparono incontro a Silla e al suo prigioniero ed esibirono altri due cavalli. E due muli.

«Li ho fatti venir qui ad attendermi sei giorni fa, re Giugurta» disse Silla. «Re Bocco credeva che mi fossi recato al suo accampamento da solo, ma, come vedi, non era così. Mi sono fatto seguire da presso da Publio Vagiennio e l'ho rimandato indietro a prendere i suoi compagni, ordinandogli di aspettarmi qui.»

Sbarazzatosi di ogni impaccio, Silla sovrintese al trasferimento su un altro cavallo di Giugurta, il quale ora venne incatenato a Publio Vagiennio. E di lì a poco si rimisero in viaggio, puntando a nord-est, in modo da aggirare l'accampamento del re di parecchi chilometri.

«Suppongo, reale maestà,» disse Publio Vagiennio con delicata titubanza «che tu non sia in grado di dirmi dove potrei trovare lumache nei dintorni di Cirta? O magari, nei dintorni di una qualsiasi altra città della Numidia, eh?»

Alla fine di giugno la guerra in Africa era finita. Per qualche tempo Giugurta fu ospitato in un alloggio adeguatamente confortevole entro le mura di Utica, come stabilito da Mario e Silla. E lì i suoi due figli, Iampsas e Oxyntas, vennero portati a tenergli compagnia, mentre la sua corte si disintegrava e aveva inizio la caccia alle cariche sotto il nuovo regime.

Re Bocco ottenne il trattato di amicizia e alleanza dal Senato, e il malaticcio principe Gauda divenne re di una Numidia considerevolmente ridotta, quanto a territorio. Fu Bocco a vedersi assegnare il resto del territorio numidico da una Roma troppo impegnata altrove per espandere la sua Provincia d'Africa di molte centinaia di chilometri.

E non appena una piccola flotta di solide navi e le condizioni atmosferiche stabili garantirono una traversata sicura, Mario imbarcò Giugurta e i suoi figli su uno dei vascelli noleggiati e li inviò a Roma per esservi tenuti in custodia.

Con loro s'imbarcò anche Quinto Sertorio, risoluto a battersi contro i Germani nella Gallia Transalpina. Aveva chiesto a suo cugino Mario il permesso di partire.

« Io sono un combattente, Caio Mario, » gli aveva detto serio serio il giovane *contubernalis* (cadetto) « e qui i combattimenti si sono conclusi. Raccomandami al tuo amico Publio Rutilio Rufo, e permettigli di mandarmi in servizio in Gallia! »

« Va' con i miei ringraziamenti e la mia benedizione, Quinto Sertorio » aveva replicato Mario, con profondo affetto. « E porta i miei saluti a tua madre. »

Il viso di Sertorio si era illuminato. « Sarà fatto, Caio Mario! »

« Ricorda, giovane Sertorio, » continuò Mario, il giorno in cui Quinto Sertorio e Giugurta s'imbarcarono per l'Italia « che riavrò bisogno di te in futuro. Allora, sii prudente in battaglia, se avrai la fortuna di combatterne. Roma ha reso onore al tuo coraggio e alle tue capacità con la Corona d'Oro, con *phalerae* e collari e braccialì... tutti d'oro. Un raro tributo, per un giovane della tua età. Ma non essere temerario. Roma avrà bisogno di te vivo, non morto. »

« Resterò in vita, Caio Mario » promise Quinto Sertorio.

« E non partire per la tua guerra appena sbarcato in Italia » l'ammonì Mario. « Prima passa un po' di tempo con la tua cara madre. »

« Sarà fatto, Caio Mario » promise Quinto Sertorio.

Quando il ragazzo prese congedo, Silla guardò il suo superiore con l'aria ironica. « Quello ti fa chiocciare come una vecchia gallina intenta a covare un uovo solitario. »

Mario sbuffò. « Sciocchezze! È mio cugino da parte di madre e voglio molto bene a quella donna. »

« Certamente » disse Silla, sogghignando.

Mario rise. « Via, Lucio Cornelio, ammetti di esserti affezionato al giovane Sertorio al pari di me! »

« L'ammetto volentieri. Ciononostante, Caio Mario, personalmente non *mi* fa chiocciare! »

« Caca cazzo! » sbottò Mario.

E con questo il discorso fu lasciato cadere.

Rutilia, che era l'unica sorella di Publio Rutilio Rufo, aveva avuto l'insolito onore di sposare, successivamente, due fratelli. Il suo primo marito era stato Lucio Aurelio Cotta, collega nel consolato di Metello Dalmatico, Pontefice Massimo, quattordici anni addietro, lo stesso anno in cui Caio Mario era stato eletto tribuno della plebe e aveva sfidato Metello Dalmatico, Pontifice Massimo.

Rutilia aveva sposato Lucio Aurelio Cotta che era appena una fanciulla, mentre lui era già stato sposato e già era padre di un figlio di nove anni, a nome Lucio, come lui. Si erano sposati un anno dopo che Fregellae era stata rasa al suolo per essersi ribellata a Roma, e l'anno del primo mandato di Caio Gracco come tribuno della plebe avevano avuto una figlia a nome Aurelia. Il figlio di Lucio Cotta aveva allora dieci anni ed era stato felicissimo dell'arrivo della piccola sorellastra, perché voleva un gran bene alla matrigna Rutilia.

Quando Aurelia compì cinque anni, suo padre, Lucio Aurelio Cotta, morì all'improvviso, a distanza di pochi giorni dal termine del consolato. La vedova, Rutilia, appena ventiquattrenne, cercò consolazione nel fratello minore di Lucio Cotta, Marco, che non aveva ancora preso moglie. Tra i due era nato l'amore e, col consenso di suo padre e di suo fratello, Rutilia sposò il cognato, Marco Aurelio Cotta, undici mesi dopo la morte di Lucio Cotta. Oltre a se stessa, Rutilia affidò alle cure di Marco il figliastro e nipote di Marco, Lucio Minore, e la figlia e nipote di Marco, Aurelia. La famiglia ben presto si accrebbe: Rutilia partorì a Marco un figlio, Caio, meno di un anno dopo, e poi un altro figlio, Marco, l'anno seguente, e infine un terzo figlio, Lucio, sette anni più tardi.

Aurelia rimase l'unica figlia data alla luce da sua madre, in un contesto familiare davvero incantevole; da parte di suo padre, aveva un fratellastro maggiore di lei; da parte di sua madre, aveva tre fratellastri minori di lei che, si dava il caso, erano anche suoi cugini di primo grado in quanto suo padre era stato il loro zio, laddove il loro padre era suo zio. La cosa poteva rivelarsi fonte di confusione per chi non fosse addentro nella faccenda. Non che i complessi vincoli di sangue preoccupassero un qualsiasi componente di quel gruppo di risoluti, caparbi fanciulli, che si piacevano e si volevano bene a vicenda, e tutti quanti si crogiolavano in un caldo rapporto d'affetto con Rutilia e il suo secondo marito Aurelio Cotta, i quali, guarda caso, si adoravano a loro volta.

La *gens* Aurelia rientrava nel novero delle grandi famiglie, e il ramo Cotta vantava una rispettabile anzianità di presenza al Senato, sebbene nuova alla nobiltà conferita dal consolato. Ricchi, in seguito ad accorti investimenti, grosse eredità terriere e numerosi matrimoni ben combinati, i Cotta potevano permettersi una prole numerosa senza preoccuparsi di dare in adozione qualche figlio maschio, ed erano in grado di fornire una dote più che adeguata alle figlie.

La covata che viveva sotto il tetto di Marco Aurelio Cotta e di sua moglie Rutilia era perciò costituita da ottimi partiti, dal punto di vista finanziario, e perdipiù poteva vantare una notevole bellezza fisica. E Aurelia, l'unica femmina della partita, era la più bella di tutti.

«Perfetta!» era l'opinione del sibaritico, ma inequivocabilmente brillante Lucio Licinio Crasso Oratore, che era uno dei più ardenti, e importanti, candidati alla sua mano.

«Splendida!» era la definizione che ne dava Quinto Muzio Scevola, intimo amico e primo cugino di Crasso Oratore; anche lui aveva iscritto il suo nome nella lista dei pretendenti.

«Conturbante!» era il commento di Marco Livio Druso; era cugino di Aurelia e desiderava ardentemente sposarla.

«Elena di Troia!» la definiva Gneo Domizio Enobarbo il Giovane, che pure aspirava alla sua mano.

In effetti, la situazione era esattamente come Publio Rutilio Rufo l'aveva descritta a Caio Mario nella sua lettera; tutti quanti, a Roma, avrebbero voluto sposare sua nipote Aurelia. Il fatto che alcuni degli spasimanti fossero già ammogliati non costituiva motivo di squalifica o disonore: il divorzio si otteneva con facilità, e la dote di Aurelia era tale che chi aspirava alla sua mano non doveva preoccuparsi per la perdita della dote di una precedente moglie.

«Mi sento nei panni di re Tindaro, quando tutti i principi e i re più in vista si presentavano a chiedere la mano di Elena» disse Marco Aurelio Cotta a Rutilia.

«Tindaro ha avuto a disposizione Odisseo per risolvere il dilemma» commentò Rutilia.

«Be', vorrei averlo a disposizione anch'io! A chiunque la dia in sposa, finirò con l'offendere tutti quelli che non l'otterranno.»

«Proprio come Tindaro» fece Rutilia, annuendo.

E poi, l'Odisseo di Marco Cotta venne a cena, anche se in verità era un Ulisse, essendo un romano di Roma: Publio Rutilio Rufo. Dopo che i ragazzi, compresa Aurelia, se ne furono andati a letto, la conversazione, come sempre, vertè sul consueto argomento: le nozze di Aurelia. Rutilio Rufo ascoltò con interesse e, quando fu il momento, diede la sua risposta. Ciò che non disse alla sorella e al cognato fu che il vero solutore dell'enigma era Caio Mario, di cui aveva testé ricevuto la schietta lettera dall'Africa.

«Semplicissimo, Marco Aurelio» disse.

«Se lo è, vuol dire che sono troppo vicino per vedere» ribatté Marco Cotta. «Illuminami tu, Ulisse!»

Rutilio Rufo sorrise. «No, non vedo l'utilità di comporci una canzone e intrecciarci una danza, come ha fatto Ulisse» disse.

«Viviamo nella Roma moderna, non nell'antica Grecia. Non possiamo macellare un cavallo, squartarlo e costringere tutti i corteggiatori di Aurelia a montarci su per giurare eterna fedeltà a te, Marco Aurelio.»

«Soprattutto non *prima* che sappiano chi di loro è il fortunato vincitore!» disse Cotta, ridendo. «Che romantici erano quei Greci dell'antichità! No, Publio Rutilio, temo proprio che ci troviamo alle prese con un branco di Romani litigiosi, disposti a spaccare il capello in quattro.»

«*Precisamente*» osservò Rutilio Rufo.

«Via, fratello, non lasciarci sulle spine, parla» incalzò Rutilia.

«Come ho detto, mia cara Rutilia, è semplicissimo. Lasciamo che sia la ragazza a scegliersi il marito che preferisce.»

Cotta e sua moglie sgranarono gli occhi.

«Credi sul serio che sia saggio?» domandò Cotta.

«Data la situazione, non c'è saggezza che tenga, sicché cos'avete da perdere?» chiese Rutilio Rufo. «Non vi serve che sposi un ricco, e nella lista degli aspiranti alla sua mano non figurano famigerati cacciatori di dote, quindi limitate le sue possibilità di scelta alla lista. Né le fanciulle della *gens* Aurelia, o della Iulia o della Cornelia, sono tali da attirare gli arrampicatori sociali. Inoltre, Aurelia è una ragazza piena di buon senso, non una sentimentale da quattro soldi, e sicuramente non è romantica. Non vi deluderà, la mia nipotina!»

«Hai ragione» disse Cotta, annuendo. «Non credo proprio che esista uomo capace di far girare la testa ad Aurelia.»

Così il giorno dopo Cotta e Rutilia convocarono Aurelia nel salottino di sua madre, con l'intenzione di rivelarle ciò che era stato deciso in merito al suo futuro.

Aurelia entrò; non incespicò né ancheggiò né procedette a balzi o a passettini. Aurelia camminava come si deve, si muoveva con decisione e competenza, teneva i fianchi fermi e il sedere composto, le spalle dritte, il mento appena abbassato, la testa eretta. Forse la sua figura era un po' esile, così alta e un tantino scarsa di seno, però indossava le vesti drappeggiate con impeccabile eleganza, non ostentava alti tacchi di sughero e spregiava i gioielli. Folti e lisci, i capelli di un castano molto chiaro erano raccolti in una severa, composta crocchia situata esattamente in modo da risultare invisibile a chi l'osservava di fronte, e quindi non contribuiva ad addolcirle il viso, incorniciandolo. Nessun cosmetico ne aveva mai offuscato la pelle levigata, bianca come il latte, senza il minimo difetto, appena appena rosata all'altezza degli incredibili zigomi e di un rosa lievemente più intenso negli incavi sottostanti. Il naso, diritto e leggermente aquilino, come se a cesellarlo fosse stato Prassitele, era troppo lungo per incorrere in sospetti di un'eventuale presenza di sangue celtico, e perciò gli si poteva perdonare la mancanza di carattere: in altre parole, l'assenza di gobbe e protuberanze realmente romane. La bocca, di un cremisi acceso, con due deliziose fossette ai lati, possedeva quella piega che faceva impazzire gli uomini per il desiderio di baciarla, costringendola a schiudersi come un fiore. E nello splendido volto a cuore, col mento segnato da una fossetta e l'alta fronte spaziosa e i contorni affilati, spiccava un paio di immensi occhi che a sentire tutti quanti non erano azzurro scuro, ma *viola*, frangiati di lunghe, fitte ciglia nere e sormontati da sottili sopracciglia nere, arcuate, leggere.

Si discuteva molto alle cene per soli uomini (si poteva infatti star certi che tra i commensali ci fossero due o tre dei suoi spasimanti ufficiali) su quelle che esattamente erano le attrattive di Aurelia. C'era chi sosteneva che tutto il suo fascino risiedeva in quei pensosi, remoti occhi viola; altri lo attribuivano alla purezza davvero ragguardevole della carnagione; altri ancora propendevano per il rilievo statuario dei piani facciali; qualcuno gemeva con passione al ricordo della sua bocca, o della fossetta sul mento, o delle mani e dei piedi delicati.

«Non è nessuna di queste cose, e tuttavia l'insieme di tutte queste cose» bofonchiò Lucio Licinio Crasso Oratore. «Sciocchi che non siete altro! Aurelia è una vergine Vestale in libertà... è *Diana*, non Venere! Irraggiungibile. E proprio in questo consiste il suo fascino.»

«No, sono quegli occhi viola» disse il giovane figlio di Scauro, *Princeps Senatus*, che si chiamava Marco come suo padre. «Il viola è il colore *per eccellenza*! Nobile! Aurelia è una sorta di presagio vivente.»

Ma quando il suddetto presagio vivente entrò nel salottino di sua madre, tranquilla e impeccabile come sempre, non si portò appresso la minima traccia di atmosfera drammatica; in effetti, il dramma non si addiceva al personaggio di Aurelia.

«Siediti, figlia mia» disse Rutilia, sorridendo.

Aurelia si sedette, giungendo le mani in grembo.

«Desideriamo parlarti delle tue nozze» aggiunse Cotta, e si schiarì la gola, sperando che la fanciulla dicesse qualcosa per aiutarlo nelle spiegazioni.

Non ottenne aiuto alcuno; Aurelia si limitò a guardarlo con una sorta di distaccato interesse, niente di più.

«Come la pensi, in proposito?» domandò Rutilia.

Aurelia arricciò le labbra, scrollò le spalle. «Spero solo, suppongo, che scegliate qualcuno di mio gradimento» rispose.

«Be', sì, lo speriamo anche noi» disse Cotta.

«Chi *non* è di tuo gradimento?» domandò Rutilia.

«Gneo Domizio Enobarbo il Giovane» rispose Aurelia senza la minima esitazione, pronunciandone il nome per intero.

In cuor suo, Cotta le diede pienamente ragione. «Qualcun altro?» domandò.

«Marco Emilio Scauro Minore.»

«Oh, che peccato!» esclamò Rutilia. «Io lo trovo molto per bene, sul serio.»

«Ne convengo, è molto per bene,» disse Aurelia «ma è timido.»

Cotta neppure tentò di nascondere un sorrisetto. «Non ti piacerebbe un marito timido, Aurelia? Potresti assumere tu il comando delle operazioni!»

«Una brava moglie romana non assume il comando delle operazioni.»

«Tanto peggio per Scauro. La nostra Aurelia ha parlato.» Cotta dondolò avanti e indietro la testa e le spalle. «C'è qualcun altro che non ti va?»

«Lucio Licinio.»

«Che cos'ha?»

«È grasso.» La bocca imbronciata s'imbronciò ancor di più.

«Poco attraente, eh?»

«È segno di una mancanza di autodisciplina, padre.» C'erano momenti in cui Aurelia chiamava Cotta padre, altre in cui lo chiamava zio, ma le sue decisioni non erano mai prive di logica: quando la conversazione indicava che Cotta agiva in veste paterna, lei propendeva per l'appellativo padre, e quando agiva da zio, così era chiamato.

«Hai proprio ragione» disse Cotta.

«Ce n'è uno che preferiresti sposare più di tutti gli altri?» domandò Rutilia, tentando la tattica contraria.

Il broncio sparì. «No, madre, non proprio. Sarò felice di lasciar decidere a te e al babbo.»

«Che cosa speri di trovare nel matrimonio?» domandò Cotta.

«Un marito confacente al mio rango che sia di ornamento a... alcuni bei bambini.»

«Una risposta da manuale!» disse Cotta. «Sei la prima della classe, Aurelia.»

Rutilia sbirciò il marito, con appena una traccia di divertimento negli occhi. «Diglielo, Marco Aurelio, diglielo!»

Cotta tornò a schiarirsi la gola. «Be', Aurelia, ci stai causando qualche piccolo problema» disse. «L'ultima volta che li ho contati, gli aspiranti ufficiali alla tua mano erano trentasette. Nessuno di questi speranzosi spasimanti si potrebbe definire sconsigliabile. Alcuni di loro sono di rango assai più elevato del nostro, alcuni sono di gran lunga più facoltosi di noi, e qualcuno vanta addirittura rango e patrimonio molto, ma molto superiori ai nostri! Il che ci crea un certo imbarazzo. Se fossimo *noi* a sceglierti il marito, ci faremmo una quantità di nemici, che magari non molesterebbero noi, ma che certamente renderanno dura la vita ai tuoi fratelli, in seguito. Sono sicuro che te ne rendi conto.»

«Sì, padre» fece Aurelia in tono solenne.

«Comunque sia, tuo zio Publio ha prospettato l'unica soluzione possibile. Sarai *tu* a sceglierti un marito, figlia mia.»

E per una volta Aurelia fu presa alla sprovvista. Rimase a bocca aperta. *«Io?»*

«Tu.»

La fanciulla si premette di scatto le mani contro le guance arrossate; fissò Cotta, inorridita. «Ma non posso farlo!» esclamò. «Non è... non è previsto dalle norme di *Roma!*»

«Ne convengo» disse Cotta. «Dalle norme di Roma, no, da quelle di Rutilio, sì.»

«Ci serviva un Ulisse che ci fornisse la soluzione, e fortunatamente ne abbiamo uno in famiglia» disse Rutilia.

«Oh!» Aurelia si dimenò, si contorse. «Oh, oh!»

«Che c'è, Aurelia? Non hai le idee abbastanza chiare per prendere una decisione?» domandò la madre.

«No, non si tratta di questo» rispose Aurelia, mentre il suo colorito tornava normale, poi diventava addirittura più pallido della norma, lasciandole il viso bianco come un panno lavato. «È solo che... oh, be'!» Scrollò le spalle, si alzò. «Posso andare?»

«Certamente.»

Sulla porta, si volse a guardare Cotta e Rutilia con l'aria serissima. «Quanto tempo ho per prendere una decisione?» domandò.

«Oh, non c'è fretta» disse Cotta in tono gioviale. «Compirai diciott'anni alla fine di gennaio, ma non è detto che tu debba sposarti appena avrai l'età giusta. Prenditi pure tutto il tempo che ti occorre.»

«Grazie» disse lei, e uscì dalla stanza.

La sua cameretta era uno dei cubicoli che davano sull'atrio per cui era priva di finestre e buia; in seno a una famiglia così unita e affettuosa, all'unica figlia non sarebbe stato consentito dormire in un luogo meno protetto. Essendo, tuttavia, l'unica femmina fra tanti maschi, Aurelia era altresì molto coccolata, e avrebbe potuto facilmente diventare una donzella molto viziata, se in lei ci fosse stato il germe di tale difetto. Fortunatamente, non c'era. Per opinione unanime, i suoi familiari ritenevano che fosse assolutamente impossibile viziare Aurelia, la quale non possedeva la minima traccia di cupidigia o invidia. Il che non contribuiva a renderla particolarmente dolce o amabile; in realtà, era assai più facile ammirare e rispettare Aurelia di quanto lo fosse amarla, perché Aurelia non era un tipo espansivo. Da piccola ascoltava impassibile le vanterie del fratello maggiore o di uno dei primi due fratelli minori, poi, quando ne aveva abbastanza, gli mollava un ceffone così energico da fargli rintronare la testa e se ne andava senza una parola.

Poiché, essendo l'unica femmina, aveva bisogno, ritenevano i genitori, di uno spazio tutto suo cui fosse vietato l'accesso ai maschi, le era stata assegnata una stanza da lavoro abbastanza spaziosa e piena di sole che dava sul peristilio, nonché un'ancella personale, la gallica Cardixa, che era una vera perla. Quando Aurelia si fosse sposata, Cardixa l'avrebbe seguita nella sua nuova casa maritale.

All'ancella bastò un'occhiata di sfuggita al viso di Aurelia, quando mise piede nella sua stanza da lavoro, per rendersi conto che era accaduto qualcosa d'importante; però non disse nulla, né si aspettava che le fosse rivelato di che cosa si trattava, perché i rapporti gentili e agevoli tra padrona e ancella non prevedevano confidenze del tipo che si scambiano le fanciulle. Chiaramente, Aurelia aveva bisogno di rimanere sola, per cui Cardixa si eclissò.

I gusti dell'inquilina caratterizzavano nettamente la stanza, in cui su gran parte delle pareti si susseguivano nicchie contenenti molti rotoli di libri; uno scrittoio era ingombro di fogli di papiro vergine, penne di canna, tavolette di cera e, ancora, un bizzarro stilo d'osso per incidere la cera, compresse di inchiostro di seppia da sciogliere nell'acqua, un calamaio con coperchio, un flacone pieno di sabbia fine per asciugare gli scritti, e un abaco.

In un angolo era collocato un telaio padovano di grandi dimensioni, e sulle pareti dietro il telaio erano infissi vari pioli destinati a reggere decine di lunghe matasse di lana in una miriade di spessori e colori: rossi e viola, azzurri e verdi, rosa e panna, gialli e arancioni; questo, perché Aurelia tesseva personalmente la stoffa per tutte le sue vesti e amava le tinte accese. Sul telaio era posto un gran pezzo di stoffa rosso fiamma, impalpabile come una nuvola, tessuta con un filo di lana sottile come un capello: il velo nuziale di

Aurelia, una vera e propria sfida. Il tessuto color zafferano dell'abito di nozze era già ultimato, e giaceva piegato con cura su una mensola, in attesa del momento di confezionarlo; portava sfortuna cominciare a tagliare e cucire il vestito prima che il futuro sposo non si fosse impegnato per iscritto a rispettare il contratto nuziale.

Dotata com'era per i lavori del genere, Cardixa era occupata nell'impresa di ricavare un sorta di paravento pieghevole a traforo da uno straordinario legno africano da ebanista; i pezzi di pietre dure polite — sardonice, diaspro, corniola e onice —, con cui intendeva intarsiarlo secondo un disegno di foglie e fiori, erano tutte riposte con cura in una scatola di legno intagliato, un precedente esempio della sua abilità.

Aurelia si portò sul lato della stanza che dava all'esterno della casa, chiudendo le imposte, ma lasciando aperte le grate per far entrare l'aria fresca e una luce soffusa; il fatto che le imposte fossero chiuse bastava da solo a segnalare che non voleva essere disturbata da chicchessia, fratellino o ancella. Poi la fanciulla si sedette allo scrittoio, profondamente turbata e stupita, giunse le mani sul ripiano e si mise a pensare.

Che avrebbe fatto Cornelia, la madre dei Gracchi?

Era questo il criterio seguito da Aurelia in ogni cosa. Che avrebbe fatto Cornelia, la madre dei Gracchi? Che ne avrebbe pensato Cornelia, la madre dei Gracchi? Come l'avrebbe presa Cornelia, la madre dei Gracchi? Ché Cornelia, la madre dei Gracchi, era l'idolo di Aurelia, il suo esempio, l'ispiratrice della sua condotta, nelle parole e nei fatti.

Tra i rotoli che tappezzavano le pareti del suo studiolo figuravano tutte le lettere e i saggi pubblicati di Cornelia, la madre dei Gracchi, e qualsiasi opera di qualsiasi autore in cui fosse anche solo citato il nome di Cornelia, la madre dei Gracchi.

E chi era mai, codesta Cornelia, madre dei Gracchi? Tutto ciò che una nobile matrona romana avrebbe dovuto essere, dal momento della sua nascita a quello della morte. Ecco chi era.

Figlia minore di Scipione l'Africano, colui il quale aveva sconfitto Annibale e preso Cartagine, Cornelia era andata sposa al grande aristocratico Tiberio Sempronio Gracco a diciannove anni, quando lui ne aveva quarantacinque; sua madre, Paula Emilia, era sorella del grande Paolo Emilio, la qual cosa faceva di Cornelia, la madre dei Gracchi, una patrizia da ambo i rami della famiglia.

La sua condotta, mentre era moglie di Tiberio Sempronio Gracco, era stata impeccabile, e nei quasi vent'anni del loro matrimonio, pazientemente, gli aveva dato dodici figli. Con tutta probabilità, Caio Giulio Cesare avrebbe sostenuto che dipendeva dagli infiniti incroci di sangue di due antichissime famiglie, la *gens* Cornelia e la *gens* Emilia, il fatto che i suoi bambini fossero malaticci, ché gracili erano tutti quanti. Ma, infaticabile, Cornelia si accaniva, e accudiva ogni figlio con scrupolosa sollecitudine e grande amore; e in effetti era riuscita a crescerne tre. Il primo rampollo sopravvissuto fino all'età adulta era una femmina, Sempronia; il secondo era un maschio, che aveva ereditato il nome del padre, Tiberio; e il terzo era un altro maschio, Caio Sempronio Gracco.

In possesso di una raffinata educazione, e degna figlia di suo padre — il quale adorava tutto ciò che sapeva di greco come il culmine della cultura mondiale — Cornelia aveva curato personalmente l'istruzione di tutti e tre i figli (nonché di quelli, tra i nove morti in tenera età, vissuti abbastanza da iniziare gli studi) e vigilato su ogni aspetto della loro crescita. Quando suo marito morì, Cornelia rimase con la quindicenne Sempronia, il dodicenne Tiberio Gracco, e Caio Gracco, di appena due anni oltre ad alcuni dei nove poi morti, che avevano comunque superato la prima infanzia.

Tutti si erano messi in fila per sposare la vedova, perché aveva dimostrato concretamente la propria fertilità con regolarità stupefacente, ed era tuttora in età fertile; Cornelia era anche la figlia dell'Africano, la nipote di Paolo e la vedova di Tiberio Sempronio Gracco. E come se non bastasse, era favolosamente ricca.

Tra i suoi corteggiatori figurava, nientedimeno, Tolomeo Evergete il Pancione, a quel tempo ex faraone d'Egitto e re di Cirenaica, che veniva regolarmente in visita a Roma nel periodo compreso tra la sua deposizione e la restaurazione come unico sovrano d'Egitto, nove anni dopo la morte di Tiberio Sempronio Gracco. Tolomeo si presentava a belare senza posa al sordo orecchio del Senato, dandosi un gran da fare e allungando denaro a destra e a manca per ottenere di reinsediarsi sul trono d'Egitto.

Al momento della morte di Tiberio Sempronio Gracco, re Tolomeo Evergete il Pancione aveva otto anni meno della trentaseienne Cornelia, la madre dei Gracchi, ed era un bel po' più sottile, di circonferenza, di quanto sarebbe diventato in seguito, quando il cugino di primo grado e genero di Cornelia, la madre dei Gracchi, vale a dire Scipione l'Emiliano, ebbe a vantarsi di aver fatto *correre* l'orrendamente grasso re d'Egitto in abbigliamento indecente! Tolomeo fece pressioni per ottenere la mano di Cornelia, con la stessa cocciutaggine e persistenza con cui chiedeva di tornare sul trono d'Egitto, ma con altrettanto scarso successo. Cornelia, la madre dei Gracchi, non era facile preda per un qualsiasi re straniero, per quanto incredibilmente ricco o potente fosse.

In realtà, Cornelia, la madre dei Gracchi, aveva deciso che una vera matrona romana, sposa per quasi vent'anni di un grande aristocratico di Roma, non aveva motivo alcuno di rimaritarsi. Così i corteggiatori, l'uno dopo l'altro, vennero rifiutati con graziosa cortesia, e la vedova proseguì da sola nell'impresa di crescere i figli.

Quando Tiberio Gracco venne assassinato durante il suo tribunato della plebe, Cornelia tirò avanti a testa alta, mostrandosi alteramente superiore a tutte le illazioni su un coinvolgimento nell'omicidio del suo primo cugino, Scipione l'Emiliano; e mostrandosi altrettanto alteramente superiore all'odiosa situazione coniugale esistente tra Scipione l'Emiliano e la moglie, che era poi sua figlia Sempronia. Poi, quando Scipione l'Emiliano venne trovato morto, per cause misteriose, e corse voce che anche lui fosse stato assassinato — dalla moglie, nientemeno, la figlia di Cornelia — quest'ultima continuò a mostrarsi alteramente superiore. Dopotutto, le rimaneva un solo figlio in vita da educare e sorreggere nella carriera pubblica che si profilava ricca di successi, il suo caro Caio Gracco.

Caio Gracco perì di morte violenta quando lei era sulla settantina, e tutti supposero che quello fosse un colpo abbastanza forte da stroncare, finalmente, Cornelia, la madre dei Gracchi. E invece no. A testa alta, continuò a vivere, vedova, privata dei suoi splendidi figli maschi, unica superstite della sua prole l'amareggiata e sterile Sempronia.

«Ho la mia cara piccola Sempronia da allevare» disse, alludendo alla figlia di Caio Gracco, ancora in fasce.

Però si allontanò da Roma, ma non dalla vita o dalla lotta per la vita, questo mai. Andò ad abitare stabilmente nella sua immensa villa di Capo Miseno, al pari di lei un monumento a tutto il buon gusto e la raffinatezza e lo splendore che Roma poteva offrire al mondo. Là radunò tutte le sue lettere e gli altri suoi scritti e autorizzò graziosamente il vecchio Sosio dell'Argileto a pubblicarli, dopo che i suoi amici l'ebbero implorata di non lasciare che i posteri ne restassero all'oscuro. Al pari della loro autrice tali scritti erano pieni di brio, di grazia e di fascino e di spirito, e tuttavia anche di forza e profondità. A Capo Miseno la raccolta di scritti s'infoltì, ché Cornelia, la madre dei Gracchi, non perse una briciola d'intelligenza o erudizione o interesse, via via che volgeva al termine dei suoi anni.

Quando Aurelia aveva sedici anni e Cornelia, la madre dei Gracchi, ottantatré, Marco Aurelio Cotta e sua moglie Rutilia, di passaggio a Capo Miseno, si recarono in visita di cortesia — in realtà non si trattò di una visita di cortesia, bensì di un evento atteso con ansia — da Cornelia, la madre dei Gracchi. Erano accompagnati da tutta la tribù dei loro figli, compreso l'altezzoso Lucio Aurelio Cotta che, logicamente, a ventisei anni, non si considerava più un vero e proprio componente della suddetta tribù. A tutti fu imposto di essere quieti come topolini, modesti come Vestali, silenziosi come gatti prima di spiccare il balzo: niente gesti inconsulti, niente risatine, niente calcetti alla gamba della sedia, pena la morte per mezzo di torture e indescrivibili sofferenze.

Ma Cotta e Rutilia non avrebbero dovuto preoccuparsi di proferire minacce aliene dalla loro natura. Cornelia, la madre dei Gracchi, sapeva suppergiù tutto ciò che c'era da sapere sui ragazzini e anche sui ragazzini cresciuti, e la sua nipotina, Sempronia, aveva solo un anno meno di Aurelia. Felicissima di trovarsi attorno ragazzi tanto interessanti e vivaci, si divertì moltissimo, e per un lasso di tempo assai più lungo di quanto i suoi devoti schiavi ritenessero opportuno, dato che era ormai diventata fragile e aveva sempre le labbra bluastre, e anche il lobo delle orecchie.

E l'adolescente Aurelia se ne andò dalla villa conquistata, ispirata: da grande, giurò a se stessa, sarebbe vissuta secondo gli stessi criteri di forza romana, resistenza romana, integrità romana, sopportazione romana, di cui dava prova Cornelia, la madre dei Gracchi. Fu dopo quella visita che la sua biblioteca si arricchì degli scritti della vecchia matrona; e in seguito fece progetti per costruirsi un'esistenza del pari degna di nota.

La visita non ebbe un seguito, perché l'inverno successivo Cornelia, la madre dei Gracchi, morì, seduta ben eretta, a testa alta, stringendo la mano della nipote. Aveva appena informato la fanciulla del suo fidanzamento ufficiale con Marco Fulvio Flacco Bambalione, unico superstite della famiglia di quel Fulvio Flacco i cui componenti erano morti dando il loro appoggio a Caio Gracco; era giusto, disse Cornelia alla giovane Sempronia, che in quanto unica erede dell'enorme patrimonio della *gens* Sempronia, recasse in dote tale patrimonio a una famiglia che aveva perso il suo per sostenere la causa di Caio Gracco. Cornelia, la madre dei Gracchi, fu altresì lietissima di poter dire alla nipote che possedeva ancora sufficiente ascendente al Senato da far approvare un decreto inteso ad abrogare le disposizioni della legge Voconia che negava alla moglie il diritto di ereditare, nel caso che qualche lontano cugino di sesso maschile si facesse vivo a rivendicare l'immenso patrimonio della *gens* Sempronia sulla scorta di tale legge maschilista. L'abrogazione, aggiunse, si estendeva anche alla generazione successiva, nel caso che un'altra donna si rivelasse l'unica erede diretta.

La morte di Cornelia, la madre dei Gracchi, fu così repentina, così misericordiosa, che l'intera Roma se ne rallegrò; gli dèi avevano davvero amato, e duramente provato, Cornelia, la madre dei Gracchi! Poiché apparteneva alla *gens* Cornelia venne inumata e non cremata; unici, infatti tra le famiglie grandi e piccole di Roma, i componenti della *gens* Cornelia mantenevano intatti i loro corpi dopo la morte. Una sontuosa tomba sulla Via Latina divenne il suo monumento, un monumento che non era mai privo di fiori freschi collocati tutt'attorno. E col passare degli anni la sua tomba si tramutò in un tabernacolo e in un altare, sebbene il culto non fosse mai riconosciuto ufficialmente. Le donne di Roma che aspiravano a possedere le doti attribuite a Cornelia, la madre dei Gracchi, la pregavano e portavano fiori freschi sulla tomba. Cornelia era diventata una divinità, ma di un tipo in precedenza sconosciuto a qualsiasi pantheon; una figura dotata di uno spirito invincibile al cospetto delle più dure sofferenze.

Che avrebbe fatto Cornelia, la madre dei Gracchi? Per una volta, Aurelia non trovò risposta alla domanda; né la logica né l'istinto consigliavano ad Aurelia di unire il suo destino a qualcuno che i genitori non le avrebbero mai e poi mai concesso di sceglliersi come marito. La fanciulla, naturalmente, comprendeva i motivi per cui quel furbone dello zio Publio aveva suggerito una soluzione del genere; la sua cultura classica era vasta più che a sufficienza per consentirle di afferrare il parallelo tra lei ed Elena di Troia, anche se Aurelia non si riteneva di una bellezza altrettanto fatale... quanto, piuttosto, un ottimo partito.

Alla fine, giunse all'unica conclusione che Cornelia, la madre dei Gracchi, avrebbe approvato; doveva vagliare i suoi pretendenti con cura meticolosa, e scegliere il migliore. Il che non significava necessariamente colui il quale l'attraeva di più. Significava invece colui il quale corrispondeva maggiormente all'ideale romano. Di conseguenza, doveva essere di ottime origini, provenire quanto meno da una famiglia di senatori, la cui *dignitas*, il cui ascendente pubblico e la cui posizione, a Roma, si potessero far risalire, generazione dopo generazione, sino alla fondazione della Repubblica senza trovare traccia di macchie o nei o difetti; doveva essere coraggioso, immune da eccessi di qualsiasi genere, sprezzante nei confronti del denaro, al di sopra della corruzione o della prostituzione morale e pronto, se necessario, a dare la vita per Roma o il suo onore.

Un'impresa impossibile! Il guaio era: come poteva, una ragazza allevata al riparo dal mondo, essere certa di fare la scelta giusta? Così Aurelia decise di parlarne con i tre adulti della famiglia, Marco Cotta e Rutilia e il suo fratellastro maggiore, Lucio Aurelio

Cotta, per chieder loro un parere sincero su ciascuno dei pretendenti in lista. I tre familiari furono colti di sorpresa, ma fecero del loro meglio per esserle di aiuto; purtroppo, ciascuno dei tre, messo alle strette, tradì pregiudizi personali tali da viziare il giudizio, sicché Aurelia finì col cavarne poco o nulla.

«Non ce n'è uno che le piaccia sul serio» disse Cotta alla moglie, tetramente.

«Neppure uno!» fece Rutilia, sospirando.

«È incredibile, Rutilia! Una diciottenne che non ha un debole per *nessuno*? Che cos'ha quella ragazza?»

«E come faccio a saperlo?» replicò Rutilia, mettendosi sulla difensiva. «Non ha certamente preso dal *mio* ramo della famiglia!»

«Be', sicuramente non ha preso neanche dal mio!» scattò Cotta, poi si scrollò di dosso l'esasperazione, diede un bacio alla moglie per farsi perdonare e ripiombò nella depressione. «Sai, sono pronto a scommettere che finirà col decidere che non ce n'è uno che le vada a genio!»

«Sono d'accordo con te» disse Rutilia.

«Che dobbiamo fare, allora? Se non ci stiamo attenti, ci ritroveremo alle prese con la prima zitella volontaria dell'intera storia di Roma!»

«Sarà meglio che la spediamo da mio fratello» suggerì Rutilia. «Potrà parlarne con lui.»

Cotta s'illuminò. «Ottima idea!» disse.

Il giorno dopo, Aurelia si recò a piedi dalla dimora dei Cotta sul Palatino alla casa di Publio Rutilio Rufo alle Carine, accompagnata dalla sua ancella, Cardixa, e da due robusti schiavi gallici le cui mansioni erano numerose e svariate, ma richiedevano tutte notevole forza fisica; Cotta e Rutilia non avevano voluto intralciare il colloquio tra Aurelia e lo zio con la presenza di parenti. Era stato fissato un appuntamento, in quanto, nella sua veste di console incaricato del governo di Roma, per dar modo a Gneo Mallio Massimo di reclutare il cospicuo esercito con cui intendeva marciare sulla Gallia Transalpina nella tarda primavera, Rutilio Rufo era molto impegnato. Mai troppo impegnato, comunque, per occuparsi delle poche faccende a carattere familiare che gli si presentavano.

Marco Cotta si era recato in visita dal cognato poco prima dell'alba per esporgli la situazione, che parve divertire moltissimo Rutilio Rufo.

«Oh, quella ragazzina!» esclamò, le spalle sussultanti per il gran ridere. «Una vergine fatta e finita! Be', dovremo assicurarci che non prenda una decisione sbagliata e resti vergine per il resto della sua vita, per quanti mariti e figli possa avere.»

«Spero che tu trovi una soluzione, Publio Rutilio» disse Cotta. «Io non riesco a scorgere il minimo spiraglio di luce.»

«So quel che devo fare» ribatté Rutilio Rufo, sicuro di sé. «Mandala da me verso l'ora decima. Potrà cenare con me. Te la rimanderò a casa in lettiga sotto buona scorta, non temere.»

Quando Aurelia arrivò, Rutilio Rufo spedì Cardixa e i due Galli negli alloggi della servitù a cenare e attendere, a sua discrezione; quanto ad Aurelia, la guidò nel triclinio e la fece accomodare su uno scranno, dove potesse conversare in maniera altrettanto agevole con suo zio e chiunque si fosse disteso alla sua sinistra.

«Aspetto un solo commensale» disse Rutilio Rufo, sistemandosi a sua volta sul giaciglio. «Brrr! Fa freddo, eh? Che ne diresti di un bel paio di calzerotti di lana, nipote?»

Qualsiasi altra diciottenne avrebbe giudicato preferibile la morte al fatto di indossare qualcosa di tanto goffo quanto un bel paio di calzerotti, ma non Aurelia, che giudiziosamente mise sui piatti della bilancia la temperatura della stanza e il proprio benessere, poi fece segno di sì con la testa. «Grazie zio Publio» disse.

Fu mandata a chiamare Cardixa e le si ordinò di procurarsi le calze dalla governante, cosa che fece con lodevole sollecitudine.

«Che brava ragazza è la tua ancella!» disse Rutilio Rufo, il quale davvero adorava il buon senso di Aurelia come chiunque altro avrebbe potuto adorare la perfetta perla marina trovata nella conchiglia di un buccino baffuto sui fondali melmosi di Ostia. Non essendo particolarmente amante delle donne, non si soffermava mai a riflettere che il buon senso era una qualità rara sia negli uomini sia nelle donne; semplicemente, ne cercava la carenza nelle donne, e quindi la trovava. Per cui era Aurelia la sua prodigiosa perla marina trovata sui fondali melmosi della femminilità, e la custodiva gelosamente.

«Grazie, zio Publio» fece Aurelia, e rivolse la sua attenzione a Cardixa che se ne stava accovacciata a sfilarle i calzari.

Le due ragazze erano occupate a infilare le calze quando venne introdotto l'unico invitato; nessuna delle due si curò di alzare gli occhi allo scambio di convenevoli, ai rumori prodotti dal commensale mentre si accomodava alla sinistra del padrone di casa.

Raddrizzandosi, Aurelia affondò lo sguardo negli occhi di Cardixa e disse: «Grazie» con uno dei suoi rarissimi sorrisi.

Quando tornò in posizione eretta e adocchiò lo zio e il suo ospite dall'altro lato del tavolo, il sorriso le indugiava ancora sulle labbra, così come il lieve rossore sulle guance. Era bella da togliere il respiro.

E il respiro dell'ospite si troncò percettibilmente. Anche quello di Aurelia.

«Caio Giulio, ti presento Aurelia, la figlia di mia sorella» disse Publio Rutilio Rufo in tono soave. «Aurelia, vorrei farti conoscere il figlio del mio vecchio amico Caio Giulio Cesare... si chiama Caio come suo padre, ma non è il primogenito.»

Sgranando ancor più del solito gli occhi viola, Aurelia guardò l'uomo del suo destino, e neppure per un attimo pensò all'ideale romano o a Cornelia, la madre dei Gracchi. O, magari, su un piano più profondo, lo fece; il giovane, infatti, era all'altezza della situazione, anche se solo col tempo Aurelia ne avrebbe avuto la prova. Al momento delle presentazioni, tutto ciò che la fanciulla vide fu il lungo volto romano in cui spiccava il lungo naso romano, e gli occhi di un azzurro intenso, i capelli d'oro fittamente ondulati, la bella bocca. E, dopo tutti i conflitti interiori, tutte le riflessioni meditate e tuttavia infruttuose, Aurelia risolse il suo dilemma nel modo più naturale e soddisfacente possibile: s'innamorò.

Conversarono, logicamente. In effetti, fu una cena piacevolissima. Rutilio Rufo si mise comodo, appoggiato sul gomito sinistro, e lasciò che i due giovani se la sbrigassero da soli, eccitato dalla propria astuzia nello scovare tra le centinaia di giovanotti di sua conoscenza proprio quello in grado di piacere alla sua preziosa perla marina. Superfluo dire che Rutilio Rufo nutriva immensa simpatia per il giovane Caio Giulio Cesare e si aspettava grandi cose da lui negli anni a venire; era il romano per eccellenza. D'altronde, veniva dalla famiglia romana per eccellenza. E, essendo a sua volta un romano di Roma, Publio Rutilio Rufo era particolarmente compiaciuto all'idea che, se l'attrazione tra il giovane Caio Giulio Cesare e sua nipote fosse pienamente sbocciata, cosa di cui non dubitava, si sarebbe instaurato un rapporto di quasi parentela tra lui e il suo vecchio amico Caio Mario. I figli del giovane Caio Giulio Cesare e di sua nipote Aurelia sarebbero stati primi cugini dei figli di Caio Mario.

Di regola troppo riservata per far domande a chiunque, Aurelia dimenticò le buone maniere e interrogò il giovane Giulio Cesare su tutto ciò che desiderava sapere. Scoprì che aveva prestato servizio in Africa col cognato Caio Mario in qualità di tribuno militare subalterno ed era stato decorato in varie occasioni: una *Corona Muralis* per la battaglia alla cittadella di Muluchath, un vessillo dopo la prima battaglia alle porte di Cirta, nove piastre d'argento dopo la seconda battaglia alle porte di Cirta. Aveva subìto una grave ferita alla coscia durante la suddetta seconda battaglia, ed era stato rimpatriato, congedato con onore. Tutti questi fatti Aurelia riuscì a cavarglieli di bocca con le tenaglie, perché Caio Giulio era molto più interessato a narrarle le gesta del fratello maggiore, Sesto, nel corso delle stesse campagne.

Quell'anno, scoprì Aurelia, Caio Giulio era stato destinato alla zecca, ed era quindi uno dei tre giovani ai quali, negli anni precedenti l'ingresso al senato, veniva offerta l'occasione di imparare qualcosa in merito al funzionamento dell'economia di Roma sovrintendendo alla coniazione delle monete.

« Il denaro sparisce dalla circolazione» disse Caio Giulio, che in vita sua non aveva mai avuto uditorio più affascinante o più affascinato. «È nostro compito fabbricare altro denaro... ma non a capriccio, bada bene! È l'Erario a stabilire la quantità di nuove monete che si devono coniare in un anno; noi ci limitiamo a coniarle.»

«Ma com'è possibile che qualcosa di concreto come una moneta sparisca?» domandò la fanciulla, aggrottando la fronte.

«Oh, può cadere in un tombino, o fondersi durante un incendio» rispose il giovane Cesare. «In qualche caso, le monete semplicemente si logorano. Ma perlopiù spariscono perché qualcuno le ammassa. E quando il denaro viene ammassato non serve più al suo scopo.»

«Che sarebbe?» domandò Aurelia, che non aveva mai avuto molto a che fare col denaro, perché le sue esigenze erano semplici e i suoi genitori provvedevano con sensibilità.

«Quello di passare di mano in mano, di continuo» rispose il giovane. «Si chiama circolazione. E quando il denaro circola ogni mano per cui passa ne è benedetta. Col denaro si comprano mercanzie, o lavoro, o immobili. Però deve continuare a circolare.»

«Sicché è necessario fabbricare nuove monete per rimpiazzare quelle che qualcuno ammassa» disse Aurelia, pensierosa. «Le monete che vengono ammassate, tuttavia, continuano a esistere, no? Che succede, per esempio, se improvvisamente un enorme quantitativo di monete che siano state ammassate vengono... vengono... rimesse in circolazione?»

«Succede che il valore del denaro cala.»

Ricevuta la sua prima lezione sui rudimenti dell'economia, Aurelia si accinse a scoprire l'aspetto concreto della coniazione.

«Dobbiamo decidere che cosa mettere sulle monete» disse il giovane Caio Cesare con calore, soggiogato dalla sua rapita ascoltatrice.

«Alludi alla Vittoria sulla *biga*?»

«Be', è più facile stampare su una moneta un cocchio a due cavalli che a quattro, ed è per questo che la Vittoria è raffigurata su una *biga* invece che su una *quadriga*» rispose lui. «Ma quelli di noi con un briciolo di fantasia preferiscono qualcosa di più originale della Vittoria o di Roma. Se nel corso di un anno ci sono tre emissioni di monete, e perlopiù è così che vanno le cose, ciascuno di noi ha facoltà di scegliere l'immagine da stampare su una delle emissioni.»

«E tu sceglierai qualcosa?» domandò Aurelia.

«Sì. Abbiamo tirato a sorte, e a me è toccato il *denarius* d'argento. Così, il *denarius* di quest'anno recherà la testa di Iulo, il figlio di Enea, su una faccia, e l'Acqua Marcia sull'altra, per commemorare mio nonno Marzio Re» disse il giovane Cesare.

Dopodiché, Aurelia apprese che in autunno avrebbe cercato di farsi eleggere tribuno militare; suo fratello Sesto era stato eletto tribuno militare per quell'anno e sarebbe andato in Gallia al seguito di Gneo Mallio Massimo.

Dopo che fu servita l'ultima portata, zio Publio rispedì a casa la nipote in lettiga sotto buona scorta, come aveva promesso. Convinse invece l'ospite maschile a trattenersi ancora un po'.

«Beviamoci un paio di coppe di vino puro» propose. «Sono così gonfio d'acqua, che dovrò subito uscire a fare una gran pisciata.»

«Ti terrò compagnia» disse l'ospite, ridendo.

«E come ti è sembrata la mia nipotina?» domandò Rutilio Rufo dopo che venne loro servito un eccellente vino toscano d'annata.

«Tanto varrebbe domandarmi se mi piace vivere! C'è un'alternativa?»

«Ti è piaciuta molto, eh?»

«Se mi è piaciuta? Sì, certamente. Ma mi sono anche innamorato di lei» ammise il giovane Cesare.

«Vorresti sposarla?»

«Naturalmente! Proprio come, suppongo, metà degli uomini di Roma.»

«È vero, Caio Giulio. La cosa ti scoraggia?»

«No. Parlerò con suo padre... suo zio Marco, voglio dire. Cercherò di rivederla, di persuaderla a prendermi in considerazione. Vale la pena di tentare, perché so di esserle piaciuto.»

Rutilio Rufo sorrise. «Sì, lo penso anch'io.» Si lasciò scivolare dal giaciglio. «Be', va' a casa, giovane Caio Giulio, di' a tuo padre quel che intendi fare, poi, domani, va' a parlare con Marco Aurelio. Quanto a me, sono stanco, per cui me ne andrò a letto.»

Benché si fosse mostrato abbastanza fiducioso con Rutilio Rufo, il giovane Caio Cesare era di umore meno speranzoso mentre se ne tornava a casa a piedi. La fama di Aurelia era ampiamente diffusa. Molti suoi amici avevano chiesto la sua mano; alcuni di loro, Marco Cotta si era rifiutato di metterli in lista, altri erano stati accettati. Tra i pretendenti fortunati figuravano nomi più illustri del suo, se non altro perché tali nomi erano associati a enormi patrimoni. L'appartenenza al ramo cesareo della *gens* Iulia contava ben poco, a parte una posizione sociale così salda che neppure la miseria avrebbe potuto offuscarne lo splendore. E tuttavia come poteva competere con gente come Marco Livio Druso o il giovane Scauro o Licinio Oratore o Muzio Scevola o il maggiore dei fratelli Enobarbo? Non sapendo che ad Aurelia era stata data facoltà di scegliersi personalmente lo sposo, il giovane Cesare giudicava scarsissime le probabilità di successo.

Quando varcò la porta d'ingresso e percorse il corridoio che portava all'atrio, vide che le luci erano ancora accese nel *tablinum* del padre e ammiccò per respingere le lacrime salitegli agli occhi, prima di avvicinarsi senza far rumore all'uscio socchiuso e bussare.

«Avanti» disse una voce stanca.

Caio Giulio Cesare era in fin di vita. In casa tutti lo sapevano, compreso lo stesso Cesare, sebbene non se ne fosse fatto parola. La malattia era iniziata con una certa difficoltà a deglutire, un morbo insidioso che si era insinuato un po' alla volta, così lentamente che era difficile stabilire se effettivamente ci fosse un peggioramento. Poi la voce aveva cominciato ad arrochirsi, dopodiché era iniziato il dolore, non proprio intollerabile, dapprima. Ora si era fatto costante, e Caio Giulio Cesare non riusciva più a inghiottire cibi solidi. Finora si era rifiutato si consultare un medico, benché Marzia lo implorasse ogni giorno di farlo.

«Padre?»

«Entra a tenermi compagnia, giovane Caio» disse Cesare, che quell'anno avrebbe compiuto sessant'anni, ma al lume della lucerna ne dimostrava ottanta. Era talmente dimagrito che la pelle gli penzolava addosso, i contorni del cranio erano esattamente questo, un cranio, e le continue sofferenze avevano fatto sbiadire gli occhi, un tempo di un azzurro intenso. Tese la mano al figlio; sorrise.

«Oh, padre!» Il giovane Cesare si sforzò virilmente di nascondere l'emozione che gli incrinava la voce, ma senza riuscirci; attraversò la stanza, afferrò la mano di Cesare e la baciò. Si fece più vicino e strinse a sé il padre, cingendogli le spalle ossute, accostando la guancia ai capelli d'oro inargentato ormai senza vita.

«Non piangere, figlio mio» gracchiò Cesare. «Quanto prima sarà finita. Domani verrà Atenodoro Siculo.»

Un romano non piangeva. O almeno, non avrebbe dovuto. Al giovane Cesare ciò sembrava una norma di condotta sbagliata, però trattenne le lacrime, le respinse, e si sedette abbastanza vicino al padre da tenergli stretta la mano simile a un artiglio.

«Forse Atenodoro saprà ciò che si deve fare» disse.

«Atenodoro saprà ciò che tutti noi già sappiamo... che c'è qualcosa di maligno che mi cresce in gola» mormorò Cesare. «Tua madre, comunque, spera in un miracolo, e ormai sono troppo avanti nella malattia perché Atenodoro possa anche solo pensare di offrirgliene uno. Mi sono ostinato a vivere per una sola ragione: per assicurarmi che a tutti i membri della mia famiglia fosse provveduto adeguatamente, ed esser certo che fossero tutti felicemente sistemati.» Fece una pausa, brancolando con la mano libera in cerca della coppa di vino puro, la sola cosa, ormai, che gli desse qualche sollievo. Un paio di sorsetti, poi riprese a parlare.

«Tu sei l'ultimo, giovane Caio» bisbigliò. «Che debbo sperare per te? Molti anni fa ti ho concesso un unico lusso, di cui non ti sei ancora avvalso: sceglierti la moglie. Ora ritengo sia giunto il momento per te di operare la tua scelta. Riposerei più tranquillo, se ti sapessi decorosamente sistemato.»

Il giovane Caio Cesare sollevò la mano del padre e se la accostò alla guancia, chinandosi a sorreggere tutto il peso del braccio del padre. «L'ho trovata, padre» disse. «L'ho conosciuta stasera... non è strano?»

«Da Publio Rutilio?» domandò Cesare, incredulo.

Il giovane sorrise con un pizzico d'ironia. «Credo che giochi a fare il sensale di matrimoni!»

«Strana parte per un console.»

«Già.» Il giovane Cesare tirò il fiato. «Hai sentito parlare di sua nipote... la figliastra di Marco Cotta, Aurelia?»

«La beltà in voga? Credo che tutti ne abbiano sentito parlare.»

«Proprio lei. È lei la prescelta.»

Cesare sembrava turbato. «Tua madre mi ha detto che la fila dei pretendenti è lunga quanto l'isolato, e comprende gli scapoli più ricchi e più nobili di Roma... e persino qualcuno che scapolo non è, a quanto mi risulta.»

«È la pura verità» disse il giovane Caio. «Ma sarò *io* a sposarla, non temere!»

«Se i tuoi istinti in proposito non errano, allora ti stai scavando la fossa sotto i piedi» disse il padre amoroso, in tutta serietà. «Le beltà del suo calibro non diventano buone mogli, Caio. Sono viziate, capricciose, cocciute e impertinenti. Lascia che se la prenda

qualcun altro, e scegliti una ragazza più modesta.» Ponderò tra sé
e sé un particolare consolante e si tranquillizzò. «Per fortuna, sei
una nullità a paragone di Lucio Licinio Oratore o Gneo Domizio
Minore, benché tu sia patrizio. Marco Cotta neppure ti prenderà
in considerazione, ne sono certo. Quindi non donare a lei il tuo
cuore, escludendo tutte le altre.»

«Sposerà me, *tata*, aspetta e vedrai!»

E da tale risoluzione Caio Giulio Cesare non aveva la forza di
smuovere il figlio, così lasciò che lo aiutasse a raggiungere il letto
dove aveva preso l'abitudine di dormire solo, tanto inquieto e fuga-
ce era il suo sonno.

Aurelia giaceva bocconi nella lettiga accuratamente schermata
dai tendaggi, che procedeva a sobbalzi e scossoni su e giù per i colli, tra la casa dello zio Publio e quella dello zio Marco. Caio Giulio
Cesare il Giovane! Che uomo meraviglioso, perfetto! Ma chissà se
avrebbe voluto sposarla? Che ne avrebbe pensato Cornelia, la madre dei Gracchi?

Cardixa, che viaggiava in lettiga con la sua padrona, la osservava con grande curiosità; quella era un'Aurelia che non aveva
mai visto prima. Ritta in un angolo, reggendo con cura una candela schermata da una sottile lastra di alabastro in modo che l'interno della lettiga non risultasse completamente buio, notò i sintomi di un netto cambiamento. Il corpo svelto e teso di Aurelia era
adagiato in atteggiamento di totale abbandono, la bocca appariva
lievemente socchiusa, e le palpebre color panna nascondevano ciò
che stava in agguato negli occhi. Dotata com'era di un'acuta intelligenza, Cardixa comprese perfettamente la ragione di quel
cambiamento: il bellissimo giovanotto che Publio Rutilio le aveva
servito come piatto forte. Oh, che vecchio, scaltro furfante! Eppure... Caio Giulio Cesare Minore era una persona molto speciale,
proprio quel che ci voleva per Aurelia. Cardixa se lo sentiva nel
sangue.

Qualsiasi cosa Cornelia, la madre dei Gracchi, avrebbe potuto
fare in una situazione del genere, il mattino dopo, quando si alzò,
Aurelia sapeva quale tattica seguire. Per prima cosa spedì Cardixa
alla casa di Cesare con un messaggio per il suo giovanotto.

«Chiedi di sposarmi» diceva spavaldamente il messaggio.

Non fece altro. Si limitò a rintanarsi nel suo studiolo e si presentava ai pasti cercando di non dar nell'occhio, consapevole co-
m'era del cambiamento che stava avvenendo in lei e non volendo
che i suoi vigili genitori se ne accorgessero prima che facesse la sua
mossa.

Il giorno dopo, attese che i clienti di Marco Cotta fossero stati ascoltati, senza fretta, in quanto il segretario l'aveva informata che non c'erano sedute del Senato o del Popolo cui dovesse presenziare; sicuramente Marco Cotta si sarebbe trattenuto in casa per un paio d'ore, dopo che se ne fosse andato fin l'ultimo cliente.

«Padre?»

Cotta alzò gli occhi dai documenti sullo scrittoio. «Ah! Mi chiami padre, oggi? Entra, figliola, entra.» Le sorrise con calore. «Vorresti che fosse presente anche tua madre?»

«Sì, ti prego.»

«Allora va' a cercarla.»

Aurelia corse via, riapparendo di lì a un momento in compagnia di Rutilia.

«Accomodatevi» le invito Cotta.

Si sistemarono l'una accanto all'altra su un giaciglio.

«Be', Aurelia?»

«Si è presentato qualche nuovo pretendente?» domandò lei di punto in bianco.

«A dire il vero, sì. Il giovane Caio Giulio Cesare è venuto a trovarmi ieri e, dal momento che non ho nulla in contrario, l'ho aggiunto alla lista. Col che, fanno trentotto.»

Aurelia arrossì. Cotta la fissò, affascinato, non avendola mai vista a disagio da che la conosceva. Comparve la punta di una lingua rosea, a umettare le labbra. Rutilia, notò Cotta, si era girata di scatto sul giaciglio a osservare la figlia e sembrava del pari sconcertata dal rossore e dall'agitazione.

«Ho deciso» disse Aurelia.

«Eccellente! Parla» incalzò Cotta.

«Caio Giulio Cesare il Giovane.»

«Come?» fece Cotta in tono spento.

«Chi?» fece Rutilia con espressione vacua.

«Caio Giulio Cesare il Giovane» ripeté paziente Aurelia.

«Bene, bene! L'ultimo concorrente in gara» disse Cotta, divertito.

«Il ritardato contributo di mio *fratello*» disse Rutilia. «Numi, che furbone! Come ha fatto a saperlo?»

«È un uomo davvero notevole» disse Cotta alla moglie, poi, rivolto alla figliastra: «Hai incontrato Caio Giulio Minore a casa di tuo zio ieri l'altro... era la prima volta?».

«Sì.»

«Ma è lui che desideri sposare.»

«Sì.»

«Mia carissima ragazza, è un uomo relativamente povero» fece presente la madre. «Non vivrai nel lusso, sai, se diventerai la moglie del giovane Caio Giulio.»

«Non ci si sposa per vivere nel lusso.»

«Sono lieto che tu abbia tanto buon senso da rendertene conto, bambina mia. Tuttavia, non è l'uomo che avrei scelto per te» disse Cotta, tutt'altro che soddisfatto.

«Vorrei sapere il perché, padre» chiese Aurelia.

«È una famiglia strana. Troppo... troppo al di fuori degli schemi. E sono legati ideologicamente, oltre che con vincoli nuziali, a Caio Mario, un uomo che detesto cordialmente» spiegò Cotta.

«A zio Publio, Caio Mario piace» ribatté la fanciulla.

«Tuo zio Publio a volte si lascia un po' fuorviare» ribatté tetro Cotta. «Tuttavia, non è tanto infatuato da votare contro la sua classe in Senato solo per amore di Caio Mario... laddove non posso dire la stessa cosa degli appartenenti al ramo di Caio della *gens* Iulia! Tuo zio Publio ha prestato servizio militare con Caio Mario per molti anni, e ciò crea un legame del tutto comprensibile. Il vecchio Caio Giulio Cesare, invece, ha accolto Caio Mario a braccia aperte e ha imposto a tutti i suoi familiari di averne stima.»

«Sesto Giulio non ha sposato una delle Claudie cadette, non molto tempo fa?» domandò Rutilia.

«Credo di sì.»

«Be', si tratta di un'unione irreprensibile in ogni modo. Forse i figli non sono poi così affezionati a Caio Mario come credi.»

«Sono cognati, Rutilia.»

Aurelia s'intromise nella discussione. «Padre, madre, mi avete concesso facoltà di scelta» disse in tono severo. «Sposerò Caio Giulio Cesare, e questo è quanto.» Lo disse con grande fermezza, ma senza insolenza.

Cotta e Rutilia l'adocchiarono costernati, e finalmente compresero: la composta, ragionevole Aurelia era innamorata.

«È vero, te l'abbiamo concessa» disse Cotta bruscamente, decidendo che non gli restava altra scelta che far buon viso a cattivo gioco. «Be', andatevene!» Congedò con un cenno della mano moglie e nipote. «Devo far compilare dagli scrivani trentasette lettere. Dopodiché, farò meglio ad andare a trovare Caio Giulio... padre e figlio, suppongo.»

La lettera in trentasette copie che Marco Aurelio Cotta spedì, diceva:

Dopo attenta considerazione, ho deciso di permettere ad Aurelia, mia nipote e pupilla, di scegliersi personalmente lo sposo. Mia moglie, sua madre, è d'accordo. Con questa mia ti annuncio che Aurelia ha fatto la sua scelta. Suo marito sarà Caio Giulio Cesare il Giovane, figlio minore del Padre Coscritto Caio Giulio Cesare. Confido che ti unirai a me nel porgere alla coppia tutte le tue felicitazioni per l'imminente matrimonio.

Il segretario guardò Cotta con gli occhi sgranati.

«D'accordo, non startene lì impalato, datti da fare!» lo rimproverò Cotta in tono piuttosto burbero per un uomo mite come lui. «Voglio che tu ne faccia trentasette copie entro un'ora, ciascuna indirizzata a uno degli uomini elencati in questa lista.» Gli allungò la lista sul tavolo. «Le firmerò personalmente, poi dovranno essere recapitate a mano, subito.»

Il segretario si mise al lavoro; e lo stesso fecero le malelingue, per cui la notizia arrivò agli interessati prima delle lettere. Molti cuori si spezzarono e nacquero nuovi rancori quando la notizia giunse a destinazione, perché era chiaro che la scelta di Aurelia era dettata dalle emozioni, anziché da ponderata riflessione. In qualche modo ciò la rendeva meno perdonabile; nessuno di coloro i quali figuravano nella lista dei pretendenti accolse di buon grado l'idea di essere sconfitto dal figlio cadetto di un semplice senatore di secondo piano, per quanto augusto fosse il suo lignaggio. Come se non bastasse, il fortunato era troppo di bell'aspetto, cosa che generalmente veniva giudicata un vantaggio sleale.

Ripresasi dalla scossa iniziale, Rutilia era propensa ad approvare la scelta della figlia. «Oh, pensa ai bambini che avrà!» disse a Cotta, facendo le fusa, mentre lui se ne stava lì, drappeggiato nella toga bordata di porpora, sul punto di recarsi in visita da Giulio Cesare, nella casa situata in un quartiere meno elegante del Palatino. «Se trascuriamo l'aspetto finanziario, è uno splendido matrimonio per un membro della *gens* Aurelia, per non parlare della *gens* Rutilia. La *gens* Iulia rappresenta il culmine della società.»

«Gli antichi titoli di nobiltà non danno da mangiare» borbottò Cotta.

«Oh, via, Marco Aurelio, la situazione non è poi così grave! I rapporti di parentela con Mario hanno dato forte impulso alle fortune della *gens* Iulia, e senza dubbio continueranno a darglielo. Non vedo proprio perché il giovane Caio Giulio non debba diventare console. Ho sentito dire che è molto sveglio, oltre che molto competente.»

«Non è bello ciò che è bello, ma ciò che piace» disse Cotta, tutt'altro che convinto.

Uscì comunque di casa, in magnificenza togata, un gran bell'uomo anche lui, sebbene di complessione florida come tutti i componenti della sua famiglia, una famiglia i cui membri non brillavano per longevità, soggetti com'erano ai colpi apoplettici.

Caio Giulio Cesare il Giovane non era in casa, lo informarono, per cui Cotta chiese di vedere il vecchio, e si stupì quando l'intendente assunse un'aria grave.

«Se vuoi scusami, Marco Aurelio, vado a informarmi» disse l'intendente. «Caio Giulio non sta troppo bene.»

Era la prima volta che Cotta veniva a conoscenza della malattia, ma, riflettendoci, si rese conto che in effetti il vecchio da qualche tempo non si faceva vedere al Senato. «Aspetterò» disse.

L'intendente tornò di lì a poco. «Caio Giulio ti riceverà» disse, guidando Cotta verso il *tablinum*. «Devo avvertirti che sarai sgradevolmente colpito dal suo aspetto.»

Meno male che era stato avvertito: Cotta nascose la violenta emozione che provò, quando le dita ossute riuscirono con enorme fatica a tendersi per stringergli la mano.

«Marco Aurelio, che piacere» bisbigliò Cesare. «Accomodati! Mi dispiace di non potermi alzare, ma il mio intendente ti avrà detto che non sto troppo bene.» Un pallido sorriso si disegnò sulle belle labbra. «Un eufemismo: sto morendo.»

«Oh, sicuramente, no» disse Cotta, a disagio, sedendosi sull'orlo di uno scranno con un fremito alle narici: si percepiva un odore strano nella stanza, qualcosa di sgradevole.

«Sicuramente, sì. Ho un tumore alla gola. L'ha confermato stamane Atenodoro Siculo.»

«Mi addolora sentirlo, Caio Giulio. Ci mancherà crudelmente la tua presenza al Senato, e mancherà soprattutto a mio cognato, Publio Rutilio.»

«È un buon amico.» Gli occhi orlati di rosso di Cesare ammiccarono stancamente. «Indovino il motivo per cui ti trovi qui, Marco Aurelio, ma dimmelo, ti prego.»

«Quando la lista dei pretendenti della mia nipote e pupilla Aurelia si è talmente allungata e infoltita di nomi potenti da farmi temere che la scelta di un marito avrebbe procurato ai miei figli più nemici che amici, le ho dato facoltà di scegliersi personalmente uno sposo» spiegò Cotta. «Due giorni fa, ha conosciuto tuo figlio minore a casa di suo zio, Publio Rutilio, e oggi mi ha annunciato di avere scelto lui.»

«E la cosa non ti va a genio, come non va a genio a me» disse Cesare.

«Già.» Cotta sospirò, scrollò le spalle. «Tuttavia, ho dato la mia parola in proposito, e vi terrò fede.»

«Ho fatto la stessa concessione a mio figlio minore molti anni fa» disse Cesare, e sorrise. «Sicché ci metteremo d'accordo facendo buon viso a cattivo gioco, Marco Aurelio, e sperando che i nostri figli abbiano più buon senso di noi.»

«Proprio così, Caio Giulio.»

«Vorrai conoscere la situazione finanziaria di mio figlio.»

«Me l'ha esposta quando mi ha chiesto la mano di Aurelia.»

«Può darsi che non sia stato abbastanza preciso. Possiede terra più che sufficiente a garantirgli un seggio al Senato, ma per il momento, nient'altro» disse Cesare. «Malauguratamente, non sono nella condizione di acquistare una seconda casa a Roma, e questa è una difficoltà. Questa casa andrà al mio primogenito, Sesto, che si è sposato di recente e abita qui con sua moglie, all'inizio della sua prima gravidanza. La mia morte è ormai imminente, Marco Aurelio. Dopo la mia morte, sarà Sesto il *paterfamilias* e, prendendo moglie, il mio figlio minore dovrà trovarsi un altro luogo dove abitare.»

«Certamente saprai che Aurelia dispone di una ricca dote» fece Cotta. «Forse, la cosa più logica da fare sarebbe di investire la dote nell'acquisto di una casa.» Si schiarì la gola. «Aurelia ha ereditato una grossa somma da suo padre, mio fratello, somma che è investita da qualche anno. Nonostante gli alti e bassi del mercato, attualmente ammonta a un centinaio di talenti. Con quaranta talenti si può comprare una casa più che rispettabile sul Palatino o alle Carine. Logicamente, la casa verrebbe intestata a tuo figlio, ma se si dovesse giungere al divorzio, in qualsiasi momento, tuo figlio dovrebbe rifondere il costo della casa. Divorzio a parte, comunque, ad Aurelia rimarrebbe ancora una somma di cui disporre, sufficiente a garantirle una vita agiata.»

Cesare aggrottò la fronte. «Non mi va l'idea che mio figlio abiti in una casa acquistata con i soldi di sua moglie» gracchiò. «Sarebbe una prevaricazione, da parte sua. No, Marco Aurelio, a mio parere è necessario trovare una soluzione che salvaguardi il denaro di Aurelia meglio dell'acquisto di una casa di cui non sarà la proprietaria. Con cento talenti si può comprare un'*insula* in ottime condizioni in un qualsiasi punto dell'Esquilino. Verrebbe acquistata per lei, a *suo* nome. La giovane coppia potrebbe abitare senza pagare l'affitto in uno degli alloggi a pianterreno, e tua nipote potrebbe godere di una rendita affittando il resto degli alloggi, una rendita più cospicua di quella che ricaverebbe da altri tipi d'investimento. Mio figlio dovrà darsi da fare per conto suo per guadagnare il denaro necessario ad acquistare una casa, e questo manterrà alte le sue ambizioni e il suo coraggio.»

«Non posso permettere che Aurelia abiti in un'*insula*!» esclamò Cotta, inorridito. «No, preleverò quaranta talenti per acquistare una casa e lascerò gli altri sessanta investiti in modo sicuro.»

«Un'*insula* intestata a lei» ribatté Cesare, cocciuto. Ansimò, rantolò, si protese, cercando di riprendere fiato.

Cotta gli versò una coppa di vino e gliela infilò nella mano ad artiglio, aiutandolo a portarsela alle labbra.

«Va meglio» mormorò Cesare di lì a un momento.

«Forse dovrei tornare un'altra volta» fece Cotta.

«No, discutiamone ora, Marco Aurelio. Siamo d'accordo, tu e io, che queste nozze non sono quelle che avremmo desiderato per i due ragazzi. Benissimo, allora, non rendiamo loro la vita troppo facile. Insegnamo loro il prezzo dell'amore. Se davvero sono fatti l'uno per l'altra, qualche avversità non potrà che rafforzare la loro unione. In caso contrario, qualche avversità contribuirà solo ad accelerare la rottura. Ci assicureremo che Aurelia conservi intatta la sua dote e non feriremo l'orgoglio di mio figlio più di quanto sia strettamente necessario. Un'*insula*, Marco Aurelio! Dovrà essere una costruzione molto solida, così vedi di farla ispezionare da gente onesta. E,» proseguì, la voce bisbigliante «non andare troppo per il sottile riguardo all'ubicazione. Roma si sta espandendo rapidamente, ma il mercato degli alloggi a basso prezzo è di gran lunga più redditizio di quello degli alloggi destinati agli arrampicatori sociali. Quando i tempi sono duri, gli arrampicatori sociali scivolano in basso, per cui c'è sempre richiesta di alloggi a buon mercato.»

«Numi, mia nipote diventerebbe una volgare padrona di casa!» esclamò Cotta, disgustato dall'idea.

«E perché no?» fece Cesare, con un sorriso stanco. «Mi si dice che è una beltà impareggiabile. Le due cose non vanno d'accordo? In tal caso, forse dovrebbe pensarci due volte prima di sposare mio figlio.»

«È vero che è una beltà impareggiabile» disse Cotta, con un largo sorriso, come se gli fosse balenata un'idea divertente. «La manderò qui per fartela conoscere, Caio Giulio, e potrai constatarlo con i tuoi occhi.» Si alzò in piedi, si chinò a dargli un colpetto sulle esili spalle. «La mia ultima parola è la seguente: spetterà ad Aurelia decidere come impiegare la sua dote. Falle personalmente la tua proposta, e io avanzerò l'ipotesi di una casa. Affare fatto?»

«Affare fatto» promise Cesare. «Ma falla venire presto, Marco Aurelio! Domani, a mezzogiorno.»

«Lo dirai a tuo figlio?»

«Sicuro. Potrà accompagnarla da me domani.»

In circostanze normali, Aurelia non aveva dubbi su ciò che doveva indossare; amava i colori vivaci e le piaceva mescolarli, ma la decisione era rapida e sbrigativa come tutto ciò che faceva. Quando però fu informata che il fidanzato l'avrebbe accompagnata a fare la conoscenza dei futuri suoceri, ebbe qualche titubanza. Infine optò per una sottoveste di leggera lana rosso ciliegia, sulla quale avvolse un drappo di lana rosa, abbastanza leggero da lasciar intravedere il colore sottostante, più intenso, e sopra drappeggiò un'altra stoffa di un rosa pallidissimo, lieve come il velo nuziale. Si fece un bagno, poi si profumò con essenza di rose, ma i capelli furono raccolti sulla nuca nella severa crocchia, e Aurelia respinse l'offerta della madre di un tocco di belletto e di *stibium*.

«Sei troppo pallida oggi» protestò Rutilia. «È la tensione. Coraggio, fatti bella, ti prego! Appena un tocco di belletto sulle guance e una riga sottile attorno agli occhi.»

«No» disse Aurelia.

Il pallore si rivelò del tutto privo d'importanza, comunque, perché, quando Caio Giulio Cesare il Giovane venne a prenderla, il viso di Aurelia si colorì quanto sua madre avrebbe potuto desiderare.

«Caio Giulio» disse, tendendogli la mano.

«Aurelia» fece lui, afferrandola.

«Be', coraggio, arrivederci!» disse Rutilia, irritata; le sembrava così strano perdere la sua primogenita per darla in sposa a quel bellissimo giovane, quando personalmente si sentiva ancora una diciottenne.

I fidanzati si avviarono, scortati da Cardixa e dai Galli.

«Devo avvertirti che mio padre non sta bene» disse il giovane Cesare, controllandosi a stento. «Ha un tumore maligno alla gola, e temiamo che non starà con noi ancora per molto.»

«Oh» fece Aurelia.

Svoltarono l'angolo. «Ho ricevuto il tuo messaggio,» aggiunse lui «e mi sono precipitato a parlare con Marco Aurelio. Non posso credere che tu abbia scelto me!»

«E io non posso credere di averti trovato» disse lei.

«Credi che Publio Rutilio ci abbia fatti incontrare volutamente?»

La domanda fece sbocciare un sorriso sulle labbra della fanciulla. «Questo è poco, ma sicuro.»

Percorsero il resto dell'isolato, svoltarono un altro angolo. «Mi accorgo che non sei molto loquace» osservò il giovane Cesare.

«No» fece Aurelia.

E fu tutto ciò che riuscirono a dirsi prima di arrivare alla residenza di Cesare.

A Cesare bastò un'occhiata alla promessa sposa del figlio per modificare almeno in parte la sua opinione. Non si trattava di una beltà viziata, capricciosa! Oh, era esattamente come gli avevano riferito, di una bellezza impareggiabile, ma un po' al di fuori dei canoni estetici in voga. D'altronde, rifletté, probabilmente era questo il motivo per cui, descrivendola, ci si serviva dell'iperbole "impareggiabile". Che splendidi figli avrebbero avuto! Figli che lui non avrebbe potuto vedere.

«Siediti, Aurelia.» La sua voce era quasi impercettibile, per cui indicò uno scranno accanto al suo, ma scostato quanto bastava a consentirgli di vederla. Fece sedere il figlio dall'altro lato.

«Che ti ha detto Marco Aurelio della conversazione che abbiamo avuto?» domandò poi.

«Niente» rispose Aurelia.

Cesare attaccò subito a esporle la discussione in merito alla sua dote che aveva avuto con Cotta, senza la minima reticenza riguardo ai propri sentimenti o a quelli di Cotta.

«Il tuo tutore e zio dice che la scelta spetta a te. Che cosa preferisci, una casa o un'*insula*?» domandò, puntando gli occhi in faccia.

Che avrebbe fatto Cornelia, la madre dei Gracchi? Questa volta Aurelia conosceva la risposta: Cornelia, la madre dei Gracchi, avrebbe fatto la cosa più onorevole, per quanto difficile. Solo che ora la fanciulla doveva prendere in considerazione l'onore di due persone; quello del suo diletto e il proprio. La scelta di una casa sarebbe stata di gran lunga più comoda e consueta, però il suo diletto si sarebbe sentito ferito nell'orgoglio, sapendo che la casa era stata acquistata col denaro della moglie.

Aurelia distolse lo sguardo da Cesare e fissò il figlio con aria solenne. «Che cosa preferiresti?» gli domandò.

«Decidi tu, Aurelia» rispose lui.

«No, Caio Giulio, decidi tu. Diventerò tua moglie. Intendo essere una brava moglie e stare al mio posto. Sarai tu il *paterfamilias*. Accordando a te il primo posto, ti chiedo in cambio solo di trattarmi sempre in modo onesto e onorevole. La scelta del luogo dove andremo ad abitare spetta a te. Io mi adeguerò, a fatti e a parole.»

«Allora chiederemo a Marco Aurelio di trovarti un'*insula* e registreremo l'atto di proprietà a tuo nome» disse il giovane Cesare senza la minima esitazione. «Dovrà essere l'immobile più redditizio e solido che riuscirà a trovare, e sono d'accordo con mio padre:

l'ubicazione non ha la minima importanza. Il ricavo degli affitti sarà tuo. Abiteremo in uno degli alloggi al pianterreno finché non sarò in condizione di acquistare per noi una residenza privata. Manterrò te e i nostri figli col reddito della mia terra, naturalmente. La qual cosa significa che avrai la completa responsabilità della tua proprietà: io non ci metterò becco.»

Aurelia era soddisfatta, si vide subito, ma non aprì bocca.

«Non sei molto loquace!» osservò Cesare, sbalordito.

«No» disse Aurelia.

Cotta si mise all'opera di buona lena, anche se la sua intenzione era quella di trovare alla nipote una bella proprietà in uno dei migliori quartieri di Roma. Le cose non sarebbero andate così, tuttavia; per quanto cercasse, l'investimento più solido e accorto era rappresentato da uno stabile piuttosto grande nel cuore della Suburra. Non si trattava di un condominio nuovo: era stato costruito dal suo unico proprietario una trentina d'anni prima, e dato che il proprietario aveva abitato il più spazioso dei due alloggi a pianterreno, aveva costruito lo stabile perché durasse nel tempo; aveva riseghe di fondazione e fondamenta di pietra e cemento profonde fino a quattro metri e mezzo e larghe un metro e mezzo; i muri esterni e quelli portanti avevano uno spessore di sessanta centimetri, rivestiti da ambo i lati di un insieme irregolare di mattoni e malta, detto *opus incertum*, e riempiti con un solido miscuglio di cemento e pietrisco; le finestre erano tutte quante ad arco in rilievo di mattoni; il tutto era rinforzato con travi di legno di una trentina di centimetri di diametro e lunghe fino a quindici metri; travi di legno di una trentina di centimetri di diametro reggevano pavimenti di cemento ai piani inferiori e di assi di legno ai piani superiori; l'ampio cortile interno era di per sé una struttura portante, e tuttavia conservava il suo carattere aperto per mezzo di un sistema di pilastri quadrati, spessi sessanta centimetri, sistemati a distanza di un metro e mezzo l'uno dall'altro tutt'attorno al perimetro, che all'altezza di ciascun piano incrociavano massicce travi di legno.

Con i suoi nove piani, alti ciascuno due metri e settanta, compresi i pavimenti spessi una trentina di centimetri, lo stabile era alquanto modesto, in quanto la maggior parte delle costruzioni del quartiere contenevano da due a quattro piani in più, però occupava per intero un piccolo isolato triangolare dove la *Subura Minor* incrociava il Vico Patrizio. Il suo apice tronco dava sul crocevia, e i due lati maggiori correvano l'uno lungo la *Subura Minor* e l'altro lungo il Vico Patrizio, mentre la base era costituita da un vicolo che congiungeva le due strade suddette.

La prima visione che ne ebbero era seguita a una lunga serie di altre proprietà; Cotta, Aurelia e il giovane Cesare si erano ormai assuefatti alle chiacchiere da imbonitore di un piccolo, facondo venditore di origini impeccabilmente romane: niente liberti greci nel personale addetto alle vendite dell'agenzia immobiliare di Thorio Postumo!

«Notate l'intonaco sui muri, dentro e fuori» biascicò l'agente immobiliare. «Neppure una crepa, si vede, fondamenta solide come la morsa con cui un avaro stringe la sua ultima verga d'oro... otto botteghe, tutte affittate con contratti a lungo termine, niente guai con gli inquilini o la riscossione dell'affitto... due alloggi al pianterreno dotati di sale di ricevimento alte due piani... due alloggi soltanto al primo piano... otto alloggi per piano fino al sesto... dodici alloggi al settimo, dodici all'ottavo... tutte le botteghe dispongono di un'abitazione al piano superiore... ripostigli sopra i soppalchi nei cubicoli degli alloggi al pianterreno...»

E l'uomo continuò a tessere gli elogi dello stabile; dopo un po', Aurelia lo escluse dalla mente e si concentrò sui propri pensieri. Bastavano zio Marco e Caio Giulio a prestare ascolto e attenzione al venditore. Quello era un mondo che lei non conosceva, ma che era risoluta a padroneggiare e, se ciò significava un tipo di vita molto diverso da quello che conosceva, sicuramente era tutto per il meglio.

Aveva qualche timore, naturalmente, non smaniava dal desiderio di imbarcarsi in due nuovi modi di vivere contemporaneamente, ossia il matrimonio e il trasferimento in un'*insula*. Eppure, andava anche scoprendo in se stessa un'impavidità che nasceva da un senso di libertà troppo nuovo per assimilarlo appieno. L'ignoranza di un qualsiasi altro genere di vita le aveva evitato noia o delusione consapevole durante l'infanzia, che in effetti era stata piuttosto piena, dal momento che aveva comportato molti processi di apprendimento. Ma via via che le nozze si profilavano all'orizzonte, Aurelia si era trovata a domandarsi che cos'avrebbe fatto dei suoi giorni, se non fosse riuscita a colmarli con tanti figli com'era accaduto a Cornelia, la madre dei Gracchi — ed erano rare le donne dell'aristocrazia che desideravano avere più di due figli. Aurelia era, per natura, una creatura attiva, una lavoratrice; per nascita, era esclusa in larghissima misura dall'azione. Ed ecco che stava per diventare una padrona di casa, oltre che una moglie, ed era abbastanza accorta per rendersi conto che almeno la prima condizione prometteva preziose occasioni di lavoro. Non solo, ma addirittura di un lavoro interessante e stimolante.

Così, Aurelia si guardava attorno con occhi luccicanti, e faceva progetti e piani, cercando di immaginare come sarebbe stata la sua vita.

I due alloggi al pianterreno differivano tra loro, quanto a dimensioni, perché chi aveva fatto costruire la casa aveva fatto in modo da andar fiero dell'alloggio che occupava. A paragone della magione dei Cotta sul Palatino, era molto piccolo; in effetti, la magione dei Cotta era più grande, quanto a superficie, dell'intero pianterreno di quell'edificio, comprendente le botteghe, la taverna del crocevia e i due alloggi.

Se il triclinio poteva a malapena contenere i tre giacigli di rigore, e il *tablinum* era più angusto di qualsiasi locale del genere in una qualsiasi abitazione privata, erano però alti; la parete che li separava era più che altro una semplice tramezza che neppure arrivava al soffitto, permettendo in tal modo all'aria e alla luce di penetrare dal cortile, attraverso il triclinio, fin nell'attiguo *tablinum*. La sala di ricevimento, che non si poteva proprio definire atrio, presentava un bel pavimento a mosaico e pareti intonacate e decorate con una certa grazia, e le due colonne al centro erano di legno massiccio, dipinte in modo da fingere un marmo dalle eleganti venature colorate; aria e luce piovevano dalla strada attraverso una grata di ferro posta in alto sul muro esterno, tra l'estremità di una bottega che si apriva sulla facciata e la tromba delle scale per cui si accedeva ai piani superiori. Tre cubicoli, senza finestre come di rigore, si aprivano sulla sala di ricevimento, e altri due, uno dei quali più spazioso, sul *tablinum*. C'era una stanzetta che Aurelia avrebbe potuto trasformare in salottino privato e, tra questa e le scale, un locale ancor più piccolo dove avrebbe potuto alloggiare Cardixa. Ma il sollievo più grande fu la scoperta che l'alloggio disponeva di una sala da bagno e di una latrina, dato che, come spiegò l'agente immobiliare, gongolando, la costruzione era situata proprio a cavallo di una delle principali fogne di Roma, ed era legalmente rifornita d'acqua per mezzo di una derivazione dell'acquedotto.

«C'è una latrina pubblica là di fronte, sulla *Subura Minor*, e le Terme della Suburra si trovano proprio accanto» proseguì l'agente. «L'acqua non rappresenta un problema. La casa sorge a un'altezza ideale, abbastanza in basso per essere alimentata a sufficienza dalle cisterne dell'*Agger*, ma troppo in alto per subire le conseguenze del riflusso quando il Tevere è in piena, e la portata della derivazione è maggiore di quanto possano garantire la ditte fornitrici d'acqua, *sempre che* i nuovi isolati vengano mai collegati con l'acquedotto principale, naturalmente! Il precedente proprietario, logicamente, teneva per sé l'acqua e la cloaca: gli inquilini sono adeguatamente serviti, grazie al crocevia appena più in là e alla latrina e alle terme di fronte.»

Aurelia ascoltò queste parole con ardente attenzione, perché si era sentita dire che la sua nuova vita non prevedeva i lussi dell'acqua e di una latrina; se c'era un aspetto del trasferimento in un'*insula* che l'aveva sgomentata, era la prospettiva di dover rinunciare a lavarsi e a soddisfare i bisogni corporali in privato. Nessuno di quegli edifici che avevano visitato disponeva di acqua o di fognature, anche se nella maggior parte dei casi erano situati in quartieri migliori. Se Aurelia non aveva ancora preso una decisione, certamente la prese ora.

«Quanto possiamo sperare di incassare in affitti?» domandò il giovane Cesare.

«Dieci talenti all'anno: un quarto di milione di sesterzi.»

«Bene, bene!» disse Cotta, annuendo.

«Le spese di manutenzione sono del tutto trascurabili, perché lo stabile è stato costruito nel pieno rispetto delle norme edilizie» disse l'agente immobiliare. «Ciò significa di per sé che è sempre completamente occupato: sono tante le costruzioni che crollano, sapete, o che si spaccano come una corteccia secca. Questo stabile, no! *E poi* si affaccia sulla strada lungo due dei suoi tre lati, e lungo il terzo lato dà su un vicolo alquanto più largo del consueto, la qual cosa significa che corre minori rischi di prendere fuoco qualora in un edificio vicino scoppi un incendio. Sì, questo stabile è solido come una nave di Granio. Posso dirlo in tutta sincerità.»

Dal momento che sarebbe stato insensato farsi strada nell'intasata Suburra con una lettiga o una portantina, Cotta e il giovane Cesare si erano fatti accompagnare dai due Galli per maggior protezione, e si accinsero a scortare Aurelia a piedi. Non che si corressero grossi rischi, dato che era mezzogiorno, e tutti coloro i quali affollavano le strade sembravano più interessati alle proprie faccende che a molestare la bella Aurelia.

«Che ne pensi?» le domandò Cotta mentre scendevano il lieve pendìo delle *Fauces Suburae*, imboccando l'Argileto, e si preparavano ad attraversare il settore inferiore del Foro Romano.

«Oh, zio, penso che sia l'ideale!» rispose Aurelia, poi si girò a guardare il giovane Cesare. «Sei d'accordo, Caio Giulio?»

«Penso che per noi andrà benissimo» disse lui.

«Allora d'accordo, stipulerò il contratto oggi pomeriggio. Per novantacinque talenti è un ottimo acquisto, se non addirittura un affare. E ti resteranno cinque talenti per comprare il mobilio.»

«No,» obiettò il giovane Cesare con fermezza «il mobilio è compito mio... e non sono proprio al verde, sai! La mia terra a Bovillae mi frutta un bel gruzzolo.»

«Lo so, Caio Giulio» disse Cotta, paziente. «Me l'hai già detto, ricordi?»

Non ricordava. L'unica cosa cui il giovane Cesare riuscisse a pensare in quei giorni era Aurelia.

Si sposarono in aprile, in una splendida giornata primaverile, e ogni auspicio era fausto; persino Caio Giulio Cesare sembrava migliorato.

Rutilia pianse e Marzia pianse, l'una perché era la prima dei suoi figli ad affrontare lo stato matrimoniale, l'altra perché era l'ultimo dei suoi a farlo. C'erano Iulia e Iulilla, e anche la moglie di Sesto, Claudia, ma nessuno dei loro mariti; Mario e Silla si trovavano ancora in Africa, e Sesto Cesare stava reclutando soldati in Italia, e non era riuscito a ottenere una licenza da Gneo Mallio Massimo.

Cotta avrebbe voluto affittare una casa sul Palatino per il primo mese di convivenza della giovane coppia. «Prima abituatevi a essere marito e moglie, poi vi abituerete ad abitare nella Suburra» disse, oltremodo preoccupato per la sua unica figliola.

Ma gli sposini rifiutarono decisamente, sicché il corteo nuziale dovette percorrere un lungo tratto di strada, e la sposa fu acclamata, o almeno così parve, dalla Suburra al gran completo. Il giovane Cesare era profondamente soddisfatto che il velo nascondesse il volto della bella sposa, ma prese di buon grado la sua parte di motteggi disinvoltamente osceni, sorridendo e inchinandosi lungo il cammino.

«Sono i nostri nuovi vicini di casa, e faremmo bene a imparare ad andarci d'accordo» disse. «Solo, tappati le orecchie.»

«Preferirei che steste alla larga da loro» borbottò Cotta, che avrebbe voluto assumere alcuni gladiatori per scortare i novelli sposi; quella calca brulicante e l'alto tasso di criminalità lo preoccupavano al punto di dargli la nausea, e lo stesso dicasi del linguaggio sboccato.

Quando giunsero all'abitazione di Aurelia, si era accodata una piccola folla, speranzosa, a quanto sembrava, che al termine della passeggiata ci sarebbe stato vino in abbondanza, e ben decisa a partecipare ai festeggiamenti. Quando, però, il giovane Cesare ebbe tolto il catenaccio al portone e sollevato tra le braccia la sposina per farle varcare la soglia, Cotta, Lucio Cotta e i due Galli riuscirono a tenere a bada la folla per il tempo sufficiente a permettere al giovane Cesare di entrare e sprangare l'uscio. Tra le urla di protesta, Cotta si allontanò per il Vico Patrizio, a testa alta.

Solo Cardixa era presente nell'alloggio; Aurelia aveva deciso di usare quanto restava della sua dote per comprare qualche servo, ma aveva rimandato la faccenda a dopo le nozze, perché desiderava fare tutto quanto da sola, senza dover subire la presenza e i consigli della madre e della suocera. Anche il giovane Cesare avrebbe dovuto comprare qualche servo: l'intendente, l'addetto ai vini, il segretario, uno scrivano e un domestico personale; ma il compito più gravoso sarebbe toccato ad Aurelia: le due domestiche per i lavori pesanti, una lavandaia, un cuoco e un sottocuoco, due domestici tuttofare e un uomo di fatica. Non si trattava di una servitù numerosa, ma pur sempre adeguata.

Fuori si stava facendo buio, ma nell'alloggio il buio era ancor più fitto, un particolare che in occasione della precedente visita non avevano avuto modo di constatare, perché era giorno pieno. La luce che filtrava dai nove piani del cortile centrale si affievoliva presto, così come la luce che entrava dalla strada, fiancheggiata da alte costruzioni. Cardixa aveva acceso tutti i lumi disponibili, ma erano troppo pochi per fugare il buio dagli angoli; poi l'ancella si era ritirata nella sua stanzetta per consentire la giusta intimità agli sposini.

La cosa che maggiormente colpì Aurelia fu il rumore. Giungeva da ogni direzione: dalla strada, dalle scale che portavano ai piani superiori, dal cortile centrale, persino il terreno sembrava rombare. Grida, imprecazioni, schianti, conversazioni urlate, violenti alterchi e scambi d'insulti, vagiti di neonati, pianto di bambini, richiami ed espettorazioni da parte di uomini e donne, il frastuono dei tamburi e dei cembali di una banda di musicanti, brani di canzoni, e buoi che muggivano, pecore che belavano, muli e asini che ragliavano, carretti che passavano senza posa, scrosci di risa.

«Oh, non riusciremo neppure a udire i nostri pensieri!» disse Aurelia, trattenendo a stento le lacrime. «Caio Giulio, sono così dispiaciuta! Non immaginavo un tale frastuono!»

Il giovane Cesare era abbastanza saggio e sensibile da rendersi conto che quello sfogo del tutto inaspettato da parte di Aurelia era dovuto, in parte almeno, non già al rumore, bensì a un latente nervosismo causato dai febbrili avvenimenti degli ultimi giorni, dalla pura e semplice tensione del matrimonio. L'aveva provato anche lui; quanto più profondo, dunque, doveva essere per la sua mogliettina?

Così scoppiò in una gaia risata e disse: «Ci abitueremo, non temere. Ti posso garantire che tra un mese non ci faremo più caso. E poi, si sentirà meno dalla camera da letto». E la prese per mano, sentendola tremare.

Una cosa era certa: il cubicolo padronale, cui si accedeva passando per il *tablinum*, era più silenzioso. Però c'era anche buio pesto e ci si sentiva soffocare, a meno che non si lasciasse aperto l'uscio del *tablinum*, a causa del soppalco costruito per fungere da ripostiglio.

Lasciando Aurelia in piedi nel *tablinum*, il giovane Cesare andò a prendere una lucerna nella sala di ricevimento. Mano nella mano, entrarono nel cubicolo e rimasero incantati. Cardixa l'aveva tappezzato di fiori, spargendo petali profumati sul giaciglio matrimoniale e collocando vasi di ogni altezza lungo le pareti, vasi che aveva colmato di rose, violaciocche, mammole; su un tavolo erano state sistemate una brocca di vino, una d'acqua, due coppe d'oro, oltre a un grande vassoio di pasticcini al miele.

Nessuno dei due era timido. Essendo Romani, erano adeguatamente istruiti in fatto di rapporti sessuali, pur conservando la modestia. Tutti i Romani che potevano permetterselo preferivano l'intimità per i rapporti personali, soprattutto se ci si doveva denudare; e, tuttavia, non erano inibiti. Il giovane Cesare, naturalmente, aveva avuto la sua parte di avventure, sebbene il suo viso ne smentisse il carattere: l'uno non passava di certo inosservato, l'altro era quietamente riservato. Nonostante le sue innegabili qualità, infatti, il giovane Cesare era fondamentalmente uomo schivo, cui mancavano la spinta e l'impulso di un'aggressiva personalità politica; un uomo sul quale gli altri potevano fare affidamento, ma più incline a promuovere la carriera altrui che la propria.

L'istinto di Publio Rutilio Rufo aveva visto giusto. Il giovane Cesare e Aurelia erano fatti l'uno per l'altra. Lui era tenero, riguardoso, rispettoso, capace di caldi affetti piuttosto che pieno di fuoco; forse, se Cesare fosse stato arso di passione, anche Aurelia avrebbe preso fuoco, ma questo nessuno dei due l'avrebbe mai saputo. I loro amplessi erano fatti di delicate carezze, teneri baci, un ritmo tutt'altro che affrettato. E la cosa li soddisfaceva; li ispirava, persino. E Aurelia fu in grado di dire a se stessa che sicuramente si era guadagnata l'approvazione di Cornelia, la madre dei Gracchi, perché aveva fatto il suo dovere esattamente come Cornelia doveva aver fatto il suo, con un piacere e un appagamento tali da garantire che l'atto di per sé non avrebbe mai guidato la sua vita o dettato la sua condotta al di fuori del vincolo coniugale — e tuttavia tali da garantire che non sarebbe mai arrivata a detestare il letto coniugale.

Durante l'inverno che trascorse a Narbona a piangere sul suo oro perduto, Quinto Servilio Cepione ricevette una lettera dal giovane, brillante avvocato Marco Livio Druso, uno dei più ardenti, e più delusi, spasimanti di Aurelia.

Avevo appena compiuto diciannove anni quando mio padre il censore è morto, lasciandomi in eredità non solo tutti i suoi beni, ma anche la posizione di *paterfamilias*. Fortunatamente, forse, il mio unico fardello era una sorella tredicenne, priva com'era di entrambi i genitori. A quel tempo, mia madre Cornelia ha chiesto di accogliere mia sorella a casa sua, ma, naturalmente, ho rifiutato. Benché non si fosse mai arrivati al divorzio, sei certamente al corrente della freddezza instauratasi nei rapporti tra i miei genitori quando mio padre ha acconsentito a dare in adozione mio fratello minore. Mia madre aveva sempre voluto più bene a lui che a me, così quando mio fratello è diventato Mamerco Emilio Lepido Liviano, prendendo a pretesto la sua giovane età si è trasferita con lui nella sua nuova casa, dove in effetti ha trovato un modo di vivere di gran lunga più libero e più licenzioso di quello che avrebbe mai potuto sperimentare sotto il tetto di mio padre. Ti rinfresco la memoria in proposito per motivi d'onore, in quanto mi sento colpito nell'onore dalla condotta spregevole ed egoistica di mia madre.

Mi lusingo di dire che ho allevato mia sorella, Livia Drusa, come si conviene alla sua nobile posizione. Ha ormai diciott'anni ed è pronta al matrimonio. Proprio come, Quinto Servilio, lo sono io, anche se ho soltanto ventitré anni. So che per consuetudine è meglio aspettare di aver compiuto i venticinque anni per prender moglie, e so di molti che preferiscono attendere di fare il loro ingresso al Senato. Ma io non posso attendere oltre. Sono il *paterfamilias*, e l'unico Livio Druso di sesso maschile della mia generazione. Mio fratello, Mamerco Emilio Lepido Liviano, non può più rivendicare il nome di Livio Druso o una qualsiasi parte del patrimonio di famiglia. Di conseguenza, è d'uopo che mi sposi e generi figli, sebbene al momento della morte di mio padre avessi deciso che avrei aspettato finché mia sorella non fosse stata in età da marito.

La lettera era rigida e cerimoniosa come il suo autore, ma Quinto Servilio Cepione non la criticò; lui e il padre del giovane erano stati buoni amici, proprio com'erano buoni amici suo figlio e il giovanotto.

Di conseguenza, Quinto Servilio, in qualità di capo della mia famiglia desidero proporre un'unione matrimoniale a te, che sei il capo della tua famiglia. Tra parentesi, non ho ritenuto opportuno discutere della faccenda con mio zio, Publio Rutilio Rufo. Anche se non ho nulla da rimproverargli come marito di mia zia Livia, o come padre dei suoi figli, non considero né il suo sangue né il suo temperamento sufficientemente importanti da conferire valore a un suo parere. Solo di recente, per esempio, mi è giunto all'orecchio che è stato lui a persuadere Marco Aurelio Cotta a permettere alla sua figliastra Aurelia di scegliersi personalmente lo sposo. Non si potrebbe immaginare un'azione più contraria alle costumanze di Roma. E, naturalmente, Aurelia ha scelto un damerino della *gens* Iulia, uno sciocco nobile decaduto che non combinerà mai niente di buono.

Ecco fatto. Così Publio Rutilio Rufo era sistemato. Marco Livio Druso proseguiva, col cuore straziato, ma anche ferito nella *dignitas*:

Decidendo di attendere che si sposasse mia sorella, pensavo di sollevare mia moglie dalla responsabilità di ospitarla e di dover rispondere della sua condotta. Non vedo alcun merito nell'addossare i propri doveri ad altri, da cui non si può pretendere che condividano le stesse preoccupazioni.

Quanto ora ti propongo, Quinto Servilio, è che tu mi consenta di sposare tua figlia, Servilia Cepionide, e in pari tempo consenta a tuo figlio, Quinto Servilio Minore, di sposare mia sorella, Livia Drusa. È la soluzione ideale per entrambi. I nostri vincoli di parentela tramite matrimonio risalgono a molte generazioni or sono, e sia mia sorella sia tua figlia dispongono di una dote esattamente della stessa consistenza, la qual cosa significa che non si renderà necessario alcun passaggio di mano di denaro, un vantaggio in questi tempi di scarsa liquidità.

Ti prego di farmi sapere quanto avrai deciso.

Non c'era proprio nulla da decidere; erano le nozze che Quinto Servilio Cepione aveva sempre sognato, a causa della nobiltà e della ricchezza della famiglia di Livio Druso. Rispose prontamente:

Mio caro Marco Livio, sono felicissimo. Hai il mio permesso di agire senza tentennamenti e prendere tutti i provvedimenti del caso.

E così Druso abbordò l'argomento col suo amico Cepione il Giovane, ansioso di preparare il terreno alla lettera che, ne era certo, quanto prima Quinto Servilio Cepione avrebbe scritto al figlio; era meglio che Cepione il Giovane considerasse auspicabile il suo prossimo matrimonio, anziché come il risultato di un ordine paterno.

«Mi piacerebbe sposare tua sorella» disse Druso a Cepione il Giovane, in tono un tantino più brusco di quanto fosse nelle sue intenzioni.

Cepione il Giovane ammiccò, ma non rispose.

«Mi piacerebbe anche vederti sposato a mia sorella» proseguì Druso.

Cepione il Giovane ammiccò più volte, ma non rispose.

«Be', che ne dici?» domandò Druso.

Cepione il Giovane riuscì finalmente a padroneggiare la sua mente, che non era cospicua come la sua ricchezza o la sua nobiltà, e rispose: «Dovrei consultarmi con mio padre».

«L'ho già fatto io» disse Druso. «Ne è felice.»

«Oh! Allora suppongo che sia tutto a posto» disse Cepione il Giovane.

«Quinto Servilio, Quinto Servilio, vorrei sapere che cosa ne pensi *tu*!» esclamò Druso, esasperato.

«Be', tu piaci a mia sorella, per cui va tutto bene... E a me piace tua sorella, però...» Non concluse la frase.

«Però, cosa?» domandò Druso.

«Non credo di piacere a tua sorella.»

Questa volta fu Druso ad ammiccare. «Oh, sciocchezze! Come potresti non piacerle? Sei il mio migliore amico! Certo che le piaci! È la sistemazione ideale, staremo tutti assieme.»

«Ne avrei piacere» disse Cepione il Giovane.

«Bene!» fece Druso in tono sbrigativo. «Ho discusso di tutte le cose importanti nella lettera che ho scritto a tuo padre: versamenti della dote e roba del genere. Niente di cui preoccuparsi.»

«Bene» ripeté Cepione il Giovane.

Sedevano su una panchina all'ombra di una vecchia, splendida quercia che cresceva accanto alla Piscina di Curzio nel settore inferiore del Foro Romano, dopo aver consumato un delizioso spuntino a base di fagottini di pasta azzima farciti con un composto speziato di lenticchie e carne di maiale tritata.

Alzandosi in piedi, Druso tese l'ampio tovagliolo al suo servo personale, e se ne stette lì mentre l'altro si accertava che la sua toga candida come la neve non recasse tracce di cibo.

«Dove sei diretto con tanta fretta?» domandò Cepione il Giovane.

«A casa, a dirlo a mia sorella» fece Druso. Inarcò un nero sopracciglio ad angolo acuto. «Non pensi sia il caso che anche tu vada a casa a dirlo a tua sorella?»

«Suppongo di sì» disse Cepione il Giovane un po' dubbioso. «Non preferiresti dirglielo tu? Le piaci.»

«No, devi farlo tu, sciocco! Attualmente sei il capofamiglia, per cui spetta a te... proprio come spetta a me dirlo a Livia Drusa.» E Druso si allontanò, risalendo il Foro in direzione della Scala delle Vestali.

Sua sorella era in casa: e dove altro avrebbe dovuto essere? Dato che Druso era il capofamiglia, e alla loro madre, Cornelia, era vietato varcare la soglia di quella casa, Livia Drusa non poteva uscire, neanche per un istante, senza il permesso di suo fratello. Né mai avrebbe osato sgattaiolare di nascosto, poiché agli occhi di suo fratello recava potenzialmente il marchio della vergogna materna ed era considerata una femmina debole e corruttibile cui non si poteva concedere la minima libertà di movimento; Druso avrebbe pensato il peggio di lei, anche senza la minima prova inconfutabile.

«Di' a mia sorella di raggiungermi nel *tablinum*, per favore» ordinò all'intendente appena messo piede in casa.

Era generalmente ritenuta la più bella casa di tutta Roma, ed era stata ultimata da poco quando Druso il censore era morto. La vista che si godeva dalla loggia sulla facciata del piano superiore era splendida, perché la casa sorgeva nel punto più alto della rupe del Palatino sovrastante il Foro Romano. Poco più in là si trovava l'*area Flacciana*, ossia lo spiazzo dove un tempo sorgeva la casa di Marco Fulvio Flacco, e al di là dello spiazzo c'era la casa di Quinto Lutazio Catulo Cesare.

In perfetto stile romano, persino dal lato prospiciente lo spiazzo deserto i muri esterni non presentavano finestre, perché quando vi fosse stata ricostruita una casa, i muri esterni di questa si sarebbero fusi con quelli della casa di Druso. Un'alta muraglia con una robusta porta di legno e un paio di entrate di servizio dava sul Clivo della Vittoria e costituiva il retro vero e proprio della casa; la facciata dominava il panorama, alta tre piani e costruita su pilastri confitti saldamente nel pendìo del dirupo. Il piano superiore, allo stesso livello del Clivo della Vittoria, ospitava i componenti della nobile famiglia; i magazzini e le cucine e gli alloggi della servitù erano situati al piano sottostante e non occupavano per intero la profondità dell'isolato a causa della sua brusca pendenza.

Le porte di servizio nel muro fiancheggiante la strada si aprivano direttamente sul peristilio, che era così vasto da ospitare sei meravigliosi alberi di loto al massimo del loro sviluppo, importati dall'Africa quand'erano solo pianticelle, una novantina di anni addietro, da Scipione l'Africano, che a quel tempo era il proprietario del terreno. Ogni estate gli alberi di loto mettevano una cascata di fiori penduli, due rossi, due arancione e due di un giallo acceso, che duravano per più di un mese e diffondevano il loro profumo in tutta la casa; in seguito si coprivano armoniosamente di un leggero manto verde pallido, di un fogliame simile alle felci; e d'inverno erano spogli, consentendo al minimo barlume di sole di penetrare nel cortile. Una lunga piscina stretta e bassa, rivestita di marmo candido, era ornata da quattro bellissime fontane assortite di bronzo, opera del grande Mirone, una a ciascun angolo, e da altre statue bronzee a grandezza naturale, scolpite da Mirone e da Lisippo, schierate lungo il lato opposto della vasca: satiri e ninfe, Artemide e Atteone, Dioniso e Orfeo. Tutti i bronzi erano dipinti con stupefacente verosimiglianza, tanto che a prima vista il cortile dava l'impressione che vi si fossero dati convegno le divinità dei boschi.

Un colonnato in stile dorico correva lungo entrambi i lati maggiori del peristilio e lungo il lato opposto al muro che dava sulla strada, sorretto da colonne lignee dipinte di giallo, col basamento e i capitelli messi in risalto da vivaci colori. Il pavimento del portico era di mosaico polito, i muri che lo fiancheggiavano sul fondo, dipinti con vividi verdi e azzurri e gialli, e negli spazi tra i pilastri di argilla rossa erano appese alcune delle più belle opere pittoriche del mondo: un fanciullo con grappoli d'uva, opera di Zeusi, una *Follia di Aiace* di Parrasio, alcuni nudi maschili di Timante, uno dei ritratti di Alessandro Magno di Apelle, e un cavallo, sempre di Apelle, così realistico sa sembrare legato al muro, a guardarlo dal lato opposto del colonnato.

Il *tablinum* si apriva sul portico da un lato di un grande portale di bronzo; il triclinio vi si affacciava dall'altro lato. E al di là si trovava un magnifico atrio, vasto quanto l'intera casa di Cesare, rischiarato da un lucernario rettangolare nel soffitto, sorretto da colonne a ciascuno dei quattro angoli e sui lati lunghi della piscina sottostante. Le pareti erano dipinte con realismo *trompe-l'oeil*, in modo da fingere pilastri, zoccoli decorati, trabeazioni, e tra una raffigurazione e l'altra si alternavano pannelli a scacchiera, bianchi e neri, talmente tridimensionali da ingannare l'occhio dell'osservatore, e pannelli a disegni di arabeschi floreali; i colori erano vividi, perlopiù rossi, con qualche tocco di azzurro e verde e giallo.

Gli stipi atavici contenenti le maschere di cera degli antenati di Livio Druso erano tutti perfettamente conservati, naturalmente;

piedestalli dipinti, detti erme in quanto erano adorni di organi genitali maschili in erezione, reggevano busti di avi o dèi o donne della mitologia o filosofi greci, tutti dipinti con tanta squisita abilità da sembrare reali. Statue a grandezza naturale, ciascuna dipinta in modo da simulare la vita, erano collocate tutt'attorno alla piscina detta *impluvium* e lungo i muri, in alcuni casi su plinti marmorei, in altri direttamente sul terreno. Imponenti lumi d'argento e d'oro pendevano dall'adorno soffitto a stucco, posto a grande altezza e dipinto in modo da fingere un cielo stellato tra ghirlande di fiori di stucco dorato, o erano collocati, alti più di due metri, sul pavimento, che era un mosaico multicolore illustrante le gozzoviglie di Bacco e delle sue Baccanti, occupati a danzare e bere, a dar da mangiare ai cervi, a insegnare ai leoni a tracannare il vino.

Druso non fece caso a tutta quella magnificenza, perché ci era avvezzo, e in qualche modo insensibile; erano stati suo padre e suo nonno a dilettarsi di opere d'arte con gusto impeccabile.

L'intendente scovò la sorella di Druso sul loggiato che si apriva sulla facciata dell'atrio. Se ne stava sempre sola, Livia Drusa, e soffriva di solitudine. La casa era così grande che la fanciulla neppure poteva appellarsi all'esigenza di uscire in strada per sgranchirsi le gambe; quando le veniva voglia di fare acquisti, suo fratello convocava semplicemente a casa varie botteghe e bancarelle e ordinava ai venditori di sciorinare le loro mercanzie in alcuni locali lungo il portico e all'intendente di pagare tutto ciò che Livia Drusa sceglieva. Laddove le due Iulie se n'erano andate a zonzo per tutti i quartieri più rispettabili di Roma sotto l'occhio vigile della madre o di servi fidati, e Aurelia si recava di continuo in visita da parenti e compagne di scuola, e le varie Clitumna e Nicopolis di Roma conducevano una vita così libera che persino cenavano distese, Livia Drusa era praticamente una reclusa, prigioniera di una tale ricchezza e di un ambiente sociale così chiuso da vietare alle donne di metter piedi fuori casa; era altresì vittima dell'evasione di sua madre, dell'attuale libertà di sua madre di agire come più le pareva.

Livia Drusa aveva solo dieci anni quando sua madre, una Cornelia del ramo degli Scipioni, aveva abbandonato la casa in cui allora viveva la famiglia di Livio Druso; la bimba era quindi passata sotto la tutela di suo padre, che la trascurava, in quanto preferiva passeggiare lentamente lungo il colonnato ammirando i suoi capolavori, e di una serie di ancelle e maestri, che avevano tutti quanti troppa paura del potere di Livio Druso per stringere amicizia con lei. Il fratello maggiore, quindicenne a quel tempo, non lo vedeva quasi mai. E tre anni dopo che sua madre se n'era andata assieme al suo fratellino, Mamerco Emilio Lepido Liviano, come doveva chiamarsi ora, si erano trasferiti dalla vecchia casa in quel vasto mausoleo. E Livia Drusa era smarrita, un minuscolo atomo che si muoveva senza meta in un'eternità di spazio vuoto, priva di affetti, della possibilità di conversare, di qualsiasi compagnia, delle attenzioni di qualcuno. Quando suo padre era morto, quasi subito dopo il trasloco, la sua dipartita non aveva in alcun modo cambiato la situazione.

Così ignara era Livia Drusa del riso, che quando, di tanto in tanto, ne saliva l'eco dalle gremite, soffocanti celle della servitù al piano inferiore, si domandava che cosa fosse, perché emettessero quei rumori. L'unico mondo che avesse imparato ad amare era racchiuso nei rotoli di libri, ché nessuno le impediva di leggere e scrivere. Vi si dedicava per gran parte di ciascuno dei suoi giorni, palpitando alle ripercussioni dell'ira di Achille e alle gesta di Greci e Troiani, infiammata da storie di eroi, mostri, dèi e delle fanciulle mortali che le divinità sembravano agognare come più desiderabili delle immortali. E quando era riuscita a superare la terribile emozione delle manifestazioni fisiche della pubertà, dato che non c'era persona in grado di dirle di che cosa si trattava o che cosa doveva fare, la sua natura avida e appassionata scoprì la ricchezza degli scritti poetici sull'amore. Perfettamente padrona della lingua greca, come lo era del latino, scoprì Alcmane, inventore della poesia d'amore, o almeno così si diceva, e passò ai canti dedicati da Pindaro alle fanciulle, e a Saffo e ad Asclepiade. Il vecchio Sosio dell'Argileto, che di tanto in tanto si limitava a impacchettare quel che aveva e a inviare i rotoli a casa di Druso, non aveva idea a chi fossero destinati; supponeva che il lettore fosse Druso. Così, poco dopo che Livia Drusa ebbe compiuto diciassette anni, cominciò a mandarle le opere del nuovo poeta Meleagro, un autore vivo e vegeto e particolarmente attratto dalla lussuria, oltre che dall'amore. Più affascinata che turbata, Livia Drusa scoprì la letteratura erotica e, grazie a Meleagro, finalmente i suoi sensi si svegliarono.

Non che la cosa le fosse di qualche utilità; non andava in alcun luogo, non frequentava chicchesia. In quella casa, sarebbe stato inconcepibile fare profferte a uno schiavo, ovvero, da parte di uno schiavo, fare profferte a Livia Drusa. A volte, la fanciulla incontrava gli amici di suo fratello Druso, ma solo di sfuggita. Eccenzion fatta, naturalmente, per il suo miglior amico, Cepione il Giovane. E Cepione il Giovane, con quelle gambette corte, il viso foruncoloso, tutt'altro che attraente, insomma, Livia Drusa lo identificava con i buffoni delle commedie di Menandro o col detestabile Tersite che Achille uccideva con un colpo secco della mano dopo che Tersite aveva accusato il grande eroe di fare all'amore col cadavere di Pentesilea, la regina delle Amazzoni.

Non che Cepione il Giovane facesse alcunché per rammentarle volutamente i buffoni o Tersite; solo che, nella sua assetata fantasia, Livia Drusa aveva attribuito a quei tipi di uomini il volto di Cepione il Giovane. Il suo preferito tra gli eroi dell'antichità era il re Odisseo (Livia Drusa pensava a lui in greco, per cui lo chiamava col suo nome greco), perché le piaceva il modo brillante in cui risolveva i dilemmi altrui, e ne giudicava la corte che faceva a sua moglie, e poi il ventennale duello a base di espedienti ingaggiato dalla moglie di lui contro i pretendenti alla sua mano mentre attendeva il ritorno di Odisseo, come la più romantica e più appagante fra tutte le storie d'amore di Omero. E a Odisseo Livia Drusa aveva attribuito il volto del giovane che aveva visto un paio di volte soltanto sulla loggia della casa sottostante quella di Druso. Si trattava della casa di Gneo Domizio Enobarbo, il quale aveva due figli maschi; ma il giovane sulla loggia non era uno dei suoi figli, ché quelli, Livia Drusa li aveva incrociati di sfuggita quando venivano a trovare il fratello.

Odisseo aveva i capelli rossi ed era mancino (benché, se la fanciulla avesse letto un po' più attentamente, avrebbe scoperto che possedeva un paio di gambe di gran lunga troppo corte rispetto al tronco e forse avrebbe perso il suo entusiasmo per lui, perché le gambe corte erano la cosa che più detestava)... le stesse caratteristiche aveva lo sconosciuto giovane sulla loggia di Domizio Enobarbo. Era molto alto, con le spalle molto larghe, e la toga gli stava drappeggiata in modo da lasciar intendere che il resto del corpo fosse snello e tuttavia possente. I capelli rossi brillavano al sole, e la testa, posata sul lungo collo, aveva un'aria fiera, la testa di un re come Odisseo. Persino dalla distanza da cui l'aveva visto, si notava il naso del giovane, imperiosamente aquilino, ma Livia Drusa non era riuscita a distinguere altro del suo viso: anche così, però, la fanciulla era certa in cuor suo che doveva avere occhi grigi, grandi e luminosi, proprio come gli occhi di Odisseo, re di Itaca.

Così, quando leggeva i cocenti poemi d'amore di Meleagro, si calava nei panni della fanciulla e del giovinetto cui il poeta dava l'assalto, e sempre il poeta era il giovane visto sul loggiato di Enobarbo. Se mai le capitava di pensare a Cepione il Giovane, era con una smorfia di disgusto.

«Livia Drusa, Marco Livio desidera che tu lo raggiunga immediatamente nel *tablinum*» disse l'intendente, insinuandosi nelle sue fantasticherie, le quali prevedevano che si trattenesse sul loggiato quanto bastava a vedere lo sconosciuto dai capelli rossi uscire sulla loggia, una decina di metri più in basso.

Ma, naturalmente, la convocazione veniva prima dei suoi desideri; Livia Drusa si volse e seguì l'intendente dentro casa.

Druso stava scorrendo un documento sullo scrittoio, ma alzò gli occhi non appena la sorella entrò nella stanza, e il suo viso manifestava un tranquillo, indulgente, alquanto remoto interesse.

«Siediti» disse, additando lo scranno posto a lato del tavolo, dalla parte dei clienti.

La fanciulla si sedette e lo osservò con pari tranquillità e pari assenza di ironia; non aveva mai udito Druso ridere, e di rado l'aveva visto sorridere. La stessa cosa il fratello avrebbe potuto dire di lei.

Un po' allarmata, Livia Drusa si rese conto che il fratello la stava esaminando con sguardo più intento del solito. Il suo interesse era una faccenda per procura, diciamo così, un'ispezione condotta per conto di Cepione il Giovane, cosa che la fanciulla non poteva sapere, logicamente.

Sì, era una graziosa creatura, pensò Druso, e anche se piccola di statura, perlomeno era sfuggita al difetto di famiglia: le gambe corte. La figura era incantevole, petto alto e florido, vita sottile, fianchi armoniosi; i piedi e le mani erano delicati e sottili, segno di bellezza, e non si mangiava le unghie, che apparivano perfettamente curate. Aveva il mento appuntito, la fronte spaziosa, il naso ragionevolmente lungo e lievemente aquilino. Quanto alla bocca e agli occhi, soddisfacevano ogni criterio di vera bellezza, perché gli occhi erano molto grandi e sgranati, e la bocca piccolina, un bocciolo di rosa. Folti e acconciati con eleganza, i capelli erano neri, al pari degli occhi, delle ciglia e sopracciglia.

Sì, Livia Drusa era davvero graziosa. Niente a che fare con Aurelia, naturalmente. Il cuore di Druso si strinse dolorosamente; gli accadeva ancora, ogni volta che pensava ad Aurelia. Con quanta fretta aveva scritto a Quinto Servilio, non appena informato dell'imminente matrimonio di Aurelia! Era tutto per il meglio; non c'era nulla che *non andasse* nella *gens* Aurelia, ma quanto a ricchezza o a posizione sociale non erano certamente alla pari di un patrizio della *gens* Servilia. Come se non bastasse, a Druso era sempre piaciuta la giovane Servilia Cepionide, e non aveva niente in contrario a prenderla in moglie.

«Mia cara, ti ho trovato marito» disse senza preamboli, l'aria profondamente soddisfatta di sé.

La cosa, chiaramente, fu un colpo per Livia Drusa, sebbene conservasse un atteggiamento abbastanza impassibile. Si umettò le labbra, poi riuscì a domandare: «Chi, Marco Livio?».

Druso si entusiasmò. «Il migliore degli uomini, un meraviglioso amico! Quinto Servilio Minore.»

Il viso di Livia Drusa si congelò in un'espressione di orrore assoluto; schiuse le labbra aride per parlare, ma non ci riuscì.

«Che c'è?» domandò lui, sinceramente sconcertato.

«Non posso sposarlo» bisbigliò la fanciulla.

«Perché?»

«È disgustoso... rivoltante!»

«Non essere ridicola!»

Livia Drusa prese a scuotere la testa, e continuò a scuoterla con crescente veemenza. «Non lo sposerò, no!»

Un pensiero orribile balenò alla mente di Druso, sempre conscio di sua madre; si alzò, girò attorno al tavolo e si piazzò accanto alla sorella, dominandola dall'alto. «Ti sei incontrata con qualcun altro?»

Il moto del capo cessò, e la fanciulla sollevò la testa a fissare Druso, l'aria offesa. «Io? Come avrei potuto incontrarmi con qualcuno, confinata come sono in questa casa ogni singolo giorno della mia vita? Gli unici uomini che vedo sono quelli che vengono qui in tua compagnia, e non ho neppure occasione di parlare con loro! Se li inviti a cena, mi escludi... le sole volte in cui mi è consentito cenare con te è quando inviti quello zoticone di Quinto Servilio Minore!»

«Come osi!» fece Druso, adirandosi; non gli era mai passato per la mente che la sorella potesse giudicare il suo più caro amico in modo diverso da come lo giudicava lui.

«Non lo sposerò!» esclamò Livia Drusa. «Preferirei la morte!»

«Va' in camera tua» ordinò Druso, inflessibile.

La fanciulla si alzò di scatto e si avviò all'uscio che si apriva sul portico.

«Non nel tuo salotto, Livia Drusa. In camera da letto. E vi resterai finché non metterei giudizio.»

Per tutta risposta, lei lo fulminò con lo sguardo, ma girò sui tacchi e uscì dalla porta che dava sull'atrio.

Druso ristette accanto allo scranno lasciato libero dalla sorella, sforzandosi di tenere a freno la collera. Era assurdo! Come osava sfidarlo!

Di lì a qualche istante, le sue emozioni si quietarono, e fu in grado di controllare la situazione, anche se non aveva idea di come risolverla. In vita sua, mai nessuno aveva osato sfidarlo; nessuno l'aveva mai posto in una situazione da cui non vedesse via d'uscita logica. Avvezzo a essere obbedito e trattato con un grado di rispetto e deferenza che di regola non si accordava a persona tanto giovane,

Druso non aveva idea sul da farsi. Se avesse conosciuto meglio la sorella, e ora doveva ammettere di non conoscerla per niente... se suo padre fosse stato ancora in vita... se sua madre... oh, che pasticcio! Che fare?

Lasciare che Livia Drusa si addolcisse un tantino, fu la risposta. Mandò subito a chiamare l'intendente.

«Livia Drusa mi ha offeso,» disse con mirabile calma, senza tradire la minima collera «e le ho intimato di ritirarsi nella sua camera. Finché non ci apporrai un catenaccio, metterai qualcuno di guardia alla porta giorno e notte. Manda da lei una donna che Livia Drusa non conosca a soddisfare tutti i suoi bisogni. Per nessuna ragione al mondo dovrà lasciare la camere da letto, chiaro?»

«Chiarissimo, Marco Livio» rispose l'intendente, imperturbabile.

E così iniziò il duello. Livia Drusa fu rinchiusa in una prigione ancor più augusta di quella cui era abituata, ma non tanto buia o soffocante quanto la maggior parte dei cubicoli, perché era attigua al loggiato, per cui era rischiarata da una grata posta in alto, nel muro esterno. Si trattava comunque di una lugubre prigione. Quando chiese libri da leggere e papiro su cui scrivere, ebbe modo di constatare quando lugubre fosse la prigione, dato che la richiesta venne respinta. Quattro pareti che racchiudevano uno spazio di circa due metri e mezzo per altrettanti, un letto, un pitale e pasti immangiabili sempre uguali, servitile su un vassoio da una donna che non aveva mai vista; tale era ora la sorte di Livia Drusa.

Intanto, Druso doveva far fronte all'impresa di tener nascosto il rifiuto della sorella al suo più caro amico, e non perse tempo a cominciare. Diramati che ebbe gli ordini riguardanti Livia Drusa, tornò a indossare la toga e andò a far visita a Cepione il Giovane, appena dietro l'angolo.

«Oh, bene!» lo accolse sorridendo Cepione il Giovane.

«Ho pensato che fosse meglio scambiare qualche altra parola con te» disse Druso, senza accennare a sedersi e senza avere la più pallida idea di quali sarebbero state le parole suddette.

«Be', prima di farlo, Marco Livio, va' a parlare con mia sorella, vuoi? È molto ansiosa di vederti.»

Questo, almeno, era un buon segno; la fanciulla doveva aver accolto la notizia del fidanzamento se non con gioia, quanto meno con serenità, pensò il deluso Druso.

La trovò nel salottino, e non gli rimase dubbio alcuno che la sua proposta fosse stata gradita, perché la fanciulla balzò in piedi non appena si profilò sulla soglia e gli si gettò sul petto, con suo sommo imbarazzo.

«Oh, Marco Livio!» esclamò, levando lo sguardo a fissarlo con struggente adorazione.

Perché Aurelia non l'aveva mai guardato così? Ma Druso scacciò risolutamente quel pensiero e sorrise alla palpitante Servilia Cepionide. Non era una gran beltà e aveva le gambe corte, tipiche della sua famiglia, ma perlomeno le era stata risparmiata la tendenza di famiglia all'acne, proprio come alla sorella di Druso, e aveva due occhi di una bellezza davvero singolare, dall'espressione tenera e dolcissima, abbastanza grandi, di un nero liquido. Benché non fosse innamorato di lei, Druso si disse che col tempo sarebbe riuscito ad amarla, e una cosa era certa: gli era sempre piaciuta.

Sicché la baciò sulla morbida bocca, fu sorpreso e gratificato dalla sua reazione e si trattenne con lei quanto bastava a scambiare qualche frase.

«E tua sorella Livia Drusa è contenta?» domandò Servilia Cepionide quando si accinse a prender congedo.

Druso ristette come paralizzato. «Contentissima» rispose, poi soggiunse, e le parole sembravano prorompere dal nulla: «Purtroppo non si sente troppo bene, in questo momento».

«Oh, che peccato! Non importa, dille che non appena sarà in grado di ricevere visite, verrò a trovarla. Diventeremo doppiamente cognate, ma preferirei che fossimo amiche.»

La sortita strappò un sorriso a Druso. «Grazie» disse.

Cepione il Giovane lo attendeva con impazienza nel *tablinum* di suo padre, che occupava in assenza di quest'ultimo.

«Sono felicissimo» disse Druso, sedendosi. «Tua sorella è soddisfatta di queste nozze.»

«Te l'avevo detto che le piacevi» fece Cepione il Giovane. «Ma come ha preso la notizia Livia Drusa?»

Ora Druso si era preparato la risposta. «Ne è stata felice» mentì placidamente. «Malauguratamente l'ho trovata a letto con la febbre. Era già arrivato il medico, ed è un po' preoccupato. A quanto pare, ci sono certe complicazioni, e teme che possa trattarsi di un'affezione contagiosa.»

«Numi!» esclamò Cepione il Giovane, impallidendo.

«Staremo a vedere» disse Druso in tono tranquillizzante. «Ti piace moltissimo, vero, Quinto Servilio?»

«A sentire mio padre, non potrei trovare di meglio di Livia Drusa. Dice che ho dimostrato di avere un ottimo gusto. Gli hai scritto che Livia Drusa mi piaceva?»

«Sì.» Druso abbozzò un pallido sorriso. «È piuttosto evidente da un paio d'anni, sai.»

«Ho ricevuto la lettera di mio padre proprio oggi... mi stava aspettando quando sono rientrato. Dice che Livia Drusa è ricca quanto nobile. Piace anche a lui» disse Cepione il Giovane.

«Be', non appena starà meglio, ceneremo tutti assieme e parleremo delle nozze. Ai primi di maggio, eh? Prima del periodo infausto.» Druso si alzò. «Non posso trattenermi, Quinto Servilio, devo tornare a casa a vedere come sta mia sorella.»

Cepione il Giovane e Druso erano stati entrambi eletti tribuni militari, e avrebbero dovuto partire per la Gallia Transalpina al seguito di Gneo Mallio Massimo. Ma rango e ricchezza e ortodossia politica avevano il loro peso; laddove il relativamente oscuro Sesto Cesare non era riuscito a ottenere una licenza dei suoi compiti di reclutatore per presenziare alle nozze di suo fratello, né Druso né Cepione il Giovane erano stati ancora chiamati in servizio. Certamente, Druso non intravedeva difficoltà di sorta a programmare un doppio matrimonio per i primi di maggio, anche se allora entrambi gli sposi fossero stati impegnati nel servizio militare, anche se l'esercito fosse già stato in marcia per la Gallia Transalpina: avrebbero sempre potuto raggiungerlo.

Druso impartì ordini all'intera servitù, nel caso che Cepione il Giovane o sua sorella si presentasse a chieder notizie sullo stato di salute di Livia Drusa, e ridusse il vitto della fanciulla a pane azzimo e acqua. Si disinteressò completamente di lei per cinque giorni, poi la convocò nel *tablinum*.

Entrò ammiccando leggermente alla luce più violenta, un po' malferma sulle gambe, i capelli pettinati alla bell'e meglio. Che non avesse dormito bene, era evidente dalle condizioni degli occhi, ma suo fratello non vide alcun segno di pianti prolungati. Le tremavano le mani, stentava a controllare il tremito delle labbra, e il labbro inferiore era stato morso a sangue.

«Siediti» ordinò Druso, seccamente.

Si sedette.

«Che ne pensi, ora, del matrimonio con Quinto Servilio?»

Prese a tremare da capo a piedi; quel po' di colore che le era rimasto sparì del tutto. «Non voglio saperne» rispose.

Suo fratello si chinò in avanti, le mani giunte. «Livia Drusa, sono il capo della nostra famiglia. Esercito un controllo assoluto sulla tua vita. Non solo, ho persino diritto di morte su di te. Si dà il caso che ti voglia molto bene. Ciò significa che mi ripugna farti del male e mi addolora profondamente vederti soffrire. Ora tu stai soffrendo. Ne sono addolorato. Ma siamo entrambi Romani. Questo fatto significa tutto per me. Per me significa di più di quanto significhi tu. Di quanto significhi *chiunque*! Mi dispiace molto che non ti piaccia il mio amico Quinto Servilio. Tuttavia lo sposerai! È tuo dovere, come romana, obbedirmi. Come sai, Quinto Servilio è il marito che nostro padre ti aveva destinato, proprio come suo padre mi ha destinato come moglie Servilia Cepionide. Per qualche tempo ho preso in considerazione la possibilità di prendere in moglie una fanciulla di mia scelta, ma gli eventi hanno solo contribuito a dimostrare che mio padre — che la sua ombra sia placata — era più saggio di me. Oltre a tutto ciò, abbiamo l'imbarazzo di una madre che non si è dimostrata l'ideale della romana. Grazie a lei, la responsabilità che ricade su di te è assai maggiore. Niente di ciò che fai o dici dovrà dar modo a chiunque di pensare che le sue pecche siano presenti anche in te. »

Livia Drusa inspirò a fondo e tornò a ripetere, ma con voce ancor più tremula: «*Non* voglio saperne!».

«I tuoi desideri non c'entrano» ribatté Druso in tono severo. «Chi ti credi di essere, Livia Drusa, per ritenere che i tuoi personali desideri siano più importanti dell'onore e della posizione della nostra famiglia? Rassegnati, sposerai Quinto Servilio, e nessun altro. Se insisti in questo atteggiamento di sfida, non sposerai proprio nessuno. Anzi, non uscirai più dalla tua stanza vita natural durante. Vi rimarrai rinchiusa, senza compagnia o passatempo, giorno dopo giorno, per sempre.» Gli occhi di Druso la fissarono, più insensibili di due gelide pietre nere. «Dico sul serio, sorella. Niente libri, niente papiro, nient'altro da mangiare che pane e acqua, niente bagno, niente specchio, niente ancelle, niente vesti pulite, niente biancheria di bucato, niente braciere durante l'inverno, niente coperte supplementari, niente calzari o pianelle ai piedi, niente cinte o fasce o nastri con cui agghindarti, niente forbici per tagliarti le unghie o i capelli, niente coltelli con cui possa pugnalarti... e se tenterai di lasciarti morire di fame, darò ordine che ti ingozzino a forza.»

Schioccò le dita, un rumoretto secco che fece accorrere l'intendente con un'alacrità così sospetta da far sospettare che se n'era stato a origliare dietro l'uscio. «Riaccompagna mia sorella in camera sua. E riportala qui domattina all'alba, prima di introdurre nella mia casa i clienti.»

L'intendente dovette aiutarla a rimettersi in piedi, sorreggendola con una mano sotto il braccio, e la guidò fuori della stanza.

«Aspetto da te una risposta per domani» disse Druso.

L'intendente non aprì bocca mentre le faceva attraversare l'atrio; con gentile fermezza la costrinse a varcare l'uscio della camera da letto, fece un passo indietro, chiuse la porta e tirò il catenaccio che Druso aveva dato ordine di apporre all'esterno.

Stava calando il buio; Livia Drusa calcolò che le restavano non più di due ore prima che il sudario di nero, vuoto nulla l'avviluppasse per la durata della lunga notte di fine inverno. Finora non aveva pianto. Una forte consapevolezza di essere nel giusto, accompagnata da un cocente sdegno, l'aveva sorretta per i primi tre giorni e le prime tre notti, dopodiché aveva tratto sollievo dalle traversie di tutte le eroine che aveva conosciute attraverso le letture. L'attesa ventennale di Penelope veniva al primo posto, naturalmente, ma anche Danae era stata rinchiusa in camera sua dal padre, e Arianna era stata abbandonata da Teseo sulla spiaggia di Nasso... In ogni caso, la situazione era poi cambiata per il meglio. Odisseo era tornato a casa, ed era nato Perseo, e Arianna era stata tratta in salvo da un dio...

Ma, con le parole del fratello che ancora le echeggiavano nei pensieri, Livia Drusa cominciò a comprendere la differenza tra le grandi opere letterarie e la vita reale. Le grandi opere letterarie non erano intese, mai, come un facsimile o un'eco della vita reale; erano piuttosto concepite per escludere, almeno per un po', la vita reale, per liberare la mente dalle considerazioni profane, in modo che la mente potesse smarrirsi tra uno splendido linguaggio e vivide descrizioni e idee ispiratrici o allettanti. Almeno, Penelope aveva goduto della libertà nelle sale del suo palazzo, e della compagnia del figlio; e Danae era stata abbagliata da una cascata d'oro; e Arianna aveva subìto unicamente la puntura del ripudio di Teseo prima che qualcuno, di gran lunga più splendido di Teseo, la sposasse. Nella vita reale, invece, Penelope sarebbe stata violentata e costretta con la forza a sposarsi, e suo figlio sarebbe stato assassinato, e Odisseo non sarebbe mai tornato a casa; e Danae e il suo pargoletto avrebbero galleggiato nel loro cofano finché non fossero affogati, travolti dal mare; e Arianna sarebbe stata abbandonata incinta da Teseo e sarebbe morta di parto, in solitudine...

Zeus si sarebbe mai palesato in forma di pioggia d'oro a rallegrare la lunga prigionia di una Livia Drusa della Roma contemporanea? O Dioniso avrebbe mai attraversato la gelida, buia celletta che era la sua stanza, sul cocchio trainato da leopardi? Odisseo avrebbe mai teso il suo grande arco e ucciso suo fratello e Cepione il Giovane con lo stesso dardo che aveva scagliato attraverso i fori delle scuri? No! Certamente, no! Erano vissuti tutti quanti più di un millennio addietro, ammesso che fossero vissuti, oltre che nei versi indimenticabili di qualche poeta. Era dunque questo il significato dell'immortalità: aver vita attraverso i versi indimenticabili di qualche poeta piuttosto che per il fatto che la carne era stata percorsa da un palpito vitale?

In qualche modo, Livia Drusa si era aggrappata all'idea che il suo eroe dai capelli rossi, dal balcone di Enobarbo poco più in basso, venisse a conoscenza della sua situazione e irrompesse in casa attraverso la grata della sua stanza e la rapisse, portandola a vivere su un'isola incantata nel mare di sogno. E Livia Drusa aveva fatto passare le ore terribili sognando, vedendolo con gli occhi della mente, così alto e somigliante a Odisseo, brillante, innovativo, di un fantastico coraggio. Quale ostacolo da poco sarebbe stato per lui la casa di Marco Livio Druso, una volta scoperto che lei vi giaceva prigioniera!

Ah, ma quella sera tutto era cambiato. Quella sera segnava il vero inizio di una reclusione che non prevedeva un lieto fine, alcuna miracolosa liberazione. Chi mai sapeva che la tenevano prigioniera, oltre a suo fratello e ai suoi servi? E chi, tra i servi, avrebbe mai osato venir meno agli ordini di suo fratello, o aver pietà di lei più di quanto temessero lui? Marco Livio non era crudele, Livia Drusa lo capiva perfettamente. Ma era avvezzo a essere obbedito, e lei, la sorella minore, era una sua creatura al pari del più umile dei suoi schiavi, o dei cani che teneva nel casino di caccia in Umbria. La sua parola era legge, per lei. I suoi desideri erano ordini, per lei. Ciò che lei desiderava non aveva importanza alcuna, e di conseguenza esistevano unicamente nella sua testa.

Livia Drusa si sentì prudere sotto l'occhio sinistro, e poi avvertì una sensazione di calore, come un prurito lungo la guancia sinistra. Qualcosa le cadde sul dorso della mano. Si sentì pizzicare l'occhio destro, bruciare la guancia destra; le lacrime si fecero più frequenti, come l'inizio di un breve acquazzone estivo, le gocce caddero sempre più fitte. Livia Drusa pianse, perché le si era spezzato il cuore. Si dondolò avanti e indietro; si tamponò il viso, gli occhi inondati di lacrime, e il naso che le colava; e pianse di nuovo, perché davvero le si era spezzato il cuore.

Molte ore pianse, sola in un oceano di tenebre stigie, prigioniera del volere del fratello e della propria avversione a obbedire al suo volere.

Ma quando l'intendente venne ad aprire l'uscio della stanzetta e rischiarò con l'accecante bagliore del suo lume il gelo maleodorante della cella, Livia Drusa era seduta sull'orlo del letto a occhi asciutti e calma. E si alzò in piedi e uscì dalla stanza, precedendolo, attraversando il vasto, splendido atrio, diretta al *tablinum* del fratello.

«Be'?» domandò Druso.

«Sposerò Quinto Servilio» rispose lei.

«Bene. Ma esigo di più da te, Livia Drusa.»

«Mi sforzerò di compiacerti in ogni cosa, Marco Livio» disse lei in tono pacato.

«Bene.» Druso fece schioccare le dita, l'intendente accorse subito alla chiamata. «Fa' portare del vino al miele e dei pasticcini al miele nel salottino di Livia Drusa, e di' alla sua ancella di prepararle il bagno.»

«Grazie» disse la fanciulla con voce spenta.

«Mi fa sinceramente piacere renderti felice, Livia Drusa... a patto che ti comporti da brava romana e faccia quanto ci si aspetta da te. Io mi aspetto che ti comporti nei confronti di Quinto Servilio come farebbe una qualsiasi giovane donna soddisfatta delle prossime nozze. Gli farai sapere che sei contenta e lo tratterai con infallibile deferenza, rispetto, interesse e sollecitudine. In nessuna circostanza, neppure nell'intimità della camera da letto dopo che sarete sposati, lascerai minimamente sospettare a Quinto Servilio che non è il marito che avresti desiderato. Capisci?» le domandò in tono severo.

«Capisco, Marco Livio» rispose lei.

«Vieni con me.»

La guidò nell'atrio, dove il grande rettangolo del lucernario a soffitto cominciava a schiarire, e una luce perlacea ne filtrava, più pura di quella delle lucerne, più fievole eppure più luminosa. Nel muro era collocato un piccolo tabernacolo consacrato alle divinità della casa, i Lari e i Penati, da ambo i lati del quale figuravano i tempietti in miniatura, dipinti con arte squisita, che ospitavano le maschere degli uomini famosi della famiglia di Livio Druso, dal defunto padre, il censore, risalendo via via sino agli inizi. E lì Marco Livio Druso le fece prestare un terribile giuramento alle terribili divinità romane che non avevano statue né mitologie né umanità, che erano personificazioni di qualità intrinseche alla mente, e non creature divine, maschili o femminili; sotto pena di incorrere nel loro corruccio, Livia Drusa giurò di diventare una moglie calda e affettuosa per Quinto Servilio Cepione il Giovane.

Fatto ciò, Druso le diede licenza di recarsi nel suo salottino, dove l'attendevano il vino caldo al miele e i dolcetti al miele. Buttò giù un sorso di vino e ne avvertì immediatamente i benefici, ma le si chiuse la gola al solo pensiero di inghiottire i pasticcini, sicché li mise da parte, rivolgendo un sorriso alla sua ancella, e si alzò in piedi.

«Voglio fare il bagno» disse.

E quel pomeriggio, Quinto Servilio Cepione il Giovane e sua

sorella Servilia Cepionide vennero a cenare con Marco Livio Druso e sua sorella Livia Drusa, un simpatico quartetto che doveva fare progetti per le nozze. Livia Drusa non venne meno al giuramento, ringraziando tutti gli dèi di non appartenere a una famiglia che sorridesse di frequente; nessuno, infatti, giudicò strano il fatto che conservasse un'aria assolutamente solenne, perché l'avevano anche gli altri. A bassa voce e fingendo interesse, conversò con Cepione il Giovane, mentre suo fratello si concentrava su Servilia Cepionide, e un po' alla volta i timori incipienti di Cepione il Giovane svanirono. Perché mai aveva pensato di non piacere a Livia Drusa? Poteva anche essere un po' deperita in seguito alla malattia, ma non potevano esserci dubbi di sorta in merito al pacato entusiasmo con cui aveva accolto i progetti del fratello di un doppio matrimonio ai primi di maggio, prima che Gneo Mallio Massimo si accingesse a varcare le Alpi.

"Prima del periodo infausto. Ma qualsiasi momento è infausto per me" pensò Livia Drusa. Non lo disse, però.

Ecco ciò che scrisse Publio Rutilio Rufo a Caio Mario in giugno, prima che la nozizia della cattura di Giugurta e della fine della guerra in Africa fosse giunta a Roma:

Abbiamo avuto un inverno molto disagevole e una primavera con qualche avvisaglia di panico. I Germani sono decisamente in marcia e puntano a sud, per l'esattezza nel cuore della nostra Provincia lungo il Rodano. Già prima della fine dello scorso anno abbiamo ricevuto pressanti messaggi da parte dei nostri alleati in Gallia, gli Edui, i quali ci avvertivano che i loro sgraditi ospiti, i Germani, stavano per mettersi in movimento. E poi, in aprile, è giunta la prima di una serie di delegazioni degli Edui a informarci che i Germani avevano ripulito i granai degli Edui e degli Ambarri e stavano caricando i carri. Avevano però annunciato di essere diretti in Spagna, e quei rappresentanti del Senato i quali ritengono più saggio minimizzare la minaccia germanica, si sono affrettati a diffondere la notizia.

Fortunatamente, Scauro non rientra in tale categoria, e neppure Gneo Domizio Enobarbo. Così, poco dopo l'insediamento in carica dei nuovi consoli, Gneo Mallio e io, si è formata una forte fazione che sollecitava il reclutamento di un nuovo esercito per qualsiasi emergenza, e Gneo Mallio ha avuto ordine di mettere assieme altre sei legioni.

Rutilio Rufo si sorprese a irrigidirsi, quasi a parare una filippica di Mario, e sorrise con una punta di tristezza.

Sì, lo so, lo so! Tieni a freno l'impazienza, Caio Mario, e lascia che ti esponga i fatti prima di metterti a saltare su e giù sulla mia povera testa — e con questo non intendo quel blocco di ossa e carne che mi sta sul collo! Per diritto, il compito di reclutare e capeggiare il suddetto nuovo esercito avrebbe dovuto essere affidato a me; ne sono perfettamente consapevole. Sono il console anziano, ho alle spalle una lunga carriera militare costellata di successi, e attualmente godo persino di una certa fama in quanto il mio manuale di pratica militare è stato finalmente pubblicato. Il mio collega in seconda, invece, cioè Gneo Mallio, è pressoché privo di esperienza.

Be', tutta colpa tua! La mia amicizia nei tuoi confronti è di pubblico dominio, e i tuoi nemici al Senato preferirebbero, ritengo, che Roma perisse, travolta dalla marea germanica, piuttosto di fare un favore di qualsiasi genere a te e ai tuoi amici. Così, Metello Numidico del Porcile si è alzato a pronunciare una splendida orazione in cui sosteneva che io ero di gran lunga troppo vecchio per comandare un esercito e che le mie innegabili doti sarebbero tornate più utili se fossi rimasto a governare Roma. L'hanno seguito come le pecore seguono il primo del gregge che le guida al macello, e hanno varato tutti i decreti necessari. Perché non mi sono ribellato? mi pare di sentirti domandare. Oh, Caio Mario, io non sono te! Non possiedo quella vena di odio deleterio che hai tu nei loro confronti, e neppure sono animato dalla tua fenomenale energia. Quindi mi sono accontentato di pretendere che a Gneo Mallio fossero assegnati alcuni legati anziani davvero capaci ed esperti. E perlomeno questo, l'ho ottenuto. Avrà Marco Aurelio Scauro a sostenerlo — sì, hai capito bene, Aurelio, non Emilio. L'unica cosa che ha in comune col nostro stimato capo del Senato è il *cognomen*. Sospetto, tuttavia, che le sue capacità militari siano notevolmente superiori a quelle del più celebre Scauro. O almeno, lo spero, per il bene di Roma e per il bene di Gneo Mallio!

E, tutto sommato, Gneo Mallio se l'è cavata a meraviglia. Ha deciso di reclutare i nullatenenti, potendo additare il tuo esercito d'Africa come prova della loro efficienza. Alla fine di aprile, quando è giunta notizia che i Germani si sarebbero diretti a sud, penetrando nella Provincia Romana,

Gneo Mallio aveva già reclutato sei legioni, interamente composte di nullatenenti romani o latini. Ma poi è arrivata la delegazione degli Edui, e per la prima volta il Senato ha avuto una stima esatta del numero effettivo di Germani coinvolti nella migrazione. Abbiamo scoperto, per esempio, che i Germani responsabili dell'uccisione di Lucio Cassio in Aquitania — e sapevamo che ammontavano suppergiù a un quarto di milione — erano solo un terzo del numero complessivo. Così, stando agli Edui, qualcosa come ottocentomila Germani, tra guerrieri, donne e bambini, si stanno attualmente muovendo in direzione della costa gallica del Mediterraneo. Una cifra da capogiro, vero?

Il Senato ha investito Gneo Mallio dell'autorità necessaria per reclutare altre quattro legioni, portando in tal modo le sue forze a un totale di dieci legioni, più cinquemila cavalleggeri. E con questo, la notizia relativa ai Germani si è propagata in tutta Italia, per quanti sforzi facesse il Senato per calmare gli animi. Siamo molto, molto preoccupati, soprattutto perché finora non abbiamo vinto un solo scontro con questi barbari. Dai tempi di Carbone, la nostra storia ha registrato solo sconfitte. E c'è chi, soprattutto tra il popolino, va ormai dicendo che il nostro famoso adagio, secondo cui sei legioni romane ben addestrate sono in grado di battere un quarto di milione di barbari indisciplinati, è solo *merda*. Ti confesso una cosa, Caio Mario: tutta Italia ha paura! E per quanto mi riguarda, non le do torto.

A causa del generale spavento, immagino, parecchi dei nostri alleati italici hanno invertito la rotta seguita in anni recenti, offrendo volontariamente truppe all'esercito di Gneo Mallio. I Sanniti hanno inviato una legione di fanteria con armamento leggero, e i Marsi una splendida legione di fanteria di tipico stile romano. Disponiamo anche di una legione ausiliaria composita, reclutata in Umbria, in Etruria e nel Piceno. Così, come puoi immaginare, i Padri Coscritti nostri colleghi somigliano al gatto che ha catturato un pesce: tutti tronfi e soddisfatti di sé. Delle quattro legioni supplementari, tre sono assoldate e mantenute dagli alleati italici.

Fin qui, gli aspetti positivi. Ma c'è anche il rovescio della medaglia, naturalmente. Si registra una spaventosa carenza di centurioni, la qual cosa significa che nessuno dei nullatenenti reclutati di recente ha seguito un adeguato corso di addestramento, e l'unica legione di nullatenenti compresa nelle ultime quattro arruolate è quasi del tutto impreparata. Il suo legato, Aurelio, ha suggerito a Gneo Mallio di ripartire equamente i centurioni esperti tra le sette legioni di nullatenenti, e ciò significa che non più del quaranta per certo dei centurioni di ciascuna legione ha avuto modo di cimentarsi in battaglia. I tribuni militari sono una gran bella cosa, ma non c'è bisogno di dirti che sono i centurioni a tener unite le centurie e le coorti.

In tutta sincerità, temo per il risultato. Gneo Mallio non è malaccio, però non lo ritengo in grado di affrontare una guerra contro i Germani. Opinione, questa, che lo stesso Gneo Mallio ha rafforzato, quando alla fine di maggio si è alzato a parlare in Senato, dichiarando di non poter garantire che tutti gli uomini ai suoi ordini avrebbero saputo comportarsi a dovere sul campo di battaglia! C'è *sempre* qualcuno che non sa comportarsi a dovere sul campo di battaglia, però non ci si alza a dirlo in aula!

E che cos'ha fatto il Senato? Ha inviato ordini a Quinto Cepione, a Narbona, di trasferirsi col suo esercito, immediatamente, sull'altra sponda del Rodano e di aggregarsi all'esercito di Gneo Mallio quando avesse raggiunto il Rodano. Per una volta, il Senato non ha perso tempo: il dispaccio è stato inoltrato per mezzo di un corriere a cavallo, ed è arrivato da Roma a Narbona in meno di due settimane. E neppure Quinto Servilio ha perso tempo a rispondere! Abbiamo ricevuto la sua risposta ieri. E che risposta.

Gli ordini del Senato, logicamente, prevedevano che Quinto Cepione subordinasse se stesso e le sue truppe all'*imperium* del console in carica. Tutto perfettamente logico e normale. Il console dell'anno precedente può anche avere l'*imperium* proconsolare, ma, in qualsiasi caso di impresa congiunta, il comando supremo spetta al console in carica.

Oh, Caio Mario, la cosa non era andata a genio a Quinto Cepione! Il Senato credeva sul serio che lui, un patrizio della *gens* Servilia, discendente diretto di Caio Servilio Ahala, il salvatore di Roma, avrebbe agito in veste di subordinato nei confronti di un Uomo Nuovo venuto dal niente, senza una sola maschera di antenato in uno stipo atavico, un uomo che aveva ottenuto il consolato solo perché nessuno di origini più nobili si era candidato alla carica? C'erano consoli e consoli, diceva Quinto Cepione. Sì, ti giuro che ha proprio detto tutto questo! L'anno della sua elezione, il campo dei candidati era di tutto rispetto, ma quest'anno il meglio che Roma avesse saputo trovare erano un vecchio esponente della piccola nobiltà, perdipiù malridotto (io), e un presuntuoso arricchito, con più denaro che gusto (Gneo Mallio). Così, concludeva la lettera di Quinto Cepione, certamente si sarebbe messo subito in marcia verso il Rodano, ma una volta che ci fosse arrivato si aspettava ad attenderlo un corriere del Senato con la notizia che sarebbe stato lui il comandante supremo di quell'impresa congiunta. Con Gneo Mallio in veste di suo subordinato, era sicuro, diceva Quinto Cepione, che tutto sarebbe andato a gonfie vele.

Gli stavano venendo i crampi alla mano; Rutilio Rufo posò la canna con un sospiro e prese a massaggiarsi le dita, fissando lo sguardo accigliato nel vuoto. A un certo punto le palpebre accennarono a chiudersi, la testa crollò in avanti, e Rutilio Rufo si appisolò; quando si ridestò, di soprassalto, perlomeno la mano stava meglio, per cui si rimise a scrivere.

Oh, quant'è lunga questa lettera! Ma nessun altro ti fornirà un resoconto sincero di ciò che è accaduto, e tu devi sapere tutto. La lettera di Quinto Cepione era indirizzata a Scauro, *Princeps Senatus*, anziché a me, e naturalmente tu conosci il nostro beneamato Marco Emilio Scauro! Ha letto per intero la spaventosa missiva al Senato, manifestando un piacere addirittura demoniaco. In effetti, sbavava. Oh, ed è stato come infilare un gatto nella piccionaia! Volti paonazzi, pugni agitati in aria, e una zuffa tra Gneo Mallio e Metello del Porcile che ho provveduto a sedare chiamando i littori dal vestibolo della Curia: un gesto che Scauro non ha apprezzato. Oh, che giornata per Marte! Peccato che non si possa imbottigliare tutta quell'aria rovente e soffiar via i Germani con l'arma più velenosa che Roma sia in grado di fabbricare.

Risultato: ci sarà effettivamente un corriere ad attendere Quinto Cepione in riva al Rodano — ma i nuovi ordini saranno identici ai vecchi: dovrà subordinarsi al console in carica, legalmente eletto, Gneo Mallio Massimo. Un vero peccato che quello sciocco si sia attribuito un *cognomen* come Massimo, no? Un po' come cingersi il capo con una Corona d'Erba dopo che i tuoi uomini ti hanno tratto in salvo, anziché viceversa. Non solo è il colmo della grossolanità, darsi da soli una pacca sulle spalle, ma se non ci si chiama Fabio, il *cognomen* Massimo suona orribilmente presuntuoso. Lui, naturalmente, sostiene che la sua bisnonna era una Fabia

Massima, e che già suo nonno portava quel *cognomen*, ma tutto quel che so è che suo padre non se n'è mai fregiato. E dubito fortemente della verità della storia di Fabia Massima.

Comunque sia, eccomi qui come un destriero da guerra mandato al pascolo, che smanio dal desiderio di essere nei panni di Gneo Mallio, e gravato invece da decisioni squassanti come, per esempio, se ci si possa permettere di dare una mano di pece ai granai statali, dopo tutto il denaro sborsato per equipaggiare sette nuove legioni di nullatenenti. Ci crederesti, se ti dicessi che mentre tutta Roma parla solo di Germani, e poi Germani, e ancora Germani, il Senato ha discusso per otto giorni di questa faccenda? Roba da matti!

Ho un'idea, però, e mi propongo di metterla in pratica. Che in Gallia si vinca o si perda, la metterò in pratica. Visto che in tutta Italia non c'è più un solo uomo che riterrei degno di allacciare i calzari a un centurione, mi propongo di reclutare istruttori e altro personale di addestramento presso le scuole per gladiatori. Capua è piena di scuole per gladiatori, le migliori che esistano, sicché che cosa potrebbe esserci di più comodo, visto che Capua è anche il campo base di tutte le nostre nuove truppe? Se Lucio il Beone non riuscirà a noleggiare gladiatori in numero sufficiente per fare un figurone ai funerali di suo nonno, peggio per lui! Le esigenze di Roma vengono prima delle sue, dico io! Il mio progetto ti dice anche che ho intenzione di continuare a reclutare nullatenenti.

Ti terrò informato, naturalmente. Come va nella terra dei mangiatori di loto, delle sirene e delle isole incantate? Non siete ancora riusciti a mettere il sale sulla coda di Giugurta? Non ci vorrà ancora molto, ci scommetto. Metello Numidico del Porcile è un tantino sovreccitato in questi giorni, a dire il vero. Non sa decidere se debba concentrarsi su di te o su Gneo Mallio. Logicamente, ha pronunciato una splendida orazione in favore della nomina a comandante in capo di Quinto Servilio. Mi ha fatto un piacere enorme demolire le sue argomentazioni con qualche frecciata ben assestata.

Numi, Caio Mario, quanto mi irritano! Sempre lì a sbandierare le gesta dei loro meschini antenati, quando ciò di cui Roma ha bisogno in questo momento è un genio militare vivo e vegeto! Sbrigati a tornare, vuoi? Abbiamo bisogno di te, perché io non sono all'altezza di tener testa all'intero Senato. Proprio no.

C'era anche un poscritto:

A proposito, abbiamo dovuto registrare un paio di incidenti strani in Campania. Non mi piacciono per niente, però non riesco a capire perché siano accaduti. Ai primi di maggio c'è stata una rivolta di schiavi a Nuceria: oh, subito sedata, e l'unico risultato è stato che trenta poveracci provenienti da ogni parte del mondo sono stati giustiziati. Tre giorni fa, però, è scoppiata un'altra rivolta, questa volta in un grande campo di raccolta per schiavi di bassa lega, di sesso maschile alle porte di Capua, in attesa di compratori bisognosi di un centinaio di scaricatori di porto o manovali da impiegare nelle cave o per azionare il cilindro del mulino. Questa volta erano implicati nella ribellione ben duecentocinquanta schiavi. È stata immediatamente soffocata, dato che c'erano varie coorti di reclute accampate nei dintorni di Capua. Circa cinquanta rivoltosi sono periti negli scontri, e gli altri sono stati subito giustiziati. Però la cosa non mi piace, Caio Mario. È un presagio. Gli dèi sono contro di noi, in questo momento; me lo sento nel sangue.

E un secondo poscritto:

Mi è giunta proprio ora una triste notizia che ti riguarda. Dato che mi ero già accordato con Marco Granio di Pozzuoli affinché ti inoltrasse la mia lettera col suo primo vascello veloce in partenza per Utica a fine settimana, mi sono offerto di comunicarti ciò che è accaduto. Il tuo amatissimo suocero, Caio Giulio Cesare, è morto oggi pomeriggio. Come sai, soffriva da qualche tempo di un tumore maligno alla gola. E oggi pomeriggio si è lasciato cadere sulla sua spada. Ha fatto la scelta migliore, e sono certo che ne converrai anche tu. Nessuno dovrebbe indugiare tanto da diventare un peso per i suoi cari, soprattutto se ciò sminuisce la sua dignità e integrità di uomo. C'è qualcuno fra noi che preferisca la vita alla morte, quando vivere significa giacere nei propri escrementi o farsi ripulire da quegli stessi escrementi per mano di uno schiavo? No, quando un uomo non è più in grado di dominare il proprio intestino o la propria gola, è tempo che se ne vada. Credo che Caio Giulio avrebbe scelto di andarsene anche prima d'ora, se non si fosse preoccupato per il suo figlio minore che, come certamente saprai, si è sposato di recente. Ero andato a trovare Caio Giulio solo un paio di giorni fa, ed è riuscito a bisbigliare, nonostante la cosa che lo soffocava, che tutti i suoi dubbi circa l'opportunità del matrimonio contratto dal giovane Caio Giulio erano ormai fugati, perché la bell'Aurelia — il tesoro del mio cuore, lo ammetto — era proprio la moglie giusta per il suo ragazzo. Così, addio, riposa in pace, Caio Giulio Cesare.

Alla fine di giugno il console Gneo Mallio Massimo iniziò la lunga marcia verso nord e ovest, con i due figli aggregati al suo stato maggiore personale e tutti i ventiquattro tribuni militari eletti per quell'anno distribuiti fra sette delle sue dieci legioni. Sesto Giulio Cesare, Marco Livio Druso e Quinto Servilio Cepione il Giovane partirono assieme a lui, e pure Quinto Sertorio, arruolato come tribuno militare subalterno. Delle tre legioni degli alleati italici, quella inviata dai Marsi era la meglio addestrata e la più marziale delle dieci; la comandava il figlio venticinquenne di un nobile della Marsica, a nome Quinto Poppedio Silone, sotto il controllo, naturalmente, di un legato romano.

Poiché Mallio Massimo aveva insistito a voler portarsi appresso un quantitativo di grano acquistato con fondi statali, sufficiente a sfamare tutti i suoi uomini per due mesi, il convoglio del bagaglio era enorme e la marcia penosamente lenta; dopo sedici giorni Mallio Massimo non aveva neppure raggiunto l'Adriatico all'altezza di Fano. Con parole molto ferme e appassionate, il legato Aurelio riuscì a persuaderlo a lasciare il convoglio dei vettovagliamenti sotto scorta di una sola legione, e procedere più speditamente con le altre nove, la cavalleria e il bagaglio leggero soltanto. Si rivelò ardua impresa convincere Mallio Massimo del fatto che le sue truppe non sarebbero morte di fame prima di raggiungere il Rodano, e che prima o poi il bagaglio pesante sarebbe arrivato a destinazione.

Dovendo percorrere un tratto di strada assai più breve su un terreno pianeggiante, Quinto Servilio Cepione raggiunse il gran fiume Rodano prima di Mallio Massimo. Si era portato appresso soltanto sette delle sue otto legioni — l'ottava l'aveva inviata nella Spagna Citeriore — e nessun contingente di cavalleria, che aveva smobilitato l'anno prima come una spesa superflua. Nonostante gli ordini ricevuti e le sollecitazioni dei legati, Cepione si era rifiutato di lasciare Narbona finché non gli fosse giunta una comunicazione che attendeva da oltremare, per l'esattezza da Smirne. Ed era tutt'altro che di buonumore; quando si riusciva a distrarlo dal lagnarsi per lo sciagurato ritardo di quel contatto tra Smirne e Narbona, si lagnava dell'insensibilità dimostrata dal Senato, ritenendo che avrebbe ceduto il comando supremo del grande esercito a un volgare arricchito come Mallio Massimo. Ma alla fine fu costretto a mettersi in marcia senza aver ricevuto la lettera, lasciando esplicite istruzioni a Narbona di inoltrargliela non appena fosse arrivata.

Anche così, Cepione riuscì comunque a precedere di un bel po' Mallio Massimo alla meta comune. A Nîmes, un piccolo centro commerciale ai margini occidentali delle vaste paludi saline attorno al delta del Rodano, fu accolto dal corriere che gli consegnò i nuovi ordini del Senato.

A Cepione non era neppure passato per la mente che la sua lettera non sarebbe riuscita a smuovere i Padri Coscritti, soprattutto quando a leggerla in aula fosse nientemeno che Scauro. Quindi, quando aprì il cilindro e scorse la breve replica del Senato, si sentì profondamente offeso. Impossibile! Intollerabile! Lui, un patrizio della *gens* Servilia, chinare la fronte per sottostare al capriccio di Mallio Massimo, Uomo Nuovo? Mai!

Le fonti d'informazione dei Romani riferivano che i Germani erano in marcia verso sud, attraverso le terre dei Celti Allobrogi, una popolazione che nutriva un odio inveterato per i Romani e che ora si trovava tra due fuochi: i Romani erano il nemico conosciuto, i Germani il nemico ignoto. E la confraternita druidica andava dicendo a ogni tribù della Gallia, da un paio d'anni ormai, che in Gallia non c'era posto per un insediamento germanico. Certamente gli Allobrogi non avevano la minima intenzione di cedere una parte del loro territorio sufficiente a dare una nuova patria a una popolazione di gran lunga più numerosa di quanto fossero loro. Ed erano insediati abbastanza vicini agli Edui e agli Ambarri per sapere che disastri i Germani avessero combinato nel territorio di quelle intimorite tribù. Così, gli Allobrogi si ritirarono sulle torreggianti propaggini delle loro amate Alpi e si concentrarono sull'impresa di molestare i Germani quanto più potevano.

I Germani irruppero nella Provincia Romana della Gallia Transalpina a nord del posto di scambio di Vienne verso la fine di giugno, e si avventarono, senza incontrare resistenza. Si riversarono in massa, forti di oltre tre quarti di milione di individui, lungo la sponda orientale del possente fiume, perché lì le distese pianeggianti erano più vaste e più sicure, meno esposte alle fiere tribù montanare della Gallia Centrale e della Cebenna.

Venutolo a sapere, Cepione lasciò volutamente la Via Domizia all'altezza di Nîmes e, anziché attraversare le paludi del delta percorrendo la lunga strada rialzata fatta costruire da Enobarbo, diresse il suo esercito a nord lungo la sponda occidentale, ponendo in tal modo il fiume tra sé e la marcia dei Germani. Si era a metà del mese di *Sextilis*.

Da Nîmes aveva inviato un corriere a marce forzate a Roma con un'altra lettera per Scauro, in cui dichiarava che non intendeva prendere ordini da Mallio Massimo e che la sua decisione era definitiva. Assunta tale posizione, l'unica strada che potesse imboccare con onore era a ovest del fiume.

Sulla sponda orientale del Rodano, una sessantina di chilometri a nord dal punto in cui la Via Domizia attraversava il fiume su una lunga passerella che terminava nei pressi di Arles, era situata una cittadina commerciale romana di qualche importanza; si chiamava Arausio (Orange). E sulla sponda occidentale, sedici chilometri a nord di Arausio, Cepione piazzò il suo esercito di quarantamila legionari e quindicimila non combattenti in un campo fortificato. E attese che Mallio Massimo si presentasse sulla sponda opposta — e attese che il Senato rispondesse alla sua ultima lettera.

Mallio Massimo arrivò prima della risposta del Senato, alla fine di *Sextilis*. Piazzò i suoi cinquantacinquemila legionari e i trentamila non combattenti in un campo pesantemente fortificato in riva al fiume, otto chilometri a nord di Arausio, usando così il fiume come parte delle sue difese oltre che come riserva d'acqua.

Il terreno appena a nord dell'accampamento era ideale per una battaglia, pensò Mallio Massimo, guardando al fiume come alla sua più grande protezione. E questo fu il primo errore. Il secondo fu quello di distaccare dall'accampamento i cinquemila cavalleggeri e spedirli a fungere da avanguardia, cinquanta chilometri più a nord. E il terzo errore fu quello di affidare al suo legato più capace, Aurelio, il comando della cavalleria, privandosi così della sua consulenza. Tutti i suddetti errori rientravano nella grandiosa strategia di Mallio Massimo; intendeva servirsi di Aurelio e della cavalleria per bloccare l'avanzata dei Germani, senza ingaggiar battaglia, ma fornendo ai nemici la prima visione della resistenza romana. Mallio Massimo, infatti, voleva trattare, non combattere, sperando di respingere pacificamente i Germani nella Gallia Centrale, interrompendone la marcia verso sud attraverso la Provincia Romana. Tutte le precedenti battaglie combattute tra i Germani e Roma erano state, per così dire, imposte ai Germani da Roma, e soltanto dopo che i barbari avevano lasciato intendere di essere disposti a ritirarsi pacificamente dal territorio romano. Così, Mallio Massimo nutriva grandi speranze per la sua grandiosa strategia, speranze non prive di fondamento.

Suo primo compito, tuttavia, era quello di indurre Cepione a trasferirsi dalla sponda occidentale del fiume alla sponda orientale. Ancora scottato dall'offensiva, scriteriata lettera di Cepione che Scauro aveva letto in aula, Mallio Massimo intimò seccamente e senza preamboli a Cepione: attraversa il fiume col tuo esercito e trasferisciti all'interno del mio accampamento *immediatamente*. Consegnò l'ordine a una squadra di vogatori, garantendone in tal modo la rapida consegna.

Cepione si servì della stessa barca per inviare a Mallio Massimo la sua risposta. La quale risposta diceva, con pari asprezza, che lui, un patrizio della *gens* Servilia, non intendeva prendere ordini da un pretenzioso mercante arricchito, e sarebbe rimasto dove si trovava, sulla sponda occidentale.

La successiva ordinanza di Mallio Massimo suonava così:

In qualità di tuo comandante in capo, ti ripeto l'ordine di trasferirti col tuo esercito su questa sponda del fiume senza frapporre indugi. Ti prego di considerare questo mio secondo ordine come l'ultimo che ti impartisco. Se dovessi persistere nello sfidarmi, farò aprire un procedimento legale a tuo carico a Roma. L'accusa sarà di alto tradimento, e saranno le tue stesse azioni arroganti a farti condannare.

Cepione lo ricambiò con una replica del pari litigiosa:

Non ti riconosco la qualifica di comandante in capo. Fa' pure aprire un procedimento a mio carico per alto tradimento. Ti ripagherò facendo aprire un procedimento a tuo carico per alto tradimento. Dato che entrambi sappiamo chi vincerà, esigo che tu mi ceda subito il comando supremo.

Mallio Massimo replicò con ancor maggiore alterigia. E si andò avanti così fino a metà settembre, quando sei senatori arrivarono da Roma, completamente esausti per la celerità e i disagi del viaggio. Rutilio Rufo, il console rimasto a Roma, aveva premuto, con successo, per inviare l'ambasceria, ma Scauro e Metello Numidico erano riusciti a spuntare le armi della delegazione rifiutando di consentire l'inclusione di un qualsiasi senatore di rango consolare o dotato di vero ascendente politico. Dei sei senatori, quello gerarchicamente più importante era un semplice pretore di estrazione moderatamente aristocratica, nient'altri che il cognato di Rutilio Rufo: Marco Aurelio Cotta. Appena qualche ora dopo l'arrivo dell'ambasceria all'accampamento di Mallio Massimo, Cotta quanto meno comprese la gravità della situazione.

Così Cotta si mise all'opera con grande energia e una passione da cui di norma era alieno, concentrandosi su Cepione. Il quale fu inflessibile. Una visita all'accampamento della cavalleria, cinquanta chilometri più a nord, lo rigettò nella lotta con raddoppiata determinazione, poiché il legato Aurelio l'aveva accompagnato di nascosto su un'altura, dalla quale riuscì a scorgere l'avanguardia dei Germani in avanzata.

Cotta guardò e sbiancò in volto. «Dovreste attestarvi all'interno dell'accampamento di Gneo Mallio» disse.

«Se ciò che volessimo fosse uno scontro, sì» rispose Aurelio, senza perdere la calma, in quanto era da giorni che osservava l'avanzata dei Germani, e si era ormai abituato allo spettacolo. «Gneo Mallio ritiene che si possano ripetere i successi precedenti, che sono sempre stati successi diplomatici. Quando i Germani hanno combattuto, è stato solo perché li abbiamo costretti a farlo. Non ho la minima intenzione di scatenare chicchessia, e ciò significherà, ne sono certo, che neppure loro scateneranno alcunché. Dispongo di una squadra di interpreti competenti, e da giorni li vado istruendo in merito a ciò che mi propongo di dire quando i Germani invieranno i loro capi a parlamentare, come sono certo che faranno, una volta che si saranno resi conto che c'è un esercito romano di enorme portata ad attenderli.»

«Ma questo, sicuramente lo sapranno già!» disse Cotta.

«Ne dubito» ribatté Aurelio, imperturbabile. «Non si spostano in assetto militare, sai. Semmai hanno sentito parlare di ricognitori, certamente non si sono presi la briga di impiegarli finora. Si limitano a... lanciarsi in avanti! Affrontando, così pare a Gneo Mallio e a me, tutto ciò che si para loro dinanzi quando, appunto, si para loro dinanzi.»

Cotta girò il cavallo. «Devo tornare da Gneo Mallio al più presto possibile, cugino. In qualche modo *dobbiamo* far attraversare il fiume a quel protervo imbecille di Cepione, o potremmo correre il rischio di non avere neppure più il suo esercito nei paraggi.»

«Sono d'accordo con te» disse Aurelio. «Tuttavia, Marco Aurelio dei Cotta, se possibile, gradirei che tornassi qui da me non appena ti farò sapere che una delegazione germanica si è presentata per parlamentare. *Assieme* ai tuoi cinque colleghi! I Germani rimarranno molto colpiti dal fatto che il Senato abbia inviato fin qui sei rappresentanti a trattare con loro.» Sorrise un po' di traverso. «Certamente non faremo loro sapere che il Senato ha inviato fin qui da Roma sei rappresentanti a trattare con quegli sciocchi dei nostri comandanti!»

Quel protervo imbecille di Quinto Servilio Cepione era, fatto alquanto inspiegabile, assai più di buonumore e più disposto a prestare ascolto a Cotta quando questi, il giorno dopo, si fece trasportare in barca sull'altra sponda del Rodano.

«A che si deve questa subitanea gaiezza, Quinto Servilio?» domandò Cotta, sconcertato.

«Ho appena ricevuto una lettera da Smirne» rispose Cepione. «Una lettera che aspettavo da mesi.» Ma anziché proseguire, spiegando che cosa poteva mai contenere una lettera per renderlo tanto più felice del solito, Cepione venne al nocciolo della questione. «Va bene,» disse «mi trasferirò sulla sponda orientale domani.» Indicò un punto sulla mappa con una bacchetta d'avorio sormontata da un'aquila d'oro che aveva preso l'abitudine di portarsi appresso per dimostrare l'alto livello del suo *imperium*; ancora non aveva acconsentito a incontrarsi di persona con Mallio Massimo. «Attraverserò il fiume in questo punto.»

«Non sarebbe più prudente attraversarlo a sud di Arausio?» domandò Cotta, dubbioso.

«Certamente no!» ribatté Cepione. «Se l'attraverso più a nord, mi troverò più vicino ai Germani.»

Fedele alla parola data, Cepione levò le tende il mattino seguente all'alba e marciò verso nord fino a un guado, quaranta chilometri al di sopra del campo fortificato di Mallio Massimo, sedici chilometri scarsi a sud del punto in cui Aurelio era accampato con la sua cavalleria.

Anche Cotta e i cinque senatori suoi colleghi cavalcarono verso nord, con l'intenzione di essere presenti nell'accampamento di Aurelio quando i capi germani fossero venuti a negoziare. Strada facendo, incontrarono Cepione sulla sponda orientale del fiume, che gran parte del suo esercito aveva già attraversato. Ma lo spettacolo che si presentò ai loro sguardi colmò di nuovo sgomento i loro cuori, perché era anche troppo evidente che Cepione si accingeva a scavare le trincee di un campo fortificato nel punto esatto in cui si trovava.

«Oh, Quinto Servilio, Quinto Servilio, *non* puoi fermarti qui!» esclamò Cotta mentre fermavano i cavalli su un poggio che dominava il nuovo campo, dove figure in movimento scavavano trincee e ammucchiavano il terriccio a formare bastioni.

«Perché no?» domandò Cepione, inarcando le sopracciglia.

«Perché quaranta chilometri più a sud c'è un accampamento già pronto, e grande abbastanza da ospitare le tue legioni oltre a quelle che vi si trovano attualmente! È *quello* il tuo posto, Quinto Servilio! Non questo, troppo lontano da Aurelio, attestato a nord, e da Gneo Mallio, accampato a sud, per risultare di qualche utilità, sia all'uno sia all'altro, o loro a te! Ti prego, Quinto Servilio, ti supplico! Accampati qui per la notte, ma domattina dirigiti a sud, raggiungi Gneo Mallio» disse Cotta, mettendo nelle sue parole fin l'ultima briciola di convinzione di cui era capace.

«*Ho detto* che avrei attraversato il fiume,» proclamò Cepione «ma non mi sono impegnato in alcun modo in merito a ciò che avrei fatto quando l'avessi attraversato! Dispongo di sette legioni, tutte addestrate alla perfezione, e tutte composte di soldati esperti. Non solo. Sono anche uomini che possiedono beni di fortuna: *veri* soldati romani! Credi sul serio che acconsentirei a dividere un accampamento con la feccia di Roma e della campagna laziale... mezzadri e braccianti, gente che non sa né leggere né scrivere? Marco Cotta, preferirei la morte!»

«E potrebbe anche capitarti» ribatté Cotta, asciutto.

«Non al mio esercito, e non a me» disse Cepione, inflessibile. «Mi trovo quaranta chilometri a nord di Gneo Mallio e di quell'odiosa plebaglia. La qual cosa significa che sarò il primo a incontrare i Germani. E li batterò, Marco Cotta! Un milione tondo di barbari non potrebbe sconfiggere sette legioni di *veri* soldati di Roma! Lasciare che quel... quel *mercante* di Mallio si prenda anche solo una piccolissima parte del merito? No! Quinto Servilio Cepione celebrerà il suo secondo trionfo per la strada di Roma come unico vincitore! Mallio dovrà starsene a guardare.»

Protendendosi dalla sella, Cotta tese la mano ad afferrare il braccio di Cepione. «Quinto Servilio,» disse, nel tono più ardente e più grave che avesse mai usato in vita sua «ti imploro, *unisciti a Gneo Mallio!* Che cosa conta di più per te, la vittoria di Roma o la vittoria della nobiltà romana? Che importa chi vince, a patto che vinca Roma? Qui non si tratta di una guerricciola di confine contro un pugno di Scordisci, e neppure di una campagna di scarsa importanza contro i Lusitani! Avremo bisogno dell'esercito migliore e più numeroso che abbiamo mai schierato, e il tuo contributo a tale esercito è vitale! Gli uomini di Gneo Mallio non hanno l'anzianità di servizio o l'addestramento che possono vantare i tuoi. La tua presenza fra di loro li rafforzerà, darà loro un esempio da seguire. Ti dico, infatti, e in tutta serietà, che *ci sarà* una battaglia! Me lo sento nell'anima. Non importa come si siano comportati i Germani in passato: questa volta sarà diverso. Hanno assaggiato il nostro sangue e l'hanno gradito, hanno tastato il nostro valore e l'hanno trovato debole. La posta in gioco è *Roma*, Quinto Servilio, non la nobiltà romana! Ma se ti ostini a restare isolato dall'altro esercito, te lo dico chiaro e tondo: il futuro della nobiltà romana sarà messo a repentaglio. Il futuro di Roma e della tua classe è nelle tue mani. Fa' la cosa giusta per entrambe, ti prego! Domani mettiti in marcia verso l'accampamento di Gneo Mallio e unisci le tue forze alle sue.»

Cepione affondò gli speroni nelle costole del cavallo e si allontanò, svincolandosi dalla presa di Cotta. «No,» disse «resterò qui.»

Così Cotta e i suoi cinque compagni proseguirono verso nord, in direzione dell'accampamento della cavalleria, mentre Cepione erigeva una copia più piccola, ma identica, dell'accampamento di Mallio Massimo, proprio in riva al fiume.

I senatori arrivarono appena in tempo, perché la delegazione germanica entrò a cavallo nel campo di Aurelio poco dopo l'alba del giorno seguente. I Germani erano cinquanta, compresi tra i quaranta e i sessant'anni, calcolò lo strabiliato Cotta, che non aveva mai visto uomini tanto imponenti: nessuno di loro era al di sotto del metro e ottanta di statura, e nella maggior parte dei casi erano addirittura una quindicina di centimetri più alti. Montavano enormi cavalli, dal manto irsuto e trascurati, agli occhi di un romano, con zoccoli massicci frangiati di lunghi crini, e criniere che ricadevano sugli occhi miti; nessun cavallo era gravato dalla sella, ma tutti avevano le briglie.

«I loro cavalli somigliano a elefanti da guerra» disse Cotta.

«Soltanto alcuni» replicò Aurelio tranquillamente. «Perlopiù montano normali cavalli gallici... costoro hanno diritto di scelta, suppongo.»

«Guarda quel giovane!» esclamò Cotta, osservando un guerriero germanico sulla trentina che si lasciava scivolare dalla groppa del suo cavallo e se ne stava lì, in atteggiamento di suprema sicurezza, guardandosi attorno come se non trovasse alcunché di notevole in ciò che aveva sotto gli occhi.

«Achille» disse Aurelio, imperterrito.

«Credevo che i Germani se ne andassero attorno nudi, a parte un mantello» disse Cotta, intravedendo un paio di brache di cuoio.

«Lo fanno nella loro patria, si dice, ma, a giudicare dai Germani che ho avuto modo di vedere finora, indossano calzoni come i Galli.»

I calzoni li portavano, ma nessuno indossava una camicia nella bella stagione. Molti ostentavano pettorali d'oro che campeggiavano sul petto tra un capezzolo e l'altro, e tutti portavano i foderi vuoti degli spadoni, appesi a baltei a tracolla. Grondavano oro: i pettorali, gli ornamenti degli elmi, i foderi delle spade, cinturoni, baltei, fibbie, bracciali e collane, anche se nessuno di loro portava il collare celtico. Cotta trovò affascinanti gli elmi: senza bordo e a forma di pignatta, alcuni erano adorni simmetricamente, sopra le orecchie, di magnifiche corna e ali o tubi cavi da cui sporgevano ciuffi di rigide penne, mentre altri erano foggiati in modo da somigliare a testa o di serpente o di drago o di orrendi uccelli o felini con le fauci beanti.

Tutti i Germani erano rasati e portavano i capelli lunghi, di un biondo uniforme, chiaro come il lino, vuoi raccolti in trecce vuoi sciolti sulle spalle, e avevano il petto pressoché glabro. La pelle non era rosea come quella dei Celti, notò Cotta: piuttosto di un pallido colore dorato. Nessuno aveva le efelidi, né i capelli rossi. Gli occhi erano di un azzurro chiaro, senza tracce di grigio o di verde. Persino il più vecchio della compagnia appariva in perfetta forma fisica, col ventre piatto e l'atteggiamento marziale, e non tradiva inclinazione di sorta alle intemperanze; anche se i Romani non potevano saperlo, i Germani uccidevano coloro i quali si lasciavano andare.

Le trattative furono condotte tramite gli interpreti di Aurelio, che erano perlopiù Edui e Ambarri, sebbene due o tre di loro fossero Germani catturati da Carbone prima di essere sconfitto. Ciò che volevano, spiegarono i *thane* dei Germani, era un pacifico diritto di passaggio attraverso la Gallia Transalpina, perché erano diretti in Spagna. Fu Aurelio in persona a condurre la prima fase dei colloqui, infilato nell'armatura da parata: una corazza d'argento modellata sul tronco, elmo attico d'argento col pennacchio scarlatto, e il duplice gonnellino di strisce di cuoio rigido, detto *pteryges*, sopra una tunica cremisi. In qualità di consolare, indossava un manto di porpora allacciato alla corazza sulle spalle, e una fascia cremisi, annodata a girata ritualmente attorno alla corazza appena sopra la vita, era l'emblema del suo rango di comandante.

Cotta osservava ammaliato, più impaurito, ora, di quanto avesse mai pensato di poter essere, persino negli abissi della disperazione. Sapeva, infatti, di aver sotto gli occhi la condanna di Roma. Nei mesi a venire, ossessionarono il suo sonno, quei *thane* germanici, così spietatamente che Cotta trascinava i suoi giorni barcollando, con gli occhi arrossati e la mente annebbiata, e anche dopo che l'abitudine ebbe ridotto la loro capacità di tenerlo sveglio, gli capitava di drizzarsi di scatto nel letto, a bocca spalancata, perché quelli irrompevano, in sella ai loro giganteschi cavalli, in qualche suo incubo meno ossessivo. Le fonti di informazione ne stimavano il numero un bel po' al di sopra di tre quarti di milione d'individui, e ciò significava almeno trecentomila titanici guerrieri. Al pari della maggior parte degli uomini d'alto rango, Cotta aveva avuto modo di vedere altri guerrieri barbari, Scordisci e Iapudi, Salassi e Carpetani; ma mai aveva visto uomini simili ai Germani. Tutti avevano giudicato giganti i Galli. Ma a paragone dei Germani, erano solo uomini come tutti gli altri.

E, terrore peggiore di tutti, significavano la condanna di Roma, perché Roma non li prendeva abbastanza sul serio per sanare la discordia tra i vari Ordini, le classi; come poteva sperare, Roma, di sconfiggerli, quando due generali romani si rifiutavano di collaborare e si davano a vicenda del presuntuoso e dell'arricchito, e criticavano i rispettivi soldati? Se solo Cepione e Mallio Massimo avessero collaborato strettamente, Roma avrebbe potuto schierare poco meno di centomila uomini, una proporzione accettabile, se il morale fosse stato alto e l'addestramento completo e la guida competente.

"Oh," pensò Cotta con le budella in subbuglio "ho visto l'immagine del fato di Roma! Ché non potremo sopravvivere a questa orda bionda. Certamente no, se non possiamo sopravvivere a noi stessi."

Alla fine, Aurelio interruppe i colloqui, e i gruppi si appartarono per conferire.

«Be', abbiamo imparato qualcosa» disse Aurelio a Cotta e agli altri cinque senatori. «Non si fanno chiamare Germani. In realtà, si considerano come tre popoli distinti, chiamati rispettivamente Cimbri, Teutoni, più un terzo gruppo vagamente poliglotta, composto di un certo numero di popolazioni minori che si sono aggregate ai Cimbri e ai Teutoni durante le loro migrazioni: i Marcomanni, i Cherusci e i Tigurini, i quali, stando al mio interprete, sono di origine più celtica che germanica.»

«Migrazioni?» domandò Cotta. «Per quanto tempo sono andati vagando?»

«A quanto sembra, neppure loro lo sanno, ma per molti anni, quanto meno. Forse per una generazione. Il giovane virgulto che somiglia a un Achille barbarico, era un bambinetto quando la sua tribù, i Cimbri, ha lasciato la terra natia.»

«Hanno un re?» domandò Cotta.

«No, un consiglio tribale di capi, la maggior parte dei quali hai sotto gli occhi in questo momento. Tuttavia, quello stesso giovane virgulto che somiglia a un Achille barbarico sta scalando rapidamente posizioni in seno al consiglio, e i suoi sostenitori cominciano a dargli l'appellativo di re. Si chiama Boiorix, ed è di gran lunga il più truculento del gruppo. A lui non interessano tutte queste suppliche per ottenere il permesso di marciare a sud: secondo lui, il diritto sta nella forza, ed è propenso a troncare qualsiasi colloquio con noi per marciare a sud, accada quel che accada.»

«Pericolosamente giovane per farsi chiamare re. Ci darà dei fastidi, ne convengo» disse Cotta. «E chi è quel tizio laggiù?» Additò, senza farsi notare, un uomo sulla quarantina che, oltre a uno scintillante pettorale, portava addosso qualche altro chilo d'oro.

«È Teutobod dei Teutoni, il capo di tutti i capi. A quanto pare, anche lui comincia ad accarezzare l'idea di farsi chiamare re. Al pari di Boiorix, pensa che il diritto stia nella forza e che dovrebbero semplicemente proseguire la marcia verso sud senza preoccuparsi se Roma sia d'accordo o meno. La cosa non mi piace, cugino. I miei due interpreti germanici dei tempi di Carbone mi dicono che gli umori sono assai cambiati rispetto ad allora: hanno acquisito fiducia in se stessi e disprezzo nei nostri confronti.» Aurelio si mordicchiò il labbro. «Vedi, vivono tra gli Edui e gli Ambarri da abbastanza tempo per aver imparato un bel po' di cose su Roma. E quanto hanno appreso ha acquietato i loro timori. Non solo: finora, se si esclude quella prima battaglia ingaggiata da Lucio Cassio... e chi ha difficoltà a escluderla, considerando come sono andate le cose in seguito?... hanno vinto tutti gli scontri con noi. Ora Boiorix e Teutobod vanno dicendo loro che non hanno motivo alcuno di temerci solo perché siamo meglio armati e meglio addestrati. Siamo solo spauracchi per bambini, tutti aria e fantasie. Boiorix e Teutobod *vogliono* la guerra. Una volta spazzata via Roma, potrebbero migrare dove preferissero, insediarsi dove più sembrasse loro opportuno.»

I colloqui ripresero, ma a questo punto Aurelio fece avanzare i suoi sei ospiti, tutti avvolti nelle toghe, scortati da dodici littori in tunica color cremisi e con l'alto cinturone d'oro a sbalzo, di rigore quando erano in servizio fuori Roma, e recanti i fasci con la scure. Tutti i Germani, naturalmente, li avevano notati, ma ora, al momento delle presentazioni ufficiali, sgranarono gli occhi per lo stupore alla vista di quelle candide vesti fluttuanti... così poco marziali! Erano *quelli* i Romani? Soltanto Cotta indossava la toga bordata di porpora da magistrato curule, e fu a lui che vennero indirizzate tutte le arringhe in quella lingua straniera, incomprensibile.

Cotta resse bene alle pressioni: fiero, altezzoso, calmo, pacato. A quanto sembrava, i Germani non si vergognavano a diventare paonazzi per la rabbia, a punteggiare le loro parole con schizzi di saliva, a calare con forza il pugno sul palmo dell'altra mano, perciò un fatto era inequivocabile: erano sconcertati e a disagio per l'inattaccabile tranquillità degli avversari.

Dall'inizio della sua partecipazione ai colloqui sino alla fine, la risposta di Cotta non cambiò: no. No, la migrazione verso sud non poteva continuare; no, i Germani non potevano aver diritto di transito in qualsiasi territorio o Provincia Romana; no, la Spagna non era una destinazione consentita, ammenoché non intendessero limitarsi alla Lusitania e alla Cantabria, perché il resto della penisola iberica era dominio romano. Che riprendessero la strada del nord, fu la perenne replica di Cotta; preferibilmente, tornassero in patria, dovunque fosse la loro patria, altrimenti si ritirassero al di là del Reno, nella loro terra d'origine, e vi si stabilissero, tra la loro gente.

Fu solo quando il crepuscolo accennò a trapassare nel buio della notte che i cinquanta thane germanici rimontarono a cavallo e filarono via. Gli ultimi ad andarsene furono Boiorix e Teutobod, e il più giovane dei due tenne la testa girata sopra la spalla a osservare i Romani finché gli fu possibile. "Aurelio ha ragione, è un Achille" pensò Cotta, benché sulle prime l'esattezza del parallelo fosse stata un mistero. Poi si rese conto che il bel volto del giovane germanico tradiva tutta la forza testarda, spietata, vendicativa di un Achille. Eccone un altro disposto a covare la sua ira presso le navi, mentre i suoi compatrioti morivano come mosche, e tutto a causa di una lievissima puntura superficiale al suo onore. E il cuore di Cotta prese a martellare per la disperazione; ciò, infatti, non voleva forse anche nel caso di Quinto Servilio Cepione?

Due ore dopo l'imbrunire, splendeva il plenilunio; liberatisi dall'ingombro delle toghe, Cotta e i suoi cinque taciturni colleghi cenarono alla tavola di Aurelio, poi si prepararono a cavalcare verso sud.

«Attendi sino a domattina» implorò Aurelio. «Non siamo in Italia, qui non esistono strade romane sicure, e non conosci la configurazione del terreno. Qualche ora di differenza non cambierà la situazione.»

«No, intendo raggiungere l'accampamento di Quinto Servilio all'alba» disse Cotta «per cercare di nuovo di persuaderlo a unirsi a Gneo Mallio. Una cosa è certa: lo metterò al corrente di quanto è accaduto qui, oggi. Ma checché Quinto Servilio decida di fare, domani tornerò da Gneo Mallio, e non ho intenzione di dormire finché non l'avrò visto.»

Si strinsero la mano. Mentre Cotta e i senatori con la loro scorta di littori e servi si allontanavano a cavallo nel buio screziato dai raggi lunari, Aurelio ristette immobile, stagliato al riflesso del fuoco e al chiaro di luna, il braccio alzato in un gesto di saluto.

"Non lo rivedrò" pensò Cotta. "Un prode, un romano per eccellenza."

Cepione neppure stette ad ascoltare Cotta fino in fondo, rifiutandosi di sentir ragioni.

« È qui che starò » fu tutto ciò che disse.

Così Cotta si rimise in viaggio, senza neanche indugiare a dissetarsi nell'accampamento non ancora ultimato di Cepione, risoluto a raggiungere Gneo Mallio Massimo entro mezzogiorno.

All'alba, mentre Cotta e Cepione si perdevano di vista, i Germani si mossero. Era il secondo giorno di ottobre, e le condizioni atmosferiche erano ancora buone, nessuna traccia di freddo nell'aria. Quando le avanguardie della valanga germanica si scagliarono contro i muri dell'accampamento di Aurelio, non fecero altro che superarli di slancio, a ondate successive. Aurelio non aveva realmente compreso ciò che stava accadendo; supponeva, logicamente, che avrebbe avuto tutto il tempo di far montare in sella i suoi squadroni e che la cinta dell'accampamento, oltremodo fortificata, avrebbe tenuto a bada i Germani quanto bastava a far uscire tutti i cavalleggeri della porta posteriore del campo e a tentare una manovra di aggiramento. Ma così non fu. C'erano tanti Germani in rapido movimento che, tempo qualche attimo, avevano accerchiato completamente il campo per riversarsi all'interno da ogni direzione, a migliaia. Non avvezzi a combattere appiedati, gli uomini di Aurelio fecero del loro meglio, ma lo scontro fu un disastro più che una battaglia. Mezz'ora dopo, non restava in vita un solo romano o ausiliario, e Marco Aurelio Scauro fu fatto prigioniero prima che potesse gettarsi sulla sua spada.

Tradotto al cospetto di Boiorix, di Teutobod e del resto dei cinquanta *thane* che erano venuti a parlamentare, Aurelio si comportò in modo splendido. Il suo portamento era fiero, i suoi modi intollerabilmente altezzosi; non ci fu oltraggio o sofferenza che potessero infliggergli capace di fargli chinare il capo o strappargli un lamento. Lo rinchiusero in una gabbia di vimini appena grande abbastanza da contenerlo, e lo costrinsero a guardare mentre erigevano una pira con legname stagionato, vi appiccavano il fuoco e la lasciavano ardere. Aurelio guardò, a gambe salde, neanche un tremito alle mani, nessuna traccia di paura sul viso, senza neppure aggrapparsi alle sbarre della sua angusta prigione. Poiché non rientrava nei loro piani che il romano morisse asfissiato dal fumo o di morte troppo rapida tra grandi lingue di fiamma, attesero che la pira si fosse ridotta a un cumulo di braci ardenti, poi issarono la gabbia di vimini proprio al centro del rogo e lo arrostirono vivo. Ma vinse lui, anche se la sua fu una vittoria solitaria. Non permise a se stesso, infatti, di contorcersi in preda alle atroci sofferenze, né di urlare o lasciare che le sue gambe si piegassero. Morì da vero nobile romano, risoluto a dimostrar loro con la sua condotta il reale valore di Roma, a renderli edotti di un luogo che sapeva produrre uomini come lui, romano di Roma.

Per altri due giorni i Germani indugiarono nei pressi delle rovine dell'accampamento della cavalleria romana, poi ripresero la marcia verso sud, senza un piano preciso, come in precedenza. Quando arrivarono all'altezza dell'accampamento di Cepione, altro non fecero che proseguire verso sud, a migliaia e migliaia e migliaia, finché gli occhi atterriti dei soldati di Cepione non persero ogni speranza di tenerne il conto, e alcuni decisero di disfarsi dell'armatura e cercare scampo a nuoto sull'altra riva. Ma si trattava di un'estrema risorsa che Cepione intendeva riservare solo a se stesso: diede alle fiamme tutte le barche della sua flottiglia, meno una, appostò una nutrita guardia lungo la sponda del fiume e fece giustiziare chiunque tentasse la fuga. Naufraghi in un vasto mare di Germani, i cinquantacinquemila tra legionari e non combattenti del campo di Cepione non poterono far altro che aspettare di vedere se la marea li avrebbe superati senza travolgerli.

Il sesto giorno di ottobre, le avanguardie germaniche avevano raggiunto l'accampamento di Mallio Massimo, il quale preferì non tenere il suo esercito confinato entro le mura. Schierò le dieci legioni e le fece uscire sul terreno appena a nord del campo prima che i Germani, ormai chiaramente visibili, potessero accerchiarlo. Spiegò le truppe sulla piana tra l'argine del fiume e la prima altura che annunciava le punte dei tentacoli alpini, anche se le propaggini delle Alpi si trovavano quasi a centosessanta chilometri più a est. Le legioni ristettero a pie' fermo, rivolte verso nord, fianco a fianco su un tratto di sessanta chilometri. E questo fu il quarto errore di Mallio Massimo: non solo poteva essere agevolmente aggirato, dato che non disponeva di cavalleria che ne proteggesse il fianco destro scoperto, ma i suoi uomini erano anche schierati su una linea troppo esigua.

Non gli era giunta notizia alcuna della situazione a nord, di Aurelio o di Cepione, e non aveva nessuno da camuffare e infiltrare nelle orde germaniche, perché tutti gli interpreti ed esploratori disponibili erano stati inviati a nord con Aurelio. Di conseguenza, non poteva far altro che attendere l'arrivo dei Germani.

Logicamente, la sua postazione di comando era in cima alla torre più alta della cinta fortificata del campo, sicché fu lassù che si appostò, col suo stato maggiore a cavallo e pronto a partire al galoppo per recare i suoi ordini alle varie legioni; tra i componenti dello stato maggiore c'erano i suoi due figli e il giovanissimo figlio di Metello Numidico del Porcile, il Porcellino. Forse perché Mallio Massimo giudicava la legione marsicana di Quinto Poppedio Silone come la più disciplinata e meglio addestrata, o forse perché giudicava quegli uomini più sacrificabili dei Romani, persino se si trattava di straccioni, la suddetta unità era schierata all'estremità orientale del fronte, alla destra, priva di qualsiasi protezione di cavalleria. Accanto ai Marsi era schierata una legione reclutata agli inizi dell'anno, agli ordini di Marco Livio Druso, che aveva ereditato Quinto Sertorio come comandante in seconda. Venivano poi gli ausiliari sanniti, e poi un'altra legione romana arruolata di recente; più ci si avvicinava al fiume, e più le legioni schierate risultavano mal addestrate e inesperte, per cui la maggior parte dei tribuni militari si trovava lì a rincuorarli. La legione di novellini agli ordini di Cepione il Giovane era appostata lungo l'argine del fiume, accanto a Sesto Cesare, anch'egli al comando di una legione di novellini.

Sembrava ci fosse un esiguo elemento di programmazione nell'assalto germanico, che iniziò due ore dopo l'alba, il sesto giorno di ottobre, più o meno simultaneo all'attacco sferrato contro l'accampamento di Cepione e lo schieramento di battaglia di Mallio Massimo.

Non sopravvisse un solo uomo, dei cinquantacinquemila agli ordini di Cepione, quando i Germani che li circondavano altro non fecero che scagliarsi oltre i tre lati terrestri del perimetro del campo e riversarsi all'interno finché la ressa fu tale che i feriti venivano calpestati assieme ai morti. Quanto a Cepione, non perse tempo. Non appena si avvide che i suoi soldati non avevano la minima speranza di respingere il nemico, si precipitò al fiume, montò in barca e ordinò ai vogatori di trasportarlo sulla sponda occidentale del Rodano a tutta velocità. Un manipolo dei suoi lasciati allo sbaraglio tentò di porsi in salvo a nuoto, ma erano tanti i Germani che menavano fendenti e mulinavano l'ascia che nessun romano ebbe il tempo o lo spazio per sbarazzarsi dei dieci chili di armatura o magari solo per sganciarsi l'elmo, sicché tutti quelli che tentarono di attraversare il fiume a nuoto, affogarono. Cepione e l'equipaggio della barca furono praticamente i soli superstiti.

Mallio Massimo non se la cavò molto meglio. Battendosi valorosamente contro un nemico in schiacciante superiorità numerica, i Marsi perirono fino all'ultimo uomo, o quasi, così come la legione di Druso, che si batteva accanto ai Marsi. Silone cadde, ferito al fianco, e Druso si accasciò privo di sensi per un colpo infertogli con l'elsa di una spada germanica poco dopo che la sua legione ebbe ingaggiato battaglia; Quinto Sertorio cercò di tener uniti gli uomini, impartendo ordini dalla sella del suo cavallo, ma non c'era modo di resistere all'assalto. Non appena i Germani venivano abbattuti, altri si avventavano a rimpiazzarli, e i sostituti erano in numero sterminato. Anche Sertorio cadde, ferito alla coscia nel punto in cui i grandi tendini della gamba risultavano più vulnerabili; il fatto che la lancia recidesse i tendini e si arrestasse senza squarciare l'arteria femorale dipese, né più né meno, delle fortune della guerra.

Le legioni più vicine al fiume fecero dietro-front e corsero all'acqua, nella maggior parte dei casi riuscendo a sfilarsi il pesante equipaggiamento prima di entrarvi, e mettendosi così in salvo a nuoto sull'altra sponda del Rodano. Cepione il Giovane fu il primo a cedere alla tentazione, ma Sesto Cesare fu abbattuto da uno dei suoi legionari quando tentò disperatamente di bloccarne la ritirata, e cadde nella mischia col fianco sinistro squarciato.

Nonostante le proteste di Cotta, i sei senatori erano stati traghettati sulla sponda occidentale prima che la battaglia avesse inizio; Mallio Massimo aveva insistito affinché gli osservatori civili si togliessero di mezzo e osservassero la battaglia da un luogo assolutamente sicuro.

« Se periamo, dovete sopravvivere per recare la notizia al Senato e al Popolo di Roma » disse.

Era prassi di Roma risparmiare la vita a tutti gli sconfitti, perché i guerrieri forti e capaci spuntavano i massimi prezzi come schiavi destinati ai lavori forzati in miniera, sui moli, nelle cave, nei cantieri edili. Ma né i Celti né i Germani risparmiavano la vita agli uomini contro i quali combattevano, preferendo trarre in schiavitù quelli che parlavano la loro lingua, e soltanto nella quantità richiesta dalla loro società non strutturata.

Così, quando, dopo una breve e ingloriosa ora di battaglia, l'orda germanica ristette vittoriosa sul campo, i suoi componenti passarono tra le migliaia di corpi romani e uccisero chiunque fosse ancora in vita. Fortunatamente, l'azione non fu né disciplinata né concertata; se lo fosse stata, neppure uno dei ventiquattro tribuni militari sarebbe sopravvissuto alla battaglia di Arausio. Druso giaceva in stato d'incoscienza così profondo da sembrare morto a ogni germano che lo squadrò, e quel poco di Quinto Poppedio Silone che sbucava da sotto un cumulo di caduti marsicani era talmente coperto di sangue, che anche lui passò inosservato. Incapace di muoversi, con la gamba completamente paralizzata, Quinto Sertorio si finse morto. Sesto Cesare, in piena vista, rantolava così forte ed era talmente cianotico in viso che nessun guerriero nemico cui capitò di notarlo si prese la briga di troncare una vita che si stava così chiaramente spegnendo da sola.

I due figli di Mallio Massimo perirono mentre galoppavano su e giù impartendo gli ordini diramati dal loro smarrito padre, ma il figlio di Metello Numidico del Porcile, il giovane Porcellino, era di tutt'altra pasta; quando si avvide che la sconfitta era inevitabile, sospinse lo scoraggiato Mallio Massimo e una mezza dozzina di suoi collaboratori, che se ne stavano con lui in cima ai bastioni dell'accampamento, verso la riva del fiume e qui li fece salire su una barca. Le azioni di Metello il Porcellino non erano del tutto dettate dall'istinto di conservazione, ché non mancava completamente di coraggio; solo preferiva impiegare il proprio coraggio nel tentativo di salvare la vita al suo comandante.

Entro la quinta ora del giorno era tutto finito. Allora i Germani tornarono a dirigersi verso nord e coprirono in senso inverso i cinquanta chilometri di distanza dal punto in cui avevano lasciato le molte migliaia di carri tutt'attorno all'accampamento del defunto Aurelio. Nel campo di Mallio Massimo, e in quello di Cepione, avevano fatto una meravigliosa scoperta: enormi provviste di grano, oltre ad altre vettovaglie, e veicoli e muli e buoi in numero sufficiente a trasportare il tutto. Oro, denaro, indumenti, persino armi e armature non li attiravano minimamente. Ma i viveri di Mallio Massimo e di Cepione erano una tentazione irresistibile, sicché predarono fin l'ultima fetta di lardo e l'ultimo vaso di miele. E alcune centinaia di anfore di vino.

Uno degli interpreti germanici, catturato quando l'accampamento di Aurelio era stato occupato e rientrato in seno alla sua gente, i Cimbri, era tornato tra i suoi da appena qualche ora quando si rese conto di aver frequentato troppo a lungo i Romani per aver voglia di riprendere a vivere tra i barbari. Così, quando nessuno vedeva, rubò un cavallo e si diresse a sud, verso la città di Arausio. Si mantenne un bel po' a est del fiume, perché non aveva il minimo desiderio di imbattersi negli strascichi della terribile sconfitta subita dai Romani, magari solo fiutando il puzzo dei cadaveri lasciati senza sepoltura.

Il nono giorno di ottobre, tre giorni dopo la battaglia, guidò a mano il suo stanco destriero sull'acciottolato della via principale della prospera cittadina, in cerca di qualcuno cui riferire la notizia, ma senza trovare nessuno. Sembrava che l'intera popolazione fosse fuggita davanti all'avanzata dei Germani. E poi, proprio in fondo alla via principale, scorse la villa del personaggio più importante di Arausio, un cittadino romano, naturalmente, e vi notò un certo movimento.

Il più importante personaggio di Arausio era un gallo del

posto, che si chiamava Marco Antonio Meminio perché aveva ottenuto l'agognata cittadinanza romana grazie all'intervento di un certo Marco Antonio, per i servigi resi all'esercito di Gneo Domizio Enobarbo diciassette anni addietro. Esaltato dall'onore resogli e aiutato dal patrocinio della *gens* Antonia a ottenere concessioni per gli scambi commerciali tra la Gallia Transalpina e l'Italia romana, Marco Antonio Meminio si era immensamente arricchito. Detentore della più alta carica cittadina, aveva tentato di persuadere la popolazione a starsene chiusa in casa almeno quanto bastava a constatare se le sorti della battaglia in corso più a nord volgevano a favore o a sfavore di Roma. Non essendoci riuscito, aveva comunque deciso di starsene rintanato almeno lui, e si limitò ad agire con prudenza, allontanando i figli, affidati alle cure del loro pedagogo, seppellendo il suo oro e nascondendo la botola per cui si accedeva alla cantina con una grossa lastra di pietra. Sua moglie proclamò che preferiva restargli accanto, anziché andarsene con i figli, e i due sposi, accuditi da un manipolo di servi fedeli, aveva prestato orecchio alla breve, angosciosa cacofonia trasportata sulle grevi ali del vento dall'accampamento di Mallio Massimo alla cittadina.

Visto che nessuno si faceva vivo, né romani né Germani, Meminio aveva spedito uno dei suoi schiavi a scoprire che cos'era accaduto, ed era ancora scosso dalla notizia quando i primi alti ufficiali romani che si erano salvati la pelle entrarono in città. Si trattava di Gneo Mallio Massimo e del manipolo dei suoi più stretti collaboratori, e si comportavano come animali drogati e avviati al sacrificio rituale più che come soldati romani d'alto rango; tale fu l'impressione di Meminio, accentuata dal comportamento del figlio di Metello Numidico, il quale li sospingeva con l'asprezza e la mordacità di un cagnolino. Meminio e sua moglie uscirono personalmente a far accomodare la comitiva nella villa, poi li rifocillarono con cibi e vino e cercarono di ottenere un resoconto coerente di quanto era accaduto. Ma tutti i loro tentativi fallirono; questo, perché l'unico in condizione di connettere, il giovane Metello Porcellino, aveva un difetto di pronuncia così grave da non riuscire a spiccicare due parole di seguito, e Meminio e sua moglie non sapevano il greco e parlavano a malapena un latino elementare.

Altri due si trascinarono in città nei due giorni successivi, ma penosamente pochi, e neppure un semplice legionario, benché l'unico centurione sopravvissuto fosse in grado di dire che sulla sponda occidentale del fiume c'erano alcune migliaia di superstiti i quali vagabondavano inebetiti e senza una guida. Per ultimo arrivò Cepione, accompagnato dal figlio Cepione il Giovane, che aveva incontrato sulla sponda occidentale mentre scendeva verso Arausio. Quando Cepione apprese che Mallio Massimo aveva trovato rifugio in casa di Meminio, si rifiutò di trattenersi e decise invece di proseguire a marce forzate per Roma, portandosi appresso il figlio. Meminio gli diede due cocchi tirati da quattro muli e guidati da un auriga e l'avviò per la sua strada con una provvista di viveri.

Sopraffatto dal dolore per la morte dei figli, Mallio Massimo fu in grado di chieder notizie dei sei senatori solo il terzo giorno; fino a quel momento Meminio neppure aveva saputo della loro esistenza, ma quando Mallio Massimo premette affinché si mandasse qualcuno a cercarli, Meminio tentennò, timoroso che i Germani fossero ancora padroni del campo di battaglia e più interessato ad assicurarsi che lui e la moglie e tutti i suoi ospiti sconvolti si apprestassero a mettersi rapidamente in salvo.

Tale era la situazione quando l'interprete germanico entrò in città e rintracciò Meminio. Al quale Meminio apparve subito chiaro che l'uomo era latore di notizie di un certo tipo, ma purtroppo nessuno dei due riusciva a capire il latino parlato dall'altro, e a Meminio neppure balenò l'idea di chiedere a Mallio Massimo di dar udienza all'interprete. Invece, gli diede asilo e gli disse di aspettare che si presentasse qualcuno abbastanza padrone della lingua e nello stato d'animo adatto a intavolare una conversazione con lui.

Sotto la guida di Cotta, la dispersa ambasceria del Senato si era avventurata nuovamente sull'altra riva del fiume con la barca, nel momento in cui i Germani avevano ripreso la strada verso nord, e si era messa a cercare eventuali superstiti dell'orrenda carneficina. Compresi i littori e i servi, erano ventinove in tutto, e sfacchinarono senza preoccuparsi della propria incolumità, nel caso i Germani fossero tornati. Il tempo passava e nessuno veniva a dar loro una mano.

Druso aveva ripreso i sensi all'imbrunire, giacque semisvenuto tutta notte e all'alba si riprese abbastanza da strisciare in cerca d'acqua, l'unica cosa cui riuscisse a pensare; il fiume distava cinque chilometri, l'accampamento quasi altrettanti, così Druso puntò a est, sperando di trovare un torrente dove il terreno iniziava a salire. Qualche metro più in là incontrò Quinto Sertorio, che alla sua vista agitò mollemente una mano.

«Non posso muovermi» disse Sertorio, leccandosi le labbra screpolate. «Mi è partita una gamba. Aspettavo qualcuno. Pensavo che sarebbero stati i Germani a scovarci.»

«Ho sete» gracchiò Druso. «Vado in cerca d'acqua, poi torno.»

C'erano morti dappertutto, una distesa immensa di terreno ne era coperta, ma soprattutto giacevano alle spalle del tragitto seguito faticosamente da Druso in cerca d'acqua, perché era caduto in prima linea proprio all'inizio della battaglia, e i Romani non erano avanzati di un centimetro, anzi non avevano fatto che ripiegare. Al pari di lui, anche Sertorio era rimasto in prima linea; se fosse stramazzato tra i disordinati cumuli e mucchi di caduti appena alle sue spalle, Druso non l'avrebbe mai visto.

Avendo perso il pesante elmo attico, Druso era a capo scoperto; un alito di vento l'investì e gli soffiò una ciocca di capelli sul grosso bernoccolo sopra l'occhio destro, e così gonfi, così tesi erano la pelle e i tessuti sottostanti, così impregnato di sangue l'osso frontale, che il contatto di quell'unica ciocca di capelli lo fece cadere in ginocchio in preda ad atroci sofferenze.

Ma la voglia di vivere è fortissima. Druso si rimise in piedi singhiozzando e continuò a trascinarsi verso est, e persino ricordò che non aveva alcun recipiente in cui raccogliere l'acqua e che sicuramente c'era qualcuno come Sertorio che aveva un gran bisogno di dissetarsi. Gemendo per l'immenso dolore procuratogli dal fatto di chinarsi, raccolse gli elmi di due legionari marsicani e proseguì il suo cammino, reggendo gli elmi per il sottogola.

Ed ecco lì, nella distesa di caduti marsicani, un asinello acquaiolo che osservava la carneficina con dolci occhi ammiccanti, frangiati da lunghe ciglia, ma impedito a scappar via dalla cavezza attorta più volte al braccio di un morto, sepolto sotto altri cadaveri. Aveva tentato di liberarsi, ma era solo riuscito a stringere vieppiù la fune, sicché ora salsicciotti di carne nerastra sporgevano tra una spirale e l'altra. Poiché aveva ancora la sua daga, Druso tagliò la fune nel punto in cui si affondava nel braccio senza vita e la legò al suo cinturone, in modo che, se fosse svenuto, l'asino non sarebbe riuscito a scappare. Ma non appena l'ebbe trovato, l'animale parve contentissimo di vedere un essere umano vivo e se ne stette lì paziente mentre l'uomo si dissetava, dopodiché fu felicissimo di seguirlo dovunque Druso lo guidasse.

Ai margini dell'immensa confusione di corpi attorno all'asino acquaiolo, si vedevano due gambe in movimento, tra nuovi gemiti di sofferenza, cui l'asino fece eco tristemente, Druso riuscì a scostare un numero sufficiente di caduti per riportare alla luce un ufficiale marsicano ancora vivo. La corazza di bronzo era sfondata lungo il fianco destro, appena al di sotto e davanti al braccio destro dell'uomo, e da un foro al centro della lunga ammaccatura colava un liquido roseo, anziché sangue.

Agendo con la massima delicatezza, Druso estrasse l'ufficiale dal mucchio di cadaveri, trascinandolo su una chiazza d'erba calpestata, e prese a sganciare la corazza lungo il fianco sinistro, dove le piastre pettorali e dorsali s'incontravano. L'ufficiale aveva gli occhi chiusi, ma una vena sul collo pulsava con forza, e quando Druso gli sfilò il guscio della corazza dal petto e dall'addome che era destinata a proteggere, l'uomo lanciò un grido lancinante.

Poi: «Piano!» disse una voce irritata in purissimo latino.

Druso si bloccò per un attimo, poi riprese a sganciare la sottocorazza di cuoio. «Sta' fermo, stupido!» biascicò. «Sto solo cercando di aiutarti. Vuoi un sorso d'acqua, prima?»

«Acqua» gli fece eco l'ufficiale marsicano.

Druso lo fece bere da un elmo, e fu ricompensato dall'apertura di due occhi di un verde giallognolo che gli rammentarono le serpi; i Marsi veneravano il serpente e danzavano con le serpi e le incantavano e persino le baciavano, lingua contro lingua. Non si stentava a crederlo, guardando quegli occhi.

«Quinto Poppedio Silone» disse l'ufficiale marsicano. «Un nemico alto un paio di metri mi ha beccato al volo.» Chiuse gli occhi; due lacrime gli scesero lungo le guance insanguinate. «I miei uomini... sono tutti morti, vero?»

«Temo di sì» rispose Druso con dolcezza. «Assieme ai miei... e a tutti gli altri, a quanto pare. Mi chiamo Marco Livio Druso. Adesso tieni duro, ti tolgo il giustacuore.»

L'emorragia si era arrestata, grazie alla tunica di lana che la veemenza dello spadone germanico aveva premuto nel foro sottile della ferita; Druso sentì le costole fratturate muoversi sotto le sue mani, ma la corazza, il giustacuore di cuoio e le costole erano riusciti a impedire alla lama di penetrare più a fondo nel petto e nel ventre.

«Vivrai» disse Druso. «Riesci ad alzarti col mio aiuto? Ho lasciato più in là un compagno della mia stessa legione che ha bisogno di me. Così, o rimani qui e mi raggiungi da solo quando potrai, o vieni con me ora, camminando sulle tue gambe.» Un'altra solitaria ciocca di capelli gli sfiorò il bernoccolo sulla parte destra della fronte, e lanciò un urlo di dolore.

Quinto Poppedio Silone soppesò la situazione. «Non ce la farai a trascinarmi con te, in quello stato. Vedi se riesci a passarmi la daga, taglierò una striscia dall'orlo della tunica e benderò lo squarcio. Non posso permettermi il lusso di ricominciare a buttare sangue in questo Tartaro.»

Druso gli passò la daga e si allontanò col suo asino.

«Dove ti trovo?» domandò Silone.

«Laggiù, dov'era attestata la mia legione» rispose Druso.

Sertorio era tuttora cosciente. Bevve avidamente, poi riuscì a sollevarsi a sedere. In effetti, era, dei tre, quello ferito più gravemente, e chiaramente era intrasportabile almeno finché Druso non fosse stato aiutato da Silone. Quindi, per il momento, Druso si lasciò cadere accanto a Sertorio e si riposò, muovendosi solo quando comparve Silone, di lì a un'oretta. Il sole stava salendo nel cielo, e faceva sempre più caldo.

«Noi due dovremo allontanare Quinto Sertorio dai cadaveri quanto basti a diminuire i rischi d'infezione alla gamba» disse Silone. «Dopodiché, suggerisco di fabbricare una specie di riparo, all'ombra, e vedere se è rimasto in vita qualcun altro nei paraggi.»

Il tutto fu fatto con irritante lentezza e tra insopportabili sofferenze, ma alla fine Sertorio fu sistemato il più comodamente possibile, e Druso e Silone iniziarono la ricerca. Non avevano fatto molta strada, quando Druso fu colto dalla nausea e si accasciò, vomitando sul terreno polveroso e sconvolto, e ogni spasmo del diaframma e dello stomaco si alternava a frenetiche grida di sofferenza. In condizioni appena migliori delle sue, Silone si stese accanto a lui, e l'asino, ancora legato al cinturone di Druso, attese paziente.

Poi Silone si rigirò a esaminare la testa di Druso. Emise un borbottìo. «Se riesci a sopportarlo, Marco Livio, credo che le tue sofferenze diminuirebbero di un bel po' se ti incidessi col coltello quel bernoccolo e ne facessi uscire un po' di siero. Ci stai?»

«Sfiderei l'Idra dalle sette teste, se pensassi che la cosa potesse rimettermi in sesto!» rantolò Druso.

Prima di accostare la punta della daga al bernoccolo, Silone borbottò una formula o incantesimo in un'antica lingua che Druso non riuscì a identificare; non era osco, ché quella lingua la capiva. "Una formula per incantare i serpenti, ecco che cosa sta bisbigliando" pensò Druso, e si sentì stranamente confortato. Il dolore fu lancinante. Svenne. E mentre era privo di sensi Silone spremette dal bernoccolo tutto il sangue e il siero accumulatosi che poté, tamponandolo con un brandello strappato alla tunica di Druso e poi aiutandosi con un altro cencio, mentre Druso si agitava e riprendeva i sensi.

«Stai un po' meglio?» domandò Silone.

«Molto meglio» rispose Druso.

«Se ti bendo, ti farà più male... Tieni, usa questo straccio per tamponare la ferita quando il fluido ti acceca. Prima o poi, cesserà di colare.» Silone alzò gli occhi a sbirciare lo spietato sole. «Dovremo metterci all'ombra, o non resisteremo... e ciò significa che neppure il giovane Sertorio resisterà» disse, levandosi in piedi.

Più si avvicinavano barcollando al fiume, più numerosi si facevano i segni che nella carneficina c'erano dei vivi: flebili invocazioni d'aiuto, movimenti, gemiti.

«Questo è un oltraggio agli dèi» disse Silone, tetro. «Mai battaglia è stata peggio concepita. Siamo stati giustiziati! Sia maledetto Gneo Mallio Massimo! Che il grande Serpente portatore di luce avvolga nelle sue spire i sogni di Gneo Mallio Massimo!»

«Sono d'accordo con te, è stato un disastro, e non siamo stati guidati meglio degli uomini di Cassio a Bordeaux. Ma le colpe vanno ripartite equamente, Quinto Poppedio. Se Gneo Mallio è colpevole, quanto di più lo è Quinto Servilio Cepione?» Oh, che male faceva, dirlo! Il padre di sua moglie, nientemeno.

«*Cepione*? Che c'entra lui?» domandò Silone.

La ferita alla testa andava molto meglio ora; Druso constatò che poteva girarsi senza difficoltà a guardare Silone. «Non lo sai?» domandò.

«Che ne sa un italico delle decisioni prese dal comando supremo romano?» Silone sputò con derisione sul terreno. «Noialtri italici siamo qui solo per combattere. Non abbiamo voce in capitolo sul *modo* in cui dobbiamo combattere, Marco Livio.»

«Be', sin dal giorno in cui è arrivato da Narbona, Quinto Servilio si è rifiutato di collaborare con Gneo Mallio.» Druso rabbrividì. «Non ha voluto saperne di prendere ordini da un Uomo Nuovo.»

Silone lo fissò; gli occhi giallo-verdi affondarono lo sguardo negli occhi neri. «Intendi dire che Gneo Mallio *avrebbe voluto* Quinto Servilio qui, in questo campo?»

«Certamente! E anche i sei senatori giunti da Roma. Ma Quinto Servilio si è rifiutato di sottostare agli ordini di un Uomo Nuovo.»

«Mi stai dicendo che è stato Quinto Servilio a tener separati i due eserciti?» Sembrava che Silone non credesse alle sue orecchie.

«Sì, è stato Quinto Servilio.» Andava detto. «È mio suocero, ho sposato la sua unica figlia. Come farò a sopportarlo? Suo figlio è il mio più caro amico, e ha sposato mia sorella... ha combattuto qui, oggi, con Gneo Mallio... morto, suppongo.» Il fluido che Druso si asciugava dal viso era perlopiù fatto di lacrime. «L'orgoglio, Quinto Poppedio! Stupido, inutile orgoglio!»

Silone aveva smesso di camminare. «Seimila legionari della Marsica e duemila servi marsicani sono caduti qui, ieri... e ora tu mi dici che è accaduto perché un idiota di aristocratico romano ce l'aveva con un idiota di plebeo romano?» Il respiro usciva sibilando tra i denti di Silone, che fu scosso da un fremito di rabbia. «Che il grande Serpente portatore di luce se li prenda tutti e due!»

«Alcuni dei tuoi uomini potrebbero essere ancora in vita» disse Druso, non per giustificare i suoi superiori, ma nel tentativo di confortare quell'uomo che gli piaceva moltissimo, se ne rendeva conto. Ed era inondato dalla sofferenza, sofferenza che non aveva nulla a che fare con una qualsiasi ferita fisica, sofferenza interamente legata a un terribile dolore. Lui, Marco Livio Druso, che finora non aveva conosciuto la realtà della vita, pianse di vergogna al pensiero di una Roma guidata da uomini capaci di causare tanto dolore, e solo per via di una disputa a sfondo classista.

«No, sono morti» fece Silone. «Perché pensi che mi ci sia voluto tanto per scovarti, là dove giaceva Quinto Sertorio? Mi sono aggirato tra loro, cercando. Morti. Tutti morti!»

«Anche i miei» disse Druso, ancora in lacrime. «Abbiamo subìto l'urto sul fianco destro, e non c'era un solo cavalleggero in vista.»

Fu poco dopo che videro il gruppetto dei senatori in lontananza, e invocarono aiuto.

Marco Aurelio Cotta accompagnò personalmente i tribuni militari ad Arausio, coprendo lentamente i sessanta chilometri su un carro tirato da buoi perché quel ritmo e il tipo di veicolo rendevano più agevole il viaggio; lasciò i colleghi a cercare di mettere un po' d'ordine nel caos. Marco Antonio Meminio era riuscito a persuadere alcuni dignitari tribali gallici del posto, che abitavano in cascinali sparsi nei dintorni, a portarsi sul campo di battaglia e fare il possibile per rendersi utili.

«Ma,» osservò Cotta rivolto a Meminio quando arrivò alla villa del magistrato locale «è la sera del terzo giorno, e in qualche modo dobbiamo sbarazzarci dei cadaveri.»

«Gli abitanti della città sono fuggiti, e quelli delle campagne sono convinti che i Germani torneranno... non hai idea della fatica che ho fatto per persuadere qualcuno di loro a venire a darvi una mano» disse Meminio.

«Io non so dove si trovino i Germani,» ribatté l'altro «e non riesco proprio a capire perché si siano diretti nuovamente a nord. Finora, però, non ne ho visto traccia. Purtroppo, non ho nessuno da mandare in ricognizione... il campo di battaglia è più importante.»

«Oh!» Meminio si batté la mano sulla fronte. «È arrivato un tizio circa quattro ore fa, e a quanto mi risulta — non comprendo quel che dice — è uno degli interpreti germanici che erano aggregati all'accampamento della cavalleria. Parla latino, ma con un accento tale che non riesco a capirlo. Vorresti parlare con lui? Potrebbe essere disposto a uscire in ricognizione.»

Così Cotta mandò a chiamare l'interprete germanico, e ciò che apprese cambiò tutto quanto.

«C'è stata una terribile disputa, il consiglio dei *thane* è diviso, e i tre popoli hanno deciso di separarsi» disse l'uomo.

«Una disputa fra i *thane*, intendi dire?» domandò Cotta.

«Be', tra Teutobod dei Teutoni e Boiorix dei Cimbri, almeno all'inizio» rispose l'interprete. «I guerrieri sono tornati per rimettere i carri in movimento, e il consiglio si è riunito per spartire le spoglie. C'era molto vino proveniente dai tre accampamenti dei Romani, e i membri del consiglio l'hanno bevuto. Poi Teutobod ha detto che aveva fatto un sogno, mentre tornava a cavallo ai carri della sua gente, e gli era apparso il gran dio Ziu, e Ziu gli aveva detto che se il suo popolo proseguiva la marcia verso sud nei territori romani, i Romani gli avrebbero inflitto una sconfitta che avrebbe visto tutti i guerrieri e le donne e i bambini trucidati o venduti schiavi. Allora Teutobod ha detto che intendeva portare i Teutoni in Spagna attraverso le terre dei Galli, non dei Romani. Ma Boiorix ha trovato a ridire sulla faccenda, ha accusato Teutobod di codardia e proclamato che i Cimbri si sarebbero diretti a sud attraverso le terre dei Romani, qualsiasi cosa decidessero di fare i Teutoni.»

«Sei sicuro di tutto questo?» domandò Cotta, che stentava a crederci. «Come fai a saperlo? Per sentito dire? O eri presente?»

«Ero presente, *dominus*.»

«Perché eri presente? E come mai?»

«Aspettavo che mi accompagnassero ai carri dei Cimbri, che sono il mio popolo. Ed erano tutti ubriachi fradici, per cui nessuno ha fatto caso a me. Ho scoperto che non volevo più essere germanico così ho pensato bene di apprendere tutto il possibile e fuggire.»

«Continua, dunque, amico!» lo spronò Cotta con calore.

«Be', anche gli altri *thane* hanno preso parte alla disputa, e poi Getorix, che è il capo dei Marcomanni e dei Cherusci e dei Tigurini, ha proposto che si dirimesse la questione rimanendo presso gli Edui e gli Ambarri. Ma nessun altro, a parte i suoi, voleva una cosa del genere. I *thane* teutonici si sono schierati con Teutobod, e i *thane* dei Cimbri con Boiorix. Così, quando ieri il consiglio si è sciolto, i tre popoli volevano cose completamente diverse. Teutobod ha ordinato ai Teutoni di mettersi in marcia verso il cuore della Gallia e di dirigersi alla volta della Spagna attraverso i territori dei Cardurci e dei Petrocorii. Getorix e la sua gente rimarranno presso gli Edui e gli Ambarri. E Boiorix guiderà i Cimbri sull'altra sponda del gran fiume Rodano e si dirigerà verso la Spagna procedendo lungo i margini dei territori romani, anziché attraversarli.»

«Allora è per questo che non se n'è visto traccia!» esclamò Cotta.

«Sì, *dominus*. Non scenderanno a sud attraversando i territori romani» disse il germanico.

Cotta tornò da Marco Antonio Meminio e gli riferì le notizie, con un largo sorriso.

«Passa parola, Marco Meminio, e al più presto possibile! Devi assolutamente far bruciare tutti quei cadaveri, altrimenti il suolo e l'acqua ne saranno inquinati e un'epidemia farà più danni alla popolazione di Arausio di quanti ne potrebbero fare i Germani» disse Cotta. Aggrottò la fronte, si mordicchiò il labbro. «Dov'è Quinto Servilio Cepione?»

«Già in viaggio per Roma, Marco Aurelio.»

«*Come?*»

«È partito con suo figlio per recare la notizia a Roma al più presto possibile» rispose Meminio, sconcertato.

«Oh, ci scommetto che l'ha fatto!» disse Cotta, tetro. «È andato via terra?»

«Certamente, Marco Aurelio. Gli ho dato due cocchi e quattro muli delle mie scuderie.»

Cotta si eresse nella persona, esausto ma colmo di novello vigore. «Sarò *io* a recare la notizia della battaglia di Arausio a Roma» esclamò. «A costo di farmi crescere le ali per volare, arriverò prima di Quinto Servilio, lo giuro! Marco Meminio, dammi il miglior cavallo che riesci a trovare. Parto per Marsiglia alle prime luci dell'alba.»

Partì al galoppo, senza scorta, cambiò una volta il cavallo, e poi ancora una volta, e arrivò a destinazione sette ore dopo aver lasciato Arausio. Nel grande porto, fondato dai Greci secoli addietro, non era ancora giunta notizia della grande battaglia svoltasi quattro giorni prima; Cotta trovò la città, così levigata e greca, così bianca e splendente, in preda a una febbrile apprensione per l'arrivo dei Germani.

Fattosi indicare la residenza dell'etnarca, Cotta vi entrò con tutta l'arroganza e la fretta di un magistrato curule romano con una faccenda urgente da sbrigare. Dato che Marsiglia era legata a Roma da rapporti di amicizia, senza per questo essere sottomessa al dominio romano, Cotta avrebbe anche potuto essere messo alla porta. Ma, naturalmente, non fu così. Soprattutto dopo che l'etnarca e alcuni suoi consiglieri che abitavano nei pressi ebbero udito ciò che Cotta aveva da dire.

«Voglio la nave più veloce che avete, e i più abili marinai e navigatori» disse. «Non ci sono merci a rallentare la nave, sicché mi porterò due equipaggi di riserva nel caso si debba vogare contro vento e col mare grosso. Perché ti giuro, etnarca Aristide, che raggiungerò Roma in tre giorni, a costo di remare per tutto il tragitto! Non procederemo lungo la costa... punteremo su Ostia seguendo la rotta più diretta che il miglior navigatore di qui riuscirà a seguire. Quand'è la prossima marea?»

«Avrai la tua nave e i tuoi equipaggi entro l'alba, Marco Aurelio, e si dà il caso che coincida con la marea» rispose l'etnarca con gentilezza. Tossicchiò piano, delicatamente. «Chi pagherà?»

"Tipico di un greco" pensò Cotta, ma non lo disse ad alta voce. «Compilami una fattura» rispose. «Il Senato e il Popolo di Roma pagheranno.»

La fattura venne compilata seduta stante; Cotta sbirciò la scandalosa cifra e fece udire un borbottìo. «È una tragedia» disse all'etnarca Aristide «quando una brutta notizia costa quanto un'altra guerra contro i Germani. Suppongo che tu non sia disposto a calare di qualche dracma, eh?»

«Ne convengo, è una tragedia» fu d'accordo l'etnarca in tono pacato. «Tuttavia, gli affari sono affari. Prezzo fisso, Marco Aurelio. Prendere o lasciare.»

«Prendo» disse Cotta.

Cepione e suo figlio non si curarono di operare la deviazione che una visita a Marsiglia avrebbe comportato per chi compisse il viaggio per terra. Nessuno meglio di Cepione, reduce da un anno a Narbona e da un anno in Spagna, al tempo in cui era pretore, sapeva che i venti soffiano *sempre* in senso avverso nel Golfo di Lione. Avrebbe preso la Via Domizia, risalendo la valle del fiume Durance, entrando nella Gallia Cisalpina attraverso il passo del Monginevro e affrettandosi il più possibile a discendere la Via Emilia e la Via Flaminia. Se fosse riuscito a procurarsi bestie fresche con sufficiente frequenza, sperava di poter fare una media di circa cento chilometri al giorno, e prevedeva di riuscirci grazie all'*imperium* proconsolare. Fu così, infatti; a mano a mano che si lasciava alle spalle chilometro su chilometro, Cepione cominciava a confidare di raggiungere Roma battendo in velocità persino il corriere senatoriale. Tanto rapido era stato il passaggio delle Alpi che i Voconzi, sempre all'erta nel tentativo di sorprendere qualche viaggiatore romano vulnerabile sulla Via Domizia, non riuscirono a organizzare un assalto ai due cocchi lanciati al galoppo.

Giunto che fu a Rimini e al termine della Via Emilia, Cepione fu sicuro che ce l'avrebbe fatta a coprire il tragitto da Arausio a Roma in sette giorni, con l'aiuto degli dèi, delle strade e di una quantità di muli freschi. Cominciava a sentirsi più tranquillo. Poteva anche essere esausto, poteva anche essere afflitto da un mal di testa di proporzioni inaudite, ma la sua versione di quanto era accaduto ad Arausio sarebbe stata la prima che Roma udisse, e la sua battaglia sarebbe stata vinta al novanta per cento. Quando si profilò all'orizzonte Fano e i cocchi imboccarono la Via Flaminia, accingendosi a varcare gli Appennini e a discendere la valle Tiberina, Cepione seppe di aver vinto. Era la sua versione, quella a cui Roma avrebbe creduto.

E invece la dea Fortuna gli aveva preferito un altro; Marco Aurelio Cotta attraversò il Golfo di Lione da Marsiglia a Ostia con venti di volta in volta assolutamente propizi o inesistenti, una navigazione di gran lunga migliore di quanto si sarebbe potuto prevedere. Quando il vento cadeva, i vogatori prendevano posto alle scalmiere, il capo dei rematori attaccava a segnare il tempo sul tamburo e trenta schiene muscolose si piegavano alla bisogna. Era una piccola nave, costruita per la velocità più che per il trasporto, e agli occhi di Cotta sembrava sospettosamente simile a un vascello da guerra marsigliese, benché ai Marsigliesi non fosse consentito allestire una flotta da guerra senza l'approvazione di Roma. I due banconi dei vogatori, quindici per parte, erano alloggiati in buttafuori sormontati da ponti che si sarebbe agevolmente potuto cingere con una fila di robusti scudi e trasformare, in men che non si dica, in piattaforme da combattimento, e la gru collocata a poppa sembrava costruita un po' a casaccio; forse, pensò Cotta, di solito in sua vece si trovava una vigorosa catapulta. La pirateria era un'attività proficua e diffusa da un capo all'altro del Mediterraneo.

Cotta, tuttavia, non era uomo da porre in discussione un dono della Fortuna, così annuì blandamente quando il capitano gli spiegò che perlopiù trasportava passeggeri e che i buttafuori erano un *bel* posto per i passeggeri che volevano sgranchirsi le gambe, dato che la sistemazione in cabina era un tantino primitiva. Prima di levare l'àncora, Cotta era stato persuaso dal capitano che due squadre di vogatori di riserva erano eccessive, perché i suoi uomini erano i migliori che si potessero trovare e avrebbero mantenuto la massima velocità con un solo equipaggio di riserva. Ora Cotta era contento di aver acconsentito, in quanto viaggiavano più leggeri trasportando un numero minore di persone, e il vento soffiava con forza sufficiente a consentire periodi di riposo alle due squadre di vogatori proprio quando sembrava che stessero per essere sopraffatti dalla stanchezza.

La nave era salpata dallo splendido porto di Marsiglia all'alba dell'undicesimo giorno di ottobre e gettò l'ancora nel deludente porticciolo di Ostia all'alba della vigilia delle Idi, esattamente tre giorni dopo. E tre ore più tardi Cotta entrava nella casa del console Publio Rutilio Rufo, facendo scappare dinanzi a sé i clienti come tante galline dinanzi a una volpe.

«Fuori!» intimò al cliente seduto nello scranno allo scrittoio di Rutilio Rufo, e vi si lasciò cadere spossato mentre lo stupefatto cliente correva alla porta.

A mezzogiorno, il Senato era stato convocato in sessione di emergenza nella *Curia Hostilia*; in quel preciso momento Cepione e suo figlio scendevano a un trotto impetuoso l'ultimo tratto della Via Emilia.

«Lascia le porte aperte» ordinò Publio Rutilio Rufo al capo degli uscieri. «Questa è una riunione che il Popolo deve udire. E voglio che sia trascritta a verbale e riportata negli annali.»

Considerato il breve preavviso, l'aula era relativamente gremita; nell'imponderabile modo in cui le notizie riuscivano a filtrare ancor prima di essere annunciate ufficialmente, infatti, per tutta la città già correva voce che in Gallia si era avuta una disastrosa sconfitta contro i Germani. Il pozzo dei *Comitia*, quasi ai piedi dei gradini della *Curia Hostilia*, si andava rapidamente riempiendo di gente, e lo stesso dicasi dei gradini e di tutti gli spazi pianeggianti dei paraggi.

Informati delle lettere con cui Cepione aveva protestato contro Mallio Massimo e chiesto che il comando supremo fosse affidato a lui, e temendo un nuovo accanito dibattito, i Padri Coscritti erano sulle spine. Non avendo più saputo nulla di Cepione, da settimane, il prode Marco Emilio Scauro era in svantaggio, e se ne rendeva conto. Così, quando il console Rutilio Rufo ordinò che le porte dell'aula restassero aperte, Scauro neppure tentò di farle chiudere. E lo stesso dicasi di Metello Numidico. Tutti gli occhi erano puntati su Cotta, cui era stato offerto uno scranno in prima fila, vicinissimo al podio sul quale era collocata la sedia eburnea curule di suo cognato, Rutilio Rufo.

«Marco Aurelio Cotta è giunto a Ostia stamane» disse Rutilio Rufo. «Tre giorni fa era a Marsiglia, e il giorno prima si trovava ad Arausio, nei cui pressi i nostri eserciti erano attestati. Do la parola a Marco Aurelio Cotta e rendo noto a questa assemblea che la riunione sarà messa a verbale per gli archivi.»

Cotta, naturalmente, si era fatto un bagno e cambiato, ma il colorito grigiastro della stanchezza sul suo viso di solito acceso era inequivocabile, così come tutto il corpo, quando si alzò in piedi, tradiva l'enormità di tale stanchezza.

«La vigilia delle None di ottobre, Padri Coscritti, ha avuto luogo una battaglia ad Arausio» iniziò Cotta, senza bisogno di alzare la voce, perché i senatori sedevano nel più assoluto silenzio. «I Germani ci hanno annientati. *Ottantamila* nostri soldati sono morti.»

Non vi furono esclamazioni né mormorii né movimenti; nell'aula regnava un silenzio altrettanto profondo di quello della grotta della Sibilla cumana. «Quando dico ottantamila soldati, intendo esattamente questo. I non combattenti caduti ammontano ad altri ventiquattromila. E nel conto non rientrano i caduti della cavalleria.»

Con voce piatta e inespressiva, Cotta proseguì riferendo ai senatori esattamente quanto era accaduto dal momento in cui lui e i suoi cinque compagni erano arrivati ad Arausio: l'infruttuosa trattativa con Cepione; il clima di confusione e irrequietezza che il rifiuto, da parte di Cepione, di sottostare agli ordini aveva creato in seno al comando di Mallio Massimo, alcuni componenti del quale si erano schierati con Cepione, per esempio il figlio di Cepione; l'isolamento del consolare Aurelio e della cavalleria, distaccati troppo lontani dall'accampamento per poter agire in qualità di ingranaggio di una macchina militare. «Cinquemila cavalleggeri, tutti i loro non combattenti e ogni animale presente nel campo di Aurelio sono periti. Il legato Marco Aurelio Scauro è stato fatto prigioniero dai Germani e usato deliberatamente per dare un esempio. L'hanno arso vivo, Padri Coscritti. È morto, mi è stato riferito da un testimone, con estremo coraggio ed eroismo.»

Ora tra i senatori si scorgevano volti terrei, perché la maggior parte di loro aveva figli o fratelli o nipoti o cugini che militavano nelle file di questo o quell'esercito; c'erano uomini che piangevano in silenzio, nascondendo la testa tra le pieghe delle toghe, o se ne stavano chini in avanti, coprendosi il volto con le mani. Solo Scauro, *Princeps Senatus*, rimase eretto, due chiazze di un rosso acceso sulle guance, le labbra serrate in una linea dura.

«Tutti voi che siete qui presenti oggi dovete assumervi una parte di colpa» proseguì Cotta. «La vostra delegazione non comprendeva un solo consolare, e dei sei, io, un semplice ex pretore, ero l'unico magistrato curule. Col risultato che Quinto Servilio Cepione si è rifiutato di parlare con noi come suoi pari per nascita o rango. O magari, esperienza. Ha invece scambiato la nostra scarsa importanza, la nostra carenza di ascendente, come un messaggio, da parte del Senato, che l'appoggiava nella sua presa di posizione contro Gneo Mallio Massimo. E aveva tutto il *diritto* di pensarlo, Padri Coscritti! Se, infatti, voi aveste davvero avuto l'intenzione di far sì che Quinto Servilio si uniformasse alla legge sottomettendosi al console in carica, avreste *infarcito* la delegazione di consolari! Ma non l'avete fatto. Avete deliberatamente inviato cinque senatori di second'ordine e un ex pretore a trattare con uno dei più intransigenti classisti del Senato, o illustri membri di questa assemblea!»

Neppure una testa si sollevò; sempre più numerose erano quelle velate dalle pieghe della toga. Scauro, *Princeps Senatus*, però, continuò a starsene seduto con le spalle erette, senza mai staccare gli occhi ardenti dal volto di Cotta.

«La spaccatura tra Quinto Servilio Cepione e Gneo Mallio Massimo ha impedito l'amalgama delle nostre forze. Anziché un solo esercito a ranghi serrati comprendente non meno di diciassette legioni e oltre cinquemila cavalleggeri, Roma ha schierato due eserciti, distanti trenta chilometri l'uno dall'altro, col meno cospicuo dei due più vicino all'avanzata germanica, e il contingente di cavalleria separato da entrambi. Quinto Servilio Cepione in persona mi ha detto che non intendeva condividere il trionfo con Gneo Mallio Massimo, e per questo aveva volutamente attestato il suo esercito troppo a nord di quello di Gneo Mallio per consentirgli di prender parte alla *sua* battaglia.»

Cotta tirò un respiro raschiante che suonò così forte nel silenzio da far sobbalzare Rutilio Rufo. Non Scauro, però. Accanto a Scauro, Metello Numidico sollevò piano la testa dalle pieghe della toga, si raddrizzò, mostrando un volto impassibile.

«Persino a prescindere dalla disastrosa spaccatura tra loro, la verità è, Padri Coscritti, che né Quinto Servilio né Gneo Mallio possedevano doti militari tali da riportare la vittoria contro i Germani! Dei due comandanti, tuttavia, è su Quinto Servilio che ricade gran parte della colpa. Non solo, infatti, era un generale mediocre, al pari di Gneo Mallio, ma si è anche preso gioco della legge. *Si è posto al di sopra della legge*, ha giudicato la legge alla stregua di un espediente per poveri mortali meno importanti di lui! Per un vero romano, Marco Emilio Scauro, *Princeps Senatus*,» fece, rivolto al capo dell'assemblea, che non batté ciglio «la legge è sovrana, un vero romano sa che secondo la legge non esiste alcuna reale distinzione sociale, soltanto un sistema di freni ed equilibri che abbiamo deliberatamente concepito per far sì che *nessuno* possa considerarsi al di sopra dei suoi pari. Quinto Servilio Cepione si è comportato come il Primo a Roma. Ma secondo la legge non può *esistere* un Primo a Roma! Così io vi dico che Quinto Servilio ha infranto la legge, laddove Gneo Mallio si è semplicemente rivelato un comandante di scarse capacità.»

L'immobilità e il silenzio proseguirono; Cotta sospirò. «Arausio è un disastro peggiore di Canne, colleghi senatori. Il fior fiore dei nostri uomini vi è perito. Lo so, perché io c'ero. Sono sopravvissuti forse tredicimila soldati, i novellini, e se la sono data a gambe senza che fosse impartito l'ordine di ritirata, abbandonando armi e armature sul terreno e mettendosi in salvo a nuoto al di là del Rodano. Stanno tuttora vagando senza meta da qualche parte a ovest del fiume e, a quanto mi è stato riferito, hanno una tale paura dei Germani che intendono nascondersi sottoterra piuttosto di correre il rischio di essere radunati e nuovamente arruolati in un esercito di Roma. Quando ha tentato di bloccarne la fuga, il tribuno Sesto Giulio Cesare è stato abbattuto dai suoi stessi soldati. Sono lieto di dire che è ancora in vita, perché l'ho trovato personalmente sul campo di battaglia, dato per morto dai Germani. Io e i miei compagni, ventinove persone in tutto, eravamo i soli disponibili per soccorrere i feriti, e per quasi tre giorni nessun altro è venuto ad aiutarci. Sebbene la stragrande maggioranza di coloro i quali giacevano al suolo fosse fatta di morti, non v'è dubbio che tra i morti c'era anche chi avrebbe potuto salvarsi, se ci fosse stato qualcuno a prestargli soccorso dopo la battaglia.»

Nonostante il ferreo controllo, Metello Numidico ebbe un soprassalto, e la sua mano si tese a porre un terribile quesito. Il gesto non sfuggì a Cotta, che guardò il nemico di Caio Mario, il quale era suo amico; Cotta, infatti, non aveva amore da deporre sull'altare di Caio Mario.

«Tuo figlio, Quinto Cecilio Metello Numidico, è sopravvisuto indenne, ma non da codardo. Ha tratto in salvo il console Gneo Mallio e alcuni ufficiali del suo stato maggiore. Entrambi i figli di Gneo Mallio, invece, sono caduti. Dei ventiquattro tribuni militari eletti, soltanto tre sono sopravvissuti: Marco Livio Druso, Sesto Giulio Cesare e Quinto Servilio Cepione il Giovane. Marco Livio e Sesto Giulio hanno riportato gravi ferite. Quinto Servilio Minore, che comandava la legione più imberbe, la più vicina al fiume, è sopravvissuto incolume, mettendosi in salvo a nuoto, in quali circostanze di integrità personale non saprei dire.»

Cotta s'interruppe per schiarirsi la gola, domandandosi se il profondo sollievo che si leggeva negli occhi di Metello Numidico fosse dovuto principalmente alla semplice sopravvivenza del figlio o alla notizia che il figlio non si era dimostrato codardo. «Ma queste cifre relative alle nostre perdite impallidiscono se le si confronta col fatto che *neppure un centurione dotato di qualche esperienza di entrambi gli eserciti* è rimasto in vita. Roma non ha più ufficiali, Padri Coscritti! E il grande esercito della Gallia Transalpina non esiste più.» Attese un momento, poi soggiunse: «Non è mai esistito, grazie a Quinto Servilio Cepione».

Oltre le grandi porte di bronzo della *Curia Hostilia*, la notizia veniva propagata da quelli abbastanza vicini da udire a quelli troppo lontani per udire, un pubblico sempre più vasto che si stava tuttora radunando, e che ora si spargeva su per l'Argileto e il Clivo Argentario e al di là del settore inferiore del Foro Romano, dietro il pozzo dei *Comitia*. Era una folla immensa. Ma una folla silenziosa. Gli unici suoni che si udivano erano singhiozzi. Roma aveva perso la battaglia cruciale. E l'Italia si spalancava ai Germani.

Prima che Cotta potesse sedersi, Scauro prese la parola.

«E dove sono ora i Germani, Marco Aurelio? Quanto a sud di Arausio si trovavano, quando sei partito per recarci la notizia? E quanto più a sud potrebbero trovarsi ora, in questo preciso istante?» domandò.

«Sinceramente, non lo so, *Princeps Senatus*. Quando la battaglia si è conclusa, infatti, ed è durata appena un'ora, i Germani sono tornati a nord, a quanto pare a recuperare i carri e le donne e i bambini, che avevano lasciato poco a nord dell'accampamento della cavalleria. Ma, quando sono partito, non erano ancora tornati. E ho parlato con un germano che Marco Aurelio Scauro aveva impiegato come interprete quando i capi germanici sono venuti a parlamentare. L'uomo in questione era stato catturato, riconosciuto come germanico, e perciò nessuno l'ha molestato. A sentir lui, i Germani hanno litigato e, per il momento almeno, si sono divisi in tre gruppi distinti. A quanto pare, nessuno dei tre gruppi si sente tanto sicuro da proseguire la marcia verso sud attraverso il nostro territorio. Così, si dirigono in Spagna seguendo vari itinerari nel territorio della Gallia comata.* Ma la disputa è stata provocata dal vino romano che faceva parte delle spoglie di guerra. Quanto durerà la spaccatura, nessuno sa prevederlo. Né posso essere certo che l'uomo con cui ho parlato stesse dicendo la verità. O anche solo parte della verità, magari. *Dice* di essere scappato e tornato fra noi perché non vuole più vivere come i Germani. Ma potrebbe darsi che fosse stato rimandato indietro da loro per acquietare i nostri timori e far di noi un'ancor più facile preda. Tutto ciò che posso riferirvi per certo è che, quando sono partito, non c'era il minimo segno di un movimento dei Germani in direzione sud» rispose Cotta, e si sedette.

Si alzò a parlare Rutilio Rufo. «Non è questa l'occasione per un dibattito, Padri Coscritti. Né un'occasione per recriminare, e tanto meno litigare. Oggi è un'occasione per *agire*.»

---

* Denominazione con cui i Romani designavano, in opposizione alle Gallia Narbonese, il resto della Gallia indipendente.

«Utite, udite!» urlò una voce dal fondo.

«Domani sono le Idi di ottobre» proseguì Rutilio Rufo. «Ciò significa che la stagione bellica è suppergiù conclusa. Però ci rimane pochissimo tempo, se vogliamo impedire ai Germani di invadere l'Italia in qualsiasi momento decidano di farlo. Ho formulato un piano d'azione che intendo sottoporvi ora, ma prima vi rivolgerò un monito solenne. Al minimo segno di discussione, dissenso o qualsiasi altra spaccatura in seno a questa assemblea, sottoporrò il mio piano al Popolo e lo farò approvare dall'Assemblea della Plebe. In tal modo privando voi, Padri Coscritti, della prerogativa di decisione insindacabile in tutte le questioni che attengono alla difesa di Roma. La condotta di Quinto Servilio Cepione sta a indicare l'estrema debolezza dell'ordine senatoriale, in particolare la sua avversione ad ammettere che il Caso e la Sorte e la Fortuna a volte si combinano in modo da determinare l'ascesa di uomini di basso rango, dotati di assai maggiori capacità di tutti noi che ci reputiamo qualificati, per nascita e tradizione, a governare il Popolo di Roma e a comandare gli eserciti di Roma.»

Aveva girato la persona e diretto le sue parole verso le porte spalancate, e il suono alto e squillante della sua voce uscì, galleggiando nell'aria al di sopra dei *Comitia*.

«Avremo bisogno di ogni uomo abile di tutta Italia, questo è certo. Dai nullatenenti, attraverso i vari ordini e classi, fino al Senato, *ogni* uomo abile! Di conseguenza, vi chiedo di redigere un decreto in cui si inviti la Plebe a varare immediatamente una legge che vieti a qualsiasi uomo compreso tra i diciassette e i trentacinque anni di età — *qualsiasi* uomo, sia egli romano o latino o italico — di lasciare le sponde italiche o di attraversare l'Arno o il Rubicone per trasferirsi nella Gallia Cisalpina. Voglio che, domani, corrieri raggiungano al galoppo ogni porto della nostra penisola con l'ordine che nessuna nave o imbarcazione deve imbarcare un libero cittadino abile alle armi in qualità di membro dell'equipaggio o di passeggero. Pena la morte, sia per l'uomo che tenti di sottrarsi al servizio militare sia per colui il quale lo accolga a bordo.»

Nell'aula, nessuno aprì bocca: né Scauro, *Princeps Senatus*, né Metello Numidico, né Metello Dalmatico, Pontifice Massimo, né Enobarbo il Vecchio, né Catulo Cesare, né Scipione Nasica. "Bene" pensò Rutilio Rufo. "Non si opporranno al varo della legge, comunque."

«Tutto il personale disponibile sarà incaricato di reclutare soldati di ogni classe, dai nullatenenti al Senato. E ciò significa, Padri Coscritti, che quelli di voi dell'età di trentacinque anni o meno saranno automaticamente arruolati nelle legioni, indipendentemente dal numero di campagne nelle quali abbiano prestato servizio in precedenza. Se applicheremo la legge in modo rigoroso, avremo i soldati che ci occorrono. Temo fortemente, però, che non ne recluteremo a sufficienza. Quinto Servilio ha ripulito le ultime sacche, in tutta Italia, di uomini in possesso di beni di fortuna, e Gneo Mallio si è preso quasi settantamila nullatenenti, vuoi come legionari, vuoi come non combattenti.

«Così, dobbiamo attingere agli altri eserciti di cui disponiamo. In Macedonia: due sole legioni, entrambe di ausiliari, che non si possono assolutamente distogliere dal servizio locale. In Spagna: due legioni nella Provincia Ulteriore, e una nella Citeriore; due di queste legioni sono romane, una ausiliaria, e non solo dovranno rimanere in Spagna, ma bisognerà anche rafforzarle notevolmente, in quanto i Germani dichiarano che intendono invadere la Spagna.» Fece una pausa.

E Scauro, *Princeps Senatus*, finalmente si svegliò. «Concludi, Publio Rutilio!» disse, stizzito. «Arriva all'Africa... e a Caio Mario!»

Rutilio Rufo ammiccò, fingendosi sorpreso. «Diamine, grazie, *Princeps Senatus*, grazie! Se tu non ne avessi parlato, magari me ne sarei dimenticato! Oh, hanno ragione a definirti il cane da guardia del Senato! Che cosa *faremmo* senza di te?»

«Risparmiami il tuo sarcasmo, Publio Rutilio!» latrò Scauro. «Concludi, e basta!»

«Certamente! Vi sono tre aspetti dell'Africa che a mio parere vanno menzionati. Il primo è una guerra conclusasi felicemente: un nemico annientato, un re nemico e la sua famiglia che in questo momento sono in attesa del giusto castigo proprio qui, a Roma, ospiti del nostro nobile Quinto Cecilio Metello del Porcile... uuuh, ti chiedo scusa, Quinto Cecilio!... *Numidico*, voglio dire!... be', insomma, qui a Roma.

«Il secondo aspetto» proseguì «è un esercito forte di sei legioni... composte di nullatenenti, certo!... ma addestrate alla perfezione e valorose, e comandate da brillanti ufficiali, dal centurione più giovane e dal tribuno appena entrato in servizio fino ai legati. Tale esercito è appoggiato da un contingente di cavalleria forte di duemila uomini, del pari temprati e prodi.»

Rutilio Rufo s'interruppe, si dondolò sui talloni, lanciò tutt'attorno un ghigno da lupo. «Il terzo aspetto, Padri Coscritti, è un uomo. Un solo uomo. Alludo, logicamente, al proconsole Caio Mario, comandante in capo dell'esercito d'Africa e unico artefice di una vittoria così completa da eguagliare le vittorie di Scipione l'Emiliano. La Numidia non si risolleverà più. La minaccia per i cittadini di Roma residenti in Africa, per i loro beni, la Provincia e i rifornimenti di grano è ormai svanita. In effetti, Caio Mario ci trasmette un'Africa a tal punto sottomessa e pacificata che non sarà neppure necessario lasciarvi una legione di guarnigione. »

Abbandonò il podio sul quale erano poste le sedie curuli, scese sui lastroni bianchi e neri dell'antico pavimento e si avviò alle porte, piazzandosi in modo che la sua voce si diffondesse a pieno volume per il Foro.

« Il bisogno che Roma ha di un generale è persino più grande del bisogno di soldati e centurioni. Come ha detto una volta Caio Mario in questa stessa aula, migliaia e migliaia di soldati di Roma sono periti nei pochi anni trascorsi dalla morte di Caio Gracco... e *unicamente* a causa dell'incompetenza degli uomini che li comandavano e dei loro centurioni! E al tempo in cui Caio Mario parlava, l'Italia poteva ancora contare su centomila uomini in più di quanti ce ne siano in questo momento. Ma quanti soldati, centurioni e non combattenti ha perso Caio Mario? Diamine, Padri Coscritti, praticamente nessuno! Tre anni or sono si è portato in Africa sei legioni, e tutti quei legionari sono ancora vivi e vegeti. Sei legioni di *veterani*, sei legioni con tutti i loro *centurioni*! »

Fece una pausa, poi ruggì a voce spiegata: « Caio Mario è la risposta al bisogno che Roma ha di un esercito... *ed* è un generale competente! ».

La sua sagoma piccola ed esile si profilò per un attimo sullo sfondo della calca degli ascoltatori ammassati sotto il portico esterno quando si volse per ripercorrere l'aula e risalire sul podio. E qui si fermò.

« Avete udito Marco Aurelio Cotta dichiarare che c'è stata una disputa tra i Germani e che, a quanto pare, attualmente hanno rinunciato all'intenzione di migrare attraverso la nostra Provincia della Gallia Transalpina. Ma non possiamo assolutamente abbassare la guardia e cagione di tale notizia. Dobbiamo essere scettici in proposito, senza imbaldanzirci al punto di indulgere ulteriormente alla stupidità. Un fatto, tuttavia, sembra più o meno sicuro. Che abbiamo tutto il prossimo inverno per prepararci. E la prima fase della preparazione deve consistere nella nomina di Caio Mario a proconsole della Gallia, con un *imperium* che non possa essere revocato finché i Germani non siano sconfitti. »

Si levò un mormorìo generale, precursore delle proteste che stavano per scatenarsi. Poi si fece udire la voce di Metallo Numidico.

« Conferire a Caio Mario il governo della Gallia Transalpina con un *imperium* proconsolare a tempo indeterminato, per *anni*? » domandò, incredulo. « Dovrete passare sul mio cadavere! »

Rutilio Rufo pestò il piede, agitò il pugno. «Oh, numi, ci risiamo!» esclamò. «Quinto Cecilio, Quinto Cecilio, *ancora* non afferri la gravità della situazione in cui ci troviamo? Abbiamo bisogno di un generale del calibro di Caio Mario!»

«Abbiamo bisogno delle sue truppe» ribatté Scauro, *Princeps Senatus*, con voce sonora. «*Non* abbiamo bisogno di Caio Mario! Ve ne sono altri che valgono quanto lui.»

«Alludi al tuo amico Quinto Cecilio del Porcile, Marco Emilio?» Rutilio Rufo fece udire un rumoraccio. «Sciocchezze! Quinto Cecilio si è gingillato per due anni in Africa... lo so, perché c'ero anch'io! Ho collaborato con Quinto Cecilio, e l'appellativo "del Porcile" gli si confà perfettamente, perché è sempre disposto a sguazzare e grufolare nel sudiciume! Ho anche collaborato con Caio Mario. E, forse, non è troppo sperare che qualcuno dei membri di questa assemblea ricordi che, personalmente, non sono un mediocre ufficiale! Il comando dell'esercito inviato nella Gallia Transalpina sarebbe spettato a me, non a Gneo Massimo! Ma è acqua passata, e non ho tempo da perdere in recriminazioni.

«Io vi dico ora, Padri Coscritti, che la gravità della situazione di Roma è troppo grande e urgente per favorire qualche individuo al vertice della nostra nobiltà! Vi dico ora, Padri Coscritti... a tutti voi che sedete sui banchi di mezzo da ambo i lati di quest'aula, e a tutti voi che sedete sui banchi di fondo da ambo i lati di quest'aula!... che esiste *un solo* uomo capace di salvarci da tale pericolo! E quell'uomo è Caio Mario! Che importa se non figura nel registro dei purosangue? Che importa se non è romano di Roma? Quinto Servilio Cepione *è* un romano di Roma, e guardate dove ci ha portati! Lo sapete dove ci ha portati? *Nella merda fino al collo!*»

Rutilio Rufo ruggiva, adirato e impaurito, sicuro ormai che non avrebbero accettato la sua proposta. «Onorevoli membri di questa assemblea... Tutti Uomini Onesti... colleghi senatori! Vi supplico di metter da parte i vostri pregiudizi almeno per questa volta! *Dobbiamo* conferire a Caio Mario il potere proconsolare nella Gallia Transalpina per tutto il tempo che ci vorrà per rispedire i Germani nella loro terra d'origine!»

E quest'ultima appassionata perorazione sortì l'effetto desiderato. Li aveva in pugno. Scauro se ne rese conto; e anche Metello Numidico.

Il pretore Manio Aquilio si alzò a parlare. Era uomo di origini nobiliari, ma proveniente da una famiglia la cui storia era costellata più da azioni dettate dalla cupidigia che da gesta gloriose; suo padre era stato colui il quale, nelle guerre seguite al gesto di re Attalo di Pergamo, il lascito del suo regno a Roma, aveva venduto l'intero territorio della Frigia al quinto re Mitridate del Ponto per un enorme quantitativo d'oro, e di conseguenza aperto le porte dell'Asia Minore occidentale all'imperscrutabile Oriente.

«Publio Rutilio, chiedo la parola» disse.

«Parla, dunque» disse Rutilio Rufo, e si sedette, spossato.

«*Io* chiedo la parola!» fece Scauro, *Princeps Senatus*, rabbiosamente.

«Dopo Manio Aquilio» disse Rutilio Rufo, soavemente.

«Publio Rutilio, Marco Emilio, Padri Coscritti,» esordì correttamente Aquilio «sono d'accordo col console che esiste un solo uomo dotato del genio militare necessario per cavarci da questa situazione, e sono d'accordo che quell'uomo è Caio Mario. Ma la soluzione proposta dal nostro esimio console non è quella giusta. Non possiamo ostacolare Caio Mario, conferendogli un *imperium* proconsolare limitato alla Gallia Transalpina. In primo luogo, che accadrebbe se la guerra si estendesse oltre i confini della Gallia Transalpina? E se il teatro delle operazioni si spostasse nella Gallia Cisalpina o in Spagna o persino in Italia? Diamine, il comando spetterebbe automaticamente al governatore locale, o al console in carica! Caio Mario conta molti nemici in questa assemblea. E, personalmente, non sono certo che tali nemici avranno più a cuore le sorti di Roma che i loro rancori. Il rifiuto da parte di Quinto Servilio Cepione di collaborare con Gneo Mallio Massimo è un esempio lampante di ciò che accade quando un esponente dell'antica nobiltà giudica la propria *dignitas* più importante della *dignitas* di Roma.»

«Sei in errore, Manio Aquilio» interloquì Scauro. «Quinto Servilio ha giudicato la propria *dignitas* pari a quella di Roma!»

«Ti ringrazio per la precisazione, *Princeps Senatus*» disse Aquilio in tono pacato e abbozzando un piccolo inchino che nessuno, onestamente, avrebbe potuto definire ironico. «Hai assolutamente ragione a correggermi. La *dignitas* di Roma e quella di Quinto Servilio *sono* la stessa cosa! Ma perché tu giudichi la *dignitas* di Caio Mario tanto inferiore a quella di Quinto Servilio Cepione? Sicuramente, i meriti *personali* di Caio Mario sono altrettanto alti, se non più alti, anche se i suoi avi non possedevano il becco di un quattrino! La carriera personale di Caio Mario è stata illustre! E un qualsiasi membro di questa assemblea ritiene sul serio che Caio Mario si preoccupi prima di Arpino, e poi di Roma? Un qualsiasi membro di questa assemblea ritiene sul serio che Caio Mario pensi ad Arpino come a qualcosa di diverso da una parte di Roma? Tutti noi abbiamo antenati che un tempo sono stati Uomini Nuovi! Persino Enea, che è giunto nel Lazio dalla remota

Ilio, dopotutto!... era un Uomo Nuovo! Caio Mario è stato pretore e console. Si è quindi nobilitato, e i suoi discendenti, sino alla fine dei tempi, saranno nobili.»

Aquilio lasciò scorrere lo sguardo sulle file di toghe bianche. «Vedo in quest'aula, oggi, vari Padri Coscritti che portano il nome di Porzio Catone. Ora, il loro avo era un Uomo Nuovo. Ma forse che noi, oggi, giudichiamo questi Porzio Catone come alcunché di diverso da colonne di questa assemblea, nobili discendenti di un uomo che ai suoi tempi ha avuto suppergiù lo stesso effetto su uomini che si chiamavano Cornelio Scipione di quello che Caio Mario ha oggi su uomini che si chiamano Cecilio Metello?»

Scrollò le spalle, scese dal podio ed emulò Rutilio Rufo, attraversando l'aula per andare a piazzarsi accanto alle porte aperte.

«È Caio Mario e nessun altro che dovrà ottenere il comando supremo contro i Germani. Indipendentemente *dal luogo in cui* potrà essere il teatro delle operazioni! Di conseguenza, non è sufficente investire Caio Mario di un *imperium* procosolare limitato alla Gallia Transalpina.»

Si svolse a fronteggiare l'assemblea e disse, con voce tonante: «Com'è evidente, Caio Mario non è qui a fornirci la sua opinione personale, e il tempo fugge veloce come un cavallo che sfrecci al galoppo. Caio Mario dev'essere eletto console. È questo l'unico modo in cui possiamo conferirgli il potere del quale avrà bisogno. Dovrà essere presentato come candidato alle prossime elezioni consolari... un candidato assente!».

Nell'aula correvano borbottii, mormorii, ma Manio Aquilio tirò avanti, tenendo avvinta l'attenzione dei senatori. «Può, chiunque tra i presenti, negare che gli uomini delle Centurie sono il fior fiore del Popolo? Così io vi dico: lasciate decidere agli uomini delle Centurie! Eleggendo Caio Mario console assente o non eleggendolo! La decisione del comando supremo, infatti, è troppo importante perché sia questa assemblea a prenderla. Ed è anche troppo importante perché a prenderla sia l'Assemblea della Plebe, e persino il Popolo nel suo complesso. Io vi dico, Padri Coscritti, che la decisione del comando supremo contro i Germani dev'essere lasciata a quel settore del Popolo romano che maggiormente conta: gli uomini della Prima e della Seconda Classe di cittadini, che votano per centurie in seno alla loro assemblea, i *Comitia Centuriata*!»

"Oh, ecco Ulisse!" pensò Rutilio Rufo. "Io non ci avrei mai pensato! Né lo approvo. Però è riuscito a mettere con le spalle al muro la fazione di Scauro. No, a nulla sarebbe servito sottoporre la controversa questione dell'*imperium* di Caio Mario al Popolo riunito in tribù, la faccenda sarebbe stata pilotata dai tribuni della plebe in un'atmosfera di folla urlante, sbraitante, persino in tumulto! Per gli uomini come Scauro, l'Assemblea della Plebe è solo un pretesto perché sia la plebaglia a governare Roma. Ma gli uomini della Prima e della Seconda Classe? Oh, sono Romani di tutt'altra razza! Davvero scaltro, quel Manio Aquilio!

"Prima fa qualcosa di inaudito, proponendo di eleggere console qualcuno che neppure è presente a porre la sua candidatura, poi informa la fazione di Scauro che si propone di sottoporre l'intera faccenda al giudizio del fior fiore di Roma! Se il fior fiore di Roma non vuole Caio Mario, non dovrà far altro che imporre alla Prima e alla Seconda Classe delle Centurie di votare per altri due uomini. Se vuole Caio Mario, non dovrà far altro che votare per lui e un altro. E sono pronto a scommettere che la Terza Classe neppure avrà modo di votare! E così, sarà soddisfatto anche il canone dell'esclusivismo.

"Il vero cavillo legale è la clausola dell'assenza. Manio Aquilio dovrà appellarsi all'Assemblea della Plebe per questo, però, in quanto il Senato non gliela darà vinta. Guarda i tribuni della plebe come si dimenano giubilanti sui loro banchi! Non ci sarà una dichiarazione di veto da parte loro: sottoporranno la dispensa dell'assenza alla Plebe, e la Plebe, abbacinata dallo spettacolo di dieci tribuni della plebe in perfetto accordo, varerà una legge speciale che consentirà a Caio Mario di essere eletto console assente. Scauro e Metello Numidico e gli altri, naturalmente, si appelleranno al potere vincolante della legge Villia, secondo cui nessuno può candidarsi una seconda volta al consolato prima che siano trascorsi dieci anni. E Scauro e Metello Numidico e gli altri perderanno.

"Questo Manio Aquilio va tenuto d'occhio" pensò Rutilio Rufo, girandosi sullo scranno a osservarlo. "Stupefacente! Possono starsene lì seduti per anni, riservati e malleabili come una piccola Vergine Vestale appena entrata nell'ordine, e poi, all'improvviso, l'occasione si presenta, ed ecco che sparisce la pelle di agnello e compare il lupo. Tu, Manio Aquilio, sei un lupo."

Rimetter ordine in Africa era un piacere, non solo per Caio Mario, ma anche per Lucio Cornelio Silla. Ai doveri militari erano subentrate mansioni amministrative, certo, ma a nessuno dei due dispiaceva la sfida consistente nell'organizzare una Provincia d'Africa nuova di zecca, e i due regni confinanti.

Gauda era diventato re di Numidia; pur non essendo granché, personalmente, aveva un figlio notevole nel principe Iempsale che quanto prima, pensava Mario, sarebbe salito al trono. Reinvestito della qualifica ufficiale di Amico e Alleato del Popolo Romano, Bocco di Mauretania si ritrovò col suo regno enormemente ingrandito dal dono di gran parte della Numidia occidentale; laddove un tempo il fiume Moulouya ne segnava il confine orientale, ora questo era situato ad appena ottanta chilometri a ovest di Cirta e Rusicade. Gran parte della Numidia orientale venne annessa a una assai più estesa Provincia d'Africa sotto il dominio di Roma, sicché Mario fu in grado di dare in concessione a tutti i cavalieri e i latifondisti suoi clienti le prospere terre costiere della Piccola Sirte, compresa l'antica e tuttora potente città punica di Leptis Magna, nonché il lago Tritonis e il porto di Tacape. Per suo uso personale, Mario tenne le grandi, fertili isole della Piccola Sirte; aveva in mente certi progetti che le riguardavano, in particolare Meninx e Cercina.

«Quando verrà il momento di congedare l'esercito,» disse Mario a Silla «bisognerà risolvere il problema di ciò che si dovrà fare dei legionari. Sono tutti nullatenenti, la qual cosa significa che non hanno terre o commerci cui far ritorno. Saranno in grado di arruolarsi in altri eserciti, e sospetto che un bel po' di loro sarà disposto a farlo, ma non tutti. Lo stato, comunque, è proprietario dell'equipaggiamento, e ciò significa che non sarà loro consentito di tenerselo, e a sua volta ciò significa che i soli eserciti in cui saranno in grado di arruolarsi dovranno essere eserciti di nullatenenti. Con Scauro e Metello del Porcile contrari a finanziare eserciti di nullatenenti al Senato, esiste chiaramente la possibilità che in futuro gli eserciti di nullatenenti siano il cosiddetto uccello raro, almeno dopo che si saranno affrontati i Germani... oh, Lucio Cornelio, non sarebbe fantastico prender parte a quella campagna? Purtroppo, questo non ce lo consentiranno mai.»

«Darei i miei canini» disse Silla.

«Puoi anche risparmiarli» osservò Mario.

«Prosegui con ciò che stavi dicendo a proposito degli uomini che vorranno congedarsi» incalzò Silla.

«Secondo me, lo stato deve ai soldati nullatenenti qualcosina di più della loro quota del bottino al termine di una campagna. Secondo me, lo stato dovrebbe donare a ciascuno di loro un pezzo di terra dove stabilirsi quando deciderà di andare in pensione. Farne dei cittadini dignitosi, modestamente agiati, in altre parole.»

«Una versione militare della spartizione della terra che i fratelli Gracchi hanno tentato di introdurre?» domandò Silla, aggrottando lievemente la fronte.

«Precisamente. Non approvi?»

«Stavo pensando all'opposizione del Senato.»

«Be', ho pensato che l'opposizione sarebbe assai meno accanita se le terre in questione non fossero pubbliche, appartenenti cioè al demanio di Roma. Basta accennare alla possibilità di distribuire le terre dello stato, e ci si mette nei pasticci. Troppi uomini potenti l'hanno in affitto. No, ciò che mi propongo di fare è garantirmi l'autorizzazione del Senato, o del Popolo se il Senato non vorrà concedermela, ma speriamo di non arrivare a tanto, a insediare i soldati nullatenenti in bei poderi sulle isole di Cercina e Meninx, proprio qui in Africa, nella Piccola Sirte. Diano a ciascuno di loro, diciamo, cento iugeri, e il destinatario farà due cose per Roma. In primo luogo, lui e i suoi compagni formeranno il nucleo di un contingente addestrato di uomini che potranno sempre essere reclutati nel caso di una futura guerra in Africa. E, secondariamente, lui e i suoi compagni porteranno Roma nelle Provincie: il pensiero, gli usi e costumi, la lingua, il modo di vivere di Roma.»

Ma Silla si accigliò. «Non saprei, Caio Mario... mi sembra sbagliato voler fare la seconda cosa. Il pensiero, gli usi e costumi, la lingua, il modo di vivere di Roma... son cose che appartengono a Roma. Innestarle nell'Africa punica, tenuto conto anche della presenza di Berberi e Mori... be', mi sembra equivalga a tradire Roma».

Mario alzò gli occhi al cielo. «Non c'è alcun dubbio, Lucio Cornelio, che tu sia un aristocratico! Può anche darsi che abbia condotto un'esistenza umile, ma il tuo modo di pensare umile non lo è di certo.» Tornò all'incombenza che dovevano sbrigare. «Ti sei procurato quelle liste di tutti i rimasugli del bottino? Che gli dèi ci aiutino se dimentichiamo di elencare fin l'ultimo chiodo con la capocchia d'oro... e in quintuplice copia!»

«I funzionari dell'erario, Caio Mario, sono la feccia della brocca di vino romano» disse Silla, rovistando tra i documenti.

«Della brocca di vino di chiunque, Lucio Cornelio.»

Alle Idi di novembre giunse a Utica una lettera del console Publio Rutilio Rufo. Mario aveva preso l'abitudine di far partecipe di quelle lettere Silla, il quale amava lo stile penetrante di Rutilio Rufo persino di più di quanto lo amasse Mario, essendo, più di lui, padrone della lingua. Mario, tuttavia, era solo quando la missiva gli fu recapitata in ufficio, e la circostanza gli fece piacere; gradiva, infatti, la possibilità di darle prima una scorsa per familiarizzarsi con il testo, e quando Silla se ne stava lì ad ascoltarlo borbottare mentre dipanava gli interminabili scarabocchi, tentando di suddividerli in parole distinte, la cosa lo metteva un po' a disagio.

Ma aveva appena iniziato a leggerla ad alta voce, quando trasalì, rabbrividì, balzò in piedi. «Giove!» esclamò, e si precipitò verso l'ufficio di Silla.

Vi fece irruzione, pallidissimo, brandendo il rotolo. «Lucio Cornelio! Una lettera di Publio Rutilio!»

«Come? Che cosa dice?»

«Centomila Romani morti» attaccò Mario, leggendo stralci importanti di ciò che aveva già letto per conto suo. «Ottantamila caduti sono legionari... I Germani ci hanno annientati... Quello stupido di Cepione si è rifiutato di accamparsi con Mallio Massimo... si è ostinato ad attestarsi a trenta chilometri più a nord... Il giovane Sesto Cesare è stato ferito gravemente, e anche il giovane Sertorio... Soltanto tre dei ventiquattro tribuni militari sono sopravvissuti... Non rimane un solo centurione... I soldati superstiti erano tutti novellini, e hanno disertato... Un'intera legione di Marsi con beni di fortuna, annientata, e la nazione dei Marsi ha già inoltrato una protesta al Senato... pretendendo un enorme risarcimento, in tribunale, se necessario... Anche i Sanniti sono su tutte le furie...»

«Giove!» alitò Silla, accasciandosi sullo scranno.

Mario continuò a leggere tra sé e sé qualche istante, mormorando un po' troppo piano perché Silla udisse; poi emise un suono oltremodo bizzarro. Temendo che Mario stesse per essere colto da un malore, Silla scattò in piedi, ma non fece in tempo ad aggirare lo scrittoio prima che se ne chiarisse la ragione.

«Sono... console!» ansimò Caio Mario.

Silla si bloccò di scatto, l'espressione vacua. «Giove!» ripeté, non trovando altro da dire.

Mario attaccò a leggere a Silla la lettera di Rutilio Rufo, incurante, per una volta, di quanto s'inceppasse mentre suddivideva gli scarabocchi in parole.

Il giorno non era ancora alla fine, che già il Popolo aveva azzannato la preda. Manio Aquilio non ha fatto in tempo a tornare al suo posto che già tutti e dieci i tribuni della plebe avevano lasciato i loro banchi e sciamavano fuori, verso i rostri, mentre quella che pareva metà della popolazione di Roma si stipava nel pozzo dei *Comitia* e l'altra metà gremiva tutto il settore inferiore del Foro. Il Senato al gran completo, logicamente, ha seguito i tribuni della plebe, lasciando Scauro e il nostro caro amico Metello del Porcile a urlare a nient'altro che a un paio di centinaia di sgabelli rovesciati.

I tribuni della plebe hanno convocato l'Assemblea della

Plebe, e in men che non si dica sono stati depositati due plebisciti. Mi stupisce sempre il fatto che si sia in grado di presentare in un batter d'occhio un testo scritto e redatto meglio
di quanto riusciamo a fare dopo che tutti quanti ci abbiano
messo mano per parecchi mesi. La qual cosa sta a dimostrare
che tutti quanti fanno ben poco, oltre che ridurre a brandelli
le leggi buone, trasformandole in cattive leggi.

Cotta mi aveva detto che Cepione si stava dirigendo a
Roma a tutta velocità per fornire per primo la sua versione
personale dei fatti, ma intendeva conservare il suo *imperium*
standosene al di fuori del *pomerium* e mettendo all'opera nel
proprio interesse suo figlio e i suoi emissari entro la cinta urbana. Pensava che sarebbe stato al sicuro e comodo, con l'*imperium* a proteggerlo come un manto, finché la sua versione
dei fatti non fosse diventata quella ufficiale. Immagino abbia
pensato, e senza dubbio non sbagliava, che sarebbe riuscito a
farsi prorogare il mandato di governatore e così mantenere
l'*imperium* e il possesso della Gallia Transalpina per il tempo necessario a far sì che il lezzo si dissipasse.

Ma l'hanno incastrato, ci ha pensato la Plebe! Hanno votato a maggioranza schiacciante per l'immediata revoca dell'*imperium* a Cepione. Per cui, quando arriverà alla periferia di Roma, si ritroverà nudo come Ulisse sulla spiaggia di
Scheria. Il secondo plebiscito, Caio Mario, ordinava all'ufficiale preposto alle elezioni, cioè io, di depositare il tuo nome
come candidato al consolato, nonostante la tua impossibilità
a esser presente a Roma per le elezioni»

«Questo è opera di Marte e Bellona, Caio Mario!» disse Silla.
«Un dono degli dèi della guerra.»

«Marte? Bellona? No! Questo è opera della Fortuna, Lucio
Cornelio. Amica tua e mia, Lucio Cornelio. *La Fortuna*!»

Riprese a leggere.

Avendomi il Popolo ordinato di apprestare le elezioni,
non mi è restato che inchinarmi.

Fra parentesi, dopo che i plebisciti sono stati presentati,
nessun altri che Gneo Domizio Enobarbo — animato da un
interesse del tutto personale perché si considera il fondatore
della nostra Provincia della Gallia Transalpina, ritengo —
ha tentato di parlare dai rostri a sfavore del plebiscito che ti
consentiva di candidarti al consolato seppur assente. Be', sai
bene quanto collerica sia quella famiglia, una banda di arro-

ganti, iracondi individui, dal primo all'ultimo!... e Gneo Domizio sprizzava rabbia da tutti i pori. Quando la folla non ne ha potuto più di lui e l'ha sonoramente fischiato, lui ha tentato di zittire la folla! Essendo Gneo Domizio, credo che avesse anche buone possibilità di riuscirci. Ma qualcosa ha ceduto nella sua testa o nel suo cuore, perché è stramazzato là, sui rostri, morto stecchito come l'anitra arrosto della settimana scorsa. La cosa ha guastato un po' la festa, sicché l'adunata si è sciolta e la folla se n'è tornata a casa. L'opera importante era compiuta, comunque.

I plebisciti sono stati approvati il mattino seguente, senza che una sola tribù esprimesse dissenso. Lasciandomi il compito di apprestare le elezioni. Non sono tipo da farmi crescere l'erba sotto i piedi, te lo posso garantire. Una cortese richiesta al collegio dei tribuni della plebe ha messo in moto le cose. Tempo qualche giorno, hanno eletto il nuovo collegio. Si è candidato anche un gruppo di gente di notevoli capacità e con buone probabilità di riuscita, a causa, immagino, di faccende come la presenza di generali bellicosi. Abbiamo il primogenito del compianto Gneo Domizio Enobarbo e il Primogenito del compianto Lucio Cassio Longino. Suppongo che Cassio intenda dimostrare che non tutti i componenti della sua famiglia sono irresponsabili assassini di soldati romani, sicché dovrebbe essere un ottimo acquisto per quanto ti riguarda, Caio Mario. E si è candidato Lucio Marzio Filippo, e... figurati un po'!... un Clodio della numerosissima brigata dei Claudio-Clodio. Numi, quanto sono prolifici!

L'Assemblea delle Centurie ha votato ieri, col risultato che, come ho detto qualche colonna fa, Caio Mario è stato rieletto primo console da ogni singola centuria della Prima Classe, più tutte quelle della Seconda Classe necessarie a ottenere il numero legale. A certi senatori d'alto rango sarebbe tanto piaciuto annientare le tue possibilità, ma sei troppo noto come paladino dell'onore e sincero sostenitore delle grandi imprese commerciali (soprattutto dopo che hai così bene onorato tutte le tue promesse in Africa). I cavalieri chiamati a votare non avevano scrupoli di coscienza riguardo a particolari quali l'elezione al consolato una seconda volta nel giro di tre anni o il fatto di candidarsi alla carica anche se assenti.

Mario alzò gli occhi dal rotolo, esultante. «Che ne pensi di un mandato del Popolo, Lucio Cornelio? Console per la seconda volta, e neppure sapevo di essere candidato!» Sollevò le braccia al di sopra della testa, come a voler toccare le stelle. «Porterò Martha la profetessa a Roma con noi. Vedrà con i suoi occhi il mio trionfo e il mio insediamento in carica nello stesso giorno, Lucio Cornelio! Ho appena preso una decisione, infatti: celebrerò il trionfo il giorno di Capodanno.»

«E ce ne andremo in Gallia» aggiunse Silla, di gran lunga più interessato a tale prospettiva. «Sempre che, Caio Mario, tu mi voglia con te.»

«Mio caro amico, non potrei fare a meno di te! O di Quinto Sertorio!»

«Finisci di leggere la lettera» disse Silla, constatando che gli occorreva altro tempo per digerire tutte quelle notizie da capogiro che si rendesse necessario discutere a fondo con Mario.

Così quando ti vedrò, Caio Mario, sarà per rimetterti le insegne della mia carica. Vorrei poter dire che sono contento con ogni fibra del mio essere. Per il bene di Roma, era vitale che ti fosse affidato il comando della guerra contro i Germani, ma oh, vorrei che si fosse potuto farlo in modo più ortodosso! Penso ai nemici che aggiungerai a quelli che ti sei già fatto, e tremo da capo a piedi. Hai provocato troppi cambiamenti nel modo di funzionare del nostro meccanismo legiferante. Sì, so bene che erano tutti quanti necessari, se dovevi sopravvivere. Ma, come è stato detto dai Greci a proposito del loro Odisseo, la tensione della sua vita era così forte da logorare tutte le tensioni vitali che incrociava, al punto di spezzarle. A mio parere, Marco Emilio Scauro, *Princeps Senatus*, ha dalla sua qualche ragione nella presente situazione, ché personalmente l'assolvo dall'ipocrisia dettata da ristrettezza mentale di uomini come Numidico del Porcile. Scauro vede tramontare l'antica tradizione di Roma, così come la vedo io. E sì, ho la netta sensazione che Roma sia tutta presa a erigere il proprio rogo funerario, e se si fosse potuto confidare che il Senato ti lasciasse in pace a sbrigartela con i Germani a modo tuo e quando lo volevi tu, nessuno di questi nuovi provvedimenti, strabilianti, straordinari, fuori dagli schemi, si sarebbe reso necessario. Ciononostante, mi accoro.

La voce di Mario non aveva vacillato, e neppure la decisione di leggere a Silla la lettera per intero, anche se la conclusione era meno soddisfacente e smorzava di parecchio il suo piacere.

«C'è ancora qualcosa» disse. «Te lo leggo.»

La tua candidatura, devo aggiungere a mo' di conclusione, ha messo in fuga tutti gli uomini d'onore e di qualche fama. Alcune persone per bene si sono spinte fino a iscrivere i propri nomi nella lista dei candidati, ma poi si sono ritirate tutte quante. Come ha fatto Quinto Lutazio Catulo Cesare, dichiarando che non intendeva collaborare con te come collega, più di quanto avrebbe fatto se fosse stato eletto il suo cagnolino. Ne consegue che il tuo collega nel consolato è un uomo di paglia. La qual cosa non dovrebbe sgomentarti più di tanto, ché sicuramente non ti darà battaglia. So che muori dalla voglia di sapere chi è, ma concedimi di tenerti un po' sulla corda! Di lui, dirò soltanto che è venale, anche se credo tu lo sappia già. Il suo nome? Caio Flavio Fimbria.

Silla sbuffò. «Oh, lo conosco» disse. «Un cercatore di sensazioni eccitanti, di passaggio nei lupanari di una Roma che era la mia, non la sua. E infido come la zampa posteriore di un cane.» I denti candidi balenarono, ma senza sortire l'effetto straordinario che avrebbero avuto in un volto appena un tantino più abbronzato. «Il che significa, Caio Mario: non permettergli di sollevare quella zampa e pisciarti addosso.»

«Mi affretterò a fare un salto da parte» disse Mario in tono grave. Tese la mano a Silla, che l'afferrò prontamente. «Facciamo un patto, Lucio Cornelio. Che batteremo i Germani, tu e io.»

L'esercito d'Africa e il suo comandante salparono da Utica alla volta di Pozzuoli verso la fine di novembre, in perfette condizioni fisiche e morali. Il mare era calmo per qualla stagione, e né il vento del nord, tramontana, né quello di nord-ovest, maestrale, disturbò la traversata. Che fu esattamente come Mario se l'aspettava; la sua carriera era in ascesa, la dea Fortuna era ai suoi ordini, proprio come i suoi legionari. Inoltre, Martha, la profetessa siriaca, aveva predetto un viaggio veloce e senza intoppi. Martha si era imbarcata con Mario sulla nave ammiraglia, ricolma di onori e di risatine sdentate, un decrepito sacco d'ossa che i marinai, i quali sono sempre gente superstiziosa, sbirciavano con la coda dell'occhio e fuggivano come la peste. Re Gauda non era stato molto felice di separarsi da lei; allora Martha aveva sputato sul pavimento di marmo di fronte al trono e minacciato di gettare il malocchio su di lui e tutta la sua dinastia. Dopodiché, Gauda non aveva visto l'ora di sbarazzarsene.

A Pozzuoli, Mario e Silla furono ricevuti da uno dei questori dell'erario eletti di recente, sbrigativo e ansioso di entrare in possesso della lista del bottino, ma anche molto deferente. Mario e Silla si compiacquero di rendersi graziosamente utili, e dato che esibirono una contabilità meticolosa, tutti furono soddisfatti. L'esercito si accampò alle porte di Capua, circondato dalle nuove reclute addestrate dai gladiatori coscritti da Rutilio Rufo. A questo punto, gli esperti centurioni di Mario furono comandati a collaborare. L'aspetto più triste della situazione, tuttavia, era la scarsità delle suddette reclute. L'Italia era un pozzo prosciugato, e tale sarebbe rimasta finché i ragazzi dell'ultima generazione non avessero compiuto diciassette anni in numero sufficiente a rinsanguare ancora una volta i ranghi. Persino i nullatenenti erano esauriti, quanto meno per ciò che concerneva i cittadini romani.

«E dubito fortemente che il Senato mi consentirà di reclutare soldati tra i nullatenenti italici» disse Mario.

«Non hanno altra scelta» ribatté Silla.

«Vero. *Se* faccio pressione. Ma, ora come ora, non è nel mio interesse, o nell'interesse di Roma, far pressione su di loro.»

Mario e Silla sarebbero rimasti separati fino a capodanno. Silla, logicamente, era libero di metter piede in città, mentre Mario, tuttora investito dell'*imperium* proconsolare, non poteva varcare la sacra cinta urbana, pena la sua perdita. Così, Silla era diretto a Roma, mentre Mario avrebbe raggiunto la sua villa a Cuma.

Capo Miseno costituiva il formidabile promontorio settentrionale di quella che era chiamata Baia del Cratere, un immenso e riparato ancoraggio, costellato di porti: Pozzuoli, Napoli, Ercolano Stabia e Sorrento. Secondo una leggenda, così antica che risaliva a molto prima delle credenze e della memoria umana, un tempo al posto della Baia del Cratere si ergeva un gigantesco vulcano, che era esploso ed era stato invaso dal mare. C'erano testimonianze di tale attività vulcanica, naturalmente. I Campi Flegrei accendevano il cielo notturno alle spalle di Pozzuoli di sinistri bagliori eruttando fiamme dalle fessure del terreno, e le pozze di melma ribollivano con pigri scoppiettii, e dovunque si vedevano incrostazioni sulfuree di un vivido giallo; fumarole che esalavano rombanti colonne di vapore si aprivano ovunque, di volta in volta richiudendosi o dilatandosi; e poi c'era il Vesuvio, un aspro, quasi nudo pinnacolo roccioso alto migliaia di metri, che si diceva fosse stato, un tempo, un vulcano attivo, sebbene nessuno sapesse quando ciò fosse accaduto, dato che il Vesuvio dormiva placidamente, a memoria d'uomo.

Due cittadine erano situate ai due lati della stretta prominenza di Capo Miseno, accompagnate da una serie di misteriosi laghi. Dal lato affacciato sul mare aperto si trovava Cuma, sul lato prospiciente la Baia del Cratere c'era Baia, e i laghi erano di due tipi: gli uni con un'acqua così limpida e tiepida che era l'ideale per coltivarvi ostriche, gli altri densi e bollenti, da cui si alzavano spirali di vapore sulfureo di un colore giallastro. Di tutti i luoghi di villeggiatura marina, Cuma era il più lussuoso, laddove Baia era rimasta relativamente allo stato naturale. In effetti, sembrava che Baia si stesse trasformando in una stazione commerciale e di pesca, perché una mezza dozzina di entusiasti stava tentando di escogitare un sistema per allevare le ostriche, capitanati dal patrizio decaduto Lucio Sergio, il quale sperava di riportare in auge le fortune familiari producendo ostriche coltivate e spedendole ai più facoltosi epicurei e gastronomi di Roma.

La villa di Mario a Cuma sorgeva in cima a un'imponente scogliera, e da quel punto si godeva la vista delle isole di Aenaria, Pandataria e Pontia, tre picchi svettanti al di sopra di pendii e piane a crescente distanza, simili a cime di montagne che sbucassero da una coltre di bruma azzurrina. E lì, nella villa di Mario, Iulia attendeva il marito.

Erano più di due anni e mezzo che non si vedevano; ora Iulia andava per i ventiquattro anni, e Mario ne aveva cinquantadue. Che Iulia avesse un disperato desiderio di rivederlo, Mario lo sapeva, dato che era venuta a Cuma da Roma in una stagione in cui la costa marina era fredda e burrascosa e Roma il luogo più confortevole dove stare. Le tradizioni le vietavano di seguire il marito nei suoi spostamenti, soprattutto se era, per così dire, in missione ufficiale; non poteva accompagnarlo nella sua Provincia e neppure in uno dei suoi viaggi in Italia, a meno che non fosse lui a invitarla ufficialmente, ed era considerato contrario all'etichetta diramare inviti del genere. D'estate, quando la moglie di un nobile romano si trasferiva al mare, il marito la raggiungeva ogniqualvolta gli era possibile, però viaggiavano separatamente; e se a lui veniva voglia di passare qualche giorno in campagna o in una delle sue molteplici ville fuori Roma, di rado si faceva accompagnare dalla moglie.

Iulia non era quel che si dice una moglie apprensiva; aveva scritto a Mario una volta alla settimana per tutto il tempo che era stato via, e lui le aveva scritto a sua volta con la stessa regolarità. Nessuno dei due indulgeva al pettegolezzo, sicché la loro corrispondenza tendeva a essere sbrigativa e verteva soprattutto su questioni familiari, pur essendo sempre affettuosa e piena di calore. Non era cosa che riguardasse Iulia, naturalmente, se Mario avesse avuto altre donne durante la sua assenza, e Iulia era di gran lunga troppo per bene ed educata per prendere in considerazione l'idea di indagare in proposito; né si aspettava che lui le rivelasse spontaneamente qualcosa. Cose del genere facevano parte del mondo maschile, e le mogli non c'entravano. Da quel punto di vista, come si era preoccupata di dirle sua madre Marzia, era stata molto fortunata a sposare un uomo che aveva trent'anni più di lei; i suoi appetiti sessuali, infatti, a sentire Marzia, erano sicuramente meno sfrenati di quelli di un uomo più giovane, così come il suo piacere nel rivedere la moglie era sicuramente più profondo di quello di un uomo più giovane.

Però Iulia aveva avvertito acutamente la sua mancanza, non solo perché lo amava, ma anche perché Mario l'appagava. In effetti, Mario le *piaceva*, e tale predilezione rendeva le separazioni più difficili da sopportare, perché le mancava l'amico, oltre che il marito e l'amante.

Quando Mario entrò nel salottino privato di Iulia senza farsi annunciare, lei si alzò goffamente, ma solo per constatare che le si piegavano le ginocchia, per cui si lasciò ricadere nello scranno. Com'era alto! E abbronzato e in forma e traboccante di vita! Non sembrava invecchiato di un giorno, anzi, pareva addirittura ringiovanito rispetto a come lo ricordava. Ci fu un largo sorriso abbagliante per lei — i denti di Mario erano perfetti come sempre — le sopracciglia cespugliose scintillavano di puntolini di luce riflessa dallo splendore degli occhi neri che si annidavano sotto di esse, e le grandi, belle mani si tendevano verso di lei. E lei non riusciva a muoversi! Che cos'avrebbe pensato Mario?

Ebbe pensieri gentili, a quanto parve, perché si portò accanto al suo scranno e la sollevò in piedi con dolcezza, non facendo alcun tentativo per abbracciarla, limitandosi a starsene lì a guardarla dall'alto con quel grande, largo sorriso abbagliante. Poi le prese il viso tra le mani a coppa e la baciò teneramente sulle palpebre, le guance, le labbra. Lei lo cinse con le braccia; gli si rannicchiò contro e nascose il viso sulla sua spalla.

«Oh, Caio Mario, sono così felice di vederti!» disse.

«Non più di quanto sia io di vedere te, moglie.» Le sue mani le accarezzarono la schiena, e Iulia le sentì tremare.

Levò il viso. «Baciami, Caio Mario! Baciami come si deve!»

E così il loro incontro fu tutto ciò che ognuno dei due aveva ardentemente sperato fosse, riscaldato dall'amore, colmo di passione. E non solo questo: c'era la gioia deliziosa di Mario Minore, e anche il dolore intimo cui entrambi i genitori ora potevano abbandonarsi per la morte del secondogenito.

Con grande, compiaciuta sorpresa di suo padre, Mario Minore era un bimbo splendido: alto, robusto, moderatamente biondo, e con un paio di grandi occhi grigi che scrutavano impavidi il padre. Con lui si era usata scarsa disciplina, sospettò il padre, ma ora tutto sarebbe cambiato. Un padre, avrebbe avuto modo di scoprire il furfantello quanto prima, non era qualcuno da dominare e manipolare; un padre andava riverito e rispettato, proprio come lui, Caio Mario, riveriva e rispettava il suo caro padre.

C'erano altre pene, oltre alla morte del secondogenito; Mario sapeva che Iulia aveva perso suo padre, ma ora apprese, dalle sensibili parole della moglie, che era morto anche il suo, di padre. Non prematuramente, e non prima delle elezioni che avevano visto il suo primogenito diventare console per la seconda volta in circostanze così strabilianti. La sua morte era stata rapida e misericordiosa, un colpo che l'aveva stroncato mentre il vecchio era tutto preso a descrivere agli amici il benvenuto che Arpino si preparava a dare al suo più illustre cittadino.

Mario affondò il viso nel seno di Iulia e pianse, venne consolato e, dopo, fu in grado di rendersi conto che ogni cosa accadeva al momento giusto. Sua madre Fulcinia, infatti, era morta da sette anni, e suo padre aveva sofferto di solitudine; se la dea Fortuna non era stata tanto gentile da consentirgli di rivedere il figlio, gli aveva almeno dato modo di venire a conoscenza dello straordinario onore tributato al figlio.

«Sicché è inutile che vada ad Arpino» disse Mario a Iulia più tardi. «Rimarremo qui, amore mio.»

«Publio Rutilio arriverà quanto prima. Dopo che i nuovi tribuni della plebe si saranno un po' calmati, ha detto. Secondo me, teme che possano rivelarsi alquanto difficili... alcuni di loro sono molto scaltri.»

«Allora, finché non arriverà Publio Rutilio, mia carissima, dolcissima, bellissima e diletta moglie, neppure penseremo a faccende esasperanti come la politica.»

Il ritorno a casa di Silla fu assai diverso. Tanto per cominciare, vi si avviò senza la minima traccia del semplice, aperto, ansioso piacere di Mario. Anche se il motivo per cui le cose stavano così non voleva conoscerlo, in quanto, al pari di Mario, aveva praticato l'astinenza sessuale durante i due anni trascorsi nella Provincia d'Africa — sia pure per ragioni diverse dall'amore per sua moglie, si era comunque astenuto dai rapporti sessuali. La pagina nuova di zecca e immacolata con cui aveva coperto la sua vita di un tempo non doveva mai essere insudiciata; bando alla corruzione, all'infedeltà nei confronti del suo superiore, agli intrighi e alle manovre di potere, ai sospetti di debolezze carnali, a una qualsiasi diminuzione del suo onore e della sua *dignitas* di appartenente alla *gens* Cornelia.

Attore nato, Silla si era calato anima e corpo nella nuova parte assegnatagli dal mandato di questore personale di Mario, la viveva mentalmente oltre che con tutte le sue azioni, i suoi sguardi, le sue parole. Finora non se n'era stancato, perché gli aveva offerto continui diversivi, enormi sfide e immensa soddisfazione. Poiché non gli era consentito di commissionare la propria maschera in cera finché non fosse stato eletto console, o non fosse diventato abbastanza famoso o illustre per qualche altro verso da averne diritto, era pur sempre in grado di attendere con ansia il momento in cui avrebbe commissionato a Magius del Velabro uno splendido supporto per i suoi trofei di guerra, la Corona d'Oro e le piastre e i collari, e avrebbe assistito di persona all'istallazione di quel monumento al suo valore nell'atrio di casa propria. Gli anni passati in Africa, infatti, erano stati una rivincita; se non si sarebbe mai trasformato in uno dei più grandi cavalleggeri del mondo, era comunque *diventato* uno dei soldati più dotati del mondo, e il trofeo di Magius, collocato nell'atrio, l'avrebbe testimoniato a Roma.

E tuttavia... tutto ciò che apparteneva alla sua vita di un tempo era ancora lì, immutato, e Silla se ne rendeva conto. La smania di rivedere Metrobio, l'amore per il grottesco, nani e travestiti e vecchie puttane imbellettate e personaggi scandalosi, l'intrattabile avversione per le donne che si servivano dei loro poteri per dominarlo, la capacità di spegnere una vita quando rappresentava un'insopportabile minaccia, l'intolleranza nei confronti degli sciocchi, l'ambizione che lo rodeva, lo consumava... La recita africana dell'attore era conclusa, ma Silla non agognava un prolungato riposo; il futuro aveva in serbo molte parti per lui. E tuttavia... Roma era il palcoscenico sul quale il suo io di un tempo si era esibito; Roma significava qualsiasi cosa, dalla rovina alla delusione alla scoperta. Così Silla viaggiò verso Roma di un umore circospetto, consapevole dei profondi mutamenti avvenuti in lui, ma altresì consapevole con in realtà ben poco era mutato. L'attore costretto a scegliere fra parti diverse, mai una creatura davvero a suo agio.

E Iulilla lo attendeva in modo assai diverso da come Iulia attendeva Mario, sicura di amare Silla assai di più di quanto Iulia amasse Mario. Per Iulilla qualsiasi dimostrazione di disciplina o autocontrollo era la prova concreta di un genere inferiore di amore; l'amore più sublime doveva sopraffare, invadere, abbattere le mura spirituali, scacciare ogni vestigio di pensiero razionale, rombare tempestoso, calpestare ogni cosa sul suo cammino, come un enorme elefante. Così Iulilla attendeva febbrilmente, incapace di consacrarsi a qualcos'altro che non fosse la brocca del vino, cambiandosi più volte al giorno, i capelli ora raccolti, ora sciolti sulle spalle, ora scostati di lato, facendo impazzire le ancelle.

E tutto questo Iulilla gettò su Silla, come un drappo tessuto con le più adesive e tentacolari ragnatele. Quando Silla mise piede nell'atrio, lei era lì e gli corse incontro impetuosamente, a braccia tese, il volto trasfigurato; prima che lui potesse guardarla e ricomporsi tanto da rendersi conto di ciò che provava, Iulilla aveva incollato la bocca sulla sua come una sanguisuga si attacca a un braccio, succhiando, divorando, dimenandosi, umida, gonfia e nera di sangue. Con le mani brancolava a tastargli i genitali ed emetteva suoni del più lascivo piacere, poi prese addirittura ad avvinghiarsi con le gambe al suo corpo, ritto lì nel luogo meno intimo della casa, sotto gli occhi beffardi di una dozzina di schiavi, che nella maggior parte dei casi erano per lui dei perfetti sconosciuti.

Silla non seppe trattenersi: sollevò le mani e si strappò di dosso le braccia di Iulilla, fece scattare la testa all'indietro, staccandosi dalla sua bocca.

«Un po' di contegno!» disse. «*Non* siamo soli!»

Iulilla trasalì come se le avesse sputato in faccia, ma ritrovò la lucidità necessaria per comportarsi in modo più pacato; fingendo noncuranza, lo prese sottobraccio e camminò al suo fianco, uscendo nel peristilio, che discesero fino al suo salottino personale, in quelli che erano stati gli alloggi di Nicopolis.

«Qui è abbastanza intimo?» domandò, in tono dispettoso.

Ma l'umore di Silla si era già guastato, ancor prima di quello sfogo di stizza; non voleva che la sua bocca o le sue mani s'insinuassero negli angoli più riposti del suo essere, senza riguardo per la sensibilità degli strati che penetrava.

«Più tardi, più tardi!» disse, raggiungendo uno scranno.

Lei se ne stette lì, povera, spaventata e strabiliata Iulilla, come se il mondo le fosse crollato addosso. Più bella che mai, ma di una bellezza estremamente fragile e delicata, dalle braccia esili che sbucavano da quelli che il marito riconobbe subito come i drappeggi all'ultima moda — un uomo col passato di Silla non perde mai il gusto istintivo per la linea o l'eleganza — agli occhi immensi, un tantino folli, infossati nelle orbite tra intense ombre bluastre.

«Io... non... capisco!» gli gridò poi, non osando spostarsi dal punto in cui si trovava, bevendolo con lo sguardo, non più avidamente, ma piuttosto come il topolino si abbevera al sorriso del gatto: sei un amico o un nemico?

«Iulilla,» disse lui, facendo appello a tutta la sua pazienza «sono stanco. Non ho avuto il tempo di imparare a camminare di nuovo sulla terraferma. In questa casa ho visto solo volti sconosciuti. E siccome non sono neppure un po' ubriaco, soffro di tutte le inibizioni di chi è perfettamente lucido circa il livello di licenza fisica che una coppia sposata possa permettersi in pubblico.»

«Ma io ti *amo!*» protestò lei.

«Lo spero bene. Proprio come io amo te. Ma anche così vi sono dei limiti» disse Silla rigidamente, volendo che tutto quanto, nella sua sfera romana, fosse esattamente come doveva essere, dalla moglie e dal domicilio alla carriera nel Foro.

Quando gli era capitato di pensare a Iulilla nei due anni di lontananza, sinceramente non aveva ricordato che tipo di *persona* fosse, ma solo il suo aspetto fisico, e quanto fosse freneticamente eccitante e appassionata a letto. In realtà, aveva pensato a lei come un uomo pensa all'amante, non alla moglie. Ora squadrò la giovane donna che era sua moglie e decise che sarebbe stata di gran lunga più soddisfacente come amante, una donna cui andare a far visita a sua discrezione, con la quale non dover dividere la casa, da non presentare ad amici e colleghi.

"Non avrei mai dovuto sposarla" pensò. "Mi sono lasciato trascinare da una visione del mio futuro, visto attraverso i suoi occhi... è questo, infatti, tutto ciò che Iulilla ha fatto: fungere da ricettacolo per trasmettere una visione dalla Fortuna all'eletto della Fortuna. Non mi sono soffermato a pensare che ci sarebbro state dozzine di giovani nobildonne disponibili, più adatte a me di una povera, sciocca creatura che ha tentato di lasciarsi morire di fame per amor mio. Il che è di per sé un eccesso. Non ho niente in contrario agli eccessi, ma non a un eccesso di cui io sia l'oggetto. Solo gli eccessi di cui sono autore, grazie! *Perché* ho passato la vita invischiato con donne che vogliono soffocarmi?"

Il viso di Iulilla si alterò. Distolse lo sguardo dagli occhi chiarissimi, inflessibili che indugiavano su di lei con un interesse clinico in cui non si leggeva traccia d'amore, o di desiderio. Ecco! Oh, che avrebbe fatto senza il suo amore? Vino, fedele, fidato vino... Senza soffermarsi a pensare che cosa potesse pensarne lui, si avvicinò a una mensola e si versò una coppa di vino puro, riempiendola fino all'orlo, e la ingollò d'un sorso; solo a questo punto si ricordò della presenza di Silla e si volse a fissarlo con sguardo interrogativo.

«Vino, Silla?» domandò.

Lui aveva la fronte aggrottata. «L'hai buttato giù davvero in fretta! È così che lo ingolli di solito?»

«Avevo bisogno di bere!» ribatté lei, di malumore. «Sei molto freddo e deprimente.»

Silla sospirò. «Hai proprio ragione. Non farci caso, Iulilla. Migliorerò. O forse dovresti... sì, sì, dammi quel vino!» Le strappò quasi di mano la coppa che lei gli tendeva in silenzio da qualche istante e bevve, ma non d'un sorso, e non l'intero contenuto. «L'ultima volta che ho avuto tue notizie... non ti va gran che di scrivere, eh?»

Le lacrime inondavano il volto di Iulilla, ma senza singhiozzi; piangeva in silenzio. «Detesto scrivere lettere!»

«Questo è chiarissimo» fece lui, asciutto.

«Comunque sia, che hai da dire sulle mie lettere?» domandò Iulilla, versandosi una seconda coppa di vino e buttandola giù in fretta come la prima.

«Stavo per dire che l'ultima volta che ho avuto tue notizie, ho avuto l'impressione che fossimo genitori di un paio di ragazzini. Una femmina e un maschio, è così? Non che ti sia curata di annunciarmi la nascita del maschietto... ho dovuto venirlo a sapere da tuo padre.»

«Stavo male» disse lei, continuando a piangere.

«Non sono autorizzato a vedere i miei figli?»

«Oh, laggiù!» esclamò Iulilla, indicando con veemenza in direzione del peristilio.

Silla la lasciò lì ad asciugarsi il viso con un fazzoletto e a riprendere in mano la brocca del vino per riempirsi la coppa vuota.

La prima visione che Silla ne ebbe fu attraverso la finestra aperta dei loro alloggi, e i piccoli non lo videro. Si udiva in sottofondo una voce sussurrante di donna, una donna nascosta; Silla si riempì gli occhi con la visione dei due bimbi che aveva generato. Una bambina... sì, doveva avere più di due anni ormai... ritta accanto a un maschietto... sì, doveva aver compiuto l'anno!

La bimba era incantevole, la più perfetta bambolina che avesse mai visto: testolina coronata da una massa di riccioli d'oro rosso, carnagione di latte e rose, fossette nelle rosee guance grassocce, e sotto le morbide sopracciglia d'oro rosso un paio di occhioni azzurri, felice e sorridente e traboccante d'amore per il fratellino.

Era persino più incantevole, il figlio che Silla non aveva mai visto. Già camminava... molto bene... completamente nudo... era proprio questo che gli rimproverava la sorellina, sicché doveva farlo spesso... e parlava... rispondeva per le rime alla sorella, il cattivello. E rideva. Somigliava a Cesare: lo stesso bel viso allungato, gli stessi folti capelli dorati, gli stessi occhi di un azzurro intenso del defunto suocero di Silla.

E il cuore addormentato di Lucio Cornelio Silla non si limitò a svegliarsi stiracchiandosi e sbadigliando, ma balzò nel mondo del sentimento come Pallade Atena doveva essere balzata, già adulta e armata di tutto punto, dalla fronte di Zeus, con uno squillo di tromba. Sulla soglia, Silla si lasciò cadere in ginocchio e tese loro le braccia, gli occhi lucidi.

«C'è *tata*» disse. «*Tata* è tornato.»

I bambini non ebbero un attimo di esitazione, non si ritrassero, ma corsero nel cerchio delle sue braccia e coprirono di baci il suo viso estatico.

Publio Rutilio Rufo finì col non essere il primo magistrato a far visita a Mario a Cuma; l'eroe tornato in patria si era appena riadattato al tran tran quotidiano, quando il suo intendente venne a informarsi se intendesse ricevere il nobile Lucio Marzio Filippo. Curioso di sapere che cosa desiderasse Filippo, che non l'aveva mai incontrato e conosceva la sua famiglia solo di sfuggita, Mario pregò il domestico di far accomodare il visitatore nel *tablinum*.

Filippo non andò per le lunghe; venne subito al motivo di quella visita. Un tipo un po' molle, pensò Mario: troppa carne flaccida attorno alla vita, troppa pappagorgia sotto il mento; ma con tutta l'arroganza e la sicurezza del suo clan, che si proclamava discendente da Anco Marzio, il quarto re di Roma, costruttore del Ponte Ligneo.

«Tu non mi conosci, Caio Mario,» disse, affondando lo sguardo degli occhi marrone scuro in quelli di Mario «così ho pensato bene di cogliere la prima occasione possibile per metter riparo all'omissione... dato che *sei* il primo console dell'anno prossimo, e io sono un tribuno della plebe appena eletto.»

«Davvero gentile, da parte tua, voler metter riparo all'omissione» disse Mario, con un sorriso privo di ironia.

«Sì, suppongo lo sia» fece Filippo in tono blando. Si mise comodo nello scranno e accavallò le gambe, un gesto affettato che a Mario non era mai andato a genio, giudicandolo poco mascolino.

«Che posso fare per te, Lucio Marzio?»

«A dire il vero, moltissimo.» Filippo protese la testa, e il suo viso si fece di colpo meno molle, anzi decisamente ferino. «Mi trovo in difficoltà finanziarie, Caio Mario, e ho pensato che mi convenisse... diciamo così... offrirti i miei servigi come tribuno della plebe. Mi sono domandato, per esempio, se ci fosse qualche leggina che gradiresti fosse varata. O magari ti piacerebbe anche solo sapere che hai un fedele sostenitore fra i tribuni della plebe, qui a Roma, mentre sarai lontano a scacciare il lupo germanico dalla nostra porta. Che sciocchi, i Germani! Non si sono ancora resi conto che Roma è una lupa, no? Ma lo capiranno, ne sono certo. Se c'è qualcuno in grado di insegnar loro la natura lupesca di Roma, quello sei tu.»

La mente di Mario si era mossa con singolare rapidità durante questo preambolo. Si mise comodo anche lui, ma non accavallò le gambe. «A dire il vero, mio caro Lucio Marzio, *c'è* una leggina che gradirei fosse varata dall'Assemblea della Plebe, suscitando il minimo scalpore o attirando la minima attenzione. Sarei felice di aiutarti a cavarti d'impiccio dal punto di vista finanziario, se tu potessi risparmiarmi qualsiasi fastidio legislativo.»

«Più generosa sarà la donazione alla mia causa, Caio Mario, e meno scalpore o attenzione provocherà la mia legge» disse Filippo con un largo sorriso.

«Splendido! Di' il tuo prezzo» fece Mario.

«Oh, numi! Vai subito al *sodo*, tu!»

«Di' il tuo prezzo» ripeté Mario.

«Mezzo milione» disse Filippo.

«Di sesterzi» disse Mario.

«Di *denarii*» lo corresse Filippo.

«Oh, vorrei un bel po' di più di una leggina per mezzo milione di *denarii*» disse Mario.

«Per mezzo milione di *denarii*, Caio Mario, otterrai molto di più. Non solo i miei servigi durante il tribunato, ma anche in seguito. È un impegno solenne.»

«Allora, affare fatto.»

«È stato facilissimo!» esclamò Filippo, tranquillizzandosi. «Ora, dimmi, che posso fare per te?»

«Mi serve una legge agraria» rispose Mario.

«Questo *non* sarà facile!» Filippo si raddrizzò, l'aria attonita. «Perché mai ti occorre una legge agraria? Ho bisogno di soldi, Caio Mario, ma solo se vivrò abbastanza da spendere ciò che rimarrà, una volta pagati i debiti! Non rientra nelle mie ambizioni farmi ammazzare a bastonate sul Campidoglio, perché ti garantisco, Caio Mario, che non sono un Tiberio Gracco, io!»

«La legge è di carattere agrario, sì, ma non controversa» lo rassicurò Mario. «*Ti* posso garantire, Lucio Marzio, che non sono un riformatore o un rivoluzionario, e ho altri, migliori progetti per i poveri di Roma che far loro dono del suo prezioso territorio demaniale! Li arruolerò nelle legioni... e li farò lavorare per la terra che intendo assegnar loro! Nessuno dovrebbe ricevere alcunché per nulla, perché l'uomo non è una bestia.»

«Ma quali altre terre ci sono da assegnare, oltre a quelle pubbliche? A meno tu non intenda che lo stato dovrebbe comprarne altre? O acquisirne altre? Ma ciò comporterebbe la necessità di reperire denaro» disse Filippo, ancora molto a disagio.

«Non c'è bisogno di allarmarsi» lo rassicurò Mario. «Le terre in questione sono già in possesso di Roma. Finché conserverò l'*imperium* proconsolare in Africa, ho tutto il diritto di stabilire la destinazione della terra confiscata al nemico. Posso affittarla ai miei clienti, o venderla all'incanto al miglior offerente, o assegnarla a qualche re straniero come parte dei suoi domìni. Tutto ciò che devo fare è assicurarmi che il Senato convalidi i miei provvedimenti.»

Mario si dimenò, si protese e proseguì: «Ma non ho la minima intenzione di denudarmi il sedere perché dei tizi come Metello Numidico ci affondino i denti, così mi propongo di tirare avanti per la mia strada come ho sempre fatto in passato, nel pieno rispetto della legge, o della prassi generale e dei precedenti. Di conseguenza, il giorno di Capodanno intendo rimettere l'*imperium* proconsolare sull'Africa senza permettere a Metello Numidico di dare neanche un'occhiata al mio sedere nudo.

«Tutti i principali provvedimenti riguardanti il territorio da me acquisito nel nome del Senato e del Popolo di Roma hanno già ottenuto la sanzione senatoriale. Ma c'è una cosa che non intendo affrontare di persona. Si tratta di una faccenda talmente delicata, in effetti, che mi propongo di conseguire l'obiettivo in due fasi ben distinte. L'una nell'anno che sta per iniziare, l'altra l'anno successivo.

«Il tuo compito, Lucio Marzio, consisterà nel mettere a punto la prima fase. Per farla breve, se vogliamo che Roma continui a mettere in campo eserciti all'altezza della situazione, il servizio nelle legioni dovrà diventare una carriera *allettante* per il nullatenente, e non semplicemente un'alternativa cui sia spinto dallo zelo patriottico nei momenti di emergenza o dalla noia in altri momenti. Se gli si offrono gli incentivi di normale amministrazione, ossia una piccola paga e una piccola quota del bottino razziato durante la campagna, può darsi che non sia allettato. Ma se gli si assicura un pezzo di terra fertile dove insediarsi, o da vendere al momento del congedo, l'incentivo ad arruolarsi sarà fortissimo. Non può, tuttavia, trattarsi di terra in territorio italico. Né, del resto, vedo perché dovrebbe».

«Credo di cominciare a capire a che cosa miri, Caio Mario» disse Filippo, mordicchiandosi il turgido labbro inferiore. «Interessante.»

«Lo penso anch'io. Ho destinato le isole della Piccola Sirte, in Africa, a luoghi in cui insediare i miei nullatenenti dopo il congedo — congedo che, grazie ai Germani, è ancora lontano nel tempo. Tempo che userò per assicurarmi l'approvazione del Popolo all'assegnazione di terre sulle isole di Meninx e di Cercina ai miei legionari. Ho però molti nemici che tenteranno di impedirmelo, se non altro perché hanno costruito la loro carriera sul tentativo di bloccarmi» disse Mario.

Filippo mosse su e giù la testa come un saggio dell'antichità. «Che ti sia fatto molti nemici, Caio Mario, è vero.»

Nel dubbio che tale osservazione fosse venata di sarcasmo, Mario fulminò Filippo con lo sguardo, poi continuò: «Il tuo compito, Lucio Marzio, sarà quello di presentare all'Assemblea della Plebe un progetto di legge inteso a destinare le isole della Piccola Sirte, in Africa, al territorio pubblico di Roma, vietandone l'affitto o la spartizione o la vendita senza il ricorso a ulteriori plebisciti. Non dovrai accennare ai legionari, e neppure ai nullatenenti. Tutto ciò che dovrai fare, con molta noncuranza e senza scalpore, sarà di assicurarti che le isole in questione siano poste ben al riparo da mani avide. È di vitale importanza che i miei nemici non sospettino la mia presenza dietro la tua leggina».

«Oh, credo che ci riuscirò» disse Filippo più allegramente.

«Bene. Il giorno in cui la legge entrerà in vigore, dirò ai miei banchieri di depositare mezzo milione di *denarii* a tuo nome, secondo criteri tali da non permettere che si possa attribuire a me il mutamento delle tue fortune» promise Mario.

Filippo si rimise in piedi. «Ti sei comprato un tribuno della plebe, Caio Mario» disse, tendendogli la mano. «E ciò che più conta, continuerò a essere il tuo uomo per tutta la mia carriera politica.»

«Sono lieto di saperlo» fece Mario, stringendogli la mano. Ma, non appena Filippo ebbe preso congedo, si fece portare dell'acqua calda e si lavò accuratamente le mani.

«Solo perché faccio ricorso alla corruzione, non significa che debba trovare simpatici gli uomini che corrompo» disse Caio Mario a Publio Rutilio Rufo, quando arrivò a Cuma di lì a cinque giorni.

Rutilio Rufo abbozzò una smorfia di rassegnazione. «Be', ha mantenuto la parola» disse. «Ha presentato la tua modesta leggina agraria come se fosse farina del suo sacco, e l'ha fatta sembrare così logica che nessuno ci ha trovato a ridire, magari solo per il gusto di trovarci a ridire. Astuto, quel Filippo, sia pure in modo un po' viscido. Si è meritato l'alloro del patriottismo dicendo all'assemblea che, a suo modo di vedere, nella spartizione dell'immenso territorio africano, una minuscola, insignificante parte andava messa da parte — anzi, "messa in banca", sono state le sue parole!

— per il futuro del Popolo romano. C'è stato persino chi, tra i tuoi nemici, ha pensato che lo facesse solo per irritarti. La legge è passata senza un mormorìo. »

« Bene! » fece Mario con un sospiro di sollievo. « Per un po' posso star certo che le isole resteranno lì ad aspettarmi, intatte. Mi serve dell'altro tempo per dimostrare concretamente il valore dei legionari nullatenenti prima che possa osare l'assegnazione di un pezzo di terra come liquidazione. Non ti pare già di sentirli? Il soldato romano di vecchio stampo non doveva essere comprato con la donazione di terre; e allora, perché mai al soldato di nuovo genere dovrebbe essere riservato un trattamento preferenziale? » Scrollò le spalle. « Comunque sia, basta. Che altro è successo? »

« Ho fatto approvare una legge che consente al console di nominare altri tribuni militari senza dover ricorrere alle elezioni, ogniqualvolta lo stato si trovi a fronteggiare una reale emergenza » rispose Rutilio.

« Sempre preoccupato per ciò che potrebbe riservarci il domani! E hai già scelto qualche tribuno militare in base alla tua legge? »

« Ventuno. Lo stesso numero dei tribuni caduti ad Arausio. »

« Tra i quali? »

« Il giovane Caio Giulio Cesare. »

« Questa, sì, che è una buona notizia! Perlopiù le notizie riguardanti i parenti non lo sono. Ti ricordi Caio Lusio? Quel tizio che aveva sposato Gratidia, la sorella di mio cognato? »

« Vagamente. Numanzia? »

« Proprio lui. Un orrendo nanerottolo. Però ricchissimo. Comunque sia, lui e Gratidia hanno messo al mondo un erede, che ora ha venticinque anni. E mi implorano di portarmelo appresso a combattere i Germani. Non ho mai visto il rampollo in questione, ma ho dovuto dire di sì, altrimenti mio fratello Marco non avrebbe più avuto pace. »

« A proposito del tuo vasto assortimento di parenti, sarai lieto di sapere che il giovane Quinto Sertorio è tornato a casa a Nersia da sua madre, e si rimetterà in tempo per venire con te in Gallia. »

« Bene! Anche Cotta si è recato in Gallia quest'anno, eh? »

Rutilio Rufo emise un rumoraccio sprezzante. « Domando e dico, Caio Mario! Un ex pretore e cinque senatori di basso rango per comporre una delegazione incaricata di far intendere la ragione a tipi come Cepione? Ma io conoscevo il mio Cotta, mentre Scauro e il Dalmatico e Metello del Porcile, no. Non avevo dubbi che se ci fosse stato qualcosa da salvare, Cotta ci sarebbe riuscito. »

« E Cepione, è tornato? »

« Oh, non è ancora colato a picco, ma deve vogare con tutte le sue forze per tenersi a galla, te lo posso assicurare. Prevedo che, col passar del tempo, si stancherà al punto di riuscire a mantenere solo le narici sopra il pelo dell'acqua. Un'immensa ondata di sdegno si sta sollevando contro di lui nell'opinione pubblica, sicché i suoi amici dei primi banchi non sono in grado di fare per lui quanto vorrebbero.»

«Bene! Dovrebbe essere gettato nei sotterranei del carcere e lasciato là a morire di fame» disse Mario, tetro.

«Soltanto dopo aver spaccato tutta la legna necessaria a erigere ottantamila pire funerarie» aggiunse Rutilio, sogghignando.

«E i Marsi? Si sono quietati?»

«Riguardo alla richiesta di risarcimento, vuoi dire? Il Senato ne ha vietato la discussione in tribunale, naturalmente, ma così facendo non ha di certo aumentato il numero degli amici di Roma. Il comandante della legione della Marsica, tale Quinto Poppedio Silone, è venuto a Roma con l'intenzione di testimoniare, e scommetto che non indovineresti mai chi altri fosse disposto a deporre in suo favore» disse Rutilio Rufo.

Mario sorrise ironico. «Hai proprio ragione, non lo indovinerei. Chi?»

«Nientedimeno che mio nipote, il giovane Marco Livio Druso! Sembra che si siano conosciuti dopo la battaglia: la legione di Druso era schierata proprio accanto a quella di Silone, a quanto pare. Ma per Cepione è stato un duro colpo quando mio nipote, che si dà il caso sia suo genero, ha iscritto il suo nome per testimoniare in una causa che riguarda direttamente la condotta tenuta da Cepione.»

«È un cucciolo con i denti aguzzi» osservò Mario, ricordando il giovane Druso in tribunale.

«È cambiato, dopo Arausio» disse Rutilio Rufo. «Direi che è maturato.»

«Allora può darsi che in futuro Roma possa contare su un uomo di valore» fece Mario.

«Sembra probabile. Però noto un netto cambiamento in tutti quelli che sono sopravvissuti a quella strage» disse Rutilio Rufo con tristezza. «Non si è ancora riusciti a rintracciare tutti i soldati che si sono posti in salvo attraversando il Rodano a nuoto, sai. Dubito che ci riusciremo mai.»

«Li scoverò io» ribatté Mario, tetro. «Sono nullatenenti, e ciò significa che la cosa mi riguarda direttamente.»

«La faccenda va a tutto vantaggio di Cepione, naturalmente» continuò Rutilio Rufo. «Sta tentando di dare la colpa a Gneo Mallio e a quegli straccioni di nullatenenti, come definisce i componenti del suo esercito. I Marsi sono tutt'altro che contenti di sentirsi definire nullatenenti, e lo stesso dicasi dei Sanniti, e il mio giovane nipote Marco Livio si è presentato in pubblico giurando che i nullatenenti non c'entravano. È un ottimo oratore, ed è ancor meglio come imbonitore.»

«Essendo genero di Cepione, come può criticare l'operato del suocero?» domandò Mario, incuriosito. «Avrei pensato che persino i più ostili a Cepione fossero inorriditi da una tale mancanza di lealtà familiare.»

«Non critica l'operato di Cepione, almeno non apertamente. La cosa è molto chiara, in realtà. Marco Livio neppure accenna a Cepione! Si limita a confutare le accuse di Cepione, secondo cui la sconfitta è da imputarsi all'esercito di nullatenenti agli ordini di Gneo Mallio. Ma ho notato che il giovane Marco Livio e il giovane Cepione Minore non sono più uniti come un tempo, e la cosa è alquanto strana, dato che Cepione Minore ha sposato mia nipote, la sorella di Druso» disse Rutilio Rufo.

«Be', che cosa ci si può aspettare, quando tutti voi sciagurati aristocratici vi intestardite a sposarvi tra cugini anziché immettere sangue nuovo?» domandò Mario, poi scrollò le spalle. «Ma basta! Altre notizie?»

«Riguardano solo i Marsi, o meglio, gli alleati italici. Si va creando molta ostilità nei nostri confronti, Caio Mario. Come sai, sono mesi che tento di reclutare uomini. Ma gli alleati italici si rifiutano di collaborare. Quando ho chiesto loro di fornirmi nullatenenti, dal momento che si ostinano a dire che non esistono più uomini con beni di fortuna in età di prestare servizio militare, mi hanno risposto che non dispongono neppure di nullatenenti!»

«Be', sono popolazioni rurali, suppongo che sia possibile» disse Mario.

«Sciocchezze! Mezzadri, pastori, contadini itineranti, braccianti liberi... quando mai una qualsiasi comunità rurale non ne ha avuto a disposizione in abbondanza? Ma gli alleati italici *insistono* a dichiarare che non esistono nullatenenti! Perché? L'ho domandato loro in una lettera. Perché, hanno risposto, tutti gli uomini italici che *avrebbero potuto* qualificarsi come nullatenenti sono attualmente schiavi di Roma, nella maggior parte dei casi forzati per debiti. Oh, è davvero molto triste!» fece Rutilio Rufo in tono grave. «Ogni nazione italica ha scritto in termini molto duri al Senato, protestando per il trattamento subìto da parte di Roma — e non solo la Roma ufficiale, bada bene, ma anche da parte di privati cittadini romani che occupano posizioni di potere. I Marsi, i Peligni, i Piceni, gli Umbri, i Sanniti, gli Apuli, i Lucani, gli Etruschi, i Maruccini, i Vestini... la lista è completa, Caio Mario!»

«Be', sapevamo da un pezzo che si stavano preparando guai» osservò Mario. «La mia speranza è che la comune minaccia dei Germani contribuisca a unire questa nostra penisola in disfacimento.»

«Non credo che ci riuscirà» disse Rutilio Rufo. «Tutte le nazioni sostengono che Roma ha preso il vezzo di tener lontani da casa per tanto tempo i loro uomini con beni di fortuna, che le loro fattorie o attività commerciali sono andate in fallimento perché non c'era nessuno a occuparsene, e tutti quelli così fortunati da essere sopravvissuti alle battaglie combattute per conto di Roma, tornando a casa si sono scoperti indebitati con latifondisti romani o uomini d'affari locali in possesso della cittadinanza romana. Così, dichiarano, Roma possiede già i loro nullatenenti in qualità di schiavi disseminati da un capo all'altro del Mediterraneo! In particolare, dichiarano, nei luoghi in cui Roma ha bisogno di schiavi competenti in fatto di agricoltura: l'Africa, la Sardegna, la Sicilia.»

Mario cominciava ad apparire altrettanto a disagio. «Non avevo idea che le cose fossero arrivate a questo punto» disse. «Possiedo anch'io un bel po' di terra in Etruria, che comprende molte fattorie confiscate per debiti. Ma che altro si può fare? Se non le avessi comprate *io*, quelle fattorie, l'avrebbe fatto Metello del Porcile o suo fratello, il Dalmatico! Ho ereditato delle proprietà terriere in Etruria dalla famiglia di mia madre Fulcinia, ed è per questo che ho concentrato la mia attenzione su quella regione. Però è innegabile che in Etruria io figuri come un grosso latifondista.»

«E scommetto che neppure sai che ne hanno fatto, i tuoi agenti, degli uomini cui sono state confiscate le fattorie» disse Rutilio.

«Hai ragione, non lo so» ammise Mario, ora apertamente a disagio. «Non avevo idea che esistessero tanti Italici in stato di schiavitù. Sarebbe come asservire dei cittadini romani!»

«Be', facciamo anche quello quando qualche cittadino romano s'indebita.»

«Sempre meno spesso, Publio Rutilio!»

«Vero.»

«Mi occuperò delle lagnanze italiche non appena m'insedierò in carica» disse Caio Mario in tono deciso.

Lo scontento italico incombeva cupo sullo sfondo, quel dicembre, accentrandosi soprattutto presso le bellicose tribù montanare del centro, alle spalle delle valli del Tevere e del Liri, capeggiate dai Marsi e dai Sanniti. Ma si avvertivano anche altri sordi brontolii, diretti contro i privilegi della nobiltà romana e provocati da altri aristocratici di Roma.

I nuovi tribuni della plebe si davano un gran da fare. Scottato dalla circostanza che suo padre era uno dei generali incompetenti tanto odiati in quel momento, Lucio Cassio Longino presentò una soprendente proposta di legge che prevedeva un dibattito in una adunanza dell'Assemblea della Plebe. Chiunque l'assemblea avesse privato dell'*imperium*, doveva perdere anche il seggio al Senato. Il che equivaleva a una dichiarazione di guerra in piena regola contro Cepione! Era infatti opinione generale che Cepione, se e quando fosse stato processato per alto tradimento secondo la legislazione in vigore, sarebbe stato assolto. Grazie al suo potere e alla sua ricchezza, teneva in pugno troppi cavalieri della Prima e della Seconda Classe per non essere assolto. Ma la proposta di legge dell'Assemblea della Plebe, intesa a privarlo del seggio al Senato, era tutt'altro paio di maniche. E per quanto accanita fosse la reazione di Metello Numidico e dei suoi colleghi, il progetto di legge proseguì il cammino verso l'approvazione. Lucio Cassio non intendeva condividere l'odio di cui suo padre era fatto oggetto.

E poi scoppiò la tempesta religiosa, seppellendo sotto la sua furia ogni altra considerazione; dato che presentava un lato buffo, la cosa era inevitabile, considerando il gusto dei Romani per la comicità. Quando Gneo Domizio Enobarbo era stramazzato stecchito sui rostri durante la disputa a proposito della candidatura al consolato di Caio Mario, aveva lasciato una questione in sospeso che non era in suo potere risolvere. Enobarbo era un pontefice, un sacerdote di Roma, e la sua morte lasciò un posto vacante nel sacro collegio sacerdotale. A quel tempo, era Pontefice Massimo l'ormai anziano Cecilio Metello Dalmatico, e tra i sacerdoti figuravano Marco Emilio Scauro, *Princeps Senatus*, Publio Licinio Crasso e Scipione Nasica.

I nuovi sacerdoti venivano cooptati dai membri superstiti del collegio, un plebeo da un plebeo, e un patrizio da un patrizio; i collegi dei sacerdoti e degli auguri di regola erano composti per metà da plebei e per metà da patrizi. Per tradizione, il sacerdote di nuova nomina doveva appartenere alla stessa famiglia del defunto, consentendo in tal modo che il sacerdozio e la carica di augure si tramandassero di padre in figlio, o di zio in nipote, o di cugino in cugino. L'onore e la *dignitas* della famiglia andavano salvaguardati. E, logicamente, Gneo Domizio Enobarbo il Giovane, diventato capo del suo ramo della famiglia, si aspettava di essere invitato a prendere il posto del padre in veste di sacerdote.

C'era un problema, tuttavia, e il problema si chiamava Scauro.

Quando il collegio sacerdotale si riunì per cooptare il nuovo membro, Scauro annunciò che non era favorevole ad attribuire il posto del defunto Enobarbo a suo figlio. Una delle ragioni per cui era sfavorevole, non la rivelò, anche se traspariva da tutto ciò che disse e campeggiava del pari chiaramente nella testa dei tredici sacerdoti che lo ascoltavano; e cioè che Gneo Domizio Enobarbo era stato un individuo cocciuto, litigioso, irascibile e sgradevole e aveva generato un figlio persino peggiore di lui. Nessun nobile romano faceva caso alle idiosincrasie dei suoi pari, e ciascuno era disposto a rassegnarsi a tutta una serie di caratteristiche del tipo meno ammirevole; a condizione, beninteso, di non aver a che fare con tali individui. Ma i collegi sacerdotali erano organismi molto compatti e si riunivano entro gli angusti confini della *Regia*, l'ufficetto del Pontefice Massimo, e il giovane Enobarbo aveva solo trentatré anni. A chi, come Scauro, aveva sopportato suo padre per molti anni, l'idea di dover sopportare il figlio non andava per niente a genio. E fortuna voleva che Scauro avesse due valide ragioni da offrire ai sacerdoti suoi colleghi per convincerli a non assegnare il posto vacante al giovane Enobarbo.

La prima era che, quando Marco Livio Druso il censore era morto, suo figlio, allora diciannovenne, non ne aveva ereditato la dignità sacerdotale. Era parso a tutti che fosse un po' troppo giovane. La seconda era che il giovane Marco Livio Druso manifestava tutt'a un tratto allarmanti tendenze ad abbandonare il suo naturale retaggio di profondo conservatorismo; Scauro aveva l'impressione che, se si fosse visto attribuire la dignità sacerdotale che era stata di suo padre, la cosa avrebbe contribuito a riportarlo nel solco dei suoi avi, tanto legati alla tradizione. Suo padre era stato un nemico inveterato di Caio Gracco, eppure la condotta che il giovane Druso teneva al Foro Romano lo rendeva in qualche modo simile a Caio Gracco! Aveva delle attenuanti, arguiva Scauro, in particolare la violenta emozione di Arausio. Così, quale espediente migliore e più sottile poteva esserci che quello di cooptare il giovane Druso nel collegio sacerdotale cui suo padre era appartenuto?

Gli altri tredici sacerdoti, ivi compreso il Pontefice Massimo Dalmatico, ritenevano che fosse uno splendido modo per risolvere il dilemma di Enobarbo, soprattutto perché il vecchio Enobarbo era riuscito a ottenere un posto nel collegio degli auguri per il figlio minore, Lucio, poco prima di morire. Di conseguenza, la famiglia non poteva lamentare la totale mancanza di dignità sacerdotale.

Ma quando Gneo Domizio Enobarbo il Giovane venne a sapere che il posto vacante nel collegio sacerdotale sarebbe stato occupato da Marco Livio Druso, non fu per nulla contento. Anzi, ci rimase malissimo. Durante la prima sessione del Senato annunciò che intendeva perseguire Marco Emilio Scauro, *Princeps Senatus*, sotto l'accusa di sacrilegio. L'occasione era stata l'adozione di un patrizio da parte di un plebeo, faccenda alquanto complicata che richiedeva la sanzione del Collegio dei sacerdoti oltre che dei Littori delle Trenta *Curiae*; il giovane Enobarbo sosteneva che Scauro non aveva rispettato tutti i requisiti del caso. Perfettamente consapevole della vera ragione che stava dietro quell'improvvisa manifestazione di puntiglio sacerdotale, il Senato non si lasciò minimamente impressionare. E neppure Scauro, che si limitò ad alzarsi e a squadrare dall'alto in basso il volto paonazzo di Enobarbo.

«Tu, Gneo Domizio, che non sei neppure un sacerdote!... accusi me, Marco Emilio, sacerdote e capo del Senato, di *sacrilegio*?» domandò Scauro in tono glaciale. «Gambe in spalla, vattene a gingillarti con i tuoi nuovi giocattoli all'Assemblea della Plebe finché non sarai cresciuto!»

E questo parve concludere la faccenda. Enobarbo uscì a precipizio dall'aula tra scrosci di risa, fischi, grida di: «Hai perso la partita!».

Ma Enobarbo non era ancora sconfitto. Scauro gli aveva intimato di andare a baloccarsi con i suoi nuovi giocattoli all'Assemblea della Plebe, e questo era precisamente quel che si proponeva di fare! Tempo due giorni, aveva presentato una nuova proposta di legge, e prima che si concludesse l'anno vecchio fece in modo che si affrontasse il dibattito e la votazione per trasformarla in legge a tutti gli effetti. In futuro, i nuovi membri dei collegi dei sacerdoti e degli auguri non sarebbero più stati cooptati dai membri superstiti, diceva la legge Domizia sui sacerdoti; sarebbero stati eletti da una speciale assemblea tribale, e chiunque avrebbe avuto il diritto di candidarsi.

«Ma bene» disse Metello Dalmatico, Pontefice Massimo, rivolto a Scauro. «Andiamo proprio bene!»

Ma Scauro si limitò a ridere, senza riuscire a fermarsi. «Oh, Lucio Cecilio, devi ammettere che ce l'ha proprio fatta!» esclamò, asciugandosi gli occhi. «E devo dire che mi è diventato più simpatico, per questo.»

«Appena uno di noi tirerà le cuoia, presenterà la sua candidatura» disse il Pontefice Massimo Dalmatico, tetro.

«E perché no? Se l'è meritata» fece Scauro.

«E se toccasse a me? Diventerebbe addirittura Pontefice Massimo!»

«Che splendida lezione sarebbe per tutti noi!» ribatté Scauro, impertinente.

«Ho sentito dire che ora ce l'ha con Marco Giunio Silano» disse Metello Numidico.

«È vero, per aver illegalmente dato il via a una guerra contro i Germani nella Gallia Transalpina» rispose il Dalmatico.

«Be', potrebbe convincere l'Assemblea della Plebe a processare Silano, nel qual caso un'accusa di alto tradimento comporterebbe il ricorso alle Centurie» disse Scauro, ed emise un fischio. «È abile, sapete! Comincio a pentirmi di non averlo cooptato al posto di suo padre.»

«Oh, sciocchezze, non è vero!» disse Metello Numidico. «Ti stai divertendo come un pazzo per questo terribile insuccesso.»

«E perché non dovrei?» ribatté Scauro, fingendo sorpresa. «Questa è *Roma*, Padri Coscritti! Roma come Roma dovrebbe essere! Tutti noi aristocratici, impegnati in una sana competizione!»

«Sciocchezze, sciocchezze, sciocchezze!» esclamò Metello Numidico, che ancora ribolliva di rabbia perché Caio Mario quanto prima sarebbe diventato console. «La Roma che conosciamo sta morendo! Gente che viene eletta al consolato una seconda volta nel giro di tre anni e che neppure era presente a Roma per esibirsi in *toga candida*... i nullatenenti ammessi a far parte delle legioni... sacerdoti e auguri nominati per elezione... le decisioni del Senato su chi è chiamato a coprire una carica capovolte dal Popolo... lo stato costretto a sborsare cifre enormi per armare gli eserciti di Roma... Uomini Nuovi e gente appena affacciatasi alla ribalta, arbitri della situazione... puah!»

Il settimo anno (104 a.C.)

DURANTE IL CONSOLATO DI
CAIO MARIO (II)
E
CAIO FLAVIO FIMBRIA

L'ottavo anno (103 a.C.)

DURANTE IL CONSOLATO DI
CAIO MARIO (III)
E
LUCIO AURELIO ORESTE

Il nono anno (102 a.C.)

DURANTE IL CONSOLATO DI
CAIO MARIO (IV)
E
QUINTO LUTAZIO CATULO CESARE

PUBLIO RUTILIO RUFO

Il compito di organizzare il corteo trionfale di Mario era stato affidato a Silla; il quale eseguì scrupolosamente gli ordini ricevuti.

«Desidero che il trionfo sia una faccenda rapida e sbrigativa» gli aveva detto Mario, non appena erano sbarcati a Pozzuoli dall'Africa. «Salita al Campidoglio entro l'ora sesta al massimo e, subito dopo, la cerimonia dell'insediamento e la convocazione in seduta del Senato. Il tutto nel modo più rapido possibile, perché ho deciso che la cosa memorabile dovrà essere il *banchetto*. Dopotutto, festeggio due volte: trionfo come generale e anche come nuovo primo console. Quindi, voglio un festino di prim'ordine, Lucio Cornelio! Niente uova sode e formaggi scadenti, mi hai capito? Vivande della migliore e più costosa qualità, vasellame d'oro e giacigli di porpora.»

Silla aveva ascoltato tutto questo sentendosi stringere il cuore. "Non sarà mai altro che un contadino con velleità di scalata sociale" pensò. "Lo sbrigativo corteo e le frettolose cerimonie consolari, seguiti da un banchetto come quello che mi ha ordinato, denotano scarsa conoscenza dell'etichetta. Soprattutto quel festino volgarmente fastoso!"

Tuttavia, seguì le istruzioni alla lettera. Carretti carichi di vasche d'argilla rivestite di cera all'interno per renderle impermeabili trasportarono a Roma bacinelle di ostriche di Baia e di gamberi campani d'acqua dolce e di gamberetti della Baia del Cratere, mentre altri carretti attrezzati allo stesso modo trasportarono anguille e lucci e persici d'acqua dolce dall'alta valle del Tevere; una squadra di esperti pescatori di persici si appostò agli sbocchi delle fogne di Roma; ingrassati con mangime a base di focacce al miele tuffate nel vino, capponi e anitre, porcellini e capretti, fagiani e cerbiatti furono consegnati agli approvvigionatori per essere arrostiti e imbottiti, farciti e lardellati; un grosso quantitativo di lumache giganti era arrivato dall'Africa assieme a Mario e a Silla, gentile omaggio di Publio Vagiennio, il quale desiderava essere informato delle reazioni dei ghiottoni romani.

Così il corteo trionfale di Mario tenne occupato e impegnato Silla, il quale pensava tra sé e sé che quando fosse giunto il momento del *suo* trionfo, l'avrebbe organizzato in modo tale che ci sarebbero voluti tre giorni per percorrere l'antico tragitto, proprio come era accaduto nel caso di Paolo Emilio. Consacrare tempo e splendore a un trionfo, infatti, era il marchio dell'aristocratico, desideroso di rendere partecipe dei festeggiamenti l'intera popolazione; laddove consacrare tempo e splendore al banchetto nel tempio di Giove Ottimo Massimo, che faceva seguito al trionfo, era il marchio del contadino, desideroso di far colpo su pochi eletti.

Ciononostante, Silla riuscì a rendere memorabile il corteo trionfale. C'erano carri da sfilata che illustravano tutti i fatti salienti delle campagne d'Africa, dalle lumache del Moulouya alla sorprendente Martha, la profetessa siriaca; era lei la stella della parata, distesa su un giaciglio di porpora e d'oro in cima a un enorme carro concepito in modo da fingere la sala del trono del principe Gauda nell'antica Cartagine, con un attore che impersonava Caio Mario e un altro nei panni del re numida. Su un carro senza sponde sontuosamente adorno, Silla aveva fatto disporre tutte le decorazioni militari di Mario. E c'erano grandi carri carichi di spoglie di guerra, carri di trofei consistenti in armi e armature prese al nemico, carri di importanti reperti, tutti quanti sistemati in modo che gli spettatori potessero vederli e lanciare esclamazioni di meraviglia a ogni singolo oggetto, e ancora carri recanti gabbie di leoni e scimmie e bizzarri scimmiotti, nonché due dozzine di elefanti che avanzavano agitando gli enormi orecchi. Le sei legioni dell'esercito d'Africa avrebbero sfilato al gran completo, ma private di lance e daghe e spade, recando al loro posto bastoni inghirlandati con l'alloro della vittoria.

«E alzate i tacchi e marciate, puttane!» intimò Mario ai suoi soldati sull'accidentata distesa erbosa della *Villa Publica* mentre la sfilata stava per iniziare. «Devo essere sul Campidoglio entro l'ora sesta, così non sarò in grado di tenervi d'occhio. Ma nessun dio vi sarà d'aiuto se mi fate fare brutta figura... mi sentite, coglioni?»

Ai legionari piaceva moltissimo quando si rivolgeva loro usando termini osceni; d'altra parte, rifletté Silla, lo amavano, in qualsiasi modo si rivolgesse loro.

Sfilò anche Giugurta, nelle sue vesti di porpora regale, la testa fasciata per l'ultima volta col nastro bianco adorno di nappine detto diadema, tutte le sue collane e gli anelli e i bracciali d'oro tempestati di pietre preziose scintillanti al primo sole, poiché era una radiosa giornata invernale, né troppo fredda né troppo ventosa. Giugurta era accompagnato dai suoi due figli, anch'essi in vesti di porpora.

Quando Mario l'aveva rimandato a Roma, Giugurta stentava a crederci, tale era stata la sua sicurezza, allorché lui e Bomilcare avevano lasciato Roma, che non ci sarebbe più, mai più, tornato. La città di terracotta dai colori brillanti: colonne dipinte, muri a tinte vivide, e dovunque statue che sembravano così reali da far credere a chi le osservava che si sarebbero messe a parlare o a lottare o a galoppare o a piangere. Nessuna traccia del candore africano a Roma, dove non si costruiva più molto con mattoni di fango e non s'intonacavano mai i muri di bianco, ma invece li si dipingeva. I colli e i dirupi, gli spiazzi alberati, le guglie dei cipressi e gli ombrelli dei pini, gli imponenti templi sui loro alti podii con le Vittorie alate alla guida di quadrighe sulla sommità dei timpani, la cicatrice del grande incendio che un po' alla volta andava riprendosi di verde sul Viminale e la parte superiore dell'Esquilino. Roma, la città in vendita. Ed era una tragedia che lui non fosse riuscito a scovare il denaro per comprarla! Le cose avrebbero potuto andare in modo assai diverso, se l'avesse trovato.

Quinto Cecilio Metello Numidico l'aveva accolto come l'ospite d'onore, cui tuttavia non era consentito metter piede fuori casa. Era buio quando ce l'avevano introdotto furtivamente, e ci era rimasto per mesi, col divieto di spostarsi sulla loggia che si affacciava sul Foro Romano e il Campidoglio, limitandosi a passeggiare su e giù nel peristilio come un leone in gabbia, cosa che esattamente si sentiva. L'orgoglio gli impediva di lasciarsi andare; ogni giorno saltellava a ritmo di corsa, si piegava fino a toccarsi la punta dei piedi, tirava pugni contro un avversario inesistente, si sollevava sino a sfiorare col mento il ramo che aveva scelto come sbarra. Desiderava, infatti, che, quando avrebbe sfilato nel corteo trionfale di Caio Mario, lo ammirassero, quei rozzi Romani... voleva esser certo che lo considerassero un avversario formidabile, non un flaccido sovrano orientale.

Nei confronti di Metello Numidico aveva mantenuto un atteggiamento altero, rifiutandosi di ingraziarsi l'ego di un romano a spese di quello di un altro: con profondo disappunto del suo anfitrione, si rese subito conto. Il Numidico aveva sperato di raccogliere prove del fatto che Mario aveva abusato della sua posizione di proconsole. Il fatto che, invece, il Numidico non ne ricavasse nulla, sotto sotto procurava piacere a Giugurta, il quale sapeva bene quale romano aveva temuto e da quale romano era stato lieto di essere sconfitto. Certamente, il Numidico era un gran signore e possedeva una propria integrità, ma come uomo e come soldato non era degno di allacciare i calzari a Caio Mario. Per quanto riguardava Metello Numidico, naturalmente, Caio Mario era poco più di un bastardo; così Giugurta, che in fatto di bastardume sapeva tutto quel che c'era da sapere, rimaneva legato a Caio Mario da un bizzarro e crudele cameratismo.

La sera che precedeva il giorno in cui Caio Mario sarebbe entrato a Roma in trionfo e in veste di console eletto per la seconda volta, Metello Numidico e il figlio quasi privo della favella invitarono a cena Giugurta e i suoi due figli. C'era solo un altro commensale, Publio Rutilio Rufo, per espresso desiderio del re numida. Di coloro i quali aveva combattuto assieme a Numanzia agli ordini di Scipione l'Emiliano, mancava soltanto Caio Mario.

Fu una serata molta strana. Metello Numidico aveva fatto tutto il possibile per organizzare un festino sontuoso: come ebbe a dire, infatti, non aveva la minima intenzione di mangiare a spese di Caio Mario dopo la seduta inaugurale del Senato nel tempio di Giove Ottimo Massimo.

«Ma non si trova più un gambero o un'ostrica o una lumaca in vendita, né alcun'altra pietanza rara» disse il Numidico mentre stavano per mettersi a tavola. «Mario ha ripulito i mercati.»

«Puoi fargliene una colpa?» domandò Giugurta, visto che non lo faceva Rutilio Rufo.

«Io do la colpa di tutto, a Caio Mario» disse il Numidico.

«Non dovresti. Se il vostro intento di farlo uscire dai ranghi dell'alta nobiltà fosse andato a buon fine, Quinto Cecilio, sarebbe tutto a posto. Ma non ci siete riusciti. È stata *Roma* a produrre Caio Mario. E non intendo la città di Roma o la nazione di Roma... intendo Roma, la dea immortale, il genio della città, lo spirito motore. Quando c'è bisogno di un uomo, quell'uomo si trova» disse Giugurta di Numidia.

«Esistono uomini fra di noi, più qualificati per nascita e famiglia, che avrebbero saputo fare ciò che ha fatto Caio Mario» ribatté il Numidico con cocciutaggine. «In effetti, avrei dovuto esserci io al suo posto. Caio Mario mi ha sottratto l'*imperium*, e domani si prenderà la mia ricompensa.» La fuggevole espressione d'incredulità sul viso di Giugurta lo irritò, per cui soggiunse, un po' stizzito: «Tanto per fare un esempio, in realtà non è stato Caio Mario a catturare *te*, re. Chi ti ha catturato era qualificato per nascita e virtù ataviche... Lucio Cornelio Silla. Si potrebbe dire, in forma di valido sillogismo!... che è stato Lucio Cornelio a porre fine alla guerra, non Caio Mario». Tirò il fiato e sacrificò le proprie pretese alla preminenza sul più logico altare aristocratico di Lucio Cornelio Silla. «Il effetti, Lucio Cornelio possiede tutte le caratteristiche di un Caio Mario giudizioso, adeguatamente romano.»

«No!» sbottò beffardo Giugurta, consapevole che Rutilio Rufo lo stava fissando. «È un felino maculato in modo diverso, quello. Caio Mario è *più retto*, non so se mi spiego.»

«Non ho la più pallida idea di ciò che intendi dire» fece rigidamente il Numidico.

«Io, invece, comprendo perfettamente ciò che intendi dire» fece Rutilio Rufo, sorridendo felice.

Giugurta rivolse a Rutilio Rufo il sorrisetto ironico dei tempi di Numanzia. «Caio Mario è un fenomeno,» disse «il frutto perfetto di un albero comune e trascurato, cresciuto appena al di là della cinta del frutteto. Uomini del genere non si possono fermare o piegare, mio caro Quinto Cecilio. Possiedono il cuore, il fegato, il cervello e quel tocco d'immortalità per superare fin l'ultimo ostacolo che intralci loro il cammino. Sono *amati* dagli dèi! Su di loro gli dèi riversano tutti i doni della Fortuna. Così, un Caio Mario tira diritto per la sua strada, e anche quando è costretto a compiere una deviazione, il suo cammino è pur sempre diritto.»

«Hai perfettamente ragione!» gli fece eco Rutilio Rufo.

«Lu-Lu-Lucio Cor-Cor-Cornelio è mi-mi-migliore!» farfugliò rabbiosamente Metello il Porcellino.

«No!» ribatté Giugurta, scuotendo la testa con veemenza. «Il nostro amico Lucio Cornelio possiede il cervello... e il fegato... e magari anche il cuore... ma non credo abbia quel tocco d'immortalità nella sua mente. A lui la via tortuosa pare del tutto naturale; la considera la più retta. Non c'è nulla di un elefante da guerra in un uomo che si trova più a suo agio in groppa a un mulo. Oh, coraggioso come un toro! In battaglia, non c'è chi sia più rapido di lui a guidare una carica, o a formare una colonna di soccorso, o a insinuarsi in una breccia, o a radunare una centuria in fuga. Ma Lucio Cornelio non ode la voce di Marte. Laddove a Caio Mario non accade mai di non udirla. A proposito, suppongo che "Mario" sia una deformazione latina di "Marte" o no? Il figlio di Marte, forse? Non lo sai? E neppure desideri saperlo, Quinto Cecilio, sospetto! Peccato. È una lingua dal suono oltremodo potente, il latino. Molto secca, eppure fluida.»

«Parlami ancora di Lucio Cornelio Silla» propose Rutilio Rufo, scegliendo un pezzo di pane bianco fresco e l'uovo dall'aria meno arzigogolata.

Giugurta s'ingozzava di lumache, non avendone più gustata una dall'inizio dell'esilio. «Che altro c'è da dire? È un prodotto della sua classe. Tutto quel che fa, lo fa bene. Così bene, che nove testimoni su dieci non riusciranno mai a stabilire se segue una linea logica in ciò che fa, o se si tratta soltanto di un intelligentissimo e ben assimilato artifizio. Ma durante il tempo che ho passato con lui, non gli ho mai strappato una scintilla capace di suggerirmi quale fosse la sua inclinazione naturale, o magari la sfera in cui operava. Oh, vincerà guerre e governerà territori, su questo non ho dubbi... ma mai con le doti dello spirito.» L'ospite d'onore aveva tutto il mento unto di salsa all'aglio e olio; Giugurta smise di parlare mentre un servo sfregava e detergeva le parti rasate e barbute del suo viso, poi emise un gran rutto e proseguì: «Opterà sempre per la soluzione più conveniente, perché gli manca l'indefessa costanza che soltanto quel tocco mentale d'immortalità può conferire a un uomo. Se a Lucio Cornelio si offre la possibilità di scegliere fra due soluzioni, lui opterà per quella che, a suo modo di vedere, gli consentirà di arrivare dove desidera con la minima spesa. Semplicemente, non è integro come Caio Mario... né altrettanto perspicace, sospetto».

«Co-co-co-come f-f-fai a sapere ta-ta-ta-tante cose di Lu-Lu-Lu-Lucio Cornelio?» domandò Metello il Porcellino.

«Ho cavalcato con lui in circostanze straordinarie, una volta» rispose Giugurta, meditabondo, usando uno stuzzicadenti. «E poi abbiamo viaggiato insieme lungo la costa africana, da Algeri a Utica. Ci siamo frequentati parecchio.» E il tono in cui lo disse indusse tutti gli altri a domandarsi quanti significati contenesse. Ma nessuno fece domande.

Furono servite le insalate, e poi gli arrosti. Metello Numidico e i suoi ospiti riattaccarono a mangiare, e con gran gusto, eccezion fatta per i due giovani principi, Iampsas e Oxyntas.

«Vogliono morire con me» spiegò Giugurta a Rutilio Rufo.

«Non sarebbe consentito» disse Rutilio Rufo.

«È quel che ho detto loro.»

«Sanno dove andranno?»

«Oxyntas nella città di Venusia, dovunque si trovi, e Iampsas ad Ascoli Piceno, altra misteriosa località.»

«Venusia si trova a sud della Campania, sulla strada per Brindisi, e Ascoli Piceno è a nord-est di Roma, sull'altro versante degli Appennini. Ci si troveranno abbastanza bene.»

«Quanto durerà la loro detenzione?» domandò Giugurta.

Rutilio Rufo ci pensò su, poi si strinse nelle spalle. «Difficile dirlo. Qualche anno, certamente. Finché il magistrato locale non inoltrerà un rapporto al Senato per informarlo che, avendo completamente assimilato la dottrina di Roma, non rappresenteranno più un pericolo per Roma, se saranno rimandati in patria.»

«Allora ci rimarranno vita natural durante, temo. Sarebbe meglio che morissero assieme a me, Publio Rutilio!»

«No, Giugurta, non puoi affermarlo con sicurezza. Chi può dire che cos'abbia in serbo il futuro per loro?»

«Vero.»

Il banchetto proseguì con altri arrosti e insalate e fu concluso da marzapane, pasticcini, confetture al miele, formaggi, la poca frutta di stagione e frutta secca. Soltanto Iampsas e Oxyntas non fecero onore al cibo.

«Dimmi, Quinto Cecilio,» domandò Giugurta a Metello Numidico quando i resti delle vivande furono portati via e fu servito vino puro della migliore annata «che farai se un giorno dovesse comparire un altro Caio Mario... solo, questa volta, con tutte le doti e il vigore e la perspicacia di Caio Mario... e anche quel tocco mentale d'immortalità!... ma nei panni di un patrizio di Roma?»

Il Numidico ammiccò. «Non capisco dove vuoi arrivare, re» disse. «Caio Mario è Caio Mario.»

«Non è necessariamente unico nel suo genere» ribatté Giugurta. «Che faresti, in presenza di un Caio Mario di origini patrizie?»

«Non sarebbe possibile» disse il Numidico.

«Sciocchezze, certo che è possibile» fece Giugurta, mentre degustava lo squisito vino di Chio.

«A mio parere, Giugurta, ciò che Quinto Cecilio sta cercando di dire è che Caio Mario è un prodotto della sua classe» s'intromise gentilmente Rutilio Rufo.

«Un Caio Mario può appartenere a qualsiasi classe» insistette Giugurta.

Ora tutti i Romani presenti facevano segno di no con la testa come un sol uomo. «No» disse Rutilio Rufo, parlando a nome del gruppo. «Ciò che stai dicendo può esser vero per la Numidia, o per qualsiasi altra parte del mondo. Ma non lo sarà mai per Roma. *Nessun* patrizio romano potrebbe mai pensare o agire come Caio Mario.»

E questo era quanto. Dopo qualche altra coppa di vino la riunione si sciolse, Publio Rutilio Rufo se ne andò a dormire a casa sua, e gli inquilini della casa di Metello Numidico si diressero ai rispettivi letti. Piacevolmente sazio di ottimo cibo, vino e compagnia, Giugurta di Numidia dormì un sonno placido, profondo.

Quando fu svegliato dallo schiavo assegnato a soddisfare i bisogni della sua persona, un paio d'ore prima dell'alba, Giugurta si alzò ristorato e rinvigorito. Gli fu consentito di fare un bagno caldo, e si pose gran cura nell'abbigliarlo; i suoi capelli furono acconciati in lunghi riccioli a salsicciotto con l'aiuto di ferri riscaldati, e la barba ben curata venne arricciata e poi intrecciata con nastri d'oro e d'argento, e le zone glabre delle guance e del mento rasate accuratamente. Profumato con costosi unguenti, il diadema in testa e tutti i gioielli (che erano già stati catalogati dai funzionari dell'erario e sarebbero andati ad aggiungersi alle spoglie di guerra di cui ci sarebbe stata la spartizione sul Campo Marzio il giorno successivo al trionfo) distribuiti sulla sua persona, re Giugurta uscì dal proprio alloggio, immagine in carne e ossa di un sovrano ellenizzante, e regale dalla testa alla punta dei piedi.

«Oggi,» disse ai figli mentre procedevano in portantina scoperta alla volta del Campo Marzio «vedrò Roma per la prima volta in vita mia.»

Silla in persona li accolse tra quella che pareva una caotica confusione rischiarata solo da torce; ma l'alba stava spuntando sopra la cresta dell'Esquilino, e Giugurta sospettava che il subbuglio dipendesse unicamente dalla quantità di persone ammassate alla *Villa Publica*, e che in realtà esistesse un ordine prestabilito.

Le catene che portava addosso erano puramente simboliche: in quale luogo d'Italia avrebbe mai potuto fuggire un re-guerriero punico?

«Abbiamo parlato di te ieri sera» disse Giugurta a Silla in tono discorsivo.

«Ah, sì?» fece Silla, che indossava una scintillante corazza e *pteryges* d'argento, gli stinchi protetti da gambali d'argento, in testa un elmo attico d'argento coronato da un soffice pennacchio scarlatto e sulle spalle un mantello militare pure scarlatto. Agli occhi di Giugurta, che l'aveva sempre visto col cappello di paglia a larghe tese, pareva uno sconosciuto. Alle sue spalle, il servo personale reggeva una sorta di telaio al quale erano appese le sue decorazioni al valore, una collezione abbastanza cospicua.

«Sì» disse Giugurta, senza abbandonare il tono discorsivo. «Si è discusso in merito a chi avesse effettivamente vinto la guerra contro di me: Caio Mario o tu.»

Gli occhi quasi bianchi si alzarono per posarsi sul volto di Giugurta. «Una discussione interessante, re. Da che parte ti sei schierato?»

«Dalla parte del giusto. Ho detto che è stato Caio Mario a vincere la guerra. Sue sono state le decisioni di comando, suoi erano gli uomini che l'hanno combattuta, te compreso. Ed è stato lui a ordinarti di andare a conferire con mio suocero, Bocco.» Giugurta fece una pausa, sorrise. «Il mio unico alleato, tuttavia, si è rivelato il mio vecchio amico Publio Rutilio. Quinto Cecilio e suo figlio sostenevano che la guerra l'avevi vinta tu, perché sei stato tu a catturarmi.»

«Ti sei schierato dalla parte giusta» disse Silla.

«La parte giusta è sempre relativa.»

«Non in questo caso» ribatté Silla, facendo ondeggiare il pennacchio in direzione dei soldati di Mario che si assiepavano disordinatamente. «Io non avrò mai la capacità di trattare con *quelli*. Non ho niente in comune con loro, vedi.»

«Lo nascondi bene» disse Giugurta.

«Oh, lo sanno, credimi» fece Silla. «Mario ha vinto la guerra, assieme a loro. Il mio contributo avrebbe potuto darlo chiunque avesse la qualifica di legato.» Tirò un respiro profondo. «Devo dedurne che hai passato una serata piacevole, re?»

«Piacevolissima!» Giugurta smosse le catene, constatando che erano leggerissime, facili da portare. «Quinto Cecilio e quel suo figlio balbuziente mi hanno apprestato un banchetto regale. Se si domandasse a un numida che cosa vorrebbe mangiare la sera prima di morire, direbbe sempre: lumache. E ieri sera ho mangiato lumache.»

«Allora hai la pancia piena, re.»

Giugurta sogghignò. «Infatti! Il modo più giusto per affrontare il cappio del boia, direi.»

«No, questo lo direi *io*» fece Silla, con un sorriso assai meno abbagliante sul viso dalla carnagione assai più chiara.

Il sorriso di Giugurta si spense. «Che intendi dire?»

«Sono responsabile dell'aspetto logistico di questa sfilata trionfale, re Giugurta. La qual cosa significa che spetta a me decidere come morrai. Di norma, dovresti essere strangolato da un cappio, è vero. Ma non è una regola fissa, c'è un'alternativa. Che sarebbe quella di infilarti nella fossa sotterranea del carcere e lasciarti là a marcire.» Il sorriso di Silla si accentuò. «Dopo un così regale banchetto, e soprattutto dopo che hai cercato di seminare zizzania tra me e il mio comandante, penso che sarebbe un peccato non permetterti di finire di digerire le tue lumache. Quindi, non ci sarà il cappio del boia per te, re! Morrai lentamente.»

Fortunatamente, i suoi figli erano troppo lontani per udire; il re se ne stette a guardare Silla che gli lanciava un cenno di saluto, poi seguì con lo sguardo il romano che si dirigeva a grandi passi verso i suoi figli e ne controllava le catene. Si guardò attorno, notando il caos che lo circondava, le masse brulicanti di servi che distribuivano corone e ghirlande intrecciate con le foglie d'alloro della vittoria, i musici che accordavano i corni e le bizzarre trombe a testa di cavallo che Enobarbo aveva importato dalla *Gallia comata*, le danzatrici che provavano le piroette dell'ultimo momento, i cavalli che aspiravano rumorosamente e sbuffavano, scalpitando impazienti, i buoi aggiogati ai carri, a dozzine, con le corna dorate e le giogaie inghirlandate, un asinello acquaiolo con la testa coperta da un cappello di paglia scherzosamente coronato d'alloro e i lunghi orecchi che sbucavano da due fori praticati nella cupola, una vecchia megera sdentata e imbellettata dai dondolanti seni appassiti e avvolta da capo a piedi in vesti di porpora e d'oro, che veniva issata su un carro trionfale, dove si adagiò su una specie di lettiga drappeggiata di porpora quasi fosse la più grande cortigiana del mondo, e lo fissava, lo fissava, lo fissava, dritto negli occhi, con occhi come quelli di Cerbero, il cane dell'Ade... sicuramente, avrebbe dovuto avere tre teste...

Una volta avviato, il corteo s'incolonnò. Di regola, in testa marciavano i senatori e tutti i magistrati, esclusi i consoli, poi alcuni musici, poi danzatrici e comici che scimmiottavano personaggi famosi; seguivano i carri con le spoglie di guerra e gli altri reparti, dopodiché venivano altre danzatrici e altri musici e altri comici che scortavano gli animali sacrificali e i sacerdoti adibiti alle loro cure; subito dopo procedevano i prigionieri illustri, e poi il generale che celebrava il trionfo, alla guida del suo antichissimo cocchio; e in coda marciavano le legioni del generale. Ma Caio Mario modificò un tantino la disposizione, precedendo il bottino e i carri illustrativi e d'altro genere, in modo da arrivare sul Campidoglio e da sacrificare le sue bestie in tempo per venir insediato in carica, tenere la seduta inaugurale del Senato, poi presiedere al banchetto nel tempio di Giove Ottimo Massimo.

Giugurta si scoprì perfettamente capace di godersi la sua prima, e ultima, passeggiata a piedi per le strade di Roma. Che importanza aveva come sarebbe morto? Prima o poi bisognava pur morire, e la sua era stata una vita appagante, anche se si era conclusa con la sconfitta. Aveva dato un bel po' di filo da torcere ai Romani. Il suo defunto fratello Bomilcare... Adesso che ci pensava, era morto anche lui in una segreta. Forse il fratricidio offendeva gli dèi, per quanto valida ne fosse la ragione. Be', solo gli dèi avevano tenuto il conto di tutti i suoi consanguinei periti per sua istigazione, se non proprio di sua mano. Tale mancata partecipazione personale bastava a lasciargli le mani pulite?

Oh, com'erano alte le case d'abitazione! Il corteo imboccò decisamente il Vico Tusco del Velabro, una parte della città costellata di condomini, inclinati come se tentassero di abbracciarsi dai due lati dei vicoli, cadendo sui rispettivi petti di mattoni. A ogni finestra si affacciavano visi, e ogni viso acclamava, e Giugurta si stupì, notando che acclamavano anche lui, lo accompagnavano alla morte con parole d'incoraggiamento e i loro più fervidi voti.

È poi il corteo costeggiò il Mercato del Bestiame, il Foro Boario, dove la statua di Ercole Vincitore nudo era agghindata per l'occasione con le insegne trionfali del generale: *toga picta* di porpora e d'oro, *tunica palmata* di porpora ricamata a fronde di palma, il ramo d'alloro in una mano e lo scettro d'avorio sormontato dall'aquila nell'altra, e il volto pitturato di rosso vivo col minio. Per quel giorno le contrattazioni del bestiame erano chiaramente sospese, dato che i magnifici templi ai bordi dell'immenso spiazzo del mercato erano sgombri di chioschi e bancarelle. Ecco! Il tempio di Cerere, definito il più bello di tutta la città, e bello lo era, seppure in modo alquanto sfarzoso, dipinto di rosso e azzurro e verde e giallo, alto su un podio come tutti i templi romani; vi aveva sede, Giugurta lo sapeva, l'Ordine della Plebe, e ne ospitava gli archivi e gli edili.

Ora il corteo penetrò all'interno del Circo Massimo, la costruzione più imponente che Giugurta avesse mai visto; occupava il Palatino in tutta la sua lunghezza e potevano prendervi posto, seduti, circa centocinquantamila spettatori. Tutte le gradinate di legno erano gremite di folla plaudente venuta ad assistere alla sfilata trionfale di Caio Mario; dal punto in cui procedeva, non molto avanti a Mario, Giugurta poteva udire le acclamazioni gonfiarsi in grida di adulazione dirette al generale. Nessuno trovò da ridire sul passo frettoloso del corteo, in quanto Mario aveva mandato i suoi clienti ed emissari a sussurrare alla folla che si affrettava perché aveva a cuore Roma; si affrettava in modo da poter partire al più presto per la Gallia Transalpina ad affrontare i Germani.

Anche gli spazi alberati e le sontuose dimore del Palatino erano gremiti di spettatori, al di sopra del gregge, al sicuro da aggressioni e furti, donne e nutrici e ragazze e ragazzi di buona famiglia perlopiù, era stato detto a Giugurta. Uscirono dal Circo Massimo imboccando la Via Trionfale, che costeggiava l'estremità opposta del Palatino ed era sovrastata da rocce e parchi sulla sinistra e da un ennesimo agglomerato di torreggianti palazzi, ammassati ai piedi del Celio, sulla destra. Si giunse poi al *Palus Ceroliae*, la palude sotto le Carine e il *Fagutal*, il faggeto, e infine svoltarono sulla Velia e iniziarono la discesa verso il Foro Romano, lungo l'acciottolato consunto dell'antica Via Sacra.

Finalmente l'avrebbe visto, il centro del mondo, proprio come un tempo lo era stato l'Acropoli di Atene. E poi Giugurta posò lo sguardo sul Foro Romano, e ne fu profondamente deluso. Gli edifici, piccoli e vecchi, non erano disposti in modo logico, tutti rivolti di sghembo verso nord, mentre il Foro era orientato in direzione nord-ovest—sud-est; l'effetto generale era di trasandata noncuranza, e nel complesso quel luogo aveva un aspetto cadente. Persino gli edifici più recenti, che perlomeno si affacciavano sul Foro con la giusta angolazione, apparivano trascurati. In effetti, le costruzioni incontrate lungo il percorso della sfilata gli erano sembrate assai più imponenti, e i templi lungo il tragitto più grandi, più maestosi. Le case dei sacerdoti sembravano tinteggiate di recente, questo sì, e il tempio circolare di Vesta era grazioso, ma solo l'altissimo tempio di Castore e Polluce e l'imponente austerità dorica del tempio di Saturno attiravano lo sguardo, mirabili esempi nel loro genere. Un luogo squallido e tetro, sprofondato in una bizzarra valle, umido e scostante.

Di fronte al tempio di Saturno, dal cui podio i funzionari dell'erario di rango più elevato assistevano alla parata, Giugurta e i suoi figli, assieme alle mogli e ai dignitari che erano stati fatti prigionieri, vennero fatti uscire dal corteo e messi in disparte; se ne stettero lì a guardare sfilare i littori del generale, le sue danzatrici e i suoi musici e i suoi turiferarii, i suoi tamburini e i suoi trombettieri, i suoi legati, e poi il generale in persona sul suo cocchio, remoto e irriconoscibile con tutte le insegne e il viso dipinto di rosso con il minio. Ascesero tutti quanti il colle, fin dove il gran tempio di Giove Ottimo Massimo presentava al Foro il lato del colonnato, che anch'esso era posto di sghembo, in direzione nord-sud. La facciata era rivolta a sud. A sud, verso la Numidia.

Giugurta guardò i suoi figli. «Vivete a lungo e vivete bene» disse loro; sarebbero stati tenuti in prigionia in remote città romane, ma le sue mogli e i suoi dignitari sarebbero tornati in Numidia.

I littori che circondavano il re diedero un piccolo strattone alle catene, e Giugurta attraversò l'affollato spiazzo lastricato del settore inferiore del Foro, passò sotto gli alberi attorno alla Piscina di Curzio e alla statua del satiro Marsyas che soffiava nel suo flauto, aggirò il vasto pozzo a gradoni che ospitava le riunini delle tribù e salì al punto in cui iniziava il Clivo Argentario. In alto, si profilavano la Rupe del Campidoglio e il tempio di Giunone Moneta, che ospitava la zecca. E dall'altro lato dei *Comitia* c'era l'antica, decrepita sede del Senato, e alle sue spalle la piccola, malandata Basilica Porcia, fatta costruire da Catone il Censore.

Ma la passeggiata di Giugurta per Roma si concluse lì. Il sotterraneo delle carceri era situato nel grembo della Rupe, proprio al di là della Scala di Gemonia, un minuscolo edificio grigio eretto con enormi pietre che gli uomini di tutto il mondo chiamavano ciclopiche; era a un solo piano e presentava un'unica apertura, un buco rettangolare, privo di porta. Ritenendosi troppo alto, Giugurta chinò il capo quando vi giunse, ma riuscì a entrarvi agevolmente poiché l'apertura si rivelò più alta di qualsiasi essere mortale.

I littori lo spogliarono delle vesti regali, dei gioielli, del diadema, che consegnarono ai funzionari dell'erario in attesa di ritirarli; una ricevuta passò di mano, a dimostrare ufficialmente che quelle proprietà dello stato erano state rimesse a chi di dovere. Giugurta rimase unicamente col perizoma che Metello Numidico gli aveva consigliato di indossare, ché Metello Numidico conosceva il rituale. La sorgente del suo essere fisico decorosamente nascosta, un uomo poteva andare decorosamente alla morte.

La sola illuminazione era data dall'apertura alle sue spalle, ma in quella luce Giugurta scorgeva il foro rotondo al centro del pavimento vagamente circolare. Era attraverso quel foro che l'avrebbero infilato. Se fosse stato destinato al cappio, il carnefice l'avrebbe accompagnato nella cella sottostante con un numero di aiutanti sufficiente a trattenerlo, e a fatto compiuto, dopo che il suo cadavere fosse stato gettato in uno degli scoli, quelli rimasti in vita si sarebbero arrampicati per una scala a pioli per risalire a Roma e nel loro mondo.

Ma Silla doveva aver trovato il tempo di revocare la procedura normale, perché non c'era traccia del boia. Qualcuno portò una scaletta, ma Giugurta la rifiutò con un gesto. Si portò sull'orlo della buca, poi si gettò nel vuoto senza che un grido gli uscisse dalle labbra; esistevano parole adeguate a contrassegnare l'evento? Il tonfo del suo corpo che toccava terra fu quasi immediato, perché la cella sottostante non era profonda. Avendolo udito, gli uomini di scorta si girarono in silenzio e uscirono. Nessuno coprì la buca; nessuno sbarrò l'ingresso. Ché mai nessuno era riemerso dall'orribile pozzo sotterraneo.

Due candidi buoi e un toro bianco furono l'offerta sacrificale di Mario, quel giorno, ma soltanto i buoi attenevano al suo trionfo. Lasciò il cocchio trainato da quàttro cavalli ai piedi della scala che saliva al tempio di Giove Ottimo Massimo e l'ascese da solo. Penetrato nella sala principale del tempio, depose il ramo e la corona d'alloro ai piedi della statua di Giove Ottimo Massimo, dopodiché entrarono i suoi littori, e anche le loro corone d'alloro vennero offerte al dio.

Era mezzogiorno in punto. Mai sfilata trionfale si era svolta con tanta rapidità; però il resto del corteo, che ne costituiva il grosso, procedeva a ritmo più lento, per consentire al popolo di ammirare a suo agio le esibizioni, i carri, le spoglie di guerra, i trofei, i soldati. Soltanto ora la giornata di Mario toccò il culmine. Ecco Caio Mario scendere la scala, verso i senatori radunati, col volto dipinto di rosso, la toga di porpora e d'oro, la tunica ricamata a fronde di palma e, nella mano destra, lo scettro d'avorio. Camminava spedito, la mente tutta presa dall'idea di concludere al più presto la cerimonia dell'insediamento, la tenuta di gala un inconveniente secondario che riusciva a tollerare.

« Be', diamoci da fare! » disse, impaziente.

Un silenzio di tomba accolse il suo invito. Nessuno si mosse, nessuno tradì ciò che pensava con un'espressione del viso. Persino il collega di Mario, Caio Flavio Fimbria, e il console uscente, Publio Rutilio Rufo (Gneo Mallio Massimo aveva mandato a dire che era indisposto), si limitarono a starsene lì.

« Che cosa vi prende? » domandò Mario, stizzito.

Dalla folla uscì Silla, non più marziale nell'armatura d'argento da parata, ma avvolto, come si conveniva, nella toga. Aveva un largo sorriso sul volto, tendeva la mano, immagine in carne e ossa del questore sollecito e attento.

« Caio Mario, Caio Mario, hai dimenticato! » esclamò ad alta voce, agguantando Mario e costringendolo a girarsi con inaspettata veemenza. « *Va' a casa a cambiarti, amico!* » bisbigliò.

Mario aprì la bocca per protestare, poi colse una segreta espressione di giubilo sulla faccia di Metello Numidico, e con grande tempestività si portò la mano al viso, la riabbassò, guardandone il palmo tinto di rosso. « Numi! » esclamò, con espressione comica. « Chiedo scusa, Padri Coscritti » disse, tornando a dirigersi verso di loro. « So bene di avere una gran fretta di battermi contro i Germani, ma questo è ridicolo! Vi prego di scusarmi. Tornerò appena possibile. Le insegne di generale, anche quelle del trionfo!... non si possono indossare a una seduta del Senato all'interno del *pomerium*! » E mentre attraversava a passo di marcia il tempio diretto alla Rupe, proclamò da sopra la spalla: « Ti ringrazio, Lucio Cornelio! ».

Silla si staccò dagli spettatori silenziosi e lo rincorse, qualcosa che non tutti riuscivano a fare quando indossavano la toga; ma lui ci riuscì benissimo, lo fece addirittura sembrare naturale.

« Ti sono *davvero* grato » gli disse Mario, quando Silla lo raggiunse. « Ma, insomma, che importanza ha? Ora dovranno starsene là al vento gelido per un'ora, mentre mi lavo via questa roba e indosso la toga dei magistrati! »

« A loro importa, » ribatté Silla « e credo che importi anche a me.» Le sue gambe, più corte, si muovevano più in fretta di quelle di Mario. «Avrai bisogno dei senatori, Caio Mario, per cui, *ti prego*, non metterteli contro ancora di più, oggi! Tanto per cominciare, non erano particolarmente entusiasti di essere costretti a celebrare la cerimonia d'insediamento contemporaneamente al tuo trionfo. Così, non farglielo pesare troppo!»

«Va bene, va bene!» Mario sembrava rassegnato. Fece i gradini che dalla Rupe portavano alla porta sul retro della sua casa a tre alla volta, e varcò l'uscio con tale veemenza che il servo di guardia stramazzò bocconi e si mise a urlare di terrore. «Piantala, non sono i Galli, e da quei tempi sono passati tre secoli!» disse, e attaccò a chiamare a squarciagola il suo servo personale, e sua moglie, e l'addetto al bagno.

«È già tutto pronto» lo tranquillizzò quella regina delle donne che era Iulia, con un placido sorriso. «Ho pensato che saresti piombato qui con la solita irruenza. Il bagno è già colmo d'acqua calda, tutti sono in attesa di darti una mano, per cui sbrigati, Caio Mario.» Rivolse a Silla il suo adorabile sorriso. «Benvenuto, fratello. Fa freddo, eh? Vieni nel mio salotto a riscaldarti al braciere mentre vado a prenderti una coppa di vino caldo speziato.»

«Avevi proprio ragione, si gela» disse Silla, accettando la coppa dalla cognata quando rientrò nella stanza reggendola nelle mani. «Mi sono abituato al caldo africano. Mentre tenevo dietro al Grand'Uomo, pensavo di patire il caldo, ma ora sono rovinato.»

Iulia sedeva di fronte a lui, la testa inclinata in atteggiamento indagatore. «Che cosa non è andato per il giusto verso?» domandò.

«Oh, tu sei una *moglie*» rispose Silla, tradendo la sua amarezza.

«Più tardi, Lucio Cornelio» fece lei. «Prima dimmi che cosa non è andato per il giusto verso.»

Silla abbozzò un sorriso un po' sghembo, scuotendo la testa. «Sai, Iulia, voglio bene a quell'uomo quanto ne posso volere a qualcuno, ma a volte potrei gettarlo al boia con la stessa facilità di un nemico!»

Iulia ridacchiò. «Anch'io» ammise placidamente. «È del tutto logico, sai. È un Grand'Uomo, ed è molto difficile convivere con i Grandi Uomini. Che cos'ha combinato?»

«Ha tentato di presenziare alla cerimonia d'insediamento in completa tenuta trionfale» disse Silla.

«Oh, mio caro fratello! Suppongo abbia levato alte proteste sulla perdita di tempo e se li sia inimicati tutti quanti, eh?» domandò la fedele ma lucida sposa del Grand'Uomo.

«Per fortuna mi sono accorto di ciò che si proponeva di fare, nonostante tutta la pittura rossa che aveva sul viso.» Silla sogghignò. «Dipende dalle sopracciglia. Dopo tre anni con Caio Mario, chiunque non sia uno sciocco riesce a leggergli nel pensiero dai movimenti delle sopracciglia. Si dimenano e sobbalzano in codice... be', lo saprai meglio di me, non sei una sciocca!»

«Sì, lo so» disse Iulia, ricambiando il sorriso.

«Comunque sia, sono riuscito a bloccarlo e a urlargli non so che a proposito del fatto che aveva dimenticato. Uff! Ho trattenuto il respiro per un paio di minuti, però, perché si capiva benissimo che stava per invitarmi ad andare a buttarmi nel Tevere, l'aveva sulla punta della lingua. Poi ha visto Quinto Cecilio Numidico in attesa e ha cambiato idea. Che attore! Suppongo che tutti quanti, a parte Publio Rutilio, abbiano davvero creduto che si fosse dimenticato di com'era vestito.»

«Oh, grazie, Lucio Cornelio!» disse Iulia.

«È stato un piacere» fece lui, e lo pensava sul serio.

«Dell'altro vino caldo?»

«Sì, grazie.»

Quando tornò, Iulia reggeva anche un vassoio di focaccine fumanti. «Ecco qua, appena tolte dalla pentola. Lievitate e farcite di salsiccia. Sono divine! Il nostro cuoco le prepara di continuo per Mario Minore. Sta attraversando quella fase tremenda in cui si rifiuta di mangiare tutto quel che dovrebbe.»

«I miei due mangiano qualsiasi cosa si trovino davanti» disse Silla, illuminandosi. «Oh, Iulia, sono adorabili! Non mi ero reso conto che una creatura vivente potesse essere tanto... tanto... *perfetta*!»

«Mi ci sono affezionata anch'io» disse la loro zia.

«Vorrei poter dire lo stesso di Iulilla» fece Silla, incupendosi.

«Lo so» mormorò con dolcezza la sorella di Iulilla.

«Che cos'*ha*? Lo sai, tu?»

«Credo che l'abbiamo troppo viziata. Nostro padre e nostra madre non volevano un quarto figlio, sai. Avevano avuto due maschi e, quando sono arrivata io, non si sono dispiaciuti di una femmina che completasse la famiglia. Ma Iulilla è stata un duro colpo. E poi eravamo troppo poveri. Così, quando è un po' cresciuta, tutti quanti la commiseravano, credo. Soprattutto mio padre e mia madre, perché non l'avevano desiderata. Qualsiasi cosa facesse, trovavamo il modo di scusarla. Se avanzavano un paio di sesterzi, se li prendeva lei, per sperperarli, e non è mai stata sgridata per il fatto di buttarli al vento. Suppongo che i suoi difetti esistessero già allora, ma non abbiamo fatto nulla per aiutarla a correggersi... mentre avremmo dovuto insegnarle la pazienza e la tolleranza, e invece, no. Iullilla è cresciuta credendosi la persona più importante del mondo, così è diventata egoista ed egocentrica e indulgente verso se stessa. La colpa è in gran parte nostra. Ma è la povera Iulilla a patirne le conseguenze.»

«Beve troppo» disse Silla.

«Sì, lo so.»

«E non si cura dei bambini.»

Gli occhi di Iulia si velarono di lacrime. «Sì, lo so.»

«Che posso fare?»

«Be', *potresti* chiedere il divorzio» rispose Iulia, e ora le lacrime le rigavano le guance.

Silla protese le mani, impiastricciate dal ripieno di una focaccina. «Come posso farlo, quando dovrò stare lontano da Roma per tutto il tempo che ci vorrà per sconfiggere i Germani? E poi è la madre dei miei figli. L'ho *amata* quanto sono capace di amare qualcuno.»

«Continui a ripeterlo, Lucio Cornelio. Se ami... ami! Perché dovresti saper amare meno di altri?»

Ma questo era troppo vicino al nocciolo del problema. Silla tagliò corto. «Sono cresciuto senza amore, così non ho mai imparato ad amare» rispose, ricorrendo al consueto pretesto. «Non l'amo più. Anzi, credo di odiarla. Ma è la madre di mia figlia e di mio figlio, e almeno finché i Germani non saranno acqua passata, Iulilla è tutto ciò che hanno. Se divorziassi da lei, farebbe qualcosa di teatrale... impazzirebbe, o si ucciderebbe, o triplicherebbe la quantità di vino che beve... o qualche altro gesto del pari disperato e avventato.»

«Sì, hai ragione, il divorzio non è la soluzione. Decisamente, Iullilla danneggerebbe i bambini più di quanto possa fare ora.» Iulia sospirò, si asciugò gli occhi. «A dire il vero, sono due le donne inquiete, in famiglia, in questo momento. Potrei suggerirti un'altra soluzione?»

«Qualsiasi cosa, ti prego!» esclamò Silla.

«Be', vedi, l'altra donna inquieta è mia madre. Non si trova bene con mio fratello Sesto e sua moglie e il loro figlio. Gran parte delle difficoltà tra lei e la mia cognata della *gens* Claudia ha origine dal fatto che mia madre si considera tuttora la padrona di casa. Non fanno che litigare. Gli appartenenti alla *gens* Claudia sono cocciuti e autoritari, e a tutte le donne di quella famiglia si insegna a tenere in scarsa considerazione le antiche virtù femminili, laddove mia madre è l'esatto contrario» spiegò Iulia, scuotendo la testa con tristezza.

Silla si sforzò di apparire comprensivo e a suo agio fra tutta quella logica femminile, ma non aprì bocca.

Iulia riattaccò a parlare. «La mamma è cambiata dopo la morte di mio padre. Suppongo che nessuno di noi si sia mai reso conto di quanto forte fosse il vincolo che li legava, o di quanto lei facesse affidamento sulla sua saggezza e la sua guida. Così, è diventata irrequieta e nervosa e pignola... oh, a volte insopportabilmente criticona! Caio Mario si è accorto dell'infelicità che regnava in casa e si è offerto di comprarle una villa, da qualche parte al mare, in modo che il povero Sesto potesse trovare un po' di pace. Ma lei gli si è avventata contro come un gatto infuriato, dicendo che capiva benissimo quando la sua presenza non era gradita, e che fosse considerata una spergiura, se avesse rinunciato ad abitare nella *sua* casa. Oh, cielo!»

«Ne deduco che mi stai suggerendo di invitare Marzia a venire a stare con Iulilla e me,» disse Silla «ma perché dovrebbe accogliere un invito del genere, quando ha respinto l'offerta della villa al mare?»

«Perché si è resa conto che l'offerta di Caio Mario era solo un modo per sbarazzarsi di lei, e di questi tempi è di gran lunga troppo bisbetica per fare un piacere alla moglie del povero Sesto» rispose Iulia con schiettezza. «Un invito a venire a stare da te e Iulilla sarebbe tutt'altra cosa. Abiterebbe nella casa accanto, tanto per cominciare. E, secondariamente, la sua presenza sarebbe gradita. Utile. E potrebbe tener d'occhio Iulilla.»

«Ma vorrà farlo?» domandò Silla, grattandosi la testa. «A quanto mi ha detto Iulilla, non va mai a trovarla, nonostante abiti a pochi metri di distanza.»

«Lei e Iulilla bisticciano troppo» disse Iulia, accennando un sorriso, ora che la preoccupazione stava svanendo. «Oh, se bisticciano! Appena Iulilla la vede varcare il portone, subito le intima di tornarsene a casa. Però se fossi *tu* a invitarla a trasferirsi da voi, lei non potrebbe metterci becco.»

Anche Silla sorrideva. «Si direbbe che tu sia decisa a trasformare casa mia in un Tartaro» disse.

Iulia inarcò un sopracciglio. «E la cosa ti preoccupa, Lucio Cornelio? Dopotutto, tu non ci sarai.»

Tuffando le mani nella bacinella d'acqua che un servo gli tendeva, anche Silla inarcò un sopracciglio. «Ti ringrazio, cognata.» Si alzò, si chinò a deporre un bacio sulla guancia di Iulia. «Vedrò Marzia domani e le chiederò di venire a stare da noi. E le dirò chiaro e tondo il motivo per cui desidero che si trasferisca. A patto di sapere che i miei figli sono amati, posso sopportare di starne separato.»

«Non sono accuditi a dovere dai tuoi schiavi?» domandò Iulia, alzandosi a sua volta.

«Oh, gli schiavi li coccolano e li viziano» disse il loro padre. «Devo riconoscere che Iulilla ha scovato alcune eccellenti bambinaie. Ma questo rischia di farne degli schiavi, Iulia! Due piccoli Greci o Traci o Celti, o di qualsiasi altra nazionalità siano le bambinaie. Infarciti di superstizioni e usanze forestiere, capaci di pensare in altre lingue prima che in latino, e di considerare genitori e parenti come figure distanti, autoritarie. Voglio che i miei figli siano allevati *come si deve*: alla romana, da una donna romana. Dovrebbe essere compito della madre. Ma siccome dubito che ciò accadrà, non saprei trovare un'alternativa più valida della loro coraggiosa nonna Marzia.»

«Bene» disse Iulia.

Si avviarono alla porta.

«Iulilla mi è infedele?» domandò Silla bruscamente.

Iulia non si finse inorridita e neppure si adirò. «Ne dubito molto, Lucio Cornelio. Il suo vizio è il vino, non gli uomini. Tu sei uomo, sicché giudichi gli uomini un vizio assai più grave del vino. Non sono d'accordo. Secondo me, il vino può arrecare ai tuoi figli più danni dell'infedeltà. Una donna infedele non cessa di occuparsi dei figli né appicca il fuoco alla casa. Una donna ubriaca, sì.» Abbozzò un gesto con la mano. «L'importante è far entrare in azione Marzia!»

Caio Mario irruppe nella stanza, avvolto dignitosamente nella toga bordata di porpora, personificazione del console. «Coraggio, forza, Lucio Cornelio! Torniamo a concludere l'esibizione prima che il sole tramonti e si levi la luna!»

Sua moglie e suo cognato si scambiarono sorrisi venati di rassegnazione, e i due uomini se ne andarono alla cerimonia d'insediamento.

Mario fece del suo meglio per placare le ire degli alleati italici. «Non sono Romani,» disse ai senatori in occasione della prima seduta vera e propria dell'assemblea, alle None di gennaio «ma sono i nostri più fedeli alleati in tutte le nostre imprese, e dividono con noi la penisola italica. Dividono altresì con noi l'onore di fornire truppe per la difesa dell'Italia, e non sono stati serviti a dovere. Neppure Roma, del resto. Come certamente saprete, Padri Coscritti, attualmente è in corso un doloroso dibattimento all'Assemblea della Plebe, dove il consolare Marco Giunio Silano è chiamato a discolparsi da un'accusa mossagli dal tribuno della plebe Gneo Domizio. Sebbene non si sia usata l'espressione "alto tradimento", un'imputazione in tal senso è implicita: Marco Giunio è uno di quei comandanti consolari che in anni recenti hanno perso un intero esercito, comprendente anche legioni di alleati italici.»

Si volse a fissare Silano, presente in aula quel giorno, perché le None erano giorni *fasti*, di vacanza o lavorativi, e l'Assemblea della Plebe non poteva riunirsi. «Non spetta a me, oggi, muovere accuse di qualsiasi genere a Marco Giunio. Mi limito a constatare un dato di fatto. Che altri organismi e altri uomini processino Marco Giunio! Marco Giunio non ha bisogno di giustificare le proprie azioni in questa sede, oggi, per causa mia. Io mi limito a constatare un dato di fatto.»

Si schiarì deliberatamente la gola, facendo una pausa per offrire a Silano l'occasione di dire qualcosa, una cosa qualsiasi; ma quello se ne stette in un silenzio impassibile, come se Mario neppure esistesse. «Mi limito a constatare un dato di fatto, Padri Coscritti. Né più né meno. Un fatto è un fatto.»

«Oh, vieni al *dunque*!» disse stancamente Metello Numidico.

Mario s'inchinò profondamente abbozzando un largo sorriso. «Diamine, ti ringrazio, Quinto Cecilio! Come non potrei venire al dunque, essendo stato invitato a farlo da un così augusto ed eminente consolare come te?»

«"Augusto" ed "eminente" significano la stessa cosa, Caio Mario» ribatté il Pontefice Massimo, Metello Dalmatico, con una vena di stanchezza pari a quella del fratello minore. «Faresti risparmiare un bel po' di tempo a questa assemblea, se evitassi di usare tautologie.»

«Chiedo scusa all'augusto ed eminente consolare Lucio Cecilio,» fece Mario con un altro profondo inchino «ma nella nostra società altamente democratica, il Senato è aperto a tutti i Romani, anche a quelli, come me, che non possono pretendersi augusti ed eminenti.» Finse di frugarsi nella memoria, le sopracciglia cespugliose riunite alla radice del naso. «Allora, che stavo dicendo? Ah, sì! L'onere che gli alleati italici dividono con noi Romani di fornire truppe per la difesa dell'Italia. Una delle obiezioni alla fornitura di truppe, sollevata nella valanga di lettere riversata su di noi dai magistrati dei Sanniti, degli Apuli, dei Marsi e di altre nazioni,» e si fece dare un fascio di piccoli rotoli da uno dei suoi segretari e lo mostrò all'assemblea «riguarda la legalità, da parte nostra, di imporre agli alleati la fornitura di truppe destinate a campagne al di fuori dei confini dell'Italia e della Gallia Cisalpina. Gli alleati italici, augusti ed eminenti Padri Coscritti, sostengono di aver fornito truppe, e di aver perso molte, molte migliaia di uomini!... per... cito alla lettera... "le guerre all'estero" di Roma!»

I senatori presero a mormorare, a rumoreggiare.

«Si tratta di un'asserzione del tutto infondata!» scattò Scauro. «I nemici di Roma sono anche nemici dell'Italia!»

« Io mi limito a citare quanto sta scritto, Marco Emilio, *Princeps Senatus*» disse Mario placidamente. «Dovremmo essere tutti a conoscenza del contenuto di queste lettere, per il semplice motivo che, immagino, quanto prima quest'assemblea sarà tenuta a concedere udienza alle ambascerie di tutti gli alleati i quali hanno espresso il loro scontento in queste numerosissime missive.»

La sua voce mutò, perse il tono blandamente canzonatorio. «Be', bando alle schermaglie! Viviamo in una penisola, fianco a fianco con i nostri amici italici: che non sono Romani, né mai potranno esserlo. Il fatto che siano stati innalzati alla loro attuale posizione d'importanza nel mondo si deve unicamente alle grandi imprese di Roma e dei Romani. Il fatto che cittadini delle popolazioni italiche siano presenti in gran numero in tutte le Provincie e le sfere d'influenza romane, si deve unicamente alle grandi imprese di Roma e dei Romani. Il pane sulle loro mense, i fuochi invernali nelle loro cantine, la salute e il numero dei loro figli, li devono a Roma e ai Romani. Prima di Roma, regnava il caos. Una totale disunione. Prima di Roma, c'erano i crudeli re etruschi nel nord della penisola, e gli avidi Greci al sud. Per non parlare dei Celti della Gallia.»

L'assemblea si era quietata. Quando Caio Mario parlava seriamente, tutti gli prestavano ascolto, persino i suoi più inveterati nemici. Ché l'Uomo d'Arme, per quanto rozzo e sbrigativo fosse, era un oratore formidabile nel suo latino d'origine, e finché teneva a freno i sentimenti, il suo accento non differiva poi molto da quello di Scauro.

«Padri Coscritti, voi e il Popolo di Roma mi avete conferito il mandato di sbarazzare noi... *e* l'Italia!... dei Germani. Non appena possibile, partirò per la Gallia Transalpina, portandomi appresso il propretore Manio Aquilio e il prode senatore Lucio Cornelio Silla come legati. A prezzo delle nostre vite, vi sbarazzeremo dei Germani, rendendo per sempre sicura Roma, *e* l'Italia! Ve ne do solenne garanzia, a mio nome e a nome dei miei legati, e a nome fin dell'ultimo mio legionario. Per noi, il dovere è sacro. Non lasceremo nulla d'intentato. E davanti a noi innalzeremo le aquile argentee delle legioni di Roma e vinceremo!»

Gli anonimi gruppi di senatori delle ultime file scoppiarono in acclamazioni e presero a battere i piedi, e di lì a un momento i senatori di prima fila si misero ad applaudire, persino Scauro. Non Metello Numidico, però.

Mario attese che tornasse il silenzio. «Tuttavia, prima di partire, devo pregare quest'assemblea di fare ciò che può per attenuare le preoccupazioni dei nostri alleati. Non possiamo dar credito alle asserzioni secondo cui le truppe italiche vengono impiegate per combattere in campagne che non riguardano gli alleati italici. Né possiamo rinunciare a reclutare i soldati che tutti gli alleati italici si sono solennemente impegnati a fornirci. I Germani rappresentano una minaccia per tutta la nostra penisola, e anche per la Gallia Cisalpina. Eppure, la spaventosa penuria di uomini abili al servizio nelle legioni colpisce i nostri alleati nella stessa misura in cui colpisce Roma. Il pozzo si è prosciugato, colleghi senatori, e ci vorrà tempo perché il livello della falda che lo alimenta si alzi. Vorrei dare ai nostri alleati la mia personale assicurazione che, finché rimarrà un alito di vita in questo mio corpo tutt'altro che augusto ed eminente, mai più accadrà che truppe italiche... o romane!... perdano la vita invano su un campo di battaglia. Ogni vita di ogni uomo che porterò con me per difendere la mia patria, la tratterò con più reverenza e più rispetto di quanto faccia con la mia! Di questo do solenne garanzia. »

Ripresero le acclamazioni e lo scalpitìo, e le prime file questa volta furono più pronte ad applaudire. Non Metello Numidico, però. E neppure Catulo Cesare.

Di nuovo Mario attese che tornasse il silenzio. «Una situazione riprovevole è stata portata alla mia attenzione. E cioè che noi, Senato e Popolo di Roma, abbiamo tratto in schiavitù per debiti molte migliaia di uomini delle popolazioni italiche nostre alleate, inviandoli come schiavi in tutte le terre sotto il nostro dominio che si affacciano sul Mediterraneo. Poiché nella maggior parte dei casi sono di origine contadina, nella maggior parte dei casi tali uomini stanno attualmente scontando i loro debiti nei nostri campi di grano in Sicilia, Sardegna, Corsica e Africa. Il che, Padri Coscritti, è un'ingiustizia! Se non imponiamo più la schiavitù ai debitori romani, non dovremmo farlo neppure con gli alleati italici. No, non sono Romani. No, non potranno mai essere Romani. Però sono i nostri fratelli minori della penisola. E nessun romano condanna un fratello minore alla schiavitù per debiti. »

Mario non concesse ai pochi senatori proprietari di grandi distese coltivate a grano il tempo di protestare; attaccò subito la sua perorazione. «In attesa che possa restituire ai nostri coltivatori di grano la loro fonte di manodopera sotto forma di schiavi germanici, dovranno cercarsi altra manodopera che non siano gli Italici asserviti per debiti. Oggi, infatti, Padri Coscritti, dobbiamo emanare un decreto, e l'Assemblea delle Plebe dovrà ratificarlo, che imponga la liberazione di tutti gli schiavi originari delle popolazioni italiche nostre alleate. *Non possiamo* fare ai nostri più vecchi e più fedeli alleati ciò che non facciamo a noi stessi. Quegli schiavi *devo-*

no essere liberati! Devono essere rimandati a casa, in Italia, e chiamati a compiere quello che è il loro logico dovere nei confronti di Roma: il servizio militare nelle legioni ausiliarie di Roma.

«Mi si dice che non esistono più *capite censi* italici, perché sono stati tratti in schiavitù. Be' colleghi senatori, i *capite censi* italici possono essere impiegati più vantaggiosamente che nei campi di grano. Non possiamo più schierare i nostri eserciti tradizionali, perché gli uomini con beni di fortuna che vi prestavano servizio o sono troppo vecchi o troppo giovani... *o troppo morti*! Per il momento, i nullatenenti sono la nostra sola fonte di potenziale militare. Il mio valoroso esercito d'Africa... composto per intero di nullatenenti romani!... ha dimostrato concretamente che i nullatenenti possono diventare splendidi soldati. E, se la storia ha provato che gli uomini con beni di fortuna delle terre italiche non sono per nulla inferiori, come soldati, agli uomini con beni di fortuna di Roma, gli anni venturi dimostreranno a Roma che i nullatenenti italici non sono per nulla inferiori, come soldati, ai nullatenenti di Roma!»

Scese dal podio curule e si portò al centro della sala. «Voglio quel decreto, Padri Coscritti! Me lo concederete?»

Fu un'abilissima trovata. Trascinati dalla forza oratoria di Mario, i senatori batterono i piedi come un sol uomo, mentre Metello Numidico, Metello Dalmatico, Pontefice Massimo, Scauro, Catulo Cesare e altri urlavano invano, ché nessuno li udiva.

«Ma come ti proponi» domandò Publio Rutilio Rufo mentre lui e Mario percorrevano i pochi metri che li separavano dalla casa di Mario, dopo che la riunione del Senato si era sciolta «di far digerire questo decreto ai coltivatori di grano? Ti rendi conto, spero, che stai pestando i piedi proprio a quel gruppo di cavalieri e uomini d'affari sui quali fai maggiormente affidamento. Tutti i favori che hai distribuito in Africa a quella gente sembreranno completamente privi di valore. Lo sai quanti sono gli schiavi italici impiegati nei campi di grano? La Sicilia, praticamente, si *regge* su di loro!»

Mario scrollò le spalle. «I miei emissari si sono già messi all'opera; sopravvivrò. Inoltre, solo perché me ne sono stato a Cuma durante l'ultimo mese, non significa che sia stato in ozio. Ho fatto svolgere un'indagine, e i risultati sono stati molto istruttivi, per non dire interessanti. Sì, è *vero*, ci sono molte migliaia di schiavi originari delle terre italiche che lavorano come schiavi nei campi di grano. Ma in Sicilia, tanto per fare un esempio, la stragrande maggioranza è composta di Greci. E in Africa ho già avvertito re Gauda di trovare la manodopera destinata a rimpiazzare gli schiavi italici, quando saranno liberati. Gauda è mio cliente; non ha altra scelta: deve fare ciò che gli chiedo. La Sardegna è la regione più difficile, perché lì quasi tutti gli schiavi impiegati nella coltivazione del grano sono italici. Tuttavia, il nuovo governatore, il nostro stimato propretore Tito Albuzio, si potrà persuadere a fare del suo meglio per spianarmi la strada, ne sono certo.»

«Ha accanto a sé un questore piuttosto arrogante nella persona di Pompeo lo Strabico, del Piceno» disse Rutilio Rufo, un po' dubbioso.

«I questori sono come i moscerini» ribatté Mario, sprezzante. «Non abbastanza esperti per dirigersi verso punti sconosciuti, quando un uomo prende a darsi colpi in testa.»

«Non è un'osservazione molto gentile nei confronti di Lucio Cornelio!»

«Lui è diverso.»

Rutilio Rufo sospirò. «Non saprei, Caio Mario, questo è poco ma sicuro! Spero solo che tutto si risolva come pensi tu.»

«Vecchio cinico» disse Mario con affetto.

«Vecchio scettico, se non ti spiace!» fece Rutilio Rufo.

A Mario giunse notizia che i Germani non davano segno di muovere a sud attraverso la Provincia Romana della Gallia Transalpina, con l'eccezione dei Cimbri, che si erano portati sulla sponda occidentale del Rodano e si tenevano al di fuori della sfera d'influenza romana. I Teutoni, diceva il rapporto dell'emissario di Mario, si stavano allontanando in direzione nord-ovest, e il gruppo misto dei Tigurini, Marcomanni e Cherusci era rientrato tra gli Edui e gli Ambarri e dava l'impressione che non intendesse migrare. La situazione, naturalmente, ammetteva il rapporto, avrebbe potuto cambiare da un momento all'altro. Ma ci voleva tempo perché ottocentomila individui radunassero i loro effetti personali, i loro animali e i loro carri e si mettessero in marcia. Caio Mario non doveva aspettarsi di vedere i Germani muovere a sud, lungo il Rodano, prima di maggio o giugno. *Sempre che* si mettessero in movimento.

Caio Mario non fu realmente soddisfatto di quel rapporto. I suoi uomini erano eccitati e pronti a dar battaglia, i suoi legati erano ansiosi di cimentarsi, e i suoi ufficiali e centurioni avevano sgobbato per creare una macchina da guerra perfetta. Sebbene Mario sapesse, dal momento in cui era sbarcato in Italia nel dicembre precedente, che c'era un interprete germanico secondo il quale i Germani erano in disaccordo tra loro, non aveva davvero creduto che non si sarebbero rimessi in marcia verso sud attraverso la Provincia Romana. Avendo annientato un enorme esercito romano, era logico, naturale e del tutto giustificato che i Germani sfruttassero la vittoria conseguita e s'inoltrassero nel territorio che in effetti si erano guadagnati con la forza delle armi. Che vi s'insediassero, persino. Altrimenti, perché dar battaglia? Perché emigrare? Perché fare *qualsiasi cosa*?

«Per me sono un mistero assoluto!» esclamò, irritato e deluso, rivolto a Silla e ad Aquilio, dopo l'arrivo del rapporto.

«Sono barbari» rispose Aquilio, il quale si era meritato l'incarico di legato anziano proponendo l'elezione di Mario al consolato e non vedeva l'ora di dimostrare il proprio valore.

Silla, invece, era insolitamente pensieroso. «Non ne sappiamo abbastanza, su di loro» disse.

«È ciò che ho appena detto!» fece Mario seccamente.

«No, i miei pensieri seguivano una linea diversa. Ma,» e si batté la mano sulle ginocchia «prima di parlare, ci penserò ancora un po', Caio Mario. Dopotutto, non sappiamo esattamente che cosa troveremo quando varcheremo le Alpi.»

«Questo è ancora da decidere» disse Mario.

«Che cosa?» domandò Aquilio.

«Il fatto di varcare le Alpi. Ora che siamo certi che i Germani non rappresenteranno una minaccia prima di maggio o giugno al più presto, non sono per niente favorevole al progetto di varcare le Alpi. Quanto meno, seguendo il percorso consueto. Ci metteremo in marcia alla fine di gennaio con un massiccio convoglio di vettovagliamenti. Per cui la nostra marcia sarà rallentata. La sola cosa che posso dire di Metello Dalmatico come Pontefice Massimo, è che è un fanatico del calendario, per cui le stagioni e i mesi coincidono. Hai patito il freddo quest'inverno?» domandò a Silla.

«Effettivamente, sì, Caio Mario.»

«Anch'io. Abbiamo il sangue debole, Lucio Cornelio. Tutto quel tempo passato in Africa, dove le gelate durano pochissimo e la neve fa la sua comparsa solo in cima alle più alte montagne. Perché le cose dovrebbero essere diverse per le truppe? Se attraverseremo il passo del Monginevro in pieno inverno, sarà durissima per loro.»

«Dopo il periodo di licenza in Campania, avranno bisogno di temprarsi» ribatté Silla, mostrando scarsa sensibilità.

«Oh, certo! Ma non perdendo le dita dei piedi per congelamento o soffrendo per le piaghe dei geloni alle dita delle mani. Sono già stati distribuiti gli indumenti invernali... ma quelle prostitute bisbetiche li indosseranno?»

«Lo faranno, se saranno costretti.»

«Hai proprio deciso di fare il difficile» disse Mario. «E va bene, non cercherò di mostrarmi ragionevole... mi limiterò a impartire ordini. Non porteremo le legioni nella Gallia Transalpina seguendo il consueto percorso. Marceremo lungo la costa per l'intero tragitto.»

«Numi, ci vorrà un'eternità!» disse Aquilio.

«Da quanto tempo un esercito non raggiunge la Spagna o la Gallia marciando lungo la costa?» domandò Mario ad Aquilio.

«Non ricordo che sia mai accaduto!»

«Ecco, vedi!» disse Mario trionfante. «È proprio per questo che lo faremo noi. Voglio constatare quanto sia difficile, quanto ci si mette, come sono le strade, il terreno... tutto quanto. Io mi porrò alla testa di quattro legioni in assetto di marcia leggero, e tu, Manio Aquilio, capeggerai le altre due legioni, più le coorti supplementari che siamo riusciti a mettere assieme, e scorterai il convoglio dei vettovagliamenti. Se, quando punteranno a sud, i Germani si dirigeranno in Italia anziché in Spagna, come faremo a sapere se entreranno nella Gallia Cisalpina attraverso il passo del Monginevro o se invece punteranno direttamente — a loro modo di vedere, comunque — su Roma, lungo la costa? A quanto sembra, non hanno il minimo interesse a scoprire il nostro modo di ragionare, quindi, come faranno a sapere che la strada più rapida e più breve per Roma non è quella che segue la costa, ma quella che penetra nella Gallia Cisalpina attraverso le Alpi?»

I legati lo fissarono.

«Capisco ciò che intendi dire,» fece Silla «ma perché portare l'intero esercito? Tu e io e un piccolo squadrone ce la caveremmo più agevolmente.»

Mario scosse il capo con veemenza. «No! Non voglio essere separato dal mio esercito da alcune centinaia di chilometri di insormontabili montagne. Dove vado io, va il mio esercito al completo».

Alla fine di gennaio Caio Mario guidò il suo esercito al gran completo verso nord lungo la litoranea Via Aurelia, prendendo appunti per tutto il tragitto e inviando concise lettere al Senato, in cui chiedeva che si provvedesse immediatamente a riparare questo e quel tratto di strada, che si costruissero o rinforzassero ponti, che si creassero o riassestassero viadotti.

«Siamo in Italia,» diceva una di tali missive «e tutte le strade esistenti per il nord della penisola e la Gallia Cisalpina e la Liguria devono essere tenute in perfette condizioni; altrimenti, potremmo rimpiangerlo.»

A Pisa, dove l'Arno si gettava in mare, passarono dall'Italia propriamente detta nella Gallia Cisalpina, che era una regione del tutto particolare, né designata ufficialmente come Provincia né governata come l'Italia vera e propria. Era una sorta di limbo. Da Pisa a Vado Ligure la strada era nuova di zecca anche se i lavori erano tutt'altro che ultimati; si trattava del contributo di Scauro, nel periodo in cui era stato censore, la Via Emilia. Mario scrisse a Marco Emilio Scauro, *Princeps Senatus*:

> Vai davvero elogiato per la tua lungimiranza, ché considero la Via Emilia come uno dei più significativi contributi alla difesa di Roma e dell'Italia dai tempi dell'apertura del passo del Monginevro, e ciò è accaduto moltissimo tempo fa, se consideriamo che se n'è servito Annibale. La tua diramazione per Tortona è d'importanza strategica vitale, perché rappresenta l'unico valico degli Appennini Liguri, dal Po alla costa tirrenica, la costa di Roma.
>
> I problemi sono enormi. Ho parlato con i tuoi ingegneri, che ho constatato essere un gruppo di uomini di grandi capacità, e sono lieto di trasmetterti la loro richiesta di un ulteriore stanziamento di fondi per accrescere la manodopera al lavoro su questo tratto di strada. Si rendono necessari alcuni viadotti, tra i più alti, e perdipiù più lunghi, che abbia mai visto, qualcosa che in realtà somiglia più alla costruzione di un acquedotto che di una strada. Fortunatamente, sul posto esistono cave in grado di fornire la pietra necessaria, ma la scarsità di manodopera rallenta il ritmo cui, a mio modesto parere, i lavori dovrebbero progredire. Col debito rispetto, potrei chiederti di sfruttare il tuo formidabile ascendente per spremere al Senato e all'erario il denaro necessario ad accelerare l'attuazione di questo progetto? Se si riuscisse a ultimarlo entro la fine dell'estate prossima, Roma potrebbe dormire sonni più tranquilli, sapendo che una ottantina di chilometri di strada appena potrà risparmiarne varie centinaia a un esercito.

«Ecco,» disse Mario a Silla «questo dovrebbe tener occupato e felice il vecchio!»

«E così sarà» fece Silla, sogghignando.

La strada terminava a Vado Ligure; da quel punto in poi non esisteva una strada in senso romano, solo una pista carrabile che seguiva la linea di minima resistenza attraverso una regione in cui montagne altissime scendevano a picco fino al mare.

«Ti pentirai di aver optato per questo percorso» disse Silla.

«Al contrario, ne sono soddisfatto. Scorgo mille luoghi dov'è possibile un'imboscata, mi rendo perfettamente conto che nessuno, in possesso di tutte le sue facoltà mentali, sceglierebbe mai questo percorso per recarsi nella Gallia Transalpina, ora capisco perché il nostro Publio Vagiennio, originario di queste parti, saprebbe scalare un muro a strapiombo per scovare una cultura di lumache, e capisco anche perché non dobbiamo temere che i Germani scelgano questa strada. Oh, potrebbero iniziare la marcia lungo la costa, ma dopo un paio di giorni e il rapporto di un veloce cavaliere spedito in ricognizione farebbero dietro-front. Se è difficile per noi, per loro è impossibile. Bene!»

Mario si rivolse a Quinto Sertorio, il quale, nonostante la giovanissima età, godeva di una posizione di privilegio che soltanto i suoi meriti gli avevano procurato.

«Quinto Sertorio, ragazzo mio, secondo te dove potrebbe trovarsi il convoglio dei vettovagliamenti?» domandò.

«Direi a mezza strada fra Populonia e Pisa, date le condizioni in cui è ridotta la Via Aurelia» rispose Sertorio.

«Come va la gamba?»

«Non è ancora all'altezza di una cavalcata del genere.» Pareva che il giovane sapesse sempre ciò che Mario aveva in mente.

«Allora scegli tre uomini all'altezza della situazione e rimandali indietro con questa» disse Mario, spingendo verso Sertorio le tavolette di cera.

«Hai intenzione di far risalire al convoglio la Via Cassia fino a Firenze e la Via Annia fino a Bologna, e quindi fargli attraversare il passo del Monginevro» disse Silla, con un sospiro di soddisfazione.

«Potremmo aver bisogno di tutte quelle travi e spranghe e gru e attrezzature» fece Mario. Premette il dorso delle dita nella cera per ottenere una perfetta riproduzione del suo anello a sigillo e chiuse le ribaltine incernierate della tavoletta. «Ecco» disse a Sertorio. «E assicurati che sia ben legata e nuovamente sigillata; non voglio che qualche curioso ci ficchi il naso. Dev'essere consegnata personalmente a Manio Aquilio, capito?»

Sertorio annuì e lasciò la tenda del comando.

«Quanto a questo esercito, dovrà sbrigare qualche lavoretto, strada facendo» continuò Mario rivolto a Silla. «Manda in ricognizione gli agrimensori. Costruiremo una pista come si deve, se non proprio una strada.»

In Liguria, come in altre regioni dove le montagne sono ripidissime e la superficie arabile esigua, gli abitanti tendevano a praticare la pastorizia oppure si davano al brigantaggio e alla pirateria o, come Publio Vagiennio, prestavano servizio militare nelle legioni ausiliarie e nella cavalleria di Roma. Ovunque Mario vedesse navi e un villaggio rintanato in una rada e giudicasse le navi più adatte alle scorrerie e all'abbordaggio che alla pesca, dava alle fiamme sia le navi sia il villaggio, lasciando sul posto donne, vecchi e bambini e portandosi appresso gli uomini in qualità di manodopera da adibire alla costruzione della strada. Nel frattempo, i rapporti provenienti da Arausio, Valentia, Vienne e persino Lione rendevano sempre più chiaro, col passar del tempo, il fatto che per quell'anno non ci sarebbe stato uno scontro con i Germani.

Ai primi di giugno, dopo quattro mesi di marcia, Mario guidò le sue quattro legioni sulle piane costiere sempre più ampie della Gallia Transalpina e fece tappa nella campagna ricca di insediamenti tra Arles e Aix-en-Provence, in prossimità della cittadina di Glanum, a sud delle fiume Durance. Fatto significativo, il convoglio dei vettovagliamenti era arrivato prima di lui, avendo passato solo tre mesi e mezzo in viaggio.

Mario scelse con estrema cura il luogo dove accamparsi, distante dal terreno coltivabile; si trattava di una massiccia altura con pendii scoscesi e rocciosi su tre lati, alcune ottime sorgenti d'acqua sulla cime, e un quarto lato né tanto ripido né tanto stretto da rallentare un rapido movimento di truppe in entrata o in uscita da un accampamento situato sulla sommità.

« Questo è il luogo dove staremo per molte lune a venire » disse, annuendo tutto soddisfatto. « Ora vedremo di trasformarlo in un'altra Carcassona. »

Né Silla né Manio Aquilio fecero commenti, ma Sertorio non seppe trattenersi.

« È proprio necessario? » domandò. « Se pensi che dovremo trattenerci nella zona per molte lune, non sarebbe molto più facile alloggiare le truppe ad Arles o a Glanum? E poi, perché accamparci qui? Perché non scovare i Germani e affrontarli prima che possano spingersi fin qui? »

« Be', giovane Sertorio, » rispose Mario « a quanto sembra, i Germani si sono sparpagliati su un'area molto vasta. I Cimbri, che sembravano così decisi a spostarsi lungo la riva occidentale del Rodano, hanno cambiato idea e hanno aggirato l'estremità opposta delle Cevenne, diretti, dobbiamo supporre, in Spagna attraverso il territorio dell'Alvernia. I Teutoni e i Tigurini hanno lasciato le terre degli Edui e sono andati a stabilirsi presso i Belgi. Quanto meno, questo è ciò che mi hanno riferito le mie fonti. In realtà, immagino che chiunque tiri a indovinare. »

« Non possiamo scoprire come stanno realmente le cose? » domandò Sertorio.

«E come?» fece Mario. «I Galli non hanno motivo alcuno per amarci, ed è sui Galli che dobbiamo fare affidamento per avere notizie. Se finora ce le hanno fornite, è unicamente per il fatto che non vogliono avere tra i piedi neppure i Germani. Ma di una cosa si può stare certi: quando i Germani arriveranno ai Pirenei, torneranno sui loro passi. E dubito fortemente che i Belgi li vogliano più di quanto li vogliano i Celtiberi dei Pirenei. Se guardo a un possibile bersaglio, dal punto di vista dei Germani, continuo a tornare all'Italia. Sicché ci fermeremo qui fino all'arrivo dei Germani, Quinto Sertorio. E non m'importa se ci vorranno anni.»

«Se ci vorranno anni, Caio Mario, il nostro esercito si rammollirà, e ti verrà tolto il comando supremo» fece notare Manio Aquilio.

«Il nostro esercito non si rammollirà, perché mi propongo di farlo lavorare» ribatté Mario. «Disponiamo di quasi quarantamila nullatenenti. Lo stato paga loro il soldo; lo stato è padrone delle loro armi e armature; lo stato li sfama. Quando andranno in congedo, farò in modo che lo stato provveda alla loro vecchiaia. Ma mentre prestano servizio nell'esercito dello stato, sono né più né meno che dipendenti statali. Quale console, io rappresento lo stato. Di conseguenza, sono alle mie dipendenze. E mi costano un mucchio di soldi. Se tutto ciò che si pretende da loro in cambio è di starsene comodamente seduti, in attesa di combattere, prova un po' a calcolare l'enorme cifra che ci verrà a costare la battaglia quando finalmente sarà combattuta.» Le sopracciglia guizzavano su e giù fieramente. «Non hanno stipulato un contratto per starsene comodamente seduti in attesa di combattere, si sono arruolati nell'esercito dello stato per fare tutto ciò che lo stato esige da loro. Dal momento che è lo stato a pagarli, devono lavorare per lo stato. Ed è proprio ciò che faranno. *Lavorare!* Quest'anno ripareranno la Via Domizia nel tratto da Nîmes a Ulzio. L'anno venturo scaveranno un canale navigabile nel tratto compreso tra il mare e il Rodano all'altezza di Arles.»

Tutti lo fissavano incantati, ma per un lungo istante nessuno seppe che dire.

Poi Silla lanciò un fischio. «Ma un soldato è pagato per combattere!»

«Se si è comprato l'equipaggiamento di tasca sua e non pretende dallo stato nient'altro che il vitto, allora può fare come gli pare. Ma la cosa non riguarda i miei uomini» spiegò Caio Mario. «Quando non sono tenuti a combattere, eseguiranno lavori di pubblica utilità, se non altro perché in tal modo comprenderanno di essere al servizio dello stato esattamente come lo sarebbero di un qualsiasi datore di lavoro. E così si terranno in esercizio!»

«E noialtri?» domandò Silla. «Hai intenzione di trasformarci in ingegneri?»

«Perché no?» fece di rimando Mario.

«Tanto per cominciare, io non sono un dipendente dello stato» disse Silla, in tono abbastanza gioviale. «Gli regalo il mio tempo, come tutti i legati e i tribuni.»

Mario l'adocchiò furbescamente. «Credimi, Lucio Cornelio, è un regalo che apprezzo» disse, e lasciò cadere il discorso.

Silla, comunque, lasciò la riunione insoddisfatto. Dipendenti dello stato, figuriamoci! Era vero per i nullatenenti, forse, ma non per i tribuni e i legati, come aveva fatto notare. Mario aveva capito l'antifona e fatto marcia indietro. Ma ciò che Silla aveva taciuto era comunque vero. Il compenso pecuniario destinato ai tribuni e ai legati sarebbe stato rappresentato da una quota del bottino. E nessuno aveva la più pallida idea di quanto bottino i Germani avrebbero potuto fruttare. Il ricavo della vendita dei prigionieri di guerra come schiavi spettava al comandante supremo, che non lo spartiva con i suoi legati, tribuni, centurioni, o con le sue truppe, e in qualche modo Silla aveva la sensazione che alla fine di quella campagna, per quanti anni potesse durare, il raccolto sarebbe stato assai scarso, a prescindere dagli schiavi.

Silla non aveva gradito il lungo, tedioso viaggio per raggiungere il Rodano. Quinto Sertorio aveva fiutato la strada come un cane tenuto al guinzaglio, dimenando la coda, tutto eccitato e soddisfatto al minimo odore di un incarico di qualsiasi genere. Aveva imparato da solo a usare la *groma*, lo strumento dell'agrimensore; si era impegnato assiduamente a osservare il modo in cui i genieri affrontavano fiumi in piena, o ponti crollati, o frane; aveva guidato un paio di centurie di legionari in un'azione intesa a snidare certi pirati da una piccola rada; aveva lavorato con le squadre adibite alla riparazione della strada; era uscito in ricognizione; aveva persino curato e addomesticato un aquilotto con un'ala spezzata, che di tanto in tanto tornava ancora a fargli visita. Sì, Quinto Sertorio tirava l'acqua al suo mulino. Se non altro, almeno da questo si capiva che era imparentato con Caio Mario.

Silla, invece, aveva bisogno del *dramma*. Aveva acquisito sufficienti capacità introspettive per rendersi conto che, essendo un senatore, ciò rappresentava una pecca del suo carattere, e tuttavia, a trentasei anni di età, non riteneva che sarebbe riuscito a estirpare una sfaccettatura di sé così connaturata alla sua personalità. Fino a quel terribile, interminabile viaggio lungo la Via Emilia e attraverso le Alpi Marittime, aveva profondamente apprezzato la carriera militare, trovandola piena di azione e di sfide, si trattasse dell'azione e delle sfide della battaglia o di quelle inerenti alla creazione di una nuova Africa. Ma costruire strade e scavare canali? Non era per questo che era venuto nella Gallia Transalpina! Né era disposto a farlo!

E alla fine dell'autunno si sarebbero tenute le elezioni consolari, e a Mario sarebbe subentrato qualcuno che gli era ostile, e tutto ciò che Mario avrebbe avuto da mostrare del tanto vantato secondo consolato era una strada in splendide condizioni che già portava il nome di qualcun altro. Come faceva, Mario, a starsene così tranquillo, senza tradire la minima preoccupazione? Non si era neppure curato di rispondere a quella metà dell'asserzione di Aquilio, relativa al fatto che sarebbe stato privato del comando supremo. Che cos'aveva in mente l'arpinate? *Perché* non si preoccupava?

Di colpo Silla dimenticò tutti questi interrogativi, perché aveva avvistato qualcosa che prometteva di essere deliziosamente piccante: nei suoi occhi si accese un lampo d'interesse e di divertimento.

Davanti alla tenda adibita a mensa ufficiali, c'erano due uomini immersi in conversazione. O, almeno, era quanto sembrava a un osservatore distratto. A Silla sembrava la scena iniziale di una splendida farsa. Il più alto dei due era Caio Giulio Cesare. Il più basso era Caio Lusio, nipote, ma solo per vincoli nuziali, si era affrettato a chiarire Mario, del Grand'Uomo.

"Mi domando: occorre esserlo per riconoscerne un altro?" si disse Silla avvicinandosi ai due. Cesare, palesemente, non sapeva riconoscerne uno quando lo vedeva, e tuttavia era chiaro, a Silla, che ogni istinto di Cesare suonava l'allarme.

«Oh, Lucio Cornelio!» nitrì Caio Lusio. «Stavo proprio domandando a Caio Giulio se sa che tipo di vita notturna esista ad Arles e, ammesso che ne esista una, se gli andrebbe di venire in esplorazione con me.»

Il bel viso allungato di Cesare era una maschera imperscrutabile di cortesia, ma la sua ansia di allontanarsi da quella compagnia si manifestava in tutta una serie di modi, pensò Silla: gli occhi che si sforzavano di restare fissi sul volto di Lusio, ma continuavano a sfuggirlo, i piccolissimi movimenti dei piedi dentro i calzari militari, i lievi scatti delle dita delle mani, e altre cose ancora.

«Forse Lucio Cornelio è più informato di me» disse Cesare, e accennò a recuperare la libertà spostando tutto il peso del corpo su un piede e spingendo un tantino avanti l'altro.

«Oh, no, Caio Giulio, non andartene!» protestò Lusio. «In più si è, più ci si diverte!» E scoppiò una risatina.

«Spiacente, Caio Lusio, sono di servizio» rispose Cesare, e se ne andò.

Suppergiù della stessa statura di Lusio, Silla lo prese per il gomito e lo sospinse un po' più lontano dalla tenda. Abbassò subito la mano.

Caio Lusio era bellissimo. Gli occhi erano verdi, frangiati da lunghe ciglia, i capelli una massa arruffata di riccioli ramati, le sopracciglia scure e delicatamente arcuate, il naso di taglio greco, alquanto lungo, in linea con la fronte e diritto. Un giovane Apollo, pensò Silla, senza provare emozione o tentazioni di sorta.

Dubitava che Mario avesse anche solo posato lo sguardo sul giovane; non sarebbe stato da lui. Fatto oggetto a pressioni da parte della sua famiglia affinché includesse Caio Lusio nel suo stato maggiore, Mario lo aveva nominato tribuno militare non eletto, perché aveva l'età giusta, ma preferiva ignorare persino l'esistenza del giovane. Almeno finché il suddetto giovane non si fosse fatto notare con qualche atto di valore o per qualche straordinaria capacità, si sperava.

«Caio Lusio, ti voglio dare un buon consiglio» disse Silla con vivacità.

Le palpebre frangiate da lunghe ciglia palpitarono, si abbassarono. «Ti sarò grato per *qualsiasi* consiglio vorrai darmi, Lucio Cornelio.»

«Ci hai raggiunti solo ieri, avendo compiuto da solo il viaggio da Roma» continuò Silla.

Lusio l'interruppe. «Non da Roma, Lucio Cornelio. Da Ferentino. Mio zio Caio Mario mi ha concesso speciale licenza di trattenermi là perché mia madre era malata.»

"Ah-ha!" pensò Silla. "Il che spiega in parte il brusco e sbrigativo chiarimento di Mario circa la parentela d'acquisto con questo nipote! Quanto dev'essergli costato fornire tale giustificazione per il ritardato arrivo del giovane, quando non vi avrebbe mai fatto ricorso per scusare se stesso!"

«Mio zio non ha ancora chiesto di vedermi» era tutto preso a lagnarsi, ora, Lusio. «Quando potrò farlo?»

«Non prima che te lo chieda, e dubito che lo farà. Finché non dimostrerai il tuo valore, costituisci motivo di imbarazzo per lui, se non altro perché hai preteso un privilegio supplementare ancor prima che la campagna fosse iniziata: ti sei presentato in ritardo.»

«Ma mia madre stava male!» ribadì Lusio, indignato.

«Una madre l'abbiamo tutti quanti, Caio Lusio... o l'abbiamo avuta. Molti di noi sono stati costretti a partire per il servizio militare quando le nostre madri erano malate. Molti di noi hanno appreso la notizia della morte della madre quando prestavano servizio in terre lontane. Molti di noi sono profondamente affezionati alle loro madri, ancora in vita. Ma la malattia di una madre di regola non è considerata un pretesto adeguato per presentarsi in ritardo al servizio militare. Suppongo tu abbia già raccontato a tutti i compagni di tenda il motivo del tuo ritardo?»

«Sì» rispose Lusio, sempre più sbalordito.

«Peccato. Avresti fatto meglio a tenere la bocca chiusa e a lasciare che i tuoi compagni di tenda tirassero a indovinare. Non ti giudicheranno meglio per questo, e tuo zio sa che non giudicheranno meglio lui per avertelo permesso. Ma il sangue non è acqua, e spesso si compiono ingiustizie in nome suo.» Silla aggrottò la fronte. «Non è di questo, tuttavia, che volevo parlarti. Questo è l'esercito di Caio Mario, non l'esercito di Scipione l'Africano. Sai a che cosa alludo?»

«No» disse Lusio, il quale non sapeva più che pesci pigliare.

«Catone il Censore accusava l'Africano e i suoi alti ufficiali di comandare un esercito guastato dalla dissolutezza. Be', Caio Mario la pensa in modo molto più simile a Catone il Censore che a Scipione l'Africano. Mi sono spiegato?»

«No» fece Lusio, mentre ogni traccia di colore gli defluiva dalle guance.

«Penso proprio di sì, invece» disse Silla, sorridendo e mettendo così in mostra, malignamente, i lunghi denti. «Tu sei attratto dai bei giovanotti, non dalle belle ragazze. Non posso accusarti di manifesta effeminatezza, ma se continuerai a fare gli occhi dolci a gente come Caio Giulio — che si dà il caso sia cognato di tuo zio, così come lo sono io — finirai nei guai fino al collo. La propensione per il proprio sesso non è considerata una virtù romana. Al contrario, è considerata, soprattutto nei ranghi delle legioni!... un vizio riprovevole. Se così non fosse, forse le donne delle città nei cui pressi ci accampiamo non guadagnerebbero tanto, né le donne dei nemici che battiamo avrebbero il primo assaggio delle spade di Roma attraverso lo stupro. Ma devi pur saperne *qualcosa*, in merito!»

Lusio si dimenò, combattuto tra un senso d'inspiegabile inferiorità e un cocente senso d'ingiustizia. «I tempi cambiano» protestò. «La cosa non è più giudicata sconveniente come una volta!»

«Sui tempi ti sbagli, Caio Lusio, probabilmente perché vorresti che cambiassero e perché hai frequentato un gruppo di tuoi pari che la pensano come te. Vi riunite e confrontate i vostri appunti, cogliendo al volo qualsiasi osservazione serva a sostenere le vostre opinioni. Ti posso garantire» disse Silla in tutta serietà «che più frequenterai l'ambiente da cui provieni, e più ti renderai conto che ti stai illudendo. E non esiste posto in cui la propensione per il proprio sesso sia meno perdonabile che nell'esercito di Caio Mario.

E nessuno ti punirà più severamente di Caio Mario, se mai venisse a conoscenza del tuo segreto.»

Sull'orlo delle lacrime, Lusio si torse le mani in preda a una futile angoscia. «Impazzirò!» esclamò.

«No, non impazzirai. T'imporrai una certa disciplina, sarai oltremodo prudente riguardo alle tue profferte e, non appena potrai, imparerai a riconoscere i segnali che ci si scambia da queste parti fra uomini del tuo genere» disse Silla. «Personalmente, non posso indicarteli, perché non indulgo a tale vizio. Se nutri ambizioni di successo nella vita pubblica, Caio Lusio, ti consiglio vivamente di non cedere al vizio. Ma se — sei giovane, dopotutto — constati di non poter tenere a freno i tuoi appetiti, accertati di scegliere l'uomo giusto.» E con un sorriso più gentile, girò sui talloni e si allontanò.

Per un po', Silla si limitò ad andarsene a zonzo senza meta, le mani dietro la schiena, prestando scarsa attenzione all'ordinata attività che si svolgeva attorno a lui. Le legioni avevano avuto ordine di montare un accampamento provvisorio, malgrado il fatto che non si segnalasse la presenza di forze nemiche entro i confini della Provincia; semplicemente, nessun esercito romano dormiva allo scoperto. Nel frattempo, agrimensori e ingegneri andavano già delineando l'accampamento stabile in cima all'altura, e le truppe non comandate alla costruzione del campo provvisorio furono adibite alle prime fasi dei lavori di fortificazione della collina. Il lavoro consisteva nel provvedere al legname per ricavarne travi, pali, edifici. E nella valle inferiore del Rodano le foreste scarseggiavano, perché era ormai popolata da alcuni secoli, da quando i Greci avevano fondato Marsiglia e l'influenza greca, e poi romana, era dilagata nell'entroterra.

L'esercito si era attestato a nord delle vaste paludi saline che formavano il delta del Rodano e si stendevano sia a ovest sia a est del fiume; era tipico di Mario aver optato per un terreno non dissodato sul quale erigere i suoi accampamenti, il provvisorio al pari dello stabile.

«Non c'è senso a inimicarsi dei potenziali alleati» disse. «Inoltre, vista la presenza nella zona di cinquantamila bocche in più da sfamare, avranno bisogno di ogni pezzetto di terra coltivabile.»

I procuratori di grano e viveri di Mario stavano già battendo la campagna per stipulare contratti con i contadini locali, e una parte degli uomini stava costruendo granai in cima all'altura, capaci di contenere grano sufficiente a sfamare cinquantamila legionari per un anno, tra un raccolto e l'altro. Il cospicuo vettovagliamento comprendeva tutto ciò che, a detta delle fonti d'informazione di

Mario, era introvabile nella Gallia Transalpina, ovvero scarseggiava: pece, grosse travi, argani e pulegge, untensili, gru, cilindri da mulino, calce e grossi quantitativi di preziosi bulloni e chiodi di ferro. A Populonia e a Pisa, i due porti dove venivano scaricati i blocchi di ferro di prima fusione provenienti dall'isola d'Elba, l'ufficiale superiore del genio aveva acquistato tutti i blocchi disponibili e si era portato appresso anche quelli, nel caso che i genieri fossero chiamati a fabbricare acciaio; il bagaglio comprendeva incudini, crogioli, martelli, mattoni refrattari, tutti gli attrezzi necessari. Già un gruppo di legionari era uscito a procurarsi il legname per creare una grande carbonaia, ché senza carbone era impossibile ottenere una fornace che raggiungesse temperature abbastanza alte da fondere il ferro, e tanto meno fabbricare l'acciaio.

E quando Silla tornò sui suoi passi, dirigendosi verso la tenda del comando, aveva ormai deciso che il momento era giunto; lui, infatti, aveva una soluzione già bell'e pronta alla noia, una soluzione che gli avrebbe concesso tutto il dramma che potesse desiderare. L'idea gli era germinata mentre si trovava ancora a Roma, e aveva messo radici durante il viaggio lungo la costa, e ora si poteva permetterle di fiorire. Sì, era arrivato il momento di affrontare Caio Mario.

Il generale era solo, intento a scrivere con diligenza.

«Caio Mario, mi domando se avresti un'oretta da dedicarmi. Vorrei mi accompagnassi a fare quattro passi» disse Silla, tenendo sollevato il lembo tra la tenda vera e propria e la pensilina di cuoio sotto la quale sedeva l'ufficiale di giornata. Un fascio di luce esplorativo si era insinuato alle sue spalle, sicché Silla se ne stava lì ritto, soffuso da un alone d'oro liquido, la testa scoperta e le spalle ravvivate dal fuoco della chioma ricciuta.

Levando lo sguardo, Mario adocchiò la visione con sfavore. «Devi farti tagliare i capelli» osservò seccamente. «Ancora poco e somiglierai a una danzatrice!»

«Straordinario!» fece Silla, restando fermo dov'era.

«Io lo definirei trasandato» disse Mario.

«No, è straordinario che tu non ci abbia fatto caso per mesi, e proprio in questo momento, quando è esattamente la cosa che ho in testa, ecco che all'improvviso lo noti. Può darsi che tu non sappia leggere nel pensiero, Caio Mario, ma secondo me sei in sintonia con la mente di coloro con cui lavori.»

«Parli, anche, come una danzatrice» fece Mario. «Perché vuoi che ti accompagni a fare quattro passi?»

«Perché ho bisogno di parlarti a tu per tu, Caio Mario, in un luogo in cui possa essere sicuro che i muri e le finestre non abbiano orecchi. Quattro passi dovrebbero consentirci di trovare un posto del genere.»

La penna fu posata, il rotolo di papiro riavvolto; Mario balzò in piedi. «Preferisco di gran lunga camminare che scrivere, Lucio Cornelio, e allora andiamo» disse.

Attraversarono a passo spedito l'accampamento, senza parlare e ignorando le occhiate curiose che li seguivano, da parte di gruppetti di legionari, centurioni, ufficiali subalterni, e ancora altri legionari; dopo tre anni di campagne militari con Caio Mario e Lucio Cornelio Silla, gli uomini di quelle legioni avevano acquisito un radicato senso di sicurezza nei confronti dei loro comandanti, da cui sapevano sempre dedurre se c'era qualcosa d'importante in vista. E adesso era una di tali occasioni; tutti quanti l'avvertirono.

Il giorno era troppo inoltrato per prendere in considerazione l'idea di scalare la collina, così Mario e Silla si fermarono in un punto in cui il vento soffiava via le loro parole.

«Allora, di che si tratta?» domandò Mario.

«Ho cominciato a farmi crescere i capelli a Roma» disse Silla.

«Mai notato, prima d'ora. Ne deduco che i tuoi capelli abbiano qualcosa a che fare con ciò di cui intendi parlarmi?»

«Mi sto trasformando in un gallo» annunciò Silla.

Mario si mise subito all'erta. «Oh-oh! Parla, Lucio Cornelio.»

«L'aspetto più irritante di questa campagna contro i Germani è la nostra abissale carenza di informazioni degne di fede su di loro» spiegò Silla. «Fin dall'inizio, quando, per la prima volta, i Taurisci ci hanno fatto pervenire una richiesta di aiuto e abbiamo scoperto che i Germani stavano migrando, ci siamo trovati ostacolati dal fatto di non sapere assolutamente nulla su di loro. Non sappiamo chi siano, da dove vengano, quali dèi venerino, che cosa li abbia indotti a lasciare le loro terre d'origine, che tipo di struttura sociale abbiano, come siano governati. Cosa più importante di tutte, non sappiamo perché continuino a sconfiggerci per poi tornare ad allontanarsi dall'Italia, quando non si sarebbe riusciti a fermare Annibale o Pirro con uno sbarramento di un milione di elefanti da guerra.»

Gli occhi di Silla fissavano un punto divergente ad angolo retto rispetto a Mario, e gli ultimi raggi del sole li trafiggevano da parte a parte, colmando Mario di un disagio venato di timore reverenziale; in rare occasioni era colpito da una sfaccettatura della personalità di Silla che di norma restava nascosta, la sfaccettatura che Mario definiva la *crudeltà* di Silla, e non impiegava il termine in una delle sue connotazioni più blande. Semplicemente, Silla poteva, all'improvviso lasciar cadere un velo e rivelarsi non già un uomo, ma neppure un dio... forse un'invenzione degli dèi, diversa da un uomo. Una caratteristica rafforzata in quel momento, col sole che gli splendeva dentro gli occhi, come se da quegli occhi scaturisse.

«Continua» disse Mario.

Silla continuò. «Prima di lasciare Roma, mi sono comprato due nuovi schiavi. Hanno viaggiato con me; sono tuttora qui con me. Uno è un gallo dei Carnuti, la tribù che esercita il controllo sull'intera religione celtica. È uno strano tipo di culto: credono che le bestie siano animate, in quanto possiedono uno spirito, o un'ombra, o qualcosa del genere. Difficile da collegare con le nostre idee. L'altro schiavo è germanico, dei Cimbri, catturato nel Norico al tempo della sconfitta subìta da Carbone. Li tengo separati l'uno dall'altro. Nessuno dei due sa dell'esistenza dell'altro.»

«Non sei riuscito a scoprire qualcosa sui Germani per bocca del tuo schiavo germanico?» domandò Mario.

«Niente di niente. Finge di non sapere chi siano o da dove vengano. Le indagini da me svolte mi portano a ritenere che tale ignoranza sia una caratteristica generale dei pochi Germani che siamo riusciti a catturare e asservire, anche se dubito fortemente che un qualsiasi altro padrone romano si sia attivamente dato da fare per ricavarne informazioni. Ma questo è irrilevante. Il mio obiettivo, nell'acquisto del germanico, era quello di procurarmi informazioni, ma quando lo schiavo si è mostrato recalcitrante — e non mi sembra sensato torturare qualcuno che se ne sta lì come un gigantesco bue — mi è venuta un'idea migliore. Le informazioni, Caio Mario, di solito sono di seconda mano. E per gli scopi che ci proponiamo, le informazioni di seconda mano non sono sufficienti.»

«Vero» fu d'accordo Mario, il quale ormai aveva capito dove Silla volesse andare a parare, ma non intendeva mettergli fretta.

«Così, ho cominciato a pensare che, se la guerra contro i Germani non era imminente, era nostro compito tentare di ottenere informazioni di prima mano su di loro» disse Silla. «I miei due schiavi sono stati al servizio di cittadini romani quanto basta a imparare il latino, anche se nel caso del germanico si tratta di un latino molto elementare. Particolare interessante, dal mio gallo carnutico ho appreso che appena ci si allontana dal Mediterraneo e ci si addentra nella *Gallia comata*, la seconda lingua parlata dai Galli è il latino, non il greco! Oh, con questo non intendo dire che i Galli se ne vanno attorno scambiandosi giochi di parole in latino, ma solo che, grazie ai contatti tra le tribù stanziali come gli Edui e noialtri, contatti favoriti da soldati o mercanti, di tanto in tanto s'incontra un gallo con un'infarinatura di latino e che sa leggere e scrivere. Dato che le loro sono lingue non scritte, quando sanno leggere e scrivere, lo fanno in latino. Non in greco. Affascinante, non trovi? Siamo così abituati a pensare al greco come alla lingua franca del mondo, che è davvero esilarante constatare che una parte del mondo preferisce il latino!»

«Non essendo né un erudito né un filosofo, Lucio Cornelio, devo confessarti il mio scarso entusiasmo. Ciononostante,» disse Mario, con un pallido sorriso «m'interessa moltissimo scoprire qualcosa sui Germani!»

Silla alzò le mani in un gesto di finta resa. «Colpito, Caio Mario! Benissimo, allora. Da quasi cinque mesi sto studiando la lingua dei Carnuti della *Gallia comata* centrale e la lingua dei Cimbri germanici. Il mio maestro di carnutico è di gran lunga più entusiasta di questa mia idea di quanto lo sia il mio insegnante di germanico... d'altronde, è un tipo più sveglio.» S'interruppe, ripensando alle proprie parole, e non ne fu soddisfatto. «La mia impressione che lo schiavo germanico sia meno intelligente forse non è proprio esatta. Può darsi che, a causa della brusca separazione dai suoi simili, di gran lunga più sconvolgente di quanto lo sia stata per il gallo, sia semplicemente vittima di una sorta di distacco mentale dalla situazione in cui si trova. Ovvero, considerato come sono andate le cose, e il fatto che è stato così sciocco da farsi prendere prigioniero in una guerra vinta dalla sua gente, può anche darsi che sia davvero un po' tonto.»

«Lucio Cornelio, la mia pazienza ha un limite» lo interruppe Mario, più rassegnato che irritato. «Stai mostrando tutti i segni di un filosofo peripatetico particolarmente peripatetico!»

«Ti presento le mie scuse» disse Silla sogghignando e girandosi, ora, a guardare in faccia Mario. La luce si spense nei suoi occhi, e Silla riprese un aspetto umano.

«Con i capelli e la carnagione e gli occhi che mi ritrovo» continuò con vivacità «posso agevolmente farmi passare per un gallo e addentrarmi in zone dove nessun romano oserebbe metter piede. In particolare, intendo seguire come un'ombra i Germani nella loro marcia verso la Spagna, vale a dire sicuramente i Cimbri, e forse anche le altre popolazioni. Ormai so abbastanza il germanico dei Cimbri per capire almeno ciò che dicono, ed è per questo che mi concentrerò su di loro.» Rise. «In effetti, dovrei avere i capelli un bel po' più lunghi di quelli di una danzatrice, ma per il momento dovrò accontentarmi. Se mi domanderanno perché sono così corti, dirò che ho avuto una malattia della cute e ho dovuto raderli a zero. Per fortuna, crescono in fretta.»

Tacque. Per qualche istante Mario non aprì bocca, limitandosi a posare un piede su un ceppo e ad appoggiare il gomito sul ginocchio, sorreggendosi il mento con la mano. La verità era che non trovava niente da dire. Da mesi si preoccupava all'idea di perdere Lucio Cornelio, attirato dal lusso e dagli agi di Roma, perché quella campagna si sarebbe rivelata troppo noiosa, e invece per tutto il tempo Lucio Cornelio era andato meticolosamente elaborando un piano, che di sicuro noioso non era. Che piano! Che uomo! Ulisse era stato una delle spie di cui si avesse memoria, quando si era travestito da troiano e si era intrufolato dentro le mura di Ilio per raccogliere ogni brandello d'informazione possibile — e una delle lezioni preferite da ogni letterato aveva lo scopo di chiarire se Calcante fosse passato agli Achei perché davvero non ne poteva più dei Troiani oppure perché intendeva spiare per conto di re Priamo o, ancora, perché voleva seminare la zizzania tra i re di Grecia.

Anche Ulisse aveva avuto i capelli rossi. Anche Ulisse era stato di nobilissime origini. Eppure... Mario non riusciva a considerare Silla alla stregua di un Ulisse dei suoi tempi. Era l'uomo che faceva al caso suo, fatto e finito. Proprio come lo era il suo piano. Non c'era ombra di paura in lui, questo era chiaro; si accingeva a svolgere la straordinaria missione in modo sbrigativo e... *invulnerabile*. In altre parole, si accingeva a metterla in atto da quell'aristocratico romano che era. Non nutriva dubbi sulla riuscita, perché sapeva di valere più di chiunque altro.

Mario abbassò la mano, il gomito, il piede. Aspirò a fondo e domandò: «Ritieni sinceramente di poterlo fare, Lucio Cornelio? Sei un vero romano! Sono divorato dall'ammirazione per te, e il piano è davvero brillante. Ma bisognerà che ti spogli fin dell'ultima traccia di romanità, e non sono sicuro che un romano possa davvero riuscirci. La nostra cultura è talmente forte da lasciare segni inestirpabili su di noi. Dovrai vivere nella menzogna».

Un sopracciglio d'oro rosso s'inarcò; gli angoli della bella bocca si piegarono all'ingiù. «Oh, Caio Mario, sono vissuto nella menzogna più o meno per tutta la vita!»

«Anche ora?»

«Anche ora.»

Si volsero per tornare sui loro passi.

«Intendi andare da solo, Lucio Cornelio?» domandò Mario. «Non pensi che sarebbe una buona idea portarti appresso qualcuno? E se avessi bisogno di farmi pervenire un messaggio urgente, ma constatassi di non poterlo fare di persona? E non potrebbe esserti di aiuto un compagno che ti servisse di specchio, come tu a lui?»

«Ci ho pensato,» ammise Silla «e mi piacerebbe portare con me Quinto Sertorio.»

Lì per lì Mario ne parve felicissimo, poi si accigliò. «È troppo bruno. Non lo scambierebbero mai per un gallo, e tanto meno per un germanico.»

«Vero. Però potrebbe essere un greco con sangue celtiberico nelle vene.» Silla si schiarì la voce. «Gli ho assegnato uno schiavo quando siamo partiti da Roma, se devo essere sincero. Un celtiberico della tribù degli Illergeti. Non ho svelato a Quinto Sertorio che cosa c'era in vista, però gli ho detto di imparare a parlare la lingua dei Celtiberi.»

Mario fece tanto d'occhi. «Hai pensato proprio a tutto. Approvato.»

«Allora posso portarmi Quinto Sertorio?»

«Oh, sì. Anche se continuo a pensare che sia troppo bruno, e mi domando se la cosa non possa essere causa della tua rovina.»

«No, andrà tutto bene. Quinto Sertorio mi è oltremodo prezioso, e i capelli scuri, immagino, si riveleranno un vantaggio in più. Vedi, quel giovane possiede una sorta di magia animale, e gli individui dotati di magia animale sono oggetto di timore reverenziale da parte di tutte le popolazioni barbare. Il colore scuro dei capelli ne accrescerà i poteri magici.»

«Magia animale? A che cosa alludi, esattamente?»

«Quinto Sertorio è in grado di attirare a sé le creature selvatiche. L'ho notato in Africa, quando ha chiamato con un fischio un gattopardo e si è messo a coccolarlo. Ma ho cominciato a studiare una parte da assegnargli in questa missione solo quando è riuscito ad addomesticare l'aquilotto che aveva curato, pur non spegnendone il desiderio di essere libero e selvaggio. Sicché ora vive com'era destinato a fare, però gli è rimasto amico e torna a fargli visita e si posa sul suo braccio e lo bacia. I soldati lo rispettano, per questo: è un importante presagio.»

«Lo so» disse Mario. «L'aquila è il simbolo delle legioni, e Quinto Sertorio ne ha accresciuto l'importanza.»

Se ne stettero a guardare il luogo in cui sei aste d'argento sormontate da aquile d'argento, adorne di corone e piastre e collane, erano confitte nel terreno; un fuoco ardeva in un tripode dinanzi alle aquile, alcune sentinelle erano impalate sull'attenti, e un sacerdote togato, con le pieghe della toga sollevate a coprirgli il capo, gettava incenso sulle braci contenute nel tripode, recitando le preghiere del tramonto.

«Qual è, esattamente, l'importanza della magia animale?» domandò Mario.

«I Galli sono profondamente superstiziosi riguardo agli spiriti che albergano in tutte le creature selvatiche, e ne deduco che lo siano anche i Cimbri germanici. Quinto Sertorio si fingerà uno stregone di una tribù spagnola così lontana che neppure le tribù dei Pirenei sapranno gran che su di lui» spiegò Silla.

«Quando intendi partire?»

«Al più presto. Però preferirei che fossi tu a dirlo a Quinto Sertorio» fece Silla. «Sarà lieto di venire, ma ti è assolutamente fedele. Quindi è meglio che gliene parli tu.» Soffiò dalle narici. «Nessuno deve saperlo. *Nessuno!*»

«Non potrei essere più d'accordo» disse Mario. «Tuttavia, ci sono tre schiavi che sanno qualcosa, dato che vi hanno impartito lezioni di lingue. Vuoi che siano venduti e mandati da qualche parte oltremare?»

«Perché preoccuparsene?» domandò Silla, sorpreso. «Avevo intenzione di ucciderli.»

«Ottima idea. Ma ci perderai un bel po' di denaro.»

«Non sarà un patrimonio. Diciamo che sarà il mio contributo al successo della campagna contro i Germani» fece Silla con disinvoltura.

«Li farò uccidere non appena sarai partito.»

Ma Silla scosse il capo. «No, li sbrigo da solo, i lavoretti sporchi. E subito. Hanno insegnato a me e a Quinto Sertorio quanto sapevano. Domani li spedisco a Marsiglia a sbrigare una faccenda per conto mio.» Si stiracchiò, sbadigliò voluttuosamente. «Sono bravo con l'arco e le frecce, Caio Mario. E le paludi saline sono un luogo desolato. Tutti penseranno semplicemente che siano scappati. Compreso Quinto Sertorio.»

"Sono troppo legato alla terra" pensò Mario. "Non è che abbia qualcosa in contrario a provocare la morte di qualcuno, persino a sangue freddo. Fa parte della vita come la conosciamo, e non offende gli dèi. Ma lui appartiene a una delle antiche famiglie patrizie di Roma, questo è certo. Troppo al di sopra della terra. Una specie di semidio." E Mario si scoprì a riandare con la mente alle parole di Martha, la profetessa siriaca, che ora viveva nel lusso, in qualità di ospite d'onore, nella sua casa di Roma. Un romano di gran lunga più grande di lui, un altro Caio, ma un Giulio, non un Mario... Era questo che ci voleva? Quella goccia semidivina di sangue patrizio?

Diceva Publio Rutilio Rufo in una lettera a Caio Mario, datata fine di settembre:

Be', Publio Licinio Nerva ha trovato finalmente il coraggio per scrivere al Senato con assoluta schiettezza riguardo alla situazione in Sicilia. In qualità di primo console, ti sono stati inviati i dispacci ufficiali, naturalmente, ma prima udrai la mia versione, perché so che deciderai di leggere la mia lettera prima dei noiosi dispacci, e ho mendicato un posto per il mio plico nella sacca del corriere.

Ma prima di parlarti della Sicilia, è indispensabile riandare agli inizi dell'anno, quando, come ben sai, il Senato ha raccomandato al Popolo riunito in tribù di far approvare una legge intesa a liberare tutti gli schiavi di nazionalità italica sparsi per il mondo. Però, certamente non sai che la cosa ha avuto un'imprevista ripercussione, e cioè che gli schiavi non italici, in particolare di quei popoli ufficialmente designati come Amici e Alleati del Popolo Romano, o hanno presunto che la legge riguardasse anche loro, o si sono profondamente dispiaciuti che non li riguardasse. La cosa vale soprattutto per gli schiavi greci, che costituiscono la maggioranza degli schiavi impiegati nei campi di grano della Sicilia, e altresì della Campania.

In febbraio, il figlio di un cavaliere campano, cittadino di Roma a tutti gli effetti, tale Tito Vezio, appena ventenne, a quanto pare è impazzito. Causa della sua pazzia erano i debiti; si era impegnato a sborsare sette talenti d'argento per... figurati un po!... una giovane schiava scita. Ma essendo il vecchio Tito Vezio uno spilorcio di prim'ordine, e troppo in là con gli anni per essere padre di un ventenne, il giovane Tito Vezio ha preso a prestito la somma a un tasso d'interesse esorbitante, impegnando a mo' di garanzia tutta la sua eredità. Logicamente, era inerme come un pulcino nelle mani degli strozzini, i quali insistevano a voler essere pagati entro trenta giorni. Non era in grado di farlo, naturalmente, e ha ottenuto una dilazione di altri trenta giorni. Ma visto che, di nuovo, non aveva speranza alcuna di saldare il debito, gli strozzini si sono rivolti a suo padre, esigendo la restituzione del prestito, più gli esorbitanti interessi. Il padre ha rifiutato, diseredando il figlio. Il quale è impazzito.

Subito dopo, il giovane Tito Vezio si è messo in testa un diadema e ha indossato una veste di porpora e si è proclamato re di Campania, incitando ogni schiavo del distretto alla ribellione. Il padre, mi affretto ad aggiungere, è uno di quei bravi, grossi agricoltori all'antica: tratta bene i suoi schiavi, tra i quali non figurano Italici. Ma poco più in là abitava uno dei grossi agricoltori di nuovo stampo, quei tremendi individui che comprano schiavi da pochi soldi, li costringono a lavorare incatenati, non fanno domande sulle loro origini e li tengono rinchiusi a dormire in anguste baracche. Lo spregevole individuo in questione si chiamava Marco Macrino *Mactator*, il Massacratore, e a quanto pare è stato grande amico del tuo collega nel consolato, il nostro tanto austero e onesto Caio Flavio Fimbria.

Il giorno in cui è andato fuori di senno, il giovane Tito Vezio ha armato i suoi schiavi comprando all'ingrosso cinquecento assortimenti di vecchie armi da esibizione e il piccolo esercito ha marciato lungo la strada sino a quel pozzo di dolore servile gestito da Marco Macrino *Mactator*. E ha torturato e ucciso il suddetto e i suoi familiari, e ha rimesso in libertà un gran numero di schiavi, molti dei quali, si è poi scoperto, di nazionalità italica, e perciò detenuti illegalmente.

In men che non si dica, il giovane Tito Vezio, re di Campania, si è trovato con un esercito di schiavi forte di oltre quattromila unità, e si è barricato in un campo fortificato in piena regola in cima a un'altura. E le reclute servili continuavano ad affluire! Capua ha sbarrato le sue porte, arruolato tutti gli allievi delle scuole di gladiatori e chiesto aiuto al Senato di Roma.

Fimbria, direttamente interessato alla faccenda, ha pianto la morte del suo amico, il Massacratore, finché i Padri Coscritti non ne hanno potuto più e hanno incaricato il pretore degli stranieri, Lucio Licinio Lucullo, di mettere assieme un esercito e stroncare la rivolta degli schiavi. Be', sai bene quale colossale aristocratico Lucio Licinio Lucullo sia! Non l'ha presa per niente bene, l'idea che uno scarafaggio come Fimbria gli intimasse di ripulire la Campania.

E ora una piccola digressione. Suppongo tu sappia che Lucullo ha sposato la sorella di Metello del Porcile, Metella Calva. Hanno un paio di figli, rispettivamente di circa quattordici e dodici anni, di cui corre voce che siano oltremodo promettenti, e ora che il figlio di Metello del Porcile, il Porcellino, non riesce più a spiccicare due parole di fila, l'intera famiglia ripone tutte le sue speranze nei giovanissimi Lucio e Marco Lucullo. E ora smettila, Caio Mario! Mi pare di sentirti borbottare fin da Roma! Tutto questo è importante, se solo riuscissi a fartelo credere. Come potrai mai aggirarti indenne nel labirinto della vita pubblica di Roma se non ti curi di conoscere tutte le ramificazioni e i pettegolezzi riguardanti le famiglie? La moglie di Lucullo che, come ho detto, è la sorella di Metello del Porcile, è notoria per la dissolutezza. In primo luogo, si dedica alle sue faccende di cuore pubblicamente, nel modo più sfacciato, con tanto di scenate isteriche davanti alle più note botteghe di gioiellieri, e ha persino tentato il suicidio, denudandosi e cercando di scavalcare il muro per gettarsi nel Tevere. Ma, in secondo luogo, la povera Metella Calva non se la fa con uomini della sua classe sociale, ed è questo il particolare che più offende il nostro altezzoso Metello del Porcile. Per non parlare dell'altero Lucullo. No, a Metella Calva piacciono gli schiavi di bell'aspetto, o gli scaricatori grandi e grossi che si va a cercare sui moli del Porto di Roma. Di conseguenza, è un terribile fardello per Metello del Porcile e per Lucullo, anche se ritengo sia un'ottima madre per i suoi due ragazzi.

Fine della digressione. Vi ho accennato per mettere un pizzico dell'indispensabile pepe nell'intero episodio. E per farti capire perché Lucullo se n'è andato in Campania sentendosi bruciare per il fatto di dover prendere ordini proprio dal tipo di individuo di cui Metella Calva avrebbe potuto incapricciarsi se fosse stato più povero — che più rozzo non potrebbe! Tra parentesi, c'è qualcosa di molto ambiguo riguardo a Fimbria. Ha fatto amicizia con Caio Memmio, pensa un po', e quei due sono uniti come complici, e un mucchio di soldi passa di mano, benché non sia chiaro a quale scopo.

Lucullo, comunque, ha rapidamente fatto piazza pulita in Campania. Il giovane Tito Vezio è stato giustiziato così come gli ufficiali e gli schiavi che componevano il suo esercito. Lucullo è stato elogiato per il lavoro svolto, ed è tornato a presiedere tribunali in luoghi come Rieti.

Ma non ti avevo già detto, qualche tempo fa, che avevo uno strano presentimento a proposito di quelle piccole rivolte di schiavi avvenute in Campania lo scorso anno? Avevo fiutato giusto. Prima c'è stato Tito Vezio. E ora ci troviamo alle prese con una guerra su vasta scala contro gli schiavi in Sicilia!

Ho sempre pensato che Publio Licinio Nerva somigliasse a un topo e come tale si comportasse, ma chi avrebbe mai immaginato che sarebbe risultato pericoloso spedirlo in Sicilia in qualità di pretore-governatore? È talmente pignolo che l'incarico avrebbe dovuto esser fatto su misura per lui. Sempre a correre qua e là, a riempire i granai per l'inverno, a redigere resoconti infarciti di particolari con la punta del codino intinto nell'inchiostro, le vibrisse frementi.

Tutto sarebbe andato bene, naturalmente, non fosse stato per quella sciagurata legge che prevede la liberazione degli schiavi italici. Il nostro pretore-governatore Nerva si è precipitato in Sicilia e ha cominciato ad affrancare gli Italici, che assommano a circa un quarto di tutti gli schiavi occupati nella coltivazione del grano. E ha preso le mosse da Siracusa, mentre il suo questore le prendeva dall'altro capo dell'isola, a Marsala. La faccenda ha proceduto lentamente e ordinatamente, essendo Nerva quel tipo che è: per inciso, ha escogitato un ottimo sistema per scoprire gli schiavi che si proclamavano Italici, e che Italici non erano, quello di interrogarli in osco e sulla geografia locale della nostra penisola. Però ha emanato il suo decreto solo in latino, ritenendo, in tal modo, di smascherare i potenziali impostori. Col risultato che chi parlava greco doveva farsi tradurre il decreto da qualcun altro, e la confusione è cresciuta e cresciuta e cresciuta...

La seconda metà di maggio ha assistito alla liberazione, da parte di Nerva, di circa ottocento schiavi italici a Siracusa, mentre il suo questore, a Marsala, segnava il passo, in attesa di ordini. Ed ecco presentarsi a Siracusa una delegazione di coltivatori di grano su tutte le furie, che come un sol uomo hanno minacciato di fare a Nerva, se avesse continuato a liberare i loro schiavi, cose che andavano dalla castrazione alla denuncia. Nerva si è lasciato prendere dal panico alla vista di quel gatto infuriato e ha immediatamente chiuso il suo tribunale. Non si dovevano liberare altri schiavi. Tale direttiva, purtroppo, ha raggiunto il suo questore a Marsala con un pizzico di ritardo, in quanto il questore si era stancato di aspettare e aveva insediato un suo tribunale sulla piazza del mercato. Ed ecco che, appena cominciato, chiudeva anche lui baracca e burattini. Gli schiavi schierati sullo spiazzo, letteralmente pazzi di furore, se ne sono tornati a casa animati da intenzioni omicide.

Il risultato è stata un'aperta rivolta all'estremità occidentale dell'isola. È iniziata con l'assassinio di due facoltosi fratelli, proprietari di un'immensa tenuta coltivata a grano, e si è poi propagata da un capo all'altro della Sicilia. Gli schiavi, a centinaia e poi a migliaia, hanno abbandonato le fattorie, in qualche caso non prima di aver assassinato i sorveglianti e persino i padroni, convergendo sul Bosco dei Palici che si trova, credo, una sessantina di chilometri a sud-ovest dell'Etna. Nerva ha radunato le sue milizie e ha creduto di aver soffocato la rivolta quando ha assaltato ed espugnato un'antica cittadella affollata di schiavi che vi si erano rifugiati. Così, ha sciolto le sue milizie, rimandando tutti quanti a casa.

E invece la rivolta era solo all'inizio. Questa volta è divampata nei pressi di Platani, e quando Nerva ha cercato di radunare nuovamente le milizie, tutti hanno fatto orecchie di mercante. Nerva si è visto costretto a ripiegare su una coorte di ausiliari di stanza a Enna, vale a dire abbastanza lontano da Platani, ma in ogni caso il contingente più a portata di mano. Questa volta, Nerva non ha vinto. La coorte è perita, dal primo uomo all'ultimo, e gli schiavi si sono impadroniti delle armi.

Mentre ciò accadeva, gli schiavi si sono dati un capo, un italico com'era prevedibile, che non era ancora stato affrancato quando Nerva aveva chiuso i tribunali. Si chiama Salvio e appartiene alla nazione dei Marsi. La sua professione da uomo libero, a quanto pare, era quella del flautista incantatore di serpenti, ed era stato tratto in schiavitù perché l'avevano sorpreso a suonare il flauto per certe donne coinvolte nei riti dionisiaci che tanto preoccupavano il Senato qualche anno fa. Ora Salvio si è proclamato re, ma, essendo un italico, la sua idea di un re è romana, non ellenica. Indossa la toga dei magistrati, e non il diadema, e si fa precedere da littori che recano i fasci con tanto di scuri.

All'estremità opposta della Sicilia, dalle parti di Marsala, è poi comparso un secondo re degli schiavi, nel caso specifico un greco a nome Atenione, e anche lui ha raccolto attorno a sé un esercito. Salvio e Atenione si sono portati al Bosco dei Palici dove hanno conferito tra loro. Risultato dei colloqui: Salvio, che ora si fa chiamare re Tryphon, è diventato il capo supremo e ha posto il suo quartier generale in un luogo inespugnabile, Caltabellotta, nel cuore delle montagne che sovrastano la costa di fronte all'Africa, a mezza strada fra Agrigento e Marsala.

In questo preciso momento, la Sicilia è una distesa di lutti e devastazioni degna dell'*Iliade*. Il raccolto giace calpestato, se si esclude quel po' di grano che gli schiavi hanno mietuto per riempirsi la pancia, e quest'anno Roma non potrà contare sul grano siciliano. Le città della Sicilia minacciano di scoppiare per l'enorme numero di profughi liberi che hanno cercato riparo entro le loro mura, e fame e malattie già ne infestano le strade. Un esercito forte di oltre sessantamila schiavi ben armati e di cinquemila schiavi a cavallo scorrazza liberamente da un capo all'altro dell'isola e, quando si sente minacciato, si ritira nell'inespugnabile roccaforte di Caltabellotta. Hanno assaltato e preso Murganzia, e c'è mancato poco che espugnassero anche Marsala, che per fortuna è stata salvata da un gruppo di veterani accorsi in aiuto dall'Africa, avendo appreso quanto stava accadendo.

Ed ecco l'estrema infamia. Non solo Roma si trova a dover fronteggiare una drastica penuria di grano, ma a quanto sembra è molto probabile che qualcuno abbia tentato di *manipolare* gli eventi in Sicilia in modo da provocare la suddetta penuria di grano! La rivolta degli schiavi ha trasformato quella che avrebbe dovuto essere una finta carestia in una carestia reale, ma il nostro esimio *Princeps Senatus*, Scauro, sta seguendo una pista che lo porterà, così spera, al colpevole o ai colpevoli. Penso che sospetti del nostro spregevole console Fimbria e di Caio Memmio. Perché mai un uomo retto e dignitoso come Memmio si è legato a un individuo come Fimbria? Be', sì, credo di poter rispondere a questa domanda. Avrebbe dovuto essere eletto pretore anni fa, e invece c'è arrivato solo ora, e non possiede il denaro necessario per candidarsi al consolato. E quando la mancanza di denaro esclude un uomo dalla carica cui ritiene di avere diritto, l'uomo in questione può compiere molte azioni avventate.

Caio Mario posò la lettera sospirando, tirò verso di sé i dispacci ufficiali del Senato e lesse anche quelli, in comoda solitudine, e perciò in grado di articolare le accozzaglie di parole anche a squarciagola, se gli andava di farlo. Non che ci fosse qualcosa di male, in questo, tutti leggevano ad alta voce; ma si supponeva che tutti gli altri sapessero il greco.

Publio Rutilio aveva ragione, come sempre. La sua lunghissima lettera era infinitamente più istruttiva dei dispacci, che pure contenevano il testo della lettera di Nerva ed erano gremiti di dati statistici. Solo che i dispacci non erano altrettanto interessanti e infarciti di pettegolezzi. Né riuscivano a portare il lettore proprio al centro del quadro, come faceva Rutilio.

Mario non aveva difficoltà a immaginare la costernazione che regnava a Roma. Una drastica scarsità di grano significava che era in gioco il futuro politico di molta gente, e mugugni da parte dell'erario e l'affannoso tentativo, da parte degli edili, di trovare fonti alternative di grano. La Sicilia era il granaio di Roma, e quando la Sicilia non dava un raccolto abbondante, Roma rischiava la carestia. Né l'Africa né la Sardegna fruttavano a Roma metà del grano che le dava la Sicilia. L'Africa e la Sardegna *messe insieme!* La crisi in corso avrebbe fatto sì che il Popolo accusasse il Senato di aver mandato in Sicilia un governatore incapace, e i nullatenenti avrebbero incolpato sia il Popolo sia il Senato per le loro pance vuote.

I nullatenenti non costituivano un organismo politico; non avevano interesse a governare più di quanto ne avessero a farsi governare. La loro partecipazione alla vita pubblica si limitava alle tribune del circo e alla distribuzione gratuita di viveri in occasione delle ricorrenze festive. Questo, finché avevano la pancia piena. Poi diventavano una forza con cui fare i conti.

Non che i nullatenenti ricevessero il grano gratis; il Senato, però, tramite gli edili e i questori, faceva in modo che fosse venduto loro a prezzi ragionevoli, persino nei periodi di scarsità quando bisognava acquistare grano a prezzi elevati e rivenderlo pur sempre a prezzi ragionevoli, con sommo sgomento dell'erario. Qualsiasi cittadino romano residente entro la cinta urbana, per quanto ricco, poteva avvalersi delle razioni di grano distribuito dallo stato a prezzo di calmiere, a patto che fosse disposto a fare lunghe code davanti al banco dell'edile sotto il Portico di Minucio per ritirare i suoi tagliandi; i quali tagliandi, una volta presentati a uno dei granai di stato che costellavano i pendii dell'Aventino, al di sopra del Porto di Roma, gli avrebbero consentito di comprare i suoi cinque *modii** di grano a basso prezzo. Il fatto che pochi cittadini benestanti si preoccupassero di farlo, era solo per una questione di comodità; era tanto più facile fare la spesa al mercato granario del Velabro e lasciare che fossero i mercanti a procurarsi il grano presso i granai privati che si aprivano ai piedi dei dirupi del Palatino, nel Vico Tusco.

Rendendosi conto di trovarsi invischiato in quella che avrebbe potuto essere una posizione politica precaria, Caio Mario aggrottò le prodigiose sopracciglia. Nel momento in cui il Senato avesse im-

---

* Misura del grano; un *modius* corrisponde a circa 6 chilogrammi.

posto all'erario di aprire i suoi forzieri coperti di ragnatele per acquistare grano ad alto prezzo da distribuire ai nullatenenti, sarebbero cominciate le proteste; i capi dei tribuni dell'erario, i burocrati, avrebbero attaccato a lagnarsi che non potevano assolutamente permettersi il lusso di sborsare somme enormi per l'acquisto del grano, quando un esercito di nullatenenti forte di sei legioni era impiegato nella Gallia Transalpina nell'esecuzione di lavori pubblici! La qual cosa avrebbe a sua volta addossato l'onere al Senato, il quale avrebbe dovuto impegnarsi in un'odiosa battaglia con l'erario per ottenere il quantitativo supplementare di grano occorrente; dopodiché, il Senato si sarebbe lamentato col Popolo, sostenendo che, al solito, i nullatenenti erano solo un fastidio, e perdipiù costavano cari.

Splendido! Come sarebbe riuscito a farsi eleggere console assente per il secondo anno di fila, quando comandava un esercito di nullatenenti e Roma era alla mercé dei nullatenenti affamati? Che Publio Licinio Nerva potesse marcire! E assieme a lui tutti quelli che speculavano sul grano!

Soltanto Marco Emilio Scauro, *Princeps Senatus*, aveva intuito che qualcosa non andava per il giusto verso già prima che scoppiasse la crisi; in vista del nuovo raccolto, di solito il prezzo del grano entro la cinta di Roma calava leggermente alla fine dell'estate. Quell'anno, invece, aveva subìto un aumento. La ragione sembrava chiara: la liberazione degli schiavi italici impiegati nella coltivazione del grano avrebbe provocato una diminuzione della quantità di grano mietuto. Ma i suddetti schiavi non erano stati liberati, e si prevedeva un raccolto normale. A questo punto, il prezzo avrebbe dovuto calare notevolmente. E invece non era così. Continuava a salire.

Per Scauro, era la prova lampante di una manipolazione del grano che aveva origine dal Senato e, in base alle sue osservazioni, tutto faceva pensare al console Fimbria e al pretore urbano Caio Memmio, che si erano dati un gran da fare per accumulare denaro per tutta la primavera e l'estate. Denaro destinato all'acquisto di grano a buon mercato, per poi rivenderlo con enorme profitto, fu la conclusione di Scauro.

E poi giunse notizia della rivolta degli schiavi in Sicilia. E allora Fimbria e Memmio si diedero a vendere freneticamente tutto ciò che possedevano, a parte le case sul Palatino e quel po' di terra sufficiente a garantir loro il reddito richiesto ai senatori. Di conseguenza, ne dedusse Scauro, quale che fosse stata la natura delle loro imprese finanziarie, non potevano aver avuto a che fare con le forniture di grano.

Si trattava di un ragionamento specioso, ma almeno in parte scusabile; se il console e il pretore urbano fossero stati coinvolti nel cospicuo aumento del prezzo del grano, ora se ne sarebbero stati comodamente seduti a stuzzicarsi i denti, anziché girare in tondo per trovare il contante necessario a rifondere i prestiti. No, non erano stati Fimbria e Memmio! Bisognava cercare altrove.

Dopo l'arrivo a Roma della lettera in cui Publio Licinio Nerva ammetteva la portata della crisi in Sicilia, Scauro cominciò a sentir fare il nome di un senatore fra i mercanti di grano; la sua sensibile proboscide fiutò una pista più fresca, e più probabile, di quella falsa di Fimbria e Memmio. Lucio Apuleio Saturnino. Il questore del porto di Ostia. Giovane e appena ammesso al Senato, ma investito della carica più adatta cui potesse aspirare un senatore di nuova nomina, sempreché fosse interessato ai prezzi del grano. Il questore di Ostia, infatti, sovrintendeva alle spedizioni e all'immagazzinaggio del grano, conosceva e conversava con tutte le persone interessate alle varie fasi delle forniture, aveva accesso a ogni genere di informazioni con notevole anticipo rispetto agli altri senatori.

Ulteriori indagini convinsero Scauro che aveva scoperto il colpevole; così sferrò il colpo, per salvaguardare il buon nome del Senato, durante una seduta dell'assemblea ai primi di ottobre. Lucio Apuleio Saturnino era la causa del prematuro aumento del prezzo del grano che aveva impedito all'erario di acquistare altre scorte destinate ai granai di stato a un prezzo ragionevole, disse Scauro, *Princeps Senatus*, a un'assemblea ammutolita. E l'assemblea aveva trovato il suo capro espiatorio; indignati com'erano, i senatori votarono massicciamente a favore della rimozione di Lucio Apuleio Saturnino dall'incarico di questore, privandolo in tal modo del seggio al Senato e permettendo che fosse aperto a suo carico un procedimento per estorsione.

Richiamato da Ostia con l'ordine di presentarsi al cospetto del Senato, Saturnino non poté fare granché, oltre a smentire le accuse di Scauro. Prove concrete non ce n'erano, né a carico né a discarico, e ciò significava che la faccenda si riduceva a stabilire quale degli uomini coinvolti fosse più degno di fede.

«Provami che sono implicato!» gridò Saturnino.

«Provami che *non* sei implicato!» lo schernì Scauro.

E, logicamente, l'assemblea credette al *Princeps Senatus*, dal momento che in fatto di malversazioni Scauro era al di sopra di qualsiasi sospetto, e questo tutti lo sapevano. Saturnino perse ogni bene.

Ma era un lottatore, Lucio Apuleio Saturnino. Aveva l'età giusta per la carica di questore e un seggio al Senato, trent'anni; la qual cosa significava che in realtà nessuno ne sapeva molto su di lui, dato che da giovane non si era particolarmente messo in luce nei tribunali né si era troppo distinto durante il noviziato militare, e proveniva da una famiglia di senatori originaria del Piceno. Non ebbe altra scelta che rassegnarsi alla perdita della carica di questore e del seggio al Senato; non fu neppure in grado di protestare quando l'assemblea non perse tempo ad assegnare il suo diletto incarico a Ostia, per il resto dell'anno, nientemeno che a Scauro, *Princeps Senatus!* Però era un lottatore.

A Roma, nessuno credeva che fosse innocente. Dovunque andasse, gli sputavano addosso, lo prendevano a gomitate, gli tiravano sassi, persino, e sul muro di cinta di casa sua erano comparse le scritte ingiuriose: PORCO, PEDERASTA, PIAGA, INGORDO, MOSTRO, POMPINARO, e altri insulti ancora facevano a gara tra loro sulla superficie intonacata. A sua moglie e alla sua figlioletta era stato dato l'ostracismo, per cui passavano la maggior parte dei loro giorni in lacrime. Persino i suoi servi lo guardavano storto e obbedivano con ritardo ogniqualvolta chiedeva loro qualcosa o, fuori dai gangheri, latrava un ordine.

Il suo più caro amico era relativamente una nullità, Caio Servilio Glaucia. Di qualche anno più vecchio di Saturnino, Glaucia godeva di una certa fama come avvocato penalista e brillante estensore legale; però non poteva vantare l'appartenenza ai patrizi della *gens* Servilia e neppure a un'importante famiglia plebea dello stesso nome. A parte la sua reputazione di avvocato, Glaucia era suppergiù alla pari con un altro Caio Servilio che si era arricchito ed era riuscito a dare la scalata al Senato, aggrappandosi alla toga del suo protettore Enobarbo; quest'altro Servilio plebeo, tuttavia, non poteva ancora fregiarsi di un *cognomen*, laddove "Glaucia" era un nomignolo abbastanza rispettabile, perché si riferiva ai bellissimi occhi grigio-verdi, caratteristici della famiglia.

Erano due begli uomini, Saturnino e Glaucia, l'uno molto bruno, l'altro biondissimo, ciascuno dei due il miglior esemplare fisico del suo tipo. Alla base della loro amicizia c'erano una comune acutezza dell'ingegno e una profonda intelligenza, nonché il confessato proposito di ottenere il consolato e nobilitare le rispettive famiglie. La politica e la legislazione li affascinavano, la qual cosa significava che erano altamente qualificati a svolgere il genere di lavoro cui li destinavano le loro origini.

«Non mi hanno ancora sconfitto» disse Saturnino a Glaucia, la bocca serrata in una piega dura. «C'è un'altra strada per rientrare al Senato, e ho intenzione di seguirla.»

«Non i censori» disse Glaucia.

«Decisamente, non i censori! No, mi candiderò alle elezioni dei tribuni della plebe» fece Saturnino.

«Non ti accetteranno mai!» Glaucia non era eccessivamente pessimista, solo realista.

«Sì, invece, se riuscirò a procurarmi un alleato abbastanza potente.»

«Caio Mario.»

«E chi altri? Non vede di buon occhio Scauro e il Numidico o gli altri politicanti di mestiere» fece Saturnino. «Mi imbarco per Marsiglia domani per esporre il mio caso all'unico uomo che potrebbe essere disposto a prestarmi ascolto, e offrirgli i miei servigi.»

Glaucia annuì. «Sì, è la tattica giusta, Lucio Apuleio. Dopotutto, non hai niente da perdere.» Gli balenò alla mente un'idea e sogghignò. «Pensa che spasso sarà, rovinare l'esistenza al vecchio Scauro, quando ti avranno eletto tribuno della plebe!»

«No, non è a lui che miro!» ribatté Saturnino, sprezzante. «Ha agito come ha ritenuto giusto; non posso avercela con lui, per questo. Qualcuno mi ha deliberatamente usato come esca, ed è quello, l'individuo al quale miro. E se sarò eletto tribuno della plebe potrò fargliela *pagare*. Sempre che, beninteso, riesca a scoprire chi è stato.»

«Tu va' a trovare Caio Mario» disse Glaucia. «Nel frattempo, io mi darò da fare per scoprire il colpevole delle speculazioni sul grano.»

In autunno era possibile navigare verso occidente, e Lucio Apuleio Saturnino arrivò a Marsiglia senza danni. Da lì raggiunse a cavallo l'accampamento romano alle porte di Glanum e chiese udienza a Caio Mario.

Non era stata un'esagerazione grossolana, da parte di Mario, dire ai componenti del suo stato maggiore che si proponeva di costruire un'altra Carcassona, sebbene, anziché in pietra, questa fosse una versione in legno e mattoni. L'altura sulla quale si ergeva il vasto campo romano era irta di fortificazioni; Saturnino calcolò all'istante che una popolazione come i Germani, inesperta in assedi, non sarebbe mai riuscita a espugnarla, anche se l'avesse assaltata con tutti gli uomini di cui disponeva.

«In realtà,» spiegò Caio Mario mentre accompagnava l'inatteso ospite in una specie di giro di ricognizione «non l'ho eretta semplicemente a difesa del mio esercito, sai. Ha soprattutto lo scopo di indurre i Germani a credere che lo sia.»

"Nessuno sospetta tanta sottigliezza in quest'uomo!" pensò Saturnino, valutando prontamente le qualità intellettuali di Caio Mario. "Se c'è qualcuno che può aiutarmi, è lui."

Era nata tra loro una spontanea simpatia reciproca, dettata dalla sensazione di un'affinità in fatto di spietata determinazione, e forse di una certa tendenza iconoclastica, sconosciuta ai Romani. Saturnino fu profondamente soddisfatto scoprendo che, come aveva sperato, era arrivato a Glanum prima della notizia della punizione inflittagli. Era però difficile stabilire quanto avrebbe dovuto attendere prima di raccontare tutte le sue disgrazie, in quanto Caio Mario era il comandante in capo di una formidabile impresa e non poteva disporre liberamente della sua vita, compresi gli scarsi passatempi, per molti istanti di fila.

Poiché si era aspettato una mensa affollata, Saturnino fu stupito di constatare che gli unici due commensali di Caio Mario erano lui e Manio Aquilio.

«Lucio Cornelio è a Roma?» domandò.

Mario, imperturbabile, si mise sul piatto un uovo farcito. «No, è in missione speciale» rispose, laconico.

Rendendosi conto che non c'era senso a tener nascosta la sua situazione a Manio Aquilio, il quale si era definitivamente rivelato uomo di Mario già l'anno prima, e senza dubbio avrebbe ricevuto da Roma lettere contenenti tutta quanta la storia, Saturnino s'imbarcò nel suo racconto non appena ebbero finito di mangiare. I due uomini ascoltarono in silenzio finché non ebbe concluso, senza interromperlo con domande, la qual cosa indusse Saturnino a ritenere di aver esposto i fatti con chiarezza e logica.

Poi Mario esalò un sospiro. «Sono molto lieto che tu sia venuto personalmente a parlarmi» disse. «Conferisce notevole forza alla tua posizione, Lucio Apuleio. Chi è colpevole può ricorrere a molti stratagemmi, ma si guarda bene dal venire a perorare la propria causa personalmente. Non sono considerato uomo che si lasci prendere in giro. Né, d'altronde, viene considerato tale Marco Emilio Scauro. Però, proprio come te, ritengo che chiunque abbia indagato in merito a questa complessa situazione, dev'essere stato indotto con una serie di inganni a risalire a te. Dopotutto, come questore di Ostia, sei un'esca perfetta.»

«Se c'è un dato di fatto per cui le accuse a mio carico non reggono, Caio Mario, è che non possiedo il denaro necessario ad acquistare grano all'ingrosso» disse Saturnino.

«Vero, però questo neppure ti scagiona automaticamente» fece Mario. «Avresti potuto farlo agevolmente in cambio di una grossa cifra, o magari aver contratto un prestito.»

«Credi che l'abbia fatto?»

«No. Credo che tu sia la vittima, non l'autore.»

«Anch'io» disse Manio Aquilio. «È troppo semplice.»

«Allora mi aiuterai a farmi eleggere tribuno della plebe?» domandò Saturnino.

«Certamente» rispose Mario senza un attimo di esitazione.

«Ti ricambierò in qualsiasi modo possibile.»

«Bene!» disse Mario.

Dopodiché, tutto si svolse in fretta. Saturnino non aveva tempo da perdere, dato che le elezioni tribunizie erano fissate per i primi di novembre, sicché doveva tornare a Roma in tempo per far accettare la propria candidatura e ottenere gli appoggi che Mario gli aveva promesso. Armato di un voluminoso pacco di lettere scritte da Mario a vari personaggi di Roma, Saturnino partì in direzione delle Alpi a bordo di un veloce cocchio tirato da quattro muli e in possesso di una somma sufficiente a noleggiare, lungo il tragitto, bestie fresche altrettanto buone delle quattro con cui si era messo in viaggio.

Al momento del congedo, uno straordinario terzetto varcò a piedi la porta principale dell'accampamento. Tre Galli. Galli *barbari!* Non avendo mai visto un barbaro in vita sua, Saturnino rimase a bocca aperta. A quanto sembrava, uno dei tre era stato fatto prigioniero dagli altri due, perché era in catene. Particolare abbastanza strano, appariva meno barbarico, nella tenuta e nell'aspetto, degli altri due! Si trattava di un individuo di media statura, biondiccio ma non troppo, i capelli lunghi ma tagliati alla greca, il volto rasato, che indossava un paio di brache come le portavano i Galli e un mantello di foggia gallica, di una lana pelosa tessuta in modo da formare un disegno a scacchi, incerto ma complesso. Il secondo individuo era scuro di capelli, ma portava una torreggiante acconciatura di piume nere e fili d'oro che lo proclamava straniero, di origine celtiberica — e poco altro, in fatto di abbigliamento — ed esibiva un corpo guizzante di muscoli. Il terzo uomo era chiaramente il capo, un vero gallo barbaro; la pelle nuda del petto bianca come il latte e tuttavia avvezza alle intemperie, i calzoni stretti da lacci alla maniera dei Germani o dei mitici Belgi; lunghi capelli d'oro rosso gli ricadevano sulle spalle, lunghi baffi d'oro rosso si piegavano all'ingiù da ambo i lati della bocca, e al collo portava un massiccio monile a testa di drago che sembrava d'oro.

Il cocchio si avviò; mentre sfrecciava accanto al gruppetto, Saturnino incrociò lo sguardo gelido degli occhi chiarissimi del capo e rabbrividì, suo malgrado. *Quello*, sì, che era un barbaro in piena regola!

I tre Galli continuarono a salire l'erta dopo aver varcato la porta principale dell'accampamento, senza che nessuno li fermasse finché non arrivarono al tavolo dell'ufficiale di giornata al riparo della pensilina davanti alla baracca di solido legno del generale.

«Caio Mario, prego» disse il capo in un latino impeccabile.

L'ufficiale di giornata non batté ciglio. «Sento se è disposto a riceverti» rispose, alzandosi. Di lì a un momento era di ritorno. «Il generale ti invita ad accomodarti, Lucio Cornelio» disse, con un largo sorriso.

«Grandioso» sibilò Sertorio sottovoce, mentre superava l'ufficiale di giornata facendo ondeggiare l'acconciatura. «Però tieni la bocca chiusa su questa faccenda, capito?»

Quando posò lo sguardo sui suoi due luogotenenti, Mario li squadrò attentamente come aveva fatto Saturnino, ma con minore sorpresa.

«Era ora che tornassi» disse a Silla, afferrandogli la mano con calore, e poi protendendosi a salutare Sertorio.

«Non ci tratterremo a lungo» disse Silla, spingendo avanti il prigioniero. «Siamo tornati solo per consegnarti questo regalo per il tuo corteo trionfale. Ti presento re Copillo dei Volci Tettosagi, proprio quello che ha contribuito ad annientare l'esercito di Lucio Cassio a Bordeaux.»

«Ah!» Mario esaminò il prigioniero da capo a piedi. «Non ha molto l'aria di un gallo, eh? Tu e Quinto Sertorio avete un aspetto assai meno rassicurante.»

Sertorio sogghignò, ma fu Silla a rispondere.

«Be', avendo posto la sua capitale a Tolosa, da molto tempo ha contatti con la civiltà. Parla bene il greco, e probabilmente il suo modo di pensare è solo per metà gallico. L'abbiamo catturato alle porte di Bordeaux.»

«Vale sul serio il disturbo che vi siete presi?» domandò Mario.

«Te ne renderai conto quando sentirai quel che ha da dirti» fece Silla, abbozzando il suo sorriso più felino. «Vedi, ha una storia singolare da riferire *ed* è in grado di raccontarla in una lingua che Roma capisce.»

Colpito dall'espressione del viso di Silla, Mario osservò più attentamente re Copillo. «Di che storia di tratta?»

«Oh, riguarda certi stagni, un tempo pieni d'oro. Oro che è poi stato caricato su carri romani e spedito lungo la strada che da Tolosa porta a Narbona, al tempo in cui era proconsole un certo Quinto Servilio Cepione. Oro che misteriosamente è sparito non lontano da Carcassona, lasciando una coorte di legionari romani morti lungo la strada e privati delle armi e delle armature. Copillo si trovava nei pressi di Carcassona, quando quell'oro è sparito: dopotutto, l'oro gli apparteneva di diritto, stando a quanto pensa lui.

Ma gli uomini che si sono portati l'oro a sud, in Spagna, erano troppo numerosi e ben armati per poterli attaccare, dato che Copillo aveva solo alcuni uomini di scorta. Il particolare interessante è che dalla carneficina si è *salvato* un romano: Furio, l'ufficiale superiore del genio. Nonché un liberto greco: Quinto Servilio Bias. Ma Copillo non si trovava dalle parti di Malaga alcuni mesi più tardi, mentre i carri stipati d'oro entravano in una fabbrica di conserve di pesce di proprietà di uno dei clienti di Quinto Servilio Cepione, né si trovava dalle parti di Malaga quando l'oro è partito via mare alla volta di Smirne, sotto la voce "Salsa di pesce di Malaga, in deposito per conto di Quinto Servilio Cepione". Copillo, però, ha un amico che ha un amico che ha a sua volta un amico il quale conosce bene un bandito turdetanio a nome Briganzio e, a sentire questo Briganzio, era stato assoldato per rubare l'oro e trasportarlo a Malaga. Dagli emissari, nientedimeno, di Quinto Servilio Cepione, vale a dire Furio e il liberto Bias, i quali hanno ricompensato Briganzio con i carri, i muli, nonché seicento serie complete di ottime armi e armature romane, strappate agli uomini che Briganzio aveva ucciso. Quando l'oro è partito per l'oriente, Furio e Bias l'hanno scortato.»

"Mai, prima d'ora," pensò Silla "ho visto Caio Mario tanto sbalordito, neppure quando ha letto la lettera che gli annunciava l'elezione al secondo consolato: quella volta è semplicemente rimasto senza fiato, mentre ora è addirittura incredulo."

«Numi!» bisbigliò Mario. «Non avrebbe mai osato farlo!»

«Ha osato, eccome» disse Silla con disprezzo. «Che gliene importava se il prezzo da pagare erano le vite di seicento bravi legionari romani? Dopotutto, c'erano quindicimila talenti d'oro su quei carri! Si dà il caso che i Volci Tettosagi non si considerino padroni di quell'oro, ma solo i suoi custodi. Si tratta dei tesori di Delfi, Olimpia, Dodona e di una dozzina di altri santuari più piccoli che il secondo Brenno aveva razziato, destinandone il possesso a tutte le tribù della Gallia. Così ora i Volci Tettosagi sono maledetti, e re Copillo lo è doppiamente. La ricchezza della Gallia si è dissolta.»

Superato lo stupore iniziale, ora Mario guardava più Silla che Copillo. Era una storiella narrata in tono squillante, certo, ma c'era qualcosa di più; era una storiella narrata da un poeta gallico, non già da un senatore romano.

«Sei un grande attore, Lucio Cornelio» disse.

Silla ne parve assurdamente compiaciuto. «Ti ringrazio, Caio Mario.»

«Ma non ti trattieni? E i rigori invernali? Stareste più comodi qui.» Mario sorrise. «Soprattutto il giovane Quinto Sertorio, se il suo vestiario consiste unicamente in una corona di piume.»

«No, ripartiamo domani. I Cimbri si ammassano attorno alle pendici dei Pirenei, mentre i membri delle tribù locali scagliano loro addosso tutto ciò che si trovano a portata di mano da ogni sporgenza, crepaccio, roccia e dirupo. A quanto pare, i Germani sono particolarmente attratti dalle montagne! Però ci sono voluti tutti questi mesi, a Quinto Sertorio e a me, per avvicinarci ai Cimbri: abbiamo dovuto chiarire la nostra identità con metà degli abitanti della Gallia e della Spagna, o così ci sembra» disse Silla.

Mario riempì due coppe di vino, guardò Copillo e ne riempì un'altra, che tese al prigioniero. Mentre porgeva la coppa a Sertorio, adocchiò il parente sabino dall'alto in basso, con espressione solenne. «Somigli al gallo di Plutone» commentò.

Sertorio bevve un sorso di vino ed esalò un sospiro di beatitudine. «Tuscolano!» esclamò, poi si pavoneggiò. «Il gallo di Plutone, eh? Be', sempre meglio che il corvo di Proserpina.»

«Che notizie avete dei Germani?» domandò Mario.

«In breve... ti dirò di più a cena... pochissime. È ancora troppo presto perché si sia in grado di fornirti informazioni sul luogo da dove provengono, o sui motivi che li spingono a migrare. La prossima volta. Tornerò un bel po' prima che manifestino l'intenzione di muovere alla volta dell'Italia, non temere. Però sono in grado di dirti dove si trovano, tutti quanti, in questo preciso istante. I Teutoni, i Tigurini, i Marcomanni e i Cherusci stanno tentando di rientrare in Germania, attraversando il Reno, mentre i Cimbri stanno tentando di penetrare in Spagna attraverso i Pirenei. Credo che nessuno dei due gruppi riuscirà nell'impresa» rispose Silla, posando la coppa. «Oh, il vino era davvero buono!»

Mario chiamò l'ufficiale di giornata. «Mandami tre uomini fidati. E vedi di apprestare un alloggio confortevole per il qui presente re Copillo. Dovrà essere guardato a vista, purtroppo, ma solo finché non potremo farlo partire per Roma.»

«Fossi in te, non lo manderei a Roma» disse Silla, pensieroso, quando l'ufficiale di giornata se ne fu andato. «Anzi, terrei la bocca chiusa circa la sua destinazione, quale che sarà.»

«Cepione? Non oserebbe!» disse Mario.

«Ha rubato quell'oro» ribatté Silla.

«D'accordo, manderemo il re a Nersia» disse Mario bruscamente. «Quinto Sertorio, tua madre ha degli amici che sarebbero disposti a ospitare il re per un paio d'anni? Vedrò che siano ricompensati generosamente.»

«Qualcuno troverà» disse Sertorio, fiducioso.

«Un vero colpo di fortuna!» gracchiò Mario. «Non avrei mai pensato che avremmo raccolto le prove per spedire Cepione in esilio, come si merita, ma re Copillo lo è. Non ne parleremo con nessuno finché non saremo tornati tutti a Roma dopo avere sconfitto i Germani, e allora accuseremo Cepione di estorsione *e* alto tradimento!»

«Tradimento?» domandò Silla, ammiccando. «Impossibile, con tutti gli amici che conta nelle Centurie!»

«Ah,» fece Mario in tono blando «ma gli amici delle Centurie non potranno aiutarlo quando sarà processato da un tribunale speciale composto solo da cavalieri.»

«Che cos'hai in mente, Caio Mario?» volle sapere Silla.

«Mi sono assicurato *due* tribuni della plebe per l'anno prossimo!» rispose Mario, trionfante.

«Potrebbe darsi che non saranno eletti» disse Sertorio prosaicamente.

«Lo saranno!» fecero Mario e Silla all'unisono.

Scoppiarono a ridere tutti e tre, e il prigioniero continuò a starsene lì in atteggiamento di grande dignità, fingendo di comprendere il latino, e in attesa di qualsiasi cosa potesse capitargli.

A questo punto, Mario si ricordò delle buone maniere e passò a parlare in greco, includendo calorosamente Copillo nella conversazione e promettendogli che quanto prima gli sarebbero state tolte le catene.

«Lo sai, Quinto Cecilio,» fece Marco Emilio Scauro, *Princeps Senatus*, rivolto a Metello Numidico «che mi piace moltissimo questo incarico di questore di Ostia? Eccomi qui, a cinquantacinque anni, calvo come un uovo, con la faccia segnata da rughe così profonde che il mio barbiere non riesce più a radermi come si deve... e mi pare di essere tornato ragazzo! Oh, e la facilità con cui si riesce a risolvere i problemi! A trent'anni, incombono come vette inaccessibili... me lo ricordo bene. A cinquantacinque, sembrano piccoli come sassolini.»

Scauro era tornato a Roma per una speciale sessione del Senato, convocato dal pretore urbano Caio Memmio al fine di discutere di una faccenda alquanto preoccupante che riguardava la Sardegna; il secondo console, Caio Flavio Fimbria, era indisposto, cosa che gli capitava spessissimo di quei tempi, pareva a molti.

«Hai sentito quel che si dice?» domandò Metello Numidico mentre salivano assieme i gradini della *Curia Hostilia* e vi entravano; il nunzio non aveva ancora chiamato a raccolta i senatori, ma molti di loro, arrivati in anticipo, non si preoccupavano di aspettare fuori: entravano direttamente nell'aula e continuavano a discorrere finché non aveva inizio la seduta, mentre il magistrato cui spettava la convocazione offriva un sacrificio e recitava le preghiere.

«Che cosa?» domandò Scauro, un po' distratto; in quei giorni la sua mente tendeva a essere tutta presa dalle forniture di grano.

«Lucio Cassio e Lucio Marzio si sono associati e intendono proporre all'Assemblea della Plebe che si consenta a Caio Mario di tornare a candidarsi al consolato... in assenza, nientemeno!»

Scauro si arrestò a qualche metro di distanza dal punto in cui il servo personale aveva collocato il suo sgabello nella consueta posizione di prima fila, accanto allo sgabello di Metello Numidico, e con Metello Dalmatico, Pontefice Massimo, dall'altro lato. Sgranò gli occhi in faccia al Numidico, sbalordito.

«Non oserebbero mai!» disse.

«Oh, sì, invece! Ma te lo immagini? Un terzo mandato consolare è una cosa senza precedenti: equivale a fare di quell'individuo un dittatore a lungo termine! Perché mai, nelle rare occasioni in cui Roma ha avuto bisogno di un dittatore, il suo mandato era limitato a sei mesi, se non per esser certi che il detentore dell'incarico non si facesse idee sbagliate sulla propria supremazia? E ora, eccoci qui, alle prese con questo... questo... *bifolco* che stabilisce da sé le regole cui attenersi!» Metello Numidico sprizzava furore da tutti i pori.

Scauro si accasciò sullo sgabello come un vecchio. «È solo colpa nostra» disse lentamente. «Non abbiamo avuto il coraggio dei nostri predecessori per sbarazzarci di quel nocivo arricchito! Come mai Tiberio Gracco e Marco Fulvio e Caio Gracco sono stati eliminati, mentre Caio Mario è ancora vivo? Avremmo dovuto farlo fuori da anni!»

Metello Numidico si strinse nelle spalle. «È un contadino. I Gracchi e Fulvio Flacco erano nobili. Nocivo è il termine giusto per descriverlo: spunta come un fungo velenoso dalla sera alla mattina, ma quando arrivi sul posto per sradicarlo, lui non c'è già più.»

«Bisogna farla finita!» esclamò Scauro. «*Nessuno* può essere eletto al consolato in assenza, figuriamoci, poi, due volte di seguito! Quell'individuo ha corrotto le tradizioni di governo di Roma in più occasioni di qualsiasi altro nell'intera storia della Repubblica. Comincio a credere che voglia diventare re di Roma, non il Primo a Roma.»

«Sono d'accordo con te» disse Metello Numidico, sedendosi. «Ma come possiamo sbarazzarci di lui? ti domando. Non si trattiene mai abbastanza perché si possa organizzarne l'assassinio!»

«Lucio Cassio e Lucio Marzio» disse Scauro in tono meraviglia. «Non capisco! Sono nobili, appartenenti alle più illustri, più antiche famiglie plebee! Non c'è qualcuno che possa far appello al loro senso delle convenienze, del... del... decoro?»

«Be', per quanto riguarda Lucio Marzio, lo sappiamo tutti quanti» fece Metello Numidico. «Mario gli ha saldato i debiti; è solvente per la prima volta nella sua vita, una vita piuttosto rivoltante. Ma Lucio Cassio è tutt'altra cosa. È diventato morbosamente sensibile riguardo all'opinione espressa dal Popolo sui generali incompetenti come il suo defunto padre, e morbosamente consapevole della reputazione di cui gode Mario presso il Popolo. A mio modo di vedere, pensa che se si metterà in mostra aiutando Mario a sbarazzarci dei Germani, salverà la reputazione della sua famiglia.»

«Uhmmm!» fu il solo commento di Scauro a questa teoria.

Non ebbero la possibilità di proseguire la conversazione: l'assemblea si riunì in seduta, e Caio Memmio, che appariva molto smagrito, e di conseguenza più bello che mai, si alzò a parlare.

«Padri Coscritti,» disse, tenendo in mano un breve documento «ho ricevuto una lettera da Gneo Pompeo Strabone, dalla Sardegna. Era indirizzata a me, anziché al nostro esimio console Caio Flavio, perché, quale pretore urbano, è mio compito sovrintendere ai tribunali di Roma.»

Fece una pausa, squadrando fieramente le ultime file dei senatori, e riuscì a sembrare quasi brutto; i senatori in fondo all'aula capirono l'antifona e manifestarono grande attenzione.

«Per rinfrescare la memoria a quelli di voi che siedono nelle ultime file e che di rado si curano di onorare quest'aula della loro presenza, Gneo Pompeo Strabone è il questore del governatore della Sardegna, il quale... vi rammento!... è Tito Annio Albucio, quest'anno. Allora, abbiamo tutti compreso questi complessi rapporti, Padri Coscritti?» domandò, con voce grondante sarcasmo.

Si levò un diffuso mormorìo, che Memmio prese per assenso.

«Bene!» disse. «Allora vi leggerò la lettera inviatami da Gneo Pompeo. Siamo tutti in ascolto?»

Un altro borbottìo.

«Bene!» Memmio srotolò il papiro che aveva in mano e lo tenne sollevato davanti a sé, poi attaccò a leggere con una dizione chiara, precisa sulla quale poi nessuno avrebbe potuto equivocare.

«Ti scrivo, Caio Memmio, per chiedere che mi sia consentito perseguire legalmente Tito Annio Albucio, governatore propretore della nostra Provincia di Sardegna, subito dopo il nostro ritorno a Roma alla fine dell'anno. Come consta al Senato, un mese fa Tito Annio ha riferito di esser riuscito a domare il brigantaggio nella sua Provincia e ha richiesto un'ovazione per l'opera compiuta. Tale richiesta è stata respinta, e a ragione. Se alcuni covi di perniciosi banditi sono stati sradicati, la Provincia è tutt'altro che sgombra di briganti. Ma la ragione per cui desidero perseguire legalmente il governatore sta nella sua condotta, contraria alle tradizioni di Roma, dopo aver appreso che gli era stata negata l'ovazione richiesta. Non solo ha definito i membri del Senato un branco di ingrati puttanieri, ma si è altresì apprestato a celebrare, con notevoli spese, un finto trionfo per le strade di Cagliari! Giudico tali azioni alla stregua di minacce per il Senato e il Popolo di Roma, e il suo trionfo come un gesto di alto tradimento. In effetti, sono così indignato, che non permetterò a nessun altro di pronunciare la requisitoria. Resto in attesa di una tua sollecita risposta.»

Memmio posò la lettera in un silenzio di tomba. «Gradirei conoscere l'opinione del dotto capo di questa assemblea, Marco Emilio Scauro» disse, e si risedette.

Il volto rugoso atteggiato a un'espressione tetra, Scauro si portò al centro della sala. «Strano» esordì «che parlassi di faccende non dissimili da questa poco prima che l'assemblea si riunisse. Di faccende che denotano l'erosione dei nostri collaudati sistemi di governo e della condotta privata di chi è chiamato a governare. In anni recenti, questo augusto sodalizio, composto dagli uomini più illustri di Roma, ha subìto la perdita non solo del suo potere, ma altresì della sua dignità di principale organo governativo di Roma!... di dirigere i passi di Roma. Noi, che siamo gli uomini più illustri di Roma, ci siamo ormai abituati al fatto che il Popolo... nella migliore delle ipotesi dilettanti della politica a tempo perso, volubili, ignoranti, avidi, avventati... ci siamo abituati, dicevo, al fatto che il Popolo ci trascini nel fango! Noi... gli uomini più illustri di Roma!... Non siamo tenuti nella minima considerazione! La nostra saggezza, la nostra esperienza, le benemerenze delle nostre famiglie nel corso delle generazioni sin dai tempi della fondazione della repubblica, non contano più nulla. Conta solo il Popolo. E io vi dico, Padri Coscritti, che il Popolo *non* ha *alcun diritto* di governare Roma!»

Si volse verso le porte aperte e proiettò la voce in direzione del pozzo dei *Comitia*. «Quale fazione della Plebe capeggia l'Assemblea della Plebe?» ruggì. «Gente della Seconda e della Terza e persino della Quarta Classe... cavalieri di secondo piano che ambiscono a governare Roma nello stesso modo in cui gestiscono i loro affari, bottegai e piccoli proprietari terrieri, persino *artigiani* ingranditisi tanto da gestire molteplici laboratori di scultura, come si può leggere sull'insegna di uno di loro! E uomini che si definiscono avvocati, ma devono accalappiare clienti tra la popolazione rurale e gli imbecilli, e uomini che si definiscono agenti, ma neppure sanno spiegare chiaramente in nome di che cosa! Le loro attività private li annoiano, sicché frequentano i *Comitia* vantandosi che, riuniti nelle loro preziose tribù, sanno governare Roma meglio di quanto si sappia fare noi, nell'ambito esclusivo della Curia! Il gergo politico goccia dalle loro lingue, fetido e grumoso come vomito, e cianciano di disporre a loro piacimento di questo o quel tribuno della plebe e applaudono quando le prerogative senatoriali vengono estese ai cavalieri! Sono uomini di mezza tacca, questi individui. Né abbastanza illustri da appartenere alla Prima Classe delle Centurie né abbastanza umili da badare ai fatti loro come la Quinta Classe e i nullatenenti! Torno a ripetervi, Padri Coscritti, che il Popolo *non* ha *alcun diritto* di governare Roma! Troppo potere gli è stato accordato, e nella sua presuntuosa arroganza — con l'aiuto e l'incoraggiamento, potrei aggiungere, di vari membri di questa assemblea durante il mandato di tribuni della plebe! — ora suppone di poter ignorare i nostri consigli, le nostre direttive e le nostre persone!»

Tutti si resero conto che sarebbe stata, quella, una delle più memorabili orazioni di Scauro; il suo segretario e vari altri scrivani erano impegnati a mettere a verbale le sue parole, e Scauro parlava con la lentezza necessaria a garantirgli che le parole fossero trascritte esattamente.

«È ormai tempo» proseguì con voce sonora «che noi del Senato invertiamo questo processo. È ormai tempo di dimostrare al Popolo che occupa una posizione di *secondo* piano nell'impresa congiunta del governo di Roma!» Tirò il fiato e riprese in tono discorsivo: «Le origini di questa erosione del potere del Senato, naturalmente, sono facilmente individuabili. Questa augusta assemblea ha consentito l'accesso alle più alte cariche a troppi arricchiti, troppi funghi velenosi, troppi Uomini Nuovi. Che cosa realmente rappresenta il Senato di Roma per chi debba ripulirsi il viso dallo sterco di porco prima di trasferirsi a Roma a tentare la sorte in politica? Che cosa rappresenta il Senato di Roma per chi, nella migliore delle ipotesi, è solo un mezzo latino delle terre di confine col Sannio... per chi ha ottenuto il suo primo consolato in grazia di una moglie patrizia che si è *comprato*? E che cosa rappresenta il Senato di Roma per un mezzosangue strabico, originario delle alture del Piceno settentrionale infestate di Celti?».

Scauro, naturalmente, aveva tutta l'intenzione di attaccare Mario, e questo c'era da aspettarselo; ma la prese abbastanza alla larga da non risultare troppo duro, e l'assemblea si ritenne giustamente redarguita. Così, tutti ascoltarono con interesse, oltre che per dovere.

« I nostri figli, Padri Coscritti, » disse Scauro con una punta di tristezza « sono timide creature che crescono in un clima politico tale da soffocare il Senato di Roma nel momento stesso in cui insuffla la vita nel Popolo di Roma. Come possiamo aspettarci che i nostri figli si pongano alla guida di Roma, quando sarà il momento, se il Popolo li intimorisce? Io vi dico, se ancora non avete cominciato, che da oggi *dovete* cominciare a educare i vostri figli a essere forti per il Senato e spietati nei confronti del Popolo! Fate loro capire la naturale superiorità del Senato! E preparateli a battersi per conservare tale naturale superiorità! »

Scauro si era allontanato dalle porte, e ora indirizzava la sua orazione al banco dei tribuni, che era gremito. « C'è qualcuno che sappia dirmi perché un membro di questa augusta assemblea dovrebbe deliberatamente minarne l'autorità? Qualcuno *è in grado* di dirmelo? Ché ciò accade di continuo! Se ne stanno lì seduti, proclamandosi senatori... membri di questa augusta assemblea!... e tuttavia proclamandosi anche tribuni della plebe! Si servono due padroni, di questi tempi! Rammentiamo loro, dico io, che sono in primo luogo senatori, e solo secondariamente tribuni della plebe. Il loro vero dovere nei confronti della plebe consiste nell'educare la plebe alla subordinazione. Ma lo fanno? No! No, di sicuro. Alcuni di questi tribuni restano fedeli al loro ordine di appartenenza, lo riconosco, e per questo li elogio altamente. Alcuni, come da sempre accade negli annali dell'umanità, non sono di alcuna utilità né al Senato né al Popolo, troppo impauriti all'idea che, se sedessero a una delle due estremità del banco dei tribuni, gli altri si alzerebbero, e loro finirebbero a gambe levate e diventerebbero lo zimbello di tutti. Ma alcuni, Padri Coscritti, si propongono, deliberatamente, di minare l'autorità di questa augusta assemblea, il Senato di Roma. Perché? Che cosa può mai indurli a distruggere il loro ordine di appartenenza? »

I dieci sedevano sulla panca in vari atteggiamenti, che chiaramente ne riflettevano gli atteggiamenti politici: i tribuni ligi alle direttive del Senato erano gongolanti, eretti nella persona, soddisfatti di sé; gli uomini al centro della panca si dimenavano leggermente e tenevano gli occhi bassi; e i tribuni più attivi ostentavano occhi e volti duri, audaci, insolenti.

« Ve lo posso dire io perché, colleghi senatori » proclamò Scauro, con voce stillante disprezzo. « Alcuni si lasciano comprare come ninnoli di princisbecco su una bancarella del mercato... e costoro possiamo anche capirli! Ma altri sono animati da ragioni più sottili, e il primo di costoro è stato Tiberio Sempronio Gracco. Parlo di quel tipo di tribuno della plebe che vede nella plebe uno strumento al servizio delle proprie ambizioni, un tipo d'uomo che aspira alla posizione di Primo a Roma senza guadagnarsela fra i suoi pari, come nel caso di Scipione l'Emiliano e Scipione l'Africano ed Emilio Paolo e, se posso chiedervi collettivamente perdono per la mia presunzione, Marco Emilio Scauro, *Princeps Senatus*! Abbiamo mutuato una parola dal greco per definire i tribuni della plebe del tipo di Tiberio e Caio Gracco: li chiamiamo demagoghi. Non la impieghiamo, però, esattamente nel senso attribuitole dai Greci. I nostri demagoghi non richiamano al Foro l'intera popolazione cittadina assetata di sangue, e non fanno letteralmente a pezzi i senatori sulle gradinate della Curia e non impongono la loro volontà attraverso la violenza di massa. I nostri demagoghi si accontentano di infiammare gli animi dei frequentatori abituali dei *Comitia* e di far prevalere la loro volontà legiferando. Oh, di tanto in tanto qualche atto di violenza si registra, ma il più delle volte siamo stati noi del Senato a dover ricorrere alla violenza per ristabilire lo *status quo*. I nostri demagoghi, infatti, sono legislatori ed estensori legali di gran lunga più sottili, più vendicativi, più pericolosi dei semplici fomentatori di sommosse! Corrompono il Popolo per soddisfare le proprie ambizioni. E questo, Padri Coscritti, è indegno persino del nostro disprezzo. Eppure, è cosa di tutti i giorni, e tutti i giorni sempre più si diffonde. La scorciatoia per il potere, la strada più facile per ottenere la preminenza.»

S'interruppe, fece il giro della sala, serrando con la mano le voluminose pieghe della toga bordata di porpora che gli ricadevano sulla spalla sinistra e avvolgendosele attorno al collo, flettendo il braccio destro nudo in modo da poter continuare a sottolineare le sue parole con i gesti.

«La scorciatoia per il potere, la strada più facile per ottenere la preminenza» ripeté con voce sonora. «Be', li conosciamo tutti quanti, questi uomini, vero? Al primo posto, tra loro, si colloca Caio Mario, il nostro esimio primo console che, a quanto mi consta, sta per farsi eleggere nuovamente al consolato, e nuovamente in assenza! Per *nostro* desiderio? No! Tramite il Popolo, naturalmente! In che altro modo Caio Mario avrebbe potuto arrivare dov'è oggi, se non tramite il Popolo? Alcuni di noi l'hanno osteggiato, e osteggiato con le unghie e con i denti, e osteggiato fino all'ultimo respiro, e osteggiato con ogni arma legale del nostro arsenale costituzionale! Invano. Caio Mario gode dell'appoggio del Popolo, sa farsi ascoltare dal Popolo, e riversa denaro nelle borse di alcuni fra i tribuni della plebe. Di questi tempi, è quanto basta. Ricco come Creso, è in grado di comprare ciò che non può ottenere in altro modo. Caio Mario è fatto così. Ma non è per dissertare di Caio Mario che ho preso la parola. Mi perdonerete, Padri Coscritti, se ho permesso alle emozioni di allontanarmi troppo dal tema principale della mia orazione.»

Andò a riprendere la posizione iniziale e si girò a fronteggiare il podio sul quale sedevano i magistrati curuli, rivolgendo la parola a Caio Memmio.

«Mi sono alzato a parlare di un altro arrivista, un tipo di arrivista meno degno di nota di Caio Mario. Quel tipo di arrivista che vanta antenati al Senato e sa parlare bene il greco e ha ricevuto un'ottima educazione e abita nella sua casa, godendo di un potere tanto vasto da far sì che il suo sguardo non si sia mai posato sullo sterco di porco... sempreché i suoi occhi siano in grado di vedere! *Non* è un romano di Roma, per quanto sostenga il contrario. Alludo al questore Gneo Pompeo Strabone, delegato da questa augusta assemblea a fiancheggiare il governatore della Sardegna, Tito Annio Albucio.

«Ordunque, chi è questo Gneo Pompeo Strabone? Un Pompeo, il quale sostiene di avere legami di sangue con gli esponenti della *gens* Pompeia che fanno parte di questa assemblea da alcune generazioni, anche se sarebbe interessante scoprire quanto stretti siano tali vincoli di sangue. Ricco come Creso, con mezza Italia settentrionale tra la sua clientela, un re entro i confini delle sue terre. Ecco chi è Gneo Pompeo Strabone.»

Scauro alzò la voce per ruggire: «Senatori, che fine farà questa augusta assemblea, se un senatore di nuova nomina, in veste di questore, ha la temerarietà e la... la... *grossolanità* di denunciare il suo superiore? Siamo così a corto di giovani romani, da non riuscire a trovare deretani romani in numero sufficiente a occupare appena trecento seggi? *Io... sono... scandalizzato!* Questo Pompeo lo Strabico è davvero così poco addentro nelle finezze del comportamento che si pretendono da un membro del Senato, da arrivare a *immaginarsi* di poter denunciare il suo superiore? Che ci sta succedendo, visto che permettiamo a gente come questo Pompeo lo Strabico di posare il suo rozzo deretano su uno sgabello di senatore? E che cosa spinge lui a osare una cosa del genere? Ignoranza e pessima educazione, ecco che cosa lo spinge. Ci sono cose, Padri Coscritti, che semplicemente... non... si... fanno! Cose come denunciare il proprio superiore o i parenti stretti, compresi quelli d'acquisto. *Non si fanno!* Grossolano... bovino... screanzato... maleducato... presuntuoso... stupido... la lingua latina non contempla sufficienti epiteti ingiuriosi con cui catalogare i difetti di un nocivo arrivista qual è questo Gneo Pompeo Strabone, questo Pompeo lo Strabico! ».

Una voce si levò dal banco dei tribuni. «Stai insinuando, Marco Emilio, che Tito Annio Albucio andrebbe elogiato per la sua condotta?» domandò Lucio Cassio.

Il *Princeps Senatus* si drizzò come un cobra, e sputando altrettanto veleno. «Oh, cresci una buona volta, Lucio Cassio!» disse. «L'argomento in discussione non è Tito Annio. Com'è logico, ci si occuperà di lui nella maniera adeguata, che nel caso specifico è un procedimento legale. Se sarà trovato in colpa, incorrerà nel giusto castigo previsto dalla legge. L'argomento in discussione è il protocollo, la compitezza, l'etichetta... in parole povere, Lucio Cassio, le *buone maniere*! Il nostro fungo velenoso, Pompeo lo Strabico, si è reso colpevole di flagrante infrazione delle buone maniere!»

Si volse a fronteggiare l'assemblea. «Propongo, Padri Coscritti, che Tito Annio Albucio sia chiamato a rispondere delle accuse di tradimento... ma che in pari tempo il pretore urbano scriva una durissima lettera al questore Gneo Pompeo Strabone per informarlo che, primo, in nessuna circostanza gli sarà consentito perseguire legalmente il suo superiore e, secondo, ha le maniere di un bifolco.»

L'assemblea votò per alzata di mano, rendendo superfluo lo spoglio.

«A mio parere, Caio Memmio,» disse Lucio Marzio Filippo con un birignao nasale di superiorità altamente aristocratica (gli bruciava l'allusione di Scauro al fatto che Mario avesse comprato i suoi servigi) «a questo punto il Senato dovrebbe nominare un pubblico accusatore che si occupi del caso di Tito Annio Albucio.»

«Qualcuno ha da sollevare obiezioni?» domandò Memmio, guardandosi attorno.

Nessuno sollevò obiezioni.

«Benissimo, si prenda nota che il Senato nominerà un pubblico accusatore nel processo intentato dallo stato a Tito Annio Albucio. Qualcuno ha nomi da fare?» domandò Memmio.

«Oh, mio caro pretore urbano, esiste un unico nome possibile!» rispose Filippo, ancora con voce cantilenante.

«Allora parla, Lucio Marzio.»

«Diamine, il nostro dotto giovane avvocato Cesare *Strabone*» disse Filippo. «Voglio dire, non priviamo completamente Tito Annio della sensazione di essere perseguitato da una voce del suo passato! Ritengo che il suo accusatore *debba* essere strabico!»

L'assemblea scoppiò in risate scroscianti, e più di tutti Scauro;

e quando l'ilarità si spense, votò all'unanimità a favore della nomina del giovane strabico Caio Giulio Cesare Strabone, fratello minore di Catulo Cesare e di Lucio Cesare, ad accusatore di Tito Annio Albucio. E così facendo si vendicò efficacemente di Pompeo Strabone. Quando questi ricevette la dura lettera del Senato, oltre a una copia dell'orazione di Scauro, acclusa da Caio Memmio per cospargere di sale la ferita, capì l'antifona. E giurò che un giorno li avrebbe fatti ballare tutti quanti, quegli aristocratici d'alto rango che avevano bisogno di lui più di quanto lui avesse bisogno di loro.

Per quanto strenuamente si battessero, né Scauro né Metello Numidico riuscirono a raggranellare all'Assemblea della Plebe voti sufficienti a evitare la candidatura di Caio Mario al consolato in assenza. Né riuscirono ad assicurarsi il voto delle Centurie, perché agli elettori della Seconda Classe bruciava ancora l'asserzione di Scauro, nella sua memorabile orazione, che erano solo gente di mezza tacca e altrettanto riprovevole della Terza e della Quarta Classe. L'Assemblea delle Centurie conferì a Caio Mario un mandato prolungato per fermare i Germani, e non volle saperne di qualsiasi altro che ne prendesse il posto. Eletto primo console per la seconda volta di fila, Caio Mario era l'uomo del momento e poteva, senza tema di contraddizioni, proclamarsi il Primo a Roma.

«Ma non primo tra pari» disse Metello Numidico al giovane Marco Livio Druso, tornato sui banchi dei tribunali dopo la carriera militare di breve durata dell'anno precedente. Si erano incontrati di fronte al tribunale del pretore urbano, dove Druso era fermo a parlare col suo amico e cognato, Cepione il Giovane.

«Temo, Quinto Cecilio,» fece Druso senza traccia di titubanza nella voce «che per una volta non me la senta di sottoscrivere il giudizio dei miei pari. Ho votato *per* Caio Mario... già, questo ti lascia di sasso, eh? Non solo ho votato per Caio Mario, ma ho anche convinto gran parte dei miei amici e tutti i miei clienti a votare per lui.»

«Sei un traditore della tua classe!» sbottò il Numidico.

«Tutt'altro, Quinto Cecilio. Vedi, io c'ero, ad Arausio» ribatté Druso quietamente. «Ho visto con i miei occhi che cosa può accadere quando l'esclusivismo del Senato prevale sui dettami del solido buon senso romano. E ti dico chiaro e tondo che se Caio Mario fosse strabico come Cesare Strabone, grossolano come Pompeo Strabone, di umili origini come uno scaricatore del Porto di Roma, volgare come il cavaliere Sesto Perquizieno... avrei *comunque* votato per lui! Non credo che possediamo un altro soldato del suo calibro, e non tollererei che si ponesse al di sopra di lui un console il quale lo trattasse come Quinto Servilio Cepione ha trattato Gneo Mallio Massimo!»

E Druso si allontanò in atteggiamento di grande dignità, piantando in asso Metello Numidico, che lo seguì con lo sguardo, a bocca aperta.

«È cambiato» disse Cepione il Giovane, che tuttora seguiva dappertutto Druso, ma con minore entusiasmo, da quando erano tornati dalla Gallia Transalpina. «Mio padre dice che, se non ci sta attento, Marco Livio diventerà un demagogo della peggiore specie.»

«*Non* è possibile!» esclamò Metello Numidico. «Diamine, suo padre il censore è stato l'avversario più ostinato di Caio Gracco... il giovane Marco Livio è stato educato secondo la tradizione più conservatrice!»

«Arausio l'ha cambiato» dichiarò Cepione di Giovane. «Forse è stato il colpo che si è preso in testa... così la pensa mio padre, comunque. Da quando è tornato, è diventato molto intimo di quel Silone Marsicano con cui ha fatto amicizia dopo la battaglia.» Sbuffò. «Silone vien giù da Alba Fucenzia e si piazza in casa di Marco Livio come se fosse lui il padrone, e se ne stanno seduti per ore e ore a chiacchierare, e non mi invitano mai a unirmi alla compagnia.»

«Una faccenda deplorevole, Arausio» bofonchiò Metello Numidico, un po' a stento, dato che rivolgeva tale commento al figlio dell'uomo cui se ne attribuiva gran parte della colpa.

Cepione il Giovane se la svignò appena poté e tornò a casa a piedi, avvertendo una vaga insoddisfazione che del resto lo tormentava da quando... oh, non avrebbe saputo dire esattamente da quando, ma suppergiù da che aveva sposato la sorella di Druso, e Druso aveva preso in moglie sua sorella. Non c'era un motivo preciso per cui dovesse provare quella sensazione... però la provava. E poi le cose erano talmente cambiate dopo Arausio! Neppure suo padre era più lo stesso: un momento ridacchiava allegramente per una battuta che Cepione il Giovane non afferrava, e un momento dopo sprofondava in abissi di disperazione per l'ondata di risentimento dell'opinione pubblica nei suoi confronti, e appena di lì a qualche istante si metteva a urlare rabbiosamente contro l'ingiustizia di tutto quanto: che cosa intendesse con quel "tutto quanto", Cepione il Giovane non era mai riuscito a capirlo.

Riguardo ad Arausio, Cepione il Giovane non era immune da sensi di colpa; mentre Druso e Sertorio e Sesto Cesare e persino quel tizio, Silone, giacevano sul campo di battaglia, dati per morti, lui era scappato sull'altra riva del fiume come un cane bastonato, non meno ansioso di mettersi in salvo dell'ultima inesperta recluta della sua legione di nullatenenti. Della cosa, naturalmente, non aveva mai parlato con nessuno, neppure con suo padre; era il terribile segreto di Cepione il Giovane. Ma ogni giorno, incontrando Druso, si domandava che cosa Druso sospettasse.

Sua moglie Livia Drusa era nel suo salottino, con la figlia in fasce sulle ginocchia, dato che aveva appena finito di allattare la creaturina. Come sempre, il suo arrivo fu accolto con un sorriso, e questo avrebbe dovuto rallegrarlo. Invece non era mai così. Gli occhi di Livia Drusa contrastavano nettamente col resto del viso, ché il sorriso non vi splendeva mai, né mai vi si accendeva una scintilla d'interesse. Ogniqualvolta gli rivolgeva la parola o lo ascoltava parlare, Cepione il Giovane si avvedeva che gli occhi di Livia Drusa non si fissavano mai nei suoi, fosse pure per un attimo. Eppure, nessun uomo era mai stato benedetto da una moglie più gentile, più accomodante. Non era mai troppo stanca o indisposta da respingere le sue profferte sessuali, né sollevava obiezioni a qualsiasi richiesta sessuale le facesse. In quei momenti, naturalmente, Cepione non riusciva a vederne gli occhi; e allora, come faceva a sapere che non vi si leggeva traccia di piacere?

Un uomo più sensibile e più intelligente le avrebbe rimproverato queste cose, Cepione il Giovane, invece, tendeva ad attribuire tutto quanto alla propria immaginazione, avendo troppo poca fantasia per capire di non averne. Mentalmente acuto quanto bastava a rendersi conto che c'era qualcosa che proprio non andava, non lo era comunque abbastanza per trarre le giuste conclusioni. Certamente, non gli era mai balenata l'idea che Livia Drusa non lo amasse, anche se prima delle nozze era stato sicuro di non piacerle per niente. Ma era stata tutta colpa della sua immaginazione. Non era assolutamente possibile, infatti, che non fosse piaciuto a Livia Drusa, visto che si era rivelata una sposa romana modello. Di conseguenza... doveva amarlo.

Sua figlia Servilia era più un oggetto che una creatura umana per Cepione il Giovane, deluso che non fosse nato un maschio. Così, ora se ne stette lì seduto mentre Livia Drusa dava qualche colpetto sulla schiena alla poppante, poi la consegnava alla bambinaia macedone.

«Lo sapevi che tuo fratello ha votato per Caio Mario alle elezioni consolari?» domandò.

Livia Drusa sgranò gli occhi. «No. Ne sei sicuro?»

«È stato lui a dirlo, proprio oggi, a Quinto Cecilio Metello Numidico. Ero presente. Ha blaterato a proposito di Arausio. Oh, vorrei proprio che i nemici di mio padre lasciassero morire la cosa di morte naturale!»

«Da' tempo al tempo, Quinto Servilio.»

«Le cose vanno sempre peggio» disse Cepione il Giovane, abbattuto.

«Ceni a casa?»

«No, dovrò uscire di nuovo. Vado a mangiare da Lucio Licinio Oratore. Ci sarà anche Marco Livio.»

«Oh» fece Livia Drusa, senza commenti.

«Scusami, avevo intenzione di dirtelo stamane. Me ne sono scordato» fece suo marito, alzandosi. «Non ti dispiace, vero?»

«No, naturalmente» disse Livia Drusa con voce spenta.

Le dispiaceva, invece, non perché bramasse la presenza del marito, ma perché un pizzico di previdenza, da parte sua, avrebbe fatto risparmiare denaro e fatica in cucina. Abitavano nella casa di Cepione padre, il quale non faceva che lagnarsi del fatto che si spendeva troppo e accusare Livia Drusa di non essere una massaia avveduta. A Cepione padre neppure balenava l'idea, esattamente come non balenava a suo figlio, che nessuno dei due si curava mai di informarla sui propri spostamenti, e tutti i giorni Livia Drusa si sentiva in dovere di far approntare una cena come si deve, anche se poi nessuno si presentava a tavola, e le vivande tornavano in cucina pressoché intatte e finivano nello stomaco degli schiavi beati di Cepione il Vecchio.

«*Domina*, riporto la piccola in camera sua?» domandò la ragazza macedone.

Livia Drusa si strappò alle sue fantasticherie, annuì. «Sì» disse, neppure degnando di un'occhiata di sfuggita la bambina, mentre l'ancella la portava via. Il fatto che allattasse al seno sua figlia non era dettato da considerazioni relative al benessere della piccola Servilia; dipendeva piuttosto dalla convinzione che, mentre dava il suo latte alla poppante, non avrebbe concepito di nuovo.

Non le importava gran che della piccola Servilia; ogniqualvolta guardava la creaturina, vedeva una copia in miniatura del padre della piccola: gambette corte, bruna al punto da risultare inquietante, un fitto vello di peli neri lungo la spina dorsale, sulle braccia e le gambe, e una zazzera di ruvidi capelli neri che crescevano così bassi sulla fronte e sulla nuca da somigliare alla pelliccia di un animale. Agli occhi di Livia Drusa, la piccola Servilia era del tutto priva di qualità. Neppure tentava di elencare le caratteristiche positive della bimba, tutt'altro che disprezzabili, in quanto possedeva un paio di occhi neri così grandi e scuri da promettere una fulgida bellezza, e una boccuccia che era un vero bocciolo di rosa, ferma e misteriosa, altro emblema di bellezza.

I diciotto mesi trascorsi dal giorno delle nozze non avevano indotto Livia Drusa a rassegnarsi alla propria sorte, benché mai una volta disobbedisse agli ordini del fratello Druso; era di una cortesia e di una condotta perfette. Anche durante i frequenti amplessi sessuali con Cepione il Giovane si comportava impeccabilmente. Per fortuna, le sue nobili origini e la sua condizione sociale precludevano una risposta ardente; Cepione il Giovane sarebbe rimasto sbalordito, se avesse emesso gemiti estatici o si fosse dimenata nel letto come se provasse piacere alla maniera di un'amante. Tutto ciò che era tenuta a fare lo faceva nel modo dettatole dalla sua condizione di moglie: immobile, supina, senza agitare i fianchi, manifestando il debito calore e un'inespugnabile modestia. Oh, ma come le riusciva difficile! Più difficile di qualsiasi altro aspetto della sua vita, perché quando il marito la toccava avrebbe voluto mettersi a urlare che la stuprava e le usava violenza, e vomitargli in faccia.

In lei non c'era posto per la pietà nei confronti di Cepione il Giovane, il quale, a voler essere sinceri, non aveva mai fatto nulla per meritarsi il violento disgusto che provava per lui. A questo punto, Cepione e suo fratello Druso si erano fusi indissolubilmente in un'unica vasta e minacciosa presenza, capace di ridurla a condizioni di gran lunga peggiori; in preda a una terribile paura, la donna tirava avanti, giorno dopo giorno, verso la morte, consapevole del fatto che non avrebbe mai saputo che cosa significasse vivere.

La cosa peggiore di tutto era il suo esilio geografico. La casa di Servilio Cepione era situata sul Palatino, dal lato del Circo Massimo, di fronte all'Aventino, e non c'erano case sottostanti, soltanto un'erto, roccioso dirupo. Non aveva più la possibilità di uscire sul loggiato della casa di Druso a spiare il balcone della casa sottostante, nella speranza di scorgere il suo Odisseo dai capelli rossi.

E Cepione padre era un uomo straordinariamente sgradevole, che col passar del tempo diventava sempre più sgradevole; non aveva neppure una moglie che alleviasse un po' il fardello di Livia Drusa, anche se era così remoto, e così remoti erano i rapporti tra padre e figlio, che Livia Drusa non trovava mai il coraggio di domandare all'uno o all'altro se la rispettiva moglie e madre fosse viva o morta. L'umore di Cepione il Vecchio, naturalmente, col passar del tempo peggiorava sempre più a causa della parte avuta nel disastro di Arausio. Prima era stato privato dell'*imperium*, poi il tribuno della plebe Lucio Cassio Longino era riuscito a far approvare una legge che l'aveva privato del seggio al Senato, e ora non passava mese senza che qualche intraprendente individuo con la velleità di compiacere le masse tentasse di muovergli accuse appena appena velate di alto tradimento. Praticamente confinato in casa dall'odio virulento del Popolo e dal suo vivo istinto di autoconservazione, Cepione il Vecchio passava buona parte del tempo a spiare Livia Drusa e a criticarla spietatamente.

Lei, comunque, non contribuiva di certo a migliorare la situazione, commettendo un sacco di sciocchezze. Un giorno, la mania del suocero di spiarla la fece infuriare a tal punto che uscì decisa al centro del peristilio, dove nessuno poteva udire ciò che diceva, e si mise a parlare da sola, ad alta voce. Nel momento in cui gli schiavi accennarono a radunarsi sotto il colonnato e a bisbigliare tra loro per decidere che cosa mai stesse combinando, Cepione padre uscì a precipizio dal suo *tablinum* col volto impietrito.

Discese il viottolo e si piazzò davanti a lei, dominandola fieramente dall'alto della sua statura. «Che cosa credi di fare, ragazza?» domandò.

Livia Drusa sgranò candidamente gli occhioni scuri. «Sto recitando il canto di re Odisseo» rispose.

«Be', smettila!» ringhiò il suocero. «Stai dando spettacolo! I servi vanno dicendo che sei impazzita! Se proprio devi recitare Omero, fallo in un luogo in cui chi *ascolta* sappia che si tratta di Omero! Anche se davvero non capisco perché tu voglia recitarlo.»

«Per passare il tempo» disse lei.

«Ci sono modi migliori per passare il tempo, ragazza. Mettiti al telaio, o canta la ninna nanna alla tua bambina, o fa' quel che fanno tutte le donne. Su, su, ritirati!»

«Non so che cosa fanno le donne, padre» ribatté Livia Drusa, rimettendosi in piedi. «Che cosa fanno le donne?»

«Fanno impazzire gli uomini!» esclamò lui, poi rientrò nel *tablinum*, sbattendo la porta.

Dopodiché, Livia Drusa fece ancor di peggio, in quanto prese alla lettera il consiglio di Cepione il Vecchio e approntò il suo telaio. L'unico guaio fu che si mise a tessere il primo di una lunga serie di drappi funebri e, mentre lavorava, conversava ad alta voce con un immaginario re Odisseo, fingendo che fosse stato assente per anni e lei andasse tessendo drappi funebri per allontanare il giorno in cui avrebbe dovuto scegliersi un altro marito; di tanto in tanto interrompeva il monologo e se ne stava lì, con la testa piegata di lato, come se ascoltasse parlare un interlocutore.

Questa volta, Cepione il Vecchio incaricò il figlio di scoprire che cosa stesse succedendo.

«Sto tessendo la mia veste funebre,» disse Liva Drusa, tranquillamente «e cercando di scoprire quando re Odisseo tornerà a casa a salvarmi. Perché lui mi salverà, sai. Un giorno.»

Cepione il Giovane rimase a bocca aperta. «Salverà *te*? Di che stai parlando, Livia Drusa?»

«Non ho mai messo piede fuori casa» fece lei.

Levando le braccia, Cepione il Giovane lanciò un gridolino di esasperazione. «Be', che cosa t'impedisce di uscire se lo desideri, per Giunone?»

Livia Drusa spalancò la bocca, ma non trovò di meglio da dire che: «Non ho denaro».

«Hai bisogno di denaro? Te ne *darò*, Livia Drusa! Solo, smettila di creare preoccupazioni a mio padre!» gridò Cepione il Giovane, preso tra due fuochi. «Esci pure quanto vuoi! Comprati tutto quel che vuoi!»

Il volto sorridente, Livia Drusa attraversò la stanza per andare a scoccare un bacio sulla guancia del marito. «Grazie» disse, ed era così sincera che si spinse al punto di abbracciarlo.

Era stato talmente facile! Tutti quegli anni di isolamento coatto svanirono. A Livia Drusa, infatti, non era mai balenata l'idea che, passando dalla tutela del fratello a quella del marito e del suocero, le regole potessero anche cambiare un po'.

Quando Lucio Apuleio Saturnino fu eletto tribuno della plebe, la sua gratitudine per Caio Mario non ebbe più limiti. Ora avrebbe potuto prendersi la rivincita! Né gli mancavano del tutto gli alleati, com'ebbe a scoprire quasi subito; uno degli altri tribuni della plebe era un cliente di Mario, originario dell'Etruria, un certo Caio Norbano, uomo di notevole ricchezza, ma privo di ascendente al Senato in quanto la sua famiglia non poteva vantare un passato in tal senso. E c'era un certo Marco Bebio, uno dei tanti componenti del clan omonimo che si succedevano nella carica di tribuni della plebe e che andavano famosi per la facilità con cui si facevano corrompere; se necessario, si sarebbe potuto comprarlo.

Purtroppo, all'altro lato del banco dei tribuni sedevano tre avversari di formidabili tendenze conservatrici. Proprio all'estremità del banco c'era Lucio Aurelio Cotta, figlio del defunto console Cotta, nipote dell'ex pretore Marco Cotta e fratellastro di Aurelia, la moglie del giovane Caio Giulio Cesare. Accanto a lui sedeva Lucio Antistio Regino, di origini rispettabili ma non particolarmente illustri, di cui correva voce che fosse un cliente del consolare Quinto Servilio Cepione, e che di conseguenza era in parte vittima dello stesso odio riversato su Cepione. Il terzo tribuno era Tito Didio, un uomo competente e taciturno, la cui famiglia era originaria della Campania e che si era creato un'ottima reputazione come soldato.

Gli uomini che sedevano al centro del banco erano umilissimi tribuni della plebe e, a quanto sembrava, ritenevano che il loro compito principale durante il prossimo anno sarebbe stato quello di impedire ai colleghi delle due opposte fazioni di sgozzarsi a vicenda. Non regnava, infatti, la minima simpatia tra gli uomini che Scauro avrebbe definito demagoghi e quelli che lo stesso Scauro aveva lodato perché non perdevano mai di vista il fatto che erano senatori prima di essere tribuni della plebe.

Non che Saturnino si preoccupasse. Era stato eletto alla carica col massimo delle preferenze, seguito da presso da Caio Norbano, la qual cosa lasciò intendere ai conservatori che il Popolo era tuttora affezionato a Caio Mario, e che Mario aveva ritenuto valesse la pena di spendere un bel po' del suo denaro per comprare voti a beneficio di Saturnino e Norbano. Era indispensabile che Saturnino e Norbano colpissero al più presto, perché in seno all'Assemblea della Plebe l'interesse scemava notevolmente, una volta trascorsi i primi tre mesi dell'anno; la cosa dipendeva un po' dalla noia, da parte del Popolo, e un po' dal fatto che nessun tribuno della plebe era in grado di tenere il passo per più di tre mesi. Il tribuno della plebe si sfiniva in fretta, come la lepre di Esopo, mentre la vecchia tartaruga del Senato continuava ad avanzare lentamente, con lo stesso passo.

«Farò mangiare loro la polvere» disse Saturnino a Glaucia, mentre si approssimava il decimo giorno del mese di dicembre, il giorno, cioè, in cui il nuovo collegio sarebbe entrato in carica.

«Che farai, per prima cosa?» domandò Glaucia, un tantino sconcertato dal fatto che lui, più maturo di Saturnino, non avesse ancora trovato modo di farsi eleggere tribuno della plebe.

Saturnino abbozzò un sorriso lupesco. «Una leggina agraria» rispose «per dare una mano al mio amico e benefattore Caio Mario.»

Mettendo gran cura nei suoi piani e pronunciando una splendida orazione, Saturnino presentò una proposta di legge che prevedeva la distribuzione del territorio delle isole africane, assegnato al demanio da Lucio Marzio Filippo un anno prima; ora le terre avrebbero dovuto essere spartite fra i legionari nullatenenti di Mario alla fine del servizio militare, nella misura di cento iugeri a testa. Oh, quanto si divertì! Le urla di approvazione del Popolo, le urla scandalizzate del Senato, il pugno levato in aria di Lucio Cotta, la forte e schietta orazione pronunciata da Caio Norbano a sostegno della sua proposta.

«Non mi ero reso conto di quanto potesse essere interessante il tribunato della plebe» esclamò, dopo che l'assemblea si sciolse, e mentre lui e Glaucia cenavano da soli a casa di quest'ultimo.

«Be', una cosa è certa: hai messo sulla difensiva i politicanti di mestiere» disse Glaucia, sogghignando al ricordo. «Ho temuto che a Metello Numidico venisse un colpo!»

«Peccato che non sia successo!» Saturnino si distese comodamente con un sospiro di soddisfazione, lasciando vagare lo sguardo meditabondo sui disegni che il fumo fuligginoso delle lucerne e dei bracieri aveva tracciato sul soffitto, davvero bisognoso di una mano di pittura. «Strano, come funziona il loro cervello, eh? Basta sussurrare le parole "legge agraria" e si levano in armi, strillando a proposito dei Gracchi, inorriditi all'idea di regalare qualcosa a uomini privi di ogni capacità di acquistare alcunché. Persino i nullatenenti sono contrari all'idea di regalare qualcosa senza ottenere nulla in cambio!»

«Be', in realtà è un concetto del tutto nuovo per ogni romano che la pensa nel modo giusto» disse Glaucia.

«E una volta superata la sorpresa iniziale, si sono messi a strillare a proposito dell'enormità dei lotti da assegnare: dieci volte l'area di una piccola proprietà terriera in Campania, si sono lagnati i politicanti di mestiere. Si sarebbe indotti a credere che sapessero già, senza bisogno che qualcuno lo dicesse loro, che un'isola africana della Piccola Sirte è fertile neppure un decimo del peggior podere campano, e non si può far conto che vi cada la decima parte di pioggia» continuò Saturnino.

«Sì, ma in realtà il dibattito riguardava svariate migliaia di nuovi clienti per Caio Mario, no?» fece Glaucia. «È quello il punto davvero dolente, sai. Ogni veterano in congedo dell'esercito di nullatenenti rappresenta un cliente potenziale per il suo comandante, soprattutto se si considera che il suddetto comandante si è dato tanta pena per assicurargli un pezzo di terra su cui trascorrere la vecchiaia. Ha un *obbligo* di gratitudine! Solo, non si rende conto che in realtà il suo benefattore è lo stato, in quanto è lo stato a dover trovare la terra. Lui ringrazia il suo comandante. Lui ringrazia Caio Mario. Ed è per questo che i politicanti di mestiere si levano in armi.»

«D'accordo. Ma ribellarsi non è la soluzione giusta, Caio Servilio. La soluzione consiste nell'emanare una legge generale che riguardi tutti gli eserciti di nullatenenti, presenti e futuri... dieci iugeri di buona terra a testa, per chiunque concluda il periodo di servizio nelle legioni... diciamo, quindici anni? Venti, magari? Senza tener conto del numero di comandanti ai cui ordini il legionario ha militato o del numero di campagne diverse alle quali ha preso parte.»

Glaucia rise, sinceramente divertito. «Mi sembra una soluzione ispirata da un eccesso di buon senso, Lucio Apuleio! E pensa ai cavalieri, di cui una legge del genere alienerebbe le simpatie. Meno terra per loro da affittare... per non parlare dei nostri esimi senatori dediti alla pastorizia!»

«Se le terre si trovassero in Italia, lo capirei» ribatté Saturnino. «Ma le isole al largo della costa africana? domando e dico, Caio Servilio! Di quale utilità possono mai risultare, a quei cani che montano la guardia ai loro vecchi, fetidi ossi? A paragone dei milioni di iugeri che Caio Mario ha regalato nel nome di Roma, lungo l'Ubus e il Chelif e attorno al lago Tritonis... e proprio agli stessi uomini che ora strillano come aquile!... si tratta di un'elemosina!»

Glaucia alzò al cielo gli occhi grigio-verdi frangiati da lunghe ciglia, si lasciò cadere supino, agitò le mani come una tartaruga in secca agita le pinne, e scoppiò in un'altra risata. «Perciò il discorso che mi è piaciuto di più è stato quello di Scauro. È intelligente, quel tizio. Tutti gli altri non contano gran che, a parte l'ascendente politico.» Alzò la testa a fissare Saturnino. «Sei pronto per domani, al Senato?» domandò.

«Credo di sì» rispose allegramente Saturnino. «Lucio Apuleio rimette piede al Senato! E questa volta non potranno espellermi prima che si concluda il mio mandato! Ci vorrebbero tutte e trentacinque le tribù per farlo, e non lo faranno. Che la cosa piaccia o meno ai politicanti di mestiere, tornerò a varcare i loro sacri portali, infuriato come una vespa... e altrettanto cattivo.»

Entrò nell'aula del Senato come se ne fosse il padrone, rivolgendo un deferente inchino al *Princeps Senatus* Scauro e distribuendo cenni di saluto con la mano destra ad ambo i lati dell'aula, che era quasi gremita, segno certo che si profilava battaglia. L'esito, decise Saturnino, non contava gran che, in quanto l'arena in cui si sarebbero decise le sorti del conflitto si trovava al di là delle porte della *Curia Hostilia*, in fondo al pozzo dei *Comitia*; quello era il giorno della sua rivincita: il questore granario in disgrazia, trasformato come per incanto in tribuno della plebe, davvero un'amara sorpresa per i politicanti di mestiere.

E a beneficio dei Padri Coscritti Saturnino seguì una nuova linea di condotta, la stessa con cui intendeva presentarsi all'Assemblea della Plebe; quella sarebbe stata solo la prova generale.

«Da lungo tempo, ormai, la sfera d'influenza romana non si limita all'Italia» disse. «Tutti noi siamo a conoscenza dei fastidi che re Giugurta ha causato a Roma. Tutti noi saremo eternamente grati al nostro esimio console, Caio Mario, per aver concluso la guerra in Africa con esito così brillante, e così *definitivo*. Ma in che modo, oggi, a Roma, possiamo garantire alle generazioni future che le nostre Provincie saranno in pace e potremo liberamente goderne i frutti? Esiste una tradizione relativa agli usi e costumi delle popolazioni non romane che abitano le nostre Provincie: sono libere di esercitare le loro pratiche religiose, le loro pratiche commerciali, le loro pratiche politiche. *A patto che* tali pratiche non intralcino il cammino di Roma, o rappresentino una minaccia per Roma. Ma uno degli aspetti collaterali meno auspicabili della nostra tradizione di non interferenza è l'ignoranza. Nessuna delle nostre Provincie che distino dall'Italia più della Gallia Cisalpina e della Sicilia ne sa abbastanza, su Roma e i Romani, da favorire la collaborazione, anziché la resistenza. Se le popolazioni della Numidia ne avessero saputo di più su di noi, Giugurta non sarebbe mai riuscito a persuaderle a seguirlo.»

Si schiarì la gola; finora l'assemblea la stava prendendo bene... però non era ancora giunto alla conclusione. Lo fece ora. «Il che mi porta alla questione del territorio delle isole africane. Dal punto di vista strategico, tali isole sono di scarsa importanza. Quanto a dimensioni, sono modeste. Nessuno di noi, presenti in quest'aula, ne rimpiangerà la perdita. Non contengono oro, né argento né ferro né spezie esotiche. Non sono particolarmente fertili, a paragone dei favolosi campi di grano del fiume Mellégue, dove alcuni di noi, presenti in quest'aula, possiedono tenute, al pari di molti cavalieri della Prima Classe. Allora, perché *non* assegnarle ai legionari nullatenenti di Caio Mario al momento del congedo? Davvero desideriamo che quasi quarantamila veterani nullatenenti ciondolino per le taverne e i vicoli di Roma? Senza un lavoro, senza uno scopo, senza un soldo, dopo che avranno speso la loro esigua quota del bottino di guerra? Non sarebbe meglio per loro... e per Roma!... insediarli nel territorio delle isole africane? C'è ancora un compito, infatti, Padri Coscritti, che potrebbero svolgere, una volta congedati. Possono portare Roma alla Provincia d'Africa! La nostra lingua, le nostre usanze, i nostri dèi, il nostro modo di vivere! Tramite questi prodi, allegri legionari romani espatriati, le popolazioni della Provincia d'Africa impareranno a comprendere meglio Roma, perché questi prodi e allegri legionari romani espatriati sono gente *comune*: né più ricchi né più intelligenti né più privilegiati di molti abitanti del luogo con cui si mescoleranno quotidianamente. Alcuni di loro sposeranno ragazze locali. Tutti quanti fraternizzeranno. E il risultato sarà: meno guerra, migliori prospettive di pace.»

Il tutto fu detto in tono suadente, ragionevole, senza alcuna di quelle frasi ampollose e di quei gesti tipici della retorica asiatica, e via via che si scaldava nella sua perorazione, Saturnino cominciò a credere che sarebbe riuscito a far capire, finalmente, ai cocciuti membri dell'assemblea composta dal fior fiore di Roma, dove la visione politica degli uomini come Caio Mario... e lui stesso!... avrebbe condotto la loro diletta Roma.

E quando si riportò alla sua estremità del banco dei tribuni, Saturnino non avvertì, nel silenzio, alcunché che potesse contraddire tale convinzione. Finché non si rese conto che stavano aspettando. Aspettando che uno dei politicanti di mestiere indicasse loro la strada da seguire. Pecore. Pecore, pecore, pecore. Stupide pecore lanose, con un cervello di gallina.

«Posso prendere la parola?» domandò Lucio Cecilio Metello Dalmatico, Pontefice Massimo, al magistrato che presiedeva l'assemblea, il secondo console, Caio Flavio Fimbria.

«Hai facoltà di parlare, Lucio Cecilio» concesse Fimbria.

E Lucio Cecilio parlò, e la sua collera, perfettamente dissimulata fino a quel momento, ruppe gli argini, dilagando con subitanea violenza. «Roma non si tocca!» tuonò, così forte che qualcuno tra gli ascoltatori sobbalzò. «Come osa, un qualsiasi romano innalzato al grande onore di far parte di questa assemblea, proporre un programma inteso a trasformare il resto del mondo in una brutta copia di Roma?»

Il consueto atteggiamento di altezzosa superiorità del Dalmatico era sparito; si gonfiò, si fece paonazzo, le vene delle rosee guance grassocce non più visibili sotto il rossore delle guance stesse. E tremava, vibrava, quasi quanto le ali di una falena, da tanto che era adirato. Affascinati, attoniti, tutti i senatori presenti nell'aula, dal primo all'ultimo, si protesero in ascolto di un Dalmatico Pontefice Massimo di cui nessuno aveva mai sospettato l'esistenza.

«Be', Padri Coscritti, lo conosciamo tutti quanti questo particolare romano, no?» sbraitò. «Lucio Apuleio Saturnino è un ladro... uno sfruttatore della carestia... un volgare effeminato... un corruttore di fanciulli che alberga in sé sudicie brame nei confronti di sua sorella e della sua figlioletta... un fantoccio manipolato dal burattinaio arpinate che sta nella Gallia Transalpina... uno scarafaggio uscito dal più infame lupanare di Roma.... un ruffiano... un finocchio... un pornografo... la creatura che si attacca a ogni cazzo di questa città! Che ne sa, lui, di Roma, che ne sa, di Roma, quel bifolco del suo burattinaio di Arpino? Roma non si tocca! Roma non si può gettare al mondo come merda nelle fogne, come uno sputo nel rigagnolo! Dovremo tollerare che s'inquini la nostra razza tramite ibride unioni con la feccia delle donne di una cinquantina di nazioni? Saremo costretti, in futuro, viaggiando in luoghi lontani da Roma, ad avere le nostre orecchie romane contaminate da un latino gergale e imbastardito? Che parlino greco, dico io! Che venerino Serapide dello Scroto o Astarte dell'Ano! Che ce ne importa? Ma *noi* dovremmo donar loro *Quirino?* Chi sono i Quiriti, i figli di Quirino? Siamo *noi*! Chi è, infatti, questo Quirino? Soltanto un romano può saperlo! Quirino è lo spirito della cittadinanza romana; Quirino è il dio dell'assemblea degli uomini di Roma; Quirino è il dio invincibile, perché Roma non è mai stata vinta... *e mai lo sarà*, colleghi Quiriti! »

L'assemblea al gran completo scoppiò in assordanti acclamazioni; mentre il Dalmatico tornava barcollando al suo sgabello e quasi vi si accasciava, c'erano uomini che piangevano, uomini che pestavano i piedi, uomini che battevano le mani fino a spellarsele, uomini che si giravano l'uno verso l'altro con le guance rigate di lacrime e si abbracciavano.

Ma tanta sfrenata emozione si esaurì come spuma di mare che si franga su una roccia di basalto, e quando le lacrime si asciugarono e i corpi smisero di tremare, gli uomini del Senato di Roma si ritrovarono con null'altro da dare per quel giorno, e si trascinarono a casa con piedi di piombo a rivivere in sogno quell'unico, magico attimo in cui avevano avuto la visione di Quirino, il dio senza volto, che si ergeva a stendere la sua divina toga su di loro come un padre sui suoi sinceri e incrollabilmente fedeli figli.

L'aula era quasi deserta quando Crasso Oratore, Quinto Muzio Scevola, Metello Numidico, Catulo Cesare e Scauro, *Princeps Senatus*, si ripresero quanto bastava a interrompere la loro euforica conversazione e a prendere in considerazione l'idea di seguire le orme di tutti gli altri. Il Pontefice Massimo, Lucio Cecilio Metello Dalmatico, se ne stava ancora seduto sul suo sgabello, le spalle erette, le mani giunte in grembo come una fanciulla dabbene. Ma la testa era crollata in avanti, il mento sul petto, e i radi ciuffi di capelli ormai grigi si muovevano piano al venticello gentile che entrava dalle porte spalancate.

« Fratello mio, è stata la più grande orazione che abbia mai udita! » esclamò Metello Numidico, allungando la mano a serrare la spalla del Dalmatico.

Il Dalmatico continuò a starsene lì, e non parlò, né si mosse; soltanto allora scoprirono che era morto.

« Proprio come si conviene » disse Crasso Oratore. « Morrei felice, al pensiero di aver pronunciato la mia più grande orazione alle soglie della morte. »

Ma né l'orazione di Metello Dalmatico, Pontefice Massimo, né il decesso di Metello Dalmatico, Pontefice Massimo, né tutta l'ira e il potere del Senato riuscirono a impedire all'Assemblea della Plebe di tramutare in legge la proposta di Saturnino sull'assegnazione delle terre. E la carriera tribunizia di Lucio Apuleio Saturnino ebbe un avvio trionfale, in una singolare mescolanza di infamie e adulazioni.

«Mi piace» disse Saturnino a Glaucia mentre cenavano assieme nel tardo pomeriggio del giorno in cui venne approvata la legge agraria Apuleia. Cenavano spesso assieme, e di solito a casa di Glaucia; la moglie di Saturnino non si era più ripresa dagli orribili eventi che avevano fatto seguito alla denuncia del marito da parte di Scauro, quando era questore a Ostia. «Sì, mi piace! Pensa un po', Caio Servilio, la mia carriera avrebbe potuto essere del tutto diversa, non fosse stato per quel vecchio coglione ficcanaso di Scauro.»

«La tribuna degli oratori ti si addice, sono d'accordo» disse Glaucia, piluccando un grappolo d'uva di serra. «Forse, dopotutto, c'è qualcosa che plasma le nostre vite.»

Saturnino sbuffò. «Oh, alludi a *Quirino*!»

«Puoi sbuffare quanto vuoi, ma continuo a ritenere che la vita sia una strana faccenda» disse Glaucia. «Comporta più disegni e meno casualità di quanti ce ne siano in una partita a *cottabus*.»

«E che, nessuna traccia di stoicismo o epicureismo, Caio Servilio? Né fatalista né edonista? Farai bene a starci attento, o potresti smentire tutti quei vecchi greci guastafeste, secondo cui noi Romani non riusciremmo mai a creare una filosofia che non abbiamo presa a prestito da loro» fece Saturnino, ridendo.

«I Greci *sono*. I Romani *fanno*. Scegli tu. Non ho mai conosciuto qualcuno che riuscisse a unire in sé le due condizioni dell'essere. Greci e Romani rappresentano le due opposte estremità del canale alimentare. I Romani sono lo bocca: ingoiano. I Greci sono l'ano: espellono. Senza offesa per i Greci, beninteso, è solo un modo di dire» fece Glaucia, costellando la sua asserzione con gli acini d'uva che si infilava nell'estremità romana del canale alimentare.

«Dal momento che un'estremità non può far nulla senza il contributo dell'altra, sarà meglio che si resti uniti» disse Saturnino.

Glaucia sogghignò. «Parli da vero romano!» esclamò.

«In tutto e per tutto, nonostante Metello Dalmatico sostenesse che non lo sono. Non è stato un colpo di scena degno del miglior teatro, che il vecchio coglione sia morto così opportunamente, appena conclusa l'orazione? Se i politicanti di mestiere fossero più intraprendenti, avrebbero potuto far di lui un esempio immortale.

Metello Dalmatico... il novello Quirino! » Saturnino fece roteare la feccia nella sua coppa e la gettò con destrezza su un piatto vuoto; il disegno che ne risultò venne interpretato in base al numero di rivoletti che si diramavano dalla massa centrale. «Tre» disse, e rabbrividì. «È il numero della morte.»

«Che fine ha fatto il nostro scettico?» lo canzonò Glaucia.

«Be', è insolito, soltanto tre.»

Glaucia sputò con destrezza, distruggendo con tre semi d'uva il disegno formato dalla feccia. «Ecco! Un tre distrutto da un altro tre!»

«Morremo entrambi entro tre anni» disse Saturnino.

«Lucio Apuleio, sei una contraddizione unica! Sei bianco come Lucio Cornelio Silla, e di gran lunga meno giustificato. Via, è solo una partita a *cottabus*!» esclamò Glaucia, e cambiò discorso. «Ne convengo, la vita sui rostri è di gran lunga più eccitante della vita di un cocco dei politicanti di mestiere. È una grande sfida, la manipolazione politica del Popolo. Un generale ha le sue legioni. Un demagogo non possiede nulla di più affilato della sua lingua.» Ridacchiò. «E non è forse stato un piacere, stamane, guardare la folla che cacciava Marco Bebio dal Foro, quando ha tentato di porre il veto?»

«Uno spettacolo capace di guarire il mal d'occhi!» fece Saturnino sogghignando, e il ricordo bandì ogni fantomatica ramificazione, tre o trentatré che fossero.

«A proposito,» disse Glaucia, cambiando di nuovo, bruscamente, discorso «hai sentito l'ultima voce che corre al Foro?»

«Che è stato Quinto Servilio Cepione a rubare l'Oro di Tolosa, intendi dire?» domandò Saturnino.

Glaucia parve deluso. «Accidenti a te, credevo di essere stato il primo a saperlo!»

«L'ho appreso da una lettera di Manio Aquilio» disse Saturnino. «Quando Caio Mario è troppo occupato, è Aquilio a scrivermi in vece sua. E confesso di non dolermene, dato che come uomo di lettere è di gran lunga superiore al Grand'Uomo.»

«Dalla Gallia Transalpina? E come fanno a saperlo?»

«È là che ha avuto origine la voce. Caio Mario ha fatto un prigioniero. Il re di Tolosa, nientemeno. E a sentir *lui*, è stato Cepione a rubare l'oro: quindicimila talenti.»

Glaucia lanciò un fischio. «Quindicimila talenti! Una cifra da capogiro, eh? Un bel gruzzolo... voglio dire, tutti riconoscono che un governatore ha diritto a esercitare le sue prerogative, ma una quantità d'oro maggiore di quella in possesso dell'erario? Un po' eccessivo!»

«Vero, vero. La voce, tuttavia, andrà a tutto vantaggio di Caio Norbano quando citerà in tribunale Cepione, non credi? La storia dell'oro farà il giro della città in minor tempo di quanto ce ne metta Metella Calva a sollevare le vesti a beneficio di una banda di marinai vogliosi.»

«Mi piace la tua metafora!» disse Glaucia. E tutt'a un tratto prese un'aria sbrigativa. «Basta con le chiacchiere oziose! Tu e io abbiamo del lavoro da fare riguardo alle proposte di legge sull'alto tradimento e simili. Non possiamo lasciare che alcunché passi inosservato.»

Il lavoro di Saturnino e Glaucia riguardo alle proposte di legge sull'alto tradimento e simili fu programmato e coordinato con la stessa attenta cura di una grandiosa strategia militare. Intendevano strappare i processi per alto tradimento alla provincia delle Centurie e all'impossibile sequela di vicoli ciechi e invalicabili muraglie che ciò comportava; poi volevano sottrarre i processi per estorsione e corruzione al controllo del Senato, sostituendo le giurie di senatori con giurie interamente composte da cavalieri.

«Per prima cosa, dobbiamo fare in modo che Norbano provi la colpevolezza di Cepione all'Assemblea della Plebe con qualche imputazione ammissibile: a patto che l'accusa non comporti l'espressione "alto tradimento", possiamo farlo anche subito, visto che l'opinione pubblica è talmente avversa a Cepione per via dell'oro rubato» disse Saturnino.

«Non ha mai funzionato, prima d'ora, all'Assemblea della Plebe» notò Glaucia, dubbioso. «Quella testa calda del nostro amico Enobarbo ci si è provato, quando ha accusato Silano di aver causato illecitamente una guerra contro i Germani... Non si è parlato di tradimento, in quel caso! Ma l'Assemblea della Plebe ha comunque respinto la proposta. Il problema è che a nessuno *vanno a genio* i processi per alto tradimento.»

«Be', continuiamo a lavorarci» disse Saturnino. «Per strappare un verdetto di colpevolezza alle Centurie, occorre che l'accusato sia presente e dica chiaro e tondo che ha deliberatamente cospirato per la rovina della patria. E nessuno è tanto stupido da dichiarare una cosa del genere. Caio Mario ha ragione. Dobbiamo spuntare le ali ai politicanti di mestiere, dimostrando loro che non sono al di sopra del biasimo morale e della legge. E questo possiamo farlo solo in un'assemblea in cui non siano presenti senatori.»

«Perché non far approvare subito la tua nuova legge sull'alto tradimento, e poi processare Cepione presso il tribunale speciale istituito all'uopo?» domandò Glaucia. «Sì, sì, lo so che i senatori strilleranno come maiali presi in trappola... ma non lo fanno sempre, pre?»

Saturnino abbozzò una smorfia. «Vogliamo vivere o no? Anche se ci restano solo tre anni, è sempre meglio che morire dopodomani!»

«Tu e i tuoi tre anni!»

«Senti,» insistette Saturnino «se riusciamo davvero a ottenere dall'Assemblea della Plebe un verdetto di colpevolezza a carico di Cepione, il Senato mangerà la foglia che ci proponiamo di fargli ingoiare, e cioè che il Popolo non ne può più dei senatori decisi a sottrarre i loro colleghi a una giusta punizione; che non esiste una legge valida per i senatori e un'altra per tutti gli altri. È ora che il Popolo si svegli! E sarò io a sferrare la randellata che lo sveglierà. Da quando è stata fondata questa Repubblica, il Senato ha imbrogliato il Popolo facendogli credere che i senatori sono una razza superiore di Romani, col diritto di fare e dire tutto ciò che vogliono. Vota per Lucio lo Sbronzone... la sua famiglia ha dato a Roma il suo primo console! E che importa se Lucio lo Sbronzone è un incompetente egoista e avido d'oro? Niente! Lucio lo Sbronzone è di nobile famiglia e vanta una tradizione familiare al servizio di Roma. I Gracchi avevano ragione. Bisogna strappare i tribunali alla corte dei vari Lucio lo Sbronzone, affidandoli ai cavalieri!»

Glaucia sembrava soprappensiero. «Mi è appena venuto in mente, Lucio Apuleio... Il popolo perlomeno è fatto di gente responsabile e istruita. Colonne della tradizione romana. Ma... che accadrebbe, se un giorno qualcuno si mettesse a parlare dei nullatenenti come tu ora stai parlando del Popolo?»

Saturnino rise. «Finché hanno la pancia piena, e gli edili inscenano uno spettacolo come si deve ai giochi, i nullatenenti sono felici e contenti. Perché questi prendano coscienza politica, bisognerebbe trasformare il Foro Romano nel Circo Massimo!»

«Le loro pance non sono poi piene come dovrebbero, quest'inverno» osservò Glaucia.

«Pur sempre quanto basta, grazie, nientedimeno, al nostro riverito capo dell'assemblea, Marco Emilio Scauro in persona. Sai, non mi dolgo del fatto che non riusciremo mai a convincere il Numidico o Catulo Cesare a pensarla come noi, però non posso far a meno di pensare che è un vero peccato non riuscire a tirare dalla nostra Scauro» disse Saturnino.

Glaucia l'adocchiava incuriosito. «Non hai mai serbato rancore a Scauro per averti espulso dal Senato, eh?»

«No. Ha fatto ciò che riteneva giusto. Ma un giorno, Caio Servilio, scoprirò i veri colpevoli, e allora... si augureranno di condividere la sorte di Edipo!» esclamò Saturnino, con ferocia.

Ai primi di gennaio, il tribuno della plebe Caio Norbano denunciò Quinto Servilio Cepione all'Assemblea della Plebe, accusandolo ufficialmente per "la perdita del suo esercito".

Lo scontro fu durissimo sin dall'inizio, perché tutti i rappresentanti del Popolo si opponevano decisamente all'esclusivismo del Senato, e il Senato era presente con tutti i suoi membri di origine plebea per battersi a sostegno di Cepione. Assai prima che le tribù fossero chiamate a esprimere il loro voto, la violenza divampò, e scorse il sangue. I tribuni della plebe Tito Didio e Lucio Aurelio Cotta intervennero per porre il veto all'intera procedura e furono tirati giù dai rostri a furor di popolo. Volarono sassi, bastoni si abbatterono su costole e gambe; Didio e Lucio Cotta furono malmenati e fatti uscire dai *Comitia* e sospinti a viva forza dalla folla nell'Argileto, dove rimasero. Per quanto ammaccati e confusi, tentarono di urlare il loro veto oltre una marea di volti infuriati, ma vennero zittiti ripetutamente.

La voce relativa all'Oro di Tolosa aveva fatto pendere la bilancia a sfavore di Cepione e del Senato, su questo non potevano esserci dubbi; dai nullatenenti alla Prima Classe, l'intera città imprecava all'indirizzo di Cepione il ladro, il traditore, l'egoista. La popolazione, donne comprese, che non aveva mai mostrato il minimo interesse per gli eventi del Foro o dell'assemblea, accorse a vedere quel Cepione, un criminale di un'efferatezza inconcepibile; si discuteva in merito all'altezza della montagna di lingotti d'oro, al loro peso, al loro numero. E l'odio era una presenza palpabile, perché a nessuno piace vedere un individuo appropriarsi del denaro destinato a diventare proprietà di tutti. Soprattutto se si tratta di una tale quantità di denaro.

Risoluto a istruire il processo, Norbano ignorò il subbuglio periferico, le zuffe, il caos quando i frequentatori abituali dell'assemblea si scontravano con la folla accorsa al solo scopo di vedere Cepione e insultare Cepione, che se ne stava ritto sui rostri, attorniato dai littori incaricati di proteggerlo, non di custodirlo. I senatori di rango patrizio, e perciò esclusi dall'Assemblea della Plebe, affollavano i gradini della *Curia Hostilia* lanciando insulti all'indirizzo di Norbano, finché una parte della folla non li fece segno di una fitta sassaiola. Scauro cadde, privo di sensi, sanguinando da una ferita al capo. La qual cosa non fermò Norbano, che tirò avanti col processo senza neppure interrompersi per constatare se il *Princeps Senatus* fosse morto o solo svenuto.

Quando si giunse alla votazione, tutto si svolse rapidamente; le prime diciotto tribù, di trentacinque che erano, condannarono Quinto Servilio Cepione, la qual cosa significava che nessun'altra tribù fu chiamata a esprimere il proprio voto. Imbaldanzito da tale indicazione senza precedenti dell'odio nutrito nei confronti di Cepione, Norbano chiese all'Assemblea della Plebe di mettere ai voti una sentenza specifica, una sentenza così dura che ogni senatore presente urlò vane proteste. Ancora una volta, le prime diciotto tribù tirate a sorte votarono compatte come in precedenza, in favore di una terribile punizione a carico di Cepione. Il quale venne privato della cittadinanza romana, interdetto, dal fuoco e dall'acqua nel raggio di milleduecento chilometri da Roma, multato di quindicimila talenti d'oro, e confinato nelle celle delle Latomie sotto stretta sorveglianza e senza la possibilità di parlare con chicchessia, neppure con i familiari, finché non fosse partito per l'esilio.

Tra due ali di folla che agitava i pugni e gli urlava trionfante che non avrebbe avuto la possibilità di vedere i suoi intermediari o i suoi banchieri e di seppellire i suoi beni personali, Quinto Servilio Cepione, ex cittadino di Roma, fu costretto a percorrere, attorniato dai littori di guardia, il breve tratto di strada tra il pozzo dei *Comitia* e le cadenti celle delle Latomie.

Paga dell'esito finale di quella che era stata una giornata deliziosamente eccitante e straordinaria, la folla se ne tornò a casa, lasciando il Foro Romano a pochi uomini, tutti di rango senatoriale.

I dieci tribuni della plebe erano suddivisi in gruppetti di diversa tendenza: Lucio Cotta, Tito Didio, Marco Bebio e Lucio Antistio Regino se ne stavano assieme con l'aria cupa, i quattro di centro volgevano lo sguardo, impotenti, a sinistra e a destra, mentre un esultante Caio Norbano e Lucio Apuleio Saturnino discorrevano animatamente, fra grandi scrosci di risa, con Caio Servilio Glaucia che si era avvicinato per congratularsi con loro. Neppure uno dei dieci tribuni della plebe indossava la toga, strappata loro di dosso nella mischia.

Marco Emilio Scauro sedeva addossato al plinto di una statua di Scipione l'Africano, mentre Metello Numidico e due schiavi tentavano di tamponare il sangue che gli sgorgava copioso da un taglio alla tempia; Crasso Oratore e il suo compagno di bisboccia, nonché primo cugino, Quinto Muzio Scevola indugiavano nei pressi di Scauro, l'aria turbata; i giovani Druso e Cepione Minore, profondamente scossi, se ne stavano sui gradini del Senato, guardati a vista dallo zio di Druso, Publio Rutilio Rufo, e da Marco Aurelio Cotta; e il secondo console, Lucio Aurelio Oreste, che già non godeva di ottima salute nei momenti migliori, era lungo disteso nel vestibolo, assistito da un ansioso pretore.

Rutilio Rufo e Cotta si affrettarono a sorreggere Cepione il Giovane quando all'improvviso si accasciò contro l'inebetito, pallidissimo Druso, che gli cingeva le spalle col braccio.

«Che possiamo fare per aiutarvi?» domandò Cotta.

Druso scosse la testa, troppo commosso per parlare, mentre Cepione il Giovane neppure parve udire.

«Qualcuno ha pensato di mandare i littori a montare la guardia alla casa di Quinto Servilio per proteggerla dalla folla?» domandò Rutilio Rufo.

«Sì, io» riuscì a dire Druso.

«La moglie di questo ragazzo?» domandò Cotta, accennando col capo a Cepione Minore.

«Ho fatto trasferire lei e la bambina a casa mia» rispose Druso, portandosi la mano libera alla guancia come per constatare se effettivamente esistesse.

Cepione il Giovane si agitò, guardando con stupore i tre che lo attorniavano. «Si trattava solo dell'oro» disse. «L'unica cosa di cui si preoccupassero era l'oro! Neppure hanno pensato ad Arausio. Non l'hanno condannato per quello. L'unica faccenda di cui si preoccupassero era l'oro!»

«È tipico della natura umana» disse Rutilio Rufo con dolcezza «preoccuparsi più dell'oro che della vita degli uomini.»

Druso adocchiò seccamente lo zio, ma se nella voce di Rutilio Rufo c'era una nota di ironia, Cepione il Giovane non la colse.

«Do la colpa di tutto questo a Caio Mario» fece Cepione il Giovane.

Rutilio Rufo infilò la mano sotto il gomito di Cepione il Giovane. «Vieni, giovane Quinto Servilio... Marco Aurelio e io ti accompagneremo a casa del giovane Marco Livio.»

Mentre lasciavano i gradini del Senato, Lucio Antistio Regino si staccò da Lucio Cotta, Didio e Bebio. Attraversò lo spiazzo per affrontare Norbano, il quale arretrò, assumendo un atteggiamento di aggressiva autodifesa.

«Oh, non preoccuparti!» lo investì Antistio. «Non mi sporcherei le mani con uno come te, mascalzone!» Si eresse in tutta la sua statura, grande e grosso com'era, con palesi tracce di sangue celtico. «Vado alle Latomie a liberare Quinto Servilio. Nessuno, nella storia della nostra Repubblica, è mai stato gettato in prigione in attesa di partire per l'esilio, e non permetterò che Quinto Servilio sia il primo! Puoi tentare di fermarmi, se vuoi, ma mi sono fatto portare la spada da casa e, per Giove vivente, Caio Norbano, se tenti di fermarmi, ti ammazzo!»

Norbano scoppiò in una risata. «Oh, prenditelo!» disse. «Portati a casa Quinto Servilio e asciugagli le lacrime... per non parlare del sedere! Fossi nei tuoi panni, però, mi guarderei bene dall'avvicinarmi a casa *sua*!»

«Vedi di fargli sborsare un bel gruzzolo!» gridò Saturnino, seguendo con lo sguardo la figura di Antistio che rimpiccioliva in lontananza. «Può permettersi il lusso di pagare in oro, sai!»

Antistio si volse, facendo scattare le dita della mano destra in un inequivocabile gesto di scorno.

«Oh, me ne guardo bene!» urlò Glaucia, ridendo. «Solo perché lo sei tu, non vuol dire che anche noialtri siamo finocchi!»

Caio Norbano perse qualsiasi interesse per quanto accadeva. «Venite,» disse a Glaucia e a Saturnino «andiamo a casa a cenare.»

Benché avesse la nausea, Scauro avrebbe preferito morire piuttosto che umiliarsi vomitando in pubblico, così costrinse la mente in subbuglio a concentrarsi sui tre uomini che si allontanavano, ridenti, esultanti, vittoriosi.

«Sono tre lupi mannari» disse a Metello Numidico, la cui toga si era macchiata del sangue di Scauro. «Guardali! I fantocci di Caio Mario!»

«Riesci a reggerti in piedi, Marco Emilio?» domandò il Numidico.

«Non prima che sia più sicuro del mio stomaco.»

«A quanto vedo, Publio Rutilio e Marco Aurelio stanno accompagnando a casa i due giovanotti di Quinto Servilio» disse il Numidico.

«Bene. Avranno bisogno di qualcuno che li tenga d'occhio. Non ho mai visto una folla tanto assetata di sangue aristocratico, neppure ai tempi peggiori di Caio Gracco» fece Scauro, aspirando ripetutamente a fondo. «Dovremo starcene molto quieti per un po', Quinto Cecilio. Se faremo pressione, quei licantropi ci daranno ancor più addosso.»

«Maledetti siano Quinto Servilio e il suo oro!» sbottò il Numidico.

Sentendosi un po' meglio, Scauro lasciò che l'altro lo aiutasse a rimettersi in piedi. «Così, credi che sia stato lui a rubarlo, eh?»

Metello Numidico prese un'aria sprezzante. «Oh, via, non cercare di ingannare me, Marco Emilio!» esclamò. «Lo conosci bene quanto lo conosco io. Naturalmente è stato lui! E non gli perdonerò mai di averlo rubato. Apparteneva all'erario.»

«Il guaio è» disse Scauro mentre prendeva a camminare su quello che gli sembrava un susseguirsi di nuvole irregolari «che non disponiamo di un organismo interno col quale la gente come te e me possa punire quelli di noi che ci tradiscono.»

Metello Numidico scrollò le spalle. «Non può esistere, un organismo del genere, te ne rendi perfettamente conto. Istituirlo sarebbe come ammettere che i nostri, a volte, non si comportano come dovrebbero. E se mostriamo la nostra debolezza al mondo, siamo finiti.»

«Preferirei la morte a una fine del genere» disse Scauro.

«Anch'io.» Metello Numidico sospirò. «Spero solo che i nostri figli siano animati dai nostri stessi sentimenti.»

«Non è gentile, da parte tua» fece Scauro con una punta di tristezza «dire una cosa del genere.»

«Marco Emilio, Marco Emilio! Il tuo ragazzo è giovanissimo! Non vedo proprio niente che non vada in lui, sul serio.»

«Scambiamoci i figli, allora, vuoi?»

«No,» disse Metello Numidico «se non altro perché un gesto del genere ucciderebbe tuo figlio. Il suo più grave svantaggio è la consapevolezza di incorrere nella tua disapprovazione.»

«È una femminuccia» esclamò Scauro il forte.

«Forse una brava moglie potrebbe essergli di aiuto» disse il Numidico.

Scauro si fermò, girandosi verso l'amico. «Questa sì, che è un'idea! Non l'avevo ancora destinato a nessuna finora, è così... grossolanamente immaturo. Hai in mente qualche fanciulla?»

«Mia nipote. La figlia del Dalmatico, Metella Dalmatica. Ne compirà diciotto fra un paio d'anni. Sono il suo tutore, ora che il caro Dalmatico è morto. Che ne dici, Marco Emilio?»

«Affare fatto, Quinto Cecilio! Affare fatto!»

Druso aveva mandato il suo intendente Cratippo e tutti gli schiavi fisicamente abili di cui disponeva a casa di Servilio Cepione non appena si era reso conto che Cepione il Vecchio sarebbe stato condannato.

Turbata dal processo e da quel poco che era riuscita a cogliere dalla conversazione tra Cepione il Giovane e suo padre, Livia Drusa si era messa a lavorare al telaio in mancanza di qualcos'altro da fare; non c'era libro che riuscisse a tenerla avvinta, neppure le poesie d'amore del pepato Meleagro. Non prevedendo l'irruzione dei servi di suo fratello, si allarmò per l'espressione di panico controllato sul volto di Cratippo.

«Presto, *dominilla*, raccogli tutto ciò che desideri portarti via!» disse l'intendente, lasciando vagare lo sguardo per la stanza di Livia Drusa. «Ordinerò alla tua ancella di radunare le tue vesti, e alla bambinaia di badare ai bisogni della piccola, sicché tutto ciò che dovrai fare sarà indicarmi gli oggetti che desideri portar via... libri, carte, stoffe.»

Sgranando gli occhioni, Livia Drusa fissò l'intendente. «Che c'è? Che succede?»

«Tuo suocero, *dominilla*. Marco Livio dice che il tribunale lo condannerà» rispose Cratippo.

«Ma perché ciò dovrebbe costringermi a lasciare questa casa?» domandò Livia Drusa, atterrita all'idea di tornare a vivere nella prigione della casa di suo fratello, ora che aveva scoperto la libertà.

«La città è assetata del suo sangue, *dominilla*.»

Quel po' di colore che ancora aveva, le defluì delle guance. «Il suo *sangue*? Lo uccideranno?»

«No, no, niente di così grave» la tranquillizzò Cratippo. «Confischeranno i suoi beni. Ma la folla è così infuriata che tuo fratello ritiene probabile, una volta concluso il processo, che molti tra i più assetati di vendetta possano venir qui a saccheggiare la casa.»

Tempo un'ora, nella casa di Quinto Servilio Cepione non restavano più servi e familiari, le porte esterne sprangate e sbarrate; mentre Cratippo accompagnava Livia Drusa giù per il Clivo Palatino, una nutrita schiera di littori lo saliva a passo di marcia, vestendo solo la tunica e impugnando bastoni in luogo dei fasci. Si sarebbero appostati di fronte alla casa per tenere a bada la folla adirata, in quanto lo stato desiderava che i beni di Cepione restassero intatti finché non potessero essere catalogati e venduti all'asta.

Servilia Cepionide era ritta sulla soglia della casa di Druso ad accogliere la cognata, il volto pallido al pari di quello di Livia Drusa.

«Vieni a vedere» disse, sospingendo Livia Drusa attraverso il peristilio e la casa, trascinandola fuori, sul loggiato da cui si godeva la vista del Foro Romano.

Ed ecco, laggiù, la conclusione del processo di Quinto Servilio Cepione. La folla che vi si assiepava andava suddividendosi in tribù per esprimere il proprio voto sulla sentenza di esilio in terre lontane e di un enorme risarcimento, singolare, ondulante sequenza di file ondeggianti, che erano piuttosto ordinate nel pozzo dei *Comitia*, ma diventavano caotiche laddove l'immensa folla di spettatori vi si confondeva. Capannelli indicavano i punti in cui erano in corso zuffe, mulinelli rivelavano quelli dove le zuffe avevano cominciato ad aggravarsi, trasformandosi in qualcosa di molto simile e nuclei di sommossa; sui gradini del Senato si ammassavano molti uomini, e sui rostri ai bordi del pozzo dei *Comitia* si stagliavano i tribuni della plebe e una sagoma attorniata dai littori, che Livia Drusa suppose fosse l'imputato, suo suocero.

Servilia Cepionide era scoppiata in lacrime; troppo inebetita per aver voglia di piangere, Livia Drusa le si avvicinò.

«Cratippo mi ha detto che la folla potrebbe andare a saccheggiare la casa di papà» disse. «Non lo sapevo! Nessuno mi dice mai niente!»

Prendendo il fazzoletto, Servilia Cepionide si asciugò le lacrime. «Marco Livio l'ha sempre temuto» disse. «Tutta colpa di quella sciagurata faccenda dell'Oro di Tolosa! Non si fosse sparsa la notizia, le cose avrebbero potuto andare diversamente. Ma a quanto pare la maggior parte di Roma ha condannato nostro padre, ancor prima che fosse processato... e per qualcosa per cui non viene neppure giudicato!»

Livia Drusa le girò le spalle. «Devo andare a vedere dove Cratippo ha sistemato la mia bambina.»

La sortita provocò un altro diluvio di lacrime da parte di Servilia Cepionide, che finora non era riuscita a restare incinta, benché desiderasse disperatamente un bambino. «Perché non ho ancora concepito?» domandò a Livia Drusa. «Tu sei così fortunata! Marco Livio dice che avrai un altro bambino, mentre io non sono neppure riuscita a mettere al mondo il primo!»

«C'è tempo» la consolò Livia Drusa. «Sono rimasti via per mesi dopo le nozze, non scordarlo, e Marco Livio è molto più impegnato del mio Quinto Servilio. Secondo un detto popolare, più il marito ha da fare, e meno probabilità ha la moglie di concepire.»

«No, sono sterile» bisbigliò Servilia Cepionide. «So di essere sterile; ne ho il presentimento! E Marco Livio è così gentile, così indulgente!» Tornò a scoppiare in lacrime.

«Su, su, non crucciarti tanto» disse Livia Drusa, che era riuscita a trascinare la cognata nell'atrio, dove si guardò attorno in cerca di aiuto. «Non faciliterai il concepimento affliggendoti in questo modo sai. Ai bambini piace annidarsi in un grembo placido.»

Apparve Cratippo.

«Oh, siano ringraziati gli dèi!» esclamò Livia Drusa. «Cratippo, va' a chiamare l'ancella di mia sorella, vuoi? E magari potresti mostrarmi dove dormirò, e dove è stata sistemata la piccola Servilia?»

In una casa tanto spaziosa, la sistemazione di vari altri importanti inquilini non rappresentava un problema; Cratippo aveva assegnato a Cepione il Giovane e a sua moglie uno degli alloggi che davano sul peristilio, e a Cepione il Vecchio un altro, mentre la piccola Servilia era stata sistemata nella stanza vuota dei bambini che si apriva sul portico dall'altro lato del giardino.

«Come mi devo regolare per la cena?» l'intendente venne a domandare a Livia Drusa che si era appena accinta a disfare il bagaglio.

«La decisione spetta a mia sorella, Cratippo! Preferirei non fare nulla per usurpare la sua autorità.»

«Se ne sta distesa in preda all'angoscia, *dominilla.*»

«Oh, capisco. Be', sarà bene che la cena sia pronta fra un'ora... gli uomini potrebbero aver voglia di mangiare. Però tienti pronto a ritardarla.»

Si avvertì una certa confusione nel giardino; Livia Drusa uscì a vedere e incontrò suo fratello Druso che sorreggeva Cepione il Giovane per aiutarlo a percorrere il colonnato.

«Che c'è?» domandò. «Posso essere di aiuto?» Guardò Druso. «Che c'è?» ripeté.

«Nostro suocero Quinto Servilio è stato condannato. Esiliato a non meno di mille chilometri da Roma, multato di quindicimila talenti d'oro... la qual cosa significa la confisca fin dell'ultimo stoppino di lucerna e dell'ultima foglia secca che tutti i suoi familiari possiedono... e rinchiuso alle Latomie finché non possa essere deportato» spiegò Druso.

«Ma tutti i beni di papà non faranno neanche cento talenti d'oro!» esclamò Livia Drusa, sconvolta.

«Certo. Così, non sarà mai in grado di far ritorno.»

Arrivò di corsa Servilia Cepionide, in tutto e per tutto simile, pensò Livia Drusa, a Cassandra in fuga davanti ai Greci vincitori, i capelli scarmigliati, gli occhi sbarrati e inondati di lacrime, la bocca spalancata.

«Che succede, che succede?» gridò.

Druso l'affrontò con fermezza, ma gentilmente, le asciugò le lacrime, le impedì di avventarsi sul petto del fratello. E grazie alle premure di Druso, la donna si calmò di colpo, quasi per magia.

«Venite, andiamo tutti nel tuo *tablinum*, Marco Livio» disse, e addirittura fece strada.

Livia Drusa rimase indietro, terrorizzata.

«Che ti succede?» le domandò Servilia Cepionide.

«Non possiamo sederci nel *tablinum* in compagnia degli uomini!»

«Ma certo che possiamo!» sbottò Servilia Cepionide, spazientita. «Non è il momento di tenere all'oscuro delle circostanze le donne della famiglia, come sa bene Marco Livio. O restiamo uniti o precipitiamo tutti assieme. Un uomo forte dev'essere circondato da donne altrettanto forti.»

Sentendosi girare la testa, Livia Drusa si sforzò di assimilare tutti i mutamenti d'umore degli attimi precedenti, e finalmente comprese che timido topolino fosse stata per tutta la sua vita. Druso si era aspettato di venir accolto da una moglie profondamente turbata, però si era anche aspettato che si calmasse e assumesse un atteggiamento oltremodo pratico e competente; e Servilia Cepionide si era comportata esattamente come lui si aspettava.

Così Livia Drusa seguì Servilia Cepionide e gli uomini nel *tablinum* e riuscì a non mostrarsi inorridita quando Servilia Cepionide versò vino puro per tutti quanti. Seduta a sorseggiare il primo vino non annacquato che avesse mai gustato, Livia Drusa nascose la tempesta che le infuriava nella testa. E la collera.

Alla fine dell'ora decima, Lucio Antistio Regino accompagnò Quinto Servilio Cepione a casa di Druso. Cepione appariva esausto, ma più irritato che depresso.

«L'ho fatto uscire dalle Latomie» disse Antistio, a labbra strette. «Nessun consolare romano sarà imprigionato finché sarò un tribuno della plebe! È un affronto a Romolo e a Quirino quanto lo è ai nostri dèi. Come osano!»

«Hanno osato perché il Popolo li ha incoraggiati, e altrettanto dicasi di tutti quei curiosi, reduci dai giochi circensi» disse Cepione, ingollando il suo vino d'un sorso. «Ancora» ordinò al figlio, che si precipitò a obbedire, felice ora che suo padre era in salvo. «A Roma ho chiuso» disse poi, e fissò con occhi incupiti dalla stizza prima Druso e, soltanto dopo, suo figlio. «D'ora in poi toccherà a voi giovani far valere il diritto della mia famiglia a godere dei suoi antichi privilegi e della sua naturale preminenza. Fino all'ultimo respiro, se necessario. I vari Mario e Saturnino e Norbano devono essere sterminati... a coltellate, se non ci sarà altro modo, capite?»

Cepione il Giovane annuiva in segno di obbedienza, ma Druso se ne stava lì, con la coppa di vino in mano e un'espressione indecifrabile sul viso.

«Ti giuro, padre, che la nostra famiglia non perderà mai la sua *dignitas* finché sarò il *paterfamilias*» disse Cepione il Giovane in tono solenne; sembrava più tranquillo ora.

E, pensò Livia Drusa detestandolo, più simile che mai al suo odioso padre! "Perché lo odio tanto? Perché mio fratello mi ha costretta a sposarlo?"

Poi la sua pena si attenuò, perché lesse sul volto di Druso un'espressione che l'affascinò, la sconcertò. Non era come se non fosse d'accordo con quanto aveva detto il suocero, piuttosto era come se lo stesse catalogando, archiviandolo nella mente assieme a una quantità di altre cose, delle quali non tutte gli riuscivano chiare. "E" decise Livia Drusa all'improvviso "mio fratello detesta profondamente nostro suocero!" Oh, era davvero cambiato, Druso! Mentre Cepione il Giovane non sarebbe mai cambiato, anzi sarebbe addirittura peggiorato rispetto a ciò che era sempre stato.

«Che intendi fare, padre?» domandò Druso.

Uno strano sorriso si disegnò sul volto di Cepione; l'irritazione sparì dai suoi occhi, e fu sostituita da un intricato miscuglio di trionfo, scaltrezza, dolore, odio. «Diamine, mio caro ragazzo, andrò in esilio come mi è stato intimato dall'Assemblea della Plebe» rispose.

«Ma dove, padre?» chiese Cepione il Giovane.

«A Smirne.»

«Come ce la caveremo finanziariamente?» domandò Cepione il Giovane. «Non tanto io... Marco Livio mi darà una mano... ma tu. Come potrai permetterti di vivere agiatamente in esilio?»

«Ho del denaro depositato a Smirne, più che abbastanza per le mie esigenze. Quanto a te, figlio mio, non devi preoccuparti. Tua madre ha lasciato un grosso patrimonio, che ho tenuto in custodia per te. Ti consentirà di vivere più che agiatamente» disse Cepione.

«Ma non sarà confiscato?»

«No, e per due ragioni. Prima ragione, è già intestato a tuo nome, non a me. E seconda, non è depositato a Roma. Si trova a Smirne, col mio denaro.» Il sorriso si allargò. «Dovrai abitare qui, da Marco Livio, per alcuni anni, dopodiché comincerò a spedirti il tuo patrimonio. E se dovesse accadermi qualcosa, i miei banchieri provvederanno a continuare la mia opera. Nel frattempo, tu, genero mio, tieni conto di tutto il denaro che spenderai per mio figlio. A tempo debito, ti restituirà fin l'ultimo soldo.»

Un silenzio carico di tanta tensione ed emozione che quasi si poteva toccarle, calò sul gruppetto, mentre ciascuno dei presenti si rendeva conto di ciò che Quinto Servilio Cepione taceva, è cioè che aveva *effettivamente* rubato l'Oro di Tolosa e che l'Oro di Tolosa era attualmente in possesso di Quinto Servilio Cepione, pulito pulito, e al sicuro. Che Quinto Servilio Cepione, insomma, era ricco quasi quanto Roma.

Cepione si rivolse ad Antistio, silenzioso come tutti gli altri. «Hai ripensato a ciò che ti ho chiesto strada facendo?»

Antistio si schiarì la gola rumorosamente. «Sì, Quinto Servilio. E sarei propenso ad accettare.»

«Bene!» Cepione guardò il figlio e il genero. «Il mio caro amico Lucio Antistio ha accettato di accompagnarmi a Smirne, concedendomi sia il piacere della sua compagnia sia la protezione di un tribuno della plebe. Quando giungeremo a Smirne, farò in modo di persuadere Lucio Antistio a trattenervisi con me.»

«Non ho ancora deciso, in proposito» disse Antistio.

«Non c'è fretta, proprio nessuna fretta» fece Cepione placidamente. Si fregò le mani come per riscaldarle. «Ehi, dico, ho una fame che mangerei anche i sassi! È pronta la cena?»

«Certamente, padre» rispose Servilia Cepionide. «Se voi uomini volete accomodarvi nel triclinio, Livia Drusa e io andiamo a controllare in cucina.»

Si trattava, naturalmente, di una grossa inesattezza: era Cratippo a controllare in cucina. Ma le due donne andarono a cercarlo, e alla fine lo trovarono sulla loggia, intento a sbirciare in basso, nel Foro Romano, dove si addensavano le ombre del crepuscolo.

«Guardate! Avete mai visto un disordine del genere?» domandò l'intendente, indignato, puntando il dito. «Rifiuti dovunque! Calzari, stracci, bastoni, avanzi di cibo, otri di vino... che vergogna!»

Ed eccolo là, il suo Odisseo dai capelli rossi, ritto in compagnia di Gneo Domizio Enobarbo sul balcone della casa sottostante; come Cratippo, anche i due sembravano ribollire di collera per i cumuli d'immondizie.

Livia Drusa rabbrividì, si umettò le labbra, fissò con angosciata avidità il giovane così vicino a lei, e tuttavia tanto lontano. L'intendente si affrettò in direzione delle scale della cucina; ecco l'occasione giusta, ora, quando poteva passare per una legittima curiosità.

«Sorella,» domandò Livia Drusa «chi è quell'uomo dai capelli rossi sul terrazzo con Gneo Domizio? È da anni che viene a trovarlo, ma non so chi sia, proprio non riesco a trovargli una collocazione. Lo sai? Me lo dici?»

Servilia Cepionide sbuffò. «Oh, quello! È Marco Porzio Catone» rispose, con una nota di disprezzo nella voce.

«Catone? Come Catone il Censore?»

«Esattamente. Gente venuta dal nulla! È il nipote di Catone il Censore.»

«Ma allora, sua nonna non era Licinia, e sua madre Paola Emilia? Questo sicuramente ne fa una persona accettabile!» obiettò Livia Drusa, con occhi lampeggianti.

Servilia Cepionide tornò a sbuffare. «Del ramo sbagliato, mia cara. Non è figlio di Paola Emilia... se lo fosse, dovrebbe avere qualche anno di più di quelli che ha. No, no! Non è un Catone Liciniano! È un Catone Saloniano. E pronipote di uno schiavo.»

Il mondo immaginario di Livia Drusa subì una scossa, s'incrinò in più punti. «Non capisco» disse, stupefatta.

«Come, non conosci tutta la storia? È il figlio del figlio della *seconda* moglie di Catone il Censore.»

«Che era figlia di uno *schiavo*?» fece Livia Drusa, col fiato mozzo.

«La figlia del suo schiavo, per essere precisi. Salonia, si chiamava. Secondo me, è una vergogna che sia stata loro concessa licenza di mescolarsi a noi, esattamente come i discendenti della prima moglie di Catone il Censore, Licinia! Sono persino riusciti a intrufolarsi al Senato. Naturalmente,» disse Servilia Cepionide «i Porzio Catone Liciniani non rivolgono loro la parola. E neppure noi.»

«Perché Gneo Domizio lo frequenta, allora?»

Servilia Cepionide rise, e in quel momento somigliava moltissimo al suo insopportabile padre. «Be', quella di Domizio Enobarbo non è una famiglia tanto illustre, no? Hanno più denaro che antenati, nonostante tutte le storielle che raccontano sul fatto che sono stati Castore e Polluce a tinger loro di rosso la barba! Non so bene perché lo accettino fra loro. Ma posso indovinarlo. Mio padre ha una sua ipotesi.»

«Un'ipotesi su cosa?» domandò Livia Drusa, sempre più scoraggiata.

«Be', hanno tutti i capelli rossi in famiglia, i discendenti della seconda moglie di Catone il Censore. A dire il vero, anche Catone il Censore era rosso. Ma Licinia e Paola Emilia erano entrambe brune, sicché i loro figli e le loro figlie hanno i capelli e gli occhi scuri. Salonio, lo schiavo di Catone il Censore, invece, era un celtiberico di Salo, nella Spagna Citeriore, ed era biondo. Sua figlia Salonia era biondissima. Ed è per questo che i discendenti Saloniani di Catone hanno conservato i capelli rossi e gli occhi grigi.» Servilia Cepionide si strinse nelle spalle. «I componenti della famiglia di Domizio Enobarbo devono perpetuare la leggenda che hanno messo in circolazione, secondo cui hanno ereditato la barba rossa da un loro avo toccato da Castore e Polluce. Così, sposano sempre donne dai capelli rossi. Be', le rosse sono piuttosto scarse. E in mancanza di una rossa di più illustri origini, immagino che un Domizio Enobarbo sia disposto a sposare una discendente Saloniana di Catone. Sono talmente altezzosi, da ritenere che il loro sangue sia in grado di assorbire qualsiasi porcheria.»

«Sicché l'amico di Gneo Domizio dovrebbe avere una sorella?»

«Ce l'ha.» Servilia Cepionide si scosse. «Devo rientrare in casa. Oh, che giornata! Vieni, la cena sarà pronta.»

«Va' avanti tu» disse Livia Drusa. «Dovrò allattare mia figlia prima di mangiare.»

L'accenno alla bambina bastò a far scappare la povera Servilia Cepionide, così bramosa di un figlio; Livia Drusa si riportò alla balaustra a spiare. Sì, erano ancora là, Gneo Domizio e il suo visitatore. Il visitatore con un bisnonno schiavo. Forse dipendeva dalle prime ombre della sera, se i capelli dell'uomo giù in basso sembravano di un rosso più spento, la sua statura meno imponente, le sue spalle meno larghe. Ora il suo collo appariva un tantino ridicolo, troppo lungo e scarno per essere davvero romano. Quattro lacrime caddero a punteggiare la balaustra dipinta di giallo, non di più.

"Sono stata una sciocca, come al solito" pensò Livia Drusa. "Ho sognato e fantasticato per quattro anni su un uomo che scopro essere il discendente, e neppure alla lontana, di uno schiavo: uno schiavo reale, non mitico. L'ho trasformato in un re, nobile e coraggioso come Odisseo. Mi sono calata nei panni della paziente Penelope che ne attendeva il ritorno. E ora scopro che non è nobile. Di origini neppure *dignitose*! Dopotutto, chi era Catone il Censore se non un contadino di Tuscolo, amico di un Valerio Flacco patrizio? Un vero precursore di Caio Mario. Quell'uomo sul terrazzo là sotto è il discendente di uno schiavo iberico e di un contadino. Che sciocca sono! Che stupida, stupida idiota!"

Entrata che fu nella stanza della bambina, vi trovò la piccola Servilia vivace e affamata, così sedete per un quarto d'ora ad allattarla, ché quel giorno di gravi eventi anche gli orari della bimba erano stati rivoluzionati.

«Sarà meglio che le trovi una balia» disse alla bambinaia macedone mentre si accingeva a uscire. «Vorrei riposarmi per qualche mese prima di partorire. E quando nascerà l'altro bambino, potrai affidarlo a una balia fin dall'inizio. Chiaramente, il fatto di allattare non impedisce il concepimento, altrimenti non sarei di nuovo incinta.»

Sgusciò nel triclinio proprio mentre venivano servite le portate principali, e sedete, sforzandosi di dare nell'occhio il meno possibile, in uno scranno di fronte a Cepione il Giovane. A quanto pareva, tutti mangiavano di gusto; Livia Drusa scoprì di avere anche lei appetito.

«Stai bene, Livia Drusa?» domandò Cepione il Giovane, con una punta di ansietà. «Mi sembri un po' indisposta.»

Stupita, lei lo fissò, e per la prima volta in tutti gli anni da che lo conosceva, la sua vista non suscitò in lei quelle incipienti sensazioni di repulsione. No, non aveva i capelli rossi; no, non aveva gli occhi grigi; no, non era alto e aggraziato e con le spalle larghe; no, non si sarebbe mai trasformato in re Odisseo. Però era suo marito; l'aveva amata e le era fedele; era il padre dei suoi bambini; ed era un nobile patrizio romano da *ambo* le parti, paterna e materna.

Così gli sorrise, un sorriso che le illuminò anche gli occhi. «Credo che dipenda solo da questa giornata, Quinto Servilio» disse in tono gentile. «Dentro di me, mi sento meglio di quanto mi sia mai sentita da anni.»

Incoraggiato dall'esito del processo intentato a Cepione, Saturnino cominciò a comportarsi con un'arroganza arbitraria che scosse il Senato dalle fondamenta. Nella scia del processo a Cepione, Saturnino in persona accusò apertamente Gneo Mallio Massimo della "perdita del suo esercito" all'Assemblea della Plebe, ottenendo più o meno gli stessi risultati: Mallio Massimo, già privato dei figli, caduti nella battaglia di Arausio, venne ora privato della cittadinanza romana e di tutti i suoi beni e mandato in esilio, di gran lunga più avvilito di Cepione, così avido d'oro.

Poi, verso la fine di febbraio, fu varata la nuova legge sull'alto tradimento, la legge Apuleia che diminuiva l'autorità delle farraginose Centurie e affidava i processi per alto tradimento a un tribunale speciale composto interamente da cavalieri. Il Senato non doveva interferire in alcun modo con tale organo. Ciononostante, i senatori non si mostrarono troppo sprezzanti in merito alla proposta di legge durante l'inevitabile dibattito, né tentarono di contrastarne la traduzione in legge a tutti gli effetti.

Per quanto monumentali, e di un'importanza inimmaginabile per il futuro governo di Roma, questi cambiamenti non riuscirono a catturare l'interesse del Senato o del Popolo nella stessa misura delle elezioni pontificali tenutesi nello stesso periodo. La morte di Lucio Cecilio Metello Dalmatico, Pontefice Massimo, aveva lasciato non uno ma ben due posti vacanti nel sacro collegio; e tuttavia, dato che i suddetti due posti erano stati occupati da un solo uomo, c'era chi sosteneva che fosse necessaria un'unica elezione. Ma, come fece notare il *Princeps Senatus*, Scauro, con voce pericolosamente esitante, la bocca tremante, ciò sarebbe stato possibile solo se l'uomo eletto al rango di sacerdote fosse anche candidato alla suprema carica. Alla fine si stabilì di eleggere, in un primo tempo, il Pontefice Massimo.

« Poi si vedrà » disse Scauro, aspirando a fondo e abbandonandosi solo una volta al riso.

Sia Scauro, *Princeps Senatus*, sia Metello Numidico si erano candidati alla carica di Pontefice Massimo, in una con Catulo Cesare. E Gneo Domizio Enobarbo.

« Se sarò eletto, o lo sarà Quinto Lutazio, dovremo indire una seconda votazione per eleggere il sacerdote ordinario, dato che facciamo entrambi già parte del collegio » disse Scauro, controllando eroicamente la propria voce.

Tra i candidati figuravano un certo Servilio Vazia, un certo Elio Tuberone, Metello Numidico. E Gneo Domizio Enobarbo.

La nuova legge imponeva che fossero estratte a sorte diciassette delle trentacinque tribù, e che solo quelle votassero. Così si passò al sorteggio, per stabilire le diciassette tribù chiamate a votare. Il tutto avvenne in un'atmosfera di grande buonumore e di profonda tolleranza; nessuna violenza, quel giorno, al Foro Romano! Molti altri, infatti, oltre al *Princeps Senatus* Scauro, se la ridevano allegramente. Non c'era nulla che scatenasse maggiormente il senso dell'umorismo dei Romani di un battibecco relativo ai nomi più augusti che figuravano negli elenchi dei censori, soprattutto quando la parte lesa era riuscita a capovolgere la situazione, a danno di quelli che avevano causato il torto.

Logicamente, Gneo Domizio Enobarbo era l'eroe del momento. Sicché nessuno si stupì quando venne eletto Pontefice Massimo, evitando in tal modo il ricorso a una seconda votazione. Tra acclamazioni e lanci di ghirlande di fiori, Gneo Domizio Enobarbo si prese la perfetta rivincita su coloro i quali avevano attribuito la dignità sacerdotale che era stata del suo defunto padre al giovane Marco Livio Druso.

Scauro si sganasciò dalle risa non appena fu reso noto il verdetto delle urne, con sommo disgusto di Metello Numidico che proprio non riusciva a capire che cosa ci fosse da ridere.

« Insomma, Marco Emilio, hai superato ogni *limite*! È una vergogna! » belò. « Quell'irascibile e fegatoso piccolo coglione, Pontefice Massimo? Successore del mio caro fratello, il Dalmatico? E al posto tuo? O mio? » Calò il pugno su una delle prue di nave volsca da cui prendevano nome i rostri. « Oh, se c'è un momento in cui *detesto* i Romani, è quando il loro perverso senso del comico prevale sul normale senso delle convenienze! Posso perdonare il varo di una legge come quella di Saturnino più facilmente di quanto possa perdonare questo! Almeno, in una legge come quella di Saturnino, si tiene conto di certe radicate opinioni popolari. Ma questa... questa farsa? Pura e semplice irresponsabilità! Mi vien voglia di raggiungere Quinto Servilio in esilio da tanto che mi vergogno. »

Ma più Metello Numidico s'infuriava, e più Scauro si sganasciava dalle risa. Alla fine, tenendosi i fianchi e guardando Metello Numidico attraverso un velo di lacrime, riuscì a boccheggiare: « Oh, smettila di comportarti come una vecchia Vestale che si trovi sotto gli occhi un paio di coglioni pelosi e un cazzo in erezione! È tutto da ridere! E ci meritiamo tutto ciò che ci ha servito! ». E scoppiò in un altro convulso accesso di risa; emettendo una sorta di miagolìo da gattino strizzato, Metello Numidico si allontanò a grandi passi.

In una delle rare missive che Caio Mario inviò a Publio Rufo, scrisse:

So che dovrei scriverti più spesso, vecchio amico mio, ma il guaio è che non prendo facilmente in mano la penna. Ora le tue lettere sono come un salvagente lanciato a un uomo in procinto di affogare, piene di te come sono: niente fronzoli, niente orpelli, niente cerimonie. Ecco! Sono riuscito a metter assieme una frase con uno stile accettabile, ma a che prezzo, non ci crederesti mai.

Senza dubbio sarai andato al Senato a sopportare i grugniti del nostro Metello del Porcile contro le spese che lo stato deve addossarsi per mantenere un esercito di nullatenenti per un altro anno di inerzia dall'altra parte delle Alpi, eh? E come riuscirò a farmi eleggere al mio quarto consolato, per la terza volta di fila? Questo, naturalmente, è ciò che devo fare. Altrimenti... rischio di perdere tutto ciò cui aspiro. L'anno prossimo, infatti, Publio Rutilio, sarà l'anno dei Germani. Ne ho il netto presentimento. Sì, ammetto di non avere ancora una base concreta su cui fondare tale opinione, ma quando Lucio Cornelio e Quinto Sertorio torneranno, sono sicuro che è quanto mi diranno. Non ho più avuto loro notizie da che sono venuti a portarmi re Copillo, l'anno scorso. E sebbene sia lieto che i miei due tribuni della plebe siano riusciti a far condannare Quinto Servilio Cepione, mi dispiace ancora parecchio non averlo potuto fare personalmente, con la testimonianza di Copillo. Non importa. Quinto Servilio ha avuto quel che si meritava. Peccato, però, che Roma non potrà mai vedere l'Oro di Tolosa: sarebbe bastato a pagare molti eserciti di nullatenenti.

Qui la vita continua più o meno come sempre. La Via Domizia è ormai in perfette condizioni da Nîmes fino a Ulzio, il che renderà assai più agevole la marcia alle legioni in futuro. Era andata in rovina. Alcuni tratti non erano più stati riparati da quando il *tata* del nostro nuovo Pontefice Massimo si trovava da queste parti, quasi vent'anni fa. Inondazioni e gelate e il diluvio di improvvisi acquazzoni avevano esatto un terribile pedaggio. Naturalmente, non è come costruire una nuova strada. Una volta collocate le pietre sul fondo stradale, la base dura per sempre. Però non si può pretendere che gli uomini marcino e i carri rotolino e gli zoccoli degli animali trottino agevolmente sulla superficie accidentata del lastricato sconnesso, vero? La copertura di sabbia e ghiaia e polvere di pietrisco va mantenuta liscia e levigata e poi innaffiata finché non si solidifica come cemento. Credimi sulla parola: in questo momento la Via Domizia fa davvero onore ai miei uomini.

Abbiamo anche costruito una nuova passerella attraverso le paludi del Rodano, a proposito, da Nîmes ad Arles. E abbiamo appena terminato di scavare un nuovo canale navigabile dal mare ad Arles, al fine di aggirare le paludi e le distese di melma e le secche della via d'acqua naturale. Tutti i pezzi grossi di Marsiglia mi ringraziano strisciando come vermi e leccandomi il sedere... viscida banda di ipocriti che non sono altro! La gratitudine non li ha indotti a praticarmi sconti sulle merci che vendono al mio esercito, ti faccio notare!

Nel caso la storia dovesse arrivarti all'orecchio, magari distorta, come invariabilmente sembra accadere alle storie che riguardano me e i miei, ti racconterò quanto è successo con Caio Lusio. Ricordi, il figlio della sorella di mia cognata? È stato aggregato al mio esercito in qualità di tribuno militare. Solo che poi si è scoperto che non erano esattamente di quel tipo, i rapporti che voleva avere con i militari. Due settimane fa, il capo della polizia militare è venuto a riferirmi quella che riteneva sarebbe diventata una notizia di carattere personale terribilmente sgradevole. Caio Lusio era stato rinvenuto cadavere nelle baracche della truppa, squarciato dalla gola al ventre col più preciso fendente che qualsiasi comandante potrebbe pretendere da un legionario. Il colpevole si era costituito — un gran bravo ragazzo — un vero soldato, mi ha detto il suo centurione. Vengo a sapere che Lusio era un finocchio e si era incapricciato del suddetto legionario. E continuava ad assillarlo, non voleva saperne di mollare il ragazzo. Così, era diventato lo zimbello della centuria, e tutti se ne andavano attorno sculettando, gesticolando con affettazione e sbattendo le palpebre. Il povero soldato non ce l'ha fatta più. Risultato: l'ha ammazzato. Comunque, ho dovuto deferire il legionario alla corte marziale, e devo dire che mi ha fatto un piacere enorme assolverlo, premiandolo con un encomio solenne, una promozione e una borsa piena di soldi. Ecco. Sono riuscito di nuovo a esprimermi con un certo stile.

La faccenda si è conclusa bene anche per me. Tanto per cominciare, sono stato in grado di provare che Lusio non era mio parente per vincoli di sangue. E subito dopo ho avuto l'occasione di dimostrare alla truppa che il loro comandante supremo desidera sia fatta giustizia nel modo in cui giustizia va fatta, senza favoritismi nei confronti dei parenti. Suppongo esistano mansioni che un finocchio può svolgere, ma nelle legioni non c'è posto per gente del genere, questo è poco ma sicuro, non credi, Publio Rutilio? T'immagini che trattamento avremmo riservato a Lusio a Numanzia? Non se la sarebbe cavata con la morte, rapida e pulita; avrebbe cantato con voce bianca. Col tempo, però, si matura. Non dimenticherò mai come ci sia rimasto male, ascoltando le cose che si sono dette in occasione delle esequie funebri di Scipione l'Emiliano! Be', con me non ci ha mai provato, per cui non saprei. Strano tipo, comunque... penso che storie del genere vengano messe in giro quando uno non ha figli.

E con questo concludo. Oh, devo aggiungere che quest'anno ho apportato alcuni cambiamenti al giavellotto, e prevedo che la mia nuova versione verrà adottata in via generale. Se ti avanza un po' di denaro, corri a comprare qualche quota di una delle nuove fabbriche che sicuramente spunteranno come funghi per costruire le nuove lance. O fonda tu stesso un'officina: a patto che l'edificio sia di tua proprietà, i censori non possono accusarti di pratiche indegne di un senatore, vero?

In ogni modo, ciò che ho fatto è stato modificare il disegno del punto di congiunzione tra l'asta di legno e la lancia vera e propria, in ferro. Il giavellotto è un'arma talmente efficace, a paragone della vecchia lancia del tipo *hasta*, ma indubbiamente costa parecchio di più fabbricarlo: una piccola testa dentellata anziché una grande, a foglia, una lunga asta di ferro, e poi l'asta di legno studiata in modo da assecondare il lancio, invece della vecchia *hasta* a manico di scopa. Nel corso degli anni ho notato che al nemico piace metter le grinfie su un giavellotto, per cui provoca deliberatamente i nostri novellini, inducendoli a scagliarlo quando non esiste alcuna probabilità di colpire qualcosa che non sia uno scudo nemico. Dopodiché, il nemico o si tiene l'arma per un'altra occasione o la rilancia contro di noi.

La modifica consiste nel congiungere l'asta di ferro e quella di legno con un debole perno. Nell'attimo in cui l'arma colpisce il bersaglio, le due aste si separano in corrispondenza del giunto, sicché il nemico non può rilanciarcele contro o portarsele via. Quel che più conta, se si resta padroni del campo dopo la battaglia, gli armaioli possono uscire in perlustrazione e raccogliere tutti i pezzi, per rimetterli assieme. Ci fa risparmiare denaro perché ne evita la perdita, e ci salva anche la vita perché il giavellotto non può esserci rilanciato contro dal nemico.

E con questo ho proprio concluso. Scrivi presto.

Publio Rutilio Rufo posò la lettera, sorridendo. Un po' sgrammaticata, non troppo elegante, tutt'altro che stilisticamente perfetta. D'altronde, Caio Mario era fatto così. Somigliava alle sue lettere. La sua ossessione per il consolato era preoccupante, tuttavia. Da un lato, Rutilio Rufo capiva perché Mario desiderasse restare in carica finché i Germani non fossero stati sconfitti: Mario sapeva che nessun altro avrebbe potuto sconfiggere i Germani. D'altro canto, Rutilio Rufo era un romano troppo legato alla sua classe per approvare una decisione del genere, pur tenendo conto dei Germani. Roma era ormai così cambiata dalle innovazioni politiche di Mario da non essere più degna della Roma di Romolo? Rutilio Rufo avrebbe proprio voluto saperlo. Era molto difficile voler bene a qualcuno quanto lui ne voleva a Mario, e dover vivere nella scia delle tradizioni mandate all'aria che si lasciava appresso. Il giavellotto, per Giunone! Possibile che non riuscisse a lasciare *alcunché* come lo trovava?

Eppure, Publio Rutilio Rufo si accinse a rispondere subito alla lettera. Perché voleva bene a Caio Mario.

Essendo questa un'estate alquanto pigra, temo di non avere gran che da riferirti, caro Caio Mario. Niente d'importante, comunque. Il tuo esimio collega, il secondo console Lucio Cornelio Oreste, non sta troppo bene; d'altra parte, non stava bene già quando l'hanno eletto. Non capisco perché si sia candidato, se non per il fatto, suppongo, che riteneva di meritare la carica. È da vedere se la carica si sia meritata lui. Bene o male, ne dubito.

Tutte le notizie che posso darti riguardano un paio di pepati scandaletti, ma so che ti divertiranno come hanno divertito me. Particolare abbastanza interessante: in entrambi i casi è implicato il tuo tribuno della plebe, Lucio Apuleio Saturnino. Un tipo straordinario, sai. Un ammasso di contraddizioni. Un vero peccato, mi dico sempre, che Scauro l'abbia preso di mira. Saturnino è entrato al Senato, ne sono certo, con la confessata intenzione di essere il primo Apuleio ad assidersi sulla sedia consolare. Ora arde dal desiderio di fare a pezzi il Senato al punto da ridurre i consoli al rango di maschere di cera. Sì, sì, mi pare già di sentirti dire che sono eccessivamente pessimista, che esagero, e che la mia visione delle cose è viziata dall'amore che porto alle antiche tradizioni. Ma ho egualmente ragione! Mi scuserai, spero, se cito tutti quanti solo col *cognomen*. Questa sarà una lunga lettera, e così facendo mi risparmio di scrivere qualche parola.

Saturnino si è preso la rivincita. Che ne pensi? Una faccenda sbalorditiva, di cui bisogna attribuire molta parte del merito al nostro venerato *Princeps Senatus*, Scauro. Devi ammettere che è uomo di gran lunga migliore del suo compagno, Metello del Porcile. D'altronde, c'è una bella differenza tra un Emilio e un Cecilio.

Tu sai — so che lo sai, perché te l'ho detto io — che Scauro ha continuato a fungere da sovrintendente alle forniture di grano, e passa il tempo facendo la spola tra Ostia e Roma, rendendo la vita molto difficile ai signori del grano, cui non ne lascia passare una. Dobbiamo ringraziare una sola persona se il prezzo del grano è rimasto notevolmente stabile durante i due ultimi raccolti, nonostante la scarsità. Scauro!

Sì, sì, la smetto con questo panegirico e proseguo il racconto. A quanto sembra, circa due mesi fa, mentre si trovava a Ostia, Scauro si è imbattuto in un intermediario addetto all'acquisto di grano, di regola di stanza in Sicilia. Non occorre ti ripeta la storia della rivolta degli schiavi in quell'isola, dal momento che il Senato ti ha inviato dispacci con regolarità, però devo dirti che, a mio modo di vedere, quest'anno abbiamo inviato in Sicilia l'uomo giusto come governatore. Può anche darsi che sia un aristocratico con la puzza sotto il naso e la bocca arricciata come il culo di un gatto, però Lucio Licinio Lucullo è meticoloso riguardo a faccende come i rapporti che invia al Senato, quanto lo è nel metter ordine sui campi di battaglia.

Tra parentesi, ci crederesti se ti dicessi che un idiota di pretore — un Servilio di famiglia plebea di più dubbi antecedenti (non ti sembra un modo di dire elegante?) che è riuscito a comprarsi l'elezione ad augure grazie alla potenza economica del suo protettore Enobarbo, e ora si fa chiamare... figuriamoci!... Caio Servilio Augure — ha avuto il fegato, l'altro giorno, di alzarsi a parlare in aula per accusare Lucullo di prolungare deliberatamente la guerra in Sicilia per far sì che gli venga prorogato il comando anche per il prossimo anno?

Su quali basi ha mosso tale stupefacente accusa? Mi pare di sentirti domandare. Diamine, per il fatto che dopo aver inflitto una sconfitta decisiva all'esercito degli schiavi, Lucullo non si è precipitato all'assalto di Caltabellotta, lasciando trentacinquemila schiavi caduti sul terreno e permettendo alle sacche di resistenza servile nella zona di Eraclea Minoa di trasformarsi in altrettante spine nel fianco dei Romani! Lucullo ha fatto le cose come si deve. Sconfitti gli schiavi in battaglia, si è preso una settimana per sgombrare il campo dei cadaveri e ripulire le suddette sacche di resistenza servile, prima di muovere su Caltabellotta, dove gli schiavi sopravvissuti alla battaglia avevano cercato riparo. Ma a sentire Servilio l'Augure, Lucullo avrebbe dovuto sfrecciare come gli uccelli nel cielo dritto su quella città subito dopo la battaglia, perché gli schiavi rifugiatisi lì erano in preda a un tale panico che si sarebbero arresi senza colpo ferire! Laddove, come poi si sarebbe scoperto nella realtà dei fatti, quando Lucullo era giunto a Caltabellotta, gli schiavi avevano ormai superato il panico e deciso di continuare a battersi. Ora, da chi Servilio l'Augure ricava le sue informazioni? Domanderai tu. Diamine, dai suoi auspici, logicamente! In che altro modo potrebbe sapere quale fosse lo stato d'animo di una folla di schiavi ribelli, rintanati in una fortezza inespugnabile? E Lucullo, si è mai dimostrato uomo così tortuoso da combattere una grossa battaglia e poi elaborare un piano inteso ad assicurargli la proroga del mandato di governatore? Che cumulo di inaudite sciocchezze! Lucullo ha agito come gli dettava il suo carattere: ha concluso alfa prima di iniziare beta.

Sono rimasto disgustato dal discorso di Servilio l'Augure, e anche più disgustato quando il Pontefice Massimo Enobarbo si è messo a tuonare a sostegno dell'assurdo tessuto di illazioni, del tutto prive di fondamento, di Servilio l'Augure! Naturalmente, tutti i generali sedentari degli ultimi banchi, incapaci di distinguere un'estremità di un campo di battaglia dall'altra, hanno pensato che Lucullo fosse un abominio! Staremo a vedere quel che succederà, ma non stupirti se verrai a sapere che il Senato ha deciso, primo, di non accordare la proroga a Lucullo e, secondo, di assegnare l'incarico di governatore della Sicilia, l'anno prossimo, nientedimeno che a Servilio l'Augure. Il quale ha dato il via a questa caccia al traditore unicamente allo scopo di farsi nominare governatore della Sicilia! È un incarico di tutto riposo per un uomo inesperto e confuso come Servilio l'Augure, visto che Lucullo ha già fatto tutto il lavoro per conto suo. La sconfitta di Eraclea Minoa ha spinto gli schiavi superstiti all'interno di una fortezza da cui non possono uscire perché Lucullo la cinge d'assedio, Lucullo è riuscito a far tornare un numero sufficiente di contadini sulle loro terre e a far sì che quest'anno ci sia, bene o male, un raccolto, e le campagne siciliane non sono più devastate dall'esercito di schiavi. Ed ecco che il nuovo governatore Servilio l'Augure fa il suo ingresso sulla scena, dove tutto è già sistemato, distribuendo inchini a destra e a manca mentre riceve i saluti cerimoniali di rito. Ti dico una cosa, Caio Mario: l'ambizione, quando non si accompagna al talento, è la cosa più pericolosa del mondo.

Per Polluce! Non c'è male come digressione, non trovi? Lo sdegno per la difficile situazione di Lucullo ha avuto il sopravvento su di me. Sono terribilmente dispiaciuto per lui. Ma riprendiamo il racconto di Scauro, giù a Ostia, e del suo fortuito incontro con l'intermediario incaricato di acquistare il grano, arrivato dalla Sicilia. Ora, quando si riteneva che un quarto degli schiavi addetti alla coltivazione del grano in Sicilia sarebbe stato liberato prima del raccolto dello scorso anno, i mercanti di grano hanno calcolato che un quarto del raccolto sarebbe rimasto sul terreno per mancanza di manodopera in grado di mieterlo. Così nessuno si è curato di comprare quell'ultimo quarto. Questo, fino a quelle due settimane durante le quali quel roditore di Nerva ha restituito la libertà a ottocento schiavi italici. E l'intermediario incaricato dell'acquisto del grano, incontrato da Scauro, faceva parte di un gruppo che in quelle due settimane se n'è andato in giro per la Sicilia ad acquistare a tutto spiano l'ultimo quarto del raccolto a un prezzo ridicolmente basso. Poi i coltivatori hanno costretto Nerva a chiudere i tribunali di emancipazione, e di colpo la Sicilia ha ritrovato sufficiente manodopera per garantire il raccolto di tutto il grano. E, l'ultimo quarto, comprato per un tozzo di pane da un mendico del mercato, era ora in possesso di una o più persone sconosciute, e diventava chiara la ragione di una massiccia operazione di locazione di ogni silo vuoto tra Pozzuoli e Roma. L'ultimo quarto sarebbe stato immagazzinato in quei sili fino all'anno seguente, quando le pressioni esercitate da Roma affinché si restituisse la libertà agli schiavi italici, avrebbero effettivamente provocato una riduzione del raccolto siciliano. E il prezzo del grano sarebbe salito.

Il particolare che quegli ignoti intraprendenti non avevano previsto era la rivolta degli schiavi. Anziché un raccolto di quattro quarti delle messi, non ce n'è stato alcuno. Così il grandioso progetto di ricevere enormi profitti dall'ultimo quarto è andato in fumo, e i sili vuoti in attesa di ospitarlo sono rimasti vuoti.

Tuttavia, per tornare alla due frenetiche settimane durante le quali Nerva ha rimesso in libertà un piccolo numero di schiavi italici e quel gruppo di compratori di grano si è dato un gran da fare per accapparrarsi l'ultimo quarto del raccolto: nel momento in cui ciò accadeva e i tribunali sono stati chiusi, il nostro gruppetto di compratori è stato assalito da banditi armati e tutti i suoi componenti, dal primo all'ultimo, sono stati uccisi. O almeno era ciò che credevano i banditi. Invece uno di loro, il tizio che ha parlato con Scauro a Ostia, era sopravvissuto, fingendosi morto.

Scauro ha fiutato puzzo di marcio. Che naso ha! E che cervello! Ha intuito subito l'arcano, che invece era sfuggito al compratore di grano. E quanto bene gli voglio, nonostante tutti i suoi pregiudizi da conservatore. Scavando come un cane da tana, ha scoperto che gli ignoti speculatori altri non erano che il tuo esimio collega consolare dell'anno scorso, Caio Flavio Fimbria, e il governatore della Macedonia di quest'anno, Caio Memmio! L'anno scorso i due avevano apprestato una falsa pista per il nostro cane da tana, Scauro, che molto astutamente portava diritto al questore di Ostia, vale a dire il nostro turbolento tribuno della plebe Lucio Apuleio Saturnino.

Una volta raccolte tutte le prove, Scauro si è alzato a parlare e si è scusato con Saturnino due volte, una volta al Senato e un'altra ai *Comitia*. Era mortificato, ma non aveva perso un briciolo della sua *dignitas*, naturalmente. Tutti amano un apologista sincero e garbato. E devo dire che Saturnino non se l'è mai presa con Scauro quando è rientrato al Senato in veste di tribuno della plebe. Anche Saturnino ha preso la parola, una volta al Senato e un'altra ai *Comitia*, e ha detto a Scauro che non gli aveva mai portato rancore perché aveva compreso quanto astuti fossero i veri colpevoli, ed era ora oltremodo grato di riavere intatta la sua reputazione. Così, neppure Saturnino ha perso un briciolo della sua *dignitas*. Tutti amano chi sa accogliere con modestia e garbo una bella apologia.

Scauro ha altresì offerto a Saturnino l'incarico di incriminare Fimbria e Memmio nel suo nuovo tribunale chiamato a giudicare gli imputati di alto tradimento, e logicamente Saturnino ha accettato. Quindi, ora ci aspettiamo una quantità di faville e solo una lieve cortina di fumo, quando Fimbria e Memmio verranno processati. Immagino che saranno condannati da una corte composta da cavalieri, in quanto molti cavalieri interessati al commercio del grano hanno perso denaro, e a Fimbria e a Memmio si dà la colpa di tutta la brutta faccenda siciliana. E la morale della storia è che a volte i veri colpevoli hanno quel che si meritano.

L'altra storia riguardante Saturnino è molto più divertente, oltre che molto più interessante. Ancora non ho ben capito dove vuol andare a parare il nostro tribuno della plebe che si è preso la rivincita.

Un paio di settimane fa, un tale è comparso al Foro e si è arrampicato sui rostri, che in quel momento erano deserti, non tenendosi alcuna riunione ai *Comitia* e avendo deciso gli oratori a tempo perso di prendersi una giornata di libertà, e ha proclamato all'intera distesa del Foro che si chiamava Lucio Equizio, che era un liberto, con la cittadinanza romana, di Fermo e che... senti questa, Caio Mario, perché è davvero fantastica!... era il figlio naturale nientedimeno che di Tiberio Sempronio Gracco!

Ha raccontato per filo e per segno la sua storia, e la storia regge, almeno, per come la racconta lui. In breve, le cose sarebbero andate così: sua madre era una donna romana libera di buona, anche se umile, famiglia, e si era innamorata di Tiberio Gracco, il quale si era a sua volta innamorato di lei. Ma, naturalmente, le sue origini non erano tali da consentire il matrimonio, per cui ne è diventata l'amante ed è andata ad abitare in una confortevole casetta presso una delle tenute di campagna di Tiberio Gracco. A tempo debito, è nato Lucio Equizio — sua madre si chiamava Equizia.

Poi Tiberio Gracco è stato assassinato, e di lì a poco è morta anche Equizia, affidando il figlioletto alle cure di Cornelia, la madre dei Gracchi. Ma Cornelia, la madre dei Gracchi, non ha gradito l'idea di essere nominata tutrice del bastardo di suo figlio, sicché l'ha affidato alle cure di una coppia di schiavi della sua tenuta di Capo Miseno. In seguito, l'ha fatto vendere schiavo a certa gente di Fermo.

Lucio Equizio non sapeva chi fosse, a sentir lui. Ma se ha fatto le cose che dice di aver fatto, allora non era in fasce quando suo padre, Tiberio Gracco, è morto, nel qual caso mente. Comunque sia, venduto schiavo a Fermo, ha lavorato con tanta diligenza e si è fatto così benvolere dai suoi padroni, che alla morte del *paterfamilias*, non solo è stato affrancato, ma è altresì diventato l'erede delle fortune della famiglia, non essendoci eredi carnali, per così dire. Aveva ricevuto un'ottima educazione, per cui ha preso quanto aveva ereditato e si è messo in affari. Negli anni seguenti, non si sa bene quanti, ha militato nelle nostre legioni e ha accumulato un grosso patrimonio. A sentirlo parlare, dovrebbe essere sulla cinquantina, mentre in realtà ne dimostra trenta.

E poi ha conosciuto un tale che si è meravigliato della sua somiglianza con Tiberio Gracco. Ora, aveva sempre saputo di essere italico, e non straniero, e si era sempre interrogato, così almeno sostiene, su chi fossero i suoi genitori. Imbaldanzito dalla scoperta di somigliare a Tiberio Gracco, ha rintracciato la coppia di schiavi presso i quali Cornelia, la madre dei Gracchi, l'aveva messo a balia per qualche tempo, e da loro ha appreso la storia della sua nascita. Non è fantastico? Ancora non ho deciso se si tratti di una tragedia greca o di una farsa romana.

Be', naturalmente, quei gonzi sentimentali dei nostri frequentatori del Foro si sono scatenati e, tempo un paio di giorni, Lucio Equizio veniva osannato dovunque come il figlio di Tiberio Gracco. Peccato che tutti i suoi figli legittimi siano morti, eh? Detto tra noi, Lucio Equizio presenta una notevole somiglianza con Tiberio Gracco... piuttosto inquietante, a dire il vero. Parla come lui, cammina come lui, fa le sue stesse smorfie, persino s'infila le dita nel naso nello stesso modo. Direi che il particolare che maggiormente mi sconcerta, riguardo a Lucio Equizio, è proprio il fatto che la somiglianza è troppo perfetta. Un gemello, non un figlio. I figli non somigliano ai padri in ogni particolare, l'ho notato ripetutamente, e vi sono molte donne le quali partoriscono un figlio che sono profondamente grate al cielo per tale circostanza e impiegano gran parte delle loro energie *postpartum* per assicurare al *tata* del rampollo che il rampollo stesso è la copia spiccicata del suo prozio Lucio Vattelapesca. Oh, be'!

Poi, l'altra cosa che tutti noi senatori all'antica veniamo a sapere, è che Saturnino va a pescare questo Lucio Equizio e sale sui rostri assieme a lui e lo incoraggia a dare un seguito alla faccenda. Così, passata neppure una settimana, Equizio è diventato l'eroe di ogni cittadino di Roma con un reddito inferiore a quello di tribuno dell'erario e superiore a quello di un nullatenente: mercanti, bottegai, artigiani, piccoli proprietari terrieri, il fior fiore della Terza della Quarta e della Quinta Classe. Sai a che gente alludo. Baciano la terra che i Gracchi hanno calpestato, tutti quei piccoli, onesti lavoratori che non hanno spesso occasione di votare, ma votano riuniti nelle rispettive tribù abbastanza spesso da ritenersi nettamente al di sopra dei liberti e dei nullatenenti. Del tipo che è troppo orgoglioso per chiedere l'elemosina, e tuttavia non abbastanza ricco da sopravvivere ai prezzi astronomici del grano.

I Padri Coscritti del Senato, soprattutto quelli che portano il laticlavio, hanno cominciato a inquietarsi un po' per tutta quest'adulazione popolare, e anche a preoccuparsi un tantino per la partecipazione di Saturnino, che rappresenta il vero mistero. E tuttavia, che si poteva fare in proposito? Alla fine, il nostro nuovo Pontefice Massimo, Enobarbo — gli hanno appioppato un nuovo soprannome: *pipinna!* — ha proposto di far venire al Foro la sorella dei Gracchi (e vedova di Scipione l'Emiliano, come se fosse mai possibile dimenticare gli alterchi che caratterizzavano la suddetta coppia di coniugi!) e issarla sui rostri per un confronto col presunto impostore.

Tre giorni fa la cosa è avvenuta: Saturnino se ne stava in disparte, con un sorrisetto ebete — se non che Saturnino è tutt'altro che ebete, per cui che cos'ha in mente di combinare? — e Lucio Equizio sbirciava con occhi vacui la vecchia rinsecchita come una mela selvatica. Enobarbo Pipinna, in atteggiamento solenne, da vero pontefice, ha aggguantato per le spalle Sempronia — che non ha gradito neanche un po' il suo gesto e se l'è scrollato di dosso come un ragno peloso — e ha domandato con voce tonante: «Figlia di Tiberio Sempronio Gracco il Vecchio e di Cornelia Africana, riconosci quest'uomo?».

Lei, naturalmente, ha risposto seccamente di non averlo mai visto in vita sua e che il suo carissimo, dilettissimo fratello Tiberio non avrebbe mai e poi mai stappato la sua fiasca di vino al di fuori dei sacri vincoli nuziali, per cui tutta la faccenda era un'assurdità. Dopodiché, si è messa a stuzzicare Equizio col bastone da passeggio di avorio ed ebano, e la cosa si è trasformata nella più comica pantomima che si sia mai vista: avrei tanto voluto che fosse stato presente Lucio Cornelio Silla. Si sarebbe divertito un mondo!

Alla fine, Enobarbo Pipinna (quanto mi piace questo nomignolo "piccolo cazzo"! Gli è stato affibbiato nientedimeno che da Metello Numidico!) ha dovuto tirarla giù a forza dai rostri, mentre il pubblico si sganasciava dalle risa, e Scauro rideva a più non posso, e addirittura ha rischiato una crisi parossistica quando Pipinna e Metello del Porcile e il Porcellino l'hanno accusato di leggerezza indegna di un senatore.

Non appena Lucio Equizio ha avuto a disposizione i rostri, Saturnino gli si è avvicinato e gli ha domandato se sapesse chi era la vecchia megera. Equizio ha risposto di no, non lo sapeva, la qual cosa stava a indicare o che non aveva ascoltato le tonanti parole di presentazione di Enobarbo o che mentiva. Ma Saturnino gli ha spiegato con poche e belle parole che era la sua zietta Sempronia, la sorella dei Gracchi. Equizio è apparso strabiliato, ha detto di non aver mai posto lo sguardo sulla zietta Sempronia in tutta la sua vita straordinariamente piena, e ha aggiunto di esser molto sorpreso che Tiberio Gracco non avesse mai parlato alla sorella dell'amante e del figlio cui aveva approntato un confortevole, piccolo nido d'amore.

La folla ha apprezzato il buon senso della risposta, per cui, sotto sotto, continua allegramente a credere che Lucio Equizio sia il figlio naturale di Tiberio Gracco. E il Senato, per non parlare di Enobarbo, lancia tuoni e fulmini. Be', con l'eccezione di Saturnino, che sorride sotto i baffi; di Scauro, che se la ride, e di me. Ti concedo tre possibilità d'indovinare quel che faccio io!

Publio Rutilio Rufo sospirò e tese la mano anchilosata, e si rammaricò di non sentirsi a disagio quando scriveva una lettera come si sentiva Caio Mario; in tal caso, forse non sarebbe stato indotto a infarcirla di tutti quei deliziosi particolari che rappresentavano la differenza tra una missiva di cinque colonne e una di cinquantacinque.

E questo, Caio Mario, è decisamente tutto. Se resto qui seduto un momento di più, mi verranno in mente altre storie divertenti, e finirò col piombare addormentato col naso nel calamaio. Vorrei che esistesse un modo migliore, cioè più consono alle tradizioni di Roma, per garantirti il comando che una ennesima candidatura al consolato. Né riesco a vedere come riuscirai a vincere. Ma suppongo che vincerai. Conservati in buona salute. Ricorda, non sei più un pivello, sei una vecchia gallina da lesso, per cui non fare i salti mortali e stattene quieto. Ti scriverò di nuovo quando avrò qualcosa d'interessante da raccontarti.

Caio Mario ricevette la lettera ai primi di novembre, e l'aveva appena decifrata in modo da poterla leggere con vero godimento, quando si presentò Silla. Che fosse tornato per restare, lo dimostrava il fatto che si era tagliato i lunghissimi baffi penduli e fatto rasare i capelli. Così, mentre Silla se ne stava beatamente a mollo nella tinozza, Mario gli lesse la lettera, sentendosi ridicolmente felice che Silla fosse tornato a dividere con lui tali piaceri.

Si sistemarono nello studiolo personale del comandante, dopo che Mario ebbe reso noto che non voleva essere disturbato, neppure da Manio Aquilio.

«Togliti quella sciagurata collana!» disse Mario quando Silla, tornato in tutto e per tutto un romano, ora che aveva indossato la tunica, si protese, mettendo in mostra il grosso monile d'oro.

Ma Silla scosse il capo, sorridendo e tastando le splendide teste di drago che costituivano le estremità della collana a cerchio rigido. «No, non credo che me la toglierò mai, Caio Mario. Barbarica, vero?»

«Anche qualcosa di peggio, su un romano» borbottò Mario.

«Il guaio è che è diventata una specie di talismano per me, sicché non posso togliermela senza rischiare di perdere anche la mia fortuna.» Si stese su un giaciglio con un sospiro di voluttuoso piacere. «Oh, che bellezza potersi sdraiare di nuovo come una persona civile! Ho gozzovigliato in posizione eretta per tanto tempo, col sedere appoggiato a dure panche di legno, che avevo cominciato a credere di aver solo sognato l'esistenza di popolazioni le quali usano mangiare distese. E che bella cosa essere di nuovo moderato! Sia i Galli sia i Germani fanno tutto in modo eccessivo: mangiano e bevono fino a vomitarsi addosso l'un l'altro, oppure si lasciano quasi morire di fame perché escono a compiere scorrerie o a ingaggiar battaglia senza curarsi di portare appresso qualcosa da mangiare. Ah, ma come sono fieri, Caio Mario! *Coraggiosi!* Ti dico una cosa: se avessero solo un decimo della nostra organizzazione e autodisciplina, non potremmo mai sperare di batterli.»

«Per nostra fortuna, non ne hanno neppure un centesimo, per cui possiamo batterli. O almeno, penso sia quanto mi stai dicendo. Tieni, bevi. È Falerno.»

Silla bevve un lungo sorso, ma lentamente. «Vino, vino, vino! Nettare degli dèi, balsamo per il cuore dolente, colla per il morale a pezzi! Come ho mai potuto farne a meno?» Rise. «Non m'importa se non vedrò più un corno di birra o un boccale di sidro per il resto della mia vita! Il vino è *civile*. Niente rutti, niente peti, niente gonfiori al ventre: chi beve birra, diventa una cisterna ambulante.»

«Dov'è Quinto Sertorio? Sta bene, spero?»

«È per strada, ma abbiamo viaggiato separatamente, e desideravo farti rapporto a quattr'occhi, Caio Mario» rispose Silla.

«Come preferisci, Lucio Cornelio, a patto che tu m'informi» disse Mario, guardandolo con affetto.

«Non so da dove cominciare.»

«Dall'inizio, allora. Chi sono? Da dove vengono? Da quanto dura la loro migrazione?»

Assaporando il vino, Silla chiuse gli occhi. «Non chiamano se stessi Germani e non si considerano un unico popolo. Sono i Cimbri, i Teutoni, i Marcomanni, i Cherusci e i Tigurini. La terra d'origine dei Cimbri e dei Teutoni è una lunga, ampia penisola a nord della Germania, descritta, sia pure in modo vago, da non so quale geografo greco, che l'ha chiamata Chersoneso Cimbrico. A quanto sembra, la metà più settentrionale era la patria dei Cimbri e la metà che si congiunge con la Germania continentale era la patria dei Teutoni. Sebbene si considerino popolazioni ben distinte, è molto difficile notare una qualsiasi caratteristica fisica peculiare dell'uno o dell'altro popolo, anche se parlano lingue un tantino diverse — si comprendono a vicenda, però.

«Non erano nomadi, però non coltivavano la terra e non erano agricoltori nel senso in cui l'intendiamo noi. Sembrerebbe che da loro gli inverni fossero più piovosi che nevosi, e che il suolo producesse un'erba lussureggiante in ogni stagione dell'anno. Così allevavano bestiame e se ne nutrivano, con l'aggiunta di un po' di avena e di segale. La loro alimentazione consiste in carne di manzo e latte, qualche ortaggio, un po' di pane nero e duro e una pappa di cereali.

«E poi, suppergiù al tempo in cui è morto Caio Gracco, una ventina d'anni or sono, comunque, c'è stato un anno di inondazioni. Troppa neve sulle montagne ad alimentare i loro grandi fiumi, troppa pioggia caduta dal cielo, violenti uragani e altissime maree. L'oceano Atlantico ha allagato l'intera penisola. E quando il mare si è ritirato, hanno constatato che il terreno era troppo impregnato di sale perché vi potesse crescere l'erba, e che i loro pozzi contenevano acqua salmastra. Così hanno fabbricato un'orda di carri, radunato il bestiame e i cavalli che erano sopravvissuti e si sono messi in marcia per trovare un'altra patria.»

Mario era come paralizzato dall'interesse e dall'eccitazione, sedeva impalato sul suo scranno, trascurando il vino. «Tutti quanti? In quanti erano?» domandò.

«Non tutti, no. I vecchi e i più deboli sono stati abbattuti con una botta in testa e sepolti sotto enormi tumuli. Soltanto i guerrieri, le donne più giovani e i bambini sono migrati. Secondo i miei calcoli, circa seicentomila si sono messi in marcia verso sud-est, lungo la valle del gran fiume che noi chiamiamo Elba.»

«Ma mi risulta che quella regione del mondo sia pressoché spopolata» disse Mario, aggrottando la fronte. «Perché non si sono insediati sulle rive dell'Elba?»

Silla si strinse nelle spalle. «Chissà? A quanto pare, si sono affidati ai loro dèi, in attesa che un segno divino di qualche tipo lasciasse loro intendere che avevano trovato una nuova patria. Una cosa è certa: pare che non abbiano incontrato troppa resistenza durante la marcia, almeno lungo l'Elba. A un certo punto sono giunti alle sorgenti del fiume e hanno visto alte montagne per la prima volta a memoria della loro razza. Il Chersoneso Cimbrico era piatto e basso.»

«Questo è ovvio, se l'oceano ha potuto inondarlo» osservò Mario, affrettandosi a sollevare una mano. «No, non intendevo essere sarcastico, Lucio Cornelio! Non sono molto abile nell'uso delle parole, né molto diplomatico.» Si alzò a versare dell'altro vino nella coppa di Silla. «Ne deduco che siano rimasti molto colpiti dalle montagne.»

«Già. I loro dèi erano divinità del cielo, ma quando hanno visto quelle torri che si ergevano a solleticare il ventre delle nubi, hanno cominciato a venerare gli dèi che, a loro modo di vedere, dovevano albergare sotto le torri e le facevano spuntare dalla terra. Da quel momento in poi non si sono mai allontanati troppo dalle montagne. Durante il quarto anno hanno varcato uno spartiacque alpino e si sono spostati dalle sorgenti dell'Elba a quelle del Danubio, un fiume che conosciamo meglio, naturalmente. E hanno puntato verso est, seguendo il corso del Danubio in direzione delle pianure dei Geti e dei Sarmati.»

«Sicché era là che intendevano andare?» domandò Mario. «Sul Ponto Eusino?»

«Sembra proprio di sì» rispose Silla. «Tuttavia, i Boii hanno impedito loro di penetrare nel bacino della Dacia settentrionale, così sono stati costretti a proseguire lungo il corso del Danubio, nel punto in cui piega seccamente a sud, penetrando nella Pannonia.»

«I Boii sono Celti, naturalmente» disse Mario, pensieroso. «A quanto mi consta, Celti e Germani non legano tra loro.»

«No, di certo. Ma il particolare interessante è che i Germani non hanno dato segno di voler fermarsi e combattere per il possesso della terra in alcun luogo. Al minimo segno di resistenza da parte delle tribù locali, si rimettevano in marcia. Cosa che hanno fatto, lasciando le terre dei Boii. Poi, più o meno nel punto in cui il Danubio confluisce con la Tisia e la Sava, si sono trovati di fronte un'altra muraglia di Celti, questa volta gli Scordisci.»

«Nostri inveterati nemici, gli Scordisci!» esclamò Mario, sogghignando. «Be', non è consolante scoprire che noi e gli Scordisci abbiamo un comune nemico?»

Un sopracciglio d'oro rosso scattò all'insù. «Considerando che ciò accadeva una quindicina d'anni fa e noi non ne abbiamo saputo nulla, non lo trovo molto consolante» disse Silla asciutto.

«Non ne dico una giusta oggi, eh? Perdonami, Lucio Cornelio. Tu l'hai vissuto; io mi limito a starmene qui seduto, così eccitato all'idea di ciò che vado finalmente scoprendo, che mi s'inceppa la lingua» si scusò Mario.

«Va tutto bene, Caio Mario, capisco perfettamente» disse Silla, sorridendo.

«Continua, continua!»

«Uno dei loro maggiori problemi, forse, era che non avevano un capo degno di tal nome. Né un abbozzo di... di... piano, in mancanza di un termine più preciso per descriverlo. Secondo me, aspettavano semplicemente il giorno in cui qualche grande re avrebbe dato loro il permesso di insediarsi in una zona spopolata delle sue terre.»

«E, logicamente, i grandi re non sono troppo inclini a farlo» commentò Mario.

«No. In ogni modo, hanno fatto dietro-front e si sono diretti verso ovest,» proseguì Silla «allontanandosi dal Danubio, però. Prima hanno seguito il corso della Sava, poi hanno deviato un po' a nord e seguito il corso della Drava, risalendo fino alle sorgenti. A questo punto, erano in marcia da oltre sei anni, senza essersi fermati in alcun luogo per più di qualche giorno.»

«Non viaggiano a bordo dei carri?» domandò Mario.

«Raramente. Vi hanno aggiogato il bestiame, sicché non sono trainati, ma soltanto guidati. Il carro diventa un mezzo di trasporto se qualcuno si ammala o una donna sta per partorire, non altrimenti» disse Silla. Esalò un sospiro. «E, naturalmente, tutti sappiamo ciò che è accaduto poi. Sono penetrati nel Norico e nelle terre dei Taurisci.»

«I quali si sono appellati a Roma, e Roma ha inviato Carbone ad affrontare gli invasori, e Carbone ha perso il suo esercito» disse Mario.

«E, come sempre, i Germani si sono allontanati per evitare guai» aggiunse Silla. «Anziché invadere la Gallia Cisalpina, si sono addentrati fra le alte montagne, riportandosi sul Danubio, un po' più a est della confluenza con l'Inn. I Boii non li avrebbero lasciati proseguire verso est, così si sono diretti a ovest, lungo il Danubio, attraverso le terre dei Marcomanni. Per ragioni che non sono riuscito a scoprire, un grosso contingente di Marcomanni si è unito ai Cimbri e ai Teutoni nel settimo anno della migrazione.»

«Che mi dici del temporale?» domandò Mario. «Sai, quello che ha interrotto la battaglia tra i Germani e Carbone e ha permesso che almeno una parte degli uomini di Carbone si salvasse. C'è stato chi ha ritenuto che i Germani abbiano scambiato il temporale per un segno della collera divina, e che è stato questo a salvarci dall'invasione.»

«Ne dubito» osservò Silla tranquillamente. «Oh, sono sicuro che quando è scoppiato il temporale, i Cimbri — sono stati i Cimbri a battersi contro Carbone; erano i più vicini alle sue posizioni — sono fuggiti in preda al terrore, però non credo che sia stato il temporale a dissuaderli dall'invadere la Gallia Cisalpina. La vera risposta, a quanto pare, va cercata nel fatto che non hanno mai gradito l'idea di guerreggiare per la conquista di un territorio.»

«Affascinante! E pensare che noi li consideriamo come orde sbavanti di barbari, bramose di impadronirsi dell'Italia.» Mario guardò Silla, intento. «E poi, che cos'è accaduto?»

«Be', hanno risalito il Danubio fino alle sorgenti, questa volta. Durante l'ottavo anno si è aggregato loro un gruppo di Germani veri e propri, i Cherusci, i quali erano calati dalle loro terre nei dintorni del fiume Weser, e, durante il nono anno, si è unita loro anche una popolazione dell'Elvezia, i Tigurini, che a quanto sembra erano stanziati a est del Lago Lemano, e sono indiscutibilmente Celti. Come lo sono, almeno credo, i Marcomanni. Sia i Marcomanni sia i Tigurini, tuttavia, sono Celti di tendenze molto germaniche.»

«Non avversano i Germani, vuoi dire?»

«Di gran lunga meno di quanto avversino gli altri Celti!» Silla sogghignò. «I Marcomanni sono in guerra da secoli con i Boii, e i Tigurini con gli Elvezi. Così suppongo che quando i carri dei Germani hanno attraversato il loro territorio, abbiano pensato che potesse essere un simpatico diversivo affrontare un nemico sconosciuto. Quando la migrazione ha attraversato il Giura per inoltrarsi nella *Gallia comata*, i partecipanti avevano superato le ottocentomila unità.»

«E tutti quanti sono piombati addosso ai poveri Edui e Ambarri» disse Mario. «E lì sono rimasti.»

«Per più di tre anni.» Silla annuì. «Vedi, gli Edui e gli Ambarri erano popolazioni più miti. *Romanizzate*, Caio Mario! Domate da Gneo Domizio per far sì che la nostra Provincia della Gallia Transalpina fosse al sicuro... più al sicuro. E intanto i Germani imparavano ad apprezzare il nostro ottimo pane bianco. Per spalmarci su il burro! E intingerlo nel sugo di carne. E mescolarlo a quei loro orribili sanguinacci.»

«Mi sembri emozionato, Lucio Cornelio.»

«Lo sono, lo sono!» Il suo sorriso si spense, e Silla studiò meditabondo la superficie del vino nella coppa, poi alzò su Mario gli occhi chiarissimi, accesi da un lampo. «Si sono dati un re al di sopra di tutte le tribù» disse bruscamente.

«Oh-oh!» fece Mario sottovoce.

«Si chiama Boiorix, ed è un cimbro. I Cimbri sono la popolazione più numerosa.»

«Però è un nome celtico» osservò Mario. «Boiorix... Boii. Una popolazione davvero formidabile. Vi sono colonie di Boii sparse un po' dovunque: Dacia, Tracia, *Gallia comata*, Gallia Cisalpina, Elvezia. Chissà? Magari tanto tempo fa hanno infiltrato una loro colonia tra i Cimbri. Dopotutto, se questo Boiorix si proclama cimbro, vuol dire che lo è. Non possono essere tanto primitivi da non avere una tradizione genealogica.»

«In verità, hanno una tradizione genealogica molto scarsa» disse Silla, sollevandosi su un gomito. «Non perché siano particolarmente primitivi, ma perché la loro struttura generale è diversa dalla nostra. Diversa da quella di qualsiasi popolo stanziato sulle rive del Mediterraneo, addirittura. Non sono agricoltori, e quando un popolo non possiede, e non coltiva la terra per generazioni e generazioni, non acquista un senso del *luogo*. Ciò significa che non acquista neppure un senso della famiglia. È più importante la vita tribale, la vita di gruppo, se preferisci. Tendono ad alimentarsi come collettività, cosa che, ai loro occhi, è più saggia. Quando le abitazioni sono capanne per dormirci e non prevedono una cucina, o la casa ha le ruote ma non la cucina, è più facile abbattere gli animali, infilarli su uno spiedo, arrostirli interi e sfamare l'intera tribù come un unico gruppo.

«La loro tradizione genealogica si rifà alla tribù, o magari all'insieme delle singole tribù che compongono la popolazione nel suo complesso. Hanno eroi di cui cantano, ma ne abbelliscono le gesta in misura del tutto spropositata rispetto a quelli che devono essere stati i fatti reali: un capo di appena un paio di generazioni addietro si comporta come Perseo o Ercole, da tanto che sono diventati vaghi i suoi contorni umani. Anche il loro concetto di luogo è molto vago. E la carica — capo o *thane* o sacerdote o stregone — ha la precedenza sull'identità dell'individuo che le ricopre. L'individuo *è tutt'uno* con la carica! Si astrae dalla sua famiglia, e i suoi familiari non s'innalzano assieme a lui. E quando muore la carica passa a qualcun altro, scelto dalla tribù senza riguardo alcuno per quelli che noi definiremmo diritti di famiglia. Le loro idee sulla famiglia sono diversissime dalle nostre, Caio Mario.» Silla si raddrizzò per versarsi dell'altro vino.

«Hai realmente condiviso la loro esistenza!» alitò Mario.

«Oh, ho dovuto farlo!» Bevendo dalla coppa quanto bastava a

fare scendere il livello del vino, Silla l'allungò con l'acqua. «Non ci sono più abituato» disse, in tono di stupore. «Non importa, indubbiamente mi riabituerò in fretta.» Aggrottò la fronte. «Sono riuscito a infiltrarmi tra i Cimbri mentre stavano ancora tentando di varcare i Pirenei. Dev'essere stato nel novembre dell'anno scorso, appena tornato dall'averti fatto visita.»

«Come hai fatto?» domandò Mario, affascinato.

«Be', cominciavano a subire le conseguenze che qualsiasi popolo subisce dopo una guerra prolungata — compresi noi, soprattutto dopo Arausio. Dato che l'intera nazione, esclusi i vecchi e gli infermi, si sposta come un tutto unico, ogni guerriero che cade lascia perlopiù una vedova e degli orfani. Le donne in questione diventano un peso, a meno che i loro figli maschi non siano abbastanza grandi da trasformarsi al più presto in guerrieri. Sicché le vedove devono darsi da fare per trovarsi un altro marito tra i guerrieri che non siano abbastanza vecchi, o abbastanza intraprendenti da essersi già scelta una moglie. Se una donna riesce ad agganciare se stessa e la sua prole a un altro guerriero, le è consentito di continuare come prima. Il suo carro ne costituisce la dote. Questo, anche se non tutte le vedove possiedono carri. E non tutte le vedove trovano nuovi compagni. Il possesso di un carro è decisamente un vantaggio. Viene loro concesso un certo lasso di tempo per trovare una nuova sistemazione. Tre mesi, cioè una stagione. Dopodiché vengono uccise assieme ai loro figli, e i membri della tribù che non possiedono carri tirano a sorte per stabilire chi abbia il diritto di impossessarsi dei carri rimasti senza padrone. Uccidono tutti quelli che giudicano troppo vecchi per dare un contributo produttivo al benessere della tribù, e anche le bambine in eccesso vengono soppresse.»

Mario abbozzò una smorfia. «E io che pensavo fossimo troppo severi!»

Ma Silla scosse il capo. «Che cosa vuol dire severo, Caio Mario? I Germani e i Galli sono come qualsiasi altra popolazione. Organizzano la loro società al fine di sopravvivere in quanto popolo. Chi diventa un peso morto per la comunità, che la comunità stessa non può permettersi di sopportare, deve sparire. E che cosa sarebbe meglio: lasciarli andare alla deriva senza qualcuno che vegli su di loro, o dar loro una botta in testa? Morire lentamente di fame e di freddo, o fare una morte rapida e indolore? È così che la vedono. È così che *devono* vederla.»

«Suppongo di sì» fece Mario, con riluttanza. «Personalmente, ricavo grande piacere dai nostri vecchi. Val la pena di dar loro cibo e riparo, in cambio dei loro racconti.»

«Ma questo perché noi possiamo *permetterci* di mantenere i nostri vecchi, Caio Mario! Roma è ricchissima. Di conseguenza, Roma può permettersi di addossarsi il peso di una parte almeno di coloro i quali non danno un contributo produttivo alla comunità. Però non condanniamo l'abbandono dei bambini indesiderati, no?» domandò Silla.

«No, naturalmente!»

«E allora, dove sta la differenza? Quando i Germani troveranno una nuova patria, diventeranno più simili ai Galli. E i Galli che hanno contatti con Greci e Romani diventano più simili ai Greci e ai Romani. Il fatto di avere una patria consentirà ai Germani di allentare un po' le regole; diventeranno abbastanza ricchi da sfamare i loro vecchi e le vedove gravate da figli. Non abitano città, sono gente di campagna. A loro volta, le città sono governate da regole diverse, non l'hai notato? Le città sono focolai di malattie che tolgono di mezzo i vecchi e gli infermi, e le città fanno scemare il senso del luogo e della famiglia dei contadini. Più grande Roma diventa, e più le sue regole somigliano a quelle dei Germani.»

Mario si grattò la testa. «Sono confuso, Lucio Cornelio. Non uscire dal seminato, te ne prego! Che cosa ti è capitato? Ti sei trovato una vedova e ti sei aggregato a una tribù come guerriero?»

Silla annuì. «Precisamente. Sertorio ha fatto la stessa cosa presso un'altra tribù, ed è per questo che non abbiamo avuto molti contatti, solo di tanto in tanto, per confrontare i nostri appunti. Ci siamo trovati una donna a testa, padrona di un carro, che non era riuscita a trovarsi un nuovo compagno. E ciò dopo che ci siamo aggregati alle rispettive tribù in qualità di guerrieri, logicamente. L'avevamo già fatto prima di venire a trovarti l'anno scorso, e ci siamo trovati le donne non appena siamo rientrati in seno alle tribù.»

«Non vi hanno respinti?» domandò Mario. «Dopotutto, vi fingevate Galli, non Germani.»

«Vero. Però sappiamo combattere, Quinto Sertorio e io. Nessun capotribù spregia i guerrieri valorosi» rispose Silla con un sorriso ironico.

«Perlomeno non siete stati costretti a uccidere dei Romani! Sebbene non dubiti che l'avreste fatto, se fosse stato necessario.»

«Certamente» disse Silla. «Tu, no?»

«Naturalmente, l'avrei fatto. L'amore è per molti, il sentimento per pochi» fece Mario. «Si deve combattere per salvare la moltitudine, mai pochi eletti. Ammenoché, beninteso, non si abbia la possibilità di fare entrambe le cose.»

«Io ero un guerriero gallo dei Carnuti al servizio dei Cimbri» disse Silla, che trovava la filosofia di Mario altrettanto sconcertante di quanto Mario trovasse la sua. «Agli inizi della primavera si è tenuto un grande consiglio cui hanno partecipato tutti i capi di tutte le tribù. Nel frattempo, i Cimbri si erano spinti il più a ovest possibile, sperando di penetrare in Spagna nel punto in cui i Pirenei sono più bassi. Il consiglio si è tenuto in riva al fiume che gli Aquitani chiamano Aturis. Vedi, era giunta notizia che tutte le tribù dei Cantabri, degli Asturici, dei Vettoni, dei Lusitani occidentali e dei Vasconi si erano radunate sul versante iberico delle montagne per ostacolare la penetrazione dei Germani nelle loro terre. E in questo consiglio, repentinamente, in modo del tutto inaspettato... è emerso Boiorix!»

«Ricordo il rapporto inoltrato da Marco Cotta dopo la battaglia di Arausio» disse Mario. «Boiorix era uno dei due capi messisi in mostra; l'altro era Teutobod dei Teutoni.»

«È molto giovane» continuò Silla. «... Sulla trentina, non di più. Di statura gigantesca e forte come Ercole. Piedi enormi, come due lucci. Ma il particolare interessante è che ha un modo di ragionare affine al nostro. Sia i Galli sia i Germani seguono una logica così diversa da quella di qualsiasi popolo mediterraneo, che a noi sembrano... barbari! Boiorix, invece, in questi ultimi nove mesi si è rivelato un barbaro di tipo molto diverso. Tanto per cominciare, ha imparato a leggere e a scrivere... in latino, non in greco. Mi pare di averti già detto che quando un gallo è capace di leggere e scrivere, tende a farlo in latino, non in greco...»

«Boiorix, Lucio Cornelio!» disse Mario. «*Boiorix!*»

Sorridendo, Silla riprese a parlare. «E sia, torniamo a Boiorix. Rivestiva una certa importanza nei consigli già da quattro anni, forse, ma questa primavera ha superato ogni opposizione e si è fatto eleggere capo supremo... noi lo definiremmo un re, certo, perché si è riservato il diritto della decisione finale in ogni situazione e non teme di opporsi al consiglio.»

«Com'è riuscito a farsi eleggere?» domandò Mario.

«Alla maniera tradizionale» rispose Silla. «Né i Germani né i Galli indicono elezioni, sebbene a volte votino in seno al consiglio. Ma è più probabile che le decisioni del consiglio siano prese da chi riesce a rimanere lucido il più a lungo o possiede la voce più tonante. Quanto a Boiorix, è diventato re per diritti acquisiti in combattimento. Ha affrontato tutti i candidati e li ha uccisi. Non tutti assieme... semplicemente, uno alla volta, finché non ci sono stati altri pretendenti. Complessivamente, ben undici *thane* gli hanno disputato il diritto. E hanno morso la polvere, per dirla col buon vecchio Omero.»

«Diventare re uccidendo i rivali» fece Mario meditabondo. «Che gusto c'è? Davvero barbarico! Se si elimina un rivale in un dibattito o in tribunale, il rivale sopravvive, è in grado di battersi nuovamente. Nessuno dovrebbe essere senza rivali. Se restano in vita, lui spicca su tutti, perché vale più di loro. Se muoiono, non gli rimane nessuno su cui fare spicco.»

«Sono d'accordo con te» disse Silla. «Ma in un mondo barbarico, o magari orientale, l'idea predominante è quella di uccidere tutti i propri rivali. È più sicuro.»

«Che ha fatto Boiorix dopo esser diventato re?»

«Ha annunciato ai Cimbri che non si andava più in Spagna. C'erano luoghi più agevoli, ha detto. Prima, però, ha detto, i Cimbri si sarebbero uniti ai Teutoni, ai Tigurini, ai Marcomanni e ai Cherusci. E allora sarebbe diventato re dei Germani oltre che dei Cimbri.»

Silla tornò a riempirsi la coppa, poco vino e un bel po' d'acqua. «Abbiamo impiegato la primavera e l'estate spostandoci verso nord attraverso la *Gallia comata*. Abbiamo passato la Garonna, la Loira e la Senna, poi siamo entrati nel territorio dei Belgi.»

«I Belgi!» alitò Mario. «Li hai *visti?*»

«Sì, certo» disse Silla, fingendo noncuranza.

«Dev'esserci stato un conflitto mortale.»

«Tutt'altro. Vedi, re Boiorix ha preso gusto a intavolare negoziati, come diremmo noi, tu o io. Prima del viaggio della scorsa estate attraverso la *Gallia comata*, i Germani non avevano manifestato interesse per le trattative. Ogniqualvolta si sono imbattuti in uno dei nostri eserciti che sbarrava loro la strada, per esempio, ci hanno inviato un'ambasceria per chiederci il permesso di attraversare il nostro territorio. Noi gliel'abbiamo sempre negato, logicamente. Così si sono allontanati, senza mai fare un altro tentativo. Non hanno mai trattato o chiesto di intavolare negoziati o tentato di scoprire se ci fosse qualcosa che noi fossimo disposti a ottenere da loro per aprire un altro giro di proposte. Boiorix, invece, si è comportato in maniera molto diversa. Ha *negoziato* per assicurare ai Cimbri il diritto di attraversare la *Gallia comata*.»

«Davvero? Che cosa ha usato come merce di scambio?»

«Ha convinto i Galli e i Belgi, offrendo loro carne, latte, burro... e lavoro nei campi. Ha barattato il suo bestiame con la loro birra e il loro grano, e ha proposto che i suoi guerrieri dessero una mano a dissodare dell'altro terreno in modo da coltivarne abbastanza per tutti» rispose Silla.

Le sopracciglia di Mario scattavano su e giù furiosamente. «Furbo, quel barbaro!»

«Lo è davvero, Caio Mario. E così, in un clima di pace e amicizia abbiamo risalito il corso del fiume Isère, a nord della Senna, e alla fine siamo penetrati nelle terre di una tribù di Belgi chiamati Atuatuci. Fondamentalmente, gli Atuatuci sono Germani stanziati lungo la Mosa, poco a valle della Sambre, nonché ai margini di un'estesa foresta che chiamano Ardenne. La foresta si estende a est della Mosa fino alla Mosella e, a meno di non essere Germani, è impenetrabile. I Germani della Germania propriamente detta sono stanziati all'interno delle foreste e se ne servono suppergiù come noi ci serviamo delle fortificazioni.»

Mario faceva lavorare il cervello, e lo si capiva perché le sopracciglia continuavano ad aggrottarsi quasi fossero animate da vita propria. «Continua, Lucio Cornelio. Sto trovando il nemico germanico sempre più interessante.»

Silla piegò la testa di lato. «Me lo immaginavo. In effetti, i Cherusci sono originari di una regione della Germania non troppo lontana dalle terre degli Atuatuci e sostengono di essere imparentati con loro. Così hanno persuaso i Teutoni, i Tigurini e i Marcomanni a seguirli nel territorio degli Atuatuci, mentre i Cimbri si trovavano a sud a sbirciare le vette dei Pirenei. Ma quando noialtri Cimbri siamo arrivati sul posto verso la fine di *Sextilis*, lo scenario era tutt'altro che lieto. I Teutoni si erano opposti agli Atuatuci e ai Cherusci con tanta animosità, che si erano avute non poche schermaglie, alcuni morti, e si era instaurato un clima di disagio che noialtri Cimbri riuscivano quasi a toccare con mano.»

«Ma re Boiorix ha sistemato tutto quanto» disse Mario.

«Re Boiorix ha sistemato tutto quanto!» fece Silla, sogghignando. «Ha calmato gli Atuatuci, poi ha convocato un consiglio generale dei Germani in migrazione: Cimbri, Teutoni, Tigurini, Cherusci e Marcomanni. Al consiglio ha annunciato che non era re solo dei Cimbri, ma di tutti i Germani. Ha dovuto impegnarsi in alcuni duelli, ma non con i suoi due soli rivali seri, Teutobod dei Teutoni e Getorix dei Tigurini. Anche loro hanno ragionato un po' comè i Romani, perché hanno deciso che preferivano vivere e avrebbero dato più fastidio a re Boiorix da vivi che da morti.»

«E come hai scoperto tutto questo?» domandò Mario. «Nel frattempo eri diventato un capo? Presenziavi ai consigli?»

Silla fece uno sforzo per sembrare modesto, non essendo l'umiltà una delle sue caratteristiche peculiari. «A dire il vero, ero diventato un *thane*. Non un *thane* molto importante, capisci, solo quel tanto che mi consentiva di essere invitato a partecipare ai consigli. Mia moglie Hermana, che in realtà fa parte dei Cherusci, non dei Cimbri, ha partorito due gemelli proprio quando abbiamo raggiunto la Mosa, e la cosa è stata considerata così di buon auspicio che la mia condizione di capo tribale è stata innalzata al rango di *thane* del gruppo, giusto in tempo per presenziare al consiglio generale di tutti i Germani. »

Mario scoppiò in una risata. « Intendi dire che negli anni a venire qualche povero romano s'imbatterà in un paio di piccoli germani che ti somigliano? »

« È possibile » fece Silla, sorridendo ironico.

« E anche in qualche piccolo Quinto Sertorio? »

« Almeno uno. »

Mario tornò serio. « Continua, Lucio Cornelio. »

« È molto, molto astuto, il nostro giovane Boiorix. Qualsiasi cosa facciamo, non dovremo sottovalutarlo solo perché è un barbaro. Ha infatti formulato una grandiosa strategia che *tu stesso* saresti fiero di aver escogitato. Non esagero, credimi. »

Mario s'irrigidì. « Ti credo! Quale sarebbe questa grandiosa strategia? »

« Non appena le condizini atmosferiche lo permetteranno, l'anno prossimo, in marzo al più tardi, i Germani intendono invadere l'Italia su tre fronti » disse Silla. « Quando dico marzo, intendo il momento in cui tutti gli ottocentomila Germani lasceranno il territorio degli Atuatuci. Boiorix ha concesso a tutti loro sei mesi di tempo per compiere il trasferimento dalla Mosa alla Gallia Cisalpina. »

Sia Mario sia Silla si protesero.

« Li ha suddivisi in tre contingenti separati. I Teutoni dovranno invadere la Gallia Cisalpina da occidente. Costituiscono un quarto di milione del totale. Saranno guidati dal loro re, Teutobod, e in questa fase si propongono di muoversi lungo il corso del Rodano e lungo la costa ligure, in direzione di Genova e di Pisa. Da parte mia, però, suppongo che, avendo Boiorix il comando supremo dell'invasione, prima di mettersi in marcia avranno cambiato itinerario, optando per la Via Domizia e il passo del Monginevro. E questo li porterà a raggiungere il Po all'altezza di Torino. »

« Sta imparando anche la geografia, oltre al latino, eh? » domandò Mario, tetro.

« Te l'ho detto, Boiorix sa leggere. Ha anche messo alla tortura i prigionieri romani: non tutti gli uomini che abbiamo perso ad Arausio sono morti. Quelli caduti in mano ai Cimbri, Boiorix li ha tenuti in vita finché non ha scoperto ciò che voleva sapere. Non si può biasimare i nostri per aver collaborato. » Silla fece una smorfia. « I Germani ricorrono normalmente alla tortura. »

« La qual cosa significa che i Teutoni seguiranno la stessa strada che l'intera orda aveva imboccato prima di Arausio» disse Mario. «E gli altri, come si propongono di penetrare nella Gallia Cisalpina?»

«I Cimbri sono i più numerosi fra i tre grossi gruppi germanici» rispose Silla. «Complessivamente, almeno quattrocentomila individui. Laddove i Teutoni scenderanno lungo la Mosa fino allo Arar e al Rodano, i Cimbri caleranno lungo il corso del Reno fino al lago Brigantinus, passeranno lo spartiacque a nord del lago e scenderanno alle sorgenti del Danubio. Proseguiranno verso est lungo il Danubio fino a raggiungere l'Eno, poi lungo l'Eno ed entreranno nella Gallia Cisalpina attraverso il passo del Brennero. E così verranno a trovarsi sull'Adige, nei pressi di Verona.»

«Capeggiati da re Boiorix» disse Mario, incassando la testa tra le spalle. «Mi piace sempre di meno.»

«Il terzo gruppo è il meno numeroso e meno compatto» proseguì Silla. «Si compone dei Tigurini, dei Marcomanni e dei Cherusci. Circa duecentomila in tutto. Saranno guidati da Getorix dei Tigurini. In un primo momento Boiorix intendeva far loro attraversare in linea retta le grandi foreste germaniche, l'Ercinia, la Gabreta e via discorrendo, e farli piegare a sud, per penetrare nel Norico attraverso la Pannonia. Poi, ritengo, si sia domandato se si sarebbero attenuti alle sue istruzioni e abbia deciso di portarseli appresso lungo il Danubio, fino all'Eno. Da quel punto proseguiranno lungo il corso del Danubio, raggiungendo il Norico, dopodiché piegheranno a sud. Penetreranno nella Gallia Cisalpina varcando le Alpi Carniche, e verranno così a trovarsi a Trieste, non lontano da Aquileia.»

«E ogni contingente ha sei mesi di tempo per coprire il percorso, dici?» domandò Mario. «Be', immagino che i Teutoni possano riuscirci, ma i Cimbri devono coprire un tragitto assai più lungo, e il gruppo misto il tragitto più lungo di tutti.»

«Ed è qui che ti sbagli, Caio Mario. In realtà, dal punto della Mosa dove tutti e tre i gruppi inizieranno a muoversi, la distanza da percorrere per ciascun gruppo è suppergiù la stessa. In tutti e tre i casi, è previsto l'attraversamento delle Alpi, ma soltanto i Teutoni dovranno passare in un territorio che già non abbiano attraversato in precedenza. I Germani hanno vagabondato *dovunque* varcando le Alpi negli ultimi diciotto anni! Hanno disceso il corso del Danubio dalle sorgenti alla Dacia; hanno disceso il corso del Reno dalle sorgenti alla Helella; hanno disceso il corso del Rodano dalle sorgenti ad Arausio. Sono veterani delle Alpi.»

Il respiro uscì sibilante dalle labbra di Mario. «Per Giove, Lucio Cornelio, è un piano brillante! Ma sono realmente in grado di attuarlo? Voglio dire, Boiorix può contare sul fatto che ciascun gruppo raggiunga la Gallia Cisalpina entro... ottobre?»

«Ritengo che i Teutoni e i Cimbri ci riusciranno di sicuro. Sono ben guidati e fortemente motivati. Quanto agli altri, non ne sono sicuro. Né, sospetto, lo è Boiorix.»

Silla si alzò dal giaciglio e si mise a passeggiare avanti e indietro. «C'è un'altra cosa, Caio Mario, ed è molto grave. Dopo diciotto anni di vagabondaggi, senza una patria, i Germani sono stanchi. E hanno un disperato desiderio di stanziarsi. Un numero enorme di bambini è cresciuto quanto basta da diventare giovani guerrieri senza aver mai conosciuto una patria. In effetti, si è persino parlato di tornare nel Chersoneso Cimbrico. Il mare si è ritirato da un pezzo, e il suolo è di nuovo coltivabile.»

«Vorrei tanto che lo facessero!» sospirò Mario.

«È troppo tardi, ormai» fece Silla, andando su e giù irrequieto. «Hanno imparato ad apprezzare il nostro pane bianco croccante... Amano il calore del sole meridionale e la vicinanza delle grandi montagne incappucciate di neve. Prima la Pannonia e il Norico, poi la Gallia. Il nostro è un mondo più ricco. E ora che hanno Boiorix a guidarli, hanno deciso di conquistarlo.»

«Finché avrò io il comando, non ci riusciranno» disse Mario, accasciandosi nello scranno. «È tutto?» domandò.

«Tutto, e niente» rispose Silla, con una punta di tristezza. «Potrei parlare di loro per giorni e giorni. Ma per cominciare è tutto ciò che ti occorre sapere, questo è certo.»

«Che mi dici di tua moglie, dei tuoi figli? Li hai abbandonati a prendersi una botta in testa perché non c'è più un guerriero che provveda a loro?»

«Non è buffo?» fece Silla, pensieroso, rivolto a se stesso. «Non sono riuscito a farlo! Quando è arrivato il momento di andarmene, ho constatato che... non potevo farlo. Così ho portato Hermana e i ragazzini presso i Cherusci, in Germania. Vivono a nord del Chatti, in riva al Weser. La sua tribù fa parte dei Cherusci, anche se si chiamano Marsi. Strano, non trovi. Noi abbiamo i nostri Marsi, i Germani hanno i loro. Il nome si pronuncia esattamente allo stesso modo. Ti dà da pensare... Com'è che tutti noi siamo arrivati al punto in cui ci troviamo? Rientra nella natura umana errare in cerca di una nuova patria? Un giorno, anche noi Romani ci stancheremo dell'Italia e migreremo altrove? Ho pensato moltissimo al mondo da quando mi sono infiltrato tra i Germani, Caio Mario.»

Per una ragione che non riusciva ad afferrare, quest'ultimo discorso di Silla commosse Mario fin quasi alle lacrime; sicché disse in tono più dolce del solito: «Sono lieto che tu non l'abbia lasciata là a morire».

«Anch'io, anche se avevo così poco tempo. Mi preoccupavo di non raggiungerti prima della scadenza elettorale per il consolato, perché ritenevo che le mie informazioni ti sarebbero state di grandissimo aiuto.» Si schiarì la gola. «Ordunque, mi sono assunto la responsabilità — a tuo nome, naturalmente — di concludere un trattato di pace e di amichevole alleanza con i Marsi di Germania. In qualche modo, mi son detto, i miei figli germanici avrebbero almeno fiutato un lievissimo sentore di Roma con quei loro nasini diritti da Cherusci. Hermana mi ha promesso di crescerli nel rispetto di Roma.»

«Non la rivedrai più?» domandò Mario.

«No, naturalmente!» rispose Silla vivacemente. «E neppure i gemelli. Non intendo più, Caio Mario, farmi crescere i capelli o i baffi, né allontanarmi dalle terre che si affacciano sul Mediterraneo. Un'alimentazione a base di carne di manzo e latte e burro e pappa di avena non si addice al mio stomaco di romano, né mi va l'idea di dover fare a meno del bagno, e la *birra* non mi piace. Ho fatto quel che potevo per Hermana e i ragazzi, sistemandoli in un ambiente dove la mancanza di un guerriero non significa che devono morire. Però ho detto a Hermana che deve fare in modo di trovarsi un altro sposo. Sarebbe la soluzione più logica e conveniente. Se tutto andrà bene, sopravvivranno. E i miei ragazzi cresceranno, diventando bravi germani. Prodi guerrieri, spero! E di gran lunga migliori di me, spero! E tuttavia... se la dea Fortuna non vorrà che sopravvivano... diamine, io neppure lo saprò, no?»

«Proprio così, Lucio Cornelio.» Mario abbassò gli occhi a guardarsi le mani strette attorno alla coppa, e parve sorpreso che le nocche fossero sbiancate.

«L'unica occasione in cui do credito alle insinuazioni di Metello Numidico del Porcile riguardo alle tue umili origini,» disse Silla, in tono appena divertito «è quando un certo episodio sveglia il sentimentalismo contadino che sonnecchia in te.»

Mario lo fulminò con lo sguardo. «Il tuo lato peggiore... *Silla!*... è che non saprò mai che cos'è a farti funzionare! Che cosa ti faccia muovere le gambe su e giù, che cosa ti faccia oscillare le braccia, perché tu sorrida come un lupo. E che cosa pensi realmente. Questo non lo saprò mai e poi mai.»

«Se può consolarti, cognato, non lo saprà nessun altro. Me compreso» disse Silla.

Si aveva la netta impressione, quel novembre, che Caio Mario non sarebbe riuscito a farsi eleggere console per l'anno seguente.

Una lettera di Lucio Apuleio Saturnino fugò ogni speranza di un plebiscito che lo autorizzasse a candidarsi in assenza per la terza volta.

Il Senato non se ne starà con le mani in mano, perché la maggioranza dei Romani è ormai convinta che non ci sarà un'invasione germanica. Mai. In effetti, i Germani si sono trasformati in una leggenda di nuovo genere, un mostro cui si è fatto ricorso così spesso e da tanto tempo per infondere il terrore in ogni cuore, che ha finito col non fare più paura.

Logicamente, i tuoi nemici hanno approfittato del fatto che da ben due anni te ne stai nella Gallia Transalpina a riparare strade e a scavare canali navigabili, e che la tua presenza con un grosso esercito in codesti luoghi costa allo stato più di quanto possa permettersi, soprattutto considerando l'aumento subìto dai prezzi del grano.

Ho sondato le acque elettorali in merito a una tua candidatura in assenza per la terza volta, e l'alluce che vi ho tuffato mi si è congelato. Avresti qualche probabilità in più se venissi a Roma a presentare di persona la tua candidatura. Ma, se lo facessi, i tuoi nemici sosterrebbero che la cosiddetta emergenza in Gallia Transalpina non esiste.

Ho fatto ciò che potevo per te, tuttavia, soprattutto garantendomi appoggi al Senato perché tu possa almeno ottenere la proroga del comando col rango di proconsole. Vorrà dire che i prossimi consoli saranno i tuoi superiori. E per concludere con una nota gaia, il candidato favorito alla carica di console è Quinto Lutazio Catulo. Gli elettori si sono talmente stancati del fatto che si candidi tutti gli anni da aver deciso di sbarazzarsi di lui votandolo. Confido che questa mia ti trovi in buona salute.

Quando Mario ebbe finito di leggere la breve missiva di Saturnino, rimase seduto a lungo, accigliato. Sebbene le notizie che gli recava fossero tutt'altro che allegre, la lettera aveva un lieve sapore di spavalderia, come se anche Saturnino stesse decidendo che Caio Mario apparteneva ormai al passato e si desse da fare per rimettere ordine nelle sue priorità. Caio Mario non attirava più le simpatie degli elettori. Non godeva più dei favori dei cavalieri. Questo, perché i Germani rappresentavano una minaccia assai meno concreta della guerra degli schiavi in Sicilia e della penuria di grano. Il mostro era morto.

Be', il mostro era tutto fuorché morto, e Lucio Cornelio Silla era vivo per provarlo. Solo, a che pro mandare Silla a Roma a darne testimonianza, quando lui, Caio Mario, non aveva alcun pretesto per accompagnare Silla a Roma? Senza appoggi e senza potere, Silla non avrebbe prevalso; avrebbe dovuto raccontare da cima a fondo la sua storia a troppi uomini ostili al suo comandante, uomini che avrebbero considerato l'idea di un aristocratico romano che si fingeva un gallo per quasi due anni talmente inquietante da finire col persuadere Roma a scartare la storia di Silla come traballante, non degna di fede, inaccettabile. No, o ci andavano tutti e due a Roma o nessuno dei due.

Comparvero fogli di papiro vergine, penna, inchiostro; Caio Mario scrisse a Lucio Apuleio Saturnino.

Ti sarai anche preso la rivincita, Lucio Apuleio, ma ricorda che sono stato io a permetterti di sopravvivere finché non hai ottenuto giustizia. Sei ancora in debito con me, e mi aspetto da te una lealtà da cliente.

Non supporre che non possa venire a Roma. Può sempre presentarsi un'occasione. O, quanto meno, mi aspetto che ti comporti come se effettivamente debba fare la mia comparsa a Roma. Ecco, quindi, ciò che desidero. L'esigenza più immediata consiste nel ritardare le elezioni consolari, compito che tu e Caio Norbano, in qualità di tribuni della plebe, siete perfettamente in grado di svolgere. Con entusiasmo. Mettendoci tutte le vostre energie. Dopodiché mi aspetto che usiate il cervello di cui madre natura vi ha fatto dono per cogliere al volo la prima occasione che vi consenta di far pressioni sul Senato e sul Popolo affinché mi richiamino a Roma.

Verrò a Roma, non dubitarne. Così, se vuoi innalzarti un bel po' al di sopra del tribunato della plebe, ti conviene restare fedele a Caio Mario.

E alla fine di novembre un vento dell'est recò a Caio Mario un bacio schioccante da parte della dea Fortuna, sotto forma di una seconda lettera di Saturnino, che giunse per mare due giorni prima che il corriere del Senato arrivasse a Glanum con i suoi dispacci. Diceva Saturnino, in tono umilissimo:

Non dubito, Caio Mario, che tu tornerai a Roma. Neanche un giorno dopo aver ricevuto la tua severa lettera, il tuo stimato collega Lucio Aurelio Oreste, il secondo console, è morto sul colpo. E, ancora sotto gli effetti della sferzata del tuo scontento, ho colto l'occasione per indurre il Senato a richiamarti. Non era nei piani dei politicanti di mestiere, i quali, tramite il capo dell'assemblea, avevano raccomandato ai Padri Coscritti di scegliere un console sostituto che occupasse la sedia eburnea lasciata vacante da Oreste. Ma... un vero colpo di fortuna!... solo il giorno prima Scauro aveva pronunciato una lunga orazione al Senato sostenendo che la tua presenza nella Gallia Transalpina era un affronto alla credulità di tutti gli uomini dabbene, e che tu avevi diffuso artificialmente il panico riguardo ai Germani per farti virtualmente eleggere dittatore. Non appena Oreste è morto, naturalmente, Scauro ha cambiato musica: il Senato non osava richiamarti in patria per esercitare le funzioni elettorali di competenza del console, con la minaccia germanica incombente sull'Italia, sicché il Senato doveva nominare un console sostituto che indicesse le elezioni.

Non avendo avuto il tempo di impiegare le mie prerogative di tribuno per rinviare le elezioni, ho giudicato superfluo farlo a questo punto. Ho invece chiesto la parola in aula e ho pronunciato un bellissimo discorso per dimostrare che il nostro esimio *Princeps Senatus* non poteva avere la botte piena e la moglie ubriaca. O esisteva una minaccia germanica o non esisteva. E ho deciso di accettare la sua orazione del giorno prima come sincera espressione del suo pensiero: non esisteva una minaccia germanica, di conseguenza non era necessario insediare un sostituto nella carica del secondo console defunto. No, ho detto, bisogna richiamare Caio Mario; Caio Mario deve finalmente adempiere al compito per cui è stato eletto: svolgere le funzioni di console. Non c'è stato bisogno di accusare Scauro di aver modificato il suo punto di vista in modo da adattarlo alle nuove circostanze nella sua seconda orazione; tutti hanno capito l'antifona.

Spero che questa mia ti giunga prima dell'arrivo del corriere. In questa stagione i viaggi per mare sono più rapidi di quelli via terra. Non che tu non sia perfettamente in grado di intuire quale possa essere stata la sequenza degli eventi, non appena riceverai la comunicazione del Senato! Solo che, se riesco a battere sul tempo il corriere, tu ne avrai un po' di più per organizzare la tua campagna a Roma. Io comincerò ad agitare un po' le acque tra gli elettori, logicamente, e quando arriverai, dovresti trovare una rispettabilissima delegazione di luminari del Popolo a implorarti di presentare la tua candidatura al consolato.

« Si parte! » esclamò Mario giubilante rivolto a Silla, gettandogli la lettera di Saturnino. « Fa' i bagagli... non c'è tempo da perdere. Dirai al Senato che i Germani invaderanno l'Italia su tre diversi fronti nell'autunno del prossimo anno, e io dirò agli elettori che sono il solo in grado di fermarli. »

« Fin dove debbo spingermi? » domandò Silla, stupito.

« Solo fin dove sarà necessario. Io introdurrò l'argomento ed esporrò quanto abbiamo scoperto. Tu ne confermerai la veridicità, ma non in modo da far capire al Senato che ti sei trasformato in un barbaro. » Mario sembrava rattristato. « Certe cose, Lucio Cornelio, è sempre meglio tacerle. Non ti conoscono ancora abbastanza a fondo per capire che tipo d'uomo sei. Non fornir loro notizie che in seguito possano usare contro di te. Sei un patrizio romano. Sicché lascia loro credere che le tue audaci imprese sono state compiute nella pelle di un patrizio romano. »

Silla scosse il capo. « È chiaramente impossibile andarsene a zonzo tra i Germani con l'aspetto di un patrizio romano! »

« Loro non lo sanno » disse Mario con un sorriso malizioso. « Ricordi che cosa diceva Publio Rutilio nella sua lettera? I generali delle ultime file, li ha chiamati. Be', quelli sono anche spie delle ultime file, in posti di primo o di secondo piano. Non conoscono le regole, se le regole corrono loro dietro il culo! » E cominciò a ridere. « Infatti voglio chiederti di tenerti barba e capelli lunghi ancora per un po'. Ti voglio travestito da germano e portarti in giro per il Foro... e tu sai che cosa accadrà, vero? »

Silla sospirò. « Sì, nessuno mi riconoscerebbe? »

« Giusto. Così non sforzeremo la loro immaginazione romana. Io parlerò per primo e tu prenderai spunto da quanto dirò » fece Mario.

A Silla Roma non offrì né la forza politica né il calore domestico che riservò a Caio Mario. Nonostante la brillante carriera di questore — agli ordini di Mario — e la brillante carriera di spia — agli ordini di Mario — Silla era solo uno dei tanti astri nascenti del Senato che camminava all'ombra del Primo a Roma. Né la sua carriera politica procedeva rapidamente, considerando l'età in cui era entrato al Senato. Lui era un patrizio per cui non gli era concesso diventare tribuno della plebe, lui non aveva il denaro sufficiente per presentarsi alla carica di edile curule, e non era al Senato da abbastanza tempo da farsi eleggere pretore. E questo era l'aspetto politico della situazione.

A casa Silla trovò un'atmosfera di abbandono dovuto alla moglie che beveva troppo e trascurava i figli e a una suocera che non lo vedeva di buon occhio. E questo era l'aspetto domestico della situazione.

Be', il clima politico sarebbe migliorato per lui, non era poi così depresso da non accorgersene; il clima che regnava in casa sua, invece, non poteva che peggiorare. E a rendere più difficile il soggiorno romano, questa volta, era il passaggio dalla moglie germanica a quella romana. Silla era vissuto per un anno con Hermana in un ambiente più estraneo al suo mondo aristocratico di quanto fosse stato, un tempo, il mondo dei lupanari della Suburra. E Hermana era il suo rifugio, la sua fortezza, il suo punto di riferimento fisso in quella bizzarra società barbarica.

Agganciarsi alla coda della cometa cimbrica non gli era stato difficile, ché Silla non era semplicemente uno dei tanti guerrieri valorosi e fisicamente forti: era un guerriero capace di pensare. Quanto a valore e a forza fisica, molti Germani lo battevano largamente. Ma laddove i guerrieri germani erano fatti di metallo grezzo, Silla era il prodotto finito, scaltro oltre che valoroso, sgusciante oltre che forte. Silla era il piccolo uomo che affronta il gigante, l'uomo che, al fine di eccellere nello scontro armato, non aveva altra scelta se non *pensare*. Di conseguenza si era fatto subito notare sul campo di battaglia contro le tribù iberiche dei Pirenei, ed era stato accolto nella confraternita dei guerrieri.

Poi lui e Sertorio avevano convenuto che, se volevano fondersi in quel mondo sconosciuto al punto di innalzarsi abbastanza in alto per essere al corrente delle mosse politiche germaniche, quali che fossero, avrebbero dovuto diventare qualcosa di più di utili soldati. Avrebbero dovuto trovarsi un posto preciso in seno alla vita tribale. Si erano separati, optando per due diverse tribù, dopodiché si erano scelti una moglie nelle schiere delle donne rimaste vedove di recente.

Lo sguardo di Silla si era fermato su Hermana perché era a sua volta una straniera, e perché non aveva figli. Il defunto marito era stato il capo della sua tribù di Cimbri; se così non fosse stato, le donne non avrebbero mai tollerato la presenza di una forestiera, dato che in effetti Hermana usurpava il posto che avrebbe dovuto toccare a una cimbrica. E in cuor loro, le donne adirate non vedevano l'ora di ammazzarla a bastonate, quando Silla, una meteora tra i guerrieri, era salito sul suo carro, dimostrando in tal modo di averla scelta come sposa. Sarebbero stati stranieri assieme. La scelta, da parte sua, della cheruscica Hermana non era stata dettata dal sentimento o dall'attrazione; semplicemente, la donna aveva bisogno di lui più di quanto ne avesse una cimbra, nell'ambito ristretto della tribù, e inoltre doveva alla tribù assai meno di quanto ne avrebbe mai dovuto una cimbra. Sicché, semmai Hermana avesse scoperto le sue origini romane, c'erano assai minori probabilità che lo smascherasse di quante ce ne sarebbero state con una cimbra.

Rispetto alle donne germaniche, Hermana non aveva nulla di straordinario. Nella maggior parte dei casi, le germaniche erano alte, di struttura robusta ma armoniosa, con le gambe lunghe e il seno alto, capelli di lino, occhi di un vivido azzurro, e un viso grazioso, ammesso che si sorvolasse sulla bruttezza della bocca troppo larga e del naso corto e diritto. Hermana era molto più bassa persino di Silla (che, da buon romano, superava di pochissimo il metro e settanta, mentre Mario, col suo metro e ottantadue, era considerato altissimo) e più rotondetta della maggior parte delle altre donne. Benché i capelli fossero lunghissimi e molto folti, erano decisamente di quella tinta incerta che di solito si definisce color topo; e gli occhi erano di un grigio-fulvo scuro, in perfetta armonia con la chioma. Quanto al resto, era abbastanza germanica: le ossa del cranio erano ben delineate e il naso somigliava a una breve lama diritta, elegante e sottile. Hermana aveva trent'anni, e non aveva avuto figli; se suo marito non fosse stato il capo, e tanto autocratico da rifiutarsi di ripudiarla, lei sarebbe morta.

Ciò che la rendeva così speciale da essere stata scelta da due uomini di valore, l'uno dopo l'altro, non era evidente, a prima vista. Il primo marito l'aveva definita diversa dalle altre e interessante, ma senza scendere in particolari più precisi; Silla la giudicò un'aristocratica naturale, una donna altera e alquanto schizzinosa, che però irradiava un fortissimo richiamo sessuale.

Si completavano a vicenda, in ogni modo, ché Hermana era abbastanza intelligente da non mostrarsi troppo esigente, abbastanza ragionevole da non ostacolarlo, abbastanza passionale da dargli piacere a letto, abbastanza faconda da risultare un'interlocutrice interessante, e abbastanza industriosa da non costringerlo a lavorare più del necessario. Il bestiame di Hermana era sempre radunato a dovere, marchiato a dovere, munto a dovere, accoppiato a dovere, accudito a dovere. Il carro di Hermana era sempre in perfetto ordine, il tendone ben teso e rappezzato o rammendato, il cassone oliato e stoppato, le grandi ruote unte con un miscuglio di burro e grasso di bue lungo i giunti dell'asse e gli acciarini, e mai che mancasse un raggio o che i cerchioni fossero scheggiati. Le pentole e i cocci e i vasi di Hermana erano sempre pulitissimi; le provviste riposte con cura al riparo dall'umidità e dai predoni; indumenti e coperte appesi a prendere aria e aggiustati; i coltelli per scannare e squartare erano affilatissimi; scampoli e rimasugli non venivano mai messi da parte, in qualche posto che poi Hermana dimenticava. Hermana, insomma, era tutto ciò che Iulilla non era. Tranne che una romana di sangue nobile come il suo.

Quando scoprì di essere incinta, cosa che in effetti accadde quasi subito, ne furono entrambi felici, Hermana anche per un motivo in più. Ora, infatti, si prendeva la rivincita agli occhi della tribù cui non apparteneva, e la colpa della sua precedente sterilità ricadeva interamente sulle spalle del defunto capo. Particolare, questo, che non andò per niente a genio alle donne della tribù, le quali la detestavano da lunga pezza. Non che potessero farci qualcosa, perché in primavera, quando i Cimbri si misero in marcia verso nord, alla volta del territorio degli Atuatuci, Silla era ormai diventato il nuovo capo. Hermana, se ne sarebbe potuto concludere, era stata davvero fortunata.

E poi, in *Sextilis*, dopo una spossante gestazione, sopportata senza un lamento, Hermana diede alla luce due gemelli, grossi e sani e con i capelli rossi; Silla ne chiamò uno Herman e l'altro Cornel. Si era lambiccato il cervello per trovare un nome che in qualche modo perpetuasse la sua *gens*, la Cornelia, e tuttavia non suonasse troppo strano in lingua germanica. "Cornel" era stata la soluzione.

I neonati erano tutto ciò che dovrebbero essere due gemelli: così simili tra loro che era difficile distinguerli, persino alla madre e al padre; felici di stare assieme; e floridi e poco inclini al pianto. I parti gemellari erano rari, e la loro nascita, da quella strana coppia di forestieri, venne considerata un presagio abbastanza importante da garantire a Silla il rango di *thane* di tutto un gruppo di piccole tribù. Di conseguenza, Silla si recò al gran consiglio di tutti i Germani appartenenti alle tre popolazioni, convocato da Boiorix dopo che il re dei Cimbri aveva composto il dissidio tra Atuatuci e Teutoni senza spargimento di sangue.

Silla, naturalmente, sapeva già da qualche tempo che presto avrebbe dovuto andarsene, ma rimandò la partenza a dopo la riunione del gran consiglio, rendendosi conto che si preoccupava per quella che avrebbe dovuto essere una considerazione di scarsa importanza: che ne sarebbe stato, di Hermana e dei suoi figli, una volta sparito lui? Degli uomini della tribù avrebbe anche potuto fidarsi, ma delle donne non ci si poteva assolutamente fidare, e in ogni situazione domestica tribale erano le donne ad avere il sopravvento. Non appena fosse scomparso, Hermana sarebbe stata uccisa a bastonate, anche se i suoi figli fossero stati lasciati in vita.

Era il mese di settembre, e il tempo era un fattore essenziale.

Eppure, Silla prese una decisione contraria al suo interesse personale e agli interessi di Roma. Benché non ci fosse assolutamente tempo da perdere, prima di tornare da Mario avrebbe riportato Hermana dalla sua gente, in Germania. La qual cosa significava doverle dire chi e che cos'era. Hermana fu più affascinata che sorpresa; Silla la vide volgere gli occhi ai figli, con sguardo colmo di meraviglia, come se solo ora comprendesse sul serio quanto importanti fossero: i figli di un semidio. Il suo viso non manifestò la minima pena quando Silla le disse che avrebbe dovuto abbandonarla per sempre, ma vi si dipinse un'espressione di gratitudine quando le disse che prima l'avrebbe consegnata ai Marsi di Germania, nella speranza che presso la sua gente fosse protetta e sopravvivesse.

Ai primi di ottobre, lasciarono il gigantesco raduno di carri germanici, nelle prime ore di buio, avendo avuto cura di sistemare il carro e il bestiame in un punto in cui ci fossero minori probabilità che si notasse la loro partenza. Allo spuntar dell'alba, si stavano ancora facendo strada tra i carri germanici, ma nessuno fece loro caso, e due giorni più tardi si allontanarono definitivamente dall'accampamento.

Lo stanziamento degli Atuatuci e quello dei Marsi non distavano più di centocinquanta chilometri di piatta campagna. Però, tra la *Gallia comata* dei Belgi e la Germania scorreva il più grande fiume di tutta l'Europa occidentale: il Reno. In qualche modo, Silla doveva portare il carro di sua moglie sull'altra sponda del fiume. E in qualche modo doveva difendere la sua famiglia dai predoni. Lo fece nel modo che gli era tipico, con molta semplicità e in modo diretto, confidando nella protezione della dea Fortuna, che non lo abbandonò.

Giunti che furono al Reno, constatarono che gli argini erano popolosi, ma gli abitanti del tutto disinteressati a saccheggiare un carro solitario e un altrettanto solitario nucleo familiare germanico, soprattutto con due gemelli dai capelli rossi accoccolati nelle braccia della madre. Una zattera abbastanza spaziosa da accogliere il carro solcava con regolarità il grande fiume, in cambio di una giara di preziosissimo grano; dato che l'estate era stata relativamente asciutta, l'acqua era liscia come l'olio, e in cambio di tre giare di grano Silla riuscì a far attraversare il fiume anche al bestiame di Hermana.

Una volta in Germania, procedettero di buon passo, perché il terreno lungo il corso inferiore del Reno non era coperto da grandi foreste, e vi si tentava qualche semplice coltura, più foraggio invernale per il bestiame che destinata al consumo umano. Durante la terza settimana di ottobre Silla scovò la tribù dei Marsi cui apparteneva Hermana, e l'affidò alle sue cure. E concluse il trattato di pace e di amicizia tra i Marsi germanici e il Senato e il Popolo di Roma.

Poi, quando fu il momento della definitiva separazione, piansero per il terribile dolore, trovandola di gran lunga più dura di quanto entrambi avessero immaginato. Con i gemelli in braccio, Hermana accompagnò Silla a piedi finché il trotto del cavallo di lui non la costrinse a fermarsi, e lì ristette, levando alti lamenti, un bel po' dopo che fu sparito per sempre alla sua vista. Mentre Silla cavalcava verso sud-ovest, così accecato dalle lacrime da doversi affidare all'istinto del cavallo per molti chilometri.

La gente di Hermana gli aveva fornito un ottimo cavallo, sicché Silla fu in grado di cambiarlo con una bestia altrettanto buona alla fine della giornata, e così proseguì, sempre in sella a ottimi cavalli, per i dodici giorni che gli occorsero per coprire il percorso dalle sorgenti del fiume Ems, dov'erano stanziati i Marsi, al campo di Mario alla periferia di Glanum. Cavalcò in aperta campagna per l'intero tragitto, evitando le alte montagne e le foreste più fitte e seguendo il corso dei grandi fiumi, dal Reno alla Mosella, dalla Mosella alla Saona, dalla Saona al Rodano.

Si sentiva il cuore così greve nel petto, che doveva farsi forza per prender nota del terreno e delle popolazioni che attraversava, benché in un'occasione si sorprese ad ascoltarsi parlare nel gallico dei Druidi e pensò: "Parlo correntemente vari dialetti germanici e il gallico dei Carnuti... io, Lucio Cornelio Silla, senatore di Roma!".

Ma ciò che né lui né Quinto Sertorio avevano scoperto in merito alle inclinazioni dei Germani, presso gli Atuatuci, trapelò solo nella primavera successiva, parecchio tempo dopo che Silla e Sertorio si erano separati dalle rispettive mogli germaniche. Quando, infatti, i carri presero a muoversi a migliaia e migliaia e i tre grandi gruppi si divisero per invadere l'Italia, i Cimbri e i Teutoni e i Tigurini e i Cherusci e i Marcomanni si lasciarono alle spalle qualcosa, affidandolo agli Atuatuci in attesa del loro ritorno: lasciarono un contingente di seimila tra i loro guerrieri più temprati per far sì che gli Atuatuci non subissero incursioni da parte di altre tribù; e lasciarono ogni tesoro tribale che possedevano: statue d'oro, cocchi d'oro, finimenti d'oro, oggetti votivi d'oro, monete d'oro, lingotti d'oro, alcune tonnellate dell'ambra più preziosa e vari altri tesori che avevano raccolto durante le loro migrazioni per ingrossare quelli che già erano in loro possesso da molte generazioni. L'unico oro che si mosse assieme ai Germani, quando si misero in marcia, era l'oro che portavano indosso. Tutto il resto rimase nascosto presso gli Atuatuci, suppergiù nello stesso modo in cui i Volci Tettosagi di Tolosa avevano custodito l'oro dei popoli della Gallia.

Così, quando Silla rivide Iulilla, la paragonò a Hermana, e la trovò trasandata, negligente, ignorante, disordinata e priva di metodo, e... *detestabile*. Dalle precedenti riunioni, Iulilla aveva almeno imparato abbastanza da non avventarsi su di lui senz'ombra di modestia sotto gli occhi dei servi. Però, pensò Silla stancamente a cena, quel primo giorno a casa, era più probabile che tale dura prova gli venisse risparmiata a causa della presenza di Marzia piuttosto che per il desiderio, da parte di Iulilla, di compiacerlo. Marzia, infatti, era una presenza che si avvertiva: rigida, severa, incapace di sorrisi, di affetto, di perdono. Non era invecchiata con grazia, e dopo tanti anni di felicità come moglie di Caio Giulio Cesare, la vedovanza le pesava enormemente. Inoltre, sospettava Silla, detestava essere la madre di una figlia come Iulilla, che le dava così poche soddisfazioni.

Di questo non c'era da stupirsi. Anche lui detestava essere sposato a una moglie come Iulilla, che gli dava così poche soddisfazioni. E tuttavia non era buona politica ripudiarla, perché Iulilla non era Metella Calva, che si accoppiava indiscriminatamente con individui di basso rango, e neppure si accoppiava con gente d'alto rango. La fedeltà era diventata, forse, la sua sola virtù. Purtroppo, la sua inclinazione per il vino non era progredita al punto che tutta Roma la conoscesse come una beona; Marzia aveva operato infaticabilmente per tenerlo nascosto. E ciò significava che un divorzio secondo *diffarreatio*, anche ammesso che Silla fosse disposto ad affrontarne gli aspetti odiosi, era fuori discussione.

Eppure, la convivenza con Iulilla era impossibile. Le sue esigenze fisiche nella camera da letto erano talmente sfrenate e pruriginose, da non permettergli di provare emozione più ardente di un orribile, diffuso imbarazzo; gli bastava posare lo sguardo su Iulilla, e fin l'ultima fibra di tessuto erettile del suo corpo si ritraeva in se stessa come una delle lumache di Publio Vagiennio. Non desiderava toccarla, e non voleva che lei lo toccasse.

Per una donna era facile fingere il desiderio sessuale, persino il piacere, ma un uomo non poteva fingere il desiderio sessuale più di quanto potesse fingere il piacere. Se gli uomini erano per natura più sinceri delle donne, pensò Silla, sicuramente dipendeva dal fatto che recavano tra le gambe, durante ogni amplesso sessuale, un chiacchierone che diceva sempre la verità e che colorava di sé ogni aspetto della vita mascolina. E se c'era un motivo per cui certi uomini erano attratti dagli uomini, andava cercato nel fatto che l'atto d'amore non richiedeva l'accompagnamento di un atto di fede.

Nessuna di queste meditazioni era di buon auspicio per Iulilla, la quale non aveva la più pallida idea di ciò che pensava suo marito, ma era sconvolta dal persino troppo evidente disinteresse di Silla nei suoi confronti. Si vide respinta per due notti di seguito, mentre la pazienza di Silla si esauriva e i suoi pretesti si facevano sempre più assurdi, meno convincenti. E il mattino del terzo giorno Iulilla si alzò ancor prima di Silla, in modo da poter buttar giù un bel po' di vino a stomaco vuoto, ma fu colta in flagrante da sua madre.

Ne risultò un litigio fra le due donne così veemente e colmo di acrimonia, che i bambini piansero, gli schiavi se la diedero a gambe e Silla si rintanò nel *tablinum*, imprecando all'indirizzo di tutte le donne. I brandelli della lite che gli giunsero all'orecchio stavano a indicare che l'argomento non era nuovo e lo scontro tutt'altro che il primo. I bambini, insinuò Marzia a voce così forte da farsi udire fin dal tempio della Magna Mater, venivano completamente ignorati dalla madre. Iulilla replicò, urlando così forte da farsi udire fino al Circo Massimo, che Marzia le aveva rubato l'affetto dei suoi figli, per cui che cosa pretendeva?

La battaglia infuriò più a lungo di quanto avrebbe dovuto un alterco verbale tanto violento: altra indicazione, decise Silla, che l'argomento e i motivi della lite erano stati esplorati a fondo in molte occasioni precedenti. Erano diventati quasi abituali. Il battibecco si concluse nell'atrio proprio di fronte all'uscio del *tablinum*, dove Marzia informò Iulilla che accompagnava i bambini e la loro governante a fare una lunga passeggiata e che non sapeva quando sarebbe tornata, ma Iulilla avrebbe fatto meglio a essere sobria quando fosse stata di nuovo a casa.

Tappandosi le orecchie per non udire i patetici singhiozzi e le implorazioni che i due bambini rivolgevano alla rispettiva madre e nonna, Silla si sforzò di pensare a quanto belli fossero i suoi figli. Era ancora colmo della gioia che aveva provato rivedendoli dopo tanto tempo; Cornelia Silla aveva compiuto cinque anni, e il piccolo Lucio Silla ne aveva tre. Due personcine a modo, e già abbastanza grandi da soffrire, come lui ben sapeva, dai ricordi della sua infanzia, sepolti ma mai del tutto dimenticati. Se c'era qualche misericordia nell'abbandono dei suoi due gemelli germanici, andava ricercata nel fatto che quando li aveva lasciati erano ancora in fasce, capaci solo di muovere la testa su e giù, di fare le bolle con la bocca, pieni di fossette da capo a piedi. Sarebbe stato più difficile separarsi dai suoi figli romani perché erano già abbastanza grandi da avere una loro precisa personalità. Li compiangeva profondamente. E li amava profondamente, anche, un tipo di sentimento molto diverso da qualsiasi altro avesse mai provato per un uomo o una donna. Altruista e puro, immacolato e completo.

La porta del *tablinum* si spalancò con violenza; Iulilla irruppe nella stanza in un turbinìo di drappeggi, i pugni serrati, il volto di una rosa acceso per il furore. E il vino.

« Hai sentito? » domandò.

Silla posò la penna. « Come avrei potuto non sentire? » fece di rimando, con voce stanca. « L'intero Palatino ha sentito. »

« Quella vecchia testa di rapa! Quella vecchia piantagrane rinsecchita! Come osa accusarmi di trascurare i miei figli? »

"Lo faccio o non lo faccio?" si domandò Silla. "Perché continuo a sopportarla? Perché non tiro fuori la mia scatolina di polvere bianca della fonderia di Pisa e non le avveleno il vino finché non le cadano i denti e la lingua non le si arricci in una lista fumante e le tette non le si gonfino come palloni e non scoppino? Perché non scovo una bella quercia umida e non raccolgo qualche fungo perfetto e non glielo faccio mangiare finché non butterà sangue da ogni orifizio? Perché non le do il bacio che tanto brama e non le spezzo l'esile collo come ho fatto con Clitumna? Quanti uomini ho ucciso di spada, daga, frecce, veleno, a sassate, colpi d'ascia, bastonate, col calappio, le nude mani? Che cos'ha, lei, che quegli altri non avessero?" Trovò subito la risposta, naturalmente. Iulilla gli aveva regalato il suo sogno. Iulilla gli aveva portato fortuna. Ed era una patrizia romana, sangue del suo sangue. Avrebbe preferito uccidere Hermana.

Anche così, le parole non avrebbero potuto ucciderla, quella dura, resistente dama romana, sicché le parole poteva usarle.

« È vero che trascuri i tuoi figli » disse. « È per questo che ho deciso di far venire tua madre ad abitare con noi. »

Iulilla ansimò teatralmente, rantolò, si portò le mani alla gola. « Oh! Oh! Come osi? Non ho mai trascurato i miei figli, mai! »

« Sciocchezze. Non te n'è mai importato nulla di loro » ribatté Silla con la stessa voce stanca, paziente che sembrava aver adottato da che aveva rimesso piede in quell'orribile casa maledetta. « La sola cosa di cui t'importi, Iulilla, è una brocca di vino. »

« E chi può farmene una colpa? » domandò lei, lasciando ricadere le mani. « Onestamente, chi può farmene una colpa? Sposata a un uomo che non mi vuole, che neppure riesce a farselo drizzare quando stiamo nello stesso letto e gliel'ho preso in bocca, succhiandolo e leccandolo fino a slogarmi le mascelle! »

«Se hai intenzione di essere così esplicita, ti spiacerebbe chiudere la porta?» fece Silla.

«Perché? In modo che i tuoi preziosi servi non sentano? Che lercio ipocrita sei, Silla! E chi deve vergognarsi, tu o io? Perché non tocca mai a te? La tua fama di amante è troppo saldamente radicata in questa città perché il mio infelice fallimento ti possa far passare per impotente! Sono solo *io*, quella che non vuoi! *Io!* Tua moglie! Non ho mai degnato di uno sguardo un altro uomo, e qual è il ringraziamento? Dopo quasi due anni di assenza, non riesci neanche a fartelo diventare duro quando mi trasformo in una puttana da scopare!» Gli immensi occhi d'oro, infossati nelle orbite, buttavano lacrime. «Che ho mai fatto? Perché non mi ami? Perché neppure mi vuoi? Oh, Silla, guardami con occhi innamorati, accarezzami con mani innamorate, e non avrò più bisogno di un altro sorso di vino finché vivrò! Come *posso* amarti nel modo in cui ti amo, senza ottenere in cambio una sola, piccola scintilla?»

«Forse questo rappresenta una parte del problema» disse lui, con distacco clinico. «Non mi piace che mi si ami eccessivamente. Non è giusto. In realtà, è malsano.»

«Allora dimmi *come* fare per smettere di amarti!» pianse Iulilla. «*Io* non lo so! Credi che se sapessi smettere, non lo farei? In meno che non ci voglia per fare scaturire quella scintilla da una buona esca asciutta, smetterei! *Prego gli dèi*, che mi aiutino a smettere! Desidero ardentemente smettere! Ma non ci riesco. Ti amo più della mia vita.»

Silla sospirò. «Forse la risposta è che devi ancora crescere. Hai l'aria di un'adolescente, e come tale ti comporti. Mentalmente e fisicamente, è come se avessi ancora sedici anni. Solo che non li hai, Iulilla. Nei hai ventiquattro. Hai una figlia di cinque anni e un figlio che va per i quattro.»

«Forse avevo sedici anni, l'ultima volta che sono stata felice» disse lei, fregandosi il palmo delle mani sulle guance inondate di lacrime.

«Se non sei più stata felice da quando avevi sedici anni, non puoi certamente incolpare me» ribatté Silla.

«La colpa non è *mai* tua, vero?»

«Verissimo» disse lui, in atteggiamento altero.

«Be', che mi dici delle altre donne?»

«Che cosa dovrei dirti?»

«È possibile che una delle ragioni per cui non hai manifestato il minimo interesse per me da quando sei tornato dipenda dal fatto che hai un'altra donna in qualche angolino della Gallia?»

«Non una donna,» la corresse lui con dolcezza «una moglie. E non in Gallia. In Germania.»

Iulilla rimase a bocca aperta, sbalordita. «*Una moglie?*»

«Be', secondo l'usanza germanica, comunque. E due gemelli di circa quattro mesi.» Chiuse gli occhi, nascondendo la pena che vi si rifletteva, troppo personale per mostrarla a Iulilla. «Mi manca moltissimo. Non è strano?»

Iulilla riuscì a chiudere la bocca e a deglutire convulsamente. «È bella?» bisbigliò.

Gli occhi chiarissimi di Silla si aprirono, colmi di stupore. «Bella? *Hermana?* No, tutt'altro! È tarchiata e ha passato la trentina. È cento volte meno bella di te. E neanche bionda come te. E non è neppure la figlia di un capo, e tanto meno di un re. È solo una barbara.»

«*Perché?*»

Silla scosse il capo. «Non lo so. So solo che mi piace moltissimo.»

«Che cos'ha che io non abbia?»

«Un bel seno...» disse Silla, stringendosi nelle spalle «ma non ho una particolare predilezione per il seno, sicché non può trattarsi di questo. Lavorava sodo. Non si lagnava mai. Non pretendeva mai niente da me... no, non esattamente. Meglio sarebbe dire che non si aspettava mai che fossi ciò che non sono.» Annuì, sorrise con palese affetto. «Sì, credo che si tratta proprio di questo. Apparteneva solo a se stessa, per cui non pesava su di me. Tu sei come una palla di piombo che mi porto appesa al collo. Hermana era come un paio d'ali ai miei piedi.»

Senza aggiunger parola, Iulilla si volse e uscì dal *tablinum*. Silla si alzò, la seguì fino alla porta, e la chiuse.

Non passò abbastanza tempo perché Silla si ricomponesse quanto gli occorreva per rimettersi a scarabocchiare — ché quel mattino proprio non riusciva a scrivere come si deve — prima che la porta si riaprisse.

Il suo intendente s'inquadrò sulla soglia, fornendo una splendida imitazione di un blocco di legno inanimato.

«Sì?»

«Una visita, Lucio Cornelio. Ci sei?»

«Chi è?»

«Ti avrei detto il suo nome, *dominus*, se lo sapessi» fece l'intendente in tono asciutto. «Il visitatore ha preferito darmi un messaggio per te. "Scilax ti manda a salutare."»

Il volto di Silla si schiarì così come il vapore di un respiro sparisce dalla superficie di uno specchio lucido; s'illuminò di un sorriso di felicità. Uno della vecchia banda! Uno dei mimi, dei comici, degli attori che frequentava un tempo! Oh, fantastico! Quel sempliciotto d'intendente comprato da Iulilla non avrebbe mai capito, no, naturalmente, non avrebbe capito. Gli schiavi di Clitumna non andavano bene per Iulilla. «Be', fallo entrare!»

L'avrebbe riconosciuto dovunque, in qualsiasi momento. Eppure, quanto era cambiato! Da ragazzo si era fatto uomo.

«Metrobio!» disse Silla, alzandosi, adocchiando automaticamente l'uscio per accertarsi che fosse chiuso. Lo era. Le finestre non erano chiuse, ma questo non aveva importanza, perché nella casa di Silla vigeva una regola ferrea: che nessuno si appostasse mai in un punto da cui potesse sbirciare nel *tablinum* attraverso le finestre che davano sul porticato.

Doveva avere ventidue anni ora, pensò Silla. Piuttosto alto per un greco. La lunga criniera di riccioli neri era stata tagliata a formare un caschetto virile, e laddove un tempo la pelle delle guance e del mento era stata liscia e candida come il latte, ora lasciava intravedere l'ombra azzurrina di una fitta barba rasata con cura. Conservava un profilo degno dell'Apollo di Prassitele, e qualcosa della stessa serenità ermafrodita, un marmo dipinto così realistico da dare l'impressione che potesse scendere dal piedistallo e mettersi a camminare, e tuttavia restava avviluppato in se stesso, mantenendo il segreto del suo mistero, delle sue fonti vitali.

Il marmoreo controllo di perfetta bellezza, perfettamente mantenuto, alla fine si spezzò; Metrobio guardò Silla con perfetto amore e gli tese le braccia sorridendo.

Le lacrime inondarono gli occhi di Silla; la sua bocca tremò. Mentre l'aggirava, urtò col fianco l'angolo dello scrittoio, ma non ci fece caso. Si gettò nelle braccia di Metrobio e lasciò che lo cingessero, e posò il mento sulla spalla di Metrobio e cinse con le braccia le spalle di Metrobio. Ed ebbe la sensazione di essere finalmente tornato a casa. Così, il bacio, quando se lo scambiarono, fu squisito, il gesto di comprensione di un cuore adulto, l'atto di fede compiuto senza cognizione razionale, senza dolore di qualsiasi tipo.

«Ragazzo mio, mio bellissimo ragazzo!» disse Silla, e pianse, semplicemente grato che certe cose non fossero cambiate.

Oltre le finestre aperte del *tablinum*, Iulilla se ne stava in piedi a guardare suo marito che si gettava nelle braccia del bel giovane, li vide baciarsi, udì le parole d'amore che si scambiarono, li vide avviarsi assieme al giaciglio e lasciarvisi cadere e iniziare i primi intimi approcci di un rapporto così di antica data e così appagante per entrambi, che quello era solo un ritrovarsi. Non occorreva che qualcuno le dicesse che era quella la vera ragione per cui suo marito la trascurava, e per cui si era messa a bere, e per cui si vendicava trascurando i suoi figli. I figli di suo marito.

Prima che i due si strappassero a vicenda i panni di dosso, Iulilla girò sui tacchi ed entrò a testa alta e a occhi asciutti nella camera da letto che divideva con Lucio Cornelio Silla. Suo marito. Oltre la camera, c'era un cubicolo più angusto che fungeva da guardaroba, più ingombro ora che Silla era di nuovo a casa, perché la sua armatura da parata era sistemata su una gruccia a T, l'elmo su un apposito sostegno, e la spada con l'impugnatura d'avorio a testa d'aquila appesa al muro, completa di fodero e di balteo.

Staccare la spada dal muro fu facile; sguainarla era più difficile; ma finalmente ci riuscì, e le si mozzò il respiro quando la lama le squarciò la mano fino all'osso, da tanto che era affilata. Ebbe una fitta di stupore, constatando di riuscire a provare dolore fisico in quel momento, poi scartò sia lo stupore sia il dolore come irrilevanti. Senza un attimo di esitazione impugnò la spada per l'aquila d'avorio, se la puntò contro e si avventò verso il muro.

Fu un colpo maldestro. Iulilla si accasciò nel sangue, in un viluppo di drappeggi, con la spada affondata nel ventre, il cuore che batteva, batteva, batteva, il respiro rantolante che le martellava nelle orecchie come se qualcuno la inseguisse, deciso a toglierle la vita o la virtù. Ma ormai non possedeva più né virtù né vita, sicché che importanza poteva mai avere? Poi ne avvertì la spaventosa sofferenza, e il calore del proprio sangue sulla pelle mentre sgorgava dal suo corpo. Ma era una donna dei Cesari; non avrebbe invocato aiuto, né si sarebbe pentita della decisione presa per quel poco che le restava da vivere. Neppure per un attimo il pensiero le corse ai suoi due bambini, la sola cosa cui riuscisse a pensare era la sua stupidità, il fatto di aver amato per tanti anni un uomo che amava gli uomini.

Un motivo sufficiente per morire. Non sarebbe vissuta perché si ridesse di lei, perché ci si burlasse di lei, per diventare lo zimbello di tutte quelle fortunate che avevano sposato uomini i quali amavano le donne. E mentre il sangue defluiva portandosi via la sua vita, la sua mente in fiamme cominciò a raffreddarsi, a rallentare, a impietrirsi. Oh, che meraviglia, smettere finalmente di amarlo! Non più tormenti, non più angosce, non più umiliazioni, non più vino. Gli aveva chiesto di insegnarle a smettere di amarlo; e lui glielo aveva insegnato. Alla fine era stato così gentile con lei, il suo diletto Silla. I suoi ultimi attimi di lucidità furono per i bambini; in loro, perlomeno avrebbe lasciato qualcosa di sé. Così s'inoltrò nelle dolci, basse acque del mare della Morte, augurando ai suoi figli lunga vita e tanta felicità.

Silla tornò allo scrittoio e si sedette. «C'è del vino; versamene un po'» disse a Metrobio.

Com'era simile al fanciullo di un tempo, l'uomo, quando sul suo viso si dipingeva la vivacità! Era più facile, allora, ricordare che una volta il fanciullo si era offerto di rinunciare a ogni lusso pur di vivere, in povertà, col suo diletto Silla.

Con un dolce sorriso Metrobio gli porse il vino e sedette nello scranno riservato ai clienti. «So già ciò che stai per dire, Lucio Cornelio. Non possiamo lasciare che diventi un'abitudine.»

«Sì, tra l'altro.» Silla sorseggiò il vino, poi guardò Metrobio severamente. «*Non* è proprio possibile, mio carissimo ragazzo. Solo qualche volta, quando il bisogno o la pena, o qualsiasi altra cosa sia, sarà troppo duro da sopportare. Sono a un pelo dall'ottenere tutto ciò che desidero, e ciò significa che non posso avere anche te. Se fossimo in Grecia, sì. Ma non è così. Siamo a Roma. Se io fossi il Primo a Roma, sì. Ma non lo sono. Caio Mario lo è.»

Metrobio fece una smorfia. «Capisco.»

«Fai ancora l'attore?»

«Naturalmente. Recitare è l'unica cosa che so fare. E poi, Scilax è stato un buon maestro, per riconoscergli i suoi meriti. Così non mi mancano di certo le parti, e sto fermo di rado.» Si schiarì la gola e prese un'aria un po' impacciata. «L'unico cambiamento è che sono diventato una persona seria.»

«Seria?»

«Proprio così. Si è scoperto, vedi, che non ero realmente portato alla commedia. Andava tutto bene finché ero un fanciullo prodigio, ma una volta abbandonate le alucce di Cupido e i personaggi di gaio birichino, ho scoperto di avere doti di attore tragico, non comico. Così ora recito Eschilo e Accio, anziché Aristofane e Plauto. E non ho rimpianti.»

Silla scrollò le spalle. «Oh, be', almeno vuol dire che potrò andare a teatro senza tradirmi perché ci sei tu a impersonare l'ingenuo colpito dalla sventura. Hai ottenuto la cittadinanza?»

«No, ahimè.»

«Vedrò che cosa posso fare.» Sospirando, Silla posò la coppa e giunse le mani come un banchiere. «Vediamoci qualche volta, ma non troppo spesso, e mai qui. Ho una moglie un po' pazza, di cui non posso fidarmi.»

«Sarebbe splendido poterci vedere di tanto in tanto.»

«Disponi di un tuo alloggio ragionevolmente privato, o abiti ancora da Scilax?»

Metrobio parve sorpreso. «Credevo che lo sapessi! Ma, naturalmente, come potresti, visto che da anni non metti piede a Roma? Scilax è morto sei mesi fa. E mi ha lasciato tutto ciò che possedeva, compresa la casa.»

«Allora è là che ci vedremo.» Silla si alzò. «Vieni, ti accompagno. E ti iscriverò tra i miei clienti, in modo che se mai avessi bisogno di venire qui, tu possa avere una ragione plausibile per farlo. Ti farò avere un messaggio a casa prima di venire a trovarti.»

Il desiderio di un bacio trapelava dagli splendidi occhi neri quando si separarono sul portone, ma nulla fu detto e nulla fatto, per far capire all'intendente che gironzolava nei pressi o al portiere che il giovanotto di stupefacente bellezza fosse qualcosa di più di un nuovo cliente, conosciuto ai vecchi tempi.

«Saluta tutti quanti con affetto, Metrobio.»

«Suppongo che non ti tratterrai a Roma per i giochi teatrali?»

«Temo di no» disse Silla, sorridendo con noncuranza. «I Germani.»

E così si congedarono, proprio mentre Marzia ascendeva la strada trascinandosi appresso i bambini e la loro governante. Silla l'attese e svolse personalmente le funzioni di portiere.

«Marzia, vieni nel *tablinum*, per favore.»

Con occhi guardinghi, Marzia s'infilò nella stanza precedendolo e si diresse al giaciglio, dove, si avvide Silla inorridito, spiccava una chiazza umida, puntata su di lui come un faro.

«Sullo scranno, se non ti spiace» disse.

Marzia si sedette, squadrandolo col mento puntato in avanti e la bocca serrata in una piega dura.

«Suocera, mi rendo perfettamente conto di non piacerti e non ho intenzione di tentare di blandirti» esordì Silla, facendo in modo di sembrare a suo agio, senz'ombra di preoccupazione. «Né ti ho invitata a venire ad abitare qui perché mi piacessi. Ero in ansia per i miei figli. Lo sono ancora. E devo ringraziarti con tutto il cuore per i tuoi buoni uffici. Hai fatto uno splendido lavoro, accudendoli. Sono tornati a essere due piccoli romani.»

Lei si sciolse un tantino. «Sono lieta che lo pensi.»

«Di conseguenza, i bambini non sono più la mia principale preoccupazione. Iulilla lo è. Ti ho sentita litigare con lei stamane.»

«Il mondo intero ci ha sentite!» sbottò Marzia.

«Sì, è vero...» Silla esalò un profondo sospiro. «Dopo che hai portato fuori i bambini, Iulilla ha avuto con me un altro alterco che il mondo intero ha sentito... o almeno ne ha sentito la sua metà. Mi domandavo se avessi idea di ciò che possiamo fare.»

«Purtroppo, non ci sono abbastanza persone al corrente del fatto che beve per ottenere il divorzio da lei con tale motivazione, che è peraltro la sola a tua disposizione» disse Marzia. «Penso che tu debba solo pazientare. Beve sempre di più, e non sarò in grado di tenerlo nascosto ancora per molto. Non appena la cosa si risaprà, potrai ripudiarla senza scandalizzare nessuno.»

«E se ciò accadesse mentre sono via?»

«Sono sua madre; posso allontanarla. Se accadrà in tua assenza, la manderò nella tua villa al Circeo. Poi, al tuo ritorno, potrai divorziare da lei e farla rinchiudere da qualche altra parte. Col tempo, si ammazzerà a forza di bere.» Marzia si alzò, ansiosa di andarsene e senza lasciar trapelare alcun segno del dolore che provava. «Tu non mi piaci, Lucio Cornelio,» disse «ma non ti biasimo per la situazione in cui si è cacciata Iulilla».

«C'è qualcuno, fra i tuoi generi e le tue nuore, che ti piaccia?» domandò Silla.

Marzia sbuffò. «Solo Aurelia.»

Silla uscì con lei nell'atrio. «Mi domando dove sia Iulilla» fece, rendendosi conto all'improvviso che non l'aveva più sentita o vista dopo l'arrivo di Metrobio. Un brivido d'allarme gli corse lungo la spina dorsale.

«Sdraiata in attesa di uno di noi, immagino» rispose Marzia. «Quando inizia la giornata con un litigio, di solito continua a litigare finché non si ubriaca al punto di perdere i sensi.»

Silla piegò le labbra all'ingiù in una smorfia di disgusto. «Non l'ho più vista da quando è uscita a precipizio dal *tablinum*. Solo un attimo più tardi è venuto a trovarmi un amico di vecchia data, e stavo giusto congedandomi da lui quando sei tornata tu con i bambini.»

«Di regola non tarda tanto» disse Marzia, e adocchiò l'intendente. «Hai visto la tua padrona?» domandò.

«L'ultima volta che l'ho vista, entrava nel suo cubicolo» rispose l'uomo. «Lo domando alla sua ancella?»

«No, non disturbarti.» Marzia sbirciò Silla con la coda dell'occhio. «Penso che dovremmo andare a cercarla assieme, subito, Lucio Cornelio. Forse, se le diciamo che cosa accadrà se non si tira fuori dal porcile in cui si trova, può darsi che intenda ragione.»

E così trovarono Iulilla, contorta e immobile. I bei drappeggi di lana erano serviti da tampone e avevano assorbito gran parte del sangue, sicché ora era avvolta in panni fradici, di uno scarlatto ruggginoso, una Nereide emersa da un vulcano.

Marzia si aggrappò al braccio di Silla, barcollando; lui la cinse col braccio e la sorresse.

Ma la figlia di Quinto Marcio Re fece uno sforzo e si impose un ferreo controllo. «Questa è una soluzione che proprio non mi aspettavo» disse con voce spenta.

«Neppure io» le fece eco Silla, pur avvezzo ai massacri.

«Che cosa le *hai detto?*»

Lui scosse il capo. «Niente che potesse provocare questo, a quanto ricordo... probabilmente potremo scoprirlo dai servi, hanno sentito almeno le cose che ha detto lei.»

«No, non mi pare opportuno domandarlo ai servi» disse Marzia, e si girò di scatto nel cerchio del braccio di Silla, cercando rifugio contro il suo corpo. «Per molti versi, Lucio Cornelio, questa è la soluzione migliore. Preferisco che i bambini soffrano per la sua morte repentina che per la lenta degradazione dovuta al vizio del vino. Sono ancora abbastanza piccoli per dimenticare. Se fosse passato dell'altro tempo, avrebbero ricordato per sempre.» Appoggiò la guancia la petto di Silla. «Sì, è davvero la soluzione migliore.» Una lacrima le sgusciò dalle palpebre chiuse.

«Vieni, ti accompagno in camera tua» disse Silla, sospingendola fuori dal cubicolo inondato di sangue. «Non ho neppure pensato alla mia spada, sciocco che non sono altro!»

«Perché avresti dovuto pensarci?»

«Intuito» rispose lui, che ormai sapeva esattamente perché Iulilla aveva pensato di usare la sua spada contro di sé: aveva spiato attraverso le finestre del *tablinum* il suo incontro con Metrobio. Marzia aveva ragione. Era proprio la soluzione migliore. E non aveva dovuto pensarci *lui*.

La magia aveva funzionato di nuovo: quando si tennero le elezioni consolari subito dopo l'entrata in carica dei nuovi tribuni della plebe, il decimo giorno di dicembre, Caio Mario venne rieletto primo console. Nessuno, infatti, avrebbe potuto mettere in dubbio la testimonianza di Lucio Cornelio Silla, né l'asserzione di Saturnino che esisteva tuttora un solo uomo in grado di sconfiggere i Germani. L'antico terrore dei Germani tornò a inondare Roma come il Tevere in piena, e ancora una volta la Sicilia perse il primo posto nella lista delle crisi che mai, mai sembravano scemare di numero.

«Non appena ne eliminiamo una, infatti, se ne presenta un'altra come dal nulla» disse Marco Emilio Scauro a Quinto Cecilio Metello Numidico del Porcile.

«Sicilia compresa» soggiunse il cognato di Lucullo in tono velenoso. «Come *ha potuto* Caio Mario dare il suo appoggio a quel coglioncello di Enobarbo quando ha insistito sul fatto che Lucio Lucullo andava sostituito nella carica di governatore della Sicilia? Da *Servilio l'Augure*, poi, figuriamoci! È solo un Uomo Nuovo che si camuffa sotto le sembianze di un nome antico!»

«Ti stava prendendo in giro, Quinto Cecilio» disse Scauro. «A Caio Mario non importa un fico secco di chi governi la Sicilia, ora che i Germani minacciano di piombarci addosso. Se desideravi che Lucio Lucullo conservasse la carica, avresti fatto meglio a tenere la bocca chiusa; così Caio Mario non si sarebbe ricordato di quanto tu e Lucio Lucullo contiate l'uno per l'altro.»

«Ci vuole qualcuno che tenga d'occhio severamente gli annali del Senato» disse il Numidico. «Mi candiderò alla carica di censore!»

«Ottima idea! In coppia con chi?»

«Mio cugino Caprario.»

«Oh, altra ottima idea, per Venere! Farà esattamente tutto quel che gli dici.»

«È ora che estirpiamo la gramigna dal Senato, per non parlare dei cavalieri. Sarò un censore inflessibile, Marco Emilio, non temere!» esclamò il Numidico. «Saturnino se ne va, e anche Glaucia. Sono due individui pericolosi.»

«Oh, non dirmelo!» esclamò Scauro, trasalendo. «Se non l'avessi accusato falsamente di peculato nella faccenda del grano, forse sarebbe diventato un uomo politico di diverso genere. Non potrò mai liberarmi dal senso di colpa che provo nei confronti di Lucio Apuleio.»

Il Numidico inarcò le sopracciglia. «Mio caro Marco Emilio, hai un gran bisogno di qualcosa che ti tiri su! Qualsiasi cosa abbia indotto quel lupo mannaro di Saturnino a comportarsi come si comporta, non ha la minima importanza. Quel che conta, ora come ora, è il fatto che sia quel che è. E deve sparire.» Espirò rabbiosamente dalle narici. «Non siamo ancora finiti come potenza in questa città. «E perlomeno, l'anno venturo Caio Mario dovrà fare i conti con un collega, che è un uomo vero, anziché con uomini di paglia come Fimbria e Oreste. Faremo in modo che Quinto Lutazio scenda in campo con un suo esercito, e ogni piccolo successo Quinto Lutazio riscuoterà, lo sbandiereremo per tutta Roma come un trionfo.»

Gli elettori, infatti, avevano innalzato alla carica anche Quinto Lutazio Catulo Cesare come secondo console, e quindi subordinato a Mario, però: «Una spina nel fianco» disse Mario.

«Il tuo fratellino è diventato pretore» disse Silla.

«E se ne andrà nella Spagna Ulteriore, togliendosi dai piedi.»

S'imbatterono in Marco Emilio Scauro, che si era separato dal Numidico ai piedi della scalinata del Senato.

«Devo ringraziarti personalmente per la diligenza e l'intraprendenza con cui ti sei occupato delle forniture di grano» fece Mario compitamente.

«Finché ci sarà frumento da comprare in qualche parte del mondo, Caio Mario, non è un compito molto arduo» rispose Scauro, in tono altrettanto compito. «Ciò che mi preoccupa è se verrà il giorno in cui non ci sarà più frumento da acquistare in alcun luogo.»

«Ora come ora non è probabile, sicuramente! La Sicilia tornerà alla normalità in occasione del prossimo raccolto, immagino.»

Scauro fu pronto a ribattere, acido. «Sempreché non perdiamo tutto ciò che abbiamo guadagnato, una volta che quello stupido chiacchierone di Servilio l'Augure assuma la carica di governatore!»

«La guerra in Sicilia è finita» fece Mario.

«Farai bene a sperarlo, console. Io non ne sono tanto sicuro.»

«E dove ti sei procurato il grano negli ultimi due anni?» si affrettò a domandare Silla, per evitare un aperto diverbio.

«Nella Provincia d'Asia» disse Scauro lasciandosi sviare tranquillamente, perché amava sul serio ricoprire l'incarico di *curator annonae*, cioè custode delle scorte di grano.

«Ma sicuramente non dispongono di molto grano in eccesso?» incalzò Silla.

«Neppure un *modius*, a dire la verità» fece Scauro con aria di sufficienza. «No, possiamo solo ringraziare re Mitridate del Ponto. È molto giovane, ma assai intraprendente. Avendo conquistato tutte le regioni settentrionali del Ponto Eusino e ottenuto il controllo dei campi di grano del Tanai, del Boristene, dell'Hypanis e del Danastris, si assicura cospicue entrate supplementari a beneficio del Ponto spedendo le eccedenze di grano cimmeriche nella Provincia d'Asia e vendendole a noi. Quel che più conta, ho intenzione di seguire il mio istinto e di comprare grano nella Provincia d'Asia anche l'anno prossimo. Il giovane Marco Livio Druso andrà in Asia come questore, e l'ho incaricato di agire in vece mia.»

Mario fece udire un borbottìo. «Senza dubbio andrà a far visita a suo suocero, Quinto Servilio Cepione, a Smirne, mentre si troverà laggiù?»

«Senza dubbio» fece Scauro in tono blando.

«Allora di' al giovane Marco Livio di mandare le fatture del grano a Quinto Servilio Cepione» replicò Mario. «Ha più denaro lui per pagarlo di quanto ne possieda l'erario!»

«Questa è un'illazione priva di fondamento.»

«Non secondo re Copillo.»

Calò, per qualche istante di acuta tensione, un silenzio impacciato prima che Silla dicesse: «Quanto di quel grano asiatico arriva fino a noi, Marco Emilio? Mi risulta che il problema della pirateria va peggiorando di anno in anno».

«Una metà, non di più» rispose Scauro, tetro. «Ogni insenatura nascosta e ogni porto delle coste della Panfilia e della Cilicia danno rifugio a pirati. Naturalmente, il loro vero mestiere è quello di mercanti di schiavi, ma se riescono a rubare il grano necessario per sfamare gli schiavi che rapiscono, allora sono sicuri di ricavarne enormi guadagni, no? E tutto il grano che avanza, lo rivendono a noi al doppio di quanto l'abbiamo pagato alla fonte, se non altro perché ci garantiscono che arriverà fino a noi senza che venga razziato, un'altra volta, dai pirati.»

«Strabiliante,» fece Mario «che persino tra i pirati esistano dei sensali. Perché è questo che sono! Lo rubano, poi ce lo rivendono. Puro e semplice profitto. È ora di fare qualcosa, *Princeps Senatus*, non credi?»

«Certamente» disse Scauro con fervore.

«Che cosa suggerisci?»

«Una mansione speciale per uno dei pretori... una specie di governatore itinerante, ammesso che esista una cosa del genere. Affidargli navi e truppe da sbarco e incaricarlo di fare piazza pulita di ogni covo di pirati lungo l'intera costa della Panfilia e della Cilicia» disse Scauro.

«Potremmo chiamarlo governatore della Cilicia» osservò Mario.

«Buona idea!»

«D'accordo, *Princeps Senatus*, convochiamo al più presto possibile i Padri Coscritti e passiamo all'azione.»

«Va bene» fece Scauro, trasudando disponibilità. «Sai, Caio Mario, posso anche detestare tutto ciò che tu rappresenti, però amo la tua capacità di agire senza trasformare l'intera faccenda in uno spettacolo circense.»

«Quelli dell'erario strilleranno come una Vestale invitata a cena in un bordello» disse Mario, sogghignando.

«All'opera! Se non snidiamo i pirati, gli scambi commerciali tra Oriente e Occidente cesseranno di esistere. Navi e truppe da sbarco» borbottò Scauro meditabondo. «Quanti, secondo te?»

«Oh, da otto a dieci flotte e, diciamo... diecimila uomini ben addestrati. Se possiamo disporne» disse Mario.

«Possiamo procurarceli» fece Scauro, in tono fiducioso. «Se necessario, potremo assoldarne almeno una parte a Rodi, Alicarnasso, Cnido, Atene, Efeso... non preoccuparti, li troveremo.»

«Si dovrebbe affidarne il comando a Marco Antonio» aggiunse Mario.

«Come, non a tuo fratello?» domandò Scauro, fingendosi sorpreso.

Ma Mario sorrise, imperturbabile. «Come me, Marco Emilio, mio fratello Marco Mario è un terricolo. Mentre tutti gli Antonii amano andar per mare.»

Scauro rise. «Quando non sono tutti *in* mare!»

«Vero. Ma è l'uomo giusto, il nostro pretore Marco Antonio. Porterà a termine la missione, penso.»

«Lo penso anch'io.»

«E nel frattempo,» s'intromise Silla, sorridendo «l'erario sarà così occupato a piagnucolare e a lagnarsi degli acquisti di grano di Marco Emilio e degli uomini che danno la caccia ai pirati, che neppure farà caso a quanto denaro deve sborsare per gli eserciti di nullatenenti. Anche Quinto Lutazio, infatti, dovrà arruolare un esercito di nullatenenti.»

«Oh, Lucio Cornelio, hai militato troppo a lungo agli ordini di Caio Mario!» disse Scauro.

«Stavo proprio pensando la stessa cosa» disse Mario inaspettatamente. Ma altro non aggiunse.

Silla e Mario partirono per la Gallia Transalpina alla fine di febbraio, dopo aver provveduto alle esequie funebri e agli strascichi della morte di Iulilla; Marzia aveva acconsentito a rimanere nella casa di Silla a badare ai bambini, almeno per il momento.

«Ma,» disse in tono di minaccia «non puoi pretendere che ci resti per sempre, Lucio Cornelio. Ora che ho passato la cinquantina, mi è venuta voglia di trasferirmi sulla costa campana. Le mie ossa non gradiscono il clima umido della città. Farai bene a risposarti, a dare a quei bambini una madre come si deve e qualche fratellastro o sorellastra con cui giocare.»

«Per questo bisognerà aspettare che si sia risolto il problema dei Germani» ribatté Silla, sforzandosi di mantenere un tono di voce cortese.

«Be', d'accordo allora, dopo i Germani» disse Marzia.

«Tra un paio d'anni» ammonì lui.

«*Due*? Non più di un anno, di sicuro!»

«Forse, però ne dubito. Calcolane due, suocera.»

«Non un minuto di più, Lucio Cornelio.»

Silla la guardò, inarcando un sopracciglio con l'aria interrogativa. «Faresti meglio a cominciare a cercarmi una moglie adatta.»

«Vuoi scherzare?»

«No, non scherzo!» esclamò Silla, la cui pazienza stava per esaurirsi. «Secondo te, come faccio ad andarmene via per combattere contro i Germani e contemporaneamente cercarmi una nuova moglie qui a Roma? Se vorrai traslocare non appena tornerò a casa, allora sarà meglio che tu mi faccia trovare una moglie disposta a prendermi come marito. »

« Che tipo di moglie? »

« Non m'importa! Assicurati solo che sia gentile con i miei bambini » disse Silla.

Per questa e altre ragioni, Silla fu molto felice di lasciare Roma. Più a lungo ci rimaneva e più cresceva in lui la brama di vedere Metrobio, e più vedeva Metrobio più sospettava che avrebbe desiderato vedere Metrobio. Né era in grado di esercitare sul Metrobio adulto la stessa influenza e lo stesso controllo che esercitava un tempo sul fanciullo; ora Metrobio aveva un'età in cui riteneva di avere anche lui qualcosa da dire sul modo di portare avanti una relazione. Sì, la cosa migliore era allontanarsi da Roma! Gli sarebbero mancati solo i suoi figli, davvero due care personcine. Incantevoli. Così acriticamente affettuose. Sarebbe rimasto via per molte lune, ma non appena fosse riapparso, l'avrebbero accolto a braccia aperte e con milioni di baci. Perché l'amore tra adulti non era così? Ma la risposta, pensò Silla, era semplice. L'amore tra adulti si curava troppo di sé ed era viziato dal pensiero.

Silla e Mario avevano lasciato il secondo console, Quinto Lutazio Catulo Cesare, impegnato nell'ardua impresa di reclutare un altro esercito e tutto preso a levare alti lai per il fatto che avrebbe dovuto essere composto da nullatenenti.

« Logico, che debba essere fatto di nullatenenti! » tagliò corto Mario. « E non venire a piagnucolare e a gemere con me in proposito... non sono stato io a perdere ottantamila uomini ad Arausio, né tutti gli altri che abbiamo mandato al macello! »

E questo, naturalmente, zittì Catulo Cesare, che però lo fece a labbra strette, con fare aristocratico.

« Vorrei che non gli rinfacciassi i delitti commessi da quelli della sua classe » disse Silla.

« E allora, lui la smetta di rinfacciarmi i nullatenenti! » borbottò Mario.

Silla ci rinunciò.

Per fortuna, in Gallia le cose andavano più o meno come avrebbero dovuto; Manio Aquilio aveva mantenuto l'esercito in perfetta forma adibendolo alla costruzione di altri ponti e acquedotti e facendogli compiere a un bel po' di esercitazioni. Quinto Sertorio era tornato, ma poi se n'era andato di nuovo presso i Germani perché, diceva, là sarebbe stato certamente più utile; avrebbe seguito i Cimbri in marcia e fatto rapporto a Mario ogniqualvolta possibile. E le truppe cominciavano a fremere d'impazienza all'idea che quell'anno ci sarebbe stata battaglia.

Quell'anno prevedeva l'intercalazione, cioè l'inserimento nel calendario di un febbraio in più, ma fu in questa occasione che si rese manifesta la differenza tra il precedente Pontefice Massimo, il Dalmatico, e il nuovo, Enobarbo: Enobarbo non vedeva il motivo di tener aggiornato il calendario, rispetto alle stagioni. Così, quando arrivò il mese di marzo, secondo il calendario, era ancora inverno, dato che il calendario stesso cominciava a essere in anticipo sulle stagioni. In un anno di soli 355 giorni, ogni due anni bisognava intercalare un mese supplementare di venti giorni, per tradizione alla fine di febbraio. Ma si trattava di una decisione presa dal sacro collegio, e se i sacerdoti non erano stimolati da un Pontefice Massimo coscienzioso, il calendario presentava un divario sulle stagioni, come accadeva ora.

Fortunatamente, poco dopo che Silla e Mario si furono riadattati alla trafila di un campo militare sull'altro versante delle Alpi, arrivò una lettera di Publio Rutilio Rufo.

Decisamente, questo sarà un anno ricco di eventi, sicché la mia principale preoccupazione è quella di decidere da dove cominciare. Tutti quanti, logicamente, non vedevano l'ora che ti togliessi di torno, e giuro che non dovevi essere ancora arrivato a Ulzio quando topi e sorci si sono messi a ballare in fondo al Foro. Come se la spassano, gatto mio!

E va bene, comincerò dai nostri due pregiatissimi censori, Metello del Porcile e quel caprone ammaestrato di suo cugino. Metello del Porcile va dicendo da qualche tempo — be', da quando è stato eletto, in realtà, solo che stava ben attento a non farsi sentire da te — che intende "epurare il Senato", o almeno mi pare che così si sia espresso.

C'è una cosa che si può dire di loro: non saranno una coppia di censori venali, sicché tutti gli appalti statali saranno distribuiti adeguatamente e assegnati in base al prezzo, ma anche al merito. Tuttavia, si sono già inimicati l'erario esigendo una grossa somma di denaro per riparare e rinnovare le decorazioni di alcuni templi, non sufficientemente ricchi da provvedere direttamente alla bisogna, per non parlare della tinteggiatura e delle seggette di marmo per le latrine delle tre residenze statali dei principali sacerdoti, nonché delle residenze del sacerdote sovraintendente ai sacrifici e del Pontefice Massimo. Personalmente, mi piace la mia seggetta di legno. Il marmo è talmente freddo e duro! Si è avuto un bel battibecco quando Metello del Porcile ha accennato alla *Domus Publica* del Pontefice Massimo, in quanto l'erario era del parere che il nostro nuovo sommo sacerdote è abbastanza ricco da pagare di tasca sua la pittura e le seggette di marmo.

Hanno poi provveduto ad assegnare tutti gli appalti ordinari, e l'hanno fatto molto bene, ritengo. Le offerte erano numerose, l'asta è stata vivacissima, e dubito che ci saranno molti raggiri.

Fino a questo punto si erano mossi con rapidità pressoché senza precedenti, perché ciò che realmente volevano fare, naturalmente, era rivedere i ruoli dei senatori e dei cavalieri. Appena un paio di giorni dopo la stipula di tutti i contratti, e giuro che hanno fatto il lavoro di un anno e mezzo in meno di un mese!... Metello del Porcile ha convocato una riunione dell'Assemblea della Plebe per esporre quanto avevano rilevato i censori in merito all'integrità o alla turpitudine morale dei Padri Coscritti del Senato. Qualcuno, però, deve aver avvertito Saturnino e Glaucia che i loro nomi sarebbero stati depennati, perché quando l'assemblea si è riunita, era gremita di gladiatori e altri bravacci assoldati allo scopo, gente che di norma non presenzia alle riunioni dei *Comitia*.

E non appena Metello del Porcile ha annunciato che lui e il Caprone avevano deciso di depennare Lucio Apuleio Saturnino e Caio Servilio Glaucia dall'elenco dei senatori, si è avuto uno scoppio di violenza. I gladiatori si sono avventati sui rostri e ne hanno strappato a viva forza il povero Metello del Porcile, dopodiché se lo sono palleggiato, schiaffeggiandolo con violenza con le manone callose. Una tecnica del tutto nuova: niente bastoni e randelli, solo le nude mani. In base alla teoria, suppongo, che le mani non sono in grado di uccidere, a meno che non si abbia il pugno proibito. Il minimo di violenza, l'ho sentito definire. Davvero patetico. Il tutto è accaduto così in fretta e in modo così efficiente, che Metello del Porcile era già arrivato ai piedi del Clivo Argentario prima che Scauro, Enobarbo e qualche altro personaggio riuscissero ad agguantarlo e portarlo al riparo nel tempio di Giove Ottimo Massimo. Qui hanno constatato che aveva la faccia talmente gonfia da essere diventata il doppio del normale, gli occhi chiusi, le labbra spaccate in una dozzina di punti, il naso che buttava sangue come una fontana, le orecchie maciullate e un taglio alla fronte. Sembrava in tutto e per tutto un pugile greco dei tempi andati che avesse partecipato ai giochi Olimpici.

Che ne pensi del nomignolo che hanno affibbiato a quelli della fazione ultraconservatrice, a proposito? *Boni*, i Buoni. Scauro se ne va attorno sostenendo di essere stato lui a inventarlo, dopo che Saturnino ha cominciato a definire gli ultraconservatori politicanti di mestiere. Però dovrebbe ricordare che ci sono ancora moltissimi di noi, abbastanza vecchi per sapere che Caio Gracco e Lucio Opimio definivano *boni* gli appartenenti alle loro fazioni. Ma torniamo al mio racconto!

Appreso che il cugino Numidico era in salvo, il cugino Caprario è riuscito a riportare ordine nei *Comitia*. Ha ordinato ai messaggeri di soffiare nelle trombe, poi ha urlato che personalmente non concordava con quanto aveva rilevato il suo collega anziano, per cui Saturnino e Glaucia non sarebbero stati esclusi dall'elenco dei senatori. Si potrebbe dire che Metello del Porcile ha perso la battaglia, però non mi vanno i metodi dell'amico Saturnino. A sentir lui, non ha avuto nulla a che fare con gli episodi di violenza, però è riconoscente al Popolo per essersi schierato con tanto impeto dalla sua parte.

Ti si potrebbe concedere di pensare che la cosa fosse finita lì. Ma no! I censori si sono messi a valutare i mezzi finanziari dei cavalieri, dopo aver fatto erigere un bel tribunale nuovo nei pressi della Piscina di Curzio: una costruzione in legno, d'accordo, ma concepita in modo adeguato ai loro scopi, con una rampa di scalini da ciascun lato per evitare che gli intervistati facciano confusione: salgono da un lato, passano davanti al banco dei censori e scendono dall'altro lato. Perfetto. Conosci la trafila: ogni cavaliere o aspirante tale deve presentare le prove documentali della sua tribù, del luogo di nascita, della cittadinanza, del servizio militare, dei suoi beni e capitali e del suo reddito.

Benché ci vogliano parecchie settimane per scoprire se realmente i candidati dispongono di un reddito pari ad almeno 400.000 sesterzi l'anno, lo spettacolo attira sempre una folla numerosa i primi due giorni. E così è stato quando Metello del Porcile e il Caprone hanno iniziato a vagliare gli elenchi degli cavalieri. L'avessi visto, povero Metello del Porcile! I lividi erano di un giallo bilioso più che neri, e i tagli erano diventati un reticolo di scure linee congestionate. Gli occhi, comunque, erano socchiusi quel tanto che gli consentiva di vedere. Dev'essersi augurato che non lo fossero, quando ha visto quel che ha visto, il pomeriggio del primo giorno in cui il nuovo tribunale era in funzione!

Nientedimeno che Lucio Equizio, il sedicente figlio illegittimo di Tiberio Gracco! L'individuo in questione ha salito baldanzosamente i gradini, quando è stato il suo turno, e si è piazzato di fronte al Numidico, non a Caprario. Metello del Porcile è rimasto di sasso alla vista di Equizio accompagnato da un codazzo di scrivani e segretari, tutti quanti carichi di libri contabili e documenti. Poi si è rivolto al suo segretario personale dicendogli che il tribunale chiudeva i battenti per quel giorno, sicché era pregato di congedare quella creatura ritta davanti a lui.

« Fai ancora in tempo a ricevermi » ha detto Equizio.

« E va bene, che cosa vuoi? » ha domandato Metello in un tono che non prometteva niente di buono.

« Voglio essere iscritto nell'albo dei cavalieri » ha risposto Equizio.

« Non durante questo lustro censorio! » ha latrato il nostro Buono, Metello del Porcile.

Devo dire che Equizio non ha perso la pazienza. Ha detto, adocchiando la folla che si assiepava tutt'attorno al basamento del tribunale — e allora è apparso chiaro che i gladiatori e i bravacci si erano rifatti vivi: « Non puoi respingermi, Quinto Cecilio. Ho tutti i requisiti necessari ».

« Non è vero! » ha detto il Numidico. « Non possiedi il requisito fondamentale: non sei cittadino romano. »

« E invece lo sono, esimio censore » ha replicato Equizio a voce così alta da farsi udire da tutti. « Ho ottenuto la cittadinanza romana alla morte del mio padrone, che me l'ha trasmessa nel suo testamento, assieme a tutti i suoi beni e al suo nome. Il fatto che abbia ripreso il nome di mia madre non ha alcuna importanza. Ho le prove del mio affrancamento e dell'adozione. Non solo, ma ho anche prestato servizio nelle legioni per dieci anni, e in qualità di cittadino romano, non di ausiliario. »

« Non t'iscriverò nell'albo dei cavalieri, e quando inizieremo a censire i cittadini romani, non ti iscriverò tra i cittadini di Roma » ha detto il Numidico.

« Ma ne ho tutto il diritto » ha ribattuto Equizio, con voce squillante. « Sono un cittadino romano, appartengo alla tribù *Suburana*, ho prestato servizio nelle legioni per i dieci anni regolamentari, sono una persona morale e rispettabile, possiedo quattro *insulae*, dieci taverne, cento iugeri di terra a Fermo, un portico di mercato a Fermo, e dispongo di un reddito di oltre quattro milioni di sesterzi l'anno, per cui ho persino i requisiti per accedere al Senato.» E ha fatto schioccare le dita all'indirizzo del suo primo segretario, il quale ha fatto schioccare le dita all'indirizzo dei suoi subalterni, che si sono fatti avanti tutti quanti esibendo enormi pile di documenti. «Te lo posso provare, Quinto Cecilio.»

«Non m'importa della quantità di scartoffie che esibisci, volgarissimo, infimo arrivista... e non m'importa di chi porterai a testimoniare in tuo favore, avido parassita!» ha gridato Metello del Porcile. «Non ti iscriverò tra i cittadini di Roma, e tanto meno nell'Ordine dei Cavalieri! Me ne infischio di te, ruffiano! E adesso togliti di torno!»

Equizio si è girato verso la folla, ha spalancato le braccia — portava la toga — e ha parlato. «Avete sentito?» ha domandato. «A me, Lucio Equizio, figlio di Tiberio Sempronio Gracco, si nega la cittadinanza, nonché il rango di cavaliere!»

Metello del Porcile è balzato in piedi e si è mosso così in fretta che Equizio neppure l'ha visto arrivare; subito dopo, il nostro prode censore ha tirato un diretto alla mascella di Equizio, ed Equizio è crollato a sedere, ed è rimasto lì a bocca aperta col cervello in subbuglio. Poi Metello del Porcile ha aggiunto al cazzotto un calcione che ha fatto volare Equizio dal podio del tribunale, tra la folla.

«Me ne infischio di tutti voi!» ha tuonato, agitando i pugni all'indirizzo degli spettatori e dei gladiatori. «Andatevene, e portatevi appresso codesto lurido forestiero!»

Così, la cosa si è ripetuta, solo che questa volta i gladiatori non se la sono presa con la faccia di Metello del Porcile. L'hanno tirato giù dal tribunale e si sono avventati sul suo corpo con pugni e calci, con le unghie e i denti. Alla fine sono stati Saturnino e Glaucia — mi ero dimenticato di dirti che se ne stavano in agguato sullo sfondo — a farsi avanti per strappare il Numidico dalle grinfie dei suoi aggressori. Immagino che l'uccisione del Numidico non rientrasse nei loro piani. Poi Saturnino è salito al tribunale e ha calmato gli animi quanto è bastato a Caprario per farsi udire.

«Non concordo col mio collega e mi assumerò personalmente la responsabilità di iscrivere Lucio Equizio nell'Ordine dei Cavalieri!» ha urlato, pallido come un cencio, pover'uomo. Credo che non sia mai stato testimone di tanta violenza in tutte le sue campagne militari.

«Iscrivi il nome di Lucio Equizio!» ha ruggito Saturnino.

E Caprario ha iscritto il nome nell'elenco ufficiale.

« A casa, tutti quanti! » ha esortato Saturnino.

E tutti quanti, prontamente, se ne sono tornati a casa, portando in trionfo sulle spalle Lucio Equizio.

Metello del Porcile era ridotto in uno stato pietoso. Può dirsi fortunato di non averci lasciato la pelle, a parer mio. Oh, era su tutte le furie! E si è scagliato contro il cugino Caprone che ancora una volta aveva ceduto. Il povero, vecchio Caprone era sull'orlo delle lacrime e del tutto incapace di giustificare il suo operato.

« Vermi! Vermi, tutti quanti! » continuava a ripetere Metello del Porcile, mentre noi cercavamo di fasciargli le costole, ché ne aveva parecchie rotte, e di scoprire quali altre lesioni nascondesse la toga. E sì, è stata un'assurdità, ma, numi! Caio Mario, non si può non ammirare il coraggio di Metello del Porcile!

Mario levò lo sguardo dalla lettera, aggrottando la fronte. « Mi domando dove esattamente voglia andare a parare Saturnino » borbottò.

Ma la mente di Silla indugiava su un argomento di gran lunga meno importante. « Plauto! » disse all'improvviso.

« Come? »

« I boni! Caio Gracco, Lucio Opimio e il nostro Scauro pretendono di aver inventato il termine boni per definire gli appartenenti alle loro fazioni, ma è stato Plauto a chiamare boni i plutocrati e gli altri protettori, un secolo fa! Ricordo di averlo udito in un allestimento dei Captivi di Plauto, andato in scena al tempo in cui Scauro era un edile curule, per Tespi! Ero appena grande abbastanza per frequentare i teatri. »

Mario lo fissava a occhi sgranati. « Lucio Cornelio, smettila di preoccuparti per chi ha coniato certi termini inutili, e presta attenzione a ciò che realmente conta! Basta accennare al teatro, e dimentichi ogni altra cosa. »

« Ohi, ohi, scusa! » fece Silla con impertinenza.

Mario riprese la lettura.

Spostiamoci ora dal Foro Romano alla Sicilia, dove ne sono successe di tutti i colori, nessuna buona, qualcuna cupamente spassosa, e qualcun'altra decisamente incredibile.

Come sai — ma ti rinfrescherò comunque la memoria perché detesto i racconti sconnessi — alla fine della stagione bellica dell'anno scorso Lucio Licinio Lucullo stringeva d'assedio la roccaforte degli schiavi a Caltabellotta, deciso a prendere i ribelli per fame. Aveva infuso in loro il terrore, ordinando a un messagero di ripetere il racconto di quella fortezza nemica che aveva fatto pervenire ai Romani un messaggio in cui si diceva che gli assediati disponevano di viveri sufficienti per dieci anni, e cui i Romani avevano replicato che in tal caso avrebbero preso la fortezza l'undicesimo anno.

In effetti, Lucullo ha fatto uno splendido lavoro. Ha accerchiato Caltabellotta con una foresta di rampe d'assedio, torri, tettoie, arieti, catapulte e barricate, e ha colmato un enorme burrone situato a mo' di difesa naturale di fronte alle mura. Poi ha costruito un altrettanto splendido accampamento per i suoi uomini, così saldamente fortificato che se anche gli schiavi fossero riusciti a operare una sortita dalla città, non avrebbero potuto penetrare nel campo di Lucullo. E si è preparato a svernare sul posto, i suoi uomini sistemati comodamente, e lui certissimo che gli sarebbe stato prorogato il comando.

In gennaio, è arrivata la notizia che Caio Servilio l'Augure era il nuovo governatore, e assieme al dispaccio ufficiale è arrivata una lettera del nostro caro Metello Numidico del Porcile, che gli forniva gli odiosi particolari circa il modo scandaloso in cui la faccenda era stata combinata da Enobarbo e dal suo amasio, l'Augure.

Tu non conosci a fondo Lucullo, Caio Mario. Ma io sì. Come tanti altri del suo genere, presenta al mondo una facciata composta, calma, distaccata e insopportabilmente altera. Sai: «Io sono Lucio Licinio Lucullo, un nobile romano di antichissima e prestigiosa famiglia, e se sarete molto fortunati, potrei degnarmi di notarvi di tanto in tanto». Ma dietro la facciata si nasconde un uomo molto diverso: suscettibile, fanaticamente sensibile agli affronti, pieno di passione, incline a terribili collere. Così, quando Lucullo ha ricevuto la notizia, esteriormente ha reagito proprio con la calma e la composta rassegnazione che ci si poteva aspettare. Poi, però, si è accinto a smantellare fin l'ultima difesa, la rampa d'assedio, la torre, la testuggine, le tettoie, la massicciata di pietrisco con cui aveva colmato il burrone, le sporgenze rocciose murate, ogni cosa. E ha dato fuoco a tutto ciò che ha potuto, e ha fatto trasportare lontano dalla città assediata, in mille direzioni diverse, fin l'ultimo secchio di pietrisco, calce, terriccio.

Dopodiché ha demolito l'accampamento e ha distrutto anche tutto il materiale in esso contenuto.

— Credi che basti? Non per Lucullo, che anzi aveva appena cominciato! Ha distrutto ogni singolo documento della sua amministrazione, a Siracusa come a Marsala, e ha ordinato ai suoi diciassettemila uomini di marciare sul porto di Agrigento.

Il suo questore si è rivelato fedelissimo e l'ha assecondato in tutto ciò che Lucullo ha deciso di fare. Era arrivato il soldo per pagare l'esercito, e a Siracusa c'era altro denaro ricavato dalle spoglie di guerra prese al nemico dopo la battaglia di Eraclea Minoa. Poi Lucullo ha pensato bene di multare ogni siciliano che non fosse cittadino romano, per aver sottoposto a eccessive tensioni il governatore che l'aveva preceduto, Publio Licinio Nerva, e ha aggiunto al resto anche quel denaro. Quindi, ha impiegato parte del denaro destinato a Servilio l'Augure per noleggiare una flotta di navi da adibire al trasporto dei suoi soldati.

Ha congedato gli uomini sulla spiaggia di Agrigento, distribuendo loro fin l'ultimo sesterzio che era riuscito a raggranellare. Ora, gli uomini di Lucullo erano una strana accozzaglia, e la prova lampante che, di questi tempi, quando si tratta di reclutare truppe, in Italia c'è penuria di nullatenenti come di appartenenti a tutte le altre classi. A parte i veterani italici e romani che aveva messo assieme in Campania, disponeva di una legione e di alcune coorti supplementari di uomini provenienti dalla Bitinia, dalla Grecia e dalla Tessaglia macedone: era stata proprio la sua richiesta di tali uomini al re Nicomede di Bitinia a far dire al suddetto re che non aveva più uomini da dare perché gli esattori fiscali romani li avevano tutti ridotti in schiavitù. Allusione alquanto impertinente alla nostra decisione di liberare gli schiavi originari delle nazioni italiche alleate: Nicomede riteneva che il suo trattato di amicizia e di alleanza con noi dovesse estendere l'emancipazione agli schiavi della Bitinia! Lucullo l'ha zittito, logicamente, e ha ottenuto i suoi soldati della Bitinia.

Ora tali soldati venivano rimandati a casa, e i soldati romani e italici venivano rimandati a casa loro, a Roma e nel resto d'Italia. Con tanto di congedo scritto. E avendo rimosso fin l'ultima traccia del suo mandato di governatore dagli annali della Sicilia, anche Lucullo si è imbarcato.

Non appena è partito, re Tryphon e il suo consigliere Antenione sono usciti da Caltabellotta e si sono rimessi a razziare e a saccheggiare le campagne siciliane. Ora sono perfettamente convinti che vinceranno la guerra, e il loro grido di battaglia suona come segue: «Anziché essere schiavi, diventiamo *padroni* di uno schiavo!». La semina non c'è stata, e le città traboccano di profughi dalle campagne. La Sicilia è ridiventata uno scenario degno dell'*Iliade*.

In questa deliziosa situazione, ecco che arriva Servilio l'Augure. Non riusciva a crederci, naturalmente. E ha attaccato a belare, inviando lettere su lettere al suo protettore, Enobarbo Pipinna.

Nel frattempo, Lucullo è rientrato a Roma e si è preparato ad affrontare l'inevitabile. Quando Enobarbo l'ha accusato al Senato di aver deliberatamente distrutto beni di Roma — in particolare, macchine da assedio e accampamenti — Lucullo si è limitato a guardarlo dall'alto in basso e a dire che a suo modo di vedere il nuovo governatore avrebbe preferito ricominciare da capo a modo suo. A lui personalmente, ha soggiunto Lucullo, piaceva lasciare tutto come l'aveva trovato, ed era esattamente ciò che aveva fatto in Sicilia al termine del suo mandato: aveva lasciato la Sicilia come l'aveva trovata. Il principale cruccio di Servilio l'Augure era la mancanza di un esercito: aveva semplicemente presunto che Lucullo gli lasciasse a disposizione le sue legioni. Però non si era curato di inoltrare a Lucullo una richiesta formale riguardo alle truppe. Sicché Lucullo ha sostenuto che, in assenza di una qualsiasi richiesta da parte di Servilio l'Augure, era libero di disporre a suo piacimento delle truppe. E riteneva che si meritassero il congedo.

«Ho lasciato a Caio Servilio l'Augure una lavagna nuda, ripulita da tutto ciò che potevo aver fatto» ha spiegato Lucullo all'assemblea. «Caio Servilio l'Augure è un Uomo Nuovo, e gli Uomini Nuovi hanno un modo tutto loro di sbrigare le faccende. Di conseguenza, ho ritenuto di fargli un favore.»

Senza un esercito, c'è ben poco che Servilio l'Augure possa fare in Sicilia, naturalmente. Né, con Catulo Cesare impegnato a setacciare l'Italia a caccia di quelle poche reclute che cadranno nella sua rete, c'è qualche probabilità di mettere insieme un altro esercito per la Sicilia, quest'anno. I veterani di Lucullo si sono sparpagliati per il mondo, perlopiù con le tasche piene, e tutt'altro che desiderosi di farsi rintracciare.

Lucullo si rende perfettamente conto di essere passibile di processo. Secondo me, non gliene importa un fico. Si è preso l'immensa soddisfazione di distruggere qualsiasi possibilità che Servilio l'Augure avesse di sfruttare il suo operato. E per Lucullo, questo è più importante che evitare un processo. Così, sta facendo tutto il possibile per proteggere i suoi figli, perché, chiaramente, ritiene che Enobarbo e l'Augure si serviranno del nuovo tribunale speciale di Saturnino, composto interamente da cavalieri, per aprire un procedimento a suo carico e farlo condannare. Ha trasferito quanto ha potuto delle sue proprietà al figlio primogenito, Lucio Lucullo, e dato in adozione il minore, che ha tredici anni, alla famiglia di Terenzio Varrone, e si tratta di una famiglia molto facoltosa.

Ho saputo da Scauro che Metello del Porcile — il quale ha tutte le ragioni di essere scombussolato da questa faccenda, perché se Lucullo sarà condannato, dovrà riprendersi in casa la sua scandalosa sorella Metella Calva — dice che i due ragazzi hanno giurato di vendicarsi di Servilio l'Augure non appena avranno l'età per farlo. Il primogenito, Lucio Lucullo Minore, è particolarmente amareggiato, a quanto pare. Non ne sono per niente sorpreso. Esteriormente, somiglia moltissimo a suo padre, sicché è possibile che gli somigli anche nel carattere, no? Essere disonorati per l'arrogante ambizione di quel disgustoso Uomo Nuovo dell'Augure è un abominio.

E questo è tutto, per ora. Ti terrò informato. Vorrei poterti essere accanto per darti una mano contro i Germani, non già perché tu abbia bisogno del mio aiuto, bensì perché mi sento un po' tagliato fuori.

Era ormai aprile inoltrato, secondo il calendario ufficiale, quando Mario e Silla ebbero notizia che i Germani si stavano apprestando a lasciare il territorio degli Atuatuci, e passò un altro mese prima che Sertorio si presentasse di persona a riferire che Boiorix aveva tenuto uniti i Germani quanto bastava a garantirgli che il suo piano andasse a buon fine. I Cimbri e il gruppo misto capeggiato dai Tigurini si misero in marcia lungo il corso del Reno, mentre i Teutoni muovevano verso sud-est, discendendo la Mosa.

«Dobbiamo supporre che in autunno i Germani arriveranno in tre diversi contingenti ai confini della Gallia Cisalpina» disse Mario, sbuffando. «Mi piacerebbe poter dare personalmente il benvenuto a Boiorix quando calerà lungo l'Adige, ma non sarebbe saggio. Prima, dovrò occuparmi dei Teutoni e neutralizzarli. Speriamo che i Teutoni si rivelino il più veloce dei tre gruppi, almeno fino alla Durance, visto che dovranno attraversare territori montagnosi solo più avanti. Se riusciamo a sconfiggere i Teutoni, e farlo come si deve, dovrebbe restarci il tempo per varcare il passo del Monginevro e intercettare Boiorix e i Cimbri prima che penetrino nella Gallia Cisalpina.»

«Non credi che Catulo Cesare possa sbrigarsela da solo con Boiorix?» domandò Manio Aquilio.

«No» rispose Mario seccamente.

Più tardi, rimasto solo con Silla, si dilungò su ciò che pensava delle probabilità di successo del suo collega in seconda contro Boiorix; Quinto Lutazio Catulo, infatti, avrebbe portato il suo esercito a nord, sull'Adige, non appena fosse adeguatamente addestrato ed equipaggiato.

«Disporrà di circa sei legioni, e dell'intera primavera e dell'estate per prepararle al combattimento. Però non è un vero e proprio generale» disse Mario. «Dobbiamo sperare che Teutobod arrivi al più presto, e che noi si riesca a sconfiggerlo, ad attraversare le Alpi di gran carriera e a unire le nostre forze a quelle di Catulo Cesare prima che Boiorix raggiunga il lago Benaco.»

Silla inarcò un sopracciglio. «Non andrà così» disse, con sicurezza.

Mario sospirò. «Sapevo che lo avresti detto!»

«E io sapevo che sapevi che l'avrei detto» fece Silla, sogghignando. «Non è probabile che uno dei due gruppi in marcia senza la guida di Boiorix copra il tragitto in minor tempo dei Cimbri. Il guaio è che non avrai abbastanza tempo per trovarti in entrambi i posti al momento giusto.»

«Allora rimarrò qui ad aspettare Teutobod» disse Mario, prendendo una decisione. «Questo esercito conosce ogni filo d'erba e ogni ramoscello tra Marsiglia e Arausio, e gli uomini hanno un disperato bisogno di vincere dopo due anni di attesa. Qui le loro probabilità di vittoria sono altissime. Per cui è qui che devo restare.»

«Noto che usi la prima persona singolare, Caio Mario» osservò Silla gentilmente. «Hai qualcos'altro da farmi fare?»

«Sì. Mi dispiace, Lucio Cornelio, di defraudarti di una più che meritata occasione di spazzar via un po' di Teutoni, ma ritengo sia mio dovere mandarti da Catulo Cesare in qualità di legato anziano. In tale veste ti sopporterà: sei un patrizio» disse Mario.

Profondamente deluso, Silla abbassò lo sguardo a fissarsi le mani. «Di quale utilità potrò mai essere, prestando servizio nell'esercito sbagliato?»

«Non mi preoccuperei tanto, se non vedessi nel secondo console tutti i sintomi di Silano, Cassio, Cepione e Mallio Massimo. Ma li vedo, Lucio Cornelio, li vedo! Catulo Cesare non ne sa nulla, di strategia o di tattica... crede che gli dèi gliele abbiano infuse nel cervello decidendo i suoi illustri natali, e che al momento debito ce le troverà. Ma le cose non vanno così, come ben sai! »

«Sì, lo so» disse Silla.

«Se Boiorix e Catulo Cesare verranno a contatto prima che io possa attraversare la Gallia Cisalpina, Catulo Cesare finirà col commettere qualche tremendo errore militare e col perdere il suo esercito. E se gli sarà permesso di farlo, non vedo proprio come riusciremo a vincere. I Cimbri sono il gruppo più numeroso e meglio guidato dei tre. Aggiungi il fatto che non conosco la configurazione del terreno della Gallia Cisalpina dall'altro lato del Po. Se sono in grado di battere i Teutoni con meno di quarantamila uomini, è perché conosco il paese. »

Silla tentò di fissare il suo superiore fino a confonderlo, ma quelle sopracciglia lo sconfissero. «Ma che cosa ti aspetti che faccia? » domandò. «È Catulo Cesare a indossare il manto di comandante supremo, non Cornelio Silla! Che cosa *ti aspetti* che faccia? »

Mario fece scattare la mano a serrare il braccio di Silla sopra il polso. «Se lo sapessi, sarei in grado di tenere sotto controllo Catulo Cesare da qui» disse. «Sta di fatto, Lucio Cornelio, che sei sopravvissuto a oltre un anno di vita tra i barbari nostri nemici come uno di loro. Il tuo cervello è affilato come la tua spada, e sai usarli entrambi alla perfezione. Non ho dubbi che qualsiasi cosa tu debba fare per salvare Catulo Cesare da se stesso, lo farai. »

Silla aspirò a fondo. «Sicché il mio incarico consiste nel salvare il suo esercito a tutti i costi? »

«A *tutti* i costi. »

«Anche a costo di Catulo Cesare? »

«Anche a costo di Catulo Cesare. »

La primavera si spense in una nuvola di fiori e l'estate fece il suo ingresso trionfale come un generale alla testa del corteo della vittoria, poi si distese, cocente e secca. Teutobod e i suoi Teutoni calavano senza posa attraverso le terre degli Edui e penetravano nelle terre degli Allobrogi, che occupavano tutta la zona compresa tra il corso superiore del Rodano e quello dell'Isére, per molti chilometri a sud. Erano una popolazione bellicosa, gli Allobrogi, e covavano un odio latente per Roma e i Romani; ma l'orda germanica aveva già attraversato il loro territorio tre anni addietro, e gli Allobrogi non volevano essere soggetti ai Germani. Così vi furono aspri scontri, e l'avanzata teutonica ne fu rallentata. Mario si mise a misurare a grandi passi il pavimento della baracca del comando e a domandarsi come andassero le cose a Silla, ora aggregato all'esercito di Catulo Cesare nella Gallia Cisalpina, accampato sul Po.

Catulo Cesare aveva risalito la Via Flaminia alla testa di sei nuove legioni a ranghi ridotti, alla fine di giugno; la penuria di effettivi era così grave che non era riuscito a reclutarne di più. Raggiunta Bologna sulla Via Emilia, aveva percorso la Via Annia fino alla grande città industriale di Padova; la città era situata un bel po' a est del lago Benaco, ma il tragitto era più agevole, per un esercito in marcia, di quanto consentissero le stradine secondarie e i viottoli e le piste che perlopiù solcavano la Gallia Cisalpina. Da Padova, aveva marciato su una di tali strade secondarie in pessime condizioni fino a Verona, e qui aveva posto il suo campo base.

Fin qui Catulo Cesare non aveva fatto nulla di cui Silla potesse accusarlo, e tuttavia ora Silla capiva perché Mario l'avesse trasferito nella Gallia Cisalpina e si rendeva conto dell'importanza di quello che sulle prime aveva considerato un incarico di poco conto. Da un punto di vista militare poteva anche esserlo, però Mario, pensò Silla, non si era sbagliato sul carattere di Catulo Cesare. Aristocratico fino al midollo, arrogante, eccessivamente sicuro di sé, ricordava vividamente a Silla Metello Numidico. Il guaio era che il teatro di guerra e il nemico che Catulo Cesare doveva affrontare erano molto più pericolosi di quelli che aveva affrontato Metello Numidico; e Metello Numidico aveva avuto al suo fianco Caio Mario e Publio Rutilio Rufo come legati, oltre a ospitare nella mente il ricordo di una salutare esperienza in un porcile di Numanzia. Catulo Cesare, invece, non aveva mai incontrato un Caio Mario sulla sua strada, mentre saliva la scala della gerarchia militare; aveva prestato servizio per il periodo prescritto come ufficiale subalterno e poi come tribuno militare, agli ordini di comandanti di secondo piano impegnati in guerre secondarie: in Macedonia, in Spagna. La guerra su grande scala l'aveva sempre eluso.

L'accoglienza che aveva riservato a Silla non era stata promettente, dato che si era scelto i legati prima di lasciare Roma e, arrivando a Bologna, vi aveva trovato Silla ad attenderlo con precisi ordini del comandante supremo, Caio Mario, che nominavano Lucio Cornelio Silla legato anziano e comandante in seconda. Si trattava di un gesto arbitrario e unilaterale, ma logicamente Mario non aveva avuto altra scelta. Catulo Cesare trattava Silla in modo glaciale e cercava di mettergli i bastoni fra le ruote. L'unico vantaggio di Silla era costituito dai suoi nobili natali, ma persino questo era viziato dal ricordo di una vita scioperata. Catulo Cesare era anche un tantino invidioso, perché in Silla vedeva un uomo che non solo aveva preso parte ad azioni di guerra sui maggiori campi di battaglia, ma aveva altresì messo a segno un bel colpo spiando i Germani. Se solo avesse saputo quale parte Silla avesse realmente recitato in tale opera di spionaggio, sarebbe stato ancor più diffidente e più sospettoso di quanto già fosse nei suoi confronti.

In effetti, Mario aveva dato prova del suo solito genio inviando Silla, anziché Manio Aquilio, il quale pure avrebbe potuto mostrare quanto valeva in veste di cane da guardia, camerata, tutore; Silla, infatti, dava sui nervi a Catulo Cesare, un po' come se con la coda dell'occhio continuasse a sbirciare una pantera bianca che gli tendeva l'agguato, e poi, volgendosi ad affrontare la creatura, non riuscisse più a vederla. Non c'era mai stato legato anziano più servizievole; mai legato anziano si era mostrato più disponibile ad accollarsi gli oneri dell'amministrazione quotidiana e della supervisione di un esercito, togliendoli dalle spalle di un comandante già molto impegnato. Eppure... eppure... Catulo Cesare *sapeva* che qualcosa non andava. Perché mai Caio Mario gli aveva mandato quell'individuo, se non per qualche suo tortuoso progetto?

Non rientrava nei piani di Silla l'idea di tranquillizzare Catulo Cesare, fugare i suoi timori e i suoi sospetti; al contrario, l'obiettivo di Silla era quello di alimentare i timori e i sospetti di Catulo Cesare, e in tal modo esercitare su di lui una sorta di ascendente mentale da sfruttare quando, e *se*, fosse stato necessario. E nel frattempo, si faceva un dovere di conoscere ogni tribuno militare e ogni centurione dell'esercito, e anche molti semplici legionari. Lasciato libero di agire a suo piacimento da Catulo Cesare, per quanto riguardava l'addestramento e le esercitazioni di normale amministrazione, una volta posto il campo nei pressi di Verona, Silla divenne il legato anziano che tutti i graduati e i soldati semplici conoscevano e per cui nutrivano rispetto e fiducia. Era indispensabile che ciò si verificasse, nel caso in cui Silla fosse stato costretto a eliminare Catulo Cesare.

Non che avesse la minima intenzione di uccidere o mutilare Catulo Cesare; era un patrizio, e come tale desiderava proteggere i nobili della sua classe, persino da se stessi. Non nutriva affetto per Catulo Cesare; però ne provava per la classe cui apparteneva.

I Cimbri se l'erano cavata a meraviglia sotto la guida di Boiorix, che aveva portato sia il suo gruppo sia quello di Getorix fino alla confluenza del Danubio con l'Eno; a questo punto, Boiorix lasciò Getorix a coprire da solo un tragitto relativamente breve, mentre i Cimbri piegavano a sud, seguendo il corso dell'Eno. Di lì a poco attraversavano i territori alpini popolati da una tribù di Celti, quella dei Brenni — dal nome del primo Brenno — che montavano la guardia al passo del Brennero, il più basso fra tutti i valichi per cui si penetrava nella Gallia Cisalpina, ma non erano in grado di impedire a Boiorix e ai suoi Cimbri di varcarlo.

Verso la fine di *Quinctilis* secondo il calendario ufficiale, i Cimbri giunsero all'Adige nel punto in cui confluiva con l'Isarco, il corso d'acqua che avevano seguito calando dal Brennero. E lì, sui verdeggianti pascoli alpini, si sparpagliarono, levando lo sguardo alle vette che si stagliavano sullo sfondo di un cielo intensamente azzurro e senza nubi. E lì, gli esploratori che Silla aveva mandato in ricognizione li avvistarono.

Benché avesse pensato di esser pronto ad affrontare ogni contingenza, Silla non aveva neppure immaginato quella cui ora si trovava a far fronte; non conosceva ancora Catulo Cesare abbastanza a fondo, infatti, per prevedere come avrebbe reagito alla notizia che i Cimbri si trovavano all'imbocco della valle dell'Adige e stavano per invadere la Gallia Cisalpina.

«Finché avrò vita, nessun piede germanico calcherà il suolo italico!» disse Catulo Cesare con voce squillante quando si discusse della faccenda in consiglio. «Nessun piede germanico calcherà il suolo italico!» ripeté, alzandosi maestosamente dal suo scranno e facendo scorrere lo sguardo dall'uno all'altro dei suoi alti ufficiali. «Ci mettiamo in marcia.»

Silla fece tanto d'occhi. «Ci mettiamo in marcia?» domandò. «E per dove?»

«Risaliamo la valle dell'Adige, naturalmente» rispose Catulo Cesare, scoccandogli un'occhiata da cui si deduceva che considerava Silla uno sciocco. «Respingerò i Germani al di là delle Alpi prima che una precoce nevicata renda impossibile l'impresa.»

«Per quanto risaliremo la valle dell'Adige?» domandò Silla.

«Finché non li incontreremo.»

«In una valle angusta come quella dell'Adige?»

«Certamente» disse Catulo Cesare. «Ci troveremo assai meglio dei Germani. Siamo un esercito disciplinato; loro sono un'orda sterminata e caotica. È la nostra grande occasione.»

«La nostra grande occasione si presenta laddove le legioni hanno lo spazio per spiegarsi» ribatté Silla.

«C'è spazio più che sufficiente lungo l'Adige per operare tutti gli spiegamenti che ci servono.» E Catulo Cesare considerò chiusa la discussione.

Silla lasciò la riunione con la mente in subbuglio: i piani che aveva formulati in vista dello scontro con i Cimbri erano tutti quanti peggio che inutili; aveva pensato e ripensato al modo di presentare a Catulo Cesare l'alternativa capace di sortire i risultati migliori, in modo che Catulo Cesare credesse di averla escogitata lui. Ora constatava di non avere più un piano, e di non poterne formulare uno. E questo, finché non fosse riuscito a far cambiare idea a Catulo Cesare.

Ma Catulo Cesare non voleva saperne di cambiare idea. Fece levare il campo e ordinò all'esercito di mettersi in marcia, risalendo il corso dell'Adige laddove il fiume scorreva qualche chilometro soltanto a est del lago Benaco, il più grande degli splendidi laghi alpini che riempivano le conche ai piedi delle Alpi italiche. E più il piccolo esercito, consistente di ventiduemila fanti, duemila cavalleggeri e circa ottomila non combattenti, procedeva verso nord, più angusta e più proibitiva si faceva la valle del fiume.

Infine Catulo Cesare raggiunse il posto di scambio chiamato Trento. Qui si ergevano tre formidabili picchi, tre zanne scheggiate e frastagliate da cui la località aveva preso nome: Tre Denti. Ora l'Adige scorreva profondo e rapido e impetuoso, ché le sue sorgenti si trovavano nel cuore di montagne dove le nevi non si scioglievano mai e alimentavano il fiume tutto l'anno. Superata Trento, la valle si restringeva ancor di più e la strada che scendeva tortuosa al villaggio finiva dove il fiume in piena scorreva ruggendo sotto un lungo ponte di legno sorretto da piloni in pietra.

Precedendo la truppa in compagnia dei suoi ufficiali, Catulo Cesare fermò il cavallo e si guardò attorno, annuendo soddisfatto.

«Questo posto mi ricorda le Termopili» disse. «È il luogo ideale per bloccare i Germani, convincendoli a rinunciare e tornare a nord.»

«Gli Spartani appostati alle Termopili sono morti tutti quanti» obiettò Silla.

Catulo Cesare inarcò altezzosamente le sopracciglia. «E che importa, se i Germani saranno respinti?»

«Ma non si faranno respingere, Quinto Lutazio! Fare dietrofront in questa stagione, con nient'altro che neve a nord, le provviste ridotte al minimo a tutta l'erba e il grano della Gallia Cisalpina pochi chilometri più a sud?» Silla scosse la testa con veemenza. «Non riusciremo a bloccarli qui» disse.

Gli altri ufficiali si dimenarono inquieti; tutti avevano notato il nervosismo di Silla da che era iniziata la marcia verso nord, e il buon senso diceva loro chiaro e tondo che le azioni di Catulo Cesare erano pura follia. Né Silla si era curato di nascondere il proprio nervosismo: se doveva impedire a Catulo Cesare di perdere il suo esercito, gli occorreva l'aiuto di tutto lo stato maggiore.

«Combatteremo qui» tagliò corto Catulo Cesare, e non ci fu modo di smuoverlo dalla sua decisione. La sua mente era colma di visioni dell'immortale Leonida e del suo manipolo di Spartani: che importava se il corpo periva prematuramente, quando il premio era la fama imperitura?

I Cimbri erano ormai vicinissimi. Per l'esercito romano sarebbe stato impossibile marciare a nord di Trento, se anche Catulo Cesare l'avesse voluto. Ciononostante, Catulo Cesare si ostinò a percorrere il ponte con tutti i suoi uomini e a porre il campo sulla sponda sbagliata del fiume, su una striscia di terra così angusta che l'accampamento si stendeva per chilometri e chilometri da nord a sud, poiché le legioni erano schierate in una lunga fila l'una dietro l'altra, e l'ultima legione era accampata nei pressi del ponte.

«Sono stato terribilmente viziato» disse Silla al centurione del primo manipolo della legione più prossima al ponte, un robusto, tarchiato sannita di Atina a nome Eneo Petreio; anche la legione cui apparteneva veniva dal Sannio ed era composta da nullatenenti sanniti e classificata come ausiliaria.

«E come sei stato viziato?» domandò Eneo Petreio, fissando l'acqua scintillante dalla spalletta del ponte, che non aveva un parapetto vero e proprio, solo un basso cordolo fatto di tronchi.

«Ho prestato servizio unicamente agli ordini di Caio Mario» rispose Silla.

«Puoi dirti abbastanza fortunato» fece Eneo Petreio. «Speravo che sarebbe capitato anche a me.» Emise un borbottìo, un suono derisorio. «Ma temo che nessuno di noi ne avrà mai l'occasione, Lucio Cornelio.»

C'era un terzo uomo con loro, il comandante della legione, un tribuno militare regolarmente eletto: nient'altri che Marco Emilio Scauro Minore, figlio del *Princeps Senatus* e un'amara delusione per il suo augusto genitore. Ora Scauro Minore si strappò alla contemplazione del fiume per guardare il suo primo centurione.

«Che cosa intendi, dicendo che nessuno di noi ne avrà mai l'occasione?» domandò.

Eneo Petreio fece udire un altro borbottìo. «Morremo tutti quanti qui, tribuno.»

«Morremo? Tutti quanti? Perché?»

«Eneo Petreio intende dire, giovane Marco Emilio,» fece Silla, tetramente «che siamo stati trascinati in una situazione militare impossibile dall'ennesimo aristocratico incompetente.»

«No, ti sbagli di grosso!» esclamò con veemenza il giovane Scauro. «Ho notato che davi l'impressione di non afferrare la strategia di Quinto Lutazio, Lucio Cornelio, quando ce l'ha esposta.»

Silla strizzò l'occhio al centurione. «Allora spiegamela *tu*, tribuno militare! Io non ci capisco niente.»

«Be', i Germani sono quattrocentomila, e noi solo ventiquattromila. Quindi non possiamo assolutamente affrontarli in campo aperto» spiegò il giovane Scauro, imbaldanzito dagli sguardi intenti dei due militari. «L'unico modo in cui possiamo batterli consiste nello schiacciarli su un fronte che non sia più ampio dello spiegamento del nostro esercito e nel martellare quel fronte con tutta la nostra superiore capacità. Quando si renderanno conto che non arretreremo di un passo... diamine, faranno come sono soliti fare i Germani: torneranno indietro.»

«Sicché è così che la vedi tu» disse Eneo Petreio.

«È *proprio* così che stanno le cose!» disse il giovane Scauro, spazientito.

«È proprio *così* che stanno le cose!» fece Silla, scoppiando a ridere.

«È proprio così che stanno le cose» gli fece eco Eneo Petreio, ridendo a sua volta.

Il giovane Scauro li fissava stupito, e il loro atteggiamento divertito gli metteva una gran paura. «Per favore, che cosa ci trovate da ridere?»

Silla si asciugò gli occhi. «È tutto da ridere, giovane Scauro, perché è un piano incredibilmente ingenuo.» Alzò di scatto la mano, indicò i fianchi delle montagne ai due lati del fiume con un ampio gesto, come la pennellata di un pittore. «Guarda lassù! Che cosa vedi?»

«Montagne» rispose il giovane Scauro, sempre più stupito.

«Sentieri, mulattiere, piste per il bestiame, ecco ciò che vediamo *noi*!» disse Silla. «Non hai notato quelle piccole terrazze increspate che fanno sembrare le montagne tante sottane minoiche? I Cimbri non dovranno far altro che salire in cima percorrendo le terrazze, e nel giro di tre giorni ci aggireranno... dopodiché, giovane Marco Emilio, ci troveremo tra l'incudine e il martello. Schiacciati peggio di uno scarafaggio calpestato.»

Il giovane Scauro sbiancò in volto a tal punto che Silla e Petreio si protesero automaticamente per impedirgli di precipitare in acqua, ché chiunque fosse caduto in quella corrente non avrebbe avuto scampo.

«Il nostro comandante ha formulato un pessimo piano» disse Silla con asprezza. «Avremmo dovuto aspettare i Cimbri a pie' fermo tra Verona e il lago Benaco, dove avremmo avuto mille possibilità per intrappolarli a dovere, e terreno sufficiente a fare scattare la nostra trappola.»

«Perché, allora, qualcuno non lo *dice* a Quinto Lutazio?» bisbigliò il giovane Scauro.

«Perché è solo uno dei tanti consoli cocciuti e presuntuosi» rispose Silla. «Non vuol sentire altro all'infuori dello sconclusionato blaterìo che ha in testa. Se fosse Caio Mario, starebbe ad ascoltare. Ma neppure c'è bisogno di dirlo: Caio Mario non avrebbe commesso un errore del genere! No, giovane Marco Emilio, il nostro generale, Quinto Lutazio Catulo Cesare, pensa che la cosa migliore sia battersi come alle Termopili. E se ricordi quanto hai studiato a scuola, saprai che *è bastato* un sentierino attorno alla montagna a causare la rovina di Leonida.»

Il giovane Scauro rimase senza fiato. «Scusatemi!» rantolò, e saettò verso la sua tenda.

Silla e Petreio lo videro allontanarsi traballando, mentre cercava di frenare i conati di vomito.

«Questo non è un esercito, è un disastro» disse Petreio.

«No, è un esercito eccellente anche se piccolo» lo contraddisse Silla. «Quelli che lo comandano sono un disastro.»

«Escluso te, Lucio Cornelio.»

«Escluso me.»

«Tu hai in mente qualcosa» disse Petreio.

«Infatti.» E Silla sorrise, mettendo in mostra i lunghi denti.

«Mi è lecito domandardi di che cosa si tratta?»

«Penso proprio di sì, Eneo Petreio. Però preferirei risponderti al... al tramonto, diciamo? Sulla piazzola dell'accampamento della tua legione sannita» disse Silla. «Tu e io impiegheremo il resto del pomeriggio a convocare tutti i centurioni del primo manipolo di triarii e i capocoorte al calar del sole.» Calcolò rapidamente sottovoce. «Fanno solo una settantina di uomini. Ma sono i settanta che contano. Mettiti al lavoro, Eneo Petreio! Occupati delle tre legioni a questa estremità della valle; io monto in groppa al mio fido mulo e mi occuperò delle altre tre all'estremità opposta.»

I Cimbri, quello stesso giorno, avevano raggiunto un punto appena a nord delle sei legioni di Catulo Cesare, e intasarono la valle un bel po' più avanti dei loro carri che ancora non si erano avvicinati ai bastioni di un accampamento romano. E lì rimasero, turbolenti, mentre la notizia si diffondeva tra le legioni e gli esploratori si spingevano a nord a sbirciare da sopra i parapetti di canna lo spettacolo agghiacciante di un'orda di uomini più numerosa di quante un qualsiasi romano ne avesse mai viste, e di uomini di statura gigantesca, perdipiù.

La riunione indetta da Silla sulla piazzola dell'accampamento della legione sannita fu di brevissima durata. Conclusa che fu, c'era ancora luce sufficiente nel cielo, a beneficio di coloro i quali vi avevano presenziato, per seguire Silla al di là del ponte e nel villaggio di Trento, dove Catulo Cesare aveva posto il suo quartier generale nell'abitazione del magistrato locale. Anche Catulo Cesare aveva indetto una riunione, per discutere dell'arrivo dei Cimbri, ed era tutto preso a lagnarsi dell'assenza del comandante in seconda, quando Silla fece il suo ingresso nella stanza affollata.

«Gradirei che fossi puntuale, Lucio Cornelio» disse in tono glaciale. «Siediti, ti prego, così potremo venire al sodo e decidere in merito all'attacco che sferreremo domani.»

«Spiacente, non ho tempo per sedermi» rispose Silla, che non indossava la corazza, ma portava il corsetto di cuoio e le *pteryges*, ed era armato di spada e daga.

«Se hai cose più importanti da fare, allora vattene!» urlò Catulo Cesare, paonazzo in viso.

«Oh, non vado proprio da nessuna parte» fece Silla, sorridendo. «Le cose importanti che ho da fare si trovano qui, in questa stanza, e la cosa più importante di tutte è che domani non ci sarà battaglia alcuna, Quinto Lutazio.»

Catulo Cesare balzò in piedi. «Niente battaglia? Perché?»

«Perché le truppe si sono ammutinate, e sono stato io a istigarle.» Silla sguainò la spada. «Entrate, centurioni!» chiamò. «Ci sarà un po' di ressa, ma ci adatteremo.»

Nessuno di coloro che già si trovavano nella stanza aprì bocca, Catulo Cesare perché era troppo adirato, gli altri perché erano o troppo sollevati — non tutti i componenti dello stato maggiore vedevano di buon occhio la battaglia che si profilava per l'indomani — o troppo stupiti. Settanta centurioni varcarono la soglia e si assieparono alle spalle e da entrambi i lati di Silla, lasciando appena un metro di spazio tra se stessi e lo stato maggiore di Catulo Cesare, i cui componenti ora se ne stavano tutti in piedi, addossati alla parete.

«Ti farò gettare dalla Rupe Tarpea per questo!» ringhiò Catulo Cesare.

«Se così dovrà essere, così sarà» disse Silla, e rinfoderò la spada. «Ma quand'è che un ammutinamento è realmente tale, Quinto Lutazio? Fino a che punto si pretende che un soldato presti cieca obbedienza? È vero patriottismo andare volentieri alla morte quando il generale che dà gli ordini è un emerito imbecille?»

Era chiaramente palese che Catulo Cesare non sapeva che dire, non riusciva a trovare le parole giuste per replicare a tanta brutale schiettezza. D'altro canto, era troppo orgoglioso per balbettare sconnesse lamentele, e troppo sicuro della sua posizione per non ribattere alcunché. Così, finì col dire, in tono di gelida dignità: «Questo è insostenibile, Lucio Cornelio!».

Silla annuì. «Ne convengo, è insostenibile. In effetti, già la nostra presenza qui a Trento è insostenibile. Domani i Cimbri scoveranno i cento e cento sentieri praticati sui fianchi delle montagne da bovini, pecore, cavalli, lupi. Non un'Anopaea, ma centinaia di Anopaee! Tu non sei uno spartano, Quinto Lutazio, sei un romano, e mi stupisce che i tuoi ricordi delle Termopili siano spartani anziché romani! Non hai studiato come Catone il Censore si è servito del sentiero Anopaea per accerchiare re Antioco? O il tuo maestro riteneva che Catone il Censore fosse di troppo umili origini per servire di esempio di qualcosa che è ben al di sopra della *hubris*, della superbia? Per quanto concerne le Termopili, è Catone il Censore che *io* ammiro, non Leonida e gli uomini della sua guardia reale, fattisi sterminare dal primo all'ultimo! Gli Spartani erano pronti a morire fino all'ultimo uomo semplicemente per tenere a bada i Persiani quanto bastava a consentire alla flotta greca di radunarsi ad Artemisio. Solo che non ha funzionato, Quinto Lutazio. *Non... ha... funzionato!* La flotta greca è stata distrutta, e Leonida è morto inutilmente. E le Termopili hanno forse influito sull'andamento della guerra contro i Persiani? No, di certo! Quando la successiva flotta greca ha vinto a Salamina, non c'è stato alcun preludio alle Termopili. Puoi onestamente affermare che preferisci l'eroismo suicida di Leonida all'intelligenza strategica di Temistocle?»

«Ti sbagli sulla situazione» disse Catulo Cesare seccamente, il suo orgoglio personale ridotto a brandelli da quella specie di scaltro Ulisse dai capelli rossi; la verità, infatti, era che ci teneva di più a cavarsi d'impaccio con la sua *dignitas* e la sua *auctoritas* intatte, di quanto tenesse al destino del suo esercito o dei Cimbri.

«No, Quinto Lutazio, sei *tu* che ti sbagli sulla situazione» disse Silla. «Il tuo esercito è passato ai miei ordini, in virtù dell'ammutinamento. Quando Caio Mario mi ha inviato qui,» e lasciò cadere il nome con soave chiarezza nel silenzio stagnante «ho ricevuto un solo ordine. E cioè, fare in modo che questo esercito sopravviva integro finché Caio Mario possa assumerne il comando, e non potrà farlo prima di avere sconfitto i Teutoni. Caio Mario è il nostro comandante supremo, Quinto Lutazio, e in questo preciso momento non faccio che eseguire i suoi ordini. Se i suoi ordini contrastano con i tuoi, obbedisco a lui, non a te. Se permetterò che questa avventata impresa continui, questo esercito sarà sterminato sul campo di battaglia di Trento. Be', non ci sarà un campo di battaglia. Stasera questo esercito si ritirerà. Intatto. E vivrà in modo da combattere un'altra volta, quando le probabilità di vittoria saranno infinitamente maggiori. »

« Ho giurato che nessun piede germanico avrebbe calpestato il suolo italico, » ribatté Catulo Cesare « e non diventerò spergiuro. »

« Non spetta a te prendere la decisione, Quinto Lutazio, per cui non sei spergiuro » disse Silla.

Quinto Lutazio Catulo Cesare era uno di quei senatori della vecchia guardia che si rifiutavano di portare un anello d'oro come emblema del loro rango; portava invece l'antico anello di ferro che un tempo tutti i senatori avevano al dito, sicché quando mosse la mano destra per fare un cenno imperioso agli uomini che gremivano la stanza, fissandolo a occhi sgranati, dal suo indice non si sprigionò un lampo giallo, ma si disegnò nell'aria una vaga traccia grigia. Perfettamente immobili finché non colsero quel baluginìo grigiastro, ora gli uomini si agitarono, si mossero, sospirarono.

« Lasciateci soli, tutti quanti » ordinò. « Aspettate fuori. Vorrei parlare a tu per tu con Lucio Cornelio. »

I centurioni si volsero e uscirono alla spicciolata, seguiti dai tribuni militari, e poi dallo stato maggiore di Catulo Cesare e dai legati anziani. Quando nella stanza furono rimasti soltanto Catulo Cesare e Silla, Catulo Cesare tornò al suo scranno e vi si lasciò cadere di schianto.

Era preso tra due fuochi, e se ne rendeva conto. Era stato l'orgoglio a guidarlo su per la valle dell'Adige; e non già l'orgoglio di Roma e del suo esercito, bensì l'orgoglio personale che l'aveva indotto a proclamare che nessun piede germanico avrebbe calpestato il suolo italico e poi gli aveva impedito di ritrattare, fosse pure per il bene di Roma o del suo esercito. Più si era inoltrato nella valle, e più profonda si era fatta la sua convinzione di aver commesso un grossolano errore; e tuttavia, l'orgoglio personale non gli consentiva di ammetterlo. Più risaliva l'Adige, e più si avviliva. Così, quando era giunto a Trento e aveva pensato a quanto quel luogo somigliasse alle Termopili — sebbene, in termini strettamente geografici, non somigliasse per niente alle Termopili — aveva concepito l'idea di una *degna* morte per tutti gli interessati, salvando in tal modo il suo onore, quel fatale orgoglio personale. Proprio come il ricordo delle Termopili viveva nei secoli, così sarebbe stato per Trento. La caduta di un pugno di eroi, sopraffatti da una moltitudine di nemici. *Straniero, riferisci ai Romani che qui giaciamo in ossequio al loro comando!* Con uno splendido monumento, e pellegrinaggi, e immortali poemi epici.

La vista dei Cimbri che si riversavano nella valle da nord lo fece rinsavire, poi Silla completò il processo. Anche Catulo Cesare, infatti, aveva gli occhi per vedere, e dietro agli occhi *c'era* un cervello, anche se si trattava di un cervello troppo spesso offuscato dalla vastità della sua *dignitas* personale; gli occhi avevano preso nota delle molte terrazze che creavano giganteschi scalini sui ripidi, verdi pendii incombenti su di loro, e il cervello aveva compreso con quanta rapidità i guerrieri cimbri avrebbero potuto aggirarli. Quella non era una gola fiancheggiata da dirupi, era solo un'angusta valle alpina che non consentiva lo spiegamento di un esercito perché i pascoli salivano con un'angolazione che non permetteva alle truppe di schierarsi, e tanto meno ruotare e girarsi per eseguire le giuste manovre.

Ciò che Catulo Cesare non era riuscito a vedere era un modo per cavarsi d'impaccio senza perdere la faccia, e lì per lì l'irruzione di Silla alla sua riunione preliminare gli era sembrata la risposta ideale; avrebbe potuto dar la colpa di tutto all'ammutinamento, e tuonare al Senato, e istruire i processi per alto tradimento a carico di tutti gli ufficiali coinvolti, da Silla all'ultimo centurione. Ma quella soluzione non era durata più di qualche istante. L'ammutinamento era il reato più grave contemplato dal codice militare, ma un ammutinamento che lo vedesse opporsi da solo a tutti gli ufficiali del suo esercito (Catulo Cesare si era subito reso conto, dall'espressione dei loro volti, che nessuno degli uomini presenti nella stanza quando Silla vi era entrato si sarebbe rifiutato di ammutinarsi) faceva piuttosto pensare a una vittoria del buon senso su una monumentale stupidità. Se non ci fosse mai stata un'Arausio, se Cepione e Mallio Massimo non avessero offuscato per sempre il concetto dell'*imperium* del generale romano agli occhi del Popolo di Roma, e persino di talune fazioni all'interno del Senato, forse le cose sarebbero state diverse. Così come stavano, Catulo Cesare comprese subito dopo la comparsa di Silla che se si fosse ostinato a dichiarare che c'era stato un ammutinamento, sarebbe stato lui a subirne le conseguenze agli occhi del mondo romano, lui, magari, a finire con l'esser chiamato a rispondere dell'accusa di alto tradimento davanti al tribunale speciale creato da Saturnino.

Di conseguenza, Quinto Lutazio Catulo Cesare aspirò a fondo e fece un tentativo di conciliazione. «Non parliamo più di ammutinamento, Lucio Cornelio» disse. «Non c'era bisogno che sbandierassi i tuoi sentimenti pubblicamente. Avresti dovuto venire a parlarmi a tu per tu. Se l'avessi fatto, si sarebbe potuto derimere la questione fra noi.»

«Non sono d'accordo, Quinto Lutazio» ribatté Silla in tono pacato. «Se fossi venuto a parlarti in privato, mi avresti detto di badare ai fatti miei. Avevi bisogno di una lezione obiettiva.»

Catulo Cesare serrò le labbra; squadrò Silla dall'alto del suo naso romano, splendido esemplare di uno splendido clan, biondo di capelli e azzurro d'occhi, pronto a dar battaglia, armato della sua alterigia. «Sai, sei stato troppo a lungo con Caio Mario» disse. «Questo tipo di comportamento non si confà al tuo rango di patrizio.»

Silla batté la mano contro il gonnellino fatto di strisce di cuoio con tanta forza che le frange e gli ornamenti metallici tintinnarono. «Oh, per tutti gli dèi, lascia perdere queste idiozie sulla famiglia, Quinto Lutazio! Non ne posso più dell'esclusivismo, mi fa vomitare! E prima che ti metta a blaterare sul nostro comune superiore, Caio Mario, permettimi di ricordarti che in fatto di capacità militari e attitudini al comando, ci oscura tutti quanti come il faro di Alessandria fa sparire un'isolata candelina! Tu non sei nato per fare il soldato, esattamente come non lo sono io! Ma io ho su di te il vantaggio di aver imparato a cavarmela facendo il noviziato alla luce del faro di Alessandria, sicché la mia candela arde più luminosa della tua!»

«Quell'individuo viene sopravvalutato!» disse Catulo Cesare a denti stretti.

«Oh, no, che non lo è! Bela e ruggisci quanto ti pare, Quinto Lutazio, ma Caio Mario è il Primo a Roma! L'uomo di Arpino è in grado di battervi tutti quanti con una mano sola, e vi sorpassa di gran lunga.»

«Mi sorprende che tu gli sia tanto fedele... ma ti giuro, Lucio Cornelio, che non me lo dimenticherò.»

«Sono pronto a scommetterci» disse Silla tetramente.

«Ti consiglio, Lucio Cornelio, di mutare almeno in parte il tuo atteggiamento negli anni a venire» continuò Catulo Cesare. «Se non lo farai, non diventerai mai pretore, e tanto meno console!»

«Oh, quanto mi piacciono le aperte minacce!» fece Silla in tono discorsivo. «Chi stai cercando di prendere in giro? Sono di nobili natali, e se verrà il momento in cui ti tornerà utile corteggiarmi, sta' pur certo che mi corteggerai!» Guardò Catulo Cesare con espressione scaltra. «Sai, un giorno sarò il Primo a Roma. L'albero più alto del mondo, proprio come Caio Mario. E c'è una cosa da tener presente: gli alberi così alti, nessuno riesce ad abbatterli. Quando cadono, è perché marciscono dall'interno.»

Catulo Cesare non replicò, così Silla si lasciò cadere su uno scranno e si protese a versarsi del vino.

«Ora, a proposito dell'ammutinamento, Quinto Lutazio. Togliti di testa qualsiasi idea tu possa accarezzare che non avrò il coraggio di andare fino in fondo.»

«Ammetto di non conoscerti per niente, Lucio Cornelio, ma in questi due mesi ho avuto modo di saggiare la tua tempra quanto mi basta a capire che non c'è quasi nulla che non faresti per averla vinta» disse Catulo Cesare. Abbassò lo sguardo a fissare l'antico anello di ferro da senatore, quasi che potesse trarne ispirazione. «L'ho detto e lo ripeto: non parliamo più di ammutinamento.» Deglutì rumorosamente. «Mi atterrò alla decisione dell'esercito di ritirarci. A una condizione: che la parola "ammutinamento" non venga più pronunciata.»

«A nome dell'esercito, acconsento» disse Silla.

«Vorrei impartire l'ordine di ritirata personalmente. Dopodiché... suppongo che tu abbia già elaborato la tua strategia, no?»

«È assolutamente necessario che sia tu a ordinare la ritirata, Quinto Lutazio. Anche agli uomini in attesa, là fuori, di vederci uscire» rispose Silla. «E, sì, ho già elaborato una strategia. Una strategia semplicissima. All'alba l'esercito leverà le tende e si allontanerà il più in fretta possibile. Tutti dovranno trovarsi al di là del ponte e a sud di Trento prima dell'imbrunire. I più vicini al ponte sono gli ausiliari sanniti, perciò potranno montarvi la guardia finché tutti gli altri non siano passati, dopodiché attraverseranno il fiume a loro volta, per ultimi. Mi serve immediatamente l'intero corpo dei genieri, perché non appena l'ultimo sannita avrà percorso il ponte, questo deve crollare. Peccato che sia costruito su piloni di pietra che non avremo modo di smantellare, per cui i Germani saranno in grado di ricostruirlo. Non sono abili costruttori, tuttavia, e ciò significa che l'impresa chiederà loro un bel po' di tempo, più di quanto ne richiederebbe a noi, e può darsi che la costruzione crolli varie volte mentre Boiorix vi farà passare la sua gente. Se vuole marciare a sud, deve attraversare il fiume qui a Trento. Per cui dobbiamo rallentare la sua marcia.»

Catulo Cesare si alzò. «Allora facciamola subito finita con questa farsa.» Uscì dalla baracca e ristette impalato, calmo, apparentemente del tutto padrone di sé; già era iniziata l'opera di restauro della *dignitas* e dell'*auctoritas*. «La nostra posizione è insostenibile, per cui ordino la ritirata» disse, in tono chiaro e deciso. «Ho impartito istruzioni a Lucio Cornelio sul modo di procedere, sicché prenderete ordini da lui. Desidero tuttavia chiarire che la parola "ammutinamento" non è mai stata pronunciata. Capito?»

Gli ufficiali emisero un mormorìo di assenso, grati agli dèi che si potesse dimenticare la parola "ammutinamento".

Catulo Cesare si volse per rientrare nella baracca. «In libertà» aggiunse da sopra la spalla.

Mentre gli uomini si sparpagliavano, Eneo Petreio si affiancò a Silla e s'incamminò con lui verso il ponte. «È andata piuttosto bene, mi pare, Lucio Cornelio. Si è comportato meglio di quanto credessi. Meglio di altri del suo tipo, te lo giuro.»

«Oh, possiede un cervello dietro quei suoi modi altezzosi» disse Silla giovialmente. «Ma ha ragione: "ammutinamento" è una parola che non si è mai pronunciata.»

«Non la udrai di certo dalle mie labbra!» ribatté Petreio con fervore.

Era buio pesto, ma il ponte era illuminato da torce, sicché ne attraversarono i tronchi scheggiati senza difficoltà. Giunto in fondo, Silla corse avanti ai centurioni e ai tribuni che seguivano lui e Petreio e si volse ad affrontarli.

«Tutti gli uomini pronti a mettersi in marcia alle prime luci dell'alba» ordinò. «I genieri e tutti i centurioni dovranno presentarsi a rapporto da me, qui, un'ora prima che albeggi. I tribuni militari mi seguano, ora.»

«Oh, sono proprio contento che ci sia lui!» disse Eneo Petreio al suo secondo centurione.

«Anch'io, ma non sono per niente contento che ci sia *lui*» osservò il secondo centurione, facendo segno in direzione di Marco Emilio Scauro Minore, che si affrettava dietro Silla e i tribuni suoi colleghi.

Petreio emise un borbottìo. «Sono d'accordo, dà qualche preoccupazione. Comunque sia, lo terrò d'occhio domani. "Ammutinamento" può anche essere una parola che nessuno di noi ha udito, ma i nostri uomini del Sannio non si faranno trarre in inganno da un imbecille di romano, chiunque sia suo padre.»

All'alba, le legioni si misero in movimento. Ebbe inizio la ritirata, in un gran silenzio e senza la minima confusione, come sempre accadeva nel caso di manovre da parte di truppe romane ben addestrate. La legione più lontana dal ponte fu la prima ad attraversarlo, seguita a turno dalle altre, in ordine di distanza dal ponte, sicché fu come se l'esercito si arrotolasse su se stesso alla maniera di un tappeto. Per fortuna, il convoglio dei vettovagliamenti e tutti gli animali da soma all'infuori di un pugno di cavalli messi a disposizione degli ufficiali di più alto grado, erano stati lasciati a sud del villaggio e del ponte; Silla li fece avviare lungo la strada alle prime luci dell'alba, un bel po' prima delle legioni, e aveva impartito ordini che metà dell'esercito sorpassasse il convoglio dei vettovagliamenti quando l'avesse raggiunto, mentre l'altra metà l'avrebbe seguito per l'intero tragitto fino a Verona. Silla, infatti, sapeva che se si fossero lasciati alle spalle Trento, i Cimbri non si sarebbero mossi abbastanza in fretta da scorgere la polvere che sollevavano.

Si scoprì poi che i Cimbri erano così impegnati a esplorare i sentieri che solcavano i fianchi della montagna da lasciar trascorrere un'ora buona dopo l'aurora, prima di rendersi conto che l'esercito romano si stava ritirando. Allora la confusione regnò sovrana, finché non sopraggiunse Boiorix in persona a riportare una parvenza di ordine nell'immensa orda dei suoi uomini. Nel frattempo, la colonna romana si era mossa in gran fretta; quando infine i Cimbri si apprestarono ad attaccare, la legione più lontana dal ponte lo stava già percorrendo in fila per due.

I genieri avevano iniziato a lavorare febbrilmente fra le travi e i contropali sotto la passerella, un bel po' prima dell'alba.

«Sempre la stessa cosa!» si lagnò il capo dei genieri con Silla, quando questi andò a sincerarsi di come procedesse il lavoro. «Mi tocca sempre trafficare con un ponte romano costruito a regola d'arte quando ci sarebbe bisogno che la dannata struttura crollasse al primo tocco.»

«Ce la farai?» domandò Silla.

«Lo spero tanto! Però non esiste un solo ascialone, o un solo bullone qua dentro. Giunti e linguette a regola d'arte, il tutto incastrato in modo da tenerlo giù, non su. Quindi, non posso smantellarlo senza una gru più grossa di quelle che ci siamo portati, neppure se avessi il tempo di montare una macchina del genere, tempo che non ho. No, bisognerà seguire la strada più ardua, temo, e ciò significa che il ponte sarà un po' traballante quando gli ultimi dei nostri lo percorreranno» disse il capo dei genieri.

Silla si accigliò. «E quale sarebbe la strada più ardua?»

«Dobbiamo segare i contropali e le travi principali.»

«Allora, dacci dentro, amico! Ti metterò a disposizione cento buoi per imprimergli il colpetto definitivo... ti bastano?»

«Dovranno bastare» fece il capo dei genieri, e si allontanò per osservare i lavori da una diversa angolazione.

La cavalleria dei Cimbri calò strillando e urlando nella valle, travolgendo le barriere difensive di cinque accampamenti romani abbandonati, in quanto si trattava di muriccioli e fossati senza troppe pretese; non c'era stato tempo per costruire qualcos'altro. Soltanto la legione sannita era rimasta all'altra estremità del ponte, ed era impegnata a varcare la porta principale del suo campo quando i Cimbri si avventarono tra i legionari e il ponte, tagliandola fuori. I Sanniti si schierarono a ranghi serrati e si apprestarono a sostenere la carica, lance in pugno, volti decisi.

716

Osservando dall'altra estremità del ponte senza poter intervenire, Silla attese che il primo scaglione di cavalleggeri passasse e facesse fare dietro-front ai cavalli, aguzzando la vista per rendersi conto di ciò che il comandante della legione sannita avrebbe deciso di fare. Si trattava del giovane Scauro, e Silla cominciò a crucciarsi per non aver rimosso dall'incarico quel timido figlio di un intrepido padre e assunto personalmente il comando. Ma ormai era troppo tardi; non avrebbe potuto riattraversare il ponte perché non aveva con sé uomini a sufficienza e non aveva l'intenzione di affidare a Catulo Cesare le operazioni di ritirata, la qual cosa significava che lui, Silla, doveva sopravvivere. Né voleva attirare l'attenzione dei Cimbri sull'esistenza del ponte, perché, se ci avessero puntato i loro occhi barbarici, avrebbero scorto cinque legioni romane e un convoglio di vettovagliamenti in marcia verso sud, un vero e proprio invito all'inseguimento. Se necessario, decise, avrebbe ordinato che i buoi cominciassero a esercitare la trazione sulle catene che li legavano al ponte semidemolito; ma non appena l'avesse fatto, la legione sannita non avrebbe più avuto scampo.

« Comanda la carica, giovane Scauro, comanda la carica verso nord! » si scoprì a borbottare. « Respingili, porta i tuoi uomini al ponte! »

La cavalleria dei Cimbri si stava girando, le prime file trascinate un bel po' al di là del campo sannita dall'impeto della carica, mentre le schiere di centro bloccavano i cavalli in modo da lasciare spazio alle file di testa per girarsi e galoppare indietro; dopodiché, tutta la pressione sarebbe calata sul campo sannita, travolgendolo, e calpestando ogni cosa, sotto gli zoccoli dei cavalli e facilitando così l'opera di distruzione alle orde di guerrieri appiedati. Da quel momento in poi, la cavalleria si sarebbe trasformata in una sorta di gigantesco cucchiaio, sospingendo i sanniti verso nord, nella massa della fanteria dei Cimbri.

L'unica possibilità di salvezza dei Sanniti consisteva nell'avanzare attraverso le schiere di coda dei cavalleggeri e isolare così le file di testa dai rinforzi, per poi abbattere i cavalli dei due tronconi a colpi di lancia, mentre gli uomini non impegnati a combattere correvano a perdifiato verso il ponte. Ma dov'era il giovane Scauro? Perché non impartiva quel comando? Ancora qualche istante, e sarebbe stato troppo tardi!

Le acclamazioni delle tre centurie che Silla aveva con sé anticiparono la visione della carica sannita, perché Silla cercava con lo sguardo un tribuno militare a cavallo, mentre la carica era comandata da un legionario appiedato: Eneo Petreio, il centurione del primo manipolo di triarii dei Sanniti.

Urlando all'unisono con i suoi uomini, Silla saltellava e ballonzolava spostando il peso del corpo da un piede all'altro, mentre i Sanniti non impegnati a combattere cominciavano a sciamare sul ponte a tutta velocità e a ranghi così serrati da non concedere spazio sufficiente ai Cimbri per tagliarli fuori una seconda volta. Le file di testa dei cavalli dei Cimbri cadevano a centinaia sotto la pioggia di lance sannitiche, e i guerrieri si dibattevano per liberarsi dai destrieri abbattuti e s'intricavano in una confusione ancor maggiore, via via che altre lance si conficcavano in fianchi, petti, groppe, colli, inguini di equini ansanti; e le file di coda della cavalleria dei Cimbri, bloccate dall'altro lato dei Sanniti, non se la cavavano molto meglio. Alla fine, fu proprio la loro stessa cavalleria atterrata a impedire l'avanzata dei Cimbri appiedati. Ed Eneo Petreio attraversò il ponte dopo l'ultimo dei suoi uomini, senza che un solo guerriero germanico li inseguisse.

I buoi erano stati messi all'opera un bel po' prima che ciò accadesse, perché le cento bestie aggiogate a due a due sarebbero riuscite a imprimere l'impeto necessario solo dopo qualche tempo, a cominciare dalla prima coppia di buoi, per passare alla successiva, e così via per le cinquanta coppie, finché le catene si fossero tese e il ponte cominciasse ad avvertire la trazione. Poiché si trattava di un solido ponte romano costruito a regola d'arte, tenne più a lungo di quanto avesse creduto persino il capo dei genieri, col pessimismo tipico della sua categoria; ma a un certo punto uno dei contropali si separò dagli altri e tra cigolii, schianti, sussulti e rombi, il ponte tridentino sull'Adige cedette. Le travi precipitarono nella corrente e furono trascinate via, turbinando come pagliuzze galleggianti in una fontanella.

Eneo Petreio era rimasto ferito al fianco, ma non gravemente; Silla lo trovò seduto, con i medici della legione che cercavano di sfilargli il corsetto, il volto rigato da un misto di fango, sudore e sterco di cavallo, e ciononostante pareva in gamba e lucidissimo.

«Non toccate quella ferita prima di ripulirlo a dovere, coglioni!» latrò Silla. «Lavate via ogni traccia di escrementi, prima! Non morrà comunque dissanguato, vero, Eneo Petreio?»

«Eneo Petreio non morrà!» disse il centurione con un largo sorriso. «Ce l'abbiamo fatta, eh, Lucio Cornelio? Li abbiamo fatti passare tutti su questa sponda, e soltanto un pugno di uomini è rimasto dall'altra parte!»

Silla si accovacciò accanto a lui e accostò la testa a quella del centurione per evitare che qualcuno udisse le sue parole. «Che ne è del giovane Scauro?»

Petreio piegò le labbra all'ingiù. «Si è lasciato prendere dal panico mentre avrebbe dovuto far lavorare il cervello, poi, quando l'ho incitato a prendere l'iniziativa, mi è svenuto tra le braccia. Ha perso i sensi. Ora sta bene, povero ragazzo; alcuni dei nostri l'hanno trasportato di peso da questa parte. Peccato, ma le cose stanno così. In lui non c'è traccia del fegato di suo padre. Avrebbe dovuto fare il bibliotecario.»

«Non so dirti quanto sia lieto che ci fossi tu, e non qualche altro centurione. Proprio non ci avevo pensato! E quando mi è venuto in mente, mi sarei preso a calci per non aver assunto personalmente il comando della legione» disse Silla.

«Non importa, Lucio Cornelio, è finita bene. Perlomeno, ora conosce i suoi limiti.»

I medici tornarono con bacinelle d'acqua e spugne sufficienti a lavare una dozzina di uomini; Silla si rialzò per lasciarli lavorare, tendendo il braccio destro. Il ferito sollevò il suo, e i due uomini espressero con una stretta di mano tutto ciò che provavano.

«Ti spetta la Corona d'Erba» disse Silla.

«No!» fece Petreio, l'aria impacciata.

«Sì, invece. Hai salvato un'intera legione da sicura morte, Eneo Petreio, e quando un uomo salva da solo un'intera legione da sicura morte, gli s'impone la corona d'erba. Provvederò personalmente» ribatté Silla.

Era quella, la Corona d'Erba che Iulilla aveva visto nel suo futuro tanti anni addietro? Si domandò Silla mentre si avviava lungo il pendìo, al villaggio, per organizzare il trasporto su un carro di Eneo Petreio, l'eroe di Trento. Povera Iulilla! Povera, povera Iulilla... Non era mai riuscita a combinarne una giusta, così forse la cosa riguardava anche le sue intuizioni in merito alle strane manifestazioni della dea Fortuna. L'unica Iulia che per nascita non possedesse la facoltà di far felici i suoi uomini: ecco che cos'era stata Iulilla. Poi i pensieri di Silla corsero ad altre cose, più importanti; Lucio Cornelio Silla non avrebbe certamente cominciato ora a rimproverarsi per la sorte di Iulilla. La cosa non lo riguardava; era stata lei a foggiarsi il suo destino.

Catulo Cesare riportò il suo esercito nel campo alle porte di Verona prima che Boiorix riuscisse a far passare l'ultimo dei suoi carri sull'ultimo dei parecchi ponti traballanti e iniziasse la discesa verso le fertili pianure della valle Padana. Sulla prime, Catulo Cesare aveva insistito sull'idea di attestarsi a combattere i Cimbri nei pressi del lago Benaco, ma Silla, ben saldo in sella ora, non volle saperne. Costrinse invece Catulo Cesare ad avvertire ogni città e borgo e villaggio, da Aquileia a est a Como e Milano a ovest: tutti i cittadini romani residenti nella Gallia Transpadana dovevano essere evacuati, unitamente a tutti i detentori di Diritti Latini e ai Galli ostili all'idea di fraternizzare con i Germani. I profughi si sarebbero trasferiti a sud del Po, abbandonando la Gallia Transpadana ai Cimbri.

«Saranno felici come maiali in un pastone di ghiande» disse Silla fiducioso, con l'esperienza di un anno di vita tra i Cimbri. «Una volta che avranno assaporato i pascoli e la pace che regna tra il lago Benaco e la sponda settentrionale del Po, Boiorix non riuscirà più a tener unita la sua gente. Si sparpaglieranno in cento direzioni diverse, aspetta e vedrai.»

«Saccheggiando, distruggendo, appiccando le fiamme» obiettò Catulo Cesare.

«Forse... *ma* dimenticandosi di ciò che dovrebbero fare, cioè invadere l'Italia. Fatti coraggio, Quinto Lutazio! Almeno si tratta della Gallia più gallica da questa parte delle Alpi; e i Cimbri non passeranno il Po prima di averla spolpata come fa un affamato con una carcassa di pollo. La nostra gente, nel frattempo, avrà preceduto di un bel tratto i Germani, portandosi appresso tutto ciò che ha caro. La sua terra non sparirà, e ce la riprenderemo quando arriverà Caio Mario.»

Catulo Cesare trasalì, ma non aprì bocca; aveva ormai imparato quanto fosse tagliente la lingua di Silla. Non solo, aveva altresì imparato quanto Silla fosse spietato. E freddo, e inflessibile, e risoluto. Uno strano amico, per Caio Mario, nonostante il fatto che erano cognati. O lo erano stati. Silla si era sbarazzato anche della sua Iulia? si domandò Catulo Cesare: durante le molte ore trascorse a meditare su Silla si era ricordato di una voce che era circolata tra i fratelli di Giulio Cesare e le loro famiglie suppergiù al tempo in cui Silla era emerso dall'oscurità agli splendori della vita pubblica e aveva sposato la più giovane della *gens* Iulia, Iulilla. Era vero che si era procurato il denaro per accedere alla vita pubblica assassinando la... madre?... la matrigna?... l'amante?... il nipote? Be', quando fosse giunto il momento di far ritorno a Roma, pensò Catulo Cesare, si sarebbe fatto un dovere di indagare in merito a tale voce. Oh, non già per servirsene apertamente, o subito; solo col proposito di tenere in serbo le notizie per il futuro, quando Lucio Cornelio avesse sperato di candidarsi alla carica di pretore. Non di edile, quel piacere glielo avrebbe concesso... con tutte le conseguenze rovinose per le sue tasche. Pretore. Sì, pretore.

Quando le legioni furono entrate nel campo alle porte di Verona, Catulo Cesare si rese conto che la prima cosa da fare era quella di informare Roma in gran fretta del disastro occorso sull'Adige; se non l'avesse fatto, sospettava che ci avrebbe pensato Silla, tramite Caio Mario, per cui era importante che la sua fosse la prima versione dei fatti di cui Roma venisse a conoscenza. Con entrambi i consoli impegnati in guerra, un dispaccio al Senato andava indirizzato al capo dell'assemblea, così fu a Marco Emilio Scauro, *Princeps Senatus*, che Catulo Cesare inviò il suo rapporto, allegando anche una lettera personale in cui gli esponeva in modo più preciso e particolareggiato quanto era effettivamente accaduto. E affidò il rapporto e la lettera, suggellati con gran cura, al giovane Scauro, figlio del *Princeps Senatus*, ordinandogli di recare il plico a Roma, galoppando a tutto spiano.

« È il miglior cavalleggero che abbiamo » disse Catulo Cesare a Silla in tono blando.

Silla l'adocchiò con la stessa espressione ironica, derisoria, di superiorità che aveva ostentato durante il colloquio relativo all'ammutinamento. « Sai, Quinto Lutazio, possiedi il tipo di crudeltà più squisitamente raffinata che abbia mai constatato » disse Silla.

« Intendi annullare il mio ordine? » domandò Catulo Cesare, in tono beffardo. « Hai il potere di farlo. »

Ma l'altro scrollò le spalle, si girò. « È il tuo esercito, Quinto Lutazio. Fa' come ti pare. »

E Quinto Lutazio aveva fatto come gli pareva; aveva inviato Marco Emilio Scauro in gran fretta a Roma, a recare la notizia della sua vergogna.

« Ti ho scelto per questo incarico, Marco Emilio Minore, perché non saprei escogitare punizione peggiore per un codardo con le tue tradizioni familiari di quella consistente nel recare al proprio padre la notizia di un fallimento militare e del proprio fallimento personale » disse Catulo Cesare in tono misurato, pontificale.

Il giovane Scauro, pallido, con la coda fra le gambe, parecchio smagrito rispetto a un paio di settimane prima, rimase impalato sull'attenti, sforzandosi di non guardare in faccia il suo comandante. Ma quando Catulo Cesare accennò all'incarico, gli occhi del giovane Scauro, una versione più sbiadita, meno bella di quelli verdi di suo padre, si fissarono con riluttanza sul volto altero di Catulo Cesare.

« Ti prego, Quinto Lutazio! » boccheggiò. « Ti prego, ti supplico, manda qualcun altro! Lascia che affronti mio padre quando lo deciderò io! »

« Il momento giusto, Marco Emilio Minore, è il momento di Roma » rispose gelidamente Catulo Cesare, in cui andava montando il disprezzo. « Raggiungerai Roma al galoppo e consegnerai al

Princeps Senatus il mio dispaccio consolare. Sarai anche un codardo sul campo di battaglia, però sei il miglior cavalleggero che abbiamo, e vanti un nome abbastanza illustre da riuscire a procurarti cavalli freschi lungo l'intero tragitto. Non devi aver paura, sai! I Germani si trovano un bel po' più a nord, per cui non ne incontrerai a minacciare la tua incolumità, a sud. »

Il giovane Scauro cavalcò per chilometri e chilometri come un sacco di farina gettato di traverso sulla sella, discendendo la Via Annia e la Via Cassia fino a Roma, un tragitto più breve anche se più duro. La testa gli sobbalzava su e giù al ritmo del cavallo, e i denti battevano in una sorta di pulsazione cardiaca, stranamente confortante. Di tanto in tanto parlava da solo.

« Se avessi avuto un po' di coraggio cui fare appello, non credi che l'avrei trovato? » domandò ai suoi fantomatici ascoltatori nel vento e sulla strada e nel cielo. « Che posso fare se mi manca del tutto il coraggio, padre? Da dove ci viene il coraggio? Perché non ne ho avuto la mia parte? Come posso parlarti della pena e della paura, del *terrore* che ho provato quando quegli orribili selvaggi si sono avventati strillando e urlando come le Furie? Non potevo muovere un dito! Non riuscivo neanche a controllare le budella, figuriamoci il cuore! Mi si è gonfiato in petto fino a scoppiare, e sono crollato privo di sensi, felice di essere morto! E poi mi sono svegliato, scoprendo che, dopotutto, ero vivo, ancora invaso dal terrore... facendomela ancora sotto... i soldati che mi avevano portato in salvo, intenti a lavarsi via la mia merda puzzolente nel fiume, sotto i miei occhi, con un'aria di tale disprezzo, di tale disgusto! Oh, padre, che cos'è il coraggio? Che fine ha fatto la mia parte di coraggio? Padre, *ascoltami*, lasciami spiegare! Come puoi biasimarmi per qualcosa che non possiedo? Padre, *ascoltami!* »

Ma Marco Emilio Scauro, *Princeps Senatus*, non lo ascoltò. Quando suo figlio arrivò col plico di Catulo Cesare, si trovava al Senato, e quando tornò a casa, suo figlio si era rintanato in camera, lasciando all'intendente un messaggio per suo padre in cui annunciava che gli aveva recato un plico da parte del console e avrebbe atteso in camera sua che, dopo averlo letto, lo mandasse a chiamare.

Scauro decise di leggere per primo il dispaccio, tetro in volto, ma almeno grato agli dèi che le legioni fossero in salvo. Poi lesse la lettera di Catulo Cesare, articolando con le labbra, ad alta voce, una terribile parola dopo l'altra, rannicchiandosi sempre più nel suo scranno fino a dare l'impressione di ridursi a metà delle dimensioni normali, e le lacrime gli inondarono gli occhi e caddero sul papiro, allargandosi a formare grandi macchie umide. La lettera gli diede la misura di Catulo Cesare, naturalmente; ciò non lo sorprese, anzi fu profondamente grato agli dèi che fosse stato presente un legato deciso e impavido come Silla a proteggere quelle preziose truppe.

Ma aveva pensato che suo figlio, nel travaglio di una vitale, estrema emergenza, avrebbe scoperto quel coraggio, quella prodezza che Scauro, sinceramente, riteneva albergassero in ogni uomo. In ogni uomo che portasse il nome di Emilio, quanto meno. Il ragazzo era l'unico figlio maschio che avesse generato, addirittura il suo unico rampollo. E ora la sua dinastia si sarebbe estinta in una simile vergogna, in tanta ignominia...! Ma era giusto così, se tale era la tempra di suo figlio, del suo unico erede.

Tirò un respiro e prese una decisione. Non ci sarebbero state finzioni, né insabbiamenti, né scuse, né simulazioni. Meglio lasciare quel genere di sotterfugi a Catulo Cesare. Suo figlio era palesemente un codardo; aveva abbandonato le sue truppe nell'ora del più grave pericolo, e in un modo più vile, più umiliante della fuga: se l'era fatta sotto ed era svenuto. Era toccato ai suoi uomini portare. lui in salvo, mentre avrebbe dovuto accadere il contrario. E Scauro decise di addossarsi tutta la vergogna con quel coraggio di cui era sempre stato dotato. Che suo figlio subisse il castigo dello scorno di un'intera città.

Le lacrime si asciugarono, il volto si ricompose, e Scauro batté le mani per chiamare l'intendente, e quando questi arrivò, trovò il padrone seduto a spalle erette nello scranno, le mani giunte mollemente sullo scrittoio.

«Marco Emilio, tuo figlio è ansioso di parlare con te» disse l'intendente, consapevole che qualcosa non andava, perché il giovanotto si comportava in maniera strana.

«Puoi recare un messaggio a Marco Emilio Scauro Minore» rispose Scauro seccamente. «Riferiscigli che lo rinnego, ma non lo privo del nostro nome. Mio figlio è un codardo, un cane bastardo senza fegato, ma tutta Roma dovrà conoscerlo come tale col nostro nome. Non voglio più vederlo finché avrò vita, riferiscigliello. E riferiscigli anche che non è il benvenuto in questa casa, neppure se si presentasse a mendicare alla porta. Diglielo! Digli che non tollererò la sua presenza finché vivrò! Va' a dirgliello! Diglielo!»

Rabbrividendo per l'emozione e piangendo per il povero giovane, al quale era affezionato e di cui avrebbe potuto dire al padre, in qualsiasi momento degli ultimi vent'anni, che suo figlio non possedeva coraggio, né forza, né risorse interiori, l'intendente andò a riferire al giovane Scauro quanto aveva deciso suo padre.

«Grazie» rispose il giovane Scauro, e richiuse la porta, ma senza tirare il catenaccio.

Quando l'intendente si avventurò nella sua stanza, alcune ore più tardi, perché Scauro aveva preteso di sapere se il figlio rinnegato avesse lasciato la casa, trovò il giovane steso sul pavimento, morto. L'unico nemico che la sua spada avesse giudicato indegno di vivere era proprio lui, per cui il ragazzo l'aveva alla fine intinta nel suo sangue.

Marco Emilio Scauro, *Princeps Senatus*, però, tenne fede alla parola data. Si rifiutò di vedere il figlio, persino da morto. E al Senato recitò la litania dei disastri occorsi nella Gallia Cisalpina con tutta la consueta energia e il solito vigore, non tralasciando un resoconto orribilmente schietto, senza fronzoli, della codardia e del suicidio di suo figlio. Non si risparmiò nulla, né tradì il minimo dolore.

Quando, dopo la seduta, Scauro si costrinse ad aspettare Metello Numidico sui gradini del Senato, si domandò se per caso gli dèi non gli avessero donato tanto coraggio da non lasciarne un briciolo nel serbatoio di famiglia per suo figlio, tanto grande era la somma di coraggio necessaria per attendere Metello Numidico in quel luogo, mentre i senatori gli passavano accanto urtandosi a vicenda, impietositi, ansiosi, schivi, tutt'altro che disposti a fermarsi.

«Oh, mio caro Marco!» esclamò Metello Numidico non appena non ci furono più orecchie che potessero udire. «Mio caro, caro Marco, che posso mai *dire*?»

«Riguardo a mio figlio, nulla» fece Scauro, mentre una sottile lama di calore trafiggeva il deserto di ghiaccio dentro il suo petto; che bello era, avere degli amici! «Riguardo ai Germani, come faremo a impedire che il panico si diffonda per Roma?»

«Oh, non preoccuparti per Roma» disse Metello Numidico con disinvoltura. «Roma sopravvivrà. Gran panico oggi e domani e dopodomani, e il primo giorno di mercato... gli affari sono affari, al solito! Hai mai saputo di qualcuno che traslocasse perché il luogo in cui abita è straordinariamente predisposto ai terremoti, o perché c'è un vulcano in eruzione proprio dietro casa?»

«È vero, non succede. Quanto meno, non prima che crolli una trave, schiacciando la nonna, o la vecchia scivoli in una pozza di lava» osservò Scauro, profondamente soddisfatto dalla constatazione che riusciva a intrattenere una normale conversazione e persino a sorridere un po'.

«Sopravvivremo, Marco, non temere.» Metello Numidico deglutì a vuoto, poi dimostrò di possedere a sua volta non poco coraggio dicendo virilmente: «Caio Mario sta tuttora attendendo l'arrivo del suo contingente di Germani. Ora, se *lui* dovesse subire una sconfitta... *allora, sì*, che avremmo motivo di preoccuparci. Perché se non riesce a sconfiggerli Caio Mario, nessuno potrà farlo».

Scauro ammiccò, giudicando il gesto di Metello Numidico così eroico da non richiedere commenti; inoltre, avrebbe fatto bene a imporsi di dimenticare per l'eternità che Metello Numidico avesse mai ammesso che Caio Mario era la miglior possibilità di Roma, e anche il suo miglior generale.

« Quinto, c'è una cosa che devo dirti a proposito di mio figlio, dopodiché potremo considerarlo un capitolo chiuso » disse Scauro.

« E sarebbe? »

« Tua nipote... la tua pupilla, Metella Dalmatica. Questo sciagurato episodio ha causato grande imbarazzo a te, e anche a lei. Ma dille che se l'è cavata con un bel po' di fortuna. Non sarebbe stato un piacere, per una Cecilia Metella, ritrovarsi sposata a un codardo » rispose Scauro in tono burbero.

All'improvviso scoprì che camminava da solo, si volse e vide Metello Numidico ritto immobile, come folgorato.

« Quinto? Quinto? Che cosa succede? » domandò Scauro, tornando accando all'amico.

« Che cosa *succede?* » gli fece eco Metello Numidico, tornando alla realtà. « Per il divino Amore, non *succede* proprio niente! Oh, mio caro, caro Marco! Mi è appena venuta una splendida idea! »

« Ah, sì? »

« Perché non la sposi *tu*, mia nipote Dalmatica? »

Scauro rimase a bocca aperta. « *Io?* »

« Sì, tu! Eccoti qua, vedovo da un pezzo, e ora senza un figlio che erediti il tuo nome o i tuoi beni. È una tragedia, Marco » disse Metello Numidico, in tono di profondo calore e urgenza. « È una ragazzina deliziosa, e così carina! Via, Marco, seppellisci il passato, ricomincia tutto da capo! Per soprammercato, è *molto* ricca. »

« Non sarei migliore di quel vecchio caprone libidinoso di Catone il Censore » osservò Scauro, lasciando trapelare quel tanto di dubbio sufficiente a far capire a Metello Numidico che si sarebbe potuto convincerlo, se la proposta fosse stata davvero seria. « Quinto, ho cinquantacinque anni! »

« Ma dai l'impressione di poter vivere per altri cinquantacinque. »

« Guardami! Coraggio, guardami! Calvo... con la pancetta... più rugoso di un elefante di Annibale... le spalle già un po' curve ... tormentato dai reumatismi... e anche dalle emorroidi... no, Quinto, no! »

« Dalmatica è abbastanza giovane da ritenere che un nonno sia esattamente il tipo di marito giusto » gli fece osservare Metello Numidico. « Oh, Marco, mi farebbe tanto piacere! Allora, che ne pensi? »

Scauro si prese la testa pelata tra le mani, sbuffando, e tuttavia cominciando a sentirsi pervadere da un fremito nuovo. «Credi sinceramente che *funzionerebbe?* Credi che potrei farmi un'altra famiglia? Morrei prima che i miei figli fossero grandi!»

«Perché dovresti morire giovane? Mi sembri una di quelle mummie egizie: così ben conservate da durare ancora mille anni. Quando morrai, Marco Emilio, Roma sarà scossa dalle fondamenta.»

S'incamminarono attraverso il Foro in direzione della Scala delle Vestali, immersi nella discussione, gesticolando animatamente con la mano destra.

«Guarda un po' quei due» fece Saturnino, rivolto a Glaucia. «Tramano la rovina di tutti i demagoghi, ci scommetto.»

«Un pezzo di merda col cuore di sasso, il vecchio Scauro» disse Glaucia. «Come ha potuto alzarsi a parlare in quel modo di suo figlio?»

Saturnino arricciò il labbro. «Perché l'onore della famiglia conta di più degli individui che la compongono. Comunque sia, è stata una tattica brillante. Ha mostrato al mondo che nella sua *famiglia* il coraggio non manca! Suo figlio ha rischiato di far perdere una legione a Roma, ma nessuno biasimerà Marco Emilio, né lo imputerà alla sua famiglia.»

Per la metà di settembre i Teutoni avevano attraversato Arausio e si avvicinavano alla confluenza del Rodano e della Durance; il morale nella roccaforte romana alle porte di Glanum era sempre più alto.

«È un bene» disse Caio Mario a Quinto Sertorio mentre compivano un giro d'ispezione.

«Sono anni che aspettano questo momento» osservò Sertorio.

«Non hanno un briciolo di paura, eh?»

«Confidano che li guiderai alla vittoria, Caio Mario.»

La notizia del fallimento di Trento era stata recata da Quinto Sertorio, che per il momento aveva rinunciato a camuffarsi da cimbro; si era incontrato con Silla in gran segreto, e ne aveva ricevuto una lettera per Mario che descriveva gli eventi in modo pittoresco e concludeva informando Mario che l'esercito di Catulo Cesare si era accampato per svernare alle porte di Piacenza. Poi arrivò una lettera di Publio Rutilio Rufo da Roma, in cui si forniva il punto di vista dell'Urbe riguardo alla faccenda.

Suppongo sia stata una tua decisione personale, quella di mandare Lucio Cornelio a tener d'occhio il nostro altezzoso amico Quinto Lutazio, e l'applaudo di tutto cuore. Corrono stranissime voci di ogni genere, ma quale sia la verità, nessuno sembra in grado di stabilirlo, neppure i *boni*. Senza dubbio tu già la conosci tramite i buoni uffici di Lucio Cornelio: più avanti, quando tutta questa faccenda dei Germani sarà conclusa, mi appellerò all'amicizia che mi lega a te per ottenere la vera spiegazione. Finora ho sentito parlare di ammutinamento, codardia, trascuratezza, e di ogni altro reato militare possibile e immaginabile. Il particolare più affascinante è la concisione e... come dire?... la schiettezza del rapporto inoltrato da Quinto Lutazio al Senato. Ma è *davvero* così schietto? Una semplice ammissione che quando ha incontrato i Cimbri si è reso conto che Trento non era il posto adatto per una battaglia, e così ha fatto dietro-front e si è ritirato per salvare il suo esercito, dopo aver distrutto un ponte e ritardato l'avanzata dei Germani? Dev'esserci sotto qualcosa di più! Ti vedo sorridere mentre leggi le mie parole.

Roma è un mortorio senza i consoli. Mi è terribilmente dispiaciuto per Marco Emilio, naturalmente, e immagino che sia dispiaciuto anche a te. Che fare, quando si finisce col rendersi conto di aver generato un figlio indegno di portare il nostro nome? Ma lo scandalo si è spento rapidamente, per due ragioni. La prima, che tutti nutrono un enorme rispetto per Scauro (questa sarà una lunga lettera, per cui mi perdonerai se uso solo il *cognomen*), che lo amino o meno, e che concordino o meno con la sua linea politica. La seconda ragione è di gran lunga più sensazionale. Quel vecchio scaltro *culibonia* (che te ne pare, come gioco di parole?) ha fornito a tutti quanti un nuovo argomento di conversazione. Ha sposato la fidanzata di suo figlio, Cecilia Metella Dalmatica, che è diventata la pupilla di Metello Numidico del Porcile. Di appena *diciassette* anni, figurati! Se non fosse così spassoso, mi verrebbe da piangere. Benché non la conosca personalmente, ho sentito dire che è una cara creaturina, dolcissima e anche bella: un po' difficile da credere, venendo da quella stalla, ma ci credo, eccome, se ci credo! Dovresti vedere Scauro... ti sganasceresti! Fa la ruota come un pavone. Sto seriamente prendendo in considerazione l'idea di andare in ricognizione per le aule delle migliori scuole di Roma a cercarmi una verginella da prendere in moglie!

Ci troviamo alle prese con una grave penuria di grano quest'inverno, primo console, tanto per rammentarti i compiti che comporta la tua carica e cui i Germani ti hanno impedito di assolvere. Ho saputo, tuttavia, che Catulo Cesare quanto prima affiderà a Silla il comando dell'esercito accampato a Piacenza e tornerà a svernare a Roma. Per quanto ti riguarda, non ci sono notizie, questo è certo. La faccenda di Trento ha rafforzato la tua candidatura in assenza per un altro consolato ancora, ma Catulo Cesare indirà le elezioni soltanto dopo che ti sarai scontrato con i tuoi Germani! Dev'essere molto difficile per lui, sperare per il bene di Roma che tu riporti una grande vittoria, e contemporaneamente sperare, nel suo interesse personale, che ti ritrovi col tuo culo da bifolco per terra. Se vinci, Caio Mario, sarai certamente eletto console per il prossimo anno. È stata una mossa astuta, a proposito, lasciar libero Manio Aquilio di candidarsi al consolato. L'elettorato è rimasto tremendamente colpito quando è arrivato, ha presentato la sua candidatura e poi ha dichiarato con fermezza che tornava da te ad affrontare i Germani, anche se ciò avesse significato, per lui, non trovarsi a Roma per le elezioni, e così, dopotutto, perdere la possibilità di farsi eleggere. Se sconfiggi i Germani, Caio Mario — e subito dopo rispedisci a Roma Manio Aquilio — avrai un collega in seconda con cui lavorare sul serio, tanto per cambiare.

Caio Servilio Glaucia, compagnone del tuo quasi-cliente Saturnino... è un commento scortese, lo so!... ha annunciato che si candiderà alla carica di tribuno della plebe. Sarà come infilare nella piccionaia un bel gattone dalla folta pelliccia grigia! A proposito dei Servilio, e per tornare alla penuria di grano, Servilio l'Augure continua a farne di cotte e di crude in Sicilia. Come ti ho riferito in una precedente missiva, si aspettava sul serio che Lucullo gli regalasse tutto ciò che aveva conseguito a prezzo di dura fatica. Ora il Senato riceve una lettera per ogni giorno di mercato, con la regolarità della peristalsi di un divoratore di prugne, in cui Servilio l'Augure leva alti lai e ripete a non finire che chiamerà in causa Lucullo non appena rimetterà piede a Roma. Il re degli schiavi, Salvio, o Tryphon, come si faceva chiamare, è morto, e ne è stato eletto un altro, il greco asiatico a nome Antenione. È più furbo di Salvio-Tryphon. Se Manio Aquilio sarà eletto secondo console, non sarebbe una cattiva idea spedirlo in Sicilia a metter fine alla faccenda una volta per tutte. Ora come ora, è re Antenione a governare la Sicilia, non Servilio l'Augure. Le mie lagnanze in merito al pasticcio siciliano hanno valore puramente semantico. Lo sai che cos'avuto il becco di dire in aula l'altro giorno quel vecchio, spregevole *culibonia?* Alludo a Scauro, che l'apparato genitale possa cascargli a pezzi per l'abuso che ne fa! « La Sicilia » ha tuonato « è ormai diventata uno scenario di lutti degni dell'*Iliade!* » E tutti quanti, al termine della seduta, gli si sono avventati attorno a inondarlo di mielati elogi per aver coniato un così elegante epigramma! Be', come sai dalla *mia* precedente missiva, l'elegante epigramma in questione è farina del mio sacco! Deve avermi sentito dirlo. Che marcisca con tutto quello che ha davanti e di dietro!

Ora farò un salto indietro, al tema dei tribuni della plebe. Quelli dell'anno in corso sono stati oltremodo squallidi e deludenti: una delle ragioni per cui, anche se rabbrividisco dicendolo, sono abbastanza contento che Glaucia si candidi per l'anno venturo. Roma è un luogo molto noioso senza un paio di zuffe come si deve ai *Comitia.* Ma siamo appena stati testimoni di uno dei più bizzarri episodi tribunizi di tutti i tempi, e le voci che corrono sono assolutamente sbalorditive.

Circa un mese fa, dodici o tredici tizi sono arrivati in città, paludati da non dirsi: manti variopinti, intessuti di fili d'oro fino, lunghi fino ai piedi, barbe e riccioli e lobi grondanti gemme preziose, sgargianti sciarpe ricamate avvolte attorno alla testa e penzolanti a strascico. Ho avuto l'impressione di trovarmi nel bel mezzo di una rappresentazione teatrale! I tizi in questione si sono presentati come membri di un'ambasceria e hanno chiesto udienza al Senato in sessione speciale. Ma dopo che il nostro esimio, ringiovanito Scauro, *Princeps Senatus* e plagiatore di frasi altrui, ne ha esaminato briosamente le credenziali, si è rifiutato di riceverli, dichiarando che non rivestivano alcun incarico ufficiale. Loro pretendevano di venire dal santuario della Grande Dea di Pessino, nella Frigia anatolica, e di essere stati inviati a Roma dalla Grande Dea in persona per augurare ogni bene a Roma nella lotta contro i Germani! Ora, mi pare di sentirti domandare, che cosa può mai importare dei Germani alla Grande Dea dell'Anatolia? Ci ha dato da pensare, a tutti quanti, e sono sicuro che è proprio per questo che Scauro si è rifiutato di avere a che fare con quegli appariscenti individui.

E tuttavia, nessuno riesce a capire a che cosa mirino Gli orientali sono degli imbroglioni di tale forza, che qualsiasi romano con un po' di sale in zucca stringe i cordoni della borsa e se l'appende sotto l'ascella sinistra appena ne incontra uno. Non gli orientali in questione, però! Se ne vanno attorno per Roma elargendo con generosità come se le loro borse fossero pozzi senza fondo. Il loro capo è un esemplare splendidamente fastoso, tale Battace. Chi l'osserva, resta abbagliato, giacché è avvolto da capo a piedi in una stoffa intessuta con fili d'oro e porta in capo un'enorme corona d'oro massiccio. Avevo sentito parlare della stoffa intessuta con fili d'oro, ma non ho mai creduto di vivere tanto da vederla, ammenoché non facessi un viaggio per andare a far visita a re Tolomeo o al re dei Parti.

Le donne di questa nostra stupida città sono impazzite per Battace e il suo seguito, abbacinate dalla visione di tanto oro, e tendono le loro avide manine nella speranza di raccogliere qualche perla o qualche rubino che magari possa cadere da una barba o da un... fermati qui, Publio Rutilio! Mi limiterò ad aggiungere con squisita delicatezza che non sono... ripeto, non sono!... eunuchi.

Comunque sia, vuoi perché sua moglie era una delle tante dame romane abbagliate, vuoi per motivi più altruistici, il tribuno della plebe Aulo Pompeo è montato sui rostri e ha accusato Battace e i sacerdoti suoi colleghi di essere ciarlatani e impostori, e ne ha invocato l'espulsione dalla nostra onesta città, preferibilmente costringendoli a strisciare all'indietro sul deretano e cosparsi di pece e piume. Battace ha trovato parecchio a ridire sulla diatriba di Aulo Pompeo, e ha presentato le proprie lamentele al Senato. Le mogli di alcuni membri dell'augusta assemblea dovevano essere state contagiate, o iniettate che dir si voglia, dall'entusiasmo per gli ambasciatori, visto che il Senato ha prontamente intimato ad Aulo Pompeo di smetterla e di desistere dal molestare tali Importanti Personaggi. I più tradizionalisti fra i Padri Coscritti hanno preso le parti di Aulo Pompeo, perché non spetta al Senato riprendere un tribuno della plebe per come si comporta nell'ambito dei *Comitia*. Si è così accesa una disputa per stabilire se Battace e il suo seguito costituissero o meno un'ambasceria, nonostante le precedenti direttive di Scauro. Dato che Scauro risultava irreperibile — suppongo che fosse occupato o a frugare nei miei vecchi discorsi in cerca di altri epigrammi, o a frugare sotto le sottane di sua moglie in cerca di altra epidermide — la questione è rimasta in sospeso.

Per cui Aulo Pompeo ha continuato a ruggire come un leone dai rostri e ad accusare le matrone romane di cupidigia oltre che di dissolutezza. Di lì a qualche tempo, ecco che

Battace in persona arriva a passo di marcia ai rostri, seguito da un codazzo di sacerdoti in pompa magna e di matrone romane altrettanto in pompa magna, proprio come un pescivendolo si tira appresso i gatti randagi. Per fortuna ero presente... be', sai com'è Roma! Ero stato avvertito, logicamente, come metà della popolazione della città... e ho potuto assistere alla spassosa farsa: molto meglio di qualsiasi spettacolo Silla possa sperare di vedere in un teatro. Aulo Pompeo e Battace si sono accapigliati — ahimè, solo verbalmente — prima di quanto accada in una commedia di Plauto, il nostro nobile tribuno insistendo a dire che il suo avversario era un ciarlatano, e Battace insistendo a dire che Aulo Pompeo scherzava col fuoco perché la Grande Dea non gradiva che i suoi sacerdoti fossero insultati. La scena si è conclusa con Battace che ha lanciato una maledizione da gelare il sangue nelle vene, invocando la morte su Aulo Pompeo: in greco, sicché tutti l'hanno capita. Avrei pensato che la suddetta dea preferisse essere interpellata nella lingua dei Frigi.

E qui viene il bello, Caio Mario! Non appena è stata pronunciata la maledizione, Aulo Pompeo ha cominciato a rantolare e a tossire. È sceso barcollando dai rostri e ha dovuto essere accompagnato a casa, dove si è messo a letto, rimanendoci per i tre giorni seguenti, peggiorando sempre più. E in capo a tre giorni... è morto! Ha girato gli alluci all'insù e ha cessato di respirare. Be', puoi immaginare l'effetto che ha avuto su tutti quanti, dai senatori alle matrone di Roma. Ora Battace è libero di andare dove gli pare, di fare ciò che più gli piace. La gente si scosta al suo passaggio, come se fosse affetto dalla lebbra. Lo invitano a cena, il Senato ha cambiato idea e ha ricevuto la sua ambasceria con tutti gli onori (di Scauro, neppure l'ombra, ancora!), le donne gli si appendono addosso, e lui sorride e distribuisce cenni benedicenti e in generale si comporta come se fosse Zeus.

Sono sbalordito, disgustato, nauseato, e un altro migliaio di cose parimenti sgradevoli. Il grosso interrogativo è: com'è riuscito a farlo, Battace? Si è trattato di intervento divino o di qualche sconosciuto veleno? Propenderei per la seconda ipotesi, d'altronde io sono di scuola scettica... se non addirittura cinica.

Caio Mario rise sino a farsi dolere la milza, poi uscì ad affrontare i Germani.

Un quarto di milione di teutoni attravesò la Durance appena a est del punto in cui s'immetteva nel Rodano, e prese a riversarsi in direzione della fortezza romana. La disordinata colonna di barbari si allungava per chilometri e chilometri, i fianchi e l'avanguardia costituiti dai guerrieri, circa centotrentamila unità, la coda serpeggiante un vasto agglomerato di carri e bestiame e cavalli accudito dalle donne e dai bambini; i vecchi erano pochi e ancor meno le vecchie. In testa ai combattenti marciavano i rappresentanti della tribù degli Ambroni, fieri, orgogliosi, prodi. L'ultimo contingente di carri e animali si trovava trenta chilometri più indietro.

Gli esploratori germanici avevano avvistato la cittadella romana, ma re Teutobod era fiducioso. Avrebbero marciato su Marsiglia, a dispetto di Roma, perché lì, nella più grande città dopo Roma di cui avessero mai sentito parlare, avrebbero trovato donne, schiavi, viveri, generi di lusso. Dopo essersi presi la soddisfazione di saccheggiarla e appiccarle il fuoco, avrebbero piegato a est, lungo la costa, in direzione dell'Italia, perché sebbene Teutobod avesse scoperto che la Via Domizia, per scavalcare il passo del Monginevro, era in ottime condizioni, riteneva tuttora che la litoranea l'avrebbe portato in Italia più rapidamente.

Le messi non erano ancora state mietute, sicché furono calpestate dall'orda in marcia; a nessuno dei barbari, neppure a Teutobod, sembrava importante che con un minimo di cautela si sarebbe potuto salvare il grano in modo da raccoglierlo e immagazzinarlo in vista del prossimo inverno. I carri erano colmi di provviste predate a tutte le genti che i Germani avevano incontrato sul loro cammino; quanto alle messi calpestate nei campi dal piede dell'uomo, avrebbero comunque potuto sfamare bovini ed equini. Le messi non raccolte significavano semplicemente foraggio.

Quando gli Ambroni giunsero ai piedi dell'altura sulla quale era appollaiata la fortezza romana, nulla accadde. Mario non si mosse, né i Germani si curarono di dare l'assalto alla sua roccaforte. Mario, tuttavia, rappresentava una barriera psicologica, sicché gli Ambroni si arrestarono e i guerrieri delle altre tribù si assieparono alle loro spalle finché i Germani brulicarono come formiche tutt'attorno alla collina, e sopraggiunse Teutobod. Prima i barbari tentarono di attirare allo scoperto l'esercito romano con fischi, grida di scherno, urla di derisione, e una sfilata di civili fatti prigionieri e tutti quanti sottoposti alla tortura. Nessun romano reagì; nessun romano si avventurò allo scoperto. Poi l'orda attaccò in massa, un semplice attacco frontale che s'infranse contro le magnifiche fortificazioni del campo di Mario e rifluì, infruttuoso; i Romani si limitarono a scagliare qualche lancia contro i facili bersagli.

Teutobod scrollò le spalle. I suoi *thane* scrollarono le spalle. Che i Romani se ne stessero pure rinchiusi là dentro! Non aveva alcuna importanza. Così l'orda germanica girò attorno alla base della collina come un denso mare attorno a un grande scoglio e sparì verso sud, seguita per sette giorni dalle migliaia di carri cigolanti, e ogni donna e ogni bambino levavano lo sguardo alla cittadella apparentemente senza vita, via via che la cavalcata procedeva pesantemente verso la meta.

Ma l'ultimo carro era appena scomparso all'orizzonte quando Mario si mosse con tutte le sei legioni a ranghi rafforzati, e si mosse a doppia velocità rispetto ai Germani. Silenziosa, disciplinata, entusiasta alla prospettiva di poter finalmente combattere, la colonna romana costeggiò i Germani senza farsi notare, mentre avanzavano disordinatamente lungo la strada da Arles ad Aix-en-Provence, il punto dal quale Teutobod intendeva guidare i suoi guerrieri fino al mare. Attraversato il fiume Ars, Mario si attestò alla perfezione sulla sponda meridionale in cima a una salda cresta digradante, circondata da basse ondulazioni, e vi si trincerò, dominando il fiume dall'alto.

Tuttora in testa alla colonna, trentamila guerrieri Ambroni giunsero al guado e, levando lo sguardo, scorsero un accampamento romano, irto di elmi piumati e di lance. Ma si trattava di un comune accampamento, cosa di poco conto; senza attendere rinforzi, gli Ambroni attraversarono di corsa il basso corso d'acqua e attaccarono. Scalando l'altura.

I legionari romani non fecero altro che scavalcare il muricciolo per tutta la lunghezza del fronte e avventarsi giù, incontro all'orda urlante di barbari indisciplinati. Prima scagliarono i giavellotti con effetti devastanti, poi sguainarono le spade e girarono gli scudi verso l'esterno e ingaggiarono battaglia come tanti ingranaggi di un'unica gigantesca macchina da guerra. Neppure un nemico sopravvisse per ripassare barcollando il guado; i cadaveri di trentamila Ambroni costellavano il pendìo della cresta. Mario non subì praticamente perdite.

L'azione si concluse in meno di mezz'ora; di lì a un'ora, i cadaveri degli Ambroni erano stati accumulati a formare un nudo bastione — spade, collane, scudi, bracciali, pettorali, daghe ed elmi furono gettati all'interno dell'accampamento romano — lungo il margine del guado; il primo ostacolo che la successiva ondata di Germani avrebbe dovuto superare era quel bastione costituito dai loro caduti.

Ora sull'altra sponda dell'Ars si ammassavano in disordine i Teutoni, adocchiando disorientati e rabbiosi l'enorme muraglia di

Ambroni morti, e l'accampamento romano in cima alla cresta da cui si affacciavano migliaia di legionari che fischiavano, cantavano, ridevano, sibilavano, ululavano, fuori di sé per l'euforia della vittoria; era la prima volta, infatti, che un esercito romano avesse ucciso un gran numero di nemici germanici.

Fu, naturalmente, solo uno scontro preliminare. La battaglia vera e propria doveva ancora venire. Ma ci sarebbe stata, questo era poco ma sicuro. A completamento del suo piano, Mario scelse tremila dei suoi uomini migliori e quella sera li spedì a valle al comando di Manio Aquilio, con l'ordine di attraversare il fiume; avrebbero dovuto attendere che si scatenasse lo scontro generale, e poi piombare sui Germani, alle spalle quando la battaglia fosse al culmine.

Quella notte nessun legionario chiuse occhio, tanta era l'esultanza; ma quando il giorno seguente non vi fu alcun segno di una mossa aggressiva da parte dei Germani, la stanchezza non ebbe più importanza. L'inattività dei barbari preoccupava Mario, che non voleva rimandare la soluzione finale solo perché i Germani avevano deciso di non attaccare. Gli occorreva una vittoria decisiva, ed era risoluto a ottenerla. Ma sull'altra sponda del fiume i Teutoni si erano accampati a miriadi, privi di difese, a parte la superiorità numerica, mentre Teutobod, così alto in groppa al cavallino gallico che i suoi piedi penzolanti sfioravano quasi il terreno, esplorava il guado in compagnia di una dozzina dei suoi *thane*. Su e giù, avanti e indietro, per l'intera giornata fece camminare l'infelice destriero sottoposto a un carico eccessivo, due grosse trecce bionde come il lino penzolanti sul pettorale d'oro, le ali d'oro dell'elmo spiegate sopra le orecchie e scintillanti al sole. Anche da lontano, sul suo viso ben rasato si leggevano ansia e indecisione.

Il mattino seguente il sole si levò in un cielo senza nubi, come i giorni precedenti, promettendo una calura che avrebbe trasformato anche troppo presto la zona in un ammasso di carni di Ambroni in putrefazione; non rientrava nei piani di Mario indugiare dove si trovava finché un'epidemia diventasse una minaccia più grave di quella posta dal nemico.

«E va bene,» disse a Quinto Sertorio «correremo il rischio. Se non attaccheranno, li indurrò a battaglia uscendo io allo scoperto e muovendo all'attacco. Perderemo il vantaggio della loro carica in salita, ma anche in tal caso le nostre probabilità di successo sono maggiori qui che altrove, e Manio Aquilio ha preso posizione. Fa' suonare le trombe, raduna le truppe, ché terrò loro il discorsetto di rigore.»

Era la prassi consueta; nessun esercito romano scendeva mai in campo per un'azione importante senza esser prima arringato. Tanto per cominciare, i soldati avevano modo di osservare ben bene il loro comandante in tenuta di combattimento; poi, la cosa serviva a dar loro morale; e infine, era l'unica occasione che aveva il comandante per informare fin l'ultimo legionario di come intendesse vincere la battaglia. Non andava mai esattamente secondo i piani prestabiliti, e questo tutti lo capivano, ma l'arringa del generale forniva ai soldati un'idea di ciò che il generale stesso desiderava che facessero; e se si fosse instaurata più confusione del normale, dava modo alle truppe di pensare con la loro testa. Molti eserciti romani avevano vinto le loro battaglie perché i soldati sapevano ciò che il generale voleva da loro, e lo facevano senza un tribuno a portata d'orecchio.

La sconfitta degli Ambroni aveva agito come un tonico. Le legioni erano decise a vincere a tutti i costi, in perfette condizioni fisiche dal primo all'ultimo uomo, armi e armature tirate a lucido, l'equipaggiamento impeccabile. Ammassati sullo spiazzo che definivano il Foro di adunata, i legionari se ne stettero schierati ad ascoltare Caio Mario. L'avrebbero seguito anche nel Tartaro, logicamente, perché lo adoravano.

«Ci siamo, prostitute, il gran giorno è venuto!» urlò Mario dai rostri improvvisati. «Siamo stati troppo bravi, questo è il nostro guaio! Adesso non vogliono battersi! Così li faremo impazzire di rabbia a tal punto che saranno disposti a combattere persino contro le legioni dei denti di drago! Scavalcheremo il muro e ci butteremo lungo il pendìo, dopodiché faremo scempio dei cadaveri! Prenderemo a calci i loro morti, sputeremo sui loro morti, pisceremo sui loro morti, se necessario! E non ingannatevi, attraverseranno quel guado a migliaia e migliaia, più di quante voi coglioni ignoranti sappiate contare in unità! E non avremo il vantaggio di starcene quassù, appollaiati come galli su uno steccato; dovremo affrontarli corpo a corpo, e ciò significa guardando *all'insù!* Perché loro sono più grossi di noi! Sono *giganti!* La cosa vi preoccupa? Eh?»

«No!» ruggirono all'unisono. «No, no, no!»

«No!» fece loro eco Mario. «E perché? Perché siamo le legioni di Roma! Seguiamo le aquile d'argento fino alla morte o alla gloria! I Romani sono i migliori soldati che il mondo abbia mai conosciuto! E voialtri, i soldati nullatenenti di Caio Mario, siete i migliori soldati che *Roma* abbia mai avuto!»

Lo acclamarono per quella che parve un'eternità, orgogliosi fino all'isterismo, i volti rigati di lacrime, ogni fibra del loro essere tesa fino allo spasimo e pronta al combattimento.

«D'accordo, allora! Scavalchiamo il muro e diamoci dentro! Non c'è altro modo per vincere questa guerra se non quello di mettere in ginocchio quei selvaggi dagli occhi folli! Si combatte, uomini! E continueremo a combattere finché non rimarrà un solo selvaggio dagli occhi folli ritto sui suoi piedi di gigante!» Si volse nella direzione in cui sei uomini avvolti in pelli di leone — i musi con tanto di zanne a nascondere gli elmi, le zampe disossate, orlate di artigli, annodate sul petto, sopra il corsetto — se ne stavano ritti con le mani serrate attorno alle lucide aste d'argento dei labari inalberanti sei aquile d'argento ad ali spiegate. «Eccole là, le vostre aquile d'argento! Emblemi di coraggio! Emblemi di Roma! Emblemi delle mie legioni! Seguite le aquile per la gloria di Roma!»

Neppure nel pieno di tanta esaltazione la disciplina venne meno; in perfetto ordine e senza fretta, le sei legioni di Mario uscirono dal campo e scesero il pendìo, volgendosi a proteggersi i fianchi, dato che quello non era un terreno adatto all'impiego della cavalleria. Si presentarono schierati a falce di fronte ai Germani, i quali, alla prima dimostrazione del disprezzo romano per i morti degli Ambroni, decisero, anche per conto di re Teutobod. Si avventarono attraverso il guado, contro il fronte dei Romani, che non batterono ciglio. Le avanguardie germaniche caddero sotto una scarica di giavellotti scagliati con sbalorditiva precisione; ché le truppe di Mario si esercitavano da oltre due anni, in attesa di quel giorno.

La battaglia fu lunga ed estenuante, ma i Germani non riuscirono a sfondare le linee romane, né a strappare agli *aquiliferi* le sei aquile d'argento. I morti germanici si accumulavano sempre più alti, andando a far compagnia ai loro compagni Ambroni, e ancora altri Germani continuavano ad attraversare il guado per rimpiazzare i caduti. Finché Manio Aquilio e i suoi tremila legionari non piombarono sulla retroguardia germanica e la massacrarono.

A metà pomeriggio, i Teutoni non esistevano più. Alimentati dalla tradizione e dalla gloria militare di Roma e guidati da un magnifico comandante, trentasettemila legionari romani addestrati ed equipaggiati a dovere furono protagonisti di un'impresa memorabile ad Aix-en-Provence, sconfiggendo più di centomila guerrieri germanici in due combattimenti. Ottantamila cadaveri si aggiunsero ai trentamila Ambroni caduti lungo le rive dell'Ars; pochissimi furono i Teutoni che avevano optato per la vita, la stragrande maggioranza aveva preferito morire con l'orgoglio e l'onore intatti. Tra i caduti c'era anche Teutobod. E ai vincitori andarono le spoglie di guerra, molte migliaia di donne e bambini teutonici e diciassettemila guerrieri superstiti. Quando i mercanti di schiavi arrivarono a frotte ad acquistare il bottino, Mario distribuì il ricavato ai suoi soldati e ai suoi ufficiali, sebbene, per tradizione, il denaro proveniente dalla vendita in schiavitù dei prigionieri di guerra spettasse unicamente al generale.

«Non ho bisogno di quel denaro, e loro se lo sono meritato» disse. Sorrise, al ricordo della colossale somma che i mercanti avevano fatto sborsare a Marco Emilio Cotta per una sola nave che lo trasportasse a Roma a recare la notizia di Arausio. «Vedo che i magistrati di Marsiglia ci hanno inviato un messaggio di ringraziamento per aver salvato la loro bella città. Penso che manderò loro il conto da pagare.»

A Manio Aquilio consegnò il rapporto per il Senato, e lo spedì a Roma al galoppo.

«Puoi recare la notizia e candidarti al consolato» disse. «Solo, non tardare!»

Mario Aquilio non tardò, raggiungendo Roma via terra in sette giorni. La lettera venne recapitata al secondo console, Quinto Lutazio Catulo Cesare, affinché la leggesse al Senato riunito, in quanto Manio Aquilio, inflessibile, si era rifiutato di pronunciare una sola parola.

Io, Caio Mario, primo console, ho il dovere di riferire al Senato e al Popolo di Roma che in questo giorno, sul campo di Aix-en-Provence, nella Provincia Romana della Gallia Transalpina, le legioni al mio comando hanno sconfitto l'intera nazione dei Germani Teutoni. I caduti germanici ammontano a centotredicimila, i Germani fatti prigionieri a diciassettemila uomini e centotrentamila fra donne e bambini. I carri catturati sono trentaduemila, i cavalli quarantunmila, il bestiame duecentomila capi. Ho decretato che tutte le spoglie, ivi comprese quelle vendute in schiavitù, siano spartite nelle giuste proporzioni tra i miei uomini. Lunga vita a Roma!

L'intera Roma impazzì di gioia, e le sue strade si affollarono di gente che piangeva, ballava, acclamava, si abbracciava, dagli schiavi ai personaggi più illustri. E Caio Mario venne eletto primo console in assenza per l'anno seguente, con Manio Aquilio come secondo console. Il Senato gli decretò tre giornate di ringraziamento, e il Popolo altre due.

«Silla l'aveva detto» commentò Catulo Cesare, rivolto a Metello Numidico, quando finalmente i clamori si placarono.

«Oh-hooo! Non ti piace il nostro Lucio Cornelio ''Silla'', eh? Sentiamo: che cos'avrebbe detto?»

«Qualcosa a proposito del fatto che nessuno può abbattere l'albero più alto del mondo. Ha tutte le fortune quel Caio Mario. Io non sono riuscito a convincere il mio esercito a battersi, ed ecco che lui, invece, sconfigge un'intera nazione senza dover lamentare perdite» disse Catulo Cesare, tetramente.

«È sempre stato fortunato» disse Metello Numidico.

«Fortunato un corno!» fece con veemenza Publio Rutilio Rufo che se n'era stato a origliare. «Riconosciamo il merito a chi è dovuto!»

Scrisse Rutilio Rufo a Caio Mario.

Il che li ha lasciati a corto di argomenti.

Come ben sai, non so rassegnarmi all'idea di tutti questi consolati consecutivi, e neppure alla presenza di certi tuoi spregiudicati amici. Però confesso di provare un fastidio esasperato quando mi trovo di fronte l'invidia e il rancore di uomini che dovrebbero essere tanto nobili da mostrarsi magnanimi. Esopo li ha descritti alla perfezione nella favoletta della volpe e l'uva, Caio Mario. Hai mai sentito una sciocchezza del genere: attribuire il tuo successo e il loro fallimento unicamente alla fortuna? La verità è che un uomo se la plasma, la propria fortuna. Potrei sputare per il disprezzo, quando li sento svalutare la tua splendida vittoria.

Ma non parliamone più, altrimenti mi verrà un colpo. A proposito di certi tuoi spregiudicati amici, Caio Servilio Glaucia, entrato in carica come tribuno della plebe otto giorni fa, sta già intorbidendo le acque ai *Comitia*. Ha convocato la sua prima assemblea per discutere di una nuova legge che intende promulgare, col proposto di distruggere l'opera dell'eroe di Tolosa, Quinto Servilio Cepione... che il suo esilio a Smirne possa durare in eterno. Non mi piace quell'individuo, non mi è mai piaciuto! Glaucia si propone di restituire il tribunale delle estorsioni ai caválieri, con tutti gli ammennicoli che ne conseguono. D'ora in poi, se la legge verrà approvata, come presumo, lo stato sarà in grado di recuperare i danni subìti o i beni sottrattigli per appropriazione indebita o i fondi pubblici oggetto di peculato, esigendone la restituzione da parte di chi in definitiva ne è entrato in possesso, nonché dei colpevoli all'origine dei fatti. Così, laddove prima d'ora un governatore rapace poteva intestare i suoi ingiusti profitti a una zia o al *tata* di sua moglie o magari persino a un legittimo erede come suo figlio, in base alla nuova legge di

Glaucia la suddetta zia e il suocero e il figlio dovranno risputare tutto quanto.

Suppongo che ci sia qualche giustizia in tutto questo, ma dove ci porterà una legislazione del genere, Caio Mario? Conferisce troppo potere allo stato, per non dire troppo denaro! Genera demagoghi e burocrati, ecco! C'è qualcosa di terribilmente rassicurante nel darsi alla politica per arricchirsi. È logico. È umano. È perdonabile. È comprensibile. Gli individui da tener d'occhio sono quelli che si danno alla politica per cambiare il mondo. Sono loro a provocare i danni più gravi, gli uomini di potere e gli altruisti. Non è salutare pensare al prossimo prima che a se stessi. Il prossimo non se lo merita. Ti ho già detto di essere un seguace della filosofia scettica? Be', lo sono. Benché a volte... ma solo a volte!... mi domandi se non stia diventando anche un tantino cinico.

Abbiamo saputo che tornerai a Roma quanto prima. Non ne vedo l'ora! Voglio proprio vedere che faccia farà Metello del Porcile non appena poserà lo sguardo su di te. Catulo Cesare è stato nominato proconsole della Gallia Cisalpina, come era prevedibile, ed è già partito per aggregarsi al suo esercito accampato a Piacenza. Attento a lui: tenterà di rubarti il merito della prossima vittoria, se appena potrà. Spero che il tuo Lucio Cornelio Silla ti sia rimasto fedele come un tempo, ora che Iulilla è morta.

Sul fronte diplomatico, Battace e i suoi sacerdoti hanno finalmente ritenuto opportuno tornarsene a casa, e i gemiti di svariate matrone d'alto rango si odono almeno fino a Brindisi. Attualmente ospitiamo un'ambasceria assai meno sorprendente, ma infinitamente più funesta. Ci è stata inviata nientedimeno che da quel pericolosissimo giovanotto che è riuscito ad assoggettare la maggior parte dei territori prospicienti il Ponto Eusino: re Mitridate del Ponto. Chiede un trattato di amicizia e alleanza. Scauro è sfavorevole. Mi domando perché. Possibile che c'entrino in qualche modo le mene degli emissari di Nicomede, re della nostra amica e alleata Bitinia? Per Polluce, riecco la mia vena di scetticismo! No, Caio Mario, non si tratta di cinismo! Non ancora, comunque.

Per concludere, un piccolo pettegolezzo e una notizia del tutto personale. Il Padre Coscritto Marco Calpurnio Bibulo ha un figlioletto ed erede, che suscita grandi manifestazioni di gioia da parte dei vari Domizio Enobarbo e Servilio Cepione, sebbene noti che i membri della famiglia di Calpurnio

Pisone sono riusciti a conservare un atteggiamento d'indifferenza. E se il destino vuole che taluni venerabili anziani sposino una scolaretta, è più consueto che si abbandonino nelle braccia della Morte. Il nostro gigante letterario Caio Lucilio è morto. Ne sono davvero rattristato, sul serio. Di persona, era una noia mortale, ma, oh!, com'erano intelligenti le cose che scriveva! Sono altresì dispiaciuto, e te lo dico in tutta sincerità, per la morte della tua vecchia veggente siriaca, Martha. Non sarà una novità per te, so che Iulia te l'ha scritto, ma quella vecchia megera mi mancherà. A Metello del Porcile veniva la bava alla bocca ogniqualvolta la vedeva percorrere le vie di Roma sulla sua rossa lettiga di porpora. Anche la tua cara, meravigliosa Iulia giura che sentirà la mancanza di Martha. A proposito, spero che tu sappia apprezzare nel giusto valore quel tesoro che hai sposato. Non è da tutte le mogli di mia conoscenza dolersi per la dipartita di un'ospite arrivata per restare un mese e rimasta tanto a lungo, soprattutto di un'ospite che si riteneva in diritto di sputare sul pavimento e pisciare nella peschiera.

Concludo facendo mio il tuo saluto. Come hai potuto, Caio Mario? «Lunga vita a Roma» figuriamoci! Che idea!

Il decimo anno (101 a.C.)

DURANTE IL CONSOLATO DI
CAIO MARIO (V)
E
MANIO AQUILIO

L'undicesimo anno (100 a.C.)

DURANTE IL CONSOLATO DI
CAIO MARIO (VI)
E
LUCIO VALERIO FLACCO

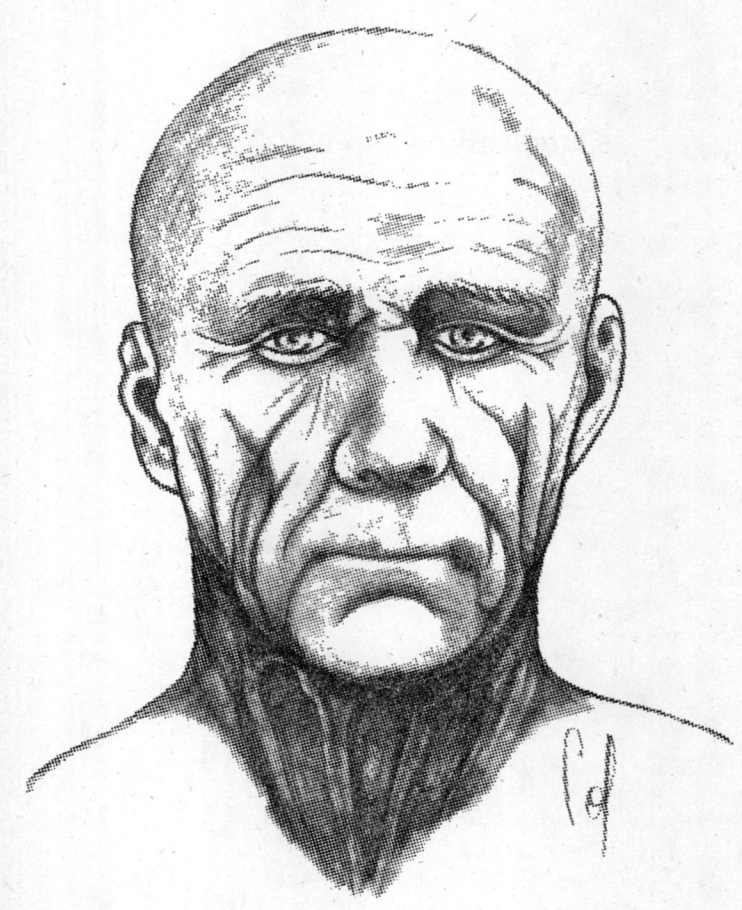

MARCO EMILIO SCAURO

Silla aveva visto giusto: i Cimbri non erano interessati a varcare il Po. Come una mandria di vacche lasciate libere su un immenso pascolo in riva a un fiume, brucavano soddisfatti nella metà orientale della Gallia italica Transapadana, circondati da una tale abbondanza agricola e pastorale, che neppure davano retta alle esortazioni del loro re. L'unico a preoccuparsi era Boiorix; l'unico a sentirsi profondamente scoraggiato fu Boiorix, quando ebbe notizia della sconfitta dei Teutoni ad Aix-en-Provence. Quando si aggiunse la notizia che il gruppo misto dei Tigurini, Marcomanni e Cherusci si era perso di coraggio e aveva ripreso la via di casa, Boiorix si disperò. La sua grandiosa strategia era stata sventata da una combinazione tra superiorità romana in battaglia e inettitudine germanica, e ora il re barbaro cominciava a dubitare della propria capacità di governare il suo popolo, i Cimbri.

Era tuttora convinto che, essendo il gruppo più numeroso dei tre, i Cimbri fossero in grado di conquistare l'Italia da soli — a patto, però, che lui riuscisse a insegnar loro il valore inestimabile dell'unità collettiva e dell'autodisciplina individuale.

Per tutto l'inverno che seguì ad Aix-en-Provence, Boiorix si tenne sulle sue, rendendosi perfettamente conto che non avrebbe ottenuto risultati di sorta finché il suo popolo o si fosse stancato di quel luogo o l'avesse letteralmente divorato. Dato che i Cimbri non erano agricoltori, la seconda ipotesi appariva la più probabile, ma nei suoi spostamenti il capo non aveva mai visto una simile fertilità, una tale capacità di sfamare uomini e animali. Se la Gallia Transpadana faceva parte dei dominii romani, non c'era da stupirsi che Roma fosse così potente. A differenza della *Gallia comata*, lì non esistevano vaste foreste allo stato naturale; c'erano, invece, piccoli querceti accuratamente selezionati che fornivano ghiande in abbondanza a migliaia e migliaia di maiali in libertà, i quali vi pascolavano durante l'inverno. Il resto delle campagne era coltivato: miglio, laddove il Po rendeva il terreno troppo acquitrinoso, frumento, laddove il terreno era sufficientemente asciutto; ceci e lenticchie, lupini e fagioli in ogni tipo di suolo. E in primavera, sebbene i contadini fossero fuggiti o avessero avuto troppa paura per seminare, le messi spuntavano egualmente, tanti erano i semi rimasti in letargo nella terra.

Ciò che Boiorix non riusciva a comprendere, era la struttura fisica dell'Italia; se l'avesse capita, magari avrebbe deciso in fin dei conti, di proclamare che quella, la Gallia Transpadana, era la nuova patria dei Cimbri; e se l'avesse fatto, magari Roma avrebbe finito col lasciarlo in pace, dal momento che quel territorio non era considerato di vitale importanza e la popolazione che l'abitava era perlopiù di ceppo celtico. La struttura fisica dell'Italia, infatti, impediva in larga misura che le incredibili ricchezze della valle Padana fossero di qualche utilità alla penisola italica vera e propria. Tutti i fiumi scorrevano da est a ovest, e da ovest a est, e l'imponente catena montana degli Appennini divideva l'Italia peninsulare dalla Gallia Cisalpina, per l'intero tratto dalla costa adriatica alla costa ligure. In realtà, la Gallia Cisalpina era un territorio a se stante, a sua volta diviso in due territori, rispettivamente a nord e a sud del grande fiume Po.

Boiorix, dunque, si rafforzò nel suo proposito quando la primavera scivolò piano piano nell'estate e cominciarono ad apparire i primi timidi segnali di esaurimento della terra. Le messi erano, sì, cresciute spontaneamente, però erano rade e non sembravano formare spighe o baccelli o ciuffi; con incredibile astuzia, da quelle creature intelligenti che erano, i maiali salvaguardarono la loro specie minacciata da estinzione, eclissandosi; e il bestiame che i Cimbri si erano portati appresso, mezzo milione di capi, aveva calpestato tutto ciò che non aveva brucato, riducendolo in polvere di pula.

Era tempo di rimettersi in marcia; quando il capo fece il giro dei suoi *thane* e li sollecitò a darsi da fare, i *thane* fecero a loro volta il giro della loro gente, sollecitandola all'azione. E così, ai primi di giugno, si provvide a radunare il bestiame e i cavalli, dopodiché gli animali furono aggiogati ai carri. I Cimbri, ancora una volta riuniti in un'unica immensa orda, mossero verso ovest, risalendo la sponda settentrionale del Po, in direzione delle regioni più romanizzate attorno alla grande città di Piacenza.

Lì era accampato l'esercito romano, forte di cinquantaquattromila uomini. Mario aveva ceduto due delle sue legioni a Manio Aquilio, che all'inizio dell'anno era sceso in Sicilia ad affrontare il re degli schiavi, Antenione; tanto grave era stata la disfatta dei

Teutoni, che non fu necessario lasciare una guarnigione a presidiare la Gallia Transalpina.

La situazione mostrava certi paralleli con la situazione del comando ai tempi di Arausio: anche in questo caso, il comandante supremo era un Uomo Nuovo, anche in questo caso il comandante in seconda era un formidabile aristocratico. Ma la differenza tra Caio Mario e Gneo Mallio Massimo era enorme; l'Uomo Nuovo Mario non era tipo da subire stupide prese di posizione da parte dell'aristocratico Catulo Cesare. A Catulo Cesare venne ordinato senza tanti complimenti ciò che doveva fare, dove doveva andare, e perché doveva farlo e andarci. Tutto quel che si esigeva da lui era l'obbedienza, e Catulo Cesare sapeva esattamente che cosa sarebbe accaduto se non avesse obbedito, perché Caio Mario si era premurato di dirglielo. Senza peli sulla lingua.

« Si potrebbe dire che ho tracciato una linea di demarcazione, a tuo beneficio, Quinto Lutazio. Prova solo a varcarla, in un senso o nell'altro, e ti rispedisco a Roma così in fretta che neppure capirai come ci sei arrivato » disse Mario. « Non sono disposto a subire giochetti alla Cepione! Preferirei comunque vedere Lucio Cornelio al posto tuo, e sarà proprio lui a occuparlo se farai tanto da pensare soltanto a deviare dalla linea che ti ho tracciato. Capito? »

« Non sono un subalterno, Caio Mario, e non ammetto di essere trattato come tale » ribatté Catulo Cesare, e una chiazza cremisi gli si accese su ambo le guance.

« Sta' a sentire, Quinto Lutazio, me ne *infischio* di quel che pensi tu! » disse Mario con esagerata pazienza. « La sola cosa che m'importa è quel che fai. E quel che farai è quanto ti dirò io di fare, nient'altro. »

« Non prevedo difficoltà alcuna a eseguire i tuoi ordini, Caio Mario. Sono tanto precisi quanto particolareggiati » fece Catulo Cesare, tenendo a freno l'ira. « Però, ripeto, non c'è bisogno che mi si parli come se fossi un ufficiale subalterno! Sono il tuo comandante in seconda. »

Mario abbozzò un sorrisetto cattivo. « Neppure tu mi piaci, Quinto Lutazio. Sei solo una delle tante mediocrità d'alto rango che ritengono di essere chiamate, per chissà quale diritto divino, a governare Roma. L'opinione che ho di te come individuo è che non sapresti gestire una taverna situata tra un bordello e la sede di una confraternita! Sicché, ecco come noialtri due collaboreremo: io darò gli ordini, tu li eseguirai alla lettera. »

« Con riserva » disse Catulo Cesare.

« Con riserva, ma obbedisci » precisò Mario.

« Non avresti potuto mostrare un po' più di tatto? » domandò

Silla a Mario più tardi, dopo aver sopportato per un'ora buona Catulo Cesare che misurava a grandi passi la sua tenda, blaterando all'indirizzo di Mario.

« E perché? » chiese a sua volta Mario, sinceramente stupito.

« Perché a Roma lui *conta*, ecco perché! E conta anche qui nella Gallia Cisalpina! » sbottò Silla. Esaurito lo sfogo di collera, guardò l'impassibile Caio Mario e scosse il capo. « Oh, sei impossibile! E diventi sempre peggio, giuro. »

« Sono vecchio, Lucio Cornelio. Ho cinquantasei anni. La stessa età del nostro *Princeps Senatus*, che tutti definiscono un vecchio. »

« Questo, perché il nostro *Princeps Senatus* è una sorta di monumento del Foro, calvo e grinzoso » disse Silla. « Tu invece rappresenti il comandante vigoroso, per cui nessuno ti considera vecchio. »

« Be', sono troppo vecchio per tollerare uno sciocco come Quinto Lutazio. Non ho tempo da perdere a lisciare le penne arruffate dei galletti su un mucchio di escrementi, per far sì che continuino a essere soddisfatti di sé. »

« Non dirmi, poi, che non ti ho avvertito! » fece Silla.

Nella seconda metà del mese di *Quinctilis* i Cimbri erano ammassati ai piedi delle Alpi occidentali, sparsi su una piana chiamata *Campi Raudii*, non lontana dalla cittadina di Vercelli.

« Perché proprio lì? » domandò Mario a Quinto Sertorio, che si era mescolato saltuariamente ai Cimbri durante il loro spostamento verso ovest.

« Vorrei saperlo anch'io, Caio Mario, ma non sono riuscito neppure ad avvicinarmi a Boiorix » rispose Sertorio. « A quanto pare, i Cimbri pensano che faranno ritorno in Germania, ma secondo un paio di *thane* di mia conoscenza, Boiorix è ancora deciso a puntare a sud. »

« Si è spinto troppo a ovest » disse Silla.

« Stando ai suddetti *thane*, sta cercando di placare la sua gente, inducendola a credere che varcherà le Alpi per tornare al più presto nella *Gallia comata*, e l'anno prossimo rimetterà piede in patria, nel Chersoneso Cimbrico. Lui, invece, ha intenzione di trattenerla nella Gallia Cisalpina per quel poco che manca alla chiusura dei passi alpini, dopodiché farà presente che non hanno molta scelta: restare nella Gallia Cisalpina, e crepare di fame durante l'inverno, o invadere l'Italia. »

« È una manovra assai complessa, da parte di un barbaro » osservò Mario, scettico.

«Neppure la calata a tridente nella Gallia Cisalpina è stata un tipico esempio di strategia barbarica» gli ricordò Silla.

«Sono come gli avvoltoi» disse Sertorio all'improvviso.

«E cioè?» domandò Mario, aggrottando la fronte.

«Spolpano le carcasse fino all'osso, Caio Mario. In effetti, è per questo che continuano a spostarsi, a mio parere. O forse uno sciame di cavallette sarebbe un paragone più calzante. Divorano tutto ciò che capita loro a tiro, poi si rimettono in marcia. Agli Edui e agli Ambarri ci vorranno vent'anni per porre riparo alle devastazioni conseguenti a quattro anni di ospitalità offerta ai Germani. E gli Atuatuci erano addirittura sgomenti quando me ne sono andato io, te lo posso garantire.»

«Allora come mai sono riusciti a restare nelle loro terre d'origine per tanto tempo senza migrare?» volle sapere Mario.

«Tanto per cominciare, erano in minor numero. I Cimbri avevano per sé la loro immensa penisola, i Teutoni tutto il territorio a sud della penisola, i Tigurini erano stanziati in Helvetia, i Cherusci lungo il Weser, in Germania, e i Marcomanni nella Boemia» spiegò Sertorio.

«Il clima è diverso» disse Silla quando Sertorio tacque. «A nord del Reno, piove tutto l'anno. Così l'erba cresce molto in fretta, ed è erba lussureggiante, profumata e tenera. Né, a quanto sembra, gli inverni sono molto rigidi — almeno nelle terre vicine all'Oceano Atlantico dov'erano insediati i Cimbri, i Teutoni e i Cherusci. Persino nel cuore dell'inverno c'è più pioggia che neve e ghiaccio. Così, possono praticare la pastorizia anziché l'agricoltura. Non credo che i Germani vivano in questo modo perché rientra nella loro natura. Credo piuttosto che vivano come era loro imposto dalle terre d'origine.»

Mario levò lo sguardo da sotto le ciglia aggrottate. «Quindi se, per esempio, si trattenessero in Italia quanto basta, imparerebbero a coltivare la terra, secondo te?»

«Senza dubbio» rispose Silla.

«Allora sarà meglio che li impegnamo in uno scontro conclusivo quest'estate, e la facciamo finita, con questa storia e con loro. Da quasi quindici anni, ormai, Roma vive all'ombra della minaccia che rappresentano. Non riesco a riposare in pace nel mio letto, se l'ultima cosa cui penso prima di chiudere gli occhi è mezzo milione di Germani a zonzo per l'Europa in cerca di un'Elisio che si sono lasciati alle spalle, da qualche parte a nord del Reno. La migrazione germanica deve cessare. E il solo modo in cui io possa essere sicuro che cesserà consiste nel bloccarla con le spade di Roma.»

«Sono d'accordo con te» disse Silla.

«Anch'io» disse Sertorio.

«Non hai generato un rampollo tra i Cimbri, da qualche parte?» domandò Mario a Sertorio.

«Sì.»

«Sai dove si trovi?»

«Sì.»

«Bene. Quando sarà finita, potrai spedire il marmocchio e sua madre dovunque vorrai, persino a Roma.»

«Grazie, Caio Mario. Li manderò nella Spagna Citeriore» disse Sertorio, sorridendo.

Mario fece tanto d'occhi. «In Spagna? Perché in Spagna?»

«Mi è piaciuta, quando imparavo a trasformarmi in un guerriero celtiberico. La tribù con cui stavo si prenderà cura della mia famiglia germanica.»

«Bene! Ora, miei buoni amici, vediamo come fare per provocare a battaglia i Cimbri.»

Mario ottenne la sua battaglia; la data era l'ultimo giorno di *Quinctilis* secondo il calendario ufficiale, ed era stata fissata in occasione di un incontro tra Mario e Boiorix. Mario, infatti, non era il solo a non poterne più di anni d'indecisione. Anche Boiorix era ansioso di chiudere la partita.

«Al vincitore andrà l'Italia» disse Boiorix.

«Al vincitore andrà il *mondo*» disse Mario.

Come ad Aix-en-Provence, Mario combatté una battaglia di fanteria, in quanto lo scarso contingente di cavalleria era stato fatto arretrare a protezione di due massicce ali di fanteria composte dalle sue truppe richiamate dalla Gallia Transalpina, suddivise in due gruppi di quindicimila unità ciascuno. Al centro, fra le due ali, fece attestare Catulo Cesare e i suoi ventiquattromila uomini, meno esperti; i veterani delle ali avrebbero provveduto a tenerli disciplinati e compatti. Si pose personalmente al comando dell'ala sinistra, con Silla all'ala destra e Catulo Cesare al centro.

La battaglia fu sferrata da quindicimila cavalleggeri Cimbri, splendidamente abbigliati ed equipaggiati, in groppa agli enormi cavalli nordici anziché ai minuscoli pony gallici. Ogni guerriero germanico portava un elmo torreggiante a forma di testa di un mostro della mitologia con le fauci spalancate, adorno da ciascun lato di altre penne rigide che facevano sembrare il guerriero ancor più imponente; ciascun soldato portava un pettorale di ferro e impugnava una lunga spada, ed era munito di uno scudo bianco rotondo, nonché di due massicce lance.

I cavalleggeri si ammassarono su quattro file su una linea di quasi sei chilometri di lunghezza, con la fanteria subito alle loro spalle; ma quando caricarono, deviarono sulla destra, trascinandosi appresso i Romani; una tattica intesa a spostare la linea romana verso sinistra, quanto bastava alla fanteria dei Cimbri per aggirare Silla sulla destra e prendere i Romani alle spalle.

Tanta era la voglia delle legioni di venire alle mani, che per poco il piano dei Germani non andò a buon fine; Mario, però, riuscì a bloccare le sue truppe e a sostenere la carica della cavalleria, lasciando a Silla il compito del primo massacro di fanti nemici, mentre Catulo Cesare, al centro, si batteva contro uomini a cavallo e appiedati.

La preparazione romana, l'addestramento romano e l'astuzia romana vinsero sul campo di battaglia di Vercelli, perché Mario aveva fatto conto su uno scontro combattuto per la maggior parte prima di mezzogiorno e, di conseguenza, aveva schierato le sue truppe rivolte verso ovest. Così furono i Cimbri ad avere il sole del mattino negli occhi, i Cimbri a non reggere alla fatica. Avvezzi a climi più freschi, più miti, e avendo fatto colazione, come sempre, con enormi quantitativi di carne, si scontrarono con i Romani due giorni dopo il solstizio d'estate, sotto un cielo senza nubi e in una nuvola di polvere soffocante. Per i legionari si trattava solo di un piccolo inconveniente, mentre per i Germani quella era un'implacabile fornace. Crollarono a migliaia e migliaia e migliaia, con la lingua incartapecorita, l'armatura infuocata come la camicia di Ercole, l'elmo un fardello ardente, la spada troppo pesante da sollevare.

E a mezzogiorno i Cimbri non esistevano più. Ottantamila giacevano sul terreno, ivi compreso Boiorix; gli altri fuggirono ad avvertire le donne e i bambini rimasti sui carri e a portare quanto potevano al di là delle Alpi. Ma cinquantamila carri non si potevano trascinar via al galoppo, né mezzo milione tra capi di bestiame e cavalli si poteva radunare in un paio d'ore. Chi si trovava più vicino ai passi alpini della Val d'Aosta trovò scampo; gli altri, no. Molte delle donne rifiutarono l'idea della cattività e si uccisero, assieme ai loro figli; alcune donne uccisero anche i guerrieri in fuga. Nonostante ciò, sessantamila fra donne e bambini dei Cimbri sopravvissero e furono venduti in schiavitù, al pari di ventimila guerrieri.

Di coloro i quali risalirono in fuga la Val d'Aosta e si misero in salvo nella Gallia Transalpina attraverso il passo del Piccolo San Bernardo, pochi sfuggirono agli attacchi dei Celti. Gli Allobrogi li assalirono con feroce piacere, così come i Sequani. Forse duemila Cimbri finirono col riunirsi ai semila guerrieri rimasti a guardia degli Atuatuci; e nel punto in cui la Sambre s'immetteva nella Mosa, gli ultimi resti di un'imponente migrazione si stabilirono definitivamente, e col tempo finirono col chiamarsi Atuatuci. Soltanto l'enorme cumulo di tesori ricordava loro che un tempo erano stati un'orda germanica forte di oltre tre quarti di milione di unità; ma quei tesori non potevano usarli, solo custodirli nell'eventualità che arrivassero altri Romani.

Catulo Cesare si presentò al consiglio che Mario convocò dopo la battaglia di Vercelli, preparato a combattere una guerra d'altro tipo, e trovò un Mario pacato, affabile, anche troppo disposto a soddisfare ogni sua richiesta.

« Mio caro, *naturalmente* celebrerai un trionfo! » disse Mario, battendogli sulla spalla.

« Mio caro, prenditi *due terzi* delle spoglie! Dopotutto, i miei uomini possono contare anche sul bottino di Aix-en-Provence, e io ho ceduto loro il ricavato della vendita degli schiavi, per cui usciranno da questa campagna in condizioni assai migliori dei tuoi, immagino... a meno che anche tu non intenda ceder loro il riscatto della vendita degli schiavi...? No? *Perfettamente* comprensibile, mio caro Quinto Lutazio! » esclamò Mario, infilandogli in mano un piatto di cibo.

« Mio caro, neppure mi *sognerei* di prendermi tutto il merito! Perché dovrei, quando i tuoi soldati si sono battuti con eguale capacità ed entusiasmo? » continuò Mario, togliendogli di mano il piatto e sostituendolo con una coppa colma di vino. « Accomodati, accomodati! È un gran giorno! Ora potrò dormire in pace. »

« Boiorix è morto » disse Silla, con un sorriso di soddisfazione. « È finita, Caio Mario. Decisamente, definitivamente. »

« E la tua donna e tuo figlio, Quinto Sertorio? » domandò Mario.

« In salvo. »

« Bene. Bene! » Mario fece vagare lo sguardo per l'affollata tenda del comando, e persino le sopracciglia sembravano splendere. « E chi di voi desidera recare la notizia di Vercelli a Roma? » domandò.

Due dozzine di voci risposero; varie altre dozzine tacquero, ma sui volti degli uomini si dipinsero espressioni di avida speranza. Mario li passò in rassegna con lo sguardo, a uno a uno, e alla fine i suoi occhi si fermarono dove aveva già deciso.

« Caio Giulio, » disse « toccherà a te. Sei il mio questore, ma ho ragioni anche migliori. Rappresenti una parte di noi tutti dello stato maggiore. Dobbiamo trattenerci nella Gallia Cisalpina finché non sarà tornata alla normalità. Ma tu sei cognato di Lucio Cornelio e mio; nelle vene dei nostri figli scorre il sangue della tua famiglia. E Quinto Lutazio, qui presente, è per nascita un Giulio dei Cesari. Sicché è opportuno che sia un Giulio dei Cesari a recare la notizia della vittoria a Roma. » Si volse a guardare tutti i presenti. « Giusto? » domandò.

« Giusto » risposero tutti in coro.

« Che splendido modo per entrare al Senato » disse Aurelia, incapace di staccare gli occhi dal viso di Cesare; com'era abbronzato, che aspetto virile aveva! « Ora sono lieta che i censori non ti abbiano ammesso prima della tua partenza al seguito di Caio Mario. »

Lui era ancora esultante, riviveva gli splendidi momenti in cui, dopo aver consegnato la lettera di Mario al *Princeps Senatus*, aveva visto con i suoi occhi il Senato di Roma accogliere la notizia che la minaccia dei Germani non esisteva più. Gli applausi, le acclamazioni, i senatori che si mettevano a ballare e i senatori in lacrime, lo spettacolo offerto da Caio Servilio Glaucia, capo del collegio dei tribuni della plebe, che trattenendo la toga attorno al corpo, correva dalla Curia ai *Comitia* a urlare la notizia dai rostri, personaggi solenni come Metello Numidico e il Pontefice Massimo, Enobarbo, che si stringevano solennemente la mano, sforzandosi di apparire più dignitosi che eccitati.

« È un presagio » disse alla moglie, indugiando con lo sguardo su di lei in rapita ammirazione. Com'era bella, e senza la minima traccia di più di quattro anni di vita nella Suburra, come padrona di casa di un condominio.

« Un giorno sarai console » fece Aurelia, fiduciosa. « Ogni qualvolta penseranno alla vittoria di Vercelli, ricorderanno che sei stato tu a recare la notizia a Roma. »

« No, » disse lui lealmente « penseranno a Caio Mario. »

« E a te » insistette la moglie amorosa. « È il tuo viso che hanno visto; eri il suo questore. »

Lui sospirò, si raggomitolò sul giaciglio del triclinio, battendo la mano sullo spazio libero accanto a sé. « Vieni qui » disse.

Aurelia, seduta come di dovere nel suo scranno, lanciò un'occhiata alla porta del *triclinium*. « Caio Giulio! » esclamò.

« Siamo soli, mia diletta moglie, e io non sono così pignolo in fatto di etichetta da gradire l'idea, la prima sera che passo a casa, di essere separato da te dallo spazio di un tavolo. » Un altro colpetto al giaciglio. « Qui, donna! Subito! »

Quando la giovane coppia si era installata nella Suburra, il loro arrivo era stato un evento così notevole da renderli oggetto di perenne curiosità da parte di tutti gli abitanti delle strade attorno all'*insula* di Aurelia. Non di rado i padroni di casa erano aristocratici, ma nessuno di loro risiedeva nel quartiere; Caio Giulio Cesare e sua moglie costituivano una rarità, e come tale attiravano su di loro un'attenzione maggiore del solito. Nonostante le gigantesche proporzioni, la Suburra era in realtà un villaggio brulicante, pettegolo, cui nulla piaceva di più di un nuovo colpo a sensazione.

Secondo le previsioni generali, la giovane coppia non avrebbe resistito a lungo; la Suburra, grande livellatrice di pretese e orgoglio, quanto prima li avrebbe smascherati, dimostrando chi erano: gente del Palatino. Le crisi isteriche che sarebbero venute alla gran dama! E che sdegnose scenate avrebbe fatto il gran signore! Ci sarebbe stato da ridere. Così dicevano quelli che, della Suburra, se ne intendevano. E aspettavano gongolanti.

Non accadde nulla di simile. La gran dama, scoprirono, non disdegnava di andare a fare la spesa personalmente e sapeva rispondere per le rime a qualsiasi malintenzionato cercasse di abbordarla, e non s'impauriva quando un gruppo di donne del quartiere l'attorniava mentre attraversava il Vico Patrizio e tentava di sollecitarla a tornare al Palatino, che era il posto suo. Quanto al gran signore, era, e non c'era altro modo per definirlo, un vero gentiluomo: pacato, compito, mostrava interesse per qualsiasi cosa gli fosse detta da ogni esponente della comunità, disponibile a rendersi utile con testamenti e contratti di locazione e appalti.

In breve, furono rispettati da tutti. Col tempo, furono amati. Molte delle loro doti erano una vera novità, per esempio la tendenza a occuparsi dei fatti loro e a non ficcare il naso in quelli altrui; non esprimevano mai lagnanze né critiche e non mostravano di considerarsi superiori a chi stava loro attorno. Se si rivolgeva loro la parola, si poteva star certi di essere ricambiati con un sorriso spontaneo e sincero, con genuino interesse, cortesia e sensibilità. Sebbene dapprima ciò fosse giudicata una finzione, alla fine gli abitanti di quel rione della Suburra si resero conto che Cesare e Aurelia erano esattamente come sembravano.

L'accoglienza degli abitanti locali era di gran lunga più importante per Aurelia che per Cesare; era lei a essere impegnata direttamente negli affari della Suburra, ed era lei la padrona di casa di un affollato complesso di alloggi. Da principio non era stato facile, anche se fu solo dopo la partenza di Cesare da Roma che ne comprese il motivo. Sulle prime imputò le proprie difficoltà alla scarsa dimestichezza e alla mancanza di esperienza. Gli intermediari che le avevano venduto l'*insula*, si offrirono di occuparsi per conto suo dell'esazione delle pigioni e dei rapporti con gli inquilini, e a Cesare era parsa una buona idea, sicché l'obbediente sposina acconsentì. Né Cesare recepì l'inconsapevole messaggio da lei trasmessogli un mese dopo che si erano installati, quando Aurelia gli raccontò per filo e per segno tutto ciò che riguardava gli inquilini.

«La cosa che quasi non riesco a credere è la varietà» disse Aurelia, volto animato, quasi sparita la consueta compostezza.

Lui la prese in giro, domandando: «La varietà?».

«Be', i due piani alti sono quasi completamente abitati da liberti, Greci perlopiù che, a quanto pare, sbarcano il lunario correndo appresso ai loro ex padroni, e hanno il viso solcato da terribili rughe di preoccupazione, e più amichetti del cuore che mogli. Ai piani principali abita gente di tutti i generi: un follatore e la sua famiglia, Romani; un vasaio e la sua famiglia, Romani; un pastore e la sua famiglia... tu lo sapevi che ci fossero dei pastori a *Roma*? Accudisce le pecore sul Campo della Lana mentre aspettano di essere mandate al macello, non lo trovi affascinante? Gli ho domandato perché non abitasse più vicino al posto di lavoro, ma mi ha risposto che sia lui sia sua moglie erano originari della Suburra e non riuscivano neanche a pensare di vivere altrove, e non gli importa di dover fare tanta strada» disse Aurelia, animandosi ancor di più.

Ma Cesare aggrottò la fronte. «Non ho la puzza sotto il naso, Aurelia, però non sono sicuro che sia una buona idea intavolare conversazione con i tuoi inquilini. Sei la moglie di un Giulio, e devi rispettare certe regole di comportamento. Non si deve mai essere perentori o sgarbati con quella gente, né disinteressarsi dei suoi problemi, ma tra poco me ne dovrò andare, e non vorrei che mia moglie instaurasse rapporti di amicizia con semplici conoscenti. Devi mantenerti un tantino al di sopra della gente che affitta un alloggio nella casa di tua proprietà. Proprio per questo, sono lieto che i sensali ti facciano da esattori delle pigioni e da consulenti in affari.»

Aurelia aveva mutato espressione, ora lo fissava sgomenta, e balbettò: «Mi... mi dispiace, Caio Giulio, io... io non ci avevo pensato. In realtà, non è che mi sia fatta avanti; ho solo pensato che sarebbe stato interessante scoprire quel che ciascuno di loro faceva».

«Lo è, naturalmente» la tranquillizzò lui, rendendosi conto che in qualche modo l'aveva ferita. «Parlamene ancora.»

«Ci sono un retore greco e la sua famiglia, e un maestro di scuola romano e la sua famiglia... vorrebbe affittare le due stanze attigue al suo alloggio, appena si libereranno, in modo da poterci

753

aprire una scuola.» Scoccò un'occhiatina a Cesare e soggiunse: «Me l'hanno riferito i sensali» e così disse la sua prima bugia al marito.

«Sembra soddisfacente» fece lui. «Chi altri c'è, amor mio?»

«Gli inquilini del piano sopra la nostra abitazione sono molto bizzarri. Ci sono un mercante di spezie con una moglie che si dà un sacco d'arie, e un *inventore*! È scapolo, e il suo alloggio è stipato di straordinari modellini perfettamente funzionanti di gru e pompe e mulini» disse Aurelia, lasciandosi di nuovo tradire dalla lingua.

«Intendi dire, Aurelia, che hai messo piede nell'alloggio di uno scapolo?» domandò Cesare.

Aurelia disse la seconda bugia, col cuore che le batteva forte, a disagio. «No, Caio Giulio, sul serio! Il sensale ha pensato fosse una buona idea che lo accompagnassi nei suoi giri, approfittando dell'occasione per constatare come vivono gli inquilini.»

Cesare si tranquillizzò. «Oh, capisco! Naturalmente. Che cosa inventa il tuo inventore?»

«Freni e pulegge, perlopiù, ne ho dedotto. Mi ha mostrato come funzionano su un modellino di gru, ma non sono portata alla tecnica, ha detto, per cui temo di non averci capito gran che.»

«Chiaramente, l'attività di inventore gli rende bene, se può permettersi di abitare al piano appena sopra di noi» osservò Cesare, notando con un certo disagio che sua moglie aveva perso gran parte dell'entusiasmo iniziale, ma dotato di sufficiente intuito per capire di chi era la colpa.

Aurelia tirò un respiro un po' tremulo e passò a parlare degli inquilini più bizzarri. «E c'è un piano abitato interamente da giudei, Caio Giulio! Amano vivere circondati da altri giudei, mi spiegavano, perché hanno tante norme e regole da rispettare... che, detto fra noi, a quanto sembra si sono imposti da sé. È gente molto *religiosa*! Posso capire la xenofobia: moralmente, fanno sembrare spregevoli tutti gli altri. Non dipendendo da un padrone, soprattutto perché osservano un giorno di riposo alla settimana. Non ti pare uno strano modo di agire? Con Roma che chiude i mercati ogni otto giorni, e con tutte le ricorrenze e le festività, non riescono ad adeguarsi a datori di lavoro non giudei. Così preferiscono appaltare la loro opera, per così dire, anziché avere un lavoro fisso.»

«Straordinario!» esclamò Cesare.

«Sono tutti quanti artigiani e studiosi» continuò Aurelia, badando a non mettere troppo entusiasmo nella voce. «Uno di loro... si chiama Shimon, mi pare... è un eccellente calligrafo. Vedessi come lavora, Caio Giulio, in modo davvero splendido! Usa solo il greco. Nessuno di loro ha una buona conoscenza del latino. Ogniqualvolta un editore o un autore ha un'edizione speciale di una opera da mettere in vendita a un prezzo più alto del normale, si rivolge a Shimon, che ha quattro figli maschi i quali stanno imparando a loro volta l'arte dello scrivano. Frequentano la scuola del nostro maestro romano, oltre che la loro scuola religiosa, perché Shimon desidera che imparino perfettamente il latino e il greco e l'aramaico e... l'ebraico, mi sembra abbia detto. Così a Roma non resteranno mai senza lavoro. »

« Sono tutti scrivani, i giudei? »

« Oh, no, solo Shimon. Ce n'è uno che lavora l'oro... poi abbiamo uno scultore di ritratti... un sarto... un armaiolo... un tessitore... un muratore... e infine un mercante di balsami. »

« Sicuramente non lavoreranno tutti al piano di sopra? » domandò Cesare, allarmato.

« Soltanto lo scrivano e l'orafo, Caio Giulio. L'armaiolo ha un'officina in cima ai Vicoli Alti, lo scultore ha preso in affitto uno spazio da una grossa impresa del Velabro, e il muratore ha un cantiere dalle parti dei moli del marmo al Porto di Roma. »

Suo malgrado, gli occhi viola di Aurelia presero a luccicare. « Cantano moltissimo. Inni religiosi, suppongo. È un modo di cantare molto *strano*... sai, orientale e come... stonato. Ma è pur sempre un bel cambiamento rispetto al pianto dei bambini. »

Cesare allungò una mano a scostare una ciocca di capelli che le era caduta sul viso; aveva appena diciott'anni, sua moglie. « Ne deduco che ai tuoi giudei piaccia abitare qui? » domandò.

« Effettivamente sembra che piaccia a tutti quanti abitare qui » disse lei.

Quella notte, dopo che Cesare si fu addormentato, Aurelia giacque accanto a lui e versò qualche lacrima sul guanciale. Non le era balenato alla mente che Cesare si aspettasse da lei lo stesso genere di comportamento, lì in un'*insula* della Suburra, che si sarebbe aspettato da una moglie residente sul Palatino; non si rendeva conto che quegli alloggi un po' soffocanti non offrivano i diversivi o i passatempi di cui poteva disporre un'abitante del Palatino? No, certo che non se ne rendeva conto. Tutto il suo tempo era occupato dalla carriera pubblica appena agli inizi, sicché divideva le sue giornate fra tribunali, importanti senatori come Marco Emilio Scauro, *Princeps Senatus*, la zecca, l'erario, i vari portici e colonnati dove un senatore agli esordi andava a imparare il mestiere. Non esisteva marito più gentile, più disponibile e riguardoso di lui; ma Caio Giulio Cesare considerava tuttora sua moglie come un caso speciale.

La verità era che Aurelia aveva concepito il desiderio di gestire personalmente la sua proprietà, facendo a meno dei sensali. Così si era recata a casa di ogni inquilino di ogni piano, aveva chiacchierato con loro e scoperto che genere di persone fossero. Le erano piaciuti, e non vedeva ragione per cui non dovesse trattare direttamente. Questo, finché non ne aveva parlato col marito e non aveva capito che la preziosa persona di sua moglie era una donna diversa da tutte le altre, una donna alta sul piedistallo della *dignitas* della *gens* Iulia; non le sarebbe mai stato permesso di fare qualcosa che potesse umiliare la famiglia. La sua estrazione sociale era abbastanza simile a quella di lui perché Aurelia sapesse valutare la cosa e comprenderla; ma, oh, come avrebbe fatto a riempire le sue giornate? Non osava pensare al fatto che aveva detto due bugie a suo marito. Si addormentò, invece, piagnucolando.

Fortunatamente, il suo dilemma fu risolto da una gravidanza. Rallentò in qualche modo la sua attività, sebbene non soffrisse di alcuno dei tradizionali malesseri. Nel fiore della salute e della gioventù, nelle vene le scorreva una quantità sufficiente di sangue relativamente nuovo, da parte di ambo i genitori, per far sì che non possedesse la fragilità delle fanciulle della più antica nobiltà; inoltre, aveva preso l'abitudine di fare ogni giorno lunghe passeggiate a piedi per impedirsi di impazzire di noia, con la sua gigantesca ancella, Cardixa, a farle da più che adeguata protezione per strada.

Cesare venne distaccato al seguito di Caio Mario, nella Gallia Transalpina, prima che nascesse il loro primo figlio, e si crucciava all'idea di lasciare una moglie così vulnerabile, in avanzato stato di gravidanza.

«Non preoccuparti, andrà tutto benissimo» lo tranquillizzò Aurelia.

«Bada a trasferirti a casa di tua madre un bel po' prima che sia il momento» le ordinò lui.

«Lascia fare a me, me la caverò» fu il solo modo in cui Aurelia s'impegnò.

Si guardò bene dal trasferirsi a casa di sua madre, naturalmente; ebbe la sua creatura nel suo alloggio, assistita non già dai medici più in voga sul Palatino, bensì soltanto dalla levatrice del quartiere e da Cardixa. Dopo un travaglio abbastanza facile e breve diede alla luce una bambina, un'ennesima Iulia, bionda e con gli occhi azzurri e splendida come doveva essere ogni donna di quelle *gens*.

«La chiameremo "Lia" per semplificare» annunciò a sua madre.

«Oh, no!» esclamò Rutilia, giudicando "Lia" troppo banale e sbrigativo. «Che ne dici di "Iulilla"?»

Aurelia scosse la testa con fermezza. «No, è un diminutivo infausto» disse. «La nostra piccola si chiamerà Lia.»

Ma Lia non cresceva vigorosa; pianse e pianse e pianse per sei settimane di fila, e alla fine la moglie di Shimon, Ruth, scese nell'alloggio di Aurelia e sbuffò sprezzante ascoltando la giovane raccontare dei nonni Cotta preoccupati di coliche e di raffreddori.

«Questa bambina è solo affamata» disse Ruth nel suo greco dal greve accento straniero. «Non hai latte, sciocchina!»

«Oh, e dove la *sistemo* una balia?» domandò Aurelia, profondamente sollevata, riconoscendo che era la pura verità, ma non sapendo come fare per convincere la servitù che doveva dividere i suoi alloggi con un ennesimo corpo.

«Non ti occorre una balia, sciocchina» disse Ruth. «Questo palazzo è pieno di madri che allattano. Non preoccuparti, daremo tutte quante un goccio alla piccola.»

«Posso pagarvi» si offrì esitante Aurelia, che era abbastanza sensibile da rendersi conto che non doveva mostrarsi troppo condiscendente.

«Pagare? Per una cosa così naturale? Lascia fare a me, sciocchina. E mi accerterò che tutte quante si lavino le poppe, prima! La piccolina deve recuperare il tempo perduto; non vogliamo che si ammali!»

Così la piccola Lia ebbe a disposizione un'intera *insula* di balie, e lo stupefacente assortimento di capezzoli che le scivolavano in bocca non sembrava urtare i sentimenti della neonata più di quanto il miscuglio di latte greco, romano, ebraico, spagnolo e siriaco turbasse la sua digestione. La piccola cominciò a rifiorire.

Lo stesso dicasi di sua madre, una volta che si fu ripresa dalle fatiche del parto e dalla preoccupazione per una figlioletta che piangeva di continuo. Partito Cesare, infatti, il vero carattere di Aurelia cominciò a farsi valere. Per prima cosa fece polpette di tutti i parenti di sesso maschile che Cesare aveva incaricato di tenerla d'occhio.

«Se avrò bisogno di te, padre,» disse con fermezza a Cotta «ti manderò a chiamare.»

«Zio Publio, lasciami in pace!» disse a Rutilio Rufo.

«Sesto Giulio, vattene in Gallia!» disse al fratello maggiore del marito.

Poi guardò Cardixa e si fregò le mani giubilante. «La mia vita mi appartiene, finalmente!» esclamò. «Oh, ci saranno alcuni cambiamenti!»

Cominciò dentro casa, dove gli schiavi che lei e Cesare avevano comprato subito dopo le nozze governavano la giovane coppia, anziché viceversa. Capeggiati dall'intendente, un greco a nome Eutico, se la cavavano tanto bene da non offrire ad Aurelia motivi sufficienti per screditarli agli occhi di Cesare; Aurelia, infatti aveva imparato che il marito non vedeva le cose come le vedeva lei, ed era così distratto da non vedere addirittura nulla, soprattutto ciò che riguardava l'andamento domestico. Ma, tempo un giorno, Aurelia costrinse i servi a obbedirle a bacchetta, imponendo loro i suoi voleri prima con un discorsetto e poi con un preciso piano di lavoro. Caio Mario avrebbe dato la sua piena approvazione al fervorino, che fu breve e schietto da togliere il fiato, pronunciato nel tono e nei modi di un generale.

« Ohimè! » fece il cuoco, Murgus, rivolto a Eutico, l'intendente. « E io che la credevo una dolce creaturina! »

L'intendente alzò al cielo gli occhi da seduttore, frangiati di lunghe ciglia. « E *io*? Credevo che sarei riuscito a sgattaiolare nel suo cubicolo per consolarla un po' durante l'assenza di Caio Giulio... l'ho scampata bella! Preferirei infilarmi a letto con un leone. »

« Pensi sul serio che avrebbe il fegato di affrontare una simile perdita finanziaria, vendendoci tutti quanti senza un benservito? » domandò Murgus rabbrividendo al solo pensiero.

« Quella avrebbe il fegato di farci crocifiggere » rispose l'intendente.

« Ohimè! » gemette il cuoco.

Al termine dell'incontro con la servitù, Aurelia andò subito a parlare con l'inquilino dell'altro alloggio al pianterreno. Quella prima conversazione con Cesare in merito agli inquilini aveva fatto vacillare la sua iniziale determinazione di sbarazzarsi immediatamente del tipo in questione; aveva finito col non parlare di quel tale al marito, rendendosi conto che Cesare non avrebbe valutato la situazione nello stesso modo in cui la valutava lei. Ora, però, poteva agire, e infatti agì.

L'altro alloggio a pianterreno era accessibile dall'interno della costruzione; Aurelia non doveva far altro che attraversare il cortile in fondo al cavedio. Ciò, tuttavia, avrebbe conferito alla sua visita un tono d'intimità senza pretese che decisamente non era nelle sue intenzioni. Per cui decise di presentarsi all'ingresso principale. Quindi fu costretta a uscire nel Vico Patrizio, svoltare a destra e risalire la strada, costeggiando la fila di botteghe che dava in affitto, fino all'apice dell'edificio dove si apriva la taverna del crocevia; da qui svoltò a destra, imboccando la *Subura Minor*, e discese la strada, costeggiando l'altra fila di botteghe affittate, e alla fine si trovò all'ingresso principale del secondo alloggio al pianterreno.

L'inquilino era un famoso attore a nome Epafrodito e, stando ai libri contabili, abitava nel palazzo da oltre tre anni.

«Di' a Epafrodito che la sua padrona di casa desidera vederlo» ordinò Aurelia allo schiavo.

Mentre aspettava nel vestibolo, grande come quello di casa sua, ne valutò le condizioni con occhio ormai esperto in fatto di crepe, scheggiature, intonaco scrostato e roba del genere, e sospirò; era in migliore stato del vestibolo di casa sua, ed era stato affrescato di recente con ghirlande di frutta e fiori tenute sospese da Cupidi con le fossette tra tendaggi di porpora dipinti con realismo.

«Non credo ai miei occhi!» esclamò una bella voce sonora, in greco.

Aurelia si girò di scatto ad affrontare l'inquilino. Era molto più vecchio di quanto si potesse dedurre dalla sua voce o dalla reputazione di cui godeva sulle scene o vedendolo dall'altro lato del cortile: un individuo sulla cinquantina, con una parrucca di un giallo dorato in testa e il viso pesantemente truccato, che indossava una tunica fluttuante di porpora di Tiro ricamata a grappoli di stelle d'oro. Benché in molti casi chi indossava vesti di porpora pretendesse che fossero originarie di Tiro, nel caso specifico era autentica, di un colore più vicino al nero che al violaceo, di un lustro cangiante a seconda della luce, che la soffondeva di baluginii color prugna e cremisi cupo. Aurelia aveva visto una veste di vera porpora di Tiro una sola volta in vita sua: in occasione della visita alla villa di Cornelia, la madre dei Gracchi, la quale aveva ostentato con fierezza una tunica presa a re Perseo di Macedonia da Paolo Emilio.

«Non credi ai tuoi occhi, in che senso?» domandò Aurelia, a sua volta in greco.

«*Tu*, tesoro! Avevo sentito dire che la nostra padrona di casa era bellissima e possedeva un paio d'occhi viola, ma la realtà fa impallidire quanto mi ero immaginato da lontano, dall'altro lato del cortile!» disse lui con voce flautata; una voce che era più melodiosa che ridicola, malgrado l'accento effeminato. «Siediti, siediti» la invitò.

«Preferisco restare in piedi.»

Epafrodito si arrestò bruscamente, volgendosi verso di lei, inarcando le sottili sopracciglia nere depilate. «Sei qui per parlare d'affari!»

«Certamente.»

«In che modo posso esserti di aiuto, allora?» chiese l'attore.

«Facendo fagotto» rispose Aurelia.

Lui rimase senza fiato; barcollò; si artigliò il petto con le mani; un'espressione inorridita gli si dipinse sul viso.

«*Come?*»

«Ti dò gli otto giorni» disse la padrona di casa.

«Ma non puoi! L'affitto è pagato, e lo è sempre stato! Tengo questa casa come se fosse di mia proprietà! Dimmi per quale ragione, *domina*» ribatté lui, con voce dura, ora, e un'espressione che faceva sembrare il volto pitturato una menzogna prettamente mascolina.

«Non mi piace il tuo modo di vivere» disse Aurelia.

«Il mio modo di vivere è affar mio» disse Epafrodito.

«Non quando devo crescere mia figlia nella condizione di osservare dall'altro lato del cortile scene che non si confanno ai miei occhi, figuriamoci a quelli di una bambina» fece lei. «Non quando le puttane di ambo i sessi si riversano nel cortile a proseguire le loro attività.»

«Metti dei tendaggi» disse Epafrodito.

«Me ne guardo bene. Né mi basterebbe mettere dei tendaggi. La gente di casa mia ha orecchie, oltre che occhi.»

«Be', mi dispiace molto che la pensi in questo modo, ma la cosa non fa alcuna differenza» disse l'attore con veemenza. «Rifiuto di andarmene.»

«In tal caso, chiamerò le guardie e ti farò buttare fuori.»

Sfruttando la ragguardevole abilità di ergersi in tutta la sua statura, tanto da dare l'impressione di torreggiare su di lei, Epafrodito le si avvicinò e riuscì a ricordare all'impavida Aurelia Achille quando si nascondeva nel gineceo di re Licomede di Schiro.

«Ora stammi bene a sentire, *dominilla*» disse. «Ho speso un patrimonio per trasformare questo posto nel modo in cui piace a me, e non ho intenzione di lasciarlo. Se tenti qualche giochetto come quello di mandarmi le guardie, ti faccio causa e ti porto via tutto quel che hai. Anzi, dopo che ti avrò fatto uscire da casa *mia*, andrò difilato al tribunale del pretore urbano a sporgere denuncia contro di te.»

Il viola degli occhi di Aurelia si fece beffe della finta porpora di Tiro; lo stesso dicasi dell'espressione del viso. «Fallo!» sussurrò dolcemente. «Si chiama Caio Memmio, ed è un mio cugino. Ora come ora, però, è un periodo di grande attività per i tribunali, per cui dovrai prima farti ricevere dal suo sostituto. È un senatore di nuova nomina, ma lo conosco bene... Sesto Giulio Cesare. È mio cognato.» Aurelia si spostò a esaminare le pareti decorate di fresco, il sontuoso pavimento a mosaico che nessun alloggio in affitto aveva mai potuto vantare. «Sì, è tutto molto bello! Sono lieta di constatare che il tuo gusto in fatto di arredamento supera quello in fatto di compagnie. Ma ti rendi conto, naturalmente, che qualsiasi miglioramento apportato a locali dati in affitto resta di proprietà del padrone di casa, e che il padrone di casa non è tenuto per legge a rifondere le spese sostenute. »

Otto giorni dopo, Epafrodito se ne andò, imprecando all'indirizzo delle donne e senza alcuna possibilità di fare ciò che era stato nelle sue intenzioni, vale a dire sfregiare gli affreschi e sradicare il mosaico del pavimento; Aurelia aveva appostato nell'alloggio un paio di gladiatori assunti per la bisogna.

«Bene!» disse, togliendosi la polvere dalle mani. «Ora, Cardixa, posso trovarmi un inquilino come si deve. »

Siccome la casa di Aurelia era conosciuta come un palazzo particolarmente sicuro, non scarseggiavano di certo i potenziali inquilini, che Aurelia ricevette personalmente. Alcuni le piacquero; altri, li giudicò degni di fiducia; altri ancora, non li avrebbe presi come inquilini, anche se fossero stati gli unici candidati. Ma nessuno di loro si rivelò come voleva lei, per cui continuò le ricerche.

Passarono sette settimane prima che trovasse la persona ideale: un cavaliere, figlio di un cavaliere, che si chiamava Caio Mazio; aveva la stessa età di Cesare, e sua moglie la stessa età di Aurelia; entrambi erano colti e ben educati; si erano sposati suppergiù contemporaneamente a Cesare e Aurelia; avevano una bimba della stessa età di Lia; ed erano benestanti. La moglie si chiamava Priscilla, nome che doveva venirle dal *cognomen* del padre anziché dalla sua *gens*, ma in tutti gli anni in cui la famiglia di Mazio avrebbe abitato lì, Aurelia non scoprì mai il vero nome di Priscilla. La famiglia di Mazio si occupava di mediazioni e della stesura e stipula di contratti, e il padre di Caio Mazio abitava con la seconda moglie e i figli più piccoli in una comoda casa sul Quirinale. Aurelia aveva provveduto a controllare il tutto, e avuta conferma dalle indagini, affittò alla giovane coppia l'alloggio a pianterreno per la bella cifra di diecimila *denarii* all'anno; i sontuosi affreschi e il pavimento a mosaico di Epafrodito contribuirono alla stipula del contratto, e così pure la promessa di Aurelia che tutti i suoi futuri contratti d'affitto sarebbero stati affidati alla società Caio Mazio, padre e figlio.

Non ci sarebbero più stati sensali a esigere le pigioni, infatti; da quel momento in poi, Aurelia intendeva amministrare personalmente la sua proprietà. Tutti gli alloggi sarebbero stati locati con un contratto scritto, e con l'opzione di rinnovo ogni due anni. Furono inserite clausole di penalità in caso di danni arrecati alla proprietà, nonché altre clausole intese a proteggere gli inquilini da tentativi di estorsione da parte del padrone di casa.

Aurelia trasformò il suo salottino in un ufficio dove si accumulavano i libri contabili, conservò, dei passatempi di una volta, soltanto il telaio, e si mise all'opera per scoprire le complessità inerenti all'attività di padrona di casa. Dopo essersi fatta consegnare dai sensali tutta la documentazione relativa all'*insula*, Aurelia constatò che esistevano archivi per ogni genere di cose: muratori, imbianchini, stuccatori, venditori di molti generi diversi, tariffe dell'acqua, tasse, titoli di proprietà, fatture e quietanze. Buona parte delle entrate, imparò, si sarebbero quasi subito tramutate in uscite. Oltre a far pagare le forniture d'acqua e i servizi di fognatura, lo stato esigeva un piccolo contributo per ogni finestra praticata nella costruzione e ogni porta che si apriva sulla strada e ogni scala che portava da un piano all'altro. E sebbene si trattasse innegabilmente di un edificio di solida struttura, richiedeva di continuo riparazioni. Tra gli artigiani in lista figuravano parecchi carpentieri; raffrontando le date, Aurelia ne trovò uno che, a quanto risultava, aveva fatto la maggior parte dei lavori e resistito più a lungo di tutti. Così lo mandò a chiamare e gli ordinò di rimuovere gli schermi di legno che inscatolavano il cavedio.

Era un progetto che Aurelia accarezzava dal primo istante in cui lei e Cesare si erano trasferiti nell'*insula*; si era scoperta il desiderio di creare un giardino, e sognava di trasformare il malconcio cortile centrale in un'oasi che avrebbe dato piacere a tutti gli inquilini. Ma ogni cosa aveva cospirato contro di lei, a cominciare dal problema di Epafrodito, che aveva anche lui diritto a usare il cortile. Personalmente, Cesare non aveva mai assistito alle imprese dell'attore, il quale era abbastanza scaltro da far sì che le sue dissolutezze avessero luogo solo quando il padrone di casa non c'era. E Cesare, si rese conto Aurelia, pensava che tutte le donne tendessero a esagerare.

Schermi di legno fastidiosamente massiccio erano collocati tra una colonna e l'altra dei loggiati che si affacciavano sul cortile da ogni piano del palazzo. Di conseguenza, nessuno di coloro i quali abitavano ai piani superiori poteva goderne la vista. Tali schermi, è vero, conferivano una certa atmosfera d'intimità al cortile e contribuivano ad attutire il torrente perenne di rumori che sgorgava da ogni alloggio, però trasformavano altresì il cavedio in una sorta di terribile camino scuro, alto nove piani, e il cortile nel suo del pari terribile focolare, e vietava l'ingresso di molta luce o molta aria fresca ai piani superiori.

Così, non appena possibile dopo la partenza di Cesare, Aurelia mandò a chiamare il carpentiere e gli disse di asportare tutti gli schermi.

Lui le sgranò gli occhi in faccia come se fosse impazzita.

«Che cosa c'è?» domandò lei, stupita.

«*Domina*, nel giro di tre giorni ti troverai nella merda e nel piscio fino alle ginocchia,» rispose il carpentiere «per non parlare di qualsiasi altra cosa decidano di buttare nel vuoto, dalla carogna del cane al cadavere della nonna alle neonate.»

Aurelia si sentì montare una vampa di rossore al viso, finché non ebbe le orecchie in fiamme. Non fu la brutale verità delle parole del carpentiere a mortificarla, bensì la sua personale ingenuità. Che sciocca era stata! Perché non ci aveva pensato? Perché, si rispose da sola, a chi era sempre vissuto in una grande abitazione privata non sarebbe bastata una vita, passando davanti agli ingressi e alle scale dei casermoni in affitto, per farsi anche solo una pallida idea di ciò che vi accadeva. Suo zio Cotta non avrebbe indovinato lo scopo di quegli schermi di legno più prontamente di quanto l'avesse indovinato lei.

Si premette le mani contro le guance infuocate e scoccò al carpentiere una così adorabile occhiata di disorientato divertimento, che l'uomo se la sognò per quasi un anno, venendo regolarmente a constatare come andavano le cose e migliorando le sue prestazioni d'opera di almeno il cento per cento.

«Grazie!» gli disse Aurelia con fervore.

La partenza del disgustoso Epafrodito le offrì l'occasione di iniziare la creazione di un giardino nel cortile, comunque, e allora il nuovo inquilino, Caio Mazio, le svelò che anche lui aveva la passione del giardinaggio.

«Permettimi di aiutarti!» implorò.

Era difficile dire di no quando ci aveva messo tanto a trovare gli inquilini ideali. «Certamente!»

Il che le impartì un'ennesima lezione. Attraverso Caio Mazio, la giovane donna apprese che una cosa era sognare di creare un meraviglioso giardino, ma un altro paio di maniche crearlo realmente. Personalmente, infatti, non aveva l'occhio dell'artista, mentre Caio Mazio, sì. In effetti, il nuovo inquilino possedeva il genio del giardinaggio. Una volta, l'acqua del bagno di Cesare si scaricava nelle fogne, ora, invece, era stata incanalata in una piccola cisterna collocata nel cortile e alimentava le piante che Caio Mazio si procurava con sorprendente rapidità: sottratte, informò Aurelia, perlopiù dalla magione di suo padre sul Quirinale, ma anche a chiunque altro possedesse un arbusto o un rampicante o un albero o un qualsiasi tipo di vegetazione adatto allo scopo. Lui sapeva innestare una debole pianticella su un robusto ceppo dello stesso genere; sapeva quali piante gradissero un terreno calcareo e quali il suolo naturalmente acido di Roma; sapeva quali fossero le stagioni giuste per seminare, rincalzare, potare. Tempo un anno, il cortile, un quadrato di una decina di metri di lato, divenne un ombroso pergolato, e i rampicanti salivano, avviluppandosi ai tralicci fissati alle colonne, verso lo squarcio di cielo su in alto.

Un giorno Shimon, il calligrafo ebreo, venne a trovarla, l'aria molto strana ai suoi occhi di romana, con quella lunga barba e i lunghi riccioli che sbucavano dallo zucchetto.

«*Domina* Aurelia, gli inquilini del quarto piano hanno un favore specialissimo da chiederti» disse.

«Se posso accordarvelo, Shimon, lo farò di sicuro» rispose lei in tono solenne.

«Capiremo se rifiuterai, poiché quanto chiediamo è un'intrusione nella tua intimità» continuò Shimon, scegliendo le parole con la delicatezza che di regola riservava al suo lavoro. «Ma... se ti dessimo la nostra parola che non abuseremo mai del privilegio per gettare nel vuoto rifiuti o immondizie... potremmo rimuovere gli schermi di legno tutt'attorno alla balconata sul cavedio? Respireremmo meglio e guarderemmo dall'alto il tuo bellissimo giardino.»

Aurelia s'illuminò. «Sono felicissima di accordarvi questo favore» disse. «Non posso, tuttavia, ammettere che si usino le finestre sulla strada per sbarazzarsi dei rifiuti e delle immondizie. Devi promettermi che tutta la vostra spazzatura verrà portata alla latrina pubblica sull'altro lato della strada e gettata nelle fogne.»

Shimon, beato, promise.

E sparirono gli schermi tutt'attorno alla balconata del quarto piano, anche se Caio Mazio implorò che rimanessero al loro posto nei punti in cui coprivano le colonne, in modo che i suoi rampicanti potessero continuare a salire. Gli ebrei del quarto piano diedero il via a una moda; l'inventore e il mercante di spezie del primo piano subito dopo chiesero di rimuovere gli schermi, e poi lo chiesero quelli del terzo piano, e poi quelli del sesto, e del secondo, e del quinto, e alla fine solo le conigliere di liberti degli ultimi due piani rimasero inscatolate.

In primavera, prima della battaglia di Aix-en-Provence, Cesare fece una capatina dall'altro versante delle Alpi, recando dispacci per Roma, e la sua breve visita ebbe come risultato una seconda gravidanza per Aurelia; la quale diede alla luce un'altra femminuccia nel febbraio seguente, anche questa volta in casa, e anche questa volta assistita solo dalla levatrice del quartiere e da Cardixa. Ormai sapeva di non avere abbastanza latte, e la seconda piccola Iulia — destinata a portare per tutta la vita il nomignolo di "Iu-Iu" — venne subito attaccata al seno di una dozzina di madri che allattavano, sparse sui vari piani dell'*insula*.

«Va bene così,» scrisse Cesare in risposta alla lettera con cui la giovane moglie gli annunciava la nascita di Iu-Iu «adesso abbiamo due piccole Iulie, come vuole la tradizione, e la faccenda è chiusa. La prossima volta che verrò a recare i dispacci per il Senato, daremo il via alla serie dei maschi.»

Poco dopo la nascita di Iu-Iu, Aurelia ebbe finalmente il tempo di occuparsi della taverna del crocevia. Era un compito che aveva evitato, in quanto, sebbene la taverna facesse parte dell'*insula*, non poteva esigere un affitto, dato che era considerata il ritrovo di una confraternita religiosa; benché non godesse dei privilegi di un tempio o di un *aedes*, cioè un luogo di culto, era comunque "ufficiale" e registrata nei libri del pretore urbano.

Però era una seccatura. Sembrava che tutt'attorno alla taverna e al suo interno l'attività non scemasse mai, neppure di notte, e taluni suoi frequentatori erano prontissimi ad allontanare la gente dal marciapiede che la fronteggiava, ma molto restii a spazzare le immondizie che si accumulavano perennemente su quello stesso tratto di marciapiede.

Fu Cardixa la prima ad accorgersi di un aspetto più oscuro della confraternita religiosa che si riuniva nella taverna del crocevia. Era stata mandata nella botteguccia accanto all'ingresso della casa di Aurelia a comprare l'unguento per il sederino di Iu-Iu, e aveva trovato la proprietaria, una vecchia galata specialista in farmaci e tonici, rimedi e panacee, addossata al muro, mentre due individui dall'aria poco raccomandabile discutevano tra loro per stabilire quale assortimento di vasi e flaconi fracassare per primo. Grazie a Cardixa, non fracassarono proprio un bel niente; fu lei, invece, a fracassar loro le ossa. Messi in fuga i due malintenzionati, che si allontanarono urlando imprecazioni, Cardixa si fece raccontare l'accaduto dalla vecchia terrorizzata, e si scoprì che non era stata in grado di pagare la tangente per la protezione.

«Ogni bottega deve versare una tangente alla confraternita del crocevia per tenere aperti i battenti» riferì Cardixa alla sua padrona. «A sentir *loro*, forniscono un servizio, proteggendo i bottegai da rapine e violenze, ma le sole rapine e violenze che i bottegai subiscono sono per mano loro, quando non pagano la tangente. La povera, vecchia Galatia ha seppellito suo marito da poco, come sai, *dominilla*, e l'ha sepolto con tutti gli onori. Così, non le è rimasto il becco di un quattrino.»

«Ora è tutto chiaro!» disse Aurelia, apprestandosi a dar battaglia. «Vieni, Cardixa, andiamo a sistemare la faccenda.»

Varcò il portone decisa e discese il Vico Patrizio, fermandosi in ciascuna delle botteghe da lei affittate a farsi raccontare dal proprietario la faccenda delle tangenti. Da qualcuno di loro apprese che gli affari della confraternita si estendevano ben oltre le botteghe dell'isolato, e così Aurelia finì col visitare l'intero rione, ricostruendo una sorprendente storia di sfacciate estorsioni. Persino le due donne che gestivano la latrina pubblica sull'altro lato della *Subura Minor*, in subappalto dall'impresa che aveva ottenuto l'appalto statale, erano costrette a versare una percentuale del denaro che ricevevano dai frequentatori abbastanza facoltosi da permettersi una spugna infilata in cima a un bastoncello per ripulirsi dopo aver defecato. Quando la confraternita aveva scoperto che le due donne prestavano anche la loro opera raccogliendo pitali in varie abitazioni per svuotarli e pulirli, e non ne avevano fatto parola, tutti i pitali vennero spaccati, e le donne furono costrette a ricomprarli. I bagni pubblici attigui alla latrina erano proprietà privata, come tutte le terme di Roma, ma costituivano egualmente un affare lucroso. Anche lì la confraternita incassava una tangente, per evitare che i clienti fossero costretti sott'acqua fin quasi ad affogare.

Quando Aurelia ebbe concluso le sue indagini era così infuriata che ritenne opportuno tornarsene a casa a calmarsi un po' prima di affrontare la confraternita nella sua tana.

« E tutto questo parte dalla mia casa! » si sfogò con Cardixa. « Dalla *mia* casa! »

« Non preoccuparti, Aurelia, li castigheremo a dovere » la consolò l'ancella.

« Dov'è Iu-Iu? » domandò Aurelia, aspirando a fondo.

« Al quarto piano. Stamane tocca a Rebecca allattarla. »

La giovane madre si torse le mani. « Perché, a quanto pare, non sono capace di produrre latte? Sono secca come una vecchia! »

Cardixa scrollò le spalle. « Ci sono donne che hanno latte; altre che non ce l'hanno. Nessuno sa perché. Adesso non farti cattivo sangue... è questa faccenda della confraternita che ti ha sconvolta. A nessuna dispiace allattare Iu-Iu, lo sai. Manderò di sopra una delle ancelle a chiedere a Rebecca di badare a Iu-Iu per un po', mentre noi due andiamo a chiarire la situazione. »

Aurelia si rimise in piedi. « Andiamo, allora, facciamola finita una volta per tutte. »

L'interno della taverna era in penombra; Aurelia ristette nel vano della porta, stagliata nella luce, all'apice di una bellezza destinata a durare tutta la vita. Gli schiamazzi che echeggiavano nella taverna cessarono di colpo, ma ripresero rabbiosamente quando Cardixa si profilò alle spalle della padrona.

« È quella specie di elefante che ci ha malmenati stamane! » disse una voce nel buio.

Le panche scricchiolarono. Aurelia entrò a passo di carica e si guardò attorno, con Cardixa che le montava la guardia alle spalle.

«Chi è il responsabile di questa accozzaglia di bifolchi?» domandò Aurelia.

L'individuo chiamato in causa si alzò da un tavolo d'angolo in fondo alla stanza, un ometto pelle e ossa che aveva passato la quarantina, dall'aria inequivocabilmente romana. «Sono io» rispose, facendosi avanti. «Lucio Decumio, per servirti.»

«Sai chi sono io?» domandò Aurelia.

L'uomo fece segno di sì con la testa.

«Voialtri occupate... gratuitamente!... locali di mia proprietà» disse lei.

«Tu non sei la padrona di questi locali,» la corresse Lucio Decumio «sono proprietà statale.»

«Non appartengono allo stato» disse Aurelia, e lasciò vagare lo sguardo per la stanza, ora che gli occhi si andavano abituando alla penombra. «Questo posto è una vergogna. Lo trascurate. Vi do lo sfratto.»

Si levò un mormorìo collettivo. Lucio Decumio socchiuse gli occhi, mettendosi all'erta.

«Non puoi sfrattarci» disse.

«Guardami bene!»

«Mi appellerò al pretore urbano.»

«Fallo pure! È mio cugino.»

«Allora c'è sempre il Pontefice Massimo.»

«Sicuro, che c'è. È mio cugino anche lui.»

Lucio Decumio sbuffò: un suono che avrebbe potuto essere sprezzante... o una risata. «Non possono essere *tutti* tuoi cugini!»

«Possono, eccome, e lo sono.» La giovane donna sporse la formidabile mascella. «Non illuderti, Lucio Decumio, tu e i tuoi lerci furfanti dovete andarvene.»

Lui se ne stette a sbirciarla meditabondo, grattandosi il mento con una mano, quello che avrebbe potuto essere un sorriso in agguato in fondo agli occhi grigio chiaro; poi si fece da parte e abbozzò un inchino in direzione del tavolo dove prima sedeva. «Che ne diresti se discutessimo del nostro piccolo problema?» domandò, con pacatezza degna di Scauro.

«Non c'è proprio niente di cui discutere» ribatté Aurelia. «Dovete andarvene.»

«Bah! C'è sempre spazio per la discussione. Suvvia, *domina*, sediamoci» l'allettò Lucio Decumio.

E Aurelia constatò che le stava accadendo una cosa orribile:

Lucio Decumio cominciava a *piacerle*! Il che era palesemente ridicolo. E tuttavia, ciononostante, un dato di fatto.

«Va bene» disse. «Cardixa mettiti dietro di me.»

Lucio Decumio accostò un sedile e sedette a sua volta su una panca. «Un goccio di vino?»

«No di certo.»

«Oh.»

«Be'?»

«Be', cosa?» domandò Lucio Decumio.

«Sei stato tu a proporre di discutere della situazione» gli rammentò Aurelia.

«È vero, sono stato io.» Lucio Decumio si schiarì la voce. «Ora dimmi, *domina*, quali sono, esattamente, le tue obiezioni?»

«La vostra presenza sotto il mio tetto.»

«Su, su, non ti sembra un po' vago? Voglio dire, possiamo addivenire a un accomodamento: tu spiegami che cosa non ti va, e io vedrò se posso metterci riparo» disse Decumio.

«Lo sfacelo. Il sudiciume. Il frastuono. La presunzione che siate padroni della strada, oltre che di questi locali, cosa falsa in entrambi i casi» attaccò Aurelia, contando sulle dita. «*E poi*, i vostri traffici nel quartiere! Il fatto di terrorizzare inermi bottegai per costringerli a versarvi tangenti che non possono permettersi! È un'infamia!»

«Il mondo, *domina*,» disse Decumio, protendendosi con veemenza «si divide in lupi e agnelli. È la legge di natura. Se così non fosse, non ci sarebbero di gran lunga più agnelli di quanti siano i lupi, e invece sappiamo tutti quanti che per ogni lupo ci sono almeno mille agnelli. Considera noialtri, qua dentro, come i lupi del quartiere. Non siamo poi così cattivi. Abbiamo i denti piccoli, solo un paio di morsi, senza spezzare l'osso del collo.»

«È una metafora ributtante,» lo interruppe Aurelia «e non mi fa cambiare idea. Dovete andarvene.»

«Oh, povero me!» disse Lucio Decumio, tirandosi indietro. «Povero, povero me.» Le scoccò un'occhiata. «Sono *davvero* tutti quanti cugini tuoi?»

«Mio padre era il console Lucio Aurelio Cotta. Mio zio è il console Publio Rutilio Rufo. L'altro mio zio è il pretore Marco Aurelio Cotta. Mio marito è il questore Caio Giulio Cesare.» La giovane donna si appoggiò allo schienale della sedia, sollevò un tantino la testa, chiuse gli occhi e disse con aria di sufficienza: «E quel che più conta, Caio Mario è mio cognato».

«Be', *mio* cognato è il re d'Egitto, ha-ha!» rise Lucio Decumio, frastornato da tutti quei nomi.

«Allora ti consiglio di tornartene in Egitto» disse Aurelia, per nulla infastidita dal fiacco tentativo di sarcasmo. «Il console Caio Mario è *sul serio* mio cognato.»

«Oh, certo, e naturalmente, è normale che la cognata di Caio Mario abiti in un'*insula* in fondo al budello della Suburra!» ribatté Lucio Decumio.

«Quest'*insula* è *mia*. È la mia dote. Mio marito è un figlio cadetto, così per il momento abitiamo qui, nella mia proprietà. In seguito, ci trasferiremo altrove.»

«Caio Mario è davvero tuo cognato?»

«Fino all'ultimo pelo delle sopracciglia.»

L'uomo esalò un sospiro. «Questo posto mi piace,» disse «per cui sarà meglio che trattiamo.»

«Voglio che ve ne andiate» disse Aurelia.

«Sta' a sentire, avrò pure qualche diritto» disse Lucio Decumio. «I soci di questo sodalizio sono i custodi del tabernacolo del crocevia. I legittimi custodi. Puoi anche credere con tutti quei cugini, di poter disporre a tuo piacimento dello stato... Ma se ce ne andiamo noi, il nostro posto sarà preso da un altro gruppo, giusto? Questa è una confraternita di crocevia, *domina*, ufficialmente registrata nei libri del pretore urbano. E ti svelerò un piccolo segreto.» Tornò a protendersi. «*Tutti* noi confratelli del crocevia siamo lupi!» Allungò il collo, come una tartaruga. «Ora, tu e io possiamo addivenire a un accomodamento. Terremo pulito questo posto, daremo una mano di pittura alle pareti, ce ne andremo attorno senza far rumore dopo l'imbrunire; aiuteremo le vecchiette a scavalcare i rigagnoli e gli scoli, smetteremo per sempre di esercitare i nostri piccoli traffici nel quartiere... insomma, ci trasformeremo in vere e proprie colonne della società! Che cosa te ne pare?»

Per quanto si sforzasse di nasconderlo, il sorrisetto continuava a piegarle gli angoli delle labbra! «Sempre meglio scegliere il male che già si conosce, eh, Lucio Decumio?»

«*Molto* meglio!» fece lui con calore.

«Non posso dire che mi vada a genio l'idea di affrontare tutta la trafila con un'altra masnada di gente come voi» ammise Aurelia. «Benissimo, ti metterò alla prova per sei mesi.» Si alzò e si avviò alla porta, scortata da Lucio Decumio. «Ma non pensare neanche per un istante che mi manchi il coraggio di sbarazzarmi di voi e sostituirvi con un altro sodalizio» disse, uscendo in strada.

Lucio Decumio l'accompagnò per il Vico Patrizio, aprendole un varco tra la folla quasi per magia. «Ti assicuro, *domina*, che diventeremo colonne della società.»

«Ma sarà molto difficile riuscirci senza un reddito, dopo che vi siete abituati a spenderlo» disse Aurelia.

«Oh, non devi preoccuparti!» ribatté allegramente Lucio Decumio. «Roma è una grande città. Ci limiteremo a trasferire le nostre attività a scopo di lucro lontano da qui quanto basta a non crearti fastidio... al Viminale... all'*Agger*... alle marcite... ci sono moltissimi altri posti. Non torturarti quella bella testolina per Lucio Decumio e i suoi confratelli del sacro sodalizio del crocevia. Ce la caveremo.»

«Non è la risposta giusta!» fece Aurelia. «Che differenza c'è tra il fatto di terrorizzare il nostro vicinato e fare la stessa cosa da qualche altra parte?»

«Occhio non vede, cuore non duole» rispose lui, sinceramente stupito che stentasse tanto a capire. «E questo è quanto.»

Erano arrivati alla porta della casa di Aurelia. Lei si fermò e lo guardò con espressione rattristata. «Suppongo che farai come riterrai più opportuno, Lucio Decumio. Ma fa' in modo che non scopra mai dove hai trasferito le tue attività, come le definisci.»

«Acqua in bocca, lo giuro! Muto come un pesce!» Allungò una mano a bussare alla porta, che venne aperta con sospetta alacrità dall'intendente in persona. «Ah, Eutico, è da qualche giorno che non ti fai vedere alla confraternita» disse Lucio Decumio placidamente. «La prossima volta che la tua padrona ti concederà un giorno di libertà, mi aspetto di vederti alla taverna. Daremo una bella ripulita e una mano di pittura ai muri per farla contenta. Dobbiamo fare in modo che la cognata di Caio Mario sia soddisfatta, no?»

Eutico sembrava profondamente a disagio. «Già» disse.

«Ohi, ohi, ce l'avevi tenuto nascosto, eh? Perché non ci hai detto chi era la tua padrona?» domandò Lucio Decumio in tono mellifluo.

«Come avrai notato in tutti questi anni, Lucio Decumio, *non* ho l'abitudine di parlare della famiglia per cui lavoro» rispose Eutico, l'aria altezzosa.

«Dannati Greci, tutti uguali sono» disse Lucio Decumio, dandosi una tiratina ai lisci capelli bruni, a mo' di saluto all'indirizzo di Aurelia. «Ti auguro buona giornata, *domina*. È stato un piacere fare la tua conoscenza. Se c'è qualcosa che la confraternita possa fare per esserti utile, fammelo sapere.»

Quando la porta si chiuse alle sue spalle, Aurelia guardò l'intendente, l'aria inespressiva. «Quanto a te, che cos'hai da dire?» domandò.

«*Domina*, io *devo* far parte della confraternita!» piagnucolò Eutico. «Sono l'intendente dei padroni di casa... *non* mi avrebbero mai autorizzato.»

«Ti rendi conto, Eutico, che potrei farti frustare per questo?» disse Aurelia, senza mutare espressione.

«Sì» bisbigliò lui.

«La fustigazione è la pena prevista, vero?»

«Sì» bisbigliò lui.

«Allora, buon per te che io sia la moglie di mio marito e la figlia di mio padre» disse Aurelia. «Mio suocero Caio Giulio ha provveduto per il meglio, ritengo. Poco prima di morire ha dichiarato che non sarebbe mai riuscito a capire come una famiglia potesse vivere sotto lo stesso tetto con gente che frustava, figli o schiavi che fossero. Ci sono, tuttavia, altri modi di trattare l'infedeltà e l'insolenza. Non credere che io non sia disposta a subire la perdita finanziaria derivante dalla tua vendita con pessime referenze. E sai bene che cosa significherebbe. Anziché diecimila *denarii*, ne ricaverei solo mille sesterzi. E il tuo nuovo padrone sarebbe tanto infame da frustarti senza pietà, dal momento che ti avrebbe comprato con l'etichetta di schiavo raccomandabile.»

«Capisco, *domina*.»

«Bene! Continua pure a far parte della confraternita del crocevia... mi rendo perfettamente conto della difficile situazione in cui ti trovi. Ti elogio, comunque, per la discrezione che hai mostrato nei nostri confronti.» Fece l'atto di allontanarsi, ma si fermò. «Lucio Decumio... Ha un mestiere?»

«È il custode della taverna» rispose Eutico, con l'aria di essere più a disagio che mai.

«Mi nascondi qualcosa.»

«No, no!»

«Avanti, raccontami tutto quanto!»

«Be', *domina*, è solo una voce» disse Eutico. «Nessuno lo *sa* per certo, capisci. Ma qualcuno l'ha sentito raccontare da lui, personalmente... anche se potrebbe trattarsi di una vanteria. O magari potrebbe dirlo per spaventarci.»

«Dire *cosa*?»

L'intendente sbiancò in volto. «Sostiene di essere un assassino.»

«Castore! E chi avrebbe assassinato?» domandò Aurelia.

«Credo che si vanti di aver ucciso quel numida, pugnalato al Foro Romano qualche anno fa» rispose l'intendente.

«Le sorprese non finiscono mai!» esclamò Aurelia, e se ne andò a vedere che cosa combinavano le sue bambine.

«Dopo averla fatta, hanno gettato via lo stampo» disse Eutico, rivolto a Cardixa.

La gigantesca ancella gallica allungò una mano e la calò con forza sulla spalla del bell'intendente, come farebbe un gatto per intrappolare un topo, calandogli la zampa sulla coda. «È proprio vero» disse Cardixa, dando un'amichevole scrollata a Eutico. «È per questo che *tutti* noi dobbiamo vegliare su di lei.»

Fu poco dopo questo episodio che Caio Giulio Cesare rientrò dalla Gallia Cisalpina recando il messaggio di Mario da Vercelli. Si limitò a bussare alla porta e fu fatto entrare da Eutico, che poi aiutò l'attendente di Cesare a portare in casa il bagaglio, mentre lo stesso Cesare andava in cerca di sua moglie.

Aurelia era in cortile a legare sacchettini di garza attorno ai grappoli in via di maturazione che penzolavano dalla vite di Caio Mazio, e neppure si volse quando udì i passi avvicinarsi. «Non si crederebbe che nella Suburra ci fossero tanti uccelli, eh?» domandò, a chiunque fosse. «Ma quest'anno ho deciso che l'uva la mangeremo noi, così voglio vedere se questo sistema funziona.»

«Non vedo l'ora che l'uva sia matura» disse Cesare.

Aurelia si girò di scatto, lasciando cadere la manciata di sacchetti di garza, il viso trasfigurato dalla gioia. «Caio Giulio!»

Cesare le tese le braccia, e lei corse a rifugiarvisi. Mai bacio fu più appassionato, né seguito in così rapida successione da un'altra dozzina. Uno scroscio di applausi li riportò alla realtà; Cesare levò lo sguardo lungo il pozzo del cavedio, e scoprì che alle balaustre dei loggiati si affacciavano gli inquilini raggianti, e li salutò agitando la mano.

«Una grande vittoria!» annunciò. «Caio Mario ha annientato i Germani! Roma non dovrà più temerli!»

Lasciando gli inquilini a rallegrarsi e a diffondere la notizia per la Suburra ancor prima che il Senato o il Popolo ne fosse informato, Cesare fece scivolare un braccio attorno alle spalle di Aurelia ed entrò con lei nell'angusto corridoio che separava il vestibolo dalle cucine; si diresse verso il *tablinum*, approvando l'ordine, la pulizia, l'arredamento pieno di buon gusto, e tuttavia poco costoso. C'erano vasi di fiori dappertutto, un nuovo aspetto delle capacità domestiche di Aurelia, si disse Cesare, domandandosi un po' preoccupato se sua moglie potesse permettersi la spesa.

«Devo recarmi immediatamente da Marco Emilio Scauro,» disse «ma non potevo andare a casa sua prima di fare una capatina a casa mia. Che bello essere qui!»

«È meraviglioso» bisbigliò Aurelia, con voce tremula.

«Sarà ancor più meraviglioso stanotte, moglie, quando tu e io cominceremo a generare il nostro primo maschio» disse Cesare, tornando a baciarla. «Oh, quanto mi sei mancata! Nessun'altra donna mi attrae, dopo di te, ed è la pura verità. Sarebbe possibile fare un bagno?»

«Ho visto Cardixa che vi s'infilava giusto un momento fa, per cui suppongo che te lo stia già preparando.» Aurelia gli si rannicchiò contro con un sospiro di piacere.

«Sei proprio sicura che non sia troppo per te, mandare avanti la casa, badare alle nostre figlie e occuparti anche di questo casermone?» domandò Cesare. «Lo so, mi dici sempre che i sensali intascano una percentuale più alta di quanto si meritino, però...»

«Non ci sono problemi, Caio Giulio. Questa è una residenza molto ordinata, e i nostri inquilini sono fantastici» disse lei con fermezza. «Ho persino superato le piccole difficoltà poste dalla taverna del crocevia, sicché ormai è tutto molto tranquillo e pulito.» Alzò il viso a guardarlo, ridendo, buttando lì con noncuranza, come se niente fosse: «Non hai idea di come siano disposti a collaborare e si comportino bene, tutti quanti, quando scoprono che sono la cognata di Caio Mario!».

«Tutti questi fiori!» disse Cesare.

«Sono bellissimi, vero? Me li regalano di continuo, ogni quattro o cinque giorni.»

Le braccia di Cesare si strinsero attorno a lei. «Sicché ho un rivale?»

«Non credo che avrai motivo di preoccuparti, dopo che l'avrai conosciuto. Si chiama Lucio Decumio. È un assassino.»

«Un *cosa*?»

«No, carissimo amore mio, sto solo scherzando» lo tranquillizzò lei. «Dice di essere un assassino, secondo me per conservare tutto il suo ascendente sui confratelli. È il custode della taverna.»

«Dove li prende, tutti questi fiori?»

Aurelia rise piano. «A caval donato non si guarda in bocca» rispose. «Nella Suburra le cose sono diverse.»

Fu Publio Rutilio Rufo a informare Caio Mario sugli avvenimenti di Roma subito dopo che Cesare ebbe recapitato la lettera con la notizia della vittoria.

C'è qualcosa di molto spiacevole nell'aria, derivante principalmente dal fatto che sei riuscito a fare quanto ti eri proposto, ovverosia eliminare i Germani, e il Popolo ti è così grato che se ti candidassi al consolato, ti eleggerebbe per l'ennesima volta. La parola che più spesso ricorre sulle labbra degli aristocratici è "dittatore", e quanto meno la Prima Classe comincia a dar segno di raccoglierla. Sì, so bene che hai molti importanti clienti e amici tra i cavalieri della Prima Classe, ma devi comprendere che l'intera struttura politica e tradizionale di Roma è concepita al fine di soffocare le pretese di chi s'innalzi al di sopra dei suoi pari. L'unico "primo" consentito è il primo tra pari, ma dopo cinque mandati consolari, di cui tre in assenza, si va facendo oltremodo difficile celare il fatto che tu torreggi al di sopra dei tuoi cosiddetti pari. Scauro è disgustato, ma con lui potresti sempre sbrigartela, se fosse necessario. No, la vera feccia sul fondo della coppa è l'amico, tuo e mio, Metello del Porcile, abilmente sostenuto dal suo balbuziente figliolo, il Porcellino.

Dal momento in cui ti sei portato a est delle Alpi per unirti a Catulo Cesare nella Gallia Cisalpina, Metello del Porcile e il Porcellino si sono fatti un dovere di gonfiare il contributo di Catulo Cesare alla campagna contro i Cimbri in misura del tutto sproporzionata alla realtà dei fatti. Così, quando è giunta la notizia della vittoria di Vercelli, e il Senato si è riunito nel tempio di Bellona a discutere di cose come trionfi e voti di ringraziamento, c'erano moltissime orecchie disposte ad ascoltare allorché Metello del Porcile ha preso la parola.

Per farla breve, ha proposto che si celebrino solo due trionfi: uno da parte tua per Aix-en-Provence e un altro da parte di Catulo Cesare per Vercelli! E ciò, in totale ignoranza del fatto che sul campo di battaglia di Vercelli il comandante eri tu, e *non* Catulo Cesare! La sua è un'argomentazione del tutto legalistica: gli eserciti impegnati erano due, l'uno agli ordini del console, tu, e l'altro del proconsole, Catulo Cesare. Il bottino, ha detto Metello del Porcile, è risultato esiguo e davvero deludente, e sembrerebbe ridicolo e inadeguato celebrare tre trionfi. Di conseguenza, dato che non hai ancora celebrato il trionfo decretatoti per Aix-en-Provence, insomma, quello potrai godertelo, e Catulo Cesare potrebbe celebrare quello cui ha diritto per Vercelli. Un secondo trionfo per Vercelli, celebrato da te, sarebbe del tutto superfluo.

Lucio Apuleio Saturnino ha immediatamente sollevato obiezioni ed è stato zittito. Dal momento che quest'anno è un privato cittadino, non detiene alcuna carica che avrebbe potuto indurre i Padri Coscritti a prestargli maggiore attenzione. Il Senato ha votato in favore di due trionfi, il tuo riguardante unicamente Aix-en-Provence, la battaglia dell'anno scorso, e quindi meno significativa, mentre Vercelli, la battaglia di quest'anno, e quindi la più importante agli occhi di tutti, sarà unicamente prerogativa di Catulo Cesare. In effetti, via via che il corteo trionfale di Vercelli si snoderà per le vie della città, dirà alla gente che tu non hai avuto assolutamente nulla a che fare con la sconfitta dei Cimbri nella Gallia Cisalpina, che Catulo Cesare è stato l'eroe. La tua dabbenaggine, il fatto cioè di cedergli gran parte delle spoglie e tutti i vessilli germanici catturati in battaglia, ha compiuto l'opera. Quando sei d'umore espansivo e lasci venire a galla la tua naturale generosità, è proprio allora che commetti gli sbagli più gravi, e questa è la pura verità.

Non so come potresti rimediare: l'intera faccenda è ormai definita, decisa con voto ufficiale e messa a verbale. Ne sono molto adirato, ma i politicanti di mestiere, come li chiama Saturnino, ovvero i *boni*, come li chiama Scauro, hanno riportato una vittoria sonante, e a te non verrà mai tutto il prestigio che ti spetta per la sconfitta dei Germani. Ci siamo divertiti, tanti anni fa a Numanzia, a perpetuare il ricordo del bagno di fango che Metello aveva fatto in mezzo ai suoi amici suini, appiccicandogli un nomignolo che, guarda caso, sta a indicare gli organi genitali di una bambina, Fighetta, ma dopo ponderata riflessione, mi sono reso conto che il nostro è diventato qualcosa di più, un *cunnus* in piena regola. Quanto al Porcellino, neppure lui rimarrà una bamboccia per tutta la vita. Diventerà a sua volta un *cunnus* in piena regola.

Basta, basta, o mi verrà un colpo! Concluderò questa missiva annunciandoti che la Sicilia fa bene sperare. Manio Aquilio sta facendo un ottimo lavoro, il che contribuisce ulteriormente a sminuire Servilio l'Augure. Questi, tuttavia, ha fatto quanto aveva promesso: ha trascinato Lucullo al cospetto del nuovo tribunale chiamato a giudicare i casi di alto tradimento. Lucullo si è intestardito a voler difendersi da solo, e ha peggiorato la sua posizione con tutti quegli scoreggioni di cavalieri che si soffiano il naso fra due dita, perché se n'è stato là con quell'atteggiamento di ostentata, raggelante alterigia, e tutti i giurati hanno pensato di esserne i destinatari. E lo erano, eccome! Un altro cocciuto idiota, Lucullo. Logicamente, l'hanno condannato: *DAMNO* a chiare lettere su ogni lavagnetta, credo. E la sentenza è stata di una durezza incredibile! Dovrà andarsene in esilio a non meno di mille-cinquecento chilometri da Roma, il che gli consente la scelta tra due luoghi soltanto di qualche importanza: Antiochia o Alessandria. Lucullo ha deciso di onorare della sua presenza re Tolomeo Alessandro, preferendolo a re Antioco Gripo. E il tribunale gli ha confiscato tutto ciò che possedeva: case, terre, investimenti, proprietà urbane.

Lucullo non ha atteso che lo costringessero a partire. Anzi, neppure ha atteso di vedere quanto avrebbero spuntato le sue proprietà; ha invece affidato quella sgualdrina di sua moglie alle cure del fratello di lei, Metello del Porcile — ben gli sta! — e ha lasciato che il suo primogenito, sedicenne e quindi adulto agli occhi dello stato, se la cavasse da solo. Interessante, vero?, che non abbia affidato alle cure di Metello del Porcile anche il ragazzo, che si dice sia molto dotato. Il figlio minore, che ha quattordici anni, era stato dato in adozione: Marco Terenzio Varrone Lucullo.

Scauro mi diceva che entrambi i ragazzi hanno fatto voti di perseguire Servilio l'Augure non appena Varrone Lucullo avrà l'età per indossare la toga virile; la separazione dal padre è stata straziante, come puoi bene immaginare. A sentire Scauro, Lucullo raggiungerà Alessandria, dopodiché opterà per il suicidio. Anche i due ragazzi ritengono che questo è quanto farà il loro *tata*. Ciò che più ferisce gli esponenti della famiglia di Licinio Lucullo è il fatto che tutto questo dolore e tanta miseria siano stati inflitti loro da una nullità, un Uomo Nuovo arrivista come Servilio l'Augure. Voialtri Uomini Nuovi non vi siete certamente fatti degli amici, per quanto concerne i figli di Lucullo.

Comunque sia, quando i due ragazzi di Lucullo saranno abbastanza cresciuti da perseguire congiuntamente Servilio l'Augure, ciò avverrà presso il nuovo tribunale delle estorsioni istituito da un ennesimo Servilio di origini relativamente oscure Caio Servilio Glaucia. Per Polluce, Caio Mario, sa redigerle, le leggi, quel tizio! La messa a punto è ferrea e del tutto nuova, però funziona. Di nuovo nelle mani dei cavalieri, per cui i governatori hanno poco da rallegrarsi, ma tecnicamente è ineccepibile. Il recupero dei fondi pubblici sottratti per frode si estende attualmente sia agli ultimi beneficiari sia ai ladri iniziali; chiunque sia condannato in tribunale non potrà più prender la parola in una pubblica riunione, in qualsiasi luogo si tenga; i detentori di diritti latini i quali perseguano con successo un malfattore saranno premiati con la cittadinanza romana a tutti gli effetti; e ora come ora si può chiedere un'interruzione nel bel mezzo del procedimento giudiziario. L'antica procedura è ormai acqua passata e la deposizione dei testimoni, come è stato provato nei pochi casi sin qui dibattuti, riveste importanza assai minore delle arringhe degli avvocati. Una vera cuccagna per i principi del foro.

E per finire, ma non meno importante: quello strambo tipo, Saturnino, si è di nuovo cacciato nei guai. In verità, Caio Mario, temo per il suo equilibrio mentale. È privo di qualsiasi logica. Cosa che, in effetti, già penso del suo amico Glaucia. Entrambi così brillanti, eppure... così instabili, matti come cavalli. O forse dipende dal fatto che non sanno bene che cosa cercano nella vita pubblica. Persino il peggior demagogo segue un suo schema, un filo logico, per ottenere la pretura e il consolato. Cosa che invece non vedo nell'uno o nell'altro di quei due. Detestano i vecchi sistemi di governo, detestano il Senato... però non hanno nulla da proporre in cambio. Che siano quelli che i Greci definiscono anarchici? Non ne sono sicuro.

Comunque sia, di recente la bilancia sembra pendere a sfavore di re Nicomede di Bitinia per quanto riguarda l'ambasceria inviata da re Mitridate del Ponto. Il nostro giovane amico stanziato sulle estreme rive orientali del Ponto Eusino ha inviato alcuni emissari, abbastanza scaltri da scoprire la debolezza segreta di tutti noi Romani: il denaro! Non avendo sortito l'effetto desiderato con la petizione di un trattato di amicizia e alleanza, si sono messi a corrompere senatori. E li hanno pagati profumatamente, e Nicomede aveva le sue buone ragioni per preoccuparsi, te lo posso garantire.

Poi Saturnino è montato sui rostri e ha condannato tutti quegli esponenti del Senato disposti a mollare Nicomede e la Bitinia in favore di Mitridate e del Ponto. Esiste da anni un trattato che ci lega alla Bitinia, ha detto, e il Ponto è il nemico tradizionale della Bitinia. Grosse somme di denaro erano passate di mano, ha detto, e ora, solo per ingrassare qualche senatore, Roma stava per abbandonare un paese che le era amico e alleato da cinquant'anni.

Mi è stato riferito — io non ero presente a udirlo con le mie orecchie — che ha detto qualcosa come: «Tutti sappiamo quanto possa essere costoso, per certi senatori vecchi e cadenti, sposare gaie ragazzine che vanno ancora a scuola, no? Voglio dire, le collane di perle e i braccialetti d'oro costano un bel po' di più di un flacone di quel tonico che Ticinus vende sulla bancarella del Cuppedenis... e chi dice che una gaia ragazzina non sia un tonico più efficace di quello di Ticinus?». Oh, oh, oh! Si è burlato anche di Metello del Porcile, domandando alla folla: «Che ne dite dei nostri ragazzi nella Gallia Cisalpina?».

Risultato: vari componenti dell'ambasceria del Ponto sono stati malmenati e hanno presentato le loro lagnanze al Senato. Dopodiché, Scauro e Metello del Porcile hanno deferito Saturnino al suo stesso tribunale che giudica i traditori accusandolo di seminare zizzania tra Roma e gli ambasciatori ufficiali di un sovrano straniero. Il giorno del processo, il nostro tribuno della plebe Glaucia ha indetto una riunione dell'Assemblea della Plebe e ha accusato Metello del Porcile dell'ennesimo tentativo di sbarazzarsi di Saturnino, di cui appunto non era riuscito a sbarazzarsi quando svolgeva funzioni di censore. E quei gladiatori di cui, a quanto pare, Saturnino è sempre in grado di disporre nei momenti di necessità, si sono presentati al processo, schierandosi tutt'attorno ai giurati con espressioni così torve, che la giuria ha dichiarato il non luogo a procedere. Gli ambasciatori del Ponto se ne sono subito tornati in patria, senza aver ottenuto il trattato. Personalmente, sono d'accordo con Saturnino: sarebbe un gesto davvero meschino abbandonare una nazione che è nostra amica e alleata da mezzo secolo, in favore del suo tradizionale nemico solo perché attualmente il nemico in questione è di gran lunga più ricco e potente.

Ma finiamola qui, Caio Mario! Desideravo sul serio informarti soltanto della faccenda dei trionfi prima dei dispacci ufficiali, che il Senato si guarderà bene dall'inviarti in fretta e furia. Vorrei che potessi fare qualcosa in proposito, ma ne dubito.

«Oh, sì, che posso fare qualcosa!» disse Mario, tetro, quand'ebbe decifrato la lettera. Tirò verso di sé un foglio di papiro e impiegò un bel po' di tempo a vergare una breve missiva. Poi mandò a chiamare Quinto Lutazio Catulo Cesare.

Catulo Cesare si presentò traboccante di entusiasmo, perché il corriere speciale che aveva recato la lettera di Rutilio Rufo a Mario, aveva altresì recapitato a Catulo Cesare una lettera di Metello Numidico e un'altra scrittagli da Scauro.

Fu una grossa delusione, per lui, scoprire che Mario era già al corrente del voto relativo ai due trionfi; Catulo Cesare si era crogiolato con voluttà al pensiero della faccia che avrebbe fatto Mario venendolo a sapere. La cosa, comunque, aveva scarsa importanza. Un trionfo era pur sempre un trionfo.

«Così vorrei far ritorno a Roma in ottobre, se non hai nulla in contrario» disse Catulo Cesare con voce cantilenante. «Celebrerò il trionfo per primo, dato che tu, come console, non puoi partire tanto in fretta.»

«Permesso rifiutato» ribatté Mario con allegra cortesia. «Torneremo a Roma assieme alla fine di novembre, come stabilito. In effetti, ho appena scritto una lettera al Senato a nome di tutti e due. Ti va di sentirla? Non ti costringerò a decifrare i miei scarabocchi... te la leggo io.»

Prese un foglietto dal tavolo ingombro, lo spiegò e lo lesse a Catulo Cesare.

Caio Mario, console per la quinta volta, ringrazia il Senato e il Popolo di Roma per il loro interesse e la loro sollecitudine riguardo alla questione dei trionfi decretati a lui stesso e al suo comandante in seconda, il proconsole Quinto Lutazio Catulo. Lodo i Padri Coscritti per la loro parsimonia nel decretare un solo trionfo a testa per ciascun generale di Roma. Sono tuttavia ancor più preoccupato dei Padri Coscritti per quanto concerne i costi proibitivi di questa lunga guerra. Come lo è Quinto Lutazio. Tenuto conto di ciò, Caio Mario e Quinto Lutazio Catulo celebreranno un solo trionfo in due. Tutta Roma sia testimone dell'accordo e dell'amicizia che regnano tra i suoi due generali, mentre sfileranno assieme per le strade. Col che mi compiaccio di rendervi noto che Caio Mario e Quinto Lutazio Catulo celebreranno il loro trionfo per le Calende di dicembre. Congiuntamente, lunga vita a Roma.

Catulo Cesare era sbiancato. «Vorrai scherzare!» esclamò.

«*Io?* Scherzare?» Mario ammiccò da sotto le folte sopracciglia. «Mai, Quinto Lutazio!»

«Io... io... io mi rifiuto di acconsentire!»

«Non hai scelta» fece Mario soavemente. «Credevano di avermi sconfitto, eh? Il caro vecchio Metello Numidico del Porcile e i suoi amici... e i tuoi amici! Be', non mi batterete mai, nessuno di voi mi batterà.»

«Il Senato ha decretato due trionfi, e due trionfi saranno!» ribatté Catulo Cesare, tremando.

«Oh, puoi insistere quanto vuoi, Quinto Lutazio. Ma non ci farai una bella figura, lo sai? Scegli. O tu e io celebreremo assieme il trionfo con una sola sfilata, o farai la figura dello sciocco. E questo è quanto.»

E questo fu quanto. La lettera di Mario fu recapitata al Senato, e il trionfo congiunto venne annunciato per il primo giorno del mese di dicembre.

Catulo Cesare non tardò a prendersi la rivincita. Scrisse al Senato lamentando che il console Caio Mario aveva usurpato le prerogative del Senato e del Popolo di Roma accordando la cittadinanza romana a un migliaio di ausiliari di Camerino, nel Piceno, proprio lì, sul campo di Vercelli. Aveva altresì oltrepassato i limiti della sua autorità consolare, scriveva Catulo Cesare, annunciando il proposito di fondare una colonia di veterani romani presso la cittadina di Ivrea nella Gallia Cisalpina. La lettera proseguiva come segue:

> Caio Mario ha insediato tale colonia incostituzionale al fine di mettere le grinfie sull'oro alluvionale che si estrae dall'alveo della Dora Baltea, a Ivrea. Il proconsole Quinto Lutazio Catulo desidera altresì far presente che *a lui* spetta il merito della vittoria di Vercelli, e non a Caio Mario. A mo' di prova concreta, può addurre il possesso di trentacinque vessilli germanici catturati al nemico, contro due soltanto in possesso di Caio Mario. In qualità di vincitore di Vercelli, rivendico la proprietà di tutti i prigionieri da vendere in schiavitù. Caio Mario insiste a volerne trattenere un terzo.

Per tutta risposta, Mario fece circolare la lettera di Catulo Cesare tra i legionari del suo esercito e dell'esercito di Catulo Cesare; la lettera recava una laconica appendice, aggiunta dallo stesso Mario, in cui rivelava che il ricavato della vendita dei Cimbri fatti prigionieri dopo la battaglia di Vercelli, almeno per quanto riguardava il terzo che aveva preteso per sé, sarebbe stato spartito tra i soldati dell'esercito di Quinto Lutazio Catulo. Al suo esercito, faceva notare, era già andato il ricavato della vendita degli schiavi teutonici dopo la battaglia di Aix-en-Provence, e non desiderava che i soldati di Quinto Lutazio si sentissero completamente trascurati, in quanto gli risultava che Quinto Lutazio aveva tutta l'intenzione, come del resto era suo pieno diritto, di tenere per sé il ricavato della vendita dei suoi due terzi degli schiavi Cimbri.

Glaucia lesse entrambe le lettere al Foro Romano, e il Popolo rise fino alle lacrime. Non potevano esserci dubbi di sorta su chi fosse il vero vincitore, e su quale dei due tenesse ai suoi soldati più che a se stesso.

«Devi smetterla con questa campagna intesa a svilire Caio Mario,» disse il *Princeps Senatus*, Scauro, a Metello Numidico «o rischi di farti di nuovo malmenare, la prossima volta che ti presenterai al Foro. E sarà meglio che tu scriva a Quinto Lutazio per consigliargli di fare la stessa cosa. Che ci piaccia o no, Caio Mario è il Primo a Roma. È stato *lui* a vincere la guerra contro i Germani, e tutta Roma lo sa. È l'eroe popolare, il semidio popolare. Tenta di abbatterlo, e la città si schiererà compatta per abbattere te, Quinto Cecilio.»

«Accidenti al Popolo!» esclamò Metello Numidico, che risentiva della tensione derivante dal dover ospitare sua sorella, Metella Calva, e qualsiasi amante di infime origini di cui s'incapricciasse.

«Sta' a sentire, ci sono altre cose che possiamo fare» incalzò Scauro. «Tanto per cominciare, potresti candidarti nuovamente al consolato. Sono passati dieci anni dall'ultima volta che ti hanno eletto che ci si creda o meno! Caio Mario si ripresenterà per la carica, questo è poco ma sicuro. Non sarebbe una gran bella cosa gravare il suo sesto consolato con un collega ostile come te?»

«Oh, quand'è che riusciremo a sbarazzarci di questo male incurabile che si chiama Caio Mario?» disse il Numidico, disperato.

«Speriamo che non ci voglia molto» disse Scauro che, palesemente, disperato non era. «Un anno. Dubito che ci vorrà di più.»

«Mai, è più probabile.»

«No, no, Quinto Cecilio, ti dai per vinto troppo facilmente! Come Quinto Lutazio, ti lasci obnubilare dal tuo odio per Caio Mario. *Pensa!* In questi cinque, eterni anni di consolato, quanto tempo Caio Mario ha effettivamente passato a Roma?»

«Pochi giorni. Ma che c'entra?»

«C'entra, e *come*, Quinto Cecilio! Caio Mario non è tagliato per la politica, anche se ammetto che possiede un cervello sopraffino tra le orecchie. Il campo in cui Caio Mario brilla è quello militare e organizzativo. Ti posso garantire una cosa; non farà faville ai *Comitia* e alla Curia quando il suo mondo si ridurrà a null'altro. Non gli *permetteremo* di far faville! Lo adescheremo come un toro, pianteremo i denti nella sua carcassa e non molleremo. E lo abbatteremo. Aspetta e vedrai.» Scauro sembrava sommamente sicuro.

Alle gradite prospettive che Scauro spalancava davanti ai suoi occhi, Metello Numidico sorrise. «Sì, capisco, Marco Emilio. Benissimo, presenterò la mia candidatura.»

«Bene! Sarai eletto... non potrai non esserlo dopo che avremo fatto valere fin l'ultima oncia di ascendente di cui disponiamo sulla Prima e la Seconda Classe, per quanto amino Caio Mario.»

«Oh, non vedo l'ora di diventare suo collega!» Metello Numidico tese i muscoli. «Lo bloccherò in ogni modo possibile e immaginabile! Gli renderò la vita un inferno.»

«Sospetto che in questo otterremo aiuto anche da una fonte inaspettata» continuò Scauro, l'aria felina.

«E sarebbe?»

«Lucio Apuleio Saturnino tenterà di ottenere un altro mandato come tribuno della plebe.»

«Gran brutta notizia! E in che modo ciò può esserci di aiuto?» domandò il Numidico.

«No, è un'ottima notizia, Quinto Cecilio, credimi. Quando, infatti, affonderai i tuoi denti consolari nel groppone di Caio Mario, e così farò io, e Quinto Lutazio, e una cinquantina di altri, Caio Mario non resisterà alla tentazione di invocare l'aiuto di Saturnino. Conosco Caio Mario. Lo si può mettere a dura prova, e quando accadrà, si dibatterà selvaggiamente. Proprio come un toro preso al laccio. Non saprà resistere alla tentazione di servirsi di Saturnino. E a mio parere, Saturnino è con tutta probabilità il peggiore strumento che un Caio Mario possa trovarsi a portata di mano. Aspetta e vedrai!» disse Scauro. «Saranno i suoi alleati ad abbattere il nostro toro, Caio Mario.»

Lo strumento in questione era in viaggio per la Gallia Cisalpina per conferire con Caio Mario, più ansioso di stringere un'alleanza con Mario di quanto Mario lo fosse di stringerla con lui, in quella fase; Saturnino, infatti, viveva nell'arena politica di Roma, mentre Mario viveva tuttora nell'Elisio di un comandante militare.

S'incontrarono nella cittadina di villeggiatura di Como, sulle rive del lago Lario, dove Caio Mario aveva affittato una villa già di proprietà del defunto Lucio Calpurnio Pisone, lo stesso che era caduto assieme a Lucio Cassio a Bordeaux. Mario, infatti, era più stanco di quanto avesse mai ammesso con Catulo Cesare, che aveva quasi dieci anni meno di lui; così aveva spedito Catulo Cesare agli estremi confini della Provincia a dare udienza ai postulanti e fatto fagotto in gran segreto per godersi una vacanza, affidando il comando a Silla.

Logicamente, quando Saturnino si presentò, Mario lo invitò a trattenersi; i due uomini si accinsero in tutto comodo a fare una bella chiacchierata sullo sfondo di un lago di gran lunga più incantevole di quelli situati nella penisola italica.

Non che Mario fosse diventato più tortuoso; quando fu tempo di abbordare l'argomento, lo fece in modo diretto. «Non voglio avere Metello Numidico come collega nel consolato, l'anno venturo» disse di punto in bianco. «Ho in mente Lucio Valerio Flacco. È un tipo malleabile.»

«Sarebbe l'ideale,» ribadì Saturnino «ma non ci riuscirai, temo. I politicanti di mestiere stanno già brigando per procurare voti a Metello Numidico.» Guardò Mario, incuriosito. «In ogni modo, perché ti candidi per la sesta volta? Sicuramente, ora che hai sconfitto i Germani, potresti riposare sugli allori.»

«Vorrei tanto poterlo fare, Lucio Apuleio. Ma il mio compito non si è esaurito solo perché ho sconfitto i Germani. Ho due eserciti di nullatenenti da congedare, o meglio, io ho un esercito forte di sei legioni a ranghi rinforzati, e Quinto Lutazio ne ha un altro, forte di sei legioni a ranghi molto ridotti. Ma mi considero responsabile di entrambi gli eserciti, visto che Quinto Lutazio ritiene di potersi sbarazzare dei suoi uomini, rilasciando loro il foglio di congedo, e scordarsene.»

«Sei tuttora deciso ad assegnar loro un pezzo di terra, è così?» domandò Saturnino.

«Già. Se non lo faccio, Lucio Apuleio, Roma diventerà più povera, da molti punti di vista. In primo luogo, perché cinquantamila veterani e più caleranno su Roma e sull'Italia con le borse tintinnanti di monete. Ne spenderanno un bel po' nei primi giorni, poi diventeranno fonte di perenne disordine dovunque si insedieranno. Se ci sarà una guerra, torneranno ad arruolarsi. Ma se non ci sarà una guerra, costituiranno una vera e propria molestia» disse Mario.

Saturnino piegò la testa di lato. «Me ne rendo conto.»

«L'idea mi è venuta quando ero ancora in Africa, ed è proprio per questo che ho fatto accantonare quelle isole della Sirte per insediarci i veterani. Tiberio Gracco voleva trasferire i poveri di Roma sulle terre della Campania, in modo da rendere la città più vivibile e sicura e immettere sangue nuovo nella terra. Ma l'Italia non era il posto giusto, Lucio Apuleio» disse Mario in tono sognante. «Abbiamo bisogno della presenza di cittadini romani di umili natali nelle nostre Provincie. Soprattutto di legionari in congedo.»

La prospettiva era allettante, ma Saturnino non riusciva a scorgerla. «Be', tutti quanti abbiamo ascoltato il discorso circa la possibilità di portare le usanze e le tradizioni di Roma nelle Provincie» disse. «E tutti quanti abbiamo ascoltato la replica del Dalmatico. Ma non è questo il tuo vero scopo, vero, Caio Mario?»

Gli occhi lampeggiarono sotto le sopracciglia. «Molto acuto da parte tua! Certo che non lo è!» Mario si protese sullo scranno. «A

Roma costa un mucchio di denaro inviare eserciti nelle Provincie per sedare le ribellioni e far rispettare la legge. Prendiamo la Macedonia. Due legioni di stanza in pianta stabile... non sono legioni romane, d'accordo, ma costano pur sempre denaro allo stato, denaro che potrebbe risultare più utile per altri scopi. Allora, che ne diresti di insediare venti o trentamila veterani romani in tre o quattro colonie sparse per la Macedonia? La Grecia e la Macedonia sono luoghi pressoché deserti di questi tempi, anzi lo sono da un secolo o più: gli abitanti le hanno abbandonate. Città fantasma dovunque! E i latifondisti romani vi possiedono enormi distese di terra, producono poco, non restituiscono nulla al paese, restii come sono a dar lavoro agli uomini e alle donne del posto. E ogniqualvolta gli Scordisci varcano il confine, scoppia una guerra, e i latifondisti se ne lagnano col Senato, e il governatore si dibatte a destra e a manca, costretto a tener testa ai predoni Celti, da un lato, e alle rabbiose lettere che gli giungono da Roma, dall'altro. Be', io destinerei la terra dei latifondisti romani a scopi migliori. La riempirei di colonie di veterani. Il paese si ripopolerebbe, e avremmo a disposizione una guarnigione in caso di guerra.»

«E l'idea ti è venuta in Africa» commentò Saturnino.

«Mentre distribuivo vaste distese di terra a cittadini romani che ben di rado metteranno piede in Africa, se mai ce lo metteranno. Ci spediranno sorveglianti e contingenti di schiavi a coltivare il grano, ignorando la situazione locale e la popolazione locale, impedendo all'Africa di progredire e lasciandola esposta agli assalti di un altro Giugurta. Non voglio abolire la proprietà terriera dei cittadini romani nelle Provincie; voglio soltanto che alcune parti di terra ospitino grossi contingenti di legionari romani ben addestrati che si possano richiamare alle armi in caso di bisogno.» Si costrinse a riappoggiarsi allo schienale, per non tradire l'urgenza del suo desiderio. «C'è già stato un piccolo esempio di come le colonie di veterani in terra straniera possano risultare utili nei momenti di emergenza. I veterani della prima piccola colonia insediata da me personalmente sull'isola di Meninx, avuta notizia della sollevazione degli schiavi in Sicilia, si sono organizzati in reparti militari, hanno noleggiato alcune navi e hanno raggiunto Marsala giusto in tempo per evitare la resa della città ad Antenione, lo schiavo.»

«Capisco che cosa stai cercando di ottenere, Caio Mario» disse Saturnino. «È un ottimo piano.»

«Ma mi osteggeranno, se non altro perché sono io» fece Mario, sospirando.

Un lieve brivido corse lungo la spina dorsale di Saturnino; si affrettò a volgere la testa e lo sguardo, fingendo di ammirare il riflesso degli alberi e delle montagne e del cielo e delle nuvole che si specchiavano nel lago. Mario era stanco! Mario minacciava di mollare! *Mario non ci teneva minimamente al suo sesto consolato!*

«Presumo che tu sia stato testimone di tutti gli strilli e le urla di Roma alla notizia che avevo accordato la cittadinanza a quei magnifici soldati di Camerino?» domandò Mario.

«Già. Il frastuono si è udito in tutta Italia,» rispose Saturnino «e tutta l'Italia ha approvato quel che hai fatto. Mentre è stato esattamente il contrario per la Roma dei politicanti di mestiere.»

«Be', perché *non dovrebbero* godere della cittadinanza romana?» domandò Mario in tono rabbioso. «Si sono battuti più eroicamente di chiunque altro, Lucio Apuleio, e su questo non si discute. Se dipendesse da me, accorderei la cittadinanza romana a tutti gli abitanti d'Italia.» Inspirò. «Quando dico che voglio la terra per i veterani nullatenenti, intendo esattamente questo. Terra per tutti quanti: Romani, Latini... e Italici.»

Saturnino lanciò un fischio. «Vai in cerca di guai! I politicanti di mestiere non si rassegneranno mai.»

«Lo so. Quel che non so è se hai il coraggio di batterti in favore della mia proposta.»

«Non ho mai fatto un vero esame di coscienza riguardo al coraggio» considerò Saturnino, pensieroso «per cui non so bene quanto ne posseggo. Ma sì, Caio Mario, credo di avere il coraggio di battermi per te.»

«Non ho bisogno di corrompere nessuno per farmi eleggere console... non posso perdere.» disse Mario. «Tuttavia, non c'è ragione per cui non possa assicurarmi i servigi di alcune persone che distribuiscano favori in cambio della carica di secondo console. E a tuo beneficio, se avrai bisogno di aiuto, Lucio Apuleio. E anche a beneficio di Caio Servilio Glaucia. Mi risulta che intende candidarsi alla carica di pretore, no?»

«Infatti. E sì, Caio Mario, saremmo entrambi lieti di accettare il tuo sostegno per essere eletti. In cambio, faremo tutto ciò che è necessario per aiutarti a ottenere la sua terra.»

Mario sfilò dalla manica un rotolo di papiro. «Ho già lavorato un po': è solo un abbozzo del tipo di legge che giudico necessaria allo scopo. Purtroppo, non sono uno dei migliori estensori legali di Roma. Mentre tu lo sei. Ma... e spero che non ti offenderai se te lo dico... Glaucia è addirittura un genio in fatto. Riuscirete, voialtri due, a ricavare una legge come si deve dai miei scarabocchi?»

«Tu aiutaci a ottenere la carica, Caio Mario, e ti garantisco che avrai la tua legge» disse Saturnino.

Non potevano esserci dubbi circa il sollievo che pervase il corpaccione di Mario; si abbandonò nello scranno. «Mi basterà ottenere questo, Lucio Apuleio, e giuro che non m'importerà di non diventare console per la settima volta» disse.

«Per la settima volta?»

«Mi è stato predetto che sarei stato console sette volte.»

Saturnino rise. «Perché no? Nessuno avrebbe mai creduto possibile che lo stesso uomo diventasse console sei volte. Ma tu lo sarai.»

Le elezioni del nuovo collegio dei tribuni della plebe ebbero luogo mentre Caio Mario e Catulo Cesare guidavano i loro eserciti verso sud, alla volta di Roma e del trionfo congiunto, e furono assai controverse. I candidati ai dieci posti erano oltre trenta, e più della metà erano creature dei politicanti di mestiere, per cui la campagna elettorale fu violenta e combattuta.

Glaucia, che presiedeva il collegio dei tribuni della plebe in carica, ebbe il compito di indire le elezioni del nuovo collegio; se si fossero già tenute le elezioni, da parte delle Centurie, dei consoli e dei pretori, non sarebbe stato in grado di ricoprire quell'ufficio, giacché la condizione di pretore eletto gliene avrebbe negato il diritto. Così come stavano le cose, nulla gli impediva di presiedere alle elezioni dei tribuni.

La cerimonia ebbe luogo nel pozzo dei *Comitia*, con Glaucia a presiederla dai rostri e gli altri nove tribuni della plebe suoi colleghi a tirare a sorte fra le trentacinque tribù per stabilire quale avrebbe votato per prima, e così via, fino all'ultima, e poi assegnare il posto a ciascuna tribù quando era il suo turno di voto.

Enormi somme di denaro erano passate di mano, in parte a beneficio di Saturnino, ma in misura assai maggiore a beneficio degli anonimi candidati appoggiati dai politicanti di mestiere.

Ogni ricco conservatore dei primi banchi aveva dato fondo ai suoi forzieri per comprare voti a gente come Quinto Nonio del Piceno, una nullità politica di provata fede conservatrice. Benché Silla non avesse avuto nulla a che fare col suo ingresso al Senato, né con la sua candidatura alla carica di tribuno della plebe, Quinto Nonio era fratello del cognato di Silla; quando la sorella di Silla, Cornelia, aveva sposato un Nonio dell'omonima facoltosa famiglia appartenente alla piccola nobiltà picena, il lustro del suo nome aveva indotto gli altri componenti a tentare la sorte della carriera politica. Il figlio di Cornelia Silla veniva preparato per il tentativo più serio, ma intanto lo zio del ragazzo aveva deciso di provare se prima gli fosse riuscito di combinare qualcosa di buono.

Fu un'elezione che riservò molti colpi di scena. Quinto Nonio del Piceno, per esempio, fu eletto agevolmente, mentre Lucio Apuleio Saturnino fallì il bersaglio. C'erano dieci posti di tribuni della plebe, e Saturnino si piazzò all'undicesimo.

«Io... non... ci credo!» alitò Saturnino, rivolto a Glaucia. «Proprio non ci *credo!* Che cos'è accaduto?»

Glaucia era accigliato; all'improvviso anche le sue probabilità di venir eletto pretore sembravano affievolirsi. Poi scrollò le spalle, batté un colpetto su quelle di Saturnino in un brusco gesto di conforto e scese dai rostri. «Non preoccuparti,» disse «qualcosa potrebbe ancora modificare la situazione.»

«Che cosa potrebbe mai cambiare i risultati elettorali?» fece Saturnino. «No, Caio Servilio, sono escluso!»

«Ci vediamo tra poco... qui. Rimani qui, non andartene ancora a casa» disse Glaucia, e si allontanò, infilandosi tra la folla.

Non appena udì fare il suo nome fra quelli dei dieci nuovi tribuni della plebe, Quinto Nonio del Piceno avrebbe voluto tornare subito nella sua nuova lussuosa casa sulle Carine. Lo attendeva sua moglie, in compagnia della cognata Cornelia Silla e del suo figliolo, ansiosa di conoscere l'esito delle votazioni, abbastanza provinciale da dubitare delle probabilità di successo di Quinto Nonio.

Tuttavia, era più difficile abbandonare la zona del Foro di quanto Quinto Nonio avesse previsto, perché ogni pochi passi veniva bloccato da gente che desiderava congratularsi calorosamente con lui; una naturale cortesia gli impediva di mostrarsi sgarbato con chi gli porgeva le congratulazioni, per cui fu trattenuto da una sorta di indugio coatto, sorridendo e inchinandosi, stringendo un centinaio di mani.

L'uno dopo l'altro i compagni di Quinto Nonio se ne andarono, e lui imboccò finalmente il primo dei vicoli per tornare a casa, scortato solo da tre intimi amici che abitavano a loro volta sulle Carine. Quando furono aggrediti da una dozzina di uomini armati di bastoni, uno degli amici riuscì a scappare e a tornare di corsa al Foro, invocando aiuto, ma lo trovò praticamente deserto. Per fortuna, Saturnino e Glaucia se ne stavano a chiacchierare con alcuni altri personaggi nei pressi dei rostri, Glaucia rosso in volto e un po' scarmigliato; udendo le invocazioni di aiuto, spiccarono tutti la corsa. Ma era troppo tardi: Quinto Nonio e i suoi due amici erano morti.

«Per Polluce!» esclamò Glaucia, rialzandosi, dopo aver constatato la morte di Quinto Nonio. «Quinto Nonio è appena stato eletto tribuno della plebe, e io avevo l'incario di presiedere alle votazioni.» Aggrottò la fronte. «Lucio Apuleio, vuoi provvedere a far trasportare a casa Quinto Nonio? Quanto a me, sarà meglio che torni al Foro a risolvere il dilemma elettorale. »

L'emozione di trovare Quinto Nonio e i suoi amici stesi a terra, morti, in un lago di sangue, privò delle normali facoltà raziocinanti quelli che erano accorsi in loro aiuto, compreso Saturnino; nessuno, compreso Saturnino, notò quanto falsa suonasse la voce di Glaucia. E ritto da solo sui rostri a urlare a un Foro Romano deserto, Caio Servilio Glaucia annunciò la morte del tribuno della plebe appena eletto, Quinto Nonio. Poi annunciò che sarebbe subentrato a Quinto Nonio, nel collegio di nuova nomina, il candidato piazzatosi all'undicesimo posto: Lucio Apuleio Saturnino.

« È tutto sistemato » disse Glaucia in tono compiaciuto, più tardi, a casa di Saturnino. « Ora sei un tribuno della plebe legalmente eletto, cooptato a prendere il posto di Quinto Nonio. »

Saturnino non aveva più troppi scrupoli dopo gli odiosi eventi che avevano visto la sua destituzione dalla carica di questore di Ostia, ciononostante fu così sconvolto che fissò Glaucia inorridito.

« Dimmi che non sei stato tu! » gridò.

Glaucia si portò la punta dell'indice da un lato del naso e sorrise a Saturnino da sotto le sopracciglia, un sorriso venato di ferocia. « Non farmi domande, Lucio Apuleio, e io non ti dirò bugie » dichiarò.

« Peccato, perché era una brava persona. »

« Sì, lo era. Ma la sorte ha voluto che finisse morto. Era il solo che abitasse alle Carine, per cui lo hanno eletto... e questo, in più di un senso. Troppo difficile mettere in piedi qualcosa sul Palatino... le strade non sono abbastanza affollate. »

Saturnino sospirò, si scrollò di dosso lo sconforto. « Hai ragione. E io sono diventato tribuno della plebe. Ti ringrazio per l'aiuto, Caio Servilio. »

« Lascia perdere » disse Glaucia.

Fu cosa difficile soffocare lo scandalo, ma del tutto impossibile per chiunque provare che Saturnino era implicato in un assassinio quando persino l'amico superstite della vittima poteva testimoniare che sia Saturnino sia Glaucia se ne stavano nel settore inferiore del Foro nel momento in cui era stato commesso il delitto. La gente parlava, ma si trattava solo di vane chiacchiere, come ebbe a dire Glaucia, sogghignando. E quando il Pontefice Massimo, Enobarbo, chiese che fossero indette nuove elezioni per eleggere i tribuni della plebe, non sortì effetto alcuno; Glaucia aveva creato un precedente per risolvere un particolare tipo di crisi mai presentatasi in precedenza.

«Solo vane chiacchiere!» ripeté Glaucia, questa volta al Senato. «Le insinuazioni secondo cui Lucio Apuleio e io saremmo coinvolti nella morte di Quinto Nonio sono del tutto prive di fondamento. Quanto alla mia decisione di sostituire un tribuno della plebe defunto con uno in vita, ho fatto solo ciò che dovrebbe fare qualsiasi presidente di seggio degno di tal nome: ho agito! Nessuno può contestare il fatto che Lucio Apuleio si sia piazzato all'undicesimo posto, né che le elezioni si siano svolte nel pieno rispetto della legge. Nominare Lucio Apuleio successore di Quinto Nonio nel modo più rapido e più semplice possibile è stato logico quanto opportuno. L'adunanza dell'Assemblea della Plebe da me convocata ieri ha conferito piena approvazione al mio gesto, come chiunque dei presenti può verificare. Questo dibattito, Padri Coscritti, è inutile quanto privo di motivazioni. La faccenda è chiusa.» Così disse Caio Servilio Glaucia.

Caio Mario e Quinto Lutazio Catulo Cesare celebrarono assieme il loro trionfo il primo giorno di dicembre. La sfilata congiunta fu un vero colpo di genio, perché non potevano esserci dubbi sul fatto che Catulo Cesare, il cui carro seguiva quello del console in carica, recitava solo una parte di secondo piano nello spettacolo. Il nome che correva sulla bocca di tutti era quello di Caio Mario. C'era persino un carro scenografico montato con grande astuzia da Lucio Cornelio Silla — che al solito si era assunto la responsabilità di organizzare il corteo — in cui si vedeva Mario nell'atto di consentire agli uomini di Catulo Cesare di impossessarsi dei trentacinque vessilli dei Cimbri, perché lui ne aveva già catturati tanti in Gallia.

Alla riunione che seguì, nel tempio di Giove Ottimo Massimo, Mario parlò in tono appassionato della sua decisione di conferire la cittadinanza romana ai legionari di Camerino e di bloccare la Val d'Aosta insediando una colonia di legionari nella cittadina di Ivrea. L'annuncio che si sarebbe candidato per la sesta volta al consolato fu accolto con brontolii, risatine beffarde, grida di veemente protesta... e acclamazioni. Le acclamazioni furono di gran lunga più sonore. Quando il tumulto si spense, Mario annunciò che tutta la sua parte di bottino sarebbe servita a erigere un nuovo tempio consacrato al culto dell'Onore e della Virtù militari; il tempio avrebbe ospitato i suoi trofei e i trofei del suo esercito e sarebbe sorto sul Campidoglio. Avrebbe anche fatto erigere un tempio consacrato al culto romano dell'Onore e della Virtù militari a Olimpia, in Grecia.

Catulo Cesare ascoltò, sentendosi stringere il cuore, e si rese conto che se voleva salvare la reputazione, avrebbe dovuto destinare la sua parte di bottino alla costruzione di un monumento religioso pubblico suppergiù dello stesso tipo, anziché investirla in modo da accrescere il proprio patrimonio personale — che era, sì, abbastanza cospicuo, ma ben lungi da quello di Mario.

Nessuno si stupì quando l'Assemblea della Centurie elesse Caio Mario per la sesta volta alla carica di primo console. Non solo era ormai, indiscutibilmente, il Primo a Roma, ma molti cominciavano anche a chiamarlo il Terzo Fondatore di Roma. Il primo era stato Romolo, nientemeno; il secondo Marco Furio Camillo, che aveva avuto il merito di scacciare i Galli dall'Italia tre secoli addietro. Di conseguenza, sembrava logico chiamare Caio Mario il Terzo Fondatore di Roma, in quanto anche lui aveva respinto un'ondata di barbari.

Le elezioni consolari riservarono qualche sorpresa: Quinto Cecilio Metello Numidico del Porcile non riuscì a ottenere la carica di secondo console. Mario era all'apice della fama, e vinse anche per quanto riguardava il collega in seconda; aveva dichiarato apertamente di appoggiare Lucio Valerio Flacco, e Lucio Valerio Flacco fu puntualmente eletto. Flacco deteneva da una vita un'importante carica sacerdotale, era il *flamen Martialis*, lo speciale sacerdote di Marte, e tale funzione aveva fatto di lui un uomo tranquillo, docile e subordinato. Un compagno ideale per l'imperioso Caio Mario.

Non stupì nessuno, invece, l'elezione a proetore di Caio Servilio Glaucia, perché era un uomo di Mario, e Mario aveva distribuito denaro e favori a piene mani. Fu una sorpresa il fatto che ottenesse il massimo dei voti, per cui venne nominato pretore urbano ossia il primo dei sei pretori eletti.

Poco dopo le elezioni, Quinto Lutazio Catulo Cesare annunciò pubblicamente che avrebbe destinato la sua parte delle spoglie germaniche di guerra a due cause religiose; la prima consisteva nell'acquisto sul Palatino del sito su cui un tempo sorgeva la casa di Marco Fulvio Flacco, proprio attiguo a casa sua, per erigervi un magnifico portico dove esporre i trentacinque stendardi dei Cimbri da lui catturati sul campo di battaglia di Vercelli; la seconda nell'erezione di un tempio sul Campo Marzio, consacrato alla dea Fortuna nella fattispecie della Fortuna del Presente.

Quando i nuovi tribuni della plebe entrarono in carica, il decimo giorno di dicembre, venne il bello. Eletto per la seconda volta, Lucio Apuleio Saturnino dominava completamente il collegio dei tribuni e sfruttava la paura instaurata dalla morte di Quinto Nonio per ottenere i suoi fini legislativi. Benché continuasse a negare strenuamente qualsiasi complicità nell'assassinio, in privato non cessava di rivolgere ai tribuni della plebe suoi colleghi piccoli commenti che li inducevano a domandarsi se non ci fosse il rischio di finire come Quinto Nonio, tentando di mettergli i bastoni fra le ruote. Il risultato era che consentivano a Saturnino di fare esattamente ciò che voleva; né Metello Numidico né Catulo Cesare riuscirono a persuadere un solo tribuno della plebe a porre una sola volta il veto.

Appena otto giorni dopo l'assunzione della carica, Saturnino presentò la prima di due proposte di legge intese ad assegnare terre demaniali ai veterani dei due eserciti che si erano battuti contro i Germani; le terre si trovavano tutte all'estero, in Sicilia, Grecia, Macedonia e sul continente africano. La proposta di legge prevedeva altresì una nuova clausola, secondo la quale si sarebbe dovuto conferire a Caio Mario l'autorità di accordare personalmente la cittadinanza romana a tre legionari italici insediati in ciascuna delle colonie.

Il Senato manifestò una furibonda opposizione.

«Questo individuo» disse Metello Numidico «non intende neppure favorire i suoi legionari romani! Vuole la terra in egual misura per individui di qualsiasi origine: Romani, Latini, Italici. Per lui non fa differenza! Nessuna particolare attenzione per i legionari di Roma! Io vi domando, colleghi, che ne pensate di un individuo del genere? Roma conta qualcosa per lui? No, naturalmente! *Perché dovrebbe?* Non è un romano! È un italico! E favorisce quelli della sua razza. Mille ne ha privilegiati, sul campo di battaglia, mentre i legionari di Roma se ne stavano in disparte a guardare, senza un grazie. Ma che altro possiamo aspettarci da un individuo come Caio Mario?»

Quando Mario prese la parola per replicare, neppure riuscì a farsi udire; così uscì dalla *Curia Hostilia* e montò sui rostri e si rivolse ai frequentatori del Foro. Alcuni s'indignarono; ma Mario era il loro prediletto, e lo ascoltarono.

«Ci sono terre bastanti per tutti!» urlò. «Nessuno può accusarmi di riservare un trattamento preferenziale agli Italici! Cento iugeri a testa! Ma perché tanti? domanderete. Perché, o Popolo di Roma, quei coloni dovranno trasferirsi in luoghi di gran lunga più aspri della nostra diletta Italia. Semineranno e mieteranno su terreni difficili e in climi difficili, dove per vivere decorosamente si deve possedere più terra che nel nostro diletto paese italico.»

«Eccolo!» gridò Catulo Cesare dai gradini del Senato, con voce stridula. «Eccolo! Sentite quel che va dicendo! Non Roma! *L'Italia!* L'Italia, l'Italia, sempre l'Italia! Non è romano, e non gli importa di Roma!»

«L'Italia *è* Roma!» tuonò Marco. «Sono una stessa e unica cosa! Senza l'una, l'altra non esiste, né può esistere! Romani e Italici non hanno forse del pari sacrificato le loro vite negli eserciti di Roma, per Roma? E se così è — e chi può negare che lo sia? — perché il legionario di un tipo dovrebbe essere in qualche modo diverso dall'altro?»

«L'Italia!» gridò Catulo Cesare. «Sempre l'Italia!»

«Sciocchezze!» urlò Mario. «La prima assegnazione di terre riguarda i legionari romani, non quelli italici! Ciò prova forse una tendenza a privilegiare gli Italici? E non è forse meglio che su migliaia di veterani destinati a insediarsi in quelle colonie, tre degli Italici che ne fanno parte diventino cittadini romani a tutti gli effetti? Ho detto tre, o Popolo di Roma! Non già tremila Italici, o Popolo di Roma! Non trecento Italici, o Popolo di Roma! Non trenta Italici o Popolo di Roma! *Tre!* Una goccia in un mare di uomini! Una goccia di una goccia in un mare di uomini!»

«Una goccia di veleno in un mare di uomini!» strillò Catulo Cesare dai gradini del Senato.

«La legge può anche stabilire che i primi cui verrà assegnata la terra saranno i legionari di Roma, ma dove sta scritto che le prime terre assegnate saranno quelle migliori?» urlò Metello Numidico.

Ma la prima legge agraria, che riguardava svariate distese di terra di proprietà del pubblico demanio di Roma da un certo numero di anni e dati in affitto a latifondisti, venne approvata dall'Assemblea della Plebe, malgrado l'opposizione.

Quinto Poppedio Silone, diventato capo della sua gente nella Marsica nonostante la giovane età, era venuto a Roma ad assistere al dibattito sulle leggi agrarie; era stato Marco Livio Druso a invitarlo, e infatti era ospite di Druso.

«Sollevano un gran polverone per quella faccenda di Roma contrapposta all'Italia, vero?» domandò Silone a Druso, non avendo mai sentito discutere dell'argomento in precedenza.

«Già» fece Druso, tetro. «È un atteggiamento che muterà solo col tempo. Almeno lo spero, Quinto Poppedio.»

«Eppure Caio Mario non ti piace.»

«Lo detesto. Ma ho votato per lui» disse Druso.

«Sono passati solo quattro anni da quando abbiamo combattuto ad Arausio» continuò Silone in tono meditabondo. «Sì, suppongo che tu abbia ragione, le cose cambieranno. Prima di Arausio, nutrivo molti dubbi che Caio Mario avrebbe mai avuto qualche probabilità di inserire i veterani italici tra i suoi coloni.»

«È stato grazie ad Arausio che gli schiavi italici per debiti sono stati affrancati» disse Druso.

«Sono lieto di poter pensare che non siano morti invano. E tuttavia... guarda la Sicilia. Gli schiavi italici non sono stati liberati. Sono morti.»

«Mi vergogno come un ladro riguardo alla Sicilia» fece Druso, avvampando. «La colpa è stata di due alti magistrati di Roma, corrotti e profittatori. Due miserabili coglioni! Puoi anche non trovarli simpatici, Quinto Poppedio, ma non si può negare che un Metello Numidico o un Emilio Scauro non si sarebbe insudiciato l'orlo della toga imbrogliando sul grano.»

«Sì, te lo concedo» disse Silone. «Tuttavia, Marco Livio, quei due ritengono ancora che essere Romani significhi appartenere al gruppo degli eletti, e che nessun italico meriti di farne parte per adozione.»

«Adozione?»

«Be', non è a questo, in realtà, che equivale la concessione della cittadinanza romana? A un'adozione da parte della famiglia di Roma?»

Druso sospirò. «Hai perfettamente ragione. L'unico cambiamento riguarda il nome. Il fatto di accordargli la cittadinanza non può trasformare in un romano un italico... o un greco. E col passar del tempo, il Senato quanto meno oppone sempre più strenua resistenza alla creazione di Romani artificiali.»

«Allora, forse,» disse Silone «toccherà a noialtri Italici trasformarci in Romani artificiali... con o senza l'approvazione del Senato.»

Una seconda legge agraria fece seguito alla prima, e questa riguardava tutti i nuovi suoli demaniali che Roma aveva acquisito nel corso delle guerre contro i Germani. Era di gran lunga la più importante delle due, perché esistevano terre praticamente vergini, mai sfruttate su vasta scala da agricoltori e allevatori, e potenzialmente ricche di altre cose, oltre che di bestiame e messi: minerali, gemme, pietre. Tali terreni si trovavano tutti quanti nella Gallia Transalpina occidentale, attorno a Narbona, Tolosa, Carcassona, e nella Gallia Transalpina centrale, oltre che in una zona della Spagna Citeriore che si era ribellata mentre i Cimbri complicavano la situazione ai piedi dei Pirenei.

C'erano molti cavalieri romani e molte imprese commerciali romane che non vedevano l'ora di espandere i loro traffici nella Gallia Transalpina e avevano atteso la sconfitta dei Germani come la loro grande occasione, e ora contavano sui loro vari protettori al Senato per garantirsi l'accesso al nuovo territorio demaniale della Gallia. Ora, la constatazione che gran parte di quelle terre sarebbe andata ai legionari nullatenenti scatenò furori cui in precedenza si era assistito soltanto ai peggiori tempi dei Gracchi.

E se il Senato puntò i piedi, lo stesso fecero i cavalieri della Prima Classe, un tempo i più accaniti sostenitori di Mario, e ora, ritenendosi defraudati della possibilità di diventare latifondisti nella Gallia Transalpina, suoi ostinati nemici. Gli emissari di Metello Numidico e Catulo Cesare erano presenti ovunque, e mormoravano, mormoravano...

«Distribuisce a piene mani ciò che appartiene allo stato, come se fosse il padrone e della terra e dello stato» era una delle accuse prima solo sussurrate, e poco dopo gridate ai quattro venti.

«Cospira per impadronirsi dello stato... perché altrimenti si sarebbe fatto eleggere console, ora che la guerra contro i Germani è conclusa?»

«Roma non ha mai sovvenzionato i suoi soldati con la terra!»

«Gli Italici ricevono più di quanto meritino!»

«La terra presa ai nemici di Roma appartiene unicamente ai Romani, non anche ai Latini e agli Italici!»

«Comincia con le terre demaniali all'estero, ma prima che ce ne rendiamo conto si metterà a distribuire le terre demaniali in Italia... e le assegnerà agli Italici!»

«Si fa chiamare il Terzo Fondatore di Roma, ma il titolo cui veramente aspira è quello di Re di Roma!»

E così via. Più Mario tuonava dai rostri e al Senato che Roma doveva disseminare le sue Provincie di colonie di semplici cittadini romani, che i veterani avrebbero costituito utili guarnigioni, che era meglio assegnare le terre romane all'estero a molti piccoli proprietari anziché a un pugno di latifondisti, e più aspra si faceva l'opposizione. L'abuso la rafforzava anziché indebolirla, per cui diventava ogni giorno più veemente, più strenua. Finché un po' alla volta, quasi spontaneamente, l'atteggiamento del pubblico nei confronti di Saturnino accennò a mutare. Molti politicanti di mestiere presenti nelle file del Popolo — e c'erano politicanti di mestiere tra i frequentatori abituali del Foro così come tra i cavalieri più influenti — cominciavano a dubitare che Mario avesse ragione: ché mai erano stati testimoni di una simile opposizione.

«Non può esserci tanto fumo senza che ci sia almeno un fuocherello» presero a dire, tra sé e sé e a coloro che li stavano ad ascoltare perché erano politicanti di mestiere.

« Non si tratta del solito stupido battibecco tra senatori... è troppo implacabile. »

« Quando un uomo come Quinto Cecilio Metello Numidico... che è stato censore, e anche console, e ci siamo forse dimenticati della bella prova che ha dato di sé mentre era censore?... può contare su un numero crescente di sostenitori, avrà pure qualche ragione dalla sua. »

« Ieri ho saputo che un cavaliere, del cui appoggio Caio Mario ha disperatamente bisogno, l'ha ripudiato pubblicamente! La terra di Tolosa che Caio Mario gli aveva personalmente promessa, verrà assegnata ai veterani nullatenenti. »

« Qualcuno mi diceva di aver personalmente udito Caio Mario dichiarare che intende accordare la cittadinanza romana a tutti gli Italici, dal primo all'ultimo. »

« Questo è il sesto consolato di Caio Mario... e il quinto di fila. L'hanno sentito dire, l'altra sera a cena, che non si rassegnerà mai a *non* essere console! Intende candidarsi ogni anno, fino alla morte. »

« Vuol davvero diventare Re di Roma! »

E così, la campagna diffamatoria di Metello Numidico e Catulo Cesare cominciava a dare i suoi frutti. E all'improvviso persino Glaucia e Saturnino cominciarono a temere che la seconda legge agraria venisse bocciata.

« Devo *assolutamente* ottenere quella terra! » gridò Mario, disperato, parlando con sua moglie che da giorni aspettava paziente, nella speranza che prima o poi le parlasse della faccenda. Non perché avesse nuove idee da proporre o cose concrete da dire, ma perché sapeva di essere l'unica vera amica che Mario avesse accanto. Silla era stato rispedito nella Gallia Cisalpina dopo il trionfo, e Sertorio era partito per la Spagna Citeriore a far visita alla moglie germanica e al figlio.

« Caio Mario, è davvero essenziale? » domandò Iulia. « Sinceramente, è così importante che i tuoi legionari abbiano il loro pezzo di terra? I legionari di Roma non hanno mai ricevuto terre... non esiste un precedente. Non potranno mai dire che tu non abbia tentato. »

« Non capisci » fece lui, spazientito. « La cosa non riguarda più i legionari, riguarda la mia *dignitas*, la mia posizione nella vita pubblica. Se la legge non sarà approvata, non sarò più il Primo a Roma. »

« Lucio Apuleio non può aiutarti? »

«Ci si sta provando, gli dèi lo sanno se ci si sta provando! Ma invece di guadagnare terreno ne perdiamo. Mi sento come Achille nel fiume, incapace di uscire dalla corrente perché l'argine continua a cedere. Mi inerpico un tantino, poi ripiombo due volte più in basso. Corrono voci incredibili, Iulia! E non c'è modo di controbattere, perché le cose non vengono mai dette apertamente. Se fossi colpevole di un decimo delle cose che dicono di me, starei sospingendo un macigno su per un'erta del Tartaro da un pezzo.»

«Sì, be', è impossibile tener testa alle campagne diffamatorie» disse Iulia a mo' di consolazione. «Prima o poi le voci diventano così bizzarre che ciascuno si sveglia di soprassalto. È ciò che accadrà anche in questo caso. Ti hanno ucciso, ma continueranno a pugnalarti finché tutta Roma ne sarà nauseata. La gente è terribilmente ingenua e credulona, ma persino i più ingenui e creduloni arrivano a un punto di saturazione, presto o tardi. La legge passerà, Caio Mario... ne sono sicura. Solo, non avere troppa fretta, aspetta che l'opinione pubblica torni a volgere a tuo favore.»

«Oh, sì, può anche darsi che sia approvata, proprio come dici tu, Iulia. Ma come impedire al Senato di abrogarla non appena Lucio Apuleio decadrà dalla carica e io non disporrò di un tribuno della plebe altrettanto capace di battersi contro il Senato?» gemette Mario.

«Capisco.»

«Sul serio?»

«Certo. Sono una Iulia dei Cesari, marito, la qual cosa significa che sono cresciuta in un ambiente in cui le discussioni politiche erano all'ordine del giorno, anche se il mio sesso mi precludeva una carriera pubblica.» Iulia si mordicchiò il labbro. «È un problema, vero? Le leggi agrarie non si possono applicare dalla sera alla mattina... ci vuole un'eternità. Anni e anni di lavoro. Bisogna trovare la terra, ispezionarla, suddividerla, trovare gli uomini i cui nomi sono stati estratti a sorte per insediarvisi, e distribuire gli incarichi e nominare gli incaricati, il personale adatto... è interminabile.»

Mario sorrise. «Hai parlato con Caio Giulio!»

«Infatti. Ormai sono diventata un'esperta.» Batté la mano sul giaciglio, accanto a sé. «Vieni, amor mio, sièditi!»

«Non posso, Iulia.»

«Non c'è modo di difendere queste misure legislative?»

Mario smise di andare avanti e indietro, si girò a guardarla da sotto le sopracciglia. «Effettivamente ci sarebbe...»

«Dimmi» lo sollecitò lei con dolcezza.

«Caio Servilio Glaucia le ha pensate, ma Lucio Apuleio ci tiene in modo addirittura fanatico, per cui quei due non fanno che assillarmi, e non sono sicuro...»

«È poi tanto insolito?» domandò Iulia, al corrente della reputazine di Glaucia.

«Abbastanza.»

«Ti prego, Caio Mario, raccontami!»

Sarebbe stato un sollievo parlarne con qualcuno che non fosse ossessionato da preoccupazioni personali, pensò Mario stancamente. «Sono un soldato, Iulia, mi piacciono le soluzioni militari» disse. «Sotto le armi, tutti sanno che quando do un ordine, si tratta del miglior ordine possibile, date le circostanze. Così tutti lo eseguono prontamente senza discutere, perché mi conoscono e si fidano di me. Be', anche questa gente di Roma mi conosce, e per questo dovrebbe fidarsi di me! Ma si fida? No! Quelli sono così decisi a far valere le proprie idee, che neppure prestano ascolto alle idee altrui, anche se sono migliori. Mi reco al Senato sapendo già, prima di arrivare in quel posto tremendo, che dovrò operare in un'atmosfera di odio e di ostilità che mi sfinisce ancor prima di cominciare! Sono troppo vecchio e troppo ostinato per preoccuparmi di loro, Iulia! Sono una massa di idioti, e finiranno con l'uccidere la Repubblica se continueranno a pretendere che le cose non sono cambiate dai tempi in cui Scipione l'Africano era bambino! L'insediamento di colonie di legionari è una decisione così sensata!»

«Già» fece Iulia, nascondendo la propria costernazione. Mario appariva esausto in quei giorni, dimostrava più anni di quanti ne avesse in realtà, e stava mettendo su ciccia per la prima volta in vita sua, a forza di starsene seduto a tutte quelle riunioni anziché andarsene attorno all'aria aperta, e tutt'a un tratto i suoi capelli ingrigivano e si diradavano. Chiaramente, l'attività bellica giovava più di quella legislativa al corpo di un uomo. «Caio Mario, falla finita e parlamene!» insistette Iulia.

«La seconda proposta di legge contiene una clausola aggiuntiva, studiata espressamente da Glaucia» disse Mario, rimettendosi a camminare su e giù, mentre le parole gli prorompevano dalle labbra. «Si richiede che ogni senatore giuri solennemente di rispettare la legge, per sempre, entro cinque giorni dalla sua entrata in vigore.»

Iulia non seppe trattenersi: rimase a bocca aperta, si portò le mani alle guance, guardò Mario sgomenta e lanciò l'esclamazione più veemente contenuta nel suo vocabolario: «Castore!».

«Sconvolgente, vero?»

«Caio Mario, Caio Mario, non te lo perdoneranno mai, se includerai quella clausola nella legge!»

«E credi che non lo sappia?» esclamò Mario, tendendo le mani in alto come artigli. «Ma che altro posso fare? Devo *assolutamente* ottenere quella terra!»

Iulia si umettò le labbra. «Farai parte del Senato ancora per molti anni» disse. «Non potresti semplicemente continuare a batterti per far sì che la legge venga rispettata?»

«Continuare a battermi? Quando mai potrò smettere?» domandò lui. «Sono stanco di lottare, Iulia!»

Lei fece udire un suono derisorio, inteso a rallegrarlo. «Oh, figuriamoci! *Caio Mario* stanco di lottare? Hai lottato per tutta la vita!»

«Ma non si trattava dello stesso tipo di lotta in cui sono impegnato ora» tentò di spiegare lui. «Questa è una sporca faccenda. Non ci sono regole. L'agone che mi si conviene è campo di battaglia! Almeno ciò che vi accade è rapido e pulito e di solito vince il migliore. Ma il Senato di Roma è un bordello dove si praticano infime forme di esistenza e infime forme di condotta. Passo i miei giorni a *strisciare* nel suo fango! Be', Iulia, lascia che te lo dica: preferirei *bagnarmi* nel sangue del campo di battaglia! E se c'è qualcuno tanto ingenuo da pensare che gli intrighi politici non annientino più vite di una qualsiasi guerra, allora si merita tutto ciò che la politica gli riserverà!»

Iulia si alzò e gli si avvicinò, lo costrinse a fermarsi e gli afferrò le mani. «Detesto dirlo, amor mio carissimo, ma l'arena politica non è l'agone che si conviene a un uomo schietto come te.»

«Se non l'avessi già saputo prima, certamente me ne rederei conto ora» disse lui, tetro. «Suppongo che non si potrà fare a meno di quella dannata clausola del giuramento inserita da Glaucia. Ma, come Publio Rutilio continuo a domandarmi, dove ci porteranno tutte queste leggi moderne? Stiamo davvero sostituendo leggi cattive con leggi buone? O stiamo semplicemente sostituendole con altre peggiori?»

«Soltanto il tempo ce lo dirà» fece Iulia, placidamente. «Qualsiasi altra cosa accada, Caio Mario, non scordare mai che ci sono sempre gravi crisi nei governi, che la gente se ne va sempre attorno proclamando inorridita che questa o quella nuova legge segnerà la fine della Repubblica, che Roma non è più la stessa... lo so per aver letto quanto Scipione l'Africano diceva di Catone il Censore! E con tutta probabilità, qualche Giulio Cesare dei tempi andati diceva la stessa cosa di Bruto, quando ha ucciso i suoi figli, all'inizio di tutto. La Repubblica è indistruttibile, e lo sanno tutti quanti, anche se urlano che è dannata. Quindi non perdere mai di vista questo fatto.»

Il buon senso di Iulia finalmente lo placava; e lei notò con soddisfazione che gli occhi di Mario non erano più tanto arrossati e che dal suo viso andavano scomparendo le chiazze paonazze dell'ira. Era ora di cambiare discorso, decise.

«A proposito, mio fratello Caio Giulio vorrebbe incontrarti domani, così ho colto l'occasione per invitare a cena lui e Aurelia, se a te sta bene.»

Mario gemette. «Ma certo! Va benissimo! Me n'ero dimenticato. È in partenza per Kerkennah per insediarvi la mia prima colonia di veterani, vero?» Si nascose il viso tra le mani, sottratte alla presa della moglie. «*Vero*? Numi, la memoria! Che mi sta succedendo, Iulia?»

«Niente» lo tranquillizzò lei. «Hai bisogno di riposo, preferibilmente qualche settimana lontano da Roma. Ma dal momento che è chiaramente impossibile, perché non andiamo assieme in cerca di Mario Minore?»

Il bellissimo ometto, che non aveva ancora nove anni, era un figlio oltremodo soddisfacente: alto, robusto, biondo, e con un naso di piglio abbastanza romano da far piacere a suo padre. Se il ragazzino si mostrava più incline alle attività fisiche che a quelle intellettuali, anche questo faceva piacere a Mario. Il fatto che fosse ancora figlio unico crucciava più sua madre che suo padre, in quanto Iulia non era riuscita a portare a termine le due gravidanze seguite alla morte del secondogenito, e ora cominciava a temere di non essere in grado di partorire un altro figlio. Mario, tuttavia, era soddisfatto dell'unico figlio che aveva e si rifiutava di credere che gli occorresse un altro canestro in cui deporre le sue uova.

La cena andò a gonfie vele, e nella lista degli invitati figuravano solo Caio Giulio Cesare, sua moglie Aurelia e lo zio di Aurelia, Publio Rutilio Rufo.

Cesare sarebbe partito per l'isola africana di Kerkennah alla fine dell'intervallo festivo di otto giorni; l'incarico lo aveva profondamente rallegrato, e c'era un solo svantaggio a guastare la sua gioia.

«Non sarò a Roma per la nascita del mio primo figlio» disse, con un sorriso.

«Aurelia, no! *Di nuovo?*» gemette Rutilio Rufo. «Sarà una altra femmina, vedrete... e come ve la procurerete, un'altra dote?»

«Uff, zio Publio!» esclamò l'impertinente Aurelia, ficcandosi in bocca un pezzetto di pollo. «In primo luogo, non dovremo fare la dote alle nostre figlie. Il padre di Caio Giulio ci ha fatto promettere che non avremmo storto il naso e impresso nelle nostre figlie il marchio della plutocrazia. Per cui abbiamo l'intenzione di darle in moglie a nullità campagnole, ma terribilmente ricche.» Altri bocconi di pollo fecero la stessa fine del primo. «E abbiamo già due femmine. Adesso avremo dei maschi.»

«Tutti in una volta?» domandò Rutilio Rufo, con un lampo di malizia negli occhi.

«Ehi, dico, due gemelli sarebbero l'ideale! Ci sono stati casi di parti gemellari nella *gens* Iulia?» domandò l'intrepida madre alla cognata.

«Credo di sì» rispose Iulia, aggrottando la fronte. «Certamente nostro zio Sesto ha avuto due gemelli, anche se poi uno è morto... Cesare Strabone è un gemello, no?»

«Proprio così, lo è» disse Rutilio Rufo, con un sorriso ironico. «Il nostro povero, giovane amico strabico gronda letteralmente nomignoli, e *Vopiscus* è solo uno dei tanti, e significa che è un gemello superstite. Ma gli hanno affibbiato un nuovo soprannome, ho saputo.»

La nota di maligna esultanza che la sua voce tradì, attirò l'attenzione generale; fu Mario a porre la domanda. «Quale?»

«Gli è venuta una fistola alle parti basse, così qualche spiritosone ha detto che aveva un ano e mezzo e ha cominciato a chiamarlo *Sesquiculus*» disse Rutilio Rufo.

Tutti i commensali si sganasciarono dalle risa, comprese le donne, cui era consentito di essere partecipi di tale blanda oscenità.

«Può darsi che ci siano stati parti gemellari anche nella famiglia di Lucio Cornelio» disse Mario, asciugandosi gli occhi.

«Perché lo dici?» chiese Rutilio Rufo, presentendo un altro gustoso pettegolezzo.

«Be', come tutti sapete, anche se Roma non lo sa, è vissuto tra i Cimbri per un anno. Aveva una moglie, una donna dei Cherusci che si chiamava Hermana. E gli ha partorito due gemelli.»

L'allegria di Iulia si spense. «Catturata? Morta?» domandò.

«Per Polluce, no! L'ha riportata dalla sua gente, in Germania, prima di raggiungermi.»

«Strano tipo, quel Lucio Cornelio» osservò Rutilio Rufo, meditabondo. «Non è tutto giusto.»

«Tanto per cominciare, qui ti sbagli, Publio Rutilio» disse Mario. «Mai uomo ha avuto la testa sulle spalle più di Lucio Cornelio. In effetti, direi che è l'uomo del futuro, per quanto riguarda Roma.»

Iulia ridacchiò. «Decisamente, è tornato a spron battuto nella Gallia Cisalpina dopo il trionfo» disse. «Col passar del tempo, lui e la mamma litigano sempre più spesso.»

«Be',» fece Mario coraggiosamente «è comprensibile! Tua madre è l'unica persona sulla faccia della terra capace di spaventarmi a morte.»

«Una donna adorabile, Marzia» s'intromise Rutilio Rufo abbandonandosi ai ricordi, poi si affrettò a soggiungere, quando gli sguardi di tutti i presenti si fissarono su di lui: «Almeno da guardare. Al tempo che fu».

«Una cosa è certa: si è data un gran da fare per trovare una nuova moglie a Lucio Cornelio» disse Cesare.

Per poco Rutilio Rufo non si fece andare di traverso un nocciolo di prugna. «Be', mi è capitato di trovarmi a cena da Marco Emilio Scauro qualche giorno fa,» disse con voce da cui trapelava un maligno piacere «e se non fosse che è già sposata a un altro, sarei pronto a scommettere che Lucio Cornelio se la sarebbe trovata da sola una moglie.»

«No!» esclamò Aurelia, protendendosi sullo scranno. «Oh, zio Publio, racconta!»

«La piccola Cecilia Metella Dalmatica, se non vi dispiace» rivelò Rutilio Rufo.

«La moglie del *Princeps Senatus... nientemeno?*» squittì Aurelia.

«Proprio lei. Lucio Cornelio le ha dato un'occhiata quando le è stato presentato, è diventato più rosso dei suoi capelli e se n'è rimasto seduto a fissarla come un allocco per tutta la durata della cena.»

«La realtà supera la fantasia» commentò Mario.

«È proprio vero!» disse Rutilio Rufo. «Persino Marco Emilio se n'è accorto... be', con la sua piccola, diletta Dalmatica tende a comportarsi un po' come una vecchia chioccia col suo unico pulcino. Sicché Dalmatica è stata spedita a letto subito dopo la portata principale. Ci è rimasta malissimo. E allontanandosi, ha scoccato un'occhiata di timida ammirazione a Lucio Cornelio. Il quale si è versato il vino addosso.»

«Purché non versi il suo vino nel grembo di lei» fece Mario, in tono cupo.

«Oh, no, basta con gli scandali!» esclamò Iulia. «Lucio Cornelio non può permettersi un altro scandalo. Caio Mario, non gli diresti una parolina?»

Mario esibì quell'espressione sconsolata, tipica dei mariti, quando le mogli pretendono da loro che svolgano un'incombenza esulante dalla personalità mascolina. «No, di certo!»

«Perché?» domandò Iulia, cui la richiesta sembrava del tutto ragionevole.

«Perché la vita privata di ciascuno è cosa che riguarda lui solo.... e Lucio Cornelio si seccherebbe se ficcassi il naso nei fatti suoi!»

Iulia e Aurelia parvero deluse.

Intervenne Cesare a far da paciere, come sempre, dopo che si fu schiarito la gola. «Be', dal momento che Marco Emilio Scauro dà l'impressione di voler campare altri mille anni, non penso che sia il caso di preoccuparsi molto per Lucio Cornelio e Dalmatica. Credo che la mamma abbia già fatto la sua scelta... *e* ho saputo che Lucio Cornelio l'ha approvata, per cui saremo tutti quanti invitati a nozze non appena tornerà dalla Gallia Cisalpina.»

«Di chi si tratta?» domandò Rutilio Rufo. «Non ne ho sentito assolutamente parlare!»

«Elia, l'unica figlia di Quinto Elio Tuberone.»

«Non proprio di primo pelo, eh?» fece Mario.

«Vicina ai quaranta, la stessa età di Lucio Cornelio» disse Cesare, disinvolto. «Lui non vuole avere altri figli, a quanto pare, e la mamma ha ritenuto che una vedova senza prole fosse l'ideale. È piuttosto una bella donna.»

«Di ottima, antica famiglia» aggiunse Rutilio Rufo. «E ricca!»

«Tanto meglio per Lucio Cornelio!» disse Aurelia con calore. «Non so che farci, mi piace!»

«Piace a tutti noi» disse Mario, strizzandole l'occhio. «Caio Giulio, non sei geloso di una così aperta ammirazione?»

«Oh, devo guardarmi da rivali più temibili dei semplici legati di stirpe patrizia, per quanto riguarda il cuore di Aurelia» rispose Cesare, con un sorrisetto.

Iulia alzò gli occhi. «Sul serio? E chi?»

«Si chiama Lucio Decumio, ed è un ometto un po' sudicio, sulla quarantina, con le gambe secche, i capelli unti, che esala un gran puzzo d'aglio» disse Cesare, pescando gli acini d'uva sultanina più turgidi dal vassoio della frutta secca. «La mia casa è perennemente adorna di splendidi vasi di fiori: in stagione, fuori stagione, non fa differenza per Lucio Decumio, che rinnova la fornitura ogni quattro o cinque giorni. E viene anche a far visita a mia moglie, figuratevi, corteggiandola in maniera addirittura nauseante. In effetti, è così contento dal nascituro, che a volte nutro profonde apprensioni.»

«Smettila, Caio Giulio!» fece Aurelia, ridendo.

«Ma chi *è*?» domandò Rutilio Rufo.

«Il custode, o come altro si chiama, della confraternita del crocevia che Aurelia è tenuta a ospitare gratuitamente» rispose Cesare.

«Lucio Decumio e io abbiamo fatto un patto» chiarì Aurelia, impossessandosi dell'uva che Cesare si stava portando alla bocca.

«Che patto?» domandò Rutilio Rufo.

«Riguardo ai luoghi in cui svolge la sua attività, e cioè dovunque, purché sia alla larga da casa mia.»

«Che attività?»

«È un assassino» disse Aurelia.

Quando Saturnino presentò la seconda legge agraria, la clausola relativa al giuramento fece sul Foro lo stesso effetto di un tuono; non già una folgore scagliata da Giove, bensì il rombante cataclisma scatenato dalle antiche divinità, i veri dèi, gli dèi senza volto, i *numina*. Non solo si pretendeva che ciascun senatore prestasse giuramento, ma anziché il consueto giuramento nel tempio di Saturno, la legge di Saturnino stabiliva che il voto solenne venisse pronunciato sotto il cielo, nel tempio senza soffitto di Semo Sancus Dius Fidius sulle pendici inferiori del Quirinale, dove il dio senza volto e senza mitologia possedeva soltanto una statua di Caia Cecilia, moglie del re Tarquinio Prisco dell'antica Roma, a umanizzare la sua residenza. E le divinità nel cui nome veniva prestato il giuramento non erano le maestose divinità del Campidoglio, ma i piccoli *numina* senza volto, in tutto e per tutto Romani: i *Di Penates Publici*, custodi del tesoro e della dispensa pubblica, i *Lares Praestites*, custodi dello stato, e Vesta, custode del focolare. Nessuno sapeva che aspetto avessero, né da dove venissero, e neppure quale fosse il loro sesso, ammesso che ne avessero uno; semplicemente... *esistevano*. E contavano. Erano romani. Erano l'immagine pubblica degli dèi più segreti, delle divinità che presiedevano alla famiglia, la più sacra fra tutte le tradizioni romane. Nessun romano poteva giurare per tali divinità e poi pensare di poter rompere il giuramento, ché farlo avrebbe significato attirare la rovina e il disastro e la disintegrazione sulla propria famiglia, la propria casa, le proprie finanze.

Ma il cervello da leguleio di Glaucia non si era limitato a confidare nel timore ineffabile degli ineffabili *numina*; per meglio chiarire il significato del giuramento, la legge di Saturnino stabiliva persino la sorte che sarebbe toccata ai senatori i quali si rifiutassero di prestarlo: sarebbero stati interdetti dal fuoco e dall'acqua entro i confini d'Italia, e multati di una somma pari a venti talenti d'argento e privati della cittadinanza romana.

«Il guaio è che non ci siamo spinti abbastanza lontano e abbastanza in fretta» disse Metello Numidico a Catulo Cesare, al Pontefice Massimo Enobarbo e a Metello il Porcellino, a Scauro, a Lucio Cotta e a suo zio, Marco Cotta. «Il Popolo non è disposto a sbarazzarsi di Caio Mario... approverà questa legge. E noi saremo costretti a giurare.» Rabbrividì. «E se giuro, dovrò mantenere il giuramento.»

«Allora questa legge *non può* passare» disse Enobarbo.

«Non c'è un solo tribuno della plebe che abbia tanto coraggio da porre il veto» osservò Marco Cotta.

«Allora dobbiamo combatterla ricorrendo alla religione» disse Scauro, lanciando un'occhiata d'intesa a Enobarbo. «La parte opposta ha fatto ricorso alla religione, per cui non c'è motivo per cui non si possa farlo anche noi.»

«Credo di sapere ciò che vuoi» disse Enobardo.

«Be', io, no» fece Lucio Cotta.

«Quando verrà il giorno in cui la proposta di legge sarà messa ai voti, e gli auguri saranno chiamati a esaminare gli auspici per stabilire se la seduta non contravvenga alla legge divina, faremo in modo che gli auspici risultino infausti» spiegò Enobarbo. «E continueremo a constatare auspici infausti, finché uno dei nostri tribuni della plebe troverà il coraggio di porre il veto adducendo motivazioni religiose. E ciò sarà la fine per la legge, dato che il Popolo si stanca in fretta delle cose.»

Il piano fu posto in atto; gli auspici furono dichiarati infausti dagli auguri. Sfortunatamente, anche Lucio Apuleio Saturnino era un augure — una piccola ricompensa conferitagli per iniziativa di Scauro al tempo in cui lo stesso Scauro l'aveva riabilitato — e fornì una diversa interpretazione degli auspici.

«È un trucco!» urlò alla Plebe riunita nel pozzo *Comitia*. «Guardateli, tutti schiavetti dei politicanti di mestiere che siedono al Senato! Non c'è proprio niente di infausto negli auspici: è solo un modo per spezzare il potere del Popolo! Sappiamo tutti quanti che il *Princeps Senatus* e Metello Numidico e Catulo sarebbero disposti a qualsiasi cosa, pur di privare i nostri soldati della giusta ricompensa... e questo dimostra che l'hanno *già* fatto! Hanno deliberatamente alterato il volere degli dèi!»

Il Popolo credette a Saturnino, il quale si era premunito insinuando i suoi gladiatori tra la folla. Quando uno degli altri tribuni della plebe tentò di porre il veto adducendo la motivazione che gli auspici erano infausti, che aveva udito tuonare, e che qualsiasi legge varata quel giorno sarebbe stata *nefas*, sacrilega, i gladiatori di Saturnino entrarono in azione. Mentre Saturnino dichiarava con voce squillante che non avrebbe consentito il veto, i suoi bravacci strapparono lo sventurato tribuno dai rostri e gli fecero salire di corsa il Clivo Argentario fino alle celle delle *Latomie* e ve lo tennero finché la riunione non si sciolse. La seconda legge agraria venne messa ai voti, e il Popolo suddiviso in tribù l'approvò, poiché la clausola del giuramento le conferiva un che di nuovo, sufficiente a suscitare l'interesse dei frequentatori abituali dell'Assemblea della Plebe: che sarebbe accaduto se la legge fosse entrata in vigore, chi avrebbe opposto resistenza, come avrebbe reagito il Senato? Troppo bello per lasciarselo sfuggire! L'umore del Popolo era tutto teso a scoprire come sarebbero andate le cose.

Il giorno successivo al varo della legge, Metello Numidico si levò in piedi al Senato e annunciò con grande dignità che non avrebbe prestato il giuramento.

«La mia coscienza, i miei princìpi, persino la mia vita dipendono da questa decisione!» ruggì. «Pagherò la multa e andrò in esilio a Rodi. Ma non giurerò. Mi udite, Padri Coscritti? Io... non... giurerò! Non posso giurare a sostegno di *una qualsiasi cosa* cui nell'intimo del mio essere mi oppongo incrollabilmente. Quand'è che uno spergiuro è tale? Quale delitto è più grave: giurare di rispettare una legge cui sono contrario, o non giurare? Tutti voi siete liberi di rispondere come più vi aggrada. La mia risposta è che il delitto più grave è giurare. Così ti dico, Lucio Apuleio Saturnino, e dico a te, Caio Mario: io... *non... giurerò!* Preferisco pagare la multa e preferisco andare in esilio.»

La sua presa di posizione fece un'impressione profonda, perché tutti i presenti sapevano che parlava sul serio. Le sopracciglia di Mario s'immobilizzarono, riunite alla radice del naso, e Saturnino scoprì i denti. Si levarono mormorii; i dubbi e lo scontento fecero capolino, attaccarono a rodere, si dilatarono.

«Ci creeranno dei problemi» bisbigliò Glaucia dalla sua sedia curule, accanto a quella di Mario.

«Se non dichiaro chiusa la seduta, si rifiuteranno tutti quanti di giurare» borbottò Mario, che si alzò e congedò i senatori. «Vi sollecito a tornarvene a casa e a pensare per tre giorni alle gravi conseguenze che ne deriverebbero se decideste di non prestare il giuramento. Per Quinto Cecilio è facile: ha il denaro per pagare la multa e soldi in abbondanza per assicurarsi un comodo esilio. Ma quanti di voi possono dire la stessa cosa? Andate a casa, Padri Coscritti, e pensateci per tre giorni. Questa assemblea tornerà a riunirsi fra quattro giorni, e allora dovrete prendere una decisione, perché non dobbiamo dimenticare che è previsto un limite di tempo nella seconda legge Apuleia.»

"Ma non si può parlare loro in questo modo" si disse Mario mentre misurava a grandi passi il pavimento della sua immensa, bellissima casa ai piedi del tempio di Giunone Moneta, mentre sua moglie lo osservava impotente e suo figlio, di regola così vivace, se ne stava rintanato nella stanza dei giochi.

"Proprio non si può parlare loro in questo modo, Caio Mario! Non sono soldati. Non sono neanche ufficiali subalterni, nonostante il fatto che io sono console e loro, perlopiù, soltanto senatori di secondo piano i quali non conosceranno mai la sensazione di una sedia curule eburnea sotto i loro grossi deretani. Si ritengono sul serio, tutti quanti, dal primo all'ultimo, miei pari... di me, Caio Mario, sei volte console di questa città, di questo paese, di questo impero! Devo sconfiggerli, non posso espormi all'ignominia della sconfitta. La mia *dignitas* è immensamente superiore alla loro, per quanto possano asserire il contrario. E non tollero che sia sminuita. Sono il Primo a Roma. Sono il Terzo Fondatore di Roma. E quando sarò morto, dovranno ammettere che io, Caio Mario, lo zoticone italico che non sapeva di greco, sono stato il più grand'uomo della storia della nostra Repubblica, del Senato e del Popolo di Roma."

Più in là di così i suoi pensieri non andarono, nei tre giorni di tregua che aveva accordato ai senatori; gira e rigira, tornava sempre a galla la paura di perdere la sua *dignitas* se avesse subito una sconfitta. E all'alba del quarto giorno uscì di casa, diretto alla *Curia Hostilia*, risoluto a vincere e senza aver pensato alla tattica cui i politicanti di mestiere avrebbero potuto ricorrere per batterlo. Aveva curato in modo particolare il proprio aspetto, non volendo mostrare al mondo che aveva camminato su e giù per tre giorni di fila, e scese impettito il Colle dei Banchieri, preceduto dai suoi dodici littori, come se effettivamente fosse il padrone di Roma.

L'assemblea si riunì in un insolito silenzio; troppo pochi gli sgabelli che scricchiolavano, troppo pochi i senatori che tossicchiavano, troppo pochi i presenti che si dimenavano e borbottavano. Il sacrificio fu celebrato in modo impeccabile e gli auspici furono dichiarati favorevoli alla riunione.

Mario, imponente, perfettamente padrone di sé, si alzò in tutta la sua terribile maestà. Se non aveva consacrato un solo pensiero all'eventuale tattica che i politicanti di mestiere avrebbero potuto adottare, aveva però formulato un suo piano fin nei minimi particolari, e la fiducia che nutriva, gliela si leggeva chiaramente in viso.

«Anch'io ho passato gli ultimi tre gioni a pensare, Padri Coscritti» esordì, gli occhi fissi a uno spazio vuoto tra i senatori in ascolto invece che a un volto in particolare, amico ostile che fosse. Nessuno, comunque, avrebbe potuto dire dove o su chi Mario puntasse lo sguardo, in quanto le sopracciglia nascondevano gli occhi a un esame non ravvicinato. Mario afferrò con la mano sinistra il lembo anteriore della toga nel punto in cui gli ricadeva in numerose, eleganti pieghe dalla spalla sinistra fino alle caviglie, e scese dal podio curule nell'emiciclo. «Un fatto è palese.» Fece qualche passo e si fermò. «Se questa legge è valida, tutti noi siamo tenuti a giurare di rispettarla.» Fece qualche altro passo. «Se questa legge è valida, tutti noi dobbiamo prestare solenne giuramento.» Raggiunse i portali, si volse a fronteggiare i due schieramenti dell'assemblea. «Ma è valida?» domandò, levando la voce.

La domanda cadde in un impenetrabile silenzio.

«Ci siamo!» bisbigliò il *Princeps Senatus* Scauro a Metello Numidico. «È spacciato! Si è fregato con le sue mani!»

Ma Mario, addossato al portale, non l'udì. Così non si soffermò di nuovo a pensare; si limitò a proseguire. «Tra voi c'è chi sostiene che nessuna legge approvata nelle circostanze in cui si è avuta l'approvazione della seconda legge Apuleia può esser ritenuta valida. Ho sentito mettere in dubbio la validità della legge in questione con due distinte motivazioni: una è quella secondo cui è stata approvata a onta degli auspici infausti, e l'altra che è stata approvata nonostante fosse stata fatta violenza alla sacrosanta persona di un tribuno della plebe legalmente eletto.»

Mario accennò a tornare sui suoi passi, poi si fermò. «Chiaramente, il futuro della legge è in dubbio. L'Assemblea della Plebe dovrà riesaminare alla luce delle due obiezioni sollevate in merito alla sua validità.» Fece un passetto, si fermò. «Ma non è questo, Padri Coscritti, l'argomento in discussione oggi. La validità della legge, in sé per sé, non costituisce la nostra prima preoccupazione. La nostra preoccupazione è più immediata.» Un altro passetto. «La legge in questione ci intima di giurare di rispettarla. Ed è di questo che siamo qui a dibattere, oggi. Oggi è l'ultimo giorno in cui possiamo prestare solenne giuramento di rispettare la legge in questione, sicché quello del giuramento è problema urgente. E oggi la legge in questione è una legge valida. Per cui dobbiamo giurare di rispettarla.»

Avanzò a passo spedito, raggiunse, quasi, il podio, poi si volse e tornò lentamente ai portali, dove si girò di nuovo ad affrontare entrambi gli schieramenti dell'assemblea. «Oggi, Padri Coscritti, presteremo tutti quel giuramento. Siamo tenuti a farlo per ordine specifico del Popolo di Roma. Sono *loro*, i rappresentanti del Popolo di Roma, a legiferare! Noi del Senato ne siamo semplicemente i servitori. Così... giureremo. Ché per noi, Padri Coscritti, non fa alcuna differenza! Se mai in futuro l'Assemblea della Plebe riesaminerà la legge e ne constaterà l'invalidità, allora anche i nostri giuramenti saranno invalidati.» La sua voce tradì un timbro trionfale. «È *questo* che dobbiamo comprendere! Qualsiasi giuramento si presti, di rispettare una legge, rimane valido finché la legge in questione rimane tale. Se la Plebe deciderà di abrogare la legge, allora, renderà nulli anche i nostri giuramenti.»

Scauro, *Princeps Senatus*, annuiva saggiamente, ritmicamente; a Mario parve che approvasse ogni parola da lui pronunciata. Ma Scauro annuiva saggiamente, ritmicamente, per una ragione del tutto diversa. I movimenti della testa accompagnavano le parole che andava rivolgendo a bassa voce a Metello Numidico. «L'abbiamo in pugno, Quinto Cecilio! L'abbiamo in pugno finalmente! Ha ceduto. Non ha retto alla distanza. L'abbiamo costretto ad ammettere di fronte all'intera assemblea che esiste un dubbio in merito alla validità della legge di Saturnino. Abbiamo avuto la meglio sulla strategia della volpe arpinate!»

Al colmo dell'esultanza, perché era sicuro di avere l'assemblea dalla sua, Mario tornò in gran fretta verso il podio, vi montò e ristette davanti alla sedia curule d'avorio intagliato a pronunciare la sua perorazione. «Sarò il primo di tutti noi a prestare giuramento» disse, la voce un distillato di ragionevolezza. «E se io, Caio Mario, vostro primo console da quattro anni e più, sono pronto a giurare, che cosa può mai costare a chiunque tra i presenti? Ho conferito con i sacerdoti del Collegio dei Due Denti e il tempio di Semo Sancus Dius Fidius è a nostra disposizione. Non è poi così lontano! Coraggio, chi mi accompagna?»

Si levò un sospiro, un lieve mormorìo, il fievole scricchiolìo dei calzari mentre gli uomini spezzavano l'immobilità. I senatori di fondo accennarono lentamente ad alzarsi dagli sgabelli.

«Una domanda, Caio Mario» disse Scauro.

Nell'aula si rifece silenzio. Mario annuì.

«Vorrei conoscere la tua opinione *personale*, Caio Mario. Non la tua opinione ufficiale. Solo la tua opinione personale.»

«Se tieni alla mia opinione personale, Marco Emilio, allora, logicamente, te la esporrò» disse Mario. «A quale proposito?»

«Che ne pensi, personalmente?» domandò Scauro, proiettando la voce verso ogni angolo della Curia. «La seconda legge agraria di Apuleio è valida, alla luce di quanto è accaduto allorché è stata approvata?»

Silenzio. Silenzio di tomba. Tutti trattenevano il respiro. Persino Caio Mario, che era troppo impegnato a ripercorrere l'orribile landa desolata dove l'eccesso di sicurezza l'aveva portato, per pensare a respirare.

«Ti spiacerebbe rispondere alla mia domanda, Caio Mario?» fece Scauro, in tono soave.

Mario fece scattare la lingua a umettarsi le labbra terribilmente secche. "Dove andare, che fare? Hai messo il piede in fallo finalmente, Caio Mario. Sei caduto in un pozzo dal quale non riesci a venirne fuori. Perché non mi sono reso conto che era inevitabile mi si ponesse questa domanda, e da parte dell'unico cervello davvero acuto fra loro? Mi sono lasciato accecare tutt'a un tratto dalla mia furbizia? Era inevitabile che me lo chiedesse! E io non ci ho pensato, neppure due volte. Neppure una volta in questi tre lunghi giorni.

"Be', non ho scelta. Scauro mi ha agguantato per i coglioni, e devo ballare al ritmo dei suoi strattoni. Mi ha disarcionato. Non ho scelta, infatti. Ora devo starmene qui e dichiarare a questa assemblea che, personalmente, ritengo la legge priva di validità. Altrimenti nessuno giurerà di rispettarla. Sono stato io a far loro credere che ci fosse un dubbio, io a far loro credere che proprio quel dubbio rendeva ammissibile il fatto di prestare giuramento. Se ritratto, li perdo. Ma se dichiaro che personalmente ritengo la legge priva di validità, perdo la faccia."

Lanciò un'occhiata al banco dei tribuni, vide Lucio Apuleio Saturnino proteso, con le mani serrate, il volto duro, le labbra tirate a scoprire i denti.

"Perderò quell'uomo, che è tanto importante per me, se dichiaro di ritenere che la legge è priva di validità. E perderò il più grande legislatore che Roma abbia mai avuto, Glaucia.... Assieme, avremmo potuto rimettere ordine in tutta Italia a onta di quanto di peggio potrebbero escogitare i politicanti di mestiere. Ma se dichiaro di ritenere che la loro legge è priva di validità, li perderò per sempre. Eppure... eppure... devo dirlo. Perché se non lo dico, queste prostitute non presteranno il giuramento e i miei soldati non avranno il loro pezzo di terra. È tutto ciò che posso salvare da questo pasticcio. Un pezzo di terra per i miei uomini. Io sono finito. Perché ho perso."

Quando la gamba della sedia eburnea di Glaucia grattò il marmo del pavimento, una metà dei membri del Senato sobbalzò; Glaucia abbassò lo sguardo a fissarsi le unghie, labbra arricciate, volto inespressivo. Ma il silenzio perdurò, attimo dopo attimo.

«Credo che sia meglio ripetere la domanda, Caio Mario» disse Scauro. «Qual è la tua opinione personale? Questa legge è valida o non lo è?»

«Ritengo...» Mario s'interruppe, abbozzando un fiero cipiglio. «Personalmente, ritengo che la legge sia *probabilmente* priva di validità» rispose.

Scauro si calò di schianto le maní sulle cosce. «Grazie, Caio Mario!» Si alzò e si volse a sorridere, raggiante, ai senatori delle tribune alle sue spalle, poi tornò a girarsi, sorridendo a quelli delle tribune di fronte a lui. «Be', Padri Coscritti, se persino un uomo come il nostro eroe vittorioso, Caio Mario, giudica la legge Apuleia priva di validità, io per primo sarò lieto di prestare il giuramento!» E s'inchinò a Saturnino, a Glaucia. «Andiamo, colleghi senatori, in qualità di vostro *Princeps Senatus* suggerisco a voi tutti di correre immediatamente al tempio di Semo Sancus!»

«*Fermi!*»

Tutti si fermarono. Metello Numidico batté le mani. Dal retro della tribuna più alta scese il suo servo, reggendo in ciascuna mano un sacco, tanto da essere costretto a procedere piegato in due per trascinarli attraverso i quasi due metri di larghezza di ogni gradino e calarli sul successivo tra tonfi e tintinnii. Quando i due sacchi furono posati accanto ai piedi di Metello Numidico, il servo tornò in cima e ne portò giù altri due. Vari senatori delle ultime file guardarono ciò che era accatastato contro il muro e fecero cenno ai loro servi di dare una mano. Allora il lavoro procedette più speditamente, finché ben quaranta sacchi si accumularono attorno allo sgabello di Metello Numidico. Il quale si alzò.

«Non presterò il giuramento» disse. «Neppure se il primo console mi assicurasse un milione di volte che la legge Apuleia è priva di validità, giurerei! Ecco qui venti talenti d'argento in pagamento della multa, e dichiaro che domani all'alba me ne andrò in esilio a Rodi.»

Scoppiò il pandemonio.

«Ordine! Ordine! Ordine!» urlò Scauro, urlò Mario.

Quando fu riportato ordine in aula, Metello Numidico volse lo sguardo dietro di sé e parlò da sopra la spalla a qualcuno che sedeva in una tribuna di fondo. «Questore dell'erario, fatti avanti, ti prego» disse.

Quello scese. Giovanotto di aspetto abbastanza gradevole, bruno di capelli e d'occhi, la candida toga immacolata, drappeggiata impeccabilmente: era Quinto Cecilio Metello detto il Porcellino, figlio di Metello Numidico del Porcile.

«Questore dell'erario, ti consegno questi venti talenti d'argento in pagamento della multa che mi è stata comminata per essermi rifiutato di giurare che rispetterò la seconda legge agraria di Apuleio» disse Metello Numidico. «Esigo, tuttavia, mentre l'assemblea è ancora riunita, che vengano contati, in modo che i Padri Coscritti si accertino che la somma è esatta e non manca un solo *denarius*.»

«Siamo tutti disposti a crederti sulla parola, Quinto Cecilio» disse Mario, sorridendo senza la minima traccia di divertimento.

«Oh, ma io insisto!» ribadì Metello Numidico. «Nessuno uscirà da quest'aula finché non sarà contata anche l'ultima moneta.» Tossicchiò. «Il totale, credo, dovrebbe corrispondere a centotrentacinquemila *denarii*.»

Tutti si risedettero sospirando. Due scrivani del Senato andarono a procurarsi un tavolo e lo collocarono davanti allo sgabello di Metello Numidico; quanto a lui, se ne stette lì, trattenendo le pieghe della toga con la mano sinistra e posando la destra tesa sul tavolo, con la punta delle dita mollemente penzolanti. Gli scrivani aprirono uno dei sacchi e lo sollevarono assieme, poi ne lasciarono cadere il contenuto in mucchietti luccicanti e tintinnanti accanto alla mano di Metello Numidico. Metello Minore fece segno agli scrivani di reggere il sacco vuoto con l'imboccatura aperta alla sua destra, e prese a contare le monete, facendole scivolare rapidamente nella mano destra, tenuta a coppa sotto l'orlo del tavolo; quando la mano fu colma, ne lasciò cadere il contenuto nel sacco.

«Aspetta!» ordinò Metello Numidico.

Metello il Porcellino si bloccò.

«Contale ad alta voce, questore dell'erario!»

Si levò un ansito, un sospiro, un orrido gemito collettivo.

Metello il Porcellino rimise tutte le monete sul tavolo e ricominciò a contarle. «U-u-u-uno... d-d-d-due...tr-tr-tr-tre...qu-qu-qu-quattro...»

Al tramonto Caio Mario si alzò dalla sedia curule. «Il giorno è finito, Padri Coscritti. Il nostro compito non si è concluso, ma in quest'aula non si siede in sessione ufficiale dopo che il sole è calato. Suggerisco perciò di recarci ora al tempio di Semo Sancus a prestare il nostro giuramento. Dobbiamo farlo prima della mezzanotte, o violeremo l'ordine impartitoci dal Popolo.» Lanciò un'occhiata nella direzione di Metello Numidico che se ne stava tuttora ritto e di suo figlio che tuttora si affannava a contare le monete, lungi dall'aver finito, anche se la balbuzie era nettamente scemata, una volta superato il nervosismo.

«Marco Emilio Scauro, *Princeps Senatus*, è tuo dovere trattenerti qui a sovrintendere al resto di questa lunga procedura. Mi aspetto che lo farai. E qui ti accordo licenza di prestare il giuramento domani. O il giorno seguente, se il conteggio sarà ancora in corso domani.» L'ombra di un sorriso sfiorava gli angoli della bocca di Mario.

Ma Scauro non sorrise. Gettò indietro la testa e scoppiò in una serie di risate scroscianti, gioiose, a piena gola.

Nella tarda primavera Silla fece ritorno dalla Gallia Cisalpina e andò a trovare Caio Mario subito dopo essersi fatto un bagno e cambiato. Mario, constatò, non sembrava in splendida forma, constatazione che non lo stupì. Persino all'estremo nord del paese gli eventi relativi al varo della legge Apuleia erano stati riferiti per filo e per segno. Né fu necessario che Mario gli ripetesse com'erano andate le cose; si limitarono a scambiarsi un'occhiata senza parlare, e tutto ciò che di fondamentale dovevano comunicarsi, se lo comunicarono tacitamente.

Tuttavia, una volta superata l'emozione dell'incontro e scolata la prima coppa di buon vino, Silla abbordò gli aspetti marginali più sgradevoli dell'argomento.

« La tua credibilità ne ha risentito in modo grave » disse.

« Lo so, Lucio Cornelio. »

« Colpa di Saturnino, mi risulta. »

Mario sospirò. « Be', e puoi biasimarlo se mi detesta? Ha pronunciato una cinquantina di orazioni dai rostri, e tutte quante al cospetto di assemblee convocate correttamente. E in ciascuna di esse mi ha accusato di averlo tradito. In effetti, dato che è un oratore brillante, il racconto del mio tradimento non ci ha perso, nella sua traduzione alle folle. E Saturnino sa attirare le folle. Non solo i frequentatori abituali del Foro, ma anche gente della Terza e della Quarta e della Quinta Classe, che sembra affascinata da lui al punto che, appena ha un giorno libero, corre al Foro ad ascoltarlo. »

« Parla così spesso? » domandò Silla.

« Parla ogni giorno! »

Silla emise un fischio. « È una novità negli annali del Foro! Ogni giorno? Con la pioggia o col sole? Che si tengano o meno riunioni ufficiali? »

« Ogni singolo giorno. Quando il pretore urbano, cioè il suo amicone Glaucia, ha obbedito all'ordine impartitogli dal *Pontefice Massimo* di informare Saturnino che non poteva parlare nei giorni di mercato o nelle ricorrenze festive o nei giorni in cui era vietato radunarsi, lui semplicemente l'ha ignorato. E siccome è un tribuno della plebe, nessuno ha tentato sul serio di trascinarlo giù dai rostri. » Mario aggrottò la fronte, preoccupato. « Di conseguenza, la sua fama non fa che estendersi, e siamo ora al cospetto di un genere del tutto nuovo di frequentatori del Foro, quelli che vi si recano al solo scopo di udire le arringhe di Saturnino. Possiede... non so bene come si possa definirlo... supposto che i greci abbiano la parola giusta, come al solito... direbbero *kharisma*. Ne avvertono la passione, credo, perché, naturalmente, non essendo frequentatori abituali del Foro, non s'intendono di retorica, e non gliene importa un fico di come agiti il mignolo o modifichi il suo incedere. No, si limitano a starsene lì a fissarlo a bocca aperta, entusiasmandosi sempre più a quel che dice, e alla fine lo acclamano a squarciagola. »

« Dovremo tenerlo d'occhio, no? » domandò Silla. Guardò Mario con l'aria serissima. « Perché l'hai fatto? »

Non vi fu la minima finzione d'ignoranza: Mario rispose prontamente. « Non avevo scelta, Lucio Cornelio. La verità è che non sono... non so come dire... abbastanza *tortuoso* da sbirciare dietro tutti gli angoli come dovrei, se voglio precedere di un passo o due gente come Scauro. Mi ha incastrato con la massima facilità. Lo riconosco. »

« Ma in un certo senso hai salvato il tuo piano » disse Silla a mo' di consolazione. « La seconda legge agraria è tuttora regolarmente registrata, e non credo che l'Assemblea della Plebe, o del Popolo che dir si voglia, deciderà di invalidarla. O quanto meno, mi è stato detto che così stanno le cose. »

« Vero » fece Mario, tutt'altro che confortato. Incassò la testa nelle spalle, sospirò. « È Saturnino che ha vinto, Lucio Cornelio, non io. È la *sua* sensazione di aver subìto un oltraggio a tenere saldamente in pugno la plebe. Io l'ho persa. » Si dimenò, allargò le braccia. « Come farò ad arrivare alla fine di quest'anno? È una prova durissima dover camminare tra salve di fischi e grida di scherno che si levano tutt'attorno ai rostri ogniqualvolta Saturnino pronuncia un'orazione, ma metter piede nella Curia... lo *detesto*! Detesto il sorriso mellifluo sul volto grinzoso di Scauro, detesto l'insopportabile ghigno beffardo sulla faccia di quel cammello di Catulo... non sono fatto per l'agone politico, io, ed è una verità che comincio soltanto ora a scoprire. »

« Ma hai affrontato l'intera carriera politica, Caio Mario! » disse Silla. « Sei stato uno dei grandi tribuni della plebe! Hai conosciuto l'arena politica, e l'hai amata, altrimenti non avresti mai potuto diventare un grande tribuno della plebe. »

Mario scrollò le spalle. « Oh, ero giovane allora, Lucio Cornelio. E avevo un cervello funzionante. Ma un animale politico proprio non sono. »

« Sicché hai intenzione di cedere il centro del palcoscenico a un lupo, a un posatore come Saturnino? Non è degno del Caio Mario che conosco » ribatté Silla.

« Non sono più il Caio Mario che tu conosci » disse Mario con un pallido sorriso. « Il nuovo Caio Mario che ti sta di fronte è molto, molto stanco. È uno sconosciuto per me, quanto lo è per te, credimi! »

«Allora vattene da Roma per l'estate, ti prego! »

« Ho tutta l'intenzione di farlo non appena celebrerai le nozze con Elia. »

Silla trasalì, poi scoppiò in una risata. «Numi, me n'ero completamente dimenticato! » Si alzò agilmente, uomo di bellissima presenza nel fiore degli anni. «Sarà meglio che torni a casa a chiedere udienza alla nostra comune suocera, non credi? Senza dubbio sta tirando il collo,» e Silla rabbrividì «per la voglia di lasciare casa mia. »

Quel brivido non ebbe alcun significato per Mario, il quale colse invece il commento dell'altro. «Sì, non vede l'ora. Le ho comprato una bella villetta non lontano dalla nostra, a Cuma. »

«Allora, di corsa a casa, ratto come Mercurio a caccia di un appalto per la ripavimentazione della Via Appia! » Silla tese la mano. «Riguardati, Caio Mario. Se Elia è ancora propensa, celebrerò subito le nozze. » Gli balenò un'idea, rise. «Hai assolutamente ragione! Catulo Cesare somiglia a un cammello! Una *monumentale* alterigia! »

Iulia attendeva davanti alla porta del *tablinum*, pronta a bloccare Silla quando ne fosse uscito. «Che ne pensi? » domandò, ansiosa.

«Si riprenderà, sorellina. L'hanno sconfitto, e ne soffre. Portalo in Campania, fagli fare i bagni di mare e rotolare in un letto di rose. »

«Sì, non appena ti sarai sposato. »

«Mi sposo, mi sposo! » esclamò lui, levando le mani in un gesto di resa.

Iulia sospirò. «C'è una cosa da cui non possiamo sfuggire, Lucio Cornelio, ed è che meno di sei mesi al Foro hanno logorato Caio Mario più di dieci anni di guerra alla testa dei suoi eserciti. »

Parve che tutti avessero bisogno di un po' di riposo, perché quando Mario partì per Cuma, a Roma la vita pubblica si ridusse a una tiepida inerzia. L'uno dopo l'altro, i notabili lasciarono la città, intollerabile durante la canicola, allorché febbri enteriche di ogni genere imperversavano nella Suburra e sull'Esquilino, e persino il Palatino e l'Aventino diventavano luoghi insalubri.

Non che il fatto di abitare nella Suburra preoccupasse Aurelia più di tanto; era insediata in una sorta di fresca caverna, dove la verzura del giardino e l'enorme spessore dei muri della sua abitazione la proteggevano dalla calura. Caio Mazio e sua moglie Priscilla erano nelle stesse condizioni sue e di Cesare, in quanto anche Priscilla era in stato di avanzata gravidanza, e si prevedeva che avrebbe partorito suppergiù contemporaneamente ad Aurelia.

Le due donne erano vegliate a dovere. Caio Mazio gironzolava attorno a sua moglie, premuroso e servizievole, e Lucio Decumio faceva una capatina ogni giorno ad accertarsi che tutto andasse bene. I fiori arrivavano tuttora con regolarità, accompagnati dall'inizio della gravidanza da regalini d'altro genere: dolcetti di marzapane, spezie rare, qualsiasi cosa riteneva potesse aguzzare l'appetito della sua diletta Aurelia.

«Come se l'avessi perso!» disse lei, ridendo, a Publio Rutilio Rufo, altro visitatore abituale.

Il bambino, Caio Giulio Cesare, nacque il tredicesimo giorno di *Quinctilis*, cioè venne registrato presso il tempio di Giunone Lucina come nato due giorni prima delle Idi di *Quinctilis*, di condizione sociale patrizia, di rango senatoriale. Era un bambino molto robusto, solenne e quieto, poco incline al pianto; aveva i capelli così chiari da risultare praticamente invisibili, anche se, osservandolo bene, ci si accorgeva che ne aveva moltissimi; e gli occhi, fin dalla nascita, erano di un azzurro verdastro chiarissimo, con le iridi cerchiate di blu, così cupo da sembrare quasi nero.

«Diventerà qualcuno, questo tuo figlio» puntualizzò Lucio Decumio, fissando intento il faccino del neonato. «Guarda che occhi ha! Mettono paura solo a guardarli!»

«Non dire cose del genere, orribile nanerottolo!» ringhiò Cardixa, letteralmente conquistata dal primo maschietto di Aurelia.

«Fammi dare un'occhiata alle parti basse» pretese Lucio Decumio, trafficando con le dita sudice attorno alle fasce del neonato. «Oho-oh-oooh!» gracchiò. «Proprio come pensavo! Nasone, piedoni... e pisellone!»

«*Lucio Decumio!*» esclamò Aurelia, scandalizzata.

«Adesso basta! Fuori!» tuonò Cardixa, afferrandolo per la collottola e trasportandolo di peso oltre il portone, proprio come una donna di minor mole avrebbe buttato fuori un micino.

Silla andò a trovare Aurelia quasi un mese dopo la nascita del piccolo, spiegandole che era l'unica faccia conosciuta rimasta a Roma e scusandosi dell'intrusione.

«Non dirlo neanche per scherzo!» fece lei, lieta di vederlo. «Spero che ti fermerai a cena... o se non ti è possibile oggi, magari potresti venire domani? Ho una tale voglia di compagnia!»

«Posso restare» disse Silla, senza tante cerimonie. «In realtà, sono tornato a Roma solo per far visita a un amico di vecchia data... si è preso le febbri.»

«Chi è? Qualcuno che conosco?» domandò lei, più per dovere di cortesia che per curiosità.

Ma per un breve attimo l'espressione del volto di Silla le fece credere di avergli posto una domanda indiscreta, o forse addirittura penosa; quell'espressione le interessava di gran lunga più dell'identità dell'amico malato, ché era cupa, infelice, rabbiosa. Ma subito sparì, e ora Silla sorrideva con la disinvoltura di un attore consumato.

« Dubito che tu lo conosca » rispose. « Metrobio. »

« L'attore? »

« Proprio lui. Una volta frequentavo molta gente di teatro. Al tempo che fu. Prima di sposare Iulilla e di entrare al Senato. Tutto un altro mondo. » Lasciò vagare per il vestibolo lo sguardo di quei suoi strani occhi pallidi. « Abbastanza simile a questo mondo, solo più spiacevole. Che strana cosa! Mi sembra un sogno. »

« Dai l'impressione che ti dispiaccia » disse Aurelia con dolcezza.

« No, non proprio. »

« E si rimetterà, il tuo amico Metrobio? »

« Oh, sì! È solo un po' di febbre. »

Calò il silenzio, un silenzio privo d'impaccio che Silla spezzò pur senza parlare, alzandosi e portandosi alla grande apertura che fungeva da finestra sul cortile.

« È bellissimo là fuori. »

« Così pare anche a me. »

« E il tuo bambino? Come sta? »

Aurelia sorrise. « Tra poco lo constaterai di persona. »

« Bene. » Silla se ne rimase a fissare il cortile.

« Lucio Cornelio, va tutto bene? » domandò lei.

Silla allora si volse, sorridente; Aurelia si disse che era davvero un bell'uomo, anche se in maniera del tutto inconsueta. E che occhi sconcertanti aveva... così chiari... con le iridi cerchiate di scuro. Come gli occhi di suo figlio. E per qualche ragione quel pensiero la fece rabbrividire.

« Sì, Aurelia, va tutto bene » rispose.

« Vorrei credere che mi stia dicendo la verità. »

Lui aprì la bocca per replicare, ma proprio in quel momento entrò Cardixa, reggendo il piccolo erede del nome dei Cesari.

« Saliamo al quarto piano » annunciò.

« Prima mostra il bambino a Lucio Cornelio, Cardixa. »

Ma i soli bambini per cui Silla nutrisse vero interesse erano i suoi due, sicché diede una doverosa sbirciatina al faccino del neonato, poi adocchiò la madre per vedere se era soddisfatta.

« Va' pure, Cardixa » fece lei, cavando d'impaccio Silla. « A chi tocca stamane? »

«A Sarah. »

Aurelia rivolse a Silla un sorrise gaio, disinvolto. «Non ho latte, ahimè! Per cui mio figlio viene allattato un po' qui, un po' là...»

«Crescerà imparando ad amare il mondo intero» osservò Silla. «Immagino che fra i tuoi inquilini ci sia gente di tutto il mondo.»

«Infatti. Rende la vita interessante.»

Silla tornò a osservare il cortile.

«Lucio Cornelio, sei presente solo a metà» l'accusò Aurelia dolcemente. «C'è qualcosa che non va! Non potresti farmene partecipe? O si tratta di uno di quei problemi riservati agli uomini?»

Lui andò a sedersi sul giaciglio di fronte a lei. «È solo che non ho fortuna con le donne» disse bruscamente.

Aurelia ammiccò. «In che senso?»

«Le donne che... amo. Le donne che sposo.»

Interessante; gli era più facile parlare di matrimonio che d'amore. «Quale delle due cose, ora?» domandò Aurelia.

«Un po' tutt'e due. Sono innamorato di una e sposato a un'altra.»

«Oh, Lucio Cornelio!» Aurelia lo guardò con sincera simpatia, ma senza traccia di desiderio. Non ti chiederò i nomi, perché in realtà non desidero conoscerli. Tu fammi le domande, e io cercherò di darti le risposte.»

Silla si strinse nelle spalle. «Non c'è molto da dire! Ho sposato Elia, la moglie che mi ha trovato nostra suocera. Dopo Iulilla, volevo una perfetta matrona romana... una come Iulia, o come te se avessi qualche anno di più. Quando Marzia mi ha presentato a Elia, ho pensato che fosse l'ideale: calma, quieta, di buon carattere, bella, una persona a modo. E ho pensato: "Fantastico! Ho trovato anch'io la mia matrona romana, finalmente. Non so amare" ho pensato, "per cui tanto vale che sposi una donna che mi possa piacere".»

«La tua moglie germanica ti piaceva, credo» disse Aurelia.

«Sì, moltissimo. Ne sento ancora la mancanza, per certi strani versi. Ma non è romana, per cui non può essere la moglie di un senatore di Roma, ti pare? Comunque sia, ho deciso che Elia si sarebbe rivelata molto simile a Hermana.» Rise, un suono aspro. «E invece mi sbagliavo! Elia si è rivelata ottusa, pedestre e nciosa. Una persona a modo, questo sì, ma oh, dopo cinque minuti passati in sua compagnia, sbadiglio!»

«Si comporta bene con i tuoi figli?»

«Benissimo. Niente da dire in merito!» Scoppiò in un'altra risata. «Avrei dovuto assumerla come bambinaia... sarebbe stata ideale. Adora i bambini, e loro adorano lei.»

Ora parlava quasi come se Aurelia non ci fosse, o come se fosse un'ascoltatrice del tutto priva d'importanza, solo una presenza che gli forniva un pretesto per dire ad alta voce quanto pensava da tempo.

«Appena tornato dalla Gallia Cisalpina, sono stato invitato a cena da Scauro» proseguì. «Ne sono stato abbastanza lusingato. Ma ero anche un tantino apprensivo. Mi domandavo se ci sarebbero stati tutti quanti... Metello del Porcile e compagni... e se avrebbero tentato di allontanarmi da Caio Mario. C'era anche lei, povera creaturina. La moglie di Scauro. Per tutti gli dèi del mondo, perché mai le hanno fatto sposare Scauro? Potrebbe essere suo nonno! Dalmatica. È così che si chiama. Un modo come un altro per farle rigare diritto, tutte quelle che portano il nome di Cecilia Metella. Mi è bastata un'occhiata, e l'ho amata. O almeno credo che sia amore. È un sentimento venato anche di pietà, però sembra che io non riesca a smettere di pensare a lei, sicché deve proprio trattarsi di amore, non credi? È *incinta*. Non lo trovi disgustoso? Nessuno ha chiesto il suo parere, naturalmente. Metello del Porcile l'ha semplicemente data a Scauro come si dà un favo di miele a un bambino. Ecco, tuo figlio è morto, tieni, come premio di consolazione! Fa' un altro figlio! Disgustoso. Eppure... se mi conoscessero solo per metà, sarebbero loro a provare disgusto. Non lo sopporto, Aurelia. Sono più immorali di me! Ma chi mai riuscirebbe a ficcarlo *loro* in testa?»

Aurelia aveva imparato un bel po' di cose da quando si era trasferita nella Suburra; tutti quanti, da Lucio Decumio ai liberti che gremivano gli ultimi due piani, parlavano con lei. E accadevano cose... cose in cui la padrona di casa, volente o nolente, era coinvolta... cose che avrebbero turbato suo marito fino al midollo, se solo le avesse sapute. Aborti. Fatture. Omicidi. Rapine. Violenza carnale. *Delirium tremens* e dipendenza da vizi anche peggiori. Follia. Disperazione. Depressione. Suicidio. Tutte queste cose accadevano in ogni *insula* e trovavano la stessa identica conclusione: guai a denunciare casi del genere al tribunale del *pretore urbano*! A risolverli, ci pensavano gli altri inquilini, e di regola veniva fatta giustizia sommaria. Occhio per occhio, dente per dente, vita per vita.

Così, mentre ascoltava, la giovane donna ricostruì pezzo a pezzo la personalità di Lucio Cornelio Silla, e il quadro che ne ricavò non era poi troppo lontano dalla verità. Unica tra gli aristocratici di Roma che lo conoscevano, Aurelia comprese da dove era giunto, e comprese anche le terribili difficoltà di cui il suo carattere e la sua educazione l'avevano gravato. Aveva fatto valere i diritti che gli competevano per nascita, però era marchiato per sempre dai lupanari di Roma.

E mentre Silla parlava di una data cosa, la sua mente vagava tra altre che non osava confessare alla sua interlocutrice: quanto disperatamente l'avesse desiderata, la moglie-bambina incinta di Scauro, e non del tutto per motivi carnali o mentali. Dalmatica sarebbe stata l'ideale per i fini che si proponeva. Ma era sposata per *confarreatio* a Scauro, e lui era legato alla splendida, noiosa Elia. Niente *confarreatio* questa volta! Un eventuale divorzio sarebbe risultato faccenda troppo odiosa; Dalmatica semplicemente gli impartiva una lezione che, da quel punto di vista, lui aveva già imparato. Le donne. Non avrebbe mai avuto fortuna con le donne, ne aveva il presentimento. Che dipendesse da quell'altro aspetto del suo carattere? La bellissima, meravigliosa relazione amorosa con Metrobio! Eppure, non avrebbe voluto vivere con Metrobio più di quanto avesse voluto vivere con Iulilla. Forse dipendeva proprio da questo: non voleva dividersi con nessuno. Troppo, troppo pericoloso. Oh, ma quanto aveva bramato Cecilia Metella Dalmatica, moglie di Marco Emilio Scauro, *Princeps Senatus*! Disgustoso. Non che, di regola, avesse qualcosa da obiettare ai matrimoni tra uomini anziani e spose-bambine. Nel caso specifico, era un fatto *personale*. Era innamorato di lei, di conseguenza Dalmatica era un caso a sé.

«E tu, Lucio Cornelio, piaci a Dalmatica?» domandò Aurelia, insinuandosi nei suoi pensieri.

Silla non ebbe un attimo di esitazione. «Oh, sì! Non ci sono dubbi.»

«Che farai, allora?»

Silla si contorse. «Mi sono spinto troppo lontano, ho già pagato troppo! Non posso fermarmi *proprio ora*, Aurelia! Neppure per amore di Dalmatica... se avessi una relazione con lei, i *boni* si sentirebbero in dovere di rovinarmi. Non sono neppure molto ricco. Appena quanto basta a conservare il rango di senatore. Ho ricavato qualcosa dalla vittoria sui Germani, ma non più di quanto mi spettasse. E non mi sarà facile compiere il resto della scalata. Nutrono per me gli stessi sentimenti che nutrono per Caio Mario, anche se per ragioni diverse. Nessuno di noi due si adegua ai loro dannati ideali. E tuttavia non riescono a capire perché noi due siamo competenti, e loro, invece, no. Si sentono usati, sfruttati. Io, decisamente, sono più fortunato di Caio Mario. Almeno io sono di sangue nobile. Che però è inquinato dalla Suburra. Attori. Una vita infame. In realtà, non appartengo alla schiera dei Buoni.» Inspirò a fondo. «Eppure... li supererò tutti quanti, Aurelia! Perché sono il miglior cavallo in lizza.»

«E che succederà, se il premio non varrà quanto speri?»

Silla sgranò gli occhi, sbalordito dall'ingenuità di Aurelia. « Non ne vale mai la pena! Mai! Non è per questo che lo facciamo, nessuno di noi. Quando ci attaccano al cocchio per farci compiere i sette giri regolamentari della gara, corriamo contro noi stessi. Quale altra sfida potrebbe mai esserci per un Caio Mario? È il miglior cavallo in campo. Così corre contro se stesso. E così faccio io. Posso farlo. E lo farò! Ma la cosa, in realtà, riguarda solo *me*. »

E Aurelia arrossì della propria ingenuità. « Naturalmente. » Alzandosi, tese la mano. « Vieni, Lucio Cornelio! È una splendida giornata, malgrado il caldo. La Suburra sarà deserta... tutti quelli che possono permettersi di lasciare Roma per l'estate sono partiti. Restano soltanto i poveri e i pazzi! E io. Usciamo a fare una passeggiata e, al ritorno, ceneremo. Inviterò zio Publio a raggiungerci... credo che sia ancora in città. » Fece una smorfietta. « Devo essere prudente, capisci, Lucio Cornelio. Mio marito si fida di me per quanto mi ama, e cioè moltissimo. Ma non gli farebbe piacere che dessi adito a pettegolezzi, per cui mi sforzo di comportarmi come una moglie all'antica. Lui sarebbe inorridito all'idea che *non* ti avessi invitato a cenare con me... e tuttavia, se zio Publio potrà venire, Caio Giulio mi loderà. »

Silla le scoccò un'occhiata affettuosa. « Quante sciocchezze gli uomini immaginano delle loro mogli! Tu non somigli neanche lontanamente alla creatura di cui Caio Giulio sogna mentre consuma il rancio in un accampamento militare. »

« Lo so » disse lei. « Ma lui, no. »

Nel Vico Patrizio la calura li avvolse come una coltre soffocante; Aurelia rimase senza fiato e si rifugiò dentro casa. « Be', questo taglia la testa al toro! Non pensavo che facesse tanto caldo! Eutico potrà fare un salto alle *Carine* da zio Publio: un po' di esercizio gli gioverà. E noi due ce ne staremo seduti in giardino. » Gli fece strada, senza smettere di parlare. « Fatti coraggio, Lucio Cornelio! Alla fine tutto si risolverà per il meglio, ne sono certa. Tornatene al Circeo, da quella tua moglie così per bene e noiosa. Col tempo, imparerai a volerle bene, è una promessa. E sarà meglio per te, se non rivedrai più Dalmatica. Quanti anni hai ora? »

La sensazione di essere in trappola cominciava ad attenuarsi: il volto di Silla s'illuminò, il suo sorriso si fece più naturale. « Quest'anno è una pietra miliare nella mia vita, Aurelia. Ne ho compiuti quaranta il giorno di Capodanno. »

« Sei tutt'altro che vecchio! »

« Per certi versi lo sono. Non sono ancora stato eletto pretore, e ho già superato di un anno l'età canonica. »

«Su, su, sei di nuovo di umor nero, e non è proprio il caso. Prendiamo il nostro vecchio cavallo da guerra, Caio Mario! Il primo consolato a cinquant'anni, otto anni in ritardo sull'età canonica. Ora, se vedessi *lui* al palo di partenza della corsa di Marte, punteresti su di lui come miglior cavallo in lizza? Scommetteresti che sarà lui il Cavallo Ottobrino? Eppure, tutte le sue più grandi imprese le ha compiute dopo i cinquant'anni.»

«È la pura verità» disse Silla, rincuorato, suo malgrado. «Quale fortunata divinità mi ha consigliato di venire a farti visita oggi? Sei una buona amica, Aurelia. Mi sei stata di grande aiuto.»

«Be', forse un giorno sarò io a rivolgermi *a te* in cerca di aiuto.»

«Dovrai solo chiederlo.» Silla alzò la testa, vide i balconi spogli dei piani superiori. «Sei coraggiosa! Niente schermi? E non abusano del privilegio?»

«Mai.»

Lui rise, una risatina gorgogliante di sincero divertimento. «Credo proprio che tu tenga sul palmo della manina tutti i personaggi difficili della Suburra!»

Annuendo, sorridendo, Aurelia si dondolò piano sul sedile da giardino. «Mi piace questa vita, Lucio Cornelio. Per essere sincera, non m'importa se Caio Giulio non raggranellerà mai il denaro necessario all'acquisto di quella casa sul Palatino. Qui nella Suburra ho tante cose da fare, mi sento utile, circondata da gente interessante di ogni genere. Vedi, faccio anch'io la mia corsa.»

«Nella situazione in cui ti trovi, ne hai ancora, di strada da fare.»

«Anche tu» ribatté la giovane donna.

Iulia, logicamente, sapeva che Mario non avrebbe mai passato l'intera estate a Cuma, anche se, a sentir lui, sarebbe tornato a Roma solo ai primi di settembre; non appena avesse ritrovato il suo equilibrio, non avrebbe visto l'ora di buttarsi di nuovo nella mischia. Quindi, Iulia benediceva la sua sorte giorno per giorno, lieta del fatto che appena si ritrovava in un ambiente rurale, Mario si sbarazzava sia della *toga praetexta* del politico sia della corazza del soldato e ridiventava per breve tempo un signorotto di campagna come tutti i suoi antenati. Nuotavano nel mare, davanti alla spiaggetta ai piedi della loro splendida villa, e si rimpinzavano di ostriche, granchi, gamberi, tonno appena pescati; facevano passeggiate sulle colline pressoché deserte, tra una profusione di rose che colmavano l'aria di profumo; ricevevano pochissimo e si negavano quando qualcuno veniva in visita. Mario costruì una specie di barchetta per Mario Minore, e si divertì quasi quanto suo figlio vedendola colare immediatamente a picco. Mai, pensò Iulia, era stata tanto felice quanto durante quella placida, lieta estate a Cuma.

Mario, però, non fece ritorno a Roma. Indolore e insidioso, il leggero colpo apoplettico lo colse durante la prima notte del mese canicolare di *Sextilis*; tutto ciò che Mario notò il mattino dopo, al risveglio, fu la macchia umida sul guanciale, dove a quanto sembrava un po' di saliva gli era colata dalla bocca nel sonno. Quando scese a far colazione e trovò Iulia sul terrazzo affacciato sul mare, la guardò attonito accorgendosi che lei lo fissava a sua volta con un'espressione che non le aveva mai visto.

«Che succede?» farfugliò, la lingua spessa e impastata, stranamente priva di sensibilità.

«La tua faccia...» disse lei, sbiancando.

Mario sollevò le mani a toccarsela, le dita della sinistra quasi privi di sensibilità, come la lingua. «Che cos'*ho*?» domandò.

«La tua faccia... si è come abbassata dalla parte sinistra» fece Iulia, e le si mozzò il respiro mentre cominciava a capire. «Oh, Caio Mario! Hai avuto un colpo apoplettico!»

Ma siccome non sentiva dolore e non avvertiva la presenza di una qualsiasi alterazione, lui si rifiutò di crederle finché Iulia non gli portò un grande specchio di argento lucido e non vi si vide riflesso con i propri occhi. Il lato destro del viso era saldo, sollevato, neppure molto rugoso per un uomo della sua età, mentre il lato sinistro dava l'impressione di una maschera di cera che si sciogliesse al calore di una torcia troppo vicina, appariva floscio, cadente, come in disfacimento.

«Non *mi sento* diverso dal solito!» disse, sbalordito. «Sicuramente, non dentro la testa, dove si dovrebbe avvertire la presenza della malattia. La mia lingua non riesce ad articolare perfettamente le parole, ma la testa sa come dirle, e tu comprendi quel che dico e io comprendo ciò che dici tu, per cui non ho perso la facoltà di parlare! Mi formicola la mano sinistra, però riesco a muoverla. E non sento dolore, neanche l'ombra!»

Quando Mario si oppose, tremando di collera, all'idea di far venire un medico, la moglie si arrese nel timore che, contrariandolo, le sue condizioni peggiorassero; lo assistette personalmente per tutta la giornata, e mentre cercava di convincerlo ad andare a letto alle prime ombre della sera, poté constatare che la paresi non sembrava essersi aggravata rispetto all'alba.

«È un buon segno, ne sono certa» disse. «Col tempo, ti riprenderai. Dovrai solo riposare, trattenerti qui più a lungo.»

«Non posso! Penseranno che non ho il coraggio di affrontarli!»

«Se si prenderanno la briga di venire a trovarti... cosa che sono certa faranno!... potranno rendersi conto di persona di ciò che non va, Caio Mario. Che ti piaccia o no, dovrai rimanere qui finché non starai meglio» ribatté Iulia con una nota autoritaria del tutto nuova nella voce. «No, non discutere con me! Ho ragione, e tu lo sai! Che cosa credi di riuscire a combinare, se torni a Roma in queste condizioni, se non procurarti un altro colpo?»

«Niente» borbottò lui, lasciandosi ricadere sul letto, disperato. «Iulia, Iulia, come posso riprendermi da qualcosa che mi fa sentire più brutto che malato? Devo riprendermi! *Non posso* lasciare che mi sconfiggano, proprio ora che la posta in gioco è altissima!»

«Non ti sconfiggeranno, Caio Mario» disse lei con forza. «La sola cosa che riuscirà mai a sconfiggerti è la morte, e non morrai per questo piccolo colpo. La paresi sparirà. E se riposi, fai un po' di esercizio, magari moderatamente, non bevi vino e non ti preoccupi per ciò che avviene a Roma, accadrà molto più rapidamente.»

In primavera, in Sicilia e in Sardegna non piovve, e in Africa caddero solo poche gocce. Poi, quando quel poco grano che era cresciuto cominciò a mettere spighe, la pioggia arrivò, torrenziale; inondazioni e parassiti distrussero completamente il raccolto. Soltanto dall'Africa uno scarso quantitativo di grano sarebbe arrivato a Pozzuoli e a Ostia. La qual cosa significava che Roma si trovava a far fronte per il quarto anno di fila a prezzi elevati e a una scarsità di provviste che minacciava la carestia.

Il secondo console e flamine di Marte Lucio Valerio Flacco si ritrovò con i granai vuoti sotto le pendici dell'Aventino adiacenti al Porto di Roma, mentre i granai dei privati lungo il Vico Tusco contenevano pochissimo frumento. Quel poco frumento, i mercanti di grano informarono Flacco e i suoi edili, avrebbe raggiunto prezzi superiori ai cinquanta sesterzi a *modius*, vale a dire circa sei chili. Ben poche famiglie di nullatenenti, o addirittura nessuna, potevano permettersi di pagare anche solo un quarto di quel prezzo. C'erano altri alimenti disponibili, meno cari, ma la penuria di grano faceva aumentare i prezzi di tutti gli altri generi alimentari a causa del maggior consumo e della produzione limitata. E le pance avvezze al buon pane non si saziavano delle farinate semiliquide e delle rape, che diventavano gli alimenti base dei poveracci in tempi di carestia; gli individui forti e sani sopravvivevano, ma i vecchi, i deboli, i giovanissimi e i malati morivano come mosche.

In ottobre, i nullatenenti davano già segni d'irrequietezza; fremiti di paura cominciarono a pervadere gli abitanti della città. I nullatenenti di Roma ridotti alla fame, infatti, erano una prospettiva che nessuno di coloro i quali erano costretti a vivere loro accanto, avrebbero saputo affrontare senza alcun timore. Molti cittadini della Terza e della Quarta Classe, che avrebbero comunque trovato qualche difficoltà a comprare il grano a così alto prezzo, cominciarono a tenere un'arma a portata di mano per difendere le dispense dai saccheggi di chi aveva ancor meno di loro.

Lucio Valerio Flacco conferì con gli edili curuli, responsabili degli acquisti di grano per conto dello stato nonché dell'immagazzinaggio e della vendita del grano di stato, e si rivolse al Senato per ottenere altri fondi con cui acquistare cereali dovunque se ne potesse trovare, e di qualsiasi genere: orzo, miglio, avena, oltre al frumento. Pochi senatori, tuttavia, erano davvero preoccupati; troppi anni e un eccessivo isolamento dalle classi inferiori li separavano dalle ultime sommosse dei nullatenenti affamati.

A peggiorare la situazione, i due giovanotti che fungevano da questori dell'erario di Roma appartenevano alla schiera di senatori del tipo più intransigente e impietoso, e anche quando tutto andava per il meglio se ne infischiavano dei nullatenenti. Al momento dell'elezione a questore, entrambi avevano chiesto che fosse assegnato loro un incarico a Roma, dichiarando che intendevano «bloccare l'ingiustificato impoverimento dell'erario di Roma», un modo eloquente per dire che non avevano la minima intenzione di sborsare denaro per gli eserciti di nullatenenti, o per l'acquisto di grano a loro destinato. Il questore urbano, cioè quello di grado superiore fra i due, altri non era che Cepione Minore, figlio del console che aveva rubato l'Oro di Tolosa e perso la battaglia di Arausio; l'altro era Metello il Porcellino, figlio dell'esiliato Metello Numidico. Entrambi avevano conti in sospeso con Caio Mario.

Non rientrava nella prassi del Senato opporsi alle raccomandazioni dei questori dell'erario. Interpellati in aula in merito allo stato delle finanze, sia Cepione il Giovane sia Metello il Porcellino risposero chiaro e tondo che non c'erano fondi per acquistare grano. Grazie agli enormi esborsi che era costretto ad affrontare da un certo numero di anni per equipaggiare e pagare e sfamare gli eserciti di nullatenenti, lo stato era al verde. Né la guerra contro Giugurta né quella contro i Germani avevano procurato denaro sufficiente, sotto forma di bottino e di tributi, a risanare il bilancio negativo dello stato, dissero i due questori dell'erario. E a dimostrazione di quanto avevano asserito, chiamarono a testimoni i tribuni dell'erario ed esibirono i libri contabili. Roma era sul lastrico. Chi non aveva denaro per pagare il prezzo corrente del grano, era condannato a morire di fame. Spiacenti, ma questa era la realtà della situazione.

Ai primi di novembre si era ormai diffusa per tutta Roma la notizia che non ci sarebbe stato grano di stato da comprare a un prezzo ragionevole, perché il Senato si era rifiutato di stanziare i fondi necessari al suo acquisto. Circolante in forma di pettegolezzo, la notizia non faceva cenno alla perdita dei raccolti né agli stizzosi questori dell'erario; si limitava al fatto che non ci sarebbe stato grano a buon mercato.

Il Foro Romano cominciò subito ad affollarsi di gente di un tipo che di solito non vi si recava, mentre i frequentatori abituali si eclissavano o si tenevano in coda ai nuovi venuti. La folla era composta da nullatenenti e da cittadini della Quinta Classe, il cui umore prometteva nulla di buono. Senatori e altri personaggi togati furono accolti a fischi da migliaia di bocche mentre mettevano piede su quello che consideravano per tradizione loro territorio, ma sulle prime non si lasciarono facilmente intimidire; poi ai fischi subentrò una gragnuola di proiettili improvvisati con immondizie di ogni genere: feci, letame, fetido fango del Tevere, rifiuti putrescenti. Il Senato si cavò immediatamente d'impaccio sospendendo le sedute, e lasciò altri sventurati, come banchieri, cavalieri dediti ai commerci, avvocati e tribuni dell'erario a subire gli insulti alle loro persone senza il sostegno senatoriale.

Privo della forza necessaria per prendere l'iniziativa, il secondo console, Flacco, lasciò che le cose andassero per il loro verso, mentre Cepione Minore e Metello il Porcellino si congratulavano con se stessi per un lavoro ben fatto. Se l'inverno avesse visto morire qualche migliaia di nullatenenti romani, voleva dire che ci sarebbero state meno bocche da sfamare.

A questo punto, il tribuno della plebe Lucio Apuleio Saturnino convocò l'Assemblea della Plebe e presentò una proposta di legge sul grano. Lo stato avrebbe dovuto acquistare immediatamente fin l'ultimo grammo di frumento, orzo e miglio reperibile in Italia e nella Gallia Cisalpina, e metterlo in vendita al prezzo ridicolo di un sesterzio al *modius*. Saturnino, naturalmente, non fece il minimo accenno alle insuperabili difficoltà logistiche insite nell'inviare una qualsiasi merce della Gallia Cisalpina nelle regioni a sud degli Appennini, né al fatto che non c'era più un chicco di grano, o quasi, da acquistare a sud degli Appennini. Ciò cui aspirava era la folla, e il suo intervento equivaleva ad atteggiarsi a suo unico salvatore.

L'opposizione era pressoché nulla in assenza di un Senato in riunione, perché la penuria di grano colpiva ogni abitante di Roma appena al di sotto della ricchezza. L'intera catena alimentare e chi ne faceva parte erano schierati a favore di Saturnino. Lo stesso dicasi della Terza e della Quarta Classe, e persino di molte fra le centurie della Seconda Classe. Mentre novembre superava la sua metà e declinava verso dicembre, tutta Roma parteggiava per Saturnino.

« Se la gente non può permettersi di comprare il grano, noi non possiamo permetterci di fare il pane! » proclamò la corporazione dei mugnai e dei panettieri.

« Se la gente ha fame, non lavora come si deve! » proclamò la corporazione dei costruttori.

« Se la gente non può permetteri si sfamare i suoi figli, che accadrà ai suoi schiavi? » proclamò la corporazione dei liberti.

« Se la gente deve spendere tutto il suo denaro per comprarsi da mangiare, non sarà più in grado di pagare l'affitto! » proclamò la corporazione dei padroni di casa.

« Se la gente è così affamata da mettersi a saccheggiare le botteghe e a rovesciare bancarelle, che ne sarà di noi? » proclamò la corporazione dei mercanti.

« Se la gente piomba sui nostri poderi in cerca di qualcosa da mangiare, non ci resterà più niente da vendere! » proclamò la corporazione degli orticoltori.

Non si trattava, infatti, del semplice problema di una carestia che minacciava di mandare a morte qualche migliaio di nullatenenti; non appena i ceti medi e i cittadini più poveri di Roma non potevano più permettersi il lusso di mangiare, a risentirne gli effetti erano cento e più commerci e attività. Per farla breve, una carestia era una catastrofe economica. Ma il Senato non si riuniva, neppure in qualche tempio fuori mano, per cui toccò a Saturnino proporre una soluzione, e la sua soluzione si fondava su una falsa premessa: che ci fosse grano da comprare, da parte dello stato. Personalmente, Saturnino era convinto che ce ne fosse, poiché giudicava ogni aspetto della crisi costruito ad arte, e ne riteneva colpevoli i politicanti di mestiere del Senato alleati ai grandi signori della speculazione del grano.

Le migliaia e migliaia di volti presenti al Foro si volgevano verso di lui come eliotropi verso il sole; appassionandosi sempre più, in forza della propria oratoria, Saturnino cominciò a credere a ogni singola parola che urlava, cominciò a credere a ogni singolo volto che il suo sguardo scorgeva tra la folla, cominciò a credere a un nuovo sistema per governare Roma. Quanto contavano, in realtà, i consoli? Quanto contava, in realtà, il Senato, quando folle come quella costringevano i suoi membri a rifugiarsi a casa con la coda tra le gambe? Quando la posta era sul tavolo e arrivava il momento di trarre i dadi, *quelli* erano i soli che contavano, quei volti in quella marea di folla. Erano *loro* a detenere il potere; chi credeva di detenerlo, lo deteneva soltanto a patto che quei volti nella folla glielo consentissero.

E allora, quanto contavano, in realtà, i consoli? Quanto contava, in realtà, il Senato? Chiacchiere, aria fritta, niente di niente! Non c'erano eserciti di stanza a Roma, e il contingente armato più vicino a Roma era quello dei centri di addestramento delle reclute nei dintorni di Capua. I consoli e il Senato detenevano il potere, senza la forza delle armi o del numero a sostenerli. Ma il vero potere era lì al Foro, e lì la superiorità numerica in grado di sostenere il vero potere. Che bisogno c'era di farsi eleggere console per diventare il Primo a Roma? Nessuno! Anche Caio Gracco se n'era reso conto? Oppure era stato costretto a darsi la morte prima che riuscisse a rendersene conto?

"Io" pensò Saturnino, abbeverandosi alla visione dei volti in quella folla strabocchevole "sarò il Primo a Roma! Ma non in veste di console. Come tribuno della plebe." Il vero potere s'incarnava nei tribuni della plebe, non nei consoli. E se Caio Mario riusciva a farsi eleggere console in perpetuo, come tutto lasciava credere, che cosa avrebbe impedito a Lucio Apuleio Saturnino di farsi eleggere tribuno della plebe in perpetuo?

Saturnino, tuttavia, scelse una giornata tranquilla per far approvare la sua proposta di legge sul grano, soprattutto perché era così accorto da far sì che l'opposizione da parte del Senato a procurare grano a basso prezzo continuasse ad apparire arbitraria e tirannica; di conseguenza, al Foro, non doveva esser presente una folla enorme che offrisse al Senato l'occasione di accusare l'assemblea della Plebe di disordine, sommossa, violenza e di impugnare la validità della legge. Saturnino ribolliva ancora di rabbia per la seconda legge agraria, il tradimento di Caio Mario, l'esilio volontario di Metello Numidico; se la legge era tuttora in vigore, lo si doveva a lui, non a Caio Mario. La qual cosa faceva di *lui* il vero autore dell'assegnazione di terre ai veterani nullatenenti.

Nel mese di novembre scarseggiavano le ricorrenze festive, soprattutto quelle in cui era consentito di riunirsi ai *Comitia*. Ma l'occasione di una giornata tranquilla si presentò a Saturnino quando morì un cavaliere favolosamente ricco, e i suoi figli allestirono elaborate onoranze funebri con l'intervento di gladiatori in onore del padre defunto; il luogo prescelto per i giochi, di regola il Foro Romano, fu il Circo Flaminio, proprio per evitare la folla che ogni giorno si radunava al Foro Romano.

Fu Cepione Minore a mandare all'aria i piani di Saturnino. L'Assemblea della Plebe fu convocata; gli auspici erano favorevoli;

il Foro era disertato dai frequentatori abituali perché la folla si era riversata al Circo Flaminio, gli altri tribuni della plebe erano impegnati nel sorteggio inteso a stabilire in quale ordine dovevano votare le tribù; quanto a Saturnino, se ne stava affacciato ai rostri a esortare i raggruppamenti tribali che si andavano costituendo nel pozzo dei *Comitia* a votare secondo i suoi desideri.

Nella vistosa assenza di sedute del Senato, a Saturnino neppure era balenata l'idea che vi fossero senatori impegnati a tener d'occhio quanto accadeva al Foro, a parte i nove tribuni della plebe suoi colleghi, i quali in quei giorni facevano semplicemente ciò che veniva loro ordinato. E invece c'erano alcuni senatori che nutrivano altrettanto disprezzo per la condotta di quei pusillanimi di quanto ne provasse Lucio Apuleio Saturnino. Erano tutti giovani in età di aspirare alla carica di questore o, al massimo, con un paio d'anni di più, e contavano alleati tra i figli dei senatori e dei cavalieri della Prima Classe ancora troppo giovani per accedere al Senato o a cariche di responsabilità nelle imprese commerciali paterne. Si riunivano in gruppi a casa dell'uno o dell'altro, capeggiati da Cepione il Giovane e da Metello il Porcellino, e disponevano di un confidente-consigliere più maturo di loro, in grado di conferire una precisa direzione e uno scopo a ciò che altrimenti avrebbe anche potuto sfociare in una serie di rabbiose discussioni destinate a concludersi in una sbornia di vino.

Tale confidente-consigliere stava rapidamente diventando una specie di idolo ai loro occhi, perché possedeva tutte quelle doti che i giovani ammirano tanto: era audace, intrepido, calmo, raffinato, un fegataccio e un donnaiolo, spiritoso, alla moda, e con un brillantissimo passato militare. Si chiamava Lucio Cornelio Silla.

Con Mario rintanato a Cuma ormai da mesi, Silla si era preso la responsabilità si vegliare sugli avvenimenti di Roma in un modo che, tanto per fare un esempio, Publio Rutilio Rufo mai si sarebbe sognato. Le motivazioni di Silla non si fondavano completamente sulla fedeltà a Mario; dopo la conversazione con Aurelia, aveva contemplato con grande distacco le sue future prospettive al Senato ed era giunto alla conclusione che la giovane donna aveva ragione; come nel caso di Caio Mario, la sua sarebbe stata quella che un giardiniere avrebbe definito una fioritura tardiva. Nel qualcaso, era del tutto inutile cercare amicizie e alleanze tra i senatori più vecchi di lui. Scauro, per esempio, era una causa persa. Nel caso specifico, si trattava di una decisione oltremodo opportuna! Gli avrebbe evitato di incontrare la sua deliziosa sposa-bambina, nel frattempo diventata madre della piccola Emilia Scaura; quando gli era giunta notizia che Scauro era diventato padre di una femmina,

Silla aveva avvertito una fitta di puro piacere. Ben gli stava, al vecchio caprone lascivo.

Pensando a salvaguardare il proprio futuro politico, e nel contempo difendendo quello di Mario, Silla si diede a circuire i più giovani esponenti della classe senatoriale, scegliendo come bersagli quelli che apparivano malleabili, suscettibili di essere influenzati, non molto intelligenti, ma assai ricchi, di famiglie importanti, o tanto arroganti e sicuri di sé da esporsi a una sottile forma di adulazione. I suoi bersagli furono Cepione il Giovane e Metello il Porcellino, il primo perché era un patrizio di scarse facoltà intellettuali vicino a uomini come Marco Livio Druso, che Silla si guardava bene dal circuire, e il secondo perché era al corrente di ciò che stavano combinando i Buoni in età più avanzata. Nessuno, meglio di Silla, sapeva come si raggirassero i giovani, anche quando i suoi fini non erano di tipo sessuale, sicché non gli ci volle molto a montare in cattedra, ostentando maniere sempre venate di divertimento nei confronti delle loro pose, tali da suggerir loro che ci fosse una speranza di fargli cambiare idea, di indurlo a prenderli sul serio. D'altronde, non si trattava di adolescenti; i più maturi del gruppo avevano solo sette od otto anni meno di lui, i più giovani, quindici o sedici. Abbastanza grandi da considerarsi in tutto e per tutto formati, ma abbastanza giovani da lasciarsi sbalestrare da un uomo come Silla. E costituivano il nucleo di un seguito senatoriale che, a suo tempo, sarebbe stato di enorme importanza per chi fosse risoluto a ottenere il consolato.

In quel momento, tuttavia, la principale preoccupazione di Silla era Saturnino, che aveva osservato attentamente da quando le prime folle avevano cominciato a radunarsi al Foro ed erano iniziate le molestie a danno dei notabili togati. Che la legge Apuleia sul frumento entrasse o meno in vigore, era lungi dal rappresentare il maggiore timore di Silla; ciò di cui Saturnino aveva bisogno, pensò, era una dimostrazione che non tutto sarebbe andato come voleva lui.

Quando una cinquantina di giovani rampolli si radunò in casa di Metello il Porcellino, la sera prima della data stabilita da Saturnino per far approvare la sua legge sul grano, Silla se ne stette disteso ad ascoltarli parlare, fingendo indolente divertimento finché Cepione Minore lo interpellò, chiedendo di sapere che cosa, a suo parere, avrebbero dovuto fare.

Silla era splendido: i folti capelli d'oro rosso acconciati in modo da metterne in risalto le ondulazioni, la carnagione di un candore immacolato, le ciglia e le sopracciglia appena scure quel tanto che bastava a notarle (se solo avessero saputo che se le ritoccava con un'ombra di *stibium*, altrimenti sarebbero risultate invisibili), gli occhi azzurri gelidamente ipnotici come quelli di un felino. «A mio parere, è solo aria fritta» disse.

Metello il Porcellino era portato a ritenere che Silla fosse tutt'altro che il cane ammaestrato di Mario; al pari di qualsiasi altro romano, non biasimava chi aderiva a una data fazione, così come non supponeva che non fosse possibile indurlo a staccarsene. «No, non è aria fritta» ringhiò senza tartagliare neppure una volta. «È solo che non sappiamo quale sia la giusta tattica da adottare.»

«Avete qualcosa in contrario a un po' di violenza?» domandò Silla.

«No, se è intesa a difendere il diritto del Senato a decidere come vadano spesi i fondi pubblici di Roma» rispose Cepione il Giovane.

«E il punto è proprio questo» disse Silla. «Al Popolo non è mai stato accordato il diritto di stanziare i fondi della città. Lasciamo pure che il Popolo legiferi: non abbiamo nulla da obiettare in proposito. Ma spetta al Senato fornire i fondi richiesti dalle leggi del Popolo, e anche negarli. Se saremo privati anche del diritto di controllare i cordoni della borsa, non avremo più alcun potere. Il denaro è il solo modo in cui possiamo invalidare le leggi varate dal Popolo quando non riscuotono la nostra approvazione. È così che ci siamo comportati in merito alla legge granaria di Caio Gracco.»

«Non impediremo al Senato di stanziare i fondi quando questa legge sul grano sarà approvata» disse Metello il Porcellino, di nuovo senza balbettare: in presenza di amici, infatti, non balbettava mai.

«No, logicamente!» ribatté Silla. «E neppure ne impediremo il varo. Però possiamo sempre dare a Lucio Apuleio una piccola dimostrazione della nostra forza.»

Così, mentre Saturnino esortava i suoi elettori a fare la cosa giusta riguardo alla legge Apuleia sul frumento, con la folla ormai lontana, a gremire il Circo Flaminio, e in un clima di ordine che avrebbe soddisfatto qualsiasi consolare, Cepione il Giovane guidò un paio di centinaia di seguaci nel settore inferiore del Foro Romano. Armati di bastoni e randelli, erano nella maggior parte dei casi individui robusti e muscolosi, con l'addome prominente che li faceva riconoscere come ex gladiatori ridottisi a vendere i propri servigi per qualsiasi genere di impresa che richiedesse forza fisica o la capacità di rendersi pericolosi. In testa alla masnada, tuttavia, marciavano i cinquanta uomini presenti a casa di Metello il Porcellino la sera prima, con Cepione Minore in veste di capo. Lucio Cornelio Silla non era della compagnia.

Saturnino scrollò le spalle e osservò impassibile la combriccola che attraversava il Foro a passo di marcia, poi tornò a girarsi verso il pozzo dei *Comitia* e sciolse il raduno.

«Non ci saranno teste fracassate per colpa mia!» urlò agli elettori, mettendone in fuga i caporioni tribali impauriti. «Andate a casa, tornate qui domani! Vareremo la nostra legge!»

Il giorno seguente i nullatenenti si ripresentarono ai *Comitia*; non comparve alcuna banda di malintenzionati, sostenitori del Senato a mandare a monte la riunione, e la legge sul grano fu approvata.

«Tutto ciò che cercavo di fare, idiota che non sei altro,» disse Saturnino a Cepione il Giovane quando s'incontrarono nel tempio di Giove Ottimo Massimo, dove a Valerio Flacco era sembrato che i Padri Coscritti sarebbero stati al sicuro dalla folla mentre discutevano degli stanziamenti richiesti dalla legge Apuleia sul frumento «era varare una legge in piena regola nel corso di un'assemblea convocata nel pieno rispetto della legge. La folla non c'era, l'atmosfera era del tutto pacifica, e gli auspici erano assolutamente favorevoli. E che succede? Tu e quegli idioti dei tuoi amici vi presentate con tutta l'intenzione di fracassare qualche testa!» Si rivolse ai capannelli di senatori che li attorniavano. «Non incolpate me, se si è dovuto varare la legge in presenza di ventimila nullatenenti! La colpa è di questo sciocco!»

«Questo sciocco si rimprovera di non aver fatto ricorso alla forza, quando la forza avrebbe sortito l'effetto desiderato!» urlò Cepione il Giovane. «Avrei dovuto ucciderti, Lucio Apuleio!»

«Grazie per averlo detto di fronte a tutti questi testimoni imparziali» disse Saturnino, sorridendo. «Quinto Servilio Cepione Minore, io qui ti accuso ufficialmente di tradimento, in quanto hai tentato di intralciare un tribuno della plebe nell'esercizio delle sue funzioni e hai minacciato l'incolumità della sacrosanta persona di un tribuno della plebe.»

«Rischi di farti disarcionare da un cavallo imbizzarrito, Lucio Apuleio» suggerì Silla. «Smonta prima che accada, amico!»

«Ho mosso un'accusa ufficiale a Quinto Servilio, Padri Coscritti,» proseguì Saturnino, ignorando Silla come se non contasse nulla «ma ormai la questione è di competenza del tribunale chiamato a giudicare i casi di tradimento. Oggi sono qui a chiedere fondi.»

Erano presenti meno di ottanta senatori, nonostante fosse un luogo sicuro, e nessuno davvero importante; Saturnino li squadrò sprezzante. «Voglio fondi per acquistare grano da destinare al Popolo di Roma» disse. «Se non ce ne sono nelle casse dell'erario, vi consiglio di andare a farveli prestare. *Perché intendo ottenere quei fondi!*»

Saturnino li ottenne. Paonazzo e levando alte proteste, il questore urbano Cepione il Giovane si sentì intimare di coniare un'emissione speciale di monete con una riserva di emergenza di verghe d'argento conservate nel tempio di Opi e di sborsare quanto destinato all'acquisto di grano senza frapporre altri indugi.

«Ci vediamo in tribunale» disse Saturnino in tono soave a Cepione il Giovane, quando la riunione si concluse. «Intendo prendermi il grande piacere di perseguirti personalmente.»

Ma fece il passo più lungo della gamba; la giuria di cavalieri prese in antipatia Saturnino, ed era già ben disposta nei confronti di Cepione Minore, quando anche la dea Fortuna prese le parti di Cepione Minore. Proprio mentre l'avvocato difensore pronunciava la sua arringa, da Smirne arrivò una lettera urgente con cui si informava il figlio che Quinto Servilio Cepione era deceduto in quella città, circondato, a mo' di unica consolazione, dal suo oro. Cepione il Giovane pianse amare lacrime, i giurati si commossero e lo assolsero.

Era tempo di elezioni, ma nessuno se la sentiva di indirle, perché la folla si radunava tuttora, ogni giorno, al Foro Romano, e tuttora, ogni giorno, i granai erano vuoti. Il secondo console, Flacco, insistette sul fatto che per indire le elezioni bisognava attendere che Caio Mario si rivelasse incapace di presiederle; per quanto fosse un sacerdote di Marte, Lucio Valerio Flacco aveva ben poco di marziale per mettere a repentaglio la sua persona, sovrintendendo alle elezioni in un clima come quello.

Marco Antonio Oratore aveva condotto con notevole successo una campagna triennale contro i pirati di Cilicia e Panfilia, che concluse in modo brillante dal suo quartier generale nella città splendidamente cosmopolita e colta di Atene. Qui era stato raggiunto dal suo caro amico Caio Memmio che, rientrando a Roma al termine del mandato di governatore della Macedonia, era stato citato dinanzi al tribunale delle estorsioni di Glaucia in compagnia di Caio Flavio Fimbria, suo correo nella truffa del grano. Fimbria era stato condannato a larga maggioranza, mentre Memmio fu così sfortunato da venir riconosciuto colpevole per un solo voto. Scelse come luogo dell'esilio Atene, perché il suo amico Antonio vi trascorreva tanta parte del suo tempo, e gli occorreva il suo aiuto per appellarsi al Senato affinché annullasse la condanna. Il fatto che fosse in grado di far fronte alle spese di tale costosa operazione si doveva a un puro caso; mentre era governatore della Macedonia, gli era capitato di inciampare, alla lettera, in un nascondiglio d'oro, in un villaggio strappato agli Scordisci: cento talenti. Al pari di Cepione a Tolosa, Memmio non aveva visto alcun motivo per cui dovesse spartire quella fortuna con qualcun altro. Finché non ne lasciò cadere una parte sul palmo della mano di Antonio, ad Atene. E di lì a qualche mese fu richiamato a Roma e riottenne il suo seggio al Senato.

Dato che la guerra contro i pirati era conclusa, Caio Memmio si trattenne ad Atene in attesa che anche Marco Antonio Oratore fosse pronto a tornare in patria. La loro amicizia si era rafforzata, e i due si accordarono per candidarsi congiuntamente al consolato.

Era la fine di novembre quando Antonio si accampò col suo piccolo esercito sugli spiazzi del Campo Marzio e pretese che gli fosse decretato il trionfo. Cosa che il Senato, in grado di riunirsi al riparo del tempio di Bellona per discutere della faccenda, si compiacque di accordargli. Antonio, tuttavia, fu informato che il suo trionfo avrebbe dovuto aspettare fin dopo il decimo giorno di dicembre, dato che non si erano ancora tenute le elezioni tribunizie e il Foro Romano era sempre affollato di nullatenenti. Si sperava che le elezioni tribunizie si svolgessero regolarmente e il nuovo collegio entrasse in carica il decimo giorno del mese, ma un corteo trionfale, con l'atmosfera che regnava in città, si sentì dire Antonio, era fuori discussione.

Antonio cominciava ad avere l'impressione che non sarebbe riuscito a candidarsi alla carica di console, dal momento che fin quando non avesse celebrato il trionfo, avrebbe dovuto rimanere al di fuori del *pomerium*, la sacra cinta cittadina; deteneva tuttora l'*imperium*, il che lo poneva esattamente nella stessa posizione di un re straniero, cui era vietato l'accesso a Roma. E se non avesse potuto metter piede a Roma, non avrebbe potuto presentare la propria candidatura alle elezioni consolari.

La guerra vittoriosa, però, l'aveva reso popolarissimo tra i mercanti di grano e altri uomini d'affari, in quanto i traffici nel Mediterraneo erano attualmente più sicuri di quanto fossero stati nell'ultimo secolo. Se fosse riuscito a candidarsi al consolato, c'erano tutte le probabilità che venisse eletto primo console, persino a scapito di Caio Mario. E nonostante la parte avuta nell'imbroglio del grano architettato da Fimbria, anche Caio Memmio aveva buone probabilità di successo, perché era stato un intrepido avversario di Giugurta e si era battuto strenuamente contro Cepione quando aveva restituito il tribunale delle estorsioni al controllo del Senato. Quei due, come ebbe a dire Catulo Cesare al *Princeps Senatus* Scauro, costituivano una coppia che godeva di grande popolarità

tra i cavalieri i quali rappresentavano la maggioranza della Prima
e della Seconda Classe, anzi di tutta la popolarità in cui potessero
sperare i *boni* — ed entrambi erano infinitamente preferibili a Caio Mario.

Logicamente, infatti, tutti si aspettavano che Caio Mario tornasse a Roma all'ultimo momento, risoluto a candidarsi per la settima volta. La notizia della paresi era stata verificata, ma non
sembrava che avesse debilitato gravemente Mario, e coloro i quali
si erano recati a Cuma a fargli visita, ne erano tornati convinti che
il malore non ne aveva in alcun modo offuscato le facoltà mentali.
Nessuno aveva il minimo dubbio in proposito: sicuramente, Mario
si sarebbe candidato.

L'idea di presentare all'elettorato un paio di candidati desiderosi di concorrere in coppia piaceva moltissimo ai politicanti di
mestiere; Antonio e Memmio, congiuntamente, avevano buone
probabilità di spezzare la ferrea presa di Mario sulla carica di primo console. Sennonché Antonio si rifiutava cocciutamente di rinunciare al trionfo per amore del consolato, cedendo l'*imperium* e
varcando il *pomerium* per proclamare la propria candidatura.

«Posso sempre candidarmi l'anno prossimo» disse, quando
Catulo Cesare e Scauro, *Princeps Senatus*, si recarono a fargli visita al Campo Marzio. «Il trionfo è importante... con tutta probabilità non mi si presenterà più l'occasione di combattere una guerra
vittoriosa in vita mia.» E non ci fu modo di smuoverlo da tale posizione.

«E va bene,» disse Scauro a Catulo Cesare mentre lasciavano,
scoraggiati, l'accampamento di Antonio «basterà modificare un
tantino le regole. Caio Mario se ne infischia di trasgredirle, e allora perché noi dovremmo mostrarci tanto scrupolosi, quando la posta in gioco è così alta?»

Ma fu Catulo Cesare a proporre la soluzione al Senato, riuni-
tosi in numero appena sufficiente a ottenere il *quorum* in un ennesimo luogo sicuro, ossia il tempio di Giove Statore nei pressi del
Circo Flaminio.

«I tempi sono difficili» disse Catulo Cesare. «Di norma, tutti i
candidati alle magistrature curuli devono presentarsi al Senato e al
Popolo nel Foro Romano a proclamare la propria candidatura.
Purtroppo, la penuria di grano e le continue dimostrazioni in atto
al Foro Romano hanno reso tale luogo infrequentabile. Mi è consentito pregare umilmente i Padri Coscritti di spostare il tribunale
dei candidati, per quest'anno straordinario soltanto!... per una speciale convocazione dell'Assemblea delle Centurie nei *saepta* del
Campo Marzio? Dobbiamo pur fare *qualcosa* per indire le elezio-

ni! E se trasferiamo la cerimonia dei candidati curuli ai *saepta*, sarà almeno un inizio... e potrà trascorrere l'intervallo richiesto tra le dichiarazioni dei candidati e le elezioni. Sarebbe anche giusto nei confronti di Marco Antonio, che vorrebbe presentarsi alla carica di console, ma non può varcare il *pomerium* senza rinunciare al trionfo, e nel contempo non può celebrare il trionfo a causa dei disordini in atto nella città ridotta alla fame. Sul Campo Marzio potrà proclamare la propria candidatura. Tutti noi ci aspettiamo che la folla se ne torni a casa dopo che i tribuni della plebe saranno eletti ed entrati in carica. Così Marco Antonio potrà celebrare il suo trionfo non appena il nuovo collegio entrerà in carica, dopodiché potranno svolgersi le elezioni curuli.»

«Perché sei tanto sicuro che la folla se ne andrà a casa dopo che il nuovo collegio dei tribuni della plebe sarà entrato in carica, Quinto Lutazio?» domandò Saturnino.

«Avrei creduto che proprio tu, Lucio Apuleio, fossi in grado di rispondere!» replicò bruscamente Catulo Cesare. «Sei tu a trascinarla al Foro... sei tu, giorno dopo giorno, ad arringarla dai rostri, a farle promesse che né tu né questa augusta assemblea è in grado di mantenere! Come possiamo acquistare del grano che non esiste?»

«Continuerò a parlare alla folla anche dopo il termine del mio mandato» disse Saturnino.

«Non lo farai» ribatté Catulo Cesare. «Una volta che sarai tornato a essere un privato, Lucio Apuleio, se anche mi ci vorranno un mese di tempo e cento uomini, riuscirò a scovare una legge regolarmente registrata o qualche precedente che ti interdica di prendere la parola dai rostri o in un qualsiasi altro punto del Foro!»

Saturnino rise, sganasciandosi, piegandosi in due; e tuttavia nessuno dei presenti commise l'errore di pensare che la cosa lo divertisse. «Cerca pure quanto ti pare, Quinto Lutazio! Non farà alcuna differenza. Non ridiventerò un privato al termine del mio attuale mandato di tribuno della plebe, perché sarò rieletto! Sì, ho imparato la lezione da Caio Mario, e non esistono misure legali che ti consentano di farmi la guerra! Non c'è nulla che vieti a chiunque di candidarsi ripetutamente alla carica di tribuno della plebe!»

«Le usanze e la tradizione» disse Scauro. «Quanto basta a impedire a chiunque, all'infuori di te e di Caio Gracco, di presentarti per la terza volta. E Caio Gracco dovrebbe servirti di monito. È morto nel Bosco di Furrina, con uno schiavo come sola compagnia.»

«Posso vantare compagnie migliori» ribatté Saturnino. «Noi del Piceno facciamo fronte comune... eh, Tito Labieno?... eh, Caio Saufeio? Non ti sbarazzerai di noi tanto facilmente!»

«Non tentare gli dèi» fece Scauro. «Gli dèi amano essere sfidati dai grandi uomini, Lucio Apuleio!»

«Io non temo gli dèi, Marco Emilio! Gli dèi sono dalla mia parte» disse Saturnino, e abbandonò la riunione.

«Ho cercato di dirglielo» fece Silla, passando accanto a Scauro e Catulo Cesare. «Rischia di farsi disarcionare da un cavallo imbizzarrito.»

«E lui pure» bisbigliò Catulo Cesare a Scauro, quando Silla non fu più a portata d'orecchio.

«E metà del Senato, anche se non lo sa» disse Scauro, indugiando a guardarsi attorno. «Questo è davvero uno splendido tempio, Quinto Lutazio! Fa onore a Metello Macedonico. Ma oggi sembrava un deserto, senza Metello Numidico.» Poi scrollò le spalle, si rallegrò. «Vieni, sarà bene che blocchiamo il nostro esimio secondo console prima che si rintani nel fondo della sua conigliera. Potrà celebrare il sacrificio a Marte e anche quello a Giove Ottimo Massimo... se decidiamo per un candido *suovetaurilia** che sicuramente dovrebbe garantirci l'approvazione divina a tenere la cerimonia delle candidature curuli sul Campo Marzio!»

«E chi pagherà il conto per una scrofa bianca, una pecora bianca e un toro bianco?» domandò Catulo Cesare, accennando col capo nella direzione in cui se ne stavano assieme Metello il Porcellino e Cepione il Giovane. «I nostri questori dell'erario strilleranno ancor più forte di tutte e tre le vittime sacrificali.»

«Oh, credo che potrà pagarlo quel coniglio bianco di Lucio Valerio» rispose Scauro, sogghignando. «Lui è in contatto diretto con Marte!»

L'ultimo giorno di novembre giunse un messaggio di Caio Mario con cui convocava il Senato in riunione per l'indomani alla *Curia Hostilia*. Per una volta, i tumulti in atto al Foro Romano non avrebbero tenuto lontani i Padri Coscritti, da tanto che erano impazienti di vedere come fosse ridotto Caio Mario. L'aula era gremita, e tutti arrivarono ancor prima che facesse giorno alle Calende di dicembre, per esser certi di batterlo sul tempo e mentre attendevano, le ipotesi s'incrociavano.

Mario fece il suo ingresso per ultimo, alto, le spalle larghe,

---

* Sacrificio solenne durante il quale si immolavano un porco (*sus*), una pecora (*ovis*) e un toro (*taurus*).

l'atteggiamento fiero di sempre, e nulla nel suo incedere lasciava supporre la menomazione, la mano sinistra stretta come di consueto attorno ai drappeggi della toga bordata di porpora. Ah, tutti, quanti, però, potevano vederne le conseguenze sul suo povero viso: saldo e proteso come un tempo dal lato destro, appena una penosa parodia da quello sinistro.

Marco Emilio Scauro, *Princeps Senatus*, giunse le mani e prese ad applaudire, e il primo battimano echeggiò dalle nude travi dell'antica sala e si riverberò dalle curve rossicce delle piastrelle di terracotta che rivestivano il soffitto a volta. L'uno dopo l'altro, i Padri Coscritti si unirono all'applauso, sicché, quando Mario raggiunse la sedia curule, l'intera assemblea gli tributava una vera e propria ovazione. Lui non sorrise; sorridere equivaleva ad accentuare la pagliaccesca asimmetria del volto in modo così intollerabile che, ogniqualvolta lo faceva, a chiunque lo guardasse, da Iulia a Silla, salivano le lacrime agli occhi. Si limitò a starsene ritto accanto all'eburneo seggio, annuendo e inchinandosi regalmente finché l'ovazione non si spense.

Scauro si alzò, rivolgendogli un largo sorriso. «Caio Mario, che *piacere* rivederti! Negli ultimi mesi quest'aula era uggiosa come un giorno di pioggia. Come capo di questa assemblea, mi compiaccio di darti il benvenuto.»

«Ti ringrazio, *Princeps Senatus*... e anche voi, Padri Coscritti... colleghi magistrati» rispose Mario, la voce chiara, senza biascicare una sola volta. Suo malgrado, un pallido sorriso gli piegò all'insù l'angolo destro della bocca, mentre il sinistro rimaneva tristemente floscio. «Se per te è un piacere darmi il benvenuto, è neppure un decimo del piacere che provo io nel ritrovarmi *qui*! Come puoi vedere, sono stato malato.»

Tirò un respiro profondo che tutti udirono: e colsero anche il fremito che lo spezzò. «E sebbene abbia superato la malattia, ne porto ancora i segni. Prima di dichiarare aperta la seduta e occuparci della situazione, che sembra richiedere tutta la nostra attenzione, voglio dirvi che non ripresenterò la mia candidatura al consolato, e per due ragioni. In primo luogo, l'emergenza che lo stato si è trovato ad affrontare, e in seguito alla quale mi è stato accordato l'onore senza precedenti di tanti consolati consecutivi, è ormai decisamente, definitivamente, concretamente acqua passata. In secondo luogo, ritengo che il mio stato di salute non mi consentirebbe di assolvere in modo adeguato ai miei doveri. La responsabilità che mi compete per il caos che attualmente regna a Roma è palese. Se fossi stato qui, la presenza del primo console sarebbe risultata utile. È proprio per questo che *esiste* il primo console. Con ciò non intendo accusare Lucio Valerio o Marco Emilio o un qualsiasi altro magistrato presente. Il primo console ha il dovere di fungere da guida. Io non sono stato in grado di farlo. E questo mi ha fatto capire che non posso ricandidarmi. Che la carica di primo console vada a un uomo in buona salute.»

Nessuno replicò. Nessuno si mosse. Se il suo volto distorto aveva lasciato intendere che una decisione del genere era nell'aria, la profondità dello stupore che i senatori, dal primo all'ultimo, provavano in quel momento dava la misura dell'ascendente che Mario aveva esercitato su di loro negli ultimi cinque anni. Un Senato senza Caio Mario assiso nella sedia del console? Impossibile! Persino il *Princeps Senatus* Scauro e Catulo Cesare se ne stavano lì, scombussolati.

Poi si levò una voce dalla tribuna di fondo, alle spalle di Scauro. «Be-be-bene!» blaterò Metello il Porcellino. «Ora mio pa-papadre potrà to-to-to-tornare a casa.»

«Ti ringrazio del complimento, giovane Metello» disse Mario, levando lo sguardo su di lui. «Tu presumi che sia soltanto io a costringere tuo padre in esilio a Rodi. Ma le cose non stanno così, lo sai bene. È la legge agraria a obbligare all'esilio Quinto Cecilio Metello Numidico. E richiamo severamente tutti i membri di questa augusta assemblea a ricordarlo! Non vi sarà abrogazione alcuna di decreti o plebisciti o leggi solo perché io decadrò dal consolato!»

«Sciocco ragazzo!» borbottò Scauro a Catulo Cesare. «Se non l'avesse detto, avremmo potuto richiamare senza scalpore Quinto Cecilio ai primi dell'anno venturo. Ora non gli sarà permesso di tornare. Credo proprio che sia arrivato il momento di affibbiare un soprannome al giovane Metello.»

«E quale?» domandò Catulo Cesare.

«Pi-Pi-Pi-Pio!» rispose Scauro con veemenza. «Metello Pio, il pio figlio che si batte strenuamente per far tornare il suo *ta-ta*! E riesce sempre a mandare tu-tu-tutto all'aria!»

Fu straordinario constatare con quanta rapidità l'assemblea si mettesse all'opera, ora che Caio Mario aveva ripreso posto sulla sedia consolare, e straordinario, anche, notare che i membri dell'assemblea sembravano perfettamente a loro agio, come se tutt'a un tratto la folla che si assiepava all'esterno avesse perso l'importanza che aveva prima della ricomparsa di Caio Mario.

Informato della modifica apportata alla cerimonia della presentazione dei candidati curuli, Mario si limitò a fare un cenno di assenso, poi ordinò seccamente a Saturnino di convocare l'Assemblea della Plebe e di eleggere alcuni magistrati; finché ciò non fosse avvenuto, non si sarebbero potuti eleggere altri magistrati.

Poi, Mario si volse in direzione di Caio Servilio Glaucia, assiso sulla sedia del pretore urbano appena un po' indietro e alla sua sinistra. «Mi è giunta voce, Caio Servilio,» disse a Glaucia «che intendi candidarti al consolato a causa di certe irregolarità che avresti riscontrato nella *lex Villia*. Ti prego, non farlo. La legge Villia prescrive inequivocabilmente che si debba lasciar trascorrere due anni tra la fine del mandato di pretore e l'inizio del consolato.»

«Da che pulpito!» ansimò Glaucia, brancolando in cerca di qualche segno di opposizione nell'unico angolo senatoriale dove aveva sperato di trovare appoggio. «Come puoi startene lì, Caio Mario, ad accusarmi sfacciatamente di pensare a infrangere la legge Villia, quando tu l'hai infranta di fatto per cinque anni di fila? Se la legge Villia è valida, allora prescrive *inequivocabilmente* che chiunque sia stato console non può cercare di farsi rieleggere al consolato prima che siano trascorsi dieci anni!»

«Io non ho *cercato la rielezione* al consolato, dopo quella prima volta, Caio Servilio» ribatté Mario seccamente. «La carica mi è stata rinnovata, e per tre volte in assenza!... a causa dei Germani. Quando esistono condizioni di emergenza, qualsiasi tradizione... e persino le leggi!... si sgretolano. Ma quando il pericolo è definitivamente superato, qualsiasi provvedimento straordinario si sia preso, deve cessare.»

«Ha-ha-ha!» fece Metello il Porcellino dal fondo, e l'esclamazione parve in perfetto accordo col suo difetto di pronuncia.

«È tornata la pace, Padri Coscritti,» disse Mario come se nessuno avesse aperto bocca «di conseguenza, si torna alla normale amministrazine e alle normali forme di governo. Caio Servilio, la legge ti vieta di presentarti alla carica di console. E in qualità di magistrato chiamato a presiedere alle elezioni, non ti consentirò di candidarti. Ti prego di prenderlo per un giusto monito. Rinuncia alla tua idea di buon grado, ché non ti si addice. Roma ha bisogno di legislatori dotati del tuo innegabile talento. Ché non puoi legiferare, se infrangi le leggi.»

«Te l'avevo detto!» fece Saturnino ad alta voce.

«Non può impedirmelo, né lo potrà chiunque altro» rispose Glaucia a voce abbastanza alta da farsi sentire dall'intera assemblea.

«Te lo impedirà» disse Saturnino.

«Quanto a te, Lucio Apuleio,» disse Mario, volgendo lo sguardo, ora, al banco dei tribuni «mi è giunta voce che intendi candidarti per la terza volta alla carica di tribuno della plebe. Ora, ciò non è contrario alla legge. Di conseguenza, non posso impedirtelo. Però posso chiederti di rinunciare all'idea. Non conferire una nuova connotazione al significato che noi diamo al termine "demagogo". Ciò che hai fatto negli ultimi mesi non rientra nella prassi politica consueta per un membro del Senato di Roma. Con l'enorme corpo di leggi di cui disponiamo, la nostra formidabile capacità di far funzionare gli ingranaggi governativi nell'interesse di Roma quale la conosciamo, non c'è alcuna necessità di sfruttare la credulità politica degli umili. Sono innocenti che non dovrebbero essere corrotti. È nostro dovere vegliare su di loro, non già servircene per conseguire i nostri scopi politici.»

«Hai finito!» domandò Saturnino.

«Finito e concluso, Lucio Apuleio.» E dal tono in cui Mario lo disse, la frase aveva molti significati.

Così era finita, pensò mentre se ne tornava a casa a piedi con quel nuovo, accorto incedere che si era imposto per dissimulare una lieve tendenza a strascicare la gamba sinistra. Quanto strani e orribili erano stati quei mesi a Cuma, durante i quali era rimasto rintanato in casa, incontrando il minor numero possibile di persone perché non ne sopportava le espressioni di orrore, di pietà, di gongolante soddisfazione. Più intollerabili di tutti erano quelli che gli volevano abbastanza bene da rattristarsi per lui, come Publio Rutilio. La dolce e gentile Iulia si era trasformata in una vera e propria tiranna, e proibiva seccamente a chiunque, persino a Publio Rutilio, di dire una sola parola che riguardasse la politica o gli affari pubblici. Mario non aveva saputo della crisi granaria, non aveva saputo delle manovre di Saturnino per circuire gli umili; la sua vita si era ridotta a un austero regime alimentare, a un po' di esercizio fisico e alla lettura dei classici. Anziché una bella fetta di pancetta con pane fritto, mangiava cocomero cotto al forno perché Iulia aveva sentito dire che depurava i reni, la vescica e la cistifellea, nonché il sangue, dai calcoli; anziché recarsi alla *Curia Hostilia*, raggiungeva a piedi Baia e Capo Miseno; anziché leggere minute senatoriali e dispacci dalle Provincie, compulsava Isocrate ed Erodoto e Tucidide, finendo col non credere ad alcuno di loro, perché non scrivevano come uomini d'azione, solo come uomini di lettere.

Però aveva funzionato. Piano piano, un po' alla volta, si era ristabilito. E tuttavia non si sarebbe mai ripreso del tutto, il lato sinistro della bocca non si sarebbe più risollevato, e mai più sarebbe riuscito a mascherare il fatto che era stanco. Il traditore che si annidava nel suo corpo l'aveva segnato in modo che tutti se ne accorgessero. Fu proprio tale consapevolezza a scatenare, alla fine, la sua ribellione; e Iulia, che si era stupita che rimanesse docile tanto a lungo, cedette. Mario mandò a chiamare Publio Rutilio e tornò a Roma a rimettere assieme i cocci nei limiti del possibile.

Sapeva, logicamente, che Saturnino non si sarebbe fatto da parte, ma si sentiva in dovere di ammonirlo; quanto a Glaucia, non gli sarebbe mai stato consentito di farsi eleggere, per cui non c'era da preoccuparsi. Perlomeno, si sarebbero potute indire le elezioni, ora che si era deciso in favore della vigilia delle None e della ricorrenza delle None stesse per l'entrata in carica, rispettivamente, dei tribuni della plebe e dei questori. Si trattava di elezioni inquietanti, perché si sarebbero tenute ai *Comitia* del Foro Romano, dove ogni giorno la folla si radunava a urlare oscenità e prendeva di mira i notabili togati con ogni sorta di sudiciume e agitava i pugni e ascoltava Saturnino con cieca adorazione.

La folla, comunque, non fischiò né prese di mira Caio Mario che l'attraversò, diretto a casa, reduce dalla memorabile seduta del Senato, avvertendo unicamente il calore del suo affetto. Nessun cittadino di rango inferiore alla Seconda Classe avrebbe mai guardato di traverso Caio Mario: era un eroe, al pari dei Gracchi. C'era chi, alzando gli occhi al suo viso, piangeva vedendolo così devastato; c'era chi, non avendolo mai visto in carne e ossa, credeva che il suo viso fosse sempre stato così e per questo l'ammirava ancor di più; ma nessuno tentava di toccarlo, tutti quanti si scostavano facendo ala al suo passaggio, e Mario avanzava con fierezza, eppure con umiltà, sentendosi vicino a loro col cuore e con la mente. Una sorta di tacita comunione. E Saturnino, che osservava dai rostri, si meravigliava.

«La folla è un terribile fenomeno, vero?» domandò Silla a Mario mentre cenavano, quella sera, in compagnia di Publio Rutilio Rufo e di Iulia.

«Un segno dei tempi» disse Rutilio.

«Un segno che abbiamo mancato ai nostri impegni verso di loro» fece Mario, accigliandosi. «Roma ha bisogno di una tregua. Dai tempi di Caio Gracco siamo sempre stati in balia di qualche grave problema... Giugurta... i Germani... gli Scordisci... il malcontento degli Italici... le sollevazioni degli schiavi... i pirati... le penurie di grano... l'elenco è interminabile. Abbiamo bisogno di una pausa per respirare, di un po' di tempo per occuparci di Roma anziché di noi stessi. Speriamo di averlo. Quando le forniture di grano miglioreranno, comunque.»

«Devo riferirvi un messaggio di Aurelia» avvisò Silla.

Mario, Iulia e Rutilio Rufo si volsero tutti a guardarlo incuriositi.

« Ti vedi con lei, Lucio Cornelio? » domandò Rutilio Rufo, zio premuroso.

« Non fare la chioccia, Publio Rutilio, non è il caso! Sì, mi vedo con lei di tanto in tanto. Ci vuole uno del posto per capire la situazione, ed è per questo che vado a trovarla. Aurelia è confinata nella Suburra, che è anche il mio mondo » disse, imperturbabile. « Conto ancora qualche amico in quei paraggi, per cui Aurelia mi è di strada, non so se mi spiego. »

« Oh, numi, avrei dovuto invitarla a cena! » esclamò Iulia, sgomenta per la propria sbadataggine. « Chissà come, tendiamo a dimenticarci di lei. »

« Aurelia capisce le cose » disse Silla. « Non fraintendetemi, ama il suo mondo. Però le piace tenersi al corrente di ciò che accade al Foro, e questo è compito mio. Tu sei suo zio, Publio Rutilio, tendi a tenerla al riparo dai guai. Io, invece, le racconto tutto quanto. È una donna di straordinaria intelligenza. »

« Qual è il messaggio? » domandò Mario, bevendo un sorso d'acqua.

« Proviene dal suo amico Lucio Decumio, quello strano ometto che gestisce la confraternita del crocevia nel suo isolato, e suona pressappoco così: se pensate che ci sia stata folla al Foro, non avete ancora visto niente. Il giorno delle elezioni tribunizie, il mare di volti diverrà un oceano. »

Lucio Decumio aveva ragione. Al sorger del sole Caio Mario e Lucio Cornelio Silla salirono alla Rocca Capitolina e si appoggiarono al basso muro che sbarrava la sommità del dirupo delle Latomie ad ammirare il panorama del Foro Romano che si spalancava ai loro piedi. L'oceano di folla si stendeva a perdita d'occhio, fittissimo, dal Clivo Capitolino alla Velia. Era una folla ordinata, cupa, minacciosa, da togliere il respiro.

« *Perché?* » domandò Mario.

« Stando a Lucio Decumio, sono venuti per far sentire la loro presenza. I *Comitia* si riuniranno per eleggere i nuovi tribuni della plebe; hanno saputo che Saturnino sarà tra i candidati e pensano che rappresenti la migliore speranza per le loro pance vuote. La carestia è appena agli inizi, Caio Mario. E loro non la vogliono, una carestia » rispose Silla, con voce piatta.

« Ma non possono influire sull'esito di un'elezione tribale più di quanto possano influire sulle elezioni delle Centurie! Sicuramente appartengono quasi tutti alle quattro tribù urbane. »

« Vero. E non ci saranno molti elettori appartenenti alle trentuno tribù rurali, a parte quelli che abitano a Roma » disse Silla.

«Oggi non regna un'atmosfera festiva tale da tentare gli elettori delle campagne. Così, solo un pugno di quelli che vedi laggiù esprimerà il proprio voto. E questo, lo sanno. Non sono venuti a votare. Sono venuti semplicemente per renderci noto che esistono.»

«È un'idea di Saturnino?» chiese Mario.

«No. La sua folla è quella che hai visto alle Calende e nei giorni seguenti. Merdaioli e piscioni, li chiamo io. Feccia. Soci delle confraternite dei crocevia, ex gladiatori, ladri e scontenti, bottegai creduloni cui sanguina il cuore per i mancati guadagni, liberti che non ne possono più di prostrarsi ai piedi degli ex padroni, e molti, convinti di poter guadagnare un paio di *denarii* se Lucio Apuleio continuerà a essere un tribuno della plebe.»

«In realtà sono qualcosa di più» disse Mario. «Sono i devoti seguaci del primo che sia mai montato sui rostri e li abbia presi sul serio.» Spostò il peso del corpo sul piede sinistro menomato dalla paralisi. «Ma la gente che è affluita qui oggi non appartiene a Lucio Apuleio Saturnino. Non appartiene ad alcuno. Numi. non c'erano tanti Cimbri sul campo di Vercelli quanti sono gli uomini che ho sotto gli occhi! E non dispongono di un esercito. Tutto ciò che hanno è una toga bordata di porpora. Un pensiero tranquillizzante.»

«Lo è, infatti» fu d'accordo Silla.

«Anche se, non saprei... Forse la toga bordata di porpora è il solo esercito di cui abbia bisogno. Di colpo, Lucio Cornelio, guardò Roma in una luce del tutto diversa da prima. Oggi sono scesi quaggiù per palesarsi a noi. Ma ogni giorno sono presenti entro le mura di Roma e se ne vanno attorno a sbrigare le loro faccende. Ci metterebbero appena un'ora per tornare quaggiù a mostrarsi di nuovo a noi. E crediamo di governarli?»

«Li governiamo, Caio Mario. Non sanno governarsi da soli. Si sono affidati a noi. Ma Caio Gracco dava loro da mangiare pane a basso prezzo, e gli edili allestiscono splendidi giochi a loro beneficio. Ora arriva Saturnino e promette pane a buon mercato nel pieno di una carestia. Non può mantenere la promessa, e loro cominciano a sospettarlo. Ed è questa la ragione vera per cui sono affluiti, per mostrarsi a lui durante le sue elezioni» ribatté Silla.

Mario aveva trovato la metafora che faceva al caso. «Sono come un gigantesco toro, gigantesco ma docile. Quando ti si fa incontro perché tieni in mano un secchio, l'unica cosa che gli interessi è il foraggio che gli rechi in quel secchio. Ma quando scopre che il secchio è vuoto, non ti si avventa contro rabbiosamente per incornarti. Suppone, semplicemente, che tu abbia nascosto il foraggio sulla tua persona, e per cercarlo ti calpesta a morte, senza neppure accorgersi di averti ridotto in poltiglia sotto le zampe.»

«Saturnino regge un secchio vuoto» osservò Silla.

«Proprio così» fece Mario, e si scostò dal muro. «Vieni, Lucio Cornelio, prendiamo il toro per le corna.»

«E speriamo,» disse Silla, sogghignando «che, dopotutto, Saturnino non abbia portato loro un po' di fieno!»

Nessuno, in quella folla oceanica, intralciava il passaggio dei senatori e dei cittadini dotati di coscienza politica che di norma venivano a esprimere il proprio voto ai *Comitia*: mentre Mario montava sui rostri, Silla andò a piazzarsi sui gradini del Senato con gli altri senatori di sangue patrizio. Quel giorno, gli elettori dell'Assemblea della Plebe constatarono di essere un'isola nel mare di muti spettatori, e un'isola sommersa perdipiù, con i rostri che si ergevano come uno scoglio dalla sommità piatta al di sopra del pozzo dei *Comitia* e della piatta superficie dell'oceano. Ci si era aspettati la presenza delle migliaia di straccioni di Saturnino, naturalmente, il che aveva indotto molti tra i senatori e i comuni elettori a nascondere pugnali o randelli sotto le toghe, in particolare la combriccola di giovani *boni* conservatori capeggiata da Cepione Minore. Ma quelli non erano gli straccioni di Saturnino: erano tutti i poveri di Roma, venuti a protestare. E di colpo pugnali e randelli furono giudicati uno sbaglio.

L'uno dopo l'altro, i venti candidati alla carica di tribuno della plebe si dichiararono, mentre Mario se ne stava a osservare, vigile. Il primo a presentarsi fu il tribuno chiamato a presiedere la cerimonia, Lucio Apuleio Saturnino. E l'immensa folla scoppiò in assordanti acclamazioni, un'accoglienza che chiaramente lo stupì, scoprì Mario, spostandosi in modo da poter tener d'occhio il viso di Saturnino. Il quale stava pensando, e gìielo si leggeva in faccia: che seguito, per un sol uomo! Che cosa non sarebbe stato in grado di fare, con l'appoggio di trecentomila poveri di Roma? Chi avrebbe mai avuto il coraggio di escluderlo dalla carica di tribuno della plebe, quando quel mostro gli urlava la sua approvazione?

Coloro i quali fecero seguito a Saturnino nella presentazione della propria candidatura, furono accolti con muta indifferenza; Publio Furio, Quinto Pompeo Rufo dei Pompei del Piceno, Sesto Tizio che era di origini sannite, e Marco Porzio Catone Saloniano, capelli rossi, occhi grigi, l'aria oltremodo aristocratica, nipote del contadino tuscolano Catone il Censore e pronipote di una schiava celtica.

Per ultimo si presentò nientemeno che Lucio Equizio, il sedicente figlio illegittimo di Tiberio Gracco, lo stesso che Metello Numidico, ai tempi in cui era censore, aveva tentato di escludere dalle liste dell'Ordine dei Cavalieri. La folla riprese ad acclamare, grandi ondate di sfrenato entusiasmo; ecco una reliquia del diletto Tiberio Gracco. E Mario ebbe modo di constatare quanto esatta fosse stata la metafora del gigantesco toro gentile, ché la folla prese a muoversi in direzione di Lucio Equizio, alto sullo scoglio dei rostri, del tutto ignaro della sua forza. L'inesorabile onda di marea schiacciò sempre più l'uno contro l'altro gli uomini presenti nei *Comitia* e nei pressi. Fremiti di panico cominciarono a scorrere sugli aspiranti elettori, via via che sperimentavano la soffocante sensazione di impotente terrore che avvertono tutti coloro i quali si trovano al centro di una forza cui non possono resistere.

Mentre tutti gli altri se ne stavano immobili, paralizzati, il paralizzato Caio Mario si affrettò a farsi avanti e protese le mani col palmo in avanti, mimando un gesto che intimava: FERMI! FERMI! FERMI! La folla si fermò all'istante, la pressione diminuì un tantino, e ora le acclamazioni erano tutte per Caio Mario, il Primo a Roma, il Terzo Fondatore di Roma, il Vincitore dei Germani.

«Presto, sciocco!» latrò a Saturnino, che se ne stava lì, apparentemente rapito, estasiato dai rumori che promanavano da quelle gole acclamanti. «Di' che hai udito tuonare... una cosa qualsiasi che serva a sciogliere l'adunata! Se non facciamo uscire gli elettori dai *Comitia*, la folla li ucciderà col semplice peso del numero!» Poi ordinò ai messaggeri di suonare le trombe, e nell'improvviso silenzio tornò a sollevare le mani. «Ha tuonato!» urlò. «La votazione avrà luogo domani! Torna alle tue case, popolo di Roma! A casa, a casa!»

E la folla se ne andò a casa.

Fortunatamente, gran parte dei senatori aveva trovato riparo all'interno della Curia, dove Mario li seguì non appena riuscì ad aprirsi un varco. Saturnino, notò, era sceso dai rostri e si avviava impavido tra le fauci della folla, sorridendo e tendendo le braccia come uno di quei bizzarri mistici della Pisidia che credevano nell'imposizione delle mani. E il pretore urbano Glaucia? Era montato sui rostri e se ne stava a osservare Saturnino, col più radioso dei sorrisi sul bel viso placido.

I volti che si girarono verso Mario quando entrò nella Curia erano pallidissimi, più che placidi, tirati, più che sorridenti.

«Gran brutto pasticcio!» esclamò il *Princeps Senatus* Scauro, indomito come di consueto, ma decisamente un po' intimidito.

Mario guardò i capannelli di Padri Coscritti e disse, con grande fermezza: «Andatevene a casa, vi prego! La folla non vi farà alcun male, però sgattaiolate su per l'Argileto, anche se siete diretti al Paltino. Se la sola cosa che dovrete lamentare sarà una lunga camminata per tornare a casa, ve la caverete a buon mercato. E ora andate! Andate!».

A quelli che desiderava si trattenessero, batté un colpetto sulle spalle; ed erano soltanto Silla, Scauro, il censore, Metello Caprario, il Pontefice Massimo Enobarbo, Crasso Oratore e il cugino di Crasso, Scevola, che erano gli edili curuli. Silla, notò Mario con interesse, si avvicinò a Cepione il Giovane e a Metello il Porcellino e mormorò qualcosa, dando loro quello che parve un colpetto sospettosamente affettuoso sulla spalla mentre abbandonavano l'aula. "Devo scoprire che cosa sta succedendo," si disse Mario" ma più tardi, quando ne avrò il tempo. Se mai l'avrò, a giudicare da questo pasticcio."

« Be', oggi abbiamo visto qualcosa che nessuno di noi aveva mai visto prima » borbottò. « Spaventoso, vero? »

« Non credo che avessero cattive intenzioni » osservò Silla.

« Neppure io » fece Mario. « Però sono ugualmente paragonabili al gigantesco toro ignaro della propria forza.» Fece cenno al capo dei suoi scrivani. « Trova qualcuno da spedire di corsa al Foro. Voglio che il capo del collegio dei littori venga qui immediatamente.»

« Che cosa consigli di fare? » domandò Scauro. « Rinviare le elezioni dei tribuni della plebe? »

« No, tanto vale farla finita con quelle » rispose Mario recisamente. « Ora come ora, la folla-toro è un docile animale, ma chissà fino a che punto potrebbe infuriarsi con l'aggravarsi della carestia? Non aspettiamo di essere costretti a imbottirgli le corna col fieno perché, se aspettiamo, sarà nel petto di uno di noi che le infilzerà. Ho convocato il capo dei littori perché ritengo che domani il nostro toro sarà tratto in inganno da uno sbarramento che sarebbe in grado di scavalcare facilmente. Darò ordine che gli schiavi di stato lavorino tutta notte a erigere una barricata dall'aria innocua tutt'attorno al pozzo dei *Comitia* e allo spiazzo tra i *Comitia* e i gradini del Senato: più o meno dello stesso tipo che montiamo al Foro per isolare il terreno di combattimento dagli spettatori durante le onoranze funebri, perché in tal modo la riconosceranno e non la prenderanno per una manifestazione di paura da parte nostra. Poi farò appostare tutti i littori esistenti a Roma all'interno della barricata: in tunica cremisi, senza la toga, ma disarmati, a parte i manganelli. Qualsiasi cosa si faccia, non dobbiamo mettere in testa al nostro toro la pericolosa idea che sia più grosso e più forte di noi: i tori pensano, sapete! E domani si svolgeranno le elezioni dei tribuni, e non m'importa se si presenteranno a votare solo trentacinque elettori. La qual cosa significa che oggi voi, tutti quanti, mentre ve ne tornate a casa, dovrete fare qualche visita e ordinare ai senatori del vicinato di presentarsi a votare, domani. In tal modo, saremo sicuri di poter contare almeno su un rappresentante di ciascuna tribù. La percentuale dei votanti potrà anche essere ridotta all'osso, ma si tratterà pur sempre di una votazione valida. Capito, tutti quanti?»

«Capito» rispose Scauro.

«Dov'è finito Quinto Lutazio?» chiese Silla a Scauro.

«È malato, credo» rispose Scauro. «Dev'essere la verità... Quinto Lutazio non manca di coraggio.»

Mario guardò il censore, Metello Caprario. «Domani, Caio Cecilio, il compito più difficile toccherà a te,» disse «perché quando Equizio proclamerà la sua candidatura, dovrò domandarti se glielo consenti. Come risponderai?»

Caprario non ebbe un attimo di esitazione. «Dirò di no, Caio Mario. Un ex schiavo che diventa tribuno della plebe? Inconcepibile.»

«D'accordo, è tutto, grazie» concluse Mario. «Avviatevi, ora, e fate in modo che tutti i nostri tremebondi senatori si presentino puntualmente domani. Lucio Cornelio, rimani. Intendo affidarti il comando dei littori, per cui sarà meglio che tu sia qui quando arriverà il loro capo.»

La folla fece ritorno al Foro all'alba, e trovò il pozzo dei *Comitia* protetto dalla semplice recinzione provvisoria di paletti e corde che era abituata a vedere ogniqualvolta il Foro diventava sede di giochi gladiatorii funebri in onore di qualche defunto; all'interno del perimetro della barricata erano appostati i littori, a distanza di pochi metri l'uno dall'altro, in tunica cremisi e armati di lunghi randelli. Niente di male, in tutto questo. E quando Caio Mario si fece avanti a fornire spiegazioni, urlando che desiderava evitare che qualcuno venisse travolto inavvertitamente, fu acclamato con lo stesso entusiasmo del giorno prima. Ciò che la folla non vedeva era il gruppo che Silla aveva appostato all'interno della *Curia Hostilia* un bel po' prima dell'alba: i suoi cinquanta giovani esponenti della Prima Classe, con tanto di corazze ed elmi, spade e daghe appese al cinturone e scudi per proteggersi. Un Cepione Minore al colmo dell'eccitazione ne era il capo soltanto in seconda, tuttavia, perché il comando era stato assunto da Silla in persona.

«Ci muoveremo solo se sarò io a impartire l'ordine...» disse Silla «e parlo sul serio. Se uno di voi si muoverà *senza* un mio preciso ordine, lo ammazzo.»

Sui rostri tutti erano pronti a entrare in azione; nel pozzo dei *Comitia* un numero sorprendentemente cospicuo di elettori si assiepava in compagnia di circa una metà dei membri del Senato, mentre i senatori di sangue patrizio se ne stavano, come sempre, sui gradini della Curia. Tra loro figurava Catulo Cesare, l'aria abbastanza malandata da aver indotto qualcuno a procurargli uno scranno, ed era presente anche il censore Caprario, cui la condizione plebea avrebbe consentito di scendere nei *Comitia*, ma che aveva preferito piazzarsi in un posto dove tutti potessero vederlo.

Quando Saturnino dichiarò ancora una volta la propria candidatura, la folla lo acclamò in modo isterico; chiaramente, l'imposizione delle mani, il giorno prima aveva fatto miracoli. Come in precedenza, le dichiarazioni degli altri candidati furono accolte in silenzio. Finché, buon ultimo, si presentò Lucio Equizio.

Mario si girò di scatto verso i gradini del Senato e inarcò l'unico sopracciglio mobile in una muta domanda a Metello Caprario; e Metello Caprario scosse il capo con veemenza. Sarebbe stato impossibile rivolgere la domanda a parole, perché la folla continuava ad acclamare Lucio Equizio come se non intendesse smettere più.

I messaggeri diedero fiato alle trombe, Mario si fece avanti, calò il silenzio. «Quest'uomo, Lucio Equizio, non è qualificato all'elezione a tribuno della plebe!» gridò con quanto fiato aveva in gola. «Esiste un'ambiguità riguardo alla sua condizione di cittadino, che il censore deve chiarire prima che Lucio Equizio possa aspirare a una qualsiasi carica pubblica connessa col Senato e il Popolo di Roma!»

Saturnino scostò Mario e si portò sull'orlo dei rostri. «Nego che esista una qualsiasi irregolarità!»

«Io dichiaro, a nome del censore, che un'irregolarità esiste» ribatté Mario, imperturbabile.

Saturnino tornò ad appellarsi alla folla. «Lucio Equizio è romano al pari di chiunque di voi!» strillò. «Guardatelo, basta guardarlo! Tiberio Gracco reincarnato!»

Ma Lucio Equizio affondava lo sguardo nel pozzo dei *Comitia*, un luogo al di sotto della visione della folla, persino di coloro che stavano in prima fila. Laggiù, senatori e figli di senatori andavano estraendo pugnali e randelli da sotto le tuniche, e davano l'impressione di voler trascinare Lucio Equizio in mezzo a loro.

Lucio Equizio, prode veterano di dieci anni di servizio nelle legioni, stando almeno a quanto aveva raccontato di sé, si ritrasse, si girò verso Mario, aggrappandosi al suo braccio destro. «Aiutami!» piagnucolò.

«Mi piacerebbe aiutarti facendoti assaggiare la punta dei miei calzari, stupido piantagrane» borbottò Mario. «L'impegno odierno, tuttavia, consiste nel tenere queste elezioni. Non puoi candidarti, ma se rimani qui sui rostri, qualcuno finirà col linciarti. La cosa migliore che possa fare per salvarti la pelle è quella di rinchiuderti nelle celle delle Latomie finché tutti quanti non se ne siano andati a casa. »

Due dozzine di littori montavano la guardia sui rostri, una dozzina recante i fasci perché erano addetti alla persona del console Caio Mario; il console Caio Mario li fece schierare attorno a Lucio Equizio e ordinò loro di accompagnarlo alle Latomie, e la marcia di Lucio Equizio tra la folla fu contrassegnata da una sorta di separazione del mare di gente, in risposta al simbolo dell'autorità rappresentato da quei fasci di verghe legati con nastri cremisi.

"Non ci credo" pensò Mario, seguendo con lo sguardo la separazione del mare di folla. "Da come lo acclamano, adorano quell'individuo più di quanto adorino gli dèi. Deve sembrar loro che io abbia messo agli arresti il loro idolo. Ma che cosa fanno? Ciò che sempre, sempre fanno, ogniqualvolta vedono una schiera di littori marciare con i fasci in spalla tallonati da qualche toga bordata di porpora: si fanno da parte per consentire il passaggio alla maestà di Roma. Neppure per amore di un Lucio Equizio sono disposti ad annullare il potere delle verghe e della toga bordata di porpora. Passa Roma. Che cos'è un Lucio Equizio, tutto sommato? Un patetico sosia di Tiberio Sempronio Gracco, che amavano, amavano, amavano. Non acclamano Lucio Equizio! Acclamano il ricordo di Tiberio Gracco."

E un'emozione venata di fierezza, del tutto nuova, pervase Caio Mario mentre continuava a osservare la pinna dorsale littoria che fendeva l'oceano degli umili di Roma: fierezza delle antiche usanze, consuetudini e vecchie tradizioni ancora così potenti da respingere una folla più numerosa dei Germani invasori semplicemente con la presenza di qualche fascina in spalla. "E io" pensò Caio Mario "me ne sto qui avvolto nella mia toga bordata di porpora, non temendo alcunché proprio perché la indosso, e so di essere più grande di qualsiasi re che abbia mai calpestato il suolo della Terra. Ché non ho un esercito, ed entro le mura della loro città non posso inserire le scuri nei fasci, né disporre di una guardia del corpo armata di spade; eppure si fanno da parte al cospetto dei puri simboli della mia autorità, qualche verga e un pezzo di stoffa informe, orlata di meno porpora di quanta ne possano vedere un giorno qualsiasi indosso a un'ineffabile ballerina che esibisca la sua mercanzia. Sì, è preferibile essere console di Roma che re del mondo."

Tornarono i littori dalle Latomie, e di lì a poco tornò anche Lucio Equizio, che la folla aveva liberato dalle celle senza violenze e tornò a issare sui rostri provocando appena un po' di confusione... quasi, parve a Mario, scusandosene. E Lucio Equizio se ne stette lì, povero rottame scosso dai brividi, augurandosi di trovarsi in qualsiasi altro posto, anziché dove era in quel momento. Per Mario, il messaggio della folla era esplicito: riempi il mio secchio, ho fame, non nascondere il mio foraggio.

Nel frattempo Saturnino procedeva al disbrigo delle operazioni di voto con la massima rapidità possibile, ansioso di assicurarsi la rielezione prima che potesse accadere qualcosa di spiacevole. La sua testa traboccava di confusi sogni sul futuro, la potenza e la maestà di quella folla, il modo in cui gli manifestava la propria adorazione. Acclamavano Lucio Equizio solo perché somigliava a Tiberio Gracco? Acclamavano Caio Mario, ormai vecchio idiota malconcio, perché aveva salvato Roma dai barbari? Ah, però non acclamavano Equizio o Mario con lo stesso entusiasmo con cui acclamavo *lui*! E che materiale con cui operare... niente a che fare con la feccia dei lupanari della Suburra, quella folla! Quella folla era fatta di gente rispettabile, che magari aveva la pancia vuota, ma i cui princìpi rimanevano intatti.

I candidati si fecero avanti, l'uno dopo l'altro, e le tribù votarono, mentre gli scrutatori scribacchiavano e Mario e Saturnino montavano la guardia; fino al momento in cui, per ultimo, fu il turno di Lucio Equizio. Mario guardò Saturnino. Saturnino guardò Mario. Mario lanciò un'occhiata ai gradini del Senato.

«Che cosa vuoi che dica questa volta, Caio Cecilio Metello Caprario Censore?» gridò Mario. «Desideri che continui a negare a quest'uomo il diritto di candidarsi all'elezione, o ritiri le tue obiezioni?»

Caprario guardò con espressione d'impotenza Scauro, il quale guardò il terreo Catulo Cesare, il quale guardò il Pontefice Massimo Enobarbo, il quale si rifiutò di guardare chiunque. Seguì una lunga pausa; la folla osservava in silenzio, affascinata, senza avere la più pallida idea di ciò che stava accadendo.

«Si candidi!» urlò Metello Caprario.

«Si candidi» disse Mario a Saturnino.

E quando si passò allo scrutinio, Lucio Apuleio Saturnino risultò primo tra gli eletti, ottenendo così il terzo mandato di tribuno della plebe; Catone Saloniano, Quinto Pompeo Rufo, Publio Furio e Sesto Tizio furono eletti a loro volta; e al secondo posto, con soltanto tre o quattro voti di scarto rispetto a Saturnino, divenne tribuno della plebe anche l'ex schiavo Lucio Equizio.

«Che collegio servile avremo quest'anno!» esclamò Catulo Cesare, beffardo. «Non solo un Catone Saloniano, ma addirittura un liberto!»

«La Repubblica è morta» disse il Pontefice Massimo Enobarbo, scoccando un'occhiata di disgusto a Metello Caprario.

«Be', che altro potevo fare?» belò Metello il Caprone.

Stavano sopraggiungendo altri senatori, e la guardia armata di Silla, sbarazzatasi dell'armamentario, sbucò dall'interno alla Curia. I gradini del Senato sembravano il luogo più sicuro, anche se appariva ormai evidente che la folla, avendo assistito al trionfo elettorale dei suoi eroi, se ne stava tornando a casa.

Cepione il Giovane lanciò uno sputo in direzione della folla. «Tanti saluti alla feccia, per oggi!» bofonchiò abbozzando una smorfia. «Guardateli! Ladri, assassini, stupratori delle proprie figlie!»

«Non sono feccia, Quinto Servilio» disse Mario in tono severo. «Sono Romani e sono poveri, ma non ladri o assassini. E non ne possono più di miglio e rape. Farai meglio a sperare che l'amico Lucio Equizio non li sobilli. Si sono comportati benissimo durante queste dannate elezioni, ma le cose potrebbero cambiare se il miglio e le rape saliranno sempre più di prezzo al mercato.»

«Oh, non c'è bisogno di preoccuparsi per *questo*!» intervenne Caio Memmio allegramente, lieto che i tribuni della plebe fossero stati regolarmente eletti e che la sua candidatura al consolato in coppia con Marco Antonio Oratore apparisse più promettente che mai. «Tra qualche giorno la situazione migliorerà. Marco Antonio mi stava dicendo che i nostri emissari nella Provincia d'Asia sono riusciti ad acquistare un grosso quantitativo di grano da qualche parte a nord del Ponto Eusino. La prima flotta granaria dovrebbe attraccare a Pozzuoli da un giorno all'altro.»

Tutti lo fissavano, a bocca aperta.

«Be',» disse Mario, dimenticandosi che non poteva più sorridere con blanda ironia, senza che sul viso si dipingesse una spaventosa smorfia «tutti noi ci rendiamo conto che sembri avere la facoltà di leggere nel futuro delle forniture di grano, ma com'è, esattamente, che sei al corrente di una notizia del genere quando io, il primo console!... e il qui presente Marco Emilio, *Princeps Senatur* nonché curatore dell'annona!... ne siamo all'oscuro?»

Venti paia d'occhi erano fissi sul suo viso; Memmio deglutì a vuoto. «Non è un segreto, Caio Mario. L'argomento è venuto a galla durante una conversazione ad Atene, quando Marco Antonio è tornato dal suo ultimo viaggio a Pergamo. Là si è incontrato con alcuni dei nostri emissari e sono stati loro a dirglielo.»

«E perché Marco Antonio non ha ritenuto opportuno informare me, curatore delle forniture di grano?» domandò Scauro in tono glaciale.

«Suppongo perché, come me, a dire il vero, presumeva che già lo sapessi. Gli emissari hanno scritto, perché non avresti dovuto saperlo?»

«Le loro lettere non sono arrivate» disse Mario, strizzando l'occhio a Scauro. «Mi permetti di ringraziarti, Caio Memmio, per averci recato questa splendida notizia?»

«Sicuro!» fece Scauro, che si andava calmando.

«Sarà bene sperare, nell'interesse generale, che non si levi una burrasca a spedire il grano in fondo al Mediterraneo» continuò Mario, decidendo che la folla si era ormai dispersa quanto bastava a permettergli di tornare a casa a piedi, e tutt'altro che ostile all'idea di fare quattro chiacchiere con qualcuno di loro. «Senatori, ci ritroveremo qui domani per le elezioni dei questori. E il giorno seguente ci recheremo tutti al Campo Marzio per assistere alle dichiarazioni dei candidati alle cariche di console e di pretore. Vi dò il buon giorno.»

«Sei un imbecille, Caio Memmio» ringhiò Catulo Cesare con violenza dal suo scranno.

Caio Memmio decise che non era assolutamente il caso di avere un battibecco con un esponente dell'alta aristocrazia, per cui si avviò nella scia di Caio Mario, avendo deciso di andare a far visita a Marco Antonio, nella villa che aveva preso in affitto al Campo Marzio, per informarlo degli avvenimenti di quella giornata. Mentre usciva a passo spedito, si rese conto degli altri meriti che lui e Marco Antonio avrebbero potuto attribuirsi agli occhi degli elettori. Avrebbe fatto in modo che i loro emissari si insinuassero tra le Centurie mentre si radunavano per assistere alle dichiarazioni dei candidati curuli, di lì a due giorni; avrebbero potuto propagare la notizia del prossimo arrivo delle flotte granarie, come se il merito fosse tutto suo e di Marco Antonio. Poteva darsi che la Prima e la Seconda Classe deplorassero la spesa in cui lo stato sarebbe incorso per mettere in vendita grano a basso prezzo, ma avendo visto le dimensioni della folla al Foro, Memmio si disse che avrebbero dovuto essere grato agli dèi al pensiero delle pance dei Romani piene di pane ottenuto con grano a buon mercato.

All'alba del giorno della presentazione dei candidati ai *saepta*, Caio Memmio s'incamminò dal Palatino alla volta del Campo Marzio, accompagnato da un codazzo giubilante di clienti e amici, tutti sicuri che lui e Antonio sarebbero stati eletti. Esultanti e ridenti, attraversarono di buon passo il Foro Romano nel freddo venticello di un bel mattino di fine autunno, rabbrividendo un po' mentre s'inoltravano nell'ombra densa della Porta Fontinale, ma certissimi che laggiù, sullo spiazzo inondato di sole ai piedi della

Rupe, li attendesse la vittoria. Caio Memmio sarebbe stato eletto console.

Anche altri uomini si avviavano ai *saepta*, a gruppi, in coppia, a tre a tre, ma raramente da soli; chi apparteneva alle classi abbastanza importanti da avere diritto di voto alle elezioni curuli amava avere compagnia in pubblico, perché la sua *dignitas* ne guadagnava.

Nel punto in cui la strada che scendeva dal Quirinale si immetteva nella Via Lata, Caio Memmio e i suoi compagni s'imbatterono in una cinquantina di uomini che scortavano nientemeno che Caio Servilio Glaucia.

Memmio si fermò bruscamente, stupefatto. «E dove pensi di andare, vestito in quel modo?» domandò, adocchiando la *toga candida* di Glaucia. Sbiancata in modo speciale lasciandola appesa al sole per giorni e giorni di fila, poi resa di un candore immacolato e abbagliante mediante copiose applicazioni di polvere di gesso, la *toga candida* poteva essere indossata solo da chi intendeva candidarsi a una carica pubblica.

«Mi sono candidato al consolato» rispose Glaucia.

«Non è vero, e lo sai» ribatté Memmio.

«Sì, invece!»

«Caio Mario ha detto che *non potevi* candidarti.»

«Caio Mario ha detto che non potevo candidarmi» lo parodiò Glaucia con voce chioccia, poi girò ostentatamente le spalle a Memmio e attaccò a parlare ai suoi seguaci con voce sonora, grondante inflessioni omosessuali. «Caio Mario *ha detto* che non potevo candidarmi! *Bene!* Devo dire che è un po' *duro* da mandar giù, il fatto che i veri uomini non possono candidarsi, e le belle checchine, invece, sì!»

Lo scambio verbale aveva richiamato una piccola folla, cosa tutt'altro che insolita date le circostanze, poiché gli scontri tra candidati rivali facevano parte del divertimento in occasioni del genere; il fatto che nel caso specifico lo scontro avesse avuto luogo prima che i candidati raggiungessero lo spiazzo dei *saepta* non faceva differenza per gli spettatori, sempre più numerosi man mano che altra gente sopraggiungeva lungo la Via Lata, proveniente dalla città.

Penosamente consapevole della folla che si era radunata, Caio Memmio si dimenò, a disagio. Era stato perseguitato per tutta la vita dal fatto di essere troppo avvenente, con gli inevitabili sarcasmi che ne conseguivano: era troppo belloccio, non dava affidamento, gli piacevano i ragazzi, era uomo di nessuna importanza, e via discorrendo. Ora Glaucia aveva pensato bene di burlarsi di lui al cospetto di tutti quegli uomini, degli elettori. Oh, non aveva proprio *bisogno* che qualcuno rammentasse loro l'antica nomea di omosessuale, e proprio quel giorno, perdipiù!

E, comprensibilmente, Caio Memmio vide rosso. Prima che qualcuno dei suoi accompagnatori potesse prevederne le intenzioni, si fece avanti, posò la mano sulla spalla sinistra di Glaucia e ne strappò via la toga immacolata. Poi, mentre Glaucia si voltava di scatto per vedere chi era l'aggressore, Memmio gli sferrò un violento pugno all'orecchio sinistro, che andò a segno. Glaucia crollò a terra, e Memmio gli si gettò sopra, e le due toghe immacolate s'insudiciarono e macchiarono. Ma gli uomini di Glaucia avevano nascosto su di sé bastoni e randelli, che vennero prontamente branditi; gli uomini di Glaucia si avventarono tra le schiere attonite dei compagni di Memmio, menando botte da orbi. Il seguito di Memmio si disintegrò immediatamente, e i suoi componenti si sparpagliarono in tutte le direzioni invocando aiuto.

Con l'atteggiamento tipico degli spettatori estranei, la folla neppure fece l'atto di intervenire in aiuto dei malcapitati, si limitò a guardare con avido interesse; per essere giusti, tuttavia, va detto che nessuno tra coloro che assistevano alla scena immaginava anche lontanamente che fosse qualcosa di più di una zuffa tra due candidati. I bastoni erano una sorpresa, ma era risaputo che già in altre occasioni i sostenitori dei vari candidati giravano armati.

Due omaccioni sollevarono di peso Memmio e lo tennero sospeso, nell'atto di dibattersi furiosamente, mentre Glaucia si rimetteva in piedi scalciando per liberarsi dalla toga ormai rovinata. Glaucia non disse una parola. Strappò un bastone di mano a qualcuno che gli stava accanto, poi guardò Memmio per un lungo istante. Il bastone si sollevò, impugnato a due mani come un maglio, e si abbatté sulla bellissima testa di Caio Memmio. Nessuno cercò di intervenire mentre Glaucia si chinava, seguendo Memmio nella caduta, e continuava a colpire, a colpire quella testa, che bella non era più. Soltanto quando fu ridotta a una poltiglia sanguinolenta di materia cerebrale, Glaucia smise.

Allora un'espressione di incredula e amareggiata frustrazione si dipinse sul viso di Glaucia; scagliò lontano da sé il bastone insanguinato e fissò il suo amico Caio Claudio, che se ne stava a guardare, terreo in volto.

«Mi daresti rifugio finché non potrò andarmene?» domandò.

Claudio fece segno di sì con la testa, incapace di spiccicar parola.

Gli spettatori cominciavano a brontolare e a stringersi attorno al gruppo, mentre altri uomini accorrevano dai *saepta*; Glaucia si volse e spiccò la corsa in direzione del Quirinale, seguito dai compagni.

La notizia fu recata a Saturnino mentre si aggirava furtivamente per i *saepta*, tessendo in modo suadente le sue trame in favore della candidatura illegale di Glaucia. Irose occhiate furtive gli dissero come la pensava la maggior parte di coloro i quali udirono la notizia dell'assassinio di Memmio, e tutti sapevano che lui era il miglior amico di Glaucia. Tra i giovani senatori e figli di senatori cominciava a serpeggiare un brusìo infuriato, mentre alcuni dei figli dei cavalieri più potenti si raccoglievano attorno ai loro coetanei di rango senatoriale, e tra loro figurava anche quell'enigmatico personaggio che era Silla.

«Sarà meglio che ci allontaniamo da questo posto» disse Caio Saufeio, eletto questore urbano solo il giorno prima.

«Hai ragione, lo penso anch'io» fu d'accordo Saturnino, sempre più preoccupato per la rabbia che avvertiva attorno a sé.

Accompagnato dai suoi accoliti del Piceno, Tito Labieno e Caio Saufeio, Saturnino abbandonò i *saepta* in gran fretta. Sapeva dove poteva essersi rifugiato Glaucia, nella casa di Caio Claudio sul Quirinale, ma, quando vi giunse, Saturnino ne trovò le porte chiuse e sprangate. Soltanto dopo un bel po' di urla Caio Claudio venne ad aprire e fece entrare i tre amici.

«Dov'è?» domandò Saturnino.

«Nel *tablinum*» rispose Caio Claudio, che palesemente aveva pianto.

«Tito Labieno,» disse Saturnino «va' in cerca di Lucio Equizio, vuoi? Abbiamo bisogno di lui, la folla lo adora.»

«Che cosa'hai in mente di fare?» domandò Labieno.

«Te lo dirò quando mi porterai Lucio Equizio.»

Glaucia sedeva, terreo in viso, nel *tablinum* di Caio Claudio; all'ingresso di Saturnino alzò gli occhi, ma non disse parola.

«Perché, Caio Servilio? *Perché?*»

Glaucia rabbrividì. «Non intendevo farlo» balbettò. «Solo... solo che ho perso la pazienza.»

«E ci hai fatto perdere l'occasione di governare Roma» disse Saturnino.

«Ho perso la pazienza» ripeté Glaucia.

Aveva trascorso la notte precedente la presentazione dei candidati curuli in quella stessa casa, perché Caio Claudio aveva dato un banchetto in suo onore; più creatura altrui che un vero uomo, Caio Claudio ammirava la spavalderia con cui Glaucia sfidava le disposizioni della legge Villia, e aveva pensato che la maniera migliore per dimostrare la propria ammirazione consistesse nell'impiegare parte del denaro che possedeva in abbondanza per offrire a Glaucia una memorabile festa di addio prima di affrontare il responso delle urne. I cinquanta uomini che più tardi avrebbero scortato Glaucia fino ai *saepta* furono invitati al banchetto, ma tra i commensali non figuravano donne, e il risultato fu una commedia degna di nota solo per la gran quantità di vino tracannato e l'asprezza degli scambi verbali. All'alba, nessuno si sentiva troppo bene, e tuttavia dovevano recarsi ai *saepta* a dar man forte a Glaucia; bastoni e randelli erano sembrati una buona idea. Obnubilato dal vino al pari degli altri, Glaucia aveva preso un emetico e si era fatto il bagno, poi si era drappeggiato sulle spalle la toga immacolata e si era incamminato, strizzando gli occhi per resistere ai mille martelletti che gli procuravano un terribile mal di testa.

L'incontro con l'impeccabile e ridente Memmio, che avanzava con la splendida testa alta, come se avesse già vinto, fu più di quanto i nervi di Glaucia, tesi allo spasimo, potessero sopportare. Quindi, aveva reagito all'opposizione di Memmio con crudeli parole di scherno, e quando Memmio gli aveva strappato la toga, aveva perso del tutto il controllo. Ora era un fatto compiuto, e non si poteva porvi riparo. Tutto giaceva in rovina attorno alla testa fracassata di Caio Memmio.

La silenziosa presenza di Saturnino nel *tablinum* fu una violenta emozione d'altro genere; Glaucia cominciava ad afferrare l'enormità del suo gesto, le sue conseguenze e ripercussioni. Aveva distrutto non soltanto la propria carriera, ma con tutta probabilità anche la carriera dei suoi migliori amici. E questo gli riusciva intollerabile.

«Di' qualcosa, Lucio Apuleio!» gridò.

Ammiccando, Saturnino si strappò ai pensieri in cui era sprofondato, quasi in trance. «Credo che ci resti un'unica scelta» disse pacatamente. «Dobbiamo attirare la folla dalla nostra parte, e servircene per costringere il Senato ad accordarci ciò di cui abbiamo bisogno: una specie di salvacondotto, la concessione delle attenuanti a te, la garanzia che nessuno di noi sarà perseguito legalmente. Ho spedito Tito Labieno in cerca di Lucio Equizio, perché sarà più facile convincere la folla se ci sarà anche lui.» Esalò un sospiro, fletté le dita. «Non appena Labieno tornerà, ci recheremo al Foro. Non c'è tempo da perdere.»

«Dovrei venire anch'io?» domandò Glaucia.

«No. Tu rimarrai qui con i tuoi, e dirai a Caio Claudio di armare i suoi schiavi. E non fate entrare nessuno finché non udrete la mia voce, o quella di Labieno o di Saufeio.» Si alzò. «All'imbrunire dovrò avere il controllo di Roma. Altrimenti... sarò finito anch'io. »

« Lasciami perdere! » disse Glaucia di punto in bianco. « Lucio Apuleio, non c'è alcun bisogno di tutto questo! Solleva le mani inorridito per il mio gesto, poi schierati in prima fila, chiedendo a gran voce la mia condanna! È l'unica via d'uscita. Roma non è ancora pronta per una nuova forma di governo! Quella folla è affamata, certo. Non ne può più di essere governata da incompetenti, certo. Vuole giustizia, certo. Ma non abbastanza da fracassare teste e sgozzare la gente. Ti acclameranno fino a diventare rauchi. Ma non uccideranno per te. »

« Ti sbagli » disse Saturnino, che aveva la sensazione di camminare su un letto di piume, leggero, libero, invulnerabile. « Caio Servilio, tutta quella gente che affolla il Foro è più numerosa e più potente di un *esercito!* Non ti sei accorto che ai politicanti di mestiere si piegavano le ginocchia? Non hai notato che Metello Caprario ha fatto marcia indietro riguardo a Lucio Equizio? E tutto senza spargimento di sangue! Il Foro si fa di gran lunga più rosso in seguito alle zuffe di un centinaio di uomini, eppure, di uomini, ce n'erano centinaia di migliaia! Nessuno oserà sfidare quella folla, e non sarà neanche necessario armare gli uomini o convincerli a fracassare teste o squarciare gole. Il loro potere risiede nel numero! Una massa che io sono in grado di *controllare*, Caio Servilio! Tutto ciò che mi serve è la mia oratoria, la prova della mia dedizione alla loro causa, e un paio di interventi di Lucio Equizio! Chi potrà mai resistere all'uomo che manovra quella folla come una gigantesca macchina da assedio? Gli uomini di paglia del Senato? »

« Caio Mario » rispose Glaucia.

« No, neppure Caio Mario! E comunque, è con noi! »

« Non lo è » disse Glaucia.

« Può anche credere di non essere con noi, Caio Servilio, ma il fatto che la folla lo acclami nello stesso modo in cui acclama me e Lucio Equizio indurrà i politicanti di mestiere e tutti gli altri senatori a vederlo sotto la stessa luce in cui vedono noi! Non ho niente in contrario a spartire il potere con Caio Mario... almeno per qualche tempo. Si sta facendo vecchio, ha avuto un colpo. Che ci sarebbe di strano se morisse in seguito a un altro colpo? » domandò Saturnino con fervore.

Glaucia si sentiva un po' meglio; si raddrizzò sullo scranno e guardò Saturnino con un misto di dubbio e speranza. « *Potrebbe* funzionare, Lucio Apuleio? Lo credi sul serio? »

E Saturnino tese le braccia al soffitto, fremendo di fiducia, un sorriso di gioia feroce sul viso. « Funzionerà, Caio Servilio. Lascia fare a me. »

Così Lucio Apuleio Saturnino lasciò la casa di Caio Claudio per scendere ai rostri del Foro Romano, accompagnato da Labieno, Saufeio, Lucio Equizio e da altri dieci o dodici fidi seguaci. Tagliò per la Rupe, ritenendo di dover metter piede nell'arena dall'alto, come una sorta di semidio che calasse da una regione popolata di templi e di divinità; sicché la prima visione che ebbe del Foro fu dall'alto delle Scale Gemonie, che si proponeva di scendere come un re. Fu costretto a fermarsi per lo stupore. La folla! *Dov'era la folla?* Se n'era tornata a casa, dopo le elezioni dei questori tenutesi il giorno prima, era la risposta; e non essendoci nulla in programma al Foro aveva ritenuto inutile tornare. Né era presente un solo membro del Senato, dato che quel giorno tutti gli eventi si svolgevano sul verde spiazzo dei *saepta*.

Il Foro, tuttavia, non era proprio deserto; forse due o tremila dei meno raccomandabili fra gli straccioni di Saturnino sfilavano su e giù, urlando e agitando i pugni, esigendo la distribuzione gratuita di grano. La delusione fece quasi salire le lacrime agli occhi di Saturnino; poi, però, guardò severamente gli uomini dall'aria minacciosa che affollavano la parte bassa del Foro e prese una decisione. Sarebbero andati bene anche loro. Avrebbero dovuto andar bene. Se ne sarebbe servito come arma di sfondamento; tramite loro avrebbe richiamato al Foro l'immensa folla, perché loro erano in grado di mescolarsi a quell'immensa folla, mentre lui non ne aveva la possibilità.

Dispiaciuto di non avere a disposizione le trombe dei messaggeri ad annunciare il suo arrivo, Saturnino discese le Scale Gemonie e si avviò ai rostri, col gruppetto di seguaci che urlava alla plebaglia di radunarsi ad ascoltare Lucio Apuleio.

«Quiriti!» attaccò Saturnino tra le veementi acclamazioni, tendendo le braccia a chiedere silenzio. «Quiriti, il Senato di Roma si accinge a sottoscrivere la nostra condanna a morte! Io, Lucio Apuleio Saturnino, e Lucio Equizio e Caio Servilio Glaucia saremo accusati dell'assassinio di un beniamino della nobiltà, un effeminato fantoccio il cui solo proposito nel candidarsi alla carica di console era quello di far sì che tu, o Popolo di Roma, continuassi a crepare di fame!»

Il fitto assembramento attorno ai rostri ascoltava immobile, in silenzio; Saturnino attinse fiducia e forza da quel pubblico intento e si dilungò sull'argomento. «Perché, secondo voi, non vi è stato distribuito grano, neppure dopo che sono riuscito a far approvare la legge che ne prescrive la distribuzione a prezzo bassissimo? Perché la Prima e la Seconda Classe della nostra grande città preferiscono acquistare di meno e rivendere a prezzo più alto! Perché la Prima e la Seconda Classe della nostra città non tengono nella minima considerazione le vostre bocche affamate! Vi considerano come il cuculo che ha usurpato il loro nido, una stravaganza di cui Roma non ha il minimo bisogno! Siete i nullatenenti e le classi inferiori... non contate più nulla, ora che tutte le guerre sono state vinte e il bottino è al sicuro nei forzieri dell'erario! Perché impiegare quel bottino per riempire le pance a voialtri buoni a nulla? si chiede il Senato di Roma, e si rifiuta di accordarmi i fondi necessari ad acquistare il grano per riempire le pance a voialtri buoni a nulla! Farebbe comodo, infatti, al Senato e alla Prima e alla Seconda Classe di Roma, se alcune centinaia di migliaia di pance dei cosiddetti buoni a nulla di Roma si rinsecchissero al punto che i loro proprietari morissero di fame! Figuratevi! Quanto denaro risparmiato, tutti quei fetenti quartieri sovraffollati finalmente disabitati... Roma potrebbe trasformarsi in un verde, immenso parco! Laddove voi abitate pigiati l'uno sull'altro, loro potrebbero passeggiare in bellissimi giardini, con le borse tintinnanti di monete e la pancia piena! Se ne infischiano di voi! Siete solo una seccatura di cui sarebbero felici di sbarazzarsi, e quale miglior sistema di una carestia creata ad arte?»

Li aveva in pugno, naturalmente; ringhiavano dal fondo delle gole come cani rabbiosi, un rombo che riempiva l'aria di minaccia e il cuore di Saturnino di trionfo.

«Ma io, Lucio Apuleio Saturnino, mi sono battuto così a lungo e con tanta forza per riempirvi la pancia, che ora devo essere eliminato per un delitto che non ho commesso!» Era un'ottima trovata; non era colpevole di alcun delitto, infatti, e poteva dire la verità e conferire a ogni sua parola l'inequivocabile suono della verità! «Assieme a me periranno tutti i miei amici, che sono anche amici vostri. Il qui presente Lucio Equizio, l'erede del nome e delle cause di Tiberio Gracco! E Caio Servilio Glaucia, il quale sa redigere le mie leggi in forma così brillante che neppure i nobili che spadroneggiano al Senato ci trovano qualcosa a ridire!» Fece una pausa, sospirò, sollevò le braccia in un gesto d'importanza. «E quando saremo morti, o Quiriti, chi resterà a prendersi cura di voi? Chi porterà avanti la giusta battaglia? Chi si opporrà alle classi privilegiate per riempirvi la pancia? *Nessuno!*»

Ora il borbottìo era diventato rombo, l'umore della folla era carico di potenziale violenza, li aveva in pugno, per farne ciò che voleva. «Quiriti, ora tocca a voi! Volete starvene a guardare mentre noi che vi amiamo e vi stimiamo siamo mandati a morte, innocenti? O raggiungerete le vostre case e vi armerete e passerete di casa in casa a radunare la folla?»

Gli ascoltatori accennarono a muoversi, ma l'urlante Saturnino li tenne avvinti con la sua voce. «Tornate qui da me a migliaia e migliaia! Venite da me e affidatevi a me! Prima di sera, Roma vi apparterrà perché apparterrà a me, e allora vedremo chi avrà la pancia piena! Allora apriremo le casse dell'erario e compreremo il grano! Andate, ora, portatemi l'intera città, ci ritroveremo qui nel cuore di Roma e mostreremo al Senato e alla Prima e alla Seconda Classe chi realmente governa la nostra città e il nostro impero!»

Come una gran quantità di minuscole biglie colpite da un'unica mazzata inferta al cerchio che le contiene, la plebaglia si sparpagliò di corsa in ogni direzione, strillando frasi sconnesse, mentre Saturnino si riabbassava sui talloni e si girava verso i suoi accoliti.

«Oh, splendido!» esclamò Saufeio, che mordeva il freno.

«Vinceremo, Lucio Apuleio, vinceremo!» gridò Labieno.

Attorniato da uomini che gli battevano sulle spalle, euforici e giubilanti, Saturnino ristette in posa regale a contemplare l'enormità del proprio futuro.

E a questo punto Lucio Equizio scoppiò in lacrime. «Ma che cosa ti proponi di *fare*?» farfugliò, asciugandosi il viso con l'orlo della toga.

«Fare? Che ti è sembrato, imbecille? Intendo impadronirmi di Roma, naturalmente!»

«Con *quella* gente?»

«C'è forse qualcuno che possa contrastarli? E comunque trascineranno qui il grosso della folla. Aspetta, Lucio Equizio! Nessuno sarà in grado di resisterci!»

«Ma c'è un esercito di truppe da sbarco al Campo Marzio: due legioni!» esclamò Lucio Equizio, senza smettere di frignare e di rabbrividire.

«Nessun esercito romano si è mai avventurato entro le mura di Roma, se non per celebrare un trionfo, e chiunque dovesse ordinare a un esercito romano di avventurarsi entro le mura cittadine non sopravvivrebbe» ribatté Saturnino, sprezzando tale meschina circostanza; non appena avesse impugnato saldamente le redini, Equizio avrebbe dovuto sparire, a onta di qualsiasi somiglianza con Tiberio Gracco.

«Caio Mario ci riuscirebbe» singhiozzò Equizio.

«Caio Mario, sciocco che non sei altro, sarà dalla nostra parte!» ribatté Saturnino con un ghigno beffardo.

«Questa faccenda non mi piace, Lucio Apuleio!»

«Non deve piacere a te. Se sei con me, smettila di piagnucolare. Se sei contro di me, te la farò smettere *io*!» E Saturnino si passò un dito sulla gola.

Tra i primi a rispondere all'invocazione di aiuto degli amici di Caio Memmio vi fu Caio Mario. Arrivò sulla scena dello scontro appena qualche minuto dopo che Glaucia e i suoi compagni erano scappati verso il Quirinale, e trovò un centinaio di esponenti delle Centurie radunati attorno a ciò che restava di Caio Memmio. Fecero ala al passaggio del primo console; affiancato da Silla, Mario abbassò lo sguardo sui resti maciullati della testa, poi fissò il punto dove giaceva il bastone insanguinato e incrostato di capelli e frammenti di muscoli e pelle e ossa craniche.

«Chi è stato?» domandò Silla.

Una dozzina di uomini rispose a una voce: «Caio Servilio Glaucia».

Silla espirò rumorosamente dal naso. «Personalmente?»

Tutti annuirono.

«C'è qualcuno che sappia dove sia andato?»

Questa volta le risposte furono contraddittorie, ma alla fine Silla riuscì a stabilire che Glaucia e i suoi erano corsi via in direzione della Porta Sanquale sul Quirinale; dato che tra loro c'era anche Caio Claudio, sembrava probabile che fossero diretti a casa sua, sul Sentiero Alto.

Mario non si era mosso, non aveva alzato la testa dalla muta contemplazione di Caio Memmio. Silla gli sfiorò gentilmente il braccio; e allora Mario trasalì, asciugandosi le lacrime dal viso con una piega della toga perché non voleva tradire l'impedimento alla mano sinistra, frugando in cerca del fazzoletto.

«Sul campo di battaglia, sarebbe uno spettacolo del tutto normale. Sul Campo di Marte, sotto le mura di Roma, è un abominio!» urlò, rivolto agli uomini che lo attorniavano.

Stavano sopraggiungendo altri senatori d'alto rango, tra cui il *Princeps Senatus* Marco Emilio Scauro, che diede una rapida occhiata al volto rigato di lacrime di Mario, poi al terreno, e rimase senza fiato.

«Memmio! *Caio Memmio?*» domandò incredulo.

«Sì, Caio Memmio» disse Silla. «Assassinato personalmente da Glaucia, per testimonianza unanime.»

Mario si era rimesso a piangere, ma neppure tentò di nasconderlo mentre guardava Scauro. «*Princeps Senatus,*» disse «convocherò immediatamente il Senato nel tempio di Bellona. Sei d'accordo?»

«Sì» rispose Scauro.

Arrivavano, alla spicciolata, alcuni littori, che erano stati distanziati di parecchie centinaia di metri dal primo console cui facevano da scorta, nonostante la sua menomazione.

«Lucio Cornelio, prendi i miei littori, scova i messaggeri, annulla la presentazione dei candidati, manda il flamine di Marte al tempio di Venere Libitina a prendere le sacre scuri dei fasci che ci porterà al tempio di Bellona, e convoca il Senato» ordinò Mario. «Io vi precedo con Marco Emilio.»

«Questo» disse Scauro «è stato un anno assolutamente orribile. A dire il vero, nonostante tutte le nostre recenti vicissitudini, non ne ricordo uno tanto orribile dopo l'ultimo anno di vita di Caio Gracco.»

Le lacrime di Mario si erano asciugate. «Allora c'era anche da aspettarselo, suppongo» disse.

«Speriamo almeno che non si verifichino atti di violenza più gravi dell'assassinio di Memmio.»

Ma la speranza di Scauro si rivelò vana, benché sulle prime fosse sembrata ragionevole. Il Senato si riunì nel tempio di Bellona a discutere dell'assassinio di Memmio; i suoi membri ne erano stati testimoni oculari in numero sufficiente a render manifesta la colpevolezza di Glaucia.

«Tuttavia,» disse Mario con fermezza «Caio Servilio dovrà essere processato per il suo delitto. Nessun cittadino romano può essere condannato senza processo, a meno che non dichiari guerra a Roma, e non è questo il caso in esame oggi.»

«Temo che lo sia, Caio Mario» lo interruppe Silla, entrando a precipizio.

Tutti lo fissarono. Nessuno parlò.

«Lucio Apuleio e un gruppo di uomini, tra i quali anche il questore Caio Saufeio, si sono impadroniti del Foro Romano» annunciò Silla. «Hanno mostrato Lucio Equizio alla plebaglia, e Lucio Apuleio ha proclamato che intende soppiantare il Senato e la Prima e la Seconda Classe con un governo del Popolo capeggiato da lui stesso. Non l'hanno ancora acclamato Re di Roma, ma già lo si dice in ogni strada e mercato tra qui e il Foro... il che equivale a dire dovunque.»

«Posso prendere la parola, Caio Mario?» domandò il capo dell'assemblea.

«Parla, *Princeps Senatus.*»

«La nostra città è in crisi,» attaccò Scauro, a voce bassa ma chiara «proprio come lo era negli ultimi tempi di Caio Gracco. Allora, quando Marco Fulvio e Caio Gracco hanno fatto ricorso alla violenza come all'unico mezzo per raggiungere i loro disperati fini, ha avuto luogo un dibattito all'interno del Senato: a Roma occorreva un dittatore per far fronte a una crisi tanto urgente, e tuttavia di così breve durata? Il resto è storia. Il Senato si è rifiutato di nominare un dittatore. Ha invece varato quello che si potrebbe definire il suo decreto fondamentale: il Decreto del Senato sulla tutela della Repubblica. In virtù di tale decreto, il Senato conferiva ai suoi consoli e magistrati facoltà di difendere la sovranità dello stato in qualsiasi modo giudicassero necessario, mettendoli anticipatamente al riparo da azioni legali a loro carico e dal veto dei tribuni della plebe.»

Fece una pausa per guardarsi attorno con profonda serietà. «Suggerisco, Padri Coscritti, di affrontare l'attuale crisi nello stesso modo: mediante un Decreto del Senato sulla tutela della Repubblica.»

«Si voterà per schieramento» disse Mario. «Tutti coloro i quali sono favorevoli, si porranno alla mia sinistra, tutti i contrari alla mia destra.» E, per primo, si spostò verso sinistra.

Nessuno si schierò sulla destra; l'assemblea varò il suo secondo Decreto del Senato sulla difesa della Repubblica all'unanimità, come non era accaduto nel caso del primo.

«Caio Mario,» disse Scauro «mi è data facoltà dai membri di quest'assemblea di ordinarti, in qualità di primo console di Roma, di difendere la sovranità del nostro stato in qualsiasi modo tu ritènga appropriato o necessario. Inoltre, qui dichiaro, a nome di quest'assemblea, che non sei passibile di veto da parte dei tribuni della plebe e che nulla di quanto farai od ordinerai di fare potrà esserti imputato mediante procedimento legale. A condizione che agiscano ai tuoi ordini, questo incarico, in una con l'immunità relativa, è esteso anche al secondo console, Lucio Valerio Flacco, e a tutti i pretori. Ma tu, Caio Mario, hai anche facoltà di scegliere chi faccia le tue veci tra i membri di questa assemblea che già non rivestano la carica di console o di pretore, e a condizione che tali supplenti agiscano ai tuoi ordini, questo incarico, in una con l'immunità relativa, si estende anche a loro.» Pensando alla faccia che avrebbe fatto Metello Numidico se fosse stato presente, vedendo Caio Mario nominato praticamente dittatore, e proprio dal *Princeps Senatus* Scauro, Scauro scoccò a Mario un'occhiata maliziosa, ma riuscì a trattenere il sorrisetto. Si riempì d'aria i polmoni e ruggì: «Lunga vita a Roma!».

«Oh, cielo!» esclamò Publio Rutilio Rufo.

Mario, però, non aveva né il tempo né la pazienza per sopportare la voglia di scherzare dei senatori che, si disse, avrebbero scherzato persino mentre Roma bruciava attorno a loro. Con voce brusca ma calma, passò a designare Lucio Cornelio Silla come suo sostituto, ordinò che le armi conservate nei sotterranei del tempio di Bellona fossero distribuite a chi non possedesse armi e armature personali, e intimò a coloro i quali invece ne disponevano di tornare a casa ad armarsi mentre potevano ancora muoversi liberamente per le strade.

Silla si occupò specificamente dei suoi giovani seguaci aristocratici, spedendoli di gran carriera in tutte le direzioni, e i più pronti a scappar via furono Cepione Minore e Metello il Porcellino. L'incredulità faceva posto a una sorta di orrore, troppo profondo per trasformarsi in semplice rabbia; che un senatore di Roma tentasse di impadronirsi del potere con l'appoggio della plebaglia per farsi proclamare re era un obbrobrio. Le divergenze politiche furono dimenticate, le fazioni si sciolsero; gli ultraconservatori si schierarono con i seguaci più progressisti di Mario, tutti quanti inesorabilmente decisi a battersi contro il lupo che imperversava al Foro Romano.

Persino mentre organizzava il suo piccolo esercito, e coloro i quali attendevano armi e armature da casa si aggiravano irrequieti borbottando imprecazioni, Silla si ricordò di lei; non di Dalmatica, ma di Aurelia. Spedì quattro littori in tutta fretta alla sua *insula*, a recare a lei un messaggio con cui la invitava a chiudersi in casa, e un altro messaggio a Lucio Decumio con cui gli intimava di guardarsi bene, lui e i frequentatori della sua taverna, dal mettere piede al Foro Romano per qualche giorno. Conoscendo Lucio Decumio, non si sarebbero comunque fatti vedere al Foro; mentre il resto della feccia di Roma imperversava al Foro vociando e molestando i passanti innocenti, il territorio normalmente di sua competenza restava deliziosamente esposto a qualche scorreria, e senza dubbio Lucio Decumio aveva già deciso in tal senso. In ogni modo, un messaggio non poteva nuocere a nessuno, e la sicurezza di Aurelia stava a cuore a Silla.

Due ore più tardi tutto e tutti erano pronti. Di fronte al tempio di Bellona si spalancava un vasto cortile, da sempre conosciuto con l'appellativo di Territorio Nemico. A metà della scalèa del tempio si ergeva un pilastro quadrato di pietra di poco più di un metro d'altezza. Quando veniva dichiarata una guerra giusta ed equa — ed esistevano guerre d'altro genere? — a un nemico straniero, un particolare sacerdote feciale veniva chiamato a scagliare una lancia dai gradini del tempio, ritto sull'antico pilastro di pietra, nel suolo del Territorio Nemico. Nessuno sapeva come o perché avesse avuto inizio quel rituale, ma faceva parte della tradizione, per cui era osservato tuttora. Quel giorno, però, non c'era un nemico straniero cui dichiarare guerra, solo un decreto del Senato al quale obbedire; quindi non ci fu un sacerdote feciale a scagliare la lancia, e il Territorio Nemico si affollò di Romani della Prima e della Seconda Classe.

L'assembramento, forse un migliaio di uomini, era in tenuta di guerra, petti e dorsi protetti dalle corazze; alcuni ostentavano gambali a protezione degli stinchi, e la maggior parte indossava anche una tunichetta di cuoio da cui penzolavano le frange degli *pteryges* a mo' di gonnellino e di maniche, e tutti portavano elmi coronati dal pennacchio. Nessuno impugnava una lancia; erano tutti muniti di gladio e daga, le collaudate armi romane, e degli antiquati scudi ovali in uso prima delle modifiche introdotte da Mario, alti un metro e mezzo.

Caio Mario si portò sull'orlo del podio di Bellona e parlò al suo piccolo esercito. «Ricordate che siamo Romani e che entriamo nella città di Roma» disse con voce solenne. «Varcheremo il *pomerium*. Per questa ragione non chiamerò alle armi le truppe da sbarco di Marco Antonio. Possiamo sbrigare da soli questa faccenda, non ci serve un esercito di professionisti. Personalmente, sono contrario a qualsiasi violenza non strettamente necessaria, e vi ammonisco tutti quanti, in maniera solenne, in particolare i più giovani tra voi, a non alzare una lama contro chi di lame non sia armato. Proteggetevi con gli scudi da bastoni e randelli, e usate le spade solo di piatto. Laddove possibile, strappate un'arma di legno a qualcuno della folla, rinfoderate la spada e usate il randello. Non vi saranno mucchi di morti e moribondi nel cuore di Roma! Porterebbe sfortuna alla Repubblica, dopodiché la Repubblica cesserebbe di esistere. Quello che dobbiamo fare oggi è impedire la violenza, non provocarla.

«Siete le mie truppe,» proseguì in tono severo «ma pochi di voi hanno militato ai miei ordini in un esercito prima d'ora. Tenete presente questo, che è il mio solo monito: coloro i quali disobbediranno ai miei ordini o agli ordini dei miei legati saranno uccisi. Non è questo il momento delle fazioni. Oggi non esistono diversi tipi di Romani. Soltanto Romani. Vi sono, tra voi, molti che non nutrono simpatia per i nullatenenti e gli altri umili di Roma. Ma io vi dico — e ascoltatemi bene! — che un nullatenente di Roma è un Romano, e la sua vita è altrettanto sacra e protetta dalla legge di quanto lo sia la mia, o di quanto lo siano le vostre. *Non ci sarà un bagno di sangue!* Se mi accorgerò anche solo dell'intenzione di causarlo, mi avventerò con la spada sguainata contro coloro i quali sguaineranno la spada... e in base al decreto del Senato, i vostri eredi non potranno rivalersi su di me in alcun modo, se dovessi uccidervi! Prenderete ordini solo da due uomini: da me e dal qui presente Lucio Cornelio Silla. E da nessun altro magistrato curule cui pure ne sia data facoltà dal suddetto decreto. Non voglio che si sferri l'attacco a meno che non lo ordini io o non lo ordini Lucio

Cornelio Silla. Sbrigheremo questa faccenda nel modo più tranquillo possibile. Capito?»

Catulo Cesare si tirò il ciuffo in segno di beffardo ossequio. «Abbiamo udito e obbediamo, Caio Mario. Ho militato ai tuoi ordini... so che hai parlato seriamente.»

«Bene!» disse Mario in tono gioviale, ignorando il sarcasmo. Si rivolse al secondo console: «Lucio Valerio, prendi cinquanta uomini e recati al Quirinale. Se Caio Servilio Glaucia si trova a casa di Caio Claudio, arrestalo. Se si rifiuta di lasciare la casa, tu e i tuoi uomini resterete di guardia senza tentare di penetrarvi. E tienimi informato».

Si era di primo pomeriggio, quando Caio Mario guidò il suo piccolo esercito oltre i confini del Territorio Nemico e penetrò in città attraverso la Porta Carmentale. Provenienti dal Velabro sbucarono dal vicolo fra il tempio di Castore e la Basilica Sempronia e colsero assolutamente di sorpresa la folla ammassata nella parte inferiore del Foro. Armatisi di tutto ciò che si erano trovati sotto mano, randelli, bastoni, pezzi di legno, coltelli, accette, picche, forconi, gli uomini di Saturnino ammontavano ora a forse quattromila unità; ma a paragone dei mille che marciarono compatti nel Foro e si schierarono di fronte alla Basilica Sempronia, erano solo una masnada di sbandati. Bastò un'occhiata alle corazze, agli elmi e alle spade dei nuovi venuti per metterne in fuga una metà a gambe levate su per l'Argileto e in direzione dell'estremità orientale del Foro, verso l'anonimato dell'Esquilino e la sicurezza del territorio casalingo.

«Lucio Apuleio, arrenditi!» tuonò Mario, in testa al suo esercito, fiancheggiato da Silla.

Dall'alto dei rostri, in compagnia di Saufeio, Labieno, Equizio e una decina d'altri, Saturnino fissò Mario a bocca aperta; poi gettò indietro la testa e rise; la risata, che avrebbe dovuto denotare sicurezza e sfida, suonò invece roca e falsa.

«Che cosa ordini, Caio Mario?» domandò Silla.

«Li carichiamo» disse Mario. «Una carica subitanea, violenta. Spade nel fodero, solo gli scudi a protezione. Non avrei mai creduto che fossero una così disordinata accozzaglia, Lucio Cornelio! Crolleranno facilmente.»

Silla e Mario si aggirarono tra i ranghi del loro piccolo esercito e lo prepararono all'assalto, scudi piazzati davanti al corpo, schierati su cinque file di duecento uomini ciascuna.

E poi: «Carica!» Urlò Caio Mario.

La manovra sortì un effetto immediato. Un muro compatto di

scudi che avanzava in corsa si abbatté sulla plebaglia come una enorme ondata. Uomini e armi improvvisate volarono in ogni direzione, senza che fosse sferrato un solo colpo di rappresaglia; poi, prima che gli uomini di Saturnino riuscissero a riorganizzarsi un po' meglio, la muraglia di scudi tornò ad abbattersi su di loro, ripetutamente.

Saturnino e i suoi compagni scesero dai rostri per gettarsi nella mischia, brandendo le spade. Invano. Sebbene all'inizio fosse assetata di sangue, la coorte di Mario gradiva ora la novità di quell'assalto ad ariete, e aveva preso un ritmo che continuava a martellare la caotica plebaglia, sospingendone i componenti quasi si trattasse di un cumulo di sassi, arretrando a riformare il muro, tornando ad avventarsi. Qualcuno tra la folla rimase calpestato, ma non ci fu una vera e propria battaglia, solo una disfatta.

Trascorse pochissimo tempo prima che l'armata di Saturnino battesse in ritirata; l'occupazione del Foro Romano era finita, e quasi senza spargimento di sangue. Saturnino, Labieno, Saufeio, Equizio, una dozzina di Romani e una trentina di schiavi armati fuggirono su per il Clivo Capitolino, barricandosi nel tempio di Giove Ottimo Massimo, supplicando la divinità suprema di dar loro soccorso e far tornare al Foro quella folla oceanica.

«Ora scorrerà il sangue!» urlò Saturnino dal podio del tempio in cima al Campidoglio, e le sue parole giunsero chiaramente all'orecchio di Mario e dei suoi. «Ti costringerò a uccidere altri Romani prima di cedere, Caio Mario! Vedrò questo tempio contaminato dal sangue dei Romani!»

«Potrebbe aver ragione» disse il *Princeps Senatus* Scauro, l'aria oltremodo soddisfatta e felice nonostante quella nuova preoccupazione.

Mario rise di cuore. «No! Posa soltanto, come uno di quegli innocui animaletti che fanno lo sguardo feroce, Marco Emilio. C'è una semplice risposta a questo assedio, credimi. Li staneremo senza versare una sola goccia di sangue romano.» Si rivolse a Silla. «Lucio Cornelio, va' in cerca dei responsabili dell'acquedotto cittadino e ordina loro di sospendere immediatamente la fornitura d'acqua al colle Capitolino.»

Il capo del Senato scosse la testa, meravigliato. «Semplicissimo! Ma così ovvio che personalmente non ci avrei mai pensato. Quanto dovremo attendere prima che Saturnino si arrenda?»

«Non per molto. Li prenderemo per sete, vedrai. Domani, a parer mio. Intendo mandare un numero di uomini sufficiente a circondare il tempio, e ordinerò loro di burlarsi spietatamente dei nostri fuggiaschi per la mancanza d'acqua.»

«Saturnino non si dà facilmente per vinto» osservò Scauro.

Era un giudizio su cui Mario non concordava, e lo disse: «È un politico, Marco Emilio, non un soldato. Ha imparato a comprendere il potere, non la forza delle armi, e da solo non sa elaborare una strategia valida». Volse il lato distorto del viso, mettendo paura a Scauro, un'espressione ironica nell'occhio cadente, il sorriso che gli sollevò il lato sano della faccia, terribile a vedersi. «Se io fossi nei panni di Saturnino, Marco Emilio, avresti motivo di preoccuparti! Perché a questo punto mi sarei già proclamato Re di Roma, e voialtri sareste tutti morti.»

Il *Princeps Senatus* fece istintivamente un passo indietro. «Lo so, Caio Mario» disse. «Lo so!»

«Comunque sia» continuò Mario allegramente, sottraendo il lato offeso del volto alla vista di Scauro «per fortuna io non sono re Tarquinio, benché la famiglia di mia madre *sia* originaria di Tarquinia! Una notte in compagnia del Dio Supremo farà rinsavire Saturnino.»

I rivoltosi che erano stati catturati e arrestati mentre rompevano le file e si davano alla fuga vennero radunati e rinchiusi sotto buona guardia nelle celle delle Latomie, dove un gruppo di frettolosi scrivani del censore separarono i cittadini romani da coloro i quali non lo erano; i forestieri sarebbero stati immediatamente giustiziati, mentre i Romani sarebbero stati rinviati a giudizio con procedimento sommario, l'indomani; e subito dopo scagliati nel vuoto dalla Rupe Tarpea del Campidoglio.

Silla tornò mentre Mario e Scauro si accingevano a lasciare la parte inferiore del Foro.

«Vi reco un messaggio di Lucio Valerio dal Quirinale» annunciò notevolmente rincuorato dagli avvenimenti della giornata. «Dice che Glaucia si trova nella casa di Caio Claudio, però hanno sprangato le porte e si sono rifiutati di uscire.»

Mario guardò Scauro. «Be', *Princeps Senatus*, che si fa?»

«Perché non lasciamo le cose come stanno, come nel caso della combriccola rintanata nel tempio di Giove Ottimo Massimo? Nel frattempo, Lucio Valerio resterà di guardia alla casa. Quando Saturnino si sarà arreso, faremo gridare la notizia oltre il muro di cinta di Caio Claudio, e staremo a vedere quel che succede.»

«Ottimo piano, Marco Emilio.»

E Scauro scoppiò in una risata. «Tutta questa amichevole concordanza d'intenti con te, Caio Mario, non gioverà alla mia reputazione tra i miei amici, i *boni*!» borbottò, e prese sottobraccio Mario. «Ciononostante, o Buono, sono contentissimo della tua presenza qui, oggi. Tu che ne dici, Publio Rutilio?»

«Dico... che non avresti potuto parlare in modo più veritiero.»

Lucio Apuleio Saturnino fu il primo ad arrendersi, fra tutti coloro i quali si erano rifugiati nel tempio di Giove Ottimo Massimo; Caio Sulfeio fu l'ultimo. I Romani del gruppo, una quindicina in tutto, furono trattenuti sui rostri, esibiti agli sguardi di tutti quelli che si presero la briga di venire a vederli — non molto numerosi, ché la folla non si mosse da casa. Sotto i loro occhi, i rivoltosi catturati che vantavano la cittadinanza romana — quasi tutti, ché non si era trattato di una sollevazione di schiavi — furono processati da un tribunale chiamato a giudicare i casi di tradimento e convocato all'uopo, e condannati a morte mediante lancio dalla Rupe Tarpea.

La Rupe Tarpea, aggettante dal pendìo sudoccidentale del Campidoglio, era una sporgenza basaltica sopra un precipizio di appena venticinque metri; la fine funesta dei condannati era dovuta alla presenza di un ammasso di rocce acuminate e taglienti appena più sotto.

I traditori furono accompagnati su per il Clivo Capitolino, oltre la scalea del tempio di Giove Ottimo Massimo, in un punto delle Mura di Servio Tullio di fronte al tempio di Opi. La sporgenza della Rupe Tarpea si proiettava dalle mura ed era chiaramente visibile di profilo dalla parte inferiore del Foro Romano, dove comparve all'improvviso una folla a vedere i partigiani di Lucio Apuleio Saturnino che andavano a morte: una folla con la pancia vuota, ma tutt'altro che desiderosa di manifestare il proprio scontento, quel giorno. Volevano solo vedere un gruppo di uomini gettati dalla Rupe cosa che non accadeva da lungo tempo, e avevano saputo, dalla catena di voci che si rincorrevano in città, che sarebbero stati quasi in cento a morire. In quella folla non c'erano occhi che si posassero su Saturnino o su Equizio con affetto o pietà, benché tutti i suoi componenti fossero gli stessi che li avevano acclamati entusiasticamente durante le elezioni dei tribuni della plebe. La catena di voci riferiva che c'erano flotte granarie in arrivo dall'Asia, grazie a Caio Mario. Fu Caio Mario che acclamarono, sia pure un po' svogliatamente; ciò che desideravano vedere, ché si trattava di una ricorrenza festiva del calendario romano, erano i corpi scagliati nel vuoto dalla Rupe Tarpea. La morte a distanza di sicurezza, un'esibizione acrobatica, una novità.

«Non possiamo istruire i processi di Saturnino ed Equizio finché gli animi non si saranno un po' calmati» disse il *Princeps Senatus* Scauro a Mario e Silla, mentre se ne stavano tutti e tre sui gradini del Senato e la schiera di dimenanti sagome in miniatura precipitava nel vuoto dall'estremità della Rupe Tarpea.

Né Mario né Silla fraintesero il significato di tali parole; a preoccupare Scauro non era la folla del Foro, bensì i più impulsivi e adirati fra i suoi simili, i quali alzavano la voce più fieramente, ora che il peggio era passato. Il rancore si era spostato dalla plebaglia di Saturnino alla persona dello stesso Saturnino, e una speciale cattiveria era riservata a Lucio Equizio. I senatori più giovani e coloro i quali non avevano ancora l'età per accedere al Senato se ne stavano raggruppati sul bordo dei *Comitia*, capeggiati da Cepione Minore e Metello il Porcellino, adocchiando con cupidigia Saturnino e i suoi compagni sui rostri.

«Sarà ancor peggio quando Glaucia si arrenderà e andrà a far loro compagnia» fece Mario, pensieroso.

«Che squallida accozzaglia!» sbuffò Scauro. «Si sarebbe pensato che almeno qualcuno di loro facesse la cosa giusta, gettandosi sulla spada! L'ha fatto persino quel fifone di mio figlio!»

«Sono d'accordo con te» disse Mario. «E tuttavia, eccoci qui con quindici di loro, anzi sedici quando si aggiungerà Glaucia, da processare per tradimento, e un gruppetto di gente colma di risentimento, laggiù, che mi fa pensare a una muta di lupi che adocchino un branco di daini.»

«Dovremo rinchiuderli da qualche parte almeno per un po' di giorni,» disse Scauro «solo: dove? Per il bene di Roma non possiamo permettere che vengano linciati.»

«Perché no?» domandò Silla, intervenendo per la prima volta nella conversazione.

«Guai, Lucio Cornelio. Abbiamo evitato uno spargimento di sangue al Foro, ma la folla si presenterà in forze ad assistere al processo per tradimento di quella combriccola radunata sui rostri. Oggi se la spassano alle esecuzioni di uomini privi d'importanza. Ma possiamo esser certi che non diventeranno pericolosi quando processeremo Lucio Equizio, per esempio?» ripeté Mario in tono pacato. «È una situazione molto difficile.»

«Ma *non potevano* gettarsi sulla spada?» domandò Scauro, di malumore. «Pensate a tutti i fastidi che ci avrebbero risparmiato! Suicidio come ammissione di colpa, niente processi, niente carnefice a strangolarli nel Sotterraneo... non osiamo scagliarli nel vuoto, *quelli*, dalla Rupe Tarpea!»

Silla se ne stava in ascolto, captando tutto ciò che veniva detto, ma il suo sguardo si fissava, meditabondo, su Cepione il Giovane e Metello il Porcellino. Non aprì bocca, tuttavia.

«Be', del processo ci preoccuperemo quando sarà il momento» disse Mario. «Nel frattempo, dobbiamo trovare un posto sicuro dove tenerli.»

«Delle Latomie neppure è il caso di parlare» mise in chiaro subito Scauro. «Se per qualche ragione, o su istigazione di qualcuno, una grossa folla decidesse di trarli in salvo, quelle celle non potrebbero resistere all'assalto, neppure se vi montassero la guardia tutti i littori di cui disponiamo. Non è Saturnino che mi preoccupa, ma quel disgustoso Equizio. Basterebbe che una stupida donnicciola attaccasse a piangere e a gemere perché il figlio di Tiberio Gracco dovrà morire, e saremmo nei guai.» Emise un borbottìo. «E come se non bastasse, guardate i nostri giovani virgulti, laggiù, come sbavano. Non avrebbero assolutamente nulla in contrario a linciare Saturnino.»

«Allora suggerisco» intervenne Mario gaiamente «di rinchiuderli nella *Curia Hostilia*.»

Il *Princeps Senatus* Scauro parve sbigottito. «Non possiamo farlo, Caio Mario!»

«Perché no?»

«Imprigionare un gruppo di traditori nell'*aula del Senato*? Sarebbe... sarebbe... insomma, sarebbe come offrire ai nostri antichi dèi un sacrificio di merda!»

«Hanno già contaminato il tempio di Giove Ottimo Massimo, tutto ciò che ha a che fare con la religione di stato dovrà comunque essere purificato. La Curia è priva di finestre e possiede le porte più sicure di Roma. L'alternativa è che alcuni di noi si offrano di ospitarli nelle proprie case... ti va Saturnino? Prenditelo, che io mi terrò Equizio. Credo che a Quinto Lutazio dovrebbe toccare Glaucia» disse Mario, sogghignando.

«Quella della *Curia Hostilia* è un'ottima idea» fu d'accordo Silla, continuando a osservare pensieroso Cepione Minore e Metello il Porcellino.

«Grrr!» ringhiò Scauro, *Princeps Senatus*, non a Mario o a Silla, ma alle circostanze. Poi annuì con fare deciso. «Hai ragione tu, Caio Mario. Dovrà proprio essere la *Curia Hostilia*, temo.»

«Bene!» disse Mario, battendo sulla spalla di Silla per segnalargli di mettersi all'opera, e aggiunse con uno spaventoso sorriso sbilenco: «Mentre mi occupo dei particolari, Marco Emilio, affido a te il compito di spiegare ai *boni* nostri colleghi il motivo per cui siamo costretti a usare come carcere la nostra venerabile sala di riunione».

«Diamine, ti ringrazio!» disse Scauro.

«Di nulla.»

Quando non furono più a portata d'orecchio di tutti quelli che contavano, Mario adocchiò Silla incuriosito. «Che cosa stai combinando?» domandò.

«Non sono sicuro di volertelo dire» rispose Silla.

«Sii prudente, ti prego. Non vorrei che ti impiccassero per alto tradimento.»

«Sarò prudente, Caio Mario.»

Saturnino e i suoi alleati si erano arresi l'ottavo giorno di dicembre; il nono, Caio Mario riconvocò l'Assemblea delle Centurie e raccolse le dichiarazioni dei candidati alle magistrature curuli.

Lucio Cornelio Silla neppure si curò di recarsi ai *saepta*; era in tutt'altre faccende affaccendato, tra le quali lunghi colloqui con Cepione il Giovane e Metello il Porcellino e una capatina da Aurelia, benché avesse saputo da Publio Rutilio Rufo che stava benissimo e che Lucio Decumio aveva tenuto i frequentatori della sua taverna lontani dal Foro Romano.

Il decimo giorno del mese era quello in cui entravano in carica i nuovi tribuni della plebe; ma due di loro, Saturnino ed Equizio, erano rinchiusi nell'aula del Senato. E tutti si preoccupavano all'idea che potesse ripresentarsi la folla, dal momento che sembrava oltremodo interessata all'operato dei tribuni della plebe.

Pur non consentendo al suo piccolo esercito di tre giorni prima di metter piede al Foro Romano con la corazza indosso o la spada al fianco, Mario aveva vietato l'accesso alla Basilica Porzia al consueto contingente di mercanti e banchieri, riservandola a deposito di armi e armature; al pianterreno, adiacente all'aula del Senato, avevano sede gli uffici del collegio dei tribuni della plebe, e lì gli otto non coinvolti nella ribellione di Saturnino si sarebbero riuniti all'alba, poi si sarebbe tenuta la seduta inaugurale dell'Assemblea della Plebe, nel modo più sbrigativo possibile, senza accennare ai due tribuni assenti.

Ma l'alba non era ancora spuntata e il Foro Romano era completamente deserto, quando Cepione il Giovane e Metello Pio il Porcellino scesero dall'Argileto, diretti alla *Curia Hostilia*, alla testa della loro aggressiva combriccola. Avevano fatto una lunga deviazione per assicurarsi di non essere sorpresi dalle guardie, ma quando si sparsero attorno alla Curia, constatarono di essere completamente soli nella zona.

Recavano lunghe scale a pioli che appoggiarono ai due lati dell'edificio, raggiungendo le antiche tegole a ventaglio delle gronde, tappezzate di licheni, fragilissime.

«Ricordate,» disse Cepione il Giovane ai suoi uomini «che non si deve brandire la spada, dice Lucio Cornelio. Dobbiamo attenerci rigidamente agli ordini di Caio Mario.»

L'uno dopo l'altro si arrampicarono lungo le scale, finché tutti e cinquanta si furono accovacciati lungo il bordo del tetto, che presentava scarsa pendenza e consentiva di starci appollaiati abbastanza comodamente. Lassù, al buio, attesero che gli albori del giorno, a oriente, passassero dal grigio tortora all'oro splendente e che i primi raggi del sole calassero furtivi dall'Esquilino a inondare il tetto del Senato. Giù in basso, cominciava a sopraggiungere qualcuno, ma anche le scale erano state ritirate sul tetto della Curia, e nessuno notò alcunché d'insolito, perché nessuno pensò ad alzare lo sguardo.

« *Ora!* » gridò Cepione il Giovane.

In gara col tempo, perché Lucio Cornelio aveva detto loro che non ne avrebbero avuto molto a disposizione, i componenti del gruppo d'assalto presero a strappare le tegole dall'intelaiatura di legno di quercia tra le travi di cedro del Libano di gran lunga più robuste. La luce piovve nell'aula sottostante, mettendo in risalto quindici volti pallidi rivolti all'insù, più stupiti che terrorizzati. E quando ogni uomo sul tetto ebbe accumulato accanto a sé una pila di tegole, prese a lanciarle attraverso l'apertura che aveva praticato, mirando a quei volti. Saturnino si accasciò quasi subito, e lo stesso dicasi di Lucio Equizio. Alcuni dei detenuti tentarono di ripararsi negli angoli più appartati della sala, ma i giovani sul tetto ben presto divennero abilissimi a scagliare le tegole con mira precisa in ogni direzione. L'aula non conteneva mobilio di sorta, in quanto i senatori si portavano gli sgabelli da casa e gli scrivani un paio di tavoli dagli uffici attigui, sull'Argileto. Sicché i detenuti non avevano modo di proteggersi dalla valanga di proiettili, che si rivelarono armi più efficaci di quanto lo stesso Silla avesse previsto. Le tegole, colpendo un bersaglio, si spaccavano, riducendosi in schegge taglienti come lame di rasoio, e ogni tegola pesava cinque chili.

Quando sopraggiunsero Mario e i suoi legati, tra i quali Silla, era tutto finito; gli incursori stavano già scendendo le scale e, messo piede a terra, se ne stettero quieti, senza che nessuno tentasse la fuga.

« Devo arrestarli? » domandò Silla a Mario.

Mario sobbalzò, da tanto che era immerso nei pensieri, quando gli fu posta la brusca domanda. « No! » rispose. « Non hanno intenzione di scappare. » E sbirciò Silla, una furtiva occhiata in tralice che equivaleva a una muta domanda. E la risposta gli fu data con una strizzatina d'occhio appena accennata.

« Aprite le porte » ordinò Mario ai suoi littori.

Nell'aula, il primo sole proiettava raggi e lame di luce attraverso un velo di polvere che andava lentamente calando, e illuminava i mucchi di tegole grige di licheni sparsi dappertutto, con i bordi spezzati e la parte sottostante, meno esposta alle intemperie, di un rosso rugginoso, simile al colore del sangue. Quindici corpi giacevano ammucchiati l'uno sull'altro o stesi con le braccia di sghembo e le gambe piegate, semisepolti dalle tegole fracassate.

«Tu e io soltanto, *Princeps Senatus*» disse Mario. «Nessun altro.»

Entrarono assieme nell'aula e si fecero strada da un corpo all'altro, in cerca di segni di vita. Saturnino era stato colpito con tanta rapidità ed efficacia che neppure aveva tentato di raggomitolarsi per proteggersi; il suo viso era nascosto da un guscio di tegole, e quando fu scoperto fissava immoto il cielo, le ciglia nere incrostate di polvere di tegole e di gesso. Scauro si chinò a chiudergli gli occhi e si ritrasse con un moto di repulsione: sui globi oculari che andavano seccandosi si era posata tanta polvere, che le palpebre non volevano saperne di calare. Lucio Equizio era ridotto assai peggio. Non c'era un pezzetto del suo corpo che non fosse ammaccato o squarciato o gonfiato da un colpo di tegola, e Mario e Scauro ci misero parecchio a spostare il mucchio che lo seppelliva. Saufeio, che si era rifugiato in un angolo, era stato ucciso da una scheggia che, a quanto pareva, aveva colpito il pavimento ed era rimbalzata conficcandosi nel collo come una grossa punta di lancia; gli aveva quasi spiccato la testa dal busto. E Tito Labieno era stato colpito dal lato più lungo di una tegola all'altezza delle reni, ed era crollato con la spina dorsale spezzata.

Mario e Scauro confabularono.

«Che devo fare di quegli idioti là fuori?» domandò Mario.

«Che cosa *puoi* fare?»

Il lato destro del labbro superiore di Mario si sollevò. «Oh, via, *Princeps Senatus*! Carica almeno una parte del fardello su quella tua vecchia carcassa ossuta! Non ti permetterò di sottrarti a questa faccenda, giuro. O mi appoggi... o preparati ad affrontare una battaglia che farà sembrare tutto ciò che è accaduto qua dentro come i festeggiamenti organizzati dalle donne in onore della *Bona Dea*!»

«Va bene, va bene!» fece Scauro, irritato. «Non intendevo dire che non ti avrei appoggiato, sempliciotto privo d'immaginazione! Intendevo solo dire quel che ho detto: che cosa *puoi* fare?»

«In virtù dei poteri conferitimi dal Decreto del Senato posso fare tutto ciò che voglio, dall'arresto dei componenti di quella prode combriccola là fuori, alla decisione di spedirli a casa senza far loro neppure una ramanzina. Quale delle due soluzioni giudichi più conveniente?»

«La soluzione più conveniente sarebbe quella di spedirli a casa. Quella più giusta di arrestarli e accusarli dell'assassinio di altri Romani. Dal momento che i detenuti non erano ancora stati rinviati a giudizio, erano ancora cittadini romani quando hanno trovato la morte.»

Mario inarcò l'unico sopracciglio mobile. «Sicché, come mi devo comportare, *Princeps Senatus*? Opto per la soluzione più conveniente o per quella più giusta?»

Scauro scrollò le spalle. «Per quella più conveniente, Caio Mario. Lo sai, come lo so io. Se opterai per la soluzione più giusta, conficcherai così a fondo un cuneo nell'albero di Roma, che il mondo intero potrebbe crollare assieme a lei.»

Uscirono all'aperto e ristettero assieme in cima alla scalea del Senato, guardando i volti degli uomini che si ammassavano nelle vicinanze; alle spalle di quelle poche centinaia, il Foro Romano era deserto, pulito, sonnacchioso al sole mattutino.

«Io qui proclamo un'amnistia generale!» gridò Caio Mario a squarciagola. «Tornate alle vostre case, giovani,» disse al gruppo degli incursori «siete esenti da condanna, al pari di ogni altro.» Si rivolse al grosso degli ascoltatori. «Dove sono i tribuni della plebe? Qui? Bene! Convocate la vostra assemblea, non c'è folla. Il primo impegno della giornata consisterà nell'elezione di altri due tribuni della plebe. Lucio Apuleio Saturnino e Lucio Equizio sono morti. Capo dei littori, fa' venire qualcuno dei tuoi e gli schiavi di stato a sgombrare e ripulire la *Curia Hostilia*. Che i cadaveri siano consegnati alle famiglie per avere onorevole sepoltura, dato che non sono stati sottoposti a giudizio per i loro reati, e perciò sono ancora cittadini romani di buona reputazione.»

Scese i gradini e attraversò il Foro, portandosi ai rostri, perché era il primo console e gli competeva di sovrintendere alle cerimonie d'insediamento dei nuovi tribuni; se fosse stato di sangue patrizio, avrebbe provveduto in merito il suo collega in seconda, ed era proprio per questo che almeno uno dei consoli doveva essere un plebeo, per aver accesso all'Assemblea della Plebe.

E allora accadde, forse perché la rete di chiacchiere funzionava, al solito, a meraviglia, e la notizia si era sparsa per la città con la velocità della luce. Il Foro cominciò ad affollarsi, migliaia e migliaia di persone che accorrevano dall'Esquilino, dal Celio, dal Viminale, dal Quirinale, dalla Suburra, dal Palatino, dall'Aventino, dall'Oppio. La stessa folla, si avvide subito Caio Mario, che aveva gremito il Foro durante le elezioni dei tribuni della plebe.

E, ora che i guai erano pressoché superati e un senso di pace gli colmava il cuore, Mario affondò lo sguardo in quel mare di volti e vide ciò che Lucio Apuleio Saturnino aveva visto: una fonte di potere ancora intatta, del tutto priva della scaltrezza indotta dall'esperienza e dall'istruzione, pronta a credere all'egoistico *kharisma* di qualche demagogo dall'eloquenza appassionata e a sottomettersi a un diverso padrone. "Non fa per me" pensò Caio Mario. "Essere il Primo a Roma per il capriccio dei creduloni non è una vittoria. Ho beneficiato del rango di Primo a Roma secondo le regole antiche, quelle più dure, battendomi contro i pregiudizi e le mostruosità della carriera politica.

"Ma, compirò un ultimo gesto per dimostrare al *Princeps Senatus* Scauro, a Catulo Cesare, al Pontefice Massimo Enobarbo e a tutti gli altri *boni* che se *avessi* optato per i sistemi di Saturnino, sarebbero morti tutti quanti nella *Curia Hostilia* sotto una valanga di tegole, e io governerei Roma con una mano sola. Ché io sono, rispetto a Saturnino, quel che Giove è rispetto a Cupido."

Si portò sull'orlo dei rostri che si affacciava sulla parte bassa del Foro anziché sul pozzo dei *Comitia* e allargò le braccia in un gesto con cui parve abbracciare la folla, attirarla a sé come fa un padre con i suoi figli. «Popolo di Roma, torna alle tue case!» tuonò. «La crisi è superata. Roma è salva. E io, Caio Mario, ho il grande piacere di annunciarti che una flotta di navi granarie ha attraccato nel porto di Ostia, ieri. Oggi le chiatte risaliranno il fiume per tutto il giorno, e domani vi sarà grano in vendita presso i granai di stato dell'Aventino a un sesterzio al *modius*, il prezzo stabilito dalla legge granaria di Lucio Apuleio Saturnino. Lucio Apuleio, tuttavia, è morto, e la sua legge è priva di validità. Sono io, Caio Mario, console di Roma, a darti il grano! Il prezzo speciale sarà mantenuto finché decadrò dalla carica fra diciannove giorni. Poi spetterà ai nuovi magistrati fissare il prezzo che dovrete pagare. Il prezzo di un sesterzio che vi impongo è il mio regalo di addio, Quiriti! Perché vi voglio bene e ho combattuto per voi e per voi ho vinto. Non dimenticatelo, mai! *Lunga... vita... a Roma!*»

E scese dai rostri tra ondate di acclamazioni, le braccia sollevate sopra la testa, quel feroce sorriso sbilenco un saluto confacente all'occasione, col suo lato buono e il suo lato guasto.

Catulo Cesare pareva aver messo radici. «Ma l'hai sentito?» rantolò, rivolto a Scauro. «Ha appena regalato grano per diciannove giorni... *a suo nome!* Con una spesa, per l'erario, di migliaia di talenti! Come osa!»

«Hai intenzione di salire sui rostri a contraddirlo, Quinto Lutazio?» domandò Scauro, sogghignando. «Con tutti i tuoi fidi, giovani Buoni, ritti là, liberi come l'aria?»

«*Accidenti a lui!*» Catulo Cesare era sull'orlo delle lacrime.

Scauro scoppiò in una risata scrosciante. «Ce l'ha fatta un'altra volta, Quinto Lutazio!» esclamò, appena fu in grado di parlare. «Oh, che razza di terremoto è quell'uomo! Ci ha tenuto testa, e adesso ci fa anche pagare il conto! Lo detesto... ma, per tutti gli dèi, gli voglio bene, anche!» E fu colto da un altro parossismo di risa.

«Ci sono momenti, Marco Emilio Scauro, in cui proprio non riesco a capirti!» disse Catulo Cesare, e si incamminò, più che mai impettito come un cammello.

«Io, invece, Marco Emilio Scauro, ti capisco anche troppo bene» disse Silla, ridendo ancor più forte di Scauro.

Quando Glaucia si uccise, gettandosi sulla spada, e Mario estese l'amnistia a Caio Claudio e ai suoi seguaci, Roma respirò più liberamente; si poteva supporre che la battaglia del Foro fosse finita. Ma non era così. I giovani fratelli Lucullo citarono in giudizio Caio Servilio l'Augure per alto tradimento, e la violenza tornò a divampare. Gli animi erano particolarmente accesi perché il caso aveva diviso i Buoni; Catulo Cesare e il *Princeps Senatus* Scauro e i loro seguaci si erano fermamente schierati con gli eredi di Lucullo, mentre il Pontefice Massimo Enobarbo e Crasso Oratore erano impegnati da vincoli di protezione e amicizia a sostenere Servilio l'Augure.

La folla senza precedenti che aveva gremito il Foro Romano durante i disordini provocati da Saturnino era sparita, ma i frequentatori abituali del Foro si presentarono in massa per assistere al processo, attirati dalla giovinezza e dal dolore dei due fratelli — i quali se ne rendevano perfettamente conto ed erano risoluti a servirsene in ogni maniera possibile. Varrone Lucullo, il fratello minore, aveva indossato la toga virile solo qualche giorno prima che iniziasse il processo; sia lui sia il diciottenne Lucio Lucullo erano ancora imberbi. I loro emissari, appostati scaltramente tra la folla, bisbigliavano che quei due poveri ragazzi avevano appena ricevuto la notizia che il padre esiliato era morto, e la famiglia di Licinio Lucullo, appartenente alla più antica nobiltà, aveva ormai soltanto quei due poveri ragazzi a difenderne l'onore, la *dignitas*.

La giuria di cavalieri aveva deciso in anticipo che si sarebbe schierata in favore di Servilio l'Augure, un esponente dell'Ordine dei Cavalieri innalzato al Senato dal suo protettore, il Pontefice Massimo Enobarbo. La violenza aveva fatto la sua comparsa già mentre era in corso la scelta dei giurati. Gli ex gladiatori al servizio di Servilio l'Augure tentarono di impedire lo svolgimento del processo. Ma il gruppetto di giovani aristocratici capeggiato da

Cepione Minore e da Metello Pio il Porcellino aveva allontanato i bravacci dalla scena, uccidendo uno di loro. I giurati capirono l'antifona e si rassegnarono ad ascoltare i due figli di Lucullo con maggior attenzione di quanto si fossero proposti all'inizio.

«L'Augure sarà condannato» disse Mario a Silla, mentre se ne stavano un po' in disparte a osservare e ascoltare intenti.

«Già» fece Silla, affascinato dal maggiore dei due fratelli, Lucio Lucullo. «Brillante!» esclamò quando il giovane ebbe concluso la sua orazione. «Mi *piace*, Caio Mario!»

Mario, però, non sembrava particolarmente colpito. «È altezzoso e superbo come lo era suo padre.»

«È risaputo che stai dalla parte dell'Augure» disse Silla seccamente.

La frecciata non andò a segno: Mario si limitò a sorridere. «Starei persino dalla parte di una scimmia di Tangeri, se ciò servisse a render dura la vita ai Buoni che stanno attorno al nostro grande assente Metello del Porcile, Lucio Cornelio.»

«Servilio l'Augure è *davvero* una scimmia di Tangeri.»

«Sono propenso a convenirne. Perderà la partita.»

Una predizione che si avverò, quando i giurati, adocchiando il gruppo dei giovani virgulti dell'aristocrazia capeggiati da Cepione Minore, emise un verdetto unanime: *DAMMO*; nonostante fossero stati commossi fino alle lacrime dalle appassionate arringhe dei difensori, Crasso Oratore e Muzio Scevola.

Fatto non sorprendente, il processo si concluse con una zuffa che Mario e Silla osservarono a distanza di sicurezza, e con grandissimo divertimento dal momento in cui il Pontefice Massimo Enobarbo sferrò un pugno in piena bocca a un Catulo Cesare intollerabilmente giubilante.

«Polluce e Linceo!» esclamò Mario, beato, quando i due si accinsero a darsele di santa ragione. «Oh, dacci dentro, Quinto Lutazio Polluce!» ruggì.

«Una citazione mitologica azzeccata, tenuto conto del fatto che tutti i componenti della famiglia di Enobarbo sostengono a spada tratta che è stato Polluce a tinger di rosso le loro barbe nere come l'inchiostro» disse Silla quando un pugno sferrato con precisione da Catulo Cesare inondò di sangue il volto di Enobarbo.

«E speriamo,» continuò Mario, girando le spalle alla scena non appena lo scontro si concluse con la sconfitta di Enobarbo «che non accada altro, al Foro, per questo anno davvero tremendo.»

«Oh, non saprei, Caio Mario. Dobbiamo ancora affrontare le elezioni consolari.»

«Che, agli dèi piacendo, non si terranno al Foro.»

Di lì a due giorni Marco Antonio celebrò il suo trionfo, e dopo altri due giorni fu eletto primo console per l'anno seguente; suo collega nel consolato sarebbe stato nientedimeno che Aulo Postumio Albino, la cui invasione della Numidia, dieci anni prima, aveva fatto precipitare la guerra contro Giugurta.

«Gli elettori sono una *massa* di somari!» disse Mario a Silla con una nota di passione nella voce. «Hanno appena eletto secondo console uno dei peggiori esempi che io conosca di ambizione accompagnata da una totale mancanza di talento! Boh! Ricordano con la stessa difficoltà con cui cacano!»

«Be', si dice che la stitichezza provochi ottusità mentale» osservò Silla, sogghignando nonostante gli nascesse dentro un nuovo timore. Sperava di candidarsi alla carica di pretore alle elezioni dell'anno seguente, ma quel giorno aveva avvertito negli elettori dell'Assemblea delle Centurie un umore che non lasciava presagire nulla di buono per i candidati amici di Mario, in futuro. "E tuttavia, come posso dissociarmi da quest'uomo che ha fatto tanto per me?" si domandò, a disagio.

«Fortunatamente, prevedo che questo sarà un anno alquanto spento, per cui Aulo Albino non avrà la possibilità di rovinare le cose» proseguì Mario, ignaro dei pensieri di Silla. «Per la prima volta da un bel pezzo a questa parte, Roma non ha nemici degni di tal nome. Possiamo riposarci sugli allori. E anche Roma può prendersi una tregua.»

Silla fece uno sforzo, scacciando i pensieri relativi alla pretura che, lo sapeva, avrebbe rischiato di sfuggirgli. «E la profezia?» domandò bruscamente. «Martha ti ha predetto chiaramente che saresti stato console di Roma sette volte.»

«E *sarò* console sette volte, Lucio Cornelio.»

«Ci credi sul serio?»

«Sì.»

Silla sospirò. «Io sarei felice di ottenere la pretura.»

Un'emiparesi facciale consentiva a chi ne era colpito di emettere i suoni più mirabilmente derisorii; Mario ne emise uno di quel momento. «Sciocchezze!» disse con forza. «Tu hai la stoffa del *console*, Lucio Cornelio. Anzi, un giorno sarai il Primo a Roma.»

«Ti ringrazio della fiducia che hai in me, Caio Mario.» Silla indirizzò a Mario un sorriso quasi altrettanto sbilenco dei sorrisi di Mario, in quei giorni. «Comunque sia, considerando la differenza di età, non dovrò gareggiare con *te* per il titolo» disse.

Mario rise. «Che battaglia di Titani sarebbe! Ma non c'è pericolo» fece con certezza assoluta.

«Ora che ti sei ritirato dalla sedia curule e non intendi frequentare il Senato, non sarai più il Primo a Roma, Caio Mario.»

«Vero, vero. Ma, oh, Lucio Cornelio, che carriera ho avuto! E non appena mi sarò ripreso dalla terribile menomazione che mi affligge, tornerò in lizza.»

«Nel frattempo, chi sarà il Primo a Roma?» domandò Silla. «Scauro? Catulo?»

«*Nemo!*» ruggì Caio Mario, e rise sonoramente. «*Nessuno!* Questa è la battuta più spiritosa di tutte! Non ce n'è uno, tra loro, degno di vestire i *miei* panni!»

Scoppiando a sua volta in una risata, Silla cinse col braccio destro le spalle togate di Mario, gli diede una stretta di puro affetto, e assieme si avviarono sulla strada di casa, allontanandosi dai *saepta*. Di fronte a loro si ergeva il colle Capitolino; una lama di pallido sole accendeva l'oro della quadriga della vittoria in cima al frontone del tempio di Giove Ottimo Massimo e indorava l'Urbe di riflessi abbaglianti.

«Mi fanno male gli occhi!» esclamò Silla, con vera sofferenza. Ma non riusciva a distogliere lo sguardo.

Indice

Il primo anno (110 a.C.)

Il secondo anno (109 a.C.)

Il terzo anno (108 a.C.)

Il quarto anno (107 a.C.)

Il quinto anno (106 a.C.)

Il sesto anno (105 a.C.)

Il settimo anno (104 a.C.)

L'ottavo anno (103 a.C.)

Il nono anno (102 a.C.)

Il decimo anno

L'undicesimo anno

Finito di stampare nel mese di ottobre 1990
dalla RCS Rizzoli Libri S.p.A. - Via A. Scarsellini, 17 - 20161 Milano

Printed in Italy

STEVE SOHMER   *Gli ultimi nove giorni*

ROMANO BILENCHI   *Amici*

WILLIAM KENNEDY   *Ironweed*

ALICE McDERMOTT   *Quella notte*

GIORGIO DE SIMONE   *Il caso Anima*

ODDONE CAMERANA   *La notte dell'Arciduca*

CLIVE CUSSLER   *Cyclops*

ARTHUR C. CLARKE   *Voci di terra lontana*

ANDRÉ BRINK   *Un istante nel vento*

STEPHEN VIZINCZEY   *Il candido miliardario*

MARCO BACCI   *Settimo cielo*

NOAH GORDON   *Medicus*

ROBERT LUDLUM   *L'Agenda Icaro*

TOM CLANCY   *Attentato alla corte d'Inghilterra*

ANATOLIJ RYBAKOV   *I figli dell'Arbat*

J. G. BALLARD   *Il giorno della creazione*

HANS WERNER KETTENBACH   *I piedi sulla testa
ovvero Progetto inutile di un delitto perfetto*

CARLOS CASTANEDA   *Il potere del silenzio*

LUIGI MENEGHELLO   *Bau-sète!*

FRANCESCA DURANTI   *Effetti personali*

GARY JENNINGS   *Nomadi*

MARIO VARGAS LLOSA   *Il narratore ambulante*

HEINZ G. KONSALIK   *La crociera*

ROD JONES   *Il caso Paradise*

JOHANNES MARIO SIMMEL   *Il codice genetico*

JOAN PERUCHO   *Le storie naturali*